Negocios
internacionales

Negocios internacionales

CÓMO COMPETIR EN EL MERCADO GLOBAL

Décima edición

Charles W. L. Hill
UNIVERSIDAD DE WASHINGTON

Revisión técnica:

José Efrén Cornejo Garza
Universidad de Monterrey
Director del programa de Economía

Gil Armando Sánchez Soto
Departamento de Estudios Empresariales
Universidad Iberoamericana, Campus Ciudad de México

Álvaro Zea Krings
Universidad Galileo
Guatemala

José Caraballo Cueto
Universidad de Puerto Rico
Cayey

Carlos A. Marrero Rodríguez
Universidad de Puerto Rico
Cayey

Ivette Gómez Maldonado
Universidad de Puerto Rico
Bayamón

McGraw Hill Education

MÉXICO • AUCKLAND • BOGOTÁ • BUENOS AIRES • GUATEMALA • LONDRES
MADRID • MILÁN • MONTREAL • NUEVA DELHI • NUEVA YORK • SAN FRANCISCO
SAN JUAN • SANTIAGO • SAO PAULO • SIDNEY • SINGAPUR • ST. LOUIS • TORONTO

Directora de desarrollo de contenido editorial y digital: Patricia Ledezma Llaca
Coordinador sponsor: Jesús Mares Chacón
Coordinadora editorial: Marcela I. Rocha Martínez
Editora de desarrollo: Karen Estrada Arriaga
Supervisor de producción: Zeferino García García
Traductora: María del Pilar Obón León

Negocios
internacionales
Décima edición

DERECHOS RESERVADOS © 2015, 2011, 2007, 2001 respecto a la cuarta edición en español por
McGRAW-HILL/INTERAMERICANA EDITORES, S.A. DE C.V.
    Edificio Punta Santa Fe
    Prolongación Paseo de la Reforma 1015, Torre A,
    Piso 16, Colonia Desarrollo Santa Fe,
    Delegación Álvaro Obregón,
    C.P. 01376, México, D.F.
    Miembro de la Cámara Nacional de la Industria Editorial Mexicana, Reg. Núm. 736

ISBN: 978-607-15-1290-1
ISBN (octava edición): 978-607-15-0583-5

Traducido de la décima edición de *International Business. Competing in the Global Marketplace* by
Charles W. L. Hill, © 2015 by McGraw-Hill Education. All rights reserved. ISBN 978-0-07-811277-5.

ACH 04/15

2345678901   2345789016

Impreso en México   Printed in Mexico
Impreso en Programas Educativos S.A. de C.V.   *Printed by Programas Educativos*

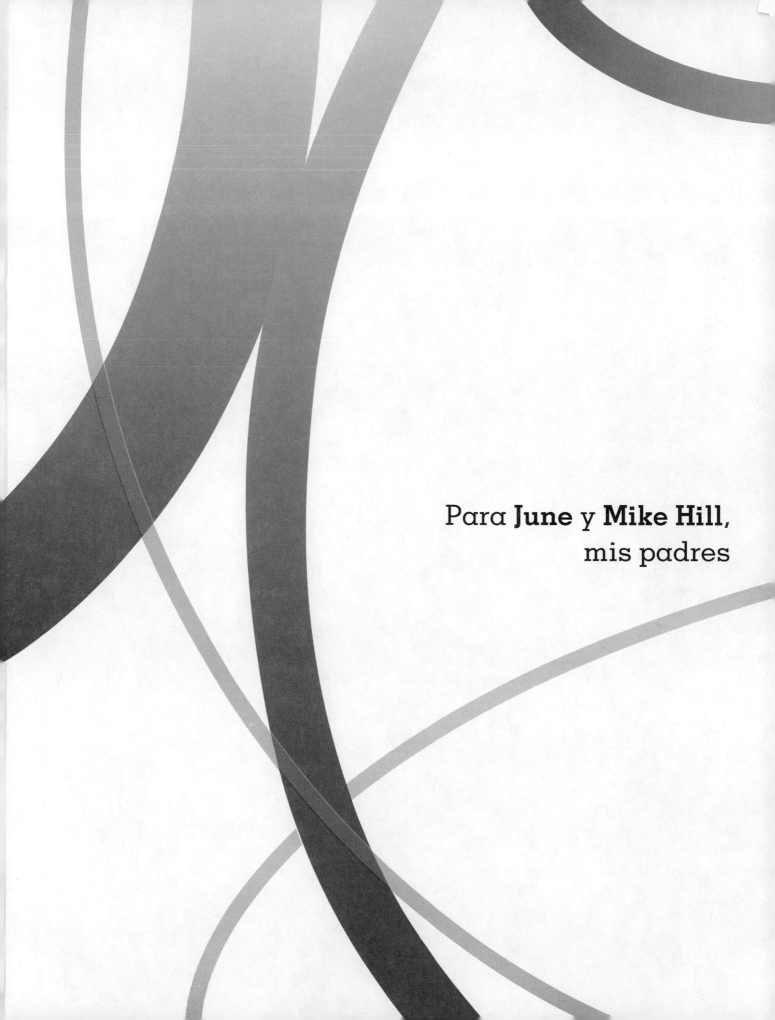

Para **June** y **Mike Hill,**
mis padres

sobre el AUTOR

Charles W. L. Hill
Universidad de Washington

Charles W. L. Hill es titular de la cátedra Hughes M. y Katherine Blake de negocios internacionales en la Escuela de Negocios de la Universidad de Washington. Es doctor por la Universidad de Manchester en Inglaterra y ha formado parte de los claustros de la Universidad de Washington, del UMIST, la Universidad de Texas A&M y la Universidad Estatal de Michigan.

Es autor de más de 50 artículos en publicaciones académicas revisadas por sus colegas, como el *Academy of Management Journal*, *Academy of Management Review*, *Strategic Management Journal* y *Organization Science*, y su trabajo es ampliamente citado por otros académicos.

Ha publicado varios libros de texto universitarios, incluidos *Negocios internacionales* y *Global Business Today* que han sido publicados por McGraw-Hill; ambos traducidos a varios idiomas y líderes mundiales de participación en mercado.

Ha sido docente en las maestrías de administración, administración de empresas y de ejecutivos, y cn el doctorado en ciencias administrativas de la Universidad de Washington. Ha recibido numerosos premios por su excelencia como docente, la mayoría en programas de nivel ejecutivo. El profesor Hill colabora de forma privada con diversas organizaciones, y entre sus clientes están ATL, AT&T Wireless, Boeing, BF Goodrich, Group Health, Hexcel, Microsoft, Philips Healthcare, Seattle City Light, Swedish Health Services, Tacoma City Light, Thompson Financial Services, WRQ y Wizards of the Coast.

Charles Hill ha impartido cursos internos de educación ejecutiva en Microsoft durante 15 años, la mayor parte de ellos trabajando estrechamente con el Grupo de Desarrollo de Liderazgo.

Ha colaborado en el consejo consultivo de varias compañías que recién inician sus operaciones y en su tiempo libre disfruta del alpinismo, de escalar en roca, esquiar y navegar.

CONTENIDO

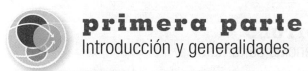

tercera parte
Comercio global y entorno de las inversiones

CAPÍTULO 7
Política económica del comercio internacional   191

CAPÍTULO 8
Inversión extranjera directa   219

cuarta parte
Sistema monetario global

 quinta parte
Estrategia y estructura
de los negocios internacionales

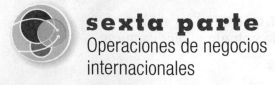

sexta parte
Operaciones de negocios internacionales

CAPÍTULO 16
Exportación, importación y comercio compensatorio   475

CAPÍTULO 17
Producción global, subcontratación y logística   497

LA ELECCIÓN COMPROBADA EN LOS NEGOCIOS INTERNACIONALES

Actual, rica en aplicaciones, relevante e integrada

Han pasado casi dos décadas desde que comencé a trabajar en la primera edición de *Negocios internacionales: Cómo competir en el mercado mundial.* Cuando se publicó la tercera edición, se convirtió en el libro de texto en negocios internacionales más empleado en el mundo. Desde entonces su participación en el mercado no ha dejado de aumentar. Atribuyo este éxito a los objetivos que me fijé cuando emprendí la primera edición. En concreto, quería crear un programa de aprendizaje que:

- Fuese completo y actualizado.
- No se limitara a una presentación acrítica y explicación superficial del cúmulo de conocimientos.
- Se enfocara en aplicaciones útiles de los conceptos de los negocios internacionales.
- Integrara firmemente la progresión de temas entre capítulos.
- Incorporara recursos complementarios que potenciaran el texto y facilitaran su enseñanza.

Con los años, y ahora diez ediciones, me he esmerado en apegarme a esos objetivos; aunque no siempre ha sido sencillo. Mucho ha pasado en las últimas dos décadas, tanto en la realidad económica, la política y las empresas como en el mundo académico de la teoría y las investigaciones empíricas. Muchas veces he tenido que reescribir gran parte de los capítulos, desechar ejemplos caducos, añadir nuevos e incorporar nuevas teorías y pruebas al material, y suprimir teorías que han perdido relevancia para el mundo moderno y dinámico de los negocios internacionales. Ese proceso continúa en la presente edición. Como se verá, ha habido cambios importantes en esta edición y, sin duda, así será en lo sucesivo. Al decidir los cambios, no solo me guié por mis lecturas, clases e investigaciones, sino también por los invaluables comentarios que recibo de profesores y estudiantes de todo el mundo que usan el libro, de los revisores y del personal editorial de McGraw-Hill Education. Mi agradecimiento para todos ellos.

Completo y actualizado

Para estar completo, un libro de negocios internacionales debe:

- Explicar cómo y por qué difieren los países del mundo.
- Presentar una revisión exhaustiva de la economía, la política del comercio y la inversión internacionales.
- Explicar las funciones y la forma del sistema monetario mundial.
- Estudiar las estrategias y estructuras de los negocios internacionales.
- Evaluar el cometido de las diversas funciones de una empresa internacional.

Siempre me he esforzado por cumplir todos estos puntos. Son demasiados los textos que no prestan suficiente atención a las estrategias y estructuras de las empresas internacionales ni a las implicaciones de los negocios internacionales en las diversas funciones de las empresas. Esta omisión es una deficiencia grave. Muchos estudiantes de los cursos de negocios internacionales trabajarán en empresas internacionales, y se espera que entiendan las implicaciones de ese tipo de negocios en la estrategia, la estructura y las funciones de su organización. Aquí ponemos rigurosa atención a estos temas.

Un libro completo y relevante también debe cubrir las teorías principales. Siempre ha sido mi objetivo incorporar en la obra los conocimientos recopilados de los más recientes trabajos académicos. En consecuencia, las nueve ediciones anteriores han añadido conocimientos sobre estas investigaciones:

- La teoría del nuevo comercio y las políticas comerciales estratégicas.
- La obra del economista y premio Nobel Amartya Sen sobre el desarrollo económico.
- Los trabajos de Hernando de Soto sobre el vínculo entre los derechos de propiedad y el desarrollo económico.
- La tesis influyente de Samuel Huntington sobre el "choque de civilizaciones".
- La nueva teoría del crecimiento en el desarrollo económico, postulada por Paul Romer y Gene Grossman.
- Los estudios empíricos de Jeffrey Sachs y sus colaboradores sobre las relaciones entre comercio internacional y crecimiento económico.
- La teoría de Michael Porter sobre las ventajas competitivas de las naciones.
- El trabajo de Robert Reich sobre la ventaja competitiva nacional.
- La obra del premio Nobel, Douglas North, y sus colaboradores sobre las estructuras institucionales nacionales y los derechos de protección de la propiedad.
- El esquema de las imperfecciones del mercado en la inversión extranjera directa, que procede de los estudios de Ronald Coase y Oliver Williamson sobre los costos económicos de las transacciones.
- Las investigaciones de Bartlett y Ghoshal sobre la corporación transnacional.
- Los textos de C. K. Prahalad y Gary Hamel sobre las capacidades básicas, la competencia mundial y las *joint ventures* o alianzas estratégicas mundiales.
- Conocimientos sobre las estrategias de los negocios internacionales derivados de considerar a la empresa como un recurso.
- La crítica de Paul Samuelson a la teoría del libre comercio.

Además de incluir teorías de vanguardia, y dados los cambios acelerados en el entorno de los negocios internacionales, hice todos los esfuerzos para que este producto estuviera tan actualizado como fuera posible hasta el momento de ir a la imprenta. Ha pasado mucho en el mundo desde que comencé a trabajar en este libro. En 2011, más de tres billones de dólares cruzaron las fronteras estadounidenses diariamente. La magnitud de este flujo despertó preocupaciones sobre la posibilidad de que los cambios especulativos de corto plazo en los mercados mundiales de capital desestabilizaran la economía del planeta. De la nada surgió la World Wide Web y se convirtió en la columna vertebral de una nueva red mundial de comercio electrónico. El mundo continuó su globalización. Varias economías del Pacífico asiático, en particular China, siguieron creciendo con un ritmo acelerado. El *outsourcing* de funciones de servicio a lugares como China e India se convirtió en uno de los principales temas en las naciones desarrolladas de Occidente. Se formaron nuevas multinacionales en los países en desarrollo, además de surgir otras en las potencias industriales ya establecidas. A menudo, la globalización de la economía mundial incidió en varias empresas de diversos tamaños, de las muy grandes a las más pequeñas. Y, por desgracia, tras los ataques terroristas a Estados Unidos del 11 de septiembre de 2001, el terrorismo global y los consiguientes riesgos geopolíticos se convirtieron en un peligro para la integración y las actividades mundiales.

Lo nuevo de la décima edición

Parte del éxito de las primeras nueve ediciones de *Negocios internacionales* se basa en que incorpora investigaciones de actualidad, usa ejemplos y datos actualizados para ilustrar tendencias mundiales y estrategias de empresas, y analiza acontecimientos contemporáneos en el contexto de la teoría apropiada. Con base en estas ventajas, me planteé los siguientes objetivos en esta edición:

1. Incorporar, cuando fuese apropiado, conocimientos nuevos de las investigaciones eruditas actuales.
2. Verificar que el contenido del texto abarcara todos los temas pertinentes.
3. Comprobar que el texto estuviera actualizado en la medida de lo posible en cuanto a acontecimientos, datos y ejemplos del momento.
4. Añadir nuevos casos de cierre y apertura donde fuera posible.
5. Actualizar los ejemplos de los recuadros, añadir nuevos o ambos.
6. Añadir casos nuevos al final de cada sección.

Como parte de la revisión general, *todos los mapas han sido actualizados por completo* y *se han hecho cambios en cada capítulo del libro*. Por ejemplo:

Todas las estadísticas fueron actualizadas para incorporar los más recientes datos disponibles, que suelen referirse a 2012. La mayoría de las agencias nacionales e internacionales liberaron estos datos en la primavera de 2013.

Se añadieron nuevos ejemplos, casos y recuadros, y actualizamos los antiguos ejemplos para reflejar las nuevas condiciones. Por ejemplo: 1) el "Caso inicial" del capítulo 6 contempla la propuesta realizada a finales de 2012 para crear un área de libre comercio que abarque a Estados Unidos y la Unión Europea, 2) la sección "Vistazo a un país" nueva del capítulo 7 expone los alegatos del gobierno estadounidense a finales de 2012 en el sentido de que China está subsidiando ilegalmente las exportaciones de autos, y 3) el nuevo "Panorama administrativo" del capítulo 13 analiza la forma en que la compañía acerera ArcelorMittal apalanca las habilidades de sus filiales en distintas naciones.

En términos más generales, casi todos los casos iniciales y finales de los capítulos de esta edición son nuevos o han sido sustancialmente revisados. Por ejemplo, agregué un nuevo caso al final de la "Segunda parte" que analiza el colapso del edificio Rana Plaza en Bangladesh en abril de 2013 y sus implicaciones para el comercio internacional de la moda. De igual manera actualicé mi caso de IKEA para que mostrara lo ocurrido con la compañía incluso hasta principios de 2013.

Se incluyó nuevo material donde era adecuado para mostrar trabajos académicos recientes o sucesos actuales importantes. En muchos capítulos se incluyeron discusiones detalladas sobre la crisis financiera mundial de 2008-2009 y sus repercusiones, incluidos la crisis de deuda soberana 2010-2013 en la zona del euro y sus implicaciones para los negocios internacionales. De igual manera, se han agregado a esta edición análisis del descontento que persiste en el Oriente Medio después de la Primavera Árabe de 2011 y la actual turbulencia en Egipto.

Más allá de una presentación acrítica y una explicación superficial

Muchos temas de los negocios internacionales son complicados y, por tanto, hay que ponderar sus ventajas y desventajas. Para demostrarlo, adopté un enfoque crítico para presentar los argumentos en favor y en contra de teorías económicas, políticas gubernamentales, estrategias comerciales, estructuras de las organizaciones, etcétera.

En relación con lo anterior, he tratado de explicar las complejidades de muchas teorías y fenómenos peculiares de los negocios internacionales, para que los estudiantes entiendan cabalmente los enunciados de una teoría o las causas de un fenómeno. Me parece que estas teorías y fenómenos se explican mejor en este libro que en sus competidores, porque una explicación superficial es poco mejor que ninguna explicación. En los negocios internacionales, tener pocos conocimientos es, en realidad, peligroso.

Énfasis en aplicaciones útiles de los conceptos de los negocios internacionales

Siempre he creído que es importante mostrar a los estudiantes la forma en que el material del texto es relevante para la práctica real de los negocios internacionales. Esto es evidente en los capítulos finales del libro, que se enfocan en la práctica de los negocios internacionales, pero no siempre es obvio en su primera parte, que trata muchos temas políticos y macroeconómicos, desde la teoría de los negocios internacionales y los flujos de inversión extranjera directa al Fondo Monetario Internacional (FMI) y la influencia de los índices de inflación en las cotizaciones en moneda extranjera. Conforme a esto, al final de cada capítulo de la segunda, tercera y cuarta partes, que enfatizan el entorno de los negocios internacionales como opuestos a las compañías privadas, hay una sección titulada "Implicaciones para los administradores" en la cual se explican claramente las repercusiones administrativas del material expuesto en el capítulo correspondiente.

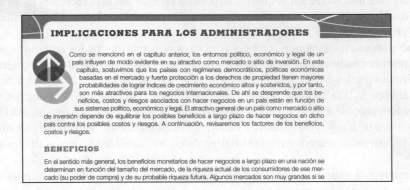

Otra de las herramientas utilizadas para enfocarnos en las implicaciones administrativas es el recuadro "Panorama administrativo". La mayoría de los capítulos contiene cuando, al menos, uno de estos recuadros. Al igual que los casos iniciales, el propósito de esta sección es ilustrar la relevancia para la práctica de los negocios internacionales del material que se aborda en el capítulo.

Además, cada capítulo comienza con un "Caso inicial" que prepara el escenario para el contenido que se abordará y familiariza al estudiante con la forma en que las compañías internacionales reales conducen sus negocios.

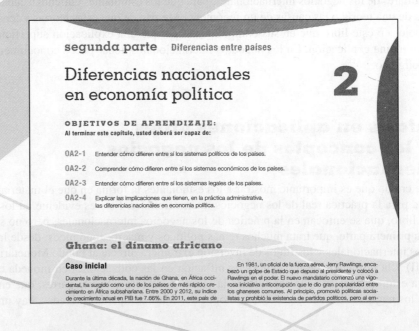

El "Caso final" de cada capítulo pretende ilustrar la relevancia del material expuesto para la práctica de los negocios internacionales y proporciona un conocimiento continuo sobre la forma en que las compañías reales manejan tales problemas.

CASO FINAL

Economía polaca

Conforme se desarrollaba la crisis financiera de 2008 y 2009, los países de Europa resultaron muy afectados. Una excepción notable fue Polonia, cuya economía creció en 1.5% durante 2009, mientras que todas las otras economías de la Unión Europea se contrajeron. Entre 2010 y 2012, el índice de crecimiento de Polonia promedió 3.4% por año, el mejor de Europa. ¿Cómo pudo lograrlo?

En 1989, Polonia eligió a su primer gobierno democrático después de más de cuatro décadas de régimen comunista. Desde entonces, como muchos otros países de Europa del este, ha adoptado políticas económicas basadas en el mercado, ha abierto sus mercados al comercio internacional y a la inversión extranjera, y ha privatizado muchas compañías propiedad del Estado. En 2004, el país se incorporó a la Unión Europea, lo que le dio un acceso fácil a los grandes mercados de consumo en Europa occidental. Todo esto ayudó a transformar a Polonia en un destacado exportador. Las exportaciones constituyen cerca de 40% del producto interno bruto (en contraste, en Estados Unidos constituyen alrededor de 12%). Como resultado, entre 1989 y 2010 Polonia registró el crecimiento sostenido más alto de la región. El PIB real se duplicó en este periodo, comparado con un aumento de 70% en la vecina Eslovaquia y 45% en la República Checa.

Asimismo, el gobierno polaco ha sido fiscalmente conserva-

Polonia porque la nación cuenta con varias plantas automotrices y estaba vendiendo muchos autos y componentes a Alemania.

Lo anterior no significa que Polonia sea un Estado modelo; el país sigue teniendo problemas sustanciales. los trabajadores migrantes que regresan de Europa occidental han abarrotado las filas del desempleo, que estaba por encima de 12% a finales de 2012. Además, el sistema fiscal es complejo y arcaico. Un estudio efectuado por el Banco Mundial colocó al sistema fiscal polaco en el lugar 151 de los 183 que analizó. Las grandes regulaciones aún pueden dificultar el hacer negocios en Polonia: el Banco Mundial clasificó al país en el sitio 62 en cuanto a facilidad para hacer negocios. Incluso después de 20 años, la transición de una economía socialista a un sistema basado en el mercado continúa sin completarse y subsisten muchas empresas propiedad del Estado.

Por otra parte, el gobierno polaco se ha comprometido a modificar muchas de estas cosas. Se han tomado medidas para simplificar las leyes fiscales, reducir los índices de impuestos y retirar las cargas burocráticas a quien desee hacer negocios en la nación. Un ejemplo fue la Ley del Emprendedor, aprobada en marzo de 2009, que redujo en forma considerable la cantidad de controles de salud, laborales y fiscales que las compañías debían cumplir, facilitando mucho el iniciar un negocio en el país. Asimismo, tras seis años de paralización, Polonia privatizó compañías propiedad del Estado que representaban 0.6% del PIB en 2009 y otras que constituían otro 2.5% del PIB en 2010. [32]

Los "Casos al final de cada parte" son más largos, lo que permite un estudio más profundo de las compañías internacionales.

Desastre en Bangladesh: el colapso del edificio Rana Plaza

En la mañana del miércoles 24 de abril de 2013, un edificio industrial y comercial de ocho pisos colapsó en Bangladesh y mató a aproximadamente mil cien personas, la mayoría trabajadores en una de las cinco fábricas de ropa que ocupaban seis pisos de la construcción. Este no fue el primer accidente de alto perfil en la industria del vestido del país. En noviembre del año anterior, un incendio mató a 112 trabajadores de la industria. Pocos días después del derrumbe del inmueble, otro incendio en otra fábrica de ropa terminó con la vida de ocho personas. La serie de accidentes condujo a llamadas de los minoristas de ropa occidentales a que se hicieran mayores esfuerzos para mejorar las condiciones laborales y la seguridad en Bangladesh y en otras naciones pobres en donde tenían su fuente de producción. Algunos grupos de interés fueron más allá, argumentando que las compañías occidentales deberían rehusar tener fuentes de producción en países donde las condiciones laborales eran tan malas. Una empresa occidental de alto perfil, Walt Disney, ya había tomado esta decisión; en marzo de 2013, retiró a Bangladesh de la lista de países donde autorizaba a sus socios a fabricar ropa y otros productos para la compañía. Los políticos de Bangladesh respondieron con consternación al anuncio de Disney. Argumentaron que la economía de Bangladesh dependía en gran medida de la industria del vestido y que "no debería hacerse sufrir a toda la nación" por estos accidentes.

LA INDUSTRIA TEXTIL EN BANGLADESH

Desde hace muchos años, Bangladesh, uno de los países más

a 20 mil millones de dólares en 2012, de ocho mil 900 millones de dólares en 2006, convirtiendo a la industria en la mayor exportadora del país y en un motor fundamental del crecimiento económico. Para 2012, la industria textil en Bangladesh abarcaba casi cinco mil fábricas, que eran la fuente de empleo de tres millones de personas, 85% de las cuales eran mujeres con pocas oportunidades alternativas de empleo.

Mientras una profunda recesión económica se apoderaba de las naciones desarrolladas en 2008-2009, los grandes importadores como Walmart incrementaron sus compras de prendas de vestir de bajo costo para satisfacer a sus clientes, quienes buscaban precios bajos. Li & Fung, una compañía de Hong Kong que produce y manufactura prendas de vestir, declaró que su producción en Bangladesh creció 25% en 2009, mientras que la producción en China, su mayor proveedor, declinó 5%.

La ventaja de Bangladesh se basa en diversos factores. Primero, los costos de mano de obra son bajos, en parte por los bajos índices de salario por hora, y en parte porque los productores textiles invirtieron en tecnología impulsora de la productividad durante la última década. Hoy, el índice de salario mínimo en Bangladesh es de 38 dólares al mes, comparado con 138 dólares mensuales en China. En la industria textil, estos índices son de entre 50 y 60 dólares al mes, menos de una quinta parte del salario mínimo en China. Los trabajadores textiles pueden estar obligados a laborar turnos de 12 horas con jornadas de siete días a la semana durante los periodos de mayor actividad. Aunque estos rangos de salario parecen desalentadoramente bajos, si los comparamos con los estándares occidentales, es un sueldo que alcanza para vivir en un país donde el ingreso bruto per cápita es de solo 850 dó-

Para ayudar a los estudiantes a ir un paso adelante en la expansión de su entendimiento de los negocios internacionales, cada capítulo incorpora dos "Proyectos de investigación globalEDGE" diseñados y escritos por Tunga Kiyak y el equipo del sitio globalEDGE.msu.edu de la Universidad Estatal de Michigan para enlazarse con el contenido que acaba de verse.

Proyecto de investigación 🔍 globalEDGE   globaledge.msu.edu

Ética en los negocios internacionales

Consulte la página electrónica de globalEDGE (globaledge.msu.edu) para efectuar los siguientes ejercicios.

Ejercicio 1

Promover el respeto por los derechos universales del ser humano es una dimensión central de la política exterior de todos los países. Como la historia demuestra una y otra vez, los abusos preocupan a todos. Estados Unidos se declara listo para colaborar con otros gobiernos y la sociedad civil con el fin de prevenir abusos de poder. Desde 1977, los informes anuales por países sobre las prácticas de derechos humanos evalúan el estado de la democracia y los derechos de las personas en todo el mundo, llaman la atención sobre las violaciones y, cuando es necesario, procuran los cambios necesarios en las políticas hacia determinadas naciones. Localice el último informe anual *Country Reports on Human Right Practices* para los países BRIC (Brasil,

China, India y Rusia) y genere una tabla para comparar los hallazgos en las secciones de "Derechos laborales". ¿Qué aspectos en común puede encontrar? ¿Cuáles son las diferencias?

Ejercicio 2

El soborno en el ámbito de los negocios es un importante dilema ético que muchas compañías enfrentan tanto localmente como en el extranjero. El *Bribe Payers Index* es un estudio que se publica cada tres años para evaluar la probabilidad de que empresas de las 28 economías líderes obtengan negocios en el extranjero ofreciendo sobornos. Asimismo, clasifica los sectores de la industria basándose en la prevalencia del soborno. Compare las cinco industrias que se estima tienen mayores problemas de soborno con las cinco que tienen pocos problemas de esta naturaleza. ¿Qué patrones puede apreciar? ¿Qué factores hacen a algunas industrias más propensas que otras al soborno?

Articulación armónica de los temas

Una debilidad de muchos libros es que carecen de articulación armónica entre los temas de sus diferentes capítulos. En el capítulo 1 de este libro se indica a los estudiantes qué relación guardan los temas entre sí. Esta integración se consigue mediante una organización tal del material que cada capítulo se basa lógicamente en el contenido de los anteriores.

Primera parte

En el capítulo 1 se ofrece una panorámica de los principales temas que se van a abordar y se explica el plan de la obra.

Segunda parte

Los capítulos 2 y 4 se enfocan las diferencias políticas y económicas de las naciones; el capítulo 5, en los aspectos éticos de los negocios internacionales. Casi todos los libros de texto colocan este material más adelante, pero me parece que es decisivo exponer primero las diferencias estadounidenses. Después de todo, muchos de los principales problemas del comercio y las inversiones internacionales, del sistema monetario mundial, de las estrategias y estructuras de los negocios internacionales y de sus operaciones surgen de las diferencias de cultura y política económicas de las naciones. Para entender por completo estos asuntos, los estudiantes deben empezar por entender las diferencias entre países y culturas. En este momento se abordan los problemas éticos, sobre todo porque las diferencias culturales y de sistemas políticos y económicos de las naciones ocasionan muchos dilemas éticos.

Tercera parte

En los capítulos 6 a 9 examinan la política económica del comercio y la inversión internacionales. El objetivo de esta parte es describir y explicar el entorno comercial y la inversión en que se dan los negocios internacionales.

Cuarta parte

En los capítulos 10 a 12 se describe y explica el sistema monetario mundial y se detalla el esquema monetario en que se realizan las transacciones de los negocios internacionales.

Quinta parte

En los capítulos 13 a 15 revisamos el entorno de las empresas. Se examinan las estrategias y estructuras que deben adoptar las empresas para competir efectivamente en el medio de los negocios internacionales.

Sexta parte

Los capítulos 16 a 20 se enfocan a investigar las operaciones de las empresas. En ellos se explica de qué manera las empresas pueden realizar sus funciones básicas (manufactura, marketing, investigación y desarrollo, manejo de los recursos humanos, contabilidad y finanzas) para competir y tener éxito en el entorno de los negocios internacionales.

En todo el libro se indica la relación entre el nuevo material y los temas que se hayan visto en capítulos anteriores, para que los estudiantes refuercen su comprensión de que el contenido abarca una totalidad integrada.

 # Accesible e interesante

El campo de los negocios internacionales me parece fascinante y emocionante, y he tratado de transmitir mi entusiasmo al estudiante. Se aprende mejor y más fácil si la materia se comunica de modo interesante, informativo y accesible. Una técnica que apliqué para conseguirlo es intercalar anécdotas en el desarrollo del texto: historias que ilustran la teoría.

La mayoría de los capítulos tienen un recuadro "Vistazo a un país", en el cual se dan antecedentes de aspectos políticos, económicos, sociales o culturales de un país que se relacionan con un tema de los negocios internacionales.

VISTAZO A UN PAÍS

Transformación económica de la India

Tras independizarse de Inglaterra en 1947, la India adoptó un sistema de gobierno democrático y un sistema económico mixto caracterizado por una gran cantidad de empresas propiedad del gobierno, planeación centralizada y subsidios. Este sistema restringió el crecimiento del sector privado; las compañías privadas solo podían expandirse con permiso del gobierno y podía tomar años obtener un permiso para diversificarse a nuevos productos. Mucha de la industria pesada, como la producción automotriz, química y acerera estaba reservada a empresas del gobierno. Las cuotas de producción y las altas tarifas en importaciones obstaculizaban también el desarrollo del tipo de progreso económico que muchas naciones del sureste asiático habían comenzado a disfrutar. En 1994, la economía india era aún menor a la de Bélgica, a pesar de tener una población de 950 millones de habitantes. Su INB per cápita era de solo 310 dólares, menos de la mitad de la población estaba alfabetizada, solo seis millones tenían acceso a los teléfonos y solo 14% tenía acceso a la recolección de basura; el Banco Mundial estimó que aproximadamente 40% de la población en extrema pobreza del mundo vivía en la India y solo 2.3% poseía un ingreso familiar por encima de 2 484 dólares.

La falta de progreso condujo al gobierno a embarcarse en un ambicioso programa de reforma económica. Comenzando en 1991, mucho del sistema de licenciamiento industrial fue desmantelado y algunas áreas que antes estaban cerradas al sector privado se abrieron, incluyendo generación de electricidad, partes de la industria petrolera, fabricación de acero, aerotransporte y algunas áreas de la industria de las telecomunicaciones. Se dio la bienvenida a empresas extranjeras, que antes eran permitidas a regañadientes y sometidas a techos arbitrarios. Se hizo automática la aprobación para la participación de hasta 51% a los extranjeros en las compañías indias y se permitió la propiedad extranjera a 100% en determinadas circunstancias. Podía importarse libremente materia prima y muchos bienes industriales, y la tarifa máxima que podía imponerse a las importaciones se redujo de 400 a 65%. El índice máximo de impuesto al ingreso se redujo también y el impuesto corporativo cayó de 57.5 a 46% en 1994, y luego a 35% en 1997. Asimismo, el gobierno

anunció sus planes para empezar a privatizar las empresas propiedad del Estado, de las cuales casi 40% estaba perdiendo dinero a principios de la década de 1990.

Desde la perspectiva de ciertas medidas, la respuesta a esas reformas económicas ha sido impresionante. La economía se expandió a un rango anual de casi 6.3% de 1994 a 2004 y se aceleró a entre 7 y 8% anual durante 2005-2012. La inversión extranjera, indicador clave de qué tan atractiva consideraban las compañías extranjeras a la economía india, saltó de 150 millones en 1991 a 27 mil 300 millones en 2012. Algunos sectores económicos se han desempeñado especialmente bien, como el de tecnologías de la información, donde la India ha emergido como un dinámico centro global para el desarrollo de software, con ventas de 100 mil millones en 2012, desde 150 millones en 1990. Además, en el sector farmacéutico, las compañías indias están surgiendo como hábiles jugadores en el mercado global, sobre todo al vender versiones genéricas y de bajo costo de fármacos cuya patente ha vencido en el mundo desarrollado.

Sin embargo, el país todavía tiene un largo camino por delante. Los intentos para reducir aún más las tarifas a las importaciones han sido obstaculizados por la oposición política de empleadores, empleados y políticos, quienes temen que, si se derruben las barreras, un torrente de productos chinos baratos inundará el país. El programa de privatización continúa encontrándose con obstáculos, el más reciente de los cuales fue en septiembre de 2003, cuando la Suprema Corte de la India dictaminó que el gobierno no podía privatizar dos empresas propiedad del Estado sin la aprobación explícita del parlamento. Las firmas paraestatales siguen representando 38% de la producción nacional en el sector no agrícola, no obstante que las compañías privadas de la India son de 30 a 40% más productivas que las que son propiedad del Estado. También, ha existido una fuerte resistencia a reformar muchas de las leyes que dificultan que los negocios privados operen con eficiencia; por ejemplo, las leyes laborales hacen que sea casi imposible para compañías con más de 100 empleados despedir a sus trabajadores, lo que desalienta a los empresarios a hacer crecer sus compañías por encima de los 100 trabajadores. Otras leyes ordenan que determinados productos solo puedan manufacturarlos empresas pequeñas, lo que torna imposible que las empresas en esas industrias consigan la escala requerida para competir internacionalmente.[31]

Tecnología enfocada en los resultados

Los instructores y estudiantes siguen planteándose una pregunta importante: ¿de qué manera pueden los cursos de negocios internacionales apoyar más a los estudiantes, mediante el proceso de aprendizaje, para moldear futuros líderes de negocios globales? Aunque existen muchas soluciones, *Negocios internacionales*, en su décima edición, ofrece una solución continua de contenidos y tecnología para mejorar el compromiso del estudiante y su comprensión, la automatización de las tareas y su calificación, y una manera sencilla de informar para asegurar que se estén cumpliendo los objetivos de aprendizaje.

Material complementario

Esta obra cuenta con varios recursos complementarios de apoyo al docente, los cuales está disponibles para los profesores que adopten la obra. Para más información consulte a su representante de McGraw-Hill local.

Agradecimientos

Muchas personas merecen mi agradecimiento por su apoyo en la preparación de este libro. En primer lugar, quiero agradecerle a todo el equipo de McGraw-Hill Education por haber trabajado conmigo en este proyecto:

Paul Ducham, director general

Anke Braun Weekes, gerente de marca senior

Kelly Delso, editora de desarrollo

Michael Gedatus, gerente de marketing

Elizabeth Steiner, coordinadora de marketing

Danielle Clement, gerente de contenido de proyectos

Debra Sylvester, comprador senior

Srdjan Savanovic, diseñador

Jeremy Cheshareck, especialista senior en licencias de contenidos

David Ploskonka, editor freelance de desarrollo de contenidos

En segundo lugar, quiero expresar mi gratitud hacia los revisores cuya realimentación me ayudó a darle forma a este libro:

Yeqing Bao, University of Alabama, Huntsville

Jacobus F. Boers, Georgia State University

Ken Chinen, California State University, Sacramento

Abiola O. Fanimokun, Pennsylvania State University, Fayette

John Finley, Columbus State University

Michael Harris, East Carolina University

Anthony C. Koh, University of Toledo

Steve Lawton, Oregon State University

Ruby Lee, Florida State University

Joseph W. Leonard, Miami University

David N. McArthur, Utah Valley University

Sunder Narayanan, New York University

Eydis Olsen, Drexel University

Daria Panina, Texas A&M University

Hoon Park, University of Central Florida

Dr. Mahesh Raisinghani, Texas Women's University

Brian Satterlee, EdD, DBA, Liberty University

Michael Volpe, University of Maryland

Macgorine A. Cassell, Fairmont State University

Ping Deng, Maryville University of St. Louis

Betty J. Diener, Barry University

Pat Fox, Marion Technical College

Connie Golden, Lakeland Community College

Laura Kozloski Hart, Barry University

Chip Izard, Richland College

Vishakha Maskey, West Liberty University

Shelly McCallum, Saint Mary's University of Minnesota

Emily A. Morad, Reading Area Community College

Tim Muth, Florida Institute of Technology

Dwight Shook, Catawba Valley Community College

James Whelan, Manhattan College

Man Zhang, Bowling Green State University

Martin Grossman, Bridgewater State University

Sara B. Kimmel, Mississippi College

Candida Johnson, Holyoke Community College

Kathy Hastings, Greenville Technical College

Negocios
internacionales

CÓMO COMPETIR
EN EL MERCADO GLOBAL

Globalización

1

OBJETIVOS DE APRENDIZAJE:

Al terminar este capítulo, usted deberá ser capaz de:

OA1-1 Comprender qué se entiende por *globalización*.

OA1-2 Reconocer los principales motores de la globalización.

OA1-3 Describir la naturaleza cambiante de la economía global.

OA1-4 Comprender los argumentos principales del debate sobre los efectos de la globalización.

OA1-5 Entender la forma en que el proceso de globalización genera oportunidades y desafíos para los administradores de negocios.

Surgimiento de la industria de las rosas en Ecuador

Caso inicial

Son las 6:20 de la mañana del 7 de febrero en el pueblo ecuatoriano de Cayambe, y María Pacheco acaba de bajarse del autobús de la compañía para ir al trabajo. Se coloca unos gruesos guantes de hule, un delantal sobre su vestido y toma sus tijeras de podar, lista para otra larga jornada. En cualquier otro momento del año, María trabajaría hasta las 2 p.m., pero es la semana previa al Día de San Valentín y, posiblemente, junto con sus compañeros de trabajo en la granja, se mantenga ocupada hasta las 5 p.m.; para entonces, María habrá cortado más de mil tallos de rosa. Pocos días más tarde, después de haber sido refrigeradas y enviadas por vía aérea, las rosas que ella cortó se estarán vendiendo a precios altos en florerías de Nueva York o Londres.

Las rosas ecuatorianas se reconocen como las mejores del mundo. Tienen enormes corolas y colores inusualmente vibrantes, incluidos 10 tonos de rojo, desde el carmesí hasta el rosado. De los 200 millones de rosas producidas para los consumidores estadounidenses en el Día de San Valentín, casi 80% proviene de Ecuador o Colombia, su vecino. El resto se cultiva sobre todo en California. Muchas solían cultivarse en Estados Unidos, en sitios como Nueva Jersey, que alguna vez se conoció como la capital de las rosas del país, pero una combinación de costos altos, barreras arancelarias menores y rápida transportación internacional condujeron a la migración de la producción a países como Ecuador. El último cultivador comercial de rosas de Nueva Jersey cerró su negocio en 1999.

La mayoría de las aproximadamente 400 granjas de rosas en Ecuador se localiza en las regiones de Cayambe y Cotopaxi, a 3 048 metros de altura en los Andes, como a una hora en automóvil de la capital, Quito. Los rosales se siembran en enormes terrazas planas al pie de los volcanes cubiertos de nieve que se elevan a más de seis mil metros, y son protegidos por doseles de plástico de casi seis metros de altura. La combinación de luz solar intensa, tierra volcánica fértil, ubicación ecuatorial y altura crea condiciones ideales de cultivo, lo que permite a las rosas florecer casi todo el año, dando a Ecuador una ventaja comparativa en la producción de rosas.

La industria de las rosas ecuatoriana comenzó hace casi 30 años y floreció a principios de la década de 1990, cuando el gobierno estadounidense redujo las tarifas a ciertas importaciones sudamericanas, incluyendo las flores, para alejar a los países de la producción de cocaína. Hoy, Ecuador es el segundo mayor productor de rosas en el mundo y dichas flores son su tercer más importante producto de exportación. Las granjas de rosas proporcionan más de 100 mil empleos en el país. Las ganancias e impuestos de los cultivadores han ayudado a pavimentar caminos, construir escuelas e instalar sofisticados sistemas de irrigación.

María trabaja de lunes a sábado y gana 400 dólares al mes, cantidad muy por encima del salario mínimo mensual del país, que es de 240 dólares. Además, la granja también le brinda atención médica y una pensión. Al emplear a mujeres como María, la industria ha generado una revolución social en la cual las madres y esposas tienen control sobre los gastos familiares, en especial en educación para sus hijos.

A pesar de todos los beneficios que las rosas han traído a Ecuador, la industria se ha visto bajo el fuego de los ambientalistas. Los grandes cultivadores han sido acusados de hacer mal uso de una mezcla tóxica de pesticidas, fungicidas y fumigantes para cultivar y exportar inmaculadas flores libres de plagas. Se ha reportado que los trabajadores a menudo fumigan las rosas en sus ropas de calle sin usar equipo protector. Algunos médicos y científicos argumentan que muchos de los empleados de la industria tienen serios problemas de salud por la exposición a químicos tóxicos. Un estudio efectuado por la Organización Mundial del Trabajo encontró que las mujeres de la industria sufren más abortos espontáneos que el promedio y que

cerca de 60% de todos los trabajadores padecen dolores de cabeza, náuseas, visión borrosa y fatiga. A pesar de esto, los críticos reconocen que sus estudios han sido entorpecidos por falta de acceso a las granjas y que no saben cuál es la situación real.

En respuesta, algunos cultivadores ecuatorianos se han unido a un programa voluntario para ayudar a los clientes a identificar a los cultivadores responsables. La certificación de comercio justo significa que el cultivador ha distribuido equipo de protección, ha capacitado a sus trabajadores en el uso de los químicos y contratado médicos para que visiten a los empleados cuando menos una vez a la semana. Otros grupos ambientalistas han presionado para que se instituyan sanciones más fuertes, incluidas las comerciales, contra los cultivadores ecuatorianos que no estén ambientalmente certificados como agentes responsables. Sin embargo, el 14 de febrero muchos consumidores son indiferentes a estos problemas: solo quieren mostrar su afecto a sus seres queridos con un perfecto ramo de rosas.[1]

Introducción

En las últimas tres décadas, ha ocurrido un cambio fundamental en la economía del mundo. Lejos quedaron los años en que las economías nacionales eran entidades relativamente autónomas, aisladas entre sí por barreras al comercio y a la inversión internacional, por distancias, husos horarios e idiomas, así como por diferencias nacionales respecto de normas gubernamentales, cultura y sistemas comerciales. Caminamos a una época en la que caerán las barreras internacionales al comercio y la inversión; las distancias se acortarán gracias a los avances en la tecnología del transporte y de las telecomunicaciones; las culturas materiales comenzarán a asemejarse en todo el mundo y las economías nacionales se fundirán en un sistema económico global integrado e interdependiente. El proceso que ha originado todo lo anterior se conoce como *globalización*.

El surgimiento de la industria ecuatoriana del cultivo de rosas, descrito en el "Caso inicial", es solo un pequeño ejemplo de la tendencia hacia la globalización. Hace treinta años, las rosas que un neoyorkino compraba el Día de San Valentín quizás habían sido cultivadas en Nueva Jersey, la ciudad vecina. Hoy se cultivan en otro continente y se cortan, empacan y envían a Nueva York a las 24 horas de haber sido compradas. El mismo neoyorkino puede ir a su trabajo manejando un auto diseñado en Alemania y armado en México por Ford, con componentes fabricados en Estados Unidos y Japón a partir de acero coreano y plásticos malasios. Quizá llene el tanque en una gasolinera de Shell, propiedad de una multinacional británico-alemana. Tal vez la gasolina se refine de petróleo extraído de un pozo en la costa occidental de África por una petrolera francesa que lo transportó a Estados Unidos en un barco de naviera griega. En su camino al trabajo, posiblemente esta persona hable con su corredor de bolsa (mediante un "manos libres" en una bocina integrada al auto) con un iPhone de Apple que se diseñó en California y se armó en China con microcircuitos producidos en Japón y Europa, cristales fabricados por Corning en Kentucky y chips de memoria de Corea del Sur. Quizá le diga a su asesor financiero que compre acciones de Lenovo, un fabricante multinacional chino de PC cuya casa matriz está en Carolina del Norte.

En este mundo vivimos. Es un mundo en el cual el volumen de bienes, servicios e inversiones que cruza las fronteras nacionales se expande con más rapidez que la producción mundial de manera constante desde hace más de medio siglo. Es un mundo en el que todos los días se efectúan transacciones internacionales con un valor mayor a 4 mil billones* de dólares y en el que 18 300 billones

---

[1] G. Thompson, "Behind Roses' Beauty, Poor and Ill Workers", en *The New York Times*, 13 de febrero de 2003, pp. A1, A27; V. Marino, "By Any Other Name, It's Usually a Rosa", en *The New York Times*, 11 de mayo de 2003, p. A9; "The Search for Roses without Thorns", en *The Economist*, 18 de febrero de 2006, p. 38; L. Kwoh, "Rose Growing Industry Wilts in U. S. as South America's Blossoms", en *The Star Ledger*, 6 de febrero de 2011; y R. Nevado y J. Nevado, "When a Rose Is more than Just a Rose", en *The Washington Post*, 11 de noviembre de 2002.

* Con el término "billón" nos referimos a 10^{12} o 1 000 000 000 000, conforme la escala de numeración vigente en español.

en bienes y 4 300 billones en servicios se vendieron fuera de Estados Unidos en 2012.[2] Es un mundo en el que las instituciones internacionales, como la Organización Mundial del Comercio (OMC), en reuniones de los gobiernos de las economías más poderosas del mundo, piden que se reduzcan todavía más las barreras internacionales al comercio y a la inversión. Es un mundo en el que los símbolos de la cultura material y popular son cada vez más universales: de Coca-Cola y Starbucks, a PlayStation de Sony, Facebook, programas de MTV, películas de Disney, tiendas IKEA, iPods y iPhones de Apple. Es, también, un mundo en el que voces vigorosas protestan en contra de la globalización, a quien culpan por una lista de males, del desempleo en las naciones desarrolladas a la degradación ambiental y la americanización de la cultura local.

Para las empresas, tales acontecimientos han traído muchas oportunidades, pues acrecientan sus ingresos debido a que venden en todo el mundo y reducen sus costos porque producen en las naciones donde los principales insumos son baratos, entre ellos la mano de obra. La expansión global de las empresas se ha facilitado por las tendencias políticas y económicas favorables. Desde la caída del comunismo, a finales de la década de 1980, el péndulo de las políticas públicas, nación tras nación, oscila hacia el extremo del espectro económico que corresponde al libre mercado. Desaparecieron las barreras normativas y administrativas que obstaculizaban los negocios en el extranjero, al tiempo que muchas naciones transformaron su economía: privatizaron empresas paraestatales, desregularon mercados, aumentaron la competencia y aceptaron la inversión de empresas extranjeras. Con esto, compañías grandes y pequeñas, de naciones tanto avanzadas como en desarrollo, pudieron expandirse internacionalmente.

A medida que la globalización se expande, transforma sectores económicos y genera ansiedad en quienes creían que su trabajo estaba protegido de la competencia foránea. Históricamente, los obreros de los sectores fabriles siempre se han preocupado por las secuelas de la competencia externa, en tanto que los empleados de servicios se sentían más seguros. Ahora, este panorama ha cambiado. Los adelantos tecnológicos, la disminución de los costos de transporte y el surgimiento de trabajadores calificados en los países en desarrollo suponen que muchos servicios ya no tienen que prepararse en el lugar donde se prestan. Lo mismo aplica para ciertos servicios contables. Hoy muchas declaraciones fiscales individuales de Estados Unidos se compilan en la India. Los contadores indios, ilustrados en las reglas fiscales estadounidenses, trabajan para sus empresas contables.[3] Acceden a las declaraciones fiscales individuales guardadas en computadoras de Estados Unidos, hacen cálculos de rutina y guardan el trabajo para que lo revise un contador local, quien luego factura a sus clientes. Como dijo hace poco el exitoso autor Thomas Friedman, el mundo se vuelve plano.[4] Los habitantes de países desarrollados ya no tienen el campo de juego inclinado a su favor. Cada vez más empresarios de la India, China o Brasil cuentan con las mismas oportunidades de mejorar que quienes viven en Europa occidental, Estados Unidos o Canadá.

En este libro, analizaremos con detalle estos temas y muchos otros. Examinaremos de qué manera los cambios en las normas gubernamentales sobre el comercio y la inversión internacionales, al combinarse con cambios tecnológicos y en los sistemas políticos, han alterado de modo radical el campo de juego competitivo de muchas empresas. Revisaremos las oportunidades y los peligros, y diversas estrategias con que los administradores pueden aprovechar las oportunidades y contrarrestar las amenazas. Consideraremos si la globalización beneficia o perjudica a las economías nacionales. Veremos qué dice la teoría económica acerca de la exportación de trabajos de manufactura y servicios a países como la India y China, y estudiaremos, además, las ventajas y los costos de subcontratar no solo empresas comerciales y empleados, sino economías enteras. Pero primero debemos analizar la naturaleza y el proceso de la globalización, a lo cual dedicamos este primer capítulo.

 ## ¿Qué es la globalización?   OA1-1

En este libro, **globalización** se refiere al cambio hacia una economía global más integrada e interdependiente. Este fenómeno tiene varias facetas, como la globalización de los mercados y de la producción.

---

[2] Cifras de la base de datos estadística de la OMC, 2013.

[3] Thomas L. Friedman, *The World Is Flat,* Nueva York, Farrar, Straus y Giroux, 2005.

[4] *Idem.*

GLOBALIZACIÓN DE LOS MERCADOS

La **globalización de los mercados** consiste en la fusión de mercados nacionales, que por tradición eran distintos y estaban separados, en un solo mercado mundial enorme. La supresión de las barreras al comercio entre fronteras facilita las ventas internacionales. Desde hace tiempo, se ha dicho que los gustos y preferencias de los consumidores de diversos países convergen en alguna norma mundial, lo que sirve para crear un mercado global.[5] Los productos de consumo, como tarjetas de crédito Citigroup, refrescos de Coca-Cola, videojuegos, hamburguesas de McDonald's, café de Starbucks, muebles IKEA y iPhones de Apple se citan a menudo como ejemplos característicos de esta tendencia. Las empresas que fabrican estos productos son más que meros beneficiarios de esta tendencia: también la facilitan, pues al ofrecer el mismo producto básico en todo el mundo, contribuyen a conformar un mercado mundial.

Una compañía no necesita tener el tamaño de estos gigantes multinacionales para fomentar y beneficiarse de la globalización de los mercados; por ejemplo, según la International Trade Administration, en Estados Unidos más de 286 mil pequeñas y medianas compañías exportaron en 2010, lo que representa un 98% de las compañías exportadoras en ese año. En términos más generales, las exportaciones de las pequeñas y medianas empresas representaron 34% de todas las exportaciones estadounidenses en 2010.[6] Un ejemplo característico de ello es B&S Aircraft Alloys, una compañía neoyorquina cuyas exportaciones suman 40% de sus ingresos anuales de ocho millones de dólares.[7] La situación es semejante en otros países; por ejemplo, en Alemania, que es el mayor exportador del mundo, un asombroso 98% de las pequeñas y medianas industrias están en los mercados globales, ya sea por medio de exportaciones o producción internacional.[8]

A pesar de la presencia mundial de las tarjetas de crédito Citigroup, hamburguesas de McDonald's, café de Starbucks y muebles IKEA, es importante evitar pensar que los mercados nacionales desaparecen en el mercado global. Como veremos en capítulos posteriores, aún hay diferencias muy importantes entre los mercados nacionales y muchos aspectos pertinentes, como los gustos y preferencias de los consumidores, canales de distribución, sistemas de valores inscritos en una cultura, sistemas de negocios y normas legales. Estas diferencias exigen que las estrategias de comercialización, características de los productos y prácticas operativas se adapten a las condiciones de un país en particular.

Hoy los mercados más globales no son los de productos de consumo (pues las diferencias de gustos y preferencias son todavía tan considerables que frenan la globalización), sino los mercados de bienes y materiales industriales que atienden una necesidad de todo el mundo. Aquí entran los mercados de *commodities*, como aluminio, petróleo y trigo; mercados de productos industriales, como microprocesadores, chips de memoria para computadora (*dynamic random-access memory*, DRAM) y aviones comerciales; mercados de software de cómputo y mercados de títulos financieros, como bonos de la Tesorería de Estados Unidos, eurobonos y futuros sobre el índice Nikkei o el euro. Dicho esto, es cada vez más evidente que muchos de los nuevos productos de consumo de alta tecnología, como el iPhone de Apple, se venden con éxito en la misma forma y en todo el mundo.

En muchos mercados globales, las mismas empresas compiten entre sí en todos los países. La rivalidad entre Coca-Cola y PepsiCo es mundial, lo mismo que entre Ford y Toyota, Boeing y Airbus, Caterpillar y Komatsu en equipo de excavación, General Electric y Rolls Royce en motores de avión, y Sony, Nintendo y Microsoft en las consolas de videojuegos. Si una empresa entra en un país en el que no se encuentran sus rivales, es seguro que estos la seguirán para impedir que adquiera una ventaja.[9] Conforme las compañías se persiguen por todo el mundo, llevan consigo los elementos que les funcionan en otros mercados nacionales, como productos, estrategias operativas, estrategias de

---

[5]   T. Levitt, "The Globalization of Markets", en *Harvard Business Review*, mayo-junio de 1983, pp. 92-102.

[6]   Departamento de Comercio de Estados Unidos, Administración de Comercio Interno, "U. S. Export Fact Sheet", 10 de mayo de 2012.

[7]   C. M. Draffen, "Going Global: Export Market Proves Profitable for Region's Small Businesses", en *Newsday*, 19 de marzo de 2001, p. C18.

[8]   B. Benoit y R. Milne, "Germany Best Kept Secret, How Its Exporters Are Betting the World", en *Financial Times*, 19 de mayo de 2006, p. 11.

[9]   Véase F. T. Knickerbocker, *Oligopolistic Reaction and Multinational Enterprise*, Boston, Harvard Business School Press, 1973, y R. E. Caves, "Japanese Investment in the U. S.: Lessons for the Economic Analysis of Foreign Investment", en *The World Economy* 16 (1993), pp. 279-300.

comercialización y marcas, lo que homogeneiza los mercados. Así, una mayor uniformidad sustituye a la diversidad. En cada vez más sectores económicos ya no tiene sentido hablar de "el mercado alemán", "el mercado estadounidense", "el mercado brasileño" o "el mercado japonés": para muchas empresas, solo hay un mercado global.

GLOBALIZACIÓN DE LA PRODUCCIÓN

La **globalización de la producción** se refiere a la subcontratación de bienes y servicios en diversos lugares del mundo para aprovechar las diferencias nacionales de costo y calidad de los **factores de producción** (como mano de obra, electricidad, tierra y capital). Con base en esta perspectiva, las compañías intentan reducir su estructura general de costos o mejorar la calidad o funcionalidad de su oferta de productos para competir con más eficiencia. Tomemos como ejemplo el avión comercial de Boeing Company, el 777. Ocho proveedores japoneses hicieron componentes para fuselaje, puertas y alas; un proveedor de Singapur fabricó las puertas del tren de aterrizaje de la nariz; tres proveedores de Italia, los alerones, etc.[10] En total, alrededor de 30% del 777, de acuerdo con su valor, fue producido por compañías extranjeras. Para su más reciente avión, el 787, Boeing acentuó la tendencia, pues más o menos para 65% del valor total del avión se subcontrataron compañías extranjeras (de esta cifra, 35% fue para tres destacadas compañías japonesas).

Parte de la lógica de Boeing para subcontratar tanta producción a proveedores extranjeros es que ellos son los mejores del mundo en esa actividad. Una red mundial de proveedores entrega un mejor producto final, lo que acrecienta las posibilidades de que Boeing posea una mayor participación en los pedidos totales de aviones que su rival mundial, Airbus. Asimismo, Boeing subcontrata parte de la producción a otros países para aumentar sus posibilidades de obtener pedidos importantes de las aerolíneas de tales países. Como otra muestra de la red global de actividades, considere el ejemplo de Vizio que se menciona en el "Panorama administrativo".

Los primeros esfuerzos de subcontratación se confinaban originalmente a las actividades de manufactura, como los emprendidos por Boeing, Apple y Vizio; sin embargo, son cada vez más las compañías que aprovechan la moderna tecnología de las telecomunicaciones, en particular internet, para subcontratar actividades de servicio de productores de bajo costo en otras naciones. Internet ha permitido que los hospitales subcontraten parte del trabajo radiológico en la India, donde las imágenes de las resonancias magnéticas y similares son interpretadas por la noche mientras los médicos estadounidenses duermen, y disponen de los resultados por la mañana. Muchas empresas de software, incluidas IBM y Microsoft, recurren a ingenieros indios para servicios de mantenimiento de software diseñado en Estados Unidos. Por la diferencia de husos horarios, los ingenieros indios efectúan pruebas de depuración de software escrito en Estados Unidos mientras los ingenieros de este país duermen, y retransmiten los códigos corregidos mediante conexiones seguras de internet, de modo que están listos para que los ingenieros estadounidenses trabajen al día siguiente. Dispersar así las actividades de creación de valor reduce el tiempo y los costos de desarrollar nuevos programas de software. Otras compañías, desde fabricantes de computadoras hasta bancos, subcontratan funciones de servicio, como centros de atención telefónica (*call centers*), a naciones en desarrollo, cuya mano de obra es más barata. En otro ejemplo que proviene de la atención a la salud, en 2008 cerca de 34 mil filipinos estaban empleados en el negocio de transcribir los archivos médicos estadounidenses (como archivos de audio provenientes de médicos que solicitaban la aprobación de las aseguradoras para efectuar un procedimiento). Algunas estimaciones sugieren que la subcontratación de muchos procedimientos administrativos relacionados con la atención médica, como el servicio al cliente y el procesamiento de quejas, podría reducir los costos de salud, solo en Estados Unidos, en casi 70 mil millones de dólares.[11]

Robert Reich, quien fue secretario del trabajo en el régimen del presidente Clinton, explica que, como consecuencia de las tendencias que imponen compañías como Boeing, Apple, IBM y Vizio, en muchos casos ya no es relevante hablar de productos estadounidenses, japoneses, alemanes o coreanos. Según Reich, la subcontratación de actividades productivas a diversos proveedores genera un incremento en la creación de productos de naturaleza mundial, es decir, "productos globales";[12]

---

[10] I. Metthee, "Playing a Large Part", en *Seattle Post-Intelligencer*, 9 de abril de 1994, p. 13.

[11] "Operating Profit", en The *Economist*, 16 de agosto de 2008, pp. 74-76.

[12] R. B. Reich, *The Work of Nations*, Nueva York, A. A. Knopf, 1991.

Vizio y el mercado de pantallas planas de televisión

Mediante el empleo de complejas herramientas en entornos que deben ser mantenidos absolutamente limpios, la manufactura se centra en Corea del Sur, Taiwán y Japón, que producen láminas de vidrio dos veces mayores que una cama king size, según especificaciones precisas. De ahí, los paneles de vidrio viajan a las plantas mexicanas ubicadas a lo largo de la frontera con Estados Unidos. En ellas son cortadas al tamaño adecuado, combinadas con componentes electrónicos traídos de Asia y Estados Unidos, armadas en televisores y cargadas en camiones que las transportan a los distribuidores en Estados Unidos, donde los consumidores gastan más de 35 mil millones de dólares al año en pantallas planas de televisión.

La tecnología que está detrás de las pantallas planas fue inventada en Estados Unidos a finales de la década de 1960 por RCA; pero cuando esta compañía y sus rivales, Westinghouse y Xerox, optaron por no utilizar dicha tecnología, la empresa japonesa Sharp efectuó enérgicas inversiones en este terreno. A principios de la década de 1990, Sharp vendía las primeras pantallas planas, pero cuando la economía japonesa se hundió en una recesión que duró una década, el liderazgo de la inversión lo asumieron compañías sudcoreanas como Samsung. Después, la crisis asiática de 1997 golpeó duro a Corea y las compañías taiwanesas tomaron el liderazgo. Hoy las compañías chinas se están abriendo paso en el negocio de la manufactura de pantallas planas.

A medida que la producción de pantallas planas recorre su camino alrededor del mundo hacia lugares de bajo costo, aparecen claramente ganadores y perdedores. Los consumidores,

Los televisores planos de Vizio se arman en México a partir de componentes producidos en muchos países.

que se han beneficiado de la caída en los precios de los televisores planos, están arrebatándoselos. Los fabricantes eficientes han sacado provecho de las cadenas de proveedores dispersos globalmente para manufacturar televisores planos de bajo costo y alta calidad. Entre estos últimos, la compañía californiana Vizio ocupa un lugar destacado. Fundada por un inmigrante taiwanés, en solo ocho años las ventas de los televisores planos de Vizio escalaron de cero a más de tres mil millones de dólares en 2012. Esta compañía privada es el proveedor más importante del mercado estadounidense, con una participación de 18-19%; no obstante, Vizio tiene menos de 500 empleados, que se concentran en el diseño del producto final, las ventas y el servicio al cliente. Además, subcontrata la mayoría de su trabajo de ingeniería, toda su manufactura y gran parte de su logística. Para cada uno de sus modelos, Vizio integra un equipo de socios proveedores dispersos por todo el mundo; por ejemplo, su televisor plano de 42 pulgadas, con un panel de Corea del Sur, componentes electrónicos chinos y procesadores de Estados Unidos, se ensambla en México. Sus administradores exploran constantemente el mundo buscando a los fabricantes más baratos de pantallas planas y componentes electrónicos. Luego, venden la mayor parte de sus televisores a tiendas minoristas de descuento como Costco y Sam's Club. Un buen seguimiento de los pedidos de los minoristas, junto con un estricto manejo de la logística global, permite a Vizio recuperar su inventario cada tres semanas, dos veces más rápido que muchos de sus competidores, una fuente mayor de ahorro en costos en un negocio donde los precios están en caída constante.[13]

pero, al igual que la globalización de los mercados, las compañías deben tener el cuidado de no llevar demasiado lejos la globalización de su producción. Como veremos en capítulos posteriores, aún hay obstáculos significativos para que las empresas alcancen la dispersión óptima de sus actividades productivas a todo el mundo. Entre estos impedimentos se destacan las barreras formales e informales al comercio entre países, barreras a la inversión extranjera directa, costos de trans-

[13] D. J. Lynch, "Flat Panel TVs Display Effects of Globalization", en *USA Today*, 8 de mayo de 2007, pp. 1B y 2B; P. Engardio y E. Woyke, "Flat Panels, Thin Margins", en *Business Week*, 26 de febrero de 2007, p. 50; B. Womack, "Flat TV Seller Vizio Hits $600 Million in Sales, Growing", en *Orange County Business Journal*, 4 de septiembre de 2007, pp. 1, 64; y E. Taub, "Vizio's Flat Panel Display Sales Are Anything But Flat", en *New York Times Online*, 12 de mayo de 2009; y Greg Tarr, "HIS: Samsung Dusts Vizio in Q4 LCD TV Share in the U.S.", en *This Week in Consumer Electronics*, 12 de abril de 2010, p. 12.

porte y problemas relacionados con los riesgos económicos y políticos; por ejemplo, las normas gubernamentales acaban por limitar la posibilidad de los hospitales de subcontratar la interpretación de los exámenes de resonancia magnética a naciones en desarrollo, donde los radiólogos cobran menos.

Sin embargo, la globalización de los mercados y la producción continuará. Las empresas modernas son actores relevantes en esta tendencia, pues sus actividades fomentan la globalización. Ahora bien, estas compañías no hacen más que responder de manera eficiente a los cambios en las condiciones del entorno en que operan, como debe ser.

Surgimiento de las instituciones mundiales

Conforme los mercados se globalizan y cada vez más actividades empresariales traspasan las fronteras nacionales, se requieren instituciones que administren, regulen y vigilen el mercado mundial, y que promuevan el establecimiento de tratados multinacionales que rijan el sistema mundial de los negocios. En los últimos 50 años, se crearon varias instituciones mundiales para cumplir con estas funciones, como el **Acuerdo General sobre Aranceles Aduaneros y Comercio** (General Agreement of Tariffs and Trade, GATT) y su sucesor, la OMC; el Fondo Monetario Internacional (FMI) y su institución hermana, el Banco Mundial, así como la Organización de las Naciones Unidas (ONU). Todas estas instituciones se fundaron por acuerdo voluntario entre estados individuales y sus funciones quedaron consagradas en tratados internacionales.

La **Organización Mundial del Comercio** (al igual que el GATT antes que ella) vigila el sistema comercial mundial y se asegura de que los estados acaten las reglas de los tratados comerciales que han firmado. A principios de 2013, eran miembros de la OMC 159 países, que en conjunto sumaban 98% del comercio mundial, lo que le dio a la organización un alcance e influencia enormes. Asimismo, la OMC se encarga de facilitar la firma y operatividad de otros acuerdos multinacionales entre sus integrantes. A lo largo de su historia (y antes en la del GATT), la OMC ha fomentado la disminución de las barreras al comercio y la inversión internacionales; por ello, se ha convertido en un instrumento para los países miembros que han querido establecer un sistema de comercio mundial más abierto, libre de los obstáculos de las barreras al comercio y la inversión entre naciones. Sin la OMC, sería difícil creer que la globalización de los mercados y la producción hubieran llegado hasta donde se encuentra hoy; sin embargo, como veremos aquí y en el capítulo 7, en el que estudiaremos con detenimiento esta organización, los críticos la acusan de usurpar la soberanía de los estados nacionales.

En 1944 instituyeron el **Fondo Monetario Internacional** (FMI) y el **Banco Mundial** 44 naciones que se reunieron en Bretton Woods, New Hampshire. Al FMI se le asignó la labor de mantener el orden en el sistema monetario internacional, y al Banco Mundial, la de promover el desarrollo económico. En las más de seis décadas que han transcurrido desde su creación, las dos instituciones han desempeñado un papel fundamental en la economía global. El Banco Mundial es la menos polémica de las dos instituciones hermanas; se ha concentrado en hacer préstamos con bajos intereses a gobiernos de naciones pobres que necesitan efectivo y quieren hacer inversiones cuantiosas en infraestructura (como levantar presas o tender caminos).

A menudo, el FMI es el último recurso al que se acude para solicitar un préstamo cuando los países pasan por crisis económicas y su moneda se devalúa frente a otras; por ejemplo, varias veces, en las últimas dos décadas, el FMI prestó dinero a gobiernos de naciones con problemas, como Argentina, Indonesia, México, Rusia, Corea del Sur, Tailandia y Turquía. Recientemente, tuvo una función muy proactiva al ayudar a los países a lidiar con algunos de los efectos de las crisis financieras globales de 2008 y 2009. Los préstamos del FMI tienen sus condiciones: pide a las naciones que adopten determinadas políticas económicas destinadas a devolver a su economía la estabilidad y el crecimiento. Estas condiciones son las que más polémica causan porque algunos críticos advierten que son casi siempre inapropiadas y otros aducen que, al dictar a gobiernos nacionales las políticas económicas que deben aplicar, el FMI, como la OMC, usurpa la soberanía de aquellos. En el capítulo 11, hablaremos del debate sobre la función del FMI.

La **Organización de las Naciones Unidas** se creó el 24 de octubre de 1945, cuando 51 países se comprometieron a conservar la paz mediante la cooperación internacional y la seguridad colectiva. Hoy prácticamente todas las naciones del mundo pertenecen a la ONU: un total de 193. Cuando se afilian a ella, se comprometen a aceptar las obligaciones de la Carta de la Organización de las Naciones Unidas, un tratado internacional que establece los principios básicos de las relaciones internacionales. De acuerdo con la carta, la organización tiene cuatro finalidades: mantener la paz y seguridad internacionales, cultivar relaciones cordiales entre las naciones, cooperar para resolver los problemas internacionales y promover el respeto a los derechos humanos, así como ser el centro para armonizar las actividades de los países. La ONU es más conocida por su función de conservación de la paz, aunque uno de sus principales mandatos es el fomento de la calidad de vida, del empleo para todos y del progreso y desarrollo económico y social, temas decisivos para la creación de una economía global activa. Hasta 70% del trabajo del sistema de la ONU se destina a cumplir este mandato; para ello, colabora con otras instituciones internacionales, como el Banco Mundial. Estas actividades se sostienen en el principio rector de que erradicar la pobreza y mejorar el bienestar de todos los pueblos son pasos necesarios para establecer las condiciones de una paz duradera en el mundo.[14]

Otra institución que ha entrado en escena recientemente es el **G20** o el llamado Grupo de los Veinte. Creado en 1999, el G20 está compuesto por los ministros de finanzas y gobernadores del banco central de las 19 mayores economías del mundo, además de representantes de la Unión Europea y del Banco Central Europeo. En conjunto, el G20 representa 90% del PIB global y 80% del comercio internacional. El Banco Central Europeo se fundó originalmente para formular una respuesta política coordinada a la crisis financiera de los países en desarrollo; en 2008 y 2009 esta institución se convirtió en un foro por medio del cual las naciones desarrolladas intentaron estructurar una respuesta política coordinada a la crisis financiera que comenzó en Estados Unidos, se extendió con rapidez por todo el mundo y desencadenó la primera recesión económica global grave desde 1981.

OA1-2 # Impulsores de la globalización

Dos factores generales son la base de la tendencia creciente que impulsa la globalización.[15] El primero es la reducción de las barreras al libre tránsito de bienes, servicios y capital desde el final de la Segunda Guerra Mundial. El segundo, es el cambio tecnológico, en particular los notables adelantos de los últimos años en torno de las tecnologías de la comunicación, el transporte y el procesamiento de la información.

REDUCCIÓN DE LAS BARRERAS AL COMERCIO Y LAS INVERSIONES

Durante las décadas de 1920 y 1930, muchos países levantaron enormes barreras al comercio internacional y a la inversión extranjera directa. El **comercio internacional** ocurre cuando una empresa exporta bienes o servicios a consumidores de otra nación. La **inversión extranjera directa** se concreta cuando una compañía invierte recursos en negocios que se encuentran fuera de su país de origen. Muchas barreras al comercio internacional adoptaban la forma de altos aranceles sobre las importaciones de bienes manufacturados; el objetivo general de estos aranceles era proteger a las industrias nacionales de la competencia extranjera, pero solo lograban generar políticas comerciales de represalias ("empobreced al prójimo") por medio de las que los países levantaban más barreras entre ellos. Al final, dichos comportamientos deprimieron la demanda mundial y contribuyeron a la Gran Depresión de la década de 1930.

Después de aprender de la experiencia, las naciones industrializadas de Occidente se comprometieron, al término de la Segunda Guerra Mundial, a suprimir barreras al libre tránsito de bienes, servicios y capital entre ellas.[16] Esta meta se incorporó al GATT y, bajo la protección de este, se efectuaron ocho rondas de negociaciones entre los países miembros para abatir las barreras al tránsito de bienes y servicios. Las últimas negociaciones, en la llamada Ronda Uruguay, concluyeron en

---

[14] Naciones Unidas, "The UN in Brief", en: http://www.un.org/Overview/uninbrief/, consultado el 9 de agosto de 2014.

[15] J. A. Frankel, "Globalization of the Economy", National Bureau of Economic Research, documento de trabajo núm. 7858, 2000.

[16] J. Bhagwati, *Protectionism*, Cambridge, MA, MIT Press, 1989.

	1913	1950	1990	2010
Francia	21%	18%	5.9%	3.9%
Alemania	20	26	5.9	3.9
Italia	18	25	5.9	3.9
Japón	30	—	5.3	2.3
Holanda	5	11	5.9	3.9
Suecia	20	9	4.4	3.9
Gran Bretaña	—	23	5.9	3.9
Estados Unidos	44	14	4.8	3.2

TABLA 1.1

Promedio de los aranceles sobre los productos manufacturados, como porcentaje de su valor.

Fuentes: Datos de 1913 a 1990 tomados de "Who Wants to Be a Giant?", en *The Economist: A Survey of the Multinationals*, 24 de junio de 1995, pp. 3-4. Copyright © The Economist Books, Ltd. Los datos de 2010 provienen de la Organización Mundial del Comercio, *2011 World Trade Report*, Ginebra, OMC, 2011.

diciembre de 1993; donde se redujeron aún más las barreras comerciales, se extendió el GATT para que abarcara servicios y bienes manufacturados, se mejoró la protección de patentes, marcas y propiedad intelectual, y se estableció la OMC para que vigilara el sistema comercial internacional.[17] En la tabla 1.1 se resume el efecto de los tratados del GATT en el promedio de los aranceles sobre bienes manufacturados. Como se aprecia, este promedio ha bajado de manera considerable desde 1950 y hoy está más o menos en 4%.

A finales de 2001, la OMC inició una nueva ronda de pláticas con la finalidad de liberar más el comercio global y el marco de las inversiones. Para llevar a cabo esta reunión, escogió un lugar remoto en Doha, Qatar, país del golfo Pérsico. En esta ciudad, los integrantes de la OMC replantearon una agenda. Se programó que la duración de las pláticas fuese de tres años, aunque, hasta 2013, estaban estancadas por la oposición de varias de las principales naciones. La agenda de Doha incluyó reducir los aranceles de bienes y servicios industriales y productos agrícolas, retirar de forma progresiva los subsidios a los productores agrícolas, reducir las barreras a las inversiones internacionales y limitar el uso de leyes en contra del *dumping*. Si las conversaciones llegan a concluir alguna vez, el mayor provecho puede provenir de la discusión acerca de los productos agrícolas: el promedio de los aranceles a estos productos es de casi 40%, a la vez que las naciones ricas gastan al año casi 300 mil millones de dólares en subsidios para apoyar ese sector. Las naciones más pobres del mundo son las que más ganarían en cualquier reducción de las tarifas y los subsidios agrícolas, pues estas reformas les darían acceso a los mercados del mundo desarrollado.[18]

Además de reducir las barreras comerciales, muchos países también suprimieron poco a poco las restricciones a la inversión extranjera directa (IED). De acuerdo con la ONU, cerca de 90% de los 2 700 cambios efectuados en todo el mundo, entre 1992 y 2009, a las leyes que rigen la inversión extranjera directa, permitió un ambiente más favorable para esos flujos de capital.[19]

Estas tendencias han impulsado la globalización de los mercados y la producción. Al bajar las barreras al comercio internacional, las empresas toman al mundo como su mercado, no a un solo país. Asimismo, pueden ubicar su producción en el lugar óptimo para sus actividades; de esta forma, una compañía puede diseñar un producto en una nación, fabricar componentes en otras dos, armarlo en una más y exportar el producto final a todo el mundo.

Según datos de la OMC, el volumen del comercio mundial de bienes creció a un ritmo *dos veces* mayor que la economía mundial desde 1950. Como resultado, para 2012, el volumen del comercio mundial era 31 veces mayor que en 1950, mientras que la economía mundial era 8.7 veces mayor (cifras en términos *reales*, ajustadas a la inflación). Esta tendencia ha persistido hasta hoy; entre 1992 y 2012, el comercio mundial creció 5.3% anualmente, mientras que la economía mundial lo hizo 2.15% por año luego de los ajustes por la inflación.[20] Desde mediados de la década de 1980, el valor del comercio internacional en servicios también se ha robustecido y hoy representa casi 19% del valor de todo el comercio internacional. Cada vez más, el comercio mundial de servicios se ha

---

[17] F. Williams, "Trade Round Like This May Never Be Seen Again", en *Financial Times*, 15 de abril de 1994, p. 8.

[18] W. Vieth, "Major Concessions Lead to Success for WTO Talks", en *Los Angeles Times*, 14 de noviembre de 2001, p. A1; y "Seeds Sown for Future Growth", en *The Economist*, 17 de noviembre de 2001, pp. 65-66.

[19] *Idem.*

[20] Boletín de prensa de la OMC, "Trade to Remain Subdued in 2013 after Sluggish Growth in 2012 as European Economies Continue to Struggle", 10 de abril de 2013; OMC, *International Trade Statistics 2012*, Ginebra, OMC, 2012.

impulsado por los avances en comunicaciones, lo cual posibilita a las empresas subcontratar servicios en distintos lugares del mundo; por ejemplo, muchas compañías del mundo desarrollado contratan servicios de atención al cliente, desde mantenimiento de software hasta centros telefónicos, en naciones en vías de desarrollo, donde el costo de tales funciones es menor.

El hecho de que el volumen del comercio mundial haya crecido más rápido que el PIB mundial supone varias cosas. En primer lugar, cada vez más empresas hacen lo mismo que Boeing con sus aviones 777 y 787, y Apple con el iPhone: dispersar partes del proceso de producción en diferentes lugares del mundo para reducir los costos de producción y aumentar la calidad de los productos. En segundo, la economía de las naciones del mundo está más interrelacionada. Como el comercio se expande, los países dependen más unos de otros para conseguir bienes y servicios importantes. En tercer lugar, el mundo se ha enriquecido mucho desde 1990, lo que implica que el aumento del comercio es el motor que ha impulsado a la economía global.

Asimismo, la evidencia sugiere que la inversión extranjera directa cumple una función más relevante en la economía global a medida que las empresas elevan sus inversiones internacionales. El flujo anual promedio de IED creció de 26 600 billones de dólares en 1975 a 1 300 billones en 2012.[21] Aun cuando las cifras de 2012 estuvieron muy por debajo del pico de dos mil millones en IED registrado en 2007, las tendencias a largo plazo siguen siendo positivas. Para 2011, como resultado del intenso flujo de la inversión extranjera directa, el Global Stock de la IED era de cerca de 20 400 billones. Por lo menos 82 mil compañías tenían 810 mil filiales en mercados externos que emplearon en conjunto a más de 77 millones de personas en el extranjero y generaron un valor aproximado en libros de 11% del producto interno bruto mundial. Las filiales en el extranjero de las multinacionales obtuvieron ventas globales calculadas en 32 mil billones de dólares, un valor mucho más alto que el de las exportaciones de bienes y servicios combinados, el cual llegó a cerca de los 20 mil billones.[22]

La globalización de los mercados, la producción, el consecuente incremento del comercio mundial, la inversión extranjera y las importaciones significan que las empresas locales deben competir en sus mercados con compañías foráneas; así ocurre en China, donde empresas estadounidenses como Apple, General Motors y Starbucks están ampliando su presencia. Lo mismo sucede en Estados Unidos, donde las compañías automovilísticas japonesas han restado participación en el mercado a General Motors y Ford (aunque hay señales de que esta tendencia se está revirtiendo), y lo mismo pasa en Europa, donde la empresa holandesa Philips, que dominaba el mercado en el sector de aparatos electrodomésticos, ha visto cómo las compañías japonesas Panasonic y Sony, así como las coreanas Samsung y LG, recortan su participación y toman su lugar. La creciente integración de la economía del mundo en un solo mercado gigantesco acentúa la intensidad de la competencia en numerosos sectores de manufactura y servicios.

Sin embargo, no es aconsejable dar por hecho la supresión de las barreras al comercio y la inversión entre países. Como veremos en los capítulos siguientes, todavía se escucha la solicitud de "protección" ante los competidores extranjeros en diversos países, incluso en Estados Unidos. Aunque es improbable que regresemos a las políticas comerciales restrictivas de las décadas de 1920 y 1930, no está claro si la mayoría política del mundo industrializado está a favor de reducir más estas barreras. En realidad, la crisis financiera global de 2008-2009 y la caída asociada con la producción mundial condujeron a mayores reclamos para que las barreras comerciales protejan los empleos locales. Si las barreras ya no disminuyen, al menos por ahora se pondrá un freno a la globalización de los mercados y la producción.

FUNCIÓN DEL CAMBIO TECNOLÓGICO

La disminución de las barreras comerciales abrió la posibilidad teórica de la globalización de los mercados y la producción, pero el cambio tecnológico la hizo una realidad tangible. Desde el fin de la Segunda Guerra Mundial, el mundo ha tenido grandes avances en la tecnología de las comunicaciones, el procesamiento de la información y el transporte, junto con la aparición explosiva de internet.

---

[21] Conferencia de las Naciones Unidas sobre Comercio e Inversión, "Global FDI Recovery Derails", en *Global Investment Trends Monitor*, 23 de enero de 2013.

[22] Organización de las Naciones Unidas, *World Investment Report, 2012,* Nueva York y Ginebra, Naciones Unidas, 2012.

Microprocesadores y telecomunicaciones

Quizá la innovación más trascendente haya sido la invención del microprocesador, que permitió el crecimiento acelerado del cómputo potente y barato, lo que aumentó en gran medida el volumen de información que pueden procesar individuos y empresas. El microprocesador también impulsó los avances recientes en la tecnología de las comunicaciones. Durante 30 años, las comunicaciones globales se han revolucionado debido a los avances en las tecnologías de los satélites, la fibra óptica, los sistemas inalámbricos y la internet. Estas tecnologías se basan en microprocesadores para codificar, transmitir y decodificar volúmenes vastos de información que circulan por estas autopistas electrónicas. El costo de los microprocesadores no deja de bajar, al tiempo que su poder se incrementa (un fenómeno conocido como **ley de Moore**, el cual pronostica que cada 18 meses se duplica el poder de la tecnología de los microprocesadores y se reducen a la mitad sus costos de producción).[23]

Internet

El explosivo crecimiento de internet desde 1994, cuando se introdujo el primer navegador, es la expresión más reciente de este desarrollo. En 1990, menos de un millón de usuarios estaba conectado a internet. En 1995, la cifra aumentó a 50 millones. Para 2012, internet tenía 2 400 millones de usuarios.[24] La internet se ha convertido en pieza central de la información de la economía global. Solo en Estados Unidos, las ventas al menudeo del comercio electrónico, o *e-commerce*, alcanzaron 365 mil millones en 2012 (a partir de casi cero en 1998), mientras que dichas ventas sobrepasaron mil billones de dólares por primera vez en 2012.[25] Desde una perspectiva global, la internet está surgiendo como un ecualizador, pues elimina algunas limitaciones; por ejemplo, ubicación, escala y husos horarios.[26] Además, facilita mucho el encuentro entre los compradores y los vendedores, dondequiera que estén y cualquiera que sea su tamaño. Permite a las empresas, tanto grandes como pequeñas, expandir su presencia global a menor costo que nunca antes y posibilita a las compañías coordinar y controlar un sistema de producción globalmente disperso en una forma que no hubiera sido posible 20 años atrás.

Tecnología del transporte

Además de los avances en la tecnología de las comunicaciones, a partir de la Segunda Guerra Mundial se registraron distintas innovaciones en la tecnología del transporte. En términos económicos, la principal es, quizá, la construcción del avión comercial y las aeronaves de carga, así como la introducción de los contenedores, que simplifican el paso de una modalidad de transporte a otra. El advenimiento del avión comercial que redujo el tiempo para ir de un lugar a otro, encogió al mundo. En términos de tiempo de viaje, Nueva York está ahora "más cerca" de Tokio de lo que estaba de Filadelfia en la época colonial.

El uso de contenedores para transportar las mercancías revolucionó al sector del transporte y redujo de manera significativa los costos de embarcar bienes para transportarlos grandes distancias. Antes de la llegada de los contenedores, para pasar los bienes de una modalidad de transporte a otra se requería de muchos trabajadores y era un proceso lento y costoso. Se necesitaban varios días y centenares de estibadores para descargar un barco y volver a subir la carga a camiones o vagones. Debido al uso masivo de los contenedores en las décadas de 1970 y 1980, un puñado de estibadores efectuaba todo este proceso en un par de días. Como consecuencia de la eficacia que representa el uso de contenedores, los costos del transporte se desplomaron, de modo que es mucho más barato embarcar bienes a todo el mundo. Este avance impulsó la globalización de los mercados y la producción. Entre 1920 y 1990, el promedio del flete marítimo y los cargos portuarios por tonelada de carga estadounidense de importación y exportación bajaron de 95 a 29 dólares (según el valor de 1990).[27] En Estados Unidos, el costo del flete embarcado por tonelada y por milla de ferrocarriles pasó de

[23] La ley de Moore lleva el nombre del fundador de Intel, Gordon Moore.

[24] Datos compilados de diversas fuentes y enlistados en: http://www.internetworldstats.com/stats.htm, consultado el 9 de agosto de 2014.

[25] De www.census.gov/mrts/www/ecomm.html, consultado el 9 de agosto de 2014. Véase también S. Fiegerman, "Ecommerce Is Now a Trillion Dollar Industry", en *Mashable Business*, 5 de febrero de 2013.

[26] Para una comparación, véase "Geography and the Net: Putting It in Its Place", en *The Economist*, 11 de agosto de 2001, pp. 18-20.

[27] Frankel, "Globalization of the Economy".

3.04 centavos de dólar en 1985 a 2.3 centavos en 2000, sobre todo debido a los aumentos en la eficacia de los contenedores.[28] Hoy una proporción cada vez mayor de la carga se transporta por aire. Entre 1955 y 1999, el promedio de los ingresos de transporte aéreo, por tonelada por kilómetro, bajó más de 80%.[29] A consecuencia de la reducción de los costos del flete por aire, en los primeros años del siglo XXI los embarques aéreos sumaron 28% del valor del comercio estadounidense, que en 1965 era apenas de 7%.[30]

Repercusiones de la globalización de la producción

A medida que bajan los costos de transporte por la globalización de la producción, su traslado a diversos lugares es más económico. Como resultado de las innovaciones tecnológicas que acabamos de ver, los costos reales del procesamiento de la información y las comunicaciones se redujeron en forma considerable en los últimos 20 años. Estos avances permitieron que una empresa creara y gestionara un sistema de producción disperso en el mundo, lo que favoreció la globalización de la producción. Una red global de comunicaciones es esencial para muchas empresas internacionales; por ejemplo, Dell se vale de internet para coordinar y controlar a tal grado su disperso sistema de producción que solo mantiene inventarios para tres días de trabajo en sus plantas de armado. El sistema en internet de Dell registra los pedidos de equipo de cómputo conforme sus clientes lo hacen en el sitio electrónico de la compañía y transmite de inmediato los pedidos a los respectivos proveedores de todo el mundo, quienes tienen información en tiempo real del despacho de pedidos en Dell y ajustan sus calendarios de producción con base en él. Gracias al bajo costo del transporte aéreo, Dell puede acelerar la entrega de componentes fundamentales y reaccionar ante cambios imprevistos en la demanda, sin demorar la entrega del producto final a los clientes. Asimismo, la compañía utiliza tecnología de comunicaciones moderna y subcontrata sus operaciones de servicio a clientes en la India. Cuando algún cliente estadounidense llama a Dell con una pregunta técnica, se le canaliza a Bangalore, en la India, donde toma la llamada el personal de servicio de habla inglesa.

Repercusiones para la globalización de los mercados

Además de la globalización de la producción, las innovaciones tecnológicas también facilitan la globalización de los mercados. Las redes baratas de comunicación mundial, como internet, han servido para crear mercados globales electrónicos. Como mencionamos, los bajos costos del transporte ocasionaron que el embarque de productos a todo el mundo fuera más económico, lo que asimismo contribuyó a la aparición de mercados globales (por ejemplo, rosas cultivadas en y exportadas por Ecuador; véase el "Caso inicial"). Por otro lado, el precio relativamente barato de los viajes en jet suscitó un movimiento masivo de personas entre países. Esto reduce la distancia cultural entre las naciones y favorece cierta convergencia de los gustos y preferencias de los consumidores. Al mismo tiempo, las redes y los medios globales de comunicación generan una cultura mundial. Las cadenas de televisión como CNN, MTV y HBO se sintonizan en muchos países, y las películas de Hollywood se proyectan en todo el mundo. En cualquier sociedad, los medios de comunicación son los principales trasmisores de la cultura: por la aparición de los medios globales, es de esperar que se produzca algo semejante a una cultura global. Un resultado lógico de esta evolución es el surgimiento de mercados globales para productos de consumo, cuyos primeros indicios ya empiezan a notarse. Hoy es tan fácil encontrar un McDonald's en Tokio como en Nueva York, comprar un iPod en Río de Janeiro como en Berlín, o adquirir jeans Gap en París como en San Francisco.

A pesar de estas tendencias, debemos ser precavidos y no exagerar su importancia. Las modernas tecnologías de comunicación y transporte dieron vida a una "aldea global", pero persisten diferencias nacionales muy importantes en cuanto a cultura, preferencias de consumo y prácticas comerciales. Una empresa que ignore las diferencias entre naciones ha de hacerlo bajo su propio riesgo. Enfatizaremos este tema en diversas partes del libro, y en capítulos posteriores, lo desarrollaremos.

---

[28]   Datos de la Oficina de Estadísticas del Transporte de Estados Unidos, 2001.

[29]   J. G. Fernald y V. Greenfield, "The Fall and Rise of the Global Economy", en *Chicago Fed Letters*, abril de 2001, pp. 1-4.

[30]   Datos compilados de varias fuentes y anotados en: http://www.internetworldstats.com/stats.htm, consultado el 9 de agosto de 2014.

Cambios demográficos de la economía global

OA1-3

A la par de la tendencia hacia la globalización, en los últimos 30 años se registró un cambio impresionante en la demografía de la economía global. Ya en la década de 1960, cuatro hechos esquemáticos contextualizaban la demografía de la economía del mundo. El primero era el dominio de Estados Unidos en el marco de la economía y el comercio mundial; el segundo, el dominio de ese país en la inversión extranjera directa del mundo. En relación con los dos primeros, el tercer factor era el dominio de las grandes empresas multinacionales estadounidenses sobre el escenario de los negocios internacionales. El cuarto era que, más o menos la mitad del planeta (las economías centralizadas del bloque comunista), quedaba fuera de los límites de los negocios internacionales de Occidente. Como explicaremos más adelante, estas cuatro circunstancias ya cambiaron o lo están haciendo con rapidez.

CAMBIOS EN LA PRODUCCIÓN MUNDIAL Y EL ESTADO DEL COMERCIO EN EL MUNDO

A comienzos de la década de 1960, Estados Unidos era por mucho la potencia industrial dominante en el mundo. En 1960, ese país acaparaba 38.3% de la producción del mundo, medida en términos del producto interno bruto (PIB). Para 2012, Estados Unidos aportaba 23.1% del PIB mundial; a pesar de que todavía era la mayor potencia industrial del mundo, desde ese año disminuyó de modo significativo su tamaño relativo (véase la tabla 1.2). Este país tampoco ha sido la única nación desarrollada que vio caer su posición; lo mismo sucedió con Alemania, Francia y Reino Unido, que fueron de los primeros países en industrializarse. Este deterioro de la posición estadounidense no ha sido un descenso absoluto, pues su economía creció enormemente entre 1960 y 2010 (periodo durante el cual también progresaron las economías de Alemania, Francia y Reino Unido). Más bien, se trató de una disminución relativa; es decir, fue el reflejo del crecimiento más acelerado de otras economías, en particular de Asia. Por ejemplo, como se aprecia en la tabla 1.2, la participación de China en la producción mundial aumentó de un porcentaje trivial a 9.4% de 1960 a 2010, lo cual la convirtió en la segunda mayor economía del mundo. Otros países que incrementaron su participación en la producción mundial fueron Japón, Tailandia, Malasia, Taiwán y Corea del Sur.

Al final de la década de 1980, la posición de Estados Unidos como el mayor exportador del mundo estaba en peligro. En estos 30 años, se desvaneció su dominio sobre los mercados del extranjero porque Japón, Alemania y otros países recién industrializados, como Corea del Sur y China, captaron una mayor proporción de las exportaciones mundiales. En la década de 1960, Estados Unidos alcanzaba sin problemas 20% de las exportaciones mundiales de bienes manufacturados; pero, como se desprende de la tabla 1.2, la participación estadounidense en la exportación mundial de bienes y servicios se redujo a 8.7% en 2012.

A medida que las nuevas economías emergentes como China, la India, Rusia y Brasil siguen creciendo, parece posible prever que Estados Unidos y otras viejas naciones desarrolladas padecerán una continua reducción de su participación en la producción y las exportaciones mundiales. En sí

País	Participación en la producción mundial, 1960 (%)	Participación en la producción mundial, 2011 (%)	Participación en las exportaciones mundiales, 2012 (%)
Estados Unidos	38.3	21.4	8.7
Alemania	8.7	5.1	7.9
Francia	4.6	4.0	3.3
Italia	3.0	3.1	2.8
Reino Unido	5.3	3.5	2.6
Canadá	3.0	2.5	2.5
Japón	3.3	8.4	4.5
China	ND	10.5	11.4

TABLA 1.2

Cambios en el PIB y el comercio mundiales.

Fuentes: Datos de producción de la base de datos del Banco Mundial, abril 2013. Datos de exportación del boletín de prensa de la OMC, "Trade to remain subdued in 2013", 10 de abril de 2013.

mismo, esto no es malo. El relativo *decline* de Estados Unidos es resultado del desarrollo económico y la industrialización de la economía mundial y no de una reducción absoluta de la salud de la economía estadounidense.

Casi todos los pronósticos anticipan un rápido aumento de la participación en la producción mundial de países en desarrollo como China, la India, Indonesia, Tailandia, Corea del Sur, Rusia, México y Brasil, y una disminución correspondiente de los países ricos industrializados, como Gran Bretaña, Alemania, Japón y Estados Unidos. Si continúan las tendencias actuales, la economía china podría ser, finalmente, mayor que la estadounidense en términos de paridad del poder adquisitivo, mientras que la de la India se acercaría a la de Alemania; por ejemplo, el Banco Mundial calcula que las actuales naciones en desarrollo pueden llegar a sumar más de 60% de la actividad económica mundial en 2020, mientras que las naciones desarrolladas de hoy, que por ahora representan más de 55% de la actividad económica mundial, generarían apenas 38%. Los pronósticos no siempre son acertados, pero indican que está en marcha un cambio en la geografía económica del mundo, si bien su magnitud aún no es mensurable. Para las empresas internacionales, las repercusiones de este cambio en la geografía económica es evidente: mañana, muchas oportunidades económicas se hallarán en las naciones en desarrollo, y es probable que muchos de los competidores más capaces provengan de esas regiones. Un caso ilustrativo es el de la impresionante expansión del sector software de la India, el cual se explica en la sección "Vistazo a un país".

CAMBIOS EN EL ESTADO DE LA INVERSIÓN EXTRANJERA DIRECTA

Como expresión del dominio de Estados Unidos en la economía global, en la década de 1960 las empresas de ese país daban cuenta de 66.3% de los movimientos de inversión extranjera directa mundial. Las compañías británicas estaban en segundo lugar, con 10.5%. Las japonesas ocupaban un distante octavo lugar con apenas 2%. El dominio de las empresas estadounidenses era tan grande que se escribían libros sobre el peligro económico que representaban para Europa.[31] Varios gobiernos europeos, en especial Francia, hablaban de limitar la entrada de inversiones de las compañías estadounidenses.

Sin embargo, como se eliminaron las barreras al libre tránsito de bienes, servicios y capitales, y como otros países aumentaron su participación en la producción mundial, empresas que no eran estadounidenses comenzaron a efectuar inversiones internacionales. La razón de gran parte de estas nuevas inversiones foráneas radicaba en el deseo de dispersar las actividades de producción entre los lugares más apropiados y de establecer una presencia directa en los principales mercados externos. Así, a partir de la década de 1970, compañías europeas y japonesas trasladaron las operaciones de manufactura que más mano de obra requerían en sus mercados nacionales a países en desarrollo, donde los costos laborales eran menores. Asimismo, muchas empresas japonesas invirtieron en Estados Unidos y Europa, en general a título de operaciones compensatorias de movimientos cambiarios desfavorables y por la posible imposición de barreras comerciales; por ejemplo, Toyota, la compañía de automóviles japonesa, aumentó con rapidez sus inversiones en instalaciones de producción en Estados Unidos y Europa a finales de la década de 1980 y principios de la siguiente. Sus directivos pensaban que, como se fortalecía el yen japonés, los precios de las exportaciones japonesas de automóviles no tendrían cabida en los mercados externos; por consiguiente, era lógico llevar la producción a los mercados extranjeros más importantes, en lugar de exportar desde Japón. Además, Toyota emprendió estas operaciones para adelantarse a las crecientes presiones políticas en Estados Unidos y Europa que pretendían restringir las exportaciones de autos japoneses a esos mercados.

En la figura 1.1 se ilustra una consecuencia de estos acontecimientos. En ella se muestra que los títulos de inversión extranjera directa de los seis principales inversionistas del mundo (Estados Unidos, Reino Unido, Alemania, Países Bajos, Francia y Japón) cambiaron entre 1980 y 2011 (los **títulos de inversión extranjera directa** representan el valor total acumulado de esas inversiones). En dicha figura también se indica el monto acumulado por las empresas de economías en desarrollo. La participación total acumulada de las compañías estadounidenses se redujo de casi 38% en 1980 a

---

[31] N. Hood y J. Young, *The Economics of the Multinational Enterprise*, Nueva York, Longman, 1973.

Sector software en la India

Hace 25 años, varias empresas productoras de software se establecieron en Bangalore, India. Una de las más representativas fue Infosys Technologies, fundada por siete emprendedores indios que entre todos reunieron mil dólares. Hoy, Infosys tiene ganancias anuales por 7 400 millones de dólares y algo así como 155 600 empleados, pero es solo una de las más de cien compañías de software que se concentran en Bangalore, que se ha convertido en el epicentro del creciente sector de tecnología de la información de ese país. A partir de su inicio a mediados de la década de 1980, para 2012, este sector generó ingresos por 68 mil millones de dólares en el bienio 2011-2012.

El crecimiento del sector software en la India se basa en cuatro factores. Primero, el país cuenta con una abundante dotación de talento de ingeniería. Cada año, cerca de 400 mil ingenieros se gradúan en sus universidades. Segundo, los costos de mano de obra son históricamente bajos: en 2008, el costo de contratar a un graduado indio era más o menos 12% en comparación con el costo de contratar a un graduado estadounidense (esto está cambiando, porque los salarios están aumentando en la India). Tercero, muchos indios hablan fluidamente el inglés, lo que facilita la coordinación entre el país y las empresas occidentales. Cuarto, por las diferencias horarias, los indios pueden trabajar mientras los estadounidenses duermen.

Al principio, las compañías indias se centraron en el extremo bajo de la industria, pues proporcionaban servicios básicos de prueba y desarrollo de software a las empresas de Occidente; sin embargo, a medida que la industria creció en tamaño y complejidad, las empresas de ese país escalaron en el mercado. En la actualidad, las compañías líderes de la India compiten directamente con sus similares de otros países, como IBM y EDS, por grandes proyectos de desarrollo de software, contratos para brindar procesos de negocios por subcontratación y servicios de consulta de tecnología informática. Estos mercados han florecido en los últimos 15 años y las empresas indias se quedan con una gran rebanada del pastel. Una de las respuestas de las compañías occidentales a esta naciente amenaza competitiva ha sido invertir en la India para obtener el mismo tipo de ventajas económicas que disfrutan las firmas locales; por ejemplo, IBM ha invertido dos mil millones de dólares en sus operaciones en la India y ahora 150 mil de sus empleados se ubican en ese país, más de los que hay en cualquier otra nación. También Microsoft ha hecho grandes inversiones en ese país, entre las que se incluye un centro de investigación y desarrollo en Hyderabad, que da empleo a cuatro mil personas. El centro se ubicó en ese sitio específico para capturar a talentosos ingenieros indios que no quieren mudarse a Estados Unidos.[32]

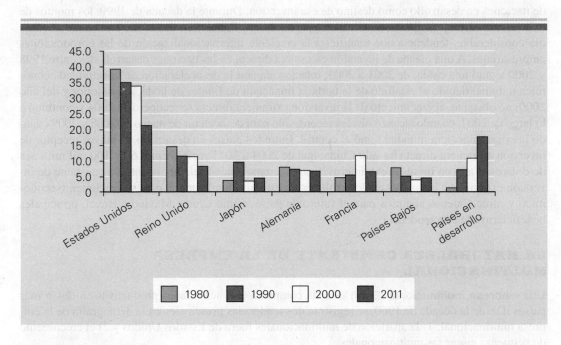

FIGURA 1.1

Porcentaje de la participación total en títulos de inversión extranjera directa, 1980-2011.

□ 1980　■ 1990　□ 2000　■ 2011

[32] "America's Pain, India's Gain: Outsourcing", en *The Economist*, 21 de enero de 2003, p. 59; "The World Is Our Oyster", en *The Economist*, 7 de octubre de 2006, pp. 9-10; Anónimo, "IBM and Globalization: Hungry Tiger, Dancing Elephant", en *The Economist*, 7 de abril de 2007, pp. 67-69; P. Mishra, "New Billing Model May Hit India's Software Exports", en *Live Mint*, 14 de febrero de 2013; e "India's Outsourcing Business: On the Turn", en *The Economist*, 19 de enero de 2013.

FIGURA 1.2

Flujos de inversión extranjera directa, 1988-2011.

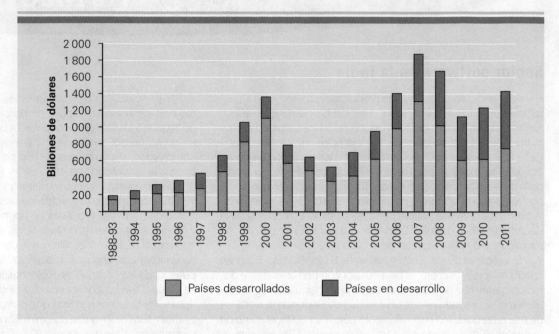

21% en 2011. En tanto, aumentó notablemente la participación de Francia y de las naciones en desarrollo. El incremento de la participación de los países en vías de desarrollo refleja una tendencia creciente de las empresas de esas naciones a invertir más allá de sus fronteras. En 2011, las compañías establecidas en países en desarrollo sumaron 17.5% de los títulos de inversión extranjera directa, en comparación con el magro 1% en 1980. Las empresas establecidas en Hong Kong, Corea del Sur, Singapur, Taiwán, la India y China continental acumularon la mayor parte de esa inversión.

En la figura 1.2 se presentan otras dos tendencias importantes: el crecimiento constante de los movimientos internacionales de inversión extranjera directa durante la década de 1990 y la aparición de naciones en desarrollo como destino de esa inversión. Durante la década de 1990, los montos de la inversión extranjera directa canalizados a países desarrollados y en desarrollo aumentaron de forma considerable, tendencia que manifiesta la creciente internacionalización de las corporaciones empresariales. A una oleada de inversión extranjera directa en las naciones desarrolladas entre 1998 y 2000 siguió una caída, de 2001 a 2003, relacionada con la desaceleración de la actividad económica mundial debido al estallido de la burbuja financiera de finales de la década anterior y del año 2000; no obstante, el crecimiento de la inversión extranjera directa se recuperó en 2004 y continuó a lo largo de 2007, cuando alcanzó niveles récord, solo para desacelerar de nuevo en 2008 y 2009 cuando la crisis financiera mundial tomó el control. Entre los países en desarrollo, el mayor receptor de inversión extranjera directa ha sido China, que de 2004 a 2011 recibió entre 60 y 100 mil millones de dólares al año en ingresos extranjeros. Como veremos más adelante, la entrada constante de inversión extranjera a los países en desarrollo es un estímulo fundamental para su crecimiento económico y ofrece buenos augurios para el futuro de países como China, México y Brasil, principales beneficiarios de esta tendencia.

LA NATURALEZA CAMBIANTE DE LA EMPRESA MULTINACIONAL

Una **empresa multinacional (EMN)** es toda compañía con actividades productivas en dos o más países. Desde la década de 1960, se registran dos tendencias principales en la demografía de la empresa multinacional: 1) la aparición de multinacionales fuera de Estados Unidos y 2) el crecimiento de pequeñas empresas multinacionales.

Multinacionales no estadounidenses

En la década de 1960, la actividad económica mundial estaba dominada por las grandes corporaciones multinacionales estadounidenses. En esa década, estas empresas sumaron más o menos dos

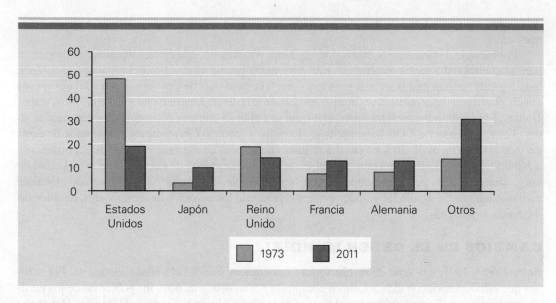

FIGURA 1.3

País de origen de las mayores corporaciones multinacionales, 1973 y 2010.

terceras partes de la inversión extranjera directa, de modo que es de esperar que la mayoría de las multinacionales fueran compañías de ese país. Según los datos que se resumen en la figura 1.3, en 1973, de las 260 mayores multinacionales del mundo, 48.5% era estadounidense. La siguiente nación más destacada era el Reino Unido, con 18.8%. En ese periodo, Japón tenía 3.5% de tales empresas. La gran cantidad de multinacionales estadounidenses reflejaba su dominio económico en las tres décadas que siguieron al fin de la Segunda Guerra Mundial, mientras que la cifra elevada de multinacionales británicas se explica por su dominio industrial en las primeras décadas del siglo xx.

Para 2010, todo había cambiado de manera considerable. Aproximadamente, 21 de las 100 mayores multinacionales del mundo eran estadounidenses; 15, francesas; 11, alemanas; 15, británicas, y 8, japonesas.[33] Aunque los datos de 1973 no equivalen en rigor a los datos posteriores, sí ilustran una tendencia (las cifras de 1973 se basan en las 260 empresas más poderosas, mientras que las cifras posteriores, en las 100 principales multinacionales). La globalización de la economía mundial provocó una relativa reducción del dominio de las compañías estadounidenses en el mercado global.

De acuerdo con datos de la ONU, las categorías de las 100 mayores multinacionales del mundo todavía están dominadas por empresas de las economías desarrolladas;[34] no obstante, siete compañías de economías en desarrollo entraron en la lista de la ONU de las 100 mayores multinacionales en 2010. La mayor fue Hutchison Whampoa, de Hong Kong, que ocupó el lugar 23.[35] Puede esperarse que las empresas de las naciones en desarrollo surjan como relevantes competidores en los mercados globales, alejando el eje de la economía mundial de Norteamérica y Europa occidental y amenazando el largo dominio de las compañías occidentales. El "Panorama administrativo" describe a uno de esos competidores, Hisense, uno de los fabricantes chinos de electrodomésticos de consumo y equipo de telecomunicaciones más destacados.

Surgimiento de las pequeñas empresas multinacionales

Otra tendencia de los negocios internacionales ha sido el advenimiento de multinacionales de tamaño mediano y pequeño (minimultinacionales).[36] Cuando se piensa en negocios internacionales, se citan empresas como ExxonMobil, General Motors, Ford, Panasonic, Procter & Gamble, Sony y Unilever: grandes y complejas corporaciones multinacionales con operaciones que abarcan todo el planeta. Aunque la mayor parte del comercio y la inversión internacionales aún la efectúan las grandes empresas, muchas firmas medianas y pequeñas participan cada vez más en esos ramos. El advenimiento

---

[33] Organización de las Naciones Unidas, *World Investment Report, 2012.*
[34] *Idem.*
[35] *Idem.*
[36] S. Chetty, "Explosive International Growth and Problems of Success among Small and Medium Sized Firms", en *International Small Business Journal*, febrero de 2003, pp. 5-28.

de internet redujo las barreras que enfrentan las compañías pequeñas para materializar ventas internacionales.

Por ejemplo, Lubricating Systems, Inc., de Kent, Washington, que fabrica líquidos de lubricación para máquinas industriales, da empleo a 25 personas y genera ventas por 6.5 millones de dólares. Está lejos de ser una multinacional grande y compleja, pero más de dos millones de dólares de sus ventas provienen de exportaciones a un grupo básico de países: Japón, Israel y los Emiratos Árabes Unidos. Lubricating Systems también estableció una alianza con una compañía alemana para atender el mercado europeo.[37] Otros ejemplos son Lixi, Inc., pequeño fabricante estadounidense de equipo industrial de rayos X: 70% de sus 4.5 millones de dólares en ingresos procede de exportaciones a Japón;[38] y G. W. Barth, fabricante de máquinas para tostar granos de cacao con sede en Ludwigsburg, Alemania. Esta pequeña compañía, con solo 65 empleados, capta 70% del mercado global de dichas máquinas.[39] No solo las grandes empresas practican los negocios internacionales, también las medianas y pequeñas.

CAMBIOS EN EL ORDEN MUNDIAL

Entre 1989 y 1991, una serie de revoluciones democráticas sacudió al mundo comunista. Por razones que estudiaremos con más detalle en el capítulo 3, uno detrás de otro, los gobiernos de los partidos comunistas de Europa oriental, y al final el de la propia Unión Soviética, colapsaron. Hoy dicha unión se ha esfumado en la historia y fue reemplazada por 15 repúblicas independientes. Checoslovaquia se dividió en dos repúblicas, mientras que Yugoslavia se disolvió en una sangrienta guerra civil entre los cinco estados que la sucedieron, guerra que, por fortuna, terminó.

Muchas naciones antes comunistas de Europa y Asia se comprometieron con las políticas democráticas y la economía del libre mercado. Si continúa esta tendencia, las oportunidades de negocios internacionales serán enormes. Durante medio siglo estos países estuvieron básicamente cerrados a las empresas occidentales. Ahora representan un cúmulo de oportunidades de exportación e inversión. Dos décadas más tarde, la economía de muchos de los estados excomunistas aún está poco desarrollada y no puede darse por hecho que sostendrán su compromiso con la democracia y el libre mercado. Hay indicios preocupantes de agitaciones crecientes y tendencias totalitarias en varios de ellos, lo cual incluye a Rusia, que ahora muestra signos de regresar hacia una mayor participación del Estado en la actividad económica y a un gobierno autoritario.[40] Por ello, los riesgos de negociar en esos países son grandes, pero también las ganancias.

Además de estos cambios, en China, América Latina y otros estados de Asia sudoccidental han acontecido revoluciones más silenciosas, cuyas implicaciones para los negocios internacionales quizá sean tan profundas como la caída del comunismo en Europa occidental. China suprimió su propio movimiento democrático en la sangrienta matanza de la Plaza de Tiananmen en 1989; no obstante, poco a poco avanza hacia más reformas de libre mercado. Si lo que ocurre en China se prolonga por otros 20 años, el país pasaría del Tercer Mundo a la categoría de superpotencia industrial, más rápido que Japón. Si su producto interno bruto per cápita crece un promedio de 6 o 7%, menos que el de 8 a 10% que alcanzó en la última década, en 2020 esta nación de 1 300 millones de habitantes se jactaría de contar con un ingreso promedio per cápita de casi 13 mil dólares, más o menos equivalente al ingreso actual de España.

Las posibles consecuencias para las empresas internacionales son extraordinarias. Por un lado, con casi 1 300 millones de habitantes, China representa un gran mercado y prácticamente sin explotar; así, entre 1983 y 2010, la inversión extranjera directa anual en China pasó de menos de dos mil millones de dólares a 100 mil millones. Por otro, las nuevas empresas chinas han resultado muy capaces competidoras y pueden restar participación de mercado a compañías occidentales y japonesas (como ejemplo, véase la sección "Panorama administrativo" sobre Hisense). De esta manera, los cambios en China crean tanto oportunidades como amenazas para las empresas mundiales establecidas.

[37] R. A. Mosbacher, "Opening Up Export Doors for Smaller Firms", en *Seattle Times*, 24 de julio de 1991, p. A7.
[38] "Small Companies Learn How to Sell to the Japanese", en *Seattle Times*, 19 de marzo de 1992.
[39] Holstein, "Why Johann Can Export, but Johnny Can't".
[40] N. Buckley y A. Ostrovsky, "Back to Business–How Putin's Allies Are Turning Russia into a Corporate State", en *Financial Times*, 19 de junio de 2006, p. 11.

La Hisense de China: una multinacional en surgimiento

Hisense está surgiendo rápidamente como una de las multinacionales líderes en China. Como muchas otras corporaciones de este país, tiene sus orígenes en una fábrica que era propiedad del Estado; en este caso, la Fábrica de Radio núm. 2 de Qingdao, establecida en 1969 con solo 10 empleados. En la década de 1970, esta empresa se diversificó para manufacturar televisores a color, diseñados por Matsushita bajo licencia. En 1992, un ingeniero de 35 años llamado Zhou Houjian fue designado director de la compañía. En 1994, cuando se fundó Hisense Company Ltd., con Zhou como director general (en la actualidad es presidente del consejo directivo) se aflojaron los grilletes a las empresas propiedad del Estado.

Bajo el liderazgo de Zhou, Hisense entró en un periodo de rápido crecimiento, diversificación de productos y expansión global. Para 2012, las ventas de la compañía sumaban más de 13 mil millones de dólares y se había constituido como el principal fabricante de televisores de China, aparatos de aire acondicionado, refrigeradores, computadoras personales y equipo de telecomunicaciones. Hisense vendió aproximadamente 10 millones de televisores, tres millones de acondicionadores de aire, cuatro millones de teléfonos inalámbricos CDMA, seis millones de refrigeradores y un millón de computadoras personales. Sus ventas internacionales representaron más de 15% de sus ingresos totales. La compañía había asentado subsidiarias en otros países como Argelia, Hungría, Irán, Pakistán y Sudáfrica, y crecía con rapidez por medio del desarrollo de mercados donde les quitaba participación a fabricantes de aparatos electrónicos de consumo y electrodomésticos largamente establecidos.

Hisense tiene grandes ambiciones, busca convertirse en una empresa global con una marca de consumo de clase mundial. Aunque es, sin duda, un fabricante de bajo costo, considera que su fortaleza principal está en la rápida innovación de sus productos. Su filosofía es que la única forma de obtener el liderazgo en los mercados altamente competitivos en los que se desempeña es lanzar de manera continua productos avanzados, de alta calidad y con precios competitivos.

Con esto en mente, Hisense fundó su primer centro de investigación y desarrollo en China a mediados de la década de 1990. A este objetivo le siguió un proyecto similar en Sudáfrica en 1997 y otro europeo en 2007. La compañía tiene planes para levantar un centro de investigación y desarrollo en Estados Unidos. En 2008, estos centros solicitaron el registro de más de 600 patentes.

La destreza tecnológica de Hisense se evidencia en su ramo de televisores digitales. La compañía introdujo módems independientes en 1999, los cuales permiten navegar por internet desde un televisor. En 2002, Hisense incorporó su primer televisor digital interactivo, y en 2005, desarrolló el primer chip de procesamiento digital para televisores digitales de China, con lo cual rompió con la dependencia de la nación de fabricantes extranjeros de esta tecnología. En 2006, la firma lanzó una innovadora línea de televisores multimedia que integran tecnología digital de alta definición, tecnología de internet y pantalla plana.[41]

Respecto de América Latina, se han afianzado tanto la democracia como las reformas de libre mercado. Durante décadas, la mayor parte de sus países padeció gobiernos dictatoriales, muchos de los cuales veían en las empresas internacionales occidentales instrumentos de dominación imperialista; por lo que restringían la inversión directa de las compañías extranjeras. Además, las economías mal administradas de la región se caracterizaban por un crecimiento lento, gran endeudamiento e hiperinflación, lo cual desalentaba la inversión de las empresas internacionales; sin embargo, esto cambió en forma notable en las últimas dos décadas. En la mayor parte de América Latina, aminoraron la deuda y la inflación, los gobiernos vendieron las empresas paraestatales a inversionistas privados, se aceptó la inversión extranjera y las economías de la región se expandieron. Brasil, México y Chile han encabezado esta senda. Dichas modificaciones aumentan el atractivo de América Latina como mercado para las exportaciones y como destino de la inversión extranjera directa. Al mismo tiempo, por su larga historia de malos manejos económicos, no hay garantía de que se prolonguen estas tendencias favorables. Por otra parte, en los últimos años, en Bolivia, Ecuador y principalmente Venezuela se ha registrado una mayor participación del Estado en la industria y la inversión extranjera ya no es tan bienvenida como lo fue durante la década de 1990. En estas naciones, los gobiernos han quitado el control de los campos de gas y petróleo a los inversionistas de otros países, y han

[41] Harold L. Sirkin, "Someone May Be Gaining on Us", en *Barron's*, 5 de febrero de 2007, p. 53; "Hisense Plans to Grab More International Sales", en *Sino Cast China IT Watch*, 30 de noviembre de 2006; "Hisense's Wonder Chip", en *Financial Times Information Limited–Asian Intelligence Wire*, 30 de octubre de 2006; y el sitio web de Hisense, consultado el 14 de junio de 2007, en http://global.hisense.com/, consultado el 9 de agosto de 2014.

limitado los derechos de compañías extranjeras para extraer petróleo y gas de sus territorios. Por todo ello, como en el caso de Europa oriental, las numerosas oportunidades se acompañan de riesgos significativos.

ECONOMÍA GLOBAL EN EL SIGLO XXI

Como se dijo, en el último cuarto de siglo presenciamos acelerados cambios en la economía global: se derrumbaron los obstáculos al libre tránsito de bienes, servicios y capitales y el volumen del comercio internacional creció más rápido que la producción mundial, lo que indica que las economías nacionales se integraron más estrechamente en un sistema económico mundial único e interdependiente. A medida que avanzan sus economías, más naciones se unen a las filas del mundo desarrollado. Hace una generación, Corea del Sur y Taiwán se consideraban países en desarrollo de segundo orden; hoy tienen una economía próspera y sus empresas desempeñan un papel trascendente en diversas industrias globales: desde astilleros y acerías hasta productos electrónicos y químicos. Asimismo, el avance hacia la economía global se fortalece por la adopción generalizada de políticas económicas liberales en países que presentaron una firme oposición a ellas durante dos o más generaciones. En suma, las tendencias actuales revelan que el mundo se mueve velozmente hacia un sistema económico más favorable para los negocios internacionales.

Pero siempre es peligroso pronosticar el futuro con base en las tendencias. El mundo puede encaminarse hacia un sistema económico más general; no obstante, la globalización no es inevitable. Los países pueden retractarse de su compromiso reciente con la ideología liberal si sus experiencias no son lo que esperaban; por ejemplo, en Rusia, periódicamente se generan indicios de un alejamiento del liberalismo. De generalizarse y perdurar las dudas rusas, la visión liberal de una economía global más próspera, basada en los principios del libre mercado, no se materializará tan pronto como muchos esperan. Es evidente que será un mundo más difícil para los negocios internacionales.

Además, el avance de la globalización también supone sus propios riesgos, como se demostró claramente en 1997 y 1998, cuando la crisis financiera de Tailandia se extendió, primero, a otros países del este asiático y, luego, a Rusia y Brasil. Al final, la crisis amenazaba con hundir en una recesión las economías de los países desarrollados; entre ellos, Estados Unidos. En el capítulo 11, examinaremos las causas y las consecuencias de este género de crisis financieras. Incluso, solo desde la perspectiva económica, la globalización no es absolutamente buena. Las oportunidades de hacer negocios en una economía global pueden aumentar de manera significativa, mas, como observamos en 1997-1998, los riesgos asociados con el contagio financiero mundial también se elevan. En realidad, durante 2008 y 2009, una crisis que se inició en el sector financiero de Estados Unidos, donde los bancos habían sido demasiado liberales en sus políticas de préstamos hipotecarios, dio la vuelta al mundo y hundió a la economía global en la mayor recesión desde principios de la década de 1980, circunstancia que ilustró, una vez más, que, en un mundo interconectado, una crisis grave que se desarrolla en una región puede perjudicar a todo el planeta. Con todo, según expondremos más adelante, mediante estrategias compensatorias, las empresas pueden explotar las oportunidades vinculadas con la globalización y, al mismo tiempo, reducir los riesgos.

OA1-4   **Debate de la globalización**

¿Es bueno el cambio hacia una economía global integrada e interdependiente? Así lo creen muchos economistas, políticos y líderes de negocios influyentes.[42] Afirman que la caída de las barreras al comercio y la inversión internacional son los motores que impulsan la economía mundial hacia una mayor prosperidad; sostienen que el aumento del comercio y las inversiones permitirá que bajen los precios de bienes y servicios, y consideran que la globalización estimula el crecimiento económico, aumenta los ingresos de los consumidores y genera empleos en todos los países que participan en el sistema comercial global. En los capítulos 6, 7 y 8, detallaremos los argumentos de quienes están a favor de la globalización. Como veremos, hay buenas razones teóricas para suponer que al reducir

---

[42] J. E. Stiglitz, *Globalization and its Discontents*, Nueva York, W. W. Norton, 2003; J. Bhagwati, *In Defense of Globalization*, Nueva York, Oxford University Press, 2004; y Friedman, *The World Is Flat*.

las barreras al comercio internacional y la inversión se estimula el crecimiento económico, se generan empleos y se incrementan los niveles de ingresos. Como se explica en los capítulos 6, 7 y 8, las pruebas empíricas apoyan las predicciones de esta teoría; sin embargo, a pesar de la teoría y las pruebas, la globalización tiene sus opositores,[43] algunos de los cuales son activos y públicos, y han tomado las calles para demostrar su rechazo. Aquí constataremos la marea creciente de protestas contra la globalización y revisaremos en forma breve los principales argumentos del debate sobre este tema. En capítulos posteriores, abundaremos acerca de muchos de tales aspectos.

PROTESTAS CONTRA LA GLOBALIZACIÓN

Las manifestaciones en contra de la globalización se remontan a diciembre de 1999, cuando más de 40 mil personas obstruyeron las calles de Seattle con la intención de clausurar la reunión de la Organización Mundial del Comercio que se celebraba en esa ciudad. Los manifestantes protestaban contra diversos asuntos: pérdida de puestos de trabajo en los sectores afectados por competidores del extranjero, presión por reducir los niveles salariales de trabajadores no capacitados, degradación del ambiente natural e imperialismo cultural de los medios globales y las empresas multinacionales, que les parecían dominadas por lo que algunos manifestantes denominaban intereses y valores estadounidenses, "culturalmente pobres". Todos estos males —afirmaban— eran imputables a la globalización. La OMC se reunió para tratar de iniciar una nueva ronda de pláticas cuyo objetivo era reducir las barreras al comercio y la inversión internacionales, por lo cual se le consideraba promotora de la globalización y blanco legítimo de los globalifóbicos. Las protestas desembocaron en violencia y convirtieron las calles, normalmente pacíficas, de Seattle en un campo de batalla entre "anarquistas" y la policía de la ciudad, perpleja y mal preparada. Los medios registraron puntualmente las imágenes de manifestantes que arrojaban ladrillos y policías blindados que esgrimían garrotes, las cuales circularon por todo el mundo. En tanto, en la reunión de la OMC no se llegó a ningún acuerdo, y aunque los manifestantes tuvieron poco que ver con el fracaso, quedó la impresión de que lograron arruinar las reuniones.

Envalentonados por la experiencia de Seattle, los manifestantes contra la globalización han hecho acto de presencia en prácticamente todo encuentro importante de alguna institución global. En varios países, se han hecho protestas de menor escala, como en Francia, donde los activistas en contra de la globalización destruyeron un McDonald's en agosto de 1999 para protestar por el empobrecimiento de la cultura francesa a causa del imperialismo de Estados Unidos (para más detalles véase la sección "Vistazo a un país"). Aunque las protestas violentas han desprestigiado las iniciativas contra la globalización, es evidente que la dimensión de las manifestaciones que sostienen la causa supera con mucho al grupo de anarquistas. Grandes segmentos de la población de muchos países creen que este fenómeno económico tiene efectos nocivos sobre la calidad de vida y el ambiente, y a menudo los medios alimentan estos temores; por ejemplo, el comentarista de noticias de la CNN, Lou Dobbs, difundió una serie muy crítica de las tendencias de las compañías estadounidenses a aprovecharse de la globalización y exportar trabajo al extranjero, y cuando el mundo se deslizaba hacia la recesión de 2008, Dobbs aumentó su retórica antiglobalización (Dobbs dejó CNN en 2009).

La teoría y las pruebas apuntan a que estos miedos son exagerados, pero esto no se ha explicado con claridad y tanto los políticos como los empresarios deben hacer más para contrarrestar los temores. Muchas protestas contra la globalización explotan un sentimiento general de pérdida por la desaparición de un mundo en el que las barreras del tiempo y la distancia, así como las vastas diferencias de instituciones económicas y políticas y de nivel de desarrollo entre las naciones, generaban un mundo rico en diversidad de culturas humanas. Este mundo está pasando a la historia; sin embargo, mientras los ciudadanos ricos de las naciones desarrolladas pueden darse el lujo de lamentar que ahora ven restaurantes McDonald's y cafeterías Starbucks en sus vacaciones a lugares exóticos, como Tailandia, se escuchan menos quejas de los ciudadanos de los países que dan la bienvenida a la calidad superior de vida que trae el progreso.

---

[43] Véase, por ejemplo, Ravi Batra, *The Myth of Free Trade*, Nueva York, Touchstone Books, 1993; William Greider, *One World, Ready or Not: The Manic Logic of Global Capitalism*, Nueva York, Simon and Schuster, 1997; y D. Radrik, *Has Globalization Gone too Far?*, Washington, DC, Institution for International Economics, 1997.

Protestas contra la globalización en Francia

Una noche de agosto de 1999, diez hombres dirigidos por el criador de ovejas y activista rural José Bové se introdujeron subrepticiamente en el pueblo de Millau, en el centro de Francia, y atacaron un restaurante McDonald's que estaba en construcción. Los daños ocasionados se estiman en 150 mil dólares. No obstante, no se trataba de vándalos ordinarios, al menos no según sus defensores, quienes sostuvieron que el "desmantelamiento simbólico" del McDonald's tenía un fin noble. El ataque se presentó como una protesta contra las injustas políticas comerciales estadounidenses. La Unión Europea había prohibido la importación de carne tratada con hormonas proveniente de Estados Unidos, sobre todo por temor de que ocasionara problemas de salud (aunque los científicos de la Unión Europea habían concluido que no había pruebas al respecto). Después de una cuidadosa revisión, la Organización Mundial del Comercio declaró que la prohibición de la Unión Europea no estaba permitida según las reglas comerciales que regían tanto la Unión Europea como Estados Unidos y que debía levantarla o enfrentar las represalias. La Unión Europea se negó a obedecer, así que el gobierno estadounidense impuso un arancel de 100% a las importaciones de ciertos productos europeos, incluso artículos insignia de Francia, como paté, mostaza y queso roquefort. En las granjas cercanas a Millau, Bové y otros criaban las ovejas con cuya leche se hacía el roquefort. Estos productores fueron afectados con los aranceles estadounidenses y decidieron desahogar sus frustraciones contra un McDonald's.

Bové y sus camaradas fueron arrestados y acusados. Más o menos al mismo tiempo, en la región francesa de Languedoc, el vitivinicultor californiano Robert Mondavi había llegado a un acuerdo con el alcalde y el ayuntamiento del pueblo de Aniane, así como con las autoridades de la región, para convertir 50 hectáreas de una ladera arbolada del pueblo en un viñedo. Mondavi planeaba invertir siete millones de dólares en el proyecto y esperaba producir vino de alta calidad que se vendería en Europa y Estados Unidos a 60 dólares la botella; sin embargo, los ambientalistas locales objetaron el plan, pues dijeron que destruiría la herencia ecológica única de la zona. José Bové, aprovechando su fama, ofreció su apoyo a los opositores y comenzaron las protestas. En mayo de 2001, el alcalde socialista que aprobó el proyecto fue derrotado en las elecciones locales, en las que el proyecto de Mondavi había sido uno de los principales temas. Fue sucedido por un comunista, Manuel Díaz, quien acusó al proyecto de ser un complot capitalista destinado a enriquecer a los accionistas estadounidenses a costa de la calidad de vida de sus aldeanos y del ambiente. Cuando Díaz triunfó, Mondavi anunció que retiraba el proyecto. Un vocero comentó: "Es un gran desperdicio, pero es evidente que aquí hay intereses personales y políticos que nos superan".

¿Se oponen los franceses a la inversión extranjera? La experiencia de McDonald's y Mondavi parece indicarlo, al igual que la cobertura de noticias semejantes; pero un examen más atento descubre otra realidad. McDonald's tiene más de 1 200 sucursales en Francia y le va muy bien en esa nación; de hecho, Francia es uno de los mercados más rentables de McDonald's. Desde hace mucho tiempo, el país galo ha sido uno de los sitios más favorables a las inversiones extranjeras directas: recibió más de 385 mil millones de dólares por este concepto entre 2005 y 2010, más que cualquier otra nación europea, con excepción de Gran Bretaña. Las compañías estadounidenses siempre han representado un enorme porcentaje de esta inversión. Más aún, las empresas francesas siempre han sido importantes inversionistas internacionales: cerca de 1 100 multinacionales de dicho origen suman 8% del total global de inversión extranjera directa.[44]

GLOBALIZACIÓN, EMPLEOS E INGRESO

Una preocupación que a menudo esgrimen los opositores a la globalización es que el derrumbe de las barreras al comercio internacional suprime puestos fabriles en las economías ricas y avanzadas, como las de Estados Unidos y Europa occidental. Los críticos sostienen que, por la caída de las barreras comerciales, las empresas pueden trasladar sus actividades de manufactura a países donde los niveles salariales son mucho menores.[45] En realidad, debido a la entrada de China, la India y varios países de Europa del este al sistema de comercio global, junto con el crecimiento demográfico del mundo, las estimaciones sugieren que la reserva global de trabajadores puede haberse cuadru-

44 "Behind the Bluster", en *The Economist*, 8 de julio de 2000; C. Trueheart, "France's Golden Arch Enemy?", en *Toronto Star*, 1 de julio de 2000; J. Henley, "Grapes of Wrath Scare Off U.S. Firm", en *The Economist*, 18 de mayo de 2001, p. 11; y Naciones Unidas, *World Investment report, 2011*, Nueva York y Ginebra, Naciones Unidas, 2011.

45 James Goldsmith, "The Winners and the Losers", en J. Mander y E. Goldsmith (comps.), *The Case against the Global Economy*, San Francisco, The Sierra Book Club, 1996; Lou Dobbs, *Exporting America*, Nueva York, Time Warner Books, 2004.

plicado entre 1985 y 2005, aumento que se registró, en su mayor parte, después de 1990.[46] Como se observan casos similares en otros ámbitos, podría concluirse que esta gran expansión de la fuerza laboral global, cuando se combina con el creciente comercio internacional, puede haber reducido los salarios de las naciones desarrolladas.

Este temor se sustenta en varias anécdotas; por ejemplo, D. L. Bartlett y J. B. Steele, dos periodistas del *Philadelphia Inquirer* que adquirieron notoriedad por sus ataques al libre comercio, citan el caso de Harwood Industries, una fábrica de ropa que cerró sus operaciones en Estados Unidos, donde pagaba a los trabajadores nueve dólares por hora, y la trasladó a Honduras, donde los empleados textiles ganan 48 centavos de dólar por hora.[47] Debido a estos movimientos —afirman Bartlett y Steele—, los niveles salariales de los estadounidenses más pobres se redujeron de modo considerable en un cuarto de siglo.

En los últimos años, se despertaron los mismos temores en el sector de los servicios que se subcontratan cada vez más en naciones con mano de obra barata. La gente siente que cuando corporaciones como Dell, IBM o Citigroup encargan actividades de servicio a proveedores extranjeros de bajo costo, lo cual han hecho las tres, exportan puestos de trabajo a naciones que tienen salarios bajos, al tiempo que aumentan el desempleo y reducen la calidad de vida en los países de origen (en este caso, Estados Unidos). Como respuesta, algunos legisladores de dicho país solicitan barreras legales a la exportación de trabajo.

Los defensores de la globalización responden que los críticos de estas tendencias no consideran el objetivo esencial del libre comercio: que los beneficios sobrepasen a los costos.[48] Sostienen que, por obra del libre comercio, los países se especializarán en la producción de los bienes y servicios en los que son más eficientes, e importarán los que no pueden producir con la misma eficiencia. Cuando un país adopta el libre comercio, siempre hay algunos desajustes (pérdida de empleos textiles en Harwood Industries o de empleos de atención a clientes en Dell), pero, en general, la economía mejora en su conjunto. Según esta postura, no es lógico que Estados Unidos produzca textiles internamente si puede fabricarlos a un costo menor en Honduras o en China (la cual, a diferencia de Honduras, es una gran exportadora de textiles a Estados Unidos). La importación de textiles de China reduce el precio de la ropa en Estados Unidos, de manera que los consumidores pueden gastar más en otros artículos. A la vez, al aumentar las ganancias de China por la exportación de textiles, se incrementan los niveles de ingreso, por lo que los chinos pueden comprar más productos estadounidenses, como fármacos de Amgen, aviones Boeing, computadoras con microcomponentes de Intel, software de Microsoft y enrutadores de Cisco.

Lo mismo puede argumentarse para la subcontratación de servicios a países con salarios bajos. Cuando subcontrató sus centros de atención a llamadas en la India, Dell redujo su estructura de costos y, por consiguiente, el precio de sus PC. Los consumidores estadounidenses se benefician de esta situación. Si bajan los precios de las PC, los estadounidenses destinan más dinero a otros bienes y servicios. Además, en razón del aumento de los niveles de ingreso en la India, sus habitantes compran más productos y servicios estadounidenses, lo que fomenta la generación de empleos en Estados Unidos. De esta forma, los defensores de la globalización sostienen que el libre comercio beneficia a todos los países que lo adoptan.

Los críticos de la globalización deben demostrar tres puntos para probar sus afirmaciones. Primero, la participación del ingreso nacional que recibe la fuerza laboral, a diferencia de la que reciben los propietarios del capital (como accionistas y tenedores de bonos o títulos), debe haber declinado en las naciones desarrolladas debido a la presión descendente en los índices salariales. Segundo, incluso aunque se haya reducido la rebanada del pastel que recibe la fuerza laboral, ello no implica que los estándares de vida sean menores, si el tamaño del pastel ha aumentado lo bastante como para compensar la reducción de ese ingreso; en otras palabras, el crecimiento económico y la elevación de los estándares de vida en las economías avanzadas compensan la disminución del ingreso

---

[46] Para un excelente resumen, véase "The Globalization of Labor", capítulo 5, en *IMF, World Economic Outlook 2007*, abril de 2007. Véase también R. Freeman, "Labor Market Imbalances", documento de trabajo de Harvard University, consultado el 14 de junio de 2007 en: http://flash.lakeheadu.ca/~mshannon/freeman_global_labour_imbalances.pdf, consultado el 9 de agosto de 2014.

[47] D. L. Bartlett y J. B. Steele, "America: Who Stole the Dream", en *Philadelphia Inquirer*, 9 de septiembre de 1996.

[48] Por ejemplo, véase Paul Krugman, *Pop Internationalism*, Cambridge, MIT Press, 1996.

laboral (postura sostenida por quienes apoyan la globalización). Tercero, la reducción de la participación en el ingreso nacional de la fuerza laboral debe ser consecuencia de que la producción se ha trasladado a países con bajos salarios, no a una mejora en la tecnología de la producción y la productividad.

Varios estudios recientes aclaran estos aspectos.[49] Primero, sugieren que durante las últimas dos décadas la parte del ingreso nacional que corresponde a la fuerza laboral se ha reducido. Esto es mucho más pronunciado en Europa y Japón (casi 10 puntos porcentuales) que en Estados Unidos y el Reino Unido (donde es de 3 a 4 puntos porcentuales); sin embargo, un análisis detallado indica que la parte del ingreso nacional que absorben los *trabajadores calificados* ha *aumentado*, lo cual podría significar que dicha caída se debe a una reducción de la parte que obtenían los *trabajadores no calificados*. Un estudio del FMI plantea que la diferencia de ganancias entre los trabajadores de los sectores calificado y no calificado ha aumentado 25% en las últimas dos décadas.[50] El nivel del ingreso promedio para el 10% más rico de la población en economías desarrolladas fue nueve veces el del 10% más pobre, según los datos de 2010. El rango en Estados Unidos fue el más alto, pues el 10% más rico ganaba 14 veces más que el 10% inferior.[51] Estas cifras proponen sólidamente que el trabajo no especializado en las naciones en desarrollo ha visto declinar su participación en el ingreso nacional en las últimas dos décadas; no obstante, esto no entraña que hayan declinado los *estándares de vida* de los trabajadores no calificados en los países desarrollados. Es posible que el crecimiento económico en ellos haya compensado la caída de los salarios que disfrutaban los trabajadores no calificados, elevando sus niveles de vida. En realidad, hay evidencia que apunta a que el salario laboral real ha crecido en la mayoría de las naciones desarrolladas desde 1980, entre ellas Estados Unidos. Diversos estudios de la Organización para la Cooperación y el Desarrollo Económicos (OCDE), que comprende a las 34 economías más ricas del mundo, revela que, si bien en algunos países miembros aumentó la brecha entre los segmentos más pobres y más ricos de la sociedad, *en la mayoría* de los países los niveles de ingreso reales han aumentado para todos, incluido el segmento más pobre. En una investigación publicada en 2011, la OCDE encontró que entre 1985 y 2008, el ingreso familiar real (ajustado a la inflación) se elevó en 1.7% anual entre sus estados miembros. El nivel de ingresos real del 10% más pobre de la población aumentó en promedio 1.4%, mientras que entre el segmento más rico aumentó 2% anual (es decir, mientras todos se volvieron más ricos, aumentó la brecha entre los sectores más y menos solventes de la sociedad). La diferencia en los índices de crecimiento fue más extrema en Estados Unidos que en la mayoría de las otras naciones. El estudio planteó que el ingreso real del 10% más pobre de la población creció en solo 0.5% anual en Estados Unidos entre 1985 y 2008, mientras que el del 10% más rico se elevó en 1.9% anual.[52]

Como ya se mencionó, los críticos de la globalización argumentan que la caída de los índices salariales de los trabajadores no calificados se debe a la migración a otros países de los trabajos de manufactura de bajo costo y a la correspondiente reducción de la demanda de este tipo de personal; sin embargo, quienes apoyan la globalización contemplan una perspectiva más compleja. Sostienen que la reducción aparente de estos niveles salariales es más un resultado de los cambios tecnológicos en las economías avanzadas, que dejan los puestos de trabajo en los que el único requisito es la disposición a presentarse todos los días, en favor de puestos que requieren mucha escolaridad y capacitación especializada. Señalan que muchas economías avanzadas sufren escasez de trabajadores altamente calificados y una oferta excesiva de trabajadores no calificados. Así, el aumento de las desigualdades salariales es resultado de que los salarios de los trabajadores calificados tienden a subir, mientras que las percepciones de los demás se deterioran. En realidad, la evidencia señala que

[49] Por ejemplo, véase B. Milanovic y L. Squire, "Does Tariff Liberalization Increase Wage Inequality?", en *National Bureau of Economic Research*, documento de trabajo núm. 11046, enero de 2005; y B. Milanovic, "Can We Discern the Effect of Globalization on Income Distribution?", en *World Bank Economic Review*, 19, 2005, pp. 21-44. Véase también el resumen en "The Globalization of Labor".

[50] Véase "The Globalization of Labor".

[51] Los datos de 2010 son de un estudio inédito de OCDE citado en S. Moffett, "Income Inequality Increases", en *The Wall Street Journal*, 3 de mayo de 2011.

[52] M. Forster y M. Pearson, "Income distribution and Poverty in the OECD Area", en *OECD Economic Studies*, 34 (2002); Moffett, "Income Inequality Increases", y OCDE, "Growing Income Inequality in OECD Countries", en *OECD Forum*, 2 de mayo de 2011.

el cambio tecnológico ha tenido un mayor impacto que la globalización en la participación cada vez menor del ingreso nacional que goza la mano de obra.[53] Esto indica que una solución al problema de la reducción de los ingresos estriba no en limitar al libre comercio y la globalización, sino en incrementar la inversión social en educación para reducir la oferta de trabajadores no calificados.[54]

Por último, la brecha salarial entre las naciones desarrolladas y las que están en vías de desarrollo se cierra a medida que estas últimas experimentan un rápido crecimiento económico; por ejemplo, una estimación sugiere que los salarios en China se aproximarán a los niveles occidentales en casi 30 años.[55] En la medida en que este pronóstico sea acertado, cualquier migración de trabajos no calificados a países de bajo costo es un fenómeno temporal que representa un ajuste estructural en el camino hacia una economía global más firmemente integrada.

GLOBALIZACIÓN, PRÁCTICAS LABORALES Y MEDIO AMBIENTE

Una segunda fuente de preocupación es que el libre comercio alienta a las empresas de las naciones avanzadas a trasladar sus instalaciones de manufactura a países menos desarrollados sin leyes adecuadas para proteger a los trabajadores y al ambiente del abuso de los empresarios sin principios.[56] Los críticos de la globalización sostienen que el respeto a las normas laborales y ecológicas aumenta de manera considerable los costos de las empresas fabriles, lo que supone una desventaja competitiva en el mercado global ante las compañías de los países en desarrollo, que no están obligadas a acatar tales reglas. En consecuencia, para enfrentar esta desventaja de costos, deben trasladar su producción a naciones sin esas leyes o que, si las tienen, no pueden aplicarlas.

De ser así, se debería esperar que el libre comercio produjera un aumento de la contaminación y ocasionara que las empresas de las naciones avanzadas explotaran a los trabajadores de las menos desarrolladas.[57] Este argumento es esgrimido una y otra vez por quienes se opusieron en 1994 a la firma del Tratado de Libre Comercio de América del Norte (TLCAN) entre Canadá, México y Estados Unidos. Pintaron un panorama en el que las compañías manufactureras estadounidenses se mudarían en masa a México para tener la libertad de contaminar el ambiente, contratar mano de obra infantil e ignorar aspectos de salud y seguridad en el trabajo; todo en nombre de obtener más utilidades.[58]

Los defensores del libre comercio y la globalización expresan dudas sobre este panorama. Sostienen que normas ambientales más firmes y criterios laborales más estrictos deben ir a la par del progreso económico.[59] En general, a medida que los países se enriquecen promulgan leyes ecológicas y laborales más rigurosas.[60] Como el libre comercio sube las tasas de crecimiento económico de los países en desarrollo y los enriquece, deben endurecer las leyes ambientales y laborales. De acuerdo con esta perspectiva, los opositores al libre comercio entienden las cosas al revés: el libre comercio no fomenta la contaminación y la explotación laboral, sino que las disminuye. Al generar riqueza y ofrecer incentivos para que las empresas introduzcan innovaciones tecnológicas, el sistema de libre mercado debería facilitar la lucha en contra de la contaminación y el crecimiento demográfico. Así, la contaminación se incrementa en los países más pobres del mundo, pero se reduce en las naciones desarrolladas; por ejemplo, en Estados Unidos, la concentración de monóxido de carbono y dióxido de azufre, dos contaminantes atmosféricos, disminuyó 60% entre 1978 y 1997, en tanto que las concentraciones de plomo bajaron 98%, todo esto en el marco de una expansión económica sostenida.[61]

---

[53] Véase "The Globalization of Labor".

[54] Véase Krugman, *Pop Internationalism*, y D. Belman y T. M. Lee, "International Trade and the Performance of US Labor Markets", en R. A. Blecker (comp.), *U.S. Trade Policy and Global Growth*, Nueva York, Economic Policy Institute, 1996.

[55] R. Freeman, "Labor Market Imbalances".

[56] E. Goldsmith, "Global Trade and the Environment", en J. Mander y E. Goldsmith (comps.), *The Case against the Global Economy*, San Francisco, The Sierra Book Club, 1996.

[57] P. Choate, *Jobs at Risk: Vulnerable U.S. Industries and Jobs under NAFTA*, Washington, DC, Manufacturing Policy Project, 1993.

[58] *Idem.*

[59] B. Lomborg, *The Skeptical Environmentalist*, Cambridge, Cambridge University Press, 2001.

[60] H. Nordstrom y S. Vaughan, *Trade and the Environment, World Trade Organization Special Studies 4*, Ginebra, WTO, 1999.

[61] Las cifras proceden de "Freedom's Journey: A Survey of the 20th Century. Our Durable Planet", en *The Economist*, 11 de septiembre de 1999, p. 30.

En varios estudios econométricos, se han descubierto pruebas constantes de una relación acampanada entre los niveles de ingreso y los de contaminación (véase la figura 1.4).[62] Cuando una economía crece y aumentan los niveles salariales, al principio la contaminación también aumenta; pero, luego de cierto punto, el crecimiento de los salarios produce una exigencia de mayor protección del entorno y la contaminación se reduce. En un estudio esencial de Grossman y Krueger, se comprobó que el punto de inversión ocurre en general antes de que el ingreso per cápita llegue a los ocho mil dólares.[63]

La relación acampanada de la figura 1.4 es válida para una gama amplia de contaminantes (desde el dióxido de azufre hasta las concentraciones de plomo y la calidad del agua), pero las emisiones de dióxido de carbono son una excepción importante, pues aumentan de manera constante a medida que el ingreso crece. Como las mayores concentraciones de dióxido de carbono en la atmósfera se relacionan con el calentamiento global, son motivo de gran preocupación; sin embargo, la solución al problema no es revertir las actividades de liberalización del comercio que estimulan el crecimiento económico y la globalización, sino conseguir que las naciones se pongan de acuerdo para establecer criterios claros y firmes con el fin de limitar las emisiones de carbono. Aunque desde la Cumbre de la Tierra de Río de Janeiro en 1992 la Organización de las Naciones Unidas promueve conferencias con ese objetivo, pocas de las ambiciosas metas de reducción a tales emisiones se han alcanzado. Lo mismo ha sucedido con el acuerdo de Kyoto, Japón, en 1997 y en Copenhague en 2009; en parte porque los mayores emisores de dióxido de carbono, China y Estados Unidos, no han podido lograr acuerdos sobre cómo proceder. China, un país cuyas emisiones de dióxido de carbono se están elevando a un ritmo alarmante, ha mostrado hasta ahora poca disposición para adoptar controles más estrictos a la contaminación. En cuanto a Estados Unidos, las divisiones políticas en el Congreso han dificultado que incluso una administración progresista como la de Barack Obama avance hacia una legislación más estricta respecto del cambio climático global.

A pesar de esto, los defensores del libre comercio sostienen que dichos acuerdos pueden vincularse con la promulgación de leyes laborales y ambientales más estrictas en los países menos desarrollados; por ejemplo, el TLCAN se aprobó después de negociar acuerdos secundarios en los que México se comprometió a reforzar sus normas de protección ecológica. Por ello, los defensores del libre comercio afirman que las fábricas establecidas en México son más limpias de lo que habrían sido sin la firma del TLCAN.[64]

FIGURA 1.4

Niveles de ingreso y contaminación ambiental.

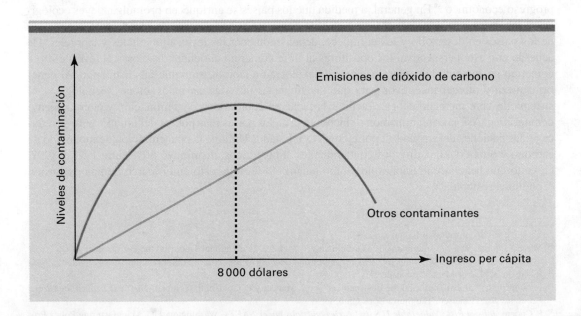

---

[62]   Para una revisión exhaustiva de la bibliografía empírica, véase B. R. Copeland y M. Scott Taylor, "Trade, Growth and the Environment", en *Journal of Economic Literature*, marzo de 2004, pp. 7-77.

[63]   G. M. Grossman y A. B. Krueger, "Economic Growth and the Environment", en *Quarterly Journal of Economics* 110, 1995, pp. 353-378.

[64]   Krugman, *Pop Internationalism*.

Asimismo, sostienen que las compañías comerciales no son las organizaciones amorales que advierten sus impugnadores. Aunque puede haber algunas manzanas podridas, la mayoría de las empresas están a cargo de funcionarios comprometidos con principios éticos y es poco probable que trasladen sus plantas al extranjero solo para contaminar más la atmósfera o explotar a los trabajadores. Más aún, las relaciones entre contaminación, explotación laboral y costos de producción no son las que denuncian los críticos. En general, los trabajadores bien tratados son productivos, y es la productividad, más que las tasas de salarios de base, lo que más influye en los costos. Tal vez sea poco veraz esta imagen de directores codiciosos que se llevan la producción a naciones con sueldos bajos para explotar a sus trabajadores.

GLOBALIZACIÓN Y SOBERANÍA NACIONAL

Otra preocupación que esgrimen los críticos de la globalización es que la interdependencia actual de la economía global traslada el poder de los gobiernos nacionales a entidades supranacionales, como la Organización Mundial del Comercio, la Unión Europea y la ONU. En su opinión, los que imponen políticas a los gobiernos democráticos de los estados nacionales son burócratas que no fueron elegidos, lo cual lesiona su soberanía y limita su capacidad de regir su propio destino.[65]

La Organización Mundial del Comercio es el blanco preferido de quienes atacan la impetuosa carrera hacia la economía global. Como se dijo, la OMC se fundó en 1995 para vigilar el sistema comercial mundial establecido por el Acuerdo General sobre Aranceles y Tarifas. La OMC arbitra en las disputas comerciales entre los 159 estados signatarios del GATT. El panel de arbitraje tiene facultades para dictar un laudo en el que se instruya a un miembro para que modifique políticas comerciales que violen las normas del GATT. Si el infractor se niega a acatar el laudo, la OMC permite a otros países imponer sanciones comerciales al transgresor. Como resultado, y de acuerdo con un famoso crítico, el ambientalista estadounidense, defensor de los derechos de los consumidores y candidato presidencial Ralph Nader:

> Con el nuevo sistema, los gobiernos locales o nacionales ya no toman muchas de las decisiones que afectan a miles de millones de personas, sino que, si un miembro de la OMC impugna una decisión, se remite a un grupo de burócratas que no fueron elegidos y se instalan a puertas cerradas en Ginebra (donde está la sede de la OMC). Los burócratas deciden si los ciudadanos de California pueden o no impedir la destrucción de los últimos bosques vírgenes o determinar si se prohíbe que haya en sus alimentos ciertos insecticidas carcinogénicos, o si los países de Europa tienen el derecho de evitar peligrosas hormonas biotecnológicas en la carne que consumen [...] Está en peligro la base misma de la democracia y la responsabilidad por la toma de las decisiones.[66]

En contraste con Nader, muchos economistas y políticos sostienen que el poder de las organizaciones supranacionales, como la OMC, se limita a lo que los países miembros, en su conjunto, quieran concederle. Organismos como la ONU y la OMC tienen como objetivo velar por los intereses colectivos de los miembros, no pisotearlos. Los defensores de las organizaciones supranacionales señalan que el poder de estos organismos descansa en buena medida en su capacidad para convencer a los países miembros de seguir determinada acción. Si estos organismos no sirven a los intereses colectivos de sus integrantes, las naciones les retirarán su apoyo y desaparecerán rápidamente. De acuerdo con esta opinión, el poder real reside en las naciones integrantes, no en las organizaciones supranacionales.

GLOBALIZACIÓN Y POBREZA EN EL MUNDO

Los críticos de la globalización aseguran que, a pesar de los supuestos beneficios que generan el libre comercio y la inversión, en los últimos ciento y tantos años la brecha entre las naciones ricas y pobres del mundo se ha ampliado. En 1870, el ingreso promedio per cápita en los 17 países más ricos del mundo era 2.4 veces el de todos los demás. En 1990, el mismo grupo era 4.5 veces más rico

---

[65] R. Kuttner, "Managed Trade and Economic Sovereignty", en R. A. Blecker (comp.), *U.S. Trade Policy and Global Growth*, Nueva York, Economic Policy Institute, 1996.

[66] Ralph Nader y Lori Wallach, "GATT, NAFTA, and the Subversion of the Democratic Process", en R. A. Blecker (comp.), *US Trade Policy and Global Growth*, Nueva York, Economic Policy Institute, 1996, pp. 93-94.

que el resto.[67] Aunque en la historia reciente se ha visto que algunas de las naciones pobres del mundo son capaces de entrar en periodos acelerados de crecimiento económico (así lo atestigua la transformación de algunos países del sureste de Asia, como Corea del Sur, Tailandia y Malasia), en las más pobres parecen operar grandes fuerzas de estancamiento. A partir de 1960, la cuarta parte de los países con un PIB per cápita de menos de mil dólares tuvo tasas de crecimiento negativas hasta 1995, mientras que una tercera parte de ellos mostró índices de menos de 0.05%.[68] Los opositores afirman que si la globalización es un acontecimiento tan positivo, no debió ocurrir esta divergencia entre ricos y pobres.

Aunque las razones del estancamiento económico varían, destacan varios factores que no se relacionan con el libre comercio o la globalización.[69] Muchos de los países más pobres han sufrido de gobiernos totalitarios, sus políticas económicas han destruido la riqueza en lugar de ayudar a crearla, la corrupción es endémica, la protección de los derechos de propiedad es endeble y padecen guerras. Estos factores explican por qué naciones como Afganistán, Camboya, Cuba, Haití, Irak, Libia, Nigeria, Sudán, Vietnam y Zaire no han podido mejorar el destino económico de sus ciudadanos en las últimas décadas. Un elemento que complica la situación es que en muchos de estos países la población aumenta con rapidez. Sin cambios significativos en el gobierno, el crecimiento demográfico exacerbará los problemas. Los defensores del libre comercio argumentan que la mejor manera de mejorar es reducir las barreras al libre comercio y la inversión, y aplicar políticas económicas de libre mercado.[70]

Las naciones más pobres están atrapadas por la carga de enormes deudas. Los que más preocupan son los cerca de 40 "países pobres muy endeudados" (PPME), el hogar de casi 700 millones de personas. En estas naciones, la carga promedio de la deuda pública equivale a 85% del valor de la economía, medida por el producto interno bruto, a la vez que el costo anual del servicio de esta deuda consume 15% de sus ingresos por exportaciones.[71] Cumplir con una deuda tan pesada deja poco a los gobiernos de estos países para invertir en proyectos de infraestructura pública, como educación, salud, caminos y electricidad. El resultado es que los PPME están atrapados en un ciclo de pobreza y endeudamiento que inhibe el desarrollo económico. Algunos opinan que el libre comercio es necesario, pero no basta para que estos países se autoimpulsen y salgan de la pobreza; es preciso aligerar en gran medida las deudas de las naciones más pobres para darles la oportunidad de reestructurar sus economías e iniciar el largo ascenso a la prosperidad. Asimismo, los que abogan por la supresión de deudas explican que no debe obligarse a los nuevos gobiernos democráticos de las naciones pobres a pagar deudas que hace mucho tiempo contrajeron y manejaron mal sus predecesores corruptos y dictatoriales.

A finales de la década de 1990, en los medios políticos de las naciones más ricas empezó a cobrar forma un movimiento en favor de aligerar el endeudamiento.[72] El movimiento ganó impulso debido al aval de grandes personalidades, como la estrella del rock irlandés Bono (abogado infatigable y cada vez más exitoso de la cancelación de deudas), el finado papa Juan Pablo II, el Dalai Lama y el influyente economista de Harvard Jeffrey Sachs, y contribuyó a persuadir a Estados Unidos para que promulgara en 2000 una ley que canalizó 435 millones de dólares a la cancelación de deudas de los PPME. Quizá sea todavía más importante el hecho de que ese país respaldó un plan del FMI para vender parte de sus reservas de oro y destinar las utilidades a aligerar esas deudas. El FMI y el Banco Mundial recogieron la estafeta y emprendieron un programa sistemático de supresión de deudas.

Para que tal programa tenga un efecto duradero, a la reducción de la deuda deben corresponder acertadas inversiones en proyectos públicos que impulsen el crecimiento económico (como la educación) y la adopción de políticas económicas que faciliten la inversión y el comercio. Las naciones ricas también pueden ayudar si reducen las barreras a la importación de productos de esos países, en particular los aranceles a la importación de productos agrícolas y textiles. Las barreras que constitu-

---

[67] Lant Pritchett, "Divergence, Big Time", en *Journal of Economic Perspectives* 11, núm. 3, verano de 1997, pp. 3-18.

[68] *Idem.*

[69] W. Easterly, "How Did Heavily Indebted Poor Countries Become Heavily Indebted?", en *World Development*, octubre de 2002, pp. 1677-1696; y J. Sachs, *The End of Poverty*, Nueva York, Penguin Books, 2006.

[70] Véase D. Ben-David, H. Nordstrom y L. A. Winters, *Trade, Income Disparity and Poverty: World Trade Organization Special Studies 5*, Ginebra, OMC, 1999.

[71] William Easterly, "Debt Relief", en *Foreign Policy*, noviembre-diciembre de 2001, pp. 20-26.

[72] Jeffrey Sachs, "Sachs on Development: Helping the World's Poorest", en *The Economist*, 14 de agosto de 1999, pp. 17-20.

yen los altos aranceles y otros obstáculos dificultan a las naciones pobres exportar su producción agrícola. La Organización Mundial del Comercio calcula que si las naciones desarrolladas suprimieran los subsidios a sus productores agrícolas y eliminaran los aranceles al comercio agrícola, se incrementaría el bienestar económico mundial en 128 mil millones de dólares, y las naciones en desarrollo, muchas de ellas sumamente endeudadas, captarían 30 mil millones. Además, según el mismo organismo, para 2015 el crecimiento acelerado que traería una expansión del comercio agrícola reduciría 13% la cifra de las personas que viven en pobreza.[73]

Administración en el mercado globalizado

OA1-5

Buena parte de este libro se destina a los problemas de administrar una **empresa internacional**; es decir, toda compañía que se dedica al comercio o la inversión internacionales. Para serlo, la compañía no tiene que convertirse en una entidad multinacional que invierta directamente en operaciones del extranjero, aunque los conglomerados multinacionales sí son empresas internacionales. Todo lo que debe hacer es exportar o importar productos de otros países. A medida que el mundo pasa a una economía global realmente integrada, más empresas, grandes y pequeñas, se convierten en compañías internacionales. ¿Qué significado tiene esta transición hacia una economía global para los ejecutivos de una empresa internacional?

Como la organización se ocupa cada vez más del comercio y la inversión en el extranjero, sus administradores deben entender que la labor de manejar una empresa internacional es muy diferente a dirigir una compañía nacional. En el nivel más básico, tales diferencias surgen del mero hecho de que todos los países son distintos, pues tienen diversas culturas, sistemas políticos, sistemas económicos, sistemas legales y estados de desarrollo económico. A pesar de todo lo que se dice sobre el surgimiento de la aldea global y de la tendencia hacia la globalización de los mercados y la producción, como veremos en este libro, muchas de esas diferencias son profundas y persistentes.

Las disparidades entre naciones requieren que una empresa internacional modifique sus prácticas según el país en el que opere. Para vender un producto en Brasil, se necesita un método distinto que para venderlo en Alemania; dirigir a trabajadores estadounidenses exige habilidades diferentes que para dirigir a trabajadores japoneses; mantener relaciones cercanas con ciertos rangos de gobierno puede ser importante en México, mas no en Inglaterra; la estrategia de negocios que se aplica en Canadá quizá no funcione en Corea del Sur, etc. Los administradores de una empresa internacional no solo deben estar atentos a esas diferencias, sino adoptar las medidas y estrategias apropiadas para enfrentarlas. La mayor parte de este libro se consagra a explicar los orígenes de esas discrepancias y los métodos para resolverlas.

Otra diferencia entre la empresa internacional y la doméstica es la complejidad que supone administrar a la primera. Además de los problemas que generan las divergencias entre naciones, al administrador de una compañía internacional se le plantea un cúmulo de dificultades que no enfrenta el administrador nacional. Los administradores de empresas internacionales deben decidir en qué parte del mundo establecerán sus actividades para reducir al mínimo los costos y aumentar al máximo el valor agregado. Deben decidir si es ético obedecer las leyes laborales y de cuidado ecológico menos estrictas de muchos países en desarrollo, así como cuál es la mejor manera de coordinar y controlar actividades de producción dispersas por el planeta (lo que, como expondremos más adelante, no es un problema trivial). Asimismo, los administradores de una empresa internacional deben decidir en qué mercados extranjeros entrarán y cuáles solo observarán desde lejos; deben escoger la forma correcta de entrar a un país. ¿Será lo mejor exportar el producto? ¿Deberá la empresa aceptar que una compañía local fabrique su producto bajo licencia? ¿Será necesario establecer una *joint venture* con alguna compañía local para fabricar el producto en tal nación? ¿Debe la empresa fundar una subsidiaria que dependa totalmente de su matriz para atender el mercado en ese país? Como veremos, la elección de la modalidad de entrada es decisiva porque entraña consecuencias importantes para la salud de la compañía en el largo plazo.

Efectuar transacciones comerciales con el extranjero exige comprender las reglas que gobiernan el sistema internacional de comercio e inversión. Los administradores de una empresa interna-

---

[73] Organización Mundial del Comercio, *Informe anual, 2003*, Ginebra, OMC, 2004.

cional también deben lidiar con restricciones gubernamentales al comercio y a la inversión internacional; deben encontrar los medios de trabajar dentro de los límites que les imponen las diversas instancias gubernamentales. Como se explica en este libro, aunque muchos gobiernos declaran su compromiso con el libre comercio, acostumbran intervenir para regular el tránsito de mercancías e inversiones por sus fronteras. Quienes dirigen empresas internacionales deben trazar estrategias y políticas para enfrentar todas estas situaciones.

Además, las operaciones internacionales requieren la conversión del dinero de la moneda del país de origen de la empresa a la moneda extranjera y viceversa. Como los tipos de cambio varían según las fluctuaciones de las condiciones económicas, los administradores de una empresa internacional deben establecer normas para abordar los movimientos cambiarios. La compañía que adopte una política equivocada puede perder mucho dinero, en tanto que aquella que siga una política correcta puede aumentar la rentabilidad de sus operaciones.

En síntesis, la administración de la empresa internacional y la nacional difieren por, al menos, cuatro razones: 1) los países son diferentes, 2) los problemas que enfrentan los administradores de una empresa internacional son mucho más complejos que los que enfrenta un administrador local, 3) una empresa internacional debe encontrar el modo de operar dentro de los límites impuestos por los gobiernos al sistema internacional de comercio e inversiones, y 4) las transacciones internacionales requieren convertir el dinero a varias divisas.

En esta obra, abordaremos tales temas en profundidad y prestaremos atención especial a las estrategias y medidas que adoptan los administradores para afrontar las dificultades que se presentan cuando una empresa se internacionaliza. En los capítulos 2, 3 y 4, exploraremos las diferencias entre las instituciones políticas, económicas, legales y culturales de los países. En el capítulo 5, detallaremos los problemas éticos que se manifiestan en los negocios internacionales. En los capítulos 6 a 9, analizaremos el entorno del comercio internacional y la inversión extranjera en el que deben operar las empresas internacionales. En los capítulos 10 y 11, revisaremos el sistema monetario internacional, centrándonos en la naturaleza del mercado cambiario y la aparición de un sistema monetario mundial. Dedicaremos los capítulos 12 y 13 a adentrarnos en las estrategias y la estructura de las compañías internacionales. En los capítulos 14 a 17, investigaremos la administración de diversas funciones operativas de la empresa internacional, como producción, marketing y relaciones humanas. Al terminar este libro usted entenderá adecuadamente los problemas que deben conocer y resolver todos los días los administradores que trabajan en firmas internacionales, y estará familiarizado con una gama de estrategias y medidas para competir con más eficacia en la economía global de nuestros días que emerge de manera acelerada.

RESUMEN

En este capítulo, mostramos que la economía del mundo se globaliza y revisamos los principales motores de esta globalización. Además, sostuvimos que estos motores impulsan a los países hacia una economía mundial más integrada. Vimos de qué manera la naturaleza de los negocios internacionales se modifica por los cambios en la economía global, analizamos varias inquietudes respecto de la globalización acelerada y repasamos las implicaciones de esta globalización para los administradores. En el capítulo, se trataron los aspectos siguientes:

1. En las últimas tres décadas, presenciamos una globalización de los mercados y de la producción.
2. La globalización de los mercados supone que los mercados nacionales se funden en un enorme mercado único; sin embargo, es importante no llevar este supuesto demasiado lejos.

3. La globalización de la producción significa que las empresas establecen sus actividades productivas en los lugares óptimos del mundo para efectuarlas; por consiguiente, cada vez tiene menos sentido hablar de productos estadounidenses, japoneses o alemanes, pues son sustituidos por productos "globales".
4. La tendencia hacia la globalización se basa en dos factores: la reducción de las barreras al comercio y el desarrollo de las tecnologías de la comunicación, la información y el transporte.
5. Desde el final de la Segunda Guerra Mundial, se redujeron en forma significativa las barreras al libre tránsito de bienes, servicios y capital. Esto, más que nada, reforzó la tendencia a la globalización de la producción, de modo que las empresas ven al mundo como un solo mercado.

6. Como consecuencia de la globalización de la producción y los mercados, en la última década el comercio mundial creció más rápido que la producción; la inversión directa aumentó, las importaciones penetraron más en las naciones industrializadas y las presiones de la competencia se intensificaron en todos los ramos dc la cconomía.

7. El desarrollo del microprocesador y los avances afines en las tecnologías de las comunicaciones y el procesamiento de información fueron útiles para que las compañías articularan sus operaciones mundiales en elaboradas redes de información. Los vuelos comerciales, al reducir los tiempos de viaje, también contribuyeron a enlazar las operaciones mundiales de las empresas internacionales. Debido a estos cambios, las compañías ejercen una coordinación estricta de sus operaciones mundiales y ven al mundo como un solo mercado.

8. En la década de 1960, la economía estadounidense dominaba cl mundo, sus empresas acaparaban la mayor parte de la inversión extranjera directa de la economía mundial y estaban a la cabeza de la lista de las mayores multinacionales. Casi la mitad del mundo (las economías centralizadas del bloque comunista) estaba cerrado para las empresas occidentales.

9. A mediados de la década de 1990, la participación de Estados Unidos en la producción mundial se había reducido a la mitad; a partir de entonces, Europa occidental y el sureste asiático comenzaron a adquirir una mayor preponderancia. Asimismo, la participación estadounidense en la inversión extranjera directa mundial se redujo casi dos terceras partes. Hoy, las multinacionales estadounidenses enfrentan la competencia de muchas multinacionales japonesas y europeas. También, mencionamos la aparición de empresas multinacionales pequeñas.

10. Uno de los acontecimientos más relevantes de los últimos 20 años fue el derrumbe del comunismo en Europa oriental, lo que creó enormes oportunidades para las compañías internacionales. Además, el cambio por economías de libre mercado en China y América Latina genera oportunidades (y amenazas) para las empresas internacionales occidentales.

11. Las bondades y los inconvenientes de la nueva economía global se debaten acaloradamente entre empresarios, economistas y políticos. La polémica se centra en el efecto de la globalización sobre los empleos, los salarios, el ambiente, las condiciones laborales y la soberanía nacional.

12. Administrar una compañía internacional difiere de dirigir una empresa local al menos en cuatro aspectos: *a)* los países son diferentes, *b)* los problemas que enfrenta el administrador de una empresa internacional son mucho más complejos que los que enfrentan los ejecutivos de una firma local, *c)* una empresa internacional debe encontrar la manera de operar dentro de los límites impuestos por los gobiernos al sistema internacional de comercio e inversiones, y *d)* las transacciones internacionales requieren convertir el dinero a varias divisas.

Preguntas de análisis y razonamiento crítico

1. Describa los cambios que han ocurrido durante los últimos 30 años en la economía mundial. ¿Cuáles son las implicaciones de estos cambios para las compañías internacionales establecidas en Inglaterra, en Estados Unidos y en Hong Kong?

2. "El estudio de la empresa internacional es conveniente si uno va a trabajar en una gran compañía multinacional, pero no tiene relevancia para quienes se desempeñan en compañías pequeñas". Evalúe esta afirmación.

3. ¿Qué efecto han tenido los cambios tecnológicos en la globalización de los mercados y la producción? ¿Habría sido posible esta globalización de la producción y los mercados sin tales cambios?

4. "En última instancia, el estudio de la empresa internacional no difiere del estudio de la empresa local. Por ello, no tiene caso cursar una materia aparte sobre empresas internacionales". Evalúe esta declaración.

5. ¿Qué efecto ha tenido internet en las actividades de las empresas internacionales y la globalización de la economía mundial?

6. Si las tendencias actuales continúan, China será la mayor economía del mundo en 2020. Analice las implicaciones de este acontecimiento para: *a)* El sistema comercial mundial, *b)* El sistema monetario internacional, *c)* La estrategia comercial de las actuales corporaciones mundiales de Estados Unidos y Europa, y *d)* Los precios de los *commodities* globales.

7. Lea la sección "Panorama administrativo" que trata sobre Vizio y responda las siguientes preguntas:

   a) ¿Por qué migra la manufactura de pantallas planas de televisión a distintos lugares del mundo?

   b) ¿Quién se beneficia de la globalización de la industria de pantallas planas? ¿A quién se perjudica?

   c) ¿Qué ocurriría si el gobierno estadounidense dispusiera que las pantallas planas que se vendieran en Estados Unidos debieran ser fabricadas en dicho país? En última instancia, ¿esta disposición sería positiva o negativa?

   d) ¿Qué le dice el ejemplo de Vizio sobre el futuro de la producción en una economía global crecientemente integrada? ¿Qué le dice acerca de las estrategias que las empresas deben adoptar para prosperar en mercados globales altamente competitivos?

Proyecto de investigación globaledge.msu.edu
Globalización

Consulte la página electrónica de globalEDGE (globaledge.msu.edu) para desarrollar los siguientes ejercicios.

Ejercicio 1

Conforme los motores de la globalización continúan presionando tanto a la globalización de los mercados como a la de la producción, seguimos viendo el efecto de este aumento en la globalización sobre los patrones del comercio. HSBC, un banco mundial, analiza estas presiones y tendencias para identificar oportunidades en los mercados y sectores, mediante sus *pronósticos de comercio*. Visite el sitio de HSBC Conexiones Mundiales, y utilice la herramienta de pronóstico al comercio para identificar cuáles son las rutas de exportación que se espera registren el mayor crecimiento en los siguientes 15 a 20 años. ¿Qué patrones puede apreciar? ¿Qué tipo de países dominan estas rutas?

Ejercicio 2

Usted trabaja para una compañía que desea invertir en otro país. Efectuar inversiones en naciones con tradiciones diferentes es un elemento relevante de las metas estratégicas a largo plazo de su empresa; por eso, la dirección le solicitó un informe acerca del atractivo de varios países según los rendimientos potenciales de la inversión extranjera directa. En consecuencia, la clasificación de las 25 principales naciones en términos de atractivo para la IED es un ingrediente decisivo en dicho reporte. Un colega le mencionó un documento que puede ser útil, el "Índice de confianza de la IED" (FDI Confidence Index), que se actualiza de manera periódica. Consígalo y ofrezca, además, información sobre cómo se elabora.

CASO FINAL

¿Quién hace el iPhone de Apple?

Al principio, Apple no solía mirar más allá de su propio patio trasero para fabricar sus dispositivos. Pocos años después de que empezara a fabricar las computadoras Macintosh en 1983, Steve Jobs presumía que era "una máquina hecha en Estados Unidos". Hasta principios del nuevo milenio, Apple seguía fabricando muchas de sus computadoras en la planta iMac de la compañía en Elk Grove, California. A menudo Jobs decía que estaba tan orgulloso de las plantas de manufactura de Apple como lo estaba de los propios dispositivos.

Sin embargo, para 2004, Apple se había volcado en gran parte a la fabricación en el extranjero. El cambio a este sistema alcanzó auge con el icónico iPhone, introducido por Apple en 2007. Todos los iPhones contienen cientos de partes, de las cuales se estima que 90% se fabrica en el extranjero. Los avanzados semiconductores vienen de Alemania y Taiwán, las memorias de Corea y Japón, los paneles de despliegue y los circuitos provienen de Corea y Taiwán, los grupos de chips de Europa, y los metales raros, de África y Asia. El mayor subcontratista de Apple, la firma multinacional taiwanesa Foxconn, hace el armado final en China.

Apple continúa empleando cerca de 43 mil personas en Estados Unidos, y ha conservado importantes actividades en casa, incluido el diseño de productos, la ingeniería de software y la comercialización. Aún más: Apple afirma que su negocio sostiene otros 254 mil empleos en Estados Unidos en ingeniería, fabricación y transporte. Por ejemplo, el cristal del iPhone se fabrica en las plantas estadounidenses de Corning en Kentucky y en Nueva York; pero 700 mil personas más están involucradas en la ingeniería, la construcción y el armado final de sus productos *fuera* de Estados Unidos y la mayoría trabaja con subcontratistas como Foxconn.

Para explicar su decisión de armar el iPhone en China, Apple menciona varios factores. Aunque es cierto que los costos de mano de obra son menores en China, los ejecutivos de la compañía mencionan que solo representan una muy pequeña porción del valor total de sus productos y que no son el motor principal de las decisiones de ubicación. Más importante, de acuerdo con Apple, es la habilidad de sus subcontratistas chinos para responder muy rápidamente a sus solicitudes para escalar la producción hacia arriba y abajo. En un famoso ejemplo de esta capacidad, en 2007 Steve Jobs exigió que una pantalla de cristal reemplazara la de plástico en su prototipo de iPhone. A Jobs no le gustaba el aspecto ni la textura de las pantallas de plástico, que en aquel tiempo eran un estándar de la industria, ni la forma en que se rayaban con facilidad. Este cambio de último minuto en el diseño del iPhone puso en riesgo la fecha de su introducción en el mercado. Apple había elegido a Corning para fabricar grandes paneles de cristal reforzado, pero hallar un fabricante que los cortara en millones de pantallas para el iPhone no era sencillo. Entonces, llegó un ofrecimiento de una fábrica china. Cuando el equipo de Apple visitó las instalaciones, descubrió que los dueños de la planta ya estaban construyendo una nueva ala para cortar el cristal e instalando el equipo. "Esto en caso de que nos den el contrato", dijo el ejecutivo. Asimismo, la planta tenía un almacén lleno de muestras de cristal para Apple y un equipo de ingenieros a disposición de la compañía. Habían construido dormitorios en el lugar con el fin de que la fábrica pudiera operar en tres turnos siete días a la semana para poder satisfacer el exigente plan de producción de Apple. La compañía china se quedó con el contrato.

Otra ventaja para que Apple se decidiera por China fue que resultaba mucho más fácil contratar ingenieros ahí: calculó que se requerían aproximadamente 8 700 ingenieros industriales para supervisar y conducir a los 200 mil trabajadores de la línea de montaje que fabricaría el iPhone. Encontrar tantos ingenieros en Estados Unidos tomaría nueve meses, en China tomó 15 días.

Otro factor esencial es la manera en que se agrupan las fábricas en China; muchas de las que proporcionan componentes para el iPhone se localizan cerca de la planta armadora de Foxconn. Como argumentó un ejecutivo: "Toda la cadena de suministro

está en China. ¿Necesitas mil tapones de hule? Ahí está la fábrica de junto. ¿Necesitas un millón de tornillos? Ahí está la fábrica, a una cuadra. ¿Necesitas que un tornillo sea ligeramente distinto? Te toma tres horas".

Luego de todo lo anterior, aún existen bemoles para la subcontratación en China. Varios de los subcontratistas de Apple han sido señalados por sus malas condiciones laborales. Las críticas incluyen bajos salarios a los trabajadores de la línea, largas jornadas, horas extra obligatorias por poco o ningún pago adicional y pobres estándares de seguridad. Algunos exfuncionarios de Apple afirman que hay una tensión no resuelta dentro de la compañía: los ejecutivos quieren mejorar las condiciones laborales dentro de las fábricas de los subcontratistas como Foxconn, pero vacilan cuando dicho mejoramiento pone en conflicto sus relaciones decisivas con el proveedor o con la pronta entrega de nuevos productos.[74]

Preguntas para analizar el caso

1. ¿Cuáles son los beneficios para Apple de subcontratar el armado del iPhone en países extranjeros, y particularmente en China? ¿Cuáles son los costos y riesgos potenciales para la compañía?

2. Además de Apple, ¿quién más se beneficia de la decisión de la empresa de subcontratar el armado en China? ¿Quiénes son los perdedores potenciales?

3. ¿Cuáles son los posibles problemas éticos asociados con subcontratar el ensamblado de Foxconn en China? ¿Cómo podría Apple lidiar con esto?

4. Haciendo un balance, ¿piensa que el tipo de subcontratación de Apple es algo positivo o negativo para la economía estadounidense? Explique su razonamiento.

---

[74] Gu Huini, "Human Costs Are Built into iPad in China", en *The New York Times*, 26 de enero de 2012; C. Duhigg y K. Bradsher, "How U.S. Lost Out on iPhone Work", en *The New York Times*, 22 de enero de 2012; y "Apple Takes Credit for Over Half a Million U.S. Jobs", en *Apple Intelligence*, 2 de marzo de 2012, http://alic.am/yCQmOu, consultado el 9 de agosto de 2014.

Diferencias nacionales en economía política

2

OBJETIVOS DE APRENDIZAJE:

Al terminar este capítulo, usted deberá ser capaz de:

OA2-1   Entender cómo difieren entre sí los sistemas políticos de los países.

OA2-2   Comprender cómo difieren entre sí los sistemas económicos de los países.

OA2-3   Entender cómo difieren entre sí los sistemas legales de los países.

OA2-4   Explicar las implicaciones que tienen, en la práctica administrativa, las diferencias nacionales en economía política.

Ghana: el dínamo africano

Caso inicial

Durante la última década, la nación de Ghana, en África occidental, ha surgido como uno de los países de más rápido crecimiento en África subsahariana. Entre 2000 y 2012, su índice de crecimiento anual en PIB fue 7.66%. En 2011, este país de 25 millones de habitantes se convirtió en la más reciente nación africana con salario medio. Su motor de crecimiento ha sido una fuerte demanda por dos de sus mayores exportaciones: oro y cocoa, además del inicio en la producción de petróleo en 2010. Gracias a recientes descubrimientos de mantos petrolíferos, en verdad Ghana está por convertirse en uno de los mayores productores de petróleo en África subsahariana, hecho que puede impulsar una fuerte expansión económica en los años venideros.

Pero no siempre fue así. Originalmente una colonia británica, Ghana obtuvo su independencia en 1957. Durante las siguientes tres décadas, el país sufrió una larga serie de golpes de Estado que aniquilaron cualquier esperanza de tener un gobierno democrático estable. Los gobiernos sucesivos adoptaron la ideología socialista, a menudo como reacción a su pasado colonial. Como resultado, grandes segmentos de la economía del país quedaron bajo el dominio de empresas propiedad del Estado. La corrupción era rampante y la inflación, un problema común, mientras que la dependencia del país en cultivos comerciales para obtener moneda extranjera lo hacía vulnerable a variaciones en los precios de los *commodities*. Parecía que era otro estado fallido más.

En 1981, un oficial de la fuerza aérea, Jerry Rawlings, encabezó un golpe de Estado que depuso al presidente y colocó a Rawlings en el poder. El nuevo mandatario comenzó una vigorosa iniciativa anticorrupción que le dio gran popularidad entre los ghaneses comunes. Al principio, promovió políticas socialistas y prohibió la existencia de partidos políticos, pero al empezar la década de 1990 sus perspectivas cambiaron. Pudo muy bien haber sido influido por la ola de cambio democrático y liberalización económica que entonces barría a los estados formalmente comunistas de Europa oriental. Además, se vio presionado por los gobiernos occidentales y el Fondo Monetario Internacional (FMI) para adoptar reformas democráticas y políticas de liberalización económica (el FMI le prestaba dinero a Ghana).

Hubo elecciones presidenciales en 1992. Antes de los comicios, se levantó la prohibición sobre los partidos políticos, se eliminaron las restricciones a la prensa y se dio a todos los partidos igual acceso a los medios. Rawlings ganó las elecciones que, según los observadores extranjeros, fueron "libres y justas". Desde entonces, Ghana posee un sistema democrático funcional. Rawlings ganó de nuevo en 1996 y se retiró en 2001. Desde 1992, Rawlings empezó a liberalizar la economía, privatizando empresas propiedad del Estado, instituyendo reformas basadas en el mercado y abriendo el país a los inversionistas extranjeros. Durante la década siguiente, se privatizaron más de 300 paraestatales y florecía la economía que hoy es en su mayor parte privada.

Después del descubrimiento de petróleo en 2007, los políticos de Ghana estudiaron las leyes de ingresos petroleros de otras naciones, incluidas Noruega y Trinidad. Instituyeron leyes que limitaran la capacidad de corromper oficiales para desviar los ingresos petroleros de las regalías hacia el enriquecimiento personal; algo que ha sido un gran problema en Nigeria, también rica en petróleo. Algunos ingresos petroleros van directo al presupuesto nacional, mientras que el resto se divide entre un "fondo de estabilización" para sustentar el presupuesto si cayeran los precios del petróleo, y un "fondo de herencia" que será gastado solo cuando el petróleo comience a agotarse.[1]

 # Introducción

Los negocios internacionales son mucho más complejos que los nacionales porque los países tienen muchas diferencias y sus sistemas políticos, económicos y legales son distintos. Además, su nivel de desarrollo económico y su trayectoria de crecimiento económico futuro varían de manera significativa. Los usos culturales suelen ser muy diferentes, así como la escolaridad y las destrezas de la población. Todas estas diferencias tienen profundas implicaciones para la práctica de los negocios internacionales. Ejercen un efecto profundo en los beneficios, costos y riesgos de hacer negocios en diversos países, el modo de gestionar las operaciones y la estrategia que deben seguir las empresas internacionales en cada uno de ellos. El objetivo fundamental de este capítulo y de los próximos dos es desarrollar la conciencia y la comprensión sobre la importancia que tienen las diferencias de los sistemas políticos, económicos y legales, el desarrollo económico y la cultura social. Otra finalidad de estos tres capítulos es explicar de qué manera están evolucionando dichos sistemas en muchos de los estados nacionales del mundo y revisar las implicaciones de tales cambios en la práctica de los negocios internacionales.

En el "Caso inicial", se ejemplifican algunos de los temas cubiertos en este capítulo y el siguiente. Desde su independencia de Gran Bretaña en 1957 y hasta principios de la década de 1990, Ghana no era una democracia: su economía se basaba en principios socialistas y la corrupción era rampante. Una receta inadecuada para lograr el desarrollo económico. Verdaderamente, Ghana estaba entre las naciones más pobres del mundo. Comenzando con la introducción de una democracia multipartidista en 1992 y subsecuentes reformas económicas, Ghana se ha transformado en una de las economías africanas más dinámicas. Sin duda, la floreciente demanda por sus tres principales productos de exportación: cocoa, oro y, desde 2010, petróleo, ha contribuido al éxito del país. Otras naciones en desarrollo han experimentado auges parecidos, solo para ver sus ganancias desviadas por políticos corruptos. Hasta hoy esto no parece estar sucediendo en Ghana, que hace suya la promesa de que la nación experimentará un crecimiento económico sustentable, lo que la transformará en un sitio atractivo para hacer negocios con empresas extranjeras.

En este capítulo, nos centraremos en las diferencias nacionales de los sistemas económicos, políticos y legales. En conjunto, se dice que esos sistemas constituyen la economía política de un país. Con la expresión **economía política**, recalcamos que los sistemas político, económico y legal de un país son interdependientes: interactúan y se influyen recíprocamente y, con ello, inciden en el bienestar económico. En el capítulo 3, ampliaremos los conceptos analizados aquí para explorar con detalle la forma en que las diferencias en los sistemas político, económico y legal influyen en el desarrollo económico de un Estado-nación y su probable trayectoria de crecimiento futuro. En el capítulo 4, analizaremos las diferencias en la cultura nacional y su influencia en la práctica del comercio internacional. Además, como veremos en el capítulo 4, la cultura nacional tiene un efecto en los sistemas político, económico y legal de una nación, y por tanto, en su nivel de bienestar económico. Estudiaremos, además, cómo puede ocurrir lo contrario; es decir, que los sistemas político, económico y legal moldeen la cultura de un país.

---

[1] D. Hinshaw, "In an African Dynamo's Expansion, the Perils of Prosperity", en *The Wall Street Journal*, 30 de diciembre de 2011, p. A9; "Dangerously Hopeful", en *The Economist*, 2 de enero de 2010, p. 36; "Carats and Sticks", en *The Economist*, 3 de marzo de 2010, p. 68; y "Rawlings: The Legacy", en *BBC News*, 1 de diciembre de 2000, http://news.bbc.co.uk/2/hi/africa/1050310.stm; y "Ghana GDP expands 2.1% in Q4 2012", Servicio Estadístico de Ghana, 12 de abril de 2013.

Sistemas políticos

El sistema político de un país moldea sus sistemas económico y legal.[2] Por eso, debemos entender la naturaleza de los sistemas políticos antes de analizar los otros dos. Por **sistema político** entendemos el sistema de gobierno de una nación. Los sistemas políticos se evalúan en dos dimensiones. La primera es la medida en que destacan el colectivismo o el individualismo; la segunda, el grado en que son democráticos o totalitarios. Estas dimensiones se relacionan: los sistemas que destacan el colectivismo se inclinan al totalitarismo, en tanto que los que otorgan mayor valor al individualismo tienden a ser democráticos; sin embargo, hay grandes áreas de traslape entre ellos. Es posible tener sociedades democráticas que opten por una mezcla de colectivismo e individualismo; del mismo modo, hay sociedades totalitarias que no son colectivistas.

COLECTIVISMO E INDIVIDUALISMO

El **colectivismo** es un sistema político que da primacía a las metas colectivas antes que a las individuales.[3] Cuando impera, las necesidades del conjunto de la sociedad se consideran más importantes que las libertades individuales. En tales circunstancias, el derecho de un individuo a hacer algo se restringe con el argumento de que va en contra del "bien de la sociedad" o "bien común". El primer defensor del colectivismo fue el filósofo de la antigua Grecia, Platón (427-347 a. C.), quien escribió en *La república* que deben sacrificarse los derechos de los individuos en función del bien de la mayoría y que la propiedad debe detentarse de manera colectiva. Para Platón, el colectivismo no era lo mismo que la equidad, pues pensaba que la sociedad debía estratificarse en clases. Los más aptos para mandar (según Platón, como es natural, eran los filósofos y los soldados) dirigirían la sociedad en beneficio de todos. En los tiempos modernos, los socialistas retomaron el rumbo del colectivismo.

Socialismo

Los **socialistas** modernos sitúan sus raíces intelectuales en Karl Marx (1818-1883), aunque está claro que el socialismo es anterior a él (hay elementos socialistas en los escritos de Platón); decía que en una sociedad capitalista en la que no se restringen las libertades individuales, unos cuantos se benefician a expensas de la mayoría. Mientras que los capitalistas exitosos acumulan cuantiosas riquezas, los salarios que devenga la mayoría de los trabajadores —continúa Marx— se reducen hasta niveles de subsistencia. Sostenía que los capitalistas expropian para uso personal el valor generado por los trabajadores, a quienes pagan a cambio salarios de subsistencia. De acuerdo con Marx, el pago a los trabajadores no refleja todo el valor de su trabajo y, para corregir este mal, recomendaba que el Estado fuera el propietario de los medios básicos de producción, distribución e intercambio (es decir, de las empresas). Sostenía que si el Estado era dueño de los medios de producción, garantizaría una compensación íntegra a los trabajadores por su labor; así, la idea es gestionar empresas paraestatales que beneficien a la sociedad en general, más que a capitalistas individuales.[4]

A comienzos del siglo xx, la ideología socialista se dividió en dos amplios campos: los **comunistas** pensaban que el socialismo solo se alcanzaba mediante una revolución violenta y una dictadura totalitaria, mientras que los **socialdemócratas** se comprometían a alcanzarlo por medios democráticos y daban la espalda a revoluciones violentas y dictaduras. Las dos versiones del socialismo tuvieron sus altas y bajas durante el siglo xx. La versión comunista del socialismo llegó a su auge a finales de la década de 1970, cuando la mayoría de la población mundial vivía en países comunistas. En ese periodo, las naciones regidas por un partido comunista eran la ex Unión Soviética y sus satélites en Europa oriental (por ejemplo, Polonia, Checoslovaquia, Hungría); China; las naciones

---

[2] Como veremos, no hay una estricta correspondencia entre sistemas políticos y sistemas económicos. A. O. Hirschman, "The On-and-Off Again Connection between Political and Economical Progress", en *American Economic Review*, 84, núm. 2, 1994, pp. 343-348.

[3] Hay una exposición de las raíces del colectivismo y el individualismo en H. W. Spiegel, *The Growth of Economic Thought*, Durham, Carolina del Norte, Duke University Press, 1991, y una exposición del colectivismo y el individualismo en M. Friedman y R. Friedman, *Free to Choose*, Londres, Penguin Books, 1980.

[4] Para un resumen clásico de las premisas del marxismo, véase A. Giddens, *Capitalism and Modern Social Theory*, Cambridge, Cambridge University Press, 1971.

del sureste asiático como Camboya, Laos y Vietnam; diversos países africanos (como Angola y Mozambique) y las naciones latinoamericanas de Cuba y Nicaragua; sin embargo, a mediados de la década de 1990, el comunismo estaba en retirada en todo el mundo. La Unión Soviética se había desmoronado y había sido sustituida por un grupo de 15 repúblicas, muchas solo nominalmente democráticas. El comunismo se retiró de Europa oriental expulsado por revoluciones prácticamente incruentas en 1989. Aunque China es aún comunista en el papel e impone importantes límites a la libertad política de los individuos, en la esfera económica se ha alejado bastante de la ortodoxia de la ideología comunista. Además de China, el comunismo persiste en pequeños países marginales, como Corea del Norte y Cuba.

La democracia social también pasó por su prueba de fuego, aunque probablemente sea más duradera que el comunismo. Ha ejercido quizá su mayor influencia en varias democracias occidentales, como Australia, Francia, Alemania, Gran Bretaña, Noruega, España y Suecia. En esos países, los partidos socialdemócratas han detentado el poder político. Asimismo, en la India y Brasil la democracia social ha tenido una influencia considerable. En congruencia con sus raíces marxistas, muchos gobiernos socialdemócratas nacionalizaron compañías privadas de ciertos sectores después de la Segunda Guerra Mundial y las transformaron en empresas paraestatales destinadas "al bien público, antes que a las ganancias privadas"; por ejemplo, a finales de la década de 1970, en Gran Bretaña, las compañías paraestatales monopolizaban los rubros de telecomunicaciones, electricidad, gas, carbón, ferrocarriles y construcción naval, además de contar con intereses sustanciales en las industrias del petróleo, de las líneas aéreas, de los automóviles y del acero.

No obstante, la experiencia demostró que el hecho de que el Estado sea el propietario de los medios de producción deteriora el interés público. En muchos países, las compañías paraestatales han tenido un mal desempeño. Protegidas de la competencia por su posición monopolística y garantizado el apoyo económico del gobierno, cada vez eran más ineficientes. La gente pagaba el lujo de las compañías paraestatales con precios e impuestos altos. Por consiguiente, a finales de la década de 1970 e inicios de la siguiente, en varias democracias occidentales los partidos más comprometidos con la economía de libre mercado derrotaron en las elecciones a los partidos socialdemócratas. Los casos más conocidos son los del Partido Conservador de Gran Bretaña y el Partido Demócrata Cristiano de Alemania. Estas agrupaciones políticas vendieron las empresas estatales a inversionistas privados (una medida llamada **privatización**). Incluso aquellas naciones donde los partidos socialdemócratas han recuperado poder, como en Gran Bretaña en 1997 cuando el Partido Laborista de izquierda obtuvo el control del gobierno, están comprometidos a conservar la propiedad privada.

Individualismo

En el extremo opuesto al colectivismo, el **individualismo** se remite a la filosofía de que el individuo debe ser libre de buscar sus intereses económicos y políticos. En contraste con el colectivismo, en el individualismo los intereses de cada persona toman precedencia sobre los del Estado. Al igual que en el colectivismo, esta visión se remonta a un filósofo de la antigüedad griega; en este caso, el discípulo de Platón, Aristóteles (384-322 a. C.). En contra de la doctrina platónica, Aristóteles sostenía que lo más deseable era la diversidad individual y la propiedad privada. En un fragmento que bien podría haber sido tomado del discurso de algún político contemporáneo proclive a la ideología de libre mercado, Aristóteles explicó que la propiedad privada es más productiva que la comunitaria y que, por tanto, estimula el progreso. De acuerdo con este filósofo, la propiedad comunitaria está mal cuidada, mientras que la individual recibe más atención y, por ende, es más productiva.

El individualismo renació como corriente política primordial en las naciones comerciales protestantes de Inglaterra y Holanda durante el siglo XVI. Esta corriente se perfeccionó en la obra de varios filósofos ingleses, como David Hume (1711-1776), Adam Smith (1723-1790) y John Stuart Mill (1806-1873). La doctrina del individualismo ejerció una profunda influencia en las colonias angloamericanas que aspiraban a independizarse de Gran Bretaña, y subyace a las ideas expresadas en la Declaración de Independencia de Estados Unidos. En años más recientes, varios economistas ganadores del premio Nobel, como Milton Friedman, Friedrich von Hayek y James Buchanan, han defendido esta corriente.

El individualismo parte de dos premisas fundamentales: la primera es la importancia de garantizar al individuo su libertad personal y de expresión. La segunda, indica que es mejor para el bienestar de la sociedad permitir que las personas persigan sus propias conveniencias económicas, en lugar de que algún organismo colectivo (como el gobierno) lo determine o, como dijo Adam Smith en un famoso pasaje de *La riqueza de las naciones,* el individuo que se afana por sus propias ganancias:

> [...] es llevado por una mano invisible a promover un fin que no estaba entre sus intenciones. No es que esta carencia sea en detrimento de la sociedad. Al perseguir sus propios intereses, promueve los de la sociedad mejor que cuando trata de fomentarlos. Nunca he sabido que hayan hecho mucho bien aquellos que trabajan por el bien público.[5]

El mensaje fundamental del individualismo es que las libertades políticas y económicas son las reglas básicas en que debe asentarse una sociedad. Esta perspectiva pone al individualismo en conflicto con el colectivismo, que otorga primacía a lo colectivo sobre el individuo. Este conflicto ideológico esencial fue el contexto de buena parte de la historia reciente del mundo; por ejemplo, la Guerra Fría fue, en muchos aspectos, un encontronazo entre el colectivismo liderado por la Unión Soviética y el individualismo defendido por Estados Unidos. Desde finales de la década de 1980 hasta casi 2005, la desaparición del colectivismo corre a la par del auge del individualismo. Los ideales democráticos y la economía de libre mercado terminaron con el socialismo y el comunismo en muchos países. A partir de 2005, han aparecido señales de un retorno hacia las ideas socialistas en varias naciones, lo que incluye a algunas latinoamericanas como Venezuela, Bolivia y Paraguay, junto con Rusia (véase la sección "Vistazo a un país", donde se detalla lo que ha ocurrido en Venezuela). Asimismo, la crisis financiera global de 2008-2009 podría haber ocasionado que algunos reevalúen las tendencias de las últimas dos décadas, y entonces, quizá, el péndulo se incline de vuelta hacia el otro lado por un periodo.

DEMOCRACIA Y TOTALITARISMO

La democracia y el totalitarismo están en los extremos opuestos del espectro político. La **democracia** es el sistema político en el cual el gobierno es del pueblo y este ejerce su poder de manera directa o por medio de representantes elegidos. El **totalitarismo** es una forma de gobierno en la que una persona o partido político ejerce el control absoluto sobre todas las esferas de la vida humana y prohíbe la existencia de partidos políticos de oposición. La dimensión democracia-totalitarismo no es independiente de la dimensión colectivismo-individualismo. La democracia y el individualismo van a la par, lo mismo que la versión comunista del colectivismo y el totalitarismo; sin embargo, en medio hay algunas áreas grises: es posible tener un Estado democrático en el que predominen los valores colectivos, así como un Estado totalitario hostil al colectivismo y en el que se fomente algún grado de individualismo, en particular en la esfera económica; por ejemplo, China transitó a una mayor libertad individual en la esfera económica, pero el país aún se rige por una dictadura totalitaria en la que se limitan las libertades políticas.

Democracia

La forma pura de democracia, como la practicaban algunas ciudades-Estado de la antigua Grecia, se basa en el concepto de que los ciudadanos deben participar de manera directa en la toma de decisiones. En sociedades complejas avanzadas, con poblaciones de decenas o cientos de millones de habitantes, esta participación no es factible. La mayoría de los estados democráticos modernos practica la **democracia representativa**, en la que los ciudadanos eligen periódicamente a ciertos individuos para que los representen, los cuales forman un gobierno, cuya función es tomar las decisiones a nombre del electorado. En una democracia representativa, los representantes que no desempeñan bien este trabajo quedan fuera en la siguiente elección.

Para garantizar que los representantes sean responsables de sus acciones ante el electorado, una democracia representativa ideal cuenta con diversos mecanismos que, por lo regular, se definen en leyes constitucionales: 1) los derechos de los individuos a la libertad de expresión, opinión y organización; 2) medios de comunicación libres; 3) elecciones periódicas en las que pueden votar todos los ciudadanos que tengan derecho; 4) sufragio universal entre los adultos; 5) periodos limitados para los representantes electos; 6) sistema judicial imparcial e independiente del sistema político;

---

[5]   A. Smith, *The Wealth of Nations*, vol. 1, Londres, Penguin Books, p. 325.

La Venezuela de Hugo Chávez, 1999-2013

El 5 de marzo de 2013, Hugo Chávez, presidente de Venezuela, falleció al perder la batalla contra el cáncer; había estado en la presidencia del país desde 1999. Exoficial militar, alguna vez encarcelado por orquestar un fallido intento de golpe de Estado, Chávez, socialdemócrata a su estilo, ganó la elección presidencial mediante una campaña en donde se pronunció en contra de la corrupción, los malos manejos económicos y las "duras realidades" del capitalismo global. Cuando entró en funciones, en febrero de 1999, proclamó que había heredado la peor situación económica en la historia reciente del país. No estaba muy equivocado. Un colapso en el precio del petróleo, que representaba 70% de las exportaciones de la nación, dejó a Venezuela con un enorme déficit presupuestario y hundió su economía en una profunda depresión.

Poco después de asumir el cargo, Chávez procedió a tratar de consolidar su control sobre el aparato de gobierno. En 2012, Freedom House, que cada año evalúa las libertades políticas y civiles en el mundo, concluyó que Venezuela solo era "libre en parte" y que las libertades estaban siendo progresivamente restringidas.

En el aspecto económico, los asuntos continuaron siendo difíciles. La economía se contrajo a principios del nuevo siglo, mientras que la tasa de desempleo, de 15 a 17%, continuó persistentemente alta y el índice de pobreza se disparó a más de 50% de la población. Un estudio de 2003 efectuado por el Banco Mundial concluyó que Venezuela era una de las economías más reguladas del planeta y que el control estatal sobre las actividades empresariales daba a los funcionarios públicos amplias oportunidades de enriquecerse, pues exigían sobornos a cambio de permisos para expandir operaciones o integrar nuevas líneas de negocios. En realidad, y a pesar de la retórica anticorrupción de Chávez, Transparencia Internacional (TI), que clasifica a los países del mundo según su grado de corrupción pública, advirtió que dicha actividad había aumentado bajo el mando de Chávez. En 2012, TI ubicó a Venezuela en el lugar 165 entre 174 naciones. Consistente con su retórica socialista, Chávez confiscó progresivamente varias empresas y exigió que otras compañías se reestructuraran como "cooperativas de trabajadores" a cambio de préstamos gubernamentales. Además, el gobierno comenzó a expropiar grandes granjas y ranchos rurales que, según Chávez, no eran lo bastante productivos, así que los transformó en cooperativas propiedad del Estado.

A mediados de la década de 2000, el mercado mundial del petróleo rescató a Chávez de dificultades económicas cada vez más apremiantes. Sus precios comenzaron a elevarse desde un bajísimo 20 dólares por barril en 2003, hasta alcanzar los 150 dólares a mediados de 2008, y Venezuela, el quinto productor del mundo, empezó a cosechar enormes ganancias. Apoyada en las crecientes exportaciones petroleras, la economía se robusteció. Chávez utilizó las ganancias del petróleo para impulsar a su gobierno a gastar en programas sociales, muchos de los cuales se basaban en programas cubanos. En 2006, anunció sus planes de reducir las acciones propiedad de compañías extranjeras en proyectos petroleros de las regiones del Orinoco y de otorgar a la compañía petrolera del Estado una posición mayoritaria.

En la cresta de una ola de popularidad interna, Chávez ganó la reelección como presidente en diciembre de 2006. Celebró su victoria oprimiendo el acelerador revolucionario. El Parlamento le concedió el poder de legislar por decreto durante 18 meses. A finales de 2010, Chávez volvió a persuadir a la Asamblea Nacional, dominada por sus seguidores, de que le concedieran otra vez el poder de gobernar por decreto durante otros 18 meses.

A pesar de su habilidad para consolidar el poder político, en el ámbito económico el desempeño de Venezuela bajo Chávez fue decididamente mixto. Su logro principal fue reducir la pobreza, cuyos índices cayeron de 50% a 28% en 2012, y disminuir el desempleo de 14.5 a comienzos de su mandato a 7.6% en febrero de 2013. Las empresas propiedad del Estado ayudaron a Chávez a conseguir estos objetivos.

No obstante, a pesar de una fuerte demanda global y reservas masivas, la producción petrolera venezolana cayó a un tercio entre 2000 y 2012 conforme las compañías petroleras extranjeras salieron del país. La inflación se disparó y llegó a cerca de 28% anual entre 2008 y 2012, uno de los índices más altos del mundo. Para empeorar la situación, el déficit presupuestario se expandió a 17% del PIB en 2012 debido a que el gobierno gastó en exceso para apoyar sus programas sociales y diversos subsidios.[6]

---

[6] D. Luhnow y P. Millard, "Chavez Plans to Take More Control of Oil Away from Foreign Firms", en *The Wall Street Journal*, 24 de abril de 2006, p. A1; R. Gallego, "Chavez's Agenda Takes Shape", en *The Wall Street Journal*, 27 de diciembre de 2005, p. A12; "The Sickly Stench of Corruption: Venezuela", en *The Economist*, 1 de abril de 2006, p. 50; "Chavez Squeezes the Oil Firms", en *The Economist*, 12 de noviembre de 2005, p. 61; "Glimpsing the Bottom of the Barrel; Venezuela", en *The Economist*, 3 de febrero de 2007, p. 51; "The Wind Goes Out of the Revolution–Defeat for Hugo Chavez", en *The Economist*, 8 de diciembre de 2007, pp. 30-32; "Oil Leak", en *The Economist*, 26 de febrero de 2011, p. 43; "Medieval Policies", en *The Economist*, 8 de agosto de 2011, p. 38; y "Now for the Reckoning", en *The Economist*, 5 de mayo de 2013.

7) burocracia estatal ajena a la política; 8) policía y ejército apartidistas, y 9) acceso relativamente libre a la información del Estado.[7]

Totalitarismo

En un país totalitario, se niegan al ciudadano todas las garantías constitucionales que establecen las democracias representativas (libertad de expresión y organización, prensa libre, elecciones periódicas). En la mayor parte de los estados totalitarios, la represión política es generalizada, no hay elecciones libres y justas, los medios son censurados y quienes ponen en duda el derecho al poder de los gobernantes van a parar a la cárcel o les sucede algo peor.

En la actualidad, existen en el mundo cuatro clases principales de totalitarismo. Hasta hace poco, la más difundida era el **totalitarismo comunista**; sin embargo, el comunismo está experimentando un retroceso en el mundo y, desde 1989, se han derrumbado casi todas las antiguas dictaduras de este tipo. Hasta ahora, las excepciones son China, Vietnam, Laos, Corea del Norte y Cuba, aunque todas estas naciones dan muestras visibles de que el monopolio del partido comunista en el poder político va en retirada. En muchos sentidos, los gobiernos de China, Vietnam y Laos son comunistas de nombre, pues impulsan reformas de economía de mercado; en cambio, aún son estados totalitarios en el sentido de que niegan muchas libertades civiles a su población. Por otra parte, hay señales de un cambio hacia las ideas comunistas totalitarias en algunos países, como Venezuela donde el gobierno del fallecido Hugo Chávez desplegó tendencias en este sentido (véase la sección "Vistazo a un país").

La segunda forma de totalitarismo podría llamarse **totalitarismo teocrático**, que se encuentra en estados donde el poder político está monopolizado por un partido, grupo o individuo que gobierna con base en principios religiosos. La forma más común de este gobierno la hallamos en el islamismo y se ejemplifica con países como Irán y Arabia Saudita, en los cuales se limita la libertad de expresión política y religiosa con leyes que se fundan en principios islámicos.

La tercera forma del totalitarismo es el **totalitarismo tribal**, que aparece periódicamente en países africanos como Zimbabwe, Tanzania, Uganda y Kenia. Las fronteras de esos estados corresponden más a los límites administrativos trazados por las antiguas potencias coloniales europeas que a realidades tribales. Por consiguiente, en una nación cualquiera hay varias tribus. El totalitarismo tribal se manifiesta cuando un partido político que representa los intereses de una tribu (que no siempre es la mayoritaria) monopoliza el poder. En Kenya, por ejemplo, los políticos de la tribu Kikuyu dominaron durante mucho tiempo el sistema político.

La cuarta forma de totalitarismo podría describirse como **totalitarismo derechista**. En general, concede a los individuos algunas libertades económicas, pero restringe las libertades políticas con el argumento de que pueden ocasionar la llegada del comunismo. Una característica de muchos gobiernos totalitarios de derecha es la hostilidad declarada en contra de las ideas socialistas o comunistas. Muchos gobiernos con esta orientación cuentan con el respaldo del ejército y, en algunos casos, están conformados por militares. Los regímenes fascistas que gobernaron Alemania e Italia en las décadas de 1930 y 1940 eran estados totalitarios de derecha. Hasta inicios de la década de 1980, las dictaduras derechistas, muchas de ellas militares, eran comunes en América Latina. También, se encontraban en diversos países de Asia: Corea del Sur, Taiwán, Singapur, Indonesia y Filipinas. Pero, desde esa época, esta forma de gobierno es menos frecuente. Hoy casi todos los países latinoamericanos son democracias multipartidistas genuinas; del mismo modo, Corea del Sur, Taiwán y Filipinas son democracias funcionales, al igual que Indonesia.

Sistemas económicos

OA2-2

A partir del estudio de la sección anterior, debe quedar claro el vínculo entre ideología política y sistema económico. Es más probable que hallemos sistemas de economía de mercado en países donde las metas de los individuos tienen primacía sobre las colectivas. Por el contrario, en las naciones donde las metas colectivas tienen preeminencia, el Estado asume el control de muchas empresas y

---

[7] R. Wesson, *Modern Government—Democracy and Authoritarianism*, 2a. ed., Englewood Cliffs, Nueva Jersey, Prentice Hall, 1990.

del mercado, el cual antes que libre está controlado. Podemos identificar tres sistemas económicos generales: economía de mercado, planificada y mixta.

ECONOMÍA DE MERCADO

En una **economía de mercado** pura, todas las actividades productivas son efectuadas por empresas privadas, en lugar de pertenecer al Estado. Nadie planifica los bienes y servicios que produce un país. La oferta y la demanda determinan la producción y ello afecta a los productores mediante el sistema de precios. Si la demanda de un producto excede la oferta, los precios aumentan, lo que incita a los productores a producir más. Si la oferta supera a la demanda, los precios bajan y los productores fabrican menos. Según los teóricos de este sistema, los consumidores mandan. Los hábitos de compra de la gente, manifestados a los productores mediante el sistema de precios, determinan qué se produce y en qué cantidad.

Para que un mercado funcione de esta manera, no debe restringirse la oferta. Se limita la oferta cuando una empresa monopoliza un mercado. En tales circunstancias, más que aumentar la producción en respuesta a la demanda, un monopolista limita la producción para que los precios suban. De esta forma, obtiene un mayor margen de utilidad sobre cada unidad que vende. Esto es positivo para el monopolista, pero negativo para el consumidor quien debe pagar más; también, perjudica el bienestar de la sociedad. Como un monopolista no tiene competidores, tampoco tiene incentivos para reducir los costos de producción. Entonces, simplemente traslada los aumentos de costos a los consumidores en forma de incrementos a los precios. El resultado neto es que el monopolista incrementa de modo gradual su nivel de ineficiencia: fabrica artículos caros y de calidad inferior, y la sociedad sufre las consecuencias.

Por los peligros que generan los monopolios, la función del gobierno en una economía de mercado es alentar una vigorosa competencia libre y justa entre productores privados; por lo que el gobierno persigue los monopolios y las prácticas comerciales restrictivas destinadas a acaparar un mercado (en Estados Unidos, las leyes antimonopolio cumplen con estas funciones). Asimismo, la propiedad privada estimula la competencia vigorosa y la eficiencia económica, pues ella garantiza que los emprendedores tengan derecho a las utilidades generadas por su propio esfuerzo. Tal protección les da un incentivo para satisfacer las necesidades de los consumidores: introducir productos nuevos, establecer sistemas de producción más eficientes, prestar mejores servicios de comercialización y asistencia a los compradores o manejar la compañía con más eficiencia que los competidores. A cambio, las constantes mejoras de productos y procesos que suponen estos incentivos ejercen un importante efecto positivo en el crecimiento económico y en el desarrollo.[8]

ECONOMÍA PLANIFICADA

En una **economía planificada** pura, el gobierno determina los bienes y servicios que produce un país, así como sus volúmenes y precios. En concordancia con la ideología colectivista, el objetivo de este tipo de sistema económico es que el gobierno distribuya los recursos para "el bien de la sociedad". Además, en ella todas las empresas pertenecen al Estado, bajo el argumento de que el gobierno puede ordenarles que inviertan de la forma que responda al interés de toda la nación, más que a los intereses de individuos particulares. Históricamente, hubo economías planificadas en los países comunistas en los que las metas colectivistas tenían prioridad sobre las individuales. Desde la caída del comunismo, a finales de la década de 1980, las economías planificadas se han reducido de manera radical. Algunos elementos de tal economía aún se aprecian en ciertas naciones democráticas que tuvieron gobiernos de tendencias socialistas. Francia y la India experimentaron con sistemas amplios de planeación centralizada y propiedad estatal, pero esa propuesta ya la desterraron ambos países.

Si bien el objetivo de una economía planificada es movilizar los recursos económicos en aras del bien público, lo que ocurrió fue lo contrario. En una economía planificada, las empresas estatales tienen pocos incentivos para controlar los costos y ser eficientes, porque no cabe la posibilidad de que salgan del negocio. Asimismo, la abolición de la propiedad privada implica que no hay estímu-

---

[8] Para una explicación detallada, pero accesible, de este argumento, véase Friedman y Friedman, *Free to Choose*. Véase también P. M. Romer, "The Origins of Endogenous Growth", en *Journal of Economic Perspectives*, 8, núm. 1, 1994, pp. 2-32.

En la actualidad, Vietnam transita desde una economía planificada hacia un sistema mixto, con mercados que funcionan en ciertos sectores, como los textiles y la agricultura.

los para que los individuos apliquen mejores métodos para satisfacer las necesidades de los consumidores; por consiguiente, en dichas economías falta dinamismo e innovación. En lugar de crecer y prosperar, se estancan.

ECONOMÍA MIXTA

Entre las economías de mercado y las planificadas se hallan las economías mixtas. En una **economía mixta**, ciertos sectores se dejan en manos privadas, sujetos a los mecanismos del libre mercado, en tanto otros son propiedad del Estado y el gobierno los planifica. Las economías mixtas fueron muy comunes en el mundo, aunque ya no tanto. Hasta la década de 1980, Gran Bretaña, Francia y Suecia eran seguidores de este modelo; no obstante, la privatización general redujo las propiedades estatales en las tres naciones. Una tendencia semejante se observa en muchos otros países en los que antes había un sector público muy grande, como en Brasil, Italia y la India (aunque sigue habiendo empresas propiedad del Estado en todas estas naciones).

En las economías mixtas, los gobiernos también se apropian de las empresas que tienen problemas y cuya continuación de sus actividades es vital para los intereses de la nación. En 2008 y a principios de 2009, el gobierno estadounidense se apropió de 80% de las acciones de American International Group (AIG) para evitar que la firma financiera colapsara; la teoría sostenía que, si caía en quiebra, todo el sistema financiero sufriría consecuencias muy graves. Por lo general, el gobierno estadounidense prefiere dar soluciones de mercado a los problemas económicos y, en el caso de AIG, el propósito era vender, tan pronto como fuera posible, la institución a los inversionistas privados. Además, Estados Unidos emprendió una acción similar respecto de otras compañías en problemas, incluyendo Citigroup y General Motors. En todos los casos, la participación del gobierno era vista solo como una acción a corto plazo diseñada para prevenir el colapso económico inyectando capital a las compañías en dificultades. El gobierno vendió sus acciones tan pronto como le fue posible (por ejemplo, a principios de 2010, vendió sus acciones en Citigroup, con una ganancia; a finales de ese mismo año, vendió algunas de sus acciones de GM a inversionistas privados).

OA2-3 # Sistemas legales

El **sistema legal** de un país comprende las reglas o leyes que dictan el comportamiento y los mecanismos con que se aplican esas leyes y se ventilan las diferencias. El sistema legal de una nación es de inmensa importancia para las empresas internacionales. Las leyes regulan las prácticas de los negocios, definen la manera en que se llevarán a cabo las transacciones comerciales y fijan los derechos y obligaciones de los participantes. El entorno legal de cada país varía en forma significativa. Como veremos, las diferencias entre los sistemas legales se relacionan con el atractivo de una nación como mercado o destino de inversiones.

Al igual que el sistema económico de un país, el sistema legal manifiesta la influencia del sistema político prevaleciente (y también de las tradiciones históricas). El gobierno define el marco legal en el cual deben operar las empresas, y en general, las leyes que las regulan reflejan la ideología política de los gobernantes; por ejemplo, los estados totalitarios de inclinaciones colectivistas tienden a promulgar leyes que limitan de modo riguroso a las compañías privadas, mientras que las leyes que aplican los gobiernos democráticos, en los cuales el individualismo es la corriente política dominante, favorecen a la empresa privada y a los consumidores.

Aquí nos centraremos en algunos temas que ilustran las variaciones de los sistemas legales y su efecto sobre las empresas internacionales. En primer lugar, analizaremos algunas diferencias básicas entre los sistemas legales. Luego, revisaremos el derecho contractual. En tercer lugar, estudiaremos las leyes de propiedad; en particular, patentes, la propiedad intelectual y marcas comerciales. Después, abordaremos la protección de la propiedad intelectual. Por último, examinaremos las leyes que se ocupan de la responsabilidad y la seguridad de los productos.

DIFERENTES SISTEMAS LEGALES

Existen tres sistemas legales principales (o tradiciones legales) que se emplean en todo el mundo: derecho consuetudinario, derecho continental y derecho teocrático.

Derecho consuetudinario

El sistema de derecho consuetudinario evolucionó en Inglaterra durante cientos de años. Ahora es parte de todas las colonias inglesas antiguas, incluso Estados Unidos. El **derecho consuetudinario** se basa en tradiciones, precedentes y costumbres. La *tradición* es la historia legal de un país, los *precedentes* son los casos ya presentados en los tribunales y las *costumbres* son las maneras en que se aplican las leyes en situaciones particulares. Cuando los tribunales interpretan el derecho consuetudinario, prestan atención a esas características, lo cual le da a este sistema una flexibilidad única. En él, los jueces tienen la facultad de interpretar la ley para que se aplique a las circunstancias especiales del caso. A su vez, cada nueva interpretación fija un precedente que puede seguirse en casos futuros. A medida que aparecen nuevos precedentes, las leyes se modifican, aclaran o enmiendan para adecuarse a las nuevas situaciones.

Derecho continental

Un sistema de **derecho continental** se basa en un conjunto muy detallado de leyes organizadas en códigos, con base en los cuales los tribunales interpretan tal derecho. Más de 80 países, entre ellos Alemania, Francia, Japón y Rusia, se rigen por este sistema de derecho. El **derecho continental** es menos polémico que el consuetudinario, pues los jueces se apoyan más en códigos legales detallados que en la interpretación de tradiciones, precedentes y costumbres. En el sistema de derecho continental, los jueces tienen menos flexibilidad que en el de derecho consuetudinario. En este último, los jueces poseen el poder de interpretar la ley, mientras que, en el segundo, solo cuentan con facultades para aplicarla.

Derecho teocrático

En un sistema de **derecho teocrático**, la ley se basa en doctrinas religiosas. La ley islámica es el sistema legal teocrático más extendido en el mundo moderno, aunque el uso de las leyes hindú y judaica persistió hasta el siglo xx. La ley islámica es más un derecho moral que comercial y tiene por objeto normar todos los aspectos de la vida.[9] Los fundamentos de la ley islámica se encuentran en el libro sagrado del Islam, el Corán, junto con la Sunnah, que es el conjunto de decisiones y sentencias del profeta Mahoma, y los escritos de los eruditos islámicos que han trazado reglas por analogía con los principios establecidos en ambos textos sagrados. Por el hecho de ser sagrados, los fundamentos esenciales del derecho islámico no pueden modificarse; sin embargo, en la práctica, los juristas y eruditos islámicos debaten todo el tiempo la aplicación de la ley islámica en el mundo moderno. De hecho, muchos países musulmanes tienen sistemas legales que combinan el derecho islámico y un sistema consuetudinario o continental.

Aunque la ley islámica se ocupa en esencia del comportamiento moral, se ha extendido hasta abarcar ciertas actividades comerciales. Un ejemplo es el pago o cobro de intereses, que el Corán considera usura y es ilegal. Para el musulmán devoto, aceptar el pago de intereses es un pecado grave que condena por igual al que los toma y al que los da. No es solo asunto de teología; en varios estados islámicos, también es materia legal. Por ejemplo, en Pakistán, en la década de 1990, el Tribunal Federal de Shariat, el supremo órgano legislativo islámico de la nación, determinó que los intereses eran contrarios al Islam y, por tanto, ilegales, y exigió que el gobierno enmendara en ese sentido todas las leyes financieras. En 1999, la Corte Suprema de Pakistán dictaminó que en el país debían aplicarse métodos financieros islámicos a partir del 1 de julio de 2001.[10] Para finales de la década de 2000, casi 500 instituciones financieras islámicas del mundo manejaban, en conjunto, activos superiores a 500 mil millones de dólares. Además de Pakistán, hay bancos islámicos en muchos estados del golfo Pérsico, Egipto y Malasia.[11]

DIFERENCIAS ENTRE DERECHOS CONTRACTUALES

La diferencia entre los sistemas de derecho consuetudinario y continental puede ilustrarse con su visión del derecho contractual (recuerde que los sistemas teocráticos también tienen elementos de los derechos consuetudinario o continental). Un **contrato** es un documento que especifica las condiciones en las que ocurre un intercambio y detalla los derechos y las obligaciones de las partes. Algunos tipos de contratos regulan las transacciones comerciales. El **derecho contractual** es el conjunto de leyes que rige la obediencia a los contratos. Las partes de un acuerdo recurren al derecho contractual cuando una opina que la otra faltó al espíritu o a la letra de un convenio.

Como el derecho consuetudinario no es tan específico, los contratos elaborados en ese marco son muy detallados y abarcan todas las eventualidades. En cambio, en los sistemas de derecho continental, los contratos son más breves y menos específicos porque muchos de los temas ya están cubiertos en un código; por ello, es más costoso elaborar contratos en una jurisdicción en la que rige el derecho consuetudinario, y resolver las disputas emanadas de ellos puede ser muy polémico. Sin embargo, los sistemas de derecho consuetudinario tienen la ventaja de ser más flexibles y permiten a los jueces interpretar un litigio sobre un contrato a la luz de la situación en curso. Las empresas internacionales deben ser sensibles a esas diferencias: abordar una disputa contractual en un Estado de derecho continental como si su sistema fuera consuetudinario, puede ser contraproducente y viceversa.

Cuando surgen disputas en el comercio internacional, es necesario preguntarse a cuál nación deben aplicarse qué leyes. Para resolver el problema, algunos países, entre ellos Estados Unidos, han ratificado la **Convención de las Naciones Unidas sobre los Contratos de Compraventa Internacional de Mercaderías (United Nations Convention on Contracts for the International Sale of Goods, CISG)**. La CISG establece un conjunto homogéneo de reglas que norman ciertos aspectos de la elaboración y operatividad de los contratos comerciales cotidianos entre compradores y vendedores con domicilio legal en diversos países. Al adoptar la CISG, una nación indica a otros firmantes que acoge las reglas de esta convención como parte de su normatividad. La CISG se aplica de manera automática a todos los contratos para la venta de bienes entre empresas establecidas en países que ratificaron la convención, a menos que las partes explícitamente renuncien a esta; sin embargo, un problema de la CISG es que la han firmado menos de 70 países (desde que entró en vigor,

[9] T. W. Lippman, *Understanding Islam*, Nueva York, Meridian Books, 1995.

[10] "Islam's Interest", en *The Economist*, 18 de enero de 1992, pp. 33-34.

[11] M. El Qorchi, "Islamic Finance Gears Up", en *Finance and Development*, diciembre de 2005, pp. 46-50; S. Timewell, "Islamic Finance–Virtual Concept to Critical Mass", en *The Banker*, 1 de marzo de 2008, pp. 10-16.

en 1988);[12] muchas naciones comerciales importantes, como Japón y el Reino Unido, no la han ratificado.

Cuando las empresas no aceptan la CISG, optan por una reconocida corte de arbitraje para que solucione sus disputas comerciales. La más conocida es el Tribunal de Arbitraje de la Cámara Internacional de Comercio de París, que procesa al año más de 500 solicitudes de arbitraje, las cuales suelen involucrar a más de 100 países.[13]

CORRUPCIÓN Y DERECHOS DE PROPIEDAD

En sentido legal, *propiedad* es un recurso sobre el que un individuo o empresa tiene un derecho legal; es decir, el recurso le pertenece. Los recursos son terrenos, edificios, equipo, capital, derechos de extracción minera, empresas y propiedad intelectual (ideas protegidas por patentes, derechos de autor y marcas registradas). Los **derechos de propiedad** son el conjunto de derechos legales sobre el uso que se da a un recurso y sobre el destino de los ingresos derivados de ese recurso.[14] Existen diferencias nacionales en cuanto al grado en que los sistemas legales definen y protegen los derechos de propiedad y prácticamente todos los países han promulgado leyes que los protegen. Incluso China, que nominalmente continúa siendo un Estado comunista a pesar de su floreciente economía de mercado, promulgó en 2007 una ley que resguarda los derechos de los propietarios privados (la ley concede a la propiedad de los individuos la misma protección legal que a la del Estado).[15] No obstante, en muchas naciones, las autoridades no aplican estas leyes y existen violaciones a los derechos de propiedad (véase el "Caso inicial"). Los derechos de propiedad pueden ser violados de dos maneras: por medio de acciones privadas o públicas.

Acciones privadas

En este contexto, la **acción privada** se refiere a robo, piratería, chantaje y otras actividades delictivas perpetradas por individuos o grupos. El robo ocurre en todos los países, pero un sistema legal débil da pie a muchos más actos ilegales en unos que en otros; por ejemplo, en Rusia, en el periodo caótico que siguió a la caída del comunismo, un sistema legal anticuado, aunado a una policía débil y un sistema judicial insuficiente, daba a las empresas nacionales y extranjeras poca protección contra el chantaje de la "mafia rusa". Los empresarios nacionales tenían que "pagar protección" a la mafia o atenerse a una venganza violenta que implicaba bombas y asesinato (en la década de 1990, se cometieron cerca de 500 asesinatos por contrato contra empresarios cada año).[16]

Rusia no es el único país que tiene problemas con la mafia (y su situación ha mejorado de manera significativa desde entonces). La mafia posee una larga historia en Estados Unidos: en la década de 1930, Chicago pasaba por una situación semejante a la de Moscú en la década de 1990. En Japón, la versión local de la mafia, conocida como *yakuza,* opera un negocio ilegal de protección, en particular en el sector de alimentos y entretenimiento;[17] sin embargo, hay una gran diferencia entre la magnitud de tales actividades en la Rusia de la década de 1990 y su efecto limitado en Japón y Estados Unidos. Dicha diferencia obedeció a que el aparato de aplicación de la justicia de Rusia, como la policía y el sistema judicial, estaba muy debilitado tras la caída del comunismo. Periódicamente, muchas otras naciones han tenido problemas semejantes o mayores que los que sufrió Rusia.

Acciones públicas y corrupción

Las **acciones públicas** en contra de los derechos de propiedad ocurren cuando los servidores públicos, como políticos o burócratas, despojan de ingresos, recursos o propiedades a sus dueños. Estos actos ilegales pueden hacerse mediante mecanismos legales, como impuestos excesivos, licencias o permisos demasiado costosos para los dueños, expropiación de bienes sin compensar a los propieta-

---

12 Esta información se encuentra en la página de tratados de la ONU, en: http://www.uncitral.org/uncitral/en/uncitral_texts/sale_goods/1980CISG.html, consultado el 12 de agosto de 2014.

13 Corte Internacional de Arbitraje, en: http://www.iccwbo.org/index_court.asp, consultado el 12 de agosto de 2014.

14 D. North, *Institutions, Institutional Change, and Economic Performance*, Cambridge, Cambridge University Press, 1991.

15 "China's next Revolution", en *The Economist*, 10 de marzo de 2007, p. 9.

16 P. Klebnikov, "Russia's Robber Barons", en *Forbes,* 21 de noviembre de 1994, pp. 74-84; C. Mellow, "Russia: Making Cash from Chaos", en *Fortune*, 17 de abril de 1995, pp. 145-151; y "Mr. Tatum Checks Out", en *The Economist*, 9 de noviembre de 1996, p. 78.

17 K. van Wolferen, *The Enigma of Japanese Power*, Nueva York, Vintage Books, 1990, pp. 100-105.

rios o repartición de bienes sin retribución alguna para sus dueños anteriores. También, se hace por medios ilegales o por corrupción: se piden sobornos a las empresas a cambio del derecho de operar en un país, sector o lugar.[18]

La corrupción está bien documentada en todas las sociedades, de las orillas del río Congo al palacio de la familia real de Holanda, de políticos japoneses a banqueros brasileños, y de autoridades de Indonesia a policías de Nueva York. En Filipinas, el gobierno del difunto Ferdinando Marcos era muy conocido por los sobornos que exigía a las empresas extranjeras que querían emprender actividades en el país. Lo mismo sucedía con los funcionarios de Indonesia durante el régimen del expresidente Suharto. Ninguna sociedad es inmune a la corrupción; no obstante, hay diferencias sistemáticas en la extensión de esta práctica ilegal. En algunas naciones, el imperio de la ley la reduce al mínimo. La corrupción se ve y trata como ilegal y, cuando se descubre, se castiga a los infractores con todo el peso de la ley. En otros países, la aplicación de las leyes es débil y abunda la corrupción de burócratas y políticos. La corrupción está tan arraigada en algunos países, que los políticos y burócratas la consideran un gaje de su oficio y se ríen en forma abierta de las leyes que intentan ponerle límite.

De acuerdo con Transparencia Internacional, organización independiente sin fines de lucro dedicada a exponer y combatir la corrupción, las empresas y los individuos gastan alrededor de 400 mil millones de dólares al año solo en sobornos relacionados con la concesión de contratos.[19] Asimismo, TI mide el grado de corrupción de los funcionarios públicos de diversos países.[20] Como se aprecia en la figura 2.1, la organización calificó bien a naciones como Finlandia y Nueva Zelanda, mientras

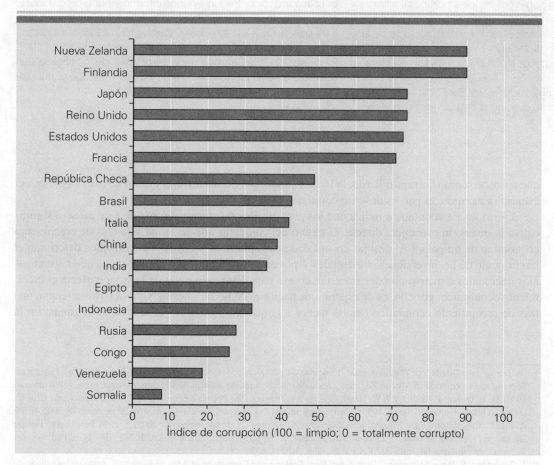

FIGURA 2.1

Grado de corrupción por país, 2012.

Fuente: Elaborada por el autor a partir de datos sin procesar en Transparencia Internacional, *Corruption Perceptions Index 2012*, 2012.

---

[18] P. Bardhan, "Corruption and Development: A Review of the Issues", en *Journal of Economic Literature*, septiembre de 1997, pp. 1320-1346.

[19] Transparencia Internacional, "Global Corruption Report, 2005", http://www.transparency.org, 2008, consultado el 12 de agosto de 2014.

[20] http://www.transparency.org, consultado el 12 de agosto de 2014.

Corrupción en Nigeria

Cuando Nigeria se independizó de Gran Bretaña, en 1960, se esperaba que el país surgiera como el nuevo peso pesado de África. Era la nación más poblada y además gozaba de abundantes recursos naturales, en particular petróleo. A pesar de ello continúa siendo una de las naciones más pobres del mundo. Según el Índice de Desarrollo Humano de 2012, compilado por la ONU, Nigeria registró un "bajo desarrollo humano". El país se clasificó en el lugar 153 de 187. El producto interno bruto per cápita fue de solo 2 102 dólares, casi 40% de la población adulta era analfabeta y las expectativas de vida al nacimiento eran de solo 52.3 años.

¿Qué salió mal? No hay una respuesta simple. Varios factores conspiraron para dañar la actividad económica de Nigeria: el país está compuesto por diversos grupos rivales: étnicos, tribales y religiosos, y los conflictos entre ellos socavan la estabilidad política, lo cual ha desembocado en luchas políticas, como la brutal guerra civil en la década de 1970; como siempre, se cuestiona la legitimidad del gobierno, los jefes políticos legitiman los sobornos para comprar apoyo y desfalcan las arcas nacionales para premiar a sus aliados; al régimen civil producto de la independencia le siguieron dictaduras militares, cada una más corrupta e inepta que la anterior (en 1999, los civiles recuperaron el gobierno).

En la década de 1990, el dictador militar Sani Abacha saqueaba abierta y sistemáticamente el erario para acumular ganancias personales. Su fraude más descarado fue un fondo petrolero que estableció a mediados de la década de 1990, supuestamente para canalizar los ingresos adicionales del aumento de los precios del petróleo a proyectos de infraestructura y otras inversiones muy necesarias. El fondo nunca se sometió a una auditoría independiente y casi nada del dinero que pasó por ahí se contabilizó. De hecho, fue un medio para que Abacha y sus seguidores gastaran a sus anchas una suma que en 1996 equivalía a casi 25% de todo el presupuesto federal. Abacha, consciente de su posición de autoridad impopular e ilegítima, dilapidaba dinero en seguridad personal y sobornaba a quienes apoyaban su codicia. Con tal ejemplo en las altas esferas del gobierno, no es de sorprender que floreciera la corrupción en todo el aparato político y burocrático.

¿Mejoró la situación de Nigeria desde que los civiles recuperaron el gobierno, en 1999? En 2003, se eligió presidente a Olusegun Obasanjo, cuya plataforma incluía la promesa de combatir la corrupción. Según algunos informes, hubo progresos. El encargado de la lucha contra la corrupción, Nuhu Ribadu, sostuvo que, si en 2002 se robó o despilfarró 70% de los ingresos petroleros, a mediados de la década la cifra fue de "solo" 40%. Pero, en 2012, en el más reciente estudio de TI, Nigeria aún apareció en el lugar 139 de 174, lo que sugiere que el país todavía tiene un largo camino por recorrer.[21]

que aparecen como corruptos Rusia, la India e Indonesia. Somalia fue el último de los 174 países del estudio (a menudo, el país es descrito como un "Estado fallido").

La evidencia económica indica que los altos niveles de corrupción reducen de manera significativa la inversión extranjera directa, el monto del comercio internacional y la tasa de crecimiento económico de un país.[22] Al desviar las utilidades, los políticos y burócratas corruptos deterioran el rendimiento de las inversiones comerciales y, por ende, aminoran los estímulos para que las compañías nacionales e internacionales inviertan en ese país. Este bajo nivel de inversión afecta el crecimiento económico; por ello, es de esperar que naciones como Indonesia, Nigeria y Rusia tengan una tasa de crecimiento económico mucho menor a la que tendrían si las cosas fueran distintas. En la

[21] "A Tale of Two Giants", en *The Economist*, 15 de enero de 2000, p. 5; J. Coolidge y S. Rose Ackerman, "High Level Rent Seeking and Corruption in African Regimes", texto de investigación de políticas del Banco Mundial, núm. 1780, junio de 1997; D. L. Bevan, P. Collier y J. W. Hung, *Nigeria e Indonesia: The Political Economy of Poverty, Equity and Growth*, Oxford, Oxford University Press, 1999; "Democracy and Its Discontents", en *The Economist*, 29 de enero de 2005, p. 55; A. Field, "Can Reform Save Nigeria?", en *Journal of Commerce*, 21 de noviembre de 2005, p. 1; "A Blacklist to Bolster Democracy", en *The Economist*, 17 de febrero de 2007, p. 59; y J. P. Luna, "Back on Track: Nigeria's Hard Path towards Reform", en *Harvard International Review* 29, núm. 3, 2007, p. 7.

[22] J. Coolidge y S. Rose Ackerman, "High Level Rent Seeking and Corruption in African Regimes", texto de investigación de políticas del Banco Mundial, núm. 1780, junio de 1997; Murphy, Shleifer y Vishny, "Why Is Rent Seeking So Costly to Growth?"; M. Habib y L. Zurawicki, "Corruption and Foreign Direct Investment", en *Journal of International Business Studies*, 33, 2002, pp. 291-307; J. E. Anderson y D. Marcouiller, "Insecurity and the Pattern of International Trade", en *Review of Economics and Statistics*, 84, 2002, pp. 342-352; T. S. Aidt, "Economic Analysis of Corruption: A Survey", en *The Economic Journal*, 113, noviembre de 2003, pp. 632-653; y D. A. Houston, "Can Corruption Ever Improve an Economy?", en *Cato Institute*, 27, 2007, pp. 325-343.

¿Violó Walmart la ley de prácticas corruptas en el extranjero?

A principios de la década de 2000, Walmart deseaba construir una nueva tienda en San Juan Teotihuacán, México, a corta distancia de las antiguas pirámides que atraen a turistas de todo el mundo. El dueño del terreno estaba dispuesto a vendérselo a Walmart, pero había un obstáculo en el camino: las nuevas leyes de zonificación de la ciudad, que prohibían el desarrollo comercial en el área histórica. No puede negarse que los funcionarios de las oficinas centrales de Walmart en México encontraron una forma de darle la vuelta al problema: le pagaron un soborno de 52 mil dólares a un funcionario local para que volviera a trazar el área de zonificación, de modo que la propiedad que Walmart quería comprar quedara *fuera* de la zona libre de comercios. Así, Walmart construyó la tienda, a pesar de una vigorosa oposición local, y abrió sus puertas a finales de 2004.

Un exabogado de Walmart de México contactó posteriormente a los funcionarios de Walmart en las oficinas centrales de la compañía en Bentonville, Arkansas. Les dijo que Walmart de México recurría rutinariamente al soborno, citando el mapa alterado de zonificación como solo un ejemplo entre muchos. Alarmados, los funcionarios de Walmart iniciaron su propia investigación. Enfrentados con la creciente evidencia de corrupción en México, los directivos de Walmart decidieron emprender un control de daños en vez de confesar. El abogado principal de la compañía envió los archivos del caso de regreso a México y dio la responsabilidad de la investigación al consejo general de Walmart de México. Fue una elección interesante, porque el mismo consejo general supuestamente había autorizado los sobornos. El consejo exoneró rápidamente a los funcionarios mexicanos y la investigación interna se cerró en 2006.

No pasó nada durante varios años; entonces, en abril de 2012, *The New York Times* publicó un artículo que detallaba el soborno por parte de Walmart. El diario citó el mapa alterado de zonificación y otros ejemplos de soborno de la compañía; por ejemplo, ocho sobornos, por un total de 341 mil dólares, permitieron a Walmart construir un Sam's Club en uno de los barrios más densamente poblados de la Ciudad de México sin una licencia de construcción, ni un permiso ambiental, ni una evaluación de impacto urbano o incluso un permiso de tráfico. De manera similar, gracias a nueve pagos de soborno por un total de 765 mil dólares, Walmart edificó un gran centro de refrigeración para distribución en una cuenca de inundación ambientalmente frágil al norte de la Ciudad de México, en un área donde la electricidad era tan escasa que muchos desarrolladores menores prefirieron marcharse.

Walmart respondió al artículo de *The New York Times* reforzando una segunda investigación interna de soborno que había iniciado en 2011. A finales de 2012, existían más de 300 abogados externos trabajando en la investigación, que tuvo un costo de más de 100 millones en honorarios. Además, el Departamento de Justicia de Estados Unidos y la Comisión de Títulos y Valores (Securities and Exchange Commission, SEC) anunciaron que habían iniciado investigaciones de las prácticas de Walmart. En noviembre de 2012, Walmart reportó que su propia investigación de violaciones se había extendido más allá de México para incluir a China y a India. Entre otras cosas, examinaban los alegatos de *The Times* sobre que los directivos de Walmart, incluido el exdirector general Lee Scott Jr., habían acallado en forma deliberada investigaciones previas.[23]

---

sección "Vistazo a un país" se comenta el efecto de la corrupción en el crecimiento económico de Nigeria.

Ley de Prácticas Corruptas en el Extranjero

En la década de 1970, se promulgó en Estados Unidos la **Ley de Prácticas Corruptas en el Extranjero** cuando se reveló que algunas compañías de ese país sobornaron a funcionarios de gobiernos extranjeros para ganar ciertos contratos. La ley prohíbe sobornar a funcionarios de un gobierno extranjero para conseguir o conservar negocios sobre los cuales ese funcionario tiene alguna autoridad, y exige a todas las sociedades anónimas (participen o no en el comercio internacional) que lleven registros detallados que revelen si se infringe la ley. En 2012, hubo evidencia de que, en su prisa por expandirse en México, Walmart pudo haber violado la ley de Prácticas Corruptas en el Extranjero (para mayores detalles, véase la sección "Panorama administrativo").

En 1997, los ministros de comercio y finanzas de los países integrantes de la Organización para la Cooperación y el Desarrollo Económicos (OCDE), asociación de las 34 economías más podero-

---

[23] David Barstow, "Vast Mexican Bribery Case Hushed Up by Wal-Mart after Top Level Struggle, en *The New York Times*, 21 de abril de 2012; Stephanie Clifford y David Bastow, "Wal-Mart Inquiry Reflects Alarm on Corruption", en *The New York Times*, 15 de noviembre de 2012; y Nathan Vardi, "Why Justice Department Could Hit Wal-Mart Hard over Mexican Bribery Allegations", en *Forbes*, 22 de abril de 2012.

sas del mundo, firmaron la Convención para Combatir el Soborno de Funcionarios Públicos Extranjeros en las Transacciones Comerciales.[24] La convención obliga a los estados miembros a declarar como ilegal el soborno a funcionarios públicos extranjeros.

Sin embargo, tanto las leyes estadounidenses como la convención de la OCDE se redactaron con un lenguaje que permite excepciones para facilitar o entregar pagos (conocidos como "lubricantes" o "dinero acelerador") con el fin de apresurar o asegurar el cumplimiento de un trámite burocrático de rutina;[25] por ejemplo, permiten hacer pagos pequeños para acelerar la expedición de permisos o licencias, tramitar papelería o simplemente conseguir que se descarguen las verduras de un muelle para llevarlas al mercado. La explicación para estas excepciones a las normas en contra del soborno es que, aunque estos pagos son técnicamente cohechos, adoptan una forma distinta (y al parecer menos ofensiva) para conseguir o conservar negocios, pues solo facilitan el cumplimiento de los deberes que de todas formas están obligados a cumplir quienes reciben el dinero.

PROTECCIÓN DE LA PROPIEDAD INTELECTUAL

La **propiedad intelectual** es producto de la actividad intelectual, de la cual se obtienen software de cómputo, un guion de cine, una partitura o la fórmula química de un fármaco nuevo. Patentes, derechos de autor (*copyright*) y marcas registradas establecen los derechos de la propiedad intelectual. Una **patente** concede al inventor de un producto o proceso nuevo los derechos de exclusividad durante un periodo definido para fabricar, usar o vender su invento. Los **derechos de autor** (*copyright*) constituyen el derecho legal de exclusividad para que autores, compositores, dramaturgos, pintores y editores hagan pública su obra y la difundan como les convenga. Las **marcas registradas** son diseños y nombres registrados con que vendedores o fabricantes designan y distinguen a sus productos (por ejemplo, ropa Christian Dior). En la tecnologizada economía "del conocimiento" del siglo XXI, la propiedad intelectual ha ganado importancia como fuente de valor económico para las empresas. También, hoy en día, es problemático proteger la propiedad intelectual, sobre todo si puede transmitirse en formato digital y se copia o distribuye a muy bajo costo en discos pirata o por internet (por ejemplo, software de cómputo, grabaciones de música y video).[26]

La filosofía detrás de las leyes de propiedad intelectual es remunerar al creador de un nuevo invento, libro, música, diseño de ropa, cadena de restaurantes, etc., por su idea y su esfuerzo. Las leyes son un estímulo muy importante a la innovación y al trabajo creativo pues proporcionan un incentivo para que las personas busquen modos nuevos de hacer las cosas y premian la creatividad; por ejemplo, consideremos la innovación en la industria farmacéutica: una patente le confiere al inventor de una nueva medicina un monopolio de 20 años de producción, lo que le otorga a los laboratorios un estímulo para emprender actividades de investigación básica, que son costosas, difíciles y lentas, pero necesarias para elaborar nuevos medicamentos (pueden requerir 800 millones de dólares de investigación y desarrollo, y tardar 12 años en llegar al mercado). Sin las garantías que dan las patentes, las compañías no se dedicarían a actividades tan amplias de investigación básica.[27]

La protección de los derechos de propiedad intelectual fluctúa mucho de un país a otro. Aunque muchas naciones tienen normas estrictas en teoría, estas se aplican sin firmeza. Así ocurre con algunos de los 185 países miembros de la **Organización Mundial de la Propiedad Intelectual (OMPI)**, todos signatarios de tratados internacionales dedicados a proteger la propiedad industrial, incluyendo el tratado más antiguo en la materia, la **Convención de París para la Protección de la Propiedad Industrial**, que data de 1883 y que ha sido firmado por casi 174 naciones. La débil aplicación de la ley fomenta la piratería (robo) de la propiedad intelectual. En fechas recientes, China y Tailandia se

---

[24] Los detalles se encuentran en: http://www.oecd.org/corruption/oecdantibriberyconvention.html, consultado el 12 de agosto de 2014.

[25] Dale Stackhouse y Kenneth Ungar, "The Foreign Corrupt Practices Act: Bribery, Corruption, Record Keeping and More", en *Indiana Lawyer*, 21 de abril de 1993.

[26] Para una exposición interesante de las estrategias para enfrentar el bajo costo de copiar y distribuir información digital, véase el capítulo sobre administración de derechos en C. Shapiro y H. R. Varian, *Information Rules*, Boston, Harvard Business School Press, 1999. Véase también Charles W. L. Hill, "Digital Piracy", en *Asian Pacific Journal of Management*, 2007, pp. 9-25.

[27] Douglass North explicó que la especificación correcta de los derechos de propiedad intelectual es un factor que disminuye el costo de hacer negocios y, por ende, estimula el crecimiento económico y el desarrollo. Véase North, *Institutions, Institutional Change, and Economic Performance*.

Policías confiscan DVD ilegales en China.

cuentan entre los peores infractores de Asia. En China se consigue con facilidad software de cómputo pirata. Del mismo modo, las calles de Bangkok, capital de Tailandia, están tapizadas de puestos que venden copias pirata de relojes Rolex, *jeans* Levi Strauss, DVD y software.

La industria del software para computadoras es el ejemplo de una industria que sufre de una laxa aplicación de los derechos de propiedad intelectual. Los estimados sugieren que las violaciones a estos derechos costaron a las firmas de software para computadoras personales ingresos equivalentes a 63 mil millones en 2011.[28] Según la Alianza de Software Comercial, una asociación de la industria del software, en 2011 alrededor de 42% de todas las aplicaciones de software utilizadas en el mundo fueron pirateadas. Uno de los peores países en esto fue China, donde el índice de piratería en 2011 llegó a 77% y costó a la industria más de nueve mil 800 millones de dólares en ventas perdidas, en comparación con los 444 millones en 1995. El índice de piratería en Estados Unidos fue mucho menor a 19%; no obstante, el valor de ventas perdidas fue considerable debido al tamaño del mercado estadounidense y llegó a un estimado de nueve mil 800 millones de dólares en 2011.[29]

Las empresas internacionales dan varias respuestas al robo de su propiedad intelectual; cabildean ante sus respectivos gobiernos para impulsar tratados internacionales que resguarden sus derechos y aseguren la aplicación de las leyes. Como resultado de esas acciones, se han fortalecido las leyes internacionales. Como veremos en el capítulo 7, el acuerdo comercial más reciente, que se firmó en 1994, extendió por primera vez el alcance del Acuerdo General sobre Aranceles Aduaneros y Comercio (General Agreement of Tariffs and Trade, GATT) para que abarcase la propiedad intelectual. Según el nuevo convenio, el acuerdo sobre los Aspectos de los Derechos de Propiedad Intelectual relacionados con el Comercio (ADPIC, o Trade Related Aspects of Intellectual Property Rights, TRIPS), la Organización Mundial del Comercio supervisa la aplicación de normas mucho más estrictas sobre la propiedad intelectual a partir de 1995. Estas reglas obligan a los miembros de la OMC a conceder y proteger patentes que duren por lo menos 20 años, y derechos autorales de 50 años. Los países ricos deben acatar las reglas en el plazo de un año. Las naciones pobres, en las que

[28] Alianza de Software Comercial, "Ninth Annual BSA Global Software Piracy Study", mayo de 2012, en: http://www.bsa. org, consultado el 12 de agosto de 2014.

[29] *Idem.*

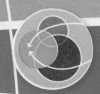
Starbucks gana un caso clave de marca registrada en China

Starbucks tiene grandes planes para sus negocios en China. La empresa estima que dicha nación en rápido crecimiento se convertirá en su mercado más grande después de Estados Unidos. Starbucks entró al país en 1999 y, a finales de 2012, contaba con más de 400 tiendas; sin embargo, en China son comunes los imitadores de marcas occidentales bien establecidas. Starbucks no fue la excepción y enfrentó la competencia de un concepto parecido, Shangahi Xing Ba Ke Coffee Shop, cuyas tiendas se asemejaban mucho al formato Starbucks, ya que el logo circular verde y blanco de Xing Ba Ke imitaba al conocido logotipo de Starbucks. El nombre emula la traducción china estándar de Starbucks: *Xing* significa "star" (estrella) y *Ba Ke* suena a "bucks".

En 2003, Starbucks decidió demandar a Xing Ba Ke en un tribunal chino por violaciones a su marca registrada. El administrador general de la empresa china argumentó que era solo por accidente que el logotipo y el nombre fueran tan parecidos a Starbucks. Alegó que tenía el derecho de utilizar el logo y el nombre porque Xing Ba Ke se había registrado como compañía en Shangai en 1999, antes de que Starbucks entrara a la ciudad. "No había escuchado de Starbucks en ese tiempo —declaró el administrador—, así que, ¿cómo pude imitar su marca y su logotipo?".

No obstante, en enero de 2006, un tribunal de Shangai determinó que Starbucks tenía precedente, en parte porque había registrado su nombre chino en 1998. La corte acordó que el uso del nombre y de un logotipo similar por parte de Xing Ba Ke era "claramente doloso" y constituía un caso de competencia desleal. El tribunal ordenó a Xing Ba Ke que dejara de utilizar el nombre y que pagara a Starbucks 62 mil dólares como compensación. Aunque la suma involucrada era pequeña, el precedente no lo es: en un país donde la violación a las marcas registradas es una acción común, los tribunales parecen dar señales de un cambio hacia una mayor protección de los derechos de propiedad intelectual. Este cambio puede no sorprender ya que los gobiernos extranjeros y la OMC han presionado recientemente a China para que comience a respetar dichos derechos.[30]

---

la protección es mucho más débil, cuentan con cinco años de gracia, y las muy pobres, con 10 (hay más detalles acerca del acuerdo de ADPIC en el capítulo 7).[31]

Además de cabildear ante los gobiernos, las empresas pueden interponer demandas por su cuenta; por ejemplo, Starbucks ganó un importante caso de *copyright* de marca registrada en China contra un imitador (para más detalles, véase la sección "Panorama administrativo"). Asimismo, pueden elegir retirarse de las naciones cuyas leyes de propiedad intelectual sean laxas, antes que correr el riesgo de que los empresarios locales les roben las ideas. Por otra parte, las compañías deben estar alerta para que las copias pirata de sus productos, maquiladas en países con leyes débiles, no lleguen a su mercado nacional o a otros países; por ejemplo, el gigante estadounidense del software, Microsoft, descubrió que los programas pirata producidos en forma ilegal en Tailandia se vendían en todo el mundo como artículos legítimos.

SEGURIDAD DEL PRODUCTO Y RESPONSABILIDAD

Las **leyes de seguridad de los productos** fijan las normas de seguridad que deben cumplir los artículos. La **responsabilidad derivada del producto** es la que deben asumir una empresa y sus directivos cuando un producto causa lesiones, muertes o daños. Esta responsabilidad puede ser mucho mayor si un producto no cumple con las normas de seguridad exigidas. Hay leyes tanto civiles como penales respecto de la responsabilidad derivada de los productos. Las leyes civiles implican multas e indemnizaciones; las leyes de responsabilidad penal, multas y penas de cárcel. Las dos clases de leyes son más amplias en Estados Unidos que en cualquier otro país, si bien muchas otras naciones occidentales también cuentan con amplias leyes de responsabilidad penal. Por el contrario, estas carecen de rigor en las naciones menos desarrolladas. Un aumento drástico de las demandas e indem-

---

[30] M. Dickie, "Starbucks Wins Case against Chinese Copycat", en *Financial Times*, 3 de enero de 2006, p. 1; "Starbucks: Chinese Court Backs Company over Trademark Infringement", en *The Wall Street Journal*, 2 de enero de 2006, p. A11; y "Starbucks Calls China Its Top Growth Focus", en *The Wall Street Journal*, 14 de febrero de 2006, p. 1.

[31] "Trade Tripwires", en *The Economist*, 27 de agosto de 1994, p. 61.

nizaciones por este concepto en Estados Unidos encareció de manera notable los seguros de responsabilidad. Muchos ejecutivos afirman que los elevados costos de estos seguros restan competitividad a las empresas estadounidenses en el mercado mundial.

Aparte del problema de la competencia, las diferencias nacionales en cuanto a las leyes de seguridad y responsabilidad de los productos suscitan un problema ético importante para las compañías que hacen negocios en el extranjero. Cuando dichas leyes son más estrictas en el país de origen que en una nación extranjera, o cuando las leyes de responsabilidad son más laxas, ¿debe conducirse en el extranjero según las reglas locales más débiles o adherirse a los criterios de su país de origen? Si bien, sin duda, el comportamiento ético consiste en acatar las normas de la propia nación, hay empresas que se aprovechan de las leyes menos estrictas para trabajar de un modo que no se tolera en su propio país.

IMPLICACIONES **PARA LOS ADMINISTRADORES**

OA2-4

Los temas que expusimos en este capítulo tienen dos grandes implicaciones para las empresas internacionales. En primer lugar, los sistemas político, económico y legal de un país plantean problemas éticos relevantes que tienen consecuencias para la práctica de los negocios internacionales; por ejemplo, ¿qué implicaciones éticas tiene hacer negocios con naciones totalitarias en las que se niegan a los ciudadanos los derechos humanos básicos, la corrupción prolifera y se necesitan sobornos para operar? ¿Es correcto desenvolverse en ese entorno? Dejamos para el capítulo 5 una exposición completa sobre las implicaciones éticas debidas a las diferencias de economía política entre los países, en donde profundizaremos en la ética de los negocios internacionales.

En segundo lugar, el entorno político, económico y legal de un país influye en su atractivo como mercado o destino de inversiones. Los beneficios, costos y riesgos de hacer negocios en una nación dependen de sus sistemas político, económico y legal. El atractivo general de un país como mercado o destino de inversión se halla en función de que se logren equilibrar los beneficios probables de largo plazo al hacer negocios en él y los posibles costos y riesgos. Por ahora, diremos que, en comparación, una nación que posea instituciones políticas democráticas, un sistema económico basado en el mercado y un sólido sistema legal que proteja los derechos de propiedad y limite la corrupción es claramente más atractiva como sitio para hacer negocios que un país que no tiene instituciones democráticas, cuya actividad económica está fuertemente regulada por el Estado y donde la corrupción es rampante y no se respeta la ley. Sobre esta base, por ejemplo, Polonia es un mejor lugar para hacer negocios que la Venezuela de Hugo Chávez (véase el "Vistazo a un país" sobre Venezuela, y el caso final sobre Polonia). Así, la realidad a menudo es más matizada y compleja; por ejemplo, China no posee instituciones democráticas, la corrupción está ampliamente difundida, los derechos de propiedad no siempre se respetan y, aun cuando el país ha adoptado muchas reformas económicas basadas en el mercado y aún existen muchas empresas propiedad del Estado, muchas compañías occidentales sienten que deben invertir en esa nación y lo hacen a pesar de los riesgos porque el mercado es grande, China se mueve hacia un sistema basado en el mercado, el crecimiento económico es fuerte, la protección legal de los derechos de propiedad ha mejorado y, en un futuro no muy distante, ese país puede convertirse en la economía más grande del mundo. Así, China se vuelve cada vez más atractiva como sitio en donde hacer negocios, y dada su trayectoria de crecimiento futuro, pueden perderse oportunidades al no invertir ahí. En el siguiente capítulo, exploraremos la forma en que los cambios en la economía política afectan el atractivo de una nación como sitio para hacer negocios.

RESUMEN

En este capítulo, revisamos cómo varían los sistemas políticos, económicos y legales en distintos países. Los beneficios, costos y riesgos posibles de hacer negocios en ellos dependen de tales sistemas. En el capítulo, señalamos los aspectos siguientes:

1. Son dos las dimensiones que deben evaluarse en los sistemas políticos: el grado en que optan por colectivismo o individualismo, y la medida en que son democráticos o totalitarios.

2. El colectivismo es una ideología en la que se considera que las necesidades de la sociedad son más relevantes que las del individuo. En síntesis, es una defensa de la intervención del Estado en las actividades económicas y, en el caso del comunismo, una dictadura totalitaria.

3. El individualismo es una ideología que se basa en la primacía de las libertades de los individuos en los aspectos político, económico y cultural. Esta perspectiva defiende los ideales democráticos y la economía de libre mercado.

4. Democracia y totalitarismo representan los extremos opuestos del espectro político. En las democracias representativas, los ciudadanos eligen periódicamente a quienes los representen, a la vez que las libertades políticas están garantizadas en una constitución. En un Estado totalitario, un partido, grupo o individuo monopoliza el poder político y les niega a los ciudadanos las libertades políticas básicas.

5. Existen tres grandes tipos de sistemas económicos: economía de mercado, planificada y mixta. En las economías de mercado, no se controlan los precios y predomina la empresa privada. En una economía planificada, los planificadores centrales fijan los precios, el Estado posee los medios de producción y se prohíbe la propiedad privada. Una economía mixta posee elementos de las dos anteriores.

6. Las diferencias nacionales entre las estructuras legales pueden acarrear consecuencias graves para el funcionamiento de las compañías internacionales. El grado en que se protegen los derechos de propiedad varía de modo considerable de un país a otro, así como las leyes sobre seguridad y responsabilidad de los productos y la naturaleza del derecho contractual.

Preguntas de análisis y razonamiento crítico

1. Las economías de libre mercado estimulan un mayor crecimiento económico, mientras que las centralizadas lo obstaculizan. Compare.

2. Un sistema político democrático es una condición esencial de progreso económico sostenido. Analice.

3. ¿Cuál es la relación entre la corrupción en un país (en el sentido de que los funcionarios aceptan sobornos) y el crecimiento económico? ¿La corrupción siempre es mala?

4. Usted es el director ejecutivo de una compañía que debe decidir si invierte 100 millones de dólares en Rusia o en Polonia. Ambas inversiones prometen el mismo rendimiento a largo plazo, así que la elección depende de la magnitud de los riesgos. Evalúe los riesgos de hacer negocios en estas naciones. ¿Qué inversión favorecería usted y por qué?

5. Lea la sección "Vistazo a un país" sobre la Venezuela de Chávez y responda las siguientes preguntas:

   a) ¿Qué tipo de sistema económico se instituye en la Venezuela del gobierno de Chávez? ¿Cómo clasificaría usted el sistema político?

   b) ¿Cómo afectarán a las futuras inversiones extranjeras en Venezuela los cambios unilaterales de Chávez a los contratos con las compañías petroleras extranjeras?

   c) ¿Cómo influirá en el futuro el alto grado de corrupción pública en Venezuela a las tasas de crecimiento?

   d) Hoy Venezuela se beneficia del auge de los precios del petróleo. ¿Qué sucedería si dichos precios bajaran de su nivel actual?

   e) En su opinión, ¿cuál es el pronóstico a largo plazo de la economía venezolana? ¿Es un país atractivo para el comercio internacional?

6. Lea el "Panorama administrativo: ¿Violó Walmart la ley de prácticas corruptas en el extranjero?" y exprese su opinión al respecto. Si piensa que así fue, ¿cuáles considera que serán las consecuencias para Walmart?

Proyecto de investigación   ⊙ globalEDGE   globaledge.msu.edu

Diferencias nacionales en política económica

Consulte la página electrónica de globalEDGE para hacer los siguientes ejercicios.

Ejercicio 1

La definición de las palabras y las ideas políticas puede tener distintos significados en diversos contextos. El estudio denominado *Freedom in the World* evalúa el estado de los derechos políticos y las libertades civiles en el mundo. Describa el estudio y clasifique por su "libertad" a los mejores y peores países. ¿Qué factores se consideraron en el estudio para determinar la clasificación?

Ejercicio 2

Como se expone en el capítulo, las diferencias en los sistemas políticos, económicos y legales tienen un efecto considerable en los beneficios, costos y riesgos de hacer negocios en las distintas naciones. Los indicadores de *World Bank Doing Business* miden el grado de regulaciones comerciales en los países del mundo. Compare a Estados Unidos, Francia, Japón, Brasil y Nigeria en términos de cuán fácilmente pueden hacerse valer los contratos, cómo puede registrarse una propiedad y la forma en que los inversionistas pueden estar protegidos. Identifique en qué área detecta usted la mayor variación de un país a otro.

CASO FINAL

Economía polaca

Conforme se desarrollaba la crisis financiera de 2008 y 2009, los países de Europa resultaron muy afectados. Una excepción notable fue Polonia, cuya economía creció en 1.5% durante 2009, mientras que todas las otras economías de la Unión Europea se contrajeron. Entre 2010 y 2012, el índice de crecimiento de Polonia promedió 3.4% por año, el mejor de Europa. ¿Cómo pudo lograrlo?

En 1989, Polonia eligió a su primer gobierno democrático después de más de cuatro décadas de régimen comunista. Desde entonces, como muchos otros países de Europa del este, ha adoptado políticas económicas basadas en el mercado, ha abierto sus mercados al comercio internacional y a la inversión extranjera, y ha privatizado muchas compañías propiedad del Estado. En 2004, el país se incorporó a la Unión Europea, lo que le dio un acceso fácil a los grandes mercados de consumo en Europa occidental. Todo esto ayudó a transformar a Polonia en un destacado exportador. Las exportaciones constituyen cerca de 40% del producto interno bruto (en contraste, en Estados Unidos constituyen alrededor de 12%). Como resultado, entre 1989 y 2010 Polonia registró el crecimiento sostenido más alto de la región. El PIB real se duplicó en este periodo, comparado con un aumento de 70% en la vecina Eslovaquia y 45% en la República Checa.

Asimismo, el gobierno polaco ha sido fiscalmente conservador, manteniendo a raya la deuda pública al no dejar que se aumentara durante la recesión, como ocurrió en otros países; ello generó una confianza del inversionista en el país. En consecuencia, no hubo una gran salida de fondos durante las turbulencias económicas de 2008-2009, lo cual contrasta en grado extremo con lo que ocurrió en los estados bálticos, donde los inversionistas retiraron el dinero de dichas economías durante 2008 y 2009, devaluando sus monedas, elevando la deuda del gobierno y precipitando una grave crisis económica que requirió que el FMI y la UE brindaran asistencia financiera.

Polonia tuvo suerte. Una fuerte restricción monetaria a principios de la década de 2000, diseñada para frenar la inflación y facilitar la entrada del país a la Unión Europea, evitó la burbuja de precios en los bienes inmuebles, en especial los de las casas familiares que tanto lastimaron a muchas otras economías alrededor del mundo. Irónicamente, el gobierno polaco había sido criticado por su restrictiva política monetaria a principios de la década, pero en 2008 y 2009 le fue muy útil. Aún más, en 2009, Polonia se benefició de los estímulos económicos en la vecina Alemania, su mayor socio comercial. Un esquema para elevar la demanda por compañías automovilísticas alemanas mediante el otorgamiento de efectivo a gente que intercambiara autos nuevos por viejos (un programa de "dinero por chatarra") favoreció a Polonia porque la nación cuenta con varias plantas automotrices y estaba vendiendo muchos autos y componentes a Alemania.

Lo anterior no significa que Polonia sea un Estado modelo; el país sigue teniendo problemas sustanciales: los trabajadores migrantes que regresan de Europa occidental han abarrotado las filas del desempleo, que estaba por encima de 12% a finales de 2012. Además, el sistema fiscal es complejo y arcaico. Un estudio efectuado por el Banco Mundial colocó al sistema fiscal polaco en el lugar 151 de los 183 que analizó. Las grandes regulaciones aún pueden dificultar el hacer negocios en Polonia: el Banco Mundial clasificó al país en el sitio 62 en cuanto a facilidad para hacer negocios. Incluso después de 20 años, la transición de una economía socialista a un sistema basado en el mercado continúa sin completarse y subsisten muchas empresas propiedad del Estado.

Por otra parte, el gobierno polaco se ha comprometido a modificar muchas de estas cosas. Se han tomado medidas para simplificar las leyes fiscales, reducir los índices de impuestos y retirar las cargas burocráticas a quien desee hacer negocios en la nación. Un ejemplo fue la Ley del Emprendedor, aprobada en marzo de 2009, que redujo en forma considerable la cantidad de controles de salud, laborales y fiscales que las compañías debían cumplir, facilitando mucho el iniciar un negocio en el país. Asimismo, tras seis años de paralización, Polonia privatizó compañías propiedad del Estado que representaban 0.6% del PIB en 2009 y otras que constituían otro 2.5% del PIB en 2010.[32]

Preguntas para analizar el caso

1. ¿Qué hizo posible que Polonia evitara los peores efectos de la crisis económica que amenazó a la mayor parte de Europa en 2008-2009?
2. ¿Qué lecciones se derivan de la experiencia polaca durante 2008-2009?
3. Desde la perspectiva del comercio internacional, ¿cuál es el atractivo de la economía polaca? ¿Cuáles son los riesgos y las debilidades asociados con hacer negocios en ese país?
4. Aun cuando Polonia se ha comprometido a liberalizar su economía desde el colapso del comunismo en 1989, persisten importantes vestigios del antiguo sistema. ¿Por qué piensa que Polonia se ha retrasado tanto en transformar su sistema económico, político y legal?

---

[32] J. Rostowski, "The Secret of Poland's Success", en *The Wall Street Journal*, 1 de febrero de 2010, p. 15; "Not Like the Neighbors", en *The Economist*, 25 de abril de 2009, p. 55; "Horse Power to Horsepower", en *The Economist*, 30 de enero de 2010, pp. 60-61; "Get a Move On", en *The Economist*, 8 de enero de 2011, p. 52; y J. Cienski, "Poland Faces Rising Unenployment as Slowdown Bites", en *Financial Times*, 10 de diciembre de 2012.

World Economic Forum on East Asia
Nay Pyi Taw, 5-7 June 2013

Economía política y desarrollo económico

3

OBJETIVOS DE APRENDIZAJE:

Al terminar este capítulo, usted deberá ser capaz de:

OA3-1   Explicar qué determina el nivel de desarrollo económico de una nación.

OA3-2   Identificar los cambios macro políticos y económicos que ocurren en el mundo.

OA3-3   Describir la forma en que las economías de transición transitan hacia sistemas de mercado.

OA3-4   Explicar las implicaciones para la práctica administrativa que tienen las diferencias nacionales en economía política.

Reforma política y económica en Myanmar (Burma)

Caso inicial

Durante décadas, la nación de Myanmar, en el sudeste asiático, fue un paria internacional. Gobernada desde la década de 1960 por una brutal dictadura militar, la disidencia política no era tolerada, la prensa estaba fuertemente controlada y los partidos de oposición habían sido eliminados. Mucha de su actividad económica estaba en manos del Estado, lo que, de hecho, significaba que estaba en manos de la élite militar, que desviaba las ganancias económicas para su propio beneficio. La corrupción era rampante. En la década de 1990, Estados Unidos y la Unión Europea impusieron sanciones económicas de gran envergadura al país para castigar a la junta militar por ganar las elecciones mediante fraude y encarcelar a sus oponentes. La líder *de facto* del movimiento democrático de oposición, la ganadora del Premio Nobel de la Paz Aung San Suu Kyi, fue repetidamente puesta bajo arresto domiciliario desde 1989 y hasta 2010.

Nada de esto era positivo para la economía del país. A pesar de ser rico en recursos naturales, como madera, minerales, petróleo y gas, la economía se estancó mientras sus vecinos del sudeste asiático florecían. Para 2012, el PIB de Myanmar per cápita era de 1 400 dólares, mientras que en la vecina Tailandia era de 10 mil dólares per cápita. La economía continuaba siendo rural en su mayor parte, con 70% de los casi 60 millones de habitantes de la nación dedicados a la agricultura; esto, com-

parado con un 8.6% en Tailandia. Muy pocas personas poseían autos o teléfonos celulares, y no existían carreteras importantes ni líneas férreas entre Myanmar y sus vecinos China, India y Tailandia.

En 2010, los militares volvieron a ganar unas elecciones que estuvieron claramente amañadas. Casi nadie esperaba que hubiera cambios, pero el nuevo presidente, Thein Sein, estaba por desafiar las expectativas. El gobierno liberó a cientos de presos políticos, retiró restricciones a la prensa, liberó a Aung San Suu Kyi y permitió que los partidos de oposición se postularan para los escaños en una serie de comicios extraordinarios. Cuando Aung San Suu Kyi ganó una de estas elecciones, aplastando a un oponente respaldado por los militares, le permitieron ocupar su asiento, lo que elevó las esperanzas de que Myanmar por fin se uniera al mundo moderno. En respuesta, tanto Estados Unidos como la Unión Europea comenzaron a levantar sus sanciones.

Asimismo, Thein Sein empezó a implantar reformas económicas que eran muy necesarias. Incluso antes de las elecciones de 2010, los militares habían comenzado a privatizar subrepticiamente las compañías propiedad del Estado, aunque muchas fueron puestas en manos de los secuaces del régimen. En 2012, Thein Sein declaró que el gobierno continuaría reduciendo su participación en un amplio rango de sectores, incluidos energía, silvicultura, atención a la salud, finanzas y telecomunicaciones. El gobierno abandonó el tipo de cambio fijo oficial para la moneda de Myanmar, el *kyat*, y lo reemplazó con una flotación controlada. De 2001 a 2012, su tipo de cambio oficial oscilaba entre 5.75 y 6.70 por dólar estadounidense, mientras que en el mercado negro se vendía entre 750 y 1 335 por dólar. Este tipo de cambio fijo oficial mantuvo a las exportaciones de Myanmar fuera del mercado mundial, aunque beneficiaba a la élite militar, que podía intercambiar su devaluado kyat por costosos dólares en términos muy favorables. Implementada en abril de 2012, la flotación controlada revaluó al kyat a 818 por dólar; se espera que esta drástica caída del kyat estimule la demanda de exportaciones de Myanmar y favorezca el crecimiento de la economía.

Para estimular aún más este crecimiento económico, el gobierno ha indicado que dará la bienvenida a la inversión extranjera directa y está alentando a las empresas extranjeras a asociarse con compañías locales en su poco desarrollado sector de telecomunicaciones. General Electric e IBM están entre las firmas que han declarado la posibilidad de invertir en el país. También, empiezan a implementarse reformas sobre propiedad de la tierra.

Ciertamente, aún hay mucho por hacer. Los observadores predicen que transcurrirán décadas antes de que Myanmar se ponga a la altura de sus vecinos en el sudeste asiático. La siguiente gran prueba para el gobierno de Thein Sein ocurrirá en 2015, cuando se celebren nuevas elecciones generales. Si se mantienen las tendencias actuales, el gobierno respaldado por los militares puede dejar el poder al perder la mayoría de sus escaños parlamentarios. La pregunta acerca de si los militares permitirán que eso suceda está en el aire. Si lo permiten, y el poder pasa a la oposición democrática, Myanmar podría, finalmente, salir de su aislamiento.[1]

 Introducción

En el capítulo anterior, describimos la forma en que los países difieren respecto de sus sistemas políticos, económicos y legales. En el presente capítulo, retomamos estos temas para explicar de qué manera las diferencias en economía política influyen en el nivel de desarrollo económico de una nación y, por tanto, qué tan atractivo es este lugar para hacer negocios. Asimismo, exploramos la manera en que la economía política está cambiando alrededor del mundo y cuáles son sus implicaciones para el índice futuro de desarrollo económico de naciones y regiones. En las tres décadas pasadas, hubo un movimiento general hacia formas más democráticas de gobierno, reformas económicas basadas en el mercado y adopción de sistemas legales que protegen mejor los derechos de propiedad. En conjunto, tales tendencias han contribuido a generar un mayor desarrollo económico en el mundo y han creado un entorno más favorable para los negocios internacionales. En la sección final de este capítulo, reuniremos todo este material para explorar la forma en que las diferencias en la política económica afectan los beneficios, costos y riesgos de hacer negocios en distintas naciones.

El "Caso inicial", que describe los cambios recientes en Myanmar, destaca muchos de los temas que abordaremos aquí. Durante 50 años, Myanmar estuvo gobernada por una dictadura militar que saqueaba de modo sistemático al país en aras de la ideología socialista. El resultado final fue que una nación rica en recursos naturales, y ubicada en una de las regiones económicamente más dinámicas del mundo, se convirtió en uno de los países más pobres del planeta. Ahora, las cosas se están modificando en Myanmar. Desde 2011, la nación se encamina a convertirse en una democracia funcional. Además, la economía ha sido liberalizada para permitir una empresa más libre, los negocios propiedad del gobierno están siendo privatizados y, en la actualidad, se alienta la inversión extranjera. Si la evidencia de una amplia gama de países nos sirviera de guía, las consecuencias a largo plazo de dichas reformas deberían incluir un mayor crecimiento económico, un aumento en los niveles de vida y un entorno más amigable para los negocios internacionales.

OA3-1 **Diferencias en el desarrollo económico entre los países**

Existen grandes diferencias de desarrollo económico. Un indicador común del desarrollo económico de un país es el **ingreso nacional bruto (INB)** por habitante, que se considera una medida de su actividad económica, pues mide el ingreso total anual que reciben sus habitantes. En el mapa 3.1, se resume el INB per cápita de las naciones en 2011. Como se aprecia, países como Japón, Suecia,

[1] Lex Rieffel, "Myanmar's Economy Confronts Tough Policy Challenges", en *East Asian Forum*, 13 de julio de 2012; "Opening Soon: Myanmar Gets Ready for Business", en *The Economist*, 3 de marzo de 2012; "Myanmar on the Move", en *The Economist*, 21 de noviembre de 2012; y *The World Factbook* (Washington, DC, CIA), en: https://www.cia.gov/library/publications/the-world-factbook/geos/bm.html, consultado el 13 de agosto de 2014.

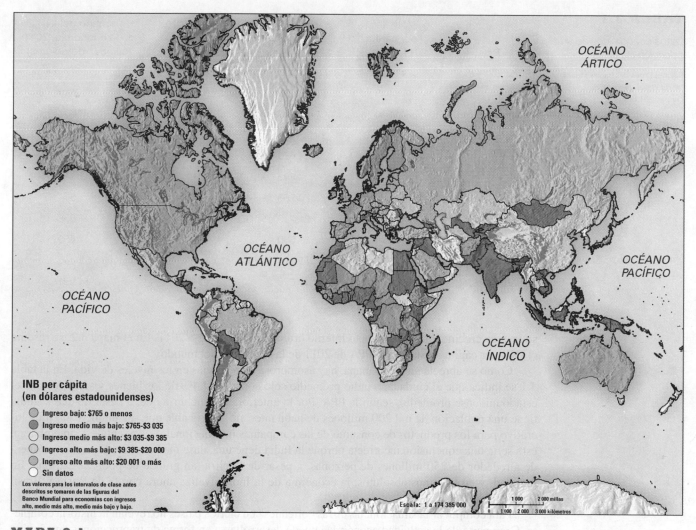

MAPA 3.1

Producto nacional bruto per cápita, 2011.

Suiza, Estados Unidos y Australia están entre los más ricos en esta medida, en tanto países grandes, como China y la India, se ubican entre los más pobres. Por ejemplo, en 2011 Japón tuvo un INB per cápita de 44 900 dólares, mientras China sumó apenas 4 940 dólares y la India, solo 1 420.[2]

Las cifras del INB por persona pueden ser confusas porque no consideran las diferencias entre los costos de vida; por ejemplo, en 2011, el INB per cápita de Suiza, de 76 350 dólares, superó al de Estados Unidos, que fue de 48 620, pero la vida en Suiza es más costosa, lo que significa que los estadounidenses pueden adquirir más bienes y servicios que los suizos. Para tener en cuenta estas diferencias, debe ajustarse el INB per cápita según el poder de compra. Este ajuste, que se conoce como **paridad del poder adquisitivo (PPA)**, permite una comparación más directa de la calidad de vida en distintos países. La base para el ajuste es el costo de la vida en Estados Unidos. La PPA de las naciones se ajusta (hacia arriba o abajo) según si el costo de vida es más oneroso o más económico que en Estados Unidos; por ejemplo, en 2011, el INB per cápita de China fue de 4 940 dólares, pero la PPA per cápita fue de 8 390, lo que sugiere que en China la vida es más barata y que con esa cantidad se compra lo mismo que con 8 390 dólares en Estados Unidos. En la tabla 3.1 se presenta el INB per cápita de una selección de países, ajustado a la PPA de 2011, junto con su INB per cápita y

---

[2] Banco Mundial, *World Development Indicators Online*, 2013.

TABLA 3.1

Datos económicos de una selección de países.

Fuente: Datos del Banco Mundial, *World Development Indicators Online*, 2013.

País	INB per cápita 2011 (dólares)	INB y PPA per cápita 2011 (dólares)	Crecimiento del PNB, 2002-2011 (%)	Tamaño del INB de la economía, 2011 (billones de dólares)
Brasil	11 420	10 720	3.78	2 477
China	4 940	8 390	10.59	7 319
Alemania	44 230	40 190	1.16	3 601
India	1 420	3 620	7.73	1 873
Japón	44 900	34 670	0.67	5 867
Nigeria	1 280	2 290	6.88	244
Polonia	12 380	20 260	4.23	514
Rusia	10 650	21 210	4.84	1 858
Suiza	76 340	52 530	1.81	659
Reino Unido	37 780	35 590	1.58	2 445
Estados Unidos	48 620	48 620	1.63	14 991

su tasa de crecimiento del producto interno bruto (PIB) de 2002 a 2011. En el mapa 3.2, se resume el INB per cápita ajustado a la PPA de 2011 de las naciones del mundo.

Como se aprecia en dicho mapa, hay asombrosas diferencias en los niveles de vida. En la tabla 3.1 se indica que el ciudadano indio promedio solo consume 7.4% de los bienes y servicios que el estadounidense promedio, según la PPA. Por lo anterior, se concluiría que, a pesar de que la India tiene una población de mil 200 millones de habitantes, no es probable que sea un mercado muy lucrativo para los productos de consumo de las compañías internacionales occidentales; sin embargo, esta sería una conclusión incorrecta porque la India tiene una clase media razonablemente próspera de alrededor de 250 millones de personas, a pesar de la cifra tan grande de pobreza extrema. En realidad, y en términos absolutos, la economía de la India rivaliza ahora con la de Rusia y Brasil (véase la tabla 3.1).

Para complicar la situación, las cifras "oficiales" en ciertos países no revelan la historia completa. Gran parte de la actividad económica puede desarrollarse en forma de transacciones en efectivo no registradas o trueque. La gente emplea este tipo de transacciones para evitar pagar impuestos y, aunque la parte de la actividad económica total representada por dichas transacciones puede ser pequeña en economías desarrolladas como la de Estados Unidos, en algunos países (como India) puede ser muy importante. Los estimados sugieren que en la India esta actividad conocida como *economía negra* puede ser de casi 50% del PIB, lo que indica que la economía en la India es 50% más grande de lo que exponen las cifras reportadas en la tabla 3.1.[3]

Los datos del INB y la PPA dan una imagen estática del desarrollo; nos dicen, por ejemplo, que China es mucho más pobre que Estados Unidos, pero no señalan si el intervalo se reduce. Para evaluarlo, debemos considerar las tasas de crecimiento económico de las naciones. En la tabla 3.1 se presenta la tasa de crecimiento del producto nacional bruto (PNB) que alcanzaron diversos países entre 2002 y 2011. En el mapa 3.3, se resume el porcentaje del crecimiento del promedio anual del PIB del 2002 al 2011. Aunque países como China y la India son muy pobres, sus economías ya son grandes en términos absolutos y crecen más rápido que las de naciones más adelantadas; constituyen mercados enormes para los productos de las empresas internacionales. En 2010, China superó a Japón para convertirse en la segunda economía más grande del mundo después de Estados Unidos. En realidad, si tanto China como Estados Unidos mantienen sus índices de crecimiento económico actuales, China se convertirá en la economía más grande del mundo en algún momento entre 2020 y 2025. De acuerdo con las tendencias actuales, India también estará entre las principales economías del mundo. Dado ese potencial, muchos negocios internacionales están intentando establecer una fuerte presencia en dichos mercados.

---

[3] P. Sinha y N. Singh, "The Economy's Black Hole", en *The Times of India*, 22 de marzo de 2010.

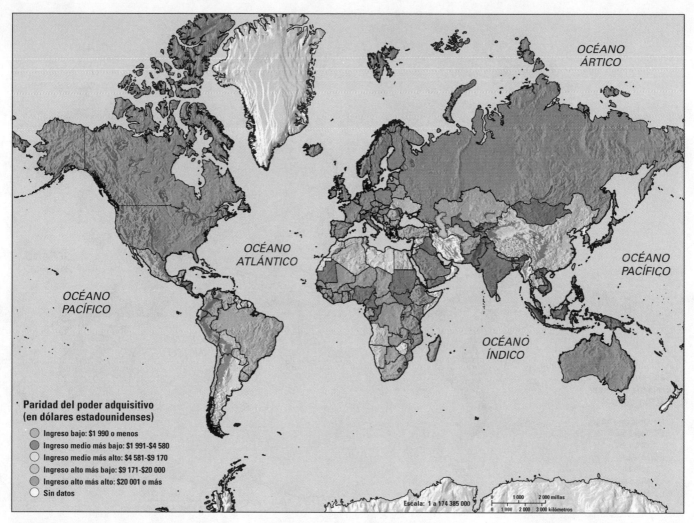

**Paridad del poder adquisitivo
(en dólares estadounidenses)**

- Ingreso bajo: $1 990 o menos
- Ingreso medio más bajo: $1 991-$4 580
- Ingreso medio más alto: $4 581-$9 170
- Ingreso alto más bajo: $9 171-$20 000
- Ingreso alto más alto: $20 001 o más
- Sin datos

Escala: 1 a 174 385 000

MAPA 3.2

Producto nacional bruto y paridad del poder adquisitivo per cápita, 2011.

NOCIONES MÁS AMPLIAS DE DESARROLLO: AMARTYA SEN

El economista y premio Nobel Amartya Sen explica que el desarrollo debe evaluarse menos con medidas de la producción material, como el INB per cápita, y más con los servicios y oportunidades que tienen las personas.[4] De acuerdo con Sen, el desarrollo debe verse como la expansión de las libertades individuales reales que las personas experimentan; por consiguiente, el desarrollo requiere que se eliminen los mayores obstáculos de la libertad: la pobreza tanto como la tiranía, las pocas oportunidades económicas tanto como la privación social sistemática y el descuido de los servicios públicos tanto como la intolerancia de estados represivos. En opinión de Sen, el desarrollo no es un mero avance económico, sino también político, y la prosperidad requiere que se "democraticen" las comunidades políticas para dar voz a los ciudadanos en las principales decisiones para la comunidad. Esta visión lleva a Sen a subrayar la necesidad de contar con atención médica básica, en particular para los niños, y educación básica, sobre todo para las mujeres. Por su valor práctico, dichos factores son imprescindibles para mejorar los niveles de ingresos; además, también son provechosos en sí mismos, pues las personas no desarrollan todas sus capacidades si sufren enfermedades crónicas o padecen una deplorable ignorancia.

Amartya Sen, ganador del Premio Nobel, aboga por evaluar las capacidades y oportunidades de que disfrutan los ciudadanos de un país.

---

[4] A. Sen, *Development as Freedom*, Nueva York, Alfred A. Knopf, 1999.

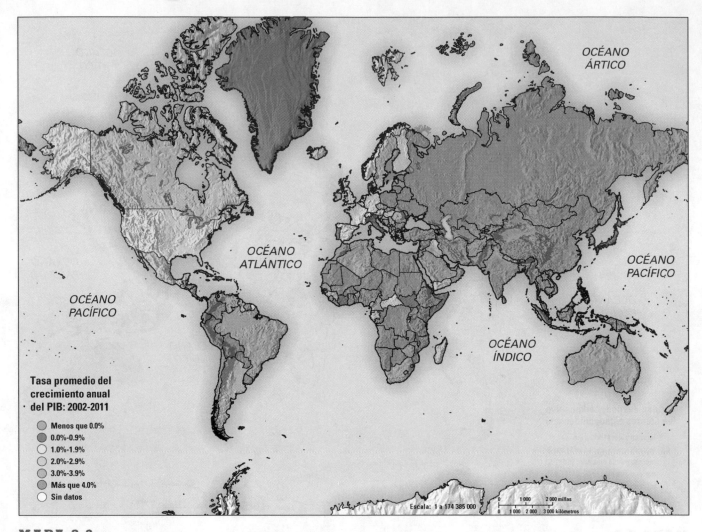

MAPA 3.3

Tasa promedio del crecimiento anual del PIB, 2002-2011.

La Organización de las Naciones Unidas retomó la influyente tesis de Sen y elaboró el **Índice de Desarrollo Humano (IDH)** para medir la calidad de vida humana en diversas naciones. El IDH se basa en tres medidas: la esperanza de vida al nacer (función de la atención médica), escolaridad (se mide por una combinación del alfabetismo en los adultos y la inscripción a la escuela básica, primaria y secundaria, preparatoria y universidad/posgrado) y si el ingreso promedio, ajustado con la PPA, basta para satisfacer las necesidades de vida en un país (comida, vivienda y servicios médicos adecuados). El IDH se acerca mucho al concepto de Sen acerca de cómo debe medirse el desarrollo para no utilizar solo las medidas económicas, como el PNB per cápita, aunque, según la tesis de Sen, las libertades políticas también deberían incluirse en ese índice. El IDH tiene una escala de cero a uno. Los países que reciben una calificación menor a 0.5 se consideran con poco desarrollo humano (la calidad de vida es mínima); los que suman de 0.5 a 0.8 se estiman con desarrollo humano medio, y las naciones que superan el nivel de 0.8 se clasifican con alto desarrollo humano. En el mapa 3.4, se resumen las calificaciones del Índice de Desarrollo Humano en 2012.

Economía política y progreso económico

A menudo, se afirma que el desarrollo económico de un país depende de sus sistemas económico y político. ¿Cuál es, entonces, la naturaleza de la relación entre economía política y progreso econó-

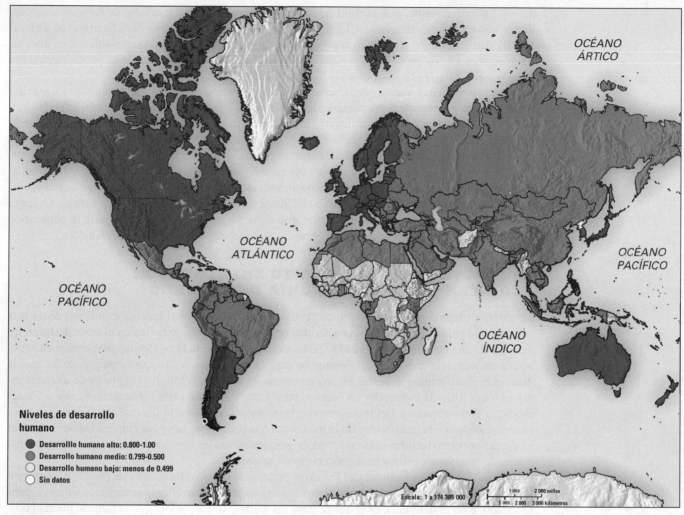

MAPA 3.4

Índice de desarrollo humano, 2012.

mico? A pesar del arduo debate entre académicos y políticos, no deja de ser una pregunta a la que no puede darse una respuesta directa; sin embargo, es posible esclarecer las principales líneas de argumentación y efectuar algunas generalizaciones sobre la naturaleza de la relación entre economía política y progreso económico.

INNOVACIÓN Y ESPÍRITU EMPRENDEDOR COMO MOTORES DEL CRECIMIENTO

Existe un acuerdo generalizado en que la innovación y la actividad emprendedora son los principales motores del crecimiento económico de largo plazo.[5] Quienes se ciñen a esta perspectiva definen **innovación** en términos amplios, para que, además de los productos nuevos, incluya nuevos procesos, nuevas organizaciones, nuevos métodos de gestión y nuevas estrategias. Por ello, la estrategia de Toys "R" US de establecer grandes jugueterías tipo almacén, con mucha publicidad y descuentos para vender su mercancía, puede clasificarse como innovación, pues fue la primera compañía que la

---

[5]   G. M. Grossman y E. Helpman, "Endogenous Innovation in the Theory of Growth", en *Journal of Economic Perspectives*, 8, núm. 1, 1994, pp. 23-44, y P. M. Romer, "The Origins of Endogenous Growth", en *Journal of Economic Perspectives*, 8, núm. 1, 1994, pp. 2-22.

aplicó. En forma similar, el desarrollo del mercado masivo en línea al menudeo de Amazon.com puede ser visto como una innovación. La innovación y la actividad emprendedora contribuyen a elevar la actividad económica pues crean nuevos productos y mercados que antes no existían. Aún más, las innovaciones en los procesos de producción y negocios permiten aumentar la productividad del trabajo y el capital, lo cual impulsa los índices de crecimiento económico.[6]

Asimismo, la innovación puede verse como resultado de actividades empresariales. En muchas ocasiones, los **emprendedores** comercializan productos y procesos innovadores, y la actividad emprendedora transmite mucho dinamismo a la economía; por ejemplo, la economía estadounidense se ha beneficiado en gran medida por el alto grado de actividad emprendedora que ha generado rápidas innovaciones en productos y procesos. Empresas como Google, Facebook, Amazon, Cisco Systems, Dell, Microsoft y Oracle se fundaron para aprovechar los adelantos de la tecnología; estas compañías han generado mucho valor económico e impulsado la productividad pues ayudan a comercializar productos y procesos. Por ello, puede concluirse que, para que la economía de un país sostenga un crecimiento económico duradero, el entorno de negocios debe ser propicio para la generación constante de innovaciones de productos y procesos, así como de actividad emprendedora.

LA INNOVACIÓN Y EL ESPÍRITU EMPRENDEDOR REQUIEREN DE UNA ECONOMÍA DE MERCADO

Lo anterior plantea una nueva pregunta: ¿qué se requiere para que el entorno comercial de un país sea propicio para la innovación y la actividad emprendedora? Los expertos en el tema destacan las ventajas de una economía de mercado.[7] Se ha dicho que la libertad económica que permite una economía de mercado crea mayores incentivos para la innovación y el espíritu emprendedor que la economía planificada o la mixta. En una economía de mercado, el individuo que tiene una idea innovadora es libre de emprender un negocio para ganar dinero con ella (libre de dedicarse a las actividades empresariales). Del mismo modo, las compañías poseen la libertad de mejorar sus operaciones mediante la innovación. En la medida en que prosperen, tanto los emprendedores como las empresas obtienen recompensas en forma de grandes utilidades; así, las economías de mercado disponen de muchos incentivos para concebir innovaciones.

En una economía planificada, el Estado es propietario de todos los medios de producción; en consecuencia, los emprendedores tienen pocos incentivos para desarrollar innovaciones valiosas, pues el Estado, y no el individuo, es el que se lleva las ganancias. Es posible que la falta de libertad económica y de incentivos para la innovación haya sido la principal causa del estancamiento económico de los estados excomunistas y lo que motivó su derrumbe a finales de la década de 1980. Un estancamiento parecido se produjo en muchas economías mixtas en aquellos sectores en los que el gobierno tenía el monopolio (como la minería de carbón y las telecomunicaciones en Gran Bretaña). Tal estancamiento llevó a la privatización general de empresas paraestatales que atestiguamos en muchas economías mixtas durante la década de 1980 y que aún prosigue (la privatización es la venta de compañías paraestatales a inversionistas privados; véase el capítulo 2 para más detalles).

En un estudio que se llevó a cabo en 102 países durante 20 años, se recabaron pruebas de una relación intensa entre la libertad económica (la que se concreta en una economía de mercado) y el crecimiento económico.[8] En la investigación, se reflejó que, entre más libertad económica tuvo una nación entre 1975 y 1995, más creció su economía y se enriquecieron sus ciudadanos. Los seis países que tuvieron calificaciones elevadas de libertad económica constantes de 1975 a 1995 (Hong Kong, Suiza, Singapur, Estados Unidos, Canadá y Alemania) se contaron también entre los 10 primeros en cuanto a tasas de crecimiento económico. En contraste, ninguna nación con una libertad económica escasa alcanzó una tasa de crecimiento importante. En los 16 países en los que se perdió más libertad económica de 1975 a 1995, el producto interno bruto se redujo a una tasa anual de 0.6%.

---

[6] W. W. Lewis, *The Power of Productivity*, Chicago, University of Chicago Press, 2004.

[7] F. A. Hayek, *The Fatal Conceit: Errors of Socialism*, Chicago, University of Chicago Press, 1989.

[8] James Gwartney, Robert Lawson y Walter Block, *Economic Freedom of the World: 1975-1995*, Londres, Institute of Economic Affairs, 1996.

LA INNOVACIÓN Y EL ESPÍRITU EMPRENDEDOR REQUIEREN DERECHOS DE PROPIEDAD BIEN ESTABLECIDOS

Brindar amplia protección legal a los derechos de propiedad es otro requisito para que un entorno de negocios estimule la innovación, las actividades empresariales y, por tanto, el crecimiento económico.[9] Debe concederse a individuos y empresas la oportunidad de obtener utilidades por sus ideas innovadoras. Sin una protección firme de los derechos de propiedad, las empresas y los individuos corren el riesgo de que les expropien las ganancias de sus actividades de innovación, ya sea por obra de delincuentes o por decisiones del gobierno. El Estado puede expropiar las utilidades de las innovaciones por medios legales, como impuestos excesivos, o ilegales, como los sobornos de burócratas a cambio de conceder a un individuo o una compañía el permiso para hacer negocios en cierto ramo (es decir, corrupción). De acuerdo con el economista y premio Nobel Douglass North, a lo largo de la historia muchos gobiernos han manifestado una tendencia a tal comportamiento. La mala cobertura de los derechos de propiedad reduce los incentivos a la innovación y a la actividad emprendedora (pues se "roban" las utilidades que ellos generan), y por ende, se reduce la tasa de crecimiento económico.

Un influyente economista del desarrollo, el peruano Hernando de Soto, sostiene que buena parte del mundo en desarrollo no cosechará los beneficios del capitalismo hasta que se definan y protejan mejor los derechos de propiedad.[10] Los argumentos de De Soto son interesantes porque determinan que el principal problema no es el riesgo de expropiación, sino la permanente incapacidad de los dueños para establecer legalmente el derecho sobre sus propiedades. Como ejemplo de la magnitud del problema, cita la situación de Haití, donde las personas deben hacer 176 trámites que duran alrededor de 19 años para garantizar la propiedad legal de la tierra. Como en los países pobres casi toda la tierra es poseída de manera informal, la falta de pruebas legales de su posesión impide a sus propietarios convertir sus bienes en capital para financiar proyectos comerciales. Los bancos no otorgan préstamos a los pobres para que abran negocios ya que estos carecen de los títulos que acreditan sus derechos de propiedad, sobre una granja, por ejemplo, que sirvan como garantía para un préstamo. Según los cálculos de De Soto, el valor total de los bienes raíces con los que cuentan los pobres del Tercer Mundo y los países excomunistas sumaban en el año 2000 más de 9 300 billones de dólares. Si estos bienes se convirtieran en capital, el resultado sería una revolución económica que permitiría a esta gente salir de la pobreza. Es interesante observar que China parece haber tomado muy en serio los argumentos de De Soto: a pesar de que todavía es un país comunista, en octubre de 2007 el gobierno aprobó una ley que concedió a los propietarios privados los mismos derechos que al Estado, y mejoró de modo significativo los derechos de los terratenientes urbanos y rurales respecto de la tierra que utilizaban (para mayores detalles, véase la siguiente sección "Vistazo a un país").

EL SISTEMA POLÍTICO NECESARIO

Buena parte del debate se centra en determinar cuál es el mejor sistema político para tener una economía de mercado que funcione y ofrezca protección completa a los derechos de propiedad.[11] En Occidente, la democracia representativa se relaciona con un sistema de economía de mercado, protección firme de los derechos de propiedad y progreso económico. Sobre esta base, decimos que la democracia es un buen motor del crecimiento; sin embargo, algunos regímenes totalitarios han estimulado una economía de mercado así como la protección de la propiedad y han experimentado un crecimiento económico acelerado. Cinco de las economías que más crecieron en 30 años (China, Corea del Sur, Taiwán, Singapur y Hong Kong) tienen algo en común en la base de su crecimiento

[9] D. North, *Institutions, Institutional Change, and Economic Performance* Cambridge, RU, Cambridge University Press, 1991. Véase también K. M. Murphy, A. Shleifer y R. Vishney, "Why Is Rent Seeking so Costly to Growth?", en *American Economic Review*, 83, núm. 2, 1993, pp. 409-414; y K. E. Maskus, "Intellectual Property Rights in the Global Economy", en *Institute for International Economics*, 2000.

[10] Hernando de Soto, *The Mystery of Capital: Why Capitalism Triumphs in the West and Fails Everywhere Else*, Nueva York, Basic Books, 2000.

[11] A. O. Hirschman, "The On-and-Off Again Connection between Political and Economic Progress", en *American Economic Review*, 83, núm. 2, 1994, pp. 343-348; y A. Przeworski y F. Limongi, "Political Regimes and Economic Growth", en *Journal of Economic Perspectives*, 7, núm. 3, 1993, pp. 51-59.

Surgimiento de los derechos de propiedad en China

El 1 de octubre de 2007 entró en vigencia una nueva ley de propiedad en China que concedía a los terratenientes urbanos y rurales derechos de propiedad mucho más seguros. La ley era una respuesta necesaria a los cambios que había experimentado la economía china en los últimos 30 años, a medida que transitaba de un sistema de planificación centralizada a una dinámica economía de mercado, donde dos terceras partes de la actividad económica estaban en manos de empresas privadas.

Aunque técnicamente toda la tierra de China pertenece al Estado (algo que responde a la necesidad ideológica de una nación cuyo gobierno sostiene que se guía por los principios del marxismo), a los propietarios de tierras urbanas se les concedieron licencias para utilizar la tierra por un periodo de 40 a 70 años, y de 30 años en el caso de los campesinos rurales. Sin embargo, la falta de un título legal de propiedad de la tierra implicaba que los propietarios, de modo inevitable, estaban sujetos a los caprichos del Estado; de hecho, durante los últimos años, a millones de campesinos les quitaron una gran extensión de tierra rural para la construcción de fábricas y viviendas. A muchos se les dio poca o ninguna compensación, así que migraron a las ciudades, donde engrosaron las filas de una creciente clase marginada. Tanto en áreas rurales como urbanas, las disputas respecto de la tierra y la propiedad se convirtieron en una causa relevante de malestar social. De acuerdo con fuentes gubernamentales, en 2006 ocurrieron aproximadamente 23 mil "incidentes masivos" en China, muchos de los cuales se relacionaban con conflictos por derechos de propiedad.

La ley de 2007, cuya gestación fue de 14 años debido a una acción de retirada de los activistas del Partido Comunista de izquierda que la objetaban basándose en razones ideológicas, concede a los usuarios de tierra urbanos y rurales el derecho de renovar de manera automática sus licencias después de la expiración de los términos de 30 o 70 años. Además, la ley requiere que los usuarios de tierra sean compensados justamente si sus parcelas son solicitadas para otros fines, y les concede la misma protección legal para su propiedad que la que posee el Estado. En combinación con un cambio en la constitución china en 2004, que declaró que la propiedad privada "no debía ser invadida", la nueva ley fortalece en forma sustancial los derechos de propiedad en el país.

A pesar de ello, la ley tiene sus limitaciones, pues no otorga a los campesinos derechos comercializables de propiedad sobre la tierra que siembran. Si pudieran vender su tierra, decenas de millones de campesinos desempleados podrían encontrar un trabajo más productivo en otros sectores. Quienes se quedaran podrían adquirir parcelas más grandes para usarlas con mayor eficiencia; más aún, los campesinos podrían emplear su tierra como una garantía con la cual obtener préstamos para inversiones dirigidas a impulsar su productividad.[12]

---

económico: gobiernos que no son democráticos. Al mismo tiempo, países con gobiernos democráticos estables, como la India, tuvieron un crecimiento económico lento durante largos periodos. En 1992, Lee Kuan Yew, dirigente de Singapur durante muchos años, declaró ante un grupo de personas: "No creo que la democracia lleve necesariamente al desarrollo. Creo que un país necesita más disciplina que democracia. La exuberancia de la democracia conlleva una conducta indisciplinada y desordenada que no es afín al desarrollo".[13]

No obstante, quienes están en favor de un régimen totalitario pasan por alto un asunto relevante: si los dictadores enriquecieran a los países, África, Asia y América Latina deberían haber crecido rápidamente entre 1960 y 1990, lo cual no ocurrió. Solo un régimen totalitario comprometido con un sistema de libre mercado y que proteja los derechos de la propiedad es capaz de impulsar el desarrollo económico. Tampoco hay alguna garantía de que una dictadura elabore políticas progresistas. Los dictadores no suelen ser benevolentes; muchos han querido usar el aparato estatal para sus propios fines, de modo que han atacado los derechos de propiedad y obstaculizado el crecimiento económico (como puede haber ocurrido en Myanmar, véase el "Caso inicial"). Dada esta tendencia, parece que los regímenes democráticos se prestan mucho más al crecimiento económico de largo plazo que las dictaduras, aunque sean benevolentes. Solo en una democracia madura y funcional están a salvo los derechos de la propiedad.[14] Y no debemos olvidar los argumentos de Amartya Sen

---

[12] "China's Next Revolution-Property Rights in China", en *The Economist*, 10 de marzo de 2007, p. 11; "Caught between the Right and Left", en *The Economist*, 10 de marzo de 2007, pp. 25-27; y Z. Keliang y L. Ping, "Rural Land Rights under the PRC Property Law", en *China Law and Practice*, noviembre de 2007, pp. 10-15.

[13] *Idem*.

[14] Para detalles sobre esta argumentación, véase M. Olson, "Dictatorship, Democracy, and Development", en *American Political Science Review*, septiembre de 1993.

que ya revisamos. Los estados totalitarios, como limitan la libertad humana, también suprimen el desarrollo de las personas y, en consecuencia, obstaculizan el progreso.

EL PROGRESO ECONÓMICO GENERA DEMOCRACIA

Aunque la democracia no es una condición necesaria para tener una economía de mercado en la que se protejan los derechos de propiedad, el crecimiento económico que produce permite que se establezca un régimen democrático. En las últimas tres décadas, varias de las economías asiáticas con mayor crecimiento adoptaron gobiernos más democráticos; entre ellas, Corea del Sur y Taiwán. Si bien las democracias no siempre son la causa del progreso económico, sí parecen una consecuencia de él.

La firme convicción de que el progreso económico conduce a la adopción de un régimen democrático explica que muchos gobiernos occidentales sostengan una actitud tan permisiva respecto de las violaciones de los derechos humanos en China. En efecto, este país tiene un gobierno totalitario en el que se violan los derechos humanos, pero muchas naciones occidentales no se atreven a criticar en demasía por miedo de estorbar su marcha hacia un sistema de libre mercado. Se considera que cuando China tenga este sistema se ampliarán las libertades individuales y la democracia. Está pendiente si esta visión optimista se materializa.

GEOGRAFÍA, EDUCACIÓN Y DESARROLLO ECONÓMICO

Si bien los sistemas político y económico de un país son las grandes locomotoras que impulsan su ritmo de desarrollo, del mismo modo son importantes otros factores. Uno que en últimas fechas ha recibido mucha atención es la geografía;[15] no obstante, la idea de que la geografía ejerce una influencia en la economía política y, por tanto, en el ritmo de crecimiento económico, se remonta a Adam Smith. El influyente economista Jeffrey Sachs explica:

> En la historia, los países costeros, con su añeja participación en el comercio internacional, han dado más apoyo a las instituciones del mercado que los países sin litoral que tienen una organización social más jerárquica (y a menudo militar). Los países montañosos, como resultado de su aislamiento material, descuidaron el comercio de bienes. Los climas templados sustentan mayores densidades de población y, por eso, se prestaron más a una división extensa del trabajo que las regiones tropicales.[16]

El argumento de Sachs es que, en virtud de una geografía benéfica, ciertas sociedades se inclinaron más que otras al comercio y, así, crearon y fortalecieron sistemas económicos de mercado, los cuales, a su vez, aceleraron el crecimiento económico. Asimismo, argumenta que cualesquiera que sean las instituciones económicas y políticas que erija una nación, las condiciones geográficas adversas, que asolan a muchos países tropicales, como las que permiten la propagación de enfermedades, suelos deficientes y clima áspero, tienen un efecto negativo en su desarrollo. Junto con sus colaboradores del Instituto para el Desarrollo Internacional de Harvard, Sachs puso a prueba el efecto de la geografía en el ritmo de crecimiento económico de un país entre 1965 y 1990. Descubrió que las naciones sin litoral crecieron con más lentitud que las economías costeras y que un aislamiento completo reduce la tasa de crecimiento de un país alrededor de 0.7% anual. También, detectó que los países tropicales crecen 1.3% más lentamente que los de la zona templada.

La educación es otro factor que determina el desarrollo económico (un punto en el que Amartya Sen hace hincapié). La afirmación general es que las naciones que invierten más en educación tendrán mayores tasas de crecimiento, porque una población más escolarizada es más productiva. Las comparaciones anecdóticas sustentan esta tesis. En 1960, paquistaníes y surcoreanos estaban en el mismo plano económico; sin embargo, apenas 30% de los niños de Pakistán se inscribía en la primaria, en comparación con 94% de los niños coreanos. A mediados de la década de 1980, el PNB por persona de Corea del Sur era tres veces mayor que el de Pakistán.[17] En un análisis en el que se hicieron 14 estudios estadísticos sobre la relación entre la inversión en educación de un país y sus

---

[15] Por ejemplo, véase el libro ganador del premio Pulitzer de Jarad Diamond, *Guns, Germs, and Steel*, Nueva York, W. W. Norton, 1997. Véase también J. Sachs, "Nature, Nurture and Growth", en *The Economist*, 14 de junio de 1997, pp. 19-22; y J. Sachs, *The End of Poverty*, Nueva York, Penguin Books, 2005.

[16] J. Sachs, "Nature, Nurture and Growth".

[17] "What Can the Rest of the World Learn from the Classrooms of Asia?", en *The Economist*, 21 de septiembre de 1996, p. 24.

tasas de crecimiento, se concluyó que dicha inversión tuvo un efecto positivo y estadísticamente significativo en el ritmo de crecimiento económico.[18] De la misma manera, en la obra ya citada de Sachs se menciona que las inversiones en educación explican por qué algunas naciones del sureste asiático, como Indonesia, Malasia y Singapur, superaron las desventajas atribuidas a su geografía tropical y crecieron más rápido que los países tropicales de África y América Latina.

OA3-2 # Estados en transición

La economía política de muchos países cambió de manera radical desde finales de la década de 1980. Se manifestaron dos tendencias. En primer lugar, a finales de esa década y principios de la siguiente, una ola de revoluciones democráticas recorrió el mundo. Los gobiernos totalitarios se derrumbaron y surgieron otros electos por sufragio, más interesados que sus antecesores en el capitalismo de libre mercado. En segundo lugar, se produjo un acentuado alejamiento de las economías planificadas y mixtas en favor del modelo de economía de libre mercado.

DIFUSIÓN DE LA DEMOCRACIA

Un acontecimiento notable de los últimos 25 años fue la difusión de la democracia (y, por extensión, el ocaso del totalitarismo). En el mapa 3.5, se muestra la extensión del totalitarismo en el mundo, según lo determinó Freedom House.[19] En él, se representa cómo era la libertad política en 2012; los países se clasifican en tres grupos generales: libres, parcialmente libres y sin libertad. En los países "libres", los ciudadanos gozan de muchas libertades políticas y civiles. Las naciones "parcialmente libres" se caracterizan por algunas restricciones a los derechos políticos y a las libertades civiles, por lo regular en el contexto de la corrupción, mala aplicación de las leyes, luchas étnicas o guerra civil. En los países "sin libertad", los procesos políticos están controlados férreamente y las libertades básicas están muy limitadas o son inexistentes.

En su informe de 2012, Freedom House clasificó a 90 países libres que congregan a 46% de las naciones del mundo y 43% de la población mundial. En estos países, se respeta una amplia gama de derechos políticos. Otros 58 países, que comprenden 30% de las naciones del mundo y 23% de los habitantes del planeta, se consideraron "parcialmente libres", mientras que 47, que constituyen casi 24% de los países del mundo y 34% de la población, se catalogaron como "sin libertad". El número de democracias del mundo aumentó de 69 países en 1987 a 117 en 2012, ligeramente por debajo del total de 2006, que fue de 123. Sin embargo, según Freedom House, no todas las democracias son libres, porque algunas aún restringen ciertas libertades políticas y civiles; por ejemplo, Rusia fue calificada como "sin libertad". De acuerdo con Freedom House:

> [...] el retroceso de Rusia a la categoría "sin libertad" es la culminación de la tendencia [...] a concentrar la autoridad política, hostigar e intimidar a los medios y politizar el sistema legal del país.[20]

En forma similar, Freedom House sostuvo que la democracia estaba siendo restringida en Venezuela bajo el liderazgo de Hugo Chávez.

Muchas de estas nuevas democracias se ubican en Europa oriental y América Latina, aunque, durante este periodo, se han registrado avances considerables en África; por ejemplo, en Sudáfrica y de forma más reciente, en Libia. Entre los recién llegados a las filas de las democracias del mundo durante los últimos 25 años, se encuentra México, donde se celebraron las primeras elecciones presidenciales totalmente libres y equitativas en 2000, después de elecciones parlamentarias y estatales libres en 1997 y 1998; Senegal, país en el cual unas elecciones presidenciales libres y equitativas llevaron a una transferencia pacífica del poder; Ucrania, donde los alborotos populares luego de fraudes generalizados en la elección presidencial de 2004 obligaron a celebrar nuevos comicios, en los

---

[18] J. Fagerberg, "Technology and International Differences in Growth Rates", en *Journal of Economic Literature,* 32, septiembre de 1994, pp. 1147-1175.

[19] Véase The Freedom House Survey Team, "Freedom in the World: 2013" y materiales anexos, en: http://www.freedomhouse.org, consultado el 12 de agosto de 2014.

[20] "Russia Downgraded to Not Free", boletín de prensa de Freedom House, 20 de diciembre de 2004, en: http://www.freedomhouse.org, consultado el 12 de agosto de 2014.

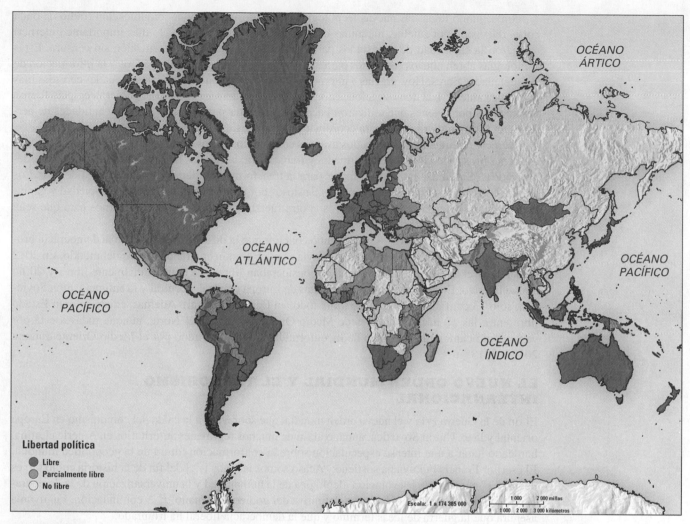

Libertad política

- ● Libre
- ● Parcialmente libre
- ○ No libre

Escala: 1 a 174 385 000

MAPA 3.5

Libertad política en 2012.

Fuente: Equipo de investigación de Freedom House, "Freedom in the World: 2013", www.freedomhouse.org.

que venció un candidato reformista, y a mejorar en gran medida las libertades civiles (aunque, tristemente, el candidato de la reforma también resultó ser corrupto); y Libia, que tuvo elecciones exitosas en 2012 luego de la remoción, mediante revuelta popular, del antiguo y perpetuo dictador del país, Muammar Gaddafi.

Hay tres razones principales para la difusión de la democracia.[21] En primer lugar, muchos regímenes totalitarios no generaron progresos económicos para la vasta mayoría de la población; por ejemplo, la caída del comunismo en Europa oriental se debió a la creciente brecha que se abría entre las economías saludables y ricas de Occidente y las economías estancadas del Este comunista. En su búsqueda de opciones, tras sufrir en carne propia el fracaso del modelo socialista, las poblaciones de esos países no pudieron pasar por alto que las economías más fuertes del mundo estaban gobernadas por democracias representativas. En la actualidad, el éxito económico de muchas de estas nuevas democracias, como Polonia y la República Checa del viejo bloque comunista, Filipinas y Taiwán en Asia, y Chile en América Latina, reforzó la noción de que la democracia es un componente clave para lograr el avance económico.

---

[21] Freedom House, "Democracies Century: A Survey of Political Change in the Twentieth Century, 1999", en: http://www. freedomhouse.org, consultado el 12 de agosto de 2014.

En segundo lugar, las nuevas tecnologías de la información y la comunicación (radio de onda corta, televisión por satélite, máquinas de fax, edición de escritorio y, lo más importante, internet) redujeron la capacidad de los estados para controlar el acceso a la información sin censura. Estas tecnologías abren nuevos conductos para la difusión de los ideales democráticos y la información de las sociedades libres. Hoy, gracias a internet, dichos ideales penetran en las sociedades cerradas más que nunca antes.[22] Las demostraciones que condujeron al derrocamiento del gobierno egipcio fueron organizadas por jóvenes que utilizaron Facebook y Twitter para llegar a grandes cantidades de personas en forma muy rápida y para coordinar sus acciones.

Tercero, en muchas naciones, los avances económicos de los últimos 25 años han suscitado una creciente prosperidad en las clases media y trabajadora, las cuales han impulsado las reformas democráticas. Sin duda, esto fue un factor para la transformación democrática de Corea del Sur. Los empresarios y otros líderes de compañías, ansiosos por proteger sus derechos de propiedad y garantizar el cumplimiento de los contratos, son otra fuerza que presiona a los gobiernos para que sean más responsables y abiertos.

A pesar de esos avances, sería ingenuo concluir que la difusión universal de la democracia proseguirá sin obstáculos. La democracia todavía es poco común en grandes zonas del mundo. En 2012 solo 11 países de África subsahariana se consideraban libres, 18 eran parcialmente libres y 20 no tenían libertad. Entre los países excomunistas de Europa oriental y central y la antigua Unión Soviética, solo 13 califican como libres (sobre todo, en Europa oriental). Además, existe solo un Estado libre entre las 18 naciones árabes de Medio Oriente y África del Norte, aunque todavía está por verse cómo cambiará esto la ola de inconformidad que se diseminó por el Medio Oriente durante 2012 y 2013.

EL NUEVO ORDEN MUNDIAL Y EL TERRORISMO INTERNACIONAL

El fin de la Guerra Fría y el nuevo orden mundial que sobrevino a la caída del comunismo en Europa oriental y la ex Unión Soviética, aunado al fin de muchos regímenes autoritarios en América Latina, han dado lugar a una intensa especulación sobre la conformación futura de la geopolítica mundial. El escritor Francis Fukuyama sostiene: "Acaso somos testigos […] del fin de la historia como tal; es decir, el punto final de la evolución ideológica de la humanidad y la universalización de la democracia liberal occidental como la forma definitiva del gobierno humano".[23] A continuación, Fukuyama asegura que la guerra de ideas terminó y que la democracia liberal ha triunfado.

Otros ponen en tela de juicio la perspectiva de Fukuyama sobre un mundo más armonioso, dominado por una civilización universal caracterizada por regímenes democráticos y capitalismo de libre mercado. En un libro polémico, el influyente politólogo Samuel Huntington afirma que no hay una civilización "universal" basada en la aceptación general de los ideales democráticos liberales occidentales.[24] Sostiene que, aunque muchas sociedades se modernicen (adoptan el aparato material del mundo moderno, de los automóviles a la Coca-Cola y MTV), no por eso se occidentalizan: Huntington postula que la modernización de las sociedades que no pertenecen a Occidente puede dar por resultado una retirada hacia las tradiciones, como el resurgimiento del islamismo en muchas sociedades musulmanas fundamentalistas. También, asegura que:

> El resurgimiento islámico es, a la vez, el resultado y el esfuerzo por ajustarse a la modernización. Sus causas básicas son las que estimulan las tendencias autóctonas de sociedades no occidentales: urbanización, movilización social, aumento de la alfabetización y la escolaridad, mayor uso de las comunicaciones y los medios masivos, y una relación más amplia con Occidente y otras culturas. Estos acontecimientos socavan los vínculos tradicionales de aldeas y clanes, a la vez que producen enajenación y crisis de identidad. Los símbolos, costumbres y credos del islamismo satisfacen estas necesidades psicológicas, y las organizaciones islámicas de beneficencia se ocupan de las necesidades sociales, culturales y económicas de los musulmanes atrapados en el proceso de la modernización. Los musulmanes sienten la necesidad de recuperar las ideas, costumbres e instituciones del Islam para que sean brújula y motor de la modernización.[25]

---

[22] L. Conners, "Freedom to Connect", en *Wired*, agosto de 1997, pp. 105-106.

[23] F. Fukuyama, "The End of History", en *The National Interest*, 16, verano de 1989, p. 18.

[24] S. P. Huntington, *The Clash of Civilizations and the Remaking of World Order*, Nueva York, Simon & Schuster, 1996.

[25] *Ibid.*, p. 116.

En Etiopía, se ha registrado un rápido crecimiento económico desde su cambio hacia un sistema basado más en el mercado.

Desde este punto de vista, el ascenso del fundamentalismo islámico es una respuesta a la alienación que representa la modernidad.

A diferencia de Fukuyama, Huntington predijo una separación mundial en distintas civilizaciones con diferentes sistemas de valores e ideologías. Huntington auguró un conflicto entre el Islam y Occidente y entre Occidente y China. Aunque algunos analistas desestimaron estas tesis, tras los ataques terroristas a Estados Unidos el 11 de septiembre de 2001, las ideas de Huntington recibieron nueva atención.

Si las opiniones de Huntington son correctas, deberán ser tenidas en cuenta por las empresas internacionales. Ellas indican que será cada vez más difícil hacer negocios en muchos países, ya sea porque estén inmersos en desórdenes violentos o porque sean parte de una civilización que esté en conflicto con la nación de origen de una compañía. Las ideas de Huntington son arriesgadas y polémicas. Lo más probable es que surja un sistema político mundial situado a medio camino entre la civilización universal de Fukuyama, basada en los ideales democráticos, y la visión de Huntington de un mundo fracturado; sin embargo, no por ello dejaría de ser un mundo en el que las fuerzas geopolíticas limiten de manera periódica la capacidad de los negocios para operar en ciertos países.

Según la tesis de Huntington, el terrorismo mundial es un producto de la tensión entre civilizaciones y el choque de sistemas de valores e ideologías. Otros apuntan que las raíces del terrorismo residen en conflictos antiguos que desafían las soluciones políticas; los ejemplos más evidentes son los conflictos de Palestina, Cachemira e Irlanda del Norte. También, debe observarse que buena parte de las actividades terroristas en algunas regiones del mundo, como Colombia, se entretejen con el tráfico de drogas. Como sostiene el exsecretario de Estado de Estados Unidos, Colin Powell, el terrorismo constituye una de las mayores amenazas a la paz mundial y al progreso económico en el siglo XXI.[26]

DIFUSIÓN DE LOS SISTEMAS DE MERCADO

A la par de la difusión de la democracia, desde la década de 1980 las economías planificadas centralizadas se transformaron en economías de mercado. Más de 30 países que pertenecían a la ex Unión

---

[26] Centro Nacional de Contraterrorismo de Estados Unidos, *Reports on Incidents of Terrorism, 2005*, 11 de abril de 2006.

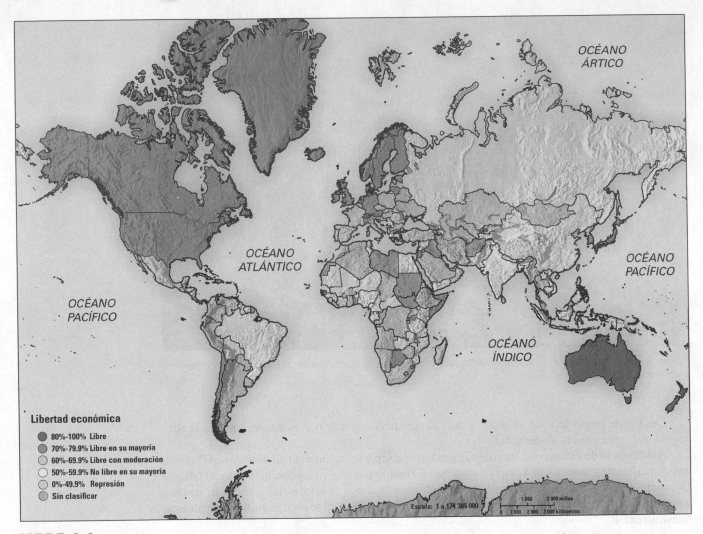

MAPA 3.6

Distribución de la libertad económica en 2013.

Fuente: *2013 Index of Economic Freedom,* Washington, D.C.: Heritage Foundation, 2013. Reproducido con permiso de The Heritage Foundation, en: http://www.heritage.org.

Soviética o al bloque comunista de Europa oriental cambiaron de sistema económico. En una lista completa de las naciones en las que ocurren cambios también deberían incluirse algunas asiáticas, como China y Vietnam, así como las africanas de Angola, Etiopía y Mozambique.[27] Ha habido un alejamiento similar de las economías mixtas; muchos países de Asia, América Latina y Europa occidental vendieron empresas paraestatales a inversionistas privados (privatización) y desregularon su economía para fomentar la competencia.

La lógica de la transformación económica ha sido la misma en todo el mundo. En general, las economías planificadas y mixtas no tuvieron el rendimiento económico que alcanzaron los países que adoptaron sistemas de mercado, como Estados Unidos, Suiza, Hong Kong y Taiwán. En consecuencia, cada vez más naciones se inclinan al modelo basado en el mercado. En el mapa 3.6, que se fundamenta en datos de la Heritage Foundation, centro de investigación estadounidense de tendencias conservadoras, se da una idea del grado en el que el mundo se ha desplazado hacia sistemas de economía de mercado (dado que la Heritage Foundation tiene una agenda política, su trabajo debe

---

[27] S. Fisher, R. Sahay y C. A. Vegh, "Stabilization and the Growth in Transition Economies: the Early Experience", en *Journal of Economic Perspectives*, 10, primavera de 1996, pp. 45-66.

considerarse con reservas). El índice de libertad económica de la fundación se basa en 10 indicadores; algunos de ellos son: la medida en que el gobierno interviene en la economía, reglas comerciales, grado en que se protegen los derechos de propiedad, regulación de la inversión extranjera y normas fiscales. Un país puede calificar entre 100 (más libre) y 0 (menos libre) en cada indicador. Cuanto mayor sea la calificación promedio de una nación en los 10 indicadores, más se acerca su economía al modelo de mercado puro. De acuerdo con el índice de 2013, que se resume en el mapa 3.6, las economías más libres del mundo fueron (en orden jerárquico): Hong Kong, Singapur, Australia, Nueva Zelanda, Suiza, Canadá, Chile, Mauricio, Dinamarca y Estados Unidos. Japón ocupó el lugar 24; México, el 50; Francia, el 62; Brasil, 100; la India, 119; China, 136 y Rusia, 139. Al final de la clasificación, se encuentran las economías de Cuba, Irán, Venezuela, Zimbabue y Corea del Norte.[28]

La libertad económica no necesariamente se equipara a la libertad política, como se ilustra en el mapa 3.6; por ejemplo, los dos países que están en la cima del índice de la Heritage Foundation, Hong Kong y Singapur, no pueden clasificarse como libres desde una perspectiva política. La China comunista reabsorbió Hong Kong en 1997 y lo primero que hizo Beijing fue clausurar la asamblea legislativa libremente elegida de su nuevo territorio. Singapur aparece como parcialmente libre en el índice de libertad política de la Freedom House debido a prácticas como la censura general de la prensa.

Naturaleza de la transformación económica

OA3-3

El cambio hacia un sistema económico de mercado supone varias etapas: desregulación, privatización y creación de un sistema legal para proteger los derechos de propiedad.[29]

DESREGULACIÓN

La **desregulación** consiste en eliminar las restricciones legales a la actividad libre de los mercados, al establecimiento de empresas privadas y a la forma de operar de estas compañías. Antes de la caída del comunismo, los gobiernos de las economías centralizadas ejercían un control férreo sobre los precios y la producción, que se fijaban en planes oficiales detallados. Se prohibía que las empresas privadas operaran en la mayor parte de los sectores de la economía, lo que restringía de manera notable la inversión directa de compañías extranjeras y limitaba el comercio internacional. En estos casos, la desregulación consistió en eliminar los controles de precios para que estos se fijaran con base en la influencia recíproca de la oferta y la demanda; en abolir las leyes que regulaban el establecimiento y la operación de las empresas privadas; y en reducir o eliminar las restricciones sobre la inversión extranjera directa y el comercio internacional.

En las economías mixtas, la función del Estado es más limitada, pero en ciertos sectores esta fija los precios, posee compañías, limita la empresa privada, restringe la inversión extranjera y obstaculiza el comercio internacional. En estas naciones, la desregulación requiere las mismas iniciativas que vimos en las antiguas economías centralizadas, aunque la transformación es más fácil por la existencia de un sector privado activo. La India es un ejemplo de un país que ha desregulado de modo sustancial su economía en las dos décadas pasadas (véase el "Vistazo a un país" sobre la India).

PRIVATIZACIÓN

Aunado a la desregulación, se ha registrado un aumento considerable de la **privatización**, que como analizamos en el capítulo 2, es una medida gubernamental mediante la cual se transfiere la propiedad de empresas estatales a particulares, casi siempre por medio de la venta de los bienes en subasta pública.[30] La privatización es una forma de fortalecer la eficiencia de la economía, pues se da a los

[28] M. Miles *et al.*, *2013 Index of Economic Freedom*, Washington, DC, Heritage Foundation, 2013.
[29] Fondo Monetario Internacional, *World Economic Outlook: Focus on Transition Economies*, Ginebra, FMI, octubre de 2000.
[30] J. C. Brada, "Privatization Is Transition—Is It?", en *Journal of Economic Perspectives*, primavera de 1996, pp. 67-86.

Transformación económica de la India

Tras independizarse de Inglaterra en 1947, la India adoptó un sistema de gobierno democrático y un sistema económico mixto caracterizado por una gran cantidad de empresas propiedad del gobierno, planeación centralizada y subsidios. Este sistema restringió el crecimiento del sector privado; las compañías privadas solo podían expandirse con permiso del gobierno y podía tomar años obtener un permiso para diversificarse a nuevos productos. Mucha de la industria pesada, como la producción automotriz, química y acerera estaba reservada a empresas del gobierno. Las cuotas de producción y las altas tarifas en importaciones obstaculizaban también el desarrollo de un sector privado saludable, al igual que las leyes laborales que dificultaban el despido de empleados.

Para principios de la década de 1990, se hizo patente que este sistema era incapaz de generar el tipo de progreso económico que muchas naciones del sureste asiático habían comenzado a disfrutar. En 1994, la economía india era aún menor a la de Bélgica, a pesar de tener una población de 950 millones de habitantes. Su INB per cápita era de solo 310 dólares, menos de la mitad de la población estaba alfabetizada, solo seis millones tenían acceso a los teléfonos y solo 14% tenía acceso a la recolección de basura; el Banco Mundial estimó que aproximadamente 40% de la población en extrema pobreza del mundo vivía en la India y solo 2.3% poseía un ingreso familiar por encima de 2 484 dólares.

La falta de progreso condujo al gobierno a embarcarse en un ambicioso programa de reforma económica. Comenzando en 1991, mucho del sistema de licenciamiento industrial fue desmantelado y algunas áreas que antes estaban cerradas al sector privado se abrieron, incluyendo generación de electricidad, partes de la industria petrolera, fabricación de acero, aerotransporte y algunas áreas de la industria de las telecomunicaciones. Se dio la bienvenida a empresas extranjeras, que antes eran permitidas a regañadientes y sometidas a techos arbitrarios. Se hizo automática la aprobación para la participación de hasta 51% a los extranjeros en las compañías indias y se permitió la propiedad extranjera a 100% en determinadas circunstancias. Podía importarse libremente materia prima y muchos bienes industriales, y la tarifa máxima que podía imponerse a las importaciones se redujo de 400 a 65%. El índice máximo de impuesto al ingreso se redujo también y el impuesto corporativo cayó de 57.5 a 46% en 1994, y luego a 35% en 1997. Asimismo, el gobierno anunció sus planes para empezar a privatizar las empresas propiedad del Estado, de las cuales casi 40% estaba perdiendo dinero a principios de la década de 1990.

Desde la perspectiva de ciertas medidas, la respuesta a esas reformas económicas ha sido impresionante. La economía se expandió a un rango anual de casi 6.3% de 1994 a 2004 y se aceleró a entre 7 y 8% anual durante 2005-2012. La inversión extranjera, indicador clave de qué tan atractiva consideraban las compañías extranjeras a la economía india, saltó de 150 millones en 1991 a 27 mil 300 millones en 2012. Algunos sectores económicos se han desempeñado especialmente bien, como el de tecnologías de la información, donde la India ha emergido como un dinámico centro global para el desarrollo de software, con ventas de 100 mil millones en 2012, desde 150 millones en 1990. Además, en el sector farmacéutico, las compañías indias están surgiendo como hábiles jugadores en el mercado global, sobre todo al vender versiones genéricas y de bajo costo de fármacos cuya patente ha vencido en el mundo desarrollado.

Sin embargo, el país todavía tiene un largo camino por delante. Los intentos para reducir aún más las tarifas a las importaciones han sido obstaculizados por la oposición política de empleadores, empleados y políticos, quienes temen que, si se derrumban las barreras, un torrente de productos chinos baratos inundará el país. El programa de privatización continúa encontrándose con obstáculos, el más reciente de los cuales fue en septiembre de 2003, cuando la Suprema Corte de la India dictaminó que el gobierno no podía privatizar dos empresas propiedad del Estado sin la aprobación explícita del parlamento. Las firmas paraestatales siguen representando 38% de la producción nacional en el sector no agrícola, no obstante que las compañías privadas de la India son de 30 a 40% más productivas que las que son propiedad del Estado. También, ha existido una fuerte resistencia a reformar muchas de las leyes que dificultan que los negocios privados operen con eficiencia; por ejemplo, las leyes laborales hacen que sea casi imposible para compañías con más de 100 empleados despedir a sus trabajadores, lo que desalienta a los empresarios a hacer crecer sus compañías por encima de los 100 trabajadores. Otras leyes ordenan que determinados productos solo puedan manufacturarlos empresas pequeñas, lo que torna imposible que las empresas en esas industrias consigan la escala requerida para competir internacionalmente.[31]

---

[31] "India's Breakthrough Budget?", en *The Economist*, 3 de marzo de 2001; Shankar Aiyar, "Reforms: Time to Just Do It", en *India Today*, 24 de enero de 2000, p. 47; "America's Pain, India's Gain", en *The Economist*, 11 de enero de 2003, p. 57; Joanna Slater, "In Once Socialist India: Privatizations Are Becoming More Like Routine Matters", en *The Wall Street Journal*, 5 de julio de 2002, p. A8; "India's Economy: Ready to Roll Again?", en *The Economist*, 20 de septiembre de 2003, pp. 39-40; Joanna Slater, "Indian Pirates Turned Partners", en *The Wall Street Journal*, 13 de noviembre de 2003, p. A14; "The Next Wave: India", en *The Economist*, 17 de diciembre de 2005, p. 67; M. Dell, "The Digital Sector Can Make Poor Nations Prosper", en *Financial Times*, 4 de mayo de 2006, p. 17; "What's Holding India Back", en *The Economist*, 8 de marzo de 2008, p. 11; "Battling the Babu Raj", en *The Economist*, 8 de marzo de 2008, pp. 29-31.

propietarios privados un poderoso incentivo (la recompensa de grandes utilidades) por aumentar la productividad, ingresar en nuevos mercados y salir de aquellos poco favorables.[32]

El movimiento de la privatización se inició en Gran Bretaña a comienzos de la década de 1980, cuando la primera ministra Margaret Thatcher vendió bienes del gobierno, como la compañía telefónica británica British Telecom (BT). En un esquema que se ha repetido en todo el mundo, esta venta se enlazó con la desregulación del sector de las telecomunicaciones. Como permitió que otras empresas compitieran directamente con BT, la desregulación evitó que solo se cambiara un monopolio estatal por uno privado. Desde entonces, la privatización se ha convertido en un fenómeno mundial. Entre 1995 y 1999 se efectuaron más de ocho mil actos de privatización en todo el mundo.[33] Algunos de los programas de privatización más espectaculares han ocurrido en las economías de la ex Unión Soviética y los países de Europa oriental pertenecientes al bloque socialista. En la República Checa, por ejemplo, tres cuartas partes de las empresas paraestatales se privatizaron entre 1989 y 1996, lo que contribuyó a impulsar la participación del sector privado en el producto nacional bruto, de 11% en 1989 a 60% en 1995.[34]

A pesar de esta tendencia de tres décadas, en muchas naciones gran parte de la actividad económica continúa estando en manos de compañías propiedad del gobierno; por ejemplo, en China, dichas empresas siguen dominando la banca, la energía, las telecomunicaciones, la atención médica y la tecnología. En conjunto, representan cerca de 40% del PIB nacional. En un informe publicado a principios de 2012, el Banco Mundial advirtió a China que a menos de que reformara estos sectores, liberalizándolos y privatizando muchas empresas paraestatales, el país corre el riesgo de experimentar una seria crisis económica.[35]

A medida que la privatización se extiende por el mundo, es evidente que el simple hecho de vender los bienes del gobierno a inversionistas privados no basta para garantizar el crecimiento económico. Estudios acerca de la privatización en Europa central han constatado que esta no arroja los beneficios pronosticados si las compañías recién vendidas continúan recibiendo los subsidios del gobierno y son protegidas de la competencia extranjera mediante barreras al comercio internacional y a la inversión extranjera directa.[36] En estos casos, las nuevas empresas privadas están resguardadas de la competencia y actúan como los antiguos monopolios estatales. Cuando prevalecen tales circunstancias, las nuevas entidades cuentan con pocos incentivos para reestructurar sus operaciones y elevar sus niveles de eficiencia. Asimismo, para que la privatización funcione, debe estar acompañada de una desregulación más general y de una apertura de la economía. Así, cuando Brasil decidió privatizar el monopolio telefónico estatal, Telebras, el gobierno lo dividió en cuatro unidades independientes que compitieran entre sí y suprimió las barreras a la inversión extranjera directa en los servicios de telecomunicaciones. Esta acción garantizó que las compañías recién privatizadas enfrentaran una competencia manifiesta y entonces tuvieran que mejorar su eficiencia operativa para sobrevivir.

SISTEMAS LEGALES

Como vimos en el capítulo 2, una economía de mercado que funcione bien demanda leyes que protejan los derechos de propiedad privada y ofrezcan los mecanismos para hacer valer los contratos. Sin un sistema legal que proteja tales derechos de propiedad y sin la maquinaria que imponga el sistema, el incentivo para efectuar actividades económicas se reduce de modo sustancial por entidades privadas y públicas, incluso por la delincuencia organizada que usurpa las ganancias generadas por los esfuerzos de emprendedores del sector privado. Cuando el comunismo se derrumbó, esos países no tenían la estructura legal que se requería para proteger la propiedad privada, pues toda la propiedad la detentaba el Estado. Aunque muchas naciones han dado grandes pasos para instituir el sistema necesario, transcurrirán muchos años antes de que el sistema legal funcione sin contra-

---

[32] Véase S. Zahara *et al.*, "Privatization and Entrepreneurial Transformation", en *Academy of Management Review*, 3, núm. 25, 2000, pp. 509-524.

[33] N. Brune, G. Garrett y B. Kogut, "The International Monetary Fund and the Global Spread of Privatization", en *IMF Staff Papers* 51, núm. 2, 2003, pp. 195-219.

[34] Fischer *et al.*, "Stabilization and the Growth in Transition Economies", en *Journal of Economic Perspectives*, primavera de 1996, pp. 45-66.

[35] "China 2030", Washington, DC, El Banco Mundial, 2012.

[36] J. Sachs, C. Zinnes y Y. Eilat, "The Gains from Privatization in Transition Economies: Is Change of Ownership Enough?", texto de trabajo CAER, núm. 63, Cambridge, Harvard Institute for International Development, 2000.

tiempos, como en Occidente; por ejemplo, en la mayoría de las naciones de Europa oriental, la propiedad urbana y agrícola es insegura porque los registros están incompletos y son imprecisos, varias partes reclaman las mismas propiedades y quedan sin resolver demandas de restitución de propiedades de la época anterior al comunismo. Asimismo, mientras que la mayor parte de los países ha mejorado sus códigos de comercio, la debilidad de las instituciones socava el cumplimiento de los contratos. Las facultades de los tribunales son insuficientes y no existen procedimientos para resolver fuera de los tribunales las disputas contractuales o están mal desarrollados.[37] No obstante, se han hecho progresos; por ejemplo, en 2004, China enmendó su constitución para establecer que "la propiedad privada no debe ser invadida", y en 2007, promulgó una nueva ley sobre derechos de propiedad que otorga a los propietarios privados gran parte de la protección de la que gozaba el Estado (véase la sección "Vistazo a un país: surgimiento de los derechos de propiedad en China").[38]

IMPLICACIONES DE LOS CAMBIOS EN LA ECONOMÍA POLÍTICA

Los cambios mundiales en los sistemas políticos y económicos que acabamos de analizar entrañan diversas implicaciones para las empresas internacionales. El añejo conflicto ideológico entre colectivismo e individualismo que definió el siglo xx es menos evidente en nuestros días. Occidente ganó la Guerra Fría y la ideología occidental nunca había tenido tanta difusión como ahora. Aunque subsisten economías planificadas y aún se encuentran dictaduras totalitarias en el mundo, la principal corriente favorece a los mercados libres y a la democracia. Falta por ver si la crisis financiera global de 2008-2009 y la recesión que siguió nos conducirán a ciertas limitaciones. Muchos analistas culpan a la falta de regulación de los problemas que llevaron a esta crisis y, en la medida en que este haya sido el caso, es probable que deba hacerse una reevaluación de la ideología política de Occidente.

Independientemente de la crisis de 2008-2009, las implicaciones de las tendencias del comercio durante los pasados 25 años son enormes para las empresas. Durante casi 50 años, la mitad del mundo estuvo fuera de los límites de las compañías occidentales; en la actualidad, mucho de eso se ha modificado. Los mercados de Europa oriental, América Latina, África y Asia, aún subdesarrollados y pobres, tienen un potencial inmenso. Con una población de más de 1 300 millones de habitantes, el mercado chino por sí mismo es potencialmente mayor que el de Estados Unidos, la Unión Europea y Japón juntos. Del mismo modo, la India, con casi 1 200 millones de habitantes, es un gigantesco mercado potencial. América Latina tiene otros 600 millones de consumidores potenciales. No es probable que China, Rusia, Vietnam o cualquier otro país en transición hacia el sistema de mercado libre alcance pronto los niveles de vida de Occidente; sin embargo, el potencial es tan grande que las compañías deben pensar desde ahora en ingresar en ellos. Por ejemplo, si China y Estados Unidos continúan creciendo al ritmo en que lo hicieron de 1996 a 2012, la primera sobrepasará al segundo y se convertirá en la primera economía mundial en los próximos 15 años.

Ahora bien, así como las posibles ganancias son grandes, también existen riesgos; nada garantiza que la democracia prospere en los nuevos estados democráticos, en particular si deben lidiar con reveses económicos graves. Las dictaduras totalitarias podrían volver, aunque es poco probable que sean de tipo comunista. El mundo bipolar del periodo de la Guerra Fría se ha desvanecido, pero bien puede sustituirse por un mundo multipolar dominado por distintas civilizaciones. En ese mundo, varias de las promesas económicas del tránsito mundial a economías de mercado podrían estancarse en medio de conflictos entre civilizaciones. A la larga, las posibilidades de obtener ganancias son enormes si se invierte en las nuevas economías de mercado, pero los peligros de tales inversiones son, también, sustanciales; sería absurdo ignorarlos. Por ejemplo, el sistema financiero chino es todo menos transparente y muchos sospechan que los bancos de esa nación poseen un alto porcentaje de préstamos incobrables en sus libros de contabilidad. Si esto es cierto, dichas deudas podrían desencadenar una gran crisis financiera durante la próxima década en China, lo que disminuiría drásticamente los índices de crecimiento.

---

[37] M. S. Borish y M. Noel, "Private Sector Development in the Visegrad Countries", en *World Bank*, marzo de 1997.

[38] "Caught between Right and Left", en *The Economist*, 8 de marzo de 2007.

IMPLICACIONES PARA LOS ADMINISTRADORES

OA3-4

Como se mencionó en el capítulo anterior, los entornos político, económico y legal de un país influyen de modo evidente en su atractivo como mercado o sitio de inversión. En este capítulo, sostuvimos que los países con regímenes democráticos, políticas económicas basadas en el mercado y fuerte protección a los derechos de propiedad tienen mayores probabilidades de lograr índices de crecimiento económico altos y sostenidos, y por tanto, son más atractivos para los negocios internacionales. De ahí se desprende que los beneficios, costos y riesgos asociados con hacer negocios en un país están en función de sus sistemas político, económico y legal. El atractivo general de un país como mercado o sitio de inversión depende de equilibrar los posibles beneficios a largo plazo de hacer negocios en dicho país contra los posibles costos y riesgos. A continuación, revisaremos los factores de los beneficios, costos y riesgos.

BENEFICIOS

En el sentido más general, los beneficios monetarios de hacer negocios a largo plazo en una nación se determinan en función del tamaño del mercado, de la riqueza actual de los consumidores de ese mercado (su poder de compra) y de su probable riqueza futura. Algunos mercados son muy grandes si se considera la cantidad de consumidores (como China y la India), pero el bajo nivel de vida limita el poder de compra y, por consiguiente, esos mercados son pequeños si se miden en términos económicos. En los negocios internacionales, se debe estar atento a esta distinción sin perder de vista las perspectivas de un país. En 1960, Corea del Sur se consideraba otra nación pobre del tercer mundo, pero para 2011, ya era la decimoquinta economía del mundo. En aquel entonces, las empresas internacionales que se percataron del potencial de Corea del Sur y comenzaron a hacer negocios con ella, cosecharon mayores beneficios que las que la descartaron.

Al identificar una posible futura estrella económica e invertir pronto en ella, las compañías internacionales refuerzan la lealtad de marca y adquieren experiencia en las prácticas comerciales de tal país; ello les rinde dividendos cuando dicha nación alcanza un ritmo de crecimiento económico acentuado. En contraste, las empresas que llegan tarde no obtienen lealtad de marca ni la experiencia necesaria para establecer una presencia importante en el mercado. En el lenguaje de los negocios, los que entran primero en el mercado de las futuras estrellas económicas pueden conseguir muchas ventajas, mientras que los que llegan al último sufren las desventajas[39] (las **ventajas de actuar primero** son para los que entran pronto en un mercado; las **desventajas de actuar al último** son los inconvenientes que aquejan a los que llegan después). Esta lógica canaliza una cuantiosa inversión foránea a China, que a mediados de la década de 2020, será la economía más grande del mundo si conserva su ritmo actual de crecimiento (China ya ocupa el segundo lugar). Durante más de dos décadas, China ha sido el mayor destino de inversión extranjera directa del mundo en desarrollo, pues las compañías internacionales como General Motors, Volkswagen, Coca-Cola y Unilever intentan establecer una ventaja sostenible en esa nación.

El sistema económico de un país y el régimen de propiedad privada son factores razonables para pronosticar las perspectivas económicas. Las naciones con economías libres en las que se protegen los derechos de propiedad alcanzan mayores tasas de crecimiento que las economías centralizadas o aquellas en las que los derechos de propiedad no se resguardan de manera adecuada. De ahí se deduce que el sistema económico, el régimen de propiedad y el tamaño del mercado de un país (por su población) son buenos indicadores del potencial para hacer negocios ahí a largo plazo. Por el contrario, los países donde no se respetan los derechos de propiedad y prolifera la corrupción poseen menores niveles de crecimiento económico; sin embargo, debe cuidarse no generalizar demasiado en este tema, porque tanto China como la India han logrado altos índices de crecimiento a pesar de contar con regímenes relativamente débiles en relación con los derechos de propiedad y elevados niveles de corrupción. En ambas naciones, el cambio hacia el sistema de economía de mercado ha generado grandes ganancias a pesar de la debilidad de los derechos de propiedad y la endémica corrupción.

---

[39] Para una exposición de las ventajas del que actúa primero, véase M. Liberman y D. Montgomery, "First-Mover Advantages", en *Strategic Management Journal*, 9, número especial de verano, 1999, pp. 41-58.

Desde que China abrió sus puertas a la inversión extranjera, Coca-Cola ha construido un gran negocio en el país.

COSTOS

Varios factores políticos, económicos y legales determinan los costos de hacer negocios en un país. En cuanto a los factores políticos, los costos de operar en una economía aumentan si es necesario pagar a quienes tienen poder político para que autoricen el negocio. La necesidad de pagar lo que en esencia son sobornos es mayor en estados totalitarios cerrados que en sociedades democráticas abiertas, donde los políticos son responsables ante el electorado (aunque esta distinción no es una garantía total). Que una compañía deba pagar sobornos para entrar en un mercado debe establecerse sobre la base de las consecuencias legales y morales de tal acción. En el capítulo 5, hablaremos de este asunto, cuando examinemos el tema de la ética empresarial.

En lo que atañe a los factores económicos, una de las variables más relevantes es la complejidad de la economía de un país. Tal vez resulte más costoso hacer negocios en economías primitivas o subdesarrolladas por la falta de infraestructura y empresas de apoyo. En el caso extremo, una empresa internacional tendría que establecer su propia estructura y compañías de apoyo, lo que, desde luego, aumentaría los costos. Cuando McDonald's decidió abrir su primer restaurante en Moscú, descubrió que para servir comidas y bebidas que no se distinguieran de las que se consumen en los McDonald's de otras partes debía integrar verticalmente una cadena de abasto de sus necesidades. La calidad de las papas y la carne de Rusia era muy mala; en consecuencia, para proteger la calidad de su producto, McDonald's fundó sus propias granjas lecheras, ranchos ganaderos, huertos y plantas de procesamiento de alimentos en esa nación. Esas inversiones elevaron los costos para hacer negocios en Rusia en relación con los costos de economías más adelantadas en las que podían adquirirse insumos de buena calidad en el mercado abierto.

En cuanto a los factores legales, puede ser más oneroso hacer negocios en un país cuyas leyes y normas locales fijan criterios estrictos sobre la seguridad de los productos y el lugar de trabajo, contaminación ambiental, etc. (pues acatar las leyes es costoso). Asimismo, puede ser más caro operar en países como Estados Unidos, donde la falta de un tope para las indemnizaciones por daños provoca una espiral de aumentos en las pólizas de seguros de responsabilidad civil. Puede ser más oneroso hacer negocios en una nación sin leyes que regulen las prácticas empresariales (como muchas excomunistas). Sin un marco bien desarrollado de derecho contractual comercial, las empresas internacionales no encuentran medios satisfactorios para resolver las disputas contractuales y, por ende, enfrentan grandes pérdidas por violación de contratos. Del mismo modo, las leyes locales que no protegen los derechos de autor favorecen el robo de la propiedad intelectual de las empresas y la pérdida de ingresos.

RIESGOS

Al igual que en el caso de los costos, los riesgos de hacer negocios en un país están determinados por diversos factores políticos, económicos y legales. Los **riesgos políticos** se definen como la probabilidad de que las fuerzas políticas ocasionen cambios drásticos en el entorno de negocios de una nación, los cuales repercutan en las utilidades y los objetivos de una empresa privada.[40] De esta manera, el riesgo político es mayor en países que se hallan inmersos en agitaciones y desórdenes sociales o en donde la idiosincrasia de la sociedad aumenta la posibilidad de trastornos sociales, como huelgas, manifestaciones, terrorismo y conflictos violentos. Es más factible que estos problemas se presenten en países con más de un grupo étnico, donde las ideologías rivales luchan por el control político, los errores administrativos engendran una inflación elevada y reducen los niveles de vida o donde se suscitan luchas en las "fracturas" entre civilizaciones.

Las agitaciones sociales pueden provocar cambios abruptos de gobierno y políticas públicas o, en ciertos casos, luchas civiles prolongadas con secuelas económicas que afectarán las utilidades de las empresas; por ejemplo, tras la revolución islámica de 1979 en Irán, el nuevo gobierno expropió los activos iraníes de numerosas empresas estadounidenses, sin dar compensación alguna por ellas. De la misma forma, la desintegración violenta de la Federación de Yugoslavia, que se convirtió en un conjunto de estados en guerra, como Bosnia, Croacia y Serbia, precipitó el derrumbe de las economías locales y la rentabilidad de las inversiones en esos países.

Por lo general, un cambio de régimen político puede inducir a la promulgación de leyes menos favorables para las compañías internacionales; por ejemplo, en Venezuela, el político socialista Hugo Chávez mantuvo el poder desde 1998 hasta su muerte en 2013. Chávez se declaró "fidelista" o seguidor del líder comunista de Cuba, Fidel Castro. Se comprometió a mejorar la suerte de los pobres de Venezuela mediante la intervención gubernamental en las empresas privadas y acostumbraba denostar al imperialismo estadounidense, lo cual preocupaba a las empresas extranjeras que operaban en esa nación. Entre otras acciones, el presidente elevó las regalías que las empresas petroleras extranjeras que operan en Venezuela deben pagar al gobierno, de 1 a 30% de las ventas.

En el frente económico, los peligros surgen de la mala administración económica de un país. Los **riesgos económicos** se definen como la probabilidad de que una mala administración ocasione en el entorno de los negocios cambios drásticos que perjudiquen las utilidades y otros intereses de una empresa. Los riesgos económicos no son independientes de los políticos. La mala administración financiera da lugar a agitaciones sociales y por eso existen riesgos políticos; sin embargo, vale la pena colocar los riesgos económicos como categoría aparte ya que no siempre hay una relación directa entre mala administración financiera y desajustes sociales. Un indicador visible de esta mala administración es la tasa de inflación; otra es el monto de la deuda pública y privada del país.

En algunas naciones asiáticas, como Indonesia, Tailandia y Corea del Sur, las empresas aumentaron rápidamente su endeudamiento en la década de 1990, en muchas ocasiones por influencia del gobierno que las alentaba a invertir en sectores que consideraba de "importancia estratégica" para el país. El resultado fue un exceso de inversión: se construyó más capacidad industrial (fábricas) y comercial (oficinas) de la que justificaban las condiciones de la demanda. Muchas inversiones no fueron rentables. Los deudores no pudieron generar las utilidades necesarias para cubrir las obligaciones de pago de su deuda. Los bancos que efectuaron los préstamos de pronto se hallaron con que aumentaba con rapidez su cartera vencida. Los inversionistas extranjeros, pensando que muchas compañías y bancos locales quebrarían, vendieron sus acciones, bonos y moneda, y sacaron su dinero de esos países. Esta fuga de capitales precipitó la crisis financiera de Asia en 1997 y 1998, que incluyó el desplome de las bolsas de valores asiáticas, las cuales, en algunos casos, perdieron más de 70%, una caída grave del valor de muchas monedas respecto del dólar estadounidense, una contracción súbita de la demanda local y una grave recesión económica que afectó a muchas naciones del área durante los siguientes años. En síntesis, en la década de 1990 se corrieron riesgos económicos en todo el sureste de Asia. Las empresas y los inversionistas extranjeros prudentes limitaron su exposición en esa región del mundo; los más inocentes, perdieron hasta la camisa.

Desde el aspecto legal, existen riesgos cuando el sistema judicial de un país no ofrece la protección adecuada de los derechos de propiedad ni en el caso de que se incumplan los contratos. Cuando las defensas legales son débiles, es más probable que las empresas violen los contratos o se apropien ilegalmente de la propiedad intelectual, si piensan que así sirven mejor a sus intereses. Así, los **riesgos legales** se definen como la probabilidad de que un socio comercial rompa con alevosía un contrato o usurpe la propiedad intelectual. Cuando en un país se corren muchos riesgos legales, las compañías

---

[40] S. H. Robock, "Political Risk: Identification and Assessment", en *Columbia Journal of World Business,* julio/agosto de 1971, pp. 6-20.

internacionales vacilan antes de firmar un contrato de largo plazo o un acuerdo de alianza estratégica (*joint venture*) con una entidad de esa nación; por ejemplo, en la década de 1970, cuando el gobierno indio aprobó una ley que exigía a todos los inversionistas foráneos que establecieran *joint ventures* con las compañías indias, algunas firmas, como IBM o Coca-Cola, retiraron sus inversiones del país, pues pensaron que su sistema legal no protegía por completo sus derechos de propiedad intelectual y planteaba un peligro real de que los socios indios se las apropiaran. IBM y Coca-Cola vieron esto como un peligro para su ventaja competitiva básica.

ATRACTIVO GENERAL

El atractivo general de un país como mercado potencial o destino de inversión de una empresa internacional depende del equilibrio entre los beneficios, costos y riesgos de hacer negocios en esa nación (véase la figura 3.1). En general, los costos y riesgos de hacer negocios en otra nación son menores en estados democráticos con economías avanzadas y estabilidad política, que en las menos desarrolladas y con más inestabilidad política; sin embargo, el cálculo se complica porque los posibles beneficios a largo plazo dependen no solo del estado actual de desarrollo económico o de la estabilidad política de un país, sino de las probables tasas de crecimiento futuras. El crecimiento económico se determina en función de un sistema de libre mercado y de la capacidad de crecimiento de un país (que puede ser mayor en las naciones menos desarrolladas). Esto nos lleva a concluir que, en igualdad de circunstancias, el equilibrio entre beneficios, costos y riesgos es más favorable en países desarrollados con estabilidad política, en naciones en desarrollo con sistemas de libre mercado y donde no haya aumentos radicales de las tasas de inflación ni de la deuda privada. Por otro lado, parece menos favorable en los países en desarrollo políticamente inestables con economías mixtas o planificadas, o en las naciones donde las burbujas financieras especulativas han causado un exceso de préstamos.

FIGURA 3.1

Atractivo de un país.

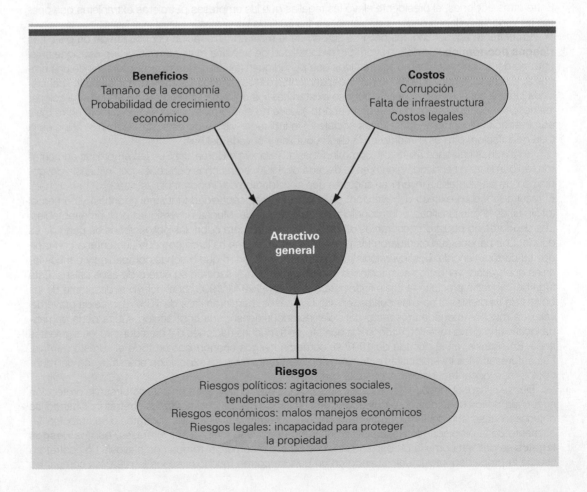

RESUMEN

Este capítulo analizó la forma en que varían los sistemas legal, político y económico. Los beneficios, costos y riesgos potenciales de hacer negocios en un país están en función de estos tres sistemas. El capítulo destacó lo siguiente:

1. El ritmo del crecimiento económico de un país depende del grado en el que una economía de mercado funcional proteja los derechos de propiedad.
2. Hoy, muchas naciones son estados en transición. Hay un acentuado alejamiento de los gobiernos totalitarios y de los sistemas de economía planificada o mixta, en favor de las instituciones políticas democráticas y los sistemas económicos de libre mercado.
3. El atractivo de un país como mercado o destino de inversión depende de equilibrar la probabilidad de obtener beneficios de largo plazo por hacer negocios en él y sus posibles costos y riesgos.
4. Los beneficios de hacer negocios en una nación dependen del tamaño del mercado (por su población), la riqueza actual (poder de compra) y sus perspectivas de crecimiento. Cuando se invierte pronto en países que ahora son pobres, pero que crecen con rapidez, las compañías pueden obtener la ventaja de ser las primeras en entrar al mercado, lo cual en el futuro les dejará dividendos sustanciales.
5. Los costos de hacer negocios en un país son mayores si debe pagarse a los políticos a cambio de acceso al mercado, si falta o no está desarrollada la infraestructura de apoyo, y si es caro acatar leyes y normas locales.
6. Los riesgos de hacer negocios en un país son mayores si este sufre inestabilidad política, está sujeto a una mala administración financiera y carece de un sistema legal que proteja de manera adecuada los derechos de la propiedad e imponga el cumplimiento de los contratos.

Preguntas de análisis y razonamiento crítico

1. ¿Cuál es la relación entre los derechos de propiedad, la corrupción y el progreso económico? ¿Qué tan importantes son los esfuerzos anticorrupción en el intento de mejorar el grado de desarrollo económico de una nación?
2. Usted es administrador general de una compañía automotriz estadounidense que está considerando invertir en plantas de producción en Rusia, China o Alemania. Estas instalaciones satisfarán la demanda del mercado local. Evalúe los beneficios, costos y riesgos asociados con hacer negocios en cada nación. ¿Cuál de estos países parece el objetivo más atractivo para la inversión extranjera directa? ¿Por qué?
3. Vuelva a leer el "Vistazo a un país" sobre la India y responda las siguientes preguntas.

   a) ¿Qué tipo de sistema económico operaba en la India en 1947-1990? ¿Hacia qué tipo de sistema se está desplazando en la actualidad? ¿Cuáles son los impedimentos para completar esta transformación?
   b) ¿Cómo puede haber afectado la amplia existencia de empresas propiedad del gobierno y las regulaciones gubernamentales exhaustivas a: *i)* la eficiencia de los negocios privados y del Estado y *ii)* el índice de formación de nuevos negocios en la India durante el periodo 1947-1990? ¿Cómo piensa que afectaron estos factores al índice de crecimiento económico de la India durante ese periodo?
   c) ¿Cómo pueden influir la privatización, la desregulación y el derrumbe de barreras a la inversión extranjera directa en la eficiencia de los negocios, la formación de nuevos negocios y el índice de crecimiento económico en la India durante el periodo posterior a la década de 1990?
   d) Hoy, la India tiene bastiones en industrias clave de alta tecnología como el software y la farmacéutica. ¿Por qué piensa que está fortaleciéndose en esas áreas? ¿Cómo puede contribuir el éxito en estas industrias a generar crecimiento en otros sectores de la economía del país?
   e) En vista de lo que está ocurriendo con la economía india, ¿considera que el país constituye un objetivo atractivo para la inversión interna de multinacionales extranjeras que venden productos de consumo? ¿Por qué?

Proyecto de investigación   **globaledge.msu.edu**

Economía política y desarrollo económico

Consulte la página electrónica de globalEDGE (globaledge.msu. edu) para efectuar los siguientes ejercicios.

Ejercicio 1

Una creciente inestabilidad en el mercado global puede introducir riesgos no anticipados en las transacciones diarias de una compañía. Así, su empresa debe evaluar estos riesgos de *transacción comercial* respecto de sus operaciones extranjeras en Argentina, China, Indonesia, Polonia y Sudáfrica. Un analista de riesgos dijo que usted puede evaluar tanto los riesgos políticos como los comerciales de estas naciones simultáneamente. Proporcione un panorama general del riesgo de transacción comercial

de los seis países a la administración general. En su evaluación, mencione las posibles medidas correctivas en las naciones con riesgo político, comercial o ambos, considerablemente alto.

Ejercicio 2

Los administradores de su empresa están muy preocupados con la influencia del terrorismo en su estrategia a largo plazo. Para evaluar este problema, el administrador general le ha solicitado que identifique los países donde la *amenaza de terrorismo* y el riesgo político son mínimos; ello proporcionará la base para el desarrollo de futuras instalaciones de la compañía que deben ser construidas en los principales continentes del mundo. Incluya recomendaciones sobre qué naciones en cada continente serían buenas opciones para que su compañía lleve a cabo un análisis posterior.

CASO FINAL

Revolución en Egipto

Con 83 millones de habitantes, Egipto es el más poblado de los países árabes. De cara a esta realidad, la nación ha tenido progresos económicos importantes en la década de 2000. En 2004, el gobierno de Hosni Mubarak llevó a cabo una serie de reformas económicas que incluyeron la liberalización del comercio con drásticos recortes a los aranceles e impuestos, desregulación y cambios en las normas de inversión que permitieron la entrada de una mayor inversión extranjera directa en la economía del país. Como resultado, el crecimiento económico, que a principios de la década de 2000 había sido del orden de 2 a 4%, se aceleró a 7% anualmente. Las exportaciones prácticamente se triplicaron de nueve mil millones de dólares en 2004 a más de 25 mil millones en 2010, la inversión extranjera directa se incrementó de cuatro mil millones en 2004 a 11 mil millones en 2008, mientras que la tasa de desempleo cayó de 11 a 8% en el mismo periodo.

En 2008, Egipto parecía presentar muchos de los rasgos de otras economías emergentes. En la periferia de El Cairo, podían observarse grupos de grúas de construcción que erigían nuevas y resplandecientes oficinas para compañías como Microsoft, Oracle y Vodafone, así como para varias empresas nacionales de información tecnológica que crecían a pasos acelerados. Se construían nuevas autopistas, los hipermercados abrían sus puertas y las ventas de automóviles se cuadruplicaron entre 2004 y 2008. Las cosas parecían estar mejorando.

Pero las apariencias engañan: por debajo de la superficie, Egipto tenía aún serios problemas políticos y económicos. La inflación, que ha sido durante mucho tiempo una preocupación de la nación, permaneció alta: 12.8%. Cuando la crisis económica global tomó el control en 2008-2009, Egipto vio cómo muchos de sus motores económicos empezaban a desacelerarse. En 2008, el turismo produjo divisas al país por casi 11 mil millones de dólares, lo que representó 8.5% del producto interno bruto; pero cayó en forma abrupta en 2009 y 2010. Las remesas de los emigrantes que trabajaban en otros países, que fueron de ocho mil 500 millones de dólares en 2008, declinaron repentinamente cuando los proyectos de construcción en el Golfo, en donde muchos de ellos trabajaban, fueron recortados o cerrados. Las ganancias del Canal de Suez que habían sido de cinco mil 200 millones de dólares en 2008, experimentaron una caída de 25% en 2009 a

medida que el volumen del transporte mundial por barco se deslizaba en los albores de la desaceleración económica mundial.

Además, Egipto continúa siendo una nación donde existe una enorme brecha entre ricos y pobres. Casi 44% de los egipcios están clasificados como pobres o en extrema pobreza, el salario promedio es de menos de cien dólares al mes y 2.6 millones de personas están tan empobrecidas que su ingreso completo no alcanza a cubrir sus necesidades alimentarias básicas.

La brecha entre ricos y pobres, junto con la aguda desaceleración económica, se convirtió en una mezcla tóxica. Aunque nominalmente democracia estable con gobierno secular, Egipto era, de hecho, un Estado autocrático. Para 2011, el presidente Hosni Mubarak había permanecido en el poder por más de un cuarto de siglo. El gobierno era altamente corrupto. Se reporta que Mubarak y su familia amasaron fortunas personales de miles de millones de dólares, muchos de los cuales estaban en bancos fuera de Egipto. Aunque se efectuaron elecciones, no fueron ni libres ni justas. Los partidos de oposición fueron mantenidos a raya mediante un constante acoso policial y a menudo sus líderes eran encarcelados bajo falsos cargos.

En vista de lo anterior, quizá no sorprenda que en enero de 2011 el descontento popular se desbordó en las calles. Encabezados por jóvenes egipcios expertos en tecnología, que usaron el poder de internet y de las redes sociales como Facebook y Twitter para organizar demostraciones masivas, cientos de miles de egipcios se precipitaron a la Plaza Tahrir de El Cairo y exigieron la renuncia del gobierno de Mubarak. Permanecieron ahí en cantidades que crecían con el tiempo. Durante semanas, Mubarak se rehusó a renunciar, mientras las demostraciones adquirían fuerza y la poderosa milicia egipcia permanecía a un lado. Los gobiernos extranjeros, incluida la administración de Obama en Estados Unidos, por mucho uno de los principales aliados occidentales de Egipto, se unieron al coro de voces que clamaban la dimisión de Mubarak. Al final, su posición se hizo insostenible y dejó el poder el 11 de febrero de 2011. El ejército egipcio tomó las riendas del poder, prometiendo hacerlo por poco tiempo mientras organizaba una transición a elecciones democráticas en el otoño de 2011. En marzo, los egipcios votaron un grupo de enmiendas constitucionales diseñadas para allanar el camino para las elecciones a finales de año. Esta fue la primera vez en seis décadas que se había ofrecido a los egipcios una elección libre en un tema público.

¿Eso significa que Egipto está ahora en el camino de convertirse en un Estado democrático con una economía vibrante? Aún no está claro. A mediados de 2012, los islamistas moderados de la Hermandad Musulmana ganaron la mayoría de escaños en las primeras elecciones democráticas del país y el candidato de la Hermandad, Mohamed Morsi, ganó la elección presidencial. Sin embargo, el gobierno de Morsi se enfrascó en una lucha. Para principios de 2013, la economía estaba en serios problemas. El desempleo estaba en 20%, la moneda egipcia se depreciaba constantemente en el mercado de divisas extranjeras y la inflación aumentaba de nuevo. El turismo, que solía representar 8 a 12% del PIB, simplemente se evaporó. La inversión extranjera se detuvo y las reservas de divisa extranjera de la nación se agotaban con rapidez. Mientras tanto, el gobierno de Morsi no pudo instrumentar alguna reforma económica importante. No estaba dispuesto a retirar los subsidios de comida y combustible, que eran políticamente populares y que totalizaban 20 mil millones de dólares al año, aun cuando el país evidentemente no podía pagarlos. La deuda gubernamental se elevaba y el déficit presupuestario anual constituía ahora más de 12% del PIB. Muchos empresarios exitosos habían abandonado Egipto por temor a las represalias por su desempeño bajo el régimen de Mubarak. Resoluciones judiciales revirtieron los acuerdos de privatización de más de una década atrás, devolviendo muchas empresas a manos del Estado. En junio de 2013, los disidentes volvieron a tomar las calles y, con el respaldo del todavía poderoso ejército egipcio, Morsi fue removido de su cargo a principios de julio. En la actualidad, el país está regido por un gobierno interino.[41]

Preguntas para analizar el caso

1. ¿Cuáles fueron las causas de fondo, económicas y políticas, del colapso del régimen de Mubarak?
2. ¿Qué piensa que debe hacer el gobierno egipcio para lograr que la economía vuelva a crecer y atraiga capital extranjero? ¿Cuáles son los riesgos de que el gobierno tome esas medidas?
3. ¿Qué peligros detecta en la trayectoria actual de la economía egipcia? ¿Cuáles son las implicaciones de esos peligros para las compañías extranjeras que estén planeando hacer negocios en Egipto? ¿Qué considera que se requiere para alentar a más extranjeros a visitar, invertir y hacer negocios en Egipto? ¿La inversión interna sería positiva para la economía egipcia?

---

[41] D. C. Kurtzer, "Where Is Egypt Headed?", en *Spero Forum*, 4 de abril de 2009, en: http://www.speroforum.com, consultado el 12 de agosto de 2014; "Yes they Can", en *The Economist*, 26 de marzo de 2011, pp. 55-56; "A Long March", en *The Economist*, 18 de febrero de 2012, pp. 49-51; y "Going to the Dogs", en *The Economist*, 30 de marzo de 2013.

Diferencias culturales

4

OBJETIVOS DE APRENDIZAJE:

Al terminar este capítulo, usted deberá ser capaz de:

OA4-1 Explicar lo que significa el concepto de cultura de una sociedad.

OA4-2 Identificar las fuerzas que generan las diferencias entre las culturas sociales.

OA4-3 Determinar las implicaciones económicas y comerciales de las diferencias culturales.

OA4-4 Reconocer la manera en que las diferencias culturales influyen en los valores del sitio de trabajo.

OA4-5 Apreciar las implicaciones económicas y comerciales del cambio cultural.

¿Por qué falló Walmart en Alemania?

Caso inicial

Walmart es uno de los minoristas más exitosos del mundo. En Estados Unidos, su fórmula de precios bajos todos los días, sus férreos controles de precios, empleados no sindicalizados y magnífico manejo del inventario contribuyeron a impulsar a la compañía al dominio de la venta al menudeo. Para mediados de la década de 1990, cuando el mercado estadounidense comenzó a saturarse, Walmart empezó a poner su atención en otros países. Aunque ha tenido cierto éxito fuera de Estados Unidos, principalmente en México donde ahora es el principal minorista, ha fracasado en otras naciones. En concreto, Alemania demostró ser un mercado particularmente difícil de abordar para Walmart; después de 10 años problemáticos, periodo durante el cual dicho mercado nunca fue rentable, Walmart salió en 2007.

La compañía entró en Alemania al adquirir dos minoristas locales. En 1997, compró Wertkauf, una rentable cadena de 21 tiendas. Al año siguiente, adquiere la cadena Spar, que tenía 74 hipermercados y era, tal vez, el más débil de los grandes minoristas alemanes. Desde el inicio, Walmart cometió varias equivocaciones. El primer CEO, Ron Tiarks, era un ciudadano estadounidense que había supervisado 200 supercentros en su país de origen, desde las oficinas centrales de la compañía en Bentonville. Tiarks llevó consigo algunos administradores estadounidenses; no hablaba alemán y tampoco intentó aprender el idioma. En vez de eso, decretó que el inglés sería el lenguaje oficial en Alemania a nivel administrativo. Como si este acto de

arrogancia no fuera suficiente, mostró un alto grado de ignorancia sobre las complejidades de vender al menudeo en Alemania, sobre todo respecto del marco legal e institucional de la nación. Tampoco entendió la forma en que la cultura de compras alemana difería de la estadounidense. Ignoró el consejo estratégico que le dieron los exejecutivos de Wertkauf y provocó que tres de los seis ejecutivos se fueran en los siguientes seis meses.

Después de esta novatada, Tiarks fue sustituido por el británico Allan Leighton, quien tampoco hablaba alemán, y que decidió operar la unidad alemana desde su oficina en el Reino Unido. No es de sorprender que esto tampoco funcionara. Luego de seis meses, entró el siguiente reemplazo, Volker Barth, alemán, quien, junto con su sucesor y compatriota, Kay Hafner, tomó las riendas en 2001 y lucharon por hacer que la unidad fuera rentable, pero estaban atados de pies y manos por el requisito de que debían imponer la forma Walmart de hacer las cosas en las tiendas alemanas.

Había una insatisfacción muy extendida en el nivel administrativo, con la base de salarios relativamente bajos de Walmart y la práctica de transferir a los administradores después de uno o dos años, lo que no es normal en Alemania. Asimismo, los administradores se quejaban de los limitados viáticos de la compañía para los viajes de negocios; en especial, del decreto de que los funcionarios debían compartir habitaciones, una práctica desconocida en cualquier otra gran empresa alemana. Aún más: Walmart no entendió que los sindicatos continúan teniendo una fuerte influencia en Alemania. La compañía se negó a reconocer un acuerdo resultado de un centralizado proceso de negociación salarial sectorial específico entre los sindicatos y los minoristas y después se sorprendió cuando dicho sindicato organizó una huelga en sus 30 tiendas, lo que no solo ocasionó pérdidas en ventas, sino que dio a Walmart una imagen antisindicalista, algo que ofendió a muchos de sus clientes.

Varios compradores tuvieron la percepción de que Walmart ofrecía mercancía de precio y valor bajos. Algunos rivales la etiquetaron como "basura estadounidense", lo cual sí importó en una cultura en la que se valora la calidad y en la que el minorista alemán más exitoso, Aldi, tenía la reputación de ofrecer mercancía de alta calidad a bajo precio. A los compradores alemanes tampoco les agradaron los recepcionistas de Walmart los cuales se paraban a la entrada de la tienda y "saludaban" a los clientes al salir y al entrar. Los alemanes no acostumbran saludar a extraños, ¡y los compradores pronto comenzaron a quejarse de que estaban siendo acosados por los recepcionistas! Al principio, Walmart ofrecía el servicio de empaque en las cajas, común en Estados Unidos, pero resultó que los alemanes no querían que gente extraña manipulara sus compras. Cuando las cajeras siguieron las órdenes de la compañía de sonreírle a los compradores, muchos clientes masculinos lo interpretaron como una invitación, pues los alemanes no suelen sonreírle a los extraños. Además, los empleados de Walmart consideraron que la práctica de comenzar su turno entonando la canción de Walmart y haciendo ejercicios de estiramiento era vergonzosa y tonta. Cuando Walmart tradujo su código de ética y lo entregó a sus empleados alemanes, en 2005, provocó todo un alboroto; ya que advertía contra las relaciones supervisor-empleado e instaba a los trabajadores a reportar cualquier conducta inapropiada. Aunque esto puede parecer razonable a un ejecutivo estadounidense que trabaja en Arkansas y sabe de la ética estadounidense sobre el acoso sexual, los alemanes lo interpretaron como una prohibición de romances en la oficina emitida por estadounidenses puritanos y una invitación a delatar a sus compañeros de trabajo.[1]

 Introducción

En los capítulos 2 y 3, vimos que las diferencias nacionales de sistemas políticos, económicos y legales repercuten en los beneficios, costos y riesgos de hacer negocios en diversos países. En este capítulo, estudiaremos cómo afectan las diferencias culturales, en y entre los países, a las empresas internacionales, así como algunos temas más. El primero es que el éxito de un negocio en otras naciones requiere el **conocimiento de otras culturas**, lo que significa comprender el efecto de las diferencias culturales entre los países en las prácticas de los negocios. En esta época de comunicaciones internacionales, transporte rápido y mercados mundiales, cuando la era de la aldea global parece estar a la vuelta de la esquina, es fácil olvidar cuán diferentes son las culturas. Tras la apariencia de modernidad, persisten hondas diferencias culturales.[2]

El caso inicial aborda, precisamente, este tema. El fracaso de Walmart en Alemania se debió en gran parte a su incapacidad para comprender las diferencias culturales entre Alemania y Estados Unidos. Walmart exhibió una gran falta de conocimiento intercultural cuando designó a un administrador estadounidense sin experiencia internacional, que no conocía el idioma y que, al parecer, no tenía interés en aprender sobre las diferencias culturales para dirigir las operaciones en Alemania. Complementó su error al intentar imponer el estilo Walmart de administración a sus empleados alemanes, sin hacer ajustes para superar las nada triviales diferencias de cultura nacional. Como pronto descubrió Walmart, las prácticas administrativas que parecían razonables en Estados Unidos no les sentaron bien a los empleados alemanes. Generalizando desde este ejemplo, en este capítulo estableceremos que es importante que las compañías extranjeras conozcan y entiendan la cultura que prevalece en aquellos países en donde hacen negocios, y que el éxito requiere de que se adapten a la cultura de la nación que los aloja.[3]

Otro tema que analizaremos en este capítulo es la posible relación entre la cultura y el costo de negociar en un país o región. Las culturas son más o menos benignas con el modo capitalista de producción, lo cual aumenta o reduce los costos de hacer negocios; por ejemplo, algunos observadores

[1] A. Knorr y A. Arndt, "Why Did Walmart Fail in Germany?", Instituto de Economía Mundial y Administración Internacional, Universidad de Bremen, 2003; K. Norton, "Walmart's German Retreat", en *Bllomberg BusinessWeek*, 28 de julio de 2006; y D. Macaray, "Why Did Walmart Leave Germany?", en *Huffington Post*, 29 de agosto de 2011.

[2] Este es un punto destacado por K. Leung, R. S. Bhagat, N. R. Buchan, M. Erez y C. B. Gibson, "Culture and International Business: Recent Advances and Their Implications for Future Research", en *Journal of International Business Studies*, 2005, pp. 357-378.

[3] Mary Yoko Brannen, "When Micky Looses Face: Recontextualization, Semantic Fit, and the Semiotics of Foreigness", en *Academy of Management Review,* 2004, pp. 593-616.

sostienen que determinados factores culturales redujeron los costos de hacer negocios en Japón y explican su rápido crecimiento económico en las décadas de 1960, 1970 y 1980.[4] En el mismo tenor, en ocasiones los factores culturales aumentan el costo de las actividades empresariales. Las divisiones de clases siempre fueron un aspecto relevante de la cultura inglesa y, durante mucho tiempo, a las compañías les costó trabajo conseguir que patrones y empleados cooperaran. Las divisiones de clases suscitaron muchas disputas laborales en las décadas de 1960 y 1970, y elevaron el costo de negociar en ese país, en comparación con los costos que implicaba operar en Suiza, Noruega, Alemania o Japón, donde los conflictos de clase fueron casi inexistentes.

Sin embargo, el ejemplo inglés nos lleva a otro tema que aprenderemos en este capítulo: la cultura no es estática, evoluciona, si bien es discutible a qué ritmo. Algunos aspectos primordiales de la cultura inglesa cambiaron de manera notable en los últimos 30 años, lo que se expresa en un debilitamiento de las distinciones de clase y en menos disputas industriales.[5] Finalmente, las empresas multinacionales pueden ser, por sí mismas, motores del cambio cultural. En la India, por ejemplo, McDonald's y otras compañías occidentales de comida rápida pueden ayudar a modificar la cultura restaurantera de dicha nación al alejar a los habitantes de los restaurantes tradicionales para llevarlos a los sitios de comida rápida.

¿Qué es cultura?

OA4-1

Los expertos no se han puesto de acuerdo acerca de una única definición de *cultura*. En la década de 1870, el antropólogo Edward Tylor la definió como "el todo complejo que incluye conocimientos, ideas, arte, moral, leyes, costumbres y otras características que adquiere un hombre como miembro de la sociedad".[6] Desde entonces, se han propuesto centenares de definiciones. Geert Hofstede, experto en administración y diferencias culturales, la precisó como "la programación colectiva de la mente que distingue a los integrantes de un grupo humano de otro [...] En este sentido, la cultura abarca sistemas de valores, y los valores se cuentan entre los elementos constitutivos de una cultura".[7] Otra definición de cultura proviene de los sociólogos Zvi Namenwirth y Robert Weber, quienes la consideran un sistema de ideas y afirman que estas constituyen un esquema de vida.[8]

Aquí, seguiremos a Hofstede, pero también a Namenwirth y Weber al considerar que la **cultura** es un sistema de valores y normas que comparte un grupo y que, cuando se toman en conjunto, integran un esquema de vida. Por **valores** entenderemos las ideas abstractas sobre lo que un grupo considera bueno, correcto y deseable. En otras palabras, los valores son supuestos compartidos sobre cómo deben ser las cosas.[9] Por **normas** interpretaremos las reglas y lineamientos sociales que prescriben el comportamiento apropiado en situaciones determinadas. Con el término **sociedad** nos referiremos a un grupo de personas que comparte un conjunto de valores y normas. Una sociedad puede equivaler a un país, pero algunos países abrigan a varias sociedades (es decir, sostienen diversas culturas), así como algunas sociedades abarcan más de un país.

VALORES Y NORMAS

Los valores son la base de una cultura, dan el contexto en el que se establecen y justifican las normas de una sociedad; implican las actitudes de una sociedad respecto de conceptos como libertad individual, democracia, verdad, justicia, honestidad, lealtad, obligaciones sociales, responsabilidad colectiva, función de las mujeres, amor, sexo, matrimonio, etc. Los valores no son meros conceptos abstractos: se les confiere un enorme significado emocional. Las personas discuten, pelean e incluso mueren por valores como la libertad. Los valores se expresan en los sistemas político y

[4] Véase R. Dore, *Taking Japan Seriously*, Stanford, C. Z., Stanford University Press, 1987.

[5] Los datos proceden de J. Monger, "International Comparison of Labor Disputes in 2004", en *Labor Market Trends*, abril de 2006, pp. 117-128.

[6] E. B. Tylor, *Primitive Culture*, Londres, Murray, 1871.

[7] Geert Hofstede, *Culture's Consequences: International Differences in Work Related Values*, Beverly Hills, Sage Publications, 1984, p. 21.

[8] J. Z. Namenwirth y R. B. Weber, *Dymanics of Culture*, Boston, Allen & Unwin, 1987, p. 8.

[9] R. Mead, *International Management: Cross Cultural Dimensions*, Oxford, Blackwell Business, 1994, p. 7.

económico de una sociedad. Como vimos en el capítulo 2, el capitalismo democrático de libre mercado es la proyección de un sistema filosófico de valores en el que se subraya la libertad de los individuos.

Las normas son las reglas sociales que rigen las relaciones de las personas; se dividen en dos categorías principales: usos y costumbres. Los **usos** son convencionalismos para la vida diaria; en general, son actos de poco significado moral. Se trata, más bien, de convenciones sociales sobre, por ejemplo, el tipo de atuendo para determinadas situaciones, la educación, la manera de comer, el comportamiento entre vecinos, etc. Los usos definen cómo se espera que se conduzcan las personas, pero su infracción no se considera grave. Las personas que faltan a los usos se consideran excéntricas o groseras, pero no, malas. En muchos países, se disculpa a los extranjeros por infringir los usos y, al principio, se les excusa cuando los violan.

Un buen ejemplo de los usos concierne a las actitudes hacia los horarios en diferentes naciones. La gente es muy consciente del paso del tiempo en Estados Unidos y las culturas del norte de Europa, como Alemania e Inglaterra. Los empresarios son muy meticulosos para establecer sus horarios y se enfadan si pierden su tiempo porque un socio llega tarde a una junta o si los hacen esperar; hablan del tiempo como si fuera dinero, algo que se gasta, ahorra, desperdicia y pierde.[10] Por el contrario, en las culturas árabes, latinas y mediterráneas, el tiempo es de índole más elástica; se considera menos relevante apegarse al horario que cerrar un trato. Mientras un empresario estadounidense puede sentirse insultado si lo hacen esperar media hora fuera de la oficina de un ejecutivo latinoamericano antes de una junta, este último puede estar hablando con un socio y creer que la información que obtiene es más trascendente que apegarse a un horario estricto. El ejecutivo latinoamericano no quiere ser grosero, pero debido a una falta mutua de comprensión respecto de la importancia del tiempo, el estadounidense interpreta el asunto de otra manera. Asimismo, las actitudes de los sauditas en cuanto al tiempo proceden de su herencia beduina nómada, en la que el horario preciso no tenía sentido y llegar a algún lugar mañana podría significar la semana siguiente. Como los latinoamericanos, muchos sauditas no entienden la obsesión de los estadounidenses con el tiempo y los horarios exactos, por lo cual estos últimos deben adaptar sus expectativas acerca de la puntualidad.

Entre los usos se encuentran los rituales y las conductas simbólicas, los cuales son las manifestaciones más visibles de una cultura y constituyen la expresión externa de valores más profundos; por ejemplo, tras su junta con un ejecutivo de una empresa extranjera, un ejecutivo japonés sostendrá su tarjeta de presentación con las dos manos y se inclinará para ofrecérsela al extranjero.[11] Esta conducta ritual entraña un profundo simbolismo cultural; la tarjeta especifica el rango del ejecutivo japonés, un dato fundamental en la sociedad jerárquica de esa nación. La inclinación es un signo de respeto, y mientras más pronunciada sea, mayor será la reverencia que una persona muestra por la otra. Se espera que quien recibe la tarjeta la examine con atención (los japoneses imprimen sus tarjetas de presentación en japonés de un lado y en inglés del otro), lo cual indica respeto y reconocimiento a la posición que ocupa el dueño de la tarjeta en la jerarquía. Además, se espera que el extranjero se incline cuando tome la tarjeta y devuelva el gesto entregándole al ejecutivo japonés su propia tarjeta, con las correspondientes reverencias. No hacerlo o no leer la tarjeta recibida sino guardarla con descuido en la bolsa, falta a este importante uso y se considera grosero.

Las **costumbres** son normas que se estiman esenciales para el funcionamiento de una sociedad y de su vida social. Poseen mucha mayor trascendencia que los usos y, por consiguiente, infringirlas puede implicar un castigo grave. Entre las costumbres se encuentran, por ejemplo, la prohibición del robo, adulterio, incesto y canibalismo. En muchas sociedades, ciertas costumbres han sido elevadas a rango de leyes; por ello, todas las sociedades avanzadas tienen leyes contra el robo, el adulterio, el incesto y el canibalismo. Ahora bien, hay grandes diferencias entre culturas; por ejemplo, en Estados Unidos, se acepta beber alcohol, mientras que en Arabia Saudita se califica como una infracción grave a las costumbres y se castiga con cárcel (como descubrieron algunos occidentales que trabajaban en Arabia Saudita).

---

[10] Edward T. Hall y M. R. Hall, *Understanding Cultural Differences*, Yarmouth, Intercultural Press, 1990.

[11] Edward T. Hall y M. R. Hall, *Hidden Differences: Doing Business with the Japanese*, Nueva York, Doubleday, 1987.

CULTURA, SOCIEDAD Y EL ESTADO-NACIÓN

Definimos *sociedad* como un grupo de personas que comparte un conjunto de valores y normas; es decir, personas unidas por una cultura común. No hay una correspondencia estricta entre una sociedad y un Estado-nación. Los estados-nación son creaciones políticas que pueden tener una cultura o varias. Puede pensarse que la nación francesa es la encarnación política de la cultura francesa, pero el Estado canadiense posee por lo menos tres culturas: una inglesa, una quebequense (de lengua francesa) y una indígena. Del mismo modo, muchas naciones africanas poseen grandes diferencias culturales entre grupos tribales, como se vio a comienzos de la década de 1990, cuando Ruanda se deshizo en una cruenta guerra civil entre dos tribus: tutsis y hutus. África no está sola en este aspecto. Por ejemplo, la India está compuesta por muchos grupos culturales, con su propia y rica historia y tradiciones.

En el otro extremo de la escala, se hallan las culturas que abarcan diversos países. Algunos estudiosos afirman que puede hablarse de una sociedad o cultura islámica que comparten los habitantes de muchas naciones de Medio Oriente, Asia y África. Como se recordará del capítulo anterior, esta idea de culturas extensas que abarcan varias naciones refuerza la opinión de Samuel Huntington respecto de que el mundo está fragmentado en civilizaciones, como la occidental, islámica y sínica (china).[12]

Para complicar más el asunto, también es posible hablar de la cultura en diferentes planos. Es lógico referirse a una "sociedad estadounidense" y a una "cultura estadounidense", pero en Estados Unidos hay distintas sociedades, cada una con su cultura. Puede hablarse de una cultura negra, cajún, china, hispana, indígena, irlandesa y sureña. La relación entre cultura y país es ambigua; no siempre es posible caracterizar un país con una cultura homogénea y, aunque se pudiera, también debemos aceptar que la cultura nacional es un mosaico de subculturas.

DETERMINANTES DE LA CULTURA

OA4-2

Los valores y normas de una cultura no se encuentran totalmente formados, son producto de la evolución de múltiples factores, como las ideas políticas y económicas prevalecientes, la estructura de la sociedad y de la religión, el idioma y la educación preponderantes (véase la figura 4.1). En el capítulo 2 expusimos las teorías políticas y económicas; sin duda, estas influyen en los sistemas de valores de una sociedad. Por ejemplo, los valores referidos a la libertad, la justicia y los logros

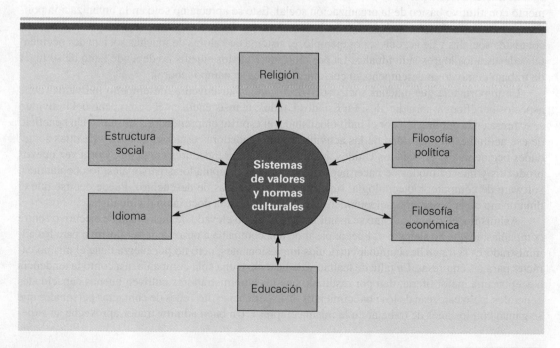

FIGURA 4.1

Factores determinantes de la cultura.

---

[12] S. P. Huntington, *The Clash of Civilizations*, Nueva York, Simon & Schuster, 1996.

individuales en Corea del Norte, una nación comunista, son diferentes de los que existen en Estados Unidos, precisamente porque cada sociedad funciona según filosofías políticas y económicas distintas. En el resto del capítulo, discutiremos la influencia de la estructura social, la religión, el idioma y la educación. La cadena de causalidad actúa en ambas direcciones: al tiempo que factores como la estructura social y la religión influyen en los valores y normas de una sociedad, tales valores y normas ejercen influencia en la estructura social y la religión.

Estructura social

La **estructura social** de una sociedad es su organización social básica. Aunque consta de muchos aspectos, dos dimensiones son las más importantes cuando explicamos las diferencias entre culturas. La primera es el grado en que el individuo figura como la unidad fundamental de la organización social. Por lo general, en las sociedades occidentales, se da prioridad al individuo, mientras que los grupos destacan mucho más en otras sociedades. La segunda dimensión es el grado en que una sociedad se estratifica en clases o castas. Algunas sociedades se caracterizan por un grado más bien alto de estratificación y poca movilidad entre los estratos (por ejemplo, la sociedad india); otras se identifican por una estratificación social moderada y mucha movilidad entre sus estratos (como la estadounidense).

INDIVIDUOS Y GRUPOS

Un **grupo** es una asociación de dos o más individuos que comparten un sentimiento de identidad y se relacionan de manera estructurada con base en expectativas comunes sobre el comportamiento del otro.[13] La vida social humana supone la vida en grupo. Las personas forman parte de familias, grupos de trabajo, grupos sociales, etc.; sin embargo, aunque en todas las sociedades hay grupos, difieren en la medida en que consideran que el grupo es el medio principal de organización social.[14] En algunas de estas, adquieren mayor trascendencia los atributos y logros de los individuos que son parte de un grupo, mientras que en otras ocurre lo contrario.

OA4-3

El individuo

En el capítulo 2, expusimos el individualismo como doctrina política; no obstante, dicha perspectiva es más que una teoría política abstracta. En muchas sociedades occidentales, el individuo es el elemento constitutivo básico de la organización social. Esto se aprecia no solo en la organización política y económica de la sociedad, sino en la forma en que las personas se perciben y relacionan en contextos sociales y de negocios; por ejemplo, el sistema de valores de muchas sociedades occidentales destaca los logros individuales. La posición social de los sujetos no depende tanto de su lugar de trabajo como de su desempeño en cualquiera que sea su campo laboral.

La importancia que muchas sociedades occidentales atribuyen al desempeño individual tiene aspectos benéficos y perjudiciales. En Estados Unidos, la insistencia en el desempeño del individuo se expresa en la admiración por el individualismo y el espíritu emprendedor a ultranza. Un beneficio de esa actitud es la intensidad de las actividades emprendedoras estadounidenses y de otras sociedades occidentales. En Estados Unidos, los individuos emprendedores crean una y otra vez nuevos productos y nuevos modos de hacer negocios (como las computadoras personales, fotocopiadoras, software de cómputo, biotecnología, supermercados y tiendas de descuento). Puede decirse que el dinamismo de la economía estadounidense le debe mucho a la doctrina individualista.

Asimismo, el individualismo se manifiesta en el grado elevado de movilidad de ejecutivos entre compañías, lo que no siempre es bueno: pasar de una compañía a otra puede ser positivo para los administradores si tratan de acumular currículos impresionantes, pero no por fuerza tiene el mismo carácter para las empresas. La falta de lealtad y dedicación a una sola compañía, así como la tendencia a aceptar una mejor oferta, dan por resultado que los administradores cultiven buenas capacidades generales, pero carezcan de los conocimientos, la experiencia y las redes de contactos personales que se ganan con los años de trabajar en la misma empresa. Un buen administrador aprovecha su expe-

---

[13] M. Thompson, R. Ellis y A. Wildavsky, *Cultural Theory*, Boulder, Colorado, Westview Press, 1990.
[14] M. Douglas, "Cultural Bias", en *Active Voice*, Londres, Routledge, 1982, pp. 183-254.

riencia, sus conocimientos y contactos para resolver los problemas del momento, pero las compañías estadounidenses se ven en dificultades si sus ejecutivos no tienen dichos atributos. Un aspecto positivo de la movilidad administrativa es que los ejecutivos conocen muchas maneras de hacer negocios. La capacidad de comparar prácticas empresariales les sirve para detectar los métodos y técnicas eficaces de una compañía y aprovecharlos en otra.

El grupo

A diferencia de la insistencia occidental en el individuo, el grupo es la unidad principal de la organización social en muchas otras sociedades; por ejemplo, en Japón, la situación social de una persona se determina tanto por la posición del grupo al que pertenece como por su desempeño individual.[15] En la sociedad japonesa tradicional, el grupo era la familia o la aldea a la que pertenecía la persona. Hoy, el grupo se asocia con el equipo de trabajo o la organización a la que el sujeto pertenece. En un estudio clásico sobre la sociedad japonesa, Nakane observó la forma en que las personas se expresan en la vida diaria:

> Cuando un japonés enfrenta el exterior (a otra persona) y logra una posición en la sociedad, se inclina a conceder la precedencia a la institución sobre la clase de ocupación. En lugar de decir: "Soy capturista" o "Soy archivista", dice: "Pertenezco a la editorial B" o "Soy de la compañía S".[16]

Asimismo, Nakane observa que la primacía del grupo al que pertenece el individuo se convierte en un apego emocional profundo, en el que la identificación con dicho grupo es fundamental para la vida del sujeto. Un valor central de la cultura japonesa es la importancia que se confiere a la pertenencia a un grupo, lo cual puede tener consecuencias benéficas para las empresas. Se dice que una identificación sólida con el grupo genera presiones para ayudarse mutuamente y emprender acciones colectivas. Si la valía de un individuo se relaciona de modo primordial con los logros del grupo (es decir, de la compañía), como dice Nakane que ocurre en Japón, es un gran incentivo para que sus integrantes colaboren por el bien común. Algunos sostienen que el éxito de las empresas japonesas en la economía mundial durante las décadas de 1970 y 1980 se basó, en parte, en su capacidad de lograr que cooperasen entre sí los miembros de una misma compañía, y unas empresas con otras. Estos logros se manifiestan en la difusión de los equipos de autogestión en las organizaciones japonesas, en la cooperación estrecha entre las funciones internas de dichas organizaciones (por ejemplo, entre producción, marketing e investigación y desarrollo) y en la cooperación entre una compañía y sus proveedores en asuntos como diseño, control de calidad y reducción de inventarios.[17] En todos estos casos, el impulso de cooperación reside en la necesidad de mejorar el rendimiento del grupo (por ejemplo, en el negocio). La primacía del valor de la identificación con el grupo también desalienta a los administradores y trabajadores a saltar de una compañía a otra. El empleo vitalicio en una compañía era lo normal en ciertos sectores de la economía japonesa (según los cálculos, entre 20 y 40% de los empleados japoneses tienen garantías formales o informales de empleo de por vida). Al paso de los años, administradores y empleados acumulan conocimientos, experiencias y una red de contactos de negocios. Todo este bagaje sirve para que los administradores desempeñen mejor su puesto y cooperen con los demás.

OA4-3

Sin embargo, la supremacía del grupo no siempre es benéfica. Así como la sociedad estadounidense se caracteriza por un gran dinamismo y espíritu emprendedor, lo cual refleja el predominio de valores individualistas, se afirma que la japonesa se distingue por una falta de ambas cualidades. Aunque no están claras las consecuencias a largo plazo, Estados Unidos continuaría estableciendo nuevas industrias y Japón seguiría a la vanguardia en los productos totalmente nuevos y nuevas formas de hacer negocios.

ESTRATIFICACIÓN SOCIAL

OA4-2

Todas las sociedades están estratificadas jerárquicamente en categorías sociales; es decir, en **estratos sociales**, los cuales se definen según características como la familia, la ocupación y el ingreso.

---

[15] C. Nakane, *Japanese Society*, Berkeley, California, University of California Press, 1970.

[16] *Idem.*

[17] Para más detalles véase M. Aoki, *Information, Incentives, and Bargaining in the Japanese Economy*, Cambridge, Cambridge University Press, 1988, y Dertouzos, Lester y Solow, *Made in America*.

Romper el sistema de castas en la India

La India moderna es un país de contrastes impresionantes. Su sector de tecnología de la información se ubica entre los más dinámicos del mundo, con compañías como Infosys y Wipro, que se perfilan como competidores en la arena mundial. Su sistema de castas, que desde hace mucho ha sido un obstáculo para la movilidad social, es ahora apenas un recuerdo entre los indios educados de la clase media urbana, quienes constituyen la mayoría de los empleados en la economía de la alta tecnología. Sin embargo, no puede decirse lo mismo de la India rural, donde todavía habita 70% de la población. Ahí, las castas continúan siendo una influencia dominante.

Por ejemplo, una joven ingeniera de Infosys, que creció en una pequeña aldea rural y pertenece a los *dalits*, cuenta que nunca entró a la casa de un *brahmán*, de la clase sacerdotal elitista en la India, aun cuando la mitad de los habitantes de su aldea también eran *brahmanes*. Cuando se contrataba a un *dalit* para cocinar en la escuela de su pueblo natal, los *brahmanes* sacaban a sus hijos del plantel. La ingeniera es la beneficiaria de un esquema caritativo de capacitación para licenciados universitarios que Infosys lanzó en 2006. Su casta es de las más pobres de la India, en la cual casi 91% de la población gana menos de cien dólares al mes, comparado con 65% de los *brahmanes*, que ganan más de esa cantidad.

En un intento por corregir esta inequidad histórica, los políticos han hablado durante años de extender el sistema de cuotas de empleos a las empresas privadas. El gobierno ha solicitado a estas compañías que contraten a más *dalits* y a miembros de las comunidades tribales, y advirtieron que tomarían "fuertes medidas" si las empresas no cumplían con esta exigencia. Los empleadores privados se resisten a estas tentativas de imponerles cuotas, bajo el argumento, que no carece de cierta razón, de que las personas a las que un sistema de cuotas les garantiza un empleo no suelen trabajar mucho. Al mismo tiempo, los empleadores progresistas se dan cuenta de que necesitan hacer algo para corregir las desigualdades y que, aún más, a menos que la India recurra a las clases inferiores, puede verse imposibilitada de contar con los trabajadores necesarios para proveer de personal a las empresas del sector de alta tecnología, que está en rápida expansión. Por ello, recientemente la Confederación de Industriales Indios instrumentó un paquete de medidas en favor de los *dalits*, que incluye becas para los niños más brillantes de las castas inferiores. Basándose en esta visión, Infosys es punta de lanza entre las empresas de alta tecnología. La compañía proporciona capacitación especial a ingenieros titulados de las castas bajas que no han podido encontrar un empleo en la industria después de graduarse. Aunque esa capacitación no es una promesa de empleo, hasta ahora casi todos los graduados que han completado los siete meses del programa de capacitación han hallado trabajo en Infosys y en otras empresas.[18]

Los individuos nacen en un estrato particular y se convierten en miembros de la categoría social de sus padres. Los individuos que nacen en un estrato superior de la jerarquía social cuentan con mejores oportunidades de vida que quienes nacen en la base. Tienen más educación, salud, calidad de vida y oportunidades laborales. Todas las sociedades están estratificadas en alguna medida, pero varían en dos aspectos relacionados. En primer lugar, difieren respecto del grado de movilidad entre los estratos sociales y, en segundo, en cuanto a la importancia que se concede a dichos estratos en contextos de negocios.

Movilidad social

El término **movilidad social** se refiere a la facilidad con que los individuos pueden salir del estrato en que nacieron. La movilidad social varía mucho entre las sociedades. La estratificación más rígida es el **sistema de castas**, organización estratificada rígidamente en la cual la posición social se determina por la familia en que nace una persona, por lo que nunca es posible el cambio de casta. En muchas ocasiones, la casta implica también una ocupación específica: los integrantes de una pueden ser zapateros; los de otra, carniceros, etc. Estas ocupaciones son parte de la casta y se transmiten por línea familiar a las generaciones sucesivas. La cantidad de sociedades con sistemas de castas disminuyó con rapidez durante el siglo XX, pero queda un ejemplo parcial: en la India, hay cuatro castas principales y centenares de divisiones menores. Aunque este sistema se abolió en 1949, dos años después de la independencia de la India, aún tiene fuerza en la sociedad rural del país, donde la ocupación y las oportunidades de casarse se relacionan en alguna medida con las castas (para ma-

---

[18] "With Reservations: Business and Caste in India", en *The Economist*, 6 de octubre de 2007, pp. 81-83; y Eric Bellman, "Reversal of Fortune Isolates India's Brahmins", en *The Wall Street Journal*, 24 de diciembre, 2007, p. 4.

yores detalles, véase la sección "Vistazo a un país" que habla sobre el sistema actual de castas en la India).[19]

Un **sistema de clases** es una estratificación social menos rígida; esto es, que permite la movilidad. La posición que tiene una persona cuando nace puede cambiar según sus logros o la suerte. Los individuos que nacen en una clase inferior pueden escalar la jerarquía, mientras que los nacidos en las clases altas pueden descender.

A pesar de que muchas sociedades tienen sistemas de clases, la movilidad social varía de una a otra; por ejemplo, algunos sociólogos explican que Inglaterra posee una estructura de clases más rígida que otras sociedades occidentales, como Estados Unidos.[20] Históricamente, la sociedad inglesa se divide en tres clases: la clase alta, compuesta por individuos cuya familia cuenta, desde hace algunas generaciones, con riqueza, prestigio y, a veces, poder; la clase media, cuyos integrantes se dedican a ocupaciones profesionales, administrativas y de oficina; y la clase trabajadora, que se gana la vida con labores manuales. La clase media se divide a su vez en media alta, con miembros que desempeñan puestos directivos y profesiones de prestigio (abogados, contadores, médicos) y media baja, con trabajos de escritorio (cajeros) y profesiones menos reconocidas (profesores de primaria).

Desde hace mucho tiempo, el sistema de clases inglés mostraba grandes divergencias en cuanto a las oportunidades de vida para los integrantes de cada una. Las clases alta y media alta enviaban a sus hijos a un grupo selecto de escuelas privadas, donde no se mezclaban con niños de las clases bajas, y aprendían el acento y normas sociales que los distinguían como parte de los estratos superiores de la sociedad. Estas mismas escuelas privadas tenían vínculos con las universidades más renombradas, como Oxford y Cambridge. Hasta hace muy poco, Oxford y Cambridge reservaban lugares para quienes salían de esas escuelas privadas. Por asistir a una universidad acreditada, los hijos de las clases alta y media alta recibían excelentes ofertas de puestos prestigiados en compañías, bancos, corredurías y bufetes legales, dirigidos por personas ubicadas en su mismo nivel social.

En contraste, los miembros de la clase trabajadora y media baja concurrían a escuelas públicas. La mayoría salía a los 16 años y quienes pasaban a la educación superior tenían más dificultades para entrar en las mejores universidades. Cuando lo lograban, su acento de clase baja y su falta de habilidades sociales los señalaban como de estrato bajo, lo que les dificultaba conseguir empleos de prestigio. Debido a esta circunstancia, el sistema de clases de Inglaterra se perpetuaba al paso de las generaciones y la movilidad social era limitada. Era posible el ascenso social, pero, por lo común, no en una generación. Si bien un individuo de la clase trabajadora podría alcanzar ingresos que correspondieran a los miembros de la clase media alta, estos no lo aceptarían en virtud de su acento y origen; no obstante, si enviaba sus hijos a "la escuela correcta", garantizaba su futura aceptación.

De acuerdo con muchos analistas, la sociedad inglesa moderna supera con rapidez esta estructura clasista y se convierte en una sociedad sin clases; sin embargo, los sociólogos lo niegan y, además, aportan pruebas. Por ejemplo, en un estudio se informó que, a mediados de la década de 1990, las escuelas estatales del suburbio londinense de Islington, con una población de 175 mil habitantes, solo presentaron 79 aspirantes a la universidad, mientras que apenas una sola escuela privada famosa, Eton, envió más que esa cifra de sus estudiantes a Oxford y Cambridge.[21] Esta notable diferencia, según los autores del estudio, revela que todavía "el dinero llama al dinero". Afirman que una buena escuela significa una buena universidad, y una buena universidad, un buen trabajo. Los merecimientos pesan poco para abrirse paso en este círculo pequeño y cerrado. En otra reciente investigación de la bibliografía empírica, un sociólogo notó que las diferencias de clases en el

---

[19] E. Luce, *The Strange Rose of Modern India*, Boston, Little Brown, 2006; y D. Pick y K. Dayaram, "Modernity and Tradition in the Global Era: The Re-invention of Caste in India", en *International Journal of Sociology and Social Policy*, 2006, pp. 284-301.

[20] Para un excelente tratamiento histórico de la evolución del sistema de clases inglés véase E. P. Thompson, *The Making of the English Working Class*, Londres, Vintage Books, 1966. Véase también R. Miliband, *The State in Capitalist Society*, Nueva York, Basic Books, 1969, en especial el capítulo 2. Para estudios más recientes sobre las clases en las sociedades inglesas véase Stephen Brook, *Class: Knowing Your Place in Modern Britain*, Londres, Victor Gollancz, 1997; A. Adonis y S. Pollard, *A Class Act: The Myth of Britain's Classless Society*, Londres, Hamish Hamilton, 1997, y J. Gerteis y M. Savage, "The Salience of Class in Britain and America: A Comparative Analysis", en *British Journal of Sociology*, junio de 1998.

[21] Adonis y Pollard, *A Class Act*.

Hasta la década de 1970, la movilidad social en China era muy limitada, pero ahora los sociólogos piensan que un nuevo sistema de clases está surgiendo en el país basado menos en la división urbano-rural y más en la ocupación urbana.

desempeño educacional han cambiado sorprendentemente poco en las últimas décadas en muchas sociedades, a pesar de los supuestos contrarios.[22]

El sistema de clases de Estados Unidos es menos rígido que el de Inglaterra y la movilidad es mayor. Como Inglaterra, Estados Unidos tiene sus propias clases alta, media y trabajadora; no obstante, pertenecer a determinada clase depende en mucho mayor grado de los logros económicos de un individuo que de sus orígenes o escolaridad. De esta manera, una persona, por sus propios logros económicos, puede pasar de la clase trabajadora a la clase alta en el lapso de su existencia. Los individuos exitosos de orígenes humildes reciben gran reconocimiento en la sociedad estadounidense.

Otra sociedad en la que las divisiones de clases siempre han tenido importancia es en China, donde existe una añeja diferencia entre las oportunidades de vida del campesinado rural y las de los habitantes de las ciudades. Irónicamente, tal diferencia histórica se fortaleció durante el auge del régimen comunista, por causa de un rígido sistema de registro de hogares que obligaba a las personas a residir, durante toda su vida, en el lugar donde nacieron. Obligados a practicar la agricultura colectiva, se privó a los campesinos de muchos privilegios urbanos: educación obligatoria, escuelas de calidad, atención médica, viviendas estatales y alimentación variada, por mencionar algunos. Además, vivían en la pobreza; por consiguiente, la movilidad social era muy limitada. El sistema se derrumbó debido a las reformas de finales de la década de 1970 y principios de la siguiente, época en la cual multitudes de trabajadores agrícolas se dirigieron a las ciudades en busca de trabajo. Los sociólogos sostienen la hipótesis de que en China emergió un nuevo sistema de clases fundado ya no en la división entre ámbitos rural y urbano, sino en el trabajo en las ciudades.[23]

OA4-3

Importancia

Desde el punto de vista de las empresas, la estratificación de una sociedad es importante si afecta la operación desde la organización de los negocios. En la sociedad estadounidense, la gran movilidad social y el acento en el individualismo limitan el efecto de los orígenes de clase en el funcionamien-

[22] J. H. Goldthorpe, "Class Analysis and the Reorientation of Class Theory: The Case of Persisting Differentials in Education Attainment", en *British Journal of Sociology*, 2010, pp. 311-335.

[23] Y. Bian, "Chinese Social Stratification and Social Mobility", en *Annual Review of Sociology*, 28, 2002, pp. 91-117.

to de las empresas. Lo mismo sucede en Japón, donde la mayoría de la población se considera de clase media. En cambio, en Inglaterra, la falta de movilidad social y las diferencias entre los estratos sociales agudizan la conciencia de clase. La **conciencia de clase** es una condición en que las personas se definen por su origen de clase, lo cual moldea sus relaciones con los miembros de otras clases.

Esta definición se manifiesta en la sociedad inglesa con la tradicional hostilidad entre administradores de clase media alta y sus empleados de clase trabajadora. Los antagonismos mutuos y la falta de respeto dificultan la cooperación entre patrones y trabajadores en muchas compañías inglesas, y generan numerosas disputas laborales; sin embargo, como ya dijimos, en los últimos 20 años se ha visto una considerable reducción de dichos conflictos, lo cual refuerza la posición de quienes afirman que el país transita hacia una sociedad sin clases (ahora, en Inglaterra hay menos disputas laborales que en Estados Unidos). Por el contrario, según vimos, es posible que reaparezca la conciencia de clase en las ciudades chinas y que quizá sea muy aguda.

El antagonismo entre patrones y trabajadores, aunado a la correspondiente falta de cooperación y a las agitaciones laborales, aumenta los costos de producción en las naciones con divisiones de clase muy acentuadas. El resultado es que las compañías establecidas en estas tienen dificultades para obtener una ventaja competitiva en la economía mundial.

Sistemas religiosos y éticos

OA4-2

La **religión** se define como un sistema de credos y ritos en el ámbito de lo sagrado.[24] Los **sistemas éticos** aluden a conjuntos de principios o valores morales que guían y modelan la conducta. La mayoría de los sistemas éticos del mundo son producto de las religiones; por ello, podemos hablar de ética cristiana y ética islámica. Sin embargo, hay una excepción importante a este principio: la doctrina de Confucio y la ética que de esta deriva influyen en el comportamiento y determinan la cultura de algunos lugares de Asia, pero es incorrecto decir que es una religión.

La relación entre religión, ética y sociedad es sutil y compleja. Entre las miles de religiones del mundo, cuatro son las principales por la cantidad de sus devotos: el cristianismo tiene entre dos mil y 2 200 millones de creyentes; el islamismo, aproximadamente de 1 600 millones; el hinduismo, entre 800 y 950 millones (sobre todo en la India), y el budismo, 400 a 500 millones (véase el mapa 4.1). Aunque muchas otras religiones ejercen una influencia considerable en algunas regiones del mundo moderno (por ejemplo, el sintoísmo en Japón, con casi 40 millones de adeptos, y el judaísmo, con 18 millones de fieles que representan 75% de la población de Israel), sus cifras se quedan atrás comparadas con estas grandes religiones (aunque como precursor del cristianismo y el islamismo, el judaísmo tiene una influencia indirecta que rebasa esas cifras). Repasaremos estas cuatro religiones, junto con la doctrina de Confucio, y nos centraremos en sus implicaciones para los negocios.

Algunos estudiosos sostienen que las consecuencias más relevantes de una religión para los negocios radican en la medida en que esta conforma las actitudes hacia el trabajo y el espíritu emprendedor y en el grado en que su ética incide en el costo de hacer negocios en un país; no obstante, es aventurado generalizar sobre la naturaleza de las relaciones entre religión o sistemas éticos, y las prácticas de negocios. Si bien hay analistas que señalan una relación entre estos aspectos de una sociedad, en un mundo en el que naciones con mayorías católica, protestante, musulmana, hindú y budista dan pruebas de actividad emprendedora y crecimiento económico sustentable, es indispensable tomar esta perspectiva con algún escepticismo. Acaso existen dichas relaciones, pero quizá su efecto es pequeño en comparación con el de las políticas económicas. Asimismo, en sus investigaciones más recientes, los economistas Robert Barro y Rachel McCleary indican que las creencias religiosas intensas, en particular las ideas sobre un paraíso, el infierno y la vida después de la muerte, tienen consecuencias positivas en las tasas de crecimiento económico, cualquiera que sea la religión que las sostenga.[25] Barro y McCleary estudiaron las ideas religiosas y las tasas de crecimiento económico de 59 países durante las décadas de 1980 y 1990. Su hipótesis fue que las creencias religiosas profundas estimulan el crecimiento económico porque refuerzan aspectos del comportamiento que aumentan la productividad.

---

[24] N. Goodman, *An Introduction to Sociology*, Nueva York, HarperCollins, 1991.

[25] R. J. Barro y R. McCleary, "Religion and Economic Growth across Countries", en *American Sociological Review*, octubre de 2003, pp. 760-782.

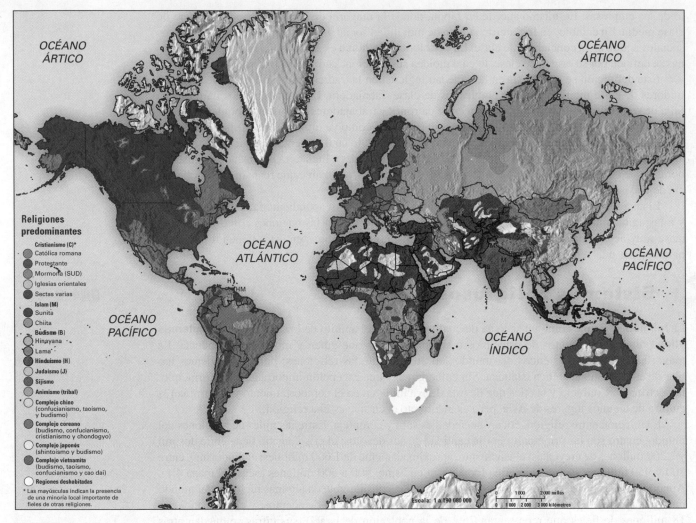

Religiones predominantes

Cristianismo (C)*
- Católica romana
- Protestante
- Mormonía (SUD)
- Iglesias orientales
- Sectas varias

Islam (M)
- Sunita
- Chiita

Budismo (B)
- Hinayana
- Lama

Hinduismo (H)

Judaísmo (J)

Sijismo

Animismo (tribal)

- Complejo chino (confucianismo, taoísmo, y budismo)
- Complejo coreano (budismo, confucianismo, cristianismo y chondogyo)
- Complejo japonés (shintoísmo y budismo)
- Complejo vietnamita (budismo, taoísmo, confucianismo y cao dai)
- Regiones deshabitadas

* Las mayúsculas indican la presencia de una minoría local importante de fieles de otras religiones.

Escala: 1 a 190 080 000

MAPA 4.1

Religiones del mundo.

Fuente: De John L. Allen, *Student Atlas of World Politics,* novena edición, 2008, mapa 13. Copyright © 2008 por The McGraw-Hill Companies. Reproducido con permiso de McGraw-Hill Contemporary Learning Series.

L04-3   CRISTIANISMO

El cristianismo es la religión que más se practica en el mundo. La vasta mayoría de los cristianos vive en los continentes europeo y americano, aunque sus cifras aumentan con rapidez en África. El cristianismo surgió del judaísmo y, como este, es una religión monoteísta (el monoteísmo es la creencia en un solo dios). En el siglo XI, una secesión dio origen a dos grandes instituciones cristianas: la Iglesia católica romana y la Iglesia ortodoxa. Hoy, la Iglesia católica abarca a más de la mitad de los cristianos, casi todos habitantes del sur de Europa y América Latina. La Iglesia ortodoxa, aunque menos influyente, tiene aún mucha importancia en algunos países (como Grecia y Rusia). En el siglo XVI, la Reforma produjo otro cisma en Roma, cuyo resultado fue el protestantismo. La índole reacia al conformismo propia del protestantismo facilitó la aparición de diversas denominaciones en este ámbito, como bautistas, metodistas o calvinistas.

Consecuencias económicas del cristianismo: la ética protestante del trabajo

Diversos sociólogos sostienen que de las principales iglesias cristianas: católica, ortodoxa y protestante, esta última es la que posee mayores implicaciones económicas. En 1904, el sociólogo alemán

Max Weber trazó una conexión entre la ética protestante y el "espíritu del capitalismo" que se volvió famosa.[26] Weber observó que el capitalismo apareció en Europa occidental. También detectó que ahí,

> [...] los líderes de los negocios y los dueños del capital, así como los trabajadores más calificados, y más aún, el personal con grandes capacidades técnicas y comerciales de las empresas modernas, son en su abrumadora mayoría protestantes.[27]

Weber postuló la hipótesis de que hay una relación entre el protestantismo y la aparición del capitalismo moderno. Advirtió que la ética protestante destaca la importancia del trabajo arduo y la generación de riqueza (para la gloria de Dios), y la frugalidad (abstención de los placeres mundanos). De acuerdo con Weber, se necesitaba este sistema de valores para facilitar el desarrollo del capitalismo. Los protestantes trabajaban con empeño y acumulaban riquezas de manera sistemática. Además, las ideas ascéticas imponían que más que gastar esta riqueza en placeres mundanos, era esencial invertirla en la expansión de las empresas capitalistas. Así, la combinación de trabajo arduo y acumulación de capital financiarían las inversiones y la expansión, y allanarían el camino para el desarrollo del capitalismo en Europa occidental y luego en Estados Unidos. En contraste —según Weber—, la promesa católica de salvación en el otro mundo, y no en este, no hacía hincapié en la misma ética de trabajo.

El protestantismo también alentó el desarrollo del capitalismo de otra manera: al separarse del dominio jerárquico de la vida religiosa y social que caracterizó a la Iglesia católica durante buena parte de su historia, el protestantismo dio a los individuos mucha más libertad para cultivar sus relaciones personales con Dios. La libertad de la forma de culto es básica para el carácter no conformista del protestantismo original. Este acento en la libertad religiosa fue el caldo de cultivo de la posterior insistencia en las libertades individuales, económicas y políticas, así como del desarrollo del individualismo como doctrina política y económica. Como estudiamos en el capítulo 2, esta doctrina es la base del capitalismo emprendedor de libre mercado. Al trabajar sobre esta hipótesis, algunos estudiosos afirman que existe una conexión entre el individualismo de inspiración protestante y el nivel de las actividades emprendedoras de una nación.[28] Aquí, también es necesario tener cuidado de no generalizar en exceso a partir de esta idea de la sociología histórica; si bien algunas naciones de larga tradición protestante, como Inglaterra, Alemania y Estados Unidos, se contaron entre los iniciadores de la Revolución Industrial, en el mundo moderno varios países con mayorías católicas y ortodoxas muestran actividad emprendedora, así como crecimiento económico notable y sostenido.

ISLAMISMO

OA4-2

Con casi 1 600 millones de fieles, el Islam es la segunda religión más difundida en el mundo. Se remonta al 610 d. C., cuando el profeta Mahoma comenzó a predicar, aunque el calendario musulmán se inicia en el 622 d. C., cuando, para escapar a la creciente oposición, Mahoma dejó La Meca y se estableció en el oasis de Yathrib, después llamado Medina. Los partidarios del islamismo se conocen como musulmanes, quienes constituyen la mayoría en más de 40 países y habitan una franja territorial casi continua de la costa noroccidental de África al Lejano Oriente, pasando por Medio Oriente, China y Malasia.

El Islam hunde sus raíces en el judaísmo y el cristianismo (para el islamismo, Cristo es uno de los profetas de Dios). Como el cristianismo y el judaísmo, el islamismo es una religión monoteísta. Su principio fundamental es que solo hay un Dios omnipotente (Alá). El Islam exige la aceptación incondicional de la unicidad, potencia y autoridad de Dios, y la comprensión de que el objetivo de la vida es cumplir con los dictados de su voluntad, con la esperanza de ser admitido en el paraíso. De acuerdo con el Islam, las ganancias mundanas y el poder temporal son ilusiones. Es posible que

---

[26] M. Weber, *The Protestant Ethic and the Spirit of Capitalism*, Nueva York, Charles Scribner's Sons, 1958 (ed. original, 1904-1905). Para una excelente revisión de la obra de Weber véase A. Giddens, *Capitalism and Modern Social Theory*, Cambridge, Cambridge University Press, 1971.

[27] Weber, *The Protestant Ethic and the Spirit of Capitalism*, p. 35.

[28] A. S. Thomas y S. L. Mueller, "The Case for Comparative Entrepreneurship", en *Journal of International Business Studies*, 31, núm. 2, 2000, pp. 287-302, y S. A. Shane, "Why Do Some Societies Invent More than Others?", en *Journal of Business Venturing*, 7, 1992, pp. 29-46.

quienes persiguen las riquezas sobre la Tierra logren su objetivo, pero quienes abandonan las ambiciones del mundo para buscar el favor de Alá ganan un tesoro más grande: la entrada al paraíso. Otros principios importantes del islamismo son: 1) honrar y respetar a los padres, 2) respetar los derechos de los demás, 3) ser generoso sin despilfarrar, 4) no matar salvo por causas justificables, 5) no cometer adulterio, 6) tratar a los demás con justicia y equidad, 7) ser puro de corazón y mente, 8) defender las posesiones de los huérfanos, y 9) ser humilde y sencillo.[29] Como puede apreciarse, existen paralelismos evidentes con muchos principios fundamentales del judaísmo y el cristianismo.

El islamismo es un modo integral de vida que rige todo el ser de un musulmán.[30] Como vicario de Dios en el mundo, un musulmán no es un agente totalmente libre, sino que está circunscrito por los principios religiosos (por un código de conducta que regula las relaciones con los demás) en las actividades sociales y económicas. La religión es lo más alto en todos los ámbitos de la vida. El musulmán vive en una estructura social determinada por los valores y normas islámicos de la conducta moral. La naturaleza ritual de la vida cotidiana en un país musulmán sorprende al visitante de Occidente. Entre otras cosas, los cánones musulmanes ortodoxos exigen rezar cinco veces al día (las juntas de negocios se suspenden mientras los musulmanes hacen sus oraciones diarias), las mujeres deben vestirse de determinada manera y está prohibido el consumo de carne de cerdo y bebidas alcohólicas.

Fundamentalismo islámico

En los últimos 30 años, atestiguamos el crecimiento de un movimiento social denominado *fundamentalismo islámico*.[31] En Occidente, los medios de comunicación lo relacionan con militantes, terroristas y agitaciones violentas, como el sangriento conflicto de Argelia, el asesinato de turistas extranjeros en Egipto y, el 11 de septiembre de 2001, los ataques al World Trade Center y el Pentágono, en Estados Unidos. Esta caracterización es, por lo menos, equívoca. Así como los fundamentalistas cristianos están motivados por valores religiosos sinceros y profundos, muy arraigados en su fe, lo mismo ocurre con los fundamentalistas islámicos. La violencia que los medios de comunicación occidental asocian con el fundamentalismo islámico es perpetrada por una muy pequeña minoría de radicales que, en nombre de la religión, impulsan sus fines políticos violentos (algunos "fundamentalistas" cristianos han hecho exactamente lo mismo, como Jim Jones y David Koresh). La vasta mayoría de los musulmanes afirma que el Islam enseña la paz, la justicia y la tolerancia, no la violencia y la intolerancia, y que repudia en forma explícita la violencia que practica una minoría radical.

El aumento del fundamentalismo no tiene una causa única; en parte, es una respuesta a las presiones sociales en las sociedades islámicas tradicionales producto de la modernización y la influencia de las ideas occidentales, como la democracia liberal, el materialismo, la igualdad de derechos para las mujeres y las actitudes hacia el sexo, el matrimonio y el alcohol. En muchos países musulmanes, la modernización amplía la brecha entre la minoría urbana rica y las mayorías urbanas y rurales empobrecidas. Para las masas pobres, la modernización ofrece pocos progresos económicos tangibles, a la vez que amenaza sus valores tradicionales. En consecuencia, para un musulmán que aprecia sus tradiciones y piensa que peligra su identidad debido al trasplante de los valores de Occidente, el fundamentalismo islámico se ha convertido en un pilar cultural.

Los fundamentalistas exigen un compromiso inflexible con las creencias y ritos religiosos tradicionales. El resultado ha sido un evidente aumento en el uso de gestos simbólicos que confirmen los valores islámicos. En las regiones donde priva el fundamentalismo, las mujeres deben usar vestidos largos y con mangas y se cubren la cabeza, aumentan los estudios religiosos en las universidades, así como la publicación de tratados religiosos y se incrementan las oraciones en público.[32] Asimismo, se intensifican los sentimientos de algunos grupos fundamentalistas en contra de Occidente. Con razón o sin ella, imputan a la influencia occidental numerosos males sociales y muchos actos fundamentalistas se dirigen contra gobiernos occidentales, sus símbolos, empresas y aun individuos.

---

[29] Véase S. M. Abbasi, K. W. Hollman y J. H. Murrey, "Islamic Economics: Foundations and Practices", en *International Journal of Social Economics*, 16, núm. 5, 1990, pp. 5-17, y R. H. Dekmejian, *Islam in Revolution: Fundamentalism in the Arab World*, Syracuse, Nueva York, Syracuse University Press, 1995.

[30] T. W. Lippman, *Understanding Islam*, Nueva York, Meridian Books, 1995.

[31] Dekmejian, *Islam in Revolution*.

[32] M. K. Nydell, *Understanding Arabs*, Yarmouth, Maine, Intercultural Press, 1987.

En varios países musulmanes, los fundamentalistas ganan poder político y procuran que la legislación adopte el derecho islámico (como se establece en el Corán, la Biblia del Islam). Hay buenas razones para ello; en el islamismo, no se distingue entre Iglesia y Estado. El Islam es más que una religión: es también fuente de derecho, guía de buen gobierno y árbitro del comportamiento en sociedad. Los musulmanes creen que todas las iniciativas humanas, incluso las actividades políticas, están dentro de la esfera de la fe, porque el único fin de toda actividad es hacer la voluntad de Dios[33] (algunos fundamentalistas cristianos también comparten esta idea). Los fundamentalistas musulmanes prosperaron en Irán, donde el partido fundamentalista detenta el poder desde 1979; pero, asimismo, ejerce su influencia en muchas otras naciones, como Afganistán (donde los talibanes fundaron un Estado fundamentalista radical hasta que lo derrocó una coalición de la ONU en 2002), Argelia, Egipto, Pakistán, Sudán y Arabia Saudita.

Consecuencias económicas del Islam

OA4-3

El Corán dicta de manera explícita ciertos principios económicos, muchos en favor de la libre empresa.[34] Además, aprueba la libre empresa y el esfuerzo por obtener una utilidad legítima mediante el intercambio y el comercio (el profeta Mahoma fue comerciante). La protección de la propiedad privada también aparece en el Islam, aunque se sostiene que toda es en favor de Alá (Dios), creador y dueño de todo. A quienes tienen propiedades se les considera encargados, más que propietarios en el sentido occidental de la palabra. Como tales, tienen el derecho de recibir utilidades por la administración de la propiedad, pero se les aconseja que las usen de modo correcto, prudente y benéfico para la sociedad. Estos lineamientos manifiestan la preocupación del islamismo por la justicia social. El Islam se muestra crítico de quienes obtienen una ganancia a partir de la explotación de los demás. En la visión islámica del mundo, los seres humanos son parte de un grupo en el que los ricos y exitosos tienen la obligación de ayudar a los menos afortunados. En pocas palabras, en los países musulmanes es correcto obtener una ganancia, en tanto se actúe de manera correcta y no sea producto de la explotación de los demás. Asimismo, es loable si quienes consiguen ganancias emprenden actos de caridad para ayudar a los pobres; más aún, el islamismo destaca la importancia de acatar las obligaciones contractuales, mantener la palabra y no incurrir en engaños. Para una visión más cercana de cómo pueden coexistir el islamismo, el capitalismo y la globalización, véase la siguiente sección "Vistazo a un país", donde se habla acerca de la región que rodea a Kayseri, en Turquía central.

Dada la benevolencia del Islam hacia los sistemas de mercado, es probable que los países musulmanes acepten las empresas internacionales, siempre que estas se conduzcan en forma congruente con la ética islámica. Es poco probable que una compañía que obtiene utilidades injustas porque explota a sus empleados, engaña o desconoce las obligaciones contractuales sea bienvenida en un país islámico. Además, en las naciones donde el fundamentalismo está en ascenso, aumenta la hostilidad hacia las empresas occidentales.

Un principio económico del Islam prohíbe pagar o recibir intereses, pues se cataloga como usura. No es pura materia de teología, ya que en diversos estados islámicos se convierte, también, en materia de derecho. El Corán condena explícitamente el interés monetario, que en árabe se dice *riba*, y lo considera explotador e injusto. Durante muchos años, los bancos que operaban en países islámicos ignoraban a su conveniencia la condena, pero desde hace unas tres décadas, gracias a la fundación de un banco islámico en Egipto, comenzaron a abrirse instituciones similares en las naciones predominantemente islámicas. En 2009, más de 400 instituciones financieras islámicas en más de 50 países administraban activos por casi 400 mil millones de dólares, mientras que otros 800 mil millones eran administrados por fondos mutuos que se habían adherido a los principios islámicos.[35] Incluso bancos convencionales entran en ese mercado: Citigroup y HSBC, dos de las instituciones financieras más grandes del mundo, ya ofrecen servicios financieros islámicos. Solo en Irán y Sudán son obligatorias las convenciones bancarias islámicas, pero cada vez en más países los clientes pueden elegir entre bancos convencionales e islámicos.

---

[33] Lippman, *Understanding Islam*.

[34] El material de esta sección se basa sobre todo en Abbasi, Hollman y Murrey, "Islam Economics; Foundations and Practices".

[35] "Sharia Calling", en *The Economist*, 12 de noviembre de 2010.

Capitalismo islámico en Turquía

Hace ya varios años que Turquía cabildea en la Unión Europea para que se le permita ingresar al bloque de libre comercio como país miembro. Si la respuesta es positiva, sería el primer Estado musulmán en incorporarse a la Unión. Muchos críticos dentro del organismo se preocupan de que el islamismo y el capitalismo al estilo occidental no hagan una buena combinación y, en consecuencia, sea un error abrirle la puerta a Turquía; sin embargo, un vistazo más cercano a lo que ocurre en ese país sugiere que esta perspectiva podría estar equivocada. Consideremos el área que rodea la ciudad de Kayseri, en Turquía central. Muchos desprecian esa región pobre y fundamentalmente agrícola, pues la consideran una especie de zona muerta de Europa, alejada del bullicio secular de Estambul. Se trata de una región en donde se conservan los valores islámicos tradicionales y, no obstante, es también un área que ha producido muchas y dinámicas empresas musulmanas, por lo que, a veces, se le llama el "Tigre de Anatolia". Los negocios ahí asentados abarcan grandes fabricantes de comida, empresas textiles, fabricantes de muebles y empresas de ingeniería, muchas de las cuales exportan un porcentaje sustancial de su producción.

Los líderes de negocios locales atribuyen el éxito de las compañías de la región a un espíritu emprendedor que, dicen, es parte del Islam. Mencionan que el profeta Mahoma, quien era mercader, predicó el honor del comerciante y ordenó que 90% de la vida de un musulmán se dedicara al trabajo para poner comida en la mesa. Los observadores extranjeros han ido más lejos: argumentan que lo que ocurre en los alrededores de Kayseri es un ejemplo de calvinismo islámico, una fusión de los valores islámicos tradicionales y la ética de trabajo que a menudo se asocia con el protestantismo en general y con el calvinismo en particular.

Pero no todo el mundo está de acuerdo en que el Islam sea la fuerza motora detrás del éxito de la región. Saffet Arslan, el director ejecutivo de Ipek, el más grande productor de muebles en el área (que exporta a más de 30 naciones), sostiene que existe otra fuerza en operación: ¡la globalización! Según Arslan, en las últimas tres décadas, los musulmanes que antes evitaban hacer dinero, de acuerdo con sus creencias religiosas, ahora han hecho del negocio una prioridad. Contemplan al mundo y al capitalismo occidentales —y no al Islam— como un modelo, y debido a la globalización y a las oportunidades con ella asociadas, quieren ser exitosos.

Si existe alguna debilidad en el modelo islámico de negocios que está emergiendo en lugares como Kayseri, esta es, en opinión de algunos, el apego a las actitudes tradicionales respecto de la función de la mujer en el sitio de trabajo, y el bajo nivel de empleo femenino en la región. De acuerdo con un reporte de la Iniciativa Europea para la Estabilidad, el mismo grupo que considera a la región de Kayseri como un ejemplo de calvinismo islámico, opina que la baja participación de las mujeres en la fuerza local de trabajo es el talón de Aquiles de la economía, y que esta puede bloquear los intentos de la región por ponerse a la altura de los países de la Unión Europea.[36]

Los bancos convencionales obtienen utilidades por la diferencia entre la tasa de interés que pagan a los depositantes y la tasa de interés, más elevada, que cobran a los prestatarios. En razón de que no pagan ni cobran intereses, deben encontrar otro modo de hacer dinero y han experimentado con dos métodos: el *mudarabah* y el *murabaha*.[37]

Un contrato *mudarabah* es semejante al esquema de participación de utilidades. Cuando un banco islámico presta dinero a una empresa, más que cobrarle interés, se lleva una parte de las utilidades que genera la inversión. Del mismo modo, cuando una empresa o un individuo depositan su dinero en una cuenta de ahorros en un banco islámico, el depósito se considera una inversión de capital para cualquier actividad a la que el banco destine los fondos. Así, el depositante recibe una participación en las utilidades que genera la inversión del banco (y no un pago de intereses) según una tasa pactada de antemano. Algunos musulmanes sostienen que se trata de un sistema más eficiente que el sistema bancario occidental, porque alienta la inversión y el ahorro a largo plazo; no obstante, no hay pruebas sólidas de ello y muchos creen que el sistema de *mudarabah* es menos eficiente que el bancario occidental convencional.

El segundo método de banca islámica, el contrato de *murabaha*, es el más común en los bancos islámicos porque es más fácil de aplicar. En tal contrato, cuando una empresa quiere comprar algo a crédito (digamos, una máquina que cuesta mil dólares), lo informa al banco después de negociar el

[36] Fuentes: D. Bilefsky, "Turks Knock on Europe's Door with Evidence That Islam and Capitalism Can Coexist", en *New York Times*, 27 de agosto de 2006, p. 4; y European Stability Iniciative, en *Islamic Calvinists*, 19 de septiembre de 2005. Archivado en: http://www.esiweb.org, consultado el 13 de agosto de 2014.

[37] "Forced Devotion", en *The Economist*, 17 de febrero de 2001, pp. 76-77.

precio con el fabricante. En ese momento, el banco compra la máquina en mil dólares y el prestatario se la compra al banco en una fecha posterior a una cantidad mayor, digamos, a 1 100 dólares, precio en el que se incluyen 100 dólares como margen de beneficio para el banco. Un cínico diría que este margen es el equivalente práctico de un pago de interés y es esta semejanza entre el método y la banca convencional lo que facilita tanto su adopción.

HINDUISMO

OA4-2

El hinduismo, que cuenta con cerca de 750 millones de fieles, casi todos en la península india comenzó en el valle del Indo hace más de 4 mil años, de modo que es la religión más antigua. A diferencia del cristianismo y el islamismo, su fundación no se vincula con alguna persona ni tiene un libro sagrado oficial, como la Biblia o el Corán. Los hindúes creen que una fuerza moral de la sociedad, el *dharma*, impone la aceptación de ciertas responsabilidades. Además, creen en la reencarnación; es decir, en volver a nacer en otro cuerpo después de morir. Asimismo, creen en el *karma*, que implica el progreso espiritual del alma de cada persona. El *karma* personal se ve afectado por la forma en que se vive. El estado moral del *karma* de un individuo determina las dificultades que enfrentará en la otra vida. Los hindúes piensan que al perfeccionar el alma en cada nueva vida, el individuo alcanza el *nirvana*, estado de completa perfección espiritual en el que ya no es necesaria la reencarnación. Muchos hindúes estiman que la mejor manera de alcanzar el nirvana es llevar una vida ascética rigurosa de negación material y personal, dedicada a la búsqueda de lo espiritual, no de lo material.

Consecuencias económicas del hinduismo

OA4-3

Max Weber, famoso analista de la ética del trabajo protestante, afirmaba que los principios ascéticos que enseña el hinduismo no alientan la actividad emprendedora de creación de riqueza que encontramos en el protestantismo.[38] De acuerdo con Weber, los valores tradicionales hindúes sostienen que no debe juzgarse a los individuos por sus logros materiales, sino por los espirituales. Los hindúes piensan que la búsqueda del bienestar material dificulta alcanzar el *nirvana*. Debido al acento en un estilo de vida ascético, Weber sustentaba que los hindúes devotos se inclinarían menos a las actividades emprendedoras que los protestantes.

Mahatma Gandhi, el famoso nacionalista y líder espiritual de la India, era la encarnación del ascetismo hindú. Se dice que los valores de este ascetismo y autocracia que Gandhi mantenía tuvieron un efecto negativo en el desarrollo económico de la India después de la independencia.[39] Pero debemos tener cuidado de no llevar demasiado lejos los argumentos de Weber. La India moderna es una sociedad emprendedora muy dinámica y millones de esforzados emprendedores integran el sostén económico del rápido crecimiento de la nación.

Históricamente, el hinduismo también apoyaba el sistema de castas. Para los indios tradicionales, no es lógico el concepto de movilidad entre las castas durante la vida de un individuo. Los indios suponen que la movilidad entre castas se alcanza con el progreso espiritual en la reencarnación. En su próxima vida, un individuo puede nacer en una casta superior si en esta vida alcanza un elevado desarrollo espiritual. Aunque el sistema de castas ha sido abolido en la India, como expusimos antes en este capítulo, en opinión de muchos observadores todavía proyecta una larga sombra sobre la vida cotidiana.

BUDISMO

OA4-2

El budismo se fundó en la India en el siglo VI a. C. por Siddharta Gautama, que renunció a sus riquezas para seguir una vida ascética de perfección espiritual. Siddharta alcanzó el *nirvana*, pero escogió quedarse en la Tierra para enseñar a sus seguidores que ellos también podían alcanzar este estado de iluminación espiritual. Siddharta pasó a llamarse Buda (que significa "el iluminado"). En la actualidad, la mayoría de sus seguidores se encuentran en el centro y el sureste de Asia, China, Corea y Japón. Según su doctrina, el sufrimiento se origina en el deseo de placer de las personas. Se deja de sufrir cuando se elige seguir un camino de transformación. Siddharta ofreció el noble sendero

---

[38] Para detalles sobre la obra y las ideas de Weber véase Giddens, *Capitalism and Modern Social Theory*.
[39] Véase, por ejemplo, las ideas expresadas en: "A Survey of India: The Tiger Steps Out", en *The Economist*, 21 de enero de 1995.

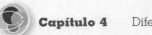

óctuplo como ruta para la transformación: la corrección de vista, pensamiento, discurso, acción, vida, esfuerzo, estado de ánimo y meditación. A diferencia del hinduismo, el budismo no apoya el sistema de castas ni aboga por la conducta ascética extrema; sin embargo, como los hindúes, los budistas prefieren la vida futura y los logros espirituales más que involucrarse en los problemas de este mundo.

OA4-3

Consecuencias económicas del budismo

En el budismo no se encuentra la importancia concedida a la creación de la riqueza propia del protestantismo; por ello, en las sociedades budistas no vemos el mismo impulso histórico cultural que genera el comportamiento emprendedor que, según Weber, se hallaba en el Occidente protestante. Pero, a diferencia del hinduismo, la falta de apoyo al sistema de castas y al ascetismo extremo indica que la sociedad budista es un suelo más fértil para la actividad emprendedora que la cultura india.

OA4-2

CONFUCIANISMO

El confucianismo fue fundado en el siglo v a. C. por K'ung-Fu-Tzu, mejor conocido como Confucio. Durante más de dos mil años, hasta la Revolución comunista de 1949, el confucianismo fue el sistema ético oficial de China. Desde esa fecha, la observancia de la ética confuciana se ha reducido, pero todavía muchas personas siguen las enseñanzas de Confucio, sobre todo en China, Corea y Japón. El confucianismo enseña la importancia de alcanzar la salvación personal a través del acto correcto. Aunque no es una religión, al paso de los siglos la ideología confuciana se ha arraigado profundamente en la cultura de esos países y, por su conducto, ha ejercido un efecto notable en la vida de millones de personas. El confucianismo gira en torno de un código general de ética que establece las normas para relacionarse con los demás. Son básicas una alta moral, conducta ética y lealtad. A diferencia de las religiones, el confucianismo no se interesa por lo sobrenatural y alude muy poco a los conceptos de un ser supremo o de una vida futura.

OA4-3

Consecuencias económicas del confucianismo

Algunos analistas sostienen que el confucianismo puede tener consecuencias económicas tan profundas como las que Weber imputaba al protestantismo, aunque de naturaleza distinta.[40] La tesis básica es que la influencia de la ética confuciana en la cultura de China, Japón, Corea del Sur y Taiwán, al reducir los costos de hacer negocios en esos países, explican su éxito económico. Al respecto, interesan tres valores esenciales del sistema ético confuciano: lealtad, obligaciones recíprocas y honestidad con los demás.

En el pensamiento confuciano, la lealtad hacia los superiores se considera un deber sagrado, una obligación absoluta. En las organizaciones modernas establecidas en culturas confucianas, la lealtad que une a los empleados con los ejecutivos de su organización reduce los conflictos obreropatronales que se observan en sociedades con más conciencia de clase. La cooperación entre administradores y trabajadores se consigue con un costo menor en una cultura que destaca las virtudes de la lealtad en el sistema de valores.

Sin embargo, en una cultura confuciana, la lealtad a los superiores, como la lealtad de un empleado hacia la administración, no es ciega. El concepto de obligaciones recíprocas es importante. La ética confuciana subraya que los superiores están obligados a premiar la lealtad de sus subordinados dándoles sus bendiciones. Si las "bendiciones" no llegan, tampoco la lealtad. Esta moral confuciana se encuentra en el meollo del concepto chino de *guanxi*, que se refiere a las relaciones que se tejen en apoyo de las obligaciones recíprocas.[41] *Guanxi* significa literalmente "relaciones", aunque en el contexto de los negocios se entiende mejor como "conexiones". En la actualidad, los chinos cultivan una *guanxiwang*, una red de relaciones de ayuda mutua. Las obligaciones recíprocas son el aglutinante que congrega estas redes. Si no se cumple con ellas (si no se pagan o devuelven los favores), se ensucia la reputación del trasgresor, quien en el futuro tendrá dificultades para pedir ayuda a su *guanxiwang*. Así, basta la amenaza implícita de las sanciones sociales para garantizar el

40 Véase R. Dore, *Taking Japan Seriously*, y C. W. L. Hill, "Transaction Cost Economizing as a Source of Comparative Advantage: The Case of Japan", en *Organizational Science*, 6, 1995.

41 C. C. Chen, Y. R. Chen y K. Xin, "Guanxi Practices and Trust in Management", en *Organization Science*, 15, núm. 2, marzo-abril de 2004, pp. 200-210.

DMG-Shangai

En 1993, el neoyorkino Dan Mintz se mudó a China para trabajar como director cinematográfico independiente y lo hizo sin contratos, sin experiencia publicitaria y sin hablar mandarín. En 2009, la compañía que fundó en China, DMG, se destacó como una de las agencias de publicidad de más rápido crecimiento en el país, con una lista de clientes que incluye a Budweiser, Unilever, Sony, Nabisco, Audi, Volkswagen, China Mobile y docenas de otras marcas chinas. Mintz atribuye parcialmente su éxito a lo que los chinos llaman *guanxi*.

Literalmente, *guanxi* significa "relaciones", aunque, en el escenario empresarial, el concepto se entiende mejor como "conexiones". *Guanxi* tiene sus raíces en la filosofía confuciana que valora la jerarquía social y las obligaciones recíprocas, tanto dentro de la familia como entre amo y sirviente. La ideología de Confucio enseña que no todos fuimos creados iguales. En esta línea de pensamiento, la lealtad y las obligaciones a los superiores (o a la familia) se considera un deber sagrado, lealtad que, al mismo tiempo, tiene su precio. Quienes ocupan los niveles superiores de la escala social están obligados a recompensar la lealtad de sus inferiores repartiendo "bendiciones" entre ellos; así, las obligaciones son recíprocas. En la actualidad, a menudo los chinos cultivan el *guanxiwang*, una red de relaciones de ayuda mutua. De acuerdo con un conocimiento tácito, si se tiene el *guanxi* adecuado pueden pasarse por alto las reglas sociales, o cuando menos, hacerlas más flexibles.

Mintz, quien ahora habla fluidamente el mandarín, tejió su *guanxiwang* haciendo negocios con dos jóvenes chinos que tenían conexiones, Bing Wu y Peter Xiao. Bing Wu, quien trabaja en el área de producción del negocio, es un excampeón nacional de gimnasia olímpica, lo que se traduce en prestigio y acceso a los negocios y a los funcionarios de gobierno. Peter Xiao proviene de una familia de militares que posee importantes conexiones políticas. Juntos, ellos tres han podido abrir puertas que se les han negado a agencias de publicidad occidentales largamente establecidas. Lo han logrado en gran parte apoyándose en los contactos de Wu y de Xiao, y respaldando sus conexiones con lo que los chinos llaman *Shi li*, la capacidad de hacer un buen trabajo.

Un caso especial fue la campaña de DMG para la Volkswagen, que ayudó a la compañía alemana a darse a conocer en China. Los comerciales utilizaban los caracteres chinos tradicionales, que habían sido prohibidos por el presidente Mao durante la revolución cultural, sustituyéndolos por versiones simplificadas. Para obtener el permiso para emplear los caracteres en anuncios filmados e impresos, una novedad en la China moderna, el trío tuvo que usar contactos gubernamentales de alto nivel en Beijing. Se granjearon a los funcionarios con el argumento de que los viejos caracteres debían contemplarse no como tales, sino como formas de arte. Más tarde, hicieron tomas del famoso Bund de Shanghái, un congestionado boulevard que corre a lo largo de la zona ribereña de la vieja ciudad; recurriendo de nuevo a contactos gubernamentales, pudieron cerrar el Bund para hacer las tomas. Steven Spielberg solo pudo cerrar una porción de la calle cuando filmó *El Imperio del Sol* en 1986. Asimismo, DMG ha filmado en el interior de la Ciudad Prohibida de Beijing, a pesar de que hacerlo está fuera de la ley. Mintz convenció al gobierno para que levantara la prohibición durante 24 horas. Como Mintz observó: "No nos detenemos cuando nos topamos con regulaciones. Hay restricciones en todas partes. Solo debes saber cómo darles la vuelta y hacer las cosas."[42]

pago de los favores, el cumplimiento de las obligaciones y el respeto de las relaciones. En una sociedad que carece de normas de tradición legal y, por tanto, de medios legales para resolver males como la violación de los acuerdos comerciales, la *guanxi* es un mecanismo importante para emprender relaciones empresariales de largo plazo y negociar en China. Para un ejemplo de la importancia del *guanxi*, véase la sección "Panorama administrativo" sobre DMG-Shangai.

El tercer concepto de la ética confuciana es el valor que se concede a la honestidad. Los pensadores confucianos subrayan que, aunque el comportamiento deshonesto produzca beneficios para el trasgresor en el corto plazo, la deshonestidad, a la larga, no paga. El valor conferido a la honestidad entraña grandes consecuencias económicas. Cuando las compañías confían en que las otras no violarán sus obligaciones contractuales, los costos de negociar se reducen. No se necesitan abogados costosos para resolver las disputas contractuales. En una sociedad confuciana, las personas dudan menos en dedicar recursos sustanciales a las empresas cooperativas que en una sociedad donde la honestidad está menos generalizada. Cuando las compañías se adhieren a la ética confuciana, confían en que no van a infringir los términos del acuerdo de cooperación. De esta manera, los costos de lograr la cooperación entre empresas se reducen en sociedades como la de Japón, no así en otras donde la confianza es escasa.

---

[42] J. Bryan, "The Mintz Dynasty", *Fast Company*, abril de 2006, pp. 56-62; y M. Graser, "Featured Player", en *Variety*, 18 de octubre de 2004, p. 6.

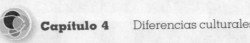

Por ejemplo, se ha dicho que en Japón se facilitan los vínculos estrechos entre las compañías fabricantes de autos y los proveedores de partes por una combinación de confianza y obligaciones recíprocas. Debido a estos vínculos, las compañías y sus proveedores colaboran en diversos aspectos, como la reducción de inventarios, el control de calidad y el diseño. La ventaja competitiva de las compañías automovilísticas japonesas, como Toyota, se debe, en parte, a estos factores.[43] Del mismo modo, la combinación de confianza y obligaciones recíprocas es decisiva para el funcionamiento y mantenimiento de las redes de *guanxi* en China.

Lenguaje

Una diferencia obvia entre los países es el lenguaje. Por lenguaje entendemos tanto los medios de comunicación hablados como los no hablados. El lenguaje es una de las características que definen a una cultura.

LENGUAJE HABLADO

El lenguaje sirve para mucho más que la comunicación entre las personas; su naturaleza también estructura la manera de percibir el mundo. El lenguaje de una sociedad dirige la atención de sus miembros hacia ciertas características del mundo y no otras. El ejemplo más representativo de este fenómeno es que, mientras en español solo hay una palabra para decir *nieve*, en la lengua inuit (de los esquimales) falta un término general, pues distinguir las formas de la nieve es importante para la vida de esta etnia, de modo que tienen 24 términos para describirla (como nieve pulverizada, nieve que cae, nieve húmeda o nieve que se escurre).[44]

Así como el lenguaje determina la manera en que vemos el mundo, también define la cultura. En países con más de un idioma, por lo regular se encuentra más de una cultura. Canadá posee una cultura de lengua inglesa y otra de francesa. Las tensiones entre ambas son muy intensas, al grado de que una gran proporción de la minoría de habla francesa exige su independencia de Canadá, "dominada por gente de lengua inglesa". El mismo fenómeno se observa en otras naciones: Bélgica se divide en hablantes de flamenco y de francés, y existen tensiones entre ambos grupos; en España, una minoría que habla vasco, con su propia cultura distintiva, se ha manifestado durante décadas para independizarse de la mayoría que habla español; en la isla mediterránea de Chipre, las poblaciones que hablan griego y turco entraron en un violento conflicto en la década de 1970 y ahora la isla está dividida en dos. Aunque las diferencias de idioma no siempre crean diferencias culturales ni, por tanto, presiones separatistas (por ejemplo, en Suiza, que es armónica, se hablan cuatro idiomas), parece haber una tendencia en esa dirección.[45]

OA4-2

El chino es la lengua nativa del mayor número de personas, seguido por el inglés y el hindi, que se habla en la India. Por otro lado, el idioma más difundido en el mundo es el inglés, seguido por el francés, el español y el chino (es decir, muchas personas hablan inglés como segunda lengua). El inglés es cada vez más el lenguaje de los negocios internacionales. Cuando un empresario japonés y uno alemán se reúnen para negociar, casi es seguro que se comunicarán en inglés. Sin embargo, si bien el inglés es muy común, aprender el idioma local genera ventajas considerables. La mayoría de las personas prefiere conversar en su propia lengua y hablar el idioma nacional estimula la cercanía, algo fundamental para un trato de negocios. Las empresas internacionales que no entienden el idioma local cometen graves errores a causa de las malas traducciones; por ejemplo, la empresa Sunbeam usó las palabras inglesas para su producto "Mist-Stick", unas tenazas para rizar cabello, cuando entró en el mercado alemán y, después de una costosa campaña publicitaria, descubrió que *mist*, en alemán, significa "excremento". General Motors tuvo problemas por la falta de entusiasmo de las distribuidoras de Puerto Rico con su nuevo Chevrolet Nova. Cuando se traduce literalmente, *nova*

---

[43] Véase Aoki, *Information, Incentives, and Bargaining in the Japanese Economy*, y J. P. Womack, D. T. Jones y D. Roos, *The Machine That Changed the World*, Nueva York, Rawson Associates, 1990.

[44] Esta hipótesis es de dos antropólogos, Edward Sapir y Benjamin Lee Whorf. Véase E. Sapir, "The Status of Linguistics as a Science", en *Language*, 5, 1929, pp. 207-214; y B. L. Whorf, *Language, Thought, and Reality*, Cambridge, Massachusetts, MIT Press, 1956.

[45] La tendencia se documentó de manera empírica. Véase A. Annett, "Social Fractionalization, Political Instability, and the Size of Government", en *IMF Staff Papers*, 48, 2001, pp. 561-592.

significa "estrella"; no obstante, si se pronuncia suena como "no va", así que General Motors cambió el nombre del auto por Caribe.[46]

LENGUAJE TÁCITO

OA4-2

El lenguaje tácito se refiere a la comunicación no verbal. Todos nos comunicamos con los demás mediante signos no verbales; por ejemplo, arquear las cejas es señal de reconocimiento en la mayoría de las culturas y sonreír indica alegría. Sin embargo, muchos signos dependen de la cultura. Ignorar las señales no verbales de otra cultura ocasiona errores de comunicación; por ejemplo, hacer un círculo con el pulgar y el índice es un gesto amistoso en Estados Unidos, pero es una vulgar invitación sexual en Grecia y Turquía. Del mismo modo, al tiempo que la mayoría de los estadounidenses y europeos usan el gesto del pulgar hacia arriba para indicar que "está bien", en Grecia es un gesto obsceno.

Otro aspecto de la comunicación no verbal es el espacio personal: la distancia cómoda entre una persona y su interlocutor. En Estados Unidos, la distancia que adoptan las partes en una conversación de negocios es de metro y medio a dos metros; en América Latina, de un metro a metro y medio. Por consiguiente, muchos estadounidenses sienten inconscientemente que los latinoamericanos invaden su espacio personal y retroceden durante las conversaciones. En realidad, pueden sentir que los latinoamericanos son agresivos e impetuosos, mientras que estos interpretan el alejamiento de su interlocutor como reserva. El resultado puede ser una lamentable falta de correspondencia entre los empresarios de ambas culturas.

Educación

OA4-2

La educación formal cumple una función clave en la sociedad ya que es el medio por el cual los individuos aprenden las habilidades lingüísticas, conceptuales y matemáticas indispensables en una sociedad moderna. Asimismo, complementa la socialización de los jóvenes en las familias, pues mediante esta asimilan los valores y normas sociales. Estos valores y normas se enseñan en forma directa e indirecta. También, se centran en las obligaciones esenciales del ciudadano. Además, de modo indirecto, las normas culturales se enseñan en la escuela. El respeto a los demás, la obediencia a la autoridad, la honestidad, la pulcritud, la puntualidad, etc., son parte del "programa oculto" de las escuelas. Por otro lado, el sistema de calificaciones inculca en los niños el valor de los logros personales y de la competencia.[47]

Desde el punto de vista de los negocios internacionales, un aspecto relevante de la educación es su función como determinante de la ventaja competitiva nacional.[48] La disponibilidad de una reserva de trabajadores capacitados y educados es un factor determinante del éxito económico de un país; por ejemplo, al analizar el éxito competitivo de Japón a partir de 1945, Michael Porter observa que, luego de la guerra, ese país no tenía casi nada, salvo una reserva de recursos humanos capacitados y educados.

> Con una larga tradición de respeto por la educación que linda con la reverencia, Japón posee una gran reserva de recursos humanos cultivados, educados y capacitados […] Japón se beneficia de muchos ingenieros capaces. En las universidades japonesas, se titulan más ingenieros per cápita que en Estados Unidos […] En Japón opera un excelente sistema educativo de primaria y secundaria, que se basa en normas elevadas y subraya la enseñanza de las matemáticas y las ciencias. La educación primaria y secundaria es muy competitiva […] En Japón se brinda a los estudiantes una educación sólida para los estudios superiores y la capacitación. Quien termina la preparatoria sabe tantas matemáticas como un estadounidense egresado de una licenciatura.[49]

El argumento de Porter es que el excelente sistema educativo de Japón es un factor primordial para su éxito económico en la posguerra. Un buen sistema educativo no solo determina la ventaja competitiva nacional, sino que es un factor cardinal cuando se debe escoger la ubicación de los

[46] D. A. Ricks, *Big Business Blunders: Mistakes in Multinational Marketing*, Homewood, Illinois, Dow Jones-Irwin, 1983.
[47] Goodman, *An Introduction to Sociology*.
[48] M. E. Porter, *The Competitive Advantage of Nations*, Nueva York, Free Press, 1990.
[49] *Ibid.*, pp. 395-397.

negocios internacionales; por ejemplo, la tendencia reciente a subcontratar puestos de tecnología de la información en la India se debe, en parte, a la presencia de muchos ingenieros capaces en ese país, resultado de su sistema educativo. En el mismo tenor, no sería lógico establecer centros de producción que requieren mano de obra muy especializada en una nación donde el sistema educativo es tan malo que no hay tales trabajadores, por muy atractivo que se vea el lugar en otros aspectos; en ese país, sería lógico basar las operaciones productivas que no requieran trabajadores calificados.

Asimismo, el nivel general de educación de una nación es un índice de los productos que se venderían ahí y del material promocional adecuado; por ejemplo, no es probable que un país en el que 70% de la población es analfabeta sea un buen mercado para libros populares. Los materiales de promoción con descripciones escritas de los productos comercializados no tendrán mucho efecto en un lugar en que casi tres cuartas partes de la población no saben leer. En esas circunstancias, es mucho mejor usar promociones con imágenes.

OA4-4 Cultura en el trabajo

El efecto de la cultura de una sociedad en los valores del centro de trabajo es de considerable importancia para una empresa internacional con operaciones en distintos países. Los procesos y prácticas administrativas deben variar según los valores laborales de la cultura; por ejemplo, si las culturas de Estados Unidos y Francia generan diferentes valores laborales, una empresa internacional con operaciones en ambas naciones debe modificar sus procesos y prácticas de administración para considerar esas diferencias.

Quizá el estudio más famoso de la relación de la cultura con el lugar de trabajo sea el que emprendió Geert Hofstede.[50] Como parte de su labor como psicólogo de IBM, entre 1967 y 1973 reunió datos sobre las actitudes y los valores de más de 100 mil empleados. Con estos datos, comparó aspectos culturales de 40 países. Hofstede aisló cuatro dimensiones que resumían las múltiples culturas: distancia del poder, negación de la incertidumbre, individualismo o colectivismo, y masculinidad o feminidad.

La dimensión de Hofstede de **distancia del poder** se concentra en la manera en que una sociedad gestiona las diferencias personales según las capacidades físicas e intelectuales. De acuerdo con sus conclusiones, las culturas con gran distancia del poder se hallan en países que permiten que crezcan las desigualdades y se conviertan en inequidades de poder y riqueza. Las culturas de poca distancia con el poder se ubican en sociedades que intentan reducir en lo posible tales desigualdades.

La dimensión de **individualismo *versus* colectivismo** se centra en la relación entre un individuo y sus semejantes. En las sociedades individualistas, los vínculos entre las personas son débiles y se valoran mucho los logros individuales y la libertad. En las sociedades donde se subraya el colectivismo, los lazos entre los individuos son fuertes; en estas sociedades, las personas nacen en grupos (como familias extensas) y se espera que todos se esfuercen por el interés de su grupo.

La dimensión de **negación de la incertidumbre** mide el grado en que las culturas socializan a sus integrantes para que acepten las situaciones ambiguas y toleren la incertidumbre. Los miembros de culturas que niegan la incertidumbre conceden mayor peso a la seguridad laboral, trayectorias de carrera, prestaciones para el retiro, etc. Además, tienen una gran necesidad de reglas y normas. Se espera que el administrador transmita órdenes claras, a la vez que las iniciativas de los subordinados están muy controladas. Las culturas que no niegan la incertidumbre se caracterizan por una mayor disposición a correr riesgos y menos resistencia emocional al cambio.

La dimensión de Hofstede de **masculinidad *versus* feminidad** considera las relaciones entre los papeles sexuales y los laborales. En las culturas masculinas, los papeles sexuales están muy diferenciados, y los "valores masculinos" tradicionales, como los logros y el ejercicio del poder, determinan los ideales culturales. En las culturas femeninas, los roles sexuales están menos acentuados y se hace poca diferenciación entre hombres y mujeres para un mismo puesto.

Hofstede ideó un índice de calificaciones para las cuatro dimensiones, de 0 a 100, con mayores calificaciones para altos grados de individualismo, distancia del poder, negación de la incertidumbre

---

[50]   G. Hofstede, "The Cultural Relativity of Organizational Practices and Theories", en *Journal of International Business Studies*, otoño de 1983, pp. 75-89, y G. Hofstede, *Cultures and Organizations: Software of the Mind*, Nueva York, McGraw-Hill, 1997.

y masculinidad. Luego, promedió la calificación de todos los empleados de una nación. En la tabla 4.1 se resumen estos datos de 20 países. Naciones occidentales como Estados Unidos, Canadá e Inglaterra poseen calificaciones elevadas en la escala de individualismo y bajas en la de distancia al poder. En el otro extremo, se sitúa un grupo de países latinoamericanos y asiáticos que prefiere el colectivismo sobre el individualismo y tienen una calificación elevada de distancia al poder. En la tabla 4.1 también se revela que la cultura de Japón cuenta con puntuaciones elevadas en negación de la incertidumbre y masculinidad. Tal caracterización concuerda con el estereotipo de Japón como país de dominio masculino, y la negación de la incertidumbre se manifiesta en la institución del empleo vitalicio. Suecia y Dinamarca destacan como naciones con calificaciones bajas en negación de la incertidumbre y masculinidad (se hace más hincapié en los valores "femeninos").

Los resultados de Hofstede son interesantes por lo que revelan, de manera muy general, acerca de las diferencias culturales. Muchos de estos son congruentes con los estereotipos occidentales al respecto; por ejemplo, muchas personas creen que los estadounidenses son más individualistas e igualitarios que los japoneses (tienen menos distancia al poder), quienes a su vez son más individualistas e igualitarios que los mexicanos. Del mismo modo, muchos están de acuerdo en que los países latinoamericanos, como México, resaltan más el valor de la masculinidad (son culturas machistas) que los nórdicos, como Dinamarca o Suecia.

Sin embargo, debemos tener precaución para no deducir en demasía de las investigaciones de Hofstede, pues han sido criticadas en varios aspectos.[51] En primer lugar, supone una correspondencia unívoca entre cultura y Estado nacional, pero, como ya vimos, en muchas naciones cabe más de una cultura; los resultados de sus estudios no tienen presente esta distinción. En segundo lugar, las investigaciones quizá tuvieron un prejuicio cultural; el equipo de investigación estaba compuesto por europeos y estadounidenses. Las preguntas que formularon a los empleados de IBM y sus interpretaciones de las respuestas pudieron estar influidas por sus prejuicios e intereses culturales; por tanto, no sorprende que los resultados de Hofstede confirmen los estereotipos occidentales, pues fueron occidentales quienes efectuaron los estudios.

	Distancia del poder	Negación de la incertidumbre	Individualismo	Masculinidad
Alemania (Rep. Fed.)	35	65	67	66
Argentina	49	86	46	56
Australia	36	51	90	61
Brasil	69	76	38	49
Canadá	39	48	80	52
Dinamarca	18	23	74	16
España	57	86	51	42
Estados Unidos	40	46	91	62
Francia	68	86	71	43
Gran Bretaña	35	35	89	66
India	77	40	48	56
Indonesia	78	48	14	46
Israel	13	81	54	47
Japón	54	92	46	95
México	81	82	30	69
Países Bajos	38	53	80	14
Panamá	95	86	11	44
Suecia	31	29	71	5
Tailandia	64	64	20	34
Turquía	66	85	37	45

TABLA 4.1

Valores laborales en una selección de 20 países.

Fuente: Citado en G. Hofstede, "The Cultural Relativity of Organizational Practices and Theories", en *Journal of International Business Studies*, 14, otoño de 1983, pp. 75-89. Reimpreso con permiso del doctor Hofstede.

---

[51] Para una crítica más detallada véase R. Mead, *International Management: Cross-Cultural Dimensions*, Oxford, Blackwell, 1994, pp. 73-75.

Alguna vez fue impensable que una mujer dirigiera una gran corporación, pero esto se está volviendo cada vez más común. La fotografía muestra a Virginia Rometty, CEO de IBM.

En tercer lugar, los encuestados de Hofstede no trabajaban en un solo sector, el de las computadoras, sino en una compañía, IBM. En ese periodo, esta empresa era reconocida por su fuerte cultura corporativa y sus procedimientos de selección de personal, lo que habría hecho posible que los valores de los trabajadores difirieran en aspectos importantes de los de las culturas de las que provenían; además, se excluyó de la muestra a determinadas clases sociales (como los obreros no calificados). Una observación final es que el trabajo de Hofstede comienza a ser obsoleto: las culturas no son estáticas, evolucionan, así sea con lentitud. Lo que fue una caracterización razonable en las décadas de 1960 y 1970 quizá no lo sea en la actualidad.

Con todo, así como no debe aceptarse sin cuestionamientos, el trabajo de Hofstede tampoco debe descartarse: representa un punto de partida para los administradores interesados en las diferencias entre las culturas y su significado para las prácticas administrativas. Asimismo, otros estudiosos han encontrado pruebas sólidas de que las diferencias culturales repercuten en los valores y prácticas del centro de trabajo, y se han repetido los resultados básicos de Hofstede con muestras más diversas y en distintos contextos.[52] De cualquier manera, los administradores deben ser cautos con estos resultados, porque no son forzosamente exactos.

Más adelante, Hofstede amplió sus investigaciones para incluir una quinta dimensión que abarcara diferencias culturales que no consideró antes.[53] Llamó a esta dimensión "dinamismo confuciano" (u *orientación al largo plazo*). Para Hofstede, el **dinamismo confuciano** comprende las actitudes hacia el tiempo, la persistencia, el ordenamiento, el pudor, el respeto por la tradición y la devolución de regalos y favores. El nombre obedece a que estos "valores" se derivan de las enseñanzas de Confucio. Como es de esperarse, los países del este de Asia, como Japón, Hong Kong y Tai-

[52] Por ejemplo véase W. J. Bigoness y G. L. Blakely, "A Cross-National Study of Managerial Values", en *Journal of International Business Studies*, diciembre de 1996, p. 739; D. H. Ralston, D. H. Holt, R. H. Terpstra y Y. Kai-Cheng, "The Impact of National Culture and Economic Ideology on Managerial Work Values", en *Journal of International Business Studies*, 28, núm. 1, 1997, pp. 177-208; P. B. Smith, M. F. Peterson y Z. Ming Wang, "The Manager as a Mediator of Alternative Meanings", en *Journal of International Business Studies*, 27, núm. 1, 1996, pp. 115-137; y L. Tang y P. E. Koves, "A Framework to Update Hofstede's Cultural Value Indices", en *Journal of International Business Studies, 39*, 2008, pp. 1045-1063.

[53] G. Hofstede y M. H. Bond, "The Confucius Connection", en *Organizational Dynamics*, 16, núm. 4, 1988, pp. 5-12; y G. Hofstede, *Culture's Consequences: Comparing Values, Behaviors, Institutions and Organizations across Nations*, Thousand Oaks, California, Sage, 2001.

landia obtuvieron calificaciones elevadas en dinamismo confuciano, mientras que Estados Unidos y Canadá calificaron entre los últimos. Hofstede y sus colaboradores llegaron a afirmar que sus pruebas indican que las naciones con mayores tasas de crecimiento económico poseen, también, calificaciones elevadas en dinamismo confuciano y bajas en individualismo, de lo que se deduce que el confucianismo es un buen estímulo para el crecimiento; no obstante, en estudios subsecuentes, se comprobó que este resultado no resiste un análisis estadístico más elaborado.[54] Durante la última década, las naciones con calificación alta en individualismo y baja en dinamismo confuciano, como Estados Unidos, alcanzaron tasas elevadas de crecimiento, mientras que culturas confucianas, como Japón, se estancaron. En realidad, si bien la cultura influye en el éxito económico de un país, es apenas uno de muchos factores, y aunque no debe ignorarse su importancia, tampoco debe exagerarse. Los factores que estudiamos en los capítulos 2 y 3 (los sistemas económico, político y legal) son más relevantes que la cultura para explicar las diferencias en el ritmo de crecimiento económico con el paso del tiempo.

Cambio cultural

La cultura no es constante, evoluciona con el tiempo.[55] Los cambios del sistema de valores pueden ser lentos y dolorosos para la sociedad; por ejemplo, en la década de 1960, los valores estadounidenses relacionados con las mujeres, el amor, el sexo y el matrimonio sufrieron modificaciones significativas. Buena parte de las agitaciones sociales de la época refleja esos cambios. Estos ocurren y a veces llegan a ser muy profundos; por ejemplo, a comienzos de la década de 1960, la idea de que las mujeres podían detentar puestos directivos en las grandes corporaciones no era muy aceptada, muchos incluso se mofaban. En nuestros días, es una realidad; por ejemplo, en 2012, Virginia Rometty se convirtió en la CEO de IBM. Nadie en la corriente principal de la sociedad estadounidense cuestiona el desarrollo de las capacidades de las mujeres en el mundo de los negocios. La cultura estadounidense se modificó (aunque todavía a las mujeres les cuesta más trabajo que a los hombres alcanzar puestos directivos).

Consideremos a Japón como otro ejemplo de cambio cultural. Algunos académicos aseguran que Japón se encuentra en un cambio cultural importante en dirección hacia un mayor individualismo.[56] El oficinista japonés modelo, el "asalariado", se retrata como un sujeto leal a su jefe y la organización al grado de renunciar a sus noches, fines de semana y vacaciones con tal de servir a su empresa, que es el grupo del que forma parte; no obstante, la nueva generación no actúa tan de acuerdo con ese modelo, a sus integrantes les gusta ser más directos que la tradición japonesa. Esta nueva generación se desenvuelve más como occidental, como *gaijin*; no vive para la compañía y renunciará si le ofrecen un puesto mejor. No se inclina por el tiempo extra, en especial si tiene una cita. Tiene sus propios planes para el tiempo libre, que no siempre incluyen beber o jugar golf con el jefe.[57]

En varios estudios se advierte que el avance económico y la globalización son factores trascendentes en los cambios sociales;[58] por ejemplo, hay pruebas de que el progreso económico se acompaña de un cambio de valores en el que el individualismo desplaza al colectivismo.[59] Así, a medida que Japón enriquece, declina la importancia cultural del colectivismo y se atestigua un aumento del individualismo. Una explicación para este cambio puede ser que las sociedades más opulentas requieren menos las estructuras de apoyo social y material que se erigen en grupo, sea una familia extendida o una compañía paternalista. Las personas son más capaces de cubrir sus necesidades. Como resultado, disminuye la importancia que se confiere al colectivismo, al tiempo que las mayores libertades económicas aumentan las oportunidades para expresar el individualismo.

[54] R. S. Yeh y J. J. Lawrence, "Individualism and Confucian Dynamism", en *Journal of International Business Studies*, 26, núm. 3, 1995, pp. 655-666.

[55] Para evidencias de ello véase R. Inglehart, "Globalization and Postmodern Values", en *The Washington Quaterly*, invierno de 2000, pp. 215-228.

[56] Mead, *International Management: Cross-Cultural Dimensions*, cap. 17.

[57] "Free, Young, and Japanese", en *The Economist*, 21 de diciembre de 1991.

[58] Namenwirth y Weber, *Dynamics of Culture*, e Inglehart, "Globalization and Postmodern Values".

[59] G. Hofstede, "National Cultures in Four Dimensions", en *International Studies of Management and Organization*, 13, núm. 1, pp. 46-74; y L. Tang and P. E. Koves, "A Framework to Update Hofstede's Cultural Value Indices.

Asimismo, la cultura de las sociedades se modifica cuando estas enriquecen porque el progreso económico repercute en otros factores los cuales influyen en la cultura; por ejemplo, el incremento de la urbanización y el mejoramiento de la calidad de vida y la disponibilidad de educación dependen del progreso económico, pero deterioran los valores tradicionales de las sociedades rurales pobres. En un estudio de 25 años acerca de los valores de 78 países, la Encuesta Mundial de Valores, coordinada por el Instituto de Investigaciones Sociales de la Universidad de Michigan, documentó este cambio de valores, el cual se vincula con el nivel de desarrollo económico de una nación.[60] De acuerdo con esta investigación, a medida que los países enriquecen se alejan de los valores tradicionales ligados a la religión, la familia y la patria, en favor de valores "seculares racionales". Los tradicionalistas afirman que la religión es esencial para su vida; tienen un sentimiento profundo de orgullo nacional, piensan que debe educarse a los hijos para que obedezcan y que la primera obligación de un niño es enorgullecer a sus padres. Sostienen que el aborto, la eutanasia, el divorcio y el suicidio no se justifican en ninguna circunstancia. En el otro extremo de este espectro están los valores seculares racionales.

Otra categoría que se investigó en la encuesta son los atributos de la calidad de vida. En un extremo del espectro están los "valores de supervivencia", que detentan las personas cuando lo principal es sobrevivir, los cuales hacen más hincapié en la seguridad económica y material que en la expresión personal. Los individuos que no tienen garantizada la comida o la vivienda son xenófobos, ven con desconfianza las actividades políticas, tienen tendencias autoritarias y creen que los hombres son mejores autoridades políticas que las mujeres. Los valores de "expresión personal" o "bienestar" remiten a la diversidad, el interés y la participación en los procesos políticos.

A medida que los países enriquecen, modifican sus valores "tradicionales" por los "seculares racionales", y los de "supervivencia" por los de "bienestar"; sin embargo, el cambio toma tiempo, sobre todo porque los valores se inculcan en la infancia y cuesta trabajo cambiarlos en la edad adulta. Los grandes cambios de valores atañen a las generaciones: los jóvenes están a la vanguardia de un cambio importante.

En lo que respecta a la globalización, algunos dicen que los adelantos en el transporte y las tecnologías de la comunicación, el aumento notable del comercio desde el fin de la Segunda Guerra Mundial y el auge de las corporaciones mundiales, como Hitachi, Disney, Microsoft y Levi Strauss, cuyos productos y operaciones se encuentran en todo el planeta, crean las condiciones para que las culturas se mezclen.[61] Con hamburguesas McDonald's en China, The Gap en la India, iPods en Sudáfrica y MTV en todas partes fomentando una cultura juvenil ubicua, y con naciones en todo el mundo que están subiendo la escalera del progreso económico, hay quien piensa que están dadas las condiciones para que se reduzca la diversidad cultural. En otras palabras, puede estar ocurriendo una lenta, aunque constante, convergencia entre distintas culturas hacia valores y normas universalmente aceptados. Esto se conoce como la hipótesis de *convergencia*.[62]

Dicho esto, no hay que ignorar relevantes tendencias a la inversa, como el aumento del fundamentalismo islámico en algunos países, el movimiento separatista en Quebec o las constantes tensiones étnicas y movimientos separatistas en Rusia. En muchos sentidos, tales tendencias contrarias son una reacción a las presiones de la convergencia cultural; en un mundo moderno cada vez más materialista, algunas sociedades intentan reforzar sus raíces y su singularidad. El cambio cultural no marcha en un solo sentido, en el que las culturas nacionales converjan hacia una entidad planetaria homogénea. También, es indispensable observar que, aunque algunos elementos de la cultura cambian con rapidez (en particular el uso de símbolos materiales), otros no lo hacen o lo hacen con lentitud. Así, no porque personas de todo el mundo usen jeans y coman McDonald's, utilicen smartphones, vean su versión nacional de *American Idol* y conduzcan automóviles Ford por la autopista para ir al trabajo, debe concluirse que adoptaron los valores estadounidenses (u occidentales), pues lo más común es que no lo hayan hecho.[63] Para ilustrar esto, considere que muchos occidentales comen comida china, ven películas de artes marciales chinas y toman clases de kung fu, pero sus valores con-

---

[60] Véase Inglehart, "Globalization and Postmodern Values". Búsquense actualizaciones en: http://wvs.isr.umich.edu/index.html, consultado el 13 de agosto de 2014.

[61] Hofstede, "National Cultures in Four Dimensions".

[62] D. A. Ralston, D. H. Holt, R. H. Terpstra y Y. Kai-Chung, "The Impact of National Culture and Economic Ideology on Managerial Work Values", en *Journal of International Business Studies*, 2007, pp. 1-19.

[63] Véase Leung *et al.*, "Culture and International Business".

tinúan siendo occidentales. Así, es básico hacer una distinción entre los aspectos materiales visibles de la cultura y las normas y valores sociales que subyacen en la estructura y que son fundamentales. La estructura profunda solo cambia con lentitud y, a menudo, las diferencias aquí son mucho más persistentes de lo que podríamos suponer.

IMPLICACIONES PARA LOS ADMINISTRADORES

Una empresa internacional es distinta de una nacional porque los países y las sociedades difieren. En este capítulo, estudiamos cuán heterogéneas pueden ser las sociedades. Todas difieren porque sus culturas varían debido a que hay diferencias profundas entre las estructuras sociales, la religión, el lenguaje, la educación, las teorías económicas y las teorías políticas. De tales discrepancias se desprenden tres implicaciones principales para los administradores. La primera es la necesidad de adquirir conocimientos culturales, que no es solo una necesidad de aceptar que hay diferencias entre las culturas, sino también de entender qué significado tienen para los negocios internacionales. La segunda implicación es la conexión entre cultura y ventaja competitiva nacional. La tercera atañe a la relación entre la cultura y la ética al momento de tomar decisiones. En esta sección, examinaremos las dos primeras implicaciones y dejamos para el capítulo siguiente la relación entre ética y cultura.

ALFABETISMO TRANSCULTURAL

Un gran peligro que enfrenta una compañía que sale al extranjero por primera vez es estar mal informada. Las empresas internacionales mal informadas sobre las prácticas de otra cultura fracasarán. Hacer negocios en otras culturas requiere adaptarse a sus sistemas de valores y normas. La adaptación puede abarcar todos los aspectos de las operaciones de una empresa internacional en otro país. La manera de negociar acuerdos, los sistemas de pagos de incentivos para los vendedores, la estructura de la organización, el nombre de un producto, el tono de las relaciones obrero-patronales, el modo de promover el artículo, etc., varían según las diferencias culturales. Lo que funciona en una cultura, quizá no sirva en otra (véase el caso inicial sobre Walmart en Alemania).

Para combatir el peligro que representa la mala información, las empresas internacionales deben pensar en contratar empleados locales que las ayuden a hacer negocio en una cultura particular. Asimismo, deben asegurarse de que sus ejecutivos sean lo bastante cosmopolitas para entender el efecto de las diferencias culturales en la práctica de los negocios internacionales. Transferir periódicamente al extranjero a los ejecutivos los expone a diversas culturas y sirve para formar un cuadro de ejecutivos cosmopolitas. Además, una compañía internacional debe estar en guardia constante contra los peligros del *comportamiento etnocéntrico*. El **etnocentrismo** es la convicción en la superioridad del propio grupo étnico o la cultura; con el etnocentrismo va de la mano el desdén o desprecio por la cultura de otros países. Por desgracia, el etnocentrismo está demasiado extendido; muchos estadounidenses lo padecen, así como muchos franceses, japoneses, ingleses, etc. Por desagradable que sea, el etnocentrismo es un hecho real y las empresas internacionales deben tomar sus precauciones.

Algunos ejemplos sencillos ilustran la importancia de los conocimientos culturales. El antropólogo Edward T. Hall describió la intensa reacción de los estadounidenses, quienes tienden a mostrar una naturaleza informal, cuando son corregidos o regañados en público.[64] Esto puede causar problemas en Alemania, donde la tendencia cultural a corregir a los extranjeros conmociona y ofende a muchos estadounidenses. Por su parte, los alemanes se sorprenden por la tendencia de los estadounidenses a tutear a los demás llamándolos por su primer nombre. Ya es incómodo entre ejecutivos del mismo nivel, pero puede interpretarse como un insulto cuando un ejecutivo estadounidense joven y de nivel inferior se dirige así a un ejecutivo alemán que es su superior y de más edad, sin que él lo haya autorizado. Hall concluye que puede pasar mucho tiempo para tutearse con un alemán, y si se apresura el ritmo, se considerará un rasgo grosero y un acto de abuso de confianza, lo cual no es positivo para los negocios.

Por otro lado, Hall observa que las diferencias culturales en las actitudes hacia el tiempo también pueden ocasionar muchos problemas. Menciona que, en Estados Unidos, fijar un plazo a una persona

---

[64] Hall y Hall, *Understanding Cultural Differences*.

es una manera de resaltar la urgencia o la importancia de un trabajo; aunque, en Medio Oriente, establecer tal límite puede tener exactamente el efecto contrario: se pensará que el estadounidense que insiste a su socio árabe para que tome una decisión apresurada plantea exigencias desmesuradas y ejerce una presión indebida. El resultado puede ser lo contrario de lo que el estadounidense pretendía; a saber, que el árabe sea aún más lento en respuesta a su arrogancia y grosería. Por su parte, el estadounidense pensará que el árabe es grosero si se presenta tarde a una junta porque se encontró a un amigo en la calle y se detuvo a platicar. Desde luego, el estadounidense está muy preocupado por el tiempo y los horarios; pero, para el árabe, en cuya sociedad las redes sociales son una fuente de información y es primordial mantener las relaciones, seguir la plática con su amigo es más relevante que apegarse a un horario estricto. De hecho, el árabe se sentirá desconcertado por la importancia que el estadounidense concede al tiempo y los horarios.

CULTURA Y VENTAJA COMPETITIVA

Un tema que aflora de manera continua en este capítulo es la relación entre cultura y ventaja competitiva nacional. En forma simple, el sistema de valores y las normas de un país influyen en los costos de hacer negocios en este. Los costos de negociar en una nación repercuten en la capacidad de las empresas para establecer una ventaja competitiva en el mercado global. Vimos que las actitudes hacia la cooperación entre obreros y patrones, el trabajo y el pago de intereses sufren la influencia de la estructura social y la religión. Puede decirse que los conflictos de clase entre trabajadores y directivos en las sociedades con conciencia de clase, cuando causa trastornos productivos, eleva los costos de hacer negocios. Del mismo modo, estudiamos que los sociólogos afirman que la ética ascética "ultraterrena" del hinduismo no es tan propicia para el capitalismo como la ética del protestantismo y del confucionismo. Asimismo, las leyes islámicas que prohíben el pago de intereses pueden aumentar los costos de hacer negocios porque limitan el sistema bancario de un país.

Japón presenta un ejemplo interesante de la influencia de una cultura para obtener una ventaja competitiva. Algunos estudiosos aseguran que la cultura del Japón moderno reduce los costos de hacer negocios en comparación con las naciones occidentales. La importancia que en Japón se atribuye al grupo, la lealtad, las obligaciones recíprocas, la honestidad y la educación fomentan la competitividad de las compañías japonesas. Recalcar la pertenencia a un grupo y la lealtad alienta a los individuos para que se identifiquen con la compañía donde trabajan. Esta actitud refuerza la ética de diligencia y cooperación entre patrones y trabajadores, "por el bien de la compañía". Así también, las obligaciones recíprocas y la honestidad fomentan un ambiente de confianza entre las compañías y sus proveedores, lo que los alienta a establecer relaciones perdurables en las que se empeñan por reducir inventarios, controlar la calidad y mejorar el diseño, lo cual mejora la competitividad de la organización. Este grado de cooperación falta en Occidente, donde las relaciones entre una compañía y sus proveedores son efímeras y parten de ofertas en competencia, que no se basan en compromisos mutuos de largo plazo. Además, la disponibilidad de una reserva de trabajadores muy capacitados, en particular ingenieros, ayuda a las empresas japonesas a hacer innovaciones que reducen los costos e impulsan su productividad.[65] Por tanto, los factores culturales explican la ventaja competitiva de muchas empresas de ese origen en el mercado global. Más notablemente, se ha argumentado que el auge de Japón como potencia económica durante la segunda mitad del siglo xx puede atribuirse en parte a las consecuencias económicas de esta cultura.[66]

Asimismo, se ha dicho que la cultura japonesa apoya menos las actividades emprendedoras que, digamos, la sociedad estadounidense. En muchos sentidos, las actividades emprendedoras se deben a una mentalidad individualista, lo que no es una característica usual de los japoneses. Esta particularidad explicaría por qué las compañías estadounidenses, más que las japonesas, dominan los sectores en que el espíritu emprendedor y la innovación se valoran más, como el software de cómputo y la biotecnología. Desde luego, hay excepciones obvias y significativas a esta generalización: Masayoshi Son se percató de las posibilidades del software mucho antes de que lo hicieran las corporaciones gigantes de Japón. En 1981, fundó su compañía, Softbank, y durante los últimos 30 años se ha convertido en el mayor distribuidor de software del país. Individuos dinámicos y emprendedores fundaron grandes compañías japonesas, como Sony y Matsushita; pero estos ejemplos pueden ser excepciones que confirmen la regla, ya que no se ha producido en Japón una oleada de empresas de alta tecnología equivalente a la de los Estados Unidos.

[65] Véase Aoki, *Information, Incentives, and Bargaining in the Japanese Economy*; Dertouzos, Lester y Solow, *Made in America*, y Porter, *The Competitive Advantage of Nations*, pp. 395-397.

[66] Véase Dore, *Taking Japan Seriously*; y C. W. L. Hill, "Transaction Cost Economizing as a Source of Comparative Advantage: The Case of Japan", en *Organization Science*, 6, 1995.

Para los negocios internacionales, la conexión entre cultura y ventaja competitiva es importante por dos motivos: en primer lugar, señala los probables países donde surgirán los competidores más viables; por ejemplo, se diría que las empresas estadounidenses verán aumentar la competencia agresiva y de costos bajos en competidores de la cuenca del Pacífico, donde se combinan la economía de libre mercado, la ideología confuciana, las estructuras sociales de grupo y los sistemas educativos avanzados (por ejemplo, Corea del Sur, Taiwán, Japón y, cada vez más, China).

En segundo lugar, la conexión entre cultura y ventaja competitiva tiene implicaciones considerables para elegir los países donde instalar los centros de producción y hacer negocios. Tomemos el caso hipotético de una compañía que debe escoger entre dos países, A y B, como sede de sus instalaciones fabriles; ambos se caracterizan por mano de obra barata y buen acceso a los mercados mundiales. Los dos tienen más o menos la misma población y están en una etapa semejante de desarrollo. En el país A, el sistema educativo es subdesarrollado, la sociedad se distingue por una estratificación acentuada entre clases altas y bajas, y hay seis grupos lingüísticos principales. En el país B, el sistema educativo está bien desarrollado, la sociedad tiene una gran movilidad, la cultura valora la identificación con un grupo y solo hay un idioma. ¿Qué nación es el mejor lugar para invertir?

Tal vez el país B. En el A, pueden anticiparse conflictos entre obreros y patrones, así como trastornos sociales y productivos entre las comunidades lingüísticas, lo cual eleva los costos de hacer negocios.[67] La falta de un buen sistema educativo también puede obstaculizar el logro de las metas empresariales.

La misma comparación vale respecto de las empresas internacionales que deciden si promueven sus productos en el país A o en el B. De nuevo, el país B sería la elección lógica, pues los factores culturales indican que, en el largo plazo, es la nación que tendrá mayor crecimiento económico.

Pero, por relevante que sea la cultura, quizá lo sea menos que los sistemas económico, político y legal para explicar las diferencias de crecimiento económico entre los países. Las diferencias culturales son significativas, mas no debemos exagerar su importancia en la esfera económica; por ejemplo, mencionamos que Max Weber sostuvo que los principios ascéticos del hinduismo no alentaban las actividades emprendedoras. Aunque es una tesis académica interesante, en los últimos años se vio un aumento en las actividades emprendedoras de la India, en particular en el sector de la tecnología de la información, donde se convirtió con rapidez en un participante global. Los principios ascéticos del hinduismo y la estratificación social en castas no detuvieron la actividad emprendedora en este sector.

---

[67] Para estudios empíricos que respaldan esta idea véase Annett, "Social Fractionalization, Political Instability, and the Size of Government".

RESUMEN

Vimos la naturaleza de la cultura de las sociedades y estudiamos algunas de sus implicaciones en la práctica de los negocios. En el capítulo destacamos estos puntos:

1. La cultura es un complejo que abarca conocimientos, ideas, arte, moral, leyes, usos y otras capacidades que adquieren los integrantes de una sociedad.
2. Los valores y normas son componentes centrales de una cultura. Los valores son ideales abstractos sobre lo que la sociedad cree bueno, correcto y deseable. Las normas son reglas sociales y guías que establecen el comportamiento apropiado en situaciones particulares.
3. Valores y normas sufren la influencia de las doctrinas políticas y económicas, la estructura social, la religión, el lenguaje y la educación.
4. La estructura de una sociedad es su organización social básica. Las estructuras sociales difieren en dos aspectos esenciales: estratificación y colectivismo o individualismo.
5. En algunas sociedades, el individuo es el elemento constitutivo básico de la organización social. En estas, se valoran los logros individuales por encima de todo. En otras, el grupo es la célula básica de la organización social; en ellas, se hace hincapié en la pertenencia al grupo y sus logros.
6. Todas las sociedades se dividen en clases. Las sociedades conscientes de las clases se caracterizan por su poca movilidad social y mucha estratificación. Las sociedades menos conscientes se identifican por más movilidad social y poca estratificación.
7. La religión se define como un sistema de credos y ritos compartidos respecto del ámbito de lo sagrado. Los sistemas éti-

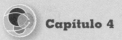

cos son conjuntos de principios o valores morales para guiar y encauzar la conducta. Las principales religiones del mundo son el cristianismo, islamismo, hinduismo y budismo. Aunque el confucianismo no es una religión, influye en el comportamiento de manera tan profunda como las religiones. Los sistemas de valores de las religiones y los sistemas éticos generan varias consecuencias que afectan la práctica de los negocios.

8. El lenguaje es una característica definitoria de una cultura. Hay lenguaje hablado y tácito. En países con más de una lengua hablada, por lo regular hay más de una cultura.

9. La educación formal es un medio por el cual los individuos adquieren habilidades y aprenden a actuar de acuerdo con los valores y normas de la sociedad. La educación cumple con una función primordial para lograr una ventaja competitiva nacional.

10. Geert Hofstede estudió la relación de la cultura con los valores laborales. Aisló cuatro dimensiones que resumían diferentes culturas: distancia del poder, negación de la incertidumbre, individualismo o colectivismo, y masculinidad o feminidad.

11. La cultura no es constante, evoluciona. El progreso económico y la globalización son dos motores importantes del cambio cultural.

12. Un peligro que enfrentan las compañías que comienzan a operar en el extranjero por primera vez es estar mal informadas. Para acumular conocimientos culturales, deben contratar empleados del país al que desean ingresar, formar cuadros de ejecutivos cosmopolitas y evitar los peligros del comportamiento etnocéntrico.

13. Los sistemas de valores y normas de una nación inciden en los costos de hacer negocios en ella.

Preguntas de análisis y razonamiento crítico

1. Explique por qué la cultura de un país influye en los costos de hacer negocios con él. Dé ejemplos en su respuesta.

2. ¿Cree que las prácticas de los negocios en un país islámico son diferentes de las de Estados Unidos? ¿Por qué?

3. ¿Cuáles son las implicaciones para las empresas internacionales de las diferencias religiosas o éticas predominantes en una nación?

4. Elija dos países que le parezca que tienen culturas diferentes. Compare las culturas e indique la influencia de sus diferencias en *a*) los costos de hacer negocios, *b*) las posibilidades de desarrollo económico y *c*) las prácticas empresariales.

5. Lea de nueva cuenta el "Vistazo a un país" sobre el capitalismo islámico en Turquía y responda estas preguntas:

   a) ¿Encuentra algo que sea hostil para los negocios en los valores del Islam?

   b) ¿Qué nos enseña la experiencia de la región que circunda a Kayseri respecto de la relación entre el Islam y los negocios?

   c) ¿Cuáles son las implicaciones de los valores islámicos relacionados con los negocios que estimulan u obstaculizan la participación de un país como Turquía en la economía global?

6. Vuelva a leer la sección "Panorama administrativo" sobre DMG-Shangai y conteste estas preguntas:

   a) ¿Por qué es primordial cultivar en China el *guanxi* y el *guanxiwang*?

   b) ¿Qué nos dice la experiencia de DMG acerca de la manera en que funcionan los asuntos en China? ¿Qué le ocurriría a un negocio que obedeciera todas las reglas y regulaciones en lugar de tratar de darles la vuelta como evidentemente hace Dan Mintz?

   c) ¿Cuáles son los problemas éticos que podrían surgir al recurrir al *guanxiwang* para operar en China? ¿Qué sugiere esto en cuanto a los límites de utilizar el *guanxiwang* para una compañía occidental comprometida con altos estándares éticos?

Proyecto de investigación globalEDGE   globaledge.msu.edu

Diferencias culturales

Consulte la página electrónica de globalEDGE (globaledge.msu.edu) para efectuar estos ejercicios.

Ejercicio 1

Usted se prepara para hacer un viaje de negocios a Chile, donde tendrá que tratar con muchos profesionales locales. Por tanto, le conviene informarse sobre la cultura nacional y los hábitos de negocios antes de su partida. Un compañero de América Latina le recomienda que visite el Centro de Aprendizaje Intercultural y lea las percepciones nacionales que existen sobre Chile. Prepare una breve descripción de las características culturales más sorprendentes que podrían afectar las interacciones empresariales en dicho país.

Ejercicio 2

Por lo general, los factores culturales determinan las diferencias en la etiqueta de negocios que se encuentra durante los viajes internacionales. En realidad, las culturas del Medio Oriente tienen diferencias de protocolo significativas en los negocios en comparación con las culturas occidentales. Antes de partir para su primer viaje de negocios a la región, un compañero le informa que una guía llamada *Business Etiquette around the World* podría serle de utilidad. Con ayuda de esta guía, encuentre cinco sugerencias sobre el protocolo de negocios del Medio Oriente de su elección.

CASO FINAL

Cultura y negocios en Arabia Saudita

Arabia Saudita no es precisamente el lugar más fácil del mundo para que las empresas occidentales hagan negocios. Por una parte, este opulento reino en petróleo ofrece muchas oportunidades para los negocios emprendedores. Desde hace tiempo, las compañías occidentales de construcción han desempeñado su rol construyendo infraestructura en el reino. Marcas occidentales, desde Coca-Cola, Nike y McDonald's hasta The Body Shop, Next y Benetton cuentan con una presencia destacada. Las compañías aéreas de Occidente como Boeing y Lockheed han vendido una cantidad importante de aeroplanos a Arabia Saudita a lo largo de los años. El mercado saudita es uno de los más grandes en el Medio Oriente. Por más de una década, el gobierno ha dado señales de estar más abierto a la inversión extranjera en ciertos sectores de la economía, aunque la extracción de gas y petróleo sigue estando reservada a empresas propiedad del gobierno.

Por otra parte, Arabia Saudita es un país históricamente conservador, donde un gran segmento de la población desea preservar los valores religiosos y las antiguas tradiciones de la región. Esto puede, y de hecho lo hace, filtrarse al sector comercial. La cultura de la nación ha sido moldeada por una combinación de tradiciones islámicas y beduinas. En 1744, cuando los nómadas del desierto poblaron la península Arábiga, el clan al Saud, que habitaba en el oasis, hizo un pacto con Ibn Abd-al-Wahhab, un influyente estudioso islámico que buscó purificar el Islam y devolverlo a sus raíces tradicionales por medio de un fuerte apego a lo que él pensaba eran los principios originales de dicha religión, como se expresan en el Corán. A cambio de proteger a Wahhab y seguir sus enseñanzas, Wahhab ofreció su respaldo a la ambiciosa familia al Saud. Ciento cuarenta años después, la familia unió a las tribus nómadas del desierto bajo su régimen, y en 1922 nació el reino saudita.

Hoy en día, la estricta secta islámica Wahhab posee una profunda influencia en la cultura saudita, algo que es muy visible para los viajeros extranjeros; por ejemplo, las tiendas y los restaurantes cierran cinco veces al día a la hora de la oración, y muchos restaurantes, incluidos los occidentales como McDonald's, tienen áreas separadas para hombres y mujeres. En Arabia Saudita, no se permite a las mujeres conducir un auto, navegar en un bote o volar un aeroplano, ni aparecer fuera de casa con el cabello, las muñecas o los tobillos expuestos, algo que las compañías occidentales deben tener en cuenta cuando hacen negocios en el país o con sauditas en cualquier otro lado. De hecho, las mujeres que viajan solas en general necesitan guardaespaldas del gobierno o permisos especiales.

Asimismo, el apego saudita a los valores islámicos ha hecho surgir un sentimiento antiestadounidense, que aumentó después de la invasión a otra nación musulmana, Irak, encabezada por Estados Unidos. La solidaridad cultural se expresa en los boicots de los consumidores a los productos estadounidenses. Más inquietantes que estos boicots han sido los ataques terroristas contra expatriados occidentales en Arabia Saudita durante la década pasada, que elevaron de modo considerable los riesgos percibidos de hacer negocios en el reino.

Las tradiciones beduinas han sido tan fuertes como los valores islámicos en moldear la cultura saudita. Los valores que eran relevantes para esos orgullosos nómadas, y que les han permitido sobrevivir en el difícil paisaje desértico, continúan estando presentes en la moderna sociedad saudita. Incluyen lealtad, estatus y énfasis en las relaciones interpersonales, la idea de dar un tiempo aproximado más que un tiempo preciso, y una aversión a cualquier comportamiento que pueda parecer de baja categoría o servil (como el trabajo manual).

Haciendo eco de las tradiciones beduinas, los sauditas a menudo conducen sus negocios solo después de que la confianza ha quedado bien establecida, un proceso que puede requerir (según los estándares occidentales) una gran cantidad de reuniones cara a cara. Los sauditas pueden resentir que se les apresure a tomar una decisión de negocios y prefieren que las discusiones transcurran de una manera más relajada, algo que los occidentales, con su apego a marcar un tiempo preciso más que uno aproximado, pueden considerar impositivo. Las reuniones de negocios pueden ser largas porque muchos sauditas mantienen una "oficina abierta" e interrumpirán la reunión para hacer otros negocios, algo que puede ser rastreado hasta la tradición beduina donde todos los miembros de la tribu tienen derecho a visitar y hacer peticiones a sus líderes sin previa cita. Dada la importancia cultural ligada al estatus, los ejecutivos sauditas no reaccionarán bien si una compañía extranjera envía un ejecutivo menor a que se haga cargo de administrar los negocios.

La lealtad a la familia y los amigos es una fuerza poderosa, y la seguridad y el progreso en el trabajo pueden basarse en lazos familiares y de amistad en vez de —o además de—, en una com-

La cultura islámica de Arabia Saudita tiene una influencia fundamental en el comportamiento en los escenarios de negocios.

petencia probada, administrativa o técnica. Los occidentales pueden interpretar esto negativamente como nepotismo, pero es reflejo de una cultura nómada donde la confianza en la familia y en la tribu estaba por encima de todo lo demás. Los ejecutivos sauditas consultarán también con su familia y amigos antes de tomar decisiones de negocios y pueden darle más peso a sus opiniones que a las de los expertos a quienes no conocen tan bien.

La aversión beduina a los trabajos de baja categoría ha ocasionado un problema laboral permanente en el reino y las compañías extranjeras descubrirán rápidamente que es difícil encontrar nativos sauditas que se encarguen del trabajo manual o de dar servicios básicos. En consecuencia, cerca de seis millones de nativos extranjeros residen en Arabia Saudita. Estos expatriados, que suelen ser principalmente de otras naciones musulmanas como Pakistán e Indonesia, se encargan de muchas de las ocupaciones menores que los sauditas desdeñan. Aunque los ingresos del petróleo han hecho posible esta estratificación social, el gobierno saudita lo ve como un problema potencial a largo plazo: casi 90% de todos los empleos en el sector privado de Arabia Saudita están ocupados por nativos extranjeros, y en consecuencia, ha lanzado un programa de "sauditización". El objetivo es cambiar los valores culturales hacia el trabajo considerado menor y, al hacerlo, ayudar a construir una economía moderna. Hasta ahora, el éxito ha sido, cuando mucho, dudoso.

La sociedad saudita está comenzando a cambiar en otras formas importantes. Poco a poco, los derechos de las mujeres sauditas han empezado a expandirse. En 1964, no se permitía a las jóvenes sauditas asistir a la escuela; hoy, más de la mitad de los estudiantes universitarios en el reino son mujeres. En 2004, se concedió a las mujeres sauditas el derecho a tener licencias comerciales, un avance considerable si se tiene en cuenta que las mujeres poseen cerca de 25 mil millones de dólares en depósitos en los bancos sauditas y poca oportunidad de utilizarlos. A medida que la sociedad saudita evoluciona, las mujeres sauditas pueden llegar a desempeñar un rol más trascendente en los negocios.[68]

Preguntas para analizar el caso

1. ¿Qué fuerzas moldearon la moderna cultura saudita? ¿Qué tan similares o diferentes son esas fuerzas de las que moldearon la cultura de las naciones occidentales?
2. ¿Qué tipo de malentendidos tienen posibilidad de surgir entre una compañía estadounidense y una empresa saudita, si ninguna tiene experiencia de trato con la otra?
3. Si estuviera en posición de aconsejar a una compañía occidental que estuviera evaluando hacer negocios en Arabia Saudita por primera vez, ¿cuál sería su consejo?

---

[68] G. Rice, "Doing Business in Saudi Arabia", en *Thunderbird International Business Review*, enero-febrero de 2004, pp. 59-84; A. Kronemer, "Inventing a Working Class in Saudi Arabia", en *Monthly Labor Review*, mayo de 1997, pp. 29-30; "Out of the Shadows, into de World-Arab Women", en *The Economist*, 19 de junio de 2004, pp. 28-30; B. Mroue, "Arab Countries Boycott U. S. Goods over Mideast Policies", en *Los Angeles Times*, 29 de julio de 2002, p. C3; y Maureen Dowd, "A Girl's Guide to Saudi Arabia", en *Vanity Fair*, agosto de 2010.

Ética en los negocios internacionales

5

OBJETIVOS DE APRENDIZAJE:

Al terminar este capítulo, usted deberá ser capaz de:

OA5-1 Entender los problemas éticos que enfrentan los negocios internacionales.

OA5-2 Reconocer un dilema ético.

OA5-3 Identificar las causas del comportamiento no ético de los administradores.

OA5-4 Describir las distintas posturas filosóficas sobre la ética.

OA5-5 Explicar de qué manera pueden los administradores incorporar consideraciones éticas en su toma de decisiones.

Exportación de baterías usadas a México

Caso inicial

El plomo es un metal altamente tóxico. Los niveles elevados de este metal en el cuerpo humano se asocian con daño a muchos órganos y tejidos, incluidos el corazón, los huesos, los intestinos, los riñones y los sistemas nervioso y reproductivo. La elevada exposición al plomo en los niños pequeños es algo particularmente preocupante. Puede ocasionar una disminución de la inteligencia y dificultades de aprendizaje, problemas de audición, disminución de la capacidad de atención, hiperactividad y comportamiento antisocial. Así, no sorprende que la exposición al plomo esté especialmente regulada en las naciones desarrolladas. En Estados Unidos, la Agencia de Protección Ambiental (Environmental Protection Agency, EPA) ha exigido reglas estrictas diseñadas para limitar la contaminación por plomo. Una consecuencia de tales reglas ha sido elevar el costo del reciclaje de las baterías con este metal; sin embargo, estas regulaciones no prohíben a las compañías exportar baterías usadas a otros países, donde los estándares son menores y el cumplimiento de la ley, más relajado.

Un estudio efectuado por reporteros de *The New York Times* reveló que aproximadamente 20% de las baterías automotrices e industriales utilizadas en Estados Unidos se exportaron a México en 2011, comparado con 6% en 2007. El plomo se extrae de estas baterías y se revende a los mercados de *commodities*. Se trata de un negocio floreciente. La libra de plomo alcanzó un precio de 0.42 centavos de dólar en enero de 2012, cuando una década antes era de 0.05. Asimismo, el reciclaje en México es un negocio sucio; aunque la nación posee ciertas regulaciones respecto del fundido y reciclaje del plomo, las leyes son débiles en comparación de los estándares estadounidenses y permiten que las plantas liberen casi 20 veces más que sus similares en Estados Unidos. Para empeorar el asunto, la ejecución de las leyes es algo permisiva por falta de fondos. Un estudio reciente del gobierno en México reveló que 19 de cada 20 plantas recicladoras no cuentan con la debida autorización para importar desechos peligrosos, incluidas las baterías de plomo.

En algunas plantas mexicanas, las baterías son desmanteladas por hombres a martillazos y funden el plomo en hornos cuyas chimeneas arrojan el humo al ambiente. Una muestra de suelo colectada en un patio de escuela cercano a una de estas plantas mostró un nivel de plomo de dos mil partes por millón, el cual es cinco veces el límite establecido por la EPA para áreas de juegos infantiles en Estados Unidos. Los reporteros de *The New York Times* documentaron varios casos de niños que vivían cerca de esta planta y que tenían elevados niveles de plomo en sus cuerpos. Un pequeño de cuatro meses tenía 24.8 microgramos de plomo por decilitro de sangre, casi dos veces y media más que el nivel asociado con un serio retraso mental.

Gran parte de la exportación de baterías de plomo a México es efectuada por intermediarios en Estados Unidos, que compran baterías viejas y después las envían a través de la frontera al procesador menos costoso, que suele ser una compañía mexicana. Algunas grandes compañías también están en este negocio, aunque, por lo general, tratan de ceñirse a estándares mayores. Una gran empresa estadounidense de baterías, Exide, cuenta con cinco plantas recicladoras en Estados Unidos, pero no recicla en México. Según uno de sus ejecutivos, la compañía no tiene interés en burlar las regulaciones. Otro gran fabricante estadounidense de baterías, Johnson Controls, envía una cantidad importante a México, pero tiene ahí sus propias plantas de reciclaje. Johnson Controls sostiene que sus instalaciones mexicanas cumplen con las más estrictas regulaciones estadounidenses, no con los estándares mexicanos, y que sus operaciones de reciclaje en ese país están muy por debajo de los estándares estadounidenses actuales respecto de los niveles sanguíneos de los empleados y considerablemente mejor que el promedio.[1]

Introducción

El caso inicial describe el lucrativo negocio de exportar baterías de plomo usadas de Estados Unidos a México, donde el plomo es extraído y vendido para obtener ganancias. Dado que las regulaciones ambientales son más débiles y el cumplimiento de la ley es relajado en México, esta práctica puede ocasionar niveles mucho mayores de contaminación por plomo de lo que se permitiría en Estados Unidos. ¿Es ético involucrarse en estas prácticas? La mayoría respondería que no; sin embargo, la práctica está muy difundida, pues 20% de todas las baterías de plomo estadounidenses terminan en recicladoras mexicanas. ¿Qué debería hacer al respecto una compañía dedicada al negocio del reciclaje de plomo? Una postura, encabezada por Exide, es rehusarse a exportar baterías usadas a México, aunque al hacerlo Exide sea castigada con costos mayores. Otro productor estadounidense, Johnson Controls, sí recicla en México, pero tiene ahí sus propias plantas que se ajustan a los estándares ambientales de Estados Unidos. Al parecer, tanto Exide como Johnson Controls actúan de manera ética en su negocio, pero, por lo visto, muchos otros productores, no.

Los temas éticos aparecen con frecuencia en los negocios internacionales, a menudo porque las prácticas y regulaciones de negocios cambian de una nación a otra; por ejemplo, en cuanto a la contaminación por plomo, lo que se permite en México está prohibido en Estados Unidos. Dichas diferencias pueden crear dilemas éticos para las compañías. El tema central de este capítulo es entender la naturaleza del dilema ético y decidir el curso de acción a seguir cuando se enfrenta uno.

El término *ética* alude a los principios aceptados de lo correcto y lo equivocado que gobiernan el comportamiento de una persona, los miembros de una profesión o las acciones de una organización. La **ética de negocios** son los principios aceptados de lo que es correcto o erróneo y que gobiernan el comportamiento de la gente en el medio de los negocios, y una **estrategia ética** es un curso de acción que no viola dichos principios. En este capítulo, estudiaremos cómo deben incorporarse los aspectos éticos en la toma de decisiones de las empresas internacionales. Primero, veremos el origen y la naturaleza de los dilemas éticos de una compañía internacional. En este capítulo, revisaremos también las razones detrás de la toma de decisiones erróneas y expondremos distintas posturas filosóficas en la ética de negocios. Cerraremos el capítulo con la revisión de los diversos procesos que pueden adoptar los administradores para garantizar la incorporación de las consideraciones éticas en la toma de decisiones de una empresa internacional.

OA5-1

Problemas éticos de los negocios internacionales

Muchos de los dilemas éticos de las empresas internacionales se originan en las diferencias significativas de los sistemas políticos, las leyes, el desarrollo económico y la cultura entre naciones. Lo que se considera una práctica normal en un país no es ético en otros. Como los administradores de una compañía multinacional trabajan para una institución que rebasa las fronteras nacionales, deben estar muy atentos a tales discrepancias y elegir la acción ética en las circunstancias en que las varia-

---

[1] E. Rosenthal, "Used Batteries from U.S. Expose Mexicans to Risk", en *The New York Times*, 9 de diciembre de 2011, pp. A1, A12; "New Report Detailing Failures of Mexican Battery Recyclers Proves the Exportation of SLABs Must Be Stopped", en *Business Wire*, 15 de junio de 2011; y "Johnson Controls Announces Planned Investment in Its Automotive Battery Recycling Center in Mexico", en *PR Newswire*, 30 de agosto de 2011.

ciones entre culturas abren la posibilidad de que se presenten problemas éticos. En el contexto de los negocios internacionales, los dilemas éticos más comunes se relacionan con las prácticas de empleo, derechos humanos, normas ambientales, corrupción y obligaciones morales de las corporaciones multinacionales.

PRÁCTICAS DE EMPLEO

Cuando las condiciones laborales en otra nación son muy inferiores a las que privan en el país de la multinacional, ¿qué criterios deben aplicarse: los de la nación de origen, los de la anfitriona o un punto intermedio entre ambos? Pocos propondrían que se equipararan los pagos y las condiciones laborales en todos los países, pero, ¿cuánta diferencia es aceptable? Por ejemplo, si en algunas naciones en desarrollo son comunes las jornadas de 12 horas, pagos bajísimos y ausencia de protección contra sustancias tóxicas, ¿significa que es correcto que una multinacional tolere estas condiciones en sus filiales o que las pase por alto al recurrir a contratistas locales (el "Caso inicial" proporciona un ejemplo de dicha situación)?

En la década de 1990, Nike estuvo en el centro de un huracán de protestas cuando los noticieros revelaron que las condiciones laborales de muchos de sus subcontratados eran pésimas. Uno de los argumentos más socorridos fue el que se detalló en *48 Horas*, el programa noticioso de la CBS, que salió al aire en 1996. El reporte mostró imágenes de una joven que trabajaba para un subcontratista vietnamita durante seis días a la semana con materiales tóxicos y en condiciones deplorables por solo 20 centavos de dólar la hora. En el reportaje, también se informó que un salario suficiente para vivir en Vietnam era de, por lo menos, tres dólares diarios, cifra que no se gana con el subcontratista sin trabajar muchas horas extra. Nike y sus subcontratistas no infringían las leyes, pero este reportaje y otros semejantes plantearon dudas sobre la ética de explotar trabajadores para hacer lo que, de hecho, son artículos de moda. Será legal, pero ¿es ético recurrir a subcontratistas que, según criterios occidentales, explotan a su mano de obra? Los críticos de Nike consideran que no y la compañía fue el centro de una ola de manifestaciones y boicots de consumidores. Estas revelaciones sobre los subcontratistas de Nike obligaron a la compañía a reexaminar sus prácticas. Cuando la dirección se dio cuenta de que, aunque no rompía ninguna ley, sus prácticas de subcontratación se observaban como no éticas, estableció un código de comportamiento para sus subcontratistas e instituyó revisiones anuales para todos ellos por parte de auditores independientes.[2]

Como demuestra el caso de Nike, puede sustentarse que este comportamiento no es apropiado, pero aún queda sin respuesta la pregunta acerca de los criterios que deben prevalecer. Más adelante, volveremos al tema con más detenimiento; por ahora, advirtamos que establecer normas mínimas aceptables en defensa de los derechos básicos y la dignidad de los empleados, investigar periódicamente a las filiales extranjeras y los subcontratistas para verificar que cumplan con las normas y aplicar los remedios en caso contrario, es una buena manera de precaverse de abusos. Para otro ejemplo de problemas con prácticas laborales entre proveedores, véase el "Panorama administrativo", en el que se analizan las condiciones laborales en una fábrica que proveía iPods a Apple.

DERECHOS HUMANOS

En las empresas internacionales, pueden surgir dudas sobre los derechos humanos básicos, que aún no se respetan en muchas naciones. Los derechos que damos por sentado en las naciones desarrolladas, como la libertad de asociación, expresión, reunión, movimiento, ideas políticas, etc., no se respetan universalmente (para más detalles véase el capítulo 2). Uno de los ejemplos más evidentes proviene de Sudáfrica en los días del régimen de los blancos y el apartheid, que terminó en 1994. Entre otras cosas, el sistema del apartheid negaba los derechos políticos básicos a la mayoría de la población negra, imponía la segregación de blancos y negros, reservaba ciertas ocupaciones para los blancos y prohibía que los negros se colocaran en puestos que implicaran supervisar a una persona blanca. A pesar de lo atroz del sistema, algunas empresas occidentales operaban en ese país; sin embargo, en la década de 1980, muchos cuestionaron la ética de ese estado de cosas. Argumentaron

---

[2] S. Greenhouse, "Nike Shoe Plant in Vietnam Is Called Unsafe for Workers", en *The New York Times*, 8 de noviembre de 1997; y V. Dobnik, "Chinese Workers Abused Making Nikes, Reeboks", en *Seattle Times*, 21 de septiembre de 1997, p. A4.

Fabricación del iPod de Apple

A mediados de 2006, circularon reportes noticiosos que señalaban abusos laborales constantes en la fábrica china que manufacturaba el icónico iPod para Apple Computer. De acuerdo con dichos reportes, los trabajadores en Hongfujin Precision Industries ganaban solo 50 dólares al mes por trabajar turnos de 15 horas en la fabricación del dispositivo. También, se supo que trabajaban horas extra forzadas y que las condiciones de vida de los operarios, muchos de los cuales eran mujeres jóvenes que habían emigrado del campo para trabajar en la planta y habitaban en dormitorios propiedad de la compañía, eran miserables. Los artículos eran obra de dos periodistas chinos, Wang You y Weng Bao, empleados de *China Business News*, un periódico estatal. El blanco de los reportajes, Hongfujin Precision Industries, había sido comprobadamente el mayor exportador de manufactura de China en 2005, con ventas en el extranjero por más de 14 mil 500 millones de dólares. Hongfujin es propiedad de Foxconn, un enorme conglomerado taiwanés, cuyos clientes, además de Apple, incluyen a Intel, Dell Computers y Sony Corporation. La fábrica de Hongfujin es una pequeña ciudad en sí misma, con clínicas, instalaciones recreativas, autobuses y 13 restaurantes que dan de comer a los 200 mil empleados.

La administración de Apple respondió con rapidez al enterarse de las noticias y prometió auditar las operaciones para asegurarse de que Hongfujin cumplía con el código de Apple que contenía los estándares de trabajo para los subcontratistas. Los administradores de Hongfujin adoptaron una postura un poco diferente: entablaron una demanda por difamación contra ambos periodistas en un tribunal local, exigiéndoles el pago de 3.8 millones de dólares; lo que ocasionó el rápido congelamiento de las cuentas personales de los periodistas durante el juicio. Estaba claro que Hongfujin intentaba enviar un mensaje a la comunidad periodística: la crítica saldría cara. La demanda causó un escalofrío a los periodistas chinos, porque los tribunales de ese país han demostrado una tendencia a favorecer, en los procesos legales, a las poderosas compañías establecidas en su territorio.

En un lapso de seis semanas, Apple había concluido su auditoría. El reporte sugería que, aunque los trabajadores no habían sido forzados a laborar horas extra y ganaban cuando menos el salario mínimo local, muchos habían laborado más de las 60 horas semanales permitidas por Apple, y que sus alojamientos estaban por debajo de los estándares. Presionada por Apple, la administración de Hongfujin aceptó alinear sus prácticas con el código de Apple, comprometiéndose a construir nuevos alojamientos para los empleados y a limitar la jornada de trabajo a 60 horas a la semana.

No obstante, Hongfujin no retiró de inmediato la demanda por difamación. Con una acción inusualmente audaz en una nación donde la censura aún es un lugar común, *China Business News* concedió su respaldo incondicional a Wang y a Weng. La organización noticiosa con sede en Shanghái emitió una declaración argumentando que los periodistas "no habían violado ninguna regla, ley o ética periodística". Un grupo asentado en París, Reporteros sin Fronteras, también se sumó a la causa de Wang y Weng, y escribió una carta al director general de Apple, Steve Jobs, en la que decía: "Creemos que todo lo que hicieron Wang y Weng fue reportar los hechos y condenamos la reacción de Foxconn. Por tanto, solicitamos su intervención en favor de estos dos periodistas para que sus cuentas sean descongeladas y se retire la demanda".

Una vez más, Apple se movió con rapidez y presionó a Foxconn tras bambalinas para que retirara la demanda. A principios de septiembre, la empresa aceptó hacerlo y emitió una declaración para "cubrir las apariencias", en la cual decía que ambas partes habían convenido en dar por terminada la disputa después de haberse pedido perdón mutuamente "por las molestias ocasionadas a ambas en el proceso legal". Aunque la querella terminó, la experiencia arrojó luz sobre las crudas condiciones laborales en China. Al mismo tiempo, la respuesta de los medios chinos, y de *China Business News* en particular, apunta hacia el surgimiento de ciertas libertades periodísticas en una nación que históricamente ha considerado a las organizaciones noticiosas como portavoces del Estado.[3]

que la inversión de las multinacionales extranjeras, al fomentar la economía sudafricana, sostenía al régimen represivo del apartheid.

Varias compañías occidentales comenzaron a cambiar sus políticas a finales de la década de 1970 y principios de la siguiente.[4] General Motors, que tuvo actividades importantes en Sudáfrica, se puso a la vanguardia de esta tendencia y adoptó los que luego se conocieron como *principios de Sullivan*, por Leon Sullivan, ministro bautista negro y miembro del consejo directivo de GM. Sulli-

---

[3] E. Kurtenbach, "The Foreign Factory Factor", en *Seattle Times*, 31 de agosto de 2006, pp. C1, C3; Elaine Kurtenbach, "Apple Says It's Trying to Resolve dispute over Labor Conditions at Chinese iPod Factory", en *Associated Press Financial Wire*, 30 de agosto de 2006; y "Chinese iPod Supplier Pulls Suit", en *Associated Press Financial Wire*, 3 de septiembre de 2006.

[4] Robert Kinloch Massie, *Loosing the Bonds: The United States and South Africa in the Apartheid Years*, Nueva York, Doubleday, 1997.

van sostuvo que solo era ético que la compañía operara en Sudáfrica si se cumplían dos condiciones: primera, que no obedeciera las leyes del apartheid en sus operaciones sudafricanas (una forma de resistencia pasiva), y segunda, que hiciera todo lo que estuviese en su poder para promover la derogación de esas leyes. Otras empresas estadounidenses que operaban en Sudáfrica adoptaron los principios de Sullivan. El gobierno sudafricano pasó por alto la infracción a las leyes del apartheid, pues no quería enfrentarse con tan importantes inversionistas extranjeros.

Después de 10 años, Leon Sullivan concluyó que sus principios no eran suficientes para quebrantar el régimen del apartheid y que ninguna compañía estadounidense, incluidas las que se apegaban a tales principios, tenía justificación ética para permanecer en Sudáfrica. En los siguientes años, numerosas empresas retiraron sus inversiones del país, entre ellas Exxon, General Motors, Kodak, IBM y Xerox. Al mismo tiempo, muchos fondos de pensiones estatales declararon que no comprarían acciones de compañías que hicieran negocios con Sudáfrica, lo que sirvió para persuadir a otras empresas de que desmantelaran sus operaciones sudafricanas. Estos retiros, aunados a la imposición de sanciones económicas de Estados Unidos y otros gobiernos, contribuyeron a la caída del régimen blanco minoritario y del apartheid en Sudáfrica, y a la celebración de elecciones democráticas en 1994. Así, se dice que la adopción de una postura ética fue útil para mejorar los derechos humanos de Sudáfrica.[5]

Aunque hubo cambios en Sudáfrica, en el mundo existen todavía muchos regímenes represivos. ¿Es ético que las multinacionales hagan negocios con ellos? A menudo se dice que las inversiones de una multinacional impulsan el progreso económico, político y social, lo que, a fin de cuentas, fortalece los derechos individuales en los regímenes represivos. Analizamos esta opinión en el capítulo 2, cuando señalamos que el progreso económico de un país puede generar presiones democratizadoras. Con base en esta idea, es ético que una multinacional haga negocios en regiones que no cuentan con las estructuras democráticas ni los antecedentes de derechos humanos que poseen las naciones desarrolladas. Por ejemplo, con frecuencia, las inversiones en China se justifican con el argumento de que, si bien el historial de derechos humanos del país es impugnado por los grupos defensores y ahí no existe la democracia, los flujos de inversión estimulan el crecimiento económico y elevan la calidad de vida. Al cabo, estos acontecimientos generan presiones del pueblo chino para instituir un gobierno más participativo, pluralismo político y libertad de expresión y discurso.

A pesar de eso, el argumento tiene un límite. Como en el caso de Sudáfrica, algunos regímenes son tan represivos que no tienen justificación ética. Un ejemplo actual es Myanmar (antes Birmania). Desde hace más de 45 años, está en el poder una dictadura militar, con uno de los peores historiales de derechos humanos del mundo. A partir de mediados de la década de 1990, muchas compañías occidentales abandonaron Myanmar porque consideraban que las violaciones de los derechos humanos eran tan graves que no se justificaba desde el punto de vista ético hacer negocios en ese país (en contraste, en la siguiente sección de "Panorama administrativo" se relata la polémica que rodeó a una compañía, Unocal, que decidió quedarse en Myanmar). Sin embargo, un cínico diría que Myanmar tiene una economía pequeña y que retirarse no representa gran pérdida económica para las empresas occidentales, como lo sería, por ejemplo, abandonar China. Es interesante que, tras décadas de presión por parte de la comunidad internacional, en 2012 el gobierno militar de Myanmar finalmente cediera y permitiera que se celebraran elecciones democráticas limitadas.

CONTAMINACIÓN AMBIENTAL

Cuando la reglamentación ambiental de las naciones donde se instalan las multinacionales contiene normas oficiales muy inferiores a las de su país de origen, surgen problemas éticos. Muchas naciones desarrolladas tienen minuciosas normas oficiales sobre la emisión de contaminantes, descarga de sustancias tóxicas, uso de materiales peligrosos en el trabajo, etc. Por el contrario, con frecuencia muchos países en desarrollo carecen de esas normas y, según los críticos, el resultado es que la operación de las multinacionales genera concentraciones de contaminantes mayores que las que se les permite en su nación de origen.

---

[5] No todos coinciden en que el retiro de las inversiones haya tenido mucha influencia en Sudáfrica. Para opiniones en contra véase Siew Hong Teoh, Ivo Welch y C. Paul Wazzan, "The Effect of Socially Activist Investing on the Financial Markets: Evidence from South Africa", en *The Journal of Business*, 72, núm. 1, enero de 1999, pp. 35-60.

Unocal en Myanmar

En 1995, Unocal, empresa de petróleo y gas con matriz en California, adquirió una participación de 29% en asociación con la petrolera francesa Total y compañías paraestatales de Myanmar y Tailandia para construir un gasoducto de Myanmar a Tailandia. En ese entonces, se pensaba que el proyecto de mil millones de dólares aportaría a Myanmar aproximadamente 200 millones de dólares anuales por ganancias de exportación, lo que equivalía a una cuarta parte del total nacional. El gas consumido en el interior aumentaría 30% la capacidad de generación eléctrica de Myanmar. Esta inversión se efectuó en momentos en que varias compañías estadounidenses dejaban el país. El gobierno de Myanmar, una dictadura militar, tenía la reputación de reprimir con violencia las disensiones internas. Por el ambiente político, las compañías de ropa Levi Strauss y Eddie Bauer se retiraron de la nación. Por su parte, la dirección de Unocal consideraba que el gigantesco proyecto de infraestructura produciría rendimientos cuantiosos para la empresa, lo que, al fortalecer el crecimiento económico, mejoraría la vida de los 43 millones de habitantes de Myanmar. Además, si bien Levi Strauss y Eddie Bauer podían trasladar sin problemas la producción de ropa a otro sitio más económico, Unocal debía estar donde hubiera gas y petróleo.

Sin embargo, las inversiones de Unocal no tardaron en causar polémica. Según los términos del contrato, el gobierno de Myanmar estaba obligado a abrir un corredor para el gasoducto y protegerlo de los ataques de sus enemigos. De acuerdo con grupos de derechos humanos, el ejército de Myanmar desplazó aldeas por la fuerza y ordenó a cientos de campesinos que trabajaran en el gasoducto en condiciones semejantes a la esclavitud. Quienes se negaron a obedecer sufrieron represalias. En los reportajes noticiosos, se citaba el caso de una mujer que fue arrojada al fuego con su bebé porque su esposo quiso escapar de las tropas que lo obligaban a trabajar en el proyecto. El bebé murió y ella sufrió quemaduras. Otros aldeanos denunciaron que fueron víctimas de golpes, torturas, violaciones y otros maltratos en esas condiciones de trabajo esclavizado.

En 1996, los activistas de derechos humanos interpusieron una demanda en Estados Unidos contra Unocal, a nombre de 15 habitantes de Myanmar que huyeron a campos de refugiados en Tailandia. En la demanda se sostenía que Unocal sabía lo que sucedía, aunque no participaba ni condonaba, y que este conocimiento bastaba para conferirle parte de la responsabilidad por los crímenes denunciados. El juez de turno rechazó el caso con el argumento de que Unocal no podía asumir responsabilidad por los actos de un gobierno extranjero contra sus propios ciudadanos, aunque el juez aceptó que Unocal sabía lo que ocurría en Myanmar. Los demandantes apelaron y, a finales de 2003, el caso pasó a un tribunal superior. El asunto fue resuelto fuera de la corte en 2005, mediante una cantidad que no fue dada a conocer. Ese mismo año, Unocal fue adquirida por Chevron.[6]

¿Una multinacional debe sentirse libre para contaminar en una nación en desarrollo? Difícilmente puede considerarse ético. ¿Se corre el riesgo de que una administración no ética traslade la producción a una nación en desarrollo precisamente porque no se exigen costosos controles de contaminación y la compañía tenga la libertad de deteriorar el ambiente y quizá poner en peligro a los habitantes, en el afán de reducir los costos de producción y ganar una ventaja competitiva? ¿Qué es lo correcto, lo moral, en esas circunstancias: contaminar en aras de las ganancias económicas o verificar que las filiales extranjeras se apeguen a normas comunes de control de contaminantes?

Estas preguntas adquieren pertinencia particular, pues algunos componentes del ambiente natural son un bien público: no son propiedad de nadie y nadie puede desperdiciarlos. Nadie es dueño del aire ni de los mares, aunque, al contaminarlos, dondequiera que se origine la contaminación, se causan daños a todos.[7] La atmósfera y los océanos se consideran bienes universales de los que todos nos beneficiamos, pero de los que nadie es específicamente responsable. En tales casos, se produce el fenómeno conocido como *tragedia de los recursos comunes*, que ocurre cuando un grupo sobreexplota un recurso que pertenece a todos, pero que no es de nadie, y lo degrada. Garret Hardin acuñó el nombre del fenómeno cuando describió un problema del siglo XVI en Inglaterra: grandes extensiones abiertas, llamadas *tierras comunes*, estaban a disposición de todos para llevar a pastar

---

6 Jim Carlton, "Unocal Trial for Slave Labor Claims Is Set to Start Today", en *The Wall Street Journal*, 9 de diciembre de 2003, p. A19; Seth Stern, "Big Business Targeted for Rights Abuse", en *Christian Science Monitor*, 4 de septiembre de 2003, p. 2, "Trouble in the Pipeline", en *The Economist*, 18 de enero de 1997, p. 39; Irtani Evelyn, "Feeling the Heat: Unocal Defends Myanmar Gas Pipeline Deal", en *Los Angeles Times*, 20 de febrero de 1995, p. D1; y "Unocal Settles Myanmar Human Rights Cases", en *Business and Environment*, 16 de febrero de 2005, pp. 14-16.

7 Peter Singer, *One World: The Ethics of Globalization*, New Haven, Yale University Press, 2002.

animales. La gente pobre tenía en ellas a su ganado para completar sus escasos ingresos. A todos les convenía meter más cabezas, pero la consecuencia social fue que se introdujeron muchos más animales de los que las tierras podían sostener. El resultado fue el pastoreo excesivo, la degradación de las tierras comunes y la pérdida del complemento que tanto necesitaban.[8]

Las corporaciones pueden contribuir a la tragedia de las tierras comunes cuando se llevan la producción a lugares donde se sienten en libertad de arrojar los contaminantes a la atmósfera o a mares y ríos, con lo que dañan estos valiosos recursos del planeta. Estas acciones son legales, pero, ¿son éticas?; asimismo, faltan a las nociones básicas de ética y responsabilidad social. Este problema está adquiriendo gran relevancia a medida que las preocupaciones sobre el calentamiento global inducido por los seres humanos se colocan en el centro del escenario. La mayoría de los científicos del clima aduce que la actividad industrial y comercial humana está elevando la cantidad de dióxido de carbono en la atmósfera; éste es un gas de invernadero que devuelve el calor a la superficie, calentando el planeta; como resultado, se eleva la temperatura promedio de la Tierra. El cúmulo de evidencia científica proveniente de numerosas bases de datos sustenta tal argumento.[9] En consecuencia, las sociedades del mundo están empezando a restringir la cantidad de dióxido de carbono que puede ser emitido a la atmósfera como subproducto de la actividad industrial y comercial; no obstante, las regulaciones varían de una nación a otra. Si se tiene esto en cuenta, ¿es ético que una empresa intente saltarse límites estrictos de emisión llevando su producción a un país cuyas regulaciones son más relajadas, aun cuando al hacerlo contribuya al calentamiento global? De nuevo, muchos argumentarían que hacer eso viola principios éticos básicos.

CORRUPCIÓN

Como se mencionó en el capítulo 2, la corrupción ha sido un problema de casi todas las sociedades en la historia y todavía lo es.[10] Siempre ha habido y habrá funcionarios corruptos. Las empresas internacionales pueden y han ganado ventajas económicas por entregar pagos a tales funcionarios. Un ejemplo característico es el muy conocido incidente de la década de 1970: Carl Kotchian, presidente de Lockheed, entregó 12.6 millones de dólares a agentes y funcionarios del gobierno de Japón para conseguir que Nippon Air hiciera un pedido grande de su avión TriStar. Cuando se descubrieron los pagos, los funcionarios estadounidenses acusaron a Lockheed de falsificar sus libros y de violaciones fiscales. Aunque se pensaba que esos pagos se consideraban una práctica comercial aceptada en Japón (como una forma muy lujosa de regalos), las revelaciones ocasionaron un escándalo. Los ministros involucrados enfrentaron acusaciones penales. Uno se suicidó. El gobierno cayó en desgracia y los ciudadanos japoneses se sintieron defraudados. Los resultados de la investigación revelaron que esos pagos no eran una forma aceptada de negociar en Japón; no eran más que sobornos a funcionarios corruptos para conseguir un gran pedido que, en otras circunstancias, habría sido para otro fabricante, como Boeing. Sin duda, el comportamiento de Kotchian no fue ético y el argumento de que los pagos "se consideraban una práctica comercial aceptada en Japón" era autocomplaciente e improcedente.

En Estados Unidos, el caso Lockheed impulsó la aprobación, en 1977, de la Ley de Prácticas Corruptas en el Extranjero, que citamos en el capítulo 2. Esta regulación prohibió el pago de sobornos a funcionarios extranjeros para obtener negocios. Algunas empresas estadounidenses sostuvieron que la ley las colocaría en una desventaja competitiva (de lo cual no hay pruebas).[11] La ley se enmendó para dar licitud a los *pagos de facilitación*. Estos pagos, también conocidos como *pagos aceleradores* (para acelerar burócratas) o *de lubricación*, *no* se destinan a conseguir contratos que de otro modo no estarían seguros, ni tampoco a recibir tratos preferenciales; más bien, se hacen para que un gobierno extranjero dé el trato ordinario a una empresa, pero no tienen que deberse a la obstrucción de un funcionario oficial. En el siguiente "Panorama administrativo" se describe lo que

---

[8] Garret Hardin, "The Tragedy of the Common", en *Science*, 162, núm. 1, pp. 243-248.

[9] Para un resumen de la evidencia véase S. Solomon, D. Qin, M. Manning y Z. Chen (eds.), *Contribution of Working Group I to the Fourth Assessment Report of the Intergovernmental Panel on Climate Change*, Cambridge, RU, Cambridge University Press, 2007.

[10] J. Everett, D. Neu y A. S. Rahaman, "The Global Fight against Corruption", en *Journal of Business Ethics* 65, 2006, pp. 1-8.

[11] Richard T. De George, *Competing with Integrity in International Business*, Oxford, Oxford University Press, 1993.

ocurrió cuando la compañía alemana Daimler entró en conflicto con la Ley de Prácticas Corruptas en el Extranjero.

En 1997, los ministros de comercio y finanzas de los estados miembros de la Organización para la Cooperación y el Desarrollo Económicos (OCDE) siguieron el ejemplo de Estados Unidos y adoptaron una **Convención para Combatir el Soborno de Funcionarios Públicos Extranjeros en las Transacciones Comerciales.**[12] La convención, que entró en vigor en 1999, obliga a los estados miembros a tipificar como delito el pago de sobornos a los funcionarios públicos extranjeros. Asimismo, excluye los pagos de facilitación para agilizar las actividades rutinarias del gobierno.

Por ello, los pagos de facilitación o *aceleradores* se excluyeron de la Ley de Prácticas Corruptas en el Extranjero y la convención del soborno de la OCDE, pero no están claras las implicaciones éticas de esos pagos. Desde el punto de vista práctico, sobornar, aunque sea un mal menor, puede ser el precio necesario por hacer un bien mayor (si se supone que la inversión generará empleos que antes no existían y que la práctica no es ilegal). Diversos economistas defienden este razonamiento y aseguran que en el contexto de muchas normas engorrosas en los países en desarrollo la corrupción puede mejorar la eficiencia y estimular el crecimiento. Como parte de su postura, sostienen la hipótesis de que en una nación donde las estructuras políticas distorsionan o limitan el funcionamiento de los mecanismos de mercado, la corrupción, en forma de mercado negro, contrabando y pagos ocultos a los burócratas para que "aceleren" la aprobación de inversiones puede aumentar el bienestar.[13] Con base en estos argumentos, el Congreso estadounidense se convenció de exceptuar los pagos de facilitación de la Ley de Prácticas Corruptas en el Extranjero.

En cambio, otros economistas sustentan que la corrupción reduce el rendimiento sobre las inversiones de las empresas y deteriora el crecimiento económico.[14] En un país donde la corrupción es común, burócratas improductivos que exigen pagos ocultos por conceder una licencia a una compañía pueden apropiarse de las ganancias que produzcan las actividades empresariales. Esta práctica reduce el incentivo de las empresas para invertir así como el ritmo de crecimiento económico de una nación.[15] Un estudio de la relación entre corrupción y crecimiento económico en 70 países reveló que dichos pagos tenían un efecto negativo importante en el ritmo de crecimiento de un país.[16]

Dados el debate y la complejidad del tema, podría concluirse que es difícil generalizar y que la demanda de dinero para acelerar trámites es un verdadero dilema ético. Sí, la corrupción es mala y, sí, puede dañar el desarrollo económico de una nación; no obstante, también hay casos en que los pagos ocultos a funcionarios gubernamentales derriban barreras burocráticas a las inversiones que crean puestos de trabajo. Sin embargo, esta postura pragmática pasa por alto que la corrupción corrompe tanto al que da como al que recibe. La corrupción se alimenta sola y, una vez que un individuo emprende ese camino, es difícil o imposible dar marcha atrás. Este argumento refuerza la opinión ética de que nunca debe aceptarse la corrupción, por atractivos que parezcan sus beneficios.

Muchas multinacionales aceptan este argumento; por ejemplo, la gran petrolera multinacional BP estableció una norma de intolerancia absoluta hacia los pagos de facilitación. Otras corporaciones tienen un esquema más matizado; por ejemplo, veamos el siguiente extracto del código de ética de Dow Corning:

> Los empleados de Dow Corning no autorizarán ni darán pagos o regalos a empleados de gobierno ni a sus beneficiarios ni a nadie más para obtener o conservar negocios. Recomendamos que no se hagan pagos de facilitación para acelerar el desempeño de servicios rutinarios. En países donde las prácticas de negocios locales contemplen esos pagos y no haya alternativa, los desembolsos deben ser por la mínima suma necesaria y deben registrarse y documentarse con precisión.[17]

[12] Los detalles se encuentran en: www.oecd.org/corruption/oecdantibriberyconvention, consultado el 17 de agosto de 2014.

[13] Bardhan Pranab, "Corruption and Development", en *Journal of Economic Literature*, 36, septiembre de 1997, pp. 1320-1346.

[14] A. Shleifer y R. W. Vishny, "Corruption", en *Quarterly Journal of Economics*, núm. 108, 1993, pp. 599-617, e I. Erlich y F. Lui, "Bureaucratic Corruption and Endogenous Economic Growth", en *Journal of Political Economy*, 107, diciembre de 1999, pp. 270-292.

[15] P. Mauro, "Corruption and Growth", en *Quarterly Journal of Economics*, núm. 110, 1995, pp. 681-712.

[16] D. Kaufman y S. J. Wei, "Does Grease Money Speed up the Wheels of Commerce?", informe de investigación de políticas del Banco Mundial, 11 de enero de 2000.

[17] Los detalles se encuentran en: http://ethics.iit.edu/ecodes/node/3436/, consultado el 17 de agosto de 2014.

Corrupción en Daimler

En 1998, Daimler, uno de los fabricantes de automóviles más grandes del mundo, adquirió la Corporación Chrysler; poco después, un exauditor de Chrysler detectó pagos sospechosos efectuados por subsidiarias. Por ejemplo, en 2002, la subsidiaria china de Daimler pagó 25 mil dólares a una compañía texana que cotiza en bolsa de un complejo residencial en Houston. El auditor sospechó que dichos pagos eran sobornos y lo reportó a la Comisión de Títulos y Valores (Securities and Exchange Commission, SEC), que se unió con el Departamento de Justicia Estadounidense (Department of Justice, DOJ) e inició una investigación que tomó ocho años.

Durante ese tiempo, los investigadores descubrieron un patrón de corrupción tan difundido que un oficial de la SEC lo describió como "práctica estándar en Daimler". En el caso del pago de 25 mil dólares, la compañía texana era una organización falsa establecida para lavar dinero y el pago debía dársele a la esposa de un oficial del gobierno chino que estaba involucrado en negociaciones de contratos por casi 1 300 millones en vehículos comerciales. En otro caso, los sobornos se entregaban para garantizar la venta de vehículos comerciales y de pasajeros a entidades gubernamentales en Rusia. Daimler hacía cargos extra por los autos en las facturas y transfería los excedentes a cuentas bancarias en Latvia controladas por los oficiales rusos responsables de la decisión de compras. En algunos casos, Daimler sobornaba a través de "cajas chicas", lo que permitía a los empleados retirar grandes cantidades de efectivo para pagarles a oficiales extranjeros.

En total, la investigación descubrió cientos de pagos de ese tipo en al menos 22 países vinculados con la venta de vehículos valuados en mil 900 millones de dólares. Según la SEC: "El soborno estaba tan generalizado en la estructura corporativa descentralizada de Daimler que se extendía más allá de la organización de ventas para penetrar en los departamentos legal, financiero y de auditoría. Estos departamentos debían haber descubierto y detenido las prácticas ilegales de ventas, pero, en vez de eso, permitieron o estuvieron directamente involucrados en las prácticas de sobornos de la compañía".

Amenazada con ser llevada a la corte en Estados Unidos, en 2010 Daimler entró en un decreto de consentimiento con la SEC, bajo el cual aceptó pagar 185 millones de dólares en multas penales y civiles. Aunque las subsidiarias de Daimler en Rusia y Alemania se declararon culpables de los cargos de corrupción, la matriz corporativa y la subsidiaria china evitarán las acusaciones mientras cumplan con un acuerdo de suspender tales prácticas.[18]

En esta declaración, se aceptan los pagos de facilitación "cuando no haya alternativa", aunque se recomienda que no se hagan.

OBLIGACIONES MORALES

Las empresas multinacionales tienen un poder que procede de su control sobre recursos y su capacidad de trasladar la producción de un país a otro. Aunque este poder está acotado no solo por leyes y normas, sino por la disciplina del mercado y los procesos competitivos, no deja de ser relevante. Algunos filósofos morales afirman que el poder implica la responsabilidad social, para las multinacionales, de dar algo en reciprocidad a las sociedades en las que prosperan y crecen. El concepto de **responsabilidad social** se refiere a la idea de que los empresarios deben considerar las consecuencias sociales de los actos económicos cuando toman decisiones de negocios y que deben preferirse las decisiones que entrañan resultados económicos y sociales positivos.[19] En su forma más pura, la responsabilidad social se sustenta sola, porque es la forma correcta en que debe conducirse una compañía. Los defensores de esta corriente aseveran que las empresas, en particular las grandes y prósperas, deben reconocer su *noblesse oblige* y devolver algo a las sociedades que posibilitaron su éxito. La expresión francesa *noblesse oblige* remite a un comportamiento honorable y benevolente que se considera deber de toda persona de nacimiento noble o de clase respetable. En el contexto de los negocios, alude al comportamiento benevolente, responsabilidad de las compañías *exitosas*. Desde hace mucho tiempo, lo aceptan muchos empresarios y por eso hay una historia larga y respeta-

18 A. R. Sorkin, "Daimler to Pay $185 Million to Settle Corruption Charges", en *The New York Times*, 24 de marzo de 2010; y "Corruption: Daimler Settles with DoJ; SEC Wades in: Germany Next", en *Chiefofficers.net*, 25 de marzo de 2010.

19 S. A. Waddock y S. B. Graves, "The Corporate Social Performance-Financial Performance Link", en *Strategic Management Journal*, 8, 1997, pp. 303-319.

ble de corporaciones que benefician a la sociedad y de empresas que efectúan inversiones sociales destinadas a incrementar el bienestar de los países donde operan.

Desde un punto de vista moral, el poder en sí es neutro; lo importante es cómo se ejerce: es positivo si mejora el bienestar social, lo cual es ético, o puede ejercerse de modo que despierte sospechas éticas y morales. Varias multinacionales aceptan la obligación moral de ejercer su poder para mejorar el bienestar social de las comunidades donde operan. BP, una de las petroleras más grandes del mundo, incorporó como una de sus políticas emprender "inversiones sociales" en las naciones donde extrae o refina hidrocarburos.[20] En Argelia, BP invirtió en dos grandes proyectos para instalar campos de gas cerca de Salah, un pueblo ubicado en el desierto. Cuando la compañía se percató de que en Salah no había agua potable, construyó dos plantas desalinizadoras para proporcionarla a la comunidad local y entregó contenedores a los residentes para que la transportaran de las plantas a su casa. No hubo alguna justificación para que BP efectuara esta inversión social; no obstante, la empresa arguye que tiene la obligación moral de usar su poder de manera constructiva. Este acto, pequeño para BP, fue muy significativo para la localidad.

OA5-2 # Dilemas éticos

No siempre están bien definidas las obligaciones éticas de una empresa multinacional respecto de las condiciones laborales, los derechos humanos, la corrupción, la contaminación ambiental y el uso del poder, y en ocasiones, no hay acuerdo acerca de los principios éticos aceptados. Desde el punto de vista de una empresa internacional, algunos opinan que lo ético depende de la perspectiva cultural de cada persona.[21] En Estados Unidos, se acostumbra ejecutar a los sentenciados por homicidio, pero en muchas culturas se rechaza esta sanción, pues consideran que una ejecución es una ofensa para la dignidad humana, y la pena de muerte está proscrita. A muchos estadounidenses les resulta muy extraña esa actitud, pero gran cantidad de europeos piensan que la postura estadounidense es un retraso para la humanidad. Como ejemplo más cercano a los negocios, consideremos la práctica de "darse regalos" entre las partes de una negociación. Esto se valora como un comportamiento correcto y apropiado en muchas culturas asiáticas, pero, para algunos occidentales, es una forma de corrupción y, por tanto, no es ético, sobre todo si los regalos son cuantiosos.

A menudo, los administradores enfrentan dilemas éticos muy reales; por ejemplo, imaginemos que un ejecutivo estadounidense, de visita en la subsidiaria de un país pobre, descubre que contrataron a una niña de 12 años como obrera para el área de producción. Horrorizado de ver que la filial emplea a niños, lo que viola el código de ética de la compañía, ordena al administrador que reemplace a la niña con una persona adulta. El administrador obedece. La pequeña es huérfana y se gana el pan para ella y su hermano de seis años; como no encuentra otro trabajo, en su desesperación, se dedica a la prostitución, y dos años después, muere de sida.

Si el visitante estadounidense hubiera comprendido la gravedad de la situación de la niña, ¿de todos modos habría pedido su reemplazo? Quizá no. Entonces, ¿habría sido mejor dejar las cosas como estaban y permitir que la menor conservara el trabajo? Tal vez no, porque habría infringido una razonable prohibición del trabajo infantil del código de ética de la empresa. ¿Qué habría sido lo correcto? ¿Cuál era la obligación del ejecutivo en este dilema ético?

No es fácil responder en situaciones como esta y esa es la característica de los **dilemas éticos**: son situaciones en las que ninguna opción parece aceptable desde el punto de vista ético.[22] En este caso, no era aceptable el trabajo infantil, pero como la niña era empleada, tampoco era aceptable negarle su única fuente de ingresos. Lo que el ejecutivo estadounidense necesitaba, lo que todos los administradores necesitan, es una guía moral o acaso un algoritmo ético que los oriente ante esta clase de dilemas para dar con una solución aceptable. Más adelante, esbozaremos una posible guía o algoritmo. Por ahora, baste decir que hay dilemas éticos porque en la vida real muchas decisiones son complicadas y difíciles de contextualizar, y además, suponen consecuencias de primero, segun-

---

[20] Los detalles se encuentran en el sitio electrónico de BP, en: http://www.bp.com, consultado el 17 de agosto de 2014.

[21] Esto se conoce como "la perspectiva desde Roma". Thomas Donaldson, "Values in Tension: Ethics Away from Home", *Harvard Business Review*, septiembre-octubre de 1996.

[22] De George, *Competing with Integrity in International Business*.

El trabajo infantil es común en muchas naciones pobres.

do o tercer orden, lo que complica su cuantificación. De ninguna forma es fácil hacer lo correcto o siquiera saber qué es lo correcto.[23]

 ## Raíces del comportamiento no ético

OA5-3

Abundan los ejemplos de administradores que se comportan de un modo que no se consideraría ético en los negocios internacionales. ¿Por qué incurren en ese comportamiento? No hay una respuesta sencilla, pues las causas son complejas, pero pueden hacerse algunas generalizaciones (véase la figura 5.1).[24]

ÉTICA PERSONAL

La ética de las empresas no está divorciada de la *ética personal*, que consiste en los principios aceptados de lo correcto y lo incorrecto, con base en los cuales los individuos articulan su comportamiento. Como individuos, nos enseñan que es malo mentir y engañar (no es ético), y que es bueno conducirse con integridad y honor, y defender lo que consideramos correcto y verdadero. En general, así ocurre en todas las sociedades. El código de ética personal que guía nuestro proceder proviene de varias fuentes, como la familia, la escuela, la religión y los medios de comunicación. Nuestro código personal ejerce una influencia profunda en nuestro comportamiento como empresarios. Es menos probable que un sujeto con un sentido firme de la ética personal se comporte de forma no ética en un contexto de negocios. De aquí se deduce que el primer paso para inculcar un sentimiento profundo de ética empresarial es que la sociedad insista en una ética personal sólida.

Los administradores del país de origen de una empresa que trabajan en el extranjero para multinacionales (los llamados administradores expatriados) pueden sufrir presiones adicionales para

---

[23] Para un análisis de la ética al utilizar fuerza laboral infantil véase J. Isern, "Bittersweet Chocolate: The Legacy of Child Labor in Cocoa Production in Cote d'Ivoire", en *Journal of Applied Management and Entrepreneurship* 11, 2006, pp. 115-132.

[24] Saul W. Gellerman, "Why Good Managers Make Bad Ethical Choices", en Kenneth R. Andrews (comp.), *Ethics in Practice: Managing the Moral Corporation*, Cambridge, Massachusetts, Harvard Business School Press, 1989.

FIGURA 5.1

Determinantes del comportamiento ético.

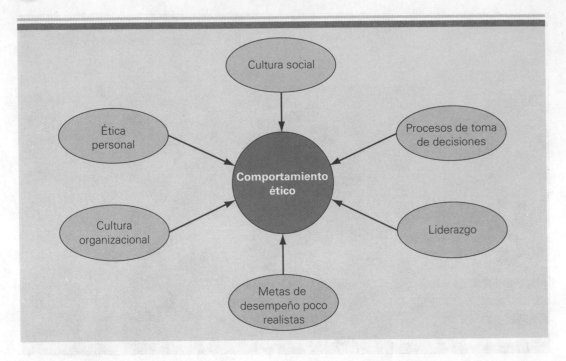

faltar a su ética personal. Están lejos de su entorno social y de su cultura; además, lo están, emocional y geográficamente, de la matriz de su compañía. Quizá se hallen en una cultura que no confiere el mismo valor a normas éticas que son importantes en su país de origen y tal vez están rodeados de empleados locales que ostentan criterios éticos menos rigurosos. A veces, la matriz presiona a los administradores expatriados para que alcancen metas poco realistas, solo asequibles si se toman atajos o se actúa de forma no ética; por ejemplo, para cumplir las metas de desempeño impuestas desde la matriz, los administradores expatriados pueden sobornar para ganar contratos, o establecer condiciones de trabajo y controles ambientales inferiores a las normas mínimas aceptables. En ocasiones, los administradores locales alientan a los expatriados para que adopten ese comportamiento. Por esta distancia geográfica, la matriz no puede o no quiere ver cómo cumplen sus metas los expatriados, de modo que dicho comportamiento se arraiga y persiste.

PROCESOS DE TOMA DE DECISIONES

En muchos estudios del comportamiento no ético de las empresas, se concluye que los empresarios no siempre están conscientes de que su comportamiento no es ético, en particular porque no cuestionan si una decisión o un acto es ético o no.[25] En cambio, aplican sin más un cálculo de negocios a la que les parece una decisión empresarial, pero olvidan que esta también puede tener una vertiente ética relevante. La falla radica en procesos que no incorporan consideraciones éticas a la toma de decisiones de los negocios. Quizá eso pasó en Nike, como ya analizamos, cuando los directores tomaron las primeras decisiones de subcontratación; esas decisiones pudieron haberse tomado con base en buenos razonamientos económicos. Pudieron haber elegido a los subcontratistas según variables empresariales como costo, entrega y calidad del producto; sin embargo, los administradores clave no se preguntaron cómo trataba a sus empleados un subcontratista, y si lo hicieron, pensaron que era problema del subcontratista, no de ellos.

CULTURA ORGANIZACIONAL

El ambiente de algunas empresas no estimula la reflexión personal sobre las consecuencias éticas de las decisiones de negocios. Esta deficiencia nos lleva a la tercera causa de comportamiento no ético

---

[25] David Messick y Max H. Bazerman, "Ethical Leadership and the Psychology of Decision Making", en *Sloan Management Review*, 37, invierno de 1996, pp. 9-20.

de las compañías: una cultura organizacional que resta importancia a la ética empresarial y reduce todas las decisiones a lo estrictamente económico. El término **cultura organizacional** se refiere a los valores y las normas que comparten los empleados de una organización. Recordará, del capítulo 4, que los *valores* son ideas abstractas sobre lo que un grupo considera bueno, correcto y deseable, mientras que las *normas* son las reglas y guías sociales que dictan el comportamiento propio de cada situación. Así como las sociedades tienen culturas, también las organizaciones las tienen. En conjunto, valores y normas moldean la cultura de una organización, cultura que ejerce una gran influencia en la ética de la toma de decisiones empresariales.

Por ejemplo, en el "Panorama administrativo" sobre Daimler se sugiere contundentemente que pagar sobornos para asegurar contratos desde hace mucho se ha considerado una forma aceptable de hacer negocios en la empresa. En palabras de un investigador, era "una práctica estándar de negocios" que permeó gran parte de la organización, incluidos departamentos como auditoría y finanzas, que se supone debían detectar y detener dicho comportamiento. Puede argumentarse que tal práctica tan difundida solo pudo haber persistido si los valores y normas de la organización aprobaban de manera tácita los sobornos para fortalecer los negocios.

EXPECTATIVAS DE DESEMPEÑO POCO REALISTAS

Hasta aquí ya insinuamos la cuarta causa de comportamiento no ético: la presión de la matriz para que las filiales alcancen metas de desempeño poco realistas, solo posibles si se toman atajos y se actúa de manera no ética. En el caso Daimler, por ejemplo, el soborno se consideraba como una estrategia para lograr desafiantes objetivos de desempeño. La combinación de una cultura organizacional que legitima el comportamiento no ético, o al menos se hace de la "vista gorda" ante tal comportamiento, y las metas de desempeño poco realistas, puede ser particularmente tóxica. En esas circunstancias, existe una probabilidad mayor al promedio de que los administradores violen sus propias éticas personales y se comporten de manera no ética. Y al contrario, la cultura organizacional puede conseguir exactamente lo opuesto y reforzar la necesidad de tener un comportamiento ético. Por ejemplo, en Hewlett-Packard, Bill Hewlett y David Packard, fundadores de la compañía, difundieron un conjunto de valores conocidos como "el estilo HP". Tales valores, que determinan la forma de hacer negocios en la empresa, tienen un componente ético esencial. Entre otras cosas, destacan la necesidad de confiar en y respetar a las personas, la comunicación abierta y el interés por los empleados como personas.

LIDERAZGO

El ejemplo de Hewlett-Packard da pauta a la quinta causa básica de comportamiento no ético: el liderazgo. Los líderes contribuyen a fijar la cultura de la organización y ponen el ejemplo para los demás. A menudo, los empleados de la empresa se guían por lo que hacen sus jefes y si estos no se comportan de manera ética, ellos tampoco lo harán. No se trata solo de lo que los líderes dicen que es importante, sino de lo que hacen o no hacen. Uno se pregunta, por ejemplo, qué mensaje estaban enviando los líderes de Daimler respecto de las prácticas corruptas. Se supone que hicieron muy poco para desalentarlas y bien pueden haber incitado dicho comportamiento.

CULTURA SOCIAL

La cultura social bien puede influir en la propensión de la gente, y de las organizaciones, a comportarse de manera no ética. Un estudio aplicado a 2 700 empresas en 24 países reveló que existían diferencias considerables entre sus políticas según la nación donde estaban asentadas.[26] Con ayuda de las dimensiones de Hofstede de la cultura social (véase el capítulo anterior), el estudio descubrió que las empresas establecidas en culturas donde el individualismo y la evitación de la incertidumbre son fuertes tenían mayores probabilidades de destacar la importancia de comportarse éticamente en contraste con las situadas en culturas donde la masculinidad y la distancia del poder son importantes atributos culturales. Dicho análisis refiere que las compañías asentadas en un país como Ru-

---

[26] B. Scholtens y L. Dam, "Cultural Values and International Differences in Business Ethics", en *Journal of Business Ethics*, 2007.

sia, que pone un alto énfasis en la masculinidad y en las medidas de distancia del poder, y donde la corrupción es endémica, son más propensas a un comportamiento no ético que las instaladas en Escandinavia.

OA5-4   # Posturas filosóficas sobre la ética

Expondremos algunas doctrinas filosóficas que se refieren a la ética empresarial y empezaremos con las llamadas *doctrinas amorales*, que niegan el valor de la ética empresarial o aplican el concepto de modo inadecuado. Después de exponer y descartar las doctrinas amorales, consideraremos las propuestas que prefieren los filósofos morales y que son la base de los modelos actuales de comportamiento ético en las empresas internacionales.

DOCTRINAS AMORALES

Las doctrinas amorales de la ética empresarial son abordadas por expertos en la materia cuyo objetivo primordial es demostrar que ofrecen pautas inadecuadas para la toma de decisiones éticas en una empresa multinacional. En la bibliografía, se suelen mencionar cuatro de ellas: la doctrina Friedman, el relativismo cultural, el moralista virtuoso y el inmoralista inocente. Pese a que todas estas propuestas tienen algún valor, son insatisfactorias; sin embargo, algunas empresas las adoptan.

Doctrina Friedman

En 1970, el economista y premio Nobel Milton Friedman escribió un artículo que desde entonces se convirtió en una doctrina amoral y que los estudiosos de la ética de los negocios citan solo para echarla por tierra.[27] La postura básica de Friedman es que la única responsabilidad social de las empresas es aumentar las utilidades, siempre que observen la ley. Rechaza en forma explícita la idea de que las compañías deban efectuar gastos sociales aparte de los que exige la legislación y los que sean necesarios para su buen funcionamiento; por ejemplo, sostiene que mejorar las condiciones laborales por encima de la ley y de lo indispensable para aumentar al máximo la productividad de los empleados reduce las utilidades y, por tanto, es contraproducente. Opina que una empresa debe maximizar sus utilidades porque es la manera de optimizar los rendimientos que se deben a los dueños de la empresa: sus accionistas. Luego, si estos quieren destinar las ganancias a obras sociales, es su derecho —afirma Friedman—, pero los administradores no deben tomar esta decisión por ellos.

A pesar de que Friedman habla más de responsabilidad social que de ética empresarial como tal, los expertos en esta materia equiparan *responsabilidad social* con *comportamiento ético* y, en consecuencia, consideran que este autor también se opone a la ética en los negocios; sin embargo, no es del todo cierto que Friedman argumente contra la ética, pues él mismo advierte:

> Hay una, y solo una, responsabilidad social de las empresas: usar sus recursos y dedicarse a las actividades destinadas a aumentar sus utilidades, siempre que respeten las reglas del juego, lo que equivale a entregarse a la competencia abierta y libre, sin engaños ni fraudes.[28]

En otras palabras, Friedman sostiene que las compañías deben conducirse de manera ética, sin engañar ni cometer fraudes.

Los críticos opinan que los argumentos de Friedman no resisten un análisis serio, sobre todo en el ámbito de los negocios internacionales, en los que "las reglas del juego" no están bien definidas o varían de modo notable entre países. Retomemos al caso de las fábricas donde se explota la mano de obra. Quizá el trabajo infantil no sea ilegal en un país en desarrollo y maximizar la productividad no requiera que una empresa multinacional deje de recurrir a esa mano de obra, pero, de cualquier manera, no es moral explotar el trabajo de los menores porque contradice ideas universales sobre lo correcto. De la misma forma, tal vez no haya reglas contra la contaminación en una nación subdesarrollada y gastar en controlarla reduzca las utilidades de la empresa, pero, según nociones genera-

---

[27] Milton Friedman, "The Social Responsibility of Business Is to Increase Profits", en *The New York Times Magazine*, 13 de septiembre de 1970. Reimpreso en Tom L. Beauchamp y Norman E. Bowie, *Ethical Theory and Business*, Upper Saddle River, Nueva Jersey, Prentice Hall, 7a. ed., 2001.

[28] *Ibid.*, p. 55.

les de moralidad, debe sostenerse que, de cualquier modo, no es ético arrojar contaminantes tóxicos a ríos o envenenar el aire. Además de las consecuencias locales de esa contaminación, hay repercusiones a escala mundial, pues los contaminantes degradan dos de los recursos comunes del planeta que son indispensables para todos: la atmósfera y los mares.

Relativismo cultural

Otra doctrina amoral que citan los especialistas en ética de los negocios es el **relativismo cultural**, que sustenta la opinión de que la ética no es más que un reflejo de una cultura (toda ética está determinada por su cultura) y que, por consiguiente, las empresas deben adoptar las normas éticas de la cultura donde operan.[29] Esta posición se resume en la máxima: *adonde fueres, haz lo que vieres*. Tal como la postura de Friedman, el relativismo cultural no resiste un examen más minucioso. En su versión más radical, afirma que, si una cultura es esclavista, es correcto recurrir a esclavos en ese país. Evidentemente, no es así. El relativismo cultural rechaza en forma implícita nociones universales de moralidad que trasciendan las culturas, cuando, como veremos más adelante, en todas se encuentran algunas ideas morales comunes.

Aunque algunos especialistas en ética rechazan el relativismo cultural en su forma más extrema, mencionan que, de alguna manera, posee cierto valor.[30] Como estudiamos en el capítulo 3, los valores y las normas sociales difieren entre las culturas y otro tanto ocurre con las costumbres, de lo cual se desprende que determinadas prácticas empresariales son éticas en un país, pero en otro, no. En efecto, los pagos de facilitación que acepta la Ley de Prácticas Corruptas en el Extranjero pueden interpretarse como la aceptación de que, en algunas naciones, es necesario hacer tales pagos a los funcionarios del gobierno para cumplir los trámites, y aunque desde el punto de vista ético no es deseable, por lo menos es éticamente admisible.

Moralista virtuoso

Un **moralista virtuoso** manifiesta que los criterios éticos del país de origen de una multinacional son los que deben aplicarse en otras naciones. Esta propuesta es característica de los administradores de países desarrollados. A primera vista, parece razonable, pero también puede crear problemas. Consideremos el ejemplo siguiente: un ejecutivo de un banco estadounidense fue enviado a Italia y se escandalizó cuando supo que el departamento de contabilidad de la sucursal local recomendó que se declararan muchas menos utilidades con objeto de reducir el impuesto sobre la renta.[31] El administrador insistió en que el banco hiciera una declaración exacta de sus utilidades, como se hace en Estados Unidos. Cuando las autoridades fiscales italianas auditaron la empresa, le informaron que debía tres veces más impuestos de los que pagó, porque el fisco supuso por rutina que todas las compañías reducen dos terceras partes de su declaración. A pesar de sus protestas, no pudo modificar la nueva cobranza. En este caso, el moralista virtuoso se metió en un problema a causa de las normas culturales prevalecientes en el país donde operaba. ¿Cómo debería responder? El moralista virtuoso aportaría argumentos para sostener su posición; mientras que, desde un punto de vista más pragmático, podría ser que, en este caso, deberían haberse seguido las normas culturales imperantes, pues las consecuencias de no hacerlo eran terribles.

La principal crítica a la posición del moralista virtuoso es que es muy extremista. Hay ciertos principios morales universales que no deben violarse, pero no siempre se derivan de que lo correcto sea adoptar las normas del país de origen; por ejemplo, las leyes estadounidenses tienen normas estrictas en cuanto al salario mínimo y las condiciones laborales. ¿Eso significa que es ético aplicar las mismas normas en otra nación: pagar al personal lo mismo que en Estados Unidos, ofrecer las mismas prestaciones y condiciones laborales? Seguro que no, porque se nulificaría el motivo por el cual se invirtió en el otro país y se negaría a los habitantes de este los beneficios de las inversiones de una multinacional. Es evidente que se requiere una postura más matizada.

---

[29] Por ejemplo, véase Thomas Donaldson, "Values in Tension: Ethics Away from Home". Véase también Norman Bowie, "Relativism and the Moral Obligations of Multination Corporation", en Beauchamp y Bowie, *Ethical Theory and Business*, 7a. ed., Englewood Cliffs, NJ, Prentice Hall, 2001.

[30] Por ejemplo, véase De George, *Competing with Integrity in International Business*.

[31] Este ejemplo se repite en la bibliografía de la ética de los negocios internacionales. Lo presentó por primera vez Arthur Kelly en "Case Study—Italian Style Mores", impreso en Thomas Donaldson y Patricia Werhane (comps.), *Ethical Issues in Business*, Englewood Cliffs, Nueva Jersey, Prentice Hall, 1979.

Inmoralista inocente

El **inmoralista inocente** asegura que si el administrador de una multinacional se percata de que las empresas de otras naciones no acatan las normas éticas en el país anfitrión, él tampoco debe hacerlo. El ejemplo común para ilustrar esta perspectiva es el llamado *problema del traficante de drogas*. En una variante del problema, un administrador estadounidense en Colombia paga por rutina a un narcotraficante local para que no ponga una bomba en su planta ni secuestre a alguno de sus empleados. El administrador explica que tales pagos tienen un justificante ético: porque todos lo hacen.

La objeción es doble. En primer lugar, no basta declarar que un acto se justifica porque todos lo hacen. Si las compañías de un país emplean a niños de 12 años y los hacen trabajar 10 horas diarias, ¿se justifica hacerlo desde un punto de vista ético? Es evidente que no y que la empresa tiene una opción: no debe observar las prácticas locales y puede decidir no invertir en un país donde son tan infames. En segundo lugar, la multinacional debe aceptar que tiene capacidad para cambiar una práctica común de una nación; puede ejercer su poder con una finalidad moral positiva, como cuando BP adoptó su norma de intolerancia absoluta respecto de los pagos de facilitación. Lo que dice BP es que la costumbre general de hacer pagos de facilitación en países como la India es incorrecta desde el punto de vista ético y que corresponde a la compañía tratar de modificar la norma. Algunos dirían que esta visión huele a imperialismo moral y falta de sensibilidad cultural, pero, si concuerda con normas morales aceptadas por la comunidad mundial, se justificaría éticamente.

ÉTICAS UTILITARIA Y KANTIANA

A diferencia de las doctrinas amorales que acabamos de exponer, la mayoría de los filósofos morales concede valor a las propuestas utilitaria y kantiana en la ética de los negocios. Estas posturas se desarrollaron en los siglos XVIII y XIX y, aunque han sido superadas por doctrinas modernas, también son parte de la tradición sobre la que estas se asientan.

El utilitarismo en la ética de los negocios se remonta a filósofos como David Hume (1711-1776), Jeremy Bentham (1748-1832) y John Stuart Mill (1806-1873). El **utilitarismo** especifica que la valía moral de actos o prácticas se determina por sus consecuencias.[32] Un acto es deseable si lleva al mejor equilibrio de buenas consecuencias sobre las malas. El utilitarismo se dirige a la maximización del bien y la minimización del daño. Reconoce que los actos tienen múltiples consecuencias, algunas buenas en el sentido social y otras, nocivas. Como filosofía de la ética empresarial, centra su atención en la necesidad de sopesar con cuidado todos los costos y beneficios sociales de una acción de negocios, y empeñarse solo en las acciones cuyos beneficios superen a los costos. Desde la perspectiva utilitaria, las mejores decisiones son las que generan el mayor bien para la mayor cantidad de personas.

Muchas empresas adoptan herramientas concretas, como el análisis de costos y beneficios, y la evaluación de riesgos, con una base sólida en el utilitarismo. Los administradores acostumbran ponderar los beneficios y costos de una acción antes de emprenderla. Una compañía petrolera que piensa perforar en una reserva natural de Alaska debe evaluar las ventajas económicas de aumentar la producción de petróleo y la generación de puestos de trabajo, contra los costos de la degradación de un ecosistema frágil. Una empresa de biotecnología agrícola, como Monsanto, debe decidir si los beneficios de los cultivos modificados genéticamente que producen pesticidas naturales sobrepasan los riesgos. Entre los beneficios se cuentan incrementar el rendimiento de las cosechas y reducir la necesidad de fertilizantes químicos. Como riesgos se halla la posibilidad de que los cultivos resistentes a plagas empeoren la situación al paso del tiempo si los insectos adquieren resistencia a los pesticidas naturales creados por las plantas de Monsanto, que quedarían vulnerables a una nueva generación de plagas.

El utilitarismo entraña graves inconvenientes como postura de la ética empresarial. Un problema es el cálculo de beneficios, costos y riesgos de una acción antes de emprenderla. En el caso de la petrolera que estudia perforaciones en Alaska, ¿cómo evaluar el posible daño al ecosistema de la región? En el ejemplo de Monsanto, ¿cómo cuantificar el riesgo de que los cultivos producto de ingeniería genética estimulen la evolución de plagas resistentes a los pesticidas naturales? En general, los filósofos utilitaristas aceptan que no siempre es posible medir los beneficios, costos y riesgos, en principio por falta de conocimientos.

---

[32] Véase Beauchamp y Bowie, *Ethical Theory and Business*.

El segundo problema del utilitarismo es que no considera la justicia. El acto que genera el mayor bien para la mayor cantidad de personas puede ocasionar una situación injusta a una minoría. Tal acto no puede ser ético precisamente porque es injusto; por ejemplo, supongamos que con el interés de mantener bajos los costos de los seguros médicos el gobierno decide examinar a las personas para saber si tienen sida y negar la cobertura a los seropositivos. La acción de reducir los costos de la atención médica traerá grandes beneficios a una gran cantidad de personas, pero se trataría de un acto injusto porque discriminaría sin razón a una minoría.

La ética kantiana se basa en la filosofía de Immanuel Kant (1724-1804). La **ética kantiana** afirma que las personas deben ser tratadas como fines y no como *medios* para los fines de otros. Los individuos no son instrumentos como las máquinas; tienen dignidad y quieren que los respeten como tales. Explotar a la gente en el trabajo, obligarla a laborar muchas horas por poco sueldo y en malas condiciones, es una falta de ética porque —según la filosofía kantiana— trata a las personas como los engranes de una máquina y no como seres morales conscientes que tienen dignidad. Aunque los filósofos morales contemporáneos consideran incompleta la ética kantiana (por ejemplo, el sistema no deja lugar para las emociones ni sentimientos morales, como la simpatía o el interés por los demás), aún resuena en el mundo moderno la noción de que debe respetarse a la gente y tratarla con dignidad.

TEORÍAS DE LOS DERECHOS

En el siglo xx, aparecieron las **teorías de los derechos,** las cuales manifiestan que los seres humanos tenemos derechos y privilegios esenciales que trascienden culturas y fronteras nacionales. Los derechos establecen un nivel mínimo de comportamiento ético aceptable. Una definición común de derecho fundamental lo explica como aquel que tiene la precedencia sobre el bien colectivo. Así, diríamos que el derecho a la libertad de expresión es un derecho fundamental que tiene precedencia sobre el interés del Estado en la armonía civil o el consenso moral.[33] Los teóricos de la moral afirman que los derechos humanos esenciales son la base de la *guía moral* con que deben conducirse los administradores cuando toman decisiones que contienen un ingrediente ético; en concreto, no deben efectuar actos que lesionen esos derechos.

La noción de que hay derechos fundamentales que trascienden las culturas y las fronteras nacionales fue el estímulo básico de la **Declaración Universal de los Derechos Humanos** de la Organización de las Naciones Unidas, firmada por casi todos los países del planeta y que sienta principios básicos que deben observarse siempre, sin importar la cultura en la que se opere.[34] Con base en la ética kantiana, en el artículo I de la declaración se menciona:

Todos los seres humanos nacen libres e iguales en dignidad y derechos y, dotados como están de razón y conciencia, deben comportarse fraternalmente los unos con los otros.

En el artículo 23 de la declaración, que se refiere al trabajo, se lee:

1. Toda persona tiene derecho al trabajo, a la libre elección de su trabajo, a condiciones equitativas y satisfactorias de trabajo y a la protección contra el desempleo.
2. Toda persona tiene derecho, sin discriminación alguna, a igual salario por trabajo igual.
3. Toda persona que trabaja tiene derecho a una remuneración equitativa y satisfactoria que le asegure, así como a su familia, una existencia conforme a la dignidad humana y que será completada, en caso necesario, por cualesquiera otros medios de protección social.
4. Toda persona tiene derecho a fundar sindicatos y a sindicarse para la defensa de sus intereses.

Es indudable que los derechos a "condiciones equitativas y satisfactorias" de trabajo, a "igual salario por trabajo igual" y a una remuneración que proporcione "una existencia conforme a la dignidad humana" que se incorporan en el artículo 23 suponen que no es ético recurrir al trabajo infantil en las fábricas de explotación laboral y pagar menos que el salario de subsistencia, aunque sea una práctica común en algún país. Son derechos humanos fundamentales que trascienden las fronteras nacionales.

---

[33] Thomas Donaldson, *The Ethics of International Business*, Oxford, Oxford University Press, 1989.
[34] Se encuentra en: http://www.un.org/Overview/rights.html, consultado el 17 de agosto de 2014.

Es importante advertir que, junto con los *derechos,* surgen las *obligaciones*. Como tenemos el derecho a la libre expresión, también estamos obligados a respetar la libre expresión de los demás. La noción de que las personas tienen obligaciones se enuncia en el artículo 29 de la Declaración Universal de los Derechos Humanos:

1. Toda persona tiene deberes respecto de la comunidad, puesto que solo en ella puede desarrollar libre y plenamente su personalidad.

En el contexto de una teoría de los derechos, algunos individuos o instituciones están obligados a dar prestaciones o servicios que salvaguarden los derechos de los demás. Dichas obligaciones recaen, asimismo, en más de una clase de agentes morales (un *agente moral* es toda persona o institución capaz de realizar actos morales, como un gobierno o una corporación).

Por ejemplo, para escapar de los costos elevados de desechar los residuos tóxicos en Occidente, a finales de la década de 1980 varias empresas embarcaron sus desperdicios a países africanos, donde se deshicieron de ellos a mucho menor costo. En 1987, cinco barcos europeos descargaron desechos tóxicos que contenían venenos peligrosos en Nigeria. Los trabajadores, en sandalias y pantalones cortos, descargaron los barriles a cambio de 2.50 dólares diarios y los echaron a un tiradero en una zona residencial. No se les informó sobre el contenido de los barriles.[35] En este caso, ¿quién tiene la obligación de proteger la seguridad de los trabajadores y los residentes? De acuerdo con los teóricos de los derechos, la obligación no pesa sobre los hombros de un solo agente moral, sino de todos los agentes morales cuyos actos dañan o sirven para perjudicar a los trabajadores y a los residentes. Así, no solo era obligación del gobierno nigeriano, sino de las multinacionales que embarcaron los desechos tóxicos, verificar que no causaran daños a los residentes ni a los trabajadores. En este caso, ni el gobierno ni las multinacionales reconocieron su obligación básica de proteger los derechos humanos fundamentales de otras personas.

TEORÍAS DE LA JUSTICIA

Las teorías de la justicia pretenden lograr una distribución justa de los bienes y servicios económicos. Una **distribución justa** es la que se considera imparcial y equitativa. No hay una sola teoría de la justicia, y las que hay se contradicen en varios aspectos importantes.[36] Aquí, nos concentraremos en una teoría en particular que, además de ejercer mucha influencia, tiene implicaciones éticas relevantes. Se trata de la teoría del filósofo John Rawls,[37] quien argumenta que todos los bienes y servicios económicos deben distribuirse de manera equitativa, excepto cuando tal distribución redunde en una ventaja para alguien.

Según Rawls, los principios válidos de la justicia son aquellos con los que todas las personas estarían de acuerdo si considerasen la situación con libertad e imparcialidad. La imparcialidad se garantiza con un medio conceptual que Rawls llama el *velo de la ignorancia*. Debajo de este, se imagina a todos ignorantes de características personales, como raza, sexo, inteligencia, nacionalidad, origen familiar y talentos especiales. A continuación, se pregunta qué sistema crearía la gente bajo un velo de la ignorancia. En estas condiciones, los sujetos estarían unánimemente de acuerdo en dos principios primordiales de justicia.

El primero es que a cada persona debe permitírsele la mayor libertad básica compatible con una libertad semejante para los demás. Rawls considera que este conjunto de derechos abarca la libertad política (por ejemplo, el derecho al voto), la libertad de expresión y de reunión, la libertad de conciencia y de pensamiento, la libertad y derecho a la propiedad personal, y la garantía contra detenciones y arrestos arbitrarios.

El segundo principio es que, cuando se garantiza la igualdad de las libertades básicas, puede permitirse la desigualdad en la posesión de los bienes sociales básicos (como el ingreso, la distribución de la riqueza y las oportunidades) *solo* si beneficia a todos. Rawls admite que las desigualdades pueden ser funcionales si el sistema las produce para ventaja de todos. En concreto, formula lo que llama el *principio de la diferencia*, que consiste en que las desigualdades se justifican si benefician la posición del menos aventajado. Así, por ejemplo, las grandes disparidades en ingreso y riqueza

---

[35] Donaldson, *The Ethics of International Business.*
[36] Véase el capítulo 10 de Beauchamp y Bowie, *Ethical Theory and Business.*
[37] John Rawls, *A Theory of Justice*, Cambridge, Massachusetts, Belknap Press, ed. rev., 1999.

pueden considerarse justas si el sistema de mercado que ocasiona esta distribución desigual también beneficia a los miembros menos favorecidos de la sociedad. Cabe argumentar que eso es precisamente lo que hace una economía de mercado bien regulada y de libre comercio cuando promueve el crecimiento económico. Por lo menos en principio, las desigualdades inherentes a esos sistemas son, entonces, justas (en otras palabras, la pleamar del aumento de la riqueza que genera una economía de libre mercado y comercio levanta todas las embarcaciones, aun las más deterioradas).

En el contexto de los negocios internacionales, la teoría de Rawls adopta una perspectiva interesante. Los administradores deben preguntarse si las políticas que asumen en sus operaciones en el extranjero deben considerarse justas tras el velo de la ignorancia; por ejemplo, ¿es justo pagar a los trabajadores de otro país menos que a los de la patria de la empresa? La teoría de Rawls podría sugerir que sí, siempre y cuando la desigualdad beneficie a los miembros menos aventajados de la sociedad mundial (que es lo que indica la teoría económica); de otro modo, es difícil imaginar que los administradores bajo el velo de la ignorancia puedan diseñar un sistema en el que se pague a los empleados extranjeros sueldos de subsistencia a cambio de largas horas en condiciones de explotación y exposición a materiales tóxicos. Según la teoría de Rawls, estas condiciones laborales son injustas y, por tanto, no es ético aceptarlas. De la misma forma, bajo el velo de la ignorancia, la mayoría de las personas elaboraría un sistema que confiriera cierta protección contra la degradación ambiental de recursos comunes planetarios, como los mares, la atmósfera y los bosques tropicales. En la medida en que esta degradación se produzca, se deduce que es injusta y, por extensión, que no es ético que los actos de las compañías contribuyan al deterioro de los recursos comunes. Por todo ello, el velo de la ignorancia de Rawls es una herramienta conceptual que aporta una guía moral a los administradores para resolver dilemas éticos complejos.

IMPLICACIONES PARA LOS ADMINISTRADORES

OA5-5

¿Cuál es la mejor manera de que los administradores de las empresas multinacionales incorporen consideraciones éticas en las decisiones de negocios internacionales? ¿Cómo deciden los administradores sobre una línea de acción ética en situaciones que conciernen a las condiciones laborales, los derechos humanos, la corrupción y la contaminación del ambiente natural? Desde el punto de vista ético, ¿cómo determinan los administradores las obligaciones morales que impone el poder de una multinacional? En muchos casos, no hay respuestas sencillas porque los problemas éticos más agobiantes plantean verdaderos dilemas y no se percibe la acción correcta; sin embargo, quienes dirigen las empresas pueden y deben hacer mucho para que se acaten los principios éticos básicos y se asimilen en la práctica los asuntos éticos en las decisiones de negocios internacionales.

Aquí, nos concentraremos en cinco temas que las compañías internacionales y sus directores deben incorporar a sus agendas para que se consideren los temas éticos en las decisiones de negocios: 1) preferir la contratación y el ascenso de personas con un sentido firme de ética personal; 2) estimular una cultura organizacional que confiera gran valor al comportamiento ético; 3) verificar que los administradores de la empresa no solo expresen la retórica del comportamiento ético, sino que se conduzcan en concordancia con ese discurso; 4) establecer un mecanismo de toma de decisiones que exija a las personas contemplar el aspecto ético de las decisiones de negocios, y 5) inculcar el valor moral.

CONTRATACIÓN Y ASCENSOS

Es evidente que las empresas deben esforzarse por contratar personas que posean un sólido sentido de ética personal y que no se inclinen hacia comportamientos no éticos o ilegales. De la misma manera, debe esperarse que las compañías no asciendan e incluso despidan a quienes tengan un comportamiento que no corresponda con las normas éticas aceptadas; pero, en la práctica, hacerlo es en extremo difícil. ¿Cómo saber que alguien tiene un mal sentido de la ética personal? En nuestra sociedad, los individuos ocultan a los demás el comportamiento no ético porque no se confía en la gente sin principios éticos.

¿Hay algo que puedan hacer las empresas para cerciorarse de no contratar empleados que luego demuestren una ética personal deficiente, sobre todo porque la gente tiene motivos para ocultar su naturaleza no ética a los ojos de los demás, o mentir sobre ella? Las compañías pueden aplicar pruebas psicológicas a sus posibles empleados para discernir sus propensiones éticas, así como consultar a empleadores anteriores sobre la reputación de los aspirantes (por ejemplo, se piden cartas de recomendación o se habla con individuos que hayan trabajado con el candidato). Este procedimiento es común e influye en las contrataciones. Si la cultura de la organización valora la necesidad de un comportamiento ético y si los jefes se conducen en consecuencia, una empresa no debe ascender a personas sin comportamiento ético.

Las empresas deben esforzarse por identificar y contratar a personas con un comportamiento ético sólido, pero los candidatos a empleados también deberían interesarse en averiguar cuanto puedan acerca del ambiente ético de la organización. ¿Quién quiere trabajar en una multinacional como Enron, que acabó en la quiebra porque sus ejecutivos sin ética emprendieron asociaciones riesgosas ocultándose del escrutinio público para enriquecerse ellos mismos? En la tabla 5.1 se presentan las preguntas que quienes buscan trabajo deben formular a un posible empleador.

CULTURA DE LA ORGANIZACIÓN Y LIDERAZGO

Para incentivar el comportamiento ético, las empresas deben construir una cultura que valore esa forma de conducirse, y tres aspectos en particular son importantes para crearla. En primer lugar, deben articular de manera explícita valores que destaquen el comportamiento ético. Hoy, muchas compañías lo hacen mediante un **código de ética**: una declaración formal de las prioridades éticas a las que se ciñen. Por lo regular, este código se nutre de documentos como la Declaración Universal de los Derechos Humanos de la ONU, que se funda en las teorías kantiana y de los derechos de la filosofía moral. Otras empresas incorporan declaraciones éticas en documentos en los que manifiestan sus valores o su misión; por ejemplo, Unilever, la multinacional de productos alimenticios y de consumo, posee un código de ética que contempla los puntos siguientes:[38]

Empleados: Unilever se compromete con la diversidad en un ambiente de trabajo donde existe la confianza y el respeto mutuos, en el que todos se sienten responsables por el desempeño y la reputación de la compañía. Reclutamos, contratamos y ascendemos a los empleados sobre la única base de las capacidades y habilidades necesarias para desempeñar el trabajo. Nos comprometemos a brindar condiciones laborales seguras y sanas para todos los trabajadores. No recurriremos a ninguna forma de trabajo forzado, impuesto o infantil. Nos comprometemos a colaborar con los empleados para desarrollar y mejorar las capacidades y habilidades de cada uno. Respetamos la dignidad de los individuos y el derecho de los trabajadores a la libertad de asociación. Mantendremos la buena comunicación con el personal mediante procedimientos de información y consultas en toda la compañía.

Integridad de la empresa: Unilever no da ni recibe, directa o indirectamente, sobornos ni otras prebendas para obtener beneficios comerciales o financieros. Ningún empleado puede ofrecer, dar o recibir algún regalo o pago que sea o pueda considerarse un soborno. Toda petición u ofrecimiento de soborno debe rechazarse de inmediato y denunciarse a la administración. Los libros contables y documentos probatorios de Unilever deben describir y manifestar la naturaleza exacta de las transacciones que respaldan. No se establecerá ni se llevará ninguna contabilidad, fondos o activos secretos o independientes.

A partir de tales principios, es indudable que Unilever no tolerará condiciones laborales inferiores a la norma, no recurrirá al trabajo infantil ni dará sobornos en ninguna circunstancia. Asimismo, observe

TABLA 5.1

Examen ético para quien busca trabajo.

Fuente: Linda K. Trevino, jefa del departamento de Administración y Organización en la Escuela de Negocios Smeal, Universidad Estatal de Pensilvania. Citado en K. Maher, "Career Journal. Wanted: Ethical Employeer", en *The Wall Street Journal*, 9 de julio de 2002, p. B1.

Algunas preguntas para sondear a un posible empleador
1. ¿Hay un código formal de ética? ¿Está distribuido en toda la organización? ¿Se refuerza de otras maneras formales, como sistemas de toma de decisiones?
2. ¿Los trabajadores de todos los niveles están capacitados para tomar decisiones éticas? ¿Los alientan para que asuman la responsabilidad por su comportamiento o para que cuestionen la autoridad cuando se les solicita hacer algo que les parece incorrecto?
3. ¿Los empleados tienen canales formales para manifestar confidencialmente sus inquietudes? ¿Hay una comisión en los niveles superiores de la organización que se ocupe de los problemas éticos?
4. ¿Se castiga en forma expedita y justa el mal comportamiento en la organización?
5. ¿Se hace hincapié en la integridad a los empleados nuevos?
6. ¿Qué opinión tienen los empleados acerca de la integridad de sus subordinados? ¿Cómo ejemplifican el comportamiento ético?

---

[38] Se encuentra en la página electrónica de Unilever: http://www.unilever.com/aboutus/purposeandprinciples/ourprinciples/default.aspx, consultado el 17 de agosto de 2014.

la referencia al respeto de la dignidad de los empleados, una declaración asentada en la ética kantiana. Los principios de Unilever son un mensaje evidente sobre la ética apropiada de administradores y empleados.

Después de articular los valores en un código de ética o algún otro documento, los administradores de las empresas, para dar vida y sentido a las palabras, deben destacar en forma constante su importancia y *conducirse según esa guía*. Ello implica aprovechar toda ocasión para resaltar la trascendencia de la ética empresarial y asegurarse de que las principales decisiones no solo son lógicas en lo económico, sino en lo ético. Muchas compañías van más allá y contratan auditores independientes para verificar que actúan en concordancia con su código de ética; por ejemplo, Nike recurre a auditores independientes para determinar si los subcontratistas de la empresa responden al código de comportamiento de la corporación.

Por último, establecer una cultura organizacional en la que se confiera gran valor al comportamiento ético requiere sistemas de incentivos y prestaciones, incluso ascensos para quienes demuestren un comportamiento ético y castigos para los que no; por ejemplo, Jack Welch, exCEO de General Electric, comentó que, cuando evaluaba a los administradores, los dividía en varios grupos: de alto rendimiento, que mostraban los valores correctos y eran candidatos a bonos y ascensos, y otro grupo de alto rendimiento, pero que ostentaba valores equivocados y había que dejar ir. Welch no estaba dispuesto a tolerar en la compañía líderes que no actuaran en concordancia con los valores centrales de la empresa, aunque en todo lo demás fueran administradores eficaces.[39]

PROCESOS DE TOMA DE DECISIONES

Además de establecer la cultura ética correcta en la organización, los empresarios deben sopesar sistemáticamente las consecuencias éticas de sus decisiones. Para hacerlo, requieren una guía moral, que aportan tanto las teorías de los derechos como la teoría de la justicia de Rawls. Aparte de estas, algunos especialistas en ética han propuesto una guía práctica (un algoritmo ético) para definir si una decisión es ética.[40] De acuerdo con los expertos, una decisión es aceptable desde el punto de vista ético si el empresario responde de modo afirmativo a las siguientes preguntas:

1. ¿Mi decisión es coherente con el contexto de normas o valores comunes y aceptados en los ambientes organizacionales (como se enuncian en códigos de ética o alguna otra declaración corporativa)?
2. ¿Estoy dispuesto a que se comunique la decisión a todos los interesados afectados, por ejemplo, en un reportaje de la prensa o la televisión?
3. ¿Aprobarían la decisión las personas con quienes mantengo una relación personal importante, como familiares, amigos o incluso administradores de otras empresas?

Otros recomiendan un esquema de cinco pasos para reflexionar acerca de los problemas éticos (es otro ejemplo de un algoritmo ético).[41] En el paso 1, los empresarios deben identificar a quiénes afecta una decisión y en qué sentido. Los *stakeholders* de una empresa son los individuos o grupos con un interés, reclamo o acción de la compañía, y sobre lo que hace y cómo lo hace.[42] Se dividen en internos y externos. Los *stakeholders* **internos** son individuos o grupos que trabajan para la empresa o son sus propietarios: todos los empleados, el consejo de administración y los accionistas. Los ***stakeholders* externos** son el resto de los individuos y grupos que tienen algún interés en la compañía; por lo común, este grupo incluye clientes, proveedores, prestamistas, gobiernos, sindicatos, comunidades y el público en general.

Todos los *stakeholders* sostienen una relación de intercambio con la empresa. Cada grupo le da recursos (o aportes) importantes y, en reciprocidad, esperan que se satisfagan sus intereses (mediante incentivos);[43] por ejemplo, los empleados proporcionan trabajo, habilidades, conocimientos y tiempo, y

---

[39] Joseph Bower y Jay Dial, "Jack Welch: General Electric's Revolutionary", Harvard Business School Case, núm. 9-394-065, abril de 1994.

[40] Por ejemplo, véase R. Edward Freeman y Daniel Gilbert, *Corporate Strategy and the Search for Ethics*, Englewood Cliffs, Nueva Jersey, Prentice Hall, 1988; Thomas Jones, "Ethical Decision Making by Individuals in Organizations", en *Academy of Management Review*, 16, 1991, pp. 366-395, y J. R. Rest, *Moral Development: Advances in Research and Theory*, Nueva York, Praeger, 1986.

[41] *Idem*.

[42] Véase E. Freeman, *Strategic Management: A Stakeholder Approach*, Boston, Pitman Press, 1984; C. W. L. Hill y T. M. Jones, "Stakeholder Agency Theory", en *Journal of Management Studies*, 29, 1992, pp. 131-134, y J. G. March y H. A. Simon, *Organizations*, Nueva York, Wiley, 1958.

[43] Hill y Jones, "Stakeholder Agency Theory", March y Simon, *Organizations*.

a cambio, esperan un ingreso equivalente, satisfacción con su trabajo, seguridad laboral y buenas condiciones de trabajo. Los clientes dan ingresos a la compañía, y a cambio, quieren productos de calidad que representen el valor de su dinero. Las comunidades brindan a las empresas una infraestructura local y a cambio quieren que estas sean ciudadanas responsables y exigen la seguridad de que mejorará la calidad de vida como resultado de la existencia de la empresa.

El análisis de los *stakeholders* implica alguna dosis de lo que se da en llamar *imaginación moral*.[44] Ello entraña ponerse en el lugar de un *stakeholder* y preguntarse qué efecto tendría en él una decisión propuesta; por ejemplo, si se piensa en subcontratar, los administradores deben preguntarse cómo se sentirían ellos si tuviesen que trabajar muchas horas en malas condiciones sanitarias.

El paso 2 radica en evaluar la ética de la decisión estratégica propuesta con la información recopilada en el paso 1. Los administradores deben determinar si una decisión viola los *derechos fundamentales* de algún *stakeholder*; por ejemplo, diríamos que la información acerca de los peligros para la salud en el trabajo es un derecho básico de los trabajadores. Del mismo modo, conocer características posiblemente riesgosas de un producto es un derecho fundamental de los clientes (derecho que pasan por alto las tabacaleras cuando no revelan a sus clientes lo que saben sobre los riesgos de fumar). Asimismo, a los administradores les conviene preguntarse si aceptarían la decisión estratégica propuesta si diseñaran un sistema acorde con el velo de la ignorancia de Rawls; por ejemplo, si el tema es la posibilidad de subcontratar a una empresa que ofrece salarios bajos y malas condiciones laborales, los administradores deben preguntarse si admitirían esta iniciativa al evaluarla en términos del velo de la ignorancia, en el sentido de que ellos mismos podrían ser los que trabajaran para ese subcontratista.

En esta etapa, el juicio debe orientarse por varios principios éticos inquebrantables que pueden estar incluidos en el código de ética o en otros documentos de la compañía. Además, no deben violarse ciertos principios éticos que adoptamos como miembros de la sociedad (por ejemplo, la prohibición de robar). En estos casos, el juicio también debe guiarse por la regla que se escogió para evaluar la decisión estratégica propuesta. La regla de decisión que sigue la mayoría de las empresas es maximizar las utilidades en el largo plazo, pero debe sujetarse a la restricción de no lesionar algún principio moral; es decir, que la compañía se conduzca de manera ética.

En el paso 3, se pide a los administradores que definan la intención moral, lo cual implica que las empresas deben situar las preocupaciones morales antes que otros intereses en casos en que se violen derechos fundamentales de los interesados o principios morales básicos. En esta etapa, es muy valioso el involucramiento de la administración. Sin el estímulo activo de los administradores, los mandos medios colocan los estrechos intereses económicos de la empresa por encima de lo que importa más a los *stakeholders* en la creencia (casi siempre equivocada) de que eso es lo que quieren sus superiores.

En el paso 4, se solicita a la compañía que su comportamiento sea ético. El paso 5 consiste en examinar las decisiones de la empresa, que las revise para saber si son congruentes con principios éticos, como los declarados en el código ético de la compañía. El último paso es decisivo y a menudo se pasa por alto. Si no se examinan las decisiones tomadas, los empresarios no saben si sus procesos de decisión funcionan o si deben hacer cambios para apegarse mejor a un código de ética.

FUNCIONARIOS DE ÉTICA

Para garantizar que se conducen de manera ética, diversas empresas tienen en su plantilla de personal funcionarios de ética. Estos individuos son responsables de vigilar que todos los empleados estén capacitados para tener conciencia ética, que las consideraciones éticas se incorporen en los procesos de toma de decisiones y que se obedezca el código de ética de la empresa. Asimismo, dichos funcionarios son responsables de estudiar las decisiones para comprobar que respetan el código. En muchas empresas, actúan como un ombudsman interno, pues sobre ellos recae la responsabilidad de manejar las inquietudes confidenciales de los empleados, investigar las quejas de estos o de otros, informar de los resultados y recomendar cambios.

Por ejemplo, United Technologies, compañía aeroespacial multinacional con ingresos mundiales por más de 30 mil millones de dólares, tiene desde 1990 un código formal de ética.[45] En ella, aproximadamente 450 funcionarios de ejercicio empresarial (así llaman a los funcionarios de ética) son responsables de vigilar que se acate el código. En 1986, UT estableció un programa de ombudsman para que los empleados formularan anónimamente sus preguntas sobre problemas éticos. Desde su fundación, el programa ha recibido 60 mil preguntas, y el ombudsman ha desahogado más de 10 mil casos.

---

[44] De George, *Competing with Integrity in International Business*.

[45] Puede consultarse el código en el sitio electrónico de United Technologies, en: http://www.utc.com/profile/ethics/index.htm, consultado el 17 de agosto de 2014.

VALOR MORAL

Por último, es esencial reconocer que los empleados de las empresas internacionales necesitan mucho *valor moral*, por ejemplo, para descartar una decisión rentable, pero no ética. El valor moral da a un empleado la fuerza para negarse a acatar las órdenes de un superior de emprender actos no éticos e infunde en los empleados el estímulo para ir a los medios de comunicación y denunciar el comportamiento no ético de una compañía. Este valor no se consigue con facilidad; algunos empleados han perdido su trabajo por revelar comportamientos corporativos que les parecieron no éticos y los denunciaron ante los medios de comunicación.[46]

Por su parte, las compañías pueden reforzar el valor moral de los empleados si se comprometen a no tomar represalias si lo ejercen, si se niegan a obedecer a sus superiores o si, en fin, se quejan de comportamientos no éticos; por ejemplo, consideremos este extracto del código de ética de Unilever:

> Todas las infracciones al código deben informarse conforme a los procedimientos especificados por los secretarios adjuntos. El consejo de Unilever no criticará a la administración por negocios perdidos en virtud de su apego a estos principios y otras normas e instrucciones obligatorias. El consejo de Unilever espera que los empleados dirijan a su atención o de la gerencia cualquier infracción o sospecha de infracción de estos principios. Están en operación las disposiciones convenientes para que los empleados ofrezcan sus informes confidencialmente y nadie sufra consecuencia alguna por hacerlo.[47]

Es evidente que esta declaración autoriza a los empleados a ejercer el valor moral. Las compañías también instituyen líneas telefónicas de ética para que los empleados presenten, de manera anónima, sus quejas ante los funcionarios de ética de la corporación.

---

[46] Colin Grant, "Whistle Blowers: Saints of Secular Culture", en *Journal of Business Ethics*, septiembre de 2002, pp. 391-400.

[47] Se encuentra en la página electrónica de Unilever, en: http://www.unilever.com/aboutus/purposeandprinciples/ourprinciples/default.aspx, consultado el 17 de agosto de 2014.

RESUMEN

En este capítulo, expusimos el origen y la naturaleza de los problemas éticos en los negocios internacionales, las posturas filosóficas sobre la ética empresarial y las medidas mediante las cuales los administradores pueden garantizar el respeto a las consideraciones éticas en las decisiones de negocios internacionales. En el capítulo, señalamos los aspectos siguientes:

1. El término *ética* se refiere a los principios aceptados sobre lo correcto o incorrecto que rigen el comportamiento de una persona, los miembros de una profesión o las actividades de una organización. La ética de los negocios comprende los principios acerca de lo correcto o incorrecto que gobiernan el comportamiento de los empresarios. Una estrategia ética es la que no infringe estos principios aceptados.

2. Los problemas y dilemas éticos de las empresas internacionales surgen de variaciones en los sistemas políticos, las leyes, el desarrollo económico y la cultura de los países.

3. Los problemas éticos más comunes en los negocios internacionales atañen a las prácticas de empleo, derechos humanos, regulaciones ambientales, corrupción y obligación moral de las corporaciones multinacionales.

4. Los dilemas éticos son situaciones en las que ninguna opción parece totalmente aceptable desde el punto de vista ético.

5. El comportamiento no ético es el resultado de principios éticos personales deficientes, cultura social, distancia emocio-

nal y geográfica entre una filial y la matriz, incapacidad de incorporar los temas éticos a la toma de decisiones estratégicas y operativas, cultura disfuncional y la falta de comportamiento ético de los líderes.

6. Los filósofos morales sostienen que ciertas posturas de la ética empresarial, como la doctrina Friedman, el relativismo cultural, el moralista virtuoso y el inmoralista inocente son insatisfactorias en más de un sentido.

7. La doctrina Friedman especifica que la única responsabilidad social de una compañía es aumentar las utilidades, siempre que observe la ley. El relativismo cultural afirma que debe adoptarse la ética del lugar donde se hacen negocios. El moralista virtuoso aplica de modo inflexible la ética de su país de origen en el extranjero, mientras que el inmoralista inocente considera que si el administrador de una multinacional comprueba que las empresas de otras naciones no respetan las normas éticas de una nación, él tampoco debe hacerlo.

8. El utilitarismo ético manifiesta que la valía moral de los actos y las prácticas se determina por sus consecuencias, y que las mejores decisiones son las que generan el mayor bien para la mayor cantidad de personas.

9. La ética kantiana mantiene que las personas deben tratarse como fines y nunca como *medios* para los fines de otros. Los individuos no son instrumentos, como una máquina, sino que tienen dignidad y quieren que se les respete como tales.

10. Las teorías de los derechos reconocen que los seres humanos tenemos derechos y prerrogativas fundamentales que trascienden la cultura y los límites nacionales. Estos derechos establecen el mínimo comportamiento ético aceptable.

11. Según el concepto de justicia de John Rawls, una decisión es justa y ética si las personas la tendrían en cuenta al diseñar un sistema social tras el velo de la ignorancia.

12. Para asegurarse de que se consideran los aspectos éticos en las decisiones de negocios internacionales, los administradores deben *a*) preferir la contratación y el ascenso de personas con un sentido firme de ética personal, *b*) fomentar en su organización una cultura que confiera gran valor al comportamiento ético, *c*) verificar que los administradores de la empresa no solo expresen la retórica del comportamiento ético, sino que también se conduzcan en concordancia con ese discurso, *d*) establecer un mecanismo de toma de decisiones en el que se exija a quienes consideren el aspecto ético de las decisiones de negocios y *e*) tener valor moral y fomentarlo en los demás.

Preguntas de análisis y razonamiento crítico

1. Un ejecutivo estadounidense que visita una subsidiaria en otro país descubre que se contrató a una niña de 12 años para que trabajara como obrera, lo cual infringe la prohibición de la empresa de recurrir al trabajo infantil. Le ordena al administrador local que reemplace a la pequeña y a ella le dice que se vaya a la escuela. El administrador le comunica al ejecutivo estadounidense que la niña es huérfana, que no tiene medios de subsistencia y que probablemente se irá a la calle si se le niega el trabajo. ¿Qué debe hacer el ejecutivo estadounidense?

2. En la línea del concepto de John Rawls sobre el velo de la ignorancia, formule un código de ética que *a*) guíe las decisiones de una gran multinacional petrolera respecto de la protección del ambiente natural y *b*) ejerza influencia en las normas de una compañía de ropa sobre la subcontratación de su maquila.

3. ¿En qué condiciones es ético subcontratar la producción a países en desarrollo donde los costos de la mano de obra son menores, si esta iniciativa también implica despedir a trabajadores con mucha antigüedad en el país de origen de la compañía?

4. ¿Son éticos los pagos de facilitación (*aceleradores*)?

5. Un administrador de una nación en vías de desarrollo está supervisando las operaciones de una empresa multinacional en una nación donde el tráfico de drogas y la anarquía están muy extendidos. Un día, un representante de uno de los "poderosos" locales se le acerca y le pide una "donación" para ayudar a su jefe a proporcionarles casas a los pobres. El delincuente le comunica al administrador que, a cambio de la donación, el capo se asegurará de que tenga una estancia productiva en su país. No hay amenazas, pero el administrador está muy consciente de que el "poderoso" encabeza una organización criminal involucrada en el narcotráfico. También, sabe que dicho sujeto realmente ayuda a los pobres en el barrio marginado donde nació. ¿Qué debe hacer el administrador?

6. Vuelva a leer el "Panorama administrativo" sobre Unocal y responda los siguientes planteamientos:

   a) ¿Fue ético que Unocal se asociara con una brutal dictadura militar para obtener ganancias financieras?

   b) ¿Qué acciones podría haber tomado Unocal, además de no invertir, para salvaguardar los derechos humanos de la gente afectada por el proyecto del gasoducto?

Proyecto de investigación ◎ globalEDGE   globaledge.msu.edu

Ética en los negocios internacionales

Consulte la página electrónica de globalEDGE (globaledge.msu.edu) para efectuar los siguientes ejercicios.

Ejercicio 1

Promover el respeto por los derechos universales del ser humano es una dimensión central de la política exterior de todos los países. Como la historia demuestra una y otra vez, los abusos preocupan a todos. Estados Unidos se declara listo para colaborar con otros gobiernos y la sociedad civil con el fin de prevenir abusos de poder. Desde 1977, los informes anuales por países sobre las prácticas de derechos humanos evalúan el estado de la democracia y los derechos de las personas en todo el mundo, llaman la atención sobre las violaciones y, cuando es necesario, procuran los cambios necesarios en las políticas hacia determinadas naciones. Localice el último informe anual *Country Reports on Human Right Practices* para los países BRIC (Brasil, China, India y Rusia) y genere una tabla para comparar los hallazgos en las secciones de "Derechos laborales". ¿Qué aspectos en común puede encontrar? ¿Cuáles son las diferencias?

Ejercicio 2

El soborno en el ámbito de los negocios es un importante dilema ético que muchas compañías enfrentan tanto localmente como en el extranjero. El *Bribe Payers Index* es un estudio que se publica cada tres años para evaluar la probabilidad de que empresas de las 28 economías líderes obtengan negocios en el extranjero ofreciendo sobornos. Asimismo, clasifica los sectores de la industria basándose en la prevalencia del soborno. Compare las cinco industrias que se estima poseen los mayores problemas de soborno con las cinco que tienen pocos problemas de esta naturaleza. ¿Qué patrones puede apreciar? ¿Qué factores hacen a algunas industrias más propensas que otras al soborno?

CASO FINAL

Condiciones laborales en una fábrica china

En 2008, la Comisión Nacional del Trabajo en Estados Unidos financió una investigación sobre las condiciones laborales en dos fábricas chinas que hacían equipo de computación, incluidos teclados y armazones de impresoras para Hewlett-Packard, Dell, Lenovo y Microsoft. Publicado a principios de 2009, el reporte describe condiciones laborales extremadamente severas para los estándares occidentales.

Según el reporte, en la fábrica Metai de Guangdong, los trabajadores se sientan en bancos de madera sin respaldo, mientras 500 teclados por hora se mueven a lo largo de la línea de ensamblaje, 12 horas diarias, siete días a la semana, con solo dos días de descanso al mes. Cada 7.2 segundos pasa un tablero frente a cada trabajador, quien debe colocar seis o siete teclas, una cada 1.1 segundos. La línea de ensamblaje nunca se detiene. El sitio de trabajo es frenético, monótono, somnífero e incesante. Cada trabajador inserta 3 250 teclas por hora; 35 750 teclas durante su turno; 250 250 a la semana, y efectúa más de un millón de operaciones al mes. Los empleados reciben un pago de un cincuentavo de centavo por cada operación que completan. Mientras trabajan, no pueden hablar, escuchar música o siquiera levantar la cabeza para mirar a su alrededor. Quienes necesitan usar el sanitario deben aguantar hasta que haya un descanso. Los guardias de seguridad vigilan a los trabajadores, quienes tienen prohibido poner las manos en los bolsillos y son registrados al entrar y salir de la fábrica, que opera 24 horas diarias en dos turnos de doce horas; los empleados se rotan entre los turnos diurno y nocturno cada mes; permanecen en la fábrica por hasta 87 horas a la semana y las horas extra son obligatorias. Hay dos descansos de media hora por turno para comer, pero después de correr a la cafetería y hacer fila para recibir su comida, solo tienen 15 minutos para comerla. El salario básico es de 64 centavos la hora, lo que, luego de pagar los servicios básicos de alojamiento, cae a solo 41 centavos la hora para llevar a casa. Los trabajadores se levantan aproximadamente las seis de la mañana. Cuando vuelven a su dormitorio, entre las 9:00 y las 9:30 de la noche, se asean utilizando una pequeña cubeta de plástico. Las temperaturas de verano suelen llegar a los 32 grados. Durante el invierno, los empleados deben bajar varios pisos de escaleras para colectar agua caliente en sus cubetas. Entre 10 y 12 personas comparten cada dormitorio atestado y duermen en estrechos camastros de metal alineados a las paredes; suelen colgar sábanas viejas en su cubículo para obtener algo de intimidad.

Los comentarios de los trabajadores de esta fábrica, muchos de los cuales son jóvenes mujeres entre los 18 y los 25 años, confirman cuán duras son estas condiciones. Una dijo: "Cada día entro a la fábrica y armo teclados. Mis manos se mueven constantemente y no puedo parar ni un segundo. Nuestros dedos, manos y brazos están inflamados y adoloridos. Hago esto cada día durante 12 horas, lo que empeora por la presión constante y la tediosa monotonía del trabajo". Otra declaró: "Las normas de la fábrica son en realidad como leyes privadas. Nos obligan a obe-

decer y a aguantar el rudo trato de los administradores. Algunos trabajadores jóvenes tienen novios y novias fuera de la fábrica y, para salir a una cita deben rogarle al jefe que tenga piedad y los deje salir del complejo de la fábrica". Otra simplemente mencionó: "Nos sentimos como si estuviéramos cumpliendo una condena en la cárcel".

Cuando se le informó sobre estos hallazgos, el vocero de Microsoft informó que la fábrica surtía a uno de sus contratistas, pero que Microsoft investigaría. Los representantes de Hewlett-Packard y Lenovo también declararon que la fábrica no era un proveedor directo, sino de sus proveedores y, asimismo, prometieron investigar. Un vocero de Dell, a quien la fábrica surte directamente, comentó que estaban investigando activamente esas condiciones, y continuó: "Puedo decirles que cualquier reporte sobre las malas condiciones laborales en la cadena de aprovisionamiento de Dell es investigado para tomar las medidas pertinentes".[48]

Los trabajadores de una fábrica china de electrónicos llevan a cabo tareas repetitivas.

---

[48] "The Dehumanization of Young Workers Producing Our Computer Keyboards", Comité Nacional del Trabajo, febrero de 2009, en: http://www.globallabourrights.org/admin/reports/files/HIGHTECH_MISERY_CHINA_WEB.pdf, consultado el 17 de agosto de 2014; A. Butler, "29p-an-Hour Slaves Make Our Cut-Price Computers", en *Sunday Mirror*, 22 de febrero de 2009, p. 34; y R. Thompson, "Prison-like Conditions for Workers Making IBM, Dell, HP, Microsoft and Lenovo Products", en *Computer Weekly.com*, 17 de febrero de 2009.

Preguntas para analizar el caso

1. ¿Qué es lo que permite a los dueños de la fábrica Metai, descrita en este caso, salirse con la suya en tan terribles condiciones laborales?

2. ¿Compañías como Microsoft, Dell y Hewlett-Packard deberían considerarse responsables por las condiciones laborales de fábricas extranjeras que no les pertenecen, pero les fabrican productos?

3. ¿Qué estándares laborales respecto de la seguridad, las condiciones laborales, horas extra y similares deberían buscar en las fábricas extranjeras: las que prevalezcan en ese país o las de Estados Unidos?

4. ¿Piensa que las compañías estadounidenses mencionadas en este caso deben hacer modificaciones a sus políticas actuales? Si esto es así, ¿qué tipo de cambios? ¿Deben hacer cambios incluso si afectan su capacidad de competir en el mercado?

parte dos casos

Siemens: un escándalo de corrupción

En diciembre de 2008, Siemens, la gran compañía electrónica alemana, accedió a pagar mil 600 millones de dólares en multas para arreglar disputas legales entre los gobiernos de Alemania y Estados Unidos. Dichos gobiernos afirmaron que la empresa había utilizado sobornos para obtener negocios en diversos países en todo el mundo. Estas fueron las multas más cuantiosas jamás impuestas a una compañía por cohecho, lo que refleja la dimensión del problema en Siemens. Desde 1999, la empresa aparentemente pagó algo así como mil 400 millones de dólares en sobornos. En Bangladesh, Siemens pagó cinco millones al hijo del primer ministro para ganar un contrato de telefonía móvil. En Nigeria, entregó 12.7 millones a varios funcionarios para conseguir contratos de telecomunicaciones del gobierno. En Argentina, la firma pagó cuando menos 40 millones en sobornos para hacerse de un contrato de mil millones de dólares con el objeto de producir las credenciales de identidad nacional. En Israel, "proporcionó" 20 millones de dólares a altos funcionarios del gobierno con la finalidad de ganar un contrato y construir plantas de energía eléctrica. En China, el pago fue de 14 millones de dólares a funcionarios gubernamentales para lograr un contrato y proveer equipo médico. Y así de manera sucesiva.

Al parecer, la corrupción en Siemens estaba profundamente enraizada en su cultura de negocios. Antes de 1999, sobornar a funcionarios extranjeros no era algo ilegal en Alemania y, en realidad, tales pagos podían ser deducibles como gastos de operación bajo la ley fiscal alemana. En este entorno permisivo, Siemens se suscribió a la simple regla de ceñirse a las prácticas locales. Si el cohecho era algo común en un país, Siemens usaba los sobornos en forma rutinaria para obtener negocios. En la compañía, los sobornos se consideraban "dinero útil".

Cuando cambió la ley alemana en 1999, Siemens continuó con sus prácticas anteriores, pero instrumentó mecanismos elaborados para ocultarlo. El dinero se transfería a cuentas de banco suizas muy difíciles de rastrear. Estos fondos se destinaban a contratar a un "consultor" externo que ayudaba a obtener un contrato. A su vez, este consultor entregaba el efectivo a su destinatario final, que solía ser un funcionario del gobierno. En apariencia, Siemens tenía más de 2 700 consultores en todo el mundo. Los cohechos, considerados costos por hacer negocios, eran de entre 5 y 6% del valor del contrato, aunque en las naciones corruptas los sobornos podían elevarse hasta 40%. Como justificación de este comportamiento, un exempleado de Siemens declaró que "se trataba de mantener vivo el negocio y de no poner en peligro miles de empleos de la noche a la mañana". Pero tal práctica generó una larga fila de honestos e indignados competidores que no podían obtener los contratos, y de habitantes de países pobres que pagaban demasiado por los servicios gubernamentales debido a tratos corruptos. Asimismo, al involucrarse en el cohecho,

Siemens ayudó a fomentar una cultura de corrupción en las naciones donde efectuaba sus pagos ilegales.

Durante este periodo y en una maniobra cínica, Siemens estableció un proceso formal para monitorear los pagos y garantizar que no se hicieran ilegales. Los altos ejecutivos incluso hicieron que algunos individuos responsables de manejar los fondos de soborno firmaran declaraciones en las cuales se asentaba que no estaban implicados en dicha actividad, a sabiendas de que no era así.

El esquema comenzó a colapsar cuando investigadores de diversos países empezaron a examinar transacciones sospechosas. Fiscales de Italia, Liechtenstein y Suiza enviaron solicitudes de ayuda a sus contrapartes de Alemania, a quienes les proporcionaron una lista de empleados de Siemens que estaban involucrados en pagos ilegales. A finales de 2006, la policía alemana entró en acción: llevó a cabo una redada en la compañía, confiscó valiosa información y arrestó a varios ejecutivos. Poco después, en Estados Unidos principiaron a examinar esos cargos. Como Siemens cotizaba en la Bolsa de Valores de Nueva York, debía apegarse a la Ley de Prácticas Extranjeras Corruptas, que consideraba ilegales los pagos hechos a funcionarios del gobierno para ganar contratos. Al final, Siemens no solo tuvo que pagar mil 600 millones de dólares en multas, sino que se comprometió a invertir otros mil millones para mejorar su proceso interno de conformidad, mientras que algunos de sus ejecutivos fueron a prisión.

Preguntas para analizar el caso

1. ¿Qué explica el alto grado de corrupción en Siemens? ¿Cómo racionalizaron esta práctica los administradores involucrados en la corrupción?
2. ¿Qué piensa que le hubiera sucedido a un administrador en Siemens si hubiera adoptado una postura contraria a las prácticas corruptas?
3. ¿En qué forma distorsiona la competencia el tipo de corrupción en la que incurrió Siemens?
4. ¿Qué efecto ocasiona el comportamiento corrupto de Siemens en los países donde efectúa sus negocios?
5. Si fuera un administrador de Siemens y estuviera al tanto de dichas actividades, ¿qué hubiera hecho?

Fuentes

S. Schubert y C. Miller, "Where Bribery Was Just a Line Item", en *The New York Times*, 21 de diciembre de 2008, p. B1; J. Ewing, "Siemens Braces for a Slap from Uncle Sam", en *BusinessWeek*, 11 de noviembre de 2007, pp. 78-79; y J. Ewing, "Siemens Settlement: Relief, But Is It Over?", en *BusinessWeek*, 12 de diciembre de 2008, p. 8.

Desastre en Bangladesh: el colapso del edificio Rana Plaza

En la mañana del miércoles 24 de abril de 2013, un edificio industrial y comercial de ocho pisos colapsó en Bangladesh y mató a aproximadamente mil cien personas, la mayoría trabajadores en una de las cinco fábricas de ropa que ocupaban seis pisos de la construcción. Este no fue el primer accidente de alto perfil en la industria del vestido del país. En noviembre del año anterior, un incendio mató a 112 trabajadores de la industria. Pocos días después del derrumbe del inmueble, otro incendio en otra fábrica de ropa terminó con la vida de ocho personas. La serie de accidentes condujo a llamadas de los minoristas de ropa occidentales a que se hicieran mayores esfuerzos para mejorar las condiciones laborales y la seguridad en Bangladesh y en otras naciones pobres en donde tenían su fuente de producción. Algunos grupos de interés fueron más allá, argumentando que las compañías occidentales deberían rehusar tener fuentes de producción en países donde las condiciones laborales eran tan malas. Una empresa occidental de alto perfil, Walt Disney, ya había tomado esta decisión; en marzo de 2013, retiró a Bangladesh de la lista de países donde autorizaba a sus socios a fabricar ropa y otros productos para la compañía. Los políticos de Bangladesh respondieron con consternación al anuncio de Disney. Argumentaron que la economía de Bangladesh dependía en gran medida de la industria del vestido y que "no debería hacerse sufrir a toda la nación" por estos accidentes.

LA INDUSTRIA TEXTIL EN BANGLADESH

Desde hace muchos años, Bangladesh, uno de los países más pobres del mundo, ha dependido en gran medida de las exportaciones de productos textiles para generar ingresos, empleo y crecimiento económico. La mayoría de estas exportaciones se compone de prendas terminadas a bajo costo, vendidas a un amplio rango de detallistas en Occidente, como Walmart, The Gap, H&M y Zara. Durante décadas, Bangladesh pudo sacar ventaja de un sistema de cuotas para las exportaciones textiles que le otorgaba, junto con otras naciones pobres, un acceso preferencial a los mercados ricos como Estados Unidos y la Unión Europea. El 1 de enero de 2005 ese sistema se reemplazó por otro que se basaba en los principios del libre comercio. A partir de entonces, los exportadores de Bangladesh tuvieron que competir por el negocio contra productores de otras naciones como China e Indonesia. Muchos analistas predijeron el rápido desplome de la industria textil de Bangladesh, así como un brusco salto de la tasa de desempleo, una declinación de la balanza de pagos del país y un efecto negativo en su crecimiento económico.

El colapso nunca ocurrió. Las exportaciones textiles de Bangladesh han seguido en aumento, incluso cuando el resto del mundo se sumió en una crisis económica en 2008. Las exportaciones de prendas de vestir de Bangladesh se elevaron a 20 mil millones de dólares en 2012, de ocho mil 900 millones de dólares en 2006, convirtiendo a la industria en la mayor exportadora del país y en un motor fundamental del crecimiento económico. Para 2012, la industria textil en Bangladesh abarcaba casi cinco mil fábricas, que eran la fuente de empleo de tres millones de personas, 85% de las cuales eran mujeres con pocas oportunidades alternativas de empleo.

Mientras una profunda recesión económica se apoderaba de las naciones desarrolladas en 2008-2009, los grandes importadores como Walmart incrementaron sus compras de prendas de vestir de bajo costo para satisfacer a sus clientes, quienes buscaban precios bajos. Li & Fung, una compañía de Hong Kong que produce y manufactura prendas de vestir, declaró que su producción en Bangladesh creció 25% en 2009, mientras que la producción en China, su mayor proveedor, declinó 5%.

La ventaja de Bangladesh se basa en diversos factores. Primero, los costos de mano de obra son bajos, en parte por los bajos índices de salario por hora, y en parte porque los productores textiles invirtieron en tecnología impulsora de la productividad durante la última década. Hoy, el índice de salario mínimo en Bangladesh es de 38 dólares al mes, comparado con 138 dólares mensuales en China. En la industria textil, estos índices son de entre 50 y 60 dólares al mes, menos de una quinta parte del salario mínimo en China. Los trabajadores textiles pueden estar obligados a laborar turnos de 12 horas con jornadas de siete días a la semana durante los periodos de mayor actividad. Aunque estos rangos de salario parecen desalentadoramente bajos, si los comparamos con los estándares occidentales, es un sueldo que alcanza para vivir en un país donde el ingreso bruto per cápita es de solo 850 dólares al año y la paga es mejor que la que existe en muchas otras ocupaciones que emplean personal con poca o ninguna competencia.

En segundo lugar, Bangladesh tiene pocas regulaciones y, como lo dijo un comprador extranjero: "No hay regla que no pueda romperse". La falta de regulaciones efectivas mantiene los costos bajos. Otra fuente de ventaja para Bangladesh es que posee una red establecida de industrias de apoyo que proporciona materia prima e insumos a los fabricantes de ropa. Casi tres cuartas partes de todos los insumos se fabrican en el país, lo cual permite a los fabricantes de ropa reducir costos de transporte y almacenamiento, impuestos de importación y largos tiempos de entrega inherentes a las telas tejidas importadas que se utilizan para confeccionar camisas y pantalones.

Asimismo, Bangladesh posee la ventaja de no ser China. Muchos importadores de Occidente son muy cautelosos respecto del hecho de depender demasiado de China para las importaciones de bienes específicos, por temor de que algún inconveniente económico o de otro tipo pudiera diezmar su cadena de suministro a menos que tuvieran una fuente alterna de dónde abastecerse. Por todo ello, Bangladesh se ha beneficiado de la tendencia de los importadores occidentales a diversificar sus fuentes de suministro. Aunque China sigue siendo el exportador de prendas de vestir más grande del mundo, Bangladesh ocupa ahora el segundo lugar. Aún más, hoy los índices salariales de China se están elevando con rapidez, lo que sugiere que la tendencia de retirar la producción textil de China puede continuar.

Sin embargo, Bangladesh tiene algunos bemoles; el más notable son los constantes cortes de energía eléctrica porque el gobierno no ha invertido lo suficiente en infraestructura para la generación y distribución de electricidad. Los caminos y puertos también son inferiores a los de China.

La demanda de prendas de vestir en fuentes de producción de bajo costo como Bangladesh se ha visto impulsada por la intensa competencia entre los detallistas occidentales de ropa; por ejemplo, los consumidores estadounidenses se han acostumbrado a gastar relativamente poco en su ropa. En 2012, asignaron solo 3% de su gasto anual a la ropa y calzado, comparado con casi 7% en 1970. Una razón para que hoy los estadounidenses gasten tan poco en ropa es que los precios reales han caído de manera considerable en las últimas dos décadas. Desde 1990, los precios de la ropa en Estados Unidos solo han aumentado 10% en términos nominales, comparado con un salto de 82% en los precios nominales de la comida en el mismo periodo. Ajustados a los precios de la inflación, los de la ropa han caído. La lenta economía estadounidense y el estancado crecimiento de los salarios han incrementado la presión en los detallistas de ropa para limitar el ingreso disponible de los consumidores. Al mismo tiempo, el deseo de comprar nuevos atuendos de moda sigue siendo fuerte. El resultado ha sido una desmedida competencia de precios entre las cadenas de venta de ropa al menudeo.

EL COLAPSO DE LA FÁBRICA

El edificio que se derrumbó el 24 de abril era un complejo de ocho pisos llamado Rana Plaza en honor de su dueño, Sohel Rana, un político local y miembro del partido en el poder. Los constructores del Rana Plaza solo estaban autorizados a levantar una estructura de cinco pisos, pero como en Bangladesh las reglas pueden romperse, añadieron tres pisos más. Cinco fábricas de ropa ocuparon seis pisos del inmueble. En el momento del colapso, se estima que estaban fabricando ropa para aproximadamente 30 marcas occidentales.

En retrospectiva, el desplome del edificio no debería haber sido una sorpresa. Partes del complejo se edificaron sobre un estanque rellenado con arena, lo que hacía que los cimientos fueran inestables. Toda la construcción se cimbraba cuando su generador diesel trabajaba. El día anterior al colapso, habían aparecido visibles grietas en el inmueble, lo que provocó que algunos trabajadores se salieran. Tanto la policía local como la Asociación de Manufactureros y Exportadores Textiles de Bangladesh advirtieron a Sohel Rana que el edificio era inseguro. Rana no estuvo de acuerdo y el complejo permaneció abierto. Dos inspectores estaban en el lugar cuando colapsó. Ambos murieron. Algunos sobrevivientes declararon que sus patrones los habían presionado a presentarse al trabajo como cualquier miércoles. Después del derrumbe, Sohel Rana huyó; fue encontrado y arrestado cuatro días después en la frontera con la India y acusado de negligencia criminal.

Inicialmente, la cifra de muertos por el desplome de la fábrica fue de 250, pero continuó en aumento en los siguientes días y semanas. Para mediados de mayo, era claro que habían muerto más de mil cien personas, lo que lo convierte en el segundo peor desastre industrial en la historia del sur de Asia luego del funesto desastre de Bhopal en 1984. El gobierno de Bangladesh declaró que pagaría 250 dólares como compensación a cada familia que hubiera perdido un miembro en el accidente.

CONSECUENCIAS

El desplome del edificio motivó un examen de conciencia en los detallistas occidentales que abastecían su producción en Bangladesh. Los críticos fueron rápidos en destacar que el deseo de bajar los precios pudo contribuir a la situación en Bangladesh. Los dueños de las fábricas podrían apostar bajo para obtener negocios de las compañías occidentales. Aunque estas fábricas de suyo pudieran cumplir con los estándares requeridos por las empresas de Occidente, acostumbran encargar la producción a una economía fantasma de subcontratistas, donde las regulaciones suelen ignorarse y se paga a los trabajadores menos del salario mínimo legal. De hecho, así es como obtienen sus ganancias. Dicho esto, todas las fábricas que operaban en Rana Plaza parecen haber estado entre los casi 1 500 exportadores regulares.

Algunas compañías occidentales ya habían tomado medidas para mejorar las condiciones laborales en Bangladesh antes del colapso del edificio de Rana Plaza. En octubre de 2012, The Gap anunció un plan de 22 millones de dólares en seguridad para la construcción y contra incendios con sus proveedores en Bangladesh, sin mencionar las fábricas contratadas ni cuántas serían beneficiadas con el plan. A principios de abril de 2013, en respuesta al incendio de noviembre de 2012 que había matado a 112 personas, Walmart destinó 1.8 millones de dólares para capacitar a dos mil administradores de fábrica de Bangladesh en seguridad contra incendios. Los críticos indicaron que estos compromisos eran como una gota en el mar. Algunas organizaciones no gubernamentales estimaron que costaría casi tres mil millones de dólares certificar que las cinco mil fábricas de Bangladesh fueran seguras.

Tres semanas después del derrumbe, varios de los principales detallistas del mundo, incluidos H&M, Inditex (dueño de la cadena Zara), Benetton, Marks & Spencer y Tesco, convinieron en firmar un convenio legalmente vinculante diseñado para mejorar las condiciones de seguridad en las fábricas textiles de Bangladesh. Bajo este convenio de cinco años, los signatarios acordaron no contratar manufactureros cuyas fábricas no cumplieran con los estándares de seguridad y se comprometieron a ayudar a pagar las reparaciones y remodelaciones necesarias. Estos signatarios formarán un consejo directivo para supervisar las inspecciones de seguridad de hasta cinco mil fábricas en dos años y hacer públicos los resultados. El consejo directivo incluirá a tres representantes de los detallistas, tres representantes laborales y un presidente elegido por la Organización Internacional del Trabajo de Naciones Unidas. La participación le costará a cada corporación un máximo de 2.5 millones de dólares en el término de cinco años del convenio.

Algunos grandes detallistas de Estados Unidos, como Walmart, Gap, Sears y JC Penny no firmaron el pacto al principio. Gap Inc. declaró que no lo signaría porque el lenguaje lo hacía legalmente vinculante en Estados Unidos y que, si no lo cumplían, serían demandados en las cortes de ese país; en lugar de ello, envió una propuesta de enmienda a los detallistas en el sentido de que serían públicamente expulsados del grupo si no cumplían con el arbitraje. Walmart citó también el lenguaje legalmente vinculante para no firmar: mencionó que contrataría un auditor externo para inspeccionar las 279 fábricas de Bangladesh y que publicaría los resultados en su sitio electrónico para el 1 de junio de 2013; si se encontraban problemas de probabilidad de incendio o en la construcción, Walmart exigiría a los dueños de la fábrica que efectuaran las remodelaciones o se arriesgarían a ser retirados de su lista de proveedores autorizados. Además, Walmart declaró que no pagaría las remodelaciones, sino que esperaba que el costo de las mejoras se reflejara en el de los bienes que compraría. La compañía también estableció un centro de llamadas independiente para que los trabajadores reportaran las condiciones inseguras de trabajo. Por su parte, el gobierno de Bangladesh aseguró que elevaría el salario mínimo de los trabajadores textiles en el país y haría más estrictas las regulaciones respecto de la construcción y la prevención de incendios.

Preguntas para analizar el caso

1. Desde una perspectiva económica, ¿el cambio a un régimen de libre comercio en la industria textil fue positivo para Bangladesh?

 # Knights Apparel

Hace algunos años Joseph Bozich miraba a su hijo en un juego de básquetbol de la secundaria cuando comenzó a tener visión borrosa. Un día después, no podía leer. Su médico sospechó que Bozich tenía un tumor cerebral, pero las pruebas revelaron que la causa era esclerosis múltiple.

Por fortuna para Bozich, su visión mejoró y ya no ha sufrido otro ataque, pero el incidente lo dejó con el deseo de hacer algo importante en su vida, de contribuir de alguna manera a la humanidad.

Como fundador y CEO de Knights Apparel, una compañía privada, Bozich se dio cuenta que tenía el poder para hacer esa contribución; excampeón universitario estadouni-

2. ¿Quién se beneficia económicamente cuando los detallistas de Europa y Estados Unidos se proveen de textiles en naciones de bajos salarios como Bangladesh? ¿Quién pierde? ¿Las ganancias sobrepasan las pérdidas?

3. ¿Cuáles son las causas del bajo índice de seguridad de la industria textil de Bangladesh? ¿Las compañías occidentales que importan textiles de Bangladesh tienen alguna responsabilidad por lo que ocurrió en el Rana Plaza y en otros accidentes laborales?

4. ¿Considera que el convenio legalmente vinculante firmado por H&M, Zara, Tesco y otros logrará algún cambio? ¿Es suficiente? ¿Qué más podría hacerse?

5. ¿Qué opina de la decisión de Walt Disney de no comprar mercancías en Bangladesh? ¿Esta es una manera adecuada de lidiar con el problema?

6. ¿Qué piensa de la postura de Walmart en este problema? ¿La empresa está haciendo lo suficiente? ¿Qué más podría hacer?

Fuentes

S. Banjo, "Promises in Bangladesh", en *Wall Street Journal*, 14 de mayo de 2013; S. Banjo, "Wal-Mart Crafts own Bangladesh Safety Plan", en *Wall Street Journal*, 5 de mayo de 2013; K. Bradsher, "Jobs Vanish as Exports Fall in Asia", en *The New York Times*, 22 de enero de 2009, p. B1; "Knitting Pretty", en *The Economist*, 18 de julio de 2008, p. 54; "The New Collapsing Building", en *The Economist*, 25 de abril de 2013; "Rags in the Ruins", en *The Economist*, 4 de mayo de 2013; K. Bradsher, "Competition Means Learning to Offer More Than Just Low Wages", en *The New York Times*, 14 de diciembre de 2004, p. C1; V. Bajaj, "As Labor Costs Rise in China, Textile Jobs Shift Elsewhere", en *The New York Times*, 17 de julio de 2010, pp. 1,3; Greenhouse, "Bangladesh Fears Exodus of Apparel Firms", en *The New York Times*, 2 de mayo de 2013; S. Greenhouse, "Major Retailers join Bangladesh Safety Plan", en *The New York Times*, 13 de mayo de 2013; y A. Zimmerman y N. Shah, "American Tastes Fuel Boom in Bangladesh", en *Wall Street Journal*, 3 de mayo de 2013.

dense en fisicoculturismo, se inició en la industria del vestido trabajando para Gold's Gym y vendiendo ropa de marca a detallistas externos. En 2000, fundó Knights Apparel y empezó a edificar su negocio vendiendo ropa deportiva de marca a universidades en todo Estados Unidos. Como muchas organizaciones en la industria del vestido, Bozich dependía de una red de proveedores extranjeros para fabricar sus productos. A menudo se acusa a la industria textil de contratar proveedores de talleres clandestinos asentados en naciones pobres, donde la paga es baja, las horas largas y las condiciones laborales, terribles. En 2005, Bozich se preguntó si sería posible modificar esto, proveerse de naciones en desarrollo, pero de forma más ética, pagando a los empleados salarios decorosos y brindándoles buenas condiciones laborales.

Luego de investigar, Bozich decidió establecer su propia "fábrica modelo" en República Dominicana. Compró una fábrica que antes había sido empleada por una compañía coreana para hacer gorras de béisbol para Nike y Reebok, que se había llevado su producción a un país de bajo costo en 2007, despidiendo a casi 1 200 personas. Ahora, la fábrica produce bajo un nuevo nombre, Alta Gracia, en honor del pueblo donde radica, Ville Altagracia. El salario mínimo en el área es de 147 dólares mensuales, cifra tan baja que es insuficiente para vivir. La fábrica de Bozich paga a sus trabajadores más de 3.5 veces esa cantidad. Según un estudio efectuado por el grupo de derechos de los trabajadores, este es el nivel salarial necesario para sostener a una familia de cuatro personas en la región. Bozich ha permitido que sus empleados se sindicalicen y ha convertido en prioridad la inversión en seguridad y en buenas condiciones laborales. Knights Apparel invirtió aproximadamente 500 mil dólares en actualizar la fábrica con características que incluyen luces brillantes, cinco nuevas líneas de costura y sillas ergonómicas para los empleados, las cuales muchas costureras creyeron que eran para los administradores.

Por supuesto, un mayor salario se traduce en costos más elevados. Bozich calcula que el costo de la fábrica por unidad es 20% más alto que si pagara el salario mínimo. Dada la naturaleza competitiva del mercado de ropa, Knights no puede reflejar este aumento de los costos a los mayoristas y detallistas aumentando sus precios, así que ha decidido tener menores márgenes de utilidad. Por un producto tan básico como una playera de marca, el costo de manufactura de Alta Gracia es de 4.80 dólares, 80 centavos más que si el pago fuera el salario mínimo. La prenda se vende a los mayoristas en ocho dólares y la mayoría de los detallistas la etiquetan en hasta 18 dólares.

Bozich sabe que cuenta con un fuerte mensaje comercial valiéndose del concepto "trabajo justo"; algo particularmente útil cuando se vende a las universidades y colegios. A menudo, los grupos de estudiantes han promovido boicots contra las grandes compañías como Nike y Reebok por recurrir a fábricas clandestinas (desde que fue blanco de protestas en la década de 1990, Nike ha establecido rigurosos procedimientos para auditar las operaciones de sus proveedores y garantizar que se ciñan al propio código de ética de Nike para los proveedores). El mensaje comercial "trabajo justo" parece resonar en las universidades. Muchas de ellas han respaldado el proyecto; por ejemplo, la librería de la Universidad de Duke colocó un pedido inicial de 25 mil dólares en mercancías. Barnes & Noble College Booksellers colocó productos de Alta Gracia en aproximadamente 350 tiendas en los campus universitarios para 2011, planeó promover fuertemente el producto y estimó obtener márgenes menores de ganancia para empezar. Los Estudiantes Unidos contra Fábricas Clandestinas, un grupo estudiantil nacional que suele atacar a los fabricantes de ropa, respaldó también el proyecto y ha estado distribuyendo folletos en las librerías universitarias alentando a los alumnos a comprar las camisas Alta Gracia. Compañías como Nike y Reebok, que también surten al mercado universitario, observan cuidadosamente lo que está ocurriendo.

Preguntas para analizar el caso

1. El caso establece que los mayores salarios de la fábrica Alta Gracia han elevado el costo por artículo en 20%. ¿Puede pensar en alguna forma en que la filosofía respecto del pago y las condiciones laborales en Alta Gracia puede bajar los costos a largo plazo?

2. ¿Piensa que Joseph Bozich hubiera sido capaz de llevar a cabo el experimento Alta Gracia si Knights Apparel fuera una empresa pública?

3. ¿Qué considera que pudiera estorbar el éxito de Alta Gracia? ¿Qué estrategias podría adoptar Bozich para minimizar el riesgo de fracaso y seguir ciñéndose a sus altos estándares éticos?

4. Alta Gracia surte un nicho del mercado, las universidades, donde existe una mayor conciencia de los problemas éticos en la producción textil. ¿Piensa que la estrategia funcionaría si la compañía tratara de vender al mercado masivo por medio de detallistas como Walmart?

5. ¿Es ético que las compañías textiles lleven su producción por todo el mundo en busca de los menores costos posibles de mano de obra, incluso si eso implica pagar salarios menores no suficientes para vivir? ¿Qué ocurriría si la alternativa fuera no producir en absoluto?

6. ¿Qué tanto sugiere el experimento Alta Gracia que la buena ética es también una práctica de negocios?

Fuentes

S. Greenhouse, "A Factory Defies Stereotypes, but Can It Survive?", en *The New York Times*, 18 de julio de 2010; G. Brown, "No Sweat: In the Dominican Republic", en *Industrial Safety and Hygiene News*, 13 de septiembre de 2010; y S. Furrow, "Alta Gracia Comes to College Campuses", en *The Collegian*, 19 de enero de 2011.

El malestar económico de Japón

En 1989, Japón era considerado como una superpotencia económica. Después de tres décadas de robusto crecimiento económico, se había convertido en la segunda mayor economía del mundo. Las compañías japonesas parecían estar arrasando con industrias estadounidenses enteras, desde los automóviles y semiconductores hasta maquinaria pesada y consumibles electrónicos. Las empresas de Japón estaban comprando activos en Estados Unidos, incluidos estudios cinematográficos (Universal Studios y Columbia Pictures), campos de golf (Peeble Beach) y bienes raíces (el Centro Rockefeller en Nueva York). El mercado de valores florecía, el índice Nikkei alcanzó un máximo histórico de 38 915.87 en diciembre de 1989, un aumento de más de 600% desde 1980. Los precios de la propiedad se habían elevado tanto que se decía que dos metros cuadrados en Tokio valían más que todo Estados Unidos. Se escribían libros acerca de la amenaza japonesa al dominio estadounidense. Los teóricos en administración alababan a las compañías japonesas por su destreza estratégica y su excelencia administrativa. Los economistas predecían que Japón superaría a Estados Unidos para convertirse en la primera economía mundial en 2010.

Pero no sucedió; en rápida sucesión, el mercado de valores colapsó y los precios de la propiedad pronto lo siguieron en su caída. Los bancos japoneses, que habían financiado gran parte del auge de los precios de los activos con dinero fácil, ahora veían sus balances cargados con deudas incobrables y contrajeron abruptamente los préstamos. A medida que el mercado de valores se hundía y los precios de la propiedad colapsaban, las personas vieron reducirse su valor neto. Los consumidores japoneses respondieron disminuyendo de manera drástica sus gastos, deprimiendo la demanda nacional y lanzando a la economía a una recesión. Y ahí se quedó durante la mayor parte de las siguientes dos décadas. Hoy, la economía japonesa es escasamente mayor de lo que era en 1989, en términos reales. En 2010, China superó a Japón para convertirse en la segunda economía del mundo. El precio promedio de una casa en Japón es el mismo que en 1983, muy por debajo del pico de 1989. El índice Nikkei permaneció en 9 600 a principios de 2012, 75% por debajo de su nivel de 1989. Y lo peor de todo, Japón ha sido atenazado por la deflación durante casi dos décadas.

La *deflación* es una situación en que los precios caen. Cuando los consumidores y negocios esperan que los precios sean mañana menores a lo que son hoy, reaccionan dejando de gastar y reteniendo el efectivo, que comprará más mañana que hoy. Ese comportamiento puede provocar un ciclo negativo. La expectativa de que los precios caigan puede conducir a una reducción en la demanda. Los negocios reaccionan recortando aún más los precios para tratar de hacer que los consumidores gasten. Viendo esto, los consumidores responden posponiendo la compra con la esperanza de que los precios caigan de nuevo en el futuro, y de esta forma, la demanda sigue descendiendo y así sucesivamente. A medida que los negocios ven caer sus márgenes y ganancias, reducen el empleo y bajan los salarios. Esto disminuye aún más el poder adquisitivo y contribuye al ciclo deflacionario. Para empeorar el asunto, en un entorno deflacionario, el verdadero costo de la deuda se eleva con el tiempo. Aunque los precios y salarios caen, la gente sigue teniendo que hacer pagos fijos a sus hipotecas y préstamos automovilísticos. Con el tiempo, esto se lleva una mayor proporción de su ingreso, limitando aún más su capacidad de gastar más en otros bienes y servicios.

Todo esto ocurrió en Japón en los últimos 20 años. Por su parte, y aunque fue lento para responder a la caída de los precios de los activos, durante los pasados 15 años el gobierno japonés ha tratado una y otra vez de estimular la economía y restablecer el gasto del consumidor. Las tasas de interés se redujeron a cero y se han hecho grandes inversiones en infraestructura pública. Esto no solo no ha funcionado, sino que ha dejado a Japón con el mayor grado de deuda gubernamental como porcentaje del PIB mundial, que se sitúa en 228% (en contraste, la cifra para Estados Unidos era de casi 97% del PIB en 2011). Hoy, esta carga representa una limitación para la habilidad del gobierno japonés de adoptar otras políticas expansionistas.

Si se busca una explicación al prolongado malestar de Japón, muchos economistas también señalan factores demográficos. En las décadas de 1970 y 1980, el índice de natalidad en Japón cayó por debajo de los niveles de reemplazo, dejándolo con una de las poblaciones más añejas del mundo. La población en edad productiva llegó a 87 millones en 1995 y ha estado disminuyendo desde entonces. De acuerdo con las tendencias actuales, habrá 67 millones para 2030. Cada año hay menos gente en edad productiva para sostener a cada vez más personas retiradas y los retirados japoneses se distinguen por no gastar. Japón podría revertir esta tendencia aumentando la inmigración o elevando el índice de natalidad, pero nada de ello parece ser posible por el momento. La gente joven es cada vez más pesimista respecto del futuro. Todo lo que han conocido es un mundo donde los precios de todo, incluyendo el precio del trabajo, han caído. Sus expectativas se han reducido.

Preguntas para analizar el caso

1. En la década de 1980, Japón se consideraba una de las economías más dinámicas del mundo. Hoy se le ve como una de las más estancadas. ¿Qué ha provocado el estancamiento de la economía japonesa?

2. ¿Qué lecciones enseña a las otras naciones la historia de Japón en los últimos 20 años? ¿Qué pueden hacer los países para evitar el tipo de espiral deflacionaria en que Japón ha caído?

3. ¿Qué considera se necesitaría para reanimar la economía japonesa?

4. ¿Cuáles son las implicaciones del estancamiento económico de Japón para los beneficios, costos y riesgos de hacer negocios en esa nación?

5. En términos de un negocio internacional, ¿en qué economía preferiría invertir: en la de Japón o en la de la India? Explique su respuesta.

Fuentes

A. Ahearne *et al*., "Preventing Deflation: Lessons from Japan's Experience in the 1990s", U. S. Federal Reserve, International Finance Discussion Papers, núm. 79, junio de 2002; "Ending deflation in Japan", en *The Economist*, 10 de febrero de 2011; M. Fackler, "Japan Goes from Dynamic to Disheartened", en *The New York Times*, 16 de octubre de 2012; y Paul Krugman, "Inflation, Deflation, Japan", en *The New York Times*, 25 de mayo de 2010.

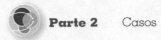

Indonesia: ¿el próximo gigante asiático?

Indonesia es un vasto país. Sus 250 millones de habitantes están distribuidos en aproximadamente 17 mil islas que se abren en un arco de 4 830 kilómetros desde Sumatra al oeste hasta Nueva Guinea Occidental al este. Es la nación musulmana más poblada del mundo —aproximadamente 86% de la población se considera musulmana— y también una de las más diversas étnicamente. En el país se hablan más de 500 lenguas y los separatistas son muy activos en algunas provincias. Durante 30 años, el brazo fuerte del presidente Suharto, un dictador tácito respaldado por el ejército, mantuvo unida a su dispersa nación. La economía indonesia creció de modo continuo bajo su gobierno, pero eso tuvo un costo: Suharto reprimía con violencia la disidencia interna. Asimismo, fue famoso por su "capitalismo clientelista" al usar su poder sobre el sistema político para favorecer a las empresas de su familia y seguidores.

Al final, Suharto fue superado por deudas masivas que Indonesia había acumulado durante la década de 1990. En 1997, la economía indonesia cayó en picada. El Fondo Monetario Internacional aportó un paquete de rescate de 43 mil millones de dólares. Cuando se reveló que mucho de este dinero fue desviado a las arcas personales de Suharto y sus amigos, la gente tomó las calles en protesta y el mandatario fue obligado a renunciar.

Después de Suharto, Indonesia se movió con rapidez hacia una democracia vigorosa, proceso que culminó en octubre de 2004 con la elección de Susilo Bambang Yudhoyono, el primer presidente por elección directa del país (fue elegido para un segundo mandato en 2009). El frente económico también había progresado. La deuda pública como porcentaje del PIB cayó de casi 100% en 2000 a aproximadamente 25% en 2012. La inflación se redujo de 12% anual en 2001 a 4.5% en 2012. La economía tuvo un crecimiento de entre 4 y 6.5% al año durante el periodo 2001-2012.

A pesar del progreso, Indonesia permanece detrás de sus vecinos del sudeste asiático. Desde hace mucho tiempo, su crecimiento económico ha quedado rezagado respecto del de China, Malasia y Tailandia. La tasa de desempleo era de casi 6.1% de la población económicamente activa en 2012. Más de 32 millones de indonesios siguen viviendo por debajo de la línea de pobreza. El crecimiento en la productividad laboral ha sido muy lento. Aún peor, capitales extranjeros importantes han salido del país. Sony ocupó los titulares al cerrar una fábrica de equipo de audio en 2003 y diversas empresas textiles han dejado Indonesia para irse a China y Vietnam. Entre 2001 y 2004, el *stock* de inversión financiera directa en Indonesia cayó de 24 mil 800 millones de dólares a 11 mil 400 millones. Desde entonces, se ha elevado a más de 80 mil millones, sobre todo como resultado de inversiones en los recursos naturales de Indonesia, incluida la minería, la producción de gas y petróleo y la silvicultura, pero fuera de las industrias de extracción, la inversión extranjera ha permanecido baja.

Entre las expectativas, se aprecian ciertos signos de una elevación del nacionalismo económico en Indonesia, que podría dificultar aún más que las empresas extranjeras de petróleo, gas y minería hagan negocios ahí en el futuro. A finales de 2012, la Corte Constitucional de Indonesia decretó que las leyes de 2001 sobre el gas y el petróleo eran anticonstitucionales. Estas leyes permitieron al Estado vender licencias de extracción y exploración a productores extranjeros. La corte recomendó que las operaciones de gas y petróleo fueran concedidas a la compañía de energía propiedad del Estado una vez que expiren los contratos existentes. Esto siguió a un decreto gubernamental en marzo de 2012 para que los mineros extranjeros vendieran 51% de sus operaciones indonesias a empresas locales tras 10 años de operación. Antes se les obligaba a vender solo 20%, aunque después de cinco años.

Algunos observadores perciben que Indonesia está maniatada por su mala infraestructura, para la que la inversión pública ha sido escasa durante años. El sistema carretero es un desastre, la mitad de la población no tiene acceso a la electricidad, la red eléctrica necesita inversión para actualizarse y más de 30% de la población continúa careciendo de acceso al sistema de alcantarillado. El tsunami que devastó la costa de Sumatra a finales de 2004 solo vino a empeorar los problemas. Por la reducción en la inversión pública, hubo un desplome en la inversión privada y la importantísima industria petrolera cayó de tres mil 800 millones de dólares en 1996 a solo 187 millones en 2002, aunque se ha elevado desde entonces. La producción petrolera, que llegó a 1.7 millones de barriles diarios a mediados de la década de 1990, declinó a casi 830 mil barriles al día en 2013, aunque los precios del petróleo permanecían estables. Indonesia, que alguna vez fue un exportador neto de petróleo, ahora debe importar.

Según un estudio del Banco Mundial, la actividad de negocios en indonesia sufre de excesivos trámites burocráticos. Toma 151 días en promedio completar el papeleo necesario para iniciar un negocio, comparado con 30 días en Malasia y solo ocho en Singapur. Otro problema es el endémico alto nivel de corrupción. Transparencia Internacional, que estudia la corrupción mundial, clasifica a Indonesia entre los países más corruptos, situándola en el sitio 118 de las 178 naciones que investigó en 2012. Los burócratas del gobierno, cuyos salarios son muy bajos, inevitablemente exigen sobornos a cualquier empresa que se cruce en su camino, y la afición de Indonesia a los trámites burocráticos entraña que una larga lista de oficiales podría requerir sobornos. Abdul Rahman Saleh, el ex Procurador General de Indonesia, ha declarado que todo el sistema legal, incluidos los fiscales y a la policía, está hundido en la corrupción. Se sabe que la policía ha metido a la cárcel a ejecutivos de empresas extranjeras con el menor pretexto, aunque algunos sobornos bien colocados pueden asegurar su liberación. Aun cuando el país ha lanzado un programa anticorrupción, los críticos claman que le falta fuerza. Se sabe que la élite política es tan corrupta que no le interesa hacer nada importante para arreglar el sistema.

Preguntas para analizar el caso

1. ¿Qué factores políticos explican el desempeño económico relativamente lento de Indonesia, comparada con algunos de sus vecinos surasiáticos? ¿Cuáles son los factores económicos? ¿Cómo se relacionan ambos?

2. ¿Por qué piensa que las firmas extranjeras salieron de Indonesia a principios de la década de 2000? ¿Cuáles son las implicaciones para el país? ¿Qué se requiere para revertir esta tendencia?

3. ¿Por qué es endémica la corrupción en Indonesia? ¿Cuáles son sus consecuencias?

4. ¿Cuáles son los riesgos que enfrentan las empresas extranjeras que hacen negocios en Indonesia? ¿Qué se requiere para reducirlos?

Fuentes

"A Survey of Indonesia: Time to Deliver", en *The Economist*, 11 de diciembre de 2004; "A Survey of Indonesia: Enemies of Promise", en *The Economist*, 11 de diciembre de 2004, pp. 4-5; "A Survey of Indonesia: The Importance of Going Straight", en *The Economist*, 11 de diciembre de 2004, pp. 6-7; Banco Mundial, *World Development Indicators Online*, 2013; Transparency International, Global Corruption Report, 2012; S. Donnan, "Indonesian Workers Mark May Day with Protests at Planned Changes to Labor Laws", en *Financial Times*, 2 de mayo de 2006, p. 4; "Feet of Clay", en *The Economist*, 19 de febrero de 2011, pp. 34-44; y "Foreigners Beware", en *The Economist*, 24 de noviembre de 2012.

Teoría del comercio internacional

6

OBJETIVOS DE APRENDIZAJE:

Al terminar este capítulo, usted deberá ser capaz de:

OA6-1 Entender por qué las naciones comercian entre sí.

OA6-2 Resumir las distintas teorías que explican el flujo comercial entre los países.

OA6-3 Reconocer la razón para que muchos economistas crean que el libre comercio irrestricto entre naciones elevará el bienestar económico de los países que participan en ese sistema.

OA6-4 Explicar los argumentos de quienes sostienen que el gobierno puede tener una función dinámica en la promoción de ventajas competitivas en ciertas industrias.

OA6-5 Entender las importantes repercusiones de la teoría del comercio internacional para la práctica de los negocios.

Creación de la zona de libre comercio más grande del mundo

Caso inicial

El 12 de febrero de 2013, en un mensaje a la nación, el presidente Barack Obama comprometió a Estados Unidos a negociar un tratado de libre comercio con la Unión Europea (UE). Estados Unidos y los 27 países miembros de la UE habían constituido la asociación comercial más grande y rica del mundo, que representa casi la mitad del producto interno bruto (PIB) mundial y un tercio de todo el comercio internacional. El anuncio fue recibido con aprobación en ambas partes del Atlántico y, algo inusual para este presidente, en ambos lados de la división política estadounidense.

El motivo de ese entusiasmo puede rastrearse hasta la difundida aceptación del axioma principal de la teoría del comercio internacional: el comercio es algo bueno para *todos* los países involucrados en un tratado de libre comercio. El libre comercio es un *juego de sumas positivas*, equivale a la marea creciente que levanta a todos los barcos. Tanto Estados Unidos como la UE están luchando contra un crecimiento económico bajo, una tasa de desempleo alta y persistente y déficits gubernamenta-

les enormes. Un nuevo tratado de libre comercio podría ayudar a las economías de los dos lados del Atlántico a crecer más rápido y, por consiguiente, a reducir el desempleo sin que ello cueste un centavo más al gasto del gobierno. Un tratado comercial es, en efecto, un paquete de estímulos libre de costos.

Está por verse qué tan grande será el efecto económico. Los aranceles (impuestos) promedio de ambas partes sobre los bienes importados ya son bajos, casi 3% en general, aunque una reducción extra estimularía la creación de comercio adicional y existen algunas áreas en las que los aranceles son mucho más altos, sobre todo en los productos agrícolas. Más allá de las reducciones arancelarias, existen muchas barreras no arancelarias al comercio internacional que podrían disminuir o eliminarse como resultado del tratado. Un ejemplo es la industria automotriz, donde la UE y Estados Unidos utilizan estándares de seguridad igualmente estrictos, aunque diferentes. Esto significa que, para vender en las dos regiones, los fabricantes de automóviles deben observar dos conjuntos distintos de regulaciones. De igual manera, hoy las firmas farmacéuticas deben someter los nuevos fármacos a dos grupos de pruebas de seguridad, una en Estados Unidos y otra en la UE. Esos requisitos regulatorios son funcionalmente equivalentes al arancel sobre importaciones tradicional de 10 a 20%. Las estimaciones iniciales sugieren que un tratado extenso y ambicioso que incluya barreras arancelarias y no arancelarias al comercio disparará el crecimiento anual del PBI en cerca de 0.5% anual a ambos lados del Atlántico, generando 200 mil millones de dólares adicionales al año en actividad económica.[1]

 ## Introducción

El tratado propuesto entre Estados Unidos y la Unión Europea es un ejemplo de los beneficios del libre comercio. Si se llega a un acuerdo, una reducción de las barreras arancelarias y no arancelarias al libre flujo de bienes y servicios entre ambas regiones podría disparar los índices de crecimiento económico y contribuir a disminuir los niveles de desempleo constantemente altos, sin costo adicional para el gasto gubernamental.[1]

Los economistas sostienen que, en el largo plazo, el libre comercio estimula el crecimiento económico y eleva los estándares de vida más allá de las fronteras. Como se ilustra en el "Caso inicial", los debates económicos respecto de los beneficios del libre comercio no son discusiones académicas abstractas. Las teorías acerca del comercio internacional han influido en las políticas económicas de muchas naciones en los últimos 60 años, han sido el impulsor de la Organización Mundial del Comercio y de los bloques comerciales regionales, como la UE y el Tratado de Libre Comercio de América del Norte (TLCAN), y están detrás del esfuerzo por lograr un tratado de libre comercio entre Estados Unidos y la UE. Es importante entender qué son estas teorías y por qué han tenido tanto éxito en modelar las políticas económicas de tantas naciones en donde compiten los negocios internacionales.

Este capítulo tiene dos objetivos que van al núcleo del debate sobre los beneficios —y los costos— del libre comercio. El primero es revisar varias teorías que explican los beneficios de que un país se dedique al comercio internacional. El segundo es explicar el esquema del comercio internacional que observamos en la economía mundial. Respecto de este esquema comercial, nuestro principal interés estriba en analizar los movimientos de exportaciones e importaciones de bienes y servicios entre países. En el capítulo 8 expondremos el sistema de la inversión extranjera directa.

 ## Panorama de la teoría del comercio

Iniciamos el capítulo con una exposición del mercantilismo. Esta doctrina se difundió en los siglos XVI y XVII, y dicta que las naciones deben alentar las exportaciones al mismo tiempo que desalentar las importaciones. El mercantilismo es una doctrina antigua y desacreditada, pero quedan ecos en el debate político moderno y las políticas comerciales de muchos países. A continuación, estudiaremos la teoría de la ventaja absoluta de Adam Smith, propuesta en 1776, la primera que pretendió explicar por qué el libre comercio sin restricciones es benéfico para un país. El **libre comercio** existe cuando un gobierno no pretende influir, mediante cuotas o aranceles, en lo que sus ciudadanos compran de otras naciones ni en lo que producen y venden a otros países. Smith sustentaba que la mano invisible de los mecanismos del mercado, más que las normas gubernamentales, era la que debía decidir qué importa y qué exporta un país. Sus argumentos implican que este apoyo al libre comercio de *laissez-faire* (dejar hacer, dejar pasar) era lo más conveniente para una nación. De la obra de Smith surgieron dos teorías: una es la teoría de la ventaja comparativa, propuesta por el economista inglés David Ricardo, base intelectual del argumento moderno en favor del libre comercio sin restricciones; la segunda apareció en el siglo XX, cuando dos economistas suecos, Eli Heckscher y Bertil Ohlin, perfeccionaron la obra de Ricardo, con el marco conceptual de la teoría conocida como Heckscher-Ohlin.

OA6-1

BENEFICIOS DEL COMERCIO

La gran virtud de las teorías de Smith, Ricardo y Heckscher-Ohlin es que identifican con precisión los beneficios específicos del comercio internacional. El sentido común dicta que un poco de comer-

---

[1] "Transatlantic trading", en *The Economist*, 2 de febrero de 2013; Andrew Walker, "EU and US free trade talks launched", en *BBC News*, 13 de febrero de 2013; y Paul Ames, "Parmesan Cheese: Thorn in US-EU free trade deal?" en *GlobalPost.com*, 25 de febrero de 2013.

cio internacional beneficia a las naciones; por ejemplo, nadie propondría que Islandia cultive sus propias naranjas, pero aun así este país saca provecho del comercio porque intercambia algo de lo que produce a bajo costo (peces) por bienes que no puede producir de ninguna manera (naranjas). De este modo, con base en el libre comercio, los islandeses agregan las naranjas a su dieta de pescado.

Las teorías de Smith, Ricardo y Heckscher-Ohlin superan estas nociones del sentido común y muestran por qué es provechoso que un país practique el comercio internacional *incluso con los bienes que podría producir*. Es un concepto difícil de entender para la gente; por ejemplo, en Estados Unidos, muchas personas creen que los consumidores de esa nación, en lo posible, deben preferir productos locales elaborados por compañías estadounidenses para proteger los puestos de trabajo de sus compatriotas de la competencia extranjera. En muchos otros países, se observan idénticos sentimientos nacionalistas; sin embargo, las teorías de Smith, Ricardo y Heckscher-Ohlin refieren que la economía de un país puede ganar si sus ciudadanos compran determinados productos a otras naciones, aunque puedan elaborarse de modo interno. La ganancia surge debido a que el comercio internacional permite a un país especializarse en la manufactura y exportación de los bienes que genera más eficientemente, por lo cual puede importar productos que otros países elaboren, a su vez, con mayor eficiencia. En este sentido, es lógico que Estados Unidos se especialice en la producción y exportación de aviones comerciales, pues la eficiencia en la manufactura de este producto exige recursos que abundan en su territorio, como mano de obra muy especializada y conocimiento de la tecnología de punta. Por otro lado, también es explicable que ese país importe textiles de Bangladesh, pues la producción eficiente de estos bienes requiere de mano de obra relativamente barata, la cual no abunda en Estados Unidos.

Desde luego, para algunos sectores de la población de una nación, es difícil aceptar tal argumento. Las compañías textiles estadounidenses y sus empleados, al ver su futuro amenazado por las importaciones, intentan convencer al gobierno de que imponga cuotas y aranceles para limitar la importación de textiles. Estos controles benefician a determinados grupos, como a los negocios textiles poco rentables y a sus respectivos empleados; pero las teorías de Smith, Ricardo y Heckscher-Ohlin especifican que dichas iniciativas dañan el conjunto de la economía. Una de las claves de la teoría del comercio internacional es que los límites a las importaciones generan ventajas para los productores del país, mas no para los consumidores.

ESQUEMA DEL COMERCIO INTERNACIONAL

Las teorías de Smith, Ricardo y Heckscher-Ohlin ayudan a explicar el esquema del comercio internacional que observamos en la economía mundial. Algunos aspectos de este son evidentes. A partir del clima y los recursos naturales, se explica por qué Ghana exporta cacao; Brasil, café; Arabia Saudita, petróleo, y China, langostino de río. Pero buena parte del esquema del comercio internacional no es tan clara. Así, ¿por qué Japón exporta automóviles, electrodomésticos y maquinaria pesada? ¿Por qué Suiza exporta compuestos químicos, productos farmacéuticos, relojes y joyería? ¿Por qué Bangladesh exporta prendas de vestir? La teoría de la ventaja comparativa de David Ricardo lo expresa en términos de las diferencias internacionales en la productividad de la mano de obra. En la teoría de Heckscher-Ohlin, más elaborada, se destaca la influencia recíproca de las proporciones en que los factores de producción (como tierra, mano de obra y capital) se consiguen en los países, y las proporciones en que se necesitan para la producción de determinados bienes. Esta explicación parte del supuesto de que las naciones poseen diferentes dotaciones de cada factor de producción; no obstante, en las comprobaciones de la teoría se observa que es una explicación de los esquemas reales menos sólida de lo que se pensaba.

Una de las primeras respuestas a la incapacidad de la teoría de Heckscher-Ohlin para explicar el esquema observado en el comercio internacional fue la teoría del ciclo de vida de los productos, que desarrolló Raymond Vernon. Esta visión afirma que, al inicio de su ciclo de vida, la mayoría de los productos nuevos se elaboran y exportan en el país donde se idearon. Entonces, a medida que un producto se difunde y acepta internacionalmente, se empieza a fabricar en otros países. En consecuencia —sigue la teoría—, al final, el producto puede ser importado, en última instancia, por la nación donde se inventó.

En el mismo tenor, en la década de 1980, algunos economistas, entre ellos Paul Krugman, concibieron la que se denominó **nueva teoría del comercio** (por la que Krugman recibió el Premio Nobel en 1988), y que propone que, en algunos casos, los países se especializan en la elaboración y

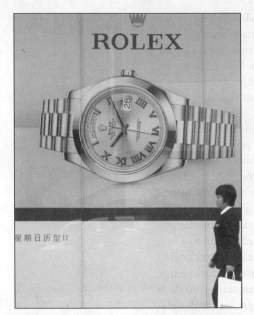

Desde hace mucho tiempo, Suiza ha tenido una ventaja competitiva nacional en la fabricación de relojes.

exportación de determinados bienes no por la cantidad y calidad de los factores de producción que posean, sino ya que en sectores específicos el mercado mundial solo puede sostener un límite de empresas (se dice que así ocurre en la industria de la aviación comercial). En dichos sectores, las compañías que entran primero en un mercado adquieren una ventaja competitiva que después es difícil de superar. Así, el esquema del comercio que se observa entre naciones puede deberse en parte a la capacidad de las empresas de un país de materializar las ventajas de actuar primero. Estados Unidos es el principal exportador de aviones comerciales porque empresas como Boeing actuaron primero en el mercado mundial. Boeing adquirió una ventaja competitiva que luego fue difícil de superar para las compañías de naciones con factores de producción equivalentes (aunque Airbus de Europa tiene éxito en este cometido). En una obra relacionada con la nueva teoría del comercio, Michael Porter postuló la teoría de la ventaja competitiva nacional, que pretende explicar por qué algunas naciones tienen éxito internacional en industrias específicas. Además de los factores de producción locales, Porter señala la relevancia de factores propios del país, como la demanda interna y la rivalidad nacional, para comprender su preponderancia en la producción y exportación de ciertos bienes.

TEORÍA DEL COMERCIO Y POLÍTICAS GUBERNAMENTALES

Aunque todas esas teorías concuerdan en que el comercio internacional es provechoso para un país, no coinciden en sus recomendaciones sobre las políticas gubernamentales. El mercantilismo defiende férreamente la intervención del gobierno para promover las exportaciones y limitar las importaciones. Las teorías de Smith, Ricardo y Heckscher-Ohlin sustentan el libre comercio sin restricciones; el motivo que aducen es que los controles a las importaciones y los incentivos a las exportaciones (como subsidios) son contraproducentes y desperdician recursos. Tanto la nueva teoría del comercio como la de Porter sobre la ventaja competitiva nacional justifican un apoyo limitado del gobierno al desarrollo de determinados sectores orientados a la exportación. En el capítulo 7 analizaremos las ventajas y desventajas de esta postura, conocida como política estratégica de comercio, así como las ventajas y desventajas de la defensa del libre comercio irrestricto.

OA6-2 **Mercantilismo**

La primera teoría que trató de explicar el comercio internacional apareció en Inglaterra a mediados del siglo XVI: el *mercantilismo*. Su premisa básica consistía en que el oro y la plata eran los principales soportes de la riqueza nacional y esenciales para un comercio vigoroso. En aquella época, esos metales eran la moneda de cambio en el comercio internacional: un país ganaba oro y plata cuando exportaba bienes. Y al contrario, importar bienes de otras naciones ocasionaría una salida de oro y plata en favor de estas. El argumento del **mercantilismo** era que lo más conveniente para un país era mantener un superávit comercial; esto es, exportar más de lo que importaba. Con ello, la nación acumularía oro y plata y, entonces, aumentaría su riqueza, prestigio y poder. Como escribió en 1630 el mercantilista inglés Thomas Mun:

> Por consiguiente, el medio común para aumentar y atesorar nuestra riqueza es el comercio exterior, en el que debemos seguir esta regla: cada año, vender a los extranjeros más del valor de lo que les consumimos.[2]

En concordancia con esta idea, la doctrina mercantilista defiende la intervención del gobierno para alcanzar un superávit en la balanza comercial. El mercantilista no ve la ventaja de un gran volumen de comercio; por el contrario, recomienda políticas para maximizar las exportaciones y minimizar las importaciones. Con este fin, las importaciones debían limitarse mediante cuotas y aranceles, mientras que las exportaciones se subsidiaban.

---

[2] H. W. Spiegel, *The Growth of Economic Thought*, Durham, Carolina del Norte, Duke University Press, 1991.

En 1752, el economista clásico David Hume advirtió una incongruencia de la doctrina mercantilista. Según él, si Inglaterra tuviera un superávit en la balanza comercial con Francia (si le exportaba más de lo que importaba), la entrada de oro y plata aumentaría la oferta interna de dinero y produciría inflación en Inglaterra. Por el contrario, en Francia, la salida de oro y plata tendría el efecto opuesto: al contraerse la oferta de dinero, los precios caerían. Este cambio de precios entre Francia e Inglaterra obligaría a los franceses a comprar menos mercancías inglesas (porque se habrían encarecido) y a los ingleses, a comprar más productos franceses (porque se habrían abaratado). El resultado sería el deterioro de la balanza comercial de Inglaterra y la mejora de la balanza comercial de Francia, hasta eliminar el superávit inglés. Por lo tanto, para Hume, a la larga ningún país podría conservar una balanza comercial superavitaria y acumular oro y plata, como imaginaban los mercantilistas.

El error del mercantilismo radicaba en que consideraba al comercio como un **juego de suma cero**; es decir, una situación en la que la ganancia económica de un país proviene de la pérdida económica de otro. Correspondió a Adam Smith y a David Ricardo demostrar la miopía de esta perspectiva y probar que el comercio es un juego de suma positiva, una situación en la que todas las naciones se benefician. Por desgracia, la doctrina mercantilista no está muerta. Los neomercantilistas equiparan el poder político con el económico, y a este con un superávit en la balanza comercial. Los críticos consideran que muchos países han adoptado una estrategia neomercantilista diseñada para impulsar las exportaciones al tiempo que limitan las importaciones;[3] por ejemplo, los opositores acusan a China de aplicar una política neomercantilista, pues de manera deliberada mantiene el valor de su moneda bajo respecto del dólar estadounidense con el fin de poder vender más productos a Estados Unidos y amasar así un superávit comercial y reservas en moneda extranjera (véase "Vistazo a un país").

Ventaja absoluta

OA6-2

En su conocido libro de 1776, *La riqueza de las naciones*, Adam Smith atacó la premisa mercantilista de que el comercio es un juego de suma cero. En este, afirmaba que los países tienen una capacidad variable de producir bienes. En su época, los ingleses, en virtud de sus mejores procesos de manufactura, eran los fabricantes de textiles más eficientes del mundo. Debido a la combinación de un clima favorable, buenos suelos y conocimientos acumulados, los franceses contaban con la mejor industria vitivinícola. Los ingleses poseían una *ventaja absoluta* en la producción de textiles, mientras que los franceses la tenían en la elaboración de vino. Así, un país tiene una **ventaja absoluta** en la producción de un bien cuando es más eficiente que cualquier otro.

De acuerdo con Smith, las naciones deben especializarse en la producción de bienes para los cuales tienen una ventaja absoluta y luego cambiarlos por los productos que fabrican otros países. En la época de Smith, ello significaba que Inglaterra debía especializarse en la producción de textiles, y Francia, en la de vino. Inglaterra podría tener todo el vino que necesitara tras vender sus textiles a Francia a cambio de vino. Del mismo modo, Francia tendría todos los textiles que le hicieran falta si vendía vino a Inglaterra y compraba a cambio los textiles. En consecuencia, el argumento básico de Smith es que un país nunca debe producir bienes que puede comprar a menor precio en otros países. Smith demostró que ambas naciones, al especializarse en la producción de bienes en los que cada una tiene una ventaja absoluta, se benefician del comercio.

Consideremos los efectos del comercio entre otros dos países, Ghana y Corea del Sur. La elaboración de cualquier bien (producción) necesita recursos (insumos), como tierra, mano de obra y capital. Supongamos que Ghana y Corea del Sur cuentan con los mismos recursos, los cuales pueden destinarse a la producción de arroz o cacao. Estimemos también que en cada país existen 200 unidades de cada recurso. Imaginemos que Ghana demanda 10 recursos para producir una tonelada de cacao y 20 para una tonelada de arroz. De esta manera, Ghana podría producir 20 toneladas de cacao y nada de arroz, 10 toneladas de arroz y nada de cacao o una proporción intermedia. Las combinaciones que Ghana podría generar se representan con la línea GG′ de la figura 6.1. Esta línea

---

[3] M. Solis, "The Politics of Self-Restraint: FDI Subsidies and Japanese Mercantilism", en *The World Economy*, 26 de febrero de 2003, pp. 153-170.

¿Es China un país neomercantilista?

El rápido crecimiento del poder económico chino, ahora la segunda economía mundial, es el resultado de un aumento de las exportaciones. El país importa la materia prima de otros países y luego, por medio del empleo de su mano de obra barata, la convierte en productos que vende a naciones desarrolladas como Estados Unidos. Durante años, las exportaciones chinas han crecido más rápido que sus importaciones, lo cual ha llevado a algunos críticos a decir que China aplica una política neomercantilista, pues trata de amasar un superávit comercial récord y divisas extranjeras que le darán poder económico sobre otras naciones desarrolladas. En 2012, sus reservas de divisas extranjeras excedieron los 3 300 millones de millones, de los cuales aproximadamente 60% consistía en dólares estadounidenses. Los observadores están preocupados, ya que, si alguna vez China decide vender sus reservas de dólares, depreciaría su valor respecto de otras divisas y aumentaría el precio de las importaciones a Estados Unidos.

Durante casi toda la década de 2000, las exportaciones chinas han crecido a mayor ritmo que sus importaciones, lo cual motivó a algunos a advertir que la nación estaba limitando sus importaciones mediante una política de sustitución de importaciones, a la vez que alentaba la inversión interna en la producción de bienes como el acero, aluminio y papel, que históricamente solía importar. El déficit comercial con Estados Unidos ha sido una de las causas principales de preocupación; en 2011, alcanzó un récord de 295 mil millones de dólares antes de caer a 231 mil millones en 2012. Al mismo tiempo, China ha resistido desde hace mucho los intentos por dejar que su moneda flote libremente contra el dólar. Muchos sostienen que la moneda china es demasiado barata y que eso mantiene los precios de los productos chinos artificialmente bajos, lo que impulsa sus exportaciones.

Así que, ¿es China una nación neomercantilista que desalienta de manera deliberada las importaciones y estimula las exportaciones para aumentar su superávit comercial y acumular reservas en divisas extranjeras, lo que le daría poder económico? El veredicto aún está en discusión. Los escépticos sugieren que la disminución de las importaciones de China es temporal y que el país no tendrá más remedio que elevarlas en algunos *commodities* de los que carece, como el petróleo. Asimismo, destacan que la nación empezó a permitir que el valor del *yuan* (su moneda) se elevara ante el dólar en julio de 2005, aunque lentamente. En julio de 2005 un dólar estadounidense compraba 8.11 yuanes; para enero de 2013, el mismo dólar compraba 6.23 yuanes, una disminución de 23%. Como resultado, el superávit comercial chino ha comenzado a contraerse a medida que el crecimiento en las exportaciones se ha hecho más lento y han incrementado las importaciones. En 2012, el superávit de 231 mil millones de dólares había bajado de modo significativo desde el histórico de 295 mil millones en 2011. Aunque esto apunta a que el superávit comercial chino puede haber alcanzado su máximo por el momento, continúa siendo un motivo de preocupación en muchas naciones desarrolladas, y, en particular, en Estados Unidos.[4]

FIGURA 6.1

Teoría de la ventaja absoluta.

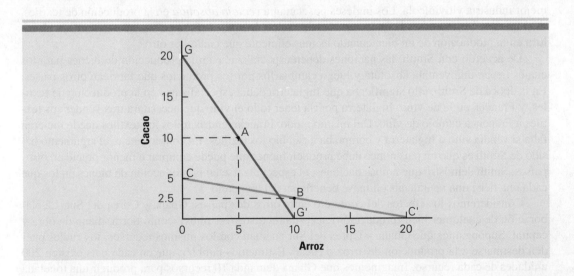

[4] A. Browne, "China's Wild Swings Can Roil the Global Economy", en *The Wall Street Journal*, 24 de octubre de 2005, p. A2; S. H. Hanke, "Stop the Mercantilists", en *Forbes*, 20 de junio de 2005, p. 164; G. Dyer y A. Balls, "Dollar Threat As China Signals Shift", en *Financial Times*, 6 de enero de 2006, p. 1; Tim Annett, "Righting the Balance", en *The Wall Street Journal*, 10 de enero de 2007, p. 15; "China's Trade Surplus Peaks", en *Financial Times*, 12 de enero de 2008, p. 1; W. Chong, "China's Trade Surplus to U.S. to Narrow", en *China Daily*, 7 de diciembre de 2009; A. Wang y K. Yao, "China's Trade Surplus Dips, Taking Heat off Yuan", en *Reuters*, 9 de enero de 2011; y Aaron Back, "China's Trade Surplus Shrank in '11", en *The Wall Street Journal*, 11 de enero de 2012.

representa el *límite de las posibilidades de producción* (LPP) de Ghana. Del mismo modo, conjeturemos que en Corea del Sur se requieren 40 recursos para producir una tonelada de cacao y 10 para una tonelada de arroz. Con base en estas cantidades, Corea del Sur podría generar cinco toneladas de cacao, sin arroz, o 20 toneladas de arroz, sin cacao, o alguna proporción intermedia. Las proporciones posibles de Corea del Sur se ilustran con la línea CC′ de la figura 6.1, o LPP del país. Es evidente que Ghana tiene una ventaja absoluta en la producción de cacao (se necesitan más recursos para producir una tonelada de cacao en Corea del Sur que en Ghana). En el mismo sentido, Corea del Sur tiene una ventaja absoluta en la producción de arroz.

Ahora, pensemos en una situación en la cual las naciones no comercien entre sí. Cada una dedica la mitad de sus recursos a la producción de arroz y la otra, a la de cacao. Así, cada país debe consumir lo que produce. Ghana generará 10 toneladas de cacao y cinco, de arroz (punto A de la figura 6.1), en tanto que Corea del Sur, 10 toneladas de arroz y 2.5, de cacao. Sin intercambio, la producción conjunta de ambos países sería de 12.5 toneladas de cacao (10 toneladas de Ghana más 2.5 de Corea del Sur) y 15 toneladas de arroz (cinco toneladas de Ghana y 10, de Corea del Sur). Si cada nación se especializara en producir el bien en el que tiene una ventaja absoluta y luego lo intercambiara con el otro por el bien que le falta, Ghana produciría 20 toneladas de cacao y Corea del Sur, 20 de arroz. De esta forma, mediante la especialización, se aumentaría la producción de ambos bienes. La producción de cacao se incrementaría de 12.5 toncladas a 20, en tanto que la de arroz aumentaría de 15 a 20 toneladas. Por tanto, el incremento de la producción debido a la especialización sería de 7.5 toneladas de cacao y cinco, de arroz. En la tabla 6.1 se resumen tales cifras.

Al comerciar e intercambiar una tonelada de cacao por una de arroz, los productores de ambos países podrían consumir más cacao y más arroz. Imaginemos que Ghana y Corea del Sur intercambian cacao y arroz en proporción de uno a uno; es decir, el precio de una tonelada de cacao es igual al precio de una de arroz. Si Ghana decidiera exportar seis toneladas de cacao a Corea del Sur e importar seis de arroz, su consumo final sería de 14 toneladas de cacao y seis de arroz. Esto es, cuatro toneladas más de cacao de lo que habría consumido antes de la especialización y el comercio, y una tonelada más de arroz. De igual manera, el consumo final de Corea del Sur luego del intercambio sería de seis toneladas de cacao y 14 de arroz, lo que equivale a 3.5 toneladas más de cacao de lo que habría consumido antes de la especialización y el comercio, y cuatro toneladas más de arroz.

Recursos necesarios para producir una tonelada de cacao y arroz		
	Cacao	Arroz
Ghana	10	20
Corea del Sur	40	10
Producción y consumo sin comercio		
Ghana	10.0	5.0
Corea del Sur	2.5	10.0
Producción total	12.5	15.0
Producción especializada		
Ghana	20.0	0.0
Corea del Sur	0.0	20.0
Producción total	20.0	20.0
Consumo si Ghana cambia seis toneladas de cacao por seis toneladas de arroz coreano		
Ghana	14.0	6.0
Corea del Sur	6.0	14.0
Aumento del consumo debido a la especialización y al comercio		
Ghana	4.0	1.0
Corea del Sur	3.5	4.0

TABLA 6.1

Ventaja absoluta y ganancias del comercio.

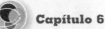
Así, como resultado de la especialización y el comercio, se habría aumentado la producción de cacao y arroz, y los compradores de las dos naciones podrían consumir más. Vemos, entonces, que el comercio es un juego de suma positiva: produce ganancias netas para los participantes.

OA6-2 # Ventaja comparativa

David Ricardo hizo avanzar la teoría de Adam Smith cuando analizó lo que sucedería si un país tuviera una ventaja absoluta en la producción de todos los bienes.[5] La teoría de Smith de la ventaja absoluta indica que esa nación no obtendría ventaja del comercio internacional. En su libro de 1817, *Principios de política económica*, Ricardo mostró que eso no ocurriría. De acuerdo con su teoría de la ventaja comparativa, es conveniente que un país se especialice en los bienes que produce con mayor eficiencia y compre a otros lo que produce menos eficientemente, aunque ello implique comprar a otras naciones bienes que él mismo podría generar con más eficiencia.[6] Esto parece contraproducente, pero un ejemplo sencillo ilustrará su lógica.

Pensemos que Ghana es más eficiente en la producción tanto de cacao como de arroz; es decir, tiene una ventaja absoluta en la producción de los dos bienes. En ese país se necesitan 10 recursos para producir una tonelada de cacao y 13.33, para elaborar una tonelada de arroz. Así, con sus 200 unidades de recursos, Ghana puede generar 20 toneladas de cacao sin arroz, 15 toneladas de arroz sin cacao y cualquier proporción entre su LPP (la línea GG′ de la figura 6.2). En Corea del Sur, se requieren 40 recursos para cosechar una tonelada de cacao y 20, para producir una tonelada de arroz. Por tanto, Corea del Sur puede generar cinco toneladas de cacao sin arroz, 10 toneladas de arroz sin cacao o cualquier proporción en su LPP (la línea CC′ de la figura 6.2). Supongamos otra vez que, sin el comercio, cada país dedica la mitad de sus recursos a producir arroz y la otra mitad a generar cacao. En estas circunstancias, sin comercio, Ghana producirá 10 toneladas de cacao y 7.5, de arroz (punto A en la figura 6.2), mientras que Corea del Sur generará 2.5 toneladas de cacao y cinco, de arroz (punto B de la figura 6.2).

Si consideramos la ventaja absoluta de Ghana en la producción de ambos bienes, ¿por qué debe comerciar con Corea del Sur? Aunque Ghana tiene una ventaja absoluta en la producción de cacao y arroz, solo posee una ventaja comparativa en la producción de cacao: Ghana produce cuatro veces más cacao que Corea del Sur, pero solo 1.5 veces más arroz. Ghana es *comparativamente* más eficiente en la producción de cacao que de arroz.

Sin comercio, la producción combinada de cacao sería de 12.5 toneladas (10 toneladas de Ghana y 2.5, de Corea del Sur), y la de arroz sería, también, de 12.5 toneladas (7.5 toneladas de Ghana y

FIGURA 6.2

Teoría de la ventaja comparativa.

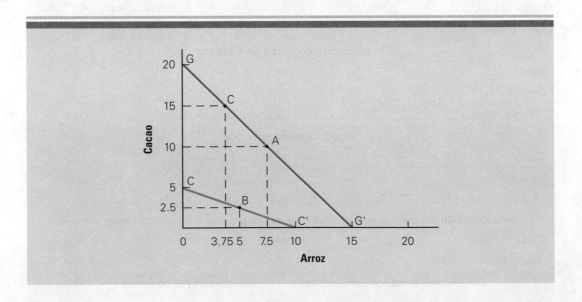

[5]   S. Hollander, *The Economics of David Ricardo*, Buffalo, Nueva York, The University of Toronto Press, 1979.

[6]   D. Ricardo, *The Principles of Political Economy and Taxation*, Homewood, Illinois, Irwin, 1967 (ed. original, 1817).

cinco, de Corea del Sur). Sin comercio, cada nación debe consumir lo que produce. Al comerciar, ambos países pueden aumentar su producción conjunta de arroz y cacao, y los consumidores de los dos pueden tener más de ambos bienes.

GANANCIAS DEL COMERCIO

Imaginemos que Ghana explota su ventaja comparativa en el cacao para aumentar la producción de 10 a 15 toneladas. Con esta medida, consume 150 unidades de recursos y le quedan 50 unidades para producir 3.75 toneladas de arroz (punto C de la figura 6.2). Entre tanto, Corea del Sur se especializa en la producción de arroz y suma 10 toneladas. La producción combinada de cacao y arroz aumentó. Antes de la especialización, la producción conjunta era de 12.5 toneladas de cacao y 12.5, de arroz; después, sería de 15 toneladas de cacao y 13.75, de arroz (3.75 toneladas de Ghana y 10 de Corea del Sur). En la tabla 6.2 se resume la fuente del aumento en la producción.

No solo la producción aumenta, sino que, además, los dos países se benefician del comercio. Si Ghana y Corea del Sur cambian cacao por arroz en proporción de uno a uno y deciden intercambiar cuatro toneladas de exportaciones por otras tantas de importaciones, ambos pueden consumir más cacao y más arroz que antes de la especialización y el comercio (véase la tabla 6.2). Así, si Ghana intercambia cuatro toneladas de cacao a Corea del Sur por cuatro de arroz, aún le quedan 11 toneladas de cacao, una tonelada más que antes de comerciar. Las cuatro toneladas de arroz que recibe de Corea del Sur a cambio de sus cuatro toneladas de cacao, cuando se suman a las 3.75 toneladas que produce, dan un total de 7.75 toneladas de arroz, un cuarto de tonelada más que antes de la especialización. Del mismo modo, luego de cambiar cuatro toneladas de arroz con Ghana, Corea del Sur termina con seis toneladas de arroz, más de lo que tenía antes de la especialización. Asimismo, las cuatro toneladas de cacao que recibe a cambio son 1.5 toneladas más de lo que produjo antes de comerciar. Por tanto, el consumo de cacao y arroz se incrementó en ambas naciones por la especialización y el comercio.

El mensaje básico de la teoría de la ventaja comparativa es que *la producción mundial potencial es mayor con el libre comercio sin restricciones que con un comercio restringido*. La teoría de Ricardo sustenta que los consumidores de todas las naciones pueden consumir más si no se imponen restricciones al comercio. Esto ocurre aun en países que no cuentan con una ventaja absoluta en la

TABLA 6.2

Ventaja comparativa y ganancias del comercio.

Recursos necesarios para producir una tonelada de cacao y arroz		
	Cacao	Arroz
Ghana	10	13.33
Corea del Sur	40	20
Producción y consumo sin comercio		
Ghana	10.0	7.5
Corea del Sur	2.5	5.0
Producción total	12.5	12.5
Producción especializada		
Ghana	15.0	3.75
Corea del Sur	0.0	10.0
Producción total	15.0	13.75
Consumo si Ghana cambia cuatro toneladas de cacao por cuatro toneladas de arroz coreano		
Ghana	11.0	7.75
Corea del Sur	4.0	6.0
Aumento del consumo debido a la especialización y al comercio		
Ghana	1.0	0.25
Corea del Sur	1.5	1.0

producción de algún bien. En otras palabras, incluso en grado mayor que la teoría de la ventaja absoluta, *la teoría de la ventaja comparativa demuestra que el comercio es un juego de suma positiva en el que todos los países que participan obtienen ganancias económicas*. Como tal, esta teoría aporta un argumento sólido para alentar el libre comercio. Tan sólida es la teoría de Ricardo que todavía es la principal arma intelectual de quienes defienden el libre comercio.

OA6-3

EXCEPCIONES Y SUPUESTOS

Es una osadía concluir que el libre comercio es universalmente provechoso de un modelo tan simple, que contiene varios supuestos irreales:

1. Supusimos un mundo simple con solo dos naciones y dos productos. En el mundo real, hay muchos países y muchos bienes.
2. Omitimos los costos del transporte internacional.
3. Dejamos de lado las diferencias entre los precios de los recursos de diversos países. Nada mencionamos acerca de los tipos de cambio, pues presumimos que el cacao y el arroz se intercambiaban a la par.
4. Conjeturamos que los recursos pueden llevarse libremente desde la producción de un bien hasta la de otro en la misma nación. En la realidad, no siempre es así.
5. Estimamos rendimientos constantes de escala; es decir, la especialización de Ghana o Corea del Sur no influye en los recursos que se necesitan para producir una tonelada de cacao o de arroz. En la realidad, los rendimientos de la especialización aumentan y disminuyen. La cantidad de recursos que requiere un país para producir un bien se incrementa o disminuye en la medida en que esa nación se especializa en ese bien.
6. Imaginamos que cada país tiene un conjunto fijo de recursos y que el libre comercio no modifica la eficiencia con que los aprovecha. Este supuesto estático no contempla los cambios dinámicos en el abasto de recursos de un país ni la eficiencia para explotarlos debida al libre comercio.
7. Excluimos los efectos del comercio en la distribución del ingreso en un país.

Dados estos supuestos, ¿puede concluirse que el libre comercio es benéfico para la realidad de muchos países, muchos bienes, costos de transporte, tipos de cambio volátiles, recursos nacionales inmóviles, rendimientos variables de la especialización y cambios dinámicos? Aunque un análisis detallado de la teoría de la ventaja comparativa rebasa el alcance de este libro, los economistas han demostrado que el resultado básico del modelo puede generalizarse a un mundo compuesto por muchas naciones que producen muchos bienes.[7] A pesar de las insuficiencias del modelo de Ricardo, en las investigaciones se ha comprobado que los datos sustentan la premisa básica de que los países exportan los bienes que generan con mayor eficiencia.[8]

No obstante, tras descartar todos los supuestos, algunos economistas ligados a la *nueva teoría del comercio* sostienen que la defensa del libre comercio pierde un poco de fuerza.[9] Volveremos al tema más adelante, lo mismo que en el capítulo siguiente, cuando comentemos la nueva teoría del comercio. En un análisis reciente y muy comentado, el economista y premio Nobel Paul Samuelson aseguró que, al contrario de la interpretación habitual, en determinadas circunstancias la teoría de la ventaja comparativa pronostica que un país rico estará *peor* si pasa a un régimen de libre comercio con un país pobre.[10] En la siguiente sección, consideraremos la crítica de Samuelson.

MODELO DE RICARDO AMPLIADO

Exploremos el efecto de no adoptar de manera tajante tres de las premisas ya especificadas del modelo de la ventaja comparativa. A continuación, no se tomarán tal cual los supuestos sobre que los

---

[7] Por ejemplo, R. Dornbusch, S. Fischer y P. Samuelson, "Comparative Advantage: Trade and Payments in a Ricardian Model with a Continuum of Goods", en *American Economic Review*, 67, diciembre de 1977, pp. 823-839.

[8] B. Balassa, "An Empirical Demonstration of Classic Comparative Cost Theory", en *Review of Economic and Statistics*, 1963, pp. 231-238.

[9] Véase P. R. Krugman, "Is Free Trade Passé?", en *Journal of Economic Perspectives*, 1, otoño de 1987, pp. 131-144.

[10] P. Samuelson, "Where Ricardo and Mill Rebut and Confirm Arguments of Mainstream Economist Supporting Globalization", en *Journal of Economic Perspectives*, 18, núm. 3, verano de 2004, pp. 135-146.

recursos pasan libremente de la producción de un bien a otro en un país, que el libre comercio no modifica el abasto de recursos de una nación y la eficiencia con que los aprovecha.

Recursos inmóviles

En nuestro modelo comparativo simple de Ghana y Corea del Sur, presumimos que los productores (los agricultores) podían cambiar el uso de la tierra del cultivo de cacao al de arroz y viceversa. Este concepto es válido en el caso de ciertos productos agrícolas, pero los recursos no siempre pasan con rapidez de la producción de un bien a la de otro, pues dicho cambio provoca fricción; por ejemplo, que una economía avanzada como la de Estados Unidos adopte un régimen de libre comercio implica, en muchas ocasiones, que produzca menos artículos que requieren mucha mano de obra, como textiles, y más bienes que involucran conocimientos, como software o productos biotecnológicos. Aunque el país en conjunto gane con el cambio, algunos productores de textiles perderán. No es probable que una trabajadora textil de Carolina del Sur sepa escribir software para Microsoft; por ello, el cambio al libre comercio significaría el desempleo de esta trabajadora o que tuviera que aceptar un empleo menos atractivo, como en un restaurante de comida rápida.

Los recursos no siempre se dejan trasladar con facilidad de una actividad económica a otra. El cambio causa fricción y sufrimiento a las personas. Mientras la teoría prevé que los beneficios del libre comercio superan los costos por un margen significativo, esta diferencia no es de mucho consuelo para quienes pagan los costos. En consecuencia, la oposición política a la adopción del régimen de libre comercio proviene de quienes ven más peligro para su trabajo; por ejemplo, en Estados Unidos, los trabajadores textiles y sus sindicatos se oponen desde hace mucho al libre comercio, precisamente porque este grupo tiene mucho que perder. Los gobiernos facilitan la transición al libre comercio cuando ofrecen capacitación a quienes perdieron su trabajo. El padecimiento que motiva el paso a un régimen de libre comercio es un fenómeno de corta duración, mientras que las ganancias, una vez hecha la transición, son considerables y duraderas.

Disminución de los rendimientos

El modelo simple de la ventaja comparativa que elaboramos estima que la especialización genera rendimientos constantes. Por **rendimientos constantes de la especialización** entendemos que las unidades de recursos necesarias para producir un bien (cacao o arroz) se consideran constantes, cualquiera que sea el LPP de un país. En este entendido, supusimos que Ghana siempre necesitaba 10 unidades de recursos para producir una tonelada de cacao; sin embargo, es más realista pensar que los rendimientos disminuyen a medida que aumenta la especialización. La reducción de rendimientos por especialización ocurre cuando se requieren más unidades para generar cada pieza adicional. Si bastan 10 unidades de recursos para incrementar la producción del cacao de Ghana desde 12 hasta 13 toneladas, quizá se precisen 11 unidades para pasar de 13 a 14 toneladas, 12 unidades para acrecentar la producción de 14 a 15 toneladas, etc. La reducción de los rendimientos implica un LPP convexo en el caso de Ghana (véase la figura 6.3), más que la recta que se representa en la figura 6.2.

Es más realista anticipar la reducción de los rendimientos, por dos motivos. En primer lugar, no todos los recursos son de la misma calidad. A medida que los países intentan aumentar su producción de cierto bien, es más probable que exploten recursos más marginales, cuya productividad no es tan grande como la de los primeros recursos. El resultado es que se requieren todavía más recursos para conseguir un aumento igual de la producción; por ejemplo, algunas tierras son más productivas que otras. A medida que Ghana intenta expandir su producción de cacao, quizá deba usar cada vez más tierra marginal, menos fértil que la que cultivaba antes. Conforme se reduce la cosecha por hectárea, Ghana debe sembrar más tierras para producir una misma tonelada de cacao.

La segunda causa de la reducción de los rendimientos es que los bienes demandan recursos en proporciones diferentes; por ejemplo, imaginemos que el cultivo de cacao requiere más tierra y campesinos que el cultivo del arroz, y que Ghana quiere transferir recursos de la producción de arroz a la de cacao. El sector arrocero se desprenderá de demasiados trabajadores y muy poca tierra para un cultivo eficiente de cacao. Para absorber los recursos adicionales de mano de obra y tierra, el sector del cacao tendría que optar por métodos de producción con más trabajadores. El efecto es que se reduce la eficiencia con que aprovecha el trabajo y los rendimientos disminuyen.

La reducción de los rendimientos demuestra que no es viable que un país se especialice en el grado planteado por el modelo simple de Ricardo antes expuesto. La disminución de los rendimientos

FIGURA 6.3

Límite de las posibilidades de producción de Ghana, con reducción de rendimientos.

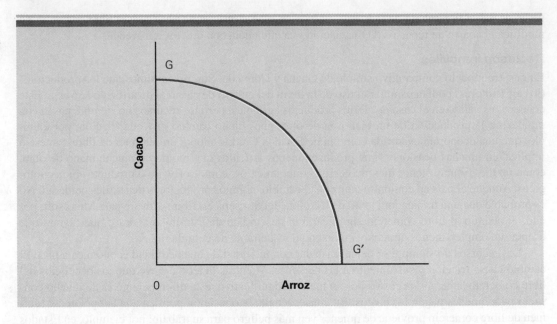

de la especialización advierte que las ganancias que conlleva se agotan antes de que esta se complete. En realidad, la mayoría de las naciones no se especializa, sino que produce artículos diversos; no obstante, la teoría pronostica que vale la pena especializarse hasta el punto en que la disminución de los rendimientos supere a las ganancias debidas al comercio. Así, no deja de ser válida la conclusión básica de que el libre comercio sin restricciones es provechoso, pero, por la disminución de los rendimientos, las ganancias no son tan grandes como se apunta en el caso de los rendimientos constantes.

OA6-3

Efectos dinámicos y crecimiento económico

El modelo simple de la ventaja comparativa supone que el comercio no cambia el abasto de recursos de un país ni la eficiencia con que los aprovecha. Este supuesto estático no considera los cambios dinámicos que origina el comercio. Si lo omitimos, salta a la vista que abrir la economía al comercio ocasionará ganancias dinámicas de dos clases.[11] En primer lugar, el libre comercio aumentaría el abasto de recursos de una nación a medida que se dispone de mano de obra y capital extranjero; por ejemplo, es lo que ocurre en Europa oriental desde comienzos de la década de 1990, porque muchas empresas occidentales hicieron cuantiosas inversiones de capital en los países excomunistas.

En segundo lugar, el libre comercio también aumenta la eficiencia con que un país aprovecha sus recursos. Diversos factores pueden aumentar la eficiencia de la utilización de los recursos; por ejemplo, cuando el comercio expande el tamaño total del mercado para las compañías domésticas, se posibilitan las economías de gran escala en la producción. El comercio puede ofrecer a las empresas domésticas mejor tecnología del extranjero; la mejora de la tecnología incrementa la productividad de los trabajadores o de la tierra (la llamada *revolución verde* tuvo este efecto en la producción agrícola de los países en desarrollo). Asimismo, abrir una economía a la competencia extranjera puede motivar a los productores nacionales a aumentar su eficiencia. Este fenómeno también se presenta en los mercados antes protegidos de Europa oriental, donde muchos viejos monopolios estatales incrementan la eficiencia de sus operaciones para sobrevivir en el competido mercado global.

Las ganancias dinámicas del abasto de recursos de un país y de la eficiencia con que se utilizan desplaza al frente su LPP, como se ilustra en la figura 6.4, en la que el paso de LPP_1 a LPP_2 es el resultado de las ganancias dinámicas que surgen del libre comercio. Como resultado de este avance, la nación de la figura 6.4 puede generar más de los dos bienes que antes de la apertura comercial. Según la teoría, abrir una economía al libre comercio suscita no solo ganancias estáticas como las que ya vimos, sino utilidades dinámicas que estimulan el crecimiento económico. En este caso, podría pensarse que se refuerza la defensa del libre comercio y, en general, así es; sin embargo, como

---

[11] P. Samuelson, "The Gains from International Trade Once Again", en *Economic Journal*, 72, 1962, pp. 820-829.

FIGURA 6.4

Influencia del libre comercio en el límite de las posibilidades de producción.

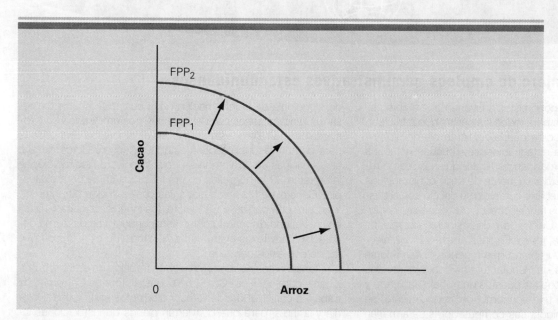

mencionamos, en un artículo reciente uno de los principales teóricos de la economía en el siglo xx, Paul Samuelson, afirmó que, en ciertas circunstancias, las ganancias dinámicas desembocan en resultados que no son benéficos.

La crítica de Samuelson

La crítica de Paul Samuelson apunta a lo que ocurre cuando un país rico (Estados Unidos) establece un acuerdo de libre comercio con una nación pobre (China) que mejora rápidamente su productividad con la introducción de un régimen de libre comercio (es decir, cuando hay una ganancia dinámica en la eficiencia con que los recursos se aprovechan en el país pobre). Según el modelo de Samuelson, los precios menores que pagan los consumidores estadounidenses por los bienes importados de China al establecer el régimen de libre comercio *pueden* no bastar para dar una ganancia neta a la economía estadounidense si el efecto dinámico del libre comercio es abatir los niveles salariales reales de Estados Unidos. En una entrevista al *New York Times*, Samuelson explicó que "poder comprar las verduras 20% más baratas en Walmart (gracias el comercio internacional) no compensa automáticamente las pérdidas de los salarios (en Estados Unidos)".[12]

Samuelson advierte que lo que más le preocupa es la posibilidad de exportar puestos de servicio que tradicionalmente no tenían movilidad internacional, como depuración de software, puestos en centros de llamadas, puestos contables e incluso diagnósticos médicos de escaneo de imágenes de resonancia magnética (para los detalles, véase "Vistazo a un país"). Los últimos adelantos en tecnología de la comunicación lo han hecho posible y esto amplió el mercado de trabajo para dichos puestos a personas capacitadas de lugares como la India, Filipinas y China. Para Samuelson, si el efecto sobre los salarios de las clases medias estadounidenses se aúna a los rápidos avances en la productividad de los trabajadores extranjeros que mejoran su educación, esto sería semejante al efecto de una inmigración masiva a ese país: se deteriora el nivel salarial básico del mercado, *quizás* en grado suficiente para cancelar los beneficios del comercio internacional.

Dicho esto, hay que destacar que Samuelson acepta que, históricamente, el libre comercio ha beneficiado a los países ricos (como lo confirman los datos que expondremos a continuación). Asimismo, observa que las medidas proteccionistas (por ejemplo, barreras comerciales) para defenderse de la posibilidad teórica de que el libre comercio dañe a la nación pueden ocasionar una situación peor que la enfermedad que pretenden controlar. Para citar a Samuelson, "paradójicamente, acaso el libre comercio sea todavía lo mejor para cada región, si se compara con las tarifas y cuotas fijadas

---

[12] S. Lohr, "An Elder Challenges Outsourcing's Orthodoxy", en *The New York Times*, 9 de septiembre de 2004, p. C1.

Traslado al extranjero de empleos administrativos estadounidenses

Desde hace mucho, los economistas sostienen que el libre comercio produce ganancias para todos los países que participan en el sistema, pero, a medida que la siguiente ola de globalización barre la economía estadounidense, muchas personas se preguntan si ello es verdad; en particular quienes, como resultado de eso pueden perder su fuente de trabajo. Durante las décadas de 1980 y 1990, el libre comercio se asoció con el desplazamiento de los trabajos fabriles menos calificados de naciones ricas, como Estados Unidos, a países pobres de salarios bajos: textiles a Costa Rica, tenis a Filipinas, acero a Brasil, electrónicos a Tailandia, etc. Al tiempo que muchos observadores lamentaban el "vaciado" de la manufactura estadounidense, los economistas explicaban que los puestos de trabajo calificado y salarios altos, propios de una economía del conocimiento, se quedarían en Estados Unidos. Las computadoras se armarían en Tailandia, pero aún serían diseñadas en Silicon Valley por ingenieros estadounidenses altamente capacitados, y el software sería escrito en Estados Unidos por programadores de Microsoft, Adobe, Oracle y similares.

Los avances de los últimos años llevan a algunas personas a poner en tela de juicio tal afirmación. Muchas compañías estadounidenses han estado mudando puestos "de conocimiento" a naciones en desarrollo, donde pueden desempeñarlos por una fracción de su costo. Durante el largo auge económico de la década de 1990, el Bank of America tuvo que competir con otras organizaciones por los escasos especialistas en tecnología de información, lo que aumentó sus salarios a más de 100 mil dólares anuales. Pero, con la presión a las empresas en la década de 2000, el banco eliminó casi cinco mil puestos de su grupo de tecnología de información de 25 mil empleados estadounidenses. Algunos de dichos puestos se transfirieron a la India, donde el trabajo que en Estados Unidos cuesta 100 dólares por hora puede hacerse por 20.

Un beneficiario de la reducción del tamaño de Bank of America fue Infosys Technologies, Ltd., de Bangalore, India, empresa de tecnología de la información en la cual 250 ingenieros desarrollan aplicaciones para el banco. Otros empleados de Infosys se dedican a procesar solicitudes de hipotecas inmobiliarias para compañías hipotecarias estadounidenses. Cerca de ahí, en las oficinas de otra empresa india, Wipro Ltd., los radiólogos interpretan 30 tomografías computarizadas al día para el Hospital General de Massachusetts, las cuales envían por internet. Y en otra compañía de Bangalore, los ingenieros ganan 10 mil dólares al año diseñando chips semiconductores de última generación para Texas Instruments. Y la India no es el único favorecido con estos cambios.

También se subcontratan ciertos trabajos de arquitectura a lugares baratos. Flour Corp., una constructora de California, da trabajo a casi 1 200 ingenieros y dibujantes en Filipinas, Polonia y la India, para que conviertan planos de instalaciones industriales en especificaciones detalladas. Para una planta de compuestos químicos que Flour diseña en Arabia Saudita, 200 jóvenes ingenieros filipinos que ganan menos de tres mil dólares al año colaboran en tiempo real mediante internet con ingenieros de élite de Estados Unidos e Inglaterra que se llevan al año 90 mil dólares. ¿Por qué Flour recurre a estos profesionales? De acuerdo con la compañía, la respuesta es sencilla: de esta manera se reducen 15% los precios de un proyecto, lo cual otorga a la empresa una ventaja competitiva en el mercado mundial de diseño de construcción. Lo más inquietante de todo para el futuro crecimiento del empleo en Estados Unidos es que algunas compañías nuevas de alta tecnología están subcontratando una cantidad significativa de trabajo desde el origen; por ejemplo, Zoho Corporation, una empresa incipiente con base en California, que ofrece aplicaciones en línea para pequeños negocios, posee aproximadamente 20 empleados en Estados Unidos, y más de mil en la India.[13]

por cabildeo que suponen tanto una perversión de la democracia como distorsiones por la pérdida de la eficiencia social".[14]

Un estudio reciente encontró evidencia que sustenta la tesis de Samuelson. El estudio analizó cada condado estadounidense para ver la exposición de sus fabricantes a la competencia de China.[15] Los investigadores detectaron que las regiones más expuestas a China no solo tendían a perder más

13 P. Engardio, A. Bernstein y M. Kripalani, "Is Your Job Next?", en *BusinessWeek*, 3 de febrero de 2003, pp. 50-60; "America's Pain, India's Gain", en *The Economist*, 11 de enero de 2003, p. 57; M. Schroeder y T. Aeppel, "Skilled Workers Mount Opposition to Free Trade, Swaying Politicians", en *The Wall Street Journal*, 10 de octubre de 2003, pp. A1, A11; D. Clark, "New U.S. Fees on Visas Irk Oursouces", en *The Wall Street Journal*, 16 de agosto de 2010, p. 6; y J. R. Hagerty, "U. S. Loses High Tech Jobs as R&D Shifts to Asia", en *The Wall Street Journal*, 18 de enero de 2012, p. B1.

14 Samuelson, "Where Ricardo and Mill Rebut and Confirm Arguments of Mainstream Economist Supporting Globalization", p. 143.

15 D. H. Autor, D. Dorn y Gordon H. Hanson, "The China Syndrome: Local Labor Market Effects of Import Competition in the United States", *Documento de Trabajo del MIT*, agosto de 2011.

puestos en las fábricas, sino que experimentaban un decremento en el empleo general. Las áreas con la mayor exposición a China también tenían un gran aumento en los trabajadores que recibían su seguro por desempleo, vales de comida y pagos por incapacidad. El costo de este incremento en los pagos del gobierno representaba para la economía dos terceras partes de las ganancias del comercio con China. En otras palabras, muchas de las formas de comercio con China que han ayudado a Estados Unidos, como proveer bienes baratos a los consumidores, han sido eliminadas. Aun así, los autores de este estudio argumentaron que el libre comercio es algo positivo a largo plazo; sin embargo, advierten que el rápido crecimiento de China ha generado cierto ajuste mayor en costos que reducen de modo considerable las ganancias comerciales a corto plazo.

Otros economistas se han apresurado a disipar los temores de Samuelson.[16] Aunque no ponen en tela de juicio este análisis, señalan el aspecto práctico de que es poco probable que las naciones en desarrollo vayan a elevar el nivel de competencia de su fuerza de trabajo con la suficiente rapidez como para dar lugar a la situación del modelo de Samuelson; en otras palabras, sus rendimientos disminuirán con rapidez. No obstante, tales impugnaciones no concuerdan con datos recientes que sugieren que los países asiáticos están actualizando con rapidez sus sistemas educativos; por ejemplo, casi 56% de los títulos de ingeniería otorgados en el mundo, en 2008, fueron en Asia, comparados con 4% en Estados Unidos.[17]

Pruebas de la relación entre comercio y crecimiento

OA6-3

Muchos estudios especializados se han abocado a la relación entre comercio y crecimiento económico.[18] En general, tales investigaciones indican que, como lo pronostica la teoría estándar de la ventaja comparativa, las naciones que adoptan una actitud más abierta hacia el comercio internacional cuentan con mayores tasas de crecimiento que las que lo rechazan. Jeffrey Sachs y Andrew Warner crearon una medida de "apertura" de una economía al comercio internacional y, entre 1970 y 1990, examinaron la relación entre "apertura" y crecimiento económico en una muestra de 100 países.[19] Entre otros resultados, señalan:

> Descubrimos una fuerte asociación entre apertura y crecimiento en el grupo de países en desarrollo y en el de los desarrollados. En el grupo de países en desarrollo, las economías abiertas crecieron 4.49% al año, en tanto que las economías cerradas, 0.69%. En el grupo de economías desarrolladas, las abiertas crecieron al año 2.29%, y las cerradas, 0.74 por ciento.[20]

En un estudio, Wacziarg y Welch actualizaron los datos de Sachs y Warner hasta finales de la década de 1990 y hallaron que, en el periodo de 1950 a 1998, las naciones que liberalizaron su régimen económico tuvieron, en promedio, incrementos anuales de 1.5% en comparación con el periodo anterior a la liberalización en sus tasas de crecimiento económico.[21] Un análisis exhaustivo de 61 estudios publicados entre 1967 y 2009 concluyó: "La evidencia macroeconómica aporta un sólido sustento a los significativos efectos positivos del comercio en producción y crecimiento".[22]

El mensaje de los estudios es evidente: adoptar una economía abierta y practicar el libre comercio reportan, para un país y al paso del tiempo, mayores tasas de crecimiento económico. El estímulo

[16] Véase A. Dixit y G. Grossman, "Samuelson Says Nothing about Trade Policy", en Universidad de Princeton, 2004, en: http://depts.washington.edu/teclass/ThinkEcon/readings/Kalles/Dixit%20and%20Grossman%20Samuelson.pdf, consultado el 21 de agosto de 2014.

[17] J. R. Hagerty, "U. S. Loses High Tech Jobs as R&D Shifts to Asia", en *The Wall Street Journal*, 18 de enero de 2012, p. B1.

[18] Por ejemplo, J. D. Sachs y A. Warner, "Economic Reform and the Process of Global Integration", en *Brookings Papers on Economic Activity*, 1995, pp. 1-96; J. A. Frankel y D. Romer, "Does Trade Cause Growth?", en *American Economic Review*, 89, núm. 3, junio de 1999, pp. 379-399; y D. Dollar y A. Kraay, "Trade, Growth and Poverty", documento de trabajo, Grupo de Investigación del Desarrollo, Banco Mundial, junio de 2001. Para una exposición accesible de la relación entre libre comercio y crecimiento economic también véase T. Taylor, "The Truth about Globalization", en *Public Interest*, primavera de 2002, pp. 24-44; D. Acemoglu, S. Johnson y J. Robinson, "The Rise of Europe: Atlantic Trade, Institutional Change and Economic Growth", en *American Economic Review,* 95, núm. 2 (2005), pp. 547-579; y T. Singh, "Does International Trade Cause Economic Growth?", en *The World Economy* 33, núm. 11 (2010), pp. 1517-1564.

[19] Sachs y Warner, "Economic Reform and the Process of Global Integration".

[20] *Ibid.*, pp. 35-36.

[21] R. Wacziarg y K. H. Welch, "Trade Liberalization and Growth: New Evidence", en *NBER Working Paper Series*, núm. 10152, diciembre de 2003.

[22] Singh, "Does International Trade Cause Economic Growth?".

del crecimiento eleva los niveles de ingreso y la calidad de vida. En una investigación que averiguó la relación entre comercio y aumento de los ingresos, se confirmó este último punto. El análisis de Jeffrey Frankel y David Romer comprobó que, en promedio, un incremento de un punto porcentual en la proporción de un país entre su comercio y el producto interno bruto aumenta el ingreso por persona cuando menos medio punto porcentual.[23] Por cada aumento de 10% en la importancia del comercio internacional en una economía, los niveles de ingreso promedio se incrementan por lo menos 5%. A pesar de los costos a corto plazo en que se incurre para adaptarse al régimen de libre comercio, a la larga este provoca un crecimiento económico mayor y eleva la calidad de vida, tal como prevé la teoría de Ricardo.[24]

OA6-2   Teoría de Heckscher-Ohlin

La teoría de Ricardo subraya que la ventaja comparativa surge de diferencias entre las productividades de los distintos países. Así, el hecho de que Ghana sea más eficiente que Corea del Sur en la producción de cacao depende de qué tan productivamente utilice sus recursos. Ricardo destacó la productividad laboral y sostuvo que las diferencias nacionales en esta área eran la base de la noción de ventaja comparativa. Los economistas suecos Eli Heckscher (en 1919) y Bertil Ohlin (en 1933) propusieron otra explicación de la ventaja comparativa. Afirmaron que tal ventaja se debe a que las naciones poseen diversos factores de producción.[25] La **dotación de factores** es la cantidad de recursos, como tierra, mano de obra y capital, con que cuenta un país. Los países están dotados de múltiples factores, lo cual explica las diferencias en los costos de un factor; en particular, cuando más abunda un factor, más barato resulta. La teoría de Heckscher-Ohlin predice que las naciones exportarán los bienes que aprovechan más los factores que abundan en su suelo e importarán los que son elaborados con los factores escasos. Así, esta teoría pretende explicar el esquema del comercio internacional que observamos en la economía mundial. Como la teoría de Ricardo, esta otra sustenta que el libre comercio es benéfico; pero, a diferencia de Ricardo, Heckscher y Ohlin propugnan que el esquema del comercio internacional se determina por las diferencias en la dotación de factores, más que por las disparidades entre productividad.

La teoría de Heckscher-Ohlin tiene su lógica; por ejemplo, desde hace mucho, Estados Unidos es un destacado exportador de productos agrícolas, lo cual refleja en parte su gran abundancia de tierra cultivable. En contraste, China sobresale en la exportación de bienes que se fabrican con base en mano de obra extensiva, como textiles o zapatos, lo cual obedece a que en ese país dicho factor abunda. Estados Unidos, que no cuenta con una cuantiosa mano de obra barata, ha sido importador de esos productos. Obsérvese que son las dotaciones relativas, y no las absolutas, las importantes; una nación puede tener más tierra y trabajadores que otra, pero ser relativamente abundante en uno de los dos factores.

PARADOJA DE LEONTIEF

La teoría de Heckscher-Ohlin ha sido una de las más influyentes en la economía internacional. En general, los economistas la prefieren a la de Ricardo porque tiene menos supuestos simplificadores. Por su influencia, ha sido sometida a muchas pruebas empíricas; desde el famoso estudio publicado en 1953 por Wassily Leontief (ganador del premio Nobel de Economía en 1973), muchas pruebas han arrojado dudas acerca de su validez.[26] Sobre la base de esa teoría, Leontief postuló que como

---

[23] Frankel y Romer, "Does Trade Cause Growth?".

[24] Una reciente revisión escéptica del trabajo empírico sobre la relación entre comercio y crecimiento pone en tela de juicio estos resultados. Véase Francisco Rodríguez y Dani Rodrik, "Trade Policy and Economic Growth: A Skeptic's Guide to the Cross-National Evidence", en *National Bureau of Economic Research*, documento de trabajo núm. 7081, abril de 1999. Sin embargo, ni siquiera estos autores encuentran pruebas de que el comercio dañe el crecimiento económico o los niveles de ingreso.

[25] B. Ohlin, *Interregional and International Trade*, Cambridge, Harvard University Press, 1933. Para un resumen véase R. W. Jones y J. P. Neary, "The Positive Theory of International Trade", en R. W. Jones y P. B. Kenen (comps.), *Handbook of International Economics*, Amsterdam, Holanda, 1984.

[26] W. Leontief, "Domestic Production and Foreign Trade: The American Capital Position Re-Examined", en *Proceedings of the American Philosophical Society*, 97, 1953, pp. 331-349.

Estados Unidos gozaba de abundancia de capital en comparación con otras naciones, debería ser un exportador de bienes de capital y un importador de bienes que requirieran mucha mano de obra; sin embargo, para su sorpresa, descubrió que las exportaciones estadounidenses eran menos intensivas en capital que las importaciones. Como este resultado era una discrepancia de las predicciones de la teoría, se conoció como la *paradoja de Leontief*.

Nadie conoce con certeza la causa de la paradoja de Leontief. Una posible explicación es que Estados Unidos tiene una ventaja especial en la elaboración de productos o bienes nuevos hechos con tecnologías innovadoras. Estos productos requieren menos capital que los bienes cuya tecnología ha tenido tiempo para madurar y adecuarse a la producción en masa. Así, Estados Unidos estaría exportando bienes que requieren mucho trabajo capacitado y espíritu emprendedor, como software, al tiempo que importaría productos con mucha manufactura, que implican grandes sumas de capital, situación que fue confirmada por algunos estudios empíricos.[27] Las pruebas de la teoría de Heckscher-Ohlin que toman datos de muchos países también confirman la existencia de la paradoja de Leontief.[28]

Esto ha puesto a los economistas ante un dilema difícil. Prefieren la teoría de Heckscher-Ohlin por sus bases teóricas, aunque no es muy buena para pronosticar las pautas del comercio internacional. En cambio, una teoría que les parece muy limitada, la de la ventaja comparativa de Ricardo, pronostica mejor los esquemas comerciales. Quizá la mejor solución al dilema sería volver a la idea de Ricardo de que los esquemas del comercio obedecen sobre todo a diferencias de productividad entre países. Así, se diría que Estados Unidos exporta aviones comerciales e importa textiles no porque su dotación de factores se preste para la fabricación de aviones y sea inadecuada para la elaboración de textiles, sino porque es más eficiente para generar aviones que textiles. Una premisa básica de la teoría de Heckscher-Ohlin es que las tecnologías son las mismas en todas las naciones. Este podría no ser el caso. Las diferencias tecnológicas pueden ocasionar disparidades de productividad que determinen los esquemas del comercio internacional.[29] Tal perspectiva explica que el éxito de Japón como exportador de automóviles entre 1970 y 1980 se basó no solo en la abundancia relativa de capital, sino en su desarrollo de tecnología innovadora de manufactura, con la cual alcanzó una productividad mayor en ese sector que otros países en donde también abunda el capital. En las investigaciones empíricas más recientes, se indica que esta explicación teórica puede ser la correcta.[30] En tales estudios, se demuestra que cuando se controlan las diferencias tecnológicas entre los países, estos exportan los bienes que aprovechan más los factores que proliferan en el lugar, al tiempo que importan los que hacen uso intensivo de los factores que escasean. En otras palabras, después de descontar el efecto de la tecnología en la productividad, la teoría de Heckscher-Ohlin mejora su capacidad de pronóstico.

 # Teoría del ciclo de vida del producto   OA6-2

A mediados de la década de 1960, Raymond Vernon propuso la teoría del ciclo de vida del producto,[31] que se basa en la observación de que, durante la mayor parte del siglo xx, una considerable proporción de los nuevos productos del mundo fueron idea de empresas estadounidenses y se vendieron primero en ese mercado (por ejemplo, los automóviles de producción en masa, los televisores, las cámaras instantáneas, las fotocopiadoras, las computadoras personales y los semiconductores). Para explicar este fenómeno, Vernon sostuvo que la riqueza y el tamaño del mercado estadounidense daban a las compañías de ese país un gran incentivo para desarrollar nuevos productos de consumo.

[27] R. M. Stern y K. Maskus, "Determinants of the Structure of U.S. Foreign Trade", en *Journal of International Economics*, 11, 1981, pp. 207-244.

[28] Véase H. P. Bowen, E. E. Leamer y L. Sveikayskas, "Multicountry, Multifactor Tests of the Factor Abundance Theory", en *American Economic Review*, 77, 1987, pp. 791-809.

[29] D. Trefler, "The Case of the Missing Trade and Other Mysteries", en *American Economic Review*, 85, diciembre de 1995, pp. 1029-1046.

[30] D. R. Davis y D. E. Weinstein, "An Account of Global Factor Trade", *American Economic Review*, diciembre de 2001, pp. 1423-1452.

[31] R. Vernon, "International Investments and International Trade in the Product Life Cycle", en *Quarterly Journal of Economics*, mayo de 1966, pp. 190-207, y R. Vernon y L. T. Wells, *The Economic Environment of International Business*, Englewood Cliffs, Nueva Jersey, Prentice Hall, 4a. ed., 1986.

Además, los costos elevados de la mano de obra interna estimularon a las empresas para que concibieran innovaciones que ahorraran costos.

El que una compañía estadounidense invente un producto y lo venda primero en Estados Unidos no significa que deba elaborarse en esa nación. Podría producirse en otra más barato y luego exportarse a Estados Unidos; no obstante, Vernon advirtió que la mayoría de los nuevos productos se producían primero en ese país. Al parecer, las empresas innovadoras consideran que es mejor tener las instalaciones de producción cerca del mercado y de los centros de toma de decisiones, debido a la incertidumbre y los riesgos que supone introducir productos nuevos. Asimismo, la demanda de estos no se basa en factores relativos al precio. En consecuencia, las empresas pueden cobrar precios relativamente altos por los productos nuevos, lo cual elimina la necesidad de buscar lugares de producción barata en otros países.

Vernon fue más allá y aseguró que, al inicio del ciclo de vida de un producto nuevo característico, mientras que la demanda crece con celeridad en Estados Unidos, en otras naciones avanzadas se limita a los grupos de altos ingresos. Dada esta demanda inicial restringida en otros países avanzados, a sus compañías no les conviene producir el nuevo artículo, sino que se recurre a las importaciones desde Estados Unidos.

Con el tiempo, la demanda del nuevo producto crece en otras naciones avanzadas (como Gran Bretaña, Francia, Alemania y Japón). En consecuencia, a los productores de esos países ya les es conveniente producir para sus mercados nacionales. Además, las empresas estadounidenses pueden establecer centros de producción en esos países avanzados donde la demanda aumenta, y por consiguiente, la producción en ellos limita la posibilidad de exportar desde Estados Unidos.

A medida que madura el mercado estadounidense y de otras naciones avanzadas, el producto se normaliza y el precio se convierte en la principal arma competitiva. Cuando esto ocurre, las estimaciones de costos empiezan a representar una parte importante en el esquema de la competencia. Los productores establecidos en países avanzados donde los costos de mano de obra son menores que en Estados Unidos (como Italia o España) ahora están en posición de exportar a aquella nación. Si las presiones de los costos aumentan, el ciclo no se detiene aquí. El ciclo por el que Estados Unidos pierde su ventaja ante otros países avanzados se repite, pues las naciones en desarrollo (como Tailandia) adquieren una ventaja de producción sobre los países avanzados. Así, la sede de la producción mundial pasa de Estados Unidos a otras naciones avanzadas y luego a países en desarrollo.

La consecuencia de estas tendencias para el esquema del comercio mundial es que, con el paso del tiempo, Estados Unidos pasa de ser exportador del producto a importarlo, conforme la producción se concentra en lugares baratos del extranjero. En la figura 6.5 se muestra el crecimiento de la producción y el consumo en Estados Unidos, en otros países avanzados y en naciones en desarrollo.

TEORÍA DEL CICLO DE VIDA DEL PRODUCTO EN EL SIGLO XXI

Históricamente, la teoría del ciclo de vida del producto parece dar una explicación correcta del esquema del comercio internacional. Tomemos como ejemplo las fotocopiadoras. Xerox las inventó a comienzos de la década de 1960 en Estados Unidos y las vendió primero a usuarios de ese país. Al principio, la empresa exportaba las fotocopiadoras de Estados Unidos a Japón y otros países desarrollados de Europa occidental. Cuando la demanda aumentó en esos países, Xerox estableció alianzas estratégicas (*joint ventures*) para iniciar la producción en Japón (Fuji-Xerox) y Gran Bretaña (Rank-Xerox). Además, cuando caducaron las patentes de Xerox para el proceso de fotocopia, otros competidores foráneos entraron en el mercado (por ejemplo, Canon en Japón y Olivetti en Italia). En consecuencia, las exportaciones estadounidenses se redujeron y los usuarios de esa nación compraron sus fotocopiadoras a proveedores más asequibles, en particular de Japón. Más adelante, las compañías japonesas vieron que en su país los costos de manufactura eran muy elevados, por lo cual trasladaron la producción a países en desarrollo, como Singapur y Tailandia. Así, primero Estados Unidos y luego otras naciones avanzadas (como Japón y Gran Bretaña), pasaron de ser exportadoras de fotocopiadoras a importadoras. Esta evolución del esquema del comercio internacional de las fotocopiadoras es congruente con los pronósticos de la teoría del ciclo de vida del producto en que las industrias maduras salen de Estados Unidos y se trasladan a lugares de montaje barato.

Sin embargo, la teoría del ciclo de vida del producto no carece de debilidades. Desde la perspectiva asiática o europea, el razonamiento de Vernon de que la mayoría de los productos nuevos se

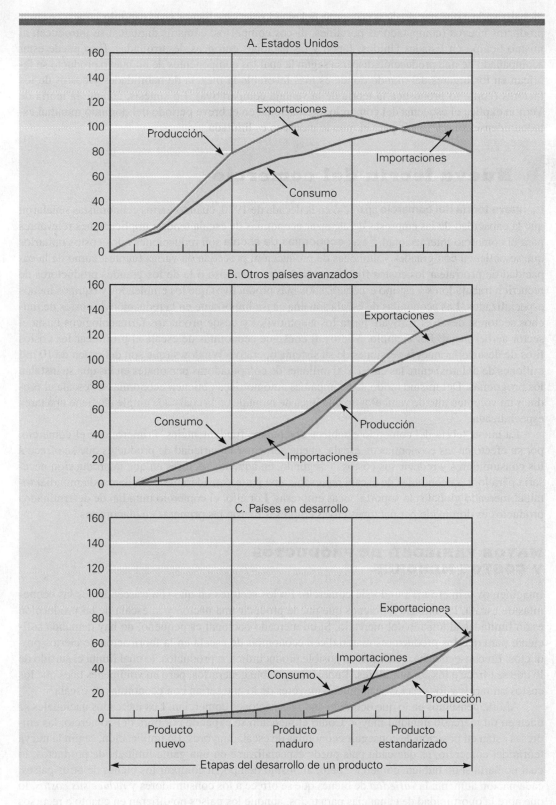

FIGURA 6.5

Teoría del ciclo de vida del producto.

Fuente: Adaptada de R. Vernon y L. T. Wells, *The Economic Environment of International Business*, 5a. ed. © 1991. Reimpresa con autorización de Pearson Education, Inc., Upper Saddle River, Nueva Jersey.

inventan y presentan en Estados Unidos es etnocéntrica y cada vez más anticuada. Quizá es verdad que durante su dominio de la economía mundial (de 1945 a 1975) casi todos los productos nuevos aparecieron en ese país, pero siempre ha habido excepciones notables, las cuales se han hecho más comunes en los últimos años. Hoy se introducen muchos productos nuevos en Japón (por ejemplo, las consolas de videojuegos) o Europa (los nuevos celulares). Asimismo, debido a la creciente

globalización e integración de la economía del mundo que estudiamos en el capítulo 1, cada vez más productos nuevos (computadoras portátiles, discos compactos, cámaras digitales) se introducen al mismo tiempo en Estados Unidos, Japón y las naciones europeas desarrolladas. Esto puede estar acompañado de una producción dispersa según la cual los componentes de un nuevo producto se fabrican en los lugares del mundo donde es más favorable la mezcla de habilidades y costos de los factores (como lo pronostica la teoría de la ventaja comparativa). En síntesis, aunque la teoría de Vernon explica el esquema del comercio internacional en el breve periodo del dominio mundial estadounidense, su relevancia para el mundo moderno es limitada.

OA6-2 Nueva teoría del comercio

La **nueva teoría del comercio** apareció en la década de 1970, cuando varios economistas señalaron que la capacidad de las empresas de alcanzar economías de escala tendría implicaciones relevantes para el comercio internacional.[32] Las **economías de escala** son reducciones a los costos unitarios que se obtienen con grandes volúmenes de producción; proceden de varias fuentes, como de la capacidad de prorratear los costos fijos en un volumen cuantioso o la de los grandes productores de recurrir a trabajadores y equipo especializados más productivos que los empleados y equipos menos especializados. Las economías de escala son una causa importante en la reducción de costos de muchos sectores, desde el software hasta los automóviles y desde productos farmacológicos hasta el sector aeroespacial. Por ejemplo, Microsoft consigue economías de escala al prorratear los costos fijos de desarrollar nuevas versiones de su sistema operativo Windows (que son del orden de 10 mil millones de dólares) entre las casi 1 200 millones de computadoras personales en las que se instalan los programas. Del mismo modo, las compañías automotrices obtienen economías de escala al producir un volumen alto de vehículos en una línea de montaje en la cual cada empleado tiene una tarea especializada.

La nueva teoría del comercio establece dos puntos fundamentales. Primero, que el comercio, por su efecto en las economías de escala, puede aumentar la variedad de productos que se ofrece a los consumidores y reducir sus costos. Y segundo, en aquellos sectores en que la producción necesaria para lograr economías de escala representa una parte considerable de la demanda mundial total, el mercado global solo soporta pocas empresas. Por ello, el comercio mundial de determinados productos es dominado por naciones cuyas empresas fueron las primeras en elaborarlos.

OA6-3 MAYOR VARIEDAD DE PRODUCTOS Y COSTOS MENORES

Imaginemos primero un mundo sin comercio. En los sectores en que son trascendentes las economías de escala, la variedad de bienes que puede producir una nación y la escala de tal producción están limitadas al tamaño del mercado. Si un mercado nacional es pequeño, no hay demanda suficiente para que los productores materialicen economías de escala en la fabricación de ciertos productos. En consecuencia, quizá no sea posible producir dichos productos, lo cual limita el surtido de lo que se ofrece a los consumidores. También es posible generarlos, pero en volúmenes tales que los costos unitarios y los precios sean mucho mayores de lo que serían con economías de escala.

Ahora, pensemos en lo que ocurre cuando las naciones comercian. Los mercados nacionales se unen en un mercado mundial mayor. Como el mercado se expande por obra del comercio, las empresas están en posición de conseguir economías de escala mayores. La implicación, según la nueva teoría del comercio, es que cada país puede especializarse en una gama limitada de productos, lo cual no haría si no hubiera comercio; pero, al mismo tiempo, al comprar los bienes de otros países, cada nación aumenta la *variedad* de bienes que se ofrece a los consumidores y *reduce sus costos*, lo que abre la oportunidad de ganancias para todos, aunque los países no difieran en cuanto a recursos y tecnología.

---

[32] Para un buen resumen de esta bibliografía véase E. Helpman y P. Krugman, *Market Structure and Foreign Trade: Increasing Returns, Imperfect Competition, and the International Economy*, Boston, MIT Press, 1985. Véase también P. Krugman, "Does the New Trade Theory Require a New Trade Policy?", en *World Economy* 13, núm. 4, 1992, pp. 423-441.

Supongamos que hay dos naciones, cada una con un mercado anual para un millón de automóviles. Al comerciar entre ellas, pueden formar un mercado combinado de dos millones de autos. En este mercado combinado, debido a que pueden crearse mayores economías de escala, se produce más variedad (más modelos) de autos y con un costo menor que en cualquiera de los mercados por separado. Por ejemplo, digamos que la demanda de autos deportivos se limita a 55 mil unidades en cada mercado; una producción total de por lo menos 100 mil unidades al año requeriría importantes economías de escala. Del mismo modo, la demanda de camionetas compactas sería de 80 mil unidades en cada mercado nacional y se necesitaría también una producción de por lo menos 100 mil al año para alcanzar economías de escala. Ante la demanda limitada del mercado interno, las empresas de cada nación deciden no producir autos deportivos, porque es excesivo el costo de fabricación con un volumen tan bajo. Aunque produzcan las camionetas compactas, su costo es mayor, lo mismo que los precios, de lo que habrían sido con economías de escala significativas. Pero cuando ambos países deciden comerciar, una compañía de una nación puede especializarse en la producción de autos deportivos, mientras que una empresa de la otra fabricaría las camionetas compactas. La demanda aunada de 110 mil deportivos y 160 mil camionetas permitiría a cada compañía obtener economías de escala. Los consumidores se beneficiarían al tener acceso a un producto (autos deportivos) que no conseguían antes del comercio internacional y también aprovecharían el precio bajo de un producto (camionetas compactas) que no era posible fabricar antes en el volumen más eficiente. Desde esta perspectiva, el comercio es favorable para los dos países porque beneficia la especialización de la producción, las economías de escala, la producción de más variedad de productos y menores precios.

ECONOMÍAS DE ESCALA, VENTAJAS DEL PRIMERO EN ACTUAR Y ESQUEMA DEL COMERCIO

El segundo tema de la nueva teoría del comercio es que el esquema del comercio que observamos en la economía mundial es resultado de economías de escala y de las ventajas del primero en actuar. Las **ventajas del primero en actuar** son las ventajas económicas y estratégicas que obtienen quienes incursionan primero en un sector de la economía.[33] La capacidad de alcanzar economías de escala antes que otros, y con ello beneficiarse de una estructura de costos menores, es una ventaja esencial de actuar primero. La nueva teoría del comercio proclama que en los productos en que las economías de escala son significativas y representan una parte sustancial de la demanda mundial, quienes actúan primero en ese sector adquieren una ventaja de costos que es casi imposible que alcancen quienes llegan después. Así, el esquema del comercio de tales productos sería un reflejo de las ventajas del primero en actuar. Hay países que dominan en la exportación de determinados bienes porque las economías de escala son relevantes en su producción y porque las empresas situadas en ellos fueron las primeras en lograr economías de escala, lo cual les otorgó tal ventaja.

Un ejemplo es la industria aeroespacial comercial, que se beneficia de economías de escala considerables resultado de su capacidad para prorratear los costos fijos que se generan al desarrollar un avión nuevo entre una gran cantidad de ventas. A Airbus le cuesta alrededor de 15 mil millones de dólares desarrollar su nuevo avión súper jumbo de 550 asientos, el A380. Para recuperar esos costos y llegar al punto de equilibrio, Airbus deberá vender por lo menos 250 aviones A380. Si puede vender más de 350, evidentemente será una empresa rentable. Pero se calcula que la demanda total de ese avión en los próximos 20 años será de 400 a 600 unidades. Por tanto, el mercado mundial solo soporta rentablemente a un productor de aviones en la categoría súper jumbo. La Unión Europea podría llegar a dominar la exportación de aviones muy grandes, en particular porque una empresa europea, Airbus, fue la primera en fabricar un avión de 550 asientos y alcanzar economías de escala. Otros posibles productores, como Boeing, quedarían fuera del mercado porque carecerían de las economías de escala con las que cuenta Airbus. Al entrar primero en esta categoría del mercado, Airbus conquistó una *ventaja de actuar primero* sobre la base de *economías de escala*. Es difícil que sus competidores la alcancen, lo cual dará por resultado que la Unión Europea se convierta en el *principal exportador* de aviones muy grandes.

[33] M. B. Lieberman y D. B. Montgomery, "First-Mover Advantages", en *Strategic Management Journal*, 9, verano de 1988, pp. 41-58, y W. T. Robinson y Sungwook Min, "Is the First to Market the First to Fail?", en *Journal of Marketing Research*, 29, 2002, pp. 120-128.

OA6-3

REPERCUSIONES DE LA NUEVA TEORÍA DEL COMERCIO

La nueva teoría del comercio tiene repercusiones importantes, en especial cuando sostiene que las naciones deben beneficiarse del comercio aunque sus recursos y su tecnología no varíen. El comercio permite a una nación especializarse en la producción de determinados productos, alcanzar economías de escala y reducir los costos de producción, al mismo tiempo que compra los bienes que no produce a otras naciones que se especialicen en ellos. Debido a este mecanismo, aumenta la variedad de productos que se ofrece a los consumidores de cada país, mientras que sus costos promedio bajan, lo mismo que el precio, y así se liberan recursos para producir otros bienes y servicios.

Asimismo, la teoría indica que una nación puede dominar en la exportación de un bien simplemente porque una o más de sus empresas lo produjeron primero. Como logran economías de escala, quienes actúan primero en un sector económico ponen sobre el mercado mundial un cerrojo que desalienta la entrada de otros. La capacidad de quienes actúan primero para aprovechar el incremento de los rendimientos levanta una barrera a la entrada. En el sector de la aviación comercial, el hecho de que Boeing y Airbus ya estén presentes y exploten las bondades de las economías de escala, desalienta las nuevas entradas y refuerza el dominio de Estados Unidos y Europa en el comercio de aviones medianos y grandes. Esta hegemonía se ve aún más fortalecida porque la demanda global puede ser insuficiente para sustentar rentablemente a otro productor de aviones grandes y medianos en la industria. Por ello, aunque las empresas japonesas sean capaces de competir en el mercado, decidieron no entrar y aliarse como subcontratistas destacados de los principales productores (por ejemplo, Mitsubishi Heavy Industries es uno de los principales subcontratistas de Boeing para los proyectos 777 y 787).

La nueva teoría del comercio es una variante de la teoría de Heckscher-Ohlin, la cual asevera que un país predominará en la exportación de un producto si tiene una mayor cantidad de los factores que se emplean intensivamente en su producción. Los teóricos del nuevo comercio explican que Estados Unidos es el principal exportador de aviones comerciales no porque tenga más factores necesarios para la producción de aeronaves, sino ya que una de las primeras compañías en entrar en el sector, Boeing, es estadounidense. La nueva teoría del comercio carece de variaciones respecto de la teoría de la ventaja comparativa. Las economías de escala aumentan la productividad. Así, la nueva teoría del comercio identifica una fuente fundamental de esta ventaja comparativa.

Esta teoría es muy útil para explicar los esquemas del comercio. Los estudios empíricos apoyan las predicciones de la teoría sobre que el comercio incrementa la especialización de la producción en un sector, aumenta la variedad de productos para los consumidores y reduce en promedio los precios.[34] Respecto de las ventajas del primero en actuar y el comercio internacional, en un estudio del historiador de negocios de Harvard, Alfred Chandler, se menciona que las ventajas del primero en actuar son una explicación consistente del dominio de las empresas de algunas naciones en industrias específicas.[35] La cantidad de compañías es muy pequeña en varias industrias mundiales: compuestos químicos, maquinaria pesada de construcción, camiones, llantas, electrodomésticos, motores de avión y software.

OA6-4

Quizá la repercusión más discutible de la nueva teoría del comercio sea el argumento que esgrime sobre la intervención del gobierno y las políticas de comercio estratégico.[36] Los teóricos del nuevo comercio subrayan la función de la suerte, el espíritu emprendedor y la innovación para dar a una empresa las ventajas de actuar primero. De acuerdo con este razonamiento, el motivo por el que Boeing fue el primero en entrar en la manufactura de aviones comerciales (y no empresas británicas como De Havilland y Hawker Siddley, o Fokker, de Holanda, que estaban en la misma posición) fue que tuvo suerte y fue innovadora; tuvo suerte de que De Havilland perdiera el paso cuando su avión comercial Comet, que había presentado dos años antes que el primer avión de Boeing, el 707, estaba plagado de deficiencias técnicas graves. Si De Havilland no hubiera cometido serios errores tecno-

---

[34] J. R. Tybout, "Plant and Firm Level Evidence on New Trade Theories", en *National Bureau of Economic Research*, Working Paper Series núm. 8418, agosto de 2001. Trabajo disponible en: http://www.nber.org, consultado el 21 de agosto de 2014, y S. Deraniyagala y B. Fine, "New Trade Theory *versus* Old Trade Policy: A Continuing Enigma", en *Cambridge Journal of Economics*, noviembre de 2001, pp. 809-825.

[35] A. D. Chandler, *Scale and Scope,* Nueva York, Free Press, 1990.

[36] Krugman, "Does the New Trade Theory Require a New Trade Policy?".

lógicos, Gran Bretaña se habría convertido en el primer exportador mundial de aviones comerciales. La innovación de Boeing se demostró por su desarrollo independiente de las capacidades técnicas necesarias para construir un avión comercial; no obstante, varios teóricos del nuevo comercio puntualizan que el gobierno estadounidense pagó en gran parte los costos de investigación y desarrollo de Boeing. El 707 surgió de un programa militar con fondos gubernamentales (la entrada de Airbus en el sector también recibió el apoyo de cuantiosos subsidios gubernamentales). He aquí la lógica de la intervención gubernamental: mediante subsidios complejos y bien pensados, ¿puede un gobierno aumentar las posibilidades de que sus empresas domésticas sean las primeras en ingresar en nuevos sectores, como hizo el gobierno de Estados Unidos con Boeing y la Unión Europea con Airbus? Si este mecanismo es posible, y la nueva teoría del comercio revela que lo es, tenemos una justificación económica para una política comercial activa que se aparta de las recomendaciones de libre comercio que hacen las teorías comerciales que estudiamos hasta aquí. En el capítulo 7, analizaremos las repercusiones políticas de este tema.

Ventaja competitiva nacional: el diamante de Porter

OA6-2

En 1990, Michael Porter, de la Escuela de Negocios de Harvard, publicó los resultados de una extensa investigación con la que quería determinarse por qué algunas naciones prosperan y otras fracasan en la competencia internacional.[37] Porter y su equipo estudiaron 100 industrias de 10 naciones. Como la obra de los teóricos del nuevo comercio, este trabajo partía de la convicción de que las teorías del comercio internacional solo explicaban un lado de la situación. Para Porter, la tarea fundamental era explicar por qué una nación prospera internacionalmente en un sector determinado. ¿Qué hace tan bien Japón en la industria automotriz? ¿Por qué Suiza destaca en la producción y exportación de instrumentos de precisión y productos farmacéuticos? ¿Por qué Alemania y Estados Unidos lideran el negocio de los compuestos químicos? La teoría de Heckscher-Ohlin no da una respuesta inmediata y la teoría de la ventaja comparativa ofrece apenas una explicación parcial. La teoría de la ventaja comparativa diría que Suiza destaca en la producción y exportación de instrumentos de precisión debido a que aprovecha productivamente sus recursos en ese sector. Sin duda, es cierto, mas no se explica por qué Suiza es más productiva en este sector que Gran Bretaña, Alemania o España. Porter intentó resolver el enigma.

Plantea que existen cuatro factores generales en un país que definen el entorno en que compiten las empresas locales, y que esos factores promueven u obstaculizan la creación de una ventaja competitiva (véase la figura 6.6). Los factores son:

- *Dotación de factores*. Situación de un país en cuanto a factores de producción, como trabajadores capacitados o infraestructura necesaria para competir en una industria.
- *Condiciones de la demanda*. Características de la demanda interna del producto o servicio.
- *Sectores afines y de apoyo*. Presencia o ausencia de proveedores y empresas afines competitivas en el plano internacional.
- *Estrategia, estructura y rivalidad de las empresas*. Condiciones que determinan cómo se crean, organizan y administran las compañías, así como el carácter de la rivalidad nacional.

Estos cuatro factores forman el *diamante* de Porter. Su autor afirma que las empresas poseen más probabilidades de prosperar en sectores económicos en los cuales el diamante les es más favorable. También, explica que el diamante establece un sistema de refuerzos recíprocos; el efecto de un factor depende del estado de los demás. Por ejemplo, Porter sostiene que las condiciones favorables de la demanda no producirán una ventaja competitiva a menos que el estado de rivalidad sea suficiente para que las empresas reaccionen.

Porter apoya que otras dos variables pueden influir de diversas maneras en el diamante nacional: acontecimientos fortuitos y el gobierno. Los acontecimientos fortuitos, como las grandes innovaciones, pueden alterar el perfil de la estructura de una industria y abrir la oportunidad para que

---

[37] M. E. Porter, *The Competitive Advantage of Nations*, Nueva York, Free Press, 1990. Para una buena reseña del libro véase R. M. Grant, "Porter's Competitive Advantage of Nations: An Assessment", en *Strategic Management Journal*, 12, 1991, pp. 535-548.

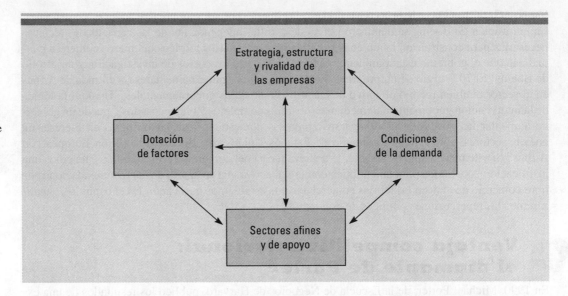

las empresas de un país sustituyan a las de otro. El gobierno, al escoger sus políticas, estimula u obstaculiza la ventaja nacional; por ejemplo, las distintas regulaciones alteran las condiciones de la demanda interna, las leyes en contra de los monopolios influyen en la intensidad de la rivalidad en un sector económico y las inversiones públicas en educación modifican la dotación de factores.

DOTACIÓN DE FACTORES

La dotación de factores está en el centro de la teoría de Heckscher-Ohlin. Porter no postula nada radicalmente nuevo, sino que analiza las características de los factores de producción. Detecta jerarquías entre los factores, de modo que distingue entre *factores básicos* (recursos naturales, clima, ubicación y datos demográficos) y *factores avanzados* (infraestructura de comunicaciones, trabajadores especializados, centros de investigación y capacidades tecnológicas). El autor manifiesta que los factores avanzados son los más importantes para tener una ventaja competitiva. A diferencia de los factores básicos, los avanzados son producto de las inversiones de individuos, compañías y gobiernos. Así, las inversiones públicas en educación básica y superior, al mejorar el nivel general de habilidades y conocimientos de la población y estimular la investigación avanzada en instituciones de educación superior, elevan la calidad de los factores avanzados.

La relación entre factores básicos y avanzados es complicada. Los básicos proporcionan una ventaja inicial que luego se refuerza y extiende mediante inversiones en los factores avanzados. Por otro lado, las desventajas en factores básicos generan presiones para invertir en factores avanzados. Un ejemplo patente del fenómeno es Japón, donde no hay tierras para sembrar ni yacimientos minerales y que, por medio de inversión, ha acumulado un caudal considerable de factores avanzados. Porter observa que la gran reserva de ingenieros en Japón (que se expresa en una cifra de ingenieros titulados per cápita más elevada que en casi cualquier otra nación) ha sido vital para su éxito en muchas industrias de manufactura.

CONDICIONES DE LA DEMANDA

Porter destaca la función que tiene la demanda interna en el mejoramiento de la ventaja competitiva. Las empresas están más atentas a las necesidades de sus clientes más cercanos. Así, las características de la demanda interna son primordiales para determinar los atributos de los productos nacionales y generar presiones para innovar y aumentar la calidad. Porter explica que las empresas de una nación adquieren una ventaja competitiva si los consumidores de su país son exigentes. Estos presionan a las compañías locales para que satisfagan sus elevadas normas de calidad de productos y para que produzcan artículos innovadores. El autor observa que los compradores japoneses de cámaras, selectivos y conocedores, estimularon la industria japonesa de artículos fotográficos para que mejorara la calidad de sus productos e introdujera modelos novedosos.

SECTORES AFINES Y DE APOYO

El tercer factor general de la ventaja nacional de un sector es la presencia de proveedores o sectores afines que compitan en el plano internacional. Los beneficios de inversiones en factores avanzados de producción en sectores afines y de apoyo pueden extenderse a otros sectores, lo cual contribuye a conseguir una firme posición competitiva internacional. La potencia de Suecia en la fabricación de productos de acero (como balines o herramientas de corte) se apoya en la fuerza de su industria siderúrgica. El liderazgo tecnológico de Estados Unidos en el sector de los semiconductores fue la base del éxito de ese país en las computadoras personales y otros productos electrónicos avanzados. Del mismo modo, la prosperidad de Suiza en los productos farmacéuticos guarda una relación estrecha con su éxito internacional anterior en una industria de pigmentos de alta tecnología.

Una consecuencia de lo anterior es que las industrias prósperas de un país se agrupan en categorías afines: fue uno de los resultados más generales del estudio de Porter. Uno de los agrupamientos que descubrió comprende el sector de textiles y ropa en Alemania, que incluye algodón de calidad, lana, fibras sintéticas, agujas para máquinas de coser y una amplia variedad de maquinaria textil. Estos agrupamientos son importantes porque entre las empresas que los componen se transmiten conocimientos valiosos que las benefician a todas. La transmisión de conocimientos se genera cuando los empleados cambian de empresa dentro de una región y cuando las asociaciones sectoriales nacionales reúnen a empleados de varias compañías en conferencias o talleres periódicos.[38]

ESTRATEGIA, ESTRUCTURA Y RIVALIDAD DE LAS EMPRESAS

El cuarto factor general de la ventaja competitiva nacional del modelo de Porter es la estrategia, estructura y rivalidad de las empresas de una nación. Al respecto, Porter hace dos señalamientos relevantes. En primer lugar, los países tienen diferentes ideologías administrativas, que estimulan u obstaculizan el logro de una ventaja competitiva nacional; por ejemplo, Porter se percató del predominio de ingenieros en la dirección de las empresas alemanas y japonesas. Lo atribuyó a que estas compañías ponen el acento en mejorar los procesos de manufactura y el diseño de productos. En contraste, detectó que en las empresas estadounidenses privan las personas con estudios de finanzas, lo cual relacionó con su desatención a la mejora de los procesos de manufactura y el diseño de productos. Porter explicó que el dominio de las finanzas ponía un acento excesivo en maximizar los rendimientos económicos en el corto plazo. De acuerdo con Porter, una consecuencia de estas diferencias ideológicas administrativas es la pérdida de competitividad estadounidense en los sectores ingenieriles, donde los temas relativos a los procesos de manufactura y diseño de productos son los principales (por ejemplo, en la industria automotriz).

El segundo señalamiento de Porter es que existe una asociación sólida entre una vigorosa rivalidad interna y la creación y persistencia de una ventaja competitiva en un sector. La vigorosa rivalidad interna orilla a las compañías a buscar los medios para mejorar la eficiencia, lo cual las hace mejores competidoras internacionales. La rivalidad interna genera presiones para innovar, mejorar la calidad, reducir costos e invertir en la modernización de los factores avanzados. Todo ello crea competidores de clase mundial. Porter cita el caso de Japón:

> En ningún lugar es más evidente la función de la rivalidad interna que en Japón, donde se libra una guerra acérrima en la que muchas compañías no consiguen ser rentables. Con metas centradas en la participación de mercado, las compañías japonesas están en constante lucha por superarse entre sí. Las participaciones fluctúan de manera considerable. La situación se cubre profusamente en la prensa de negocios. En elaboradas categorizaciones, se mide qué compañías son más populares entre los estudiantes de posgrado. Es impresionante el ritmo de aparición de nuevos productos y del desarrollo de procesos.[39]

EVALUACIÓN DE LA TEORÍA DE PORTER

OA6-4

Porter afirma que el grado en que es probable que otra nación prospere internacionalmente en determinada industria depende del efecto combinado de dotación de factores, condiciones de la demanda

---

[38] B. Kogut (ed.), *Country Competitiveness: Technology and the Organizing of Work*, Nueva York, Oxford University Press, 1993.

[39] Porter, *The Competitive Advantage of Nations*, p. 121.

interna, sectores afines y de apoyo, y rivalidad interna. Explica que se requiere la presencia de los cuatro componentes para que el diamante estimule el desempeño competitivo (aunque hay excepciones). Asimismo, sostiene que el gobierno puede ejercer una influencia, positiva o negativa, en los cuatro componentes del diamante. Repercuten en la dotación de factores los subsidios, las políticas públicas respecto de los mercados de capital, las políticas educativas, etc. El gobierno puede delinear la demanda interna mediante normas de producción o leyes que dicten las necesidades de los clientes o influyan en estas. Las normas del gobierno pueden afectar los sectores afines y de apoyo por medio de regulación, y en la rivalidad entre empresas, mediante mecanismos como la regulación de los mercados de capital, políticas fiscales y leyes en contra de los monopolios.

Si Porter tiene razón, esperaríamos que el modelo pronosticara el esquema del comercio internacional que observamos en el mundo real. Los países deben exportar productos de los sectores en que los cuatro atributos del diamante son favorables, e importar los de sectores en los que no lo son. ¿Es así? No lo sabemos. La teoría de Porter no se ha sometido a pruebas empíricas detalladas. Mucho de lo que dice suena verosímil, pero lo mismo puede decirse de la nueva teoría del comercio, de la ventaja comparativa y de la de Heckscher-Ohlin. Quizá cada teoría, como son complementarias, explique una parte del esquema del comercio internacional.

IMPLICACIONES PARA LOS ADMINISTRADORES

OA6-5

¿Qué importancia tiene todo esto para las empresas? Las tres principales implicaciones para las compañías internacionales del material que expusimos en este capítulo son las que se relacionan con la localización, las ventajas del primero en actuar y las políticas gubernamentales.

LOCALIZACIÓN

En las teorías que expusimos subyace la noción de que los países tienen ventajas diferentes en distintas actividades productivas. En consecuencia, desde el punto de vista de las utilidades, es lógico que una empresa disperse sus actividades de producción en las naciones donde, según la teoría del comercio internacional, las ejecute con mayor eficiencia. Si el diseño se hace mejor en Francia, ahí es donde deben situarse las instalaciones de diseño. Si la manufactura de los componentes básicos es más eficiente en Singapur, ahí es donde deben fabricarse. Si el montaje final se hace mejor en China, ahí debe realizarse. El resultado es una red mundial de actividades productivas que se efectúan en diversos lugares del mundo, según las consideraciones sobre ventajas competitivas, dotación de factores, etc. Si una compañía no lo hace, estará en desventaja competitiva frente a las empresas que sí lo hacen.

VENTAJAS DEL QUE ACTÚA PRIMERO

De acuerdo con la nueva teoría del comercio, las empresas que consiguen una ventaja por actuar primero en la producción de un artículo nuevo, luego pueden dominar el comercio mundial de ese bien. Lo anterior es cierto sobre todo en sectores en los cuales el mercado mundial solo soporta pocas compañías, como el mercado de la aviación, pero también es importante dedicarse pronto a sectores menos concentrados. Para una empresa, el mensaje es que rinde frutos invertir sustanciales recursos económicos en intentar adquirir una ventaja al actuar primero o al principio, aunque eso signifique años de pérdidas cuantiosas antes de que el nuevo negocio sea rentable. La idea es adueñarse de la demanda que haya, ganar ventajas de costos por volumen, consolidar una marca duradera antes de que lleguen los competidores y, así, establecer una ventaja competitiva sustentable en el largo plazo. Aunque los detalles de este mecanismo superan el alcance de este libro, muchas publicaciones ofrecen estrategias para explotar las ventajas de actuar primero y evitar las trampas de ser pioneros en un mercado (las desventajas de actuar primero).[40]

---

[40] Lieberman y Montgomery, "First-Mover Advantages". Véase también Robinson y Min, "Is the First to Market the First to Fail?"; W. Boulding y M. Christen, "First Mover Disadvantage", en *Harvard Business Review*, octubre de 2001, pp. 20-21, y R. Agarwal y M. Gort, "First Mover Advantage and the Speed of Competitive Entry", en *Journal of Law and Economics*, 44, 2001, pp. 131-159.

POLÍTICAS GUBERNAMENTALES

Las teorías del comercio internacional también interesan a las empresas internacionales porque son actores importantes en el escenario del comercio internacional. Son compañías que producen artículos de exportación y que importan productos de otros países. Por su función fundamental en el comercio internacional, las compañías ejercen una fuerte influencia en las políticas comerciales gubernamentales y cabildean para promover el libre comercio o restricciones comerciales. Las teorías del comercio internacional dicen que favorecer el libre comercio es lo que más le conviene a una nación, aunque no siempre sea lo mejor para una empresa en particular. Muchas compañías lo saben y cabildean para abrir los mercados.

Por ejemplo, cuando el gobierno estadounidense anunció en la década de 1990 su intención de cobrar aranceles a las importaciones de pantallas de cristal líquido de Japón, IBM y Apple protestaron enérgicamente. Las dos empresas señalaron que: 1) Japón era el proveedor más barato de pantallas de cristal líquido, 2) compran estas pantallas para sus computadoras portátiles y 3) los aranceles propuestos, al incrementar los costos de las pantallas, aumentarían el costo de las laptops producidas por IBM y Apple, lo cual las haría menos competitivas en el mercado mundial. En otras palabras, los aranceles, destinados a proteger a las empresas estadounidenses, resultaban contraproducentes. En respuesta a estas presiones, el gobierno revirtió la medida.

Sin embargo, a diferencia de IBM y Apple, las compañías no siempre cabildean por el libre comercio; por ejemplo, en Estados Unidos, las restricciones a las importaciones de acero se deben a la presión de compañías de ese país sobre su gobierno, que en algunos casos, responde a la presión y logra convencer a las compañías extranjeras para que impongan limitaciones "voluntarias" a sus exportaciones, por medio de la amenaza implícita de establecer barreras comerciales formales más generales (históricamente, esto ha ocurrido en el sector automotriz). En otros casos, el gobierno aplica medidas llamadas *antidumping* para justificar aranceles a las importaciones de productos de otras naciones (en el capítulo siguiente, estudiaremos con más detalle tales mecanismos).

Como lo prevé la teoría del comercio internacional, muchos de estos acuerdos han sido desfavorables, como la restricción voluntaria de importar maquinaria pesada a la que se llegó en 1985. Protegida de la competencia internacional por las barreras a la importación, la industria de la maquinaria pesada no tenía incentivo para aumentar su eficiencia. Como resultado, perdió muchos mercados de exportación ante competidores extranjeros más eficientes. Un resultado de esta acción errónea fue que la industria estadounidense de maquinaria pesada se hundió durante la vigencia del acuerdo. Para cualquiera que conociera la teoría del comercio internacional, esta consecuencia era lógica.[41]

Por último, la teoría de Porter de la ventaja competitiva nacional también tiene implicaciones políticas, pues manifiesta que lo mejor para los negocios de una empresa es invertir en actualizar los factores avanzados de producción; por ejemplo, invertir en mejorar la capacitación de sus empleados y aumentar sus actividades de investigación y desarrollo. Asimismo, les es conveniente que presionen a su gobierno para que adopte políticas que tengan un efecto favorable en cada componente del diamante nacional. Así, siempre, según Porter, las compañías deben insistir en que su gobierno aumente la inversión pública en educación e infraestructura en investigación básica (pues todo esto refuerza los factores avanzados), y que adopte políticas que promuevan una competencia intensa en los mercados nacionales (pues con esto las empresas se fortalecen como competidoras internacionales, de acuerdo con los resultados de Porter).

---

[41] C. A. Hamilton, "Building Better Machine Tools", en *Journal of Commerce*, 30 de octubre de 1991, p. 8, y "Manufacturing Trouble", en *The Economist*, 12 de octubre de 1991, p. 71.

RESUMEN

En este capítulo, revisamos varias teorías que explican los beneficios que para un país genera el comercio internacional y explicamos el esquema del comercio internacional que se observa en la economía mundial. Vimos que las teorías de Smith, Ricardo y Heckscher-Ohlin defienden el libre comercio sin restricciones.

En contraste, la doctrina mercantilista y, en menor medida, la nueva teoría del comercio apoyan la intervención del gobierno para promover las exportaciones mediante subsidios y limitar las importaciones con cuotas y aranceles.

Al explicar el esquema del comercio internacional (el segundo objetivo de este capítulo), vimos que, con excepción del mercantilismo, que guarda silencio sobre el tema, las teorías ofrecen explicaciones que se complementan. Aunque ninguna teoría expone en su totalidad el esquema del comercio internacional, tomadas en conjunto, la teoría de la ventaja comparativa, de Heckscher-Ohlin, del ciclo de vida del producto, la nueva teoría del comercio y de la ventaja competitiva nacional de Porter indican los factores relevantes. La ventaja comparativa considera esenciales las diferencias entre productividades nacionales; la de Heckscher-Ohlin da preponderancia a la dotación de factores; la teoría del ciclo de vida del producto resalta que es importante dónde se introduce un nuevo producto; la nueva teoría del comercio subraya el aumento de los rendimientos mediante la especialización y las ventajas de actuar primero, y Porter explica que todos estos factores son fundamentales siempre que incidan en los cuatro componentes del diamante nacional. En este capítulo, destacamos lo siguiente:

1. Los mercantilistas sostenían que lo más conveniente para un país es obtener un superávit en su balanza comercial. Consideraban que el comercio es un juego de suma cero en el que las ganancias de un país son producto de las pérdidas de otro.

2. La teoría de la ventaja absoluta sostiene que los países difieren por su capacidad de producir bienes con eficiencia. Esta teoría aduce que una nación debe especializarse en producir bienes de categorías en las que tiene una ventaja absoluta e importar los de categorías en que otros países poseen tal ventaja.

3. La teoría de la ventaja comparativa expresa que un país debe especializarse en producir los bienes que elabora con mayor eficiencia y comprar a otras naciones los bienes que genera con menos eficiencia, aunque eso implique comprar en el extranjero mercancía que podría producir con mayor eficiencia.

4. La teoría de la ventaja comparativa observa que el libre comercio sin restricciones aumenta la producción mundial; es decir, el comercio es un juego de suma positiva.

5. La teoría de la ventaja comparativa sugiere, además, que abrir un país al libre comercio estimula su crecimiento económico, de manera que el comercio genera ganancias dinámicas. Las pruebas empíricas concuerdan con dicha aseveración.

6. La teoría de Heckscher-Ohlin sustenta que el esquema del comercio internacional se determina por las diferencias de dotación de factores. Pronostica que los países exportarán los bienes que aprovechan factores locales abundantes e importarán los productos que hacen uso intensivo de factores que escasean en ese lugar.

7. La teoría del ciclo de vida del producto sostiene que en los esquemas comerciales influye el lugar donde se introducen los productos. En una economía mundial cada vez más integrada, la teoría del ciclo de vida del producto posee menos fuerza de pronóstico que antes.

8. La nueva teoría del comercio afirma que, debido al comercio, una nación se especializa en la producción de determinados bienes, alcanza economías de escala y disminuye los costos de elaborar esos artículos, y al mismo tiempo, compra los bienes que no produce a otros países también especializados. Con este mecanismo, aumenta el surtido de bienes al alcance de los consumidores de cada país, al tiempo que, en promedio, reduce los costos de dichos bienes.

9. La nueva teoría del comercio manifiesta, también, que en los sectores en que las economías de escala cuantiosas suponen que el mercado mundial solo soporta a pocas empresas, los países predominan en la exportación de ciertos productos porque tienen una compañía que fue la primera en actuar en dichos sectores.

10. Algunos teóricos del nuevo comercio defienden la idea de que es necesario instrumentar políticas de comercio estratégicas. El argumento es que el gobierno, mediante subsidios complejos y bien pensados, puede incrementar las posibilidades de que las empresas domésticas entren primero en los nuevos mercados.

11. La teoría de Porter de la ventaja competitiva nacional dice que cuatro factores de un país influyen en el esquema de comercio: *a*) dotación de factores, *b*) condiciones de la demanda interna, *c*) sectores afines y de apoyo y *d*) estrategia, estructura y rivalidad de las empresas.

12. Las teorías del comercio internacional son indispensables para las compañías en particular porque les ayudan a decidir dónde establecer sus distintas actividades productivas.

13. Las empresas dedicadas al comercio internacional pueden ejercer una enorme influencia en las políticas comerciales de su gobierno. Por medio del cabildeo, estas compañías promueven el libre comercio o las restricciones comerciales.

Preguntas de análisis y razonamiento crítico

1. El mercantilismo es una teoría en retirada que no tiene lugar en el mundo moderno. Comente esta aseveración.

2. ¿Es justo el libre comercio? Explique su respuesta.

3. En las naciones desarrolladas, los sindicatos se oponen a importar artículos de países con salarios bajos y piden barreras comerciales para defender las fuentes de trabajo de lo que llaman "competencia desleal" de las importaciones. ¿Es "desleal" esta competencia? ¿Cree que este argumento es lo que más conviene a: *a*) los sindicatos, *b*) los trabajadores que representan y *c*) el país en su conjunto?

4. ¿Cuáles son los posibles costos de adoptar un régimen de libre comercio? ¿Deben hacer algo los gobiernos para reducir tales costos? ¿Qué es lo que deben hacer?

5. Vuelva a leer la sección "Vistazo a un país" sobre si China es una nación neomercantilista.

   a) ¿Piensa que China aplica una política económica que puede catalogarse como neomercantilismo?

   b) ¿Qué deben hacer Estados Unidos y otros países respecto de las políticas económicas chinas?

6. Vuelva a leer la sección "Vistazo a un país" sobre la subcontratación de puestos administrativos.

   a) ¿Quién se beneficia de la subcontratación de puestos administrativos a las naciones subdesarrolladas? ¿Quién pierde?

   b) Países desarrollados como Estados Unidos, ¿sufrirán la pérdida de empleos altamente capacitados y bien pagados?

   c) ¿Hay diferencia entre la transferencia de puestos administrativos con sueldo elevado, como los de programación informática y contabilidad, a naciones en desarrollo, y la transferencia de puestos fabriles de poca paga? Si la hay, ¿en qué consiste? ¿Debe hacer algo el gobierno para detener el flujo de empleos administrativos a países como la India?

7. Con base en la nueva teoría del comercio y en la teoría de Porter de la ventaja competitiva nacional, delinee la defensa de políticas gubernamentales que fomenten la ventaja competitiva nacional en biotecnología. ¿Qué políticas recomendaría que adoptara el gobierno? ¿Estas políticas son una variante de las doctrinas básicas del libre comercio?

8. Las naciones más pobres del mundo tienen una desventaja competitiva en todos los sectores de su economía. Tienen poco que exportar. No tienen capital, sus tierras son menos fértiles, tienen demasiados habitantes frente a sus oportunidades de trabajo y les falta escolarización. De ninguna manera puede interesarles el libre comercio. Comente este párrafo.

Proyecto de investigación globaledge.msu.edu
Teoría del Comercio Internacional

Consulte la página electrónica de globalEDGE (globaledge.msu.edu) para efectuar los siguientes ejercicios.

Ejercicio 1

El *World Trade Organization International Trade Statistics* de la OMC es un informe anual con estadísticas generales, comparativas y actualizadas del comercio de mercancías y servicios comerciales. El informe tiene en cuenta una evaluación de los flujos del comercio mundial por país, región y principales grupos de productos o categorías de servicio. Tome las estadísticas más recientes e identifique los diez principales países en el rubro de exportación e importación de mercancías, respectivamente. ¿Qué naciones aparecen entre las diez principales tanto en exportacio-

nes como en importaciones? ¿Puede explicar por qué estos países aparecen en ambas listas?

Ejercicio 2

Los alimentos son una parte integral para entender a los distintos países, culturas y estilos de vida. Usted dirige una compañía de restaurantes exclusivos en Estados Unidos y está buscando vinos australianos auténticos para importar; sin embargo, debe identificar primero qué *proveedores australianos* pueden proporcionarle vinos de primera calidad. Después de buscar en el directorio australiano de vinicultores, identifique tres o cuatro empresas que puedan ser posibles proveedores y elabore una lista de criterios necesarios para preguntarles y elegir a la que lo surtirá.

CASO FINAL

Surgimiento de la industria farmacéutica en la India

En años recientes, una de las grandes historias de éxito en el comercio internacional es la del sólido crecimiento de la industria farmacéutica en la India. El país era conocido por fabricar copias baratas de fármacos de patente descubiertos por empresas farmacéuticas japonesas y occidentales. Esto hizo que la industria se convirtiera en una especie de paria internacional: por hacer copias de productos patentados, y por ende, violar los derechos de propiedad intelectual, no se permitía a las compañías indias vender sus productos en los mercados en desarrollo. Con ninguna garantía de que su propiedad intelectual estaría protegida, las compañías farmacéuticas extranjeras se negaron a invertir, asociarse con, o comprar a sus homólogas de la India. En los mercados desarrollados como Estados Unidos, lo mejor que las em-

presas indias podían hacer era vender productos genéricos de bajo costo (los productos genéricos son mercancías cuyas patentes han expirado).

Sin embargo, en 2005, la India firmó un tratado con la OMC que la forzó a cumplir con las leyes de dicha organización sobre los derechos de propiedad intelectual. Las compañías indias dejaron de producir copias apócrifas. Al estar convencidas de que sus patentes serían respetadas, las empresas extranjeras comenzaron a hacer negocios con sus contrapartes indias. Para la India, el resultado ha sido un impresionante crecimiento de su sector farmacéutico, que generó ventas por casi 30 mil millones de dólares en 2012, más de dos veces y media la cifra de 2005. El motor de tal crecimiento han sido las exportaciones, que aumentaron

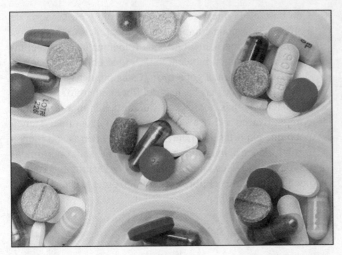

Los medicamentos genéricos manufacturados en empresas indias ayudan al país a surgir como un importante exportador de la industria farmacéutica.

conocimiento aumentó el atractivo de las empresas indias como socias para las compañías occidentales. Combinados con los bajos costos de mano de obra, estos factores se unieron para hacer de la India un sitio crecientemente atractivo para la manufactura de medicamentos.

La FDA respondió al cambio de manufactura hacia la India abriendo dos oficinas ahí para supervisar el cumplimiento de las regulaciones y garantizar que la seguridad era consistente con sus estándares. Hoy, ha autorizado la producción de medicamentos para su uso en Estados Unidos a aproximadamente 900 plantas indias, otorgando a las compañías de esa nación una legitimidad de la que carecen sus posibles rivales en lugares como China.

Para las empresas occidentales, el atractivo evidente de subcontratar en la India la manufactura de medicamentos es que pueden bajar sus costos y proteger sus ganancias en un entorno doméstico progresivamente difícil, donde la regulación gubernamental para el cuidado de la salud y la creciente competencia han puesto presión a los precios de muchas medicinas. Desde luego que esto también beneficia a los consumidores estadounidenses, porque los precios menores de los medicamentos redundan en mejores precios a los seguros, menores coaseguros y, en última instancia, menores gastos extra que si dichos medicamentos continuaran fabricándose en el país. Una objeción a este beneficio económico sería, por supuesto, el costo de los empleos perdidos en la fabricación farmacéutica estadounidense. Un indicador de esta tendencia es que el empleo total de dicho sector cayó 5% entre 2008 y 2010.[42]

15% anualmente entre 2006 y 2012. En 2000, las exportaciones farmacéuticas de la India sumaron casi mil millones de dólares. Para 2012, la cifra fue de aproximadamente 14 mil millones.

Gran parte de este crecimiento se debe a las asociaciones entre firmas indias y occidentales. Las compañías de Occidente subcontratan cada vez más actividades de manufactura y empaque a la India, mientras reducen dichas actividades en casa y en lugares como Puerto Rico, que ha sido históricamente un centro manufacturero para empresas que proveen al mercado estadounidense. Las ventajas de la India en manufactura y empaquetado incluyen salarios relativamente bajos, una fuerza de trabajo capacitada y el amplio uso del inglés como lenguaje comercial. Las compañías occidentales continúan efectuando investigación y desarrollo, comercialización y actividades de ventas de alto valor agregado, que siguen localizándose en sus mercados domésticos.

Durante los años en que India fue el paria internacional en el comercio farmacéutico, su naciente industria doméstica colocó los cimientos para el crecimiento actual. Nuevas compañías locales invirtieron en las instalaciones necesarias para descubrir y producir medicamentos, originando un mercado para los científicos y trabajadores del ramo en el país. A su vez, ello condujo a la expansión de programas farmacéuticos en las universidades indias, lo que aumentó su reserva de talentos. De manera adicional, la experiencia de la industria en el comercio de medicamentos genéricos durante la década de 1990 y principios de 2000 le ha conferido experiencia para lidiar con las agencias regulatorias en Estados Unidos y la Unión Europea. Después de 2005, este

Preguntas para analizar el caso

1. ¿Cómo se beneficiarían las compañías farmacéuticas y los consumidores estadounidenses del surgimiento de la industria farmacéutica en la India?
2. ¿Quién podría salir perdiendo como resultado de este surgimiento?
3. ¿Los beneficios de comerciar con el sector farmacéutico de la India superan las pérdidas?
4. ¿Qué teoría (o teorías) del comercio internacional explica mejor la aparición de la India como un exportador importante de productos farmacéuticos?

42 H. Timmons, "A Pharmaceutical Future", en *The New York Times*, 7 de julio de 2010, pp. B1, B4; K. K. Sharma, "On the World Stage", en *Business Today*, 9 de enero de 2011, pp. 116-117; M. Velterop, "The Indian Perspective", en *Pharmaceutical Technology Europe*, septiembre de 2010, pp. 40-41; y "Pharma Exports Expected to Touch Rs 75 000 en 2012-2013", en *Business Standard*, 27 de febrero de 2013.

Apéndice: comercio internacional y balanza de pagos

El comercio internacional supone la venta de bienes y servicios a residentes de otros países (exportaciones) y la compra de bienes y servicios a residentes en otras naciones (importaciones). La **contabilidad de la balanza de pagos** lleva un registro de los pagos y cobros a otros países por un periodo en particular. Estas cuentas incluyen los pagos efectuados a extranjeros por la importación de bienes y servicios, y los pagos de dichos extranjeros por bienes y servicios que se les exportaron. En la tabla A.1 se muestra un resumen de la contabilidad de la balanza de pagos estadounidense para 2011. Cualquier transacción que genere un pago a otros países se ingresa en esta contabilidad como débito y con signo negativo (−). Cualquier transacción que cause la recepción de un pago proveniente de otras naciones ingresa como crédito y con signo positivo (+). En este apéndice, describiremos brevemente la manera en que se lleva a cabo la contabilidad de la balanza de pagos y explicaremos si un déficit en la cuenta corriente, que a menudo ocasiona gran preocupación para la prensa popular, es realmente algo que deba agobiarnos.

Contabilidad de la balanza de pagos

Esta contabilidad se divide en tres secciones principales: la cuenta corriente, la cuenta de capital y la cuenta financiera (para enredar las cosas, lo que ahora se conoce como *cuenta de capital* fue hasta hace poco parte de la cuenta corriente, y la *cuenta financiera* recibía el nombre de cuenta de capital). La **cuenta corriente** registra las transacciones correspondientes a tres categorías, que pueden apreciarse en la tabla A.1. La primera categoría, *bienes*, se refiere a la exportación o importación de bienes físicos (como productos agrícolas, automóviles, computadoras, químicos). La segunda categoría es la exportación o importación de *servicios* (productos intangibles como servicios bancarios o de seguros). La tercera categoría, *recibos de ingresos y pagos*, designa a los ingresos provenientes de inversiones en el extranjero y a pagos que deben hacerse a extranjeros que invierten en el país. Por ejemplo, si un ciudadano estadounidense es dueño de parte de una empresa finlandesa y recibe un pago por dividendos de cinco dólares, dicho pago se refleja en la cuenta corriente de Estados Unidos como la recepción de cinco dólares de ingreso por inversión. También, se incluyen en la cuenta corriente las transferencias corrientes unilaterales, como las donaciones del gobierno de Estados Unidos a extranjeros (lo cual incluye ayuda extranjera) y pagos privados a extranjeros (como cuando un migrante que trabaja en Estados Unidos envía dinero a su país de origen).

Cuenta corriente	Millones de dólares
Exportaciones de bienes, servicios e ingresos	2 847 988
Bienes	1 497 406
Servicios	605 961
Ingresos	744 621
Importaciones de bienes, servicios y pagos	−3 180 861
Bienes	−2 235 819
Servicios	−427 428
Pagos	−517 614
Transferencias corrientes unilaterales (netas)	−133 053
Balance de la cuenta corriente	−465 926
Cuenta de capital	
Transacciones a cuenta de capital (netas)	−1 212
Cuenta financiera	
Activos foráneos	−483 653
Activos de la reserva oficial	−15 877
Activos del gobierno	−103 666
Activos privados	−364 110
Activos propiedad de extranjeros en Estados Unidos	1 000 990
Activos extranjeros oficiales en Estados Unidos	211 826
Otros activos extranjeros en Estados Unidos	14 018
Discrepancia estadística	−89 208

TABLA A.1

Contabilidad de la balanza de pagos estadounidense en 2011.

Fuente: Buró de Análisis Económico.

Ocurre un **déficit en la cuenta corriente** cuando una nación importa más bienes, servicios e ingresos de los que exporta. Un **superávit en la cuenta corriente** se logra cuando un país exporta más bienes, servicios e ingresos de los que importa. En la tabla A.1 se muestra que, en 2011, Estados Unidos tuvo un déficit en la cuenta corriente de −465 926 millones de dólares, lo cual casi siempre constituye una noticia de ocho columnas y es reportado ampliamente en los medios informativos. En años recientes, el déficit en la cuenta corriente de Estados Unidos ha crecido mucho, sobre todo por el hecho de que el país importa muchos más bienes físicos de los que exporta (notará que Estados Unidos tiene un superávit en el comercio de servicios y está cerca del punto de equilibrio en los pagos por ingresos).

El déficit en la cuenta corriente de 803 mil millones en 2006 fue el más grande hasta hoy, equivalente a casi 6.3% del PIB. Este déficit ha disminuido desde entonces, en respuesta a la crisis económica y la prolongada recesión de 2008-2009, al igual que todo lo demás. Mucha gente piensa que estas cifras son preocupantes y el supuesto común es que el aumento de la importación de bienes desplaza la producción interna, causa desempleo y reduce el crecimiento de la economía estadounidense. Por ejemplo, *The New York Times* publicó lo siguiente respecto del déficit récord en la cuenta corriente de 2006:

> El creciente déficit en el comercio actúa como un lastre para el conjunto de la economía. Los economistas esperan que, a la luz de las nuevas cifras, el gobierno deba revisar su estimación del producto interno bruto del cuarto trimestre, para que refleje un crecimiento ligeramente más lento.[43]

No obstante, el problema es un poco más complejo de lo que indica este tipo de declaraciones. Para entender por completo las implicaciones de un déficit grande y constante debemos observar el resto de la contabilidad de la balanza de pagos.

La **cuenta de capital** registra los cambios únicos en la reserva de activos. Como ya mencionamos, este renglón fue incluido recientemente en la cuenta corriente. La cuenta de capital abarca las transferencias de capital, como la condonación de adeudos y las transferencias de los migrantes (los bienes y activos financieros que llevan los migrantes que entran o salen del país). En el esquema total, esta cifra es relativamente pequeña: sumó −1 212 millones en 2011.

La **cuenta financiera** (antes cuenta de capital) registra las transacciones que suponen la compra o venta de activos. Así, cuando una empresa alemana adquiere acciones de una compañía estadounidense, o un bono, la transacción entra en la balanza de pagos de Estados Unidos como crédito a la cuenta de capital. Esto porque el capital está fluyendo al país. Cuando el capital fluye fuera de Estados Unidos, entra en la cuenta corriente como débito.

La cuenta financiera está integrada por diversos elementos. El cambio neto en los activos estadounidenses en el extranjero incluye el cambio en los activos del gobierno (activos de la reserva oficial y del gobierno), y el cambio en los activos propiedad de individuos y corporaciones privadas. Como se aprecia en la tabla A.1, en 2011 hubo una reducción de −483 mil millones de dólares en los activos de Estados Unidos en el extranjero, principalmente por una caída en la cantidad de activos extranjeros propiedad de corporaciones e individuos estadounidenses. En otras palabras, las entidades privadas de Estados Unidos estuvieron vendiendo activos extranjeros, como bonos y divisas, durante 2011.

Asimismo, los activos extranjeros en Estados Unidos se incluyen en la cuenta financiera, y se dividen en activos propiedad de gobiernos extranjeros (activos extranjeros oficiales) y activos propiedad de otras entidades extranjeras como corporaciones e individuos (otros activos extranjeros en Estados Unidos). Como puede apreciarse, en 2011 los extranjeros aumentaron sus patrimonios de activos estadounidenses, incluyendo bonos del tesoro, acciones y bonos corporativos e inversiones directas en la nación por un millón de millones de dólares. Aproximadamente, 212 mil millones de esta cantidad se debieron a un aumento en la propiedad de activos estadounidenses por parte de gobiernos extranjeros, mientras las corporaciones privadas e individuos foráneos redujeron sus activos estadounidenses en 789 mil millones.

Un principio básico en la contabilidad de la balanza de pagos es la contabilidad por partida doble. Cada transacción internacional ingresa de manera automática a la balanza de pagos por partida doble: como crédito y como débito. Imagine que compra un auto producido por Toyota en Japón a un precio de 20 mil dólares. Como su compra representa un pago a otra nación a cambio de un bien, ingresará en la balanza de pagos como débito en la cuenta corriente. Ahora, Toyota tiene ese dinero y debe hacer algo con él. Si lo deposita en un banco estadounidense, entonces ha adquirido un activo en este país (un depósito bancario que vale 20 mil dólares) y la transacción se reflejará como crédito de 20 mil dólares en la cuenta financiera; o bien, puede depositar el efectivo en un banco japonés, convirtiéndolo a yenes. Ahora, el banco japonés debe decidir qué hacer con ese dinero. Cualquier acción que tome al respecto será, finalmente, un crédito para la balanza de pagos estadounidense; por ejemplo, si el banco le presta los 20 mil dólares a una firma japonesa que los utiliza para importar computadoras personales de Estados Unidos, entonces el dinero debe acreditarse a la cuenta corriente de la balanza de pagos estadounidense. O el banco japonés puede usar el dinero para comprar bonos del gobierno estadounidense, en cuyo caso la cifra se reflejará como un crédito en la cuenta financiera de la balanza de pagos de ese país.

Así, cualquier transacción internacional genera de modo automático dos entradas distintas en la balanza de pagos. Dada esta característica, *la suma del balance de la cuenta corriente, la cuenta de capital y la cuenta financiera siempre debe dar como resultado cero*. En la práctica, ello no siempre ocurre, debido a la existencia de una "discrepancia estadística", cuyo origen no debe preocuparnos por ahora (observe que la discrepancia estadística de 2011 fue de −89 mil millones).

---

[43] J. W. Peters, "U. S. Trade Deficit Grew to Another Record in 06", en *The New York Times*, 14 de febrero de 2007, p. 1.

¿Importa el déficit en la cuenta corriente?

Como ya se dijo, hay preocupación cuando un país presenta un déficit en la cuenta corriente de su balanza de pagos.[44] En años recientes, varios países ricos, entre ellos Estados Unidos, tuvieron déficits crecientes y constantes en sus cuentas corrientes. Cuando un país se encuentra en esta situación, otras naciones pueden utilizar el flujo de dinero que ingresa para comprar activos en el país que está en déficit. Así, cuando Estados Unidos presenta un déficit comercial con China, los habitantes de esta nación pueden usar el dinero que reciben de los consumidores estadounidenses para comprar activos de Estados Unidos, como acciones y bonos. Puesto de otra manera, el déficit en la cuenta corriente es financiado mediante la venta de activos a otros países; esto es, por medio de un superávit en la cuenta financiera. Por ello, el déficit constante en la cuenta corriente de Estados Unidos es financiado por la venta continua de activos estadounidenses (acciones, bonos, inmuebles y corporaciones enteras) a otras naciones. En resumen, los países con déficits en sus cuentas corrientes se convierten en deudores netos.

Por ejemplo, como resultado del financiamiento de su déficit en la cuenta corriente mediante la venta de activos, Estados Unidos debe enviar un flujo de pagos de intereses a propietarios extranjeros de bonos, rentas a terratenientes extranjeros y dividendos a accionistas extranjeros. Podría decirse que dichos pagos a extranjeros drenan recursos de un país y limitan los fondos disponibles para invertir en él. Como la inversión interna es necesaria para estimular el crecimiento económico, un déficit constante en la cuenta corriente puede ahogar el futuro crecimiento económico de un país. Esta es la base del argumento que sostiene que los déficits constantes son malos para la economía.

Sin embargo, el asunto no es tan sencillo; por una parte, y en una era de mercados globales de capital, el dinero se dirige eficientemente hacia sus usos de mayor valor, y durante el último cuarto de siglo, muchos de los más altos usos de valor del capital se han logrado en Estados Unidos. Por tanto, aunque el capital fluye hacia afuera de ese país en forma de pagos a extranjeros, gran parte regresa para solventar inversiones internas productivas; es decir, no está claro si el déficit en la cuenta corriente obstaculiza su crecimiento económico. En realidad, independientemente de la recesión de 2008-2009, la economía estadounidense ha crecido a un ritmo impresionante en los últimos 30 años, a pesar de la presencia de un déficit constante en la cuenta corriente y de financiar ese déficit mediante la venta de activos estadounidenses a extranjeros. Este es, precisamente, el motivo por el cual los extranjeros reinvierten en Estados Unidos muchos de los ingresos obtenidos de activos estadounidenses, y de exportaciones a esa nación. Esta perspectiva revisionista, que ha adquirido popularidad en años recientes, sugiere que un déficit constante en la cuenta corriente no puede ser el lastre que alguna vez se pensó que era para el crecimiento económico.[45]

No obstante, también existe un temor continuo de que en algún momento podría declinar el apetito de los extranjeros por los activos estadounidenses. ¿Qué ocurriría si ellos de pronto redujeran sus inversiones en Estados Unidos? En vez de reinvertir allí los dólares que obtienen de las exportaciones e inversiones en ese país, cambiarían esos dólares por otras monedas, euros, yenes o yuanes, por ejemplo, e invertirían en activos en esas divisas. Este mecanismo ocasionaría una caída del dólar en los mercados cambiarios extranjeros, lo que a su vez incrementaría el precio de las importaciones y reduciría el precio de las exportaciones estadounidenses, lo cual las haría más competitivas; todo esto permitiría reducir el nivel total del déficit en la cuenta corriente. De modo que, a largo plazo, el déficit constante en la cuenta corriente de Estados Unidos se corregiría por medio de la reducción del valor del dólar. La preocupación es que tales ajustes no serían muy sutiles. En vez de una reducción controlada del valor del dólar, este podría perder de repente una cantidad importante de su valor en un plazo muy corto, lo que podría precipitar una "crisis del dólar".[46] Como el dólar estadounidense es la principal moneda de reserva mundial, y compone el patrimonio de muchos gobiernos y bancos extranjeros, cualquier crisis que lo afecte sería un golpe bajo a la economía global y, cuando menos, desencadenaría una desaceleración económica mundial, lo cual no sería positivo.

[44] P. Krugman, *The Age of Diminished Expectations*, Cambridge, MA, MIT Press, 1990.

[45] Griswold, "Are Trade Deficits a Drag on U.S. Economic Growth?", en *Free Trade Bulletin*, 12 de marzo de 2007, Cato Institute; O. Blanchard, "Current Account Deficits in Rich Countries", *National Bureau of Economic Research Working Paper Series*, núm. 12925, febrero de 2007.

[46] S. Edwards, "The U.S. Current Account Deficit: Gradual Correction or Abrupt Adjustment?", *National Bureau of Economic Research Working Paper Series*, núm. 12154, abril de 2006.

Política económica del comercio internacional

OBJETIVOS DE APRENDIZAJE:

Al terminar este capítulo, usted deberá ser capaz de:

OA7-1 Identificar los instrumentos políticos que utilizan los gobiernos para influir sobre los flujos de comercio internacional.

OA7-2 Entender por qué, en ocasiones, los gobiernos intervienen en el comercio internacional.

OA7-3 Resumir y explicar los argumentos contra la política comercial estratégica.

OA7-4 Describir el desarrollo del sistema mundial de comercio y su actualidad.

OA7-5 Explicar las implicaciones para los administradores de los desarrollos en el sistema comercial mundial.

China limita las exportaciones de metales raros

Caso inicial

Las tierras raras son un grupo de 17 elementos químicos de la tabla periódica, incluidos el escandio, itrio, cerio y lantano. En pequeñas concentraciones, estos son un ingrediente fundamental en la manufactura de un amplio rango de productos de alta tecnología como turbinas de aire, iPhones, imanes industriales y las baterías que se emplean en los autos híbridos. La extracción de tierras raras puede ser un proceso sucio por los ácidos tóxicos que se usan durante el proceso de refinamiento. En consecuencia, las estrictas regulaciones ambientales han hecho que su extracción y refinación sean demasiado costosas en muchos países.

Las restricciones ambientales en naciones como Australia, Canadá y Estados Unidos han abierto el camino para que China se convierta en el primer productor y extractor mundial de tierras raras o metales raros. En 1990, China tenía 27% de la producción global de estos metales raros, y en 2010, la cifra se elevó a 97%; en ese mismo año, este país conmocionó a la comunidad manufacturera de alta tecnología cuando impuso cuotas rígidas a las exportaciones de metales raros. En 2009, la nación exportó casi 50 mil toneladas de estos metales; la cuota de 2010 limitó las exportaciones a 30 mil toneladas, permaneció vigente en 2011 y se incrementó marginalmente a 30 996 toneladas en 2012.

La explicación que dio China para imponer esta cuota es que muchas de sus propias compañías mineras no cumplían con los estándares ambientales y tuvieron que cerrar; sin embargo, el efecto elevó en forma drástica los precios de dichos metales fuera de China, lo que puso a los fabricantes extranjeros en una desventaja de costos. Muchos observadores pronto concluyeron que la imposición de cuotas de exportación fue un intento de China para dar a sus fabricantes locales una ventaja de costo y alentar a los foráneos a traer más producción a China para poder tener acceso a suministros de metales raros a bajo costo. Como concluyó la revista de negocios *The Economist*: "Tal recorte en sus exportaciones de metales raros se relaciona poco con reducir sus suministros o preocupaciones ambientales. Se trata de llevar a los fabricantes chinos hacia arriba en la cadena de suministro para que puedan vender al mundo valiosos productos terminados en vez de materia prima barata". En otras palabras, China podría estar usando la política comercial para sustentar su política industrial.

Los países desarrollados protestaron sobre la base de que las cuotas de exportación violaban las obligaciones chinas de las reglas de la Organización Mundial del Comercio (OMC). En julio de 2010, la OMC respondió con el inicio de su propia investigación. Al comentar sobre esta, un funcionario del gobierno estadounidense advirtió que las cuotas de exportación eran parte de "una política industrial profundamente enraizada cuyo propósito es suministrar ventajas competitivas sustanciales a los fabricantes locales a expensas de los foráneos".

Mientras tanto, el mundo no se quedó cruzado de brazos. En respuesta a los altos precios de los metales raros, muchas empresas han rediseñado sus productos para utilizar materiales sustitutos. Por ejemplo, Toyota, Renault y Tesla, grandes consumidores automotrices de esos productos, declararon que planean dejar de usar partes con metales raros en sus automóviles. Asimismo, los gobiernos han intentado estimular a las compañías mineras privadas para expandir su producción de estos metales. Para 2012, había 350 proyectos mineros de metales raros en desarrollo fuera de China y la India. Como demuestra, Molycorp, una compañía minera estadounidense, comenzó a aumentar rápidamente su producción en una mina de California y prometió que, para finales de 2012, su producción anual sería de 19 mil toneladas por año.[1]

 Introducción

El análisis de las teorías comerciales clásicas de Smith, Ricardo y Heckscher-Ohlin del capítulo 6 mostró que, en un mundo sin barreras comerciales, los esquemas del comercio se determinan por la productividad relativa de los factores de producción de cada país. Las naciones se especializan en los productos que fabrican con mayor eficiencia, mientras que importan los que producirían con menor eficacia. Asimismo, el capítulo 6 expuso las bases teóricas del libre comercio. Recordemos que el **libre comercio** es una situación en la cual el gobierno no restringe lo que los ciudadanos pueden comprar en otro país ni lo que pueden vender al extranjero. Como estudiamos en el capítulo 6, las teorías de Smith, Ricardo y Heckscher-Ohlin prevén que las consecuencias del libre comercio incluyen ganancias económicas estáticas (porque el libre comercio activa el consumo interno y fomenta el aprovechamiento eficiente de los recursos) y dinámicas (porque el libre comercio estimula el crecimiento económico y la creación de riqueza).

En este capítulo, exploraremos las realidades políticas del comercio internacional. Muchas naciones se comprometen de palabra con el libre comercio, pero intervienen en el comercio internacional para defender a los grupos que tienen peso político. En el "Caso inicial", se ilustra la naturaleza de tales realidades políticas. En 2010, China impuso una cuota de exportación a los metales raros, reduciendo así el suministro de exportación en 40%. Como en ese tiempo el país tenía 95% de la producción global de metales raros, que son un ingrediente fundamental en muchos productos de alta tecnología, el efecto inmediato fue que aumentó el precio de dichos metales fuera de China y, por ende, los costos de producción de los fabricantes extranjeros. En otras palabras, la política creó un entorno que otorgó a los fabricantes chinos una ventaja competitiva sobre sus rivales extranjeros. Varias naciones desarrolladas protestaron por esta decisión y la OMC inició una investigación en julio de 2012. Aún no se sabe cómo se resolverá esta disputa (pueden pasar varios años antes de que la OMC informe sus resultados), pero nos presenta un claro ejemplo de intervención gubernamental en el comercio internacional, diseñada para proteger los intereses de los productores locales.

En este capítulo, indagaremos los argumentos políticos y económicos que esgrimen los gobiernos para intervenir en el comercio internacional. Cuando lo hacen, por lo general, restringen la importación de bienes y servicios, al tiempo que adoptan medidas para promover la producción nacional y las exportaciones. Casi siempre, sus motivos suelen ser proteger a sus propios productores. En los últimos años, se inmiscuyeron temas sociales en el cálculo de las decisiones; por ejemplo, en Estados Unidos, crece un movimiento que prohíbe las importaciones de bienes de países que no se apeguen a los mismos criterios estadounidenses en materia de mano de obra, salud y regulaciones ambientales.

Este capítulo inicia con la descripción de la variedad de instrumentos políticos que aplican los gobiernos para intervenir en el comercio internacional. A esto sigue una revisión detallada de sus motivaciones políticas y económicas para hacerlo. En la tercera sección del capítulo, consideraremos la situación del libre comercio ante las diversas justificaciones de los gobiernos para intervenir en el comercio internacional. Después, estudiaremos la aparición del sistema de comercio internacional moderno, que se basa en el Acuerdo General sobre Aranceles Aduaneros y Comercio (Gene-

[1] Fuentes: Chuin-Wei Yap, "China Revamps Rare-Earth Exports", en *The Wall Street Journal*, 28 de diciembre de 2011, p. C3; "The Difference Engine: More Precious than Gold", en *The Economist*, 17 de septiembre de 2010; "Of Metals and Market Forces", en *The Economist*, 4 de febrero de 2010; y J. T. Areddy y C. W. Yap, "China Raises Rare-Earth Export Quota", en *The Wall Street Journal*, 22 de agosto de 2012.

ral Agreement of Tariffs and Trade, GATT) y su sucesor, la OMC. El GATT y la OMC son creación de varios tratados multinacionales. En la última sección del capítulo, expondremos las implicaciones de estos temas para la práctica de la administración.

 # Instrumentos de las políticas comerciales OA7-1

Las políticas comerciales se basan en siete instrumentos principales: aranceles, subsidios, cuotas de importación, limitación voluntaria de las exportaciones, requisitos de contenido local, políticas administrativas y políticas antidumping. Los aranceles son el instrumento más antiguo y sencillo de las políticas comerciales; como expondremos más adelante, también son el instrumento que el GATT y la OMC han podido limitar mejor. En los últimos años, la caída de las barreras arancelarias se ha acompañado de barreras no arancelarias, como subsidios, cuotas, limitaciones voluntarias a las exportaciones y políticas antidumping.

ARANCELES

Un **arancel** es un impuesto a las importaciones (o exportaciones); puede ser de dos clases: **aranceles específicos**, que se cobran como cargo fijo por cada unidad de un bien importado (por ejemplo, tres dólares por barril de petróleo), y **aranceles *ad valorem***, que se determinan como proporción del valor del artículo importado. En la mayoría de los casos, se fijan aranceles a las importaciones para defender a los productores internos de la competencia extranjera, pues, así, el precio de los bienes importados aumenta. Además, los aranceles generan ingresos para el gobierno; por ejemplo, hasta que Estados Unidos estableció el impuesto sobre la renta, recibía la mayor parte de sus ingresos por aranceles.

Lo que es esencial entender acerca de los aranceles a las importaciones es a quién benefician y a quién perjudican. El gobierno gana porque los aranceles aumentan sus ingresos. Los productores nacionales ganan ya que los aranceles les dan protección contra competidores externos, pues aumentan el costo de las mercancías importadas; los consumidores pierden, pues deben pagar más por ellas. Por ejemplo, en 2002, el gobierno estadounidense fijó un arancel *ad valorem* de 8 a 30% sobre las importaciones de acero extranjero. La idea era proteger a las acereras locales de importaciones baratas; sin embargo, el efecto fue que los precios del acero en Estados Unidos aumentaron de 30 a 50%. Diversos compradores del metal de ese país, desde fabricantes de artículos domésticos hasta compañías de automóviles, advirtieron que los aranceles al acero incrementarían sus costos de producción y les dificultarían aún más competir en el mercado mundial. Que las ganancias del gobierno y los productores internos superen las pérdidas de los consumidores depende de varios factores, como el monto de los aranceles, la relevancia de los artículos importados para los consumidores nacionales, la cantidad de fuentes de trabajo rescatadas en el sector protegido, etc. En el caso del acero, muchos opinaron que las pérdidas para los consumidores superaban las ganancias de los productores. En noviembre de 2003, la OMC declaró que los aranceles violaban su tratado, y Estados Unidos los suprimió en diciembre del año siguiente.

En general, pueden obtenerse dos conclusiones del análisis económico del efecto de los aranceles a las importaciones.[2] En primer lugar, por lo regular, los aranceles favorecen a los productores y perjudican a los consumidores. Protegen a los productores de los competidores foráneos, pero esta restricción del abasto también eleva los precios en el interior del país; por ejemplo, en un estudio, algunos economistas japoneses calcularon que, en 1989, los aranceles a las importaciones de productos alimentarios, cosméticos y compuestos químicos costaron al consumidor japonés promedio más o menos 890 dólares anuales en forma de precios más altos. En casi todos los análisis, se aprecia que los aranceles a las importaciones imponen costos importantes a los consumidores nacionales en forma de precios más altos. En segundo lugar, los aranceles a las importaciones reducen la eficiencia general de la economía mundial. Disminuyen la eficiencia porque los aranceles proteccionistas alientan a las empresas nacionales a elaborar en el país bienes que, en teoría, se generarían con más eficiencia en el extranjero. La consecuencia es un aprovechamiento ineficiente de los recursos.

---

[2] Para un detallado análisis social del efecto de los aranceles véase P. R. Krugman y M. Obstfeld, *International Economics: Theory and Policy*, Nueva York, HarperCollins, 2000, cap. 8.

VISTAZO A UN PAÍS

¿Están los chinos subsidiando ilegalmente las exportaciones de autos?

A finales de 2012, durante la campaña de elecciones presidenciales, la administración Obama presentó una queja en contra de China ante la OMC, con el argumento de que esa nación proporcionaba subsidios de exportación a sus industrias automotriz y de autopartes. Los subsidios incluían subvenciones en efectivo para la exportación e investigación y desarrollo, subsidios para pagar intereses sobre préstamos y un tratamiento fiscal preferencial.

Estados Unidos estimó el valor de los subsidios en al menos mil millones de dólares entre 2009 y 2011. La queja advertía también que, entre 2002 y 2011, el valor de las exportaciones chinas de autos y autopartes se elevó más de nueve veces a partir de 7 400 a 69 mil millones de dólares. Estados Unidos era el mercado de exportación de autopartes más importante para China durante ese periodo y aceptaba que, en cierta medida, ese crecimiento pudo haber sido sustentado con subsidios. La queja, además, argumentaba que estos subsidios habían afectado negativamente a los productores de automóviles y autopartes en Estados Unidos. Se trata de una gran industria en ese país, que emplea a más de 800 mil personas y genera casi 350 mil millones de dólares en ventas.

Aunque algunas personas del movimiento obrero aplaudieron el hecho, la respuesta de las compañías estadounidenses automotrices y de autopartes fue muy débil. Una de las razones es que muchos productores locales tienen negocios en China, y muy probablemente querían evitar una represalia del gobierno chino; por ejemplo, GM tiene una alianza estratégica (*joint venture*), posee dos subsidiarias en China y le va muy bien ahí. Asimismo, algunos productores estadounidenses se benefician al comprar autopartes chinas baratas, así que cualquier represalia en forma de aranceles impuestos a tales importaciones podría, de hecho, elevar sus costos.

Los observadores más audaces consideraron esta acción solo como un teatro político. La semana anterior a que se presentara la queja, el candidato presidencial republicano, Mitt Tomney, había acusado a la administración Obama de "fallarles a los trabajadores estadounidenses" al no llamar a China manipuladora de divisas. Así que quizá la queja fue, al menos en parte, simplemente otra jugada en el tablero de ajedrez de la campaña presidencial. En cualquier caso, la OMC se mueve lento, así que transcurrirá cuando menos un año, si no es que más, antes de que se emita alguna regulación.[3]

Aunque son mucho menos comunes que los de las importaciones, a veces un país impone aranceles a la exportación de un producto. En general, tales gravámenes tienen dos objetivos: aumentar los ingresos del gobierno y reducir las exportaciones de un sector, casi siempre por motivos políticos; por ejemplo, en 2004, China impuso aranceles a sus exportaciones de textiles. El principal objetivo era moderar el crecimiento de las exportaciones de dicho sector para aliviar las tensiones con otros socios comerciales.

SUBSIDIOS

Un **subsidio** es un pago del gobierno a un productor nacional. Los subsidios adoptan muchas formas, como subvenciones en efectivo, préstamos blandos, facilidades fiscales y participación de capital público en empresas privadas. Al reducir los costos de producción, los subsidios sirven a los productores de un país de dos maneras: 1) para competir contra las importaciones extranjeras y 2) para ganar mercados de exportación. La agricultura tiende a ser la gran beneficiaria de los subsidios en la mayoría de los países. La Unión Europea (UE) ha estado pagando aproximadamente 44 mil millones de euros anuales (55 mil millones de dólares) en subsidios agrícolas. La iniciativa agrícola llevada al Congreso en 2007 consideraba subsidios por más de 289 mil millones de dólares para los siguientes 10 años. Los japoneses también tienen una larga historia de apoyo a los productores locales ineficientes mediante subsidios agrícolas. Según la OMC, a mediados de la década de 2000, los países gastaban casi 300 mil millones de dólares en subsidios, de los cuales 250 mil millones eran erogados por 21 naciones desarrolladas.[4] En respuesta a varios desplomes en las ventas después de la crisis financiera global, a mediados de 2008 y 2009, algunos países desarrollados otorgaron

---

[3]   James Healy, "U. S. Alleges Unfair China Auto Subsidies in WTO Action", en *USA Today*, 17 de septiembre de 2012; y M. A. Memoli, "Obama to Tell WTO That China Illegally Subsidizes Auto Imports", en *Los Angeles Times*, 17 de septiembre de 2012.

[4]   Organización Mundial del Comercio, *World Trade Report 2006*, Ginebra, OMC, 2006.

45 mil millones de dólares en subsidios a sus fabricantes de autos. Aunque el propósito de los subsidios era ayudarles a sobrevivir en un clima económico extremadamente difícil, una de las consecuencias fue conceder a las compañías subsidiadas una ventaja competitiva injusta en la industria global del automóvil. Un poco irónicamente, dados los rescates financieros gubernamentales a las compañías automotrices estadounidenses durante la crisis financiera mundial en 2010, la administración Obama presentó una queja ante la OMC argumentando que los chinos subsidiaban ilegalmente las exportaciones de autos y autopartes. Véase los detalles en la sección "Vistazo a un país".

Las principales ganancias benefician a los productores de una nación, cuya competitividad internacional aumenta. Los defensores de políticas estratégicas de comercio (que, como recordará del capítulo 6, proceden de la nueva teoría de comercio) favorecen los subsidios para que las empresas domésticas tengan una posición dominante en los sectores en los que las economías de escala son relevantes y el mercado mundial da cabida a pocas compañías (como en el caso de la aviación y los semiconductores). Según este razonamiento, los subsidios ayudan a las empresas a gozar de las ventajas de entrar primero en un nuevo sector (así como se supone que los subsidios del gobierno estadounidense, en forma de subvenciones jugosas para investigación y desarrollo, ayudaron a Boeing). Si este objetivo se logra, la economía del país obtiene más ganancias por los empleos e impuestos sobre la renta que genera una importante compañía mundial. Sin embargo, alguien debe pagar los subsidios. Los gobiernos lo hacen con los impuestos de los contribuyentes.

Aún se discute sobre si los subsidios generan beneficios superiores a lo que le cuestan a un país. En la práctica, muchos subsidios no son tan útiles para aumentar la competitividad de los productores nacionales, sino que, más bien, protegen a los ineficientes y fomentan los excesos de producción. Un estudio calculó que, si los países avanzados dejaran de subsidiar a los agricultores, el comercio mundial de productos agrícolas sería 50% mayor, y el mundo en conjunto sería 160 mil millones de dólares más rico.[5] Otra investigación estimó que quitar todas las barreras comerciales al comercio agrícola (tanto subsidios como aranceles), incrementaría el ingreso mundial en 182 mil millones de dólares.[6] Este aumento de la riqueza se debería al uso más eficiente del suelo agrícola.

CUOTAS DE IMPORTACIÓN Y LIMITACIÓN VOLUNTARIA DE LAS EXPORTACIONES

Una **cuota de importación** es una restricción directa a la cantidad de un bien que puede importarse a un país. Por lo regular, la restricción opera mediante la expedición de licencias de importación a grupos de particulares o empresas; por ejemplo, Estados Unidos ha fijado una cuota para las importaciones de queso: solo pueden importarlo ciertas compañías comerciales; a cada una se le concede el derecho de importar una cifra máxima de kilos de queso al año. En algunos casos, el derecho de venta se concede a los gobiernos de los países exportadores. Históricamente, este ha sido el caso de las importaciones de textiles en Estados Unidos. Ahora bien, el acuerdo internacional que rige la imposición de cuotas en los textiles, el Acuerdo Multifibras, expiró el 1 de enero de 2005.

Un híbrido común de cuotas y aranceles es el **arancel-cuota** mediante el cual se aplica un arancel menor a las importaciones que no superan determinada cuota, lo cual no sucede con aquellas que la superan; por ejemplo, como se ilustra en la figura 7.1, digamos que se impone un arancel *ad valorem* de 10% a las importaciones de arroz a Corea del Sur que no superen el millón de toneladas. Después de esta cifra, se aplica una tasa por exceso de la cuota de 80%. Así, si Corea del Sur importa dos millones de toneladas de arroz, un millón tendría un arancel de 10% y el otro de 80%. La aplicación de aranceles-cuota sobre productos agrícolas es muy común y su objetivo es limitar las importaciones que rebasan las cuotas.

Una variante de la cuota de importación es la **limitación voluntaria de las exportaciones (LVE)**, una cuota al comercio impuesta por el país exportador, casi siempre a solicitud del gobierno de la nación importadora. Uno de los ejemplos más destacados es la limitación a las exportaciones de autos hacia Estados Unidos establecida en 1981 por los fabricantes japoneses. Esta LVE fue una respuesta a las presiones directas del gobierno estadounidense y restringió las exportaciones japonesas

---

[5] El estudio fue emprendido por Kym Anderson, de la Universidad de Adelaida. Véase "A Not So Perfect Market", en *The Economist; Survey of Agriculture and Technology*, 25 de marzo de 2000, pp. 8-10.

[6] K. Anderson, W. Martin y D. van der Mensbrugghe, "Distortions to World Trade: Impact on Agricultural Markets and Farm Incomes", en *Review of Agricultural Economics*, núm. 28, verano de 2006, pp. 168-194.

FIGURA 7.1

Arancel-cuota hipotética.

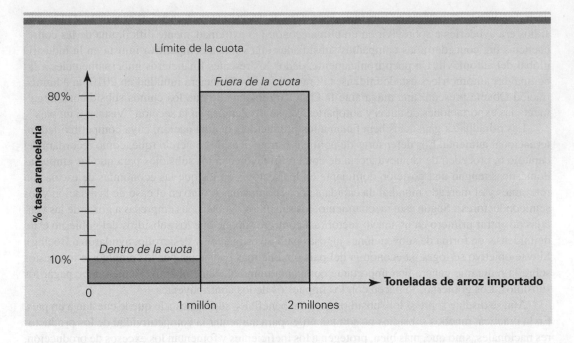

a no más de 1 680 millones de vehículos por año. El acuerdo se revisó en 1984 para aumentar a 1 850 millones de vehículos anuales. El tratado caducó en 1985, pero entonces el gobierno japonés anunció sus intenciones de continuar con las restricciones de las exportaciones a Estados Unidos en esa cifra de 1 850 millones de vehículos por año.[7] En 2012, Brasil impuso lo que se interpreta como limitaciones voluntarias de restricciones a cargamentos de vehículos de México a Brasil. Ambas naciones tenían un acuerdo de libre comercio desde hacía una década, pero un aumento en los vehículos que llegaban a Brasil desde México forzó al primero a erigir sus barreras proteccionistas. México aceptó cuotas a las importaciones de vehículos destinadas a Brasil durante los próximos tres años.[8] Los productores foráneos aceptan las LVE porque temen que, de lo contrario, sobrevengan represalias arancelarias o cuotas punitivas a las importaciones. Aceptar una LVE se considera una manera de sacar lo mejor de una mala situación, pues apacigua las presiones proteccionistas de un país.

De la misma manera que los aranceles y los subsidios, tanto las cuotas a las importaciones como las LVE benefician a los productores nacionales porque limitan la competencia de las importaciones. Al igual que todas las restricciones al comercio, las cuotas no favorecen a los consumidores. Una cuota de importación o una LVE siempre eleva el precio interno de un bien importado. Cuando, mediante una cuota o LVE, las importaciones se limitan a un porcentaje muy bajo del mercado, el precio tiende al alza por esa oferta externa reducida. En el caso de la industria automotriz, antes mencionado, la LVE aumentó el precio de la oferta reducida de autos japoneses. Según un estudio de la Comisión Federal de Comercio de Estados Unidos, la LVE en esa industria costó a los consumidores estadounidenses casi mil millones de dólares anuales entre 1981 y 1985. Esa suma fue a parar a los productores japoneses en forma de precios más altos.[9] Las utilidades adicionales que perciben los productores cuando la oferta se limita artificialmente mediante una cuota de importación se conocen como **rentas de las cuotas**.

Si el sector interno no tiene capacidad para satisfacer la demanda, una cuota de importaciones aumenta *ambos* precios: el del bien importado y el del que se produce en el país. Esto ocurrió en la industria azucarera estadounidense, en la que un sistema de aranceles-cuota restringe desde hace mucho la cantidad que los productores extranjeros pueden vender en su mercado. De acuerdo con un estudio, debido a las cuotas de importación, el precio del azúcar en Estados Unidos es hasta 40%

---

[7] R. W. Crandall, *Regulating the Automobile*, Washington, D. C., Brookings Institution, 1986.

[8] J. B. Teece, "Voluntary Export Restraints Are Back; They Didn't Work the Last Time", en *Automotive News*, 23 de abril de 2012.

[9] Krugman y Obstfeld, *International Economics*.

mayor que el precio mundial.[10] Estos precios elevados se traducen en mayores utilidades para los productores de azúcar, quienes presionan a los políticos para sostener un acuerdo tan lucrativo alegando que las fuentes de trabajo de esa industria se perderían por obra de los productores foráneos si se descartara el sistema de cuotas.

REQUISITOS DE CONTENIDO LOCAL

Un **requisito de contenido local** supone la obligación de que una fracción específica de un bien se produzca dentro del país. Tal requisito se expresa en términos físicos (por ejemplo, 75% de los componentes de determinado artículo deben fabricarse en la localidad), o en términos de valor (por ejemplo, 75% del valor de este producto debe producirse internamente). Los países en desarrollo a menudo recurren a estos requisitos de contenido local para modificar la base de fabricación desde el simple montaje de productos cuyos componentes se elaboran en otro lugar, hasta la manufactura local de dichos componentes. Asimismo, los aplican las naciones desarrolladas que quieren proteger sus fuentes de trabajo e industrias de la competencia externa; por ejemplo, la poco conocida Buy American Act (o ley de compras nacionales) establece que las dependencias gubernamentales deben dar preferencia a los productos estadounidenses cuando sometan a concurso los contratos de equipo, salvo que los productos foráneos tengan una ventaja considerable de precio. La ley especifica que un producto es "estadounidense" si 51% de los materiales, por valor, se produjeron en el país. Esto equivale a un requisito de contenido mínimo. Si una compañía extranjera o, para el caso, una estadounidense, quiere ganar un contrato de una dependencia del gobierno para proveer equipo, debe verificar que por lo menos 51% del producto, por valor, se fabrique en Estados Unidos.

Las normas de contenido local protegen al productor nacional de componentes de la misma manera que una cuota a las importaciones: limitan la competencia extranjera. Los efectos económicos acumulados son también los mismos: los productores nacionales se benefician, pero las restricciones a las importaciones elevan los precios de los componentes importados. Estos precios mayores se trasladan a los consumidores del producto final en forma de precios más elevados. Así, igual que con todas las políticas comerciales, las normas de contenido local benefician a los productores, no a los consumidores.

POLÍTICAS ADMINISTRATIVAS

Además de los instrumentos formales de las políticas comerciales, gobiernos de todo tipo aplican políticas informales o administrativas para restringir las importaciones y estimular las exportaciones. Las **políticas administrativas** son reglas burocráticas que dificultan la entrada de productos extranjeros a una nación. Se alega que los japoneses son expertos en estas barreras comerciales. En los últimos años, las barreras formales japonesas, con o sin aranceles, se cuentan entre las menores del mundo; sin embargo, los críticos denuncian que las barreras administrativas informales a las importaciones compensan por mucho a las primeras. Por ejemplo, Holanda exporta tulipanes a casi todo el mundo, excepto a Japón, porque los inspectores de aduanas insisten en revisar cada bulbo, para lo cual los parten verticalmente por la mitad, y ni siquiera el ingenio japonés sabe cómo unirlos de nuevo. Federal Express también padece grandes problemas para extender sus servicios de mensajería a este país debido a que los inspectores de aduanas insisten en abrir una gran parte de los paquetes de entrega urgente en busca de pornografía, con lo cual un paquete "exprés" se retrasa días enteros. Como sucede con todos los instrumentos de la política comercial, los instrumentos administrativos benefician a los productores y perjudican a los consumidores, a los que se niega el acceso a productos extranjeros de mayor calidad.

POLÍTICAS ANTIDUMPING

En el contexto del comercio internacional, el **dumping** se define como la venta de bienes en un mercado extranjero por debajo de lo que cuesta producirlos, o como la venta de bienes en un mercado extranjero en menos del valor "justo". Hay una diferencia entre las dos definiciones; se piensa que

---

[10] G. Hufbauer y Z. A. Elliott, *Measuring the Costs of Protectionism in the United States*, Washington, D. C., Institute for International Economics, 1993.

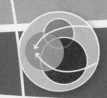
U. S. Magnesium pide protección

En febrero de 2004, U. S. Magnesium, el único productor de magnesio sobreviviente en Estados Unidos (el magnesio es un metal con el que se fabrican algunas partes de automóviles y latas de aluminio), envió una solicitud a la Comisión de Comercio Internacional de su país en la que afirmaba que una oleada de importaciones le había causado daños materiales a esa industria estadounidense, a sus puestos de trabajo, ventas, participación de mercado y rentabilidad. Según la compañía, los productores rusos y chinos vendían el metal a precios mucho menores que su valor de mercado. En 2002 y 2003, las importaciones de magnesio a Estados Unidos aumentaron 70%, al tiempo que los precios bajaron 40% y la participación de las importaciones en el mercado nacional pasó de 25 a 50%.

"Estados Unidos era el mayor productor de magnesio en el mundo", dijo un vocero de U. S. Magnesium al momento de presentar la denuncia. "Es una tristeza que estemos a la vanguardia y tengamos tecnología de punta, y si los chinos, que pagan a sus empleados menos de 90 centavos de dólar por hora, quieren sacarnos del negocio, puedan hacerlo. Por eso venimos a pedir ayuda".

Durante el año que duró la investigación, la comisión pidió la opinión de las partes en disputa. Los productores extranjeros y consumidores de magnesio en Estados Unidos decían que la caída de los precios del metal en 2002 y 2003 no era más que el resultado de un desequilibrio entre la oferta y la demanda debido a que aumentó la capacidad productiva, no por obra de Rusia o China, sino de una nueva planta canadiense abierta en 2001 y de una planta que se proyectaba en Australia. La planta canadiense cerró en 2003 y la australiana nunca se incorporó a la producción, de modo que, en 2004, los precios del magnesio volvieron a subir.

Los consumidores de magnesio en Estados Unidos expresaron también a la Comisión de Comercio Internacional que imponer aranceles antidumping a las importaciones de magnesio del extranjero aumentaría los precios en esa nación muy por arriba de los niveles mundiales. Un vocero de Alcoa, industria que procesa magnesio y aluminio para fundir aleaciones para latas, pronosticó que si se imponían esos aranceles los elevados precios del magnesio en Estados Unidos obligarían a Alcoa a sacar parte de su producción de ese país. Advirtió también que, en 2003, U. S. Magnesium no pudo cubrir todas las necesidades de Alcoa, por lo que esta compañía se vio obligada a recurrir a las importaciones. Los consumidores de magnesio en la industria automotriz afirmaron que los precios elevados en Estados Unidos obligarían a los diseñadores a eliminar el magnesio de los autos o a fabricarlos en otro país, lo que, a fin de cuentas, perjudicaría a todos.

Estos argumentos no convencieron a los seis integrantes de la Comisión de Comercio Internacional. En marzo de 2005, la comisión dictaminó que China y Rusia practicaron el *dumping* con el magnesio en Estados Unidos. El gobierno decidió imponer a las importaciones de magnesio de China aranceles que oscilaban entre 50 y más de 140%, mientras que para Rusia fueron de 19 a 22%. Estas tarifas se cobrarían durante cinco años, luego de los cuales la Comisión de Comercio Internacional revisaría la situación. La ITC revocó la orden *antidumping* para Rusia en febrero de 2011, pero no para China.

De acuerdo con U. S. Magnesium, el dictamen favorable les permitiría cosechar futuros beneficios por casi 50 millones de dólares en inversiones en su planta de manufactura y su capacidad se incrementaría 28% para finales de 2005. Al comentar el fallo en su favor, el vocero de U. S. Magnesium explicó que "cuando el comercio injusto se suprima del mercado, podremos competir con cualquiera". No obstante, los clientes y competidores de U. S. Magnesium no consideraban que la situación de 2002 y 2003 era de comercio injusto. La imposición de aranceles antidumping protegerá a U. S. Magnesium y a sus 400 empleados de la competencia extranjera y los consumidores de magnesio en Estados Unidos se preguntan si, en última instancia, serán ellos quienes pierdan.[11]

el valor "justo" del mercado es mayor al costo de producir el bien porque incluye un margen "justo" de utilidad. El dumping se considera un método para que las empresas transfieran sus excedentes de producción a mercados externos. Parte del dumping puede deberse a comportamientos depredadores: los productores aprovechan las utilidades sustanciales de sus mercados nacionales para subsidiar los precios en un mercado extranjero con la idea de sacar de dicho mercado a los competidores locales. Se supone que, cuando consiguen su objetivo, esas empresas elevan los precios y cosechan grandes utilidades.

Un ejemplo de dumping ocurrió en 1997, cuando se acusó a dos fabricantes coreanos de semiconductores, LG Semicon y Hyundai Electronics, de vender chips de memoria aleatoria dinámica (*dynamic random-access memory*, DRAM) en el mercado estadounidense por debajo de sus costos

---

[11] D. Anderton, "US Magnesium Lands Ruling on Unfair Imports", en *Desert News*, 1 de octubre de 2004, p. D10; "US Magnesium and its Largest Consumers Debate before US ITC", en *Platt's Metals Week*, 28 de febrero de 2005, p. 2; y S. Oberbeck, "U.S. Magnesium Plans Big Utah Production Expansion", en *Salt Lake Tribune*, 30 de marzo de 2005; "US to keep anti-dumping duty on Chine pure magnesium", Chinadaily.com, 13 de septiembre de 2012.

de producción. Esta acción ocurrió en medio de una superabundancia mundial de la capacidad para fabricar tales chips. Se dijo que las compañías querían descargar su exceso de producción en Estados Unidos.

Las **políticas antidumping** pretenden castigar a las empresas extranjeras que se dedican a esta práctica. El objetivo final es proteger a los productores nacionales de la competencia extranjera "injusta". Aunque las políticas antidumping varían según los países, casi todas se parecen a las estadounidenses: si un productor nacional estadounidense piensa que una empresa extranjera vende su producción a menos del costo en el país, eleva una petición a dos dependencias gubernamentales, el Departamento de Comercio y la Comisión de Comercio Internacional (International Trade Commission, ITC). En el caso de los DRAM de Corea del Sur, Micron Technology, un fabricante estadounidense de chips, hizo la petición; luego, las dependencias estadounidenses estudian la queja y, si es fundada, el Departamento de Comercio impone aranceles antidumping de las importaciones infractoras (los llamados **aranceles compensatorios**), que representan una tarifa especial, pueden ser cuantiosos y estar vigentes hasta por cinco años. Por ejemplo, después de revisar la queja de Micron, el Departamento de Comercio impuso aranceles compensatorios de 9 y 4% a las DRAM de LG Semicon y Hyundai, respectivamente. En la sección "Panorama administrativo" se da otro ejemplo de una empresa que recurre a la legislación antidumping para protegerse de la competencia extranjera injusta: U. S. Magnesium consiguió que la protegieran de los productores extranjeros.

 # Defensa de la intervención gubernamental

OA7-2

Tras exponer los instrumentos de política comercial que emplean los gobiernos, llegó el momento de examinar la defensa de la intervención gubernamental en el comercio internacional. Los argumentos en favor de esta intervención siguen dos vías: de corte político y de corte económico. Los primeros se orientan a proteger los intereses de determinados grupos de una nación (por lo regular, los productores), muchas veces a expensas de otros grupos (por lo común, los consumidores) o a lograr algún objetivo político que está fuera de la esfera de las relaciones económicas, como proteger el ambiente o los derechos humanos. Los argumentos económicos en favor de la intervención pretenden aumentar la riqueza total de una nación (y el beneficio de todos, productores y consumidores).

ARGUMENTOS POLÍTICOS EN FAVOR DE LA INTERVENCIÓN

Los argumentos políticos en favor de la intervención gubernamental incluyen distintos temas, como la conservación de las fuentes de trabajo, la protección de industrias consideradas primordiales para la seguridad nacional, las represalias contra la competencia extranjera injusta, la protección a los consumidores de productos "peligrosos", el fomento de los objetivos del comercio exterior y la defensa de los derechos humanos de los habitantes de las naciones exportadoras.

Protección de empleos e industrias

Quizá el argumento político más común en favor de la intervención gubernamental sea la necesidad de proteger fuentes de trabajo e industrias de la competencia foránea "injusta". Los aranceles que en 2002 impuso el presidente George W. Bush al acero extranjero tenían este objetivo (muchas acereras se encontraban en estados que Bush necesitaba para ganar la reelección en 2004). También, hubo un motivo político para el establecimiento de la Política Agrícola Común (Common Agricultural Policy, CAP) de la Unión Europea, destinada a proteger el trabajo de los agricultores de Europa, quienes ejercen gran influencia política mediante la restricción de las importaciones y los precios de garantía. Los precios altos que produjo la CAP les han costado mucho a los consumidores. Lo mismo ocurre con los intentos de proteger empleos y sectores mediante la intervención del gobierno; por ejemplo, la imposición de los aranceles al acero en 2002 aumentó los precios del producto para consumidores estadounidenses, como los fabricantes de autos, con lo cual perdieron competitividad en el mercado mundial.

Seguridad nacional

En ocasiones, los países advierten que es necesario proteger determinadas industrias porque son importantes para la seguridad nacional. Las industrias relacionadas con la defensa reciben esta atención (por ejemplo, aviación, electrónica de punta y semiconductores). El argumento ya no es tan común, pero aún se esgrime; por ejemplo, quienes están en favor de proteger el sector de semiconductores estadounidense de la competencia extranjera advierten que son componentes indispensables de los productos de defensa y que sería peligroso depender de productores foráneos. En 1986, este argumento convenció al gobierno federal para que apoyara a Sematech, consorcio de 14 compañías estadounidenses de semiconductores que suma 90% de los ingresos del sector. El objetivo de Sematech era efectuar investigaciones conjuntas sobre técnicas de manufactura y dividirlas entre los asociados. El gobierno estadounidense consideró tan relevante la empresa, que Sematech recibió una exención especial de las leyes en contra de los monopolios. Al principio, el gobierno otorgó al consorcio subsidios anuales por 100 millones de dólares; sin embargo, a mediados de la década de 1990, la industria de los semiconductores había recuperado su posición de liderazgo en el mercado, sobre todo por el auge de las computadoras personales y por la demanda de microprocesadores de Intel. En 1994, el consejo del consorcio votó en favor de dar por terminado el financiamiento del gobierno, y desde 1996, se ha financiado exclusivamente con dinero privado.[12]

Represalias

Hay quien sostiene que los gobiernos deben usar las amenazas de intervenir en la política comercial como herramienta de negociación para abrir mercados extranjeros y obligar a los socios comerciales a acatar las reglas del juego. El gobierno estadounidense ha recurrido a amenazas de imponer sanciones comerciales para tratar de que su homólogo chino aplique sus leyes de propiedad intelectual. La mala aplicación de estas leyes da lugar a violaciones generalizadas del derecho de autor en China, que cuestan a compañías estadounidenses, como Microsoft, cientos de millones de dólares al año en ingresos de ventas perdidas. Luego de que el gobierno de Estados Unidos amenazó con imponer aranceles de 100% a diferentes importaciones chinas y después de que funcionarios de ambas naciones discutieran, los chinos accedieron a reforzar la aplicación de las normas de propiedad intelectual.[13]

Si funciona, este razonamiento de índole política para favorecer la intervención gubernamental puede liberalizar el comercio y producir ganancias económicas; no obstante, es una estrategia riesgosa. Un país presionado quizá no recapacite y responda con la imposición de sus propios aranceles en represalia. Eso fue lo que el gobierno chino amenazó con hacer cuando sintió la presión de Estados Unidos, aunque al final dio marcha atrás. Pero cuando un gobierno no cede, el resultado puede ser la imposición de mayores barreras comerciales por ambas partes y la consecuente pérdida económica para todos los interesados.

Protección de los consumidores

Muchos gobiernos cuentan desde hace mucho con reglas para proteger a los consumidores de productos peligrosos"; el efecto indirecto de estas regulaciones es limitar o prohibir su importación. Por ejemplo, en 2003, varios países, entre ellos Japón y Corea del Sur, decidieron prohibir las importaciones de carne estadounidense después de que se descubrió un caso de enfermedad de las vacas locas en el estado de Washington. El propósito de la prohibición era proteger a los consumidores de lo que se consideraba un producto inseguro. Japón y Corea del Sur representaban casi dos mil millones de dólares en las ventas de carne estadounidense, así que el veto tuvo un efecto significativo en los productores locales. Tras dos años, ambas naciones levantaron la prohibición, aunque impusieron fuertes requisitos a Estados Unidos para reducir el riesgo de importar carne que pudiera estar contaminada con la enfermedad de las vacas locas (por ejemplo, Japón exigió que toda la carne fuese de ganado menor a 21 meses de edad). En la sección "Vistazo a un país", se describe la manera en que la Unión Europea prohibió la importación y venta de carne de res derivada de ganado tratado con hormonas del crecimiento. El motivo de tal prohibición fue el deseo de proteger a los consumidores europeos de las posibles consecuencias a la salud ocasionadas por su consumo.

Fortalecimiento de los objetivos de política exterior

Los gobiernos también utilizan la política comercial para sostener sus objetivos de política exterior.[14] Un gobierno puede conceder condiciones comerciales preferenciales a una nación con la que quiere

---

[12] Alan Goldstein, "Sematech Members Facing Dues Increase; 30% Jump to Make Up for Loss of Federal Funding", en *Dallas Morning News*, 27 de julio de 1996, p. 2F.

[13] N. Dunne y R. Waters, "U. S. Waves a Big Stick at Chinese Pirates", en *Financial Times*, 6 de enero de 1995, p. 4.

[14] Peter S. Jordan, "Country Sanctions and the International Business Community", en *American Society of International Law, Proceedings of the Annual Meeting*, 20, núm. 9, 1997, pp. 333-342.

Comercio de reses tratadas con hormonas

En la década de 1970, los científicos descubrieron cómo sintetizar hormonas para acelerar la tasa de crecimiento del ganado, reducir el contenido de grasa de la carne y aumentar la producción de leche. La empresa de biotecnología Genetech sintetizó la somatotropina bovina (STB), una hormona de crecimiento producida por el ganado. Se aplicaban inyecciones de STB para complementar la producción de hormonas propias de un animal y aumentar su ritmo de crecimiento. En poco tiempo, las hormonas se popularizaron entre los ganaderos, pues vieron que reducían sus costos y satisfacían la demanda de los consumidores, quienes querían carne más magra. Aunque los animales secretan de manera natural estas hormonas, pronto algunos grupos de consumidores de diversos países expresaron sus preocupaciones por la técnica que se empleó para incrementar su producción. Sostenían que no era natural complementar las hormonas y que se desconocían las secuelas para la salud de comer carne tratada con hormonas, las cuales podrían ocasionar trastornos hormonales y cáncer.

La UE respondió a estas inquietudes en 1989 y prohibió el uso de hormonas del crecimiento en la cría de ganado, así como la importación de carne tratada con hormonas. La prohibición fue polémica, pues entre los científicos hay un consenso razonable respecto de que estas no representan peligro para la salud; incluso, antes de la prohibición se había aprobado su uso en distintas naciones de la Unión Europea (UE). Como parte del procedimiento, se compilaron estudios en los que parecía demostrarse que consumir carne con hormonas no tenía efectos en la salud humana. La UE vetó esta carne, pero no muchos otros países, como los grandes productores; es decir, Australia, Canadá, Estados Unidos y Nueva Zelanda. Pronto, el uso de hormonas se generalizó en esas naciones. Según funcionarios que no pertenecen a la UE, la prohibición de Europa constituyó una restricción injusta al comercio. Como resultado de ella, cayeron las exportaciones de carne a esa región; por ejemplo, las exportaciones de carne roja de Estados Unidos a la UE se redujeron de 231 millones de dólares en 1988 a 98 millones en 1994. Las quejas de los exportadores subieron de tono en 1995, entonces el Codex Alimentarius, órgano de criterios alimentarios internacionales de la Organización de las Naciones Unidas para la Alimentación y la Agricultura, y la Organización Mundial de la Salud, aprobó el uso de hormonas del crecimiento. Para tomar esta decisión, el Codex revisó la bibliografía científica y no halló pruebas que relacionaran el consumo de carne tratada con hormonas y problemas de salud humana, como cáncer.

Reforzado por esta decisión, Estados Unidos presionó en 1995 a la UE para que levantara la prohibición contra la carne tratada con hormonas. La UE se negó con el argumento de las "inquietudes de los consumidores respecto de la seguridad de los alimentos". En respuesta, Canadá y Estados Unidos, de manera independiente, presentaron quejas formales en la OMC. A la queja de Estados Unidos se sumaron otros países, entre ellos Australia y Nueva Zelanda. La OMC estableció un grupo de tres expertos independientes. Después de revisar las pruebas y escuchar a numerosos expertos y representantes de las partes, en mayo de 1997 el grupo dictaminó que la veda de carne tratada con hormonas en la UE era ilegal porque no tenía justificación científica. La UE anunció de inmediato que se inconformaría con el resultado en el tribunal de apelaciones de la OMC. El tribunal atendió la apelación en noviembre de 1997 y, en febrero de 1998, se manifestó de acuerdo con los resultados del grupo comercial en que la UE no había presentado pruebas científicas que justificaran su prohibición de las hormonas.

Este fallo dejó a la UE en una posición difícil: legalmente debía levantar la prohibición o enfrentaría sanciones por represalia, pero la prohibición tenía mucho apoyo público en Europa. La UE temía que, al suspenderla, habría reacciones de los consumidores. Por tanto, no hizo nada y, en febrero de 1999, Estados Unidos pidió a la OMC su autorización para aplicar sanciones a la UE, quien le permitió imponer aranceles de represalia valorados en 125 millones de dólares. La UE decidió aceptar los aranceles antes que levantar la prohibición de la carne tratada con hormonas. En 2012, la UE concretó un tratado con Estados Unidos que le permitía mantener la prohibición a cambio de elevar su cuota de Importaciones de carne de alta calidad y no tratada con hormonas desde Estados Unidos. En respuesta, esa nación levantó sus aranceles punitivos en las exportaciones de alimentos de la UE, terminando así una de las más largas disputas comerciales de la historia.[15]

establecer relaciones sólidas. Con la política comercial también se presiona o castiga a "estados delincuentes" que no obedecen las leyes o normas internacionales. Irak quedó sometido a graves sanciones comerciales desde que la coalición de la ONU lo derrotó en la Guerra del Golfo de 1991

[15] C. Southey, "Hormones Fuel a Meaty EU Row", en *Financial Times*, 7 de septiembre de 1995, p. 2; E. L. Andrews, "In Victory for U.S., European Ban on Treated Beef Is Ruled Illegal", en *The New York Times*, 9 de mayo de 1997, p. A1; F. Williams y G. de Jonquieres, "WTO's Beef Rulings Give Europe Food for Thought", en *Financial Times*, 13 de febrero de 1998, p. 5; R. Baily, "Food and Trade: EU Fear Mongers' Lethal Harvest", en *Los Angeles Times*, 18 de agosto de 2002, p. M3; "The US-EU Dispute over Hormone Treated Beef", en *The Kiplinger Agricultural Letter*, 10 de enero de 2003; Scott Miller, "EU Trade Sanctions Have Duel Edge", en *The Wall Street Journal*, 26 de febrero de 2004, p. A3; y G. Reilhac, "Lawmakers Approve Rise in Imports of Hormone Free Beef", Reuters, 14 de marzo de 2012.

Estados Unidos mantiene las sanciones comerciales contra Cuba, pero otros países occidentales comercian con la nación isleña.

hasta la invasión de las fuerzas encabezadas por Estados Unidos en 2003. La idea es que esta presión convenza al "estado delincuente" de enmendarse o de que acelere un cambio de gobierno. En el caso de Irak, las sanciones fueron una manera de obligar al país a acatar las resoluciones de la ONU. Estados Unidos mantiene desde hace mucho sanciones comerciales contra Cuba. El principal objetivo es empobrecer a la isla con la esperanza de que las vicisitudes económicas provoquen la caída del régimen comunista y este sea sustituido por un régimen de inclinaciones más democráticas (y favorable al gobierno estadounidense). Asimismo, Estados Unidos ha impuesto sanciones comerciales a Libia e Irán, a quienes acusa de apoyar actos terroristas en contra de sus intereses y de construir armas de destrucción masiva. A finales de 2003, las sanciones contra Libia parecieron rendir algunos frutos cuando la nación anunció que daría por terminado un programa para construir armas nucleares. El gobierno estadounidense aplicó sanciones comerciales para presionar al gobierno iraní con el fin de que detuviera su supuesto programa de armas nucleares, lo que, hasta 2013, consiguió.

Otros países pueden socavar las sanciones comerciales unilaterales; por ejemplo, las sanciones de Estados Unidos contra Cuba no impidieron que otras naciones de Occidente comerciaran con la isla. Las sanciones estadounidenses hacen poco más que crear un vacío en el que entran otras naciones comerciales, como Canadá y Alemania.

Protección de los derechos humanos

La protección y el fortalecimiento de los derechos humanos en otros países son elementos indispensables de la política exterior de muchas democracias. En ocasiones, los gobiernos se valen de políticas comerciales para tratar de mejorar las condiciones de los derechos humanos de sus socios comerciales; por ejemplo, como vimos en el capítulo 5, desde hace mucho tiempo el gobierno estadounidense ha establecido sanciones comerciales contra la nación de Myanmar, debido en gran parte a sus malas prácticas contra los derechos humanos. A finales de 2012, Estados Unidos declaró que podría disminuir las sanciones comerciales contra Myanmar en respuesta a las reformas democráticas que ahí acontecieron. De igual modo, en las décadas de 1980 y 1990 los gobiernos occidentales utilizaron sanciones económicas contra Sudáfrica para presionarla a abandonar sus políticas de *apartheid*, que eran vistas como violación a los derechos humanos básicos.

ARGUMENTOS ECONÓMICOS EN FAVOR DE LA INTERVENCIÓN

Con la formulación de la nueva teoría de comercio y las políticas comerciales estratégicas (véase el capítulo 6), hoy los argumentos económicos en favor de la intervención gubernamental han resurgido. Hasta comienzos de la década de 1980, la mayoría de los economistas veía pocas ventajas en la intervención de los gobiernos y defendía con firmeza una política de libre comercio. Tal posición cambió marginalmente con la llegada de las ideas sobre las políticas estratégicas del comercio, si bien, como estudiaremos en la siguiente sección, aún hay argumentos económicos sólidos en favor de adherirse a una postura de libre comercio.

Argumento de la industria naciente

El **argumento de la industria naciente** es, con mucho, la tesis económica más antigua en favor de la intervención gubernamental. Alexander Hamilton la propuso en 1792. En sus términos, muchos países en desarrollo tienen una posible ventaja comparativa en la manufactura, pero las nuevas industrias manufactureras no pueden competir con las ya establecidas en las naciones desarrolladas. Se piensa que, para afianzar las industrias nuevas, los gobiernos deben apoyarlas temporalmente (con aranceles, cuotas de importación y subsidios), hasta que crezcan lo suficiente para enfrentar la competencia internacional.

Este argumento tuvo un enorme atractivo para los gobiernos de las naciones en desarrollo en los últimos 50 años y el GATT lo reconoció como una razón legítima de proteccionismo; sin embargo, muchos economistas mantienen sus críticas por dos motivos fundamentales. En primer lugar, proteger la manufactura de la competencia extranjera no beneficia a nadie si el respaldo no logra aumentar el nivel de eficiencia de la industria; aunque un caso tras otro la protección no ha hecho mucho más que fomentar el desarrollo de industrias ineficientes con pocas esperanzas de llegar a competir en el mercado mundial. Por ejemplo, Brasil se erigió la décima mayor industria automotriz gracias a barreras de cuotas y aranceles. Cuando a finales de la década de 1980 se suprimieron estas barreras, las importaciones extranjeras aumentaron en gran medida y la industria brasileña se vio obligada a enfrentar que, después de 30 años de proteccionismo, era una de las más ineficientes del mundo.[16]

En segundo lugar, el argumento de la industria naciente se basa en el supuesto de que las empresas son incapaces de hacer inversiones eficientes a largo plazo con dinero prestado de los mercados de capital nacionales o internacionales. Por consiguiente, los gobiernos han tenido que subsidiar dichas inversiones. Dado el desarrollo de los mercados mundiales de capital en los últimos 20 años, este supuesto ya no se sostiene como antes. En la actualidad, si una nación en desarrollo tiene una posible ventaja comparativa en una industria, sus compañías están en posición de financiar las inversiones que requieren en los mercados de capital, y así tienen un incentivo para soportar las necesarias pérdidas iniciales con el fin de hacer ganancias a largo plazo, sin requerir la protección del gobierno. Muchas empresas de Taiwán y Corea del Sur lo hicieron en sectores como el textil, el de los semiconductores, las herramientas mecánicas, el acero y la transportación. Entonces, debido a la eficiencia de los mercados mundiales de capital, las únicas industrias que requerirían la protección del gobierno serían las que no tienen valor.

Políticas estratégicas de comercio

Algunos teóricos del nuevo comercio proponen un argumento en favor de las políticas comerciales estratégicas.[17] Estudiamos ese argumento en el capítulo 6, cuando expusimos la nueva teoría del comercio, la cual sustenta que en industrias en las que la existencia de economías de escala implica que el mercado mundial solo será rentable para pocas empresas, los países predominan en la exportación de ciertos productos sólo porque tuvieron compañías que materializaron las ventajas de actuar primero. El largo dominio de Boeing en la aviación comercial se atribuye a esos factores.

El argumento de las políticas estratégicas de comercio posee dos componentes. Primero, se aduce que, con las acciones apropiadas, un gobierno aumenta el ingreso nacional si de alguna manera se asegura de que la empresa o las empresas que se apropian de las ventajas de actuar primero sean nacionales y no extranjeras. Así, según este argumento de política comercial estratégica, un gobierno debe subsidiar a las compañías promisorias que actúan en sectores económicos nuevos. Los defensores del argumento explican que las cuantiosas subvenciones de investigación y desarrollo que el gobierno estadounidense entregó a Boeing en las décadas de 1950 y 1960 inclinaron en favor de esta empresa el campo de la competencia por el nuevo mercado de los aviones de pasajeros (el primer avión comercial de Boeing, el 707, se derivó de una aeronave militar). En la actualidad, se esgrimen las mismas razones respecto del dominio de Japón en la producción de pantallas de cristal líquido (que se usan en las computadoras). Estas pantallas se inventaron en Estados Unidos, pero a finales de la década de 1970 e inicios de la siguiente, el gobierno japonés, en cooperación con las principales compañías de aparatos electrónicos, escogió a esta industria para ofrecerle apoyo de investigación. El resultado fue que las compañías japonesas, no las estadounidenses, se apoderaron de las ventajas de actuar primero en ese mercado.

Segundo, se establece que a un gobierno le conviene intervenir en una industria si ello ayuda a las empresas nacionales a superar las barreras de entrada creadas por compañías extranjeras que ya obtuvieron las ventajas del que actúa primero. Tal argumento subraya el apoyo gubernamental a Airbus, el principal competidor de Boeing. Airbus nació en 1966 como un consorcio de cuatro compañías integrado por Gran Bretaña, Francia, Alemania y España. La empresa tenía menos de 5% del mercado mundial de la aviación comercial cuando inició su producción a mediados de la década de

[16] "Brazil's Auto Industry Struggles to Boost Global Competitiveness", en *Journal of Commerce*, 10 de octubre de 1991, p. 6A.

[17] Para críticas véase J. A. Braner, "Rationales for Strategic Trade and Industrial Policy", en P. R. Krugman (comp.), *Strategic Trade Policy and the New International Economics*, Cambridge, Massachusetts, MIT Press, 1986; P. R. Krugman, "Is Free Trade Passé?", en *Journal of Economic Perspectives*, 1, 1987, pp. 131-144; y P. R. Krugman, "Does the New Trade Theory Require a New Trade Policy?", en *World Economy*, 15, núm. 4, 1992, pp. 423-441.

1970. Para 2011, había aumentado su participación en el mercado a 64%, lo cual planteaba una amenaza al prolongado dominio de Boeing. ¿Cómo lo logró Airbus? Según el gobierno estadounidense, la respuesta es un subsidio de 15 mil millones de dólares de los gobiernos de Inglaterra, Francia, Alemania y España.[18] Sin ese subsidio, la empresa nunca hubiera podido irrumpir en el mercado mundial.

Si dichos argumentos son correctos, constituyen un motivo para que los gobiernos intervengan en el comercio internacional. Los gobiernos deben elegir tecnologías que puedan ser relevantes y otorgar subsidios para respaldar trabajos de desarrollo destinados a comercializar esas tecnologías. Más aún, deben ofrecer subsidios a la exportación hasta que las compañías nacionales ganen las ventajas de actuar primero en el mercado mundial. Asimismo, el apoyo gubernamental se justifica si ayuda a las empresas nacionales a superar las ventajas de sus competidores extranjeros que han incursionado primero, y a establecerse como competidoras viables en el mercado mundial (como en los ejemplos de Airbus y los semiconductores). En este caso, quizá se necesite una combinación de protección del mercado interno y subsidios que promueva las exportaciones.

OA7-3 Nueva defensa del libre comercio

Los argumentos sobre políticas comerciales estratégicas que esgrimen los teóricos de la nueva teoría del comercio ofrecen una justificación económica de la intervención del gobierno en el comercio internacional. Tal defensa cuestiona la propuesta de libre comercio irrestricto que contiene la obra de economistas clásicos como Adam Smith y David Ricardo. En respuesta a esta objeción a la ortodoxia económica, varios especialistas (entre ellos algunos responsables del desarrollo de la nueva teoría del comercio, como Paul Krugman) señalan que, si bien en teoría parecen atractivas las políticas comerciales estratégicas, en la práctica no siempre son viables. Dicha respuesta representa una nueva defensa del libre comercio.[19]

REPRESALIAS Y GUERRA COMERCIAL

Krugman asevera que las políticas estratégicas de comercio dirigidas a dar a las empresas nacionales una posición estratégica en una industria global son una medida de mal vecino que fomenta el ingreso nacional a expensas de otros países. Una nación que sigue esas políticas se expone a represalias. En muchos casos, se desata una guerra comercial entre dos o más gobiernos intervencionistas que deja a todos los países involucrados peor que si desde el principio hubieran adoptado una política liberal; por ejemplo, si el gobierno estadounidense respondiera al subsidio de Airbus con un aumento de sus propios subsidios a Boeing, el resultado sería que los subsidios se anularían entre sí. Además, los contribuyentes estadounidenses y europeos acabarían en una guerra comercial costosa y sin sentido, y Europa y Estados Unidos estarían peor.

Quizá Krugman tenga razón en cuanto al peligro de políticas estratégicas de comercio que lleven a una guerra comercial. No obstante, el problema es cómo responder cuando los competidores ya tienen el apoyo de los subsidios de su gobierno; es decir, cómo deben actuar Boeing y Estados Unidos ante los subsidios de Airbus. Para Krugman, la probable respuesta es no tomar represalias sino colaborar para establecer reglas que reduzcan al mínimo los subsidios que distorsionen el comercio y eso es lo que pretende hacer la OMC.

POLÍTICAS INTERNAS

Los gobiernos no siempre actúan movidos por el interés nacional cuando intervienen en la economía: influyen en ellos poderosos grupos de interés político. Un ejemplo es el apoyo de la Unión Europea a la CAP, producto del poder político de los agricultores franceses y alemanes. La CAP benefició a agricultores ineficientes y a los políticos que dependían de su voto, pero no a los consumidores europeos, que al final pagan más por su comida. Por ello, otra justificación para no adoptar políticas

---

[18] "Airbus and Boeing: The Jumbo War", en *The Economist*, 15 de junio de 1991, pp. 65-66.

[19] Para detalles véase Krugman, "Is Free Trade Passé?"; y Brander, "Rationales for Strategic Trade and Industrial Policy".

estratégicas de comercio, según Krugman, es que casi siempre las aprovecharán grupos de interés económico que distorsionan su finalidad; además, concluye que, en Estados Unidos:

> No es realista pedir al Departamento de Comercio que ignore a los grupos de interés político cuando formula políticas específicas para muchos sectores de la economía: establecer políticas puras de libre comercio, con excepciones justificadas solo en casos de presión extrema, no es el método óptimo según la teoría, pero es la mejor medida que puede obtener el país.[20]

Desarrollo del sistema mundial de comercio

OA7-4

El libre comercio irrestricto se fundamenta en argumentos sólidos. Muchos gobiernos reconocen la validez de estos, pero no están dispuestos a reducir de modo unilateral sus barreras comerciales por miedo de que las demás naciones no lo hagan. Consideremos el problema que enfrentan dos países vecinos, por ejemplo, Brasil y Argentina, para decidir si reducen las barreras comerciales entre ellos. En teoría, el gobierno de Brasil estaría en favor de aminorar las barreras, pero no lo hace por temor de que Argentina no haga lo mismo; el gobierno teme que los argentinos se aprovechen de sus pocas barreras para entrar en el mercado brasileño sin abrir las puertas de su propio mercado a los productos brasileños, con sus altas barreras. El gobierno argentino podría pensar que enfrenta el mismo dilema. La esencia del problema es la falta de confianza: ambos gobiernos reconocen que sus naciones se beneficiarían de la disminución de las barreras comerciales entre ellos, pero ninguno está dispuesto a hacerlo por temor de que el otro no lo haga.[21]

Este callejón sin salida podría resolverse si ambos países negocian un conjunto de reglas para regir el comercio transfronterizo y reducir las barreras. Pero, ¿quién vigila que los gobiernos acaten las reglas? ¿Quién impone sanciones a los gobiernos que engañen? Los dos gobiernos podrían establecer un organismo independiente que se desempeñara como árbitro. Este árbitro supervisaría el comercio entre los países, vería que ninguno defraude e impondría sanciones al que hiciera trampa en el juego.

Aunque suene improbable que un gobierno ponga en peligro su soberanía con tal acuerdo, desde la Segunda Guerra Mundial ha evolucionado un marco comercial internacional que posee exactamente esas características. Durante sus primeros 50 años, dicho marco fue el Acuerdo General sobre Aranceles Aduaneros y Comercio, que desde 1995 se denomina Organización Mundial del Comercio. Aquí, estudiaremos su historia y el funcionamiento del GATT y la OMC.

DE SMITH A LA GRAN DEPRESIÓN

Como mencionamos en el capítulo 5, la defensa teórica del libre comercio data de finales del siglo XVIII y la obra de Adam Smith y David Ricardo. El libre comercio como política gubernamental oficial se adoptó por primera vez en Gran Bretaña, en 1846, cuando el Parlamento abolió las Leyes de Granos, que fijaban elevados aranceles a la importación de cereales del extranjero. Los objetivos de los aranceles eran aumentar los ingresos del gobierno y proteger a los agricultores británicos. Cada año, desde la década de 1820, cuando David Ricardo fue miembro del Parlamento, se hacían mociones en favor del libre comercio; sin embargo, la protección a la agricultura se suspendió solo después de un prolongado debate, cuando los efectos de la ruina de una cosecha en Gran Bretaña se intensificaron con la amenaza de una hambruna inminente en Irlanda. Ante las graves dificultades y sufrimientos del pueblo, el Parlamento revirtió, por poco margen, su posición de tanto tiempo.

Durante los siguientes 80 años, Gran Bretaña, en su papel de potencia comercial del mundo, presionó por la liberalización del comercio. Pero el gobierno británico clamaba en el desierto: sus principales socios comerciales no le retribuyeron la norma unilateral de libre comercio. El único motivo para que Gran Bretaña sostuviera tal política tanto tiempo fue que, como principal nación exportadora, tenía mucho más que perder en una guerra comercial que cualquier otro país.

---

[20] Krugman, "Is Free Trade Passé?".

[21] Este dilema es una variante del famoso dilema del prisionero, que es la metáfora clásica de la dificultad de conseguir la cooperación entre entidades egoístas y suspicaces. Para una buena introducción general véase A. Dixit y B. Nalebuff, *Thinking Strategically: The Competitive Edge in Business, Politics, and Everyday Life*, Nueva York, W. W. Norton & Co., 1991.

En la década de 1930, el intento británico de estimular el libre comercio quedó sepultado bajo los escombros de la economía de la Gran Depresión. Los problemas económicos se complicaron en 1930, cuando el gobierno aprobó los aranceles de la **ley Smoot-Hawley**, destinada a proteger a las industrias nacionales y a debilitar la demanda de los productos extranjeros para impedir el aumento del desempleo, que a la postre levantó un muro gigantesco de barreras arancelarias. Se premió a casi todas las industrias con un arancel "a la medida". La ley Smoot-Hawley tuvo un efecto pernicioso sobre el empleo en otras naciones, las cuales reaccionaron a la medida estadounidense con el establecimiento de sus propias barreras arancelarias. Como consecuencia, las exportaciones estadounidenses se derrumbaron y el mundo se hundió aún más en la Gran Depresión.[22]

1947-1979: GATT, LIBERALIZACIÓN DEL COMERCIO Y CRECIMIENTO ECONÓMICO

El daño económico producto de las políticas comerciales proteccionistas que estimuló la ley Smoot-Hawley ejerció una profunda influencia en las instituciones económicas y la ideología del mundo de la posguerra. Estados Unidos emergió triunfante de la Segunda Guerra Mundial, convertido en potencia económica dominante. Luego de la Gran Depresión, las opiniones del Congreso estadounidense se inclinaron por completo en favor del libre comercio. Con el liderazgo estadounidense, en 1947 se estableció el GATT.

El GATT fue un acuerdo multilateral para liberalizar el comercio mediante la eliminación de aranceles, subsidios, cuotas de importación, etc. Desde su fundación en 1947 y hasta que lo sustituyó la OMC, la afiliación al GATT pasó de 19 países a más de 120. Esa organización no pretendía levantar las restricciones comerciales de golpe, porque hubiese sido imposible, así que la reducción de aranceles se extendió a ocho rondas.

El GATT tuvo mucho éxito en sus primeros años, por dondequiera que se le viera; por ejemplo, en Estados Unidos, el promedio de los aranceles bajó casi 92% entre la ronda de Ginebra de 1947 y la de Tokio, en 1973-1979. De acuerdo con los argumentos teóricos postulados por Ricardo (que estudiamos en el capítulo 5), el paso al libre comercio con el GATT estimuló el crecimiento económico.

1980-1993: TENDENCIAS PROTECCIONISTAS

En la década de 1980 y comienzos de la siguiente, el sistema mundial de comercio erigido por el GATT se sometió a presiones de mayor proteccionismo en todo el orbe. Tres causas acentuaron las presiones en tal década de los ochenta. La primera fue que la prosperidad económica de Japón producía tensiones en el sistema de comercio mundial (en forma parecida a como el éxito de China crea tensiones hoy). Japón estaba en ruinas cuando se instituyó el GATT; en cambio, a inicios de la década de 1980, se había convertido en la segunda economía y el mayor exportador del mundo, su éxito en sectores como el automotriz y el de los semiconductores habría bastado para generar tensiones en el sistema. La situación empeoró con la idea que campeaba en Occidente de que, a pesar de aranceles y subsidios bajos, los mercados japoneses estaban cerrados a las importaciones e inversiones extranjeras mediante barreras administrativas.

La segunda causa fue que el sistema comercial mundial se presionaba con el persistente déficit comercial de la mayor economía del mundo: Estados Unidos. Las consecuencias del déficit estadounidense representaron dolorosos ajustes en sectores como el automotriz, la maquinaria pesada, los semiconductores, el acero y los textiles, en que los productores nacionales perdían constantemente su participación de mercado ante competidores extranjeros. El desempleo que se ocasionó dio lugar a nuevas exigencias al Congreso estadounidense de que protegiera dichos sectores de las importaciones.

La tercera causa de la tendencia a aumentar el proteccionismo fue que muchas naciones encontraban la manera de evadir las normas del GATT. Las limitaciones bilaterales voluntarias a las exportaciones, o LVE, escapaban a los tratados del GATT, porque ni el país importador ni el ex-

---

[22] Obsérvese que la ley Smoot-Hawley no fue la causa de la Gran Depresión; sin embargo, las políticas comerciales de intereses particulares que incitó empeoraron las cosas. Véase J. Bhagwati, *Protectionism*, Cambridge, Massachusetts, MIT Press, 1988.

portador se quejaban en las oficinas del GATT en Ginebra, y sin una queja, la burocracia del GATT no podía hacer nada. Los países exportadores aceptaban las LVE para evitar aranceles más dañinos; uno de los más conocidos ejemplos es la LVE de Japón respecto de Estados Unidos: los productores japoneses se comprometieron a limitar sus exportaciones de autos a Estados Unidos para aligerar las crecientes tensiones comerciales. De acuerdo con un estudio del Banco Mundial, 16% de las importaciones de las naciones industrializadas en 1986 se sometían a barreras no arancelarias, como las LVE.[23]

RONDA DE URUGUAY Y LA ORGANIZACIÓN MUNDIAL DEL COMERCIO

Con un telón de fondo de crecientes presiones en favor del proteccionismo, en 1986, los miembros del GATT iniciaron su octava ronda de negociaciones para reducir las tarifas: la ronda Uruguay (llamada así porque se celebró en ese país), la más ambiciosa en la historia de la institución. Hasta entonces, las reglas del GATT solo se aplicaban al comercio de bienes manufacturados y de consumo general. En la ronda Uruguay, los países miembros quisieron extender las reglas del GATT al comercio de servicios. Además, intentaron elaborar reglas para la protección de la propiedad intelectual, reducir los subsidios agrícolas y fortalecer los mecanismos de vigilancia y coacción.

La ronda Uruguay se prolongó durante siete años, hasta llegar al acuerdo del 15 de diciembre de 1993, que entró en vigor el 1 de julio de 1995. El convenio que se firmó contenía las disposiciones siguientes:

1. Los aranceles sobre bienes industriales debían reducirse más de un tercio y suprimirse en más de 40% para los bienes manufacturados.
2. Las tasas arancelarias promedio impuestas por las naciones desarrolladas a los bienes manufacturados debían disminuirse a menos de 4% de su valor, el menor monto en la historia moderna.
3. Los subsidios agrícolas se reducirían en gran medida.
4. Las reglas de mercado y comercio justo del GATT se extenderían hasta cubrir una gama amplia de servicios.
5. Las reglas del GATT también se extenderían para dar mayor protección a patentes, derechos de autor y marcas registradas (propiedad intelectual).
6. Las barreras al comercio de textiles se atenuarían de manera significativa durante 10 años.
7. Se crearía la OMC para poner en práctica el tratado del GATT.

Organización Mundial del Comercio

La OMC funge como organización general que incluye al GATT y a dos organismos emparentados, uno sobre servicios y otro sobre propiedad intelectual. El Acuerdo General sobre el Comercio de Servicios de la OMC tomó la iniciativa de extender los acuerdos de libre comercio a los servicios. El Acuerdo sobre los Aspectos Relacionados con los Derechos de Propiedad Intelectual es un intento por llenar los vacíos de la protección a la propiedad intelectual en el mundo y establecer reglas internacionales comunes. La OMC asumió la responsabilidad de arbitrar las disputas comerciales y vigilar las políticas comerciales de los países miembros. La organización opera por consenso, como el GATT, pero en el terreno de la resolución de disputas los países miembros ya no pueden bloquear la adopción de los informes de arbitraje. La OMC adopta automáticamente los informes de los grupos de arbitraje sobre las disputas comerciales entre miembros, salvo que haya consenso de rechazarlos. Las naciones que, según el grupo de arbitraje, infrinjan las reglas del GATT, pueden apelar a un órgano permanente de apelaciones, pero su veredicto es vinculante. Si los infractores no acatan las recomendaciones del grupo de arbitraje, los socios comerciales tienen derecho a una compensación o, como último recurso, a imponer sanciones comerciales (equiparables). Todas las etapas del procedimiento están sujetas a plazos estrictos. Así, la OMC tiene algo que el GATT nunca tuvo: poder efectivo.[24]

---

[23] Banco Mundial, *World Development Report*, Nueva York, Oxford University Press, 1987.
[24] Frances Williams, "WTO—New Name Heralds New Powers", en *Financial Times*, 16 de diciembre de 1993, p. 5; y Frances Williams, "Gatt's Sucesor to Be Given Real Clout", en *Financial Times*, 4 de abril de 1994, p. 6.

OMC: EXPERIENCIA HASTA LA FECHA

En 2013, la OMC tenía 159 miembros, entre ellos China, que se unió a finales de 2001, y Rusia, que se afilió en 2012. Colectivamente, los países miembros de la OMC representan 98% del comercio mundial. Desde sus orígenes, la OMC está al frente de las iniciativas de promoción del libre comercio mundial. Sus creadores expresaron la creencia de que los mecanismos de imposición concedidos a la OMC le darían mayor eficacia que al GATT en la vigilancia de las normas comerciales mundiales. La gran esperanza es que la organización surja como eficaz defensora y facilitadora de los tratos comerciales futuros, en particular en el campo de los servicios. Hasta la fecha, la experiencia ha sido alentadora, aunque el fracaso de las pláticas de Seattle, a finales de 1999, el lento progreso de la siguiente ronda de pláticas comerciales (la ronda de Doha), y un retroceso hacia cierto proteccionismo limitado después de la crisis financiera mundial de 2008-2009 suscitaron dudas acerca del futuro de la institución.

La OMC como supervisor mundial

En la primera década de existencia de la OMC, se aprecia que sus mecanismos de vigilancia y coerción tuvieron un efecto positivo.[25] Entre 1995 y 2012, se llevaron ante el organismo más de 400 disputas comerciales entre países miembros.[26] Esta cifra es mucho mayor que el total de 196 casos que desahogó el GATT en casi medio siglo. De los casos que se presentaron ante la OMC, tres cuartas partes se resolvieron luego de consultas entre las naciones en conflicto. La solución del resto ha requerido procedimientos más formales, que en buena medida han rendido frutos. En general, los países adoptan las recomendaciones de la OMC. El hecho de que acudan a esta organización constituye un importante voto de confianza en sus procedimientos de solución de conflictos.

Ampliación de los acuerdos comerciales

Como dijimos, la ronda Uruguay amplió las reglas del comercio mundial a los servicios. Se asignó a la OMC la función de proponer acuerdos futuros para abrir el comercio mundial de servicios. También, se planteó que la OMC extendiera su alcance hasta cubrir las normas que abarcan la inversión extranjera directa, algo que nunca hizo el GATT. Dos de los primeros sectores sometidos a la reforma fueron los de telecomunicaciones y servicios financieros.

En febrero de 1997, la OMC estableció un acuerdo para que los países aceptaran abrir sus mercados de telecomunicaciones a la competencia, de modo que los operadores extranjeros adquirieran intereses en las empresas nacionales de prestación de esos servicios y se establecieran reglas comunes de competencia justa. Casi todos los principales mercados del mundo —Estados Unidos, la Unión Europea y Japón—, se liberalizaron por completo el 1 de enero de 1998, cuando el acuerdo entró en vigor. Se cubrieron todas las formas del servicio básico de telecomunicaciones, incluso telefonía de voz, transmisión de datos, y comunicaciones radiales y satelitales. Muchas compañías de telecomunicaciones respondieron positivamente al acuerdo e indicaron que aumentaría su capacidad de ofrecer a sus clientes comerciales un único punto de ventas: un servicio mundial homogéneo para todas las necesidades de sus corporaciones y una sola factura.

A esta apertura siguió, en diciembre de 1997, un acuerdo para liberalizar el comercio internacional de los servicios financieros. El convenio abarcó más de 95% de todo el mercado mundial de servicios financieros. Según el acuerdo, que entró en vigor en marzo de 1999, 102 naciones se comprometieron a abrir en distinta medida sus sectores de banca, valores y seguros a la competencia foránea. Igual que en el caso de las telecomunicaciones, este arreglo abarca no solo el comercio internacional, sino la inversión extranjera directa. Setenta países aceptaron disminuir o eliminar las barreras a la inversión extranjera directa en su sector de servicios financieros. Estados Unidos y la Unión Europea, con excepciones menores, están completamente abiertos a la inversión extranjera de compañías bancarias, de seguros y de valores. Como parte del convenio, muchos países asiáticos hicieron concesiones importantes que permiten, por primera vez, una fecunda participación extranjera en su sector de servicios financieros.

---

[25] W. J. Davey, "The WTO Dispute Settlement System: The First Ten Years", en *Journal of International Economic Law*, marzo de 2005, pp. 17-28.

[26] Información proporcionada en el sitio en internet de la OMC, en: http://www.wto.org/english/tratop_e/dispu_e/dispu_status_e.htm, consultado el 26 de agosto de 2014.

FUTURO DE LA OMC: PROBLEMAS PENDIENTES Y LA RONDA DE DOHA

Desde los éxitos de la década de 1990, la OMC ha luchado por progresar en el frente del comercio internacional. Confrontados con una desaceleración en el crecimiento de la economía mundial después de 2001, muchos gobiernos se han mostrado renuentes a aceptar una ronda fresca de políticas diseñadas para reducir las barreras. La oposición política a la OMC ha crecido en muchas naciones. Como la cara pública de la globalización, algunos políticos y organizaciones no gubernamentales culpan a la OMC por una serie de males, incluyendo altas tasas de desempleo, degradación ambiental, malas condiciones laborales y un aumento en la desigualdad en los ingresos. El rápido surgimiento de China como una nación comercial dominante también ha contribuido a este problema. Como las percepciones sobre Japón hace 20 años, muchos observan que China no está respetando las reglas del comercio internacional, aun cuando sea miembro de la OMC.

Contra este difícil telón de fondo político, resta mucho por hacer en el frente del comercio internacional. Cuatro temas decisivos de la agenda actual de la OMC son las políticas antidumping, el alto nivel de proteccionismo en la agricultura, la falta de una protección sólida a los derechos de propiedad intelectual en muchos países, y un continuado alto índice tarifario a los bienes y servicios no agrícolas en muchas naciones. Analizaremos cada uno antes de revisar la última ronda de conversaciones entre los integrantes de la OMC dirigida a reducir las barreras comerciales, la ronda Doha, que inició en 2001 y aún continúa.

Acciones antidumping

En la década de 1990, proliferaron las acciones antidumping. Las reglas de la OMC permiten a los países imponer tarifas a bienes importados (los cuales se venden más barato que en su país o por debajo de su costo de producción) cuando los productores nacionales demuestran que son perjudicados. Por desgracia, la definición más bien vaga de lo que constituye el dumping ha sido una puerta de salida que aprovechan muchos países para insistir en el proteccionismo.

Entre enero de 1995 y mediados de 2012, los miembros de la OMC reportaron a esta institución la instrumentación de 4 125 acciones antidumping. La India emprendió la mayor cantidad de esas iniciativas: casi 663; la Unión Europea efectuó 444 en el mismo periodo, y Estados Unidos, 465. Las acciones antidumping parecen concentrarse en determinados sectores de la economía, como industrias metalúrgicas básicas (es decir, acero y aluminio), químicos, plásticos y maquinaria y equipo eléctrico.[27] Estos sectores abarcan casi 70% de todas las iniciativas declaradas ante la OMC. Desde 1995, estos cuatro sectores se han caracterizado por periodos de competencia intensa y excedentes de capacidad de producción, que redujeron los precios y las utilidades de las empresas en ellos. Por consiguiente, es razonable plantear la hipótesis de que la elevada cantidad de acciones antidumping de esos sectores representa un intento de los fabricantes abrumados por valerse de las dinámicas políticas de su país para buscar protección de los competidores extranjeros, a quienes acusan de competencia desleal. Algunas imputaciones pueden tener fundamentos, pero los casos se politizan mucho en tanto que los representantes de las empresas y los empleados cabildean con sus autoridades para "proteger las fuentes de trabajo de la competencia extranjera desleal", y los funcionarios públicos, conscientes de la necesidad de obtener votos para las elecciones futuras, se comprometen a impulsar iniciativas antidumping. A la OMC le preocupa esta tendencia, pues indica que persisten fuertes tendencias proteccionistas, y exhorta a sus miembros a fortalecer las normas que rigen la imposición de tarifas para casos de dumping.

Proteccionismo en la agricultura

Otro punto de interés reciente en la OMC son los elevados montos de los aranceles y subsidios que se otorgan al sector agrícola de muchas economías. Las tasas arancelarias sobre productos agrícolas son mucho mayores que las de productos manufacturados o de servicios. Por ejemplo, a mediados de la década de 2000, el promedio de las tarifas arancelarias de productos no agrícolas entre las naciones desarrolladas fue de aproximadamente 4%. En cambio, respecto de productos agrícolas, el promedio de sus tasas arancelarias fue de 21.2% en Canadá, 15.9% en la Unión Europea, 18.6% en

---

[27] Datos tomados de http://www.wto.org/english/tratop_e/adp_e/adp_e.htm, consultado el 26 de agosto de 2014.

El retiro de barreras al comercio y subsidios a productos agrícolas debería beneficiar a los consumidores.

Japón y 10.3% en Estados Unidos.[28] La consecuencia es que los consumidores de estos países pagan mucho más de lo necesario por los productos agrícolas importados, lo cual los deja con menos dinero para gastar en otros bienes y servicios.

Los aranceles históricamente elevados de los productos agrícolas reflejan el deseo de proteger a la agricultura nacional y a las comunidades rurales tradicionales de la competencia extranjera. Además de los gravosos aranceles, los productores agrícolas también se benefician de subsidios cuantiosos. De acuerdo con cálculos de la Organización para la Cooperación y el Desarrollo Económicos (OCDE), los subsidios gubernamentales, en promedio, suman aproximadamente 17% del costo de la producción agrícola de Canadá, 21% de Estados Unidos, 35% de la Unión Europea y 59% en Japón.[29] En total, las naciones de la OCDE gastan más de 300 mil millones de dólares anuales en subsidios a los productores agrícolas.

No sorprende que la combinación de altas barreras arancelarias y subsidios importantes produjera graves distorsiones en la producción agrícola y en el comercio internacional de esos productos. El efecto neto fue el aumento de los precios a los consumidores, la reducción del volumen del comercio agrícola y el fomento de excedentes de producción de bienes muy subsidiados (que, por lo regular, compra el gobierno). Como el comercio agrícola mundial suma en la actualidad 10.5% del total de intercambios comerciales, la OMC sostiene que suprimir las barreras arancelarias y los subsidios fomentaría de manera considerable el comercio general, reduciría los precios para los consumidores y aumentaría el crecimiento económico mundial al liberar los recursos de consumo e inversión para dedicarlos a usos más productivos. Según cálculos del Fondo Monetario Internacional, suprimir los aranceles y subsidios a los productos agrícolas elevaría el bienestar económico mundial en 128 mil millones de dólares al año.[30] Otras fuentes sugieren que las ganancias se remontarían hasta los 182 mil millones.[31]

Los principales defensores del sistema actual son las naciones avanzadas del mundo, que quieren proteger a sus sectores agrícolas de la competencia de productores de costos bajos en los países

[28] *Annual Report by the Director General 2003*, Ginebra, World Trade Organization, 2003.

[29] *Idem.*

[30] *Idem.*

[31] Anderson, Martin y Van der Mensbrugghe, "Distortions to World Trade".

en desarrollo. En contraste, las naciones en desarrollo presionan para que se instituyan reformas que les darían a sus productores mayor acceso a los mercados protegidos de los países desarrollados. Se calcula que si se retiraran todos los subsidios a la producción agrícola solo de las naciones de la OCDE, el rendimiento para los países en desarrollo sería tres veces mayor que toda la ayuda extranjera que hoy reciben de los estados miembros de ese organismo.[32] En otras palabras, el libre comercio en la agricultura serviría para catapultar el crecimiento económico de las naciones más pobres del orbe, lo cual mitigaría la pobreza mundial.

Protección de la propiedad intelectual

Otro tema de gran trascendencia para la OMC es la protección de la propiedad intelectual. Como señalamos, el acuerdo de Uruguay de 1995 con el que se creó la OMC también contenía un convenio para proteger la propiedad intelectual (Aspectos de los Derechos de Propiedad Intelectual relacionados con el Comercio, ADPIC o *Trade-Related Aspects of Intelectual Property Rights*, TRIPS). Las normas del TRIPS obligan a los miembros de la OMC a conceder y hacer valer patentes que duren por lo menos 20 años, y derechos de autor (*copyright*) de por lo menos 50 años. Los países ricos debían acatar las reglas en el plazo de un año; los pobres, en los que la protección era mucho más débil, tuvieron cinco años de gracia, y los más pobres, diez. El acuerdo se fundaba en el convencimiento de las naciones firmantes de que la protección de la propiedad privada mediante patentes, marcas registradas y derechos de autor debe ser un elemento esencial del sistema comercial internacional. La mala protección de la propiedad intelectual reduce los incentivos para la innovación, que es un motor esencial de la economía y del aumento en la calidad de vida, por lo cual se asegura que es fundamental establecer un acuerdo multilateral para proteger la propiedad intelectual.

Sin tal acuerdo, se teme que los productores de un país, digamos la India, comercialicen imitaciones de innovaciones patentadas que se inventaron en otro, digamos Estados Unidos. Esto afecta al comercio internacional de dos maneras. En primer lugar, reduce las oportunidades del innovador estadounidense de exportar a la India. En segundo, como el productor indio exportaría su imitación pirata a otras naciones, también disminuye las oportunidades para el inventor de Estados Unidos de exportar a esos países. Asimismo, como se reduce el mercado mundial total para el innovador, también lo hace su incentivo para perseverar en innovaciones arriesgadas y costosas. El efecto neto sería menos innovación en la economía mundial y menos crecimiento económico.

Acceso a los mercados de bienes y servicios no agrícolas

Aunque la OMC y el GATT dieron grandes pasos para reducir los aranceles de los productos no agrícolas, queda mucho por hacer. La mayoría de las naciones desarrolladas redujo sus aranceles sobre productos industriales a un promedio de 3.8% de su valor, pero hay excepciones. En particular, si el promedio de los aranceles es bajo, persisten las cifras altas en algunas importaciones a los países desarrollados, que limitan el acceso al mercado y el crecimiento económico; por ejemplo, Australia y Corea del Sur (ambos países de la OCDE) aún tienen tasas arancelarias consolidadas de 15.1 y 24.6% sobre la importación de equipo de transporte (las *tasas arancelarias consolidadas* son las máximas que pueden cobrarse y, por lo regular, son las que se aplican). En contraste, las tasas máximas en Estados Unidos, la Unión Europea y Japón son de 2.7, 4.8 y 0%, respectivamente. Una preocupación especial son las elevadas tasas arancelarias de las importaciones a las naciones desarrolladas de algunos bienes producidos por los países en desarrollo.

Además, los aranceles sobre los servicios son aún más elevados que sobre los bienes industriales; por ejemplo, el arancel promedio de los servicios empresariales y financieros importados a Estados Unidos es de 8.2%; a la Unión Europea, de 8.5%, y a Japón, de 19.7%.[33] Debido al aumento del valor del comercio internacional de servicios, reducir estas cifras reportará ganancias cuantiosas.

La OMC quisiera abatir aún más las tasas arancelarias y reducir el alcance selectivo de los aranceles elevados. El objetivo último es suprimir por completo los aranceles. Suena ambicioso, pero 40 países ya eliminaron los aranceles a los bienes de tecnología de información, así que hay un

[32] Organización Mundial del Comercio, *Annual Report 2002*, Ginebra, OMC, 2002.

[33] S. C. Bradford, P. L. E. Grieco y G. C. Hufbauer, "The Payoff to America from Global Integration", en C. F. Bergsten (comp.), *The United States and the World Economy: Foreign Policy for the Next Decade*, Washington, D. C., Institute for International Economics, 2005.

Cálculo de las ganancias del comercio estadounidense

En un estudio reciente publicado por el Institute for International Economics se intentó estimar las ganancias que el libre comercio genera a la economía estadounidense. De acuerdo con el estudio, dadas las reducciones de las barreras arancelarias estimuladas desde 1947 por el GATT y la OMC, hasta 2003 el PIB de Estados Unidos fue 7.3% mayor de lo que habría sido en otras circunstancias. Los beneficios de esa cifra suman casi un millón de millones de dólares o un ingreso adicional de nueve mil dólares anuales para cada familia estadounidense.

En la misma investigación, se intentó estimar lo que ocurriría si Estados Unidos estableciera tratados de libre comercio con todos sus socios comerciales y redujera las barreras arancelarias de todos los bienes y servicios a cero. Con diversos métodos para determinar el efecto, en el estudio se concluyó que se concretarían ganancias anuales adicionales de entre 450 mil millones y 1 300 millones de millones de dólares. Este último paso al libre comercio, según los autores del estudio, aumentaría los ingresos de la familia estadounidense promedio en 4 500 dólares anuales.

Asimismo, los autores estimaron la escala y el costo de la afectación al empleo que ocasionaría un cambio en el libre comercio universal. Si un país aboliese todas sus barreras arancelarias, se perderían puestos de trabajo en algunos sectores y se ganarían en otros. Con base en datos históricos, los investigadores conjeturaron que en Estados Unidos se perderían cada año 226 mil empleos debido a la expansión comercial; sin embargo, quienes volvieran a emplearse recibirían un salario 13 o 14% menor. En el análisis se concluyó que los costos de esta alteración sumarían casi 54 mil millones de dólares al año, sobre todo en forma de menores salarios permanentes para quienes tuvieran que cambiar de trabajo como resultado del libre comercio. Estas pérdidas serían compensadas por el crecimiento económico que produciría el libre comercio, que crearía muchos trabajos nuevos y elevaría el ingreso de las familias, lo cual generaría para la economía ganancias *netas* adicionales de otros 450 mil millones a 1 300 millones de millones anuales. En otras palabras, las ganancias anuales (estimadas) del comercio son mucho mayores que los costos anuales (estimados) debidos a la afectación en el mercado de trabajo, y se beneficiarían más personas de las que perderían como consecuencia del paso a un régimen universal de libre comercio.[34]

precedente. En estudios empíricos, se aprecia que las reducciones adicionales de las tasas arancelarias, tendientes a cero, rendirían ganancias sustanciales. Economistas del Banco Mundial calcularon que un amplio acuerdo comercial mundial que surgiera de las negociaciones de la ronda de Doha aumentaría el ingreso del mundo en 263 mil millones de dólares anuales, de los cuales 109 mil millones irían a los países pobres.[35] Otros cálculos de la OCDE sugieren una cifra cercana a los 300 mil millones de dólares anuales.[36] En la sección "Vistazo a un país", se estimaron los beneficios del libre comercio para la economía estadounidense.

En el futuro, la OMC planea reducir las tasas arancelarias que los países en desarrollo imponen sobre las importaciones de bienes no agrícolas. Mientras que muchas de estas naciones sostienen el argumento de las industrias nacientes para justificar los elevados aranceles, en última instancia tendrán que reducirlos para que también cosechen todos los beneficios del comercio internacional; por ejemplo, las tasas arancelarias consolidadas de 53.9% a las importaciones de equipo de transporte en la India y de 33.6% en Brasil, al elevar los precios internos, favorecen a los productores nacionales ineficientes y limitan el crecimiento económico porque reducen el ingreso real de los consumidores, quienes deben pagar más por el equipo de transporte y servicios relacionados.

Nueva ronda de conversaciones: Doha

En 2001, la OMC intentó una nueva ronda de pláticas entre los estados miembros para liberalizar más aún el marco del comercio mundial y las inversiones. Para esta reunión, se seleccionó la remota localidad de Doha, en el estado pérsico de Qatar. Al principio, se estableció que las pláticas durarían tres años, pero ya se han prolongado por 12 años y hoy están estancadas.

La agenda que se acordó para Doha incluye reducir los aranceles de bienes y servicios industriales, retirar poco a poco los subsidios a los productores agrícolas, derribar las barreras a las inver-

---

[34] *Idem.*
[35] Banco Mundial, *Global Economics Prospects 2005*, Washington, D. C., World Bank, 2005.
[36] "Doha Development Agenda", en *OECD Observer*, septiembre de 2006, pp. 64-67.

siones internacionales y limitar las leyes antidumping. En estos momentos, las pláticas continúan. Se han caracterizado por progresos vacilantes salpicados de grandes reveses y plazos rebasados. En septiembre de 2003, la reunión en Cancún, México, fracasó, más que nada porque no se llegó a algún acuerdo acerca de cómo avanzar en la reducción de los subsidios y aranceles agrícolas. La Unión Europea, Estados Unidos y la India, entre otros, se mostraron muy poco dispuestos a reducir los subsidios y aranceles para sus agricultores, en virtud de su importancia política, en tanto que naciones como Brasil y otras del occidente de África propugnaban el libre comercio a la mayor brevedad. En 2004, Estados Unidos y la Unión Europea dieron un impulso decidido a la reanudación de las conversaciones; sin embargo, se han visto pocos progresos desde entonces, y las pláticas han llegado a un callejón sin salida, básicamente debido a los desacuerdos sobre cuán profundos deben ser los cortes a los subsidios. Hacia principios de 2013, la meta era disminuir los aranceles para los bienes agrícolas y de manufactura entre 60 y 70%, y recortar los subsidios a la mitad de su nivel vigente, pero lograr que las naciones firmen estos compromisos es algo extremadamente difícil. En respuesta al fracaso evidente en hacer progresar las negociaciones de la ronda Doha, muchos países han optado por celebrar tratados bilaterales de libre comercio, incluidos Estados Unidos y la UE, que en 2013 iniciaron conversaciones bilaterales para reducir las barreras comerciales que existen entre ellos.

IMPLICACIONES PARA LOS ADMINISTRADORES

¿Cuáles son las implicaciones de todo lo anterior para la práctica de los negocios? ¿Por qué el administrador internacional debe preocuparse por las políticas económicas del libre comercio o por el valor de los argumentos en favor del libre comercio o del proteccionismo? Hay dos respuestas a esta pregunta. La primera se relaciona con el efecto de las barreras comerciales en la estrategia de una empresa. La segunda, atañe a la función que deben desempeñar las compañías en la promoción del comercio libre y las barreras comerciales.

OA7-5

BARRERAS COMERCIALES Y ESTRATEGIA DE LA EMPRESA

Para entender el efecto de las barreras comerciales en las estrategias empresariales, debemos repasar el material del capítulo 6. Al explicar las teorías del comercio internacional, expusimos que es lógico que una empresa distribuya sus actividades de producción entre los países en donde se efectúan con mayor eficiencia. Por ello, es sensato que una compañía desarrolle las labores de diseño e ingeniería de un producto en un país, fabrique sus componentes en otro, ejecute las actividades de armado final en uno más y exporte el producto terminado al resto del mundo.

Es indiscutible que las barreras comerciales constriñen la capacidad de una empresa de distribuir sus actividades productivas de esta manera. En primer lugar, y como es obvio, las barreras arancelarias elevan el costo de exportar los productos a un país (o de exportar productos acabados parcialmente entre países). Este aumento pone a la compañía en una desventaja competitiva frente a los rivales locales de otra nación. En respuesta, la empresa podría considerar más rentable situar sus instalaciones manufactureras en ese país, para que pudiera competir en igualdad. En segundo lugar, las cuotas limitan la capacidad de una empresa de atender a una nación desde el extranjero. De nueva cuenta, la respuesta sería establecer en esta los centros de fabricación, aunque se eleven los costos de producción. Tal razonamiento fue un factor importante de la rápida expansión de la capacidad japonesa de producción de automóviles en Estados Unidos en las décadas de 1980 y 1990. A esto siguió el establecimiento de una LVE entre ambos países, por la cual se restringió la importación de autos japoneses a Estados Unidos.

En tercer lugar, para acatar las normas de contenido local, es posible que una compañía deba situar más actividades de producción en determinado mercado de lo que haría en otras circunstancias. Desde el punto de vista de la empresa, la consecuencia sería aumentar los costos a un nivel mayor de lo que sería si las actividades productivas se distribuyeran a sus lugares óptimos. Por último, aunque no hubiera barreras comerciales, es posible que de todos modos una compañía quiera llevar a cabo actividades productivas en un país para reducir la amenaza de que se impongan barreras comerciales en el futuro.

Todos esos efectos elevan los costos de la empresa más allá de donde llegarían en un mundo sin barreras comerciales. Tales costos mayores no necesariamente se traducen en una gran desventaja competitiva respecto de otras compañías extranjeras si los países que imponen las barreras hacen lo mismo con los productos que se importan de todas las empresas extranjeras, cualquiera que sea su país originario. Pero cuando las barreras se dirigen a las exportaciones de una nación, sus empresas están en desventaja competitiva respecto de las demás. Para enfrentar las barreras especiales, dichas compañías deben llevar la producción al país que las impone. Otra estrategia es trasladar las plantas productivas a las naciones cuyas exportaciones no tienen el obstáculo de barreras comerciales específicas.

Por último, la amenaza de acciones antidumping limita la capacidad de una empresa de iniciar una estrategia enérgica de fijación de precios para ganar una participación de mercado en ese país. Además, las compañías locales pueden hacer un uso estratégico de las medidas antidumping para limitar la competencia intensa de productores extranjeros baratos; por ejemplo, la industria estadounidense del acero ha sido muy enérgica para imponer normas antidumping de las acereras extranjeras, en particular en momentos en que la demanda mundial de acero es baja y existe exceso de capacidad. En 1998 y 1999, Estados Unidos enfrentó un aumento de las importaciones de acero barato, pues una grave recesión en Asia dejó a sus productores con excedentes de capacidad. Los productores estadounidenses interpusieron varias quejas en la Comisión de Comercio Internacional (ITC, por sus siglas en inglés). En una, afirmaban que los productores japoneses de acero laminado en caliente lo vendían en Estados Unidos a menos de su costo. La ITC estuvo de acuerdo e impuso aranceles entre 18 y 67% sobre las importaciones de algunos productos de acero japonés (independientes de los aranceles al acero que ya estudiamos).[37]

IMPLICACIONES SOBRE LAS POLÍTICAS

Como dijimos en el capítulo 6, las empresas son actores esenciales del escenario del comercio internacional. En virtud de esta función primordial, están en posición de ejercer una influencia considerable en las políticas comerciales de sus gobiernos. Dicha influencia puede estimular el proteccionismo o motivar al gobierno a que apoye a la OMC y presione por abrir mercados y liberar el comercio entre todas las naciones. Las políticas gubernamentales relacionadas con el comercio internacional tienen repercusiones directas sobre las empresas.

En concordancia con las políticas estratégicas de comercio, se encuentran ejemplos de intervención gubernamental en la forma de aranceles, cuotas, medidas antidumping y subsidios que ayudan a las compañías e industrias a lograr una ventaja competitiva en la economía mundial; no obstante, en términos generales, los argumentos que contienen este capítulo y el anterior apuntan a que la intervención gubernamental tiene tres inconvenientes. Puede ser contraproducente porque protege a los ineficientes en lugar de ayudar a las empresas a ser eficaces competidoras internacionales. También, se expone a sufrir represalias y puede hacer estallar una guerra comercial. Por último, es poco probable que la intervención se ejecute de manera correcta, lo cual deja abierta la posibilidad de que los grupos de interés se apropien de esas políticas. ¿Eso significa que las compañías deben pedir al gobierno que adopte políticas comerciales de *laissez-faire*?

La mayoría de los economistas diría que lo mejor para los intereses de las empresas internacionales es que se adopte una postura de libre comercio, pero no una de *laissez-faire*. Quizá lo mejor para los intereses de la comunidad de las compañías sea pedir a sus gobiernos que promuevan enérgicamente el libre comercio, por ejemplo, al fortalecer la OMC. Las empresas tienen mucho más que ganar de los esfuerzos gubernamentales al abrir a las importaciones y a la inversión extranjera directa los mercados protegidos que al apoyar algunas industrias nacionales en congruencia con las recomendaciones de las políticas estratégicas de comercio.

Refuerza esta conclusión un fenómeno que expusimos en el capítulo 1: la creciente integración de la economía mundial y la internacionalización de la producción de las últimas dos décadas. Vivimos en un mundo en el que muchas empresas de todos los orígenes nacionales dependen cada vez más de sus ventajas competitivas en sistemas de producción dispersos por el mundo. Estos sistemas son el resultado de un comercio más libre. La liberalización del comercio generó grandes ventajas para las compañías que lo aprovecharon y para los consumidores, pues se benefician de precios menores. Debido al peligro de las represalias, las empresas que cabildean con sus gobiernos para que adopten medidas proteccionistas deben darse cuenta de que, al hacerlo, pueden negarse la oportunidad de construir una ventaja competitiva al estimular un sistema de producción disperso globalmente. Al alentar a sus gobiernos para que adopten el proteccionismo, sus propias actividades y ventas en el extranjero pueden estar en riesgo si otros gobiernos aplican represalias. Esto no implica que una empresa nunca deba buscar la protección de medidas antidumping y otras prácticas desleales, sino que debe evaluar con cautela sus opciones y meditar bien sobre las consecuencias.

---

[37] "Punitive Tariffs Are Approved on Imports of Japanese Steel", en *The New York Times*, 12 de junio de 1999, p. A3.

RESUMEN

El objetivo de este capítulo fue describir cómo la realidad del comercio internacional se aparta del ideal teórico de un comercio libre irrestricto, que estudiamos en el capítulo 6. Aquí explicamos los instrumentos de las políticas comerciales, revisamos los argumentos políticos y económicos en favor de la intervención gubernamental en el comercio internacional, retomamos la defensa económica del libre comercio a la luz del argumento de las políticas estratégicas de comercio y examinamos la evolución del marco del comercio mundial. Si bien una política de libre comercio no es siempre la óptima desde el punto de vista teórico (a la luz de los argumentos de los teóricos de la nueva teoría de comercio), en la práctica es quizá la mejor política que pueda seguir un gobierno. En particular, los intereses de largo plazo de empresas y consumidores se cuidan mejor si se fortalecen las instituciones internacionales, como la OMC. Dado el peligro de que el aislamiento proteccionista se acentúe en una guerra comercial, las empresas tienen más que ganar de las iniciativas gubernamentales por abrir a las importaciones y la inversión extranjera directa los mercados protegidos (por medio de la OMC) que de las iniciativas para proteger a las industrias nacionales de la competencia del exterior. En el capítulo, señalamos estos aspectos:

1. Las políticas comerciales, como los aranceles, los subsidios, las regulaciones antidumping y la exigencia de contenido local tienden a favorecer al productor y a perjudicar al consumidor. Los productores, protegidos de la competencia extranjera, son los ganadores, pero los consumidores pierden porque deben pagar más por las importaciones.

2. Existen dos tipos de argumentos que apoyan la intervención del gobierno en el comercio internacional: políticos y económicos. Los primeros conciernen a la protección de algunos grupos de interés, muchas veces a expensas de otros grupos o a la promoción de objetivos relacionados con la política exterior, derechos humanos, defensa de los consumidores, etc. Los segundos se refieren al aumento de la riqueza nacional de un país.

3. El argumento político más común en favor de la intervención gubernamental es que resulta necesaria para proteger las fuentes de empleo; sin embargo, en muchas ocasiones, la intervención gubernamental perjudica a los consumidores y llega a ser contraproducente. En algunas circunstancias, los países afirman que es indispensable proteger a algunos sec-

tores de la economía por motivos de seguridad nacional. Algunos consideran que el gobierno debe usar la amenaza de intervenir en la política comercial como herramienta de negociación para abrir los mercados extranjeros, pero es una política riesgosa: si fracasa, el resultado serían barreras comerciales mayores.

4. El argumento de la industria naciente defiende que para que los fabricantes nuevos consigan una posición firme, los gobiernos deben apoyarlos temporalmente; sin embargo, en la práctica, los gobiernos acaban por proteger a los ineficientes.

5. Las políticas comerciales estratégicas indican que, mediante subsidios, el gobierno ayuda a las compañías a conseguir las ventajas de actuar primero en sectores globales en los cuales son primordiales las economías de escala. Los subsidios gubernamentales también sirven para que las empresas de la nación superen las barreras de entrada a dichos sectores.

6. Los problemas de las políticas comerciales estratégicas son dobles: *a*) dan pie a represalias en las que todos pierden y *b*) a veces son acaparadas por grupos de interés, lo que tergiversa su propia finalidad.

7. El GATT fue producto de un movimiento que surgió en la posguerra para impulsar el libre comercio; consiguió reducir las barreras comerciales sobre los bienes manufacturados y *commodities*, y el paso a un comercio más libre estimuló el crecimiento económico.

8. La finalización de las pláticas de la ronda Uruguay y el establecimiento de la OMC fortalecieron el sistema comercial mundial porque se extendieron las reglas del GATT a los servicios, se aumentó la protección de la propiedad intelectual, se redujeron los subsidios agrícolas y se mejoraron los mecanismos de supervisión y autoridad.

9. Las barreras comerciales restringen la capacidad de las empresas de distribuir sus actividades de producción entre los lugares óptimos de todo el mundo. Una respuesta a las barreras comerciales es establecer más actividades de producción en el país protegido.

10. Es posible que las compañías tengan más que ganar de las iniciativas del gobierno para abrir a las importaciones y a la inversión extranjera directa los mercados protegidos que de las iniciativas para proteger las industrias nacionales de la competencia extranjera.

Preguntas de análisis y razonamiento crítico

1. ¿Cree que los gobiernos deben tener en cuenta los derechos humanos cuando conceden derechos comerciales preferenciales a los países? ¿Cuáles son los argumentos en favor y en contra de esta postura?

2. ¿Qué intereses deben ser la principal preocupación de las políticas comerciales de un gobierno: los de los productores (las empresas y sus empleados) o los de los consumidores?

3. Con los argumentos de la nueva teoría de comercio y las políticas estratégicas de comercio, ¿qué políticas comerciales deben pedir las empresas que adopten sus gobiernos?

4. Suponga que trabaja en una compañía estadounidense que produce computadoras personales en Tailandia y las exporta a Estados Unidos y otras naciones, donde se venden. Las computadoras se producen en Tailandia para aprovechar la

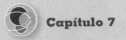
mano de obra barata y calificada. Otros lugares que se consideraron durante algún tiempo fueron Malasia y Hong Kong. El gobierno estadounidense decide imponer tarifas de castigo *ad valorem* de 100% sobre las importaciones de computadoras de Tailandia, como represalia por las barreras comerciales administrativas que levantó este país a las importaciones estadounidenses. ¿Cómo debe reaccionar su empresa? ¿Qué le sugiere esto acerca de las barreras comerciales selectivas?

5. Vuelva a leer el "Panorama administrativo" sobre U. S. Magnesio. ¿Quién gana más de las obligaciones impuestas por Estados Unidos a las importaciones de magnesio de China y Rusia? ¿Quiénes pierden? ¿Están dichas obligaciones en el mejor interés para Estados Unidos?

Proyecto de investigación **globalEDGE** globaledge.msu.edu

Política económica del comercio internacional

Consulte la página electrónica de globalEDGE (globaledge.msu.edu) para efectuar los siguientes ejercicios.

Ejercicio 1

Suponga que trabaja para una compañía farmacéutica que piensa proporcionar productos y servicios a Nueva Zelanda; sin embargo, el conocimiento actual que tiene la administración sobre las políticas y barreras comerciales de este país es limitado. Después de buscar en un recurso que resuma la *regulación de importaciones y exportaciones*, describa las barreras al comercio extranjero más relevantes que los administradores de su empresa deben considerar al desarrollar una estrategia para entrar al mercado farmacéutico de Nueva Zelanda.

Ejercicio 2

La cantidad de miembros de la OMC ha aumentado considerablemente en los últimos años. Además, algunos países no miembros gozan del estatus de observadores, para el que se requieren negociaciones de admisión durante los cinco años siguientes a su acceso preliminar. Visite el sitio electrónico de la OMC y ubique la lista de miembros y observadores actuales; en concreto, las cinco últimas naciones que se han unido como miembros de la organización. Además, examine la lista de los observadores actuales. ¿Nota algo en particular respecto de los países que se han unido recientemente o que tienen el estatus de observadores?

CASO FINAL

Aranceles estadounidenses a las importaciones de neumáticos chinos

En septiembre de 2009, el presidente Obama impuso un arancel a las importaciones de neumáticos procedentes de China. Esto en respuesta a un aumento en las importaciones chinas y a un intenso cabildeo del Sindicato de Trabajadores Metalúrgicos, que representa a 15 mil trabajadores de 13 plantas de neumáticos en Estados Unidos. Por lo regular, los neumáticos importados de China son modelos de baja calidad que se venden a la mitad del precio de las marcas de prestigio estadounidenses. En 2008, Estados Unidos importó 46 millones de neumáticos de China, tres veces lo que importó en 2004. La participación china en el mercado estadounidense saltó de cinco a casi 17% en el mismo periodo, mientras que la industria del empleo en Estados Unidos cayó en más de cinco mil, y la producción nacional se derrumbó de 218 millones a 160 millones de neumáticos.

El Sindicato de Trabajadores Metalúrgicos pidió protección a la Comisión de Comercio Internacional, una unidad del Departamento de Comercio de Estados Unidos. Tras revisar el caso, la comisión concluyó que el aumento en las importaciones de neumáticos chinos provocaba una gran "alteración del mercado", y recomendó imponer un arancel a las importaciones de neumáticos chinos durante tres años. La administración Obama estuvo de acuerdo e impuso un arancel de 35% durante un año a dichas

importaciones, seguido de otro en 30% el segundo año y de 25% el último año. Estos aranceles se añadieron a un arancel de importación de 4% vigente.

Los chinos objetaron de inmediato, calificando a los aranceles de un "serio caso de proteccionismo" y argumentando que Estados Unidos violaba las reglas de la OMC, de la cual ambos países eran miembros. Por su parte, Estados Unidos rebatió que los aranceles estaban permitidos bajo los términos de una disposición especial de salvaguarda que formaba parte del tratado estadounidense para apoyar la entrada de China a la OMC en 2001. Según esta disposición, las compañías o trabajadores estadounidenses que resultaran dañados por las importaciones chinas podían pedir protección al gobierno mediante el sencillo trámite de demostrar que los productores nacionales habían sufrido una "alteración del mercado" o habían experimentado un aumento en las importaciones chinas.

El panel de resoluciones de la OMC rápidamente tomó el caso. En diciembre de 2010, emitió su dictamen y estableció que Estados Unidos "no había incumplido con sus obligaciones" bajo los convenios comerciales internacionales, y permitió que los aranceles permanecieran. Entonces, China apeló la regulación. Los funcionarios chinos declararon que el arancel afectaba los

Los neumáticos importados de China han aumentado su participación en el mercado estadounidense.

en 34%; sin embargo, el sindicato pudo haberse apresurado al cantar victoria. Durante los siguientes 18 meses, se elevaron las importaciones de neumáticos de Tailandia, Indonesia y México, lo que sugería que los productores de bajo costo de otras naciones estaban aprovechándose de los aranceles a los neumáticos chinos para elevar sus exportaciones a Estados Unidos. Aún más, los productores estadounidenses no aumentaron su capacidad; de hecho, muchos fabricantes nacionales de neumáticos tienen fábricas en China y en otras partes, y habían estado exportando desde ellas por algún tiempo. Para complicar el asunto, China respondió a los aranceles sobre sus neumáticos imponiendo aranceles a la exportación de algunos productos estadounidenses, como el pollo, a su país.[38]

Preguntas para analizar el caso

1. ¿Qué grupos se beneficiaron de la imposición de aranceles estadounidenses a la importación de neumáticos chinos? ¿Qué grupos salieron perjudicados? ¿Qué dice esto acerca de los aranceles en general?

2. ¿Cuál cree que hubiera sido la reacción de Estados Unidos si China hubiese elevado las tasas arancelarias a la importación de ciertos productos estadounidenses?

3. ¿Qué le dice el aumento de importaciones de neumáticos desde Tailandia, Indonesia y México durante 2010 y 2011 respecto del valor de este tipo de política comercial?

4. ¿Considera que la política benefició a los Estados Unidos? Justifique su respuesta.

intereses tanto de China como de Estados Unidos, habían costado empleos al sector de venta estadounidense, y ocasionado que algunos mayoristas y minoristas pequeños y medianos quedaran fuera del negocio. Además, alegaron que el arancel había repercutido negativamente en los consumidores estadounidenses de bajos ingresos, ya que el precio promedio de los neumáticos se había incrementado de 10 a 20% desde su imposición.

Por su parte, el Sindicato de Trabajadores Metalúrgicos argumentó que el arancel había sido un gran éxito. Durante los primeros seis meses desde su imposición, la producción estadounidense se elevó más de 15% y el sindicato declaró que los productores nacionales planeaban aumentar su capacidad. En el mismo periodo, las importaciones de neumáticos chinos cayeron

---

[38] S. Chan, "World Trade Organization Upholds American Tariffs on Imports of Tires from China", en *The New York Times*, 14 de diciembre de 2010, p. B3; "WTO Rules US Tariff on Chinese Tire Imports", en *China Daily*, 14 de diciembre de 2010; J. M. Freedman, "WTO Rules US Tariffs on Chinese Tire Imports Legal", en *Bloomberg Business-Week*, 27 de diciembre de 2010; y J. Bussey, "Get Tough Policy on Chinese Tires Falls Flat", en *The Wall Street Journal*, 20 de enero de 2012.

Inversión extranjera directa

8

OBJETIVOS DE APRENDIZAJE

Al terminar este capítulo, usted deberá ser capaz de:

OA8-1   Reconocer las tendencias actuales de la inversión extranjera directa (IED) en la economía mundial.

OA8-2   Explicar las distintas teorías sobre la inversión extranjera directa.

OA8-3   Apreciar la manera en que la ideología política modela las actitudes gubernamentales hacia la inversión extranjera directa.

OA8-4   Describir los costos y beneficios de la IED para los países, tanto los de origen como los anfitriones.

OA8-5   Explicar la variedad de instrumentos políticos que utilizan los gobiernos para influir sobre la inversión extranjera directa.

OA8-6   Identificar las implicaciones de la teoría y las políticas gubernamentales asociadas con la inversión extranjera directa para la práctica administrativa.

Minoristas extranjeros en la India

Caso inicial

Durante años, ha existido un intenso debate en la India sobre lo acertado de atenuar las restricciones del país a la inversión extranjera directa en el sector de ventas al detalle. Un sector que en la India está muy fragmentado y dominado por pequeñas empresas. Las estimaciones sugieren que un escaso 6% de los casi 500 mil millones de ventas al detalle en la nación tiene lugar en establecimientos minoristas organizados; el resto se efectúa en pequeñas tiendas, muchas de las cuales son negocios no incorporados dirigidos por individuos o familias. En contraste, los establecimientos organizados de venta al detalle representan más de 20% de las ventas en China, 36% en Brasil y 85% de todas las ventas al menudeo en Estados Unidos. En total, los establecimientos minoristas en la India dan empleo a casi 34 millones de personas, lo que constituye más de 7% de la fuerza laboral.

Quienes defienden abrir la venta al detalle en la India a grandes empresas extranjeras, como Walmart, Carrefour, IKEA y Tesco, esgrimen varios argumentos. Opinan que los minoristas extranjeros pueden ser una fuerza positiva para mejorar la eficiencia de los sistemas indios de distribución. Compañías como Walmart y Tesco son expertas en el manejo de las cadenas de distribución; aplicado a la India, dicho conocimiento podría liberar de costos importantes a la economía del país. Los costos

de logística representan casi 14% del PIB en la India, cifra mucho mayor que 8% en Estados Unidos. Esto se debe en parte a un mal sistema carretero, lo que también ocasiona que mucha de la distribución se lleve a cabo mediante pequeñas empresas camioneras, que a menudo tienen un solo camión, así como pocas economías de escala o de alcance. Los grandes minoristas extranjeros tienden a establecer sus propias operaciones de transporte y pueden obtener ganancias considerables a partir de un férreo control de su sistema de distribución.

Los minoristas extranjeros probablemente harían cuantiosas inversiones en la infraestructura de distribución, como instalaciones de almacenaje con cámaras frigoríficas en la India. Los estimados sugieren que, entre 25 y 30% de todas las frutas y verduras, se echan a perder antes de llegar al mercado por un inadecuado almacenaje en frío. Tampoco existe capacidad de almacenamiento; por ejemplo, grandes cantidades de trigo simplemente se almacenan debajo de lonas, donde están en riesgo de pudrirse. Dichos problemas elevan los costos de los alimentos y generan pérdidas significativas a los agricultores.

Y son precisamente los agricultores quienes se han erigido como principales defensores de la reforma. Ello no debe sorprender, porque comprenden el beneficio de trabajar con los minoristas extranjeros. De igual manera, los políticos en favor de la reforma argumentan que los minoristas extranjeros ayudarán a mantener los procesos alimentarios bajo control, lo cual beneficia a todos. Opuesta a ellos hay una poderosa coalición de pequeños propietarios de tiendas y políticos de izquierda quienes sostienen que la entrada de grandes minoristas extranjeros y bien capitalizados ocasionará enormes pérdidas de empleo y sacará de la jugada a los pequeños minoristas.

En 1997, parecía que los reformistas iban ganando cuando lograron cambiar las reglas para permitir a las empresas extranjeras participar en el comercio al mayoreo. Aprovechando esta reforma, en 2009 Walmart comenzó a abrir tiendas mayoristas en la India con el nombre de Best Price, operadas por medio de una alianza estratégica (*joint venture*) con el conglomerado indio Bharti, a las que solo se les permitía vender a otros negocios, como hoteles, restaurantes y pequeños minoristas. Para 2012, la alianza contaba con 20 tiendas en la India, cuyos clientes

notaron que, a diferencia de muchos competidores locales, siempre tenían productos en almacén y no cambiaban constantemente sus precios. También a los agricultores les agradó el *joint venture* porque trabaja estrechamente con ellos para garantizar suministros de calidad constante e invierte en almacenes y cámaras frigoríficas. Asimismo, se les pagan mejores precios a los agricultores debido a que su sistema evita que haya mucho menos producto echado a perder.

En 2012, el gobierno indio aprobó una legislación para permitir a las empresas extranjeras como Walmart entrar al sector de ventas al detalle. Esto a pesar de una gran oposición política, lo que indica que quienes promueven la reforma en la India empiezan a predominar.[1]

 # Introducción

La inversión extranjera directa (IED) se concreta cuando una empresa invierte directamente en activos para producir o vender un bien en otro país. Según el Departamento de Comercio de Estados Unidos, existe una IED cuando un ciudadano, una organización o grupo afiliado compra un 10% o más en una entidad comercial del extranjero. Cuando la compañía efectúa la IED se convierte en *empresa multinacional*. En el "Caso inicial", se presenta un ejemplo de IED que describe las inversiones recientes de Walmart en la India. Esta empresa se convirtió en multinacional a principios de la década de 1990, cuando invirtió en México.

La IED adopta dos formas. La primera es **inversión de inicio** (*greenfield*), que consiste en establecer una operación nueva en el extranjero. La segunda estriba en adquirir acciones o fusionarse con una compañía que ya opere en otra nación. Las adquisiciones pueden ser minoritarias (cuando la empresa compradora tiene una participación de 10 a 49% de las acciones con derecho a voto de la compañía adquirida), mayoritarias (cuando la participación accionaria va de 50 a 99%) o apropiación total (participación extranjera de 100%).[2]

El capítulo inicia con un análisis de la importancia de la IED en la economía mundial; luego, expone las teorías propuestas para explicarla, examina las políticas gubernamentales al respecto y cierra con sus implicaciones en los negocios.

OA8-1 # Inversión extranjera directa en la economía mundial

Cuando se habla de la IED, es indispensable distinguir sus flujos de los montos totales de inversión extranjera. El **flujo de IED** es la cantidad de inversión extranjera directa hecha en determinado periodo (por lo general, un año). La **existencia total de IED** es el valor total acumulado de los activos propiedad de extranjeros durante un tiempo definido. Asimismo, hablamos de **salidas de IED** para referirnos a los flujos hacia el exterior de la inversión extranjera directa, y de **entradas de IED**, es decir, flujos que llegan a un país.

TENDENCIAS DE LA IED

En los últimos 35 años, se ha visto un aumento notable del flujo y la existencia total de IED en la economía mundial. El promedio de la salida anual de IED aumentó de 25 mil millones de dólares en

1 V. Bajaj, "Wal-Mart Debate Rages in India", en *The New York Times*, 6 de diciembre de 2001, pp. B1, B2; S. G. Mozumder, "Walmart Is Not Coming To India Just to Sell", en *India Abroad*, 16 de diciembre de 2011, pp. A-18-A19; y J. Ghaqwati, "Organized Retailing in India: Issues and Outlook", Programa de Columbia sobre las políticas económicas de la India, documento de trabajo núm. 2001-1, 22 de enero de 2011. N. Prusty, "Indian Government wins Second Vote on Retail", Reuters, 7 de diciembre de 2012.
2 Organización de las Naciones Unidas, *World Investment Report, 2012*, Nueva York y Ginebra, ONU, 2012.

FIGURA 8.1

Salidas de IED,
1982-2012 (en miles
de millones de dólares).

Fuente: Cálculos del autor
a partir de los datos de varias
ediciones del *World Investment Report* de Naciones
Unidas.

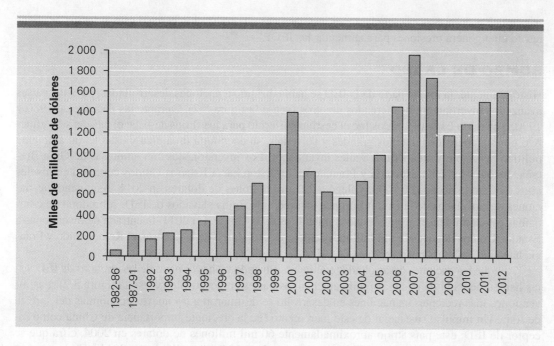

1975 a un máximo de 1 600 millones de millones en 2012 (véase la figura 8.1).[3] En las últimas tres décadas, el flujo de IED se aceleró más que el crecimiento en el comercio y la producción mundiales; por ejemplo, entre 1992 y 2012, el flujo total de IED de todos los países se incrementó casi nueve veces, mientras el comercio mundial, medido por su valor, creció cuatro veces y la producción mundial aproximadamente 55%.[4] Como resultado del intenso flujo de IED, en 2011, la existencia global de esta inversión fue de casi 21 millones de millones de dólares. Se calcula que las filiales extranjeras de las multinacionales tuvieron ventas mundiales por más de 27 900 millones de millones de dólares y representaron un tercio de todo el comercio entre naciones en bienes y servicios.[5] El valor agregado por las multinacionales (ingresos menos compras extranjeras de materiales y servicios) alcanzó siete millones de millones de dólares en 2011, casi una décima parte del PIB mundial. Como quiera que se le vea, la IED es un fenómeno muy relevante.

La IED creció con más rapidez que el comercio y la producción mundiales por diversos motivos. Primero, y a pesar de la reducción general de las barreras comerciales en estos 30 años, las compañías aún temían a las presiones proteccionistas. Los ejecutivos ven en la IED un medio para eludir las futuras barreras comerciales. Segundo, buena parte del aumento reciente de la IED se debe a los cambios políticos y económicos en muchos países en desarrollo. El cambio general en favor de instituciones políticas democráticas y economías de libre mercado, como vimos en el capítulo 3, estimularon la IED. En la mayor parte de Asia, Europa Oriental y América Latina, el crecimiento económico, la desregulación, los programas de privatización abiertos a inversionistas extranjeros y la supresión de muchas restricciones a las IED han convertido a estas regiones en objetivos atractivos para las multinacionales. Según la Organización de las Naciones Unidas, más o menos 90% de los 2 700 cambios que se llevaron a cabo entre 1992 y 2009 en todo el mundo a las leyes que rigen la inversión extranjera directa creó un entorno más favorable para la IED.[6]

La globalización de la economía mundial también ejerció un efecto positivo en el volumen de las IED. Muchas compañías consideran que su mercado es todo el mundo y efectúan IED para garantizar una presencia importante en muchas de sus regiones. Por razones que veremos más adelante,

---

[3] Organización de las Naciones Unidas, *World Investment Report, 2012*; y Conferencia de la Organización de las Naciones Unidas sobre Comercio e Inversión, "Global Flows of Foreign Direct Investment Exceeding Pre-Crisis Levels in 2011", en *Global Investment Trends Monitor*, 24 de enero de 2012.

[4] Organización Mundial del Comercio, *International Trade Statistics, 2012*, Ginebra, OMC, 2012; y ONU *World Investment Report, 2012*.

[5] Organización de las Naciones Unidas, *World Investment Report, 2012*.

[6] Organización de las Naciones Unidas, *World Investment Report, 2010*. Nueva York y Ginebra, ONU, 2010.

para muchas empresas es esencial tener instalaciones de producción cerca de sus principales clientes, lo cual genera presiones para aumentar las IED.

RUMBO DE LA IED

Históricamente, la mayor parte de la IED se había dirigido a naciones desarrolladas, pues los países avanzados invertían en los mercados de otros (véase la figura 8.2). Durante las décadas de 1980 y 1990, a menudo Estados Unidos fue el destino preferido para los flujos de IED: el país ha sido atractivo por sus mercados internos grandes y solventes, su economía dinámica y estable, un ambiente político favorable y su apertura a tales inversiones. Los inversionistas son empresas de Gran Bretaña, Japón, Alemania, Holanda y Francia. La inversión hacia Estados Unidos continuó en niveles altos durante la década de 2000, y llegó a 227 mil millones de dólares en 2011. Asimismo, las naciones desarrolladas de la Unión Europea han recibido flujos elevados de IED, sobre todo de compañías estadounidenses y otros estados miembros de la Unión. En 2011, la entrada de inversiones a Estados Unidos llegó a 421 mil millones de dólares. A lo largo de la historia, el Reino Unido y Francia han sido los mayores receptores de IED.[7]

Aunque las naciones desarrolladas continúan sumando la mayor parte de las entradas de IED, estas han aumentado de manera significativa en los países en desarrollo (véase la figura 8.2). Las inversiones más recientes en naciones en desarrollo se destinaron a las nuevas economías del sureste de Asia. Un impulso sustancial de este incremento fue la creciente importancia de China como receptor de IED; este país atrajo aproximadamente 60 mil millones de dólares en 2004, cifra que se elevó de modo consistente hasta llegar a un récord de 124 mil millones en 2011.[8] En la sección "Vistazo a un país", exponemos los motivos del intenso flujo de inversiones a China. América Latina surgió como la siguiente región en importancia del mundo en desarrollo para la entrada de IED. En 2011, el total de las entradas de inversiones llegó a 216 mil millones de dólares. Históricamente, Brasil ha sido el principal receptor de IED en América Latina. En el otro extremo de la escala, África recibió las menores cantidades de inversión extranjera, 42 700 millones en 2011. En años recientes, las empresas chinas han emergido como las principales inversionistas en África, en particular en las industrias de extracción, donde parecen tratar de asegurar futuros suministros de valiosas materias primas. La incapacidad de África para atraer más inversión se debe en parte a la inestabilidad política, los conflictos armados y los cambios frecuentes de políticas económicas en la región.[9]

FIGURA 8.2

Flujos de IED por región (miles de millones de dólares).

Fuente: Cálculos del autor a partir de los datos de varias ediciones del *World Investment Report* de Naciones Unidas.

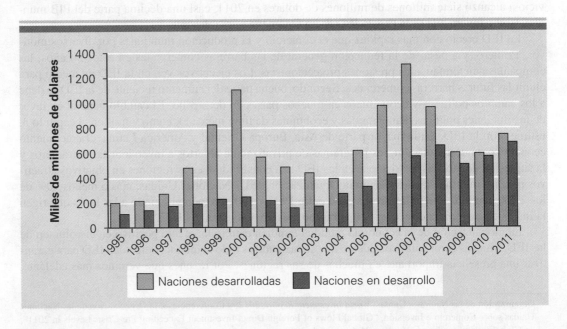

7   Conferencia de la Organización de las Naciones Unidas sobre Comercio e Inversión, "Global Flows of Foreign Direct Investment".
8   *Idem.*
9   Organización de las Naciones Unidas, *World Investment Report, 2011*, Nueva York y Ginebra, ONU, 2011.

Inversión extranjera directa en China

A finales de 1978, las autoridades chinas decidieron modificar su economía de sistema centralizado por una propuesta más orientada al mercado. El resultado fue un lapso de más de 35 años de crecimiento económico alto y sostenido de entre casi 8 y 10% anual compuesto. Este rápido crecimiento atrajo una cantidad considerable de inversión extranjera, que aumentó desde una base diminuta hasta una tasa promedio anual de 2 700 millones de dólares entre 1985 y 1990, y luego saltó a 40 mil millones a finales de la década de 1990, con lo que China se convirtió en el segundo destino mundial de IED, después de Estados Unidos. Este crecimiento ha continuado: las IED entrantes a China alcanzaron un récord de 124 mil millones de dólares en 2011 (con otros 83 mil millones que entraron a Hong Kong). En los últimos 20 años, este flujo entrante ha generado el establecimiento de más de 300 mil empresas de origen extranjero en China. La existencia total de IED en China continental creció de casi nada en 1978 a 712 mil millones de dólares en 2011 (con otra existencia de 1 100 millones de millones que entraron a Hong Kong).

Los motivos de esta inversión son muy evidentes: con una población de más de 1 300 millones de habitantes, China representa el mayor mercado del mundo. A lo largo de la historia, los aranceles a las importaciones dificultaban atender ese mercado con exportaciones, por lo que si una compañía quería explotar el enorme potencial del país, debía hacer IED. China se unió a la Organización Mundial del Comercio (OMC) en 2001, y como resultado, los índices arancelarios promedio a importaciones han caído de 15.4% a aproximadamente 8% hoy en día, reducción tarifaria que se convirtió en un motivo para invertir en China (aunque en 8%, los aranceles aún están por encima del promedio de 3.5% de muchas naciones desarrolladas). Sin importar los índices arancelarios, muchas compañías extranjeras suponen que hacer negocios en China requiere una presencia sustancial en el país para cultivar la *guanxi* o red de relaciones decisiva (en el capítulo 4 se detalla esta característica). Más aún, la combi-

nación de mano de obra barata e incentivos fiscales, en particular para las compañías que se establecen en zonas económicas especiales, convierten a China en una base atractiva para exportar a los mercados asiáticos o mundiales, aunque los aumentos en los costos de su mano de obra están reduciendo su importancia.

Menos obvia, al menos al principio, fue la dificultad de las empresas extranjeras para hacer negocios en China. El país tiene una población enorme, pero, a pesar de décadas de rápido crecimiento, continúa siendo una nación pobre. La falta de poder adquisitivo se traduce en un mercado relativamente inmaduro para muchos bienes de consumo occidentales, fuera de las acaudaladas áreas urbanas como Shanghái. Otros problemas son un entorno muy regulado que dificulta las transacciones comerciales y cambios constantes en los regímenes tributario y normativo. También, existen problemas con los socios locales, que son inexpertos, oportunistas o persiguen metas distintas. Un ejecutivo estadounidense comenta que cuando despidió a 200 empleados para reducir los costos, su socio chino los recontrató al día siguiente; cuando preguntó por qué lo había hecho, el director de dicho socio chino, que era una empresa paraestatal, le explicó que, en su carácter de entidad gubernamental, tenía la "obligación" de reducir el desempleo.

Para continuar atrayendo la inversión extranjera, a finales de 2000 el gobierno chino se comprometió a invertir más de 800 mil millones de dólares en proyectos de infraestructura durante los 10 años siguientes. A finales de la década de 2000, se establecieron otros compromisos. Estas inversiones han mejorado el mal sistema de autopistas de la nación. El gobierno se ha empeñado en aplicar una política macroeconómica que insiste en mantener un crecimiento económico constante, una baja inflación y una moneda estable, todo lo cual atrae a los inversionistas extranjeros. Por esto, parece probable que el país se mantenga durante mucho tiempo como un polo de atracción relevante para los inversionistas extranjeros.[10]

FUENTES DE IED

Desde la Segunda Guerra Mundial, Estados Unidos es la mayor fuente de IED. Otros inversionistas destacados son Reino Unido, Francia, Alemania, Holanda y Japón. En conjunto, estos seis países sumaron 60% de todas las salidas de IED en el periodo de 1998 a 2011 (véase la figura 8.3). Como era de esperarse, también despuntan en las listas de las mayores multinacionales del mundo.[11] Estas naciones dominan sobre todo porque fueron las más desarrolladas y tuvieron las economías más fuertes durante gran parte del periodo de posguerra, y por tanto, tenían en su suelo a muchas de las compañías más grandes y mejor capitalizadas. Asimismo, muchos de estos países poseían una

[10] Entrevistas realizadas por el autor en China; Organización de las Naciones Unidas, *World Investment Report, 2012*; Linda Ng y C. Tuan, "Building a Favorable Investment Environment: Evidence for the Facilitation of FDI in China", en *The World Economy*, 2002, pp. 1095-1114; y S. Chan y G. Qinyang, "Investment in China Migrates Inland", en *Far Eastern Economic Review*, mayo de 2006, pp. 52-57.

[11] Organización de las Naciones Unidas, *World Investment Report, 2011*.

FIGURA 8.3

Salidas acumuladas de IED, 1998-2011 (miles de millones de dólares).

Fuente: Cálculos del autor a partir de los datos de varias ediciones del *World Investment Report* de Naciones Unidas.

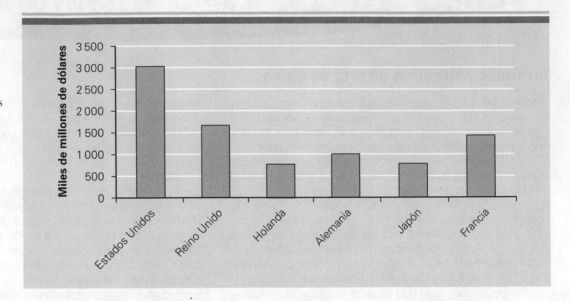

larga historia como comerciantes, y naturalmente, buscaron mercados extranjeros para impulsar su expansión económica. Por ello, no sorprende que las empresas de tales naciones hayan estado a la vanguardia de las tendencias de inversión extranjera.

Sin embargo, las empresas chinas han comenzado a surgir como grandes inversionistas extranjeras: en 2005, invirtieron aproximadamente 15 mil millones de dólares internacionalmente. Desde entonces, la cifra ha aumentado de manera continua y llegó a 65 mil millones en 2011. Las compañías asentadas en Hong Kong representaron otros 81 mil millones de IED saliente en 2011. Gran parte de esta inversión saliente de las compañías chinas se ha dirigido a industrias de extracción en países menos desarrollados; por ejemplo, China ha sido un relevante inversionista en las naciones africanas. El principal motivo de estas inversiones ha sido obtener acceso a materias primas de las que China es uno de los mayores consumidores del mundo; no obstante, hay signos de que estas empresas chinas empiezan a dirigir su atención a naciones más avanzadas. En 2012, dichas compañías invirtieron 65 mil millones de dólares en Estados Unidos, de 146 millones en 2003.[12]

FORMAS DE IED: INVERSIONES MEDIANTE ADQUISICIONES O INICIALES

Las IED pueden adoptar la forma de inversiones iniciales en nuevas instalaciones o de compra o fusión con una empresa local. Según cálculos de la ONU, entre 1998 y 2011, de 40 a 80% de todas las entradas de IED fueron fusiones y adquisiciones.[13] Sin embargo, las IED que se llevan a cabo en las naciones desarrolladas son diferentes de las que se efectúan en los países en desarrollo. En el caso de estos últimos, solo un tercio o menos de las IED fueron fusiones y adquisiciones internacionales. Este porcentaje menor se debe simplemente a que hay menos empresas disponibles para comprar en esas naciones.

Cuando las empresas piensan en hacer IED, ¿por qué prefieren comprar activos en lugar de establecer empresas desde el inicio? En el capítulo 15, abordaremos el tema con mayor detalle; por ahora, solo haremos algunos comentarios elementales. En primer lugar, las fusiones y adquisiciones se efectúan con mayor rapidez que la fundación de compañías nuevas. Este aspecto es importante en el mundo empresarial moderno, donde los mercados evolucionan con rapidez. Muchas empresas suponen que, si no compran una compañía atractiva, lo hará la competencia. En segundo lugar, se adquieren empresas extranjeras porque poseen ventajas estratégicas valiosas, como lealtad de marca, relaciones con los clientes, marcas o patentes, sistemas de distribución o producción, etc. Es más fácil y quizá menos arriesgado comprar esos activos que acumularlos desde el principio mediante la

[12] M. Caruso-Cabrera, "Chinese Investment in US May Break Record in 2013", CNBC, 2 de enero de 2013.

[13] Organización de las Naciones Unidas, *World Investment Report, 2012*.

Inversión extranjera directa de Cemex

En poco más de una década, la cementera más grande de México, Cemex, se transformó de operador básicamente nacional en la tercera cementera del mundo, detrás de Holcim (Suiza) y Lafarge Group (Francia). Cemex ya era una potencia en México y hoy controla más de 60% del mercado de cemento en el país. Su éxito interno se basa en la obsesión por una manufactura eficiente y el interés por el servicio a sus clientes, de los mejores del sector.

Cemex es líder en el empleo de tecnología de la información para adecuar su producción a la demanda de los consumidores. La compañía vende preconcretos que solo tardan más o menos 90 minutos antes de endurecer, por lo cual la entrega a tiempo es fundamental. Cemex nunca puede prever con absoluta certeza el nivel de demanda que tendrá un día, una semana o un mes cualquiera, y para administrar mejor esta demanda imprevisible estableció un sistema de informática uniforme que comprende sistemas de posicionamiento global montados en camiones, radiotransmisores, satélites y hardware de cómputo, equipo con el cual controla la producción y distribución de cemento mejor que cualquier otra compañía; así responde con rapidez a cambios inesperados en la demanda y reduce los desperdicios. Los resultados son costos menores y mejor servicio a clientes, dos factores que distinguen a Cemex.

La estrategia de expansión internacional de la compañía se apoya en varios factores. En primer lugar, quería reducir su dependencia del mercado mexicano de la construcción, cuya demanda es muy volátil. Segundo, ubicó una enorme demanda de cemento en muchos países en desarrollo, en donde se emprendían o necesitaban construcciones importantes. En tercer lugar, pensaba que entendía mejor las necesidades de las constructoras de los países en desarrollo que las cementeras multinacionales establecidas, todas procedentes de naciones desarrolladas. Cuarto, estaba segura de que podía crear valor sustancial si compraba cementeras ineficientes en otros mercados y les transfería sus habilidades de servicio a clientes, marketing, tecnología de información y administración de la producción.

Cemex puso en marcha con firmeza su estrategia de expansión internacional a comienzos de la década de 1990. Al principio, se fijó en otras naciones en desarrollo y compró cementeras en Venezuela, Colombia, Indonesia, Filipinas y Egipto, entre otros países. También, adquirió dos compañías españolas estancadas y las sacó a flote. Animada por el éxito de las inversiones en España, la empresa buscó oportunidades de expansión en las naciones desarrolladas. En 2000, compró Southland, de Houston, una de las cementeras más grandes de Estados Unidos, en 2 500 millones de dólares. Con esta compra, Cemex tenía 56 plantas de cemento en 30 países, casi todas obtenidas mediante adquisición. En todos los casos, la empresa dedicó mucha atención a transferir su habilidad tecnológica, administrativa y de marketing a las unidades adquiridas, con lo cual mejoró su desempeño.

En 2004, hizo otra inversión extranjera relevante: compró RMC, de Gran Bretaña, en 5 800 millones de dólares. RMC es una enorme multinacional del cemento con ventas por 8 mil millones de dólares, de las cuales solo 22% se generan en Reino Unido, y con operaciones en más de 20 naciones, entre ellas muchos países europeos donde Cemex no tenía presencia. La adquisición de RMC concluyó en marzo de 2005 y convirtió a Cemex en una potencia mundial del negocio del cemento con más de 15 mil millones de dólares en ventas anuales y operaciones en 50 países. Ahora, casi 15% de las ventas de la compañía se generan en México. Después de adquirir RMC, Cemex descubrió que su planta en el pueblo de Rugby funcionaba a solo 70% de su capacidad, en parte porque problemas constantes en la producción ocasionaban que los hornos se apagaran. La trasnacional mexicana llevó a un equipo internacional de especialistas para arreglar el problema y aumentó rápidamente la producción a 90% de su capacidad. Siempre hacia adelante, Cemex ha dejado en claro que continuará expandiéndose y busca oportunidades en las economías de rápido crecimiento de China y la India, donde aún no está presente y sus rivales globales ya están expandiéndose.[14]

inversión en una empresa nueva. En tercer lugar, las compañías compran porque, estiman, la eficiencia de la unidad adquirida aumenta al transferir capital, tecnología y capacidades administrativas (por ejemplo, véase el "Panorama administrativo" sobre Cemex). No obstante, como estudiaremos en el capítulo 15, hay evidencia de que muchas fusiones y adquisiciones no generan los rendimientos que se esperaban.[15]

---

[14] C. Piggott, "Cemex's Stratospheric Rise", en *Latin Finance,* marzo de 2001, p. 76; J. F. Smith, "Making Cement a Household Word", en *Los Angeles Times,* 16 de enero de 2000, p. C1; D. Helft, "Cemex Attempts to Cement Its Future", en *The Industry Standard,* 6 de noviembre de 2000; Diane Lindquist, "From Cement to Services", en *Chief Executive,* noviembre de 2002, pp. 48-50; "Cementing Global Success", en *Strategic Direct Investor,* marzo de 2003, p. 1; M. T. Derham, "The Cemex Surprise", en *Latin Finance,* noviembre de 2004, pp. 1-2; "Holcim Seeks to Acquire Aggregate", en *The Wall Street Journal,* 13 de enero de 2005, p. 1.; J. Lyons, "Cemex Prowls for Deals in Both China and India", en *The Wall Street Journal,* 27 de enero de 2006, p. C4; y S. Donnan, "Cemex Sells 25 Percent Stake in Semen Gresik", en *FT.com,* 4 de mayo de 2006, p.1.

[15] Véase D. J. Ravenscraft y F. M. Scherer, *Mergers, Selloffs and Economic Efficiency,* Washington, D. C., The Brookings Institution, 1987; véase A. Seth, K. P. Song y R. R. Pettit, "Value Creation and Destruction in Cross Border Acquisitions", en *Strategic Management Journal,* 23, 2002, pp. 921-940.

OA8-2   Teorías de la inversión extranjera directa

En esta sección, revisaremos distintas teorías de la inversión extranjera directa que tratan varios de sus fenómenos a partir de tres perspectivas complementarias. Algunas intentan explicar por qué una empresa se inclinará por la inversión extranjera directa como medio para entrar a un mercado extranjero cuando tiene abiertas otras dos alternativas: la exportación y las licencias. Otro conjunto de teorías se concentra en definir por qué las compañías que están en el mismo sector industrial suelen llevar a cabo la IED al mismo tiempo, y por qué prefieren determinados lugares, en vez de otros, como objetivos para sus intentos. Dicho en otras palabras, estas teorías pretenden explicar el *patrón* observado de flujos de IED. Un tercer punto de vista teórico, conocido como el **paradigma ecléctico**, combina las dos perspectivas anteriores en una sola explicación holística de la IED (esta perspectiva teórica es *ecléctica* pues toma los mejores aspectos de otras explicaciones y las une en una sola).

¿POR QUÉ OPTAR POR LA INVERSIÓN EXTRANJERA DIRECTA?

¿Por qué las compañías prefieren establecer operaciones fuera de sus fronteras mediante la IED, cuando tienen otras dos alternativas, la exportación y las licencias, para explotar las oportunidades de obtener ganancias en un mercado extranjero? La **exportación** supone producir los bienes en casa y embarcarlos para su venta en un país receptor. Las **licencias** implican otorgar a una entidad extranjera (el licenciatario) el derecho de producir y vender el producto de la compañía a cambio de regalías por cada unidad que se venda. La pregunta es importante, dado que un examen somero del tema sugiere que la inversión extranjera directa puede ser costosa y riesgosa comparada con las otras dos opciones. La IED es onerosa porque una compañía debe solventar los costos de establecer instalaciones de producción en una nación extranjera o bien adquirir en esta una empresa ya establecida. Es riesgosa por los problemas asociados con hacer negocios en una cultura diferente, donde las reglas del juego pueden ser muy distintas. Respecto de las empresas locales, hay una probabilidad mayor de que una extranjera que efectúe IED en un país por primera vez cometa costosos errores por su ignorancia. Cuando una compañía exporta, no necesita cargar con los costos relacionados con la IED y puede reducir los riesgos vinculados con vender fuera de sus fronteras mediante un agente local. Cuando la empresa permite que otra firma produzca sus bienes o servicios bajo licencia, también es esta última la que asume los costos y riesgos. Entonces, ¿a qué se debe que, evidentemente, tantas empresas prefieran la IED a la exportación o las licencias? Podemos hallar la respuesta si examinamos las limitaciones de estas dos últimas alternativas como medio de capitalizar las oportunidades que el mercado extranjero ofrece.

Limitaciones a la exportación

A menudo la viabilidad de una estrategia de exportación se ve limitada por los costos de transporte y las barreras comerciales. Cuando los costos de transporte se suman a los de producción, enviar algunos productos a larga distancia se convierte en una actividad incosteable. Esto ocurre de manera particular con los productos cuya proporción entre valor y peso es baja, y que pueden elaborarse casi en cualquier lugar. Con tales productos, se reduce el atractivo de la exportación si se compara con la IED o la concesión de licencias. Este es el caso, por ejemplo, del cemento; por lo que Cemex, la gran cementera mexicana, se ha expandido a escala internacional mediante la IED en lugar de exportar (véase el "Panorama administrativo" sobre Cemex). En cambio, en el caso de productos con una proporción elevada entre valor y peso, estos costos son un componente casi insignificante de los costos totales de armado (por ejemplo, componentes electrónicos, computadoras personales, equipo médico, software, etc.) y tienen poca repercusión en el atractivo de exportar, conceder licencias o hacer IED.

Sin importar los costos de transporte, algunas compañías emprenden inversiones extranjeras directas en respuesta a barreras comerciales o a la imposición de tarifas o cuotas de importación. Por medio de la aplicación de aranceles a los bienes importados, los gobiernos pueden aumentar los costos de exportar respecto de la IED y la concesión de licencias. Del mismo modo, al limitar las importaciones con la imposición de cuotas, aumenta el atractivo de la IED y de la concesión de licencias; por ejemplo, la ola de IED de compañías de autos japonesas a Estados Unidos en las décadas de 1980 y 1990 se debió en parte a las amenazas proteccionistas del Congreso estadounidense y a las cuotas a las importaciones de autos japoneses. Para las compañías de Japón, tales factores redujeron la rentabilidad de exportar e incrementaron la rentabilidad de la IED. En este contexto, es indispensable comprender que las barreras comerciales no tienen que ser físicas para que se opte por la IED en lugar de la exportación. Casi siempre, el deseo de reducir la amenaza de la posibilidad de que se impongan barreras comerciales basta para justificar la IED como alternativa a la exportación.

Limitaciones a la concesión de licencias

Una rama de la teoría económica, conocida como **teoría de la internalización** (o postura de las **imperfecciones del mercado**), intenta explicar por qué las empresas casi siempre prefieren la inversión extranjera directa sobre las licencias como estrategia de entrada a mercados extranjeros.[16] De acuerdo con la teoría de la internalización, en primer lugar, *la concesión de licencias puede ocasionar que la empresa entregue sus conocimientos técnicos a un posible competidor extranjero*; por ejemplo, en la década de 1960, RCA otorgó licencias sobre su tecnología de televisión cromática de vanguardia a varias compañías japonesas, entre ellas Matsushita y Sony. En esos días, RCA suponía que las licencias eran una manera de obtener rendimientos por sus conocimientos tecnológicos en el mercado japonés sin los costos ni los riesgos de la IED; no obstante, Matsushita y Sony asimilaron pronto la tecnología de RCA y la aprovecharon para penetrar en el mercado estadounidense y competir con ella. Por eso, hoy RCA es un participante menor en el mercado de su país, mientras que Matsushita y Sony tienen una participación mucho mayor.

Un segundo problema es que *la concesión de licencias no da a una empresa un control estricto sobre la manufactura, comercialización y estrategia en el otro país, que quizá se requieran para explotar con provecho su ventaja de conocimientos técnicos*. Con una licencia, el control sobre la producción, el marketing y la estrategia se entregan a un concesionario a cambio de regalías; sin embargo, por razones estratégicas y operativas, es posible que una empresa quiera retener el control de esas funciones. Por ejemplo, podría querer que su subsidiaria en el extranjero fijara precios y comercializara de manera muy enérgica para mantener a raya a un competidor mundial; a pesar de eso, a diferencia de una subsidiaria propia, un licenciatario quizá no aceptaría tal imposición, porque es probable que ello redujera sus ganancias o incluso le produjera pérdidas.

La lógica para querer controlar las operaciones de una entidad extranjera es que, de esa forma, la compañía puede aprovechar las diferencias de costo de los factores entre países; es decir, elaborar parte de su producto final en una nación e importar otras partes desde donde las manufactura a menor costo. En este caso, es posible que el licenciatario tampoco esté dispuesto a aceptar tal situación, pues limitaría su autonomía. Por ello, cuando es deseable ejercer un control estricto sobre una entidad extranjera, la IED es preferible a la concesión de licencias.

Un tercer problema que suponen las licencias surge cuando la ventaja competitiva de una empresa se funda no tanto en sus productos como en su capacidad administrativa, de marketing y manufactura para producir dichos bienes o servicios. Aunque una licenciataria puede manufacturar físicamente el producto bajo licencia, a menudo no puede hacerlo con la misma eficiencia. Como resultado, la empresa que otorga la licencia puede verse imposibilitada de explotar plenamente el potencial de ganancias inherente a un mercado extranjero.

Pensemos en Toyota, una compañía cuya ventaja competitiva en la manufactura mundial de autos radica en su capacidad superior para manejar los procesos generales de diseño, planeación, manufactura y venta de automóviles; es decir, de sus capacidades administrativas y organizacionales. Esta empresa fue la primera en desarrollar un nuevo proceso de producción, conocido como *manufactura esbelta*, que permite fabricar automóviles de calidad superior a menores costos que sus rivales mundiales.[17] Aunque Toyota tiene productos que podría licenciar, su verdadera ventaja

---

[16] Por ejemplo, véase S. H. Hymer, *The International Operations of National Firms: A Study of Direct Foreign Investment*, Cambridge, Massachusetts, MIT Press, 1976; A. M. Rugman, *Inside the Multinationals: The Economics of International Markets*, Nueva York, Columbia University Press, 1981; D. J. Teece, "Multinational Enterprise, Internal Governance, and Industrial Organization", en *American Economic Review*, 75, mayo de 1983, pp. 233-238; C. W. L. Hill y W. C. Kim, "Searching for a Dynamic Theory of the Multinational Enterprise: A Transaction Cost Model", en *Strategic Management Journal*, número especial, 9, 1988, pp. 93-104; A. Verbeke, "The Evolutionary View of the MNE and the Future of Internalization Theory", en *Journal of International Business Studies*, 34, 2003, pp. 498-501; y J. H. Dunning, "Some Antecedents of Internalization Theory", en *Journal of International Business Studies*, 34, 2003, pp. 108-128.

[17] J. P. Womack, D. T. Jones y D. Roos, *The Machine That Changed the World*, Nueva York, Rawson Associates, 1990.

competitiva procede de sus capacidades de gestión y procesos. Es difícil articular o codificar estas habilidades, ciertamente no es posible plasmarlas en un convenio de licencia, pues pertenecen a toda la organización y se han desarrollado con el paso de los años, no las encarna algún individuo, sino que están diseminadas en toda la empresa. Dicho de otra manera, las capacidades de Toyota están inmersas en su cultura organizacional y la cultura no puede licenciarse. Por ende, si Toyota permitiera que una entidad extranjera produjera sus autos bajo licencia, es posible que no pudiera producirlos con la misma eficiencia. A la vez, esto limitaría la capacidad de la empresa extranjera para desarrollar todo el potencial de comercialización de dicho producto. Este es el motivo que subyace a la preferencia de Toyota por la inversión directa en mercados extranjeros, en vez de permitir que compañías extranjeras produzcan sus autos bajo licencia.

Todo lo anterior indica que, cuando se presentan una o más de las condiciones siguientes, un mercado no es un medio para vender conocimientos técnicos y la IED es más rentable que la concesión de licencias: 1) cuando la empresa tiene conocimientos técnicos valiosos que no puede proteger con un contrato de licencia, 2) cuando la compañía necesita ejercer un control firme sobre una entidad foránea para maximizar su participación de mercado y sus ganancias en ese país, y 3) cuando las habilidades y los conocimientos técnicos de una empresa no se prestan para concederlos en un acuerdo de licencia.

Ventajas de la inversión extranjera directa

De lo anterior, se deduce que una compañía debe preferir la IED a la exportación como estrategia de entrada cuando los costos de transporte o las barreras comerciales hacen que la exportación sea poco atractiva. Además, debe optar por la IED sobre la concesión de licencias (o franquicias) cuando desee mantener el control sobre sus conocimientos tecnológicos o sobre sus estrategias de operación y negocios, o cuando sus capacidades simplemente no se prestan para ser licenciadas, como a menudo sucede.

PATRÓN DE LA INVERSIÓN EXTRANJERA DIRECTA

La observación sugiere que las compañías que operan en la misma industria a menudo emprenden la IED más o menos al mismo tiempo. Asimismo, existe una tendencia a que las empresas dirijan sus actividades de inversión hacia ciertos sitios. Las dos teorías que consideraremos en esta sección pretenden explicar los modelos que observamos en los flujos de inversión extranjera directa.

Comportamiento estratégico

Existe una teoría que se basa en la idea de que los flujos de inversión son una manifestación de la rivalidad estratégica entre empresas en el mercado global. Una de las primeras versiones de dicha teoría la expuso F. T. Knickerbocker, quien estudió la relación entre IED y la rivalidad en los sectores oligopólicos.[18] Un **oligopolio** es un sector económico compuesto por pocas empresas grandes (por ejemplo, un sector en el que cuatro compañías controlan 80% de un mercado nacional). Una característica competitiva fundamental de esos sectores es la interdependencia de los principales participantes. Lo que hace una empresa repercute de inmediato en los principales competidores y los obliga a reaccionar. Si una compañía de un mercado oligopólico reduce los precios, puede restarles participación de mercado a los competidores, lo cual los fuerza a responder con rebajas equivalentes para conservar dicha participación. Así, la interdependencia de las empresas de un oligopolio se traduce en un comportamiento imitativo: los rivales imitan rápidamente lo que hace una compañía.

En el seno de los oligopolios, el comportamiento de imitación puede adoptar muchas formas. Una empresa eleva sus precios, las otras la siguen; alguna expande su capacidad y sus rivales la imitan para no estar en desventaja. Knickerbocker sostuvo que el mismo comportamiento imitativo caracteriza a la IED. Consideremos un oligopolio en Estados Unidos en el que tres empresas (A, B y C) dominan el mercado. La compañía A establece una subsidiaria en Francia. Las empresas B y C deciden que si esta inversión rinde frutos, sus exportaciones a Francia caerían y daría a la compañía A la ventaja de actuar primero; más aún, la empresa A podría descubrir ventajas competitivas en Francia

---

[18] El argumento se remite a F. T. Knickerbocker, *Oligopolistic Reaction and Multinational Enterprise*, Boston, Harvard Business School Press, 1973.

que luego trasladaría a Estados Unidos, en detrimento de las empresas B y C. Con estas posibilidades, las compañías B y C deciden seguir a la empresa A y establecen operaciones en esa nación.

En los estudios sobre la IED de las empresas estadounidenses en las décadas de 1950 y 1960 se muestra que las compañías de sectores oligopólicos imitan las IED entre sí.[19] El mismo fenómeno se observó respecto de la IED emprendida por empresas japonesas;[20] por ejemplo, Toyota y Nissan respondieron a las IED de Honda en Estados Unidos y Europa con sus propias inversiones en esos lugares. Asimismo, las investigaciones revelan que los modelos de comportamiento estratégico del oligopolio mundial explican la distribución de la IED en la industria llantera mundial.[21]

La teoría de Knickerbocker puede extenderse al concepto de **competencia multipunto**, que se produce cuando dos o más empresas se encuentran en distintos mercados regionales o nacionales, o en diversos sectores económicos.[22] Esta teoría afirma que, como ajedrecistas que maniobran para alcanzar una ventaja, las compañías tratan de equiparar los movimientos de unas y otras en distintos mercados para mantenerse en jaque. La idea es asegurarse de que un rival no adquiera una posición preponderante en un mercado y luego aproveche las utilidades generadas en este para subsidiar ataques a la competencia en otros mercados.

La teoría de Knickerbocker y sus ampliaciones ayudan a explicar la imitación de las IED de las compañías en los sectores oligopólicos, pero no explican por qué la primera empresa decide emprender tales inversiones, en lugar de exportar o conceder licencias. La explicación de la internalización no se ocupa de este fenómeno, mientras que la teoría de la imitación tampoco trata el tema de si la IED es más eficiente que exportar o conceder licencias para expandirse al extranjero; por su parte, la teoría de las imperfecciones del mercado aborda el tema de la eficiencia. Por estas razones, muchos economistas se inclinan por la explicación de la IED en términos de las imperfecciones del mercado, aunque la mayoría coincidiría en que la explicación imitativa aclara una parte importante de la historia.

Paradigma ecléctico

El economista británico John Dunning defiende el paradigma ecléctico.[23] Dunning sustenta que, además de los diversos factores que ya estudiamos, las ventajas de la adaptación (localización) específica explican también la naturaleza y el destino de la IED. Con la expresión **ventajas de la localización específica** Dunning se refiere a las ventajas de aprovechar los recursos o activos propios de determinado lugar en el extranjero y que a una empresa le resultan valiosos para combinar con sus propias ventajas exclusivas (como conocimientos tecnológicos, de marketing o administrativos). Dunning acepta el argumento de la teoría de la internalización de que las fallas del mercado dificultan que una empresa conceda licencias sobre sus activos exclusivos (sus conocimientos técnicos). Por tanto, afirma que combinar las ventajas o los recursos peculiares de un lugar y las ventajas exclusivas de una compañía requiere IED, pues es necesario que la empresa establezca centros de producción ahí donde se hallan esas ventajas o recursos.

Un ejemplo claro de los argumentos de Dunning son los recursos naturales, como el petróleo y otros minerales, que se ubican en determinados lugares. Dunning sustenta que una empresa debe hacer IED para explotar esos recursos extranjeros. Esto explica la IED de las compañías petroleras del mundo, que deben invertir donde esté el petróleo para combinar sus conocimientos tecnológicos y administrativos con el recurso valioso de la región de que se trate. Otro ejemplo son los recursos humanos valiosos, como trabajadores calificados y baratos. El costo y las capacidades de la mano de

[19] Los estudios se resumen en R. E. Caves, *Multinational Enterprise and Economic Analysis*, Cambridge, Reino Unido, Cambridge University Press, 2a. ed., 1996.

[20] Véase R. E. Caves, "Japanese Investment in the US; Lessons for the Economic Analysis of Foreign Investment", en *The World Economy*, 16, 1993, pp. 279-300; B. Kogut y S. J. Chang, "Technological Capabilities and Japanese Direct Investment in the United States", en *Review of Economics and Statistics*, 73, 1991, pp. 401-443, y J. Anand y B. Kogut, "Technological Capabilities of Countries, Firm Rivalry, and Foreign Direct Investment", en *Journal of International Business Studies*, tercer trimestre de 1997, pp. 445-465.

[21] K. Ito y E. L. Rose, "Foreign Direct Investment Location Strategies in the Tire Industry", en *Journal of International Business Studies*, 33, 2002, pp. 593-602.

[22] H. Haveman y L. Nonnemaker, "Competition in Multiple Geographical Markets", en *Administrative Science Quarterly*, 45, 2000, pp. 232-267; y L. Fuentelsaz y J. Gomez, "Multipoint Competition, Strategic Similarity and Entry into Geographic Markets", en *Strategic Management Journal*, 27, 2006, pp. 447-457.

[23] J. H. Dunning, *Explaining International Production*, Londres, Unwin Hyman, 1988.

Silicon Valley es desde hace tiempo el epicentro de la industria de la computación y los semiconductores.

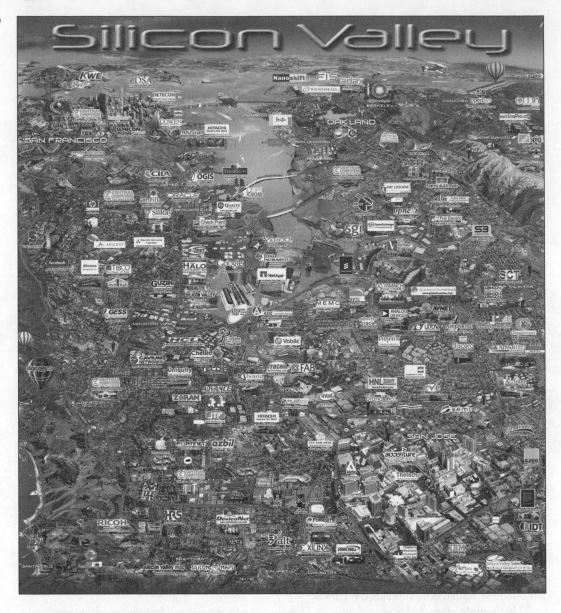

obra oscilan entre los países. Como esta no es comercializable internacionalmente, según Dunning, es lógico que una empresa establezca sus centros de producción donde sus costos y capacidades se presten para llevar a cabo de la mejor manera sus procesos de producción específicos.

Sin embargo, las implicaciones de la teoría de Dunning van más allá de los recursos básicos, como minerales y mano de obra. Pensemos en Silicon Valley, el centro mundial de la industria de la computación y los semiconductores. Muchas de las principales compañías mundiales del rubro, como Apple Computer, Hewlett-Packard, Oracle, Google e Intel, están muy cerca unas de otras en esa área de California; por consiguiente, en ella se generan muchas investigaciones de vanguardia y desarrollo de productos de computación y de semiconductores. De acuerdo con las ideas de Dunning, el conocimiento que se acumula en esa área sobre el diseño y la manufactura de computadoras y semiconductores no se consigue en ningún otro lugar. A medida que este conocimiento se comercializa, se difunde por el mundo, pero la última palabra en esta industria se encuentra en Silicon Valley; en términos de Dunning, esto significa que dicho lugar tiene una *ventaja de localización específica* respecto de la generación de conocimientos relacionados con los sectores de la computación y los semiconductores. En parte, tal ventaja se debe a la ingente concentración de talento intelectual en la zona y a una red de contactos informales con que las empresas se benefician de la producción de conocimientos de todos. Los economistas llaman externalidades a estos "excedentes" de conocimientos y existe una teoría muy conocida que asevera que las compañías pueden aprovechar esas externalidades si se instalan cerca de su fuente.[24]

Como hasta la fecha así ha ocurrido, es lógico que las empresas extranjeras de computación y semiconductores inviertan en centros de investigación y, tal vez, de producción para que también aprendan y utilicen los valiosos conocimientos nuevos antes que las compañías de otras naciones, con lo que obtienen una ventaja competitiva en el mercado mundial.[25] La evidencia sugiere que las empresas europeas, japonesas, sudcoreanas y taiwanesas de ese sector invierten en la región de Silicon Valley precisamente porque quieren beneficiarse de sus externalidades.[26] Otros aseguran que la inversión directa de empresas extranjeras en el sector estadounidense de la biotecnología obedece a su deseo de acercarse a los conocimientos tecnológicos de las compañías biotecnológicas de ese origen.[27] Por tanto, la teoría de Dunning es un complemento útil a las otras que ya estudiamos, ya que explica el efecto del lugar en el destino de la IED.[28]

Ideología política e inversión extranjera directa

OA8-3

Históricamente, las ideologías políticas respecto de la IED han oscilado desde una perspectiva dogmática y radical hostil a toda IED en un extremo, hasta la adhesión al principio de no intervención en las economías de libre mercado en el otro. Entre ambos extremos, hay una postura que podría denominarse *nacionalismo pragmático*.

PERSPECTIVA RADICAL

La perspectiva radical tiene sus raíces en la teoría política y económica de Marx. Los autores radicales sostienen que la empresa multinacional (EMN) es un instrumento de dominio imperialista. La consideran una herramienta para explotar a los países anfitriones en beneficio exclusivo de las naciones de origen, las cuales son imperialistas y capitalistas. Argumentan que las EMN extraen beneficios del país anfitrión para llevárselos a su país de origen, sin darle nada de valor a cambio. Hacen notar, por ejemplo, que las EMN controlan tecnología clave y que los empleos importantes en sus subsidiarias extranjeras quedan en manos de nativos de la nación de origen y no de ciudadanos del país anfitrión. Por ello, y siempre según la perspectiva radical, la IED de las EMN de naciones capitalistas avanzadas mantiene a los países menos desarrollados del mundo en un retraso relativo y aumenta su dependencia de las inversiones, los empleos y la tecnología de las naciones dominantes. De esta manera, según la versión extrema de esta perspectiva, ningún país debería permitir que corporaciones extranjeras hicieran IED, porque esta nunca puede ser un instrumento de desarrollo económico, sino solo de dominación. Cuando las EMN ya existan en un país, deben ser nacionalizadas de inmediato.[29]

Desde 1945 y hasta la década de 1980, la perspectiva radical tuvo gran influencia en la economía mundial. Hasta el colapso del comunismo entre 1989 y 1991, los países de Europa Oriental se oponían a la IED. De modo similar, las naciones comunistas en cualquier parte del mundo, como China, Camboya y Cuba, por principio rechazaban la IED (aunque, en la práctica, los chinos comenzaron a permitirla en su territorio continental en la década de 1970). Varios países socialistas, en especial de África, donde una de las primeras acciones de los nuevos estados independientes fue nacionalizar compañías extranjeras, también adoptaron la postura radical. Las naciones cuya ideología

---

[24] P. Krugman, "Increasing Returns and Economic Geography", en *Journal of Political Economy*, 99, núm. 3, 1991, pp. 483-499.

[25] J. M. Shaver y F. Flyer, "Agglomeration Economies, Firm Heterogeneity, and Foreign Direct Investment in the United States", en *Strategic Management Journal*, 21, 2000, pp. 1175-1193.

[26] J. H. Dunning y R. Narula, "Transpacific Foreign Direct Investment and the Investment Development Path", en *South Carolina Essays in International Business*, mayo de 1995.

[27] W. Shan y J. Song, "Foreign direct Investment and the Sourcing of Techological Advantage: Evidence from the Biotechnology Industry", en *Journal of International Business Studies*, segundo trimestre de 1997, pp. 267-284.

[28] Para más pruebas, véase L. E. Brouthers, K. D. Brouthers y S. Warner, "Is Dunning's Eclectic Framework Descriptive or Normative?", en *Journal of International Business Studies*, 30, 1999, pp. 831-844.

[29] Para profundizar en el tema, véase S. Hood y S. Young, *The Economics of the Multinational Enterprise*, Londres, Longman, 1979, y P. M. Sweezy y H. Magdoff, "The Dynamics of U. S. Capitalism", en *Monthly Review Press*, 1972.

política era más nacionalista que socialista lo hicieron más adelante. Fue el caso de Irán y la India; por ejemplo, ambas adoptaron estrictas políticas que restringían la IED y nacionalizaron muchas compañías extranjeras. Irán es un caso especialmente interesante porque el gobierno islámico, si bien rechaza la teoría marxista, ha adoptado la perspectiva radical de que la IED de las EMN es un instrumento del imperialismo.

A principios de la década de 1990, la posición radical estaba en franco retroceso en casi todas partes. Existen tres razones que explican esta tendencia: 1) el colapso del comunismo en Europa Oriental; 2) la diferencia generalmente abismal que existía entre el desempeño económico de los países radicales y el de sus contrapartes, y una creciente conciencia en muchos de ellos de que la IED puede ser una fuente primordial de tecnología y empleos, y es capaz de estimular el crecimiento económico; y 3) el sólido desempeño económico de las naciones en desarrollo que adoptaron el capitalismo en vez de la ideología radical, como Singapur, Hong Kong y Taiwán.

Perspectiva del mercado libre

Las raíces del mercado libre son las teorías económicas y de comercio internacional clásicas de Adam Smith y David Ricardo (véase el capítulo 6). La defensa intelectual de esta perspectiva del mercado libre se ha visto reforzada por la teoría de la internalización de la IED. Sostiene que la producción internacional debe distribuirse entre los países según la teoría de la ventaja comparativa. Las naciones deben especializarse en la producción de aquellos bienes y servicios que pueden producir con mayor eficiencia. En este contexto, la EMN es un instrumento para distribuir la producción de bienes y servicios entre los lugares más eficientes alrededor del planeta. Vista de esta forma, la IED que hacen las EMN eleva la eficiencia general de la economía mundial.

Imaginemos que Dell ha decidido trasladar muchas de sus operaciones de montaje de sus computadoras personales de Estados Unidos a México para aprovechar los bajos costos de la mano de obra en este país. De acuerdo con la perspectiva de libre mercado, este tipo de mudanza puede ser visto como una medida que eleva la eficiencia general de la utilización de recursos en la economía mundial. Por sus bajos costos de mano de obra, México tiene una ventaja comparativa en el armado de las PC. Al cambiar la producción de estas computadoras de Estados Unidos a México, Dell libera recursos estadounidenses para usarlos en actividades en las cuales Estados Unidos tiene una ventaja comparativa (es decir, el diseño de software, la manufactura de componentes de alto valor agregado como los microprocesadores, o investigación y desarrollo básicos). Asimismo, los consumidores se benefician porque las PC cuestan menos que si hubiesen sido producidas por completo en Estados Unidos. Además, México gana con la tecnología, las habilidades y el capital que Dell transfiere con su IED. Contrariamente a la perspectiva radical, la de mercado libre destaca que dichas transferencias de recursos benefician al país anfitrión y estimulan su crecimiento económico. Así, la perspectiva del mercado libre sostiene que la IED es benéfica tanto para la nación de origen como para la anfitriona.

NACIONALISMO PRAGMÁTICO

En la práctica, muchos países no han adoptado ni la política radical ni la de libre mercado, sino una que puede describirse como nacionalismo pragmático.[30] Esta perspectiva considera que la IED tiene tanto costos como beneficios. Puede favorecer al país anfitrión al llevar capital, habilidades, tecnología y empleos, pero ello supone un costo. Cuando es una compañía extranjera, en lugar de una nacional, la que produce, las ventajas de dicha inversión son para el país de origen. Muchas naciones se preocupan también de que una planta manufacturera propiedad de extranjeros puede importar muchos componentes de su país de origen, lo cual tendría implicaciones negativas para la posición de la balanza de pagos del país anfitrión.

Conscientes de estos temores, los países que adoptan la perspectiva pragmática siguen políticas diseñadas para maximizar los beneficios nacionales y minimizar los costos. Según estos parámetros, la IED solo debe permitirse mientras las ganancias superen los costos. Japón ofrece un buen ejemplo de nacionalismo pragmático: hasta la década de 1980, la política japonesa fue quizá una de las más

---

[30] Para un ejemplo de esta norma, según se aplica en China, véase L. G. Branstetter y R. C. Freenstra, "Trade and Foreign Direct Investment in China: A Political Economy Approach", en *Journal of International Economics*, diciembre de 2002, pp. 335-358.

restrictivas antes de adoptar la perspectiva nacionalista pragmática debido a la visión japonesa de que la entrada directa de firmas extranjeras con grandes recursos administrativos en sus mercados, en especial de Estados Unidos, puede dificultar el desarrollo y crecimiento de su propia industria y tecnología.[31] Esta postura condujo a Japón a bloquear la mayoría de las solicitudes para invertir en su territorio; sin embargo, siempre existen excepciones a esta política. A menudo, las compañías que tenían tecnología importante eran autorizadas a efectuar IED si insistían en que no la licenciarían a una empresa japonesa ni entrarían en una *joint venture* con alguna compañía del país. IBM y Texas Instruments lograron establecer subsidiarias en Japón luego de aceptar estas condiciones. Desde el punto de vista del gobierno japonés, los beneficios de la IED en esos casos (los estímulos que dichas compañías podían incorporar a la economía japonesa) superaban los costos percibidos.

Otro aspecto del nacionalismo pragmático es la tendencia a atraer enérgicamente la IED que se considera beneficiará al país, por ejemplo, mediante subsidios a las EMN en forma de concesiones o exenciones fiscales. Con frecuencia, los países de la Unión Europea parecen competir uno con otro para atraer IED estadounidense o japonesa, al ofrecer grandes exenciones de impuestos y subsidios. Gran Bretaña ha sido la más exitosa en atraer inversión japonesa a su industria del automóvil; Nissan, Toyota y Honda tienen ahora grandes plantas armadoras en esa nación, y lo utilizan como base de operaciones para atender al resto de Europa, con obvios beneficios de empleo y balanza de pagos para los británicos.

IDEOLOGÍA CAMBIANTE

En años recientes, se ha visto una marcada reducción en la cantidad de países que adoptan la ideología radical. Aunque pocas naciones han establecido una política de libre mercado pura, una creciente cantidad gravita hacia el extremo de libre mercado del espectro y ha liberalizado su régimen de inversión extranjera. Entre estas se encuentran muchos países que hace menos de dos décadas estaban firmemente asentados en el lado radical (los antiguos países comunistas de Europa Oriental y muchos de los estados socialistas de África), y varios más que hasta fechas recientes podían describirse como nacionalistas radicales respecto de la IED (Japón, Corea del Sur, Italia, España y la mayoría de las naciones en América Latina). Uno de los resultados de esta situación ha sido el aumento del volumen mundial de la IED que, como ya mencionamos, ha crecido dos veces más rápido que el comercio mundial. Otro de los resultados ha sido un aumento del volumen de IED dirigido a países que recientemente han liberalizado sus regímenes de inversión extranjera directa, como China, la India y Vietnam.

En contraste, hay evidencia reciente del inicio de lo que podría convertirse en un cambio hacia una postura más hostil a la inversión extranjera directa; Venezuela y Bolivia la han adoptado. En 2005 y 2006, los gobiernos de ambas naciones reformularon unilateralmente los contratos para la explotación de gas y petróleo, elevando el índice de regalías que las empresas extranjeras debían pagar al gobierno por todo el gas y petróleo extraído en sus territorios. Aún más, después de su victoria electoral en 2006, el presidente boliviano Evo Morales nacionalizó los yacimientos de hidrocarburos y declaró que expulsaría a las compañías extranjeras a menos que aceptaran pagar aproximadamente 80% de sus ganancias al Estado y renunciaran a supervisar la producción. También, en algunos países desarrollados, se han registrado reacciones hostiles a la IED. En 2006, en Europa, una reacción política hostil se levantó en contra de la compra de la compañía acerera más grande de Europa, Arcelor, a manos de Mittal Steel, una compañía global controlada por un empresario indio, Lakshmi Mittal. A mediados de 2005, la China National Offshore Oil Company retiró una oferta de adquisición de la empresa estadounidense Unocal después de registrarse una fuerte oposición en el Congreso respecto de la venta de un "activo estratégico" a una compañía china. De igual modo, como detalla el "Panorama administrativo", en 2006 una compañía de Dubai se retractó de su plan para adquirir los derechos de administrar seis puertos estadounidenses luego de reacciones políticas negativas. Hasta ahora, estas contracorrientes no son más que incidentes aislados, pero, si se expanden, el movimiento de 30 años de esfuerzos hacia la reducción de las barreras a inversiones extranjeras podría estar en riesgo.

---

[31] M. Itoh y K. Kiyono, "Foreign Trade and Direct Investment", en R. Komiya, M. Okuno y K. Suzumura, *Industrial Policy of Japan*, Tokio, Academic Press, 1988.

DP World y Estados Unidos

En febrero de 2006, DP World, un operador portuario mundial propiedad del gobierno de Dubai, miembro de los Emiratos Árabes Unidos y aliado estadounidense incondicional, pagó 6 800 millones de dólares para adquirir P&O, una firma británica que administra una red global de terminales marítimas. Con P&O se obtuvieron las operaciones administrativas de seis puertos estadounidenses: Miami, Filadelfia, Baltimore, Nueva Orleans, Nueva Jersey y Nueva York. La adquisición ya había sido aprobada por los reguladores de Estados Unidos cuando de pronto se convirtió en noticia de primera plana. Al enterarse del trato, varios prominentes senadores estadounidenses empezaron a dudar. Sus objeciones eran dobles. En primer lugar, se cuestionaban sobre los riesgos de seguridad asociados con el hecho de que las operaciones administrativas en puertos clave del país fueran propiedad de una compañía extranjera con base en el Medio Oriente. El peligro radicaba en que, de cierta manera, los terroristas podían tomar ventaja de este acuerdo para infiltrarse en los puertos estadounidenses. En segundo, estaban preocupados por el hecho de que DP World fuera una empresa paraestatal y sostenían que los gobiernos extranjeros no debían estar en posesión de "activos estratégicos de Estados Unidos".

La administración Bush defendió con rapidez la adquisición: declaró que no planteaba amenaza alguna para la seguridad nacional. Otros señalaron que DP World era una compañía mundialmente respetada, con un jefe de operaciones estadounidense y un presidente formado en Estados Unidos; la cabeza de la operación administrativa portuaria global también sería de esa nacionalidad. DP World no sería propietaria de los puertos estadounidenses, sino que solo los administraría, mientras que los temas de seguridad permanecerían en manos de los funcionarios de aduana y de la guardia costera estadounidenses. Dubai también era miembro de la Iniciativa Estadounidense para la Seguridad de los Contenedores, que permite a los funcionarios de aduanas inspeccionar cargamentos en puertos extranjeros antes de que partan hacia Estados Unidos. La mayoría de los empleados de DP World en los puertos estadounidenses serían ciudadanos del país, y cualquier ciudadano de los Emiratos Árabes que fuese transferido a DP World debería contar con una visa y la aprobación del gobierno estadounidense.

Dichos argumentos cayeron en oídos sordos. Con varios senadores estadounidenses que amenazaban sancionar leyes que prohibieran la propiedad por parte de extranjeros de las operaciones portuarias del país, DP World se resignó a lo inevitable y anunció que vendería el derecho de administrar los seis puertos de Estados Unidos en casi 750 millones de dólares; sin embargo, y con miras al futuro, DP World declaró que buscaría una oferta pública inicial en 2007 y, en su calidad de empresa privada, quizá seguiría buscando cómo entrar a Estados Unidos. En palabras del CEO: "Es la economía más grande del mundo. ¿Cómo podemos ignorarla?".[32]

OA8-4   ## Costos y beneficios de la IED

En mayor o menor grado, muchos gobiernos pueden considerarse nacionalistas pragmáticos cuando se trata de IED. Aquí, exploraremos los beneficios y costos de esta postura, primero desde la perspectiva del país anfitrión y después desde la visión del país fuente. En la siguiente sección, profundizaremos en las políticas que los gobiernos utilizan para administrar la IED.

BENEFICIOS PARA EL PAÍS ANFITRIÓN

Los principales beneficios de la IED para el país anfitrión se derivan de los efectos de la transferencia de recursos, en el empleo, la balanza de pagos y el impacto en la competencia y el crecimiento económicos.

Efectos de la transferencia de recursos

La inversión extranjera directa puede contribuir muy positivamente a la economía del país anfitrión, pues proporciona recursos de capital, tecnología y administrativos que de otra manera no estarían disponibles, lo cual impulsa el índice de crecimiento económico de dicha nación (según se describe

---

[32] "Trouble at the Waterfront", en *The Economist*, 25 de febrero de 2006, p. 48; "Paranoia about Dubai Ports Deals is Needless", en *Financial Times*, 21 de febrero de 2006, p. 16; y "DP World: We'll Be Back", en *Traffic World*, 29 de mayo de 2006, p. 1.

en el "Caso inicial", el gobierno indio ha vuelto a esta perspectiva y ha adoptado una actitud más permisiva para la inversión entrante).[33]

Respecto del capital, muchas EMN, dado su gran tamaño y fuerza financiera, tienen acceso a recursos que no están disponibles para las compañías del país anfitrión. Estos fondos pueden provenir de fuentes internas de la compañía, o bien, su reputación puede facilitar que obtengan préstamos en mercados de capital, lo cual no es tan sencillo para las empresas del anfitrión.

En cuanto a la tecnología, recordemos que en el capítulo 3 expusimos que la tecnología puede estimular el desarrollo económico y la industrialización. La tecnología puede adoptar dos formas, ambas valiosas: puede incorporarse a un proceso de producción (por ejemplo, la tecnología necesaria para descubrir, extraer y refinar petróleo) o en un producto (como computadoras personales). Sin embargo, muchas naciones carecen de los recursos y las habilidades de investigación y desarrollo necesarios para instrumentar su propia tecnología de productos y procesos. Esto es particularmente cierto en las naciones menos desarrolladas, que dependen de los países industrializados para obtener gran parte de la tecnología que se requiere para estimular el crecimiento económico, y la IED puede proporcionársela.

Las investigaciones apoyan el punto de vista de que por lo general las firmas multinacionales transfieren tecnología valiosa cuando invierten en un país extranjero;[34] por ejemplo, un estudio de la IED en Suecia reveló que las compañías extranjeras aumentaron la productividad de la mano de obra y el factor total de las empresas suecas que adquirieron, lo cual indica que ocurrieron transferencias significativas de tecnología (la tecnología suele impulsar la productividad).[35] Asimismo, un estudio que efectuó la Organización para la Cooperación y el Desarrollo Económicos (OCDE) reveló que los inversionistas extranjeros destinaron grandes cantidades de capital a investigación y desarrollo en los países en donde hicieron dichas inversiones, lo cual sugiere que no solo les transfirieron tecnología, sino que pueden haber actualizado la existente o creado nueva tecnología para esas naciones.[36]

Además, las capacidades administrativas extranjeras que se adquieren mediante la IED pueden generar enormes beneficios para el país anfitrión. Los administradores extranjeros capacitados en las técnicas administrativas más recientes pueden ayudar a mejorar la eficiencia de las operaciones en el país anfitrión, ya sea con desarrollos adquiridos o nuevos. Esta es una de las razones por las que el gobierno indio querría abrir el sector minorista a inversiones entrantes de compañías extranjeras como Walmart y Carrefour (véase el "Caso inicial"). También, pueden surgir efectos benéficos indirectos cuando el personal local que ha sido capacitado para ocupar puestos administrativos, financieros y técnicos en la subsidiaria de una EMN abandona la compañía para formar empresas nacionales. Asimismo, pueden obtenerse beneficios similares si las capacidades administrativas superiores de una EMN extranjera alientan a los proveedores, distribuidores y competidores locales a mejorar sus propias capacidades administrativas.

Efectos en el empleo

Otro efecto benéfico resultado de la IED es que crea empleos en el país anfitrión que, de otro modo, no existirían. La IED afecta el empleo de manera directa e indirecta. El primer caso se presenta cuando una EMN extranjera contrata a ciudadanos del país anfitrión. Los efectos indirectos se observan cuando los proveedores locales crean empleos como resultado de la inversión y cuando los empleos son creados debido a un mayor poder adquisitivo de los trabajadores de la EMN. Con frecuencia, los efectos indirectos en el empleo son tan grandes como los directos, si no es que mayores; por ejemplo, cuando Toyota decidió abrir una nueva planta armadora en Francia, los cálculos sugi-

---

[33] R. E. Lipsey, "Home and Host Country Effects of FDI", documento de trabajo núm. 9293, National Bureau of Economic Research, octubre de 2002, y X. Li y X. Liu, "Foreign Direct Investment and Economic Growth", en *World Development*, 33, marzo de 2005, pp. 393-413.

[34] X. J. Zhan y T. Ozawa, *Business Restructuring in Asia: Cross Border M&As in Crisis Affected Countries*, Copenhague, Copenhagen Business School, 2000; I. Costa, S. Robles y R. de Queiroz, "Foreign Direct Investment and Technological Capabilities", en *Research Policy*, 31, 2002, pp. 1431-1443; B. Potterie y F. Licthenberg, "Does Foreign Direct Investment Transfer Technology across Borders?", en *Review of Economics and Statistics*, 83, 2001, pp. 490-497, y K. Saggi, "Trade, Foreign Direct Investment and International Technology Transfer", en *World Bank Research Observer*, 17, 2002, pp. 191-235.

[35] K. M. Moden, "Foreign Acquisitions of Swedish Companies: Effects on R&D and Productivity", mimeografiado, Research Institute of International Economics, 1998.

[36] "Foreign Friends", en *The Economist*, 8 de enero de 2000, pp. 71-72.

La creación de empleos es un resultado de la IED. Estos trabajadores franceses arman autos en la planta de Toyota instalada en Valenciennes.

rieron que esta decisión crearía 2 mil empleos directos y quizá otros 2 mil en las industrias de apoyo.[37]

Los escépticos sostienen que no todos los "nuevos empleos" creados por la IED representan sumas netas al índice de empleo. En el caso de IED de fábricas de autos japonesas en Estados Unidos, algunos argumentan que los puestos de trabajo originados por esta inversión no igualan a los trabajadores despedidos por las compañías estadounidenses que han perdido mercado ante los competidores nipones. Como consecuencia de dicho efecto de sustitución, la cantidad neta de nuevos empleos creados por la IED puede no ser tan grande como en principio proclamó alguna EMN. El tema de la posible ganancia de empleo neta puede ser un aspecto relevante de negociación entre una multinacional que desee hacer IED y el gobierno anfitrión.

Cuando la IED toma la forma de compra de una empresa establecida en la economía anfitriona, y no de una inversión nueva, el efecto inmediato puede ser reducir el empleo, a medida que la multinacional intenta reestructurar las operaciones de la entidad que adquirió para mejorar su eficiencia; no obstante, incluso en tales casos, la investigación sugiere que, una vez que termina el periodo inicial de reestructuración, las compañías adquiridas por firmas extranjeras tienden a aumentar su base de empleados a un ritmo más rápido que sus contrapartes locales.[38]

Efectos en la balanza de pagos

El efecto de la IED en las cuentas de la balanza de pagos de una nación es un tema político fundamental para la mayoría de los gobiernos anfitriones. Estos casi siempre se preocupan cuando su país tiene un déficit en la cuenta corriente de su balanza de pagos. La **cuenta corriente registra** la importación y exportación de bienes y servicios. Un déficit en la cuenta corriente, o *déficit comercial*, como se le llama a menudo, ocurre cuando un país importa más bienes y servicios de los que exporta. Por lo general, los gobiernos prefieren tener un superávit que un déficit en la cuenta corriente. La única forma en que el déficit puede ser sostenido a largo plazo es por medio de la venta de activos a extranjeros (para una explicación detallada a este respecto, véase el apéndice del capítulo 6); por ejemplo, el déficit constante en la cuenta corriente que Estados Unidos tiene desde la década de 1980 ha sido financiado por una venta continua de los activos del país (acciones, bonos, inmuebles y corporaciones) a extranjeros. Como a los gobiernos nunca les gusta ver que los activos de su patria caigan en manos extranjeras, prefieren tener un superávit en la cuenta corriente. Hay dos maneras en que la IED puede contribuir a que una nación alcance ese objetivo.

En primer lugar, si la IED es un sustituto de la importación de bienes y servicios, el efecto puede ser aumentar la cuenta corriente de la balanza de pagos del país anfitrión; por ejemplo, puede considerarse que muchas de las IED de las fábricas de autos japonesas en Estados Unidos y Europa sustituyen a las importaciones desde Japón. Así, la cuenta corriente de la balanza de pagos de Estados Unidos ha mejorado en parte debido a que ahora muchas compañías japonesas abastecen el mercado estadounidense desde instalaciones de producción en el país y no desde Japón. Hasta el momento, y dado que esto ha reducido la necesidad de financiar el déficit en la cuenta corriente mediante la venta de activos a extranjeros, es evidente que Estados Unidos se ha beneficiado.

Un segundo beneficio potencial surge cuando una EMN emplea a una subsidiaria extranjera para exportar bienes y servicios a otros países. Según un reporte de la ONU, la IED entrante de las multinacionales extranjeras ha sido un motor esencial para el crecimiento económico asociado con la exportación en diversas naciones desarrolladas y en desarrollo durante la última década;[39] por ejemplo, las exportaciones de China se elevaron de 26 mil millones de dólares en 1985 a más de 250 mil millones en 2001, y a 1.9 millones de millones en 2012. Mucho de este espectacular crecimiento de

[37] A. Jack, "French Go into Overdrive to Win Investors", en *Financial Times*, 10 de diciembre de 1997, p. 6.

[38] "Foreign Friends", en *The Economist*, 8 de enero de 2000, pp. 71-72.

[39] Organización de las Naciones Unidas, *World Investment Report, 2002*, Nueva York y Ginebra, ONU, 2002.

la exportación se debió a la presencia de multinacionales extranjeras que hicieron grandes inversiones en China durante la década de 1990.

Efectos en la competencia y el crecimiento económico

La teoría económica nos dice que el funcionamiento eficiente de los mercados depende de un nivel adecuado de competencia entre los productores. Cuando la IED adquiere la forma de inversiones nuevas, el resultado es establecer nuevas empresas, lo que aumenta la cantidad de participantes en el mercado y, por tanto, las opciones del consumidor. A su vez, este incremento puede elevar el nivel de competencia en el mercado nacional, lo que ocasiona baja de precios y aumento del bienestar económico de los consumidores. El crecimiento de la competencia tiende a estimular las inversiones de capital de las compañías en plantas, equipos, investigación y desarrollo, a medida que se esfuerzan por superar a la competencia. Los resultados a largo plazo pueden incluir una aceleración del crecimiento productivo y de la innovación de procesos y productos, así como un mayor crecimiento económico.[40] Tales efectos benéficos parecen haber ocurrido en el sector sudcoreano de venta al por menor que siguió a la liberalización de las regulaciones a las IED de 1996; por ejemplo, la IED de las grandes tiendas de descuento occidentales, como Walmart, Costco, Carrefour y Tesco, parece haber alentado a sus similares locales como E-Mart a mejorar la eficiencia de sus propias operaciones. Los resultados se han traducido en una mayor competencia y en precios más bajos, lo cual beneficia a los consumidores sudcoreanos.

El efecto de la IED en la competencia entre los mercados nacionales puede ser especialmente importante en el caso de servicios como las telecomunicaciones, ventas al menudeo y muchos servicios financieros, mientras que la exportación no siempre es una opción, pues el servicio debe generarse en el mismo sitio en donde se entrega;[41] por ejemplo, conforme el acuerdo auspiciado por la OMC en 1997, 68 países que concentraban más de 90% de las ganancias mundiales en telecomunicaciones aceptaron comenzar a abrir sus mercados a la inversión y competencia extranjeras, y a establecer reglas comunes para la justa competencia en el sector. Antes de dicho convenio, la mayoría de los mercados mundiales de telecomunicaciones estaba cerrada a la competencia extranjera, y en la mayor parte de las naciones, dicho sector estaba monopolizado por un solo proveedor, que, por lo regular, era una empresa paraestatal. El acuerdo ha elevado de manera espectacular el nivel de competencia en muchos mercados nacionales de telecomunicaciones, lo cual ha causado dos beneficios principales: uno, ha incrementado la competencia y estimulado la inversión en modernización de las redes telefónicas de todo el mundo, lo que ha mejorado el servicio; y dos, el aumento de la competencia ha permitido bajar los precios.

COSTOS PARA EL PAÍS ANFITRIÓN

Son tres los costos de la IED que preocupan a los países anfitriones. Estos surgen de los posibles efectos adversos sobre la competencia dentro de sus fronteras, en la balanza de pagos y en la pérdida percibida de soberanía y autonomía nacionales.

Efectos adversos sobre la competencia

En ocasiones, los gobiernos anfitriones se preocupan porque las subsidiarias de las EMN extranjeras pueden tener un mayor poder económico que sus competidores nacionales. Si es parte de una organización internacional, la EMN extranjera podría obtener fondos generados en otros lugares para subsidiar sus costos en el mercado anfitrión, lo cual sacaría a las compañías nacionales del negocio y le permitiría monopolizar el mercado. Si este proceso se concreta, la compañía elevaría los precios por encima de los que podrían prevalecer en los mercados competitivos, con los consiguientes efectos dañinos en el bienestar económico de la población. Tal preocupación tiende a ser mayor en países (por lo común en desarrollo) que poseen grandes compañías propias y, relativamente menor, en las naciones más avanzadas e industrializadas.

En general, aunque la nueva IED debe aumentar la competencia, no está muy claro si esto ocurre también cuando se da en forma de adquisiciones de empresas establecidas en la nación anfitriona,

---

[40] R. Ram y K. H. Zang, "Foreign Direct Investment and Economic Growth", en *Economic Development and Cultural Change* 51, 2002, pp. 205-225.

[41] Organización de las Naciones Unidas, *World Investment Report, 1998*, Nueva York y Ginebra, ONU, 1997.

como fue el caso de Cemex cuando adquirió RMC en Gran Bretaña (véase el "Panorama administrativo" correspondiente), pues la competencia puede ser neutral debido a que una compra no genera un aumento neto en la cantidad de participantes en el mercado. Cuando un inversionista extranjero adquiere dos o más compañías en un país anfitrión y después las fusiona, los efectos pueden ser una caída del nivel de competencia en ese mercado, la creación de un poder monopólico, la reducción de las opciones para los consumidores y el aumento de los precios; por ejemplo, en la India, Hindustan Lever Ltd., la subsidiaria de Unilever, compró a su principal rival local, Tata Oil Mills, para asumir una posición dominante en los mercados de jabón para baño (75%) y detergentes (30%). Asimismo, adquirió varias compañías locales en otros mercados, como los fabricantes de helados Dollops, Kwality y Milkfood. Al combinar estas empresas, la participación de Hindustan Lever en el mercado de los helados en India se elevó desde cero en 1992 a 74% en 1997;[42] no obstante, aunque dichos casos son preocupantes, las autoridades nacionales pueden revisar y bloquear fusiones o adquisiciones que se considere tendrán un efecto perjudicial en la competencia, lo cual debería ser suficiente para garantizar que las entidades extranjeras no monopolicen los mercados de un país.

Efectos adversos en la balanza de pagos

Los posibles efectos adversos de la IED en la posición de la balanza de pagos del país anfitrión son dobles. En primer lugar, debe compararse el flujo interno de capital inicial que ingresa gracias a la IED con el flujo de salida de las ganancias de una subsidiaria extranjera hacia su compañía matriz. Esas salidas se reflejan como flujos de salida de capital en las cuentas de la balanza de pagos. Algunos gobiernos han respondido a esos flujos de salida mediante la restricción de las ganancias que pueden repatriarse al país de origen de las subsidiarias extranjeras. Un segundo motivo de preocupación surge cuando una subsidiaria extranjera importa una cantidad sustancial de sus suministros, lo cual provoca un débito en la cuenta corriente de la balanza de pagos del país anfitrión; por ejemplo, una de las críticas contra las operaciones de montaje de automóviles japoneses en Estados Unidos es que tienden a importar muchos componentes de Japón , por lo que el efecto favorable de esta IED en la cuenta corriente de la balanza de pagos estadounidense puede no ser tan grande como se esperaba al inicio. Las compañías de autos japonesas respondieron a estas críticas comprometiéndose a comprar 75% de sus componentes a fabricantes establecidos en Estados Unidos (que no necesariamente eran propiedad de estadounidenses). Cuando Nissan invirtió en el Reino Unido, respondió a las preocupaciones sobre el contenido local comprometiéndose a incrementar la proporción de componentes locales a 60% y a elevarla después a más de 80%.

Soberanía y autonomía nacionales

Algunos gobiernos anfitriones se preocupan de que la IED esté acompañada por pérdida de independencia económica; es decir, que una matriz extranjera que en realidad no tiene compromisos con el país anfitrión, y sobre la cual el gobierno de este no posee un control real, podría tomar decisiones clave que afecten la economía de tal nación. La mayoría de los economistas descarta estas preocupaciones como irracionales y sin fundamento. El politólogo Robert Reich afirma que esas dudas son producto de una manera anticuada de pensar porque no tienen en cuenta la creciente interdependencia de la economía global.[43] En un mundo en donde las compañías de todas las naciones avanzadas invierten cada vez más en los mercados de las otras, no es posible que una nación le haga a otra un "chantaje económico" sin dañarse a sí misma.

BENEFICIOS PARA EL PAÍS DE ORIGEN

Los beneficios de la IED para el país de origen se originan de tres maneras. Primera, su balanza de pagos se beneficia del flujo de ingresos foráneos. La IED puede también beneficiar la balanza de pagos de la nación de origen si la subsidiaria extranjera crea una demanda para sus exportaciones de equipos de capital, bienes intermedios, productos complementarios y similares.

Segunda, los beneficios que el país de origen puede obtener de esta inversión extranjera directa surgen de los efectos en el empleo. Como sucede con la balanza de pagos, los efectos positivos en

[42] Organización de las Naciones Unidas, *World Investment Report 2000*, Nueva York y Ginebra, ONU, 2000.
[43] R. B. Reich, *The World of Nations: Preparing Ourselves for the 21st Century*, Nueva York, Alfred A. Knopf, 1991.

el empleo ocurren cuando la subsidiaria extranjera crea demanda por exportaciones provenientes de la nación de origen. Así, la inversión de Toyota en las operaciones de armado de automóviles en Europa ha beneficiado tanto a la balanza de pagos como al empleo en Japón al importar algunos componentes para sus armadoras europeas directamente de Japón.

Tercera, hay beneficios cuando la EMN del país de origen aprende valiosas habilidades al exponerse a los mercados extranjeros, que luego transfiere a su nación de origen. Esto representa el efecto inverso de transferencia de recursos. Debido a su experiencia en los mercados extranjeros, la EMN puede aprender técnicas superiores de administración y mejores tecnologías para elaborar productos y desarrollar procesos. Tales recursos pueden también transferirse de nuevo al país de origen, lo cual contribuirá a su índice de crecimiento económico;[44] por ejemplo, uno de los motivos por los que General Motors y Ford invirtieron en fábricas japonesas de automóviles (GM es dueña de parte de Isuzu, y Ford es propietaria de una parte de Mazda) fue aprender sobre sus procesos de producción. Si GM y Ford tienen éxito y logran transferir este conocimiento a sus operaciones en Estados Unidos, el resultado puede ser una ganancia neta para la economía estadounidense.

COSTOS PARA EL PAÍS DE ORIGEN

Los beneficios mencionados deben compararse con los evidentes costos de la IED para el país de origen. Las principales dudas se centran en los efectos de la IED saliente en la balanza de pagos y en el empleo. La balanza de pagos del país de origen puede afectarse de tres formas. En primer lugar, existe un efecto negativo por la salida inicial de capital necesaria para financiar la IED; sin embargo, este efecto se contrarresta con la subsecuente entrada de flujo proveniente de las ganancias en el extranjero. En segundo término, la cuenta corriente de la balanza de pagos se afecta si el propósito de la inversión extranjera es abastecer al mercado de origen desde un lugar donde la producción tiene un costo bajo. Por último, la cuenta corriente de la balanza de pagos también se afecta si la IED sustituye a la exportación directa. Así, mientras las operaciones de las armadoras de Toyota en Estados Unidos pretendan sustituir las exportaciones directas desde Japón, la cuenta corriente de este país se deteriorará.

Respecto de los efectos negativos en el empleo, las preocupaciones más serias surgen cuando la IED se considera como sustituto de la producción interna, como fue el caso de las inversiones de Toyota en Estados Unidos y Europa; el resultado obvio es una caída en la tasa de empleo de la nación de origen. Si el mercado laboral del país de origen es sólido y existe poco desempleo, esa preocupación puede no ser muy importante; sin embargo, si, por el contrario, padece altos índices de desempleo, pueden surgir dudas acerca de la exportación de puestos de trabajo. Por ejemplo, una objeción frecuente de los líderes laborales estadounidenses al Tratado de Libre Comercio de América del Norte (TLCAN) (véase el siguiente capítulo) es que su país perderá cientos de miles de empleos cuando las compañías estadounidenses inviertan en México para sacar ventaja de la mano de obra barata y después exporten a Estados Unidos.[45]

TEORÍA DEL COMERCIO INTERNACIONAL E IED

Cuando se evalúan los costos y beneficios de la IED para el país de origen, deben considerarse las lecciones de la teoría del comercio internacional (véase el capítulo 6). Dicha teoría nos dice que la preocupación del país de origen respecto de los efectos económicos negativos de la producción en el exterior puede haber sido malentendida. El término **producción en el exterior** se refiere a la IED que se efectúa para abastecer el mercado de origen. Lejos de reducir el empleo en su país, esta IED puede estimular el crecimiento económico (y, por tanto, el empleo) al liberar recursos internos para concentrarlos en actividades en las cuales el país de origen tiene una ventaja competitiva. Además, los consumidores de dicha nación se benefician si el precio de un producto en particular cae por la IED. Asimismo, si se le prohibiera invertir a una compañía sobre la base de los efectos negativos en el empleo mientras sus competidores internacionales cosechan los beneficios en los países con bajo costo de producción, sin duda, perdería mercado. En dicho escenario, es probable que los

---

[44] C. A. Bartlett y S. Ghoshal articularon esta idea hace poco, si bien no exactamente de esta manera, en *Managing across Borders: The Transnational Solution*, Boston, Harvard Business School Press, 1989.

[45] P. Magnusson, "The Mexico Pact: Worth the Price?", en *Business Week*, 27 de mayo de 1991, pp. 32-35.

efectos económicos adversos para un país, a largo plazo, superen los efectos relativamente menores en la balanza de pagos y en el empleo relacionados con la producción en el exterior.

OA8-5 # Instrumentos de política gubernamental e IED

Luego de revisar los costos y beneficios de la IED desde el punto de vista tanto del país de origen como del anfitrión, analicemos los instrumentos de política que ambas naciones pueden utilizar para regular la IED.

POLÍTICAS DEL PAÍS DE ORIGEN

Por medio de su elección de políticas, los países de origen pueden alentar o restringir la IED de las empresas locales. Estudiemos primero las políticas diseñadas para alentar la IED saliente, que incluyen seguros de riesgo en el extranjero, asistencia de capital, incentivos fiscales y presión política. Después, analizaremos las políticas encaminadas a restringir la IED saliente.

Alentar la IED saliente

Muchas naciones inversionistas tienen programas de seguros respaldados por el gobierno para cubrir los principales tipos de riesgo que supone la inversión extranjera. Los riesgos asegurables mediante dichos programas incluyen expropiación (nacionalización), pérdidas por guerra e imposibilidad de transferir los beneficios al país de origen. Dichos programas son en especial útiles para alentar a las compañías a emprender inversiones en países políticamente inestables.[46] Además, varias naciones avanzadas cuentan también con fondos especiales o bancos que otorgan préstamos gubernamentales a las compañías que desean invertir en los países en desarrollo. Como incentivo adicional, muchos países han suprimido la doble tributación del ingreso extranjero (es decir, el pago de impuestos tanto en el país de origen como en el anfitrión). Por último, y quizás la más significativa, es que diversas naciones inversionistas (entre ellas, Estados Unidos) han empleado su influencia política para persuadir a los anfitriones de relajar sus restricciones a la IED interna; por ejemplo, en respuesta a una presión directa de Estados Unidos, Japón atenuó muchas de sus restricciones formales a la IED externa en la década de 1980. Hoy, en respuesta a presiones estadounidenses adicionales, Japón ha dado pasos para relajar sus barreras informales ante dicho tipo de inversión. La compañía Toys "R" Us fue una de las beneficiarias de esta tendencia, ya que, tras cinco años de un intenso cabildeo de la empresa y los funcionarios del gobierno estadounidense, finalmente pudo abrir sus primeras tiendas al menudeo en Japón en diciembre de 1991. En 2011, Toys "R" Us tenía más de 170 tiendas en ese país, y sus operaciones, de las cuales la compañía mantiene una mayoría, cotizan en la bolsa de valores japonesa.

Restricciones a la IED saliente

Casi todos los países inversionistas, entre ellos Estados Unidos, en algún momento han ejercido determinado control sobre la IED saliente. Una de las políticas ha sido limitar los flujos salientes de capital por la preocupación de su efecto en la balanza de pagos del país; por ejemplo, desde principios de la década de 1960 y hasta 1979, Gran Bretaña aplicaba regulaciones de control al tipo de cambio que limitaban el volumen de capital que una compañía podía sacar de la nación. Aunque el propósito principal de dichas políticas era mejorar la balanza de pagos británica, un segundo objetivo importante era poner obstáculos a las empresas nacionales que quisieran hacer IED.

Además, en ocasiones, los países manipulan las leyes fiscales para alentar a sus compañías a invertir en casa. El objetivo que subyace a dichas políticas es crear trabajos internos en vez de hacerlo en otros países. Durante un tiempo, Gran Bretaña aplicó esta estrategia. El sistema fiscal para corporaciones avanzadas tasó los ingresos extranjeros de las compañías británicas en un nivel mucho mayor que los ingresos locales. Esta regulación fiscal creó un incentivo para que las empresas británicas invirtieran en su país.

---

[46] C. Johnston, "Political Risk Insurance", en D. M. Raddock (comp.), *Assessing Corporate Political Risk*, Totowa, Nueva Jersey, Rowan & Littlefield, 1986.

Por último, a veces los países prohíben a sus compañías nacionales que inviertan en determinadas naciones por razones políticas. Tales restricciones pueden ser formales o informales. Las leyes formales de Estados Unidos prohíben a sus compañías que inviertan en países como Cuba e Irán, cuya ideología política y acciones se consideran contrarias a los intereses estadounidenses. De igual manera, en la década de 1980, se aplicó una presión informal para disuadir a las firmas estadounidenses de invertir en Sudáfrica. En este caso, el objetivo era presionar a esa nación para que cambiara sus leyes de apartheid, lo que ocurrió a principios de la década de 1990.

POLÍTICAS DEL PAÍS ANFITRIÓN

Los países que reciben la inversión adoptan políticas tanto para restringir como para alentar la IED interna. Como ya se mencionó, en el pasado la ideología política determinaba el tipo y rango de esas políticas. En la última década del siglo XX, muchos países renunciaron a seguir algunas de las vertientes de la perspectiva radical, y a prohibir demasiada IED, para permitir una situación en que se combinan objetivos de libre mercado y nacionalismo pragmático.

Alentar a la IED entrante

Es común que los gobiernos ofrezcan incentivos a las compañías extranjeras para que inviertan en sus países; dichos estímulos pueden asumir muchas formas, pero las más comunes son los incentivos fiscales, los préstamos blandos y las concesiones o los subsidios. Estas medidas están motivadas por un deseo de beneficiarse de la transferencia de recursos y los efectos de la IED en el empleo. Asimismo, responden a la intención de captar IED y evitar que se vaya a otras naciones; por ejemplo, a mediados de la década de 1990, los gobiernos de Francia y Gran Bretaña competían entre sí, pues ofrecían incentivos a Toyota para atraer su inversión. En Estados Unidos, los gobiernos estatales a menudo compiten para atraer IED. Kentucky ofreció a Toyota un paquete de incentivos con valor de 147 millones de dólares para convencerla de que construyera en su territorio sus plantas armadoras; el paquete incluía exenciones fiscales, inversiones estatales en infraestructura y préstamos blandos.[47]

Restricciones a la IED entrante

Los gobiernos anfitriones utilizan una amplia variedad de controles para restringir la IED de una u otra manera. Los dos más comunes son las restricciones a la propiedad y los requisitos de operación. El primero de estos puede adoptar diversas formas. En algunos países, se excluye a las compañías extranjeras de sectores específicos, por ejemplo, el tabaco y la minería en Suecia y el desarrollo de determinados recursos naturales en Brasil, Finlandia y Marruecos. En otras industrias, puede permitirse el dominio extranjero, aunque una parte significativa de la propiedad de la subsidiaria debe pertenecer a inversionistas locales. En Estados Unidos, la propiedad extranjera sobre una aerolínea está limitada a 25% o menos. En la India, las empresas extranjeras no podían ser dueñas de negocios mediáticos hasta 2001, cuando las leyes se relajaron y se les permitió comprar hasta 26% de un periódico local. Como se describe en el "Caso inicial", las firmas extranjeras aún están impedidas de poseer establecimientos de venta al menudeo en la India.[48]

El motivo que subyace a las restricciones a la propiedad parece tener dos vertientes. La primera es que con frecuencia se excluye a las empresas extranjeras de determinados sectores por motivos de seguridad nacional o competencia. La percepción, sobre todo en los países menos desarrollados, parece ser que las compañías nacionales no podrán desarrollarse a menos que se restrinja la competencia extranjera mediante una combinación de aranceles a las importaciones y controles a la IED. Esta es una variante del argumento de la industria naciente que analizamos en el capítulo 7.

En segundo lugar, las restricciones a la propiedad parecen basarse en la creencia de que los propietarios locales pueden ayudar a maximizar los beneficios de la transferencia de recursos y empleo que la IED trae al país anfitrión. Hasta principios de la década de 1980, el gobierno japonés prohibió la mayor parte de la IED, pero permitió alianzas estratégicas entre las compañías japonesas y EMN

---

[47] M. Tolchin y S. Tolchin, *Buying into America: How Foreign Money Is Changing the Face of Our Nation*, Nueva York, Times Books, 1988.

[48] S. Rai, "India to Ease Limits on Foreign Ownership of Media and Tea", en *The New York Times*, 26 de junio de 2002, p. W1.

extranjeras si estas poseían una tecnología valiosa. El gobierno consideraba que tal arreglo aceleraría la posterior difusión de la valiosa tecnología de la EMN en toda la economía de la nación.

Los requisitos de operación, que no son otra cosa que controles sobre el comportamiento de la
subsidiaria local de la EMN, también pueden adoptar distintas formas. Las más comunes se relacionan con el contenido local, las exportaciones, la transferencia tecnológica y la participación en las
altas jerarquías administrativas. Como ocurre con algunas restricciones a la propiedad, la lógica que
subyace a los requisitos de operación es que estas ayudan a maximizar los beneficios y minimizar
los costos de la IED para el país anfitrión. Muchas naciones emplean alguna forma de requisitos de
operación cuando conviene a sus objetivos; sin embargo, esos requisitos tienden a ser más comunes
en los países menos desarrollados que en las avanzadas naciones industrializadas.[49]

INSTITUCIONES INTERNACIONALES Y LIBERALIZACIÓN DE LA IED

Hasta la década de 1990, las instituciones multinacionales no se involucraban de manera constante
en regular la IED. Este panorama cambió cuando se creó la Organización Mundial del Comercio en
1995. La OMC emprendió la promoción del comercio internacional de los servicios. Como muchos
de estos deben generarse en el lugar donde se prestan, la exportación no es una opción (por ejemplo,
no pueden exportarse hamburguesas de McDonald's ni servicios bancarios al consumidor). Dado
este tipo de inconvenientes, la OMC se ha involucrado en las regulaciones que norman la IED.
Como podría esperarse de una institución creada para promover el libre comercio, los esfuerzos de
la OMC han constituido un impulso para la liberación de dichas regulaciones, en especial en el
sector de los servicios. Bajo el auspicio de la OMC, se concretaron dos extensos acuerdos multinacionales en 1997 para liberalizar el comercio en telecomunicaciones y servicios financieros. Ambos
acuerdos contenían cláusulas detalladas que requerían que los signatarios liberalizaran sus regulaciones respecto de la IED entrante, básicamente sus mercados de telecomunicaciones y servicios
financieros. La OMC no ha sido muy exitosa en sus intentos por iniciar las pláticas con el fin de establecer regulaciones universales que promuevan la liberalización de la IED. Encabezadas por Malasia y la India, las naciones en desarrollo han rechazado la competencia de la OMC para iniciar tales
conversaciones.

IMPLICACIONES PARA LOS ADMINISTRADORES

OA8-6

Diversas implicaciones para los negocios son inherentes al material que abarca este capítulo.
En esta sección, veremos las implicaciones de la teoría para luego centrar nuestra atención en
los efectos de las políticas gubernamentales.

TEORÍA DE LA IED

Las implicaciones de las teorías de la IED en la práctica empresarial son muy claras. En
primer lugar, las ideas de John Dunning sobre las ventajas de la localización permiten explicar
el destino de la IED; sin embargo, el argumento de las ventajas de la localización específica no explica
por qué las empresas prefieren la IED a la concesión de licencias o a la exportación. Al respecto, desde
un punto de vista teórico y empresarial, quizá sean más útiles las teorías que se concentran en las limitaciones de la exportación y la concesión de licencias; es decir, las teorías de la internalización. La
utilidad de estas propuestas reside en que señalan con exactitud cómo varían, según las circunstancias, las tasas relativas de rendimiento de la IED, exportaciones y concesión de licencias. Ambas sugieren que es preferible exportar a conceder licencias o a efectuar una IED, siempre que los costos de
transporte sean menores y las barreras arancelarias, insignificantes. En la medida en que estos costos
y aranceles aumentan, las exportaciones dejan de ser rentables y la elección se concentra en la IED o
la concesión de licencias. Como la primera opción es más costosa y arriesgada que la segunda, las

---

[49] L. D. Qiu y Z. Tao, "Export, Foreign Direct Investment and Local Content Requirements", en *Journal of Development Economics*, octubre de 2001, pp. 101-125.

FIGURA 8.4

Marco para la toma
de decisiones.

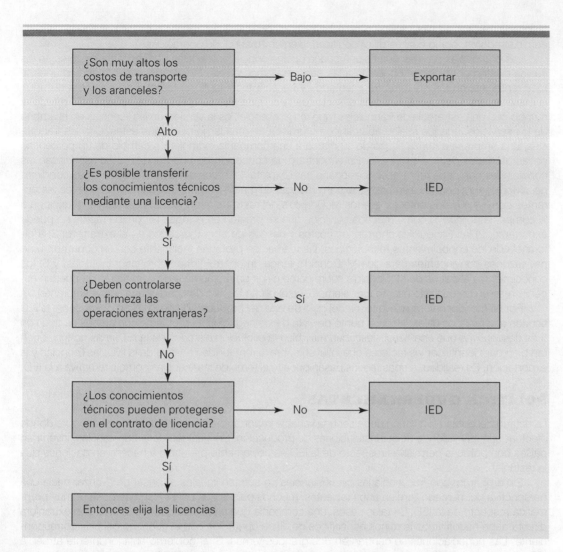

teorías sustentan que, en igualdad de circunstancias, deben preferirse las licencias a la IED. Ahora bien, las circunstancias casi nunca son iguales. Aunque la concesión de licencias funcione, no es una opción atractiva si se presentan una o más de estas condiciones: 1) la empresa tiene conocimientos técnicos valiosos que no puede proteger con un contrato de licencia, 2) necesita ejercer el control firme sobre una entidad extranjera para maximizar su participación de mercado y sus ganancias en ese país, y 3) sus capacidades y conocimientos técnicos no se prestan para transmitirlos por medio de licencias. En la figura 8.4, se ilustran esas consideraciones como un árbol de decisiones.

Por lo general, las empresas para las que la concesión de licencias no es una buena opción pertenecen a tres sectores de la economía.

1. Sectores de alta tecnología en los cuales es primordial proteger los conocimientos exclusivos de la empresa y es peligroso conceder una licencia.
2. Oligopolios mundiales en los que la interdependencia competitiva requiere que las empresas multinacionales mantengan un control firme sobre las operaciones extranjeras, de modo que estén en posición de lanzar ataques coordinados en contra de competidores globales.
3. Industrias en las que hay presiones intensas de costos que obligan a las compañías multinacionales a controlar férreamente las operaciones extranjeras (para que puedan distribuir la manufactura a los lugares del mundo donde los costos de los factores son más favorables para minimizar los costos totales).

Si bien la evidencia empírica es limitada, en general las pruebas parecen respaldar estas conjeturas.[50] Además, las licencias no son una buena opción si la ventaja competitiva de una empresa se basa

---

[50] Véase R. E. Caves, *Midnational Enterprise and Economic Analysis*, Cambridge, RU, Cambridge University Press, 1982.

en conocimientos administrativos o de marketing integrados a sus rutinas y en las habilidades de sus administradores, por lo cual es difícil codificarlos en un "manual de operaciones".

Las compañías para las que es una buena opción conceder licencias pertenecen a sectores en los cuales existen condiciones opuestas a las que detallamos arriba. Las licencias son más comunes, y más rentables, en los sectores fragmentados y de baja tecnología en los que no es viable distribuir la manufactura. Un buen ejemplo es el sector de la comida rápida. McDonald's se expandió a todo el mundo con una estrategia de franquicias, que, en lo esencial, es la versión de las licencias en el ámbito de los servicios, aunque suelen abarcar compromisos de más largo plazo que estas. Con las franquicias, una empresa autoriza el uso de su marca a una compañía extranjera a cambio de un porcentaje de las utilidades del franquiciatario. En el contrato de concesión de una franquicia, se especifican las condiciones que debe reunir el concesionario para explotar la marca del propietario. En estas condiciones, McDonald's permite a empresas extranjeras usar su marca siempre que acepten operar los restaurantes con los mismos criterios que los McDonald's del resto del mundo. Esta estrategia le funciona a la compañía porque 1) como muchos servicios que se prestan en el lugar, la comida rápida no puede exportarse; 2) las franquicias ahorran los costos y riesgos de abrir mercados en el extranjero; 3) a diferencia de los conocimientos tecnológicos, las marcas se protegen fácilmente con un contrato; 4) no hay razones convincentes para que McDonald's tenga un control firme sobre las franquicias, y 5) los conocimientos técnicos de McDonald's sobre cómo dirigir un restaurante de comida rápida pueden especificarse en un contrato escrito (por ejemplo, se explican los detalles para manejar el restaurante).

Por último, obsérvese que la teoría del ciclo de vida del producto y la de Knickerbocker sobre la IED tienden a ser menos útiles desde el punto de vista de los negocios. El problema con ambas es que son más descriptivas que analíticas: describen muy bien la evolución histórica de la IED, mas no funcionan tan bien para identificar los factores que influyen sobre la rentabilidad relativa de la IED, las licencias y la exportación. En realidad, ambas teorías pasan por alto el tema de las licencias como alternativa a la IED.

POLÍTICA GUBERNAMENTAL

La actitud del gobierno anfitrión debe ser una variable importante en la toma de decisiones sobre dónde efectuar una IED y dónde ubicar instalaciones de producción. En igualdad de circunstancias, invertir en países con políticas permisivas respecto de la IED es obviamente preferible a hacerlo en naciones que la restrinjan.

Sin embargo, con frecuencia las circunstancias no son tan lineales. A pesar de avanzar hacia una perspectiva de mercado libre en años recientes, muchos países aún conservan una postura muy pragmática respecto de la IED. En tales casos, una compañía que piense en hacer una inversión extranjera directa debe negociar los términos específicos de dicha operación con el gobierno del país correspondiente. Las negociaciones se centran en dos grandes temas. Si el gobierno anfitrión intenta atraer la IED, el asunto central suele ser el tipo de incentivos que ofrecerá a la EMN y a qué se comprometerá esta a su vez. Si el gobierno anfitrión está inseguro acerca de los beneficios de la IED y elije restringirla, el tema principal serían las concesiones que la compañía debe hacer para que se le permita seguir adelante con la inversión.

En gran medida, el acuerdo resultante dependerá del poder de negociación de ambas partes, el cual, a su vez, está supeditado a tres factores:

- El valor que cada parte da a lo que la otra ofrece.
- La cantidad de alternativas equiparables disponibles para cada parte.
- El horizonte temporal de cada parte.

Desde el punto de vista de una empresa que negocia los términos de una inversión con un país anfitrión, su poder de negociación será alto si el gobierno de este aprecia lo que la firma tiene para ofrecer, la compañía cuenta con una gran cantidad de alternativas equiparables y dispone de mucho tiempo para concretar las negociaciones. Y, al contrario, el poder de negociación de la compañía es bajo cuando el gobierno anfitrión no valora lo que esta le ofrece, hay pocas alternativas equiparables y la empresa tiene poco tiempo para llevar a término las negociaciones.[51]

---

[51] Para una buena introducción general a la estrategia de negociación véase M. H. Baxerman, *Negotiating Rationally*, Nueva York, Free Press, 1993; A. Dixit y B. Nalebuff, *Thinking Strategically; The Competitive Edge in Business, Politics, and Everyday Life*, Nueva York, W. W. Norton, 1991; y H. Raiffa, *The Art and Science of Negotiation*, Cambridge, MA, Harvard University Press, 1982.

RESUMEN

En este capítulo, estudiamos las teorías con que pretende explicarse el esquema de la IED entre países y examinar la influencia de los gobiernos en las decisiones de una empresa para invertir en otras naciones. El capítulo repasó estos puntos:

1. Cualquier teoría que intente explicar la IED debe aclarar por qué las empresas se toman la molestia de adquirir o establecer operaciones fuera de su país cuando tienen la opción de exportar o licenciar.
2. Los altos costos de transporte o los aranceles impuestos a las importaciones pueden explicar por qué las compañías prefieren la IED sobre las licencias o exportaciones.
3. Las empresas suelen preferir la IED a la concesión de licencias cuando la compañía *a)* tiene un conocimiento valioso que no puede protegerse de manera adecuada por un convenio de licencia; *b)* requiere tener el control estricto sobre una entidad extranjera para maximizar su participación en el mercado y sus ingresos en dicho país, y *c)* sus habilidades y capacidades no se prestan para ser licenciadas.
4. La teoría de Knickerbocker sugiere que el comportamiento de imitación de empresas rivales en una industria oligopólica explica en parte la IED.
5. Dunning sostiene que las ventajas de la localización específica son de considerable importancia para explicar la naturaleza y dirección de la IED. Según Dunning, las empresas hacen IED para explotar los recursos o activos específicos de una localización.
6. La ideología política es un factor determinante de la política gubernamental respecto de la IED; oscila desde una perspectiva radical hostil hasta otra que es no intervencionista y de libre mercado. Entre ambos extremos existe una postura que puede describirse como nacionalismo pragmático.
7. Los beneficios de la IED para el país anfitrión derivan de los efectos de la transferencia de recursos, en el empleo y en la balanza de pagos.
8. Los costos de la IED para el país anfitrión incluyen efectos adversos en la competencia y la balanza de pagos, y en una percepción de pérdida de la soberanía nacional.
9. Entre los beneficios de la IED para la nación de origen se cuentan una mejoría en su balanza de pagos debida al flujo entrante de ingresos extranjeros, los efectos positivos en el empleo cuando la subsidiaria extranjera crea demanda para las exportaciones del país de origen y los beneficios asociados con una transferencia inversa de recursos. Dicha transferencia surge cuando la subsidiaria extranjera aprende habilidades valiosas que puede transferir a su país de origen.
10. Los costos de la IED para la nación de origen incluyen los efectos adversos en la balanza de pagos derivados de la salida inicial de capital y de los efectos de sustitución de las exportaciones creados por la IED. Otro tipo de costo es cuando la IED exporta puestos de trabajo al extranjero.
11. Los países anfitriones pueden adoptar políticas diseñadas tanto para alentar como para restringir la IED. Estas naciones atraen la inversión cuando ofrecen incentivos y la limitan cuando imponen restricciones a la propiedad y exigen que las EMN cumplan con requisitos específicos de operación.

Preguntas de análisis y razonamiento crítico

1. En 2008, las entradas de IED sumaron casi 63.7% de la formación de capital fijo bruto en Irlanda, pero solo 4.1% en Japón (*formación de capital fijo bruto* se refiere a inversiones en activos fijos como fábricas, almacenes y tiendas minoristas). En su opinión, ¿qué explica estas diferencias en los flujos entrantes de IED entre ambos países?
2. Compare estas explicaciones de la IED: la teoría de la internalización y la teoría de Knickerbocker de la IED. ¿Cuál teoría cree que explica mejor el esquema histórico de la IED? Explique su respuesta.
3. ¿Cuáles son las fortalezas de la teoría ecléctica de la IED? ¿Puede encontrarle fallas? ¿Cómo influye esta teoría en la práctica administrativa?
4. Vuelva a leer el "Panorama administrativo" sobre Cemex y responda estas preguntas:

   a) ¿Qué explicación o explicaciones teóricas de la IED permiten analizar mejor la variante de Cemex de la IED?

   b) ¿Qué valor aportó Cemex al país anfitrión? ¿Advierte algún posible inconveniente de la inversión entrante de Cemex en una economía?

   c) Cemex tiene una fuerte preferencia por las adquisiciones sobre las inversiones nuevas como forma de entrar en el mercado. ¿A qué se debe?
5. Suponga que es administrador internacional de una empresa estadounidense que acaba de desarrollar una computadora personal revolucionaria que desempeña las mismas funciones que una PC común, pero su manufactura cuesta la mitad. Varias patentes protegen el diseño exclusivo de la nueva computadora. Su CEO le solicita que formule sus recomendaciones para expandirse a Europa occidental. Sus opciones son: *a)* exportar desde Estados Unidos, *b)* conceder una licencia a una empresa europea para que fabrique y venda la computadora en Europa, o *c)* establecer una subsidiaria propia en Europa. Evalúe las ventajas y desventajas de cada opción y sugiera una línea de acción a su CEO.

Proyecto de investigación  globaledge.msu.edu

Inversión extranjera directa

Consulte la página electrónica de globalEDGE (globaledge.msu.edu) para resolver los siguientes ejercicios.

Ejercicio 1

El informe anual sobre las inversiones *World Investment Report*, publicado por la UNCTAD, proporciona un resumen de las recientes tendencias en IED así como un acceso electrónico rápido a estadísticas generales sobre esta inversión. Identifique la tabla de *las mayores corporaciones transnacionales* de países en desarrollo y en transición. La clasificación se basa en los activos extranjeros que posee cada corporación. Con base solo en las 20 compañías más importantes, elabore un resumen de los países e industrias ahí representados. ¿Su análisis revela rasgos comunes? ¿Alguna industria o país dentro de esos 20 le sorprende? ¿Por qué?

Ejercicio 2

Parte integral de la inversión extranjera directa exitosa es comprender las oportunidades del mercado objetivo, así como la naturaleza del riesgo inherente en posibles proyectos de inversión, sobre todo en los países en desarrollo. Suponga que trabaja para una compañía que construye infraestructura sanitaria y para aguas residuales en dichos países. La Agencia de Garantías de Inversión Multilateral (*Multilateral Investment Guarantee Agency*, MIGA) proporciona aseguramiento para proyectos arriesgados en esos mercados. Identifique el reporte de sector para el ramo de aguas y aguas residuales, y prepare un informe para detectar los principales riesgos que los proyectos tienden a enfrentar en este sector y la forma en que MIGA puede contribuir en su instrumentación.

CASO FINAL

Walmart en Japón

Japón ha sido un mercado difícil para la entrada de compañías extranjeras. El nivel de IED en Japón es una fracción de la que existe en muchas otras naciones desarrolladas; por ejemplo, en 2011, el stock de IED como porcentaje del PIB era de 3.9% en Japón. En Estados Unidos, la cifra era 23.5%, en Alemania 23.4%, en Francia 39% y en el Reino Unido 48.4%.

Existen varios motivos para la ausencia de IED en Japón. Hasta la década de 1990, las regulaciones gubernamentales dificultaban que las compañías establecieran una presencia directa en la nación; por ejemplo, en el sector de venta al detalle, la Ley de Tiendas Minoristas a Gran Escala, diseñada para proteger políticamente a pequeños minoristas poderosos, hacía casi imposible que los minoristas extranjeros abrieran tiendas de grandes volúmenes en el país (le ley fue derogada en 1994).

A pesar de la desregulación durante esa década, la IED se mantuvo baja en Japón. Algunos citan factores culturales para explicar este hecho. Muchas compañías japonesas se habían resistido a ser adquiridas por empresas extranjeras (las adquisiciones son el vehículo principal para la IED), y lo hacían por temor a que los nuevos propietarios reestructuraran demasiado drásticamente, recortando empleos y rompiendo antiguos compromisos con los proveedores. Los inversionistas extranjeros también sostienen que es difícil encontrar talento administrativo en Japón: la mayoría de los administradores tiende a trabajar con un solo empleador durante toda su carrera, lo que deja muy pocos administradores en el mercado laboral para que las firmas extranjeras contraten. Además, la combinación de crecimiento económico lento, poco gasto del consumidor y población longeva hace a la economía japonesa menos atractiva de lo que fuera alguna vez, particularmente comparada con las dinámicas y rápidamente crecientes economías de la India y China, o incluso de Estados Unidos y el Reino Unido.

Sin embargo, el gobierno japonés ha retornado a la perspectiva de que el país requiere más inversión extranjera. Las compañías extranjeras pueden aportar competencia a Japón, ahí donde las empresas locales no lo hacen, porque las extranjeras no se sienten vinculadas con las prácticas o relaciones de negocios existentes. Pueden ser la fuente de nuevas ideas administrativas, políticas comerciales y tecnología, todo lo cual estimula la productividad. De hecho, un estudio de la OCDE sugiere que la productividad laboral en las filiales japonesas de firmas extranjeras es 60% mayor que en las compañías locales, y en las empresas de servicios 80% mayor.

Fue la oportunidad para ayudar a reestructurar el sector minorista de Japón, disparando la productividad, ganando participación en el mercado y obteniendo rendimientos en el proceso, lo que atrajo a Walmart a ese país. Siendo el principal minorista del mundo, Walmart entró a Japón en 2002 con la adquisición de participación en Seiyu, que entonces era el quinto mayor minorista de la nación. En los términos de este convenio, Walmart aumentó su participación en los siguientes cinco años, llegando a ser el socio mayoritario en 2006. En 2008, adquirió el stock remanente en Seiyu, que era, en todo sentido, un minorista poco eficiente. Según declaraciones de un directivo del momento, "Seiyu está empantanada en viejas costumbres que son obsoletas. Walmart aportará capacidades probadas en la administración de grandes supermercados, que es lo que quisiéramos aprender a hacer".

El objetivo de Walmart era transferir las mejores prácticas de sus tiendas en Estados Unidos y utilizarlas para mejorar el desempeño de Seiyu. Esto significaba instrumentar sus sistemas de

Walmart entró en Japón en 2002 mediante la adquisición de una participación en el minorista japonés Seiyu.

información de tecnología de punta, adoptar un estricto control de inventarios, sacar provecho de su cadena global de suministros para traer a Japón mercancías de bajo costo, introducir precios bajos diariamente, capacitar a los empleados para mejorar el servicio a clientes, ampliar las horas de atención al público, renovar las tiendas e invertir en nuevos establecimientos.

Esto fue más difícil de lo que Walmart había esperado. Cuando se convirtió en socio mayoritario de Seiyu, rápidamente despidió a 1 500 empleados de su matriz. Aunque esto redujo los costos, también ocasionó resistencia de los empleados, tanto de los que salieron como de los que permanecieron, quienes se quejaron ante la prensa sobre cómo Walmart estaba tratando de imponer prácticas estadounidenses de administración en una corporación japonesa, lo cual fue un revés para las relaciones públicas de Walmart, quien tropezó también cuando comenzó a almacenar productos chinos baratos (y de evidente baja calidad) en sus tiendas japonesas. Los consumidores japoneses no respondieron favorablemente y Walmart se vio obligada a modificar su postura de comercialización, ofreciendo más productos de alta calidad para responder a los hábitos de compra japoneses, que estaban siendo muy difíciles de cambiar. Asimismo, la entrada de Walmart impulsó a la competencia local a modificar sus estrategias. Empezaron a hacer adquisiciones y a bajar sus precios para competir contra la estrategia de descuentos de Walmart. Además, muchos proveedores japoneses se mostraron reacios a trabajar estrecha-mente con Walmart debido a su creencia en que la empresa les obligaría a bajar sus precios al máximo.

A pesar de esas dificultades, Walmart ha comenzado a hacer lentos progresos en Japón. El minorista se ha estado adaptando al mercado japonés; por ejemplo, ha creado productos especiales para atraer a la longeva población japonesa. "Uno de sus productos más populares es un '298-Ten Bento', una ración de comida fresca que se vende en casi cuatro dólares y está hecha a la medida de 'alguien con una pensión limitada'." Walmart también ha recurrido a su cadena global de suministro para introducir en Japón productos que han atraído a los consumidores locales, como los dulces de mantequilla de cacahuate Reese's Pieces, de Hershey Co. También, la empresa ha descubierto que si evita el sistema tradicional de distribución en múltiples capas e importa la comida directamente de otros países puede aventajar a sus competidores locales; por ejemplo, las uvas importadas directo de California pueden ser 20% más baratas que las que vende la competencia. Debido a este tipo de acciones, con el tiempo Walmart puede volverse rentable en Japón. Por supuesto que la compañía le ha apostado a ello. En 2012, luego de una interrupción de cuatro años, Walmart anunció que abriría 22 nuevas tiendas en Japón en los siguientes dos años.[52]

Preguntas para analizar el caso

1. ¿Por qué el nivel histórico de IED es tan bajo en Japón?
2. ¿Cuáles son los posibles beneficios de una mayor IED para la economía japonesa?
3. ¿Cómo puede beneficiar la entrada de Walmart al sector japonés de venta al menudeo?
4. ¿Por qué ha sido tan difícil para Walmart obtener rendimientos en Japón? ¿Qué podría haber hecho diferente en sus primeros años en el país?
5. ¿Por qué Walmart anunció a finales de 2012 que ampliaría sus operaciones en Japón, después de no abrir nuevas tiendas en cuatro años?

[52] D. R. John, "Wal-Mart in Japan: Survival and Future of Its Japanese Business", *ICFAI University Journal of International Business* 3, 2008, pp. 45-67; Organización de las Naciones Unidas, *World Investment Report, 2009*, Nueva York y Ginebra, ONU, 2009; "Challenges Persist in Japan", *MMR*, 14 de diciembre de 2009, p. 45; J. Matusitz y M. Foster, "Successful Globalization Practices: The Case of Seiyu in Japan", *Journal of Transnational Management*, 2009, pp. 155-176; y S. Banjo, "Wal-Mart Says Time is Right for Japan", en *The Wall Street Journal*, 27 de septiembre de 2012.

Integración económica regional

9

OBJETIVOS DE APRENDIZAJE

Al terminar este capítulo, usted deberá ser capaz de:

OA9-1 Describir los distintos niveles de la integración económica regional.

OA9-2 Entender los argumentos políticos y económicos en favor de la integración económica regional.

OA9-3 Comprender los argumentos políticos y económicos en contra de la integración económica regional.

OA9-4 Explicar la historia, el panorama actual y las perspectivas futuras de los acuerdos económicos regionales más importantes del mundo.

OA9-5 Entender las implicaciones para la práctica de negocios que son inherentes a los acuerdos de integración económica regional.

Las guerras del tomate

Caso inicial

Cuando el Tratado de Libre Comercio de América del Norte (TLCAN) entró en vigor en diciembre de 1992 y cayeron los aranceles a los tomates importados, los productores estadounidenses de Florida temieron perder negocios frente a los productores mexicanos con menores costos; así que cabildearon en el gobierno para establecer un precio base mínimo para los tomates importados de México. La idea era evitar que los productores mexicanos redujeran sus precios por debajo del precio base para obtener una participación en el mercado estadounidense. En 1996, Estados Unidos y México convinieron en un precio base de 21.69 centavos de dólar la libra. En ese tiempo, ambas partes se declararon contentas con el trato.

Sin embargo, el acuerdo no protegió mucho a los productores estadounidenses. En 1992, un año antes de que entrara en vigor el TLCAN, los productores mexicanos exportaron 800 millones de libras (aproximadamente 360 millones de kilogramos) de tomates a Estados Unidos. Para 2011, exportaron 2 800 millones de libras de tomates; es decir, 3.5 veces más. El valor de las exportaciones mexicanas en este sector se triplicó casi a 2 mil millones de dólares durante el mismo periodo. En contraste, la producción de Florida había caído 41% desde la entrada en vigor del TLCAN. Los agricultores de Florida se quejaron de que no podían competir contra los bajos salarios y la reducida su-

pervisión ambientalista de México. Asimismo, alegaron que los agricultores mexicanos estaban colocando sus tomates en el mercado estadounidense por debajo del costo de producción para sacar a los productores estadounidenses del negocio. En 2012, los agricultores de Florida hicieron una petición al Departamento de Comercio de Estados Unidos con el fin de que anulara el convenio de precio mínimo de 1996, lo que les permitiría presentar un caso de antidumping contra los productores mexicanos. En septiembre de 2012, el Departamento de Comercio anunció una decisión preliminar para anular el convenio.

A primera vista, parecía que los agricultores de Florida se saldrían con la suya; sin embargo, pronto se hizo evidente que la situación era más compleja de lo que parecía. Aproximadamente 370 grupos de negocios y comercio en Estados Unidos escribieron o firmaron cartas dirigidas al Departamento de Comercio donde se pronunciaban en favor de continuar con el convenio de 1996. Entre los autores de las cartas estaba Kevin Ahern, el CEO de Ahern Agribusiness en San Diego, una compañía que vende casi 20 millones de dólares al año en semillas y trasplantes de tomate a los agricultores mexicanos. En una carta enviada a *The New York Times*, Ahern dijo: "Sí, México produce sus tomates, en promedio, a un costo menor que Florida; eso es lo que llamamos ventaja competitiva". Ahern sostuvo que, sin el acuerdo, su negocio se vería afectado. Otra empresa estadounidense, NatureSweet Ltd., cultiva tomates *cherry* en invernaderos de aproximadamente 500 hectáreas en México para el mercado de Estados Unidos. Emplea a 5 mil personas, de las cuales cien no trabajan en México. El CEO, Bryant Ambelang, mencionó que su compañía no sobreviviría sin el TLCAN. Desde esta perspectiva, los tomates cultivados en México eran más competitivos por los costos de manos de obra, el buen clima y más de una década de inversión en tecnología de invernadero. En la misma línea, Scott DeFife, representante de la Asociación de Restauranteros de Estados Unidos, declaró que "la gente pide platillos a base de tomate todo el tiempo. En el curso del año, planeas dónde vas a abastecerte en el invierno, la primavera, el otoño". DeFife declaró que sin los tomates de

México, una helada invernal en Florida, por ejemplo, dispararía los precios.

Al enfrentar la posible reacción negativa de los importadores y productores estadounidenses con intereses en México, el Departamento de Comercio se retractó de su conclusión inicial de anular el convenio. En vez de eso, en 2013, llegó a un acuerdo con los agricultores mexicanos con la finalidad de elevar la base del precio mínimo de 21.69 centavos a 31 centavos la libra. El nuevo acuerdo estipulaba también precios mayores para tomates de especialidad y los cultivados en invernaderos. En general, los tomates de Florida se cosechan verdes y son tratados con gas para cambiarles el color.[1]

 Introducción

En este capítulo, analizaremos de cerca los argumentos en favor de la integración económica regional mediante la formación de bloques comerciales como la Unión Europea (UE) y el Tratado de Libre Comercio de América del Norte (TLCAN).

El término **integración económica regional** se refiere a acuerdos entre países de una zona geográfica para reducir y, en última instancia, suprimir las barreras arancelarias y no arancelarias al libre tránsito de bienes, servicios y factores de producción entre ellos. En el "Caso inicial", se ilustran algunos de los problemas alrededor de la creación de un bloque comercial. Al engendrar un solo mercado, con el TLCAN se intentó bajar el precio de bienes y servicios en Estados Unidos, Canadá y México. Tal política resulta benéfica para los consumidores porque baja los precios, pero supone desafíos para algunos productores que deben adaptarse a un entorno más competitivo. Como se describe en el "Caso inicial", aunque el TLCAN generó una elevación en las importaciones de tomate de México, que se dice ha beneficiado a los consumidores estadounidenses, a los productores de comida y detallistas, ha perjudicado a los cultivadores de tomates de Florida, quienes pierden sus negocios ante los productores mexicanos.

En las últimas dos décadas, hemos atestiguado la proliferación sin precedentes de bloques comerciales regionales para promover la integración económica regional. Los miembros de la Organización Mundial del Comercio (OMC) están obligados a notificar todo acuerdo regional en el que participen. En 2012, casi todos los integrantes de la OMC habían reportado a la organización que participaban en uno o más acuerdos comerciales regionales. Hoy, la cantidad total de acuerdos en vigor es de aproximadamente 500.[2]

De conformidad con los pronósticos de las teorías del comercio internacional, en particular con la teoría de la ventaja comparativa (véase el capítulo 6), se cree que los acuerdos destinados a promover la liberalización del mercado en las regiones producirán ganancias comerciales para todos los miembros. Como se dijo en el capítulo 7, el Acuerdo General sobre Aranceles Aduaneros y Comercio (General Agreement of Tariffs and Trade, GATT) y su sucesor, la Organización Mundial del Comercio, también tienen como objetivo reducir las barreras; no obstante, con más de 159 estados miembros, la OMC tiene una perspectiva mundial, lo que dificulta en extremo llegar a un acuerdo. Al celebrar tratados regionales, los grupos de países pretenden reducir las barreras comerciales más rápido que bajo el auspicio de la OMC.

En ningún lugar el movimiento por la integración económica regional ha sido más exitoso que en Europa. El 1 de enero de 1993, la Unión Europea suprimió formalmente muchas barreras para hacer negocios en su región, con la finalidad de crear un mercado único con 340 millones de consumidores. Hoy, la UE posee una población de más de 500 millones y un producto interno bruto de 17.600 billones de dólares, el cual es mayor que el de Estados Unidos en términos económicos.

[1] E. Malkin, "Mexico Finds Unlikely Allies in Trade Fight", en *The New York Times*, 25 de diciembre de 2012, p. B1; S. Strom, "United States and Mexico Reach Tomato Deal, Averting a Trade War", en *The New York Times*, 3 de febrero de 2013; y J. Margolis, "NAFTA 20 Years After: Florida's Tomato Growers Struggling", en *The World*, 17 de diciembre de 2012.

[2] Información tomada de la página electrónica de la Organización Mundial del Comercio, actualizada en abril de 2012, en: http://www.wto.org, consultada el 2 de septiembre de 2014.

En otros lugares del mundo, se observan tendencias semejantes hacia la integración regional. Canadá, México y Estados Unidos firmaron el Tratado del Libre Comercio de América del Norte, que promete, al final, suprimir todas las barreras al libre tránsito de bienes y servicios entre los tres países. Aun cuando su instrumentación ha generado pérdida de empleos en algunos sectores de la economía estadounidense, en total, y en congruencia con las premisas de la teoría del comercio internacional, la mayoría de los economistas sostiene que los beneficios de un mayor comercio regional superan cualquier costo (véase el "Caso inicial"). Asimismo, Sudamérica ha avanzado hacia la integración regional. En 1991, Argentina, Brasil, Paraguay y Uruguay pusieron en marcha un acuerdo llamado Mercosur para comenzar a reducir las barreras comerciales entre ellos y, aunque los avances de este tratado han sido vacilantes, la institución se conserva. Además, hay intentos de integración regional en Centroamérica, la región andina de Sudamérica, el sureste de Asia y regiones de África.

Si bien, en general, se considera benéfico el paso a una mayor integración económica regional, algunos observadores se preocupan de que lleve a un mundo en el cual compitan bloques comerciales regionales. En este escenario futuro, el libre comercio se desarrollará dentro de los bloques, pero cada uno protegerá su mercado de la competencia externa con tarifas elevadas. El espectro de la Unión Europea y el TLCAN convertidos en fortalezas económicas vedadas a los productores extranjeros mediante tarifas elevadas, preocupa a quienes creen en el comercio libre irrestricto. Si tal situación se materializara, la reducción debida al comercio entre bloques superaría las ganancias del libre comercio dentro de ellos.

Con estos problemas en mente, en este capítulo exploraremos el debate económico y político sobre la integración económica regional, y prestaremos especial atención a sus beneficios y costos político-económicos y de integración; asimismo, revisaremos el avance hacia la integración regional en el mundo y expondremos implicaciones importantes de la integración regional para la práctica de las empresas internacionales, pero antes de centrarnos en estos objetivos, debemos examinar el nivel de integración que es teóricamente posible.

Niveles de integración económica   OA9-1

En teoría, son posibles varios niveles de integración económica (véase la figura 9.1). Del menos al más integrado, son: área de libre comercio, unión aduanera, mercado común, unión económica y, por último, unión política total.

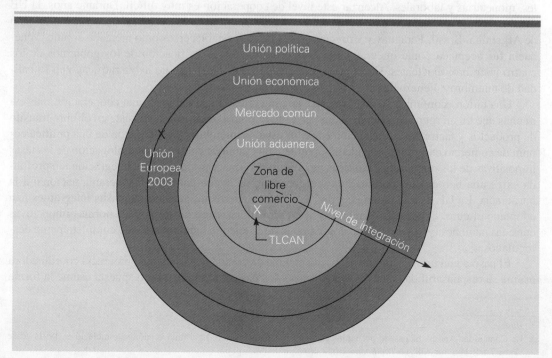

FIGURA 9.1

Niveles de integración económica.

En un **área de libre comercio**, se suprimen todas las barreras al comercio de bienes y servicios entre las naciones integrantes. En términos ideales, en el área de libre comercio no se imponen aranceles discriminatorios, cuotas, subsidios o barreras administrativas que distorsionen el comercio entre los miembros; sin embargo, cada país determina sus propias políticas comerciales respecto de quienes no integran su zona. Así, por ejemplo, los aranceles a los productos de los países externos al convenio varían con cada miembro. Los tratados de libre comercio son la manera más popular de integración económica regional, pues suman casi 90% de los acuerdos regionales.[3]

El área más antigua de libre comercio del mundo es la **Asociación Europea de Libre Comercio** (European Free Trade Association, EFTA). Se fundó en enero de 1960 y hoy comprende cuatro países: Noruega, Islandia, Liechtenstein y Suiza, de siete que eran en 1995 (tres miembros de la EFTA, Austria, Finlandia y Suecia, se adhirieron a la Unión Europea el 1 de enero de 1996). La EFTA fue instituida por estas naciones europeas occidentales que decidieron no ser parte de la Comunidad Europea (la antecesora de la Unión Europea). Entre sus miembros originales estaban Austria, Gran Bretaña, Dinamarca, Finlandia y Suecia, que ahora son parte de la Unión Europea. La EFTA pone el acento en el libre comercio de bienes industriales; la agricultura quedó fuera del acuerdo y a cada integrante se le permite determinar el apoyo que proporciona. Asimismo, los miembros son libres de determinar la protección que dan a los bienes que provienen de fuera de la EFTA. Otra área de libre comercio está formada por los países que firmaron el Tratado de Libre Comercio de América del Norte, que explicaremos con detalle más adelante.

La unión aduanera es un paso adelante en el camino de la completa integración económica y política. Cuando se constituye una **unión aduanera**, se eliminan las barreras comerciales entre los estados miembros y se adopta una política comercial exterior común. La conformación de dicha política requiere una gran maquinaria administrativa que supervise las relaciones comerciales con los países no miembros. Casi todas las naciones que se integran a una unión aduanera desean avanzar a una mayor integración económica. La UE inició como unión aduanera y superó esta etapa. Otra unión de este tipo es la versión actual del Pacto Andino (entre Bolivia, Colombia, Ecuador y Perú), acuerdo que estableció el mercado libre entre los países miembros e impone un arancel común, de 5% a 20%, sobre los productos importados de otras economías.[4]

En el siguiente nivel de integración económica, el **mercado común**, no hay barreras al comercio entre los países miembros, se respeta una política comercial exterior común y se acepta el libre tránsito de los factores de producción entre ellos. La mano de obra y el capital se transfieren con libertad porque no hay restricciones a la inmigración, emigración o flujos de capital. Establecer un mercado común exige un grado significativo de uniformidad y cooperación entre las políticas fiscales, monetarias y laborales. Alcanzar este nivel de cooperación es muy difícil. Durante años, la UE funcionó como mercado común, aunque ahora superó esa fase. El Mercosur, el grupo sudamericano de Argentina, Brasil, Paraguay y Uruguay, espera llegar a establecerse como mercado común. Venezuela fue aceptada como integrante del Mercosur sujeta a la ratificación de los gobiernos de los cuatro miembros existentes. Hasta principios de 2013, Paraguay aún no había ratificado en su calidad de miembro a Venezuela.

Una unión económica supone, incluso, una integración económica y una cooperación más estrechas que en un mercado común. Como en este, la **unión económica** consiste en el libre tránsito de productos y factores de producción entre los estados miembros y la adopción de una política común de comercio exterior, pero, además, requiere una moneda común, la homologación de las tasas impositivas de los miembros y políticas monetarias y fiscales comunes. Una integración tan profunda exige una burocracia coordinadora y el sacrificio de buena parte de la soberanía nacional a la burocracia. La UE es una unión económica, si bien imperfecta, pues no todos sus integrantes han adoptado el euro, la moneda común; persisten diferencias entre las tasas y las normas impositivas entre las naciones; y algunos mercados, como el de la energía, aún no han sido completamente desregulados.

El paso a una unión económica suscita el tema de cómo hacer que una burocracia coordinadora asuma su responsabilidad ante los ciudadanos y los países miembros. La respuesta asume la forma

---

[3] *Ibidem.*

[4] La Comunidad Andina ha pasado por varios cambios desde su creación. La última versión se estableció en 1991. Véase "Free-Trade Free for All", en *The Economist*, 4 de enero de 1991, p. 63.

de **unión política**, en la cual un aparato político central coordina las políticas económica, social y exterior de los estados miembros. La UE está en el camino de conformar una unión política, por lo menos parcial. Desde finales de la década de 1970, el Parlamento Europeo, que desempeña una función cada vez mayor en la UE, es elegido de manera directa por ciudadanos de los países miembros. Además, el Consejo de Ministros (el organismo de control y toma de decisiones de la UE) está compuesto por ministros de los gobiernos de cada estado miembro. Estados Unidos es un ejemplo de unión política aún más estrecha. En este caso, estados independientes unidos en una sola nación. A la larga, la UE adoptará una estructura federal semejante.

 # Defensa de la integración regional

OA9-2

La defensa de la integración regional es tanto económica como política. Muchos grupos dentro de cada país no la aceptan, lo cual explica por qué la mayoría de las iniciativas de integración regional han sido polémicas y confusas. En esta sección, examinaremos los argumentos económicos y políticos en favor de la integración y dos impedimentos para llevarla a cabo. En la siguiente sección, veremos la oposición a la integración.

DEFENSA ECONÓMICA DE LA INTEGRACIÓN

La defensa económica de la integración es sencilla. Como expresamos en el capítulo 6, las teorías económicas del comercio internacional pronostican que el libre comercio irrestricto permitirá a los países especializarse en la producción de los bienes y servicios que produzcan con mayor eficiencia. El resultado es una producción mundial mayor de la que sería posible con restricciones comerciales. En ese capítulo, dijimos, también, que abrir una nación al libre comercio estimula el crecimiento económico, lo cual produce ganancias dinámicas para el comercio. En el capítulo 8, detallamos cómo la inversión extranjera directa (IED) transfiere conocimientos tecnológicos, de marketing y administrativos a los países anfitriones. Dada la función central del conocimiento como estímulo del crecimiento económico, abrir un país a la IED fomenta, además, tal desarrollo. En resumen, las teorías económicas indican que el libre comercio y la inversión son un mecanismo de suma positiva en el que todas las naciones participantes ganan.

Por lo anterior, el ideal teórico es la ausencia de barreras al libre tránsito de bienes, servicios y factores de producción entre los países; no obstante, como explicamos en los capítulos 7 y 8, puede defenderse la intervención del gobierno en el comercio internacional y la IED. Como muchos gobiernos han aceptado parte o toda la argumentación en favor de la intervención, un comercio y una IED libres son solo un ideal. Instituciones internacionales como la OMC han trabajado por un régimen de libre comercio, pero su éxito no ha sido completo. En un mundo de muchas naciones e ideologías políticas, es muy difícil conseguir que todos los países se pongan de acuerdo sobre un conjunto común de reglas.

En este marco, la integración económica regional puede considerarse un intento por obtener mayores ganancias del libre comercio y las inversiones entre naciones, aparte de las que se consigue mediante organismos internacionales como la OMC. Es más fácil establecer un régimen de libre comercio e inversiones entre una cantidad limitada de países vecinos que entre toda la comunidad mundial. Los problemas de coordinación y homologación dependen en buena medida de la cantidad de países que participan; cuantos más sean, más puntos de vista hay que conciliar y más difícil es llegar a un consenso.

DEFENSA POLÍTICA DE LA INTEGRACIÓN

La defensa política de la integración económica regional también ha sido de gran importancia en los intentos por establecer áreas de libre comercio, uniones aduaneras, etc. Vincular economías vecinas y acentuar su interdependencia crea incentivos para la cooperación económica entre estados vecinos y reduce el potencial de conflictos violentos. Además, al agrupar sus economías, los países aumentan su peso político en el mundo.

Estas consideraciones se hicieron en 1957, cuando se estableció la Comunidad Europea (CE), precursora de la UE. Sus integrantes sufrieron dos guerras devastadoras en la primera mitad del siglo XX, ambas resultado de las ambiciones irrefrenables de estados nacionales. Quienes querían una

Europa unida siempre cultivaron el deseo de hacer inconcebible otra guerra europea. Además, muchos europeos creían que, después de la Segunda Guerra Mundial, los estados nacionales europeos ya no serían lo bastante grandes como para sostenerse en la política y los mercados mundiales. La necesidad de una Europa unida que hiciera frente a Estados Unidos y la Unión Soviética con una política diferente pesaba en el espíritu de muchos fundadores de la CE.[5] En Europa, una antigua broma dice que la Comisión Europea debería erigir un monumento a José Stalin, porque sin las políticas agresivas del dictador de la ex Unión Soviética, los países de Europa occidental no habrían tenido motivos para cooperar y formar la Comunidad Europea.

OBSTÁCULOS A LA INTEGRACIÓN

A pesar de los sólidos argumentos económicos y políticos en favor de la integración, nunca ha sido fácil conseguirla ni sostenerla, por dos motivos principales. En primer lugar, aunque la integración económica beneficia a la mayoría, tiene sus costos. Mientras la nación se beneficia de modo considerable de un acuerdo regional de libre comercio, algunos grupos pierden. Pasar a un régimen de libre comercio exige ajustes dolorosos. Como resultado del establecimiento del TLCAN, algunos trabajadores canadienses y estadounidenses de sectores como el textil, en el que se ocupa mano de obra barata y no calificada, perdieron su fuente de empleo cuando las empresas de dichas naciones trasladaron su producción a México. La promesa de grandes beneficios netos para la totalidad de la economía canadiense y estadounidense es poco consuelo para quienes quedaron desempleados por el TLCAN. Estos grupos están al frente de la oposición al acuerdo y seguirán en contra de cualquier extensión de este.

El segundo obstáculo a la integración surge de preocupaciones por la soberanía nacional; por ejemplo, las inquietudes mexicanas por mantener el control de sus intereses petroleros generaron un acuerdo con Canadá y Estados Unidos para exentar a la industria petrolera mexicana de toda liberalización de las normas de inversión extranjera que estableció el TLCAN. Las preocupaciones por la soberanía nacional se producen debido a que una integración económica estrecha exige a los países que renuncien a una parte de su control sobre aspectos decisivos, como políticas monetarias, fiscales (impositivas) y comerciales. Esto, por ejemplo, ha sido un gran obstáculo para que la UE alcance una unión económica completa. Estableció una moneda común, el euro, que es controlado por el banco central europeo; la mayoría de los países se adhirieron, pero Gran Bretaña es aún un opositor importante. Un segmento con peso político entre la opinión pública de aquella nación se opone a la moneda común con el argumento de que habría que entregar el control de la política monetaria del país a la UE, que muchos británicos consideran una burocracia gobernada por extranjeros. En 1992, los británicos ganaron el derecho de no firmar ningún acuerdo de moneda única y, hasta 2013, el gobierno del país no había revertido la decisión, ni parece probable que lo haga, dada la crisis de deuda soberana en Europa y la tensión que ha puesto sobre el euro (más adelante abundaremos en el tema).

OA9-3 # Oposición a la integración regional

Aunque la corriente se inclina en favor de los acuerdos comerciales de libre comercio en los últimos años, algunos economistas expresan su preocupación en cuanto a que se exageren los beneficios de la integración regional, al tiempo que se omiten los costos.[6] Advierten que los beneficios de la integración regional se determinan por la medida de la creación de comercio, no por la desviación del comercio. La **creación de comercio** ocurre cuando se sustituye a productores nacionales costosos por productores económicos de la misma área de libre comercio; también, sucede cuando se sustituye a productores externos caros por productores externos baratos de la misma área comercial.

---

[5] D. Swann, *The Economics of the Common Market*, Londres, Penguin Books, 6a. ed., 1990.

[6] Véase J. Bhagwati, "Regionalism and Multilateralism: An Overview", trabajo de análisis 603 de la Universidad de Columbia, Departamento de Economía, Universidad de Columbia, Nueva York; A. de la Torre y M. Kelly, "Regional Trade Arrangements", trabajo ocasional 93, Washington, DC, Fondo Monetario Internacional, marzo de 1992; J. Bhagwati, "Fast Track to Nowhere", en *The Economist*, 18 de octubre de 1997, pp. 21-24; Jagdish Bhagwati, *Free Trade Today*, Princeton y Oxford, Princeton University Press, 2002, y B. K. Gordon, "A High Risk Trade Policy", en *Foreign Affairs*, 82, núm. 4, julio-agosto de 2003, pp. 105-115.

La **desviación del comercio** se presenta cuando se reemplaza a proveedores externos baratos por proveedores caros de la zona de libre comercio. Un acuerdo regional de libre comercio conlleva beneficios globales solo si la cantidad de comercio creado supera al desviado.

Supongamos que Estados Unidos y México imponen aranceles a las importaciones de todos los países y a continuación definen un área de libre comercio de la cual eliminan todas las barreras comerciales, manteniendo los aranceles elevados para el resto del mundo. Si Estados Unidos empieza a importar textiles de México, ¿sería un cambio benéfico? Si antes Estados Unidos producía todos sus textiles a un costo mayor que México, el acuerdo de libre comercio trasladó la producción a una fuente más barata. Según la teoría de la ventaja comparativa, se generó comercio en el grupo regional y no hay reducción del comercio con el resto del mundo. Es evidente que el cambio sería benéfico. En cambio, si antes Estados Unidos importaba textiles de Costa Rica, que los produce a menor costo que México y Estados Unidos, el comercio se desvió de una fuente barata, lo que es un cambio perjudicial.

En teoría, las reglas de la OMC deben garantizar que los tratados no provoquen desviación del comercio. Las reglas permiten la formación de áreas de libre comercio solo si los miembros no establecen aranceles mayores ni más restrictivos para los extranjeros que los que ya estaban en vigor; sin embargo, como vimos en el capítulo 7, el GATT y la OMC no abarcan algunas barreras no arancelarias. Por consiguiente, es posible la aparición de bloques comerciales regionales cuyos mercados estén protegidos de la competencia extranjera por barreras elevadas que no sean arancelarias. En tales casos, los efectos de la desviación del comercio superan los efectos de su creación. La única forma de protegerse, de acuerdo con quienes se preocupan por tal posibilidad, es incrementar el alcance de la OMC para que abarque también esas barreras no arancelarias. Como no hay indicios de que esto vaya a ocurrir pronto, persiste el riesgo de que la integración económica regional ocasione desviación del comercio.

Integración regional económica en Europa

OA9-4

Europa ha tenido dos bloques comerciales: la Unión Europea y la Asociación Europea de Libre Comercio (European Free Trade Association, EFTA). De los dos, la UE es, por mucho, la más importante, no solo por la cantidad de miembros (la UE tiene en este momento 28; la EFTA, solo 4), sino por su influencia económica y política en la economía del mundo. En la actualidad, muchos piensan que la UE es una nueva superpotencia económica del mismo orden que Estados Unidos. En consecuencia, centraremos nuestra atención en la UE.[7]

EVOLUCIÓN DE LA UNIÓN EUROPEA

La **Unión Europea (UE)** es producto de dos factores políticos: 1) la devastación de Europa occidental en las dos guerras mundiales y el deseo de una paz duradera, y 2) el objetivo de las naciones de Europa de tener un lugar en el escenario de la política y la economía mundiales. Además, muchos europeos están conscientes de los beneficios económicos de una mayor integración de sus países.

Como precursores de la UE, Bélgica, Francia, Alemania Occidental, Italia, Luxemburgo y Países Bajos establecieron en 1951 la Comunidad Europea del Carbón y el Acero. Su objetivo era suprimir las barreras a los embarques de carbón, hierro, acero y chatarra entre esas naciones. Con la firma del **Tratado de Roma**, en 1957, se fundó la Comunidad Europea, cuyo nombre volvió a cambiar en 1993, cuando esta se convirtió en la Unión Europea, al ratificarse el Tratado de Maastricht (que estudiaremos más adelante).

El Tratado de Roma dispuso la creación de un mercado común. En su artículo 3, se estipularon los principales objetivos de la nueva comunidad y se decidió la eliminación de las barreras al comercio interno y la creación de aranceles externos comunes, además de exigirles a los miembros que retiraran los obstáculos al libre movimiento de factores de producción entre ellos. Para facilitar el libre tránsito de bienes, servicios y factores de producción, el tratado dispuso la uniformidad de las

---

[7] N. Colchester y D. Buchan, *Europower: The Essential Guide to Europe's Economic Transformation in 1992*, Londres, The Economist Books, 1990; y Swann, *The Economics of the Common Market*.

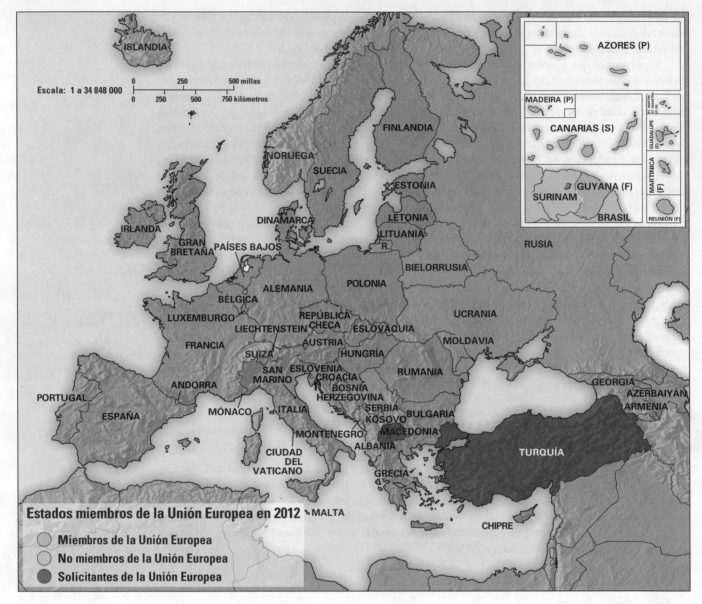

MAPA 9.1

Miembros de la Unión Europea en 2012.

Fuente: Copyright © Comunidades Europeas, 1995-2009.
Reproducido con autorización.

leyes de sus miembros. Más aún, en el tratado, los miembros de la CE se comprometieron a establecer políticas comunes de agricultura y transporte.

La comunidad creció en 1973 con el ingreso de Gran Bretaña, Irlanda y Dinamarca. A estos tres siguieron, en 1981, Grecia; en 1986, España y Portugal; y en 1995, Austria, Finlandia y Suecia, con lo que los miembros sumaron 15 (Alemania Oriental se convirtió en parte de la CE después de su reunificación con Alemania Federal en 1990). Otras 10 naciones se afiliaron a la UE el 1 de mayo de 2004: ocho de Europa oriental, más las pequeñas naciones mediterráneas de Malta y Chipre, mientras que Bulgaria y Rumania se unieron en 2007, con lo cual la cantidad total de estados miembros aumentó a 28 para 2013 con la incorporación de Croacia (véase el mapa 9.1). Mediante este crecimiento, la UE se convirtió en una superpotencia mundial.

Intel y la Comisión Europea

En mayo de 2009, la Comisión Europea anunció que había impuesto una multa récord de 1 060 millones de euros (1 450 millones de dólares) a Intel por conducta anticompetitiva. La multa fue resultado de una investigación del comportamiento competitivo de Intel durante el periodo de octubre de 2002 a diciembre de 2007. Durante ese lapso, la división de Intel en el mercado de ventas de microprocesadores a fabricantes de computadoras personales excedió consistentemente 70%. Según la comisión, Intel utilizó de manera ilegal su poder en el mercado para asegurarse de que su rival principal, AMD, estuviera en desventaja competitiva, perjudicando así a "millones de consumidores europeos".

La comisión acusó a Intel de conceder grandes reembolsos a fabricantes de PC como Acer, Dell, Hewlett-Packard, Lenovo y NEC, a condición de que le compraran todos o casi todos sus suministros. Asimismo, Intel efectuó pagos a algunos fabricantes a cambio de que pospusieran, cancelaran o aplicaran restricciones a la introducción o distribución de productos basados

en AMD. Intel también pagó a Media Saturn Holdings, propietaria de la cadena de hipermercados Media Markt, para que solo vendiera computadoras basadas en Intel en Alemania, Bélgica y otros países.

Según la orden, Intel debía modificar sus prácticas de inmediato, a la espera de cualquier apelación. Asimismo, se exigió a la compañía una garantía bancaria por la multa, mediante la que dicho dinero permanecería retenido en un banco hasta que terminara el proceso de apelación.

Por su parte, Intel apeló la orden de inmediato. La empresa insistió en que nunca había coaccionado a los fabricantes de computadoras ni a los detallistas con incentivos y sostuvo que jamás había pagado para evitar que los productos de AMD llegaran al mercado en Europa. Aunque Intel reconoció que sí ofreció rembolsos, objetó que nunca fueron condicionantes de acciones específicas a los fabricantes y detallistas para limitar a AMD. Hasta principios de 2012, la apelación aún continuaba en proceso judicial.[9]

ESTRUCTURA POLÍTICA DE LA UNIÓN EUROPEA

Una estructura política compleja y en evolución se encarga de trazar la política económica de la Unión Europea. Las cuatro principales instituciones de esta estructura son la Comisión Europea, el Consejo de la Unión Europea, el Parlamento Europeo y la Corte de Justicia Europea.[8]

La **Comisión Europea** es responsable de proponer la legislación de la UE, instrumentarla y vigilar que concuerde con las leyes de los estados miembros. La Comisión está en Bruselas y es dirigida por un grupo de comisionados elegidos por cada país para periodos renovables de un lustro. Existen 28 comisionados, uno por cada estado miembro, quienes eligen un presidente, el que a su vez elige a otros integrantes en consulta con los estados. Toda la comisión debe ser aprobada por el Parlamento Europeo antes de iniciar sus trabajos. Para la creación de leyes, la comisión hace una propuesta, que pasa al Consejo de la Unión Europea y luego al Parlamento Europeo. El consejo no puede legislar sin tener una propuesta de la comisión, la cual también se encarga de instrumentar las leyes de la UE, aunque, en la práctica, buena parte de estas actividades se delegan a los estados miembros. Otra de las responsabilidades de la comisión es vigilar que los integrantes acaten las leyes de la UE, primero mediante persuasión, aunque si no bastara puede remitir el caso a la Corte de Justicia.

En los últimos años, la función de la Comisión Europea se ha vuelto cada vez más relevante para las empresas. Desde 1990, cuando se asignó a esta dependencia una responsabilidad sobre las normas de competencia, el funcionario encargado del área ha ganado influencia como principal regulador de la competencia entre las naciones integrantes de la UE. Al igual que las autoridades estadounidenses que se ocupan de los monopolios, la Comisión Federal de Comercio y el Departamento de Justicia, la función del comisionado de competencia es verificar que ninguna empresa use su poder en el mercado para eliminar competidores y monopolizarlo; por ejemplo, en 2009, la comisión multó a Intel con una cifra histórica de 1 060 millones de euros por abusar de su poder en el merca-

---

[8] Swann, The *Economics of the Common Market*; Colchester y D. Buchan, *Europower: The Essential Guide to Europe's Economic Transformation in 1992*; "The European Union: A Survey", en *The Economist*, 22 de octubre de 1994; "The European Community: A Survey", en *The Economist*, 3 de julio de 1993, y la página electrónica de la Unión Europea, en: http://europa.eu.int, consultado el 2 de septiembre de 2014.

[9] M. Hachman, "EU Hits Intel with $1.45 Billion Fine for Antitrust Violations", *PCMAG.com*, 13 de mayo de 2009; y J. Kanter, "Europe Fines Intel $1.45 billion in Antitrust Case", en *The New York Times*, 14 de mayo de 2009.

do de los chips de computadora (véase el "Panorama administrativo" para más detalles). El récord previo por un abuso similar fue de 497 mil millones de euros, impuesto a Microsoft en 2004 por bloquear la competencia en los mercados de servidores y software mediático. Además, el comisionado revisa las propuestas de fusiones y adquisiciones para asegurarse de que no se forme una empresa dominante con demasiado poder en el mercado;[10] por ejemplo, en 2000, se rechazó una propuesta de fusión entre Time Warner de Estados Unidos y EMI del Reino Unido, dos casas productoras de discos; cuando la comisión manifestó su preocupación de que la fusión redujera de cinco a cuatro las disqueras importantes y creara un participante dominante en esa industria mundial de 40 mil millones de dólares. Del mismo modo, la comisión bloqueó una fusión propuesta entre dos empresas estadounidenses de telecomunicaciones, WorldCom y Sprint, porque sus activos combinados de infraestructura de internet en Europa darían a las compañías unidas tanto poder en el mercado que, especificó la comisión, lo dominarían.

El **Consejo Europeo** representa los intereses de los países miembros; es, sin duda, la autoridad de control definitiva en la Unión Europea, pues los proyectos de ley de la comisión se promulgan solo si el consejo accede. Este organismo está compuesto por un representante del gobierno de cada estado; sin embargo, la participación de los funcionarios varía de acuerdo con el tema del que se trate. Cuando se discuten problemas agrícolas, los ministros de agricultura de cada país asisten a las juntas del consejo; cuando se habla de transportes, se presentan los ministros del transporte, etc. Antes de 1997, todos los temas del consejo debían decidirse por acuerdo unánime de sus miembros, pero esta exigencia ocasionaba sesiones maratónicas y estancamientos o desacuerdos sobre las propuestas de la comisión. Para desahogar los cuellos de botella, el Acta Única Europea formalizó la aplicación de la regla de la mayoría de votos acerca de temas que "tienen como finalidad el establecimiento y funcionamiento de un mercado único". En los demás temas, como normas fiscales y políticas de inmigración, aún se requiere la unanimidad de los miembros del consejo para promulgar una ley. Los votos de los que dispone una nación en el consejo dependen de su tamaño; por ejemplo, Gran Bretaña, un país grande, tiene 29 votos, mientras que Dinamarca, mucho menor, siete.

Hoy, el **Parlamento Europeo**, que hasta 2012 tenía 754 parlamentarios, es elegido por la población de los estados miembros. El parlamento, que se reúne en Estrasburgo, Francia, es, sobre todo, un órgano consultivo, más que legislativo, que se dedica a debatir la legislación propuesta por la comisión y la pasa al consejo. Puede proponer enmiendas, pero ninguno de ambos órganos está obligado a acatarlas, aunque a menudo las aceptan. Últimamente, ha aumentado el poder del parlamento, si bien no tanto como quisieran los parlamentarios: ahora tiene el derecho de votar sobre el nombramiento de los comisionados, así como de vetar algunas leyes (como el presupuesto de la UE y la legislación de un mercado único).

En la actualidad, un debate importante en Europa es si el consejo o el parlamento deben ser los organismos más poderosos de la UE. Hay quienes están preocupados por la responsabilidad democrática de la burocracia europea. Unos consideran que la respuesta a esta evidente falta de democracia radica en aumentar el poder del parlamento, mientras que otros opinan que la legitimidad democrática verdadera estriba en los gobiernos electos, que actúan mediante el Consejo de la Unión Europea.[11] Después de mucho discutir, en diciembre de 2007 los estados miembros firmaron un nuevo tratado, el **Tratado de Lisboa**, en virtud del cual se incrementa el poder el Parlamento Europeo. Cuando entró en vigor en 2009, el Parlamento Europeo fue, por primera vez en la historia, el colegislador de casi todas las leyes europeas.[12] Además, el Tratado de Lisboa crea un nuevo puesto, el del presidente del Consejo Europeo, que representará por un periodo de 30 meses a los estados nacionales que conforman la Unión Europea.

La **Corte de Justicia**, compuesta por un juez de cada nación, es el supremo tribunal de apelaciones de la legislación en la UE. Como en el caso de los comisionados, se solicita que los jueces actúen como árbitros independientes, más que como representantes de intereses nacionales. La comisión, o un país miembro, pueden llamar a la corte a otros miembros por incumplir las obligaciones del tratado. Del mismo modo, países, compañías o instituciones pueden llevar a la corte a la comisión o al consejo por no actuar según el tratado.

---

[10] E. J. Morgan, "A Decade of EC Merger Control", en *International Journal of Economics and Business*, noviembre de 2001, pp. 451-473.

[11] "The European Community: A Survey", 1993.

[12] Tony Barber, "The Lisbon Reform Treaty", en *FT.com*, 13 de diciembre de 2007.

ACTA ÚNICA EUROPEA

El Acta Única Europea surgió de la frustración entre los miembros debido a que la Comunidad Europea no materializaba sus expectativas. A comienzos de la década de 1980, estaba claro que la entidad no había alcanzado sus objetivos de eliminar las barreras al libre tránsito de comercio y la inversión entre los países miembros, ni de uniformar los criterios técnicos y legales para hacer negocios. Por ello, en ese momento, muchos empresarios prominentes de la Comunidad Europea emprendieron una enérgica campaña para terminar con las divisiones económicas que los afectaban. La comunidad respondió con la creación de la Comisión Delors, en honor a su presidente, Jacques Delors. Este organismo propuso que se eliminaran, a partir del 31 de diciembre de 1992, todos los impedimentos a la formación de un mercado único. El resultado fue el Acta Única Europea, que se convirtió en ley de la CE en 1987.

Objetivos del acta

El propósito del Acta Única Europea fue establecer un solo mercado para el 31 de diciembre de 1992 y propuso estos cambios:[13]

- Eliminar todos los controles fronterizos entre los países de la CE, con lo cual se suprimirían las demoras y se reducirían los recursos necesarios para cumplir con la burocracia comercial.
- Aplicar el principio de "reconocimiento mutuo" a los estándares de productos. Un estándar fijado por un país de la CE debía aceptarse en otro, siempre que cumpliera con los requisitos básicos en materia de salud y seguridad.
- Hacer una licitación pública abierta a los proveedores extranjeros para reducir los costos de manera directa, al permitir que los proveedores baratos se insertaran en las economías nacionales, e indirecta, al obligar a los productores nacionales a competir.
- Eliminar las barreras a la competencia en los sectores de banca y seguros a particulares, lo cual debía reducir los costos de los servicios financieros, incluso préstamos, en toda la CE para finales de 1992.
- Eliminar todas las restricciones a las transacciones en divisas extranjeras entre los estados miembros para finales de 1992.
- Abolir las restricciones de cabotaje (el derecho de transportistas extranjeros a recoger y entregar bienes dentro de las fronteras de otro país miembro) para finales de 1992. Se calculó que ello reduciría el costo del transporte dentro de la CE entre 10 y 15%.

Se esperaba que todos estos cambios redujeran los costos del comercio en la comunidad; también, que el programa del mercado único tuviera efectos más complejos del lado de la oferta. Por ejemplo, se pronosticaba que la expansión del mercado otorgara a las empresas del área mayores oportunidades para explotar economías de escala. Además, se pensaba que la intensificación de la competencia suscitada por la eliminación de las barreras internas al comercio y la inversión obligaría a las empresas de la región a ser más eficientes. Para destacar la importancia del Acta Única Europea, la comunidad decidió, asimismo, cambiar su nombre por el de Unión Europea en cuanto el acta entrara en vigor.

Efectos

El Acta Única Europea tuvo un efecto significativo en la economía de la Unión Europea,[14] pues impulsó la reestructuración de sectores destacados de su industria. Muchas empresas abandonaron los sistemas de producción y distribución nacionales para sustituirlos por los paneuropeos, con la intención de lograr economías de escala y competir más y mejor en un mercado único. Entre los resultados está una aceleración del crecimiento económico que, de otro modo, no se habría dado.

Sin embargo, 20 años después, la realidad aún está lejos del ideal. Como se explica en el siguiente "Vistazo a un país", ha sido difícil establecer un mercado único de servicios financieros en la UE. Así, aunque avanza, sin duda, hacia un mercado único, las diferencias legales, culturales y lingüísticas de las naciones suponen que la instrumentación ha sido desigual.

---

[13] "One Europe, One Economy", en *The Economist*, 30 de noviembre de 1991, pp. 53-54, y "Market Failure: A Survey of Business in Europe", en *The Economist*, 8 de junio de 1991, pp. 6-10.

[14] Alan Riley, "The Single Market Ten Years On", en *European Policy Analyst*, diciembre de 2002, pp. 65-72.

Creación de un mercado único europeo de servicios financieros

En 1999, la Unión Europea inició un ambicioso plan de acción para crear un mercado único de servicios financieros para el 1 de enero de 2005. El plan se emprendió unos meses después de la aparición del euro, moneda única de la unión, con la meta de desmantelar las barreras y así crear un mercado continental de servicios bancarios, seguros y productos de inversión. En esta visión de una Europa unida, por ejemplo, una ciudadana francesa podría recurrir a una empresa alemana para sus servicios bancarios básicos, pedir un préstamo hipotecario a una institución italiana, comprar un seguro automovilístico a una empresa holandesa y guardar sus ahorros en fondos mutuos administrados por una compañía británica. De la misma forma, una empresa italiana podría recaudar capital de inversionistas de toda Europa y utilizar a una compañía alemana como reaseguradora de sus acciones para vendarlas en las bolsas de valores de Londres y Fráncfort.

Según los defensores del mercado único, una de sus grandes ventajas sería la mayor competencia por los servicios financieros, lo cual daría a los consumidores más opciones, reduciría los precios y obligaría a las empresas de servicios financieros de la UE a aumentar su eficiencia y, por ende, su competitividad mundial. Otro beneficio primordial sería la creación de un solo mercado de capital europeo. Al aumentar la liquidez en un mercado de capitales mayor, las empresas podrían obtener préstamos con mayor facilidad, se disminuirían los costos del capital (el precio del dinero) y se estimularía la inversión comercial en Europa, lo cual crearía más fuentes de empleo. En un estudio de la Comisión Europea se expone que la creación de un solo mercado de servicios financieros aumentaría el producto interno bruto de la UE en 1.1% al año, de modo que se engendraría una riqueza adicional de 130 mil millones de euros en el plazo de una década. La inversión comercial total aumentaría 6% anual en el largo plazo, el consumo privado, 0.8%, y el empleo total, 0.5%, también al año.

No ha sido fácil establecer un mercado único. Los mercados financieros de los estados miembros de la Unión Europea siempre han estado separados y cada uno posee su propio marco legal. Antes, los servicios financieros de la región rara vez se negociaban internacionalmente, dado el cúmulo de diferencias legales respecto de impuestos, supervisión, información contable, adquisiciones internacionales, etc., todo lo cual tuvo que uniformarse. Para complicar la situación, las barreras culturales y lingüísticas dificultaron el paso a un mercado único. Mientras que en teoría un italiano podría beneficiarse de comprar seguros de bienes raíces en una compañía británica, en la práctica estaba predispuesto a adquirir el seguro en una empresa local, aunque el costo fuera mayor.

En 2012, la UE había logrado grandes avances. Más de 40 medidas encaminadas a instituir un mercado único de servicios financieros se habían convertido en leyes y otras estaban en lista de espera. Las nuevas reglas incluían temas tan diversos como la realización de negocios en empresas de inversión financiera, bolsas de valores y bancos; criterios de divulgación para la admisión de compañías en los mercados de valores y homologación de las normas contables entre los países. No obstante, también ha habido algunos reveses relevantes. El más notable es que no se consiguió aprobar una legislación para facilitar a las empresas las compras hostiles en otros países, en particular por la oposición de los miembros alemanes del Parlamento Europeo, lo cual dificultó a las empresas de servicios financieros establecer operaciones en toda Europa.

En este momento, el mayor problema es la aplicación de las leyes instituidas. Algunos estiman que transcurrirá por lo menos otra década para que se hagan evidentes los beneficios de las nuevas reglas; entre tanto, los cambios pueden traer costos significativos a las instituciones financieras que intentan enfrentar la nueva oleada de regulaciones.[15]

ESTABLECIMIENTO DEL EURO

En febrero de 1992, los miembros de la CE firmaron el **Tratado de Maastricht** en el que se comprometieron a adoptar una moneda común el 1 de enero de 1999.[16] El euro circula hoy en 18 de los 28 estados de la UE, los cuales son miembros de lo que se conoce como la *eurozona*, que comprende 330 millones de ciudadanos europeos e incluye a las poderosas economías de Francia y Alemania. Muchos de los países que se integraron a la UE el 1 de mayo de 2004, y los dos que lo hicieron en 2007, originalmente planeaban adoptar el euro cuando se cumplieran algunos criterios económicos: alto grado

[15] C. Randzio-Plath, "Europe Prepares for a Single Financial Market", en *Intereconomic*, mayo-junio de 2004, pp. 142-146; T. Buck, D. Hargreaves y P. Norman, "Europe's Single Financial Market", en *Financial Times*, 18 de enero de 2005, p. 17; "The Gatekeeper", en *The Economist*, 19 de febrero de 2005, p. 79; P. Hofheinz, "A Capital Idea: The European Union Has a Grand Plan to Make Its Financial Markets More Efficient", en *The Wall Street Journal*, 14 de octubre de 2002, p. R4; y *The Economist*, "Banking on McCreevy: Europe's single Market", 26 de noviembre de 2002, pp. 65-72.

[16] Véase C. Wyploze, "EMU: Why and How It Might Happen", en *Journal of Economic Perspectives*, 11, 1997, pp. 3-22, y M. Feldstein, "The Political Economy of the European Economic and Monetary Union", en *Journal of Economic Perspectives*, 11, 1997, pp. 23-42.

de estabilidad de precios, situación fiscal firme, tipos de cambio estables y tasas de interés convergentes a largo plazo (los miembros actuales tuvieron que satisfacer los mismos criterios); sin embargo, los sucesos en torno de la crisis de deuda soberana de la UE en 2010-2012 persuadieron a muchas de estas naciones a poner sus planes en espera, al menos por el momento (más adelante veremos los detalles).

El establecimiento del euro fue una extraordinaria hazaña política con pocos precedentes en la historia. Requirió no solo que los gobiernos nacionales renunciaran a su moneda, sino que cedieran el control de su política monetaria. Los gobiernos no sacrifican todos los días la soberanía nacional por un bien mayor, lo cual revela la importancia que los europeos conceden al euro; al adoptarlo, la UE creó la segunda zona monetaria más grande del mundo, después del dólar estadounidense. Hay quienes piensan que el euro competirá con el dólar por ser la moneda más importante del mundo.

Tres antiguos miembros de la UE: Gran Bretaña, Dinamarca y Suecia aún se mantienen al margen. Los países que adoptaron el euro coordinaron sus tipos de cambio el 1 de enero de 1999. No se imprimieron billetes ni se acuñaron monedas en euros hasta el 1 de enero de 2002. Mientras tanto, las monedas nacionales circularon en cada nación participante; no obstante, en cada estado la moneda nacional tuvo un valor definido en euros. A partir del 1 de enero de 2002, se expidieron billetes y monedas en euros, y dejaron de circular las divisas nacionales. A mediados de 2002, todos los precios y las transacciones económicas diarias de la eurozona se hacían en esta moneda.

Beneficios del euro

Los europeos decidieron establecer una moneda única en la Unión Europea por diversos motivos. En primer lugar, creyeron que empresas e individuos conseguirían ahorros significativos si tenían una moneda en lugar de muchas. Tales ahorros provendrían de la reducción de los costos cambiarios y de operaciones compensatorias; por ejemplo, los viajeros que iban de Alemania a Francia ya no debían pagar una comisión al banco por el cambio de los marcos alemanes por francos franceses, en su lugar usaban euros. De acuerdo con la Comisión Europea, dichos ahorros sumarían 0.5% del PIB de la Unión Europea, más o menos 80 mil millones al año.

En segundo lugar, y quizá lo principal, la adopción de una moneda común facilitaría la comparación de precios en Europa, lo cual aumentaría la competencia porque sería más fácil que los consumidores compraran en otro lugar; por ejemplo, si un alemán considerara que los autos son más baratos en Francia que en su país, se sentiría tentado a comprar a un distribuidor francés antes que a su distribuidor local. De la misma forma, los comerciantes podrían recurrir al arbitraje para explotar diferenciales de precios y comprar autos en Francia para revenderlos en Alemania. La única manera en que los distribuidores de autos de este último país podrían mantenerse en el negocio ante las presiones de la competencia sería reducir los precios de sus vehículos. Como consecuencia de esas presiones, la introducción de una moneda común rebajaría los precios, lo cual se traduciría en ganancias sustanciales para los consumidores europeos.

En tercer lugar, con menores precios, los productores europeos estarían obligados a buscar los medios para reducir sus costos de producción y conservar sus márgenes de utilidad. La introducción de una moneda común, al incrementar la competencia, al final debería producir ganancias duraderas en la eficiencia económica de las compañías europeas.

En cuarto lugar, el establecimiento de una moneda estándar debería impulsar el desarrollo de un mercado de capitales paneuropeo de gran liquidez. Con el tiempo, la existencia de tal mercado disminuiría el costo del capital y permitiría aumentar las inversiones y la eficiencia con que se asignan los fondos de inversión. Ello sería especialmente provechoso para las compañías pequeñas, que siempre han tenido dificultades para conseguir préstamos de bancos nacionales; por ejemplo, el mercado de capitales de Portugal es muy pequeño y carece de liquidez, lo cual dificulta a los brillantes emprendedores portugueses con buenas ideas conseguir un préstamo en condiciones razonables. En teoría, estas empresas pronto serían capaces de aprovechar el mercado paneuropeo caracterizado por mayor solvencia.

Por último, la creación de un mercado paneuropeo de capitales en euros acrecentaría las opciones de inversión abiertas a individuos e instituciones; así, ahora sería mucho más fácil para individuos e instituciones, por ejemplo, de los Países Bajos, invertir en compañías italianas o francesas, lo cual permitiría a los inversionistas europeos diversificar mejor sus riesgos y reducir el costo del capital, además de aumentar la eficiencia con que se asignan los recursos financieros.[17]

---

[17] "One Europe, One Economy", y Feldstein, "The Political Economy of the European Economic and Monetary Union".

Costos del euro

Para algunos, el inconveniente de una moneda única es que las autoridades de las diversas naciones han perdido el control de su política monetaria. Por ello, es decisivo asegurarse de que la política monetaria de la UE esté bien dirigida. En el Tratado de Maastricht, se dispuso establecer un Banco Central Europeo (BCE), entidad independiente y semejante en algunos aspectos a la Reserva Federal estadounidense, con la obligación de administrar la política monetaria de manera que se garantice la estabilidad de los precios. El BCE, con sede en Fráncfort, debe ser independiente de las presiones políticas, aunque los críticos lo ponen en tela de juicio. Entre otras funciones, el BCE fija las tasas de interés y determina las políticas monetarias en la eurozona.

La pérdida implícita de soberanía nacional en favor del BCE está detrás de la decisión de Gran Bretaña, Dinamarca y Suecia de mantenerse, hasta ahora, fuera de la eurozona. En esos países, muchas personas observan con suspicacia la capacidad del BCE para librarse de las presiones políticas y mantener la inflación bajo un control estricto.

En teoría, el diseño del BCE debe garantizar su inmunidad ante presiones políticas. La institución tomó como modelo el Bundesbank alemán, considerado el banco central europeo más independiente y exitoso. El Tratado de Maastricht prohíbe al BCE aceptar órdenes de políticos. Su consejo de directores, que consta de un presidente, un vicepresidente y otros cuatro miembros, aplica sus políticas mediante instrucciones a los bancos centrales nacionales. Dichas políticas son determinadas por el Consejo de gobierno, formado por el Consejo de directores más los gobernadores de los bancos centrales de los 18 países de la eurozona, el cual vota sobre cambios a las tasas de interés. Sus miembros ejercen por periodos de ocho años, no renovables, a modo de aislarlos de presiones políticas para extenderse en el puesto; sin embargo, es muy pronto para establecer el nivel de independencia del BCE y pasará algún tiempo para que el banco demuestre sus méritos.

Según los críticos, otro inconveniente del euro es que la Unión Europea no es lo que los economistas conocen como **zona monetaria óptima**, una zona en la que las semejanzas de la estructura básica de la actividad económica hacen viable la adopción de una única moneda y el uso de un solo tipo de cambio como instrumento de las políticas macroeconómicas pues muchas de las economías europeas de la eurozona son distintas; por ejemplo, Finlandia y Portugal tienen diferentes niveles salariales, regímenes fiscales y ciclos comerciales, y cada una reacciona en forma particular a las conmociones económicas externas: una modificación del tipo de cambio del euro que ayude a Finlandia puede perjudicar a Portugal. Como es evidente, esas diferencias complican las políticas macroeconómicas; así, si las economías del euro no crecen al mismo ritmo, una política monetaria común implicaría que las tasas de interés son demasiado altas para las regiones deprimidas y demasiado bajas para las prósperas.

Una forma de enfrentar estos efectos en la eurozona sería que la UE efectuara transferencias fiscales mediante las cuales tomara dinero de las regiones prósperas y lo inyectara en las deprimidas; pese a ello, esta medida detonaría conflictos políticos. ¿Entregarían los ciudadanos alemanes su "parte justa" de los fondos de la UE para crear puestos para los trabajadores griegos subempleados? No es de sorprender que exista una fuerte oposición política a dichas prácticas.

Experiencia del euro: de 1999 a la crisis de deuda soberana

Desde su establecimiento el 1 de enero de 1999, el euro ha tenido una historia volátil frente a la mayor moneda del mundo, el dólar estadounidense. Tras iniciar su vida en 1999 a 1.17 dólares, el euro bajó constantemente hasta un mínimo de 83 centavos por dólar en octubre de 2000, lo cual llevó a los observadores a sostener que había fracasado. Una de las principales causas de esa caída fue que los inversionistas internacionales dirigieron su dinero a las acciones y bonos estadounidenses, que estaban al alza, y se llevaron dinero de Europa para financiar las inversiones. En otras palabras, vendían sus euros para comprar dólares que pudieran invertir en activos denominados en esta moneda. Este incremento de la demanda de dólares y la reducción de la demanda de euros hizo que su valor bajara respecto del dólar.

La suerte del euro empezó a mejorar a finales de 2001, cuando el dólar se debilitó, y a comienzos de marzo de 2008 la moneda alcanzó su precio más alto en cinco años de mantener un nivel de paridad fuerte: 1.54 dólares. Una causa de este fenómeno fue que se detuvo el flujo de capitales cuando cayeron los mercados financieros estadounidenses durante 2007 y 2008. Muchos inversionistas sacaron dinero de Estados Unidos, vendieron activos denominados en dólares, como títulos y bonos, y adquirieron activos en euros. La reducción de la demanda de dólares y el aumento de la demanda de euros produjo la caída del dólar frente al euro. Más aún, en un voto de confianza para el euro y la capacidad del BCE de manejar la política económica en su zona de influencia, muchos bancos centrales extranjeros añadieron más euros a sus depósitos de moneda extranjera entre 2002 y 2004. En sus primeros tres años de vida, el euro nunca llegó a 13% de las reservas mundiales en marcos alemanes y otras monedas que circulaban antes en la eurozona. El euro no superó sus dificultades antes de 2002, pero en 2011 representaba 26.3%.[18]

Sin embargo, el euro se ha debilitado desde 2008, haciendo eco de las dudas persistentes sobre el lento crecimiento económico y los grandes déficits presupuestales entre algunos estados miembros de la UE, en especial Grecia, Portugal, Irlanda, Italia y España. En la década de 2000, todos estos gobiernos elevaron de modo drástico su deuda gubernamental para financiar el gasto público; deuda gubernamental como porcentaje del PIB que en muchas de estas naciones alcanzó niveles históricos. Para 2010, los inversionistas privados se preocupaban cada vez más de que estos países no fueran capaces de solventar su deuda soberana, sobre todo por la desaceleración económica luego de la crisis financiera global de 2008-2009. Vendieron bonos gubernamentales de naciones en problemas, haciendo bajar los precios de los bonos y elevando el costo de los préstamos del gobierno (los precios de los bonos y las tasas de interés son inversamente proporcionales). Ello condujo a temores sobre que muchos gobiernos nacionales, Grecia en particular, podrían no poder afrontar su deuda soberana, sumiendo a la eurozona en una crisis económica. Para prevenirla, en mayo de 2010 las naciones de la eurozona y el Fondo Monetario Internacional (FMI) acordaron un paquete de rescate de 110 mil millones de euros para ayudar al rescate de Grecia. En noviembre de 2010, la UE y el FMI acordaron un paquete de rescate para Irlanda por 85 mil millones de euros; en mayo de 2011, los países de la eurozona y el FMI instituyeron un plan de rescate por 78 mil millones de euros para Portugal. A cambio de dichos préstamos, los tres países tuvieron que aceptar reducciones radicales en el gasto gubernamental, lo que se tradujo en un crecimiento económico más lento y en una tasa mayor de desempleo hasta que la deuda gubernamental se redujera a niveles más sustentables. Aunque Italia y España no solicitaron paquetes de rescate, por la caída en el precio de los bonos, ambas naciones se vieron obligadas a instrumentar programas de austeridad que exigieron enormes reducciones al gasto gubernamental. Los miembros de la eurozona también establecieron un fondo permanente de rescate, el Mecanismo de Estabilidad Europea, por un valor de aproximadamente 500 mil millones de euros, diseñado para recuperar la confianza en el euro. Como se describe en el siguiente "Vistazo a un país", para 2012 Grecia había obtenido dos paquetes de rescate adicionales en un intento por impedir un incumplimiento a gran escala en el pago de su deuda soberana.

Como era de esperarse, el torbellino económico condujo a una declinación en el valor del euro. Para principios de 2013, el tipo de cambio entre el dólar y el euro se mantuvo en un euro por 1.30 dólares, un poco abajo del nivel de 2008, pero aún bastante mejor que el tipo de cambio vigente a principios de la década de 2000. El euro también se ha devaluado en 20 a 30% respecto de la mayoría de las otras principales monedas del mundo entre finales de 2008 y principios de 2013.

Lo que es todavía más preocupante para el éxito a largo plazo del euro es que muchas de las naciones más nuevas de la UE se han comprometido a aceptar el euro, pero aún están en espera. Países como Polonia y la República Checa no tienen muchos deseos de unirse a la eurozona y cargar a sus contribuyentes con la obligación de rescatar a los gobiernos despilfarradores de Grecia, Irlanda y Portugal. Esto comenzó a erosionar el apoyo al euro en los estados más fuertes de la UE. Para intentar corregir dicha deficiencia, 25 de las 27 naciones de la UE firmaron un pacto fiscal en enero de 2012 que dificultó todavía más a los estados miembros romper las estrictas nuevas reglas respecto de los déficits gubernamentales (el Reino Unido y la República Checa se abstuvieron). Aún se desconoce si estas acciones serán suficientes para encarrilar al euro.

AMPLIACIÓN DE LA UNIÓN EUROPEA

Un asunto primordial que enfrenta la UE en los últimos años es su crecimiento. Su ampliación hacia el este de Europa fue una posibilidad desde la caída del comunismo a finales de la década de 1980, mientras que, para el término de la década siguiente, 13 países habían solicitado su inclusión

---

[18] "Euro Still the World's Second Reserve Currency", en *The Economic Times*, 22 de julio de 2011.

Crisis de la deuda soberana en Grecia

Cuando se estableció el euro, algunos detractores externaron su preocupación de que los países derrochadores de la eurozona (como Italia y Grecia) podrían pedir préstamos excesivos, acumulando grandes déficits en el sector público que no podrían financiar. Esto estremecería al valor del euro y requeriría que los países más mesurados, como Francia o Alemania, rescataran a la nación derrochadora. En 2010, esta preocupación se volvió realidad cuando la crisis financiera en Grecia golpeó el valor del euro.

Esta crisis financiera se debió a una década de libre gasto del gobierno griego, que incurrió en un alto nivel de deuda para financiar su excesivo gasto en el sector público. Mucho de este gasto excesivo puede considerarse como un intento del gobierno por comprar a poderosos grupos de interés en la sociedad griega, desde maestros y agricultores hasta empleados del sector público, recompensándolos con pagos altos y extensas prestaciones. Para empeorar el asunto, el gobierno engañó a la comunidad internacional respecto del grado de su endeudamiento. En octubre de 2009, subió al poder un nuevo gobierno y pronto anunció que el déficit del sector público para 2009, que se había proyectado en casi 5%, sería en realidad de 12.7%. Sin duda, el gobierno anterior había alterado los libros.

Eso destruyó cualquier confianza que los inversionistas internacionales pudieran tener en la economía griega. Las tasas de interés de la deuda del gobierno griego se elevaron a 7.1%, casi cuatro puntos porcentuales por encima de la tasa de los bonos alemanes. Dos de las tres agencias internacionales calificadoras redujeron también sus calificaciones respecto de los bonos griegos y advirtieron sobre la posibilidad de que hubiera más disminuciones. En ese momento, la principal preocupación era que el gobierno griego no fuera capaz de refinanciar casi 20 mil millones de euros de deuda que vencerían en abril o mayo de 2010, además de que no tuviera la voluntad política de efectuar recortes importantes al gasto público, necesarios para reducir el déficit y restaurar la confianza de los inversionistas.

Pero Grecia no estaba sola en esto de los déficits del sector público, otras tres naciones de la eurozona —España, Portugal e Irlanda— también tenían fuertes deudas y las tasas de interés de sus bonos se dispararon a medida que los inversionistas vendían. Esto aumentó el temor al contagio financiero, con incumplimientos de pago a gran escala entre los miembros más débiles de la eurozona. Si ello ocurría, seguramente la UE y el FMI deberían rescatar a las naciones en problemas. Frente a esta posibilidad, que alguna vez se consideró muy remota, los inversionistas principiaron a cambiar sus euros por otras monedas, y el valor de la moneda europea comenzó a caer en el mercado de divisas.

Reconociendo que lo impensable había sucedido, y que sin ayuda externa Grecia podría no ser capaz de pagar su deuda externa, lo que precipitaría al euro y a la UE hacia una crisis mayor, en mayo de 2010 los países de la eurozona, encabezados por Alemania, y el FMI acordaron prestar a Grecia hasta 110 mil millones de euros. Se consideró que estos préstamos eran suficientes para cubrir las necesidades financieras de Grecia durante tres años. A cambio, el gobierno griego aceptó instrumentar una serie de estrictas medidas de austeridad, que incluían aumento de impuestos, mayores recortes a los pagos del sector público, reducción de las prestaciones a los empleados públicos (por ejemplo, se aumentó la edad de retiro de 61 a 65 años y se pusieron límites a las pensiones), y reducciones a la cantidad de empresas paraestatales: de 6 mil a 2 mil; no obstante, la economía griega se contrajo tan rápidamente en 2010 y en 2011 que los ingresos fiscales se desplomaron. Para finales de 2011, la economía del país era casi 29% menor de lo que había sido en 2005, mientras que la tasa de desempleo se aproximó a 20%. La contraída base fiscal limitó la capacidad del gobierno para pagar la deuda y, hacia 2012, los réditos de la deuda a 10 años del gobierno griego llegaron a 34%, un indicador de que muchos inversionistas esperaban ahora que Grecia no pudiera cumplir su deuda soberana. Esto forzó al gobierno del país a pedir más ayuda a las naciones de la eurozona y al FMI. Como condición para un plan fresco de rescate de 130 mil millones de euros, el gobierno griego debió convencer a los titulares de los bonos gubernamentales para que aceptaran la mayor reestructuración de deuda soberana en la historia. En efecto, los titulares de los bonos accedieron a desgravar 53.5% de la deuda. Aunque técnicamente el gobierno griego no había incumplido con su deuda soberana, a muchos les pareció que la UE y el FMI habían orquestado un incumplimiento parcial. Aún está por verse si esto será suficiente para evitar un incumplimiento total de Grecia.[19]

como miembros. Para tener derecho a ser parte de la UE, los solicitantes deben privatizar los bienes estatales, desregular los mercados, reestructurar las industrias y controlar la inflación. También, deben incorporar las complejas leyes de la unión a sus sistemas legales, establecer gobiernos democráticos estables y respetar los derechos humanos.[20] En diciembre de 2002, la UE accedió formalmente

19 "A Very European Crisis", en *The Economist*, 6 de febrero de 2010, pp. 75-77; L. Thomas, "Is Debt Trashing the Euro?", en *The New York Times*, 7 de febrero de 2010, pp. 1-7; "Bite the Bullet", en *The Economist*, 15 de enero de 2011, pp. 77-79; y "The Wait is Over", en *The Economist*, 17 de marzo de 2012, pp. 83-84.

20 Los detalles sobre las condiciones de participación y el avance en las negociaciones de expansión se encuentran en: http:europa.eu.int/comm/enlargement/index.htm, consultado el 2 de septiembre de 2014.

a aceptar la solicitud de 10 miembros, los cuales se unieron el 1 de mayo de 2004: los países bálticos, la República Checa y naciones más grandes como Hungría y Polonia. Los únicos miembros nuevos que no pertenecen a Europa oriental son las naciones isleñas del Mediterráneo, Malta y Chipre. Su inclusión a la UE la llevó a 25 estados y la extendió desde el Atlántico hasta la frontera con Rusia, lo cual agregó 23% de territorio, trajo 75 millones de ciudadanos nuevos para sumar una población de 450 millones de habitantes y creó una única economía continental con un PIB de casi 11 mil millones de millones de euros. En 2007, se incorporaron Bulgaria y Rumania, con lo que la cantidad de estados miembros se elevó a 27.

Recep Tayyip Erdogan, primer ministro turco, ha estado defendiendo la incorporación de Turquía a la UE.

Los nuevos integrantes adoptaron el euro en 2007 (2010 en el caso de los últimos en ingresar) y recién se permitirá el libre tránsito de trabajadores entre estos países y los antiguos (ninguno de ellos había adoptado el euro hasta inicios de 2012). En concordancia con las teorías del libre comercio, la ampliación de la unión debe traer más beneficios para todos los miembros; sin embargo, por lo pequeño de las economías del este de Europa (que en conjunto suman apenas 5% del PIB de los miembros actuales), probablemente su efecto inicial será menor. Es posible que el cambio más notable se observe en la burocracia de la unión y en sus procesos de toma de decisiones, pues las negociaciones sobre el presupuesto entre 27 naciones están condenadas a ser más problemáticas que entre 15.

Se quedaron en la puerta Turquía, Rumania y Bulgaria. Turquía, que también cabildea para entrar a la Unión Europea, plantea problemas difíciles. A pesar de ser parte de una unión aduanera con Europa desde 1995 y de que más o menos la mitad de su comercio internacional ya lo efectúa con la UE, se le ha negado la membresía completa por preocupaciones relacionadas con los derechos humanos (en particular, las políticas turcas hacia las minorías kurdas). Además, del lado turco se sospecha que la UE no está ansiosa por recibir a una nación de 74 millones de habitantes principalmente musulmanes, con un pie en Asia. En diciembre de 2002, la UE indicó de manera formal que aceptaría la solicitud de Turquía sin mayores demoras en diciembre de 2004 si el país mejoraba sus condiciones de derechos humanos a satisfacción de la unión. En diciembre de 2004, la UE acordó permitir a Turquía iniciar en octubre de 2005 las pláticas para solicitar su incorporación, pero estas no progresan con rapidez y en este momento no está claro cuándo podrá incorporarse a la UE dicha nación.

Integración económica regional del continente americano

OA9-4

Ningún otro intento de integración económica regional se acerca a la audacia de la Unión Europea ni tiene sus posibles implicaciones para la economía mundial, pero la integración también avanza en América. La iniciativa más relevante es el Tratado de Libre Comercio de América del Norte. Además del TLCAN, hay en perspectiva otros bloques comerciales (véase el mapa 9.2), de los cuales el más importante parece ser el grupo andino del Mercosur. Asimismo, se negocia para establecer el Área de Libre Comercio de las Américas (ALCA), aunque por ahora esto no prospera.

TRATADO DE LIBRE COMERCIO DE AMÉRICA DEL NORTE

En 1988, los gobiernos de Estados Unidos y Canadá pactaron un acuerdo de libre comercio que entró en vigor el 1 de enero de 1989. La finalidad del tratado era eliminar todos los aranceles sobre el comercio entre ambos países para 1998. A esto siguieron en 1991 las pláticas entre Estados Unidos, Canadá y México para establecer entre los tres el **Tratado de Libre Comercio de América del Norte**. Las pláticas concluyeron en agosto de 1992 con un principio de acuerdo y el año siguien-

MAPA 9.2

Integración económica
de América.

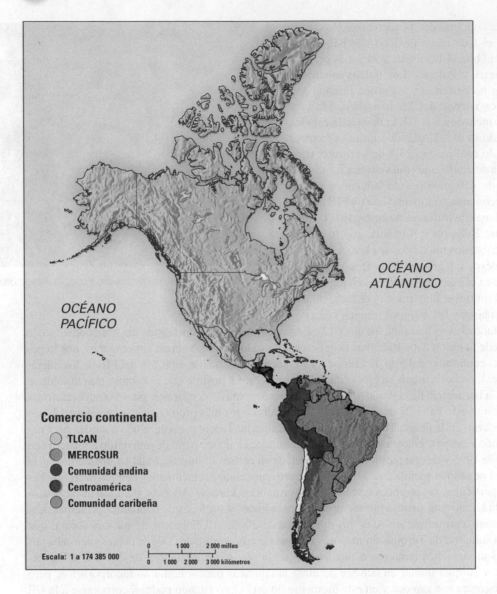

Comercio continental
- TLCAN
- MERCOSUR
- Comunidad andina
- Centroamérica
- Comunidad caribeña

*OCÉANO
ATLÁNTICO*

*OCÉANO
PACÍFICO*

Escala: 1 a 174 385 000

0	1 000	2 000 millas
0	1 000 2 000	3 000 kilómetros

te los gobiernos de las tres naciones ratificaron el tratado, que se convirtió en ley el 1 de enero de
1994.[21]

Contenido del TLCAN

El TLCAN abarca los siguientes puntos:

- Supresión en 2004 de los aranceles sobre 99% de los bienes comerciados entre México, Canadá
  y Estados Unidos.
- Eliminación de la mayoría de las barreras al tránsito de servicios entre los países; por ejemplo,
  las instituciones financieras de los otros dos países firmantes desde el año 2000 tuvieron acceso
  irrestricto al mercado mexicano.
- Protección de los derechos de propiedad intelectual.
- Supresión de la mayor parte de las restricciones sobre la inversión extranjera directa, si bien con
  un tratamiento especial (de protección) a los sectores mexicanos de energéticos y ferrocarriles,
  las aerolíneas y radiocomunicaciones estadounidenses, y la cultura canadiense.
- Aplicación de estándares ecológicos nacionales, siempre que tengan una base científica. Se considera inapropiado reducir estos estándares para atraer inversiones.

---

[21] "What Is NAFTA?", en *Financial Times*, 17 de noviembre de 1993, p. 6, y S. Garland, "Sweet Victory", en *BusinessWeek*,
29 de noviembre de 1993, pp. 30-31.

- Conformación de dos comisiones con el poder de imponer multas y cancelar privilegios comerciales si se hace caso omiso de los estándares ecológicos o la legislación sobre seguridad e higiene, salarios mínimos y trabajo infantil.

Defensa del TLCAN

Los defensores del TLCAN sostienen que el área de libre comercio debe verse como una oportunidad para crear una base productiva mayor y más eficiente para toda la región. Reconocen que un efecto del TLCAN es que algunas empresas estadounidenses y canadienses trasladarán la producción a México para aprovechar sus costos menores de mano de obra (en 2004, el costo promedio por hora de trabajo en México era aún de un décimo respecto de Estados Unidos y Canadá). El traslado de la producción a México —explican— se manifiesta, sobre todo, en los sectores de manufactura que requieren mucha mano de obra no calificada, para lo cual México tiene una ventaja comparativa. Los defensores del TLCAN afirman que muchos se beneficiarían de esta tendencia. México se beneficiaría de la entrada tan necesaria de inversiones y fuentes de empleo, mientras que Estados Unidos y Canadá también lo harían, pues, al aumentar sus ingresos, los mexicanos podrían importar más bienes de estas dos naciones, lo cual incrementaría la demanda y compensaría los puestos perdidos en los sectores que llevaron su producción a México. Los consumidores estadounidenses y canadienses se beneficiarían de precios menores en los productos hechos en México. Además, se reforzaría la competitividad internacional de las empresas estadounidenses y canadienses que trasladaran la producción a México para aprovechar los bajos costos de la mano de obra, con lo cual competirían mejor con sus rivales de Asia y Europa.

Oposición al TLCAN

Quienes se oponían al TLCAN alegaban que su ratificación sería seguida por un éxodo masivo de fuentes de trabajo estadounidenses y canadienses a México, pues las compañías querrían aprovechar los salarios bajos y las leyes ambientales y laborales menos estrictas de este país. Según un opositor radical, Ross Perot, se trasladarían a México hasta 5.9 millones de empleos después del TLCAN, en lo que definió, con una expresión que cobró fama, como un "gran desagüe abierto al sur". No obstante, la mayoría de los economistas desestimaron esas cifras y las calificaron de absurdas y alarmistas. Coincidían en que México necesitaba un superávit comercial bilateral con Estados Unidos de aproximadamente 300 mil millones de dólares para que se produjera una pérdida de empleos de esa magnitud o el tamaño del PIB mexicano. En otras palabras, ese escenario era poco probable.

Cálculos más conservadores sobre el efecto del TLCAN van desde una creación neta de 170 mil fuentes de trabajo en Estados Unidos (por el aumento en México de la demanda de bienes y servicios estadounidenses) y un incremento de 15 mil millones de dólares por año al PIB conjunto de Estados Unidos y México, hasta una pérdida neta de 490 mil empleos estadounidenses. Para poner estas cifras en perspectiva, se pronosticaba que el empleo en la economía de Estados Unidos aumentaría en 18 millones de puestos entre 1993 y 2003. Como han señalado una y otra vez muchos economistas, el TLCAN tendría un efecto pequeño en Canadá y Estados Unidos. Difícilmente podría ser de otra manera, pues la economía de México es de apenas 5% del tamaño de la economía estadounidense. La firma del TLCAN exigió el mayor acto de fe económica a México, más que a Canadá o Estados Unidos. Eliminar las barreras comerciales expuso a las empresas mexicanas a competidores estadounidenses y canadienses muy eficientes que, en comparación con el promedio mexicano, tenían muchos más recursos de capital, acceso a trabajadores escolarizados y capacitados, y mucho mayor avance tecnológico. El resultado de corto plazo fue una dolorosa reestructuración económica y desempleo en México. Pero los defensores del TLCAN aseveraban que habría ganancias dinámicas de largo plazo en la eficiencia de las empresas mexicanas cuando se adaptaran a los rigores de un mercado más competitivo. En la medida en que así ocurriera —decían—, la tasa de crecimiento de México se aceleraría y este se convertiría en un mercado importante para las compañías canadienses y estadounidenses.[22]

Asimismo, los ecologistas expresaron preocupaciones por el TLCAN. Citaban los sedimentos en el Río Bravo y la contaminación atmosférica de la Ciudad de México, y advertían que México

---

[22] "NAFTA: The Showdown", en *The Economist*, 13 de noviembre de 1993, pp. 23-36.

podría degradar las normas de limpieza del aire y de desechos tóxicos de toda la zona. Señalaban que la parte baja del Río Bravo era el río más contaminado de Estados Unidos y que, con el TLCAN, los desechos químicos y las aguas negras aumentarían en su curso desde El Paso, Texas, hasta el Golfo de México.

En México, la oposición al TLCAN vino de quienes temían una pérdida de la soberanía nacional, quienes argumentaban que México sería dominado por empresas estadounidenses que no contribuirían a su crecimiento económico, sino que lo utilizarían como centro de ensamblaje barato dejando al norte de la frontera los trabajos más calificados y mejor remunerados.

Resultados del TLCAN

Estudios sobre los efectos del TLCAN revelan que, al principio, han sido escasos, en el mejor de los casos, y que, tanto defensores como detractores, exageraron.[23] En promedio, los análisis demuestran que el efecto general del TLCAN ha sido menor, pero positivo.[24] De 1993 a 2005, el comercio entre los socios del TLCAN creció 250%.[25] Canadá y México son ahora el primero y segundo socios comerciales de Estados Unidos (el otro es China), lo cual apunta a que las economías de las tres naciones están más integradas. En 1990, el comercio estadounidense con Canadá y México sumaba casi una cuarta parte del total. En 2005, la cifra era de una tercera parte. El comercio de Canadá con sus socios del TLCAN aumentó de casi 70% a más de 80% de todo su comercio exterior entre 1993 y 2005, mientras que el comercio de México con el TLCAN aumentó de 66 a 80% en el mismo periodo. Además, los tres países experimentaron un notable incremento de la productividad en ese lapso. En México, la productividad laboral aumentó 50% desde 1993 y tal vez el inicio del TLCAN contribuyó a ello, aunque los cálculos muestran que los efectos del TLCAN en el empleo han sido menores. Las cifras más pesimistas indican que, debido al tratado, en Estados Unidos se perdieron 110 mil trabajos por año entre 1994 y 2000 (y pocos economistas están de acuerdo con estas cifras), lo que es poco en comparación con los más de dos millones de puestos anuales creados en esa nación durante el mismo periodo.

Quizá el efecto más significativo del TLCAN no haya sido económico, sino político. Los observadores mencionan que ayudó a crear un ambiente de mayor estabilidad política en México. Durante la mayor parte del periodo posterior al TLCAN, se ha considerado a México como una nación democrática estable con una economía en crecimiento, algo que beneficia a Estados Unidos, que comparte con él una frontera de más de 3 mil kilómetros.[26] Sin embargo, acontecimientos recientes han ensombrecido el futuro de México. A finales de 2006, Felipe Calderón, recién electo presidente de México, inició una política de mano dura contra los cada vez más poderosos cárteles de la droga mexicanos (cuyo principal negocio ha sido el narcotráfico a través de la frontera y al interior de Estados Unidos). Calderón envió 6 500 soldados al estado mexicano de Michoacán para terminar con la escalada de violencia por narcotráfico en el lugar y los cárteles respondieron aumentando su violencia, con lo que la nación quedó atrapada en lo que se considera una guerra sin cuartel. Alimentados por el lucrativo negocio de la venta de drogas en Estados Unidos y equipados con armamento comprado en ese mismo país, los cárteles han estado peleando entre ellos y contra las autoridades mexicanas en un conflicto de creciente brutalidad que cobró aproximadamente 57 500 vidas entre 2007 y 2012, y que algunos temen que pueda extenderse a Estados Unidos.[27]

Ampliación

Un problema que enfrenta el TLCAN es el de su ampliación. Varios países de América Latina han expuesto su deseo de unirse al tratado. Los gobiernos de Canadá y Estados Unidos adoptaron una

---

[23] N. C. Lustog, "NAFTA: Setting the Record Straight", en *The World Economy*, 1997, pp. 605-614; G. C. Hufbauer y J. J. Scott, *NAFTA Revisited: Achievements and Challenges*, Instituto de Economía Internacional, Washington, D. C., 2005.

[24] W. Thorbecke y C. Eigen-Zucchi, "Did NAFTA Cause a Giant Sucking Sound?", en *Journal of Labor Research*, otoño de 2002, pp. 647-658; G. Gagne, "North American Free Trade, Canada, and U. S. Trade Remedies: An Assessment after Ten Years", en *The World Economy*, 2000, pp. 77-91; Hufbauer y Schott, *NAFTA Revisited: Achievements and Challenges*, Instituto de Economía Internacional, Washington, D. C., 2005; y J. Romalis, "NAFTA's and Custfa's Impact on International Trade", en *Review of Economics and Statistics* 98, núm. 3, 2000, pp. 416-435.

[25] Todas las cifras comerciales están tomadas de la página electrónica TradeStats Express del Departamento de Comercio de Estados Unidos, en: http://tse.export.gov/, consultado el 2 de septiembre de 2014.

[26] J. Cavanagh *et al.*, "Happy Ever NAFTA?", en *Foreign Policy*, septiembre-octubre de 2002, pp. 58-65.

[27] "Mexican Daily: Nearly 60 000 Drug War Deaths under Calderon", *Fox News Latino*, 1 de noviembre de 2012.

actitud expectante respecto de la mayoría de las naciones. La aprobación del TLCAN fue una experiencia política dolorosa y ningún gobierno está ansioso por repetir pronto el proceso; no obstante, en 1995, los gobiernos de Canadá, México y Estados Unidos comenzaron pláticas en cuanto a la posible incorporación de Chile, pero hasta 2011 se habían alcanzado pocos progresos, en parte por la oposición política del Congreso estadounidense a ampliar el tratado. Con todo, en diciembre de 2002 Estados Unidos y Chile firmaron un pacto bilateral de libre comercio.

COMUNIDAD ANDINA

Bolivia, Chile, Ecuador, Colombia y Perú firmaron un acuerdo en 1969 para crear el **Pacto Andino**, que se basó en especial en el modelo de la Unión Europea, pero tuvo menos éxito en la consecución de las metas declaradas. Los pasos de la integración dados en 1969 fueron un programa de reducción a los aranceles internos, un arancel externo común, políticas de transporte, una política industrial compartida y concesiones especiales a los miembros más pequeños; esto es, Bolivia y Ecuador.

A mediados de la década de 1980, el Pacto Andino casi había desaparecido sin alcanzar alguno de los objetivos que se propuso. No hubo un acuerdo comercial sin aranceles entre los países miembros, ni un arancel externo común, ni homologación de las políticas económicas. Problemas políticos y económicos obstaculizaron la cooperación entre sus integrantes, quienes han tenido que lidiar con un magro crecimiento económico, hiperinflación, desempleo elevado, intranquilidad política y cargas opresivas de deuda. Además, en ese periodo la ideología política dominante en muchos de los países andinos se inclinaba al extremo radical socialista del espectro político. Como esta ideología es contraria a los principios económicos de libre mercado sobre los que se basa el Pacto Andino, no podían esperarse progresos hacia una mayor integración.

La marea comenzó a descender a finales de la década de 1980, cuando después de años de deterioro económico, los gobiernos de América Latina empezaron a adoptar políticas de economía de mercado. En 1990, las autoridades de los cinco miembros del Pacto Andino (Bolivia, Ecuador, Perú, Colombia y Venezuela) se reunieron en las islas Galápagos y firmaron la Declaración de las Galápagos, con la cual revitalizaron el pacto, que cambió de nombre en 1997 por el de Comunidad Andina. Entre los objetivos estipulados en la declaración se encontraban el establecimiento de un área de libre comercio en 1992, una unión aduanera en 1994 y un mercado común en 1995. Este último paso no ha sido alcanzado. La unión aduanera se estableció en 1995, aunque hasta 2003 Perú se mantuvo al margen y Bolivia recibió un tratamiento preferencial; hoy, la Comunidad Andina funciona como unión aduanera. En diciembre de 2005, se signó un acuerdo con el Mercosur para reiniciar las negociaciones estancadas acerca de la creación de un territorio comercial único entre ambos bloques comerciales, pero avanzan con lentitud. A finales de 2006, Venezuela se retiró de la Comunidad Andina como parte de sus esfuerzos por unirse al Mercosur.

Mercosur

El **Mercosur** se originó en 1988 como un pacto de libre comercio entre Brasil y Argentina. Se dice que las módicas reducciones de aranceles y cuotas que trajo el pacto contribuyeron a producir un aumento de 80% en el comercio entre ambos países a finales de la década de 1980.[28] Este éxito alentó la expansión del pacto en marzo de 1990 para incluir a Paraguay y Uruguay. En 2005, el pacto se amplió cuando Venezuela se unió al Mercosur, aunque puede tomar años hasta que este país logre integrarse por completo. Hasta principios de 2013, Paraguay no había ratificado el acuerdo que permitiría a Venezuela convertirse en miembro activo del Mercosur.

El objetivo inicial fue establecer una zona de libre comercio para finales de 1994 y un mercado común poco después. En diciembre de 1995, los miembros del Mercosur establecieron un programa de cinco años con el que esperaban perfeccionar su área de libre comercio y pasar a una unión aduanera completa, algo que aún está por verse.[29] Durante sus primeros ocho años, parece que el Mercosur contribuyó de manera positiva a la tasa de crecimiento económico de sus estados miembros. El comercio entre los cuatro principales países del Mercosur se cuadruplicó entre 1990 y 1998. El PIB conjunto creció a una tasa promedio anual de 3.5% entre 1990 y 1996, un mejor desempeño del que habían alcanzado en la década de 1980.[30]

---

[28] "The Business of the American Hemisphere", en *The Economist*, 24 de agosto de 1991, pp. 37-38.

[29] "NAFTA Is Not Alone", en *The Economist*, 18 de junio de 1994, pp. 47-48.

[30] "Murky Mercosur", en *The Economist*, 26 de julio de 1997, p. 66-67.

Sin embargo, el Mercosur tiene sus detractores, como Alexander Yeats, economista del Banco Mundial, quien escribió una crítica aguda al acuerdo.[31] Según Yeats, los efectos de desviación del comercio en el Mercosur superaron los de la creación de comercio y señala que los artículos con mayor crecimiento comercial en el Mercosur son autos, autobuses, maquinaria agrícola y otros bienes de capital que los cuatro países producen de manera ineficiente. En otras palabras, las naciones del Mercosur, aisladas de la competencia externa por aranceles que en el caso de los vehículos llegan a 70% de su valor, invierten en fábricas para elaborar productos demasiado costosos para venderse a alguien que no sea ellos. Para Yeats, el resultado es que los países del Mercosur quizá no sean capaces de competir en el mundo cuando se eliminen las barreras comerciales externas. Mientras tanto, se desvía a estas empresas capital que podría invertirse mejor en otras más eficientes. En lo inmediato, los países con compañías de manufactura más eficientes pierden porque las barreras al comercio exterior del Mercosur les impiden entrar a dicho mercado.

El Mercosur enfrentó un gran obstáculo en 1998, cuando sus miembros cayeron en una grave recesión y el comercio dentro del bloque se redujo de manera alarmante. Este cayó todavía más en 1999, luego de una crisis financiera de Brasil que produjo la devaluación del real, lo que de inmediato encareció 40% los artículos de los otros miembros del Mercosur en Brasil, su mayor mercado de exportación. En ese momento, el avance para establecer una unión aduanera completa se detuvo casi en su totalidad. La situación se deterioró aún más en 2001, cuando Argentina, asediada por tensiones económicas, propuso que la unión aduanera se suspendiera en forma temporal. Argentina quería suspender los aranceles del Mercosur para eliminar los derechos de aduana sobre la importación de equipo de capital y aumentarlos 35% sobre los bienes de consumo (el Mercosur estableció un arancel de importación de 14% sobre las dos categorías de bienes). Brasil accedió a la petición, lo cual, en efecto, suspendió la tentativa del Mercosur de convertirse en una unión aduanera completa.[32] La esperanza de restablecerla surgió en 2003, cuando el nuevo presidente de Brasil, Lula da Silva, anunció su apoyo a un Mercosur revitalizado y ampliado con base en el modelo de la UE, con más miembros, una moneda común y un parlamento electo por voto;[33] sin embargo, hasta 2011, no había progresos tangibles para hacer avanzar al Mercosur por ese camino y los críticos estimaban que lo único que hacía la unión aduanera era ser cada vez más inadecuada.

MERCADO COMÚN DE CENTROAMÉRICA, CAFTA Y CARICOM

Otros dos pactos comerciales de América no han hecho grandes progresos. A comienzos de la década de 1960, Costa Rica, El Salvador, Guatemala, Honduras y Nicaragua intentaron establecer un **Mercado Común Centroamericano**, el cual se derrumbó en 1969 cuando estalló una guerra entre Honduras y El Salvador, luego de una riña en un partido de futbol entre ambos países. Desde entonces, las naciones miembro han hecho algunos adelantos para revivir el acuerdo y República Dominicana se unió a los cinco fundadores. El mercado común propuesto recibió un impulso en 2003, cuando Estados Unidos manifestó sus intenciones de emprender negociaciones para lograr un acuerdo comercial bilateral con el grupo (al cual se había unido República Dominicana). Esta iniciativa cristalizó, en 2004, en un acuerdo para establecer un pacto de libre comercio entre los seis países y Estados Unidos. Conocido como **Tratado de Libre Comercio de América Central** (Central America Free Trade Agreement, CAFTA), tiene como objetivo disminuir las barreras comerciales entre los signatarios para la mayoría de los bienes y servicios.

En 1991, debió establecerse una unión aduanera entre los países caribeños de lengua inglesa, bajo el auspicio de la Comunidad del Caribe, llamada **CARICOM** e instituida en 1973; no obstante, no se ha logrado avanzar hacia la integración económica. En 1984, los estados miembros de la CARICOM se comprometieron formalmente a lograr una unión económica y monetaria, pero desde entonces ha habido pocos progresos. En octubre de 1991, los gobiernos de CARICOM no pudieron, por tercera vez consecutiva, cumplir el plazo para establecer un arancel externo común. A pesar de ello, él

---

[31] Véase M. Philips, "South American Trade Pact under Fire", en *The Wall Street Journal*, 23 de octubre de 1996, p. A2; A. J. Yeats, *Does Mercosur's Trade Performance Justify Concerns about the Global Welfare-Reducing Effects of Free Trade Arrangements? Yes!*, Washington, D. C., Banco Mundial, 1996; y D. M. Leipziger *et al.*, "Mercosur: Integration and Industrial Policy", en *The World Economy*, 1997, pp. 585-604.

[32] "Another Blow to Mercosur", en *The Economist*, 31 de marzo de 2001, pp. 33-34.

[33] "Lula Lays Out Mercosur Rescue Mission", en *Latin American Newsletters*, 4 de febrero de 2003, p. 7.

CARICOM se expandió a 15 miembros en 2005. A principios de 2006, seis miembros del CARICOM establecieron el pacto **Mercados y Economía Únicos del Caribe** (Caribbean Single Market and Economy, CSME). Diseñado según el modelo del mercado único europeo, el CSME tiene como meta disminuir las barreras comerciales y homologar las políticas macroeconómicas y monetarias entre sus estados miembros.[34]

ÁREA DE LIBRE COMERCIO DE LAS AMÉRICAS

En diciembre de 1994, durante la Cumbre de las Américas, se propuso el Área de Libre Comercio de las Américas (ALCA). Transcurrieron más de tres años para que se iniciaran las pláticas y 34 jefes de Estado se reunieron, en abril de 1998, en Santiago de Chile, para la segunda Cumbre de las Américas, en la que inauguraron formalmente las conversaciones para establecer un Área de Libre Comercio de las Américas el 1 de enero de 2005, lo que no sucedió. En la continuación de las pláticas, se estudiaron numerosos temas económicos, políticos y ambientales relacionados con el comercio y las inversiones internacionales. Aunque Estados Unidos y Brasil fueron los primeros impulsores del ALCA, hasta este momento, su apoyo ha sido variable; como ambos representan las economías más grandes del norte y el sur del continente, respectivamente, su apoyo firme es una condición indispensable para establecer el área de libre comercio.

Hasta ahora, los mayores obstáculos han sido de dos clases. En primer lugar, Estados Unidos quiere que sus vecinos del sur accedan a aplicar los derechos de propiedad intelectual de manera más estricta y a reducir los aranceles sobre las manufacturas, lo cual no están muy dispuestos a hacer. En segundo lugar, Brasil y Argentina quieren que Estados Unidos reduzca los subsidios a sus productores agrícolas y también que elimine los aranceles sobre las importaciones agrícolas, algo a lo que el gobierno estadounidense no está muy inclinado. Los observadores coinciden en que, para progresar, Estados Unidos y Brasil deben llegar primero a un acuerdo sobre estos temas decisivos.[35] Si al final se establece el ALCA, tendrá grandes implicaciones para el comercio y los flujos internacionales de inversiones en el hemisferio. Este acuerdo abriría un espacio de libre comercio de 850 millones de personas, que en 2008 sumaban un PIB de casi 18 mil millones de millones de dólares.

Sin embargo, hasta el momento, hay mucho trabajo por hacer y el progreso ha sido lento. El intento más reciente por reanudar las conversaciones fue en noviembre de 2005, en una cumbre de 34 jefes de estado de Norte y Sudamérica que fracasó cuando los oponentes, encabezados por el presidente populista de Venezuela, Hugo Chávez, bloquearon los esfuerzos de la administración Bush para establecer una agenda de futuras pláticas sobre el ALCA. Al manifestar su oposición, Chávez condenó el modelo de libre comercio estadounidense como una "perversión" que beneficiaría descaradamente a Estados Unidos, en detrimento de los pobres de América Latina, quienes, según Chávez, no se han beneficiado de los pormenores del libre comercio.[36] Estos comentarios no permiten que haya mucho progreso para establecer el ALCA en un futuro cercano.

Integración económica regional en el resto del mundo

OA9-4

En Asia y África se han hecho numerosos intentos de integración económica regional; pese a ello, pocos son algo más que un nombre. Quizá el más importante sea la Asociación de Naciones del Sudeste Asiático (Association of Southeast Asian Nations, ASEAN). Además, hace poco se creó el Foro de Cooperación Económica Asia-Pacífico (Asia-Pacific Economic Cooperation, APEC) como semilla de una posible región de libre comercio.

ASOCIACIÓN DE NACIONES DEL SUDESTE ASIÁTICO

La **Asociación de Naciones del Sudeste Asiático** (Association of Southeast Asian Nations, ASEAN), que se formó en 1967, comprende a Brunei, Camboya, Indonesia, Laos, Malasia, Myanmar,

[34] *EIU Views*, "CARICOM Single Market Begins", 3 de febrero de 2006.

[35] M. Esterl, "Free Trade Area of the Americas Stalls", en *The Economist*, 19 de enero de 2005, p. 1.

[36] M. Moffett y J. D. McKinnon, "Failed Summit Casts Shadow on Global trade Talks, en *The Wall Street Journal*, 7 de noviembre de 2005, p. A1.

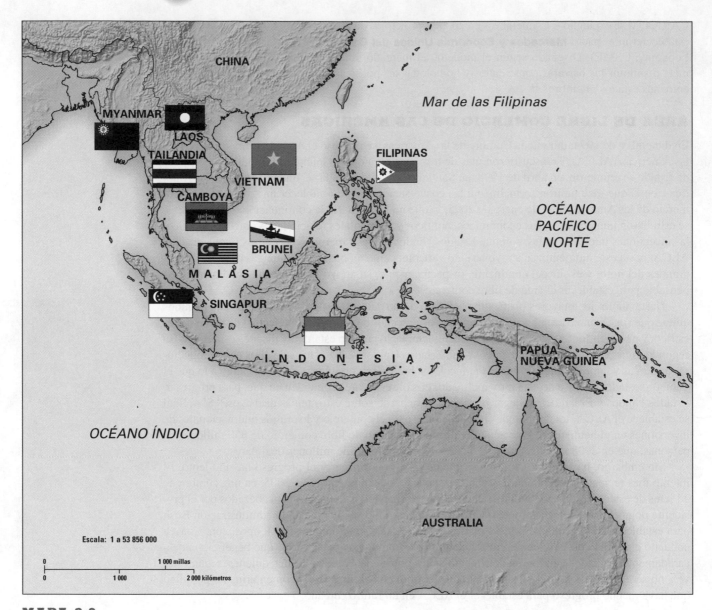

MAPA 9.3

Países de la ASEAN.

Fuente: Reproducido con permiso, www.aseansec.org.

Filipinas, Singapur, Tailandia y Vietnam. Laos, Myanmar, Vietnam y Camboya se unieron en fechas recientes, con lo cual se creó un agrupamiento regional de 500 millones de personas con un PIB conjunto de casi 740 mil millones de dólares (véase el mapa 9.3). El objetivo básico de la ASEAN es fomentar un comercio más libre entre los países miembros y alcanzar la cooperación de sus políticas industriales; sin embargo, su avance hasta ahora ha sido limitado.

Hasta hace poco, solo 5% del comercio de la ASEAN consistía en bienes con aranceles reducidos mediante el tratado de comercio preferencial que firmaron sus miembros; quizá esto está cambiando. En 2003, entró en vigor el Área de Libre Comercio de la ASEAN (ASEAN Free Trade Area, AFTA) entre los seis miembros originales. Este organismo redujo los aranceles sobre las manufacturas y los productos agrícolas a menos de 5%; no obstante, hay algunas excepciones importantes a esta reducción. Por ejemplo, Malasia se negó a reducir sus aranceles sobre los autos importados hasta 2005 y los reducirá a 20%, no a 5% como pedía la AFTA. Malasia quería defender de la competencia extranjera a Proton, un fabricante local de autos ineficiente. Del mismo modo, Filipinas se negó a disminuir

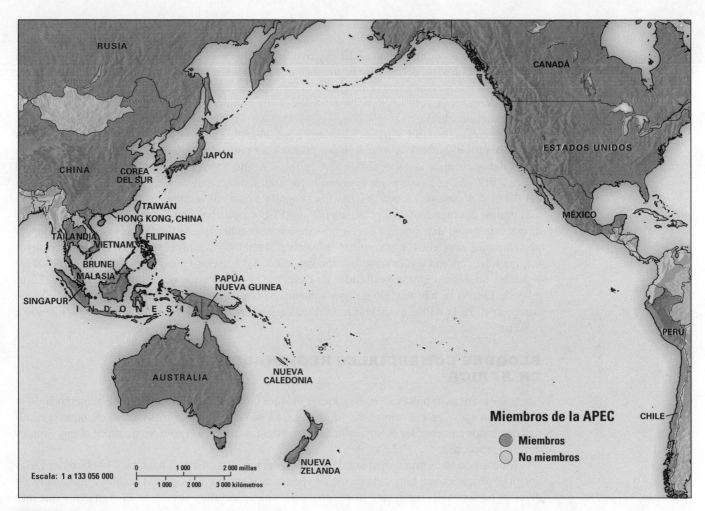

MAPA 9.4

Miembros de la APEC.

Fuente: De www.apec.org. Reproducido con autorización.

sus tasas arancelarias sobre los petroquímicos. El arroz, principal producto agrícola de la región, quedará sujeto a aranceles elevados por lo menos hasta 2020.[37]

A pesar de estas dificultades, ASEAN y AFTA por lo menos avanzan rumbo a establecer un área de libre comercio. Vietnam se unió al AFTA en 2006; Laos y Myanmar en 2008, y Camboya en 2010. La meta era reducir los aranceles de importación a cero entre los seis miembros originales para 2010 y hacer otro tanto para 2015 con los miembros nuevos (aunque, sin duda, persistirán excepciones notables a esta meta, como los aranceles sobre el arroz).

ASEAN firmó un acuerdo de libre comercio con China, que elimina los aranceles en 90% de los productos. Esto entró en vigor el 1 de enero de 2010. El comercio entre China y los miembros de ASEAN se triplicó durante la primera década del siglo XXI, y este acuerdo propiciará más crecimiento.[38]

FORO DE COOPERACIÓN ECONÓMICA ASIA-PACÍFICO

El Foro de Cooperación Económica Asia-Pacífico (Asia-Pacific Economic Cooperation, APEC) se fundó en 1990 como propuesta de Australia. Hoy, el organismo tiene 21 estados miembros, con

---

[37] "Every Man for Himself: Trade in Asia", en *The Economist*, 2 de noviembre de 2002, pp. 43-44.
[38] L. Gooch, "Asian Free-Trade Zone Raises Hopes", en *The New York Times*, 1 de enero de 2010, p. B3.

potencias económicas como Estados Unidos, Japón y China (véase el mapa 9.4), los cuales, colectivamente, suman casi 55% del PNB del mundo, 49% del comercio mundial y buena parte del crecimiento de la economía mundial. El objetivo declarado de la APEC es aumentar la cooperación multinacional en vista del ascenso económico de las naciones de la Cuenca del Pacífico y el crecimiento de la interdependencia de la región. El apoyo de Estados Unidos a la APEC se basa en la idea de que podría ser una estrategia viable para desanimar las iniciativas de crear grupos asiáticos de los cuales estaría excluido.

El interés en la APEC aumentó de manera considerable en noviembre de 1993, cuando los jefes de los estados miembros se reunieron por primera vez para una conferencia de dos días en Seattle. Antes del encuentro, se especulaba sobre la función futura del organismo. Un punto de vista era que la APEC debería comprometerse con la formación de un área de libre comercio, así la Cuenca del Pacífico dejaría de ser una designación geográfica para convertirse en el área de libre comercio más grande del mundo. Otros pensaban que la APEC no generaría más que ruido y muchas oportunidades de fotografiar juntas a las autoridades correspondientes. Al final, la reunión trajo consigo poco más que ambiguos compromisos de los estados miembros para colaborar en aras de una mayor integración económica y una disminución general de las barreras comerciales; sin embargo, los integrantes no descartaron la posibilidad de estrechar la cooperación económica en el futuro.[39] Los jefes de Estado se han reunido de nueva cuenta en otras ocasiones, aunque el plan impreciso no comprometió a la APEC a celebrar mucho más que pláticas sucesivas, todo lo que se ha logrado a la fecha.

BLOQUES COMERCIALES REGIONALES EN ÁFRICA

Los países africanos han experimentado con bloques comerciales regionales durante medio siglo, y hoy existen nueve en ese continente. Muchos países son miembros de más de uno. Aunque la cantidad de grupos comerciales es impresionante, el progreso rumbo a la conformación de alguno importante ha sido lento.

Muchos de estos grupos han estado inactivos durante años. Graves trastornos políticos en varias naciones africanas han impedido de manera persistente que haya progresos notables. Asimismo, en diversas naciones del continente se ve con gran suspicacia al libre comercio. El argumento que más se escucha es que, como son economías menos desarrolladas y diversificadas, deben "protegerse" mediante barreras arancelarias de la competencia extranjera injusta. Dada la frecuencia con que se esgrime este argumento, ha sido difícil establecer áreas de libre comercio o uniones aduaneras.

Los intentos más recientes para revigorizar el movimiento del libre comercio en África ocurrieron a comienzos de 2001, cuando Kenia, Uganda y Tanzania, estados miembros de la Comunidad de África Oriental (East African Community, EAC), se comprometieron a refundar el bloque, 24 años después de su derrumbe. Los tres países, con 80 millones de habitantes, pretenden establecer una unión aduanera, un tribunal regional, una asamblea legislativa y, con el tiempo, una federación política.

El programa incluye la cooperación en materia de inmigración, redes carreteras y de telecomunicaciones, inversión y mercados de capital; no obstante, los empresarios locales, a la vez que dan la bienvenida como un paso positivo al relanzamiento, también son críticos del fracaso de la EAC en la práctica, pues no avanza en el ámbito del libre comercio. Cuando se firmó el tratado, en noviembre de 1999, los miembros se concedieron cuatro años para negociar una unión aduanera y en 2001 redactaron un borrador con ese objetivo; sin embargo, estuvieron lejos de los planes anteriores de establecer de inmediato un área de libre comercio, los cuales quedaron archivados cuando Tanzania y Uganda, por temor de la competencia de Kenia, manifestaron sus preocupaciones de que el área produjera desequilibrios semejantes a los que causaron la quiebra de la primera comunidad.[40] De cualquier modo, en 2005, la EAC comenzó a instrumentar una unión aduanera. En 2007, Burundi y Ruanda se unieron a la organización. La EAC estableció un mercado común en 2010 y hoy se dirige hacia una meta eventual de unión monetaria.

---

[39] "Aimless in Seattle", en *The Economist*, 13 de noviembre de 1993, pp. 35-36.
[40] M. Turner, "Trio Revives East African Union", en *Financial Times*, 16 de enero de 2001, p. 4.

IMPLICACIONES **PARA LOS ADMINISTRADORES**

En la actualidad, los avances más relevantes en la integración económica regional ocurren en la UE y el TLCAN. Algunos bloques comerciales en América Latina, ASEAN, APEC y el propuesto ALCA acaso cobrarán mayor importancia económica en el futuro, pero, en estos momentos, la UE y el TLCAN poseen las implicaciones más profundas e inmediatas para la práctica empresarial. Por consiguiente, en esta sección nos concentraremos en estos dos grupos, aunque es posible extraer conclusiones similares respecto de la creación de un mercado único en cualquier otro lugar del mundo.

OA9-5

OPORTUNIDADES

La creación de un mercado único mediante la integración económica regional ofrece grandes oportunidades porque se abren mercados antes protegidos de la competencia extranjera. Otras oportunidades surgen de los bajos costos inherentes a hacer negocios en un mercado único en lugar de en 28 mercados nacionales (en el caso de la UE) o tres (en el del TLCAN). El libre tránsito internacional de bienes, las normas uniformes para los productos y los regímenes fiscales simplificados facilitan que las empresas establecidas en los países de la UE y del TLCAN materialicen ahorros en costos que pueden ser importantes si centralizan la producción en las ubicaciones de esas regiones donde la combinación de costos y capacidades de producción es óptima. En lugar de elaborar un producto en cada uno de los 28 países de la UE o las tres naciones del TLCAN, una compañía puede atender a todo el mercado europeo o norteamericano desde un solo lugar, el cual, desde luego, debe elegirse con cuidado, poniendo atención en sus factores y capacidades de producción.

Incluso después de retirar todas las barreras al comercio y la inversión, subsistieron las diferencias de cultura y prácticas competitivas que limitan la capacidad de las compañías para materializar ahorros en costos mediante la centralización de la producción en puntos clave y la elaboración de un producto uniforme para un solo mercado de diversos países. Considérese el caso de Atag Holdings NV, fabricante holandés de aparatos para cocina.[41] Atag supuso que se encontraba en un buen lugar para aprovechar el mercado único, pero se halló con obstáculos. Su planta está a solo kilómetro y medio de la frontera con Alemania y cerca del centro de la población en la Unión Europea. Una compañía estimó que podría aprovechar los cinturones de "la papa" y "el espagueti" (designación con que los expertos en marketing se refieren a los consumidores del norte y sur de Europa) con dos líneas principales de productos, que venderían como "europroductos" estandarizados para "euroconsumidores". El principal beneficio estribaba en las economías de escala que alcanzaría si lograba producir en masa un surtido de productos homogéneos. Atag descubrió pronto que el "euroconsumidor" era un mito, pues sus preferencias varían entre las naciones mucho más de lo que la empresa imaginaba. Tomemos como ejemplo las estufas de cerámica. Atag planeó comercializar solo dos variedades en la Unión Europea, pero, con el correr del tiempo, comprobó que necesitaba 11. Los belgas, que cocinan en ollas descomunales, requieren quemadores más grandes. A los alemanes les gustan las ollas ovaladas y quemadores adecuados. Los franceses prefieren los quemadores pequeños y temperaturas muy bajas para hervir a fuego lento salsas y caldos. A los alemanes les gusta que las perillas de los quemadores estén arriba; los franceses las quieren al frente. Muchos alemanes y franceses prefieren las cocinas en blanco y negro; los ingleses exigen varios colores, como durazno, azul colombino y verde menta.

AMENAZAS

Así como la aparición de mercados únicos crea oportunidades de negocios, también supone numerosas amenazas. Para empezar, el ambiente de negocios en cada bloque será más competido. La reducción a las barreras del comercio y la inversión entre países, probablemente genere un aumento de la competencia en precios en la UE y el TLCAN. Con el tiempo, estos diferenciales se desvanecen en un solo mercado. Este es un peligro directo para cualquier empresa que comercie en los países de la UE y el TLCAN. Para sobrevivir en el entorno más difícil de un solo mercado, las compañías deben aprovechar las oportunidades que les ofrece la creación de un mercado único para racionalizar su producción y aminorar sus costos. De otro modo, estarán en grave desventaja.

---

[41] T. Horwitz, "Europe's Borders Fade", en *The Wall Street Journal*, 18 de mayo de 1993, pp. A1, A12; "A Singular Market", en *The Economist*, 22 de octubre de 1994, pp. 10-16; y "Something Dodgy in Europe's Single Market", en *The Economist*, 21 de mayo de 1994, pp. 69-70.

Otra amenaza para las empresas extranjeras proviene del probable mejoramiento a largo plazo de la posición competitiva de muchas compañías de la zona. Lo que es más notable en la Unión Europea, donde las elevadas estructuras de costos limitan la capacidad de muchas empresas para competir internacionalmente con las compañías norteamericanas y asiáticas. La creación de un mercado único y el aumento de la competencia que se produce en la UE empiezan a generar serios intentos de muchas empresas europeas por racionalizar su producción con el fin de reducir su estructura de costos, lo cual transforma a muchas de ellas en competidores mundiales eficientes. El mensaje para las empresas externas a Europa es que deben prepararse para el surgimiento de competidores europeos más capaces mediante la reducción de sus estructuras de costos.

Otra amenaza para las empresas extranjeras es quedar excluidas del mercado único si se crea una "fortaleza comercial". Cuando se arguye que una integración económica regional aportará una fortaleza, por lo común se piensa en la UE. Aunque la doctrina del libre comercio que defiende Europa se opone, en teoría, a la creación de fortalezas en el continente, algunas señales apuntan a que la UE podría elevar barreras a la importación y las inversiones en determinados sectores políticamente "delicados", como los autos. Por tanto, un buen consejo para las empresas extranjeras es que establezcan sus propias operaciones en la UE. Esto también puede ocurrir en las naciones del TLCAN, pero parece improbable.

Por último, las nuevas funciones de la Comisión Europea sobre las políticas de competencia indican que la UE está cada vez más dispuesta y que cada vez es más capaz de intervenir e imponer condiciones a las empresas que proponen fusiones y adquisiciones. Esto es una amenaza en tanto limita su capacidad para llevar a cabo la estrategia corporativa elegida. La comisión puede pedir a las empresas concesiones importantes como requisito para concretar las fusiones y adquisiciones propuestas. Estas exigencias restringen las opciones estratégicas de las compañías, pero debe recordarse que, al tomar estas medidas, la comisión intenta mantener la competencia en el mercado europeo único, lo que debe beneficiar a los consumidores.

RESUMEN

En este capítulo, nos planteamos tres objetivos principales: examinar el debate económico y político en torno de la integración económica regional; revisar el avance hacia la integración económica en Europa, América y otras regiones; y exponer las principales implicaciones de la integración económica regional para la práctica de las empresas internacionales. En el capítulo resaltamos estos aspectos:

1. En teoría, son posibles varios niveles de integración económica, que en orden creciente son: área de libre comercio, unión aduanera, mercado común, unión económica y unión política completa.

2. En un área de libre mercado, se suprimen las barreras al comercio entre los países miembros, pero cada uno determina sus propias políticas de comercio exterior. Cuando se conforma una unión aduanera, se suprimen las barreras internas al comercio y se adopta una política exterior común. Un mercado común es semejante a la unión aduanera, salvo que en él se permite que los factores de producción se muevan con libertad entre los países. Por último, la unión económica comprende una integración aún más estrecha, pues se establece una moneda común y se homologan las tasas fiscales. Una unión política es la culminación lógica de los intentos por alcanzar una integración económica aún más estrecha.

3. La integración económica regional es un intento por conseguir ganancias económicas del libre tránsito de mercancías e inversiones entre países vecinos.

4. No es fácil alcanzar ni sostener la integración. Aunque genera beneficios para la mayoría, siempre hay costos que deben pagar las minorías. Las preocupaciones por la soberanía nacional reducen o detienen los intentos de integración.

5. La integración regional no aumentará el bienestar económico si los efectos de creación de negocios en la zona de libre comercio son menores a los de desviación del comercio.

6. El Acta Única Europea pretendía crear un verdadero mercado único mediante la supresión de las barreras administrativas al libre flujo de comercio e inversión entre los países de la Unión Europea.

7. Dieciocho miembros de la UE ahora tienen una moneda común, el euro. Las ganancias económicas de una sola moneda se deben a la reducción de los costos cambiarios y riesgos de las fluctuaciones de las divisas, además del aumento de la competencia de precios en el área.

8. Cada día que transcurre, la Comisión Europea adopta una postura más activa en lo que se refiere a las normas de la competencia e interviene para restringir fusiones y adquisiciones que considera que pueden reducir la competencia dentro de la Unión Europea.

9. Ninguna otra iniciativa de integración económica regional se acerca a la UE en términos de su posible importancia económica y política, si bien en el mundo se han hecho otros intentos; los más destacados son el TLCAN en América del Norte, el Pacto Andino y el Mercosur, en Sudamérica, la ASEAN en el Sureste Asiático y, quizá, la APEC.

10. La creación de mercados únicos en la UE y América del Norte significa que muchos mercados antes protegidos de la competencia extranjera hoy están más abiertos. Tal apertura genera grandes oportunidades de inversión y exportación para las empresas dentro y fuera de esas regiones.

11. El libre tránsito internacional de bienes, la homologación de las normas de producción y la simplificación de los regímenes fiscales permiten a las empresas establecidas en un área de libre comercio materializar economías de costos potencialmente enormes si centralizan la producción en los lugares de la región en donde la mezcla de factores de costos y capacidades es óptima.

12. A la reducción de las barreras al comercio y la inversión entre países de un grupo comercial le sigue, por lo general, un aumento de la competencia de precios.

Preguntas de análisis y razonamiento crítico

1. El TLCAN ha traído grandes beneficios a las economías de Canadá, México y Estados Unidos. Comente esta afirmación.

2. ¿Cuáles son los argumentos económicos y políticos que se esgrimen en defensa de la integración económica regional? Con estos argumentos, ¿por qué no vemos más ejemplos concretos de integración en la economía mundial?

3. ¿Qué efecto sobre la competencia en la región es probable luego de la creación de un solo mercado y una moneda única en la UE? ¿Por qué?

4. ¿Considera que es correcto que la Comisión Europea restrinja las fusiones de compañías estadounidenses para hacer negocios en Europa? (Por ejemplo, la Comisión Europea vetó la fusión propuesta entre WorldCom y Sprint, dos compañías estadounidenses, y revisó minuciosamente la de AOL y Time Warner, también de ese origen).

5. ¿Cuáles fueron las causas de la crisis de deuda soberana en 2010-2012 en la UE? ¿Qué nos dice esta crisis sobre la debilidad del euro? ¿Considera que el euro sobrevivirá a la crisis de deuda soberana?

6. ¿Cómo debe responder una empresa estadounidense que hoy exporta solo a países de la ASEAN a la creación de un mercado único en esa región?

7. ¿Cómo debe responder una compañía con centros de producción autosuficientes en varios países de la ASEAN ante la creación de un mercado único? ¿Cuáles son las restricciones a su capacidad de reaccionar para que se reduzcan al mínimo los costos de producción?

8. Después de un inicio promisorio, el Mercosur, mayor acuerdo comercial de América Latina, no se consolidó y desde 2000 ha hecho pocos avances. ¿Qué problemas perjudican al Mercosur? ¿Cómo pueden solucionarse?

9. ¿La conformación del ALCA beneficiaría a las dos economías más avanzadas del hemisferio, Estados Unidos y Canadá? ¿Qué efecto tendría el ALCA en las empresas de esos países?

Proyecto de investigación globaledge.msu.edu

Integración económica regional

Consulte la página electrónica de globalEDGE (globaledge.msu.edu) para responder los siguientes ejercicios:

Ejercicio 1

La Organización Mundial del Comercio mantiene una base de datos sobre *tratados de comercio regional*. Puede buscar en esa base para identificar todos los acuerdos en los que participa un país determinado. Identifique los tratados comerciales en los que Japón está actualmente involucrado. ¿En qué región o regiones del mundo parece estarse centrando Japón en sus esfuerzos comerciales?

Ejercicio 2

La compañía para la que trabaja le ha asignado la misión de investigar los diversos bloques comerciales en África para ver si se beneficiará de dichos tratados al expandirse a los mercados africanos. El primer bloque comercial que encuentra es COMESA. Elabore un breve resumen ejecutivo para su compañía, explicando el nivel de integración que ha logrado actualmente, el nivel que aspira conseguir y las relaciones que sostiene con otros bloques comerciales del continente africano.

CASO FINAL

¡Quiero mi televisión griega!

Ya han transcurrido casi dos décadas desde que los estados miembros de la Unión Europea (UE) comenzaron a instrumentar un tratado para establecer un mercado único de bienes y servicios en toda la unión, y el progreso hacia esa meta sigue sin completarse. Un caso en el tintero: las transmisiones televisivas de la Liga Premier de futbol. La Liga Premier inglesa, que es una de las

Clientes viendo un partido de futbol en una taberna inglesa.

franquicias de transmisiones deportivas más lucrativas de Europa, si no es que del mundo, ha segmentado por años a Europa en distintos mercados nacionales, cobrando distintos precios por los derechos de transmisión, dependiendo de la demanda local. No sorprende que los derechos sean más costosos en el Reino Unido, donde la liga ha contratado con British Sky Broadcasting Group y ESPN para que transmitan los juegos.

Karen Murphy, la dueña de la taberna Red, White & Blue en Portsmouth, Inglaterra, no quiso pagar la suscripción anual de 7 mil libras esterlinas exigidas por Sky para tener acceso a la señal de la Liga Premier. En vez de ello, compró una tarjeta decodificadora de señal televisiva y la utilizó para bajarla de la transmisora griega Nova, que había comprado los derechos de transmisión de los juegos de la Liga Premier en Grecia. Esto le costó 800 libras esterlinas al año. En 2005, también le valió una demanda de la Liga Premier. La sentencia inicial de una corte británica concedió el derecho de la Liga Premier a segmentar el mercado y cargar un precio mayor a los suscriptores del Reino Unido. Murphy fue multada con 8 mil libras esterlinas, pero apeló la sentencia alegando que la práctica violaba el Acta de Mercado Único de la UE, que el Reino Unido había firmado en 1992.

Con el tiempo, el caso fue a dar a la Corte de Justicia Europea, el más alto tribunal de la UE. Ante él la Liga Premier argumentó que la UE requiere mercados nacionales televisivos individuales para satisfacer las "preferencias culturales" de los espectadores, pero la corte no estuvo de acuerdo. En lo que fue una bomba para la Liga Premier, el 3 de febrero de 2011 la corte declaró: "Los acuerdos de exclusividad territorial relativos a los partidos de futbol son contrarios a la ley de la Unión Europea. La ley europea no posibilita prohibir las transmisiones en vivo de los partidos de la Liga Premier en las tabernas por medio de tarjetas decodificadoras extranjeras". Es decir, Murphy puede continuar

comprando su señal a Nova. Esta decisión es la opinión legal preparada por el abogado general de la corte, por lo que técnicamente aún es posible que el pleno de la corte la eche abajo, lo que en cuatro de cada cinco casos no sucede.

Esta no fue la primera vez que la corte de la UE emitió una sentencia que afectó a la Liga Premier. En 1995, concedió el derecho de un futbolista belga a jugar en otro país de la UE, declarando que los atletas tenían la misma libertad de movimiento que otros trabajadores de la unión. Irónicamente, esta sentencia, que también sostuvo el principio de un mercado único, benefició a los clubes de la Liga Premier al permitirles firmar con jugadores extranjeros, lo que rápidamente la transformó en la mejor liga del mundo; sin embargo, la nueva sentencia plantea retos importantes a la liga. Las ganancias por transmisión son una gran fuente de ingresos para los clubes de la liga. El convenio actual que otorga los derechos de transmisión británica a Sky y ESPN valió algo así como 1 782 000 millones de libras esterlinas en ganancia para la liga entre 2010 y 2013.

En febrero de 2012, la corte de la UE confirmó la sentencia. Muchos consumidores han imitado a Murphy y compran sus decodificadores para poder ver señales a bajo costo. Si muchos lo hacen, la pérdida en ingresos por arbitraje de los consumidores puede forzar a la Liga Premier a cambiarse hacia una transmisión paneuropea y a ajustar sus precios. Esto reducirá los ingresos de los clubes, lo que podría tener un profundo efecto en los jugadores que reclutan y los salarios que pueden pagar. Es decir, la sentencia, aunque beneficia a los consumidores como Murphy y a sus clientes en la taberna Red, White & Blue, constituye una sombra sobre el futuro del futbol británico.[42]

Preguntas para analizar el caso

1. ¿Por qué considera que la Liga Premier inglesa ha cargado tradicionalmente distintos precios por los derechos de transmisión en diferentes mercados europeos?
2. ¿Estima que la Corte de Justicia Europea tuvo razón al sentenciar que la liga no podía evitar que la gente comprara señales de los partidos de la Liga Premier a otros países? Explique.
3. ¿Quién se beneficia con esta sentencia? ¿Quiénes resultan perjudicados?
4. Si dirigiera la Liga Premier inglesa, ¿cuál sería su estrategia en adelante respecto de los derechos de transmisión?

---

[42] O. Gibson, "Round One to the Pub Lady", en *The Guardian*, 4 de febrero de 2011, p. 5; J. W. Miller, "European TV Market for Sports Faces Turmoil from Legal Ruling", en *The Wall Street Journal*, 4 de febrero de 2011; y J. Wilson, "What the Legal Wrangle Means for Armchair Fans", en *The Daily Telegraph*, 4 de febrero de 2011, p. 8. "Portsmouth pub landlady Karen Murphy has Premier League TV conviction quashed", en *Metro*, 24 de febrero, 2012.

parte tres casos

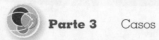

 # *Outsourcing legal*

Sacha Baron Cohen, el irreverente comediante británico cuyos personajes incluyen a Borat, Ali G y Bruno no es ajeno a las demandas, incluidas varias de miembros del público que argumentan fueron embaucados para aparecer en su película de 2006: *Borat: Cultural Learnings of America for Make Benefit Glorious Nation of Kazakhstan*. En 2009, Cohen recibió una nueva demanda, esta vez de una mujer que alegaba que la había difamado durante un *sketch* en el *Da Ali Show*, en el que el comediante retó lingüísticamente a Ali G, la estrella del rap. Como la mayoría de las otras demandas contra Cohen, esta fue desechada. Al expresar su opinión, el juez de la Suprema Corte de Los Ángeles, Terry Friedman, declaró: "Ninguna persona sensata consideraría que las declaraciones hechas por Ali G en el programa son hechos. Es obvio que el personaje es absurdo, que todas sus declaraciones son tonterías y su intención es humorística".

Un aspecto interesante de este caso fue que casi todo el trabajo preliminar fue hecho no por abogados de Los Ángeles, sino por un equipo de seis abogados y asistentes legales en Mysore, India. Un veterano abogado de los medios indicó que sin el *outsourcing* legal de algún lugar como la India, montar una defensa contra este tipo de demanda no habría tenido sentido en el aspecto económico. Los acusados simplemente tendrían que pagar al demandante para evitar los honorarios legales estadounidenses, aun cuando el caso no tuviera fundamento. Pero con un equipo de excelentes abogados indios capacitados en las leyes de Estados Unidos haciendo la mayor parte del trabajo legal, pelear y ganar la demanda fue menos costoso que un arreglo fuera del tribunal.

El *outsourcing* legal en lugares como la India y Filipinas está aumentando. Aunque las cantidades en cuestión siguen siendo pequeñas (el cálculo sugiere que de los 180 mil millones de dólares que los estadounidenses gastan en servicios legales cada año, solo unos mil millones son *outsourcing*), el índice de crecimiento alcanza 20 a 30% anual. La fuerza impulsora ha disparado los honorarios legales en Estados Unidos. Entre 1998 y 2009, según fuentes de la industria, las tarifas por hora de los grandes despachos de abogados se dispararon a más de 65%.

Frente a esta escalada de costos, los despachos de abogados y departamentos jurídicos corporativos están explorando el *outsourcing*. Algunos trabajos legales no pueden hacerse de manera económica. Si la suerte de su compañía depende de un veredicto, quizá quiera que un brillante abogado defienda su caso; sin embargo, muchas de las tareas legales son rutinarias, como revisar documentos, escribir borradores de contratos y cosas por el estilo. Es común que los despachos de abogados estadounidenses empleen a recién graduados para hacer el trabajo pesado, facturándolo a precio de oro para generar grandes ingresos. La recesión de 2008-2009 llevó a los clientes a rebelarse contra esta práctica. Los clientes presionan cada vez más a sus despachos jurídicos para reducir los costos legales mediante el *outsourcing*. Mientras las tarifas por hora de los abogados estadounidenses para el trabajo pesado pueden ir desde los 100 hasta los 500 dólares, uno indio hará el trabajo por entre 20 y 60 dólares la hora, lo que genera un ahorro importante en costos.

Una de las mayores beneficiarias de esta tendencia ha sido la compañía de *outsourcing* conocida como Pangea3. Fundada en 2004 por David Perla, el exabogado general de Monster.com, Pangea3 tiene oficinas en Nueva York y Mumbai, India, y un equipo de más de 450 personas. La India es el lugar preferido porque las universidades locales continuamente forman abogados capacitados en el derecho consuetudinario, tradición legal que la India heredó de los británicos y que subyace en la ley estadounidense. Asimismo, los indios educados hablan bien el inglés, y las 10-12 horas de diferencia entre la India y Estados Unidos significan que el trabajo puede hacerse en una noche en la India, lo que aumenta la velocidad de respuesta a los clientes.

Pangea3 da servicio a dos tipos de clientes, corporaciones y despachos de abogados estadounidenses que buscan subcontratar el trabajo legal en lugares de bajo costo. Casi 75% de su negocio está en las mil compañías de *Fortune*, mientras que el resto proviene de despachos jurídicos. La propuesta de valor de Pangea3 es simple: ayudar a las compañías y despachos de abogados a mejorar su eficiencia, y minimizar los riesgos, tanto legales como propios del negocio, mediante la realización en la India del arduo trabajo legal que requiere un bajo grado de criterio. La mayoría de los expertos en la industria estima que a corto o mediano plazos las compañías como Pangea3 verán expandir sus oportunidades de mercado de mil millones hoy a 3 mil millones o 5 mil millones de dólares para finales de esta década. Previendo este rápido crecimiento, Thomson Reuters, una de las compañías de servicios mediáticos e información más grandes del mundo, compró Pangea3 en noviembre de 2010.

Preguntas para analizar el caso

1. ¿Cuáles son los beneficios para un despacho jurídico del *outsourcing* de servicios legales en un país extranjero? ¿Cuáles son los probables costos y riesgos?

2. ¿Qué tipo de servicios legales son más apropiados para el *outsourcing*?

3. ¿Qué grupos se benefician del *outsourcing* de servicios legales? ¿Qué grupos pierden con ello?

4. Una vez considerados todos los factores, ¿estima que este tipo de contratación es benéfico o perjudicial? ¿Cuáles son sus riesgos?

5. ¿Por qué se subcontrataron los servicios legales de este caso en la India y no en otro país como China? ¿Qué le dice este caso respecto de los factores importantes cuando una firma considera al *outsourcing* para una actividad creadora de valor, y sobre a quién subcontratar?

Fuentes

"Offshoring Your Lawyer", en *The Economist*, 19 de diciembre de 2010, p. 132; D. Itzkoff, "A Legal Victory for Ali G and Sacha Baron Cohen", en *The New York Times*, 21 de abril de 2009; y D. A. Steiger, "The Rise of Global Legal Sourcing", en *Business Law Today*, diciembre de 2009, pp. 38-43.

Crisis financiera global y proteccionismo

Dos factores han caracterizado al comercio internacional entre 1986 y 2007. En primer lugar, su volumen ha crecido cada año, lo cual ha generado una economía global cada vez más independiente; y, en segundo, se han reducido de manera progresiva las barreras que lo obstaculizaban. Entre 1990 y 2007, el comercio internacional creció 6% por año compuesto, mientras que los aranceles a los bienes cayeron de un promedio de 26% en 1986 a 8.8% en 2007. Como consecuencia de la crisis financiera global que comenzó en Estados Unidos en 2008, y que se extendió con rapidez por todo el planeta, tales factores básicos del comercio internacional se han modificado. A medida que la demanda global se desplomó y el financiamiento al comercio global se redujo dadas las estrictas condiciones del crédito, también disminuyó el volumen del comercio internacional, que cayó 2% en 2008, su primera declinación desde 1982, y después se deslizó 12% en 2009.

Esta contracción es alarmante porque en el pasado las bruscas reducciones al comercio desencadenaban demandas por un mayor proteccionismo contra la competencia extranjera, a medida que los gobiernos trataban de proteger los empleos internos para enfrentar la disminución de la demanda. Ciertamente, esto fue lo que ocurrió en la década de 1930, cuando a la contracción del comercio siguió un rápido aumento en las barreras comerciales, en especial en forma de mayores aranceles. En realidad, estas medidas empeoraron la situación y ocasionaron la Gran Depresión.

Muchas cosas han cambiado desde la década de 1930. Hoy existen tratados que limitan la capacidad de los gobiernos para erigir barreras comerciales. En particular, teóricamente los lineamientos de la OMC limitan la capacidad de los países para instrumentar nuevos incrementos a las barreras comerciales; pero no son perfectos, existen muchas evidencias de que las naciones han encontrado maneras de elevarlas. Las reglas de la OMC otorgan a varios países en desarrollo libertad para aumentar algunos aranceles y, según el Banco Mundial, en 2008 y principios de 2009, lo hicieron; por ejemplo, Ecuador elevó los impuestos a 600 bienes, Rusia aumentó los aranceles de importación a los autos usados y la India los impuso en algunos tipos de importaciones de acero.

De acuerdo con el Banco Mundial, dos terceras partes de las medidas proteccionistas que se tomaron en 2008 y 2009 consisten en diferentes clases de "barreras no arancelarias diseñadas para burlar las disposiciones de la OMC"; por ejemplo, Indonesia estableció que algunos tipos de bienes, como ropa, zapatos y juguetes, solo podían entrar por cinco puertos. Como estos tienen capacidad limitada, se reduce la capacidad de las compañías extranjeras para vender en el mercado de dicha nación. Argentina ha impuesto requisitos discrecionales para otorgar licencias de importación de bienes como autopartes, textiles y televisores: si no puede obtener una licencia, no puede vender en ese país. China ha suspendido una amplia gama de importaciones de alimentos y bebidas elaborados en Europa, acogiéndose a reglas de seguridad y preocupaciones ambientales, mientras que la India ha prohibido las importaciones de juguetes chinos por razones de seguridad.

En general, las naciones desarrolladas no emprendieron acciones similares, pero aumentaron espectacularmente los subsidios a productores nacionales en problemas para otorgarles una ventaja contra sus competidores internacionales no subsidiados, lo cual pudo haber distorsionado el comercio. El ejemplo clave de las turbulencias que ocurrieron en 2008 y 2009 se presentó en la industria automotriz. Para proteger a los productores nacionales, conservar los empleos y evitar las bancarrotas, los países ricos como Estados Unidos, Inglaterra, Canadá, Francia, Alemania, Italia y Suecia otorgaron más de 45 mil millones de dólares en subsidios a las fábricas de autos entre mediados de 2008 y mediados de 2009. El problema de los subsidios es que pueden ocasionar que la producción cambie de plantas más eficientes a menos eficientes que tienen ventaja gracias al apoyo del Estado. Aunque la OMC tiene reglas contra los subsidios que distorsionan el comercio, sus mecanismos de instrumentación son más débiles que en el caso de los aranceles y, hasta ahora, los países que han aumentado los subsidios no han sido cuestionados.

Desde entonces, el volumen del comercio internacional se ha recuperado con fuerza, creciendo en casi 14.5% por detrás del 3.1% en el tamaño de la economía global en 2010. Mientras esto sucedía, las presiones proteccionistas se abatieron un poco. El comercio se recuperó con más fuerza en las naciones en desarrollo que en el mundo desarrollado. China, en particular, dio un salto masivo de 28.5% en el volumen de sus exportaciones, lo cual generó tensiones comerciales adicionales.

Preguntas para analizar el caso

1. ¿Por qué considera que la tendencia al proteccionismo es mayor durante las bruscas contracciones económicas que durante los periodos de bonanza?

2. A pesar de la drástica contracción económica de 2008-2009, el aumento en las medidas proteccionistas fue bastante modesto. ¿Por qué cree que esto sucedió?

3. Durante 2008-2009 muchas naciones desarrolladas otorgaron subsidios a sus fabricantes automotrices. ¿Cómo pudo esto haber distorsionado al comercio internacional? ¿Fue una acción razonable, dadas las circunstancias?

4. ¿Qué ocurriría si una nueva desaceleración económica desencadenara una ola de medidas proteccionistas en todo el mundo? ¿El proteccionismo realmente resguardaría al empleo o empeoraría la situación?

5. El volumen del comercio mundial se recuperó bruscamente en 2010 junto con una modesta tasa de crecimiento de la economía mundial. ¿Qué le dice esto respecto de la naturaleza de la producción internacional en la economía global actual? ¿Qué revela sobre la vulnerabilidad de la economía mundial a futuras guerras comerciales?

Fuentes

"The Nuts and Bolts Come Apart", en *The Economist*, 28 de marzo de 2009, pp. 79-81; "Barriers to Entry", en *The Economist*, 20 de diciembre de 2008, p. 121; "Beyond Doha", en *The Economist*, 11 de octubre de 2008, pp. 30-33; y "Trade Growth to Ease in 2011 but Despite 2010 Record Surge, Crisis Hangover Persists", boletín de prensa de la Organización Mundial del Comercio, 7 de abril de 2011.

El TLCAN y los camiones mexicanos

Cuando el Tratado de Libre Comercio de América del Norte (TLCAN) entró en vigor en 1994, especificaba que en el año 2000 se permitiría a los camiones de las naciones participantes cruzar sin obstáculos las respectivas fronteras y entregar los bienes en su destino final. El argumento era que dicha política conduciría a una mayor eficiencia. Antes del TLCAN, los camiones mexicanos se detenían en la frontera, y los bienes que transportaban debían ser descargados y vueltos a cargar en camiones estadounidenses, un procedimiento que tomaba tiempo y costaba dinero. Otro de los argumentos sostenía que al crecer la competencia representada por las compañías mexicanas de camiones bajaría el precio del transporte terrestre dentro del territorio del TLCAN. Dado que dos terceras partes del comercio fronterizo en esa región se hacen por tierra, los defensores de esta perspectiva sostenían que los ahorros serían significativos.

La propuesta fue objetada con vigor por el Sindicato de Camioneros de Estados Unidos, que representa a los choferes de los camiones. El sindicato sostenía que los choferes mexicanos tenían malos reportes de seguridad y sus camiones no respetaban los estrictos estándares ambientales y de seguridad estadounidenses. En palabras de James Hoffa, líder de los camioneros:

> Los camiones mexicanos son más viejos, más sucios y más peligrosos que los estadounidenses. Los choferes de Estados Unidos son sacados de las carreteras si cometen alguna violación de tránsito grave con sus vehículos personales. Eso no ocurre en México. Allí se ignora el límite de horas que un chofer puede pasar al volante.

Bajo presión de los camioneros, Estados Unidos le dio largas a la instrumentación de este acuerdo. Finalmente, los camioneros presentaron un recurso judicial para evitar que se llevara a efecto. Un tribunal estadounidense rechazó sus argumentos y declaró que el país debía cumplir con el tratado. Lo mismo sucedió en la mesa de discusión del TLCAN. En 2001, este grupo dictaminó que Estados Unidos violaba el TLCAN y dio a México el derecho de imponer aranceles en represalia. México decidió no hacerlo y a cambio dio a Estados Unidos la oportunidad de respetar su compromiso. La administración de Bush intentó hacerlo, pero fue frustrada por la oposición en el Congreso, que aprobó una medida que establecía 22 nuevos estándares de seguridad que los camiones mexicanos debían cumplir antes de internarse en Estados Unidos.

En un intento por salir de este punto muerto, el gobierno estadounidense estableció, en 2007, un programa piloto en virtud del cual los camiones de casi cien compañías transportadoras mexicanas podían entrar a su país, siempre que aprobaran las inspecciones de seguridad estadounidenses. Los camiones mexicanos fueron monitoreados y, después de 18 meses, el programa mostró que los transportistas mexicanos tenían un registro de seguridad ligeramente mejor que el de sus contrapartes estadounidenses. De inmediato, la Unión de Camioneros cabildeó en el Congreso para acabar con el programa piloto. En marzo de 2009, lograron este objetivo mediante una enmienda acompañada de un gran proyecto de ingresos.

Esta vez, el gobierno mexicano no permitió que Estados Unidos se saliera con la suya. Tal como estaba permitido bajo los términos del TLCAN, México de inmediato colocó aranceles por casi 2 400 millones de dólares a los bienes enviados desde Estados Unidos a su territorio. El estado de California, un importante exportador de productos agrícolas a México, resultó muy perjudicado; las uvas de mesa comenzaron a enfrentar un arancel de 45%, en tanto que el vino blanco, las almendras y los jugos pagarían una tarifa arancelaria de 20%. Las peras, que vienen principalmente del estado de Washington, también enfrentaron un arancel de 20% (4 de cada 10 peras exportadas por Estados Unidos se destinan a México). Otros productos afectados con el arancel de 20% incluían exportaciones de productos de higiene personal y joyería de Nueva York, vajillas de Illinois y semillas de aceite de Dakota del Norte. La Cámara de Comercio de Estados Unidos ha estimado que esa situación costó aproximadamente 25 600 empleos estadounidenses. En respuesta, el gobierno estadounidense declaró que trataría de desarrollar un nuevo programa que atendiera las "legítimas preocupaciones" del Congreso y a la vez respetara su compromiso con el TLCAN.

En julio de 2011, la administración Obama firmó un convenio con México diseñado para terminar con esta larga disputa. Este obligaba a que las emisiones de los camiones mexicanos se ajustaran a los estándares estadounidenses de aire puro y los choferes mexicanos se sometieran a pruebas de seguridad en ese país, cumplieran con los estándares de seguridad en las carreteras, demostraran un buen conocimiento del idioma inglés y una comprensión de las señales de tránsito estadounidenses. Además, se exigió que los camioneros mexicanos adquieran pólizas de seguro en Estados Unidos. El Sindicato de Camioneros siguió oponiéndose al convenio y trató de detener su instrumentación, pero esta vez no pudo hacerlo. En octubre de 2011, el primer camión mexicano que se dirigía al interior de Estados Unidos cruzó el puente internacional en Laredo, Texas, con rumbo a Dallas, transportando equipo electrónico.

Preguntas para analizar el caso

1. ¿Cuáles son los probables beneficios económicos de las disposiciones del TLCAN sobre los camiones? ¿Quién gana y quién pierde?
2. ¿Qué considera que motivó al Sindicato de Camioneros a objetar las disposiciones sobre la materia en el TLCAN? ¿Son justas estas objeciones? ¿Por qué el Congreso estuvo al principio del lado del sindicato?

3. Desde una perspectiva económica, ¿tuvo sentido para Estados Unidos correr con los costos de aranceles punitivos permitidos por el TLCAN, en vez de dejar que los camiones mexicanos entraran a su territorio?
4. ¿Por qué piensa que la administración Obama llegó a un acuerdo con México para permitir que los choferes mexicanos entraran a Estados Unidos? ¿Considera que es un acuerdo razonable?

Fuentes

"Don't Keep On Trucking", en *The Economist*, 21 de marzo de 2009, p. 39; "Mexico Retaliates", en *The Wall Street Journal*, 19 de marzo de 2009, p. A14; J. P. Hoffa, "Keep Mexican Trucks Out", en *USA Today*, 1 de marzo de 2009, p. 10; "The Mexican-American War of 2009", en *The Washington Times*, 24 de marzo de 2009, p. A18; J. Moreno, "In NAFTA Rift, Profits Take a Hit", en *Houston Chronical.com*, 12 de noviembre de 2009; y J. Forsyth, "Years after NAFTA, First Long Haul Mexican Truck Enters U. S.", *Reuters*, 21 de octubre de 2011.

Surgimiento de la industria del automóvil en la India

La India tiene grandes posibilidades de convertirse en un centro de fabricación de autos compactos para venderlos a algunas de las compañías más grandes del mundo. Entre 2004 y 2011, las exportaciones de vehículos de la India se dispararon de 50 mil a 450 mil unidades al año. A pesar de la desaceleración económica global, se predice que las exportaciones se elevarán hasta llegar a 720 mil vehículos anuales en 2016. El principal exportador es la compañía coreana Hyundai, que entró pronto al mercado indio. Esta empresa comenzó a producir en ese país en 1998, cuando los consumidores compraban solo 300 mil autos al año, a pesar de que la población es de casi mil millones de personas (en 2011, se vendieron en la India más de tres millones de automóviles). Hyundai invirtió en una planta armadora en la ciudad sureña de Chennai, con capacidad para producir 100 mil autos compactos y económicos al año. La compañía tuvo que capacitar a la mayoría de los trabajadores desde cero, capacitación que a menudo supuso dos años en la planta; es decir, antes de contratarlos de tiempo completo. Pronto, las primeras inversiones de Hyundai empezaron a redituar, a medida que la pujante clase media se arrebataba los autos. A pesar de esa situación, la compañía tenía exceso de capacidad, por lo que concentró su atención en las exportaciones.

Para 2004, Hyundai era el exportador de automóviles más grande del país, y enviaba 70 mil autos al extranjero. Desde ese entonces, las cosas han mejorado para la compañía; en 2008, fabricaba 500 mil autos al año y exportaba más de la tercera parte. Su auto más pequeño, el i10, ahora se produce solo en la India y es exportado sobre todo a Europa. En 2005, Hyundai decidió invertir casi mil millones de dólares en una segunda planta en Chennai, que abrió en 2010 y elevó la producción a 650 mil vehículos. De ellos, aproximadamente 250 mil se exportaron ese mismo año, convirtiendo a Hyundai en el más importante exportador de productos manufacturados en la India. Ahora, la empresa considera la posibilidad de vender los autos que fabrica en la India en el mercado estadounidense, además de los que ya le vende a Europa.

El éxito de esta empresa no ha pasado inadvertido. Entre otras compañías automotrices, Suzuki y Nissan también han comenzado a invertir con pujanza en fábricas de autos de la India. Suzuki exportó aproximadamente 50 mil autos en 2007 y aumentó esa cifra hasta casi 200 mil unidades en 2010. Nissan también tiene grandes planes para el país, ha invertido casi 11 mil millones de dólares en una nueva fábrica cercana a la de Hyundai en Chennai. Terminada en 2010, la planta tiene capacidad para fabricar aproximadamente 400 mil autos al año, de los cuales más o menos la mitad serán exportados. Asimismo, Ford, BMW, GM y Toyota construyen, o planean construir, autos en la India. En 2009, un destacado competidor local, Tata Motors, lanzó al mercado indio un "auto del pueblo" a un precio tan bajo como 2 500 dólares.

Para todas estas compañías, la India posee varios atractivos. Es una nación que experimenta un rápido desarrollo y tiene un enorme mercado doméstico potencial, y sus costos de mano de obra son bajos respecto de muchas otras naciones; Nissan, por ejemplo, observa que los índices de salario en la India suman una décima parte de los que pagan sus fábricas japonesas. Además, Hyundai ha mostrado que su productividad es alta y sus trabajadores pueden fabricar automóviles de buena calidad. Los ejecutivos de Hyundai sostienen que sus vehículos indios tienen una calidad comparable con la de los que produce en Corea. La meta de Nissan es utilizar en la India los mismos procesos que emplea en Japón respecto de la fabricación flexible y la alta efectividad. Antes de iniciar su producción, la empresa planea enviar trabajadores indios a sus fábricas japonesas para capacitar al personal en los procesos de manufactura y control de calidad.

La India forma una gran cantidad de ingenieros cada año, lo cual proporciona la base de la capacidad profesional para diseñar autos y manejar complejas instalaciones manufactureras. En realidad, Nissan intenta destinar este talento al diseño de un pequeño auto de bajo costo y así competir con "el auto del pueblo" de Tata. Según sus ejecutivos, la gran ventaja de los ingenieros indios es que tienen menos prejuicios de sus colegas de naciones desarrolladas, tienden a pensar "fuera de la caja" (creativamente), y de esta forma están mejor preparados para enfrentar los retos de diseñar un auto pequeño con un precio ultra reducido.

Sin embargo, establecer fábricas en la India no carece de problemas. Los ejecutivos de Nissan se dieron cuenta de que aún falta infraestructura básica, pues los caminos son malos y a menudo están atestados con todo tipo de vehículos, desde taxis y motocicletas hasta carretas tiradas por bueyes, lo que hace que la práctica japonesa de entregar "justo a tiempo" sea algo difícil de instrumentar. Otro desafío es encontrar proveedores locales de autopartes que tengan los mismos estándares de alta calidad que Nissan aplica en todo el mundo. La estrategia de la empresa ha sido trabajar con compañías locales prometedoras, ayudándoles a elevar sus estándares. Por ejemplo, con asesoría de sus equipos de ingenieros, Capro, el proveedor indio de autopartes que fabrica carrocerías, ha construido una nueva fábrica cerca de las instalaciones de Nissan en Chennai, y usa equipo japonés de última generación. Los trabajadores han sido capacitados en la práctica japonesa del *kaizen*, o mejora continua de procesos.

Los observadores sostienen que Chennai tiene el potencial para convertirse en un gran fabricante de automóviles, con un conjunto de fábricas de autos y proveedores de autopartes en la región, dedicado a producir pequeños vehículos de alta calidad y bajo costo que no solo se venderán bien en el mercado indio que está en rápida expansión, sino también a escala mundial.

Preguntas para analizar el caso

1. ¿Cuáles son los atractivos de la India como base de producción de automóviles para la venta local y para exportar a otras naciones?
2. Hyundai y Nissan invirtieron en la ciudad india sureña de Chennai. ¿Cuál es la ventaja de haber invertido en la misma región, siendo rivales?
3. ¿Cuáles son las desventajas de basar la producción en un país como la India? ¿Qué otros lugares podrían ser atractivos?
4. Si Hyundai, Nissan, sus proveedores y otras empresas automotrices continúan invirtiendo en la región de Chennai, ¿cómo podría evolucionar esta región india con el tiempo? ¿Qué sugiere esto sobre la estrategia de ubicación de la manufactura?

Fuentes

E. Bellman, "India Cranks Out Small Cars for Export", en *The Wall Street Journal*, 6 de octubre de 2008, p. A1; N. Lakshman, "India's Car Market Offers No Relief for Automakers", en *BusinessWeek Online*, 23 de diciembre de 2008; M. Fackler, "In India, a New Detroit", en *The New York Times*, 26 de junio de 2008, pp. C1, C4.

Logitech

Mejor conocido como uno de los grandes productores mundiales de ratones para computadora, Logitech es, de muchas maneras, el epítome de la moderna corporación mundial. Fundada en 1981 en Apples, Suiza, por dos italianos y un suizo, la compañía genera hoy ventas anuales superiores a los 3 320 millones de dólares, sobre todo a partir de productos como ratones, teclados y videocámaras económicas que cuestan menos de 100 dólares. Logitech forjó su nombre como innovador tecnológico en el altamente competitivo negocio de los periféricos para computadoras personales. Fue la primera compañía en introducir un ratón que utilizaba rastreo infrarrojo en lugar de una esfera de arrastre y la primera, también, en introducir ratones y teclados inalámbricos. Logitech se distingue de sus competidores por su innovación continua, su alto reconocimiento de marca y su fuerte presencia en ventas al detalle. Menos obvio para los consumidores, pero igual de importante, ha sido la forma en que la compañía ha configurado su cadena de valor mundial a bajos costos de producción, a la vez que conserva el valor de los activos que la hacen diferente.

Logitech aún hace trabajo básico de investigación y desarrollo (sobre todo programación de software) en Suiza, donde tiene varios cientos de empleados. La compañía todavía es legalmente suiza, pero muchas de sus funciones corporativas se efectúan en sus oficinas de Fremont, California, cerca de muchas de las empresas estadounidenses de alta tecnología, donde cuenta con más de 500 empleados. Parte de este trabajo de investigación y desarrollo (de nuevo, principalmente programación de software) se desarrolla también en Fremont; sin embargo, la función más relevante de estas oficinas es ser sede de la comercialización, las finanzas y operaciones logísticas mundiales de la compañía. El diseño ergonómico de los productos Logitech, cómo se ven y cómo se sienten, lo hace una firma externa de diseño en Irlanda, y la mayoría de sus productos se fabrican en Asia.

La expansión de Logitech a fabricar en Asia inició a finales de la década de 1980, cuando la empresa abrió una fábrica en Taiwán. En aquella época, la mayoría de sus ratones era producida en Estados Unidos. Logitech estaba intentando ganar dos de los más prestigiosos clientes fabricantes de equipo original (OEM, por sus siglas en inglés): Apple Computer e IBM. Ambos le compraban sus ratones a Alps, una gran firma japonesa proveedora de Microsoft. Para atraer a clientes exigentes como Apple, Logitech no solo necesitaba tener la capacidad de producir un gran volumen a bajo costo, sino también debía ofrecer un producto mejor diseñado. La solución: fabricarlo en Taiwán. El costo fue un factor importante en esta decisión, pero no tan trascendente como podría esperarse, porque la mano de obra directa solo constituía 7% del costo del ratón Logitech. Taiwán ofrecía una base de suministros bien desarrollada para partes, gente calificada y una industria local de computadoras en rápida expansión. Como estímulo a compañías nuevas y sin experiencia, Taiwán brindaba un espacio en su parque industrial científico de Hsinchu por el modesto precio de 200 mil dólares. Viendo esto como un trato demasiado bueno como para dejarlo pasar, Logitech firmó el contrato de arrendamiento. Poco después, la compañía obtuvo el contrato OEM de Apple, y pronto la fábrica taiwanesa había superado la producción de sus instalaciones en Estados Unidos. Después del contrato con Apple, los otros clientes OEM de Logitech comenzaron a ser atendidos desde Taiwán: la capacidad total de la planta se elevó a 10 millones de ratones por año.

Hacia finales de 1990, Logitech necesitaba mayor capacidad de producción y esta vez volvió su mirada a China. Actualmente, una amplia variedad de los productos de venta al menudeo de la compañía se fabrican ahí. El ratón infrarrojo inalámbrico llamado Wanda, uno de los campeones de ventas de Logitech, es ensamblado en Suzhou, China, en una fábrica propiedad de Logitech que emplea a 4 mil personas, la mayoría jóvenes mujeres como Wang Yan, una empleada de 18 años de la empobrecida provincia rural de Anhui. Wang gana 75 dólares mensuales por sentarse todo el día ante una banda transportadora, colocando pequeños fragmentos de metal en placas de circuitos. Lo hace casi dos mil veces al día. El ratón que Wang Yan ayuda a ensamblar se vende a los consumidores estadounidenses aproximadamente en 40 dólares. De esto, Logitech toma ocho dólares que destina al financiamiento de investigación y desarrollo, comercialización y gastos corporativos. Lo que resta es el rendimiento de sus accionistas. Los distribuidores y detallistas de todo el mundo se llevan otros 15 dólares y 14 dólares más van a proveedores que hacen las partes del Wanda. Por ejemplo, una planta de Motorola en Malasia hace los chips del ratón, y otra compañía estadounidense, Agilent Technologies, provee los sensores ópticos desde una planta en Filipinas. Eso le deja solo tres dólares a la fábrica china, que se usan para pagar salarios, electricidad, transporte y otros gastos generales.

Logitech no está sola en su explotación de China para manufacturar productos. Según el Ministerio Chino de Comercio, las compañías extranjeras representan tres cuartas partes de las exportaciones chinas de alta tecnología. Los 10 principales exportadores chinos incluyen a compañías estadounidenses con operaciones en ese país, como Motorola y Seagate Technologies, que fabrica lectores de discos para computadoras. En la actualidad, Intel produce casi 50 millones de chips al año en China, la mayoría de los cuales termina en computadoras y otros productos que se exportan a otras regiones de Asia o de regreso a Estados Unidos; sin embargo, la planta de Intel en Shanghái realmente no fabrica chips, sino que los prueba y ensambla a partir de placas de silicón hechas en plantas extranjeras de la compañía, casi siempre en Estados Unidos. China añade menos de 5% del valor. Las operaciones estadounidenses de Intel generan la mayor parte del valor y de los rendimientos.

Preguntas para analizar el caso

1. En un mundo sin comercio, ¿qué ocurriría con los costos que los consumidores estadounidenses tendrían que pagar por los productos Logitech?

2. Explique la forma en que el comercio reduce los costos de fabricar periféricos para computadoras como ratones y tableros.

3. Utilice la teoría de la ventaja comparativa para exponer la forma en que Logitech ha configurado sus operaciones mundiales. ¿Por qué la compañía manufactura en China y Taiwán, hace investigación y desarrollo básico en California y Suiza, diseña productos en Irlanda y coordina sus operaciones y su comercialización desde California?

4. ¿Quién crea más valor para Logitech: los 650 empleados en Fremont y Suiza o los 4 mil empleados en su fábrica china? ¿Cuáles son las implicaciones de su observación para el argumento de que el libre comercio es benéfico?

5. ¿Por qué cree que la empresa decidió cambiar sus oficinas corporativas de Suiza a Fremont?

6. ¿Hasta qué grado puede el diamante de Porter ayudar a explicar la elección de Taiwán como sitio principal de manufactura para Logitech?

7. ¿Por qué piensa que China es hoy una ubicación preferida para tanta actividad manufacturera de alta tecnología? ¿En qué forma ayudará a China su creciente participación en el comercio mundial? ¿Cómo ayudaría a las economías desarrolladas del mundo? ¿Qué problemas potenciales se asocian con llevar los puestos de trabajo a China?

Fuentes

V. K. Jolly y K. A. Bechler, "Logitech: The Mouse That Roared", en *Planning Review* 20, núm. 6, 1992, pp. 20-34; K. Guerino, "Lord of the Mice", en *Chief Executive*, julio de 2003, pp. 42-44; A. Higgins, "As China Surges, It Also Proves a Buttress to American Strength", en *The Wall Street Journal*, 30 de enero de 2004, pp. A1, A8; J. Fox, "Where Is Your Job Going", en *Fortune*, 24 de noviembre de 2003, pp. 84-88; y R. Wray, "Logitech Cuts 500 Jobs and Abandons Targets", en *The Guardian*, 7 de enero de 2009, p. 28.

Mercado de divisas

10

OBJETIVOS DE APRENDIZAJE

Al terminar este capítulo, usted deberá ser capaz de:

OA10-1   Describir las funciones del mercado de divisas.

OA10-2   Entender qué son los tipos de cambio al contado (*spot*).

OA10-3   Reconocer la función que desempeñan los tipos de cambio
futuros para asegurarse contra el riesgo en las variaciones
del mercado.

OA10-4   Comprender las diversas teorías que explican cómo se determinan
los tipos de cambio y sus ventajas relativas.

OA10-5   Identificar las ventajas de cada una de las distintas posturas
en los pronósticos sobre los tipos de cambio.

OA10-6   Comparar y contrastar las diferencias entre traslado, transacción y exposición
económica, y lo que pueden hacer los administradores para manejar cada
tipo de exposición.

Auge (y caída) del yen japonés

Caso inicial

Durante la primera mitad de la década de 2000, el yen japonés fue relativamente débil ante el dólar estadounidense. Esto benefició a la economía de Japón, basada en las exportaciones. El 1 de enero de 2008 se necesitaban 122 yenes para comprar un dólar estadounidense. Durante los siguientes cuatro años, el yen se fortaleció implacablemente ante el dólar, llegando a un récord histórico de 75.31 yenes por dólar el 31 de octubre de 2011. Las razones de este surgimiento del yen eran complejas y se relacionaban poco con la fortaleza de la economía japonesa, pues había muy poca evidencia de ello.

La debilidad del yen durante principios y mediados de la década de 2000 se debió al llamado *carry trade*. Esta estrategia financiera supuso pedir prestado yenes en Japón, en donde las tasas de interés eran de casi cero, e invertir ese dinero en activos de rendimientos más altos, sobre todo bonos del Tesoro estadounidense de corto plazo, cuyas tasas de interés eran de tres a cuatro puntos porcentuales más altas. Los inversionistas ganaban con esa diferencia en las tasas de interés. En su punto máximo, las instituciones financieras tenían más de un billón de dólares invertidos en el *carry trade*. Dado que la estrategia suponía vender los yenes prestados para comprar activos en dólares, el valor del yen disminuyó. La diferencia en las tasas de

interés existía porque la economía japonesa era débil, los precios estaban cayendo y el Banco de Japón había estado bajando los intereses en un intento por estimular el crecimiento y sacar a Japón de una peligrosa deflación.

Cuando la crisis financiera global golpeó en 2008 y 2009, la Reserva Federal estadounidense respondió inyectando liquidez a los mercados financieros afectados, lo que bajó las tasas de interés en los bonos del Tesoro. Al caer estos, la diferencia en la tasa de interés entre los activos japoneses y estadounidenses se contrajo en forma brusca y el *carry trade* dejó de ser lucrativo. Las instituciones financieras revirtieron su posición vendiendo activos en dólares y comprando yenes para pagar sus préstamos originales. El aumento en la demanda hizo subir el valor del yen.

Para los exportadores japoneses, el aumento de 40% en el valor del yen respecto del dólar (y el euro), entre principios de 2008 y 2012, fue una experiencia dolorosa. Un yen fuerte afecta la competitividad en precios de las exportaciones japonesas y reduce los rendimientos obtenidos fuera del país cuando el flujo de divisas es convertido de nuevo en yenes. Toyota es un ejemplo de ello: en febrero de 2012, la compañía declaró que su ganancia para el 31 de marzo del mismo año sería de aproximadamente 200 mil millones de yenes, 51% menos que el año anterior. Toyota fabrica en sus plantas japonesas casi la mitad de los autos que vende en el mundo, así que ha sido particularmente afectada por la elevación en el valor del yen.

La situación comenzó a cambiar a finales de 2012, cuando el Partido Liberal Democrático procomercio ganó las elecciones nacionales y Shinzo Abe fue nombrado Primer Ministro. La campaña de Abe se había basado en una plataforma que incluía acciones para debilitar el valor del yen con la intención de ayudar a los exportadores japoneses. Aun antes de la elección, el banco central de Japón había acelerado las compras de bonos del gobierno, expandiendo las reservas de dinero y aceptando un mayor índice inflacionario. Bajo el liderazgo de Abe, esta política tuvo apoyo explícito del gobierno. Una consecuencia de dicha maniobra fue reducir el valor del yen respecto de otras divisas. De hecho, entre octubre de 2011 y marzo de 2012, el yen perdió más de 20% de su valor ante el dólar estadounidense. El tipo de cambio era de 96 yenes por dólar a mediados de marzo de 2012. Aunque ayudó a los exportadores japoneses, la política fue criticada por otras grandes naciones industriales como una acción unilateral que se acercó peligrosamente a desatar una guerra de divisas.[1]

 Introducción

Al igual que muchas empresas que operan en la economía global, Toyota también resintió el efecto de los cambios de valor de las diversas monedas en el mercado de divisas. Como se detalló en el "Caso inicial", las ganancias de Toyota cayeron durante el año que terminó en marzo de 2012 por un aumento en el valor del yen japonés frente al dólar estadounidense. El caso ejemplifica que lo que sucede en el mercado de divisas puede tener un efecto fundamental en las ventas, las ganancias y la estrategia de una empresa. Según esto, es indispensable que los administradores entiendan el mecanismo del mercado de divisas y el efecto que las alteraciones en los tipos de cambio puede tener en sus compañías.

Este capítulo tiene tres objetivos. El primero es explicar cómo funciona el mercado de divisas; el segundo, examinar las fuerzas que determinan los tipos de cambio y analizar el grado al que es posible pronosticar sus movimientos futuros, y el tercero, detallar las implicaciones de los movimientos cambiarios en los mercados de divisas para las empresas internacionales. Este capítulo es el primero de dos en los que nos ocuparemos del sistema monetario internacional (SMI) y sus relaciones con las compañías globalizadas. El capítulo siguiente explora la estructura institucional del SMI, contexto en el cual funcionan los mercados de divisas. Como veremos posteriormente, los cambios en la estructura institucional del SMI ejercen una influencia profunda en el desarrollo de los mercados cambiarios.

El **mercado de divisas** permite intercambiar la moneda de un país por la de otro. Un **tipo de cambio** es solo el valor al que una moneda se intercambia por otra; por ejemplo, Toyota acude al mercado de divisas para convertir en yenes los dólares que gana por la venta de autos en Estados Unidos. Sin el mercado cambiario, serían imposibles el comercio y las inversiones internacionales en la escala en que los vemos hoy: las compañías tendrían que recurrir al trueque. El mercado de divisas es el lubricante que permite a las empresas con operaciones internacionales comercializar con cada una de las monedas.

Sabemos, por el estudio de los capítulos anteriores, que el comercio internacional y la inversión extranjera tienen sus riesgos. Algunos de ellos obedecen a que no es posible pronosticar con precisión los tipos de cambio futuros. El tipo de cambio al que se convierte una moneda en otra varía con el paso del tiempo; por ejemplo, a comienzos de 2001, un dólar equivalía a 1.065 euros, pero, al inicio de 2013, con un dólar podían comprarse solo 0.76 euros. El valor del dólar se había deteriorado de manera abrupta ante la moneda europea. Esta caída hizo que los bienes estadounidenses fueran más baratos en Europa, lo que estimuló las exportaciones estadounidenses. Al mismo tiempo, ocasionó que los bienes europeos fueran más costosos en Estados Unidos, situación que perjudicó las ventas y ganancias de las compañías europeas que vendían bienes y servicios a esa nación.

Una función del mercado de divisas es proporcionar alguna seguridad contra los riesgos que originan las frecuentes modificaciones en los tipos de cambio, lo que comúnmente se conoce como *riesgo cambiario*; sin embargo, aunque el mercado ofrece cierta seguridad ante este riesgo, no existe una

[1] C. Dawson y Y. Takahashi, "Toyota Shows Optimism Despite Gloom", en *The Wall Street Journal*, 8 de febrero de 2012; Y. Takahashi, "Nissan's CEO Says Yen Still Not Weak Enough", en *The Wall Street Journal*, 27 de febrero de 2010; "The Yen's 40 Year Win Streak May Be Ending", en *The Wall Street Journal*, 27 de febrero de 2012; y "U.S., Europe Seek to Cool Currency Jitters", en *The Wall Street Journal*, 11 de febrero de 2013.

verdadera certeza. No es raro que las empresas internacionales sufran pérdidas por modificaciones en los tipos de cambio. Las fluctuaciones de las divisas hacen que el comercio y la inversión extranjera que parecían rentables sean inviables o viceversa.

Empezaremos este capítulo con el estudio de las funciones y la forma del mercado de divisas. Distinguiremos entre tipo de cambio *spot*, tipo de cambio *forward* y *swaps*. Luego, consideraremos los factores que determinan el tipo de cambio. Asimismo, estudiaremos cómo se gestiona el comercio exterior cuando la moneda de un país no puede intercambiarse por otras; es decir, cuando no es convertible. Cerraremos el capítulo con un análisis de la implicación de estos temas para las empresas.

Funciones del mercado de divisas

El mercado de divisas cumple dos funciones esenciales: la primera es intercambiar la moneda de un país por la moneda de otro. La segunda es ofrecer alguna seguridad contra el **riesgo cambiario**; es decir, consecuencias adversas por los movimientos frecuentes en el tipo de cambio.[2]

CAMBIO DE MONEDA

Cada nación tiene una moneda mediante la cual define el precio de sus bienes y servicios. En Estados Unidos, es el dólar estadounidense ($); en Inglaterra, la libra esterlina (£); en Francia, Alemania y otros países miembros de la zona del euro, es el euro (€); en Japón, el yen japonés (¥), etc. En general, dentro de las fronteras de un país se usa la moneda nacional. Un turista estadounidense no puede entrar en una tienda de Edimburgo y comprar con dólares una botella de *whisky* escocés, ya que en Escocia los dólares no son una moneda de curso legal; el turista debe pagar en libras esterlinas. Gracias al mercado de divisas, puede ir al banco y cambiar sus dólares estadounidenses por libras esterlinas y después comprar lo que desee.

Cuando un turista cambia una moneda por otra, participa en el mercado cambiario. El tipo de cambio es la tasa a la que el mercado intercambia una moneda por otra; por ejemplo, un tipo de cambio de 1.30 dólares estadounidenses por euro especifica que con un euro se compran 1.30 dólares. Con el tipo de cambio se comparan los precios relativos de los bienes y servicios en distintos países. Nuestro intrépido turista estadounidense que quiere comprar una botella de *whisky* en Edimburgo debe pagar, digamos, 30 libras esterlinas y sabe que en Estados Unidos la misma botella cuesta 45 dólares estadounidenses. ¿Es una buena compra? Imaginemos que el tipo de cambio de la libra esterlina y el dólar estadounidense es de 2.00 dólares por libra. Nuestro audaz turista usa su calculadora, convierte 30 libras en dólares (el cálculo es 30 × 2.00) y descubre que la botella de *whisky* escocés cuesta el equivalente a 60 dólares. Se sorprende de que una botella de *whisky* escocés cueste menos en Estados Unidos que en Escocia (en el Reino Unido, el alcohol está sujeto a impuestos muy elevados).

Los turistas son participantes menores en el mercado de divisas; los principales son las compañías que se dedican al comercio y la inversión internacionales. En primer lugar, los pagos que una compañía recibe por sus exportaciones, los ingresos que obtiene por sus inversiones extranjeras o que percibe por conceder licencias a empresas extranjeras, están en monedas de otras naciones. Para incorporar esos fondos al suyo, la compañía debe convertirlos a su moneda. Pensemos en una destilería escocesa que exporta su *whisky* a Estados Unidos. La destilería recibe dólares estadounidenses, pero como no puede gastarlos en las islas británicas, debe convertirlos a libras esterlinas. Del mis-

Cada vez que un turista cambia dinero en un país extranjero, participa en el mercado de divisas.

2 Para una buena introducción general al mercado de divisas, véase R. Weissweiller, *How the Foreign Exchange Market Works*, Nueva York, New York Institute of Finance, 1990. Una descripción detallada de la economía de los mercados de divisas se encuentra en P. R. Krugman y M. Obstfeld, *International Economics: Theory and Policy*, Nueva York, Harper-Collins, 1994.

mo modo, cuando Toyota vende sus autos en Estados Unidos recibe dólares estadounidenses y debe convertirlos a yenes japoneses para usarlos en su propio país.

En segundo lugar, las empresas internacionales acuden a los mercados de divisas cuando deben pagar a una compañía extranjera productos y servicios en una moneda extranjera; por ejemplo, Dell adquiere muchos componentes de sus computadoras de empresas de Malasia, a las que debe pagar en ringgits, la moneda local. Por eso, Dell convierte sus dólares en ringgits para pagarles.

En tercer lugar, las compañías internacionales recurren a los mercados cambiarios cuando les sobra efectivo que quieren invertir a corto plazo en los mercados de dinero. Tomemos como ejemplo a una compañía estadounidense que pretende invertir 10 millones de dólares estadounidenses a tres meses. La mejor tasa de interés que puede ganar por esos fondos en su país es de 2%; en cambio, si invierte en una cuenta del mercado de dinero de Corea del Sur, puede ganar 6%. Por ello, la compañía podría cambiar sus 10 millones de dólares por wons coreanos para invertir en aquella nación. Ahora bien, obsérvese que el rendimiento real que obtenga dependerá no solo de la tasa de interés coreana, sino de las variaciones del valor del won coreano respecto del dólar estadounidense en el plazo previsto.

La **especulación con divisas** es otra actividad que se efectúa en los mercados cambiarios y consiste en el movimiento de corto plazo de fondos de una moneda a otra con la esperanza de obtener una utilidad con las variaciones del tipo de cambio. Tomemos de nuevo como ejemplo una compañía estadounidense con 10 millones de dólares estadounidenses que quiere invertir a tres meses. Supongamos que la compañía sospecha que el dólar está sobrevaluado respecto del yen japonés; es decir, espera que el dólar se deprecie (caiga) respecto del yen japonés. Imaginemos que el tipo de cambio es de 120 yenes por dólar. La empresa cambia sus 10 millones de dólares por 1 200 millones de yenes (10 millones × 120 = 1 200 millones). En los siguientes tres meses, el valor del dólar baja hasta 100 yenes. En consecuencia, la compañía cambia sus 1 200 millones de yenes por dólares y se encuentra con que ahora tiene 12 millones de dólares. En este caso, obtuvo una utilidad de dos millones de dólares en tres meses por la especulación con las divisas sobre una inversión inicial de 10 millones de dólares; no obstante, en general, la especulación es un negocio muy arriesgado, pues no se sabe con certeza lo que sucederá con los tipos dc cambio. Si bien un especulador gana fuertes sumas de dinero cuando su supuesto sobre los movimientos de las divisas es atinado, también puede perder grandes cantidades si se equivoca.

Un tipo especial de especulación cada vez más común en los últimos años es el que se conoce como *carry trade* (véase el "Caso inicial"), que supone obtener un préstamo en una moneda donde las tasas de interés son bajas y usar después los rendimientos para invertirlos en otra divisa que pague altos intereses; por ejemplo, si la tasa de interés de los préstamos en Japón es de 1%, pero la tasa de interés de los depósitos en los bancos estadounidenses es de 6%, puede ser razonable obtener un préstamo en yenes japoneses, convertir el dinero a dólares y depositarlos en un banco estadounidense. El comerciante puede ganar un margen de 5% si lleva a cabo esta operación, menos los costos de transacción asociados con el cambio de una moneda por otra. El elemento especulativo de esta operación es que su éxito se basa en la creencia de que el movimiento de los tipos de cambio (o de las tasas de interés) no será adverso, lo cual hará que la operación sea más rentable; a pesar de ello, si el valor del yen ante el dólar aumentara rápidamente, se necesitarían más dólares para pagar el préstamo original y la operación con estas divisas dejaría de ser lucrativo. En realidad, el *carry trade* dólar-yen fue muy importante a mediados de la década de 2000, época en la que se llegó a un máximo de más de un billón de dólares en 2007, cuando casi 30% de las operaciones financieras en el mercado de divisas de Tokio se relacionaba con el *carry trade*.[3] Este tipo de operación perdió relevancia durante 2008-2009 debido a que las diferencias entre las tasas de interés iban en picada a medida que los índices estadounidenses caían, lo que causó que dicho tipo de especulación fuera menos rentable.

OA10-2

SEGURIDAD CONTRA LOS RIESGOS CAMBIARIOS

La segunda función del mercado de divisas es dar **seguridad ante los riesgos cambiarios**; es decir, ante la posibilidad de que las frecuentes fluctuaciones del tipo de cambio ocasionen consecuencias

---

[3] "The Domino Effect", en *The Economist*, 5 de julio de 2008, p. 85.

adversas para una empresa. Cuando una firma se asegura contra un riesgo cambiario, lleva a cabo una *cobertura*. Para explicar la forma en que el mercado efectúa esta función, debemos distinguir entre tipo de cambio *spot*, tipo de cambio *forward* y *swaps*.

Tipo de cambio *spot*

Cuando dos partes aceptan cambiar una moneda y cierran el trato de inmediato, se dice que la transacción se hace con un *tipo de cambio spot* o al contado. Los tipos de cambio que rigen estas transacciones se denominan **tipos de cambio spot**; es decir, la tasa a la que una casa de cambio intercambia una moneda por otra un cierto día. Así, cuando nuestro turista estadounidense que está en Edimburgo va al banco a convertir sus dólares estadounidenses en libras esterlinas, lo hace al tipo de cambio *spot* del día.

Estos tipos de cambio se hacen públicos a diario en las páginas financieras de los periódicos. Un tipo de cambio se enuncia de dos maneras: como la cantidad de divisas que compra una moneda o como el valor de una moneda respecto de la divisa extranjera. Así, el 12 de marzo de 2013 a las 12:11 p.m., tiempo del este, un dólar estadounidense compraba 0.7655 euros y un euro, 1.3063 dólares.

El tipo de cambio *spot* varía diariamente, a menudo minuto a minuto (aunque la variación en periodos muy breves es ligera). El valor de una moneda se determina por la interacción de su oferta y demanda respecto de la oferta y demanda de otras divisas; por ejemplo, si muchas personas quieren dólares estadounidenses y estos escasean, mientras que pocos quieren libras esterlinas y estas abundan, variará el tipo de cambio *spot* para convertir dólares en libras. Es probable que el dólar se aprecie respecto de la libra (o la libra se deprecie respecto del dólar). Imaginemos que el tipo de cambio *spot* fue de 2.00 dólares por libra cuando abrió el mercado. A medida que transcurre el día, las casas de cambio quieren más dólares y menos libras. Al finalizar la jornada, el tipo de cambio *spot* puede ser de 1.98 dólares por libra. En consecuencia, con cada libra pueden comprarse menos dólares que durante la mañana. El dólar se revaloró y la libra se depreció con respecto a la moneda de la contraparte.

Tipo de cambio *forward*

OA10-3

Las variaciones del tipo de cambio *spot* pueden ser problemáticas para una empresa internacional; por ejemplo, una compañía estadounidense que importa cámaras fotográficas de lujo de Japón sabe que, en 30 días, cuando llegue el embarque, deberá pagar 200 mil yenes al proveedor japonés por cada cámara y que el tipo de cambio de referencia es de 120 yenes por dólar. A esta tasa, cada cámara le cuesta al importador 1 667 dólares (es decir, 1 667 = 200 000/120). El importador sabe que puede vender las cámaras el día que lleguen a dos mil dólares cada una, lo que da una utilidad bruta de 333 dólares por unidad (2 000 – 1 667); sin embargo, no tendrá fondos para pagarle al proveedor japonés hasta que no las venda. Si en los siguientes 30 días el dólar se deprecia de manera inesperada frente al yen, digamos a 95 yenes por dólar, el importador aún deberá pagar a la compañía japonesa 200 mil yenes, pero en términos de dólares sería el equivalente a 2 105 por cámara, más que el precio al que podría venderlas. La depreciación en el tipo de cambio del dólar de 120 a 95 yenes convertiría un trato rentable en uno que no lo es.

Para *asegurarse* o *cubrirse* contra este riesgo, el importador estadounidense puede ejecutar un cambio a futuro. Hay un **cambio a futuro** cuando dos partes acuerdan intercambiar monedas y ejecutar un trato en cierta fecha futura. Los tipos de cambio que rigen en estas se denominan **tipos de cambio forward**. En el caso de la mayor parte de las monedas, los tipos de cambio *forward* se cotizan a 30, 90 y 180 días. En algunos otros, es posible pactar tipos de cambio a varios años. Para volver a nuestro ejemplo de las cámaras, estimemos que el tipo de cambio a 30 días es de 110 yenes por dólar. El importador pacta con una casa de cambio una transacción a 30 días con este tipo de cambio y se le garantiza que no tendrá que pagar más de 1 818 dólares por cámara (1 818 = 200 000/110). Este trato le asegura una utilidad de 182 dólares por cámara (2 000 – 1 818) y, además, lo protege contra la posibilidad de que una inesperada variación del tipo de cambio convierta en inviable un trato rentable.

En este ejemplo, el tipo de cambio *spot* (120 yenes por dólar) y el tipo de cambio *forward* son diferentes. Estas diferencias son normales y reflejan las expectativas del mercado de divisas sobre los próximos movimientos cambiarios. En nuestro ejemplo, el hecho de que un dólar compre más yenes con el tipo de cambio *spot* que con el tipo de cambio a 30 días indica que las casas de cambio

Estrategia de cobertura de Volkswagen

En enero de 2004, Volkswagen, el mayor fabricante europeo de autos y, hasta hace poco, uno de los más exitosos, anunció una caída de 95% en sus utilidades para el cuarto trimestre de 2003, por lo que pasó de 1 050 millones de euros a solo 50 millones. En todo 2003, las utilidades operativas de Volkswagen cayeron a la mitad de los montos históricos que alcanzó en 2002. Aunque este desplome tuvo varias causas, dos factores llamaron mucho la atención: el aumento sin precedentes del valor del euro frente al dólar en 2003 y la decisión de Volkswagen de cubrir solo 30% de sus divisas expuestas, en lugar del robusto 70% que solía cubrir. En total, se calcula que las pérdidas por cambio de divisas debido al aumento en la paridad redujeron las utilidades operativas de Volkswagen en casi 1 200 millones de euros (o 1 500 millones de dólares).

El incremento del valor del euro durante 2003 tomó por sorpresa a muchas compañías. Desde que el euro entró en vigor el 1 de enero de 1999, cuando se convirtió en la moneda de 12 países miembros de la Unión Europea, ha acumulado un historial de volatilidad en su cambio respecto del dólar estadounidense. A comienzos de 1999, el tipo de cambio se mantuvo en 1.17 dólares por euro, pero en octubre de 2000 se deslizó a 0.83 dólares por euro. A finales de 2002, se recuperó y permaneció en una paridad uno a uno, pero pocos analistas pronosticaron un rápido aumento de su valor frente al dólar en 2003. Como suele ocurrir en los mercados de divisas, los expertos se equivocaron: a finales de 2003, el tipo de cambio era de 1.25 dólares por euro. Para Volkswagen, que fabrica autos en Alemania y los exporta a Estados Unidos, la depreciación del dólar frente al euro de 2003 fue devastadora. Para entender lo

que sucedió, tomemos como ejemplo un automóvil modelo Jetta construido en Alemania para exportarlo a Estados Unidos.

Volkswagen habría podido prevenir este movimiento perjudicial del tipo de cambio si, al entrar en el mercado extranjero a finales de 2002, hubiera firmado un *contrato adelantado* (también conocido como *forward*) en dólares con un tipo de cambio uno a uno (un *contrato forward* da al poseedor el derecho a cambiar una moneda por otra en algún momento venidero con un tipo de cambio determinado previamente). A esta estrategia financiera de comprar por adelantado se le conoce como *cobertura cambiaria* y garantiza que, en algún momento posterior, como 180 días, Volkswagen hubiera podido cambiar por euros los dólares que obtuvo por la venta de los autos Jetta en Estados Unidos a uno por uno, *cualquiera que fuera el tipo de cambio del día*. En 2003, esta estrategia habría sido benéfica para Volkswagen; no obstante, las coberturas cambiarias tienen su costo. Por un lado, si el euro se hubiera depreciado frente al dólar, en lugar de revalorarse, Volkswagen habría tenido más utilidades por auto en euros sin las coberturas (a finales de 2003, un dólar habría comprado más euros que un dólar a finales de 2002). Por otro, la cobertura es costosa porque las casas de cambio cobran elevadas comisiones al negociar la venta de divisas por adelantado. Volkswagen decidió compensar solo 30% de las ventas que anticipaba para 2003 mediante contratos a futuro, en lugar de 70%, como siempre lo había hecho. Esta decisión le costó más de mil millones de dólares. En 2004, la compañía anunció que volvería a proteger 70% de su moneda extranjera expuesta.[4]

---

esperan que el dólar se deprecie respecto del yen. Cuando esto ocurre, decimos que el dólar se vende *con descuento* en el mercado *forward* a 30 días (es decir, vale menos que en el mercado *spot*). Desde luego, también sucede lo contrario: si el tipo de cambio a 30 días fuera, por ejemplo, de 130 yenes por un dólar, con un dólar se comprarían más yenes en el mercado de *forwards* que en el de *spots*, lo que refleja las expectativas de los intermediarios de que el dólar se aprecie respecto del yen en el plazo de 30 días.

En resumen, cuando una empresa firma un contrato con tipos de cambio *forward*, se asegura contra la posibilidad de que los movimientos cambiarios arruinen la rentabilidad de una transacción para cuando esta se concrete. Es frecuente que muchas empresas firmen contratos en tipo de cambio *forward* para compensar el riesgo cambiario y existen ejemplos increíbles de lo que sucede cuando las compañías no toman este seguro. Este tema se ilustra en el "Panorama administrativo", en el que se explica cómo el no asegurarse por completo contra riesgos cambiarios le salió muy caro a Volkswagen.

Swaps

Si la exposición anterior de los tipos de cambio *spot* y *forward* le llevaron a concluir que la opción de comprar a futuro es primordial para las compañías que practican el comercio internacional, está

---

[4] Mark Landler, "As Exchange Rates Swing, Car Makers Try to Duck", en *The New York Times*, 17 de enero de 2004, pp. B1, B4; N. Boudette, "Volkswagen Posts 95% Drop in Net", en *The Wall Street Journal*, 19 de febrero de 2004, p. A3; y "Volkswagen's Financial Mechanic", en *Corporate Finance*, junio de 2003, p. 1.

en lo correcto. De acuerdo con los datos más recientes, los instrumentos *forward* sumaron casi dos terceras partes de todas las transacciones de tipos de cambio, mientras que los *spot* representaron aproximadamente un tercio;[5] sin embargo, la vasta mayoría de estos *forward* no fueron de la especie que estudiamos, sino de un instrumento más complejo llamado *swaps*.

Las **swaps** suponen la compra y venta simultánea de cierta divisa con el valor de dos fechas. Las *swaps* se cambian entre empresas internacionales y sus bancos, entre bancos y entre gobiernos, cuando es deseable cambiar una moneda por otra durante cierto tiempo sin incurrir en riesgos cambiarios. Una clase común de *swap* es la del tipo *spot* por tipo *forward*. Pensemos en una compañía como Apple Computer, que arma computadoras portátiles en Estados Unidos, pero con pantallas que se hacen en Japón, y también vende algunas de sus portátiles terminadas en este país. Por consiguiente, como muchas empresas, Apple compra y vende a Japón. Imaginemos que la compañía necesita hoy cambiar un millón de dólares por yenes para pagar a su proveedor de pantallas; sabe que en 90 días recibirá 120 millones de yenes del importador japonés que compra sus portátiles terminadas y deberá convertir esos yenes en dólares para usarlos en Estados Unidos. Digamos que hoy el tipo de cambio *spot* es de 120 yenes por dólar y que el *forward* a 90 días es de 110 yenes por dólar. Por tanto, vende un millón de dólares a su banco a cambio de 120 millones de yenes y ahora puede pagar a su proveedor japonés. Al mismo tiempo, pacta un acuerdo de tipo de cambio *forward* a 90 días con su banco para convertir 120 millones de yenes en dólares. Así, en 90 días, Apple recibirá 1.09 millones de dólares (120 millones/110 = 1.09 millones). Como el yen se comercia con una prima en el mercado a 90 días, Apple tiene al final más dólares que al principio (aunque también habría podido ocurrir lo contrario). El trato con *swaps* es como un trato convencional por adelantado salvo por un aspecto fundamental: permite a Apple asegurarse contra los riesgos cambiarios. Al hacer una permuta, la empresa sabe hoy que los 120 millones de yenes del pago que cobrará en 90 días se convertirán en 1.09 millones de dólares.

Naturaleza del mercado de divisas

El mercado de divisas no se encuentra en algún lugar. Es una red mundial de bancos, corredores y casas de cambio conectada mediante sistemas electrónicos de comunicación. Cuando las compañías quieren convertir divisas, acuden a sus bancos en lugar de ir directamente al mercado, el cual crece a un ritmo acelerado, como expresión del aumento general del volumen del comercio y la inversión internacionales (véase el capítulo 1). En marzo de 1986, el valor promedio total del intercambio mundial de divisas fue de aproximadamente 200 mil millones de dólares diarios. En abril de 2010, había llegado a cuatro billones de dólares diarios.[6] Los centros cambiarios principales son Londres (37% de las actividades), Nueva York (18%) y Zúrich, Tokio y Singapur (todos entre casi 5 y 6% de las transacciones).[7] Los centros secundarios más relevantes son Fráncfort, París, Hong Kong y Sídney.

El dominio de Londres en el mercado de divisas se debe tanto a la historia como a la geografía. Como capital de la primera nación comercial industrializada, a finales del siglo XIX, Londres se convirtió en el mayor centro bancario internacional, posición que conserva. La ubicación central de Londres, entre Tokio y Singapur al este, y Nueva York al oeste, la ha convertido en un enlace crucial entre los mercados asiáticos y neoyorquino. Dadas las diferencias horarias, Londres abre poco después del cierre de Tokio y sigue abierta en las primeras horas del mercado de cambios en Nueva York.[8]

Dos características del mercado de divisas son dignas de destacarse. La primera es que nunca duerme. Los mercados de Tokio, Londres y Nueva York están cerrados solo tres horas al día al mismo tiempo. En esas tres horas, los cambios continúan en varios centros menores, en particular San Francisco y Sídney. La segunda es la integración de algunos centros comerciales que enlazados con computadoras de alta velocidad crearon un mercado único. La integración de los centros financieros significa que no hay una diferencia considerable entre los tipos de cambio que se cotizan en ellos;

---

[5] Bank for International Settlements, *Central Bank Survey of Foreign Exchange and Derivatives Market Activity*, abril de 2010, Basilea, Suiza, BIS, diciembre de 2010.

[6] *Idem.*

[7] *Idem.*

[8] M. Dickson, "Capital Gain: How London Is Thriving As It Takes on the Global Competition", en *Financial Times*, 27 de marzo de 2006, p. 11.

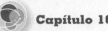

por ejemplo, si el cambio entre el yen y el dólar se cotizó en Londres a las tres de la tarde en 120 yenes por dólar, la cotización entre esas monedas en Nueva York a la misma hora (10 de la mañana, hora local) será idéntica. Si el tipo de cambio en Nueva York fuera de 125 yenes por dólar, un corredor podría obtener ganancias mediante el **arbitraje**, el cual consiste en comprar una moneda barata y venderla cara; así, si los precios difirieran en Londres y Nueva York como anotamos, un corredor de Nueva York podría invertir un millón de dólares para comprar 125 millones de yenes. Luego, cambiaría esta suma por dólares en Londres, donde la transacción daría 1.041666 millones, con lo que asentaría una utilidad de 41 666 dólares. Ahora bien, si todos los corredores intentaran aprovechar la oportunidad, la demanda del yen en Nueva York se incrementaría, lo que ocasionaría tal revaloración del yen que la diferencia de precio entre Nueva York y Londres se esfumaría con rapidez. Como los corredores de divisas siempre buscan en la pantalla de su computadora oportunidades de arbitraje, las pocas que surgen son pequeñas y desaparecen en cuestión de minutos.

Otra característica adicional del mercado de divisas es la trascendente función que desempeña el dólar estadounidense. Aunque una transacción en divisas puede ser con dos monedas cualesquiera, casi todas se convierten a dólares. Así ocurre incluso cuando un corredor quiere vender una moneda distinta y comprar otra; por ejemplo, el corredor que quiere vender wons coreanos y comprar reales brasileños, vende los wons por dólares y con los dólares compra reales. Tal vez parezca una forma complicada de hacer las cosas, pero en realidad es más barato que buscar a un corredor que quiera adquirir wons. Como el volumen de las transacciones internacionales en dólares es muy grande, no es difícil hallar corredores que deseen cambiar dólares por wons o reales.

Por su función central en muchos tratos con divisas, el dólar es un instrumento de cambio. Entre todas las transacciones cambiarias que se efectuaron en 2010, 85% se cambiaron primero a dólares. Después del dólar, las monedas internacionales más importantes son el euro (39%), el yen japonés (19%) y la libra esterlina (13%), lo que refleja su trascendencia en la economía mundial.

OA10-4

Teorías económicas y determinación del tipo de cambio

En el plano más básico, los tipos de cambio se determinan por la demanda y oferta de una moneda respecto de la demanda y oferta de otra; por ejemplo, si la demanda de dólares supera la oferta, y la oferta de yenes es mayor que su demanda, varía el tipo de cambio de yen por dólares; el dólar se apreciará respecto del yen (o el yen se depreciará respecto del dólar). No obstante, aunque las diferencias entre demanda y oferta explican la determinación de los tipos de cambio, solo lo hacen en un sentido superficial; esta sencilla explicación no detalla los factores que componen la demanda y oferta de una moneda, no dice cuándo la demanda de dólares excederá la oferta ni cuándo la oferta de yenes rebasará la demanda (y viceversa). Tampoco revela en qué condiciones sí y en cuáles no se demanda una moneda. En esta sección, analizaremos las respuestas que da la teoría económica, pues ellas nos permitirán comprender de manera más profunda cómo se determinan los tipos de cambio.

Si entendemos la forma en que los tipos de cambio se establecen, podemos pronosticar sus movimientos. Como las variaciones a futuro de los tipos de cambio influyen en las oportunidades de exportación, la rentabilidad de los tratos internacionales de comercio e inversión, y la competitividad del precio de las importaciones, es información valiosa para una empresa internacional. Por desgracia, no existe una explicación simple. Las fuerzas que definen los tipos de cambio son complejas y no hay un consenso teórico, ni siquiera entre los economistas académicos que estudian el fenómeno todos los días. A pesar de ello, las teorías económicas de los movimientos del tipo de cambio coinciden en que tres factores tienen un efecto significativo en los movimientos futuros de una moneda: la inflación en un país, sus tasas de interés y la psicología del mercado.[9]

PRECIOS Y TIPOS DE CAMBIO

Para entender la relación entre precios y movimientos del tipo de cambio, primero debemos explicar un planteamiento económico conocido como la ley del precio único. Luego, expondremos la teoría

9 Para una revisión exhaustiva véase M. Taylor, "The Economics of Exchange Rates", en *Journal of Economic Literature* 33, 1995, pp. 13-47.

de la paridad del poder adquisitivo (PPA), que conecta las variaciones entre las monedas de dos naciones y los cambios de sus niveles de precios.

Ley del precio único

La **ley del precio único** establece que en los mercados competitivos sin costos de transporte ni barreras al comercio (como los aranceles), los productos idénticos que se venden en países distintos deben ofrecerse al mismo precio si este se expresa en la misma moneda;[10] por ejemplo, si el tipo de cambio entre la libra esterlina y el dólar estadounidense es de 2.00 dólares por libra, un saco que cueste 80 dólares en Nueva York debe costar 40 libras en Londres (pues $80/2.00 = 40$). Veamos lo que sucede si el saco cuesta 30 libras en Londres (o 60 dólares estadounidenses). Con ese precio, a un comerciante le convendría comprar las prendas en Londres y venderlas en Nueva York (sería un ejemplo de *arbitraje*). La compañía obtendría una ganancia de 20 dólares por cada saco que comprara a 30 libras (60 dólares) en Londres y vendiera a 80 dólares en Nueva York (dejamos de lado los costos de transporte y las barreras comerciales); sin embargo, el aumento de la demanda de sacos en Londres encarecería su precio en esa ciudad y el incremento de la oferta de sacos en Nueva York los abarataría. Este proceso proseguiría hasta que los precios se igualaran. Así, los precios se igualarían cuando los sacos costaran 35 libras (70 dólares) en Londres y 70 dólares en Nueva York, estimando que no hay alteraciones en el tipo de cambio de 2.00 libras por dólar.

Paridad del poder adquisitivo

Si la ley del precio único fuera válida para todos los bienes y servicios, podría calcularse el tipo de cambio de la *paridad del poder adquisitivo* (PPA) de cualquier grupo de precios. Mediante la comparación de los precios de productos idénticos en monedas diferentes, sería posible establecer el tipo de cambio "real", o PPA, si los mercados fueran eficientes (un **mercado eficiente** no tiene impedimentos, como barreras comerciales al libre tránsito de bienes y servicios).

Una versión menos radical de la teoría de la PPA sostiene que en mercados relativamente eficientes (es decir, en los que hay pocos impedimentos al comercio internacional), el precio de una "canasta de productos básicos" debe ser más o menos equivalente en todos los países. Para expresar la teoría de la PPA en símbolos, sea $P_{dól}$ el precio en dólares de una canasta de ciertos artículos y P_{yen} el precio de esta en yenes japoneses. La teoría de la PPA predice que el tipo de cambio entre el dólar y el yen, $C_{dól/yen}$, debe equivaler a:

$$C_{dól/yen} = P_{dól}/P_{yen}$$

Por ello, si una canasta de bienes cuesta 200 dólares en Estados Unidos y 20 mil yenes en Japón, la teoría de la PPA anticipa que el tipo de cambio debe ser 200/20 mil; es decir, 0.01 dólares por yen (o 100 yenes por dólar).

Cada año, la revista *The Economist* publica su propia versión de la teoría de la PPA, al que llama "Índice Big Mac". La revista escogió la tradicional hamburguesa Big Mac de McDonald's como sustituto de la "canasta de artículos" porque se produce de manera similar en aproximadamente 120 países. La PPA de la Big Mac es el tipo de cambio que tendrían las hamburguesas si costaran lo mismo en todas las naciones. Según *The Economist*, comparar el tipo de cambio actual de un país con el que pronostica la teoría de la PPA con base en los precios relativos de la Big Mac es una forma de averiguar si una moneda está subvaluada o no. No es un ejercicio completamente serio, como admite la publicación, pero proporciona un ejemplo útil de la teoría.

En la tabla 10.1, se reproduce el Índice Big Mac del 11 de enero de 2012. Para calcularlo, *The Economist* convierte el precio de una Big Mac de un país en dólares al tipo de cambio actual y lo divide entre el precio promedio de la Big Mac en Estados Unidos (de 4.20 dólares). De acuerdo con la teoría de la PPA, los precios deben ser los mismos; si no lo son, significa que la moneda está sobrevaluada o subvaluada respecto del dólar. Por ejemplo, el precio promedio de una Big Mac en Australia fue de 4.94 dólares al tipo de cambio del euro por cada dólar del 11 de enero de 2012. Al dividir esta suma entre el precio promedio de la Big Mac en Estados Unidos se obtiene 1.176 (es decir, 4.94/4.20), lo que revela que el euro estaba sobrevaluado 17.6% respecto del dólar en esa fecha.

---

[10] Krugman y Obstfeld, *International Economics*.

TABLA 10.1

Índice Big Mac, 11 de enero de 2010.

Fuente: *The Economist*, www.economist.com/node/21542808. Copyright © 2012 The Economist Newspaper Limited, Londres.

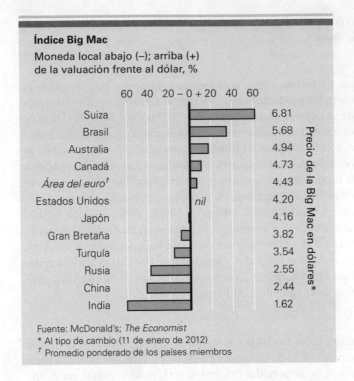

El siguiente paso de la teoría de la PPA es afirmar que el tipo de cambio variará si se modifican los precios respectivos; por ejemplo, conjeturemos que no hay inflación en Estados Unidos, mientras que los precios en Japón aumentan 10% al año. Al comienzo del año, una canasta de bienes cuesta 200 dólares en Estados Unidos y 20 mil yenes en Japón, por lo que el tipo de cambio entre el dólar y el yen, según la teoría de la PPA, debería ser de 100 yenes por dólar. A final del año, la canasta aún costará 200 dólares en Estados Unidos, pero 22 mil yenes en Japón. La teoría de la PPA predice que el tipo de cambio debe modificarse en consecuencia. Con más exactitud, al final del año:

$$C_{dól/yen} = 200/22\ 000$$

Por tanto, un yen es igual a 0.0091 (o un dólar es igual a 110 yenes). Debido a la inflación de 10%, el yen se deprecia 10% respecto del dólar. Un dólar comprará 10% más yenes al final del año que al inicio.

Dinero circulante y precio de la inflación

En esencia, la teoría de la PPA predice que los cambios de precios generarán una variación en el tipo de cambio. En teoría, un país en donde la inflación esté descontrolada verá que su moneda se depreciará frente a la de naciones con menores tasas de inflación. Si podemos anticipar cuál será la tasa de inflación de un país, también podemos predecir con mayor conocimiento cuánto variará el valor de su moneda respecto de otras; es decir, su tipo de cambio. De acuerdo con la llamada escuela monetarista, el ritmo de aumento en el nivel de circulante de una nación determina su tasa de inflación futura.[11] Así, por lo menos en teoría, podemos tomar la información sobre el aumento en la oferta monetaria para pronosticar las variaciones en el tipo de cambio.

La inflación es un fenómeno monetario que ocurre cuando la cantidad de dinero en circulación crece más rápido que las existencias de bienes y servicios; es decir, cuando la oferta de dinero supera a la producción. Supongamos que de pronto el gobierno de un país entrega a todos sus ciudadanos 10 mil dólares. Muchos se apresurarían a gastarlos en productos que siempre han deseado: un coche, muebles nuevos, mejor ropa, etc. Habría un incremento repentino de la demanda de bienes y servicios. Las concesionarias de autos, tiendas departamentales y otros prestadores de bienes y servicios responderían a esto elevando los precios. El resultado sería un aumento en la tasa de inflación.

---

[11] M. Friedman, *Studies in the Quantity Theory of Money*, Chicago, University of Chicago Press, 1956. Para una explicación accesible véase M. Friedman y R. Friedman, *Free to Choose*, Londres, Penguin Books, 1979, cap. 9.

Mes	Oferta monetaria (miles de millones de pesos)	Nivel de precios relativos a 1982 (promedio = 1)	Tipo de cambio (pesos por dólar)
1984			
Abril	270	21.1	3 576
Mayo	330	31.1	3 512
Junio	440	32.3	3 342
Julio	599	34.0	3 570
Agosto	718	39.1	7 038
Septiembre	889	53.7	13 685
Octubre	1 194	85.5	15 205
Noviembre	1 495	112.4	18 469
Diciembre	3 296	180.9	24 515
1985			
Enero	4 630	305.3	73 016
Febrero	6 455	863.3	141 101
Marzo	9 089	1 078.6	128 137
Abril	12 885	1 205.7	167 428
Mayo	21 309	1 635.7	272 375
Junio	27 778	2 919.1	481 756
Julio	47 341	4 854.6	885 476
Agosto	74 306	8 081.0	1 182 300
Septiembre	103 272	12 647.6	1 087 440
Octubre	132 550	12 411.8	1 120 210

TABLA 10.2

Datos macroeconómicos de Bolivia, abril de 1984-octubre de 1985.

Fuente: Juan-Antonio Morales, "Inflation Stabilization in Bolivia", en Michael Bruno y cols., *Inflation Stabilization: The Experience of Israel, Argentina, Brasil, Bolivia, and Mexico*, Cambridge, MIT Press, 1988.

Un aumento gubernamental en la oferta monetaria es equivalente a darles más dinero a las personas. Cuando ello sucede, es más fácil para los bancos tomar préstamos del gobierno, así como para los particulares y las empresas tomar préstamos de los bancos. El incremento del crédito provoca una elevación de la demanda de bienes y servicios. Si la producción de estos no crece a un ritmo semejante al del circulante, el resultado es una mayor inflación. Dicha relación se ha observado una y otra vez en un país tras otro.

Así, ahora tenemos una conexión entre el aumento en el nivel de circulante de un país, la inflación y las variaciones del tipo de cambio. En palabras llanas, *cuando el aumento de la oferta monetaria de un país es más rápido que el incremento de su producción, se estimula la inflación*. La teoría de la PPA sostiene que un país con una tasa de inflación elevada verá depreciarse (o devaluarse) su tipo de cambio. En uno de los ejemplos históricos más claros, a mediados de la década de 1980 Bolivia sufría una *hiperinflación*, aumento explosivo e incontrolable de precios, en la que el dinero perdía su valor de forma vertiginosa. En la tabla 10.2, se presentan datos de la oferta monetaria, la inflación y el tipo de cambio del peso boliviano frente al dólar estadounidense durante el periodo de hiperinflación. En realidad, el tipo de cambio es el del "mercado negro", pues el gobierno de Bolivia prohibió cambiar el peso por otras monedas en ese momento. Los datos revelan que el incremento en la oferta monetaria, la tasa de inflación y la devaluación del peso frente al dólar avanzaban juntos, como lo predice la teoría de la PPA. Entre abril de 1984 y julio de 1985, el nivel de circulante en Bolivia aumentó 17 433%, los precios, 22 908% y el peso se devaluó ante el dólar 24 662%. En octubre de 1985, el gobierno boliviano aplicó un plan radical de estabilización que implicaba el establecimiento de una nueva moneda y un rígido control en la emisión de circulante. Como consecuencia, en 1987, la inflación anual de la nación bajó a 16%.[12]

---

[12] Juan-Antonio Morales, "Inflation Stabilization in Bolivia", en Michael Bruno y cols., *Inflation Stabilization: The Experience of Israel, Argentina, Brazil, Bolivia, and Mexico*, Cambridge, MIT Press, 1988, y *The Economist, World Book of Vital Statistics*, Nueva York, Random House, 1990.

Otro modo de observar el mismo fenómeno es que un incremento de la oferta monetaria en un país eleva la cantidad de moneda disponible y modifica las condiciones de la oferta y la demanda del mercado de divisas. Si el nivel de circulante en Estados Unidos crece más rápido que su producción, habrá mayor abundancia de dólares que de divisas de los países donde el aumento de la moneda concuerda mejor con el incremento de la producción. Por el aumento relativo de la oferta de dólares, esta moneda se depreciará frente a las monedas de naciones con un incremento del circulante más lento.

Las políticas gubernamentales determinan si la tasa de aumento del circulante de un país es mayor a la de la producción. Por lo general, un gobierno puede elevar la oferta monetaria con solo indicar al banco central que expida más dinero. Los gobiernos suelen hacerlo para financiar el gasto público (construir caminos, pagar los sueldos de los burócratas, financiar los gastos militares, etc.). Un gobierno puede financiar el gasto público con un aumento de impuestos, pero como nadie quiere pagar más impuestos y a los políticos les disgusta ser impopulares, este tiene una preferencia natural por incrementar el nivel de circulante.

Por desgracia, no existe el árbol mágico del dinero. El resultado de aumentar *en exceso* la oferta monetaria es la inflación; no obstante, esto no ha impedido que los gobiernos del mundo lo hagan, con los resultados previsibles ya descritos. Si una empresa internacional trata de pronosticar los movimientos futuros del valor de la moneda de un país en el mercado de divisas, debe examinar las políticas gubernamentales sobre el manejo de la oferta monetaria y la autonomía del banco central. Si el gobierno parece estar comprometido a controlar la tasa de aumento del circulante, es posible que su tasa de inflación sea baja (aunque en ese momento sea alta) y la moneda no debe depreciarse de manera notable en el mercado de divisas. Si el gobierno no tiene la voluntad política de controlar el aumento del circulante, la tasa de inflación puede ser alta, lo que muy probablemente hará que el tipo de cambio se deprecie. A lo largo de la historia, muchos gobiernos de América Latina han caído en esta segunda categoría; por ejemplo, Argentina, Bolivia y Brasil. Más recientemente, muchas de las nuevas democracias de Europa oriental cometieron el mismo error. A finales de 2012, cuando la Reserva Federal de Estados Unidos decidió promover el crecimiento económico expandiendo las reservas de dinero estadounidenses mediante una técnica conocida como ajuste cuantitativo, los detractores opinaron que eso también conduciría a una inflación y a una disminución en el valor del dólar estadounidense en los mercados cambiarios internacionales, ¿pero tenían razón? Para un análisis de esta situación véase el siguiente "Vistazo a un país".

Pruebas empíricas de la teoría de la PPA

La teoría de la PPA sustenta que el tipo de cambio se determina con base en los precios relativos y que las fluctuaciones de estos producirán variaciones en el tipo de cambio. Un país con inflación, aun cuando esté descontrolada, debe esperar que su moneda se deprecie respecto de la moneda de naciones donde la inflación sea menor. Este esquema convence al sentido común, pero, ¿sucede en la realidad? Hay varios buenos ejemplos de una conexión entre la inflación de los precios de un país y el tipo de cambio (como el de Bolivia); pese a ello, amplias pruebas empíricas de la teoría de la PPA arrojan resultados contradictorios.[13] La teoría de la PPA parece permitir pronósticos relativamente atinados en el largo plazo, aunque no sobre los movimientos de corto plazo de los tipos de cambio, en cinco años o menos.[14] Además, la teoría predice mejor las variaciones del tipo de cambio de países con tasas de inflación elevadas y mercados de capitales poco desarrollados, pero es menos útil para anticipar los movimientos del tipo de cambio entre monedas de naciones industrializadas con diferenciales pequeños entre sus tasas de inflación.

La incapacidad para encontrar un vínculo sólido entre las tasas de inflación relativas y las variaciones en el tipo de cambio se denomina enigma de la paridad del poder adquisitivo. Diversos

---

[13] Para revisiones y artículos recientes véase H. J. Edison, J. E. Gagnon y W. R. Melick, "Understanding the Empirical Literature on Purchasing Power Parity", en *Journal of International Money and Finance* 16, febrero de 1997, pp. 1-18; J. R. Edison, "Multi-Country Evidence on the Behavior of Purchasing Power Parity under the Current Float", en *Journal of International Money and Finance* 16, febrero de 1997, pp. 19-36; K. Rogoff, "The Purchasing Power Parity Puzzle", en *Journal of Economic Literature*, 34, 1996, pp. 647-668; D. R. Rapach y M. E. Wohar, "Testing the Monetary Model of Exchange Rate Determination: New Evidence from a Century of Data", en *Journal of International Economics*, diciembre de 2002, pp. 359-385, y M. P. Taylor, "Purchasing Power Parity", en *Review of International Economics*, agosto de 2003, pp. 436-456.

[14] M. Obstfeld y K. Rogoff, "The Six Major Puzzles in International Economics", documento de trabajo núm. 7777 de la Oficina Nacional de Investigación Económica, julio de 2000.

Ajuste cuantitativo, inflación y el valor del dólar estadounidense

En otoño de 2010, la Reserva Federal de Estados Unidos decidió expandir su oferta monetaria entrando en el mercado abierto y comprando 600 mil millones de dólares en bonos del gobierno a sus titulares, una técnica conocida como *ajuste cuantitativo*. ¿De dónde salieron esos 600 mil millones? La Reserva simplemente creó nuevas reservas bancarias y utilizó dicho efectivo para pagar los bonos. De hecho, imprimió dinero. El organismo efectuó esta acción en un intento por estimular la economía estadounidense que, tras la crisis global de 2008-2009, estaba luchando con un bajo crecimiento económico y altos índices de desempleo. La Reserva Federal ya había tratado de estimular la economía bajando las tasas de interés a corto plazo, que ya estaban casi en cero, así que ahora decidió reducir las tasas de interés de mediano y largo plazos; su herramienta para hacerlo fue una inyección de 600 mil millones de dólares a la economía, lo que aumentó la oferta de dinero y bajó su precio; es decir, la tasa de interés. La Reserva intentó nuevas rondas de ajuste cuantitativo en 2011 y 2012, y anunció que seguiría con esta política cuando menos durante 2014 o hasta que el índice de desempleo del país descendiera por debajo de 6.5%.

De inmediato, los observadores atacaron esta maniobra de la Reserva Federal. Muchos sostuvieron que la política de expandir la oferta de dinero dispararía la inflación y conduciría a una disminución en el valor del dólar en el mercado cambiario internacional. Algunos incluso calificaron la política como un intento deliberado de la Reserva Federal por depreciar la moneda de Estados Unidos frente a otras divisas, reduciendo su valor y promoviendo las exportaciones estadounidenses lo que, de ser cierto, sería una forma de mercantilismo.

Sin embargo, estas acusaciones pueden ser infundadas por dos razones. Primera, en aquella época, el índice de inflación subyacente era el más bajo en los últimos 50 años. De hecho, la Reserva Federal temía un riesgo de una deflación (una caída persistente en el nivel medio de precios), un fenómeno muy perjudicial. Cuando los precios caen, la gente suspende sus compras porque saben que las cosas serán más baratas mañana que hoy. Esto puede ocasionar un colapso de la demanda agregada y un alto desempleo. La Reserva Federal consideraba que un poco de inflación, digamos 2% al año, sería algo positivo. Segunda, el crecimiento económico del país había sido débil, la tasa de desempleo era alta y había un exceso de capacidad productiva en la economía. En consecuencia, si la inyección de circulante a la economía estimulaba la demanda, eso no se traduciría en una inflación de precios porque la primera respuesta de las empresas sería expandir su producción para emplear su exceso de capacidad. Los defensores de la Reserva Federal argumentaron que el punto importante, que al parecer los críticos estaban ignorando, era que la expansión de la oferta de dinero solo conduce a una inflación de precios mayor cuando el desempleo es relativamente bajo y cuando no existe exceso de capacidad en la economía, situación que no existía en el otoño de 2010. Respecto del mercado cambiario, su reacción fue de silencio. A comienzos de noviembre de 2010, exactamente antes de que la Reserva Federal anunciara su política, el valor del índice del dólar contra una canasta de otras divisas relevantes era de 72.0116. A finales de enero de 2013, era de 73.4087, había cambiado poco. En síntesis, los operadores de divisas no parecían estar vendiendo dólares ni preocupándose respecto de altos índices de inflación.[15]

---

factores pueden explicar la incapacidad de la teoría para predecir con mayor exactitud el tipo de cambio.[16] La teoría de la PPA omite considerar los costos del transporte y las barreras comerciales que, en la práctica, son factores determinantes y ocasionan grandes diferencias de precios entre los países. En el caso de muchos bienes, los costos de transporte no son menores. Más aún, y como estudiamos en el capítulo 7, los gobiernos intervienen el tráfico comercial de manera rutinaria en el comercio internacional por medio de barreras arancelarias y de otro tipo. Las barreras comerciales limitan la capacidad de los comerciantes para aprovechar el arbitraje e igualar los precios de los mismos productos en diferentes naciones, requisito para que opere la ley del precio único. La intervención del gobierno en el comercio internacional viola la premisa de los mercados eficientes y debilita el vínculo entre las variaciones de los precios y las fluctuaciones del tipo de cambio pronosticadas por la teoría de la PPA.

Esta teoría puede no sustentarse si muchos mercados nacionales están dominados por un puñado de compañías multinacionales con suficiente poder para ejercer alguna influencia sobre los pre-

---

[15] P. Wallsten y S. Reddy, "Fed's Bond Buying Plan Ignites Growing Criticism", en *The Wall Street Journal*, 5 de noviembre de 2010; S. Chan, "Under Attack, the Fed Defends Policy of Buying Bonds", en *International Herald Tribune*, 17 de noviembre de 2010; y "What QE Means for the World; Positive Sum Currency Wars", en *The Economist*, 14 de febrero de 2013.

[16] *Idem.*

cios, controlar los canales de distribución y diferenciar sus ofertas de productos entre los países.[17] De hecho, esta situación parece prevalecer en varias industrias. En estos casos, las empresas dominantes ejercen su poder para fijar precios, modificándolos en distintos mercados para adecuarlos a las diferencias de las condiciones de la demanda. A esta práctica se le conoce como discriminación de precios, cuya existencia depende de limitar al arbitraje. Según este argumento, las compañías con poder de mercado deben controlar los canales de distribución y, por consiguiente, limitar la reventa no autorizada (arbitraje) de productos comprados en otro mercado nacional; asimismo, pueden restringir la reventa (arbitraje) mediante la diferenciación de productos idénticos entre países conforme a algún criterio, como el diseño o el envase.

Por ejemplo, aunque la versión de Microsoft Office que se vende en China sea más barata que la que se ofrece en Estados Unidos, el uso del arbitraje para igualar los precios se limita porque pocos estadounidenses desean una versión basada en los ideogramas chinos. La diferenciación de diseño de Microsoft Office para China y Estados Unidos significa que la ley del precio único no funciona con Microsoft Office, aunque los costos de transporte fueran insignificantes y no hubiera barreras arancelarias entre ambas naciones. Si la incapacidad de recurrir al arbitraje fuera generalizada, se rompería la relación entre las variaciones de los precios y los tipos de cambio que predice el teorema de la PPA y explicaría el poco apoyo empírico de la teoría.

Otro factor básico es que los gobiernos también intervienen en el mercado de divisas para influir en el valor de su moneda. En el capítulo 11, veremos los motivos para ello y los métodos para lograrlo; por ahora, lo principal es que los gobiernos suelen intervenir en el mercado de divisas y que esta intrusión debilita el vínculo entre modificación de los precios y variación del tipo de cambio. Otro factor que explica por qué la teoría no predice los movimientos de corto plazo de los tipos de cambio es el efecto de la psicología de los inversionistas en las decisiones de compra y fluctuaciones de los tipos de cambio; más adelante detallaremos este tema.

TASAS DE INTERÉS Y TIPOS DE CAMBIO

La teoría económica sostiene que las tasas de interés son un reflejo de las expectativas sobre las posibles tasas futuras de inflación. En países donde se espera que la inflación sea elevada, las tasas de interés también lo son, pues los inversionistas quieren una compensación por la pérdida en el valor de su dinero. El primero en formalizar tal relación fue el economista Irvin Fisher, por lo que a su aportación se le conoce como **efecto Fisher**. Este supuesto establece que la tasa de interés nominal de un país (i) es la suma de la tasa de interés real que se solicita (r) y la tasa de inflación esperada durante el tiempo en que se prestan los fondos (p). Formalmente,

$$i = r + p$$

Por ejemplo, si la tasa de interés real en un país es de 5% y se espera que la inflación anual sea de 10%, la tasa de interés nominal será de 15%. Como predice el efecto Fisher, existe una relación estrecha entre las tasas de inflación y las de interés.[18]

Podemos dar un paso más y considerar cómo opera esta explicación en un mundo de muchos países y libre circulación de flujos de capital. Cuando los inversionistas tienen libertad para transferir capitales entre naciones, las tasas de interés real son las mismas en todos esos países. Si se manifestaran diferencias entre ellos, de inmediato el arbitraje las igualaría:; por ejemplo, si la tasa de interés real en Japón fuera de 10% y en Estados Unidos solo de 6%, a los inversionistas les convendría pedir préstamos en Estados Unidos e invertir en Japón. El aumento resultante de la demanda de dinero en Estados Unidos forzaría a elevar la tasa de interés real en ese país, mientras que el incremento de la oferta de dinero en Japón haría bajar su tasa de interés real. Este proceso continuaría hasta que las dos tasas se igualaran.

Derivado del efecto Fisher, si las tasas de interés real fueran las mismas en todo el mundo, cualquier diferencia entre ellas sería reflejo de las distintas expectativas sobre las tasas de inflación. Así,

---

[17] Véase M. Devereux y C. Engel, "Monetary Policy in the Open Economy Revisited: Price Setting and Exchange Rate Flexibility", documento de trabajo núm. 7665 de la Oficina Nacional de Investigación Económica, abril de 2000. Véase también P. Krugman, "Pricing to Market When the Exchange Rate Changes", en S. Arndt y J. Richardson (comps.), *Real Financial Economics*, Cambridge, MIT Press, 1987.

[18] Para un resumen de las pruebas véase la encuesta de Taylor, "The Economics of Exchange Rates".

si la tasa de inflación esperada en Estados Unidos fuese mayor que en Japón, las tasas de interés nominal en el primer país serían mayores que las del segundo.

Como sabemos por los postulados de la PPA, existe un vínculo (al menos en teoría) entre inflación y tipo de cambio, y como las tasas de interés reflejan las expectativas sobre la inflación, se deduce que también debe haber uno entre las tasas de interés y los tipos de cambio. Dicho vínculo se conoce como **efecto Fisher internacional** (EFI), el cual establece que, dados dos países cualesquiera, el tipo de cambio de referencia varía en la misma magnitud, pero en dirección opuesta a la diferencia entre las tasas de interés nominal de esos países. Más formalmente: la variación en el tipo de cambio de referencia (R) de, por ejemplo, Estados Unidos y Japón, puede expresarse como sigue:

$$\frac{R_1 - R_2}{R_2} \times 100 = i_{dól} - i_{yen}$$

donde $i_{dól}$ e i_{yen} son las tasas de interés nominales respectivas de Estados Unidos y Japón, R_1 es el tipo de cambio de referencia al inicio del periodo, y R_2, el tipo de cambio de referencia al final. Si la tasa de interés nominal de Estados Unidos es mayor que la de Japón, porque se esperan tasas de inflación más altas, el valor del dólar frente al yen debe bajar según el diferencial de esa tasa de interés. Así, si la tasa de interés en Estados Unidos es de 10% y en Japón de 6%, puede esperarse que el dólar se deprecie 4% frente al yen.

¿Las diferencias en las tasas de interés sirven para predecir los movimientos futuros de las divisas? Las pruebas son contradictorias: como en la teoría de la PPA, a largo plazo parece haber una relación entre las diferencias de las tasas de interés y las variaciones subsiguientes de los tipos de cambio de referencia; no obstante, en el corto plazo, existen muchas desviaciones. Como la PPA, el efecto Fisher internacional no es un buen instrumento de pronóstico para los cambios de corto plazo de los tipos de cambio *spot*.[19]

PSICOLOGÍA DE LOS INVERSIONISTAS Y EFECTO DE CONTAGIO

Las pruebas empíricas indican que ni la teoría de la PPA ni el efecto Fisher internacional son en particular útiles para explicar las variaciones a corto plazo en los tipos de cambio. Una explicación es el efecto de la psicología de los inversionistas en ellas. Las pruebas acumuladas en los últimos 10 años evidencian que diversos factores psicológicos cumplen una función esencial para definir las expectativas de los participantes en el mercado, así como los probables tipos de cambio futuros.[20] Por su parte, las expectativas muestran una tendencia a convertirse en profecías que se autorrealizan.

Un ejemplo famoso de este mecanismo se presentó en septiembre de 1992, cuando el prestigiado financiero internacional George Soros hizo una enorme apuesta en contra de la libra esterlina. Soros tomó a préstamo miles de millones de libras con los activos de sus fondos de inversión como garantía de pago y de inmediato las cambió por marcos alemanes (esta operación se llevó a cabo antes de la llegada del euro). Tal técnica, conocida como venta a corto plazo, puede otorgar al especulador enormes utilidades si a continuación vuelve a comprar las libras que vendió con un tipo de cambio mucho mejor y luego paga con ellas, más baratas, el préstamo. Al vender las libras y comprar marcos, Soros inició una presión por depreciar la libra frente a otras divisas en los mercados cambiarios. Más relevante aún fue cuando Soros comenzó a vender al descubierto las libras: muchos corredores de divisas, conocedores de la reputación de Soros, lo imitaron e hicieron otro tanto, lo que activó el conocido *efecto de contagio*, que significa que los corredores se mueven como rebaño en la misma dirección y al mismo tiempo. A medida que el efecto adquirió impulso, porque más corredores vendían libras y compraban marcos en espera de la depreciación de la libra frente a las demás divisas, sus esperanzas se convirtieron en una profecía que se autorealizó. Las ventas en masa depreciaron la libra respecto del marco. En otras palabras, se depreció no por obra de un cambio en los fundamentos macroeconómicos, sino debido a que los inversionistas siguieron la postura de un especulador de renombre, George Soros.

George Soros, cuyos fondos Quantum han tenido un éxito formidable en el manejo de operaciones compensatorias, ha sido criticado por líderes mundiales porque sus actividades pueden causar grandes cambios en los mercados de divisas.

[19] R. E. Cumby y M. Obstfeld, "A Note on Exchange Rate Expectations and Nominal Interest Differentials: A Test of the Fisher Hypothesis", en *Journal of Finance*, junio de 1981, pp. 697-703, y L. Coppock y M. Poitras, "Evaluating the Fisher Effect in Long Term Cross Country Averages", en *International Review of Economics and Finance* 9, 2000, pp. 181-203.

[20] Taylor, "The Economics of Exchange Rates". Véase también R. K. Lyons, *The Microstructure Approach to Exchange Rates*, Cambridge, MIT Press, 2002.

De acuerdo con algunos estudios, la psicología de los inversionistas y los efectos de contagio cumplen una función primordial en la determinación de los movimientos de corto plazo del tipo de cambio.[21] Ahora bien, es válido reconocer que es difícil anticipar esos efectos. Factores políticos y sucesos macroeconómicos, como las decisiones de inversión de las empresas, influyen en la psicología de los inversionistas, muchos de los cuales tienen una relación mínima con las variables macroeconómicas fundamentales, como las tasas de inflación. Asimismo, el comportamiento idiosincrásico de los políticos incita y exacerba los efectos de contagio. Algo así ocurrió en el sureste de Asia en 1997, cuando, una tras otra, las monedas de Tailandia, Malasia, Corea del Sur e Indonesia perdieron en pocos meses entre 50 y 70% de su valor frente al dólar estadounidense.

RESUMEN DE LAS TEORÍAS CAMBIARIAS

El aumento relativo de la oferta monetaria, la inflación y las tasas de interés nominales son factores idóneos para pronosticar las modificaciones de largo plazo del tipo de cambio. En contraste, no predicen bien los cambios de corto plazo, quizá por el efecto de los factores psicológicos, las expectativas de los inversionistas y los efectos de contagio en las variaciones inmediatas de los tipos de cambio. Esta información es útil para una empresa internacional. En la medida en que la rentabilidad a largo plazo de las inversiones extranjeras, las oportunidades de exportar y la competitividad de precios de las importaciones también sufren la influencia de los movimientos de largo plazo de los tipos de cambio, es aconsejable que las empresas internacionales presten atención al circulante, la inflación y las tasas de interés de los países. Las compañías internacionales que efectúan continuamente transacciones en moneda extranjera, se beneficiarían al conocer los factores de pronóstico de los movimientos del tipo de cambio; por desgracia, es difícil predecirlos en el corto plazo.

OA10-5   # Pronóstico del tipo de cambio

La necesidad de las empresas de prever las variaciones del tipo de cambio las conduce a preguntarse si vale la pena invertir en servicios de pronóstico especializados que refuercen la toma de decisiones. Hay dos corrientes de ideas al respecto: la del mercado eficiente afirma que los tipos de cambio *forward* son el mejor pronóstico del tipo de cambio *spot* y, por tanto, invertir en servicios especializados es desperdiciar el dinero. La otra opinión, la escuela del mercado ineficiente, plantea que las compañías mejoran su cálculo del tipo de cambio futuro (según el tipo de cambio *forward*) en los mercados de divisas si invierten en servicios de pronóstico; en otras palabras, esta corriente no considera que el tipo de cambio *forward* represente el mejor pronóstico de los tipos de cambio de referencia.

ESCUELA DEL MERCADO EFICIENTE

Los tipos de cambio *forward* constituyen las predicciones colectivas de los participantes en el mercado sobre la probabilidad del valor del tipo de cambio *spot* en una fecha futura. Si los tipos de cambio *forward* son la mejor predicción de los tipos de cambio *spot*, no sería lógico dedicar más dinero a intentar pronosticar los movimientos cambiarios. Muchos economistas estiman que el mercado de divisas es eficiente para establecer los tipos de cambio *forward*.[22] Un mercado eficiente es aquel en el que los precios reflejan toda la información pública disponible (si los tipos de cambio *forward* expresan toda la información disponible sobre las posibles variaciones futuras de los tipos de cambio, una compañía no podría ganarle al mercado al invertir en servicios de pronóstico).

Si el mercado de divisas es eficiente, los tipos de cambio *forward* deben ser medios fiables de predicción de los tipos de cambio *spot*, lo cual no implica que las predicciones serán atinadas en una situación específica, sino que las inexactitudes no estarán siempre por arriba o por debajo del tipo

[21] Véase H. L. Allen y M. P. Taylor, "Charts, Noise, and Fundamentals in the Foreign Exchange Market", en *Economic Journal* 100, 1990, pp. 49-59; T. Ito, "Foreign Exchange Rate Expectations: Micro Survey Data", en *American Economic Review*, 80, 1990, pp. 434-449; y T. F. Rotheli, "Bandwagon Efects and Run Patterns in Exchange Rates", en *Journal of International Financial Markets, Money and Institutions* 12, núm. 2, 2002, pp. 157-166.

[22] Por ejemplo, véase E. Fama, "Forward Rates as Predictors of Future Spot Rates", en *Journal of Financial Economics*, octubre de 1976, pp. 361-377.

de cambio *spot*, sino que serán aleatorias. Se han hecho muchos estudios empíricos para validar la hipótesis del mercado eficiente; aunque la mayor parte de las primeras investigaciones avalan la hipótesis (lo que apunta a que las empresas no deben tirar su dinero en servicios de pronóstico), algunos estudios recientes la han puesto en duda.[23] Hay algunas pruebas de que los tipos de cambio *forward* no anticipan con eficacia el tipo de cambio *spot* y que con la información disponible pueden calcularse tipos de cambio *spot* más atinados.[24]

ESCUELA DEL MERCADO INEFICIENTE

Algunos economistas citan pruebas en contra de la hipótesis del mercado eficiente y piensan que el mercado de divisas no lo es. Un **mercado ineficiente** es aquel en que los precios no reflejan toda la información disponible. En este, los tipos de cambio *forward* no son los mejores medios de predicción del tipo de cambio *spot*.

Si ello es verdad, sería útil que las empresas internacionales invirtieran en servicios de pronóstico (como muchas lo hacen). La opinión es que los pronósticos profesionales del tipo de cambio anticipan mejor los *spot* que los *forward*; sin embargo, el historial de los servicios profesionales de pronóstico no es muy positivo.[25] Por ejemplo, no predijeron la crisis monetaria de 1997 que asoló el sureste de Asia, ni tampoco el alza del valor del dólar estadounidense frente a otras divisas que se presentó a finales de 2008, un periodo en el que Estados Unidos cayó en una profunda crisis financiera que, según algunos, conduciría a un decremento del valor del dólar frente a otras divisas (al parecer, el tipo de cambio de estas monedas frente al dólar se elevó porque la moneda estadounidense se consideraba como una divisa relativamente confiable en un momento en el que muchas naciones pasaban por problemas económicos).

POSTURAS DEL PRONÓSTICO

Si suponemos que la escuela del mercado ineficiente tiene razón en que es posible mejorar los cálculos del mercado de divisas sobre el tipo de cambio *forward*, ¿con qué base deben prepararse esos pronósticos? Aquí, también existen dos escuelas de pensamiento, una utiliza el análisis fundamental mientras que la otra recurre al análisis técnico.

Análisis fundamental

El análisis fundamental elabora, junto con la teoría económica, complejos modelos econométricos para predecir los movimientos del tipo de cambio. Las variables de tales modelos son las que hemos estudiado, como el aumento de la oferta monetaria, la inflación y las tasas de interés. Además, incluyen variables relacionadas con las cuentas de la balanza de pagos.

Tener un déficit en la cuenta corriente de la balanza de pagos (cuando un país importa más bienes y servicios de los que exporta) crea presiones que pueden ocasionar la depreciación de la moneda en el mercado de divisas.[26] Pensemos en lo que sucedería si Estados Unidos mantuviera un déficit constante en la cuenta corriente (como ha ocurrido). Dado que importaría más de lo que exportaría, la población de otras naciones tendría cada vez más dólares estadounidenses. Si quisieran conservarlos, no habría repercusiones en el tipo de cambio; no obstante, si cambiaran los dólares por su moneda, aumentaría la oferta de dólares en el mercado de divisas (lo mismo que la demanda de las otras monedas). Tal desplazamiento de la oferta y la demanda provocaría presiones que podrían causar la depreciación del dólar frente a otras monedas.

Este argumento depende de lo dispuesto que estén los habitantes de otros países a conservar sus dólares, actitud que se relaciona con factores como las tasas de interés en Estados Unidos, el rendi-

[23] L. Kilian y M. P. Taylor, "Why Is It so Difficult to Beat the Random Walk Forecast of Exchange Rates?", en *Journal of International Economics*, 20, mayo de 2003, pp. 85-103, y R. M. Levich, "The Efficiency of Markets for Foreign Exchange", en G. D. Gay y R. W. Kold (comps.), *International Finance*, Richmond, Robert F. Dane, Inc., 1983.

[24] J. Williamson, *The Exchange Rate System*, Washington, Institute for International Economics, 1983, y R. H. Clarida, L. Sarno, M. P. Taylor y G. Valente, "The Out of Sample Success of Term Structure Models as Exchange Rates Predictors", en *Journal of International Economics*, 60, mayo de 2003, pp. 61-84.

[25] Kilian y Taylor, "Why Is It so Difficult to Beat the Random Walk Forecast of Exchange Rates?" en *Journal of International Economics*, vol. 60(1), pp. 85-107.

[26] Rogoff, "The Purchasing Power Parity Puzzle".

miento de otros activos asignados en dólares (como acciones de compañías estadounidenses) y lo más importante: las tasas de inflación. Por tanto, en cierto sentido, la posición de la cuenta corriente de la balanza de pagos no es un medio fundamental de predicción de los movimientos futuros del tipo de cambio. Pero, ¿qué hace atractivos a los activos financieros como acciones y bonos?, las tasas de interés y la inflación prevalecientes, pues influyen en el crecimiento económico y el rendimiento real de conservar dichos activos. Por lo anterior, volvemos al argumento de que los determinantes primordiales de los tipos de cambio son el aumento de la oferta monetaria, la inflación y las tasas de interés.

Análisis técnico

El análisis técnico utiliza la información de precios y volúmenes de compra para determinar tendencias históricas, que se espera se prolonguen en el futuro. Este método no toma en consideración los factores económicos esenciales. El análisis técnico se basa en la premisa de que en el mercado hay tendencias y movimientos analizables, y que los movimientos y tendencias previos sirven para predecir los venideros. Como no hay una razón teórica que fundamente esta premisa de la previsibilidad, muchos economistas comparan el análisis técnico con los volados. A pesar del escepticismo, este análisis ha ganado adeptos en los últimos años.[27]

Convertibilidad monetaria

Hasta este momento, hemos asumido que las monedas de varios países se intercambian libremente por otras, pero dadas las restricciones gubernamentales, esto no sucede con muchas de ellas. Se dice que la divisa de un país es **moneda de conversión libre** cuando el gobierno permite a residentes y extranjeros comprar sumas ilimitadas de moneda extranjera. Una moneda es de **conversión externa** cuando solo los extranjeros pueden comprarla sin limitaciones y **no convertible** cuando no se permite a residentes ni extranjeros intercambiarla por moneda extranjera.

La libre conversión no es universal. Muchos países restringen la posibilidad a sus residentes de comprar moneda extranjera (política de conversión externa). Las restricciones van desde las menores (como limitaciones a las cantidades de moneda extranjera que pueden llevarse al viajar a otros países) hasta las mayores (como limitar la capacidad de las empresas extranjeras a retirar moneda extranjera de la nación). Las restricciones de convertibilidad externa limitan la capacidad de las compañías nacionales para invertir en el extranjero, pero no plantean demasiados problemas a las empresas internacionales que quieren hacer negocios en el país; por ejemplo, aunque el gobierno japonés controla rigurosamente la capacidad de sus residentes para intercambiar el yen por dólares estadounidenses, todas las compañías estadounidenses con depósitos en bancos de Japón pueden convertir en cualquier momento todos sus yenes a dólares y retirarlos del país. Por ello, una compañía estadounidense con filiales en Japón tiene la certeza de que puede cambiar las utilidades de sus operaciones japonesas a dólares y llevárselos a su nación.

Sin embargo, pueden surgir graves problemas con las políticas de no convertibilidad. Así ocurría en la extinta Unión Soviética y se siguió practicando en Rusia hasta el colapso de la Unión Soviética. Cuando se aplica estrictamente, la no convertibilidad significa que, aunque una compañía estadounidense que hace negocios en un país como Rusia genere cuantiosas sumas en rublos, no puede convertirlos en dólares y retirarlos del país. Obviamente, no es algo atractivo para las empresas internacionales.

Los gobiernos limitan la convertibilidad para conservar sus reservas internacionales. Una nación necesita un monto adecuado de estas para cumplir con sus compromisos de deuda internacional e importar bienes. Casi siempre, los gobiernos imponen restricciones a la convertibilidad de su moneda cuando temen que la libre conversión lleve al agotamiento de sus reservas internacionales. Eso sucede cuando los residentes y extranjeros se apresuran a cambiar sus posesiones de moneda nacional por moneda extranjera, fenómeno que se conoce como **fuga de capitales**. Es más probable que los capitales migren si el valor de la moneda nacional se devalúa (o deprecia) con rapidez por obra

---

[27] C. Engel y J. D. Hamilton, "Long Swings in the Dollar: Are They in the Data and Do Markets Know It?", en *American Economic Review*, septiembre de 1990, pp. 689-713.

de una hiperinflación, o cuando los pronósticos económicos para un país son inestables en otros aspectos. En esas circunstancias, tanto residentes como extranjeros consideran que es más factible que su dinero conserve su valor si lo convierten a otra moneda y lo invierten en el extranjero. La escasez de reservas internacionales limita la capacidad de una nación para dar servicio a su deuda externa y pagar las importaciones, pero, además, ocasiona una devaluación (o depreciación) precipitada del tipo de cambio, pues residentes y extranjeros vierten sus posesiones de moneda nacional a los mercados de divisas (lo que aumenta la oferta de esa moneda). Los gobiernos temen que el aumento de los precios de las importaciones debido a una devaluación (o depreciación) aumente más la inflación; dicho temor es otro motivo para limitar la convertibilidad.

Las compañías enfrentan el problema de la no convertibilidad mediante el **intercambio comercial**, que se refiere a una variedad de acuerdos de tipo trueque en los que ciertos bienes y servicios se cambian por otros. Tal intercambio es lógico cuando la moneda de un país no es convertible; por ejemplo, tomemos el trato que firmó General Electric con el gobierno rumano cuando la moneda de esa nación no era convertible. Cuando la empresa ganó un contrato para el proyecto de un generador de 150 millones de dólares en Rumania, aceptó tomar como pago bienes rumanos que podría vender en 150 millones de dólares en los mercados internacionales. En un caso similar, el gobierno venezolano negoció con Caterpillar un contrato con el cual cambiaría 350 mil toneladas de mineral de hierro por equipo pesado de construcción. A continuación, Caterpillar cambió el mineral de hierro en Rumania por productos agrícolas, que luego vendió en los mercados internacionales a cambio de dólares.[28]

¿Cuál es la importancia del intercambio comercial? Hace 20 años había en el mundo muchas monedas no convertibles y el intercambio era muy importante; a pesar de ello, en los últimos años muchos gobiernos han declarado la libre conversión de su moneda, al grado de que el porcentaje del comercio mundial que se hace por intercambio es quizá menor a 10%.[29]

IMPLICACIONES PARA LOS ADMINISTRADORES

En este capítulo, se exponen algunas implicaciones claras para los administradores. En primer lugar, es decisivo que las empresas internacionales entiendan la influencia del tipo de cambio en la rentabilidad de sus acuerdos comerciales y de inversión. Los cambios adversos en los tipos de cambio pueden hacer que un negocio rentable resulte inviable. Como mencionamos, el riesgo que introducen los tipos de cambio en las transacciones de las empresas internacionales se denomina riesgo cambiario y se divide en tres categorías principales: exposición a las transacciones, exposición a la conversión y exposición económica.

OA10-6

EXPOSICIÓN A LAS TRANSACCIONES

La **exposición a las transacciones** es la medida en que el ingreso de las transacciones se ve afectado por las fluctuaciones de los valores del tipo de cambio. Esta exposición incluye obligaciones de compra o venta de bienes y servicios a precios previamente acordados, y la entrega o toma de préstamos de fondos en moneda extranjera; por ejemplo, supongamos que una empresa estadounidense compra 10 aviones Airbus 330 en 120 millones de euros cada uno, lo que hace un precio total de 1 200 millones de euros, con entregas y pagos programados para 2008. Cuando el contrato se firmó en 2004, el tipo de cambio era de 1.10 euros por dólar, así que la línea aérea previó que pagaría 1 090 millones de dólares por los 10 aviones (1 200 millones/1.1 = 1 090 millones); sin embargo, imaginemos que el dólar se deprecia frente al euro en el periodo de espera, de modo que un dólar se compra a solo 0.80 euros (es decir, 80 centavos de euro por dólar) cuando llega la fecha de pago en 2008. Entonces, ¡el costo total en dólares es de 1 500 millones (1 200 millones/0.80 = 1 500 millones), un aumento de 410 millones de dólares! La exposición a las transacciones es aquí de 410 millones de dólares, dinero per-

---

[28] J. R. Carter y J. Gagne, "The Do's and Don'ts of International Countertrade", en *Sloan Management Review*, primavera de 1988, pp. 31-37.

[29] D. S. Levine, "Got a Spare Destroyer Lying Around?", en *World Trade* 10, junio de 1997, pp. 34-35, y Dan West, "Countertrade", en *Business Credit*, abril de 2001, pp. 64-67.

dido por la variación desfavorable del tipo de cambio ocurrido en el tiempo transcurrido entre el momento de la firma del contrato y el del pago por los aviones.

EXPOSICIÓN A LA CONVERSIÓN

La **exposición a la conversión** es el efecto de las variaciones del tipo de cambio en la declaración de los estados financieros de una compañía; se relaciona básicamente con la medición presente de hechos pasados. Se dice que no se realizan las ganancias o pérdidas contables (son ganancias y pérdidas "en el papel"), pero no dejan de ser importantes. Tomemos el ejemplo de una empresa estadounidense con una filial en México. Si el peso mexicano se deprecia mucho frente al dólar, se reduciría sustancialmente el valor neto en dólares de la filial en México, lo que a su vez reduciría el valor total en dólares de la compañía, informado en la declaración de resultados consolidados. Ello aumentaría el evidente apalancamiento de la empresa (la proporción de su deuda), lo que elevaría el costo de pedir prestado y limitaría su acceso a los mercados de capitales. Del mismo modo, si una compañía estadounidense tiene una filial en la Unión Europea y el euro se deprecia con rapidez frente al dólar en el plazo de un año, se reduciría el valor en dólares de las utilidades en euros ganadas por la filial europea, lo que generaría una exposición negativa a la conversión. De hecho, muchas compañías estadounidenses sufrieron de una considerable exposición a la conversión en Europa durante el año 2000, precisamente porque el euro se depreció rápidamente frente al dólar. Entre 2002 y 2007, el euro se apreció respecto del dólar, lo que favoreció a las utilidades en dólares de las multinacionales estadounidenses con importantes operaciones en Europa.

EXPOSICIÓN ECONÓMICA

La **exposición económica** es la medida en que la posibilidad futura de generar ganancias internacionales se ve afectada por variaciones en el tipo de cambio. Se relaciona con el efecto a largo plazo de estas variaciones en los precios, las ventas y los costos futuros. Es diferente a la exposición a las transacciones, que se asocia con el efecto de las variaciones en el tipo de cambio en transacciones individuales, en su mayoría negocios de corto plazo cuya ejecución tiene lugar en pocas semanas o meses. Pensemos en el efecto de grandes variaciones del valor del dólar frente a otras divisas en la competitividad de muchos negocios internacionales de origen estadounidense. El rápido aumento del valor del dólar en el mercado de divisas durante la década de 1990 dañó la competitividad en precio de muchos productores estadounidenses en los mercados mundiales. Los fabricantes estadounidenses que dependen mucho de las exportaciones (como Caterpillar) vieron disminuir su volumen y participación en el mercado mundial. El fenómeno contrario ocurrió entre los años 2000-2009, cuando el dólar se depreció frente a las monedas más relevantes. La caída del valor del dólar frente a otras monedas incrementó la competitividad en precio de los fabricantes estadounidenses en los mercados mundiales.

CÓMO REDUCIR LA EXPOSICIÓN AL TRASLADO Y A LA CONVERSIÓN

Diversas estrategias sirven a las empresas para reducir al mínimo su exposición a las transacciones, protegiendo sobre todo los flujos de efectivo de corto plazo de las variaciones adversas en el tipo de cambio. Ya estudiamos dos en este capítulo: firmar contratos de tipo de cambio *forward* y comprar *swaps*. Además de comprar y usar *swaps*, las compañías disminuyen su exposición al tipo de cambio al adelantar o posponer sus cuentas por cobrar y por pagar; es decir, se trata de pagar a los proveedores y cobrar a los clientes antes o después, según los movimientos esperados en el tipo de cambio. Una **estrategia de adelanto** consiste en recaudar pronto las cuentas por cobrar (los pagos de los clientes) cuando se espera que el tipo de cambio de la moneda extranjera se devalúe (o deprecie) y cubrir las cuentas por pagar en el extranjero (a los proveedores) antes de la fecha en que se espera se revalúe (o aprecie) el tipo de cambio. Una **estrategia de atraso** supone demorar la cobranza de las cuentas extranjeras por cobrar si se espera que el tipo de cambio se revalúe y retrasar las cuentas por pagar si se espera que se devalúe. Dichos adelantos y atrasos requieren acelerar los pagos en moneda débil a países de moneda fuerte y aplazar los flujos en moneda fuerte a naciones de moneda débil.

No obstante, es difícil instrumentar las estrategias de adelanto y atraso. Las empresas deben estar en posición de ejercer algún control sobre los términos de pago, pero no siempre tienen ese poder de negociación, sobre todo cuando tratan con clientes importantes con capacidad de fijar los términos de pago. Asimismo, como estas estrategias presionan a las monedas débiles, muchos gobiernos limitan los adelantos y atrasos; por ejemplo, algunos países fijan 180 días como límite para recibir pagos de exportaciones o hacer pagos de importaciones.

El problema de la revaluación del euro

A finales de noviembre de 2004, Udo Pfeiffer, director ejecutivo de SMS Elotherm, fabricante alemán de tornos para armar cigüeñales para autos, firmó un contrato de 1.5 millones de dólares con el objeto de proveer de máquinas a las plantas de Chrysler en Estados Unidos. Éstas debían ser producidas en Alemania y exportadas a Estados Unidos. Cuando se firmó el contrato, Pfeiffer calculó que, al precio pactado, cada torno aportaría ingresos por 30 mil euros. ¡Pero en solo tres días la ganancia se redujo a ocho mil euros! El dólar se había desplomado ante el euro. Chrysler debía pagar en dólares a SMS, pero cuando el dinero se cambió nuevamente a euros, su precio se había reducido. Como los costos de la compañía se pagaban en euros, la disminución de las ganancias, expresada en moneda europea, redujo los márgenes de ganancia.

Con el tipo de cambio en un euro por 1.33 dólares a principios de diciembre de 2004, Pfeiffer estaba sumamente preocupado. Sabía que si el dólar seguía en descenso hasta llegar a 1.55 por euro, SMS perdería dinero por sus ventas en Estados Unidos. Pfeiffer podía tratar de elevar el precio en dólares de sus productos para compensar la caída en el valor del dólar, pero sabía que tal mecanismo no funcionaría. El mercado de tornos es muy competido y los fabricantes presionan constantemente a quienes los producen para bajar sus precios.

A Keiper, otro pequeño proveedor alemán de autopartes estadounidenses, le iba un poco mejor. En 2001, este fabricante de marcos metálicos para asientos de autos abrió una planta en Londres, en Ontario, Canadá, para abastecer las compras estadounidenses de Chrysler. Al momento de la inversión, el tipo de cambio entre el dólar y el euro era de uno a uno. La gerencia de Keiper le había dado muchas vueltas al asunto de si la inversión sería rentable. Algunos funcionarios de la compañía pensaban que era mejor seguir exportando desde Alemania. Otros sostenían que Keiper se beneficiaría de su cercanía con un cliente tan importante. Ahora que el euro se apreciaba respecto al dólar cada día, parecía que había sido una buena decisión. Keiper estaba en contra de la revaluación del euro; pero las ventajas de estar en Canadá eran afectadas por dos factores: primero, el dólar estadounidense también se había depreciado ante el dólar canadiense, aunque no tanto como respecto del euro, y segundo, Keiper seguía importando partes de Alemania y el euro también se había fortalecido ante el dólar canadiense, lo que elevaba los costos de su planta en Ontario.[30]

¿CÓMO REDUCIR LA EXPOSICIÓN ECONÓMICA?

Reducir la exposición económica requiere de decisiones estratégicas que sobrepasan el ámbito de la administración financiera. La clave para esto es distribuir los activos productivos de la empresa en diversos lugares, para que el bienestar financiero de largo plazo no se vea tan afectado por movimientos adversos en el tipo de cambio. Se trata de una estrategia seguida, a veces, por grandes y pequeñas compañías; por ejemplo, ante el temor de que el euro continuara fortaleciéndose respecto del dólar estadounidense, algunas compañías europeas con negocios relevantes en Estados Unidos establecieron plantas en dicho mercado con el fin de asegurarse de que el euro, si continuaba subiendo, no los pusiera en desventaja competitiva respecto de sus rivales locales. De igual manera, Toyota tiene plantas productoras distribuidas por todo el mundo, en parte para garantizar que, si el yen aumenta su valor respecto de otras monedas, sus autos no queden fuera del mercado por razones de precio. Asimismo, Caterpillar siguió esta estrategia; es decir, erigió fábricas en todo el mundo que podían actuar como un cerco ante la posibilidad de que un dólar fuerte frente a otras divisas elevara los precios de sus exportaciones al grado de que sus productos quedaran fuera de los mercados extranjeros. En 2008 y 2009, este cerco probó su utilidad. El "Panorama administrativo" anterior describe los esfuerzos de dos empresas alemanas por reducir la exposición económica.

OTRAS MEDIDAS PARA MANEJAR EL RIESGO CAMBIARIO

Una empresa debe determinar un mecanismo para garantizar una combinación apropiada de tácticas y estrategias con las cuales reducir su exposición a la variabilidad del tipo de cambio. Aunque no hay un acuerdo universal acerca de los componentes de ese mecanismo, destacan algunos aspectos en común.[31] En primer lugar, se requiere un control centralizado de la exposición para proteger los recursos y garantizar que todas las unidades adopten la combinación correcta de tácticas y estrategias. Muchas

---

[30] Adaptado de M. Landler, "Dollar's Fall Drains Profit of European Small Business", en *The New York Times*, 2 de diciembre de 2004, p. C1.

[31] Para detalles sobre cómo diversas empresas manejan su exposición al tipo de cambio véanse los artículos del número especial sobre cambios de divisas del *Business International Money Report*, 18 de diciembre de 1989, pp. 401-412.

compañías han creado centros internos de tipos de cambio. Pese a que estos centros no pueden hacer todos los contratos con moneda extranjera (sobre todo en las grandes y complejas multinacionales, donde al mismo tiempo se efectúan múltiples transacciones), al menos deben fijar las normas que deben acatar sus filiales.

En segundo lugar, las compañías deben distinguir entre exposición a las transacciones y a la conversión, por un lado, y exposición económica, por otro. Muchas empresas se concentran en reducir su exposición a las transacciones y la conversión, y prestan poca atención a la exposición económica, que puede tener consecuencias más profundas y duraderas.[32] Las compañías deben diseñar estrategias para enfrentar la exposición económica; por ejemplo, Stanley Black & Decker, fabricante de herramientas eléctricas, aplica una novedosa estrategia para manejar activamente sus riesgos económicos: su clave es una subcontratación flexible. En respuesta a los movimientos de los tipos de cambio, la empresa traslada su producción de un lugar a otro para ofrecer el precio más competitivo. Produce en más de una docena de lugares en el mundo: Europa, Australia, Brasil, México y Japón. Más de 50% de sus activos de producción están fuera de Estados Unidos. Aunque cada una de sus fábricas se concentra en uno o dos productos para alcanzar economías de escala, se produce una superposición considerable. En promedio, la compañía opera sus fábricas a no más de 80% de su capacidad para que pronto puedan adaptarse de elaborar un producto a fabricar o añadir otro. Con esta estrategia, la producción de una fábrica se modifica en respuesta a los movimientos cambiarios; por ejemplo, si el dólar se deprecia frente a otras monedas, se reduce el monto de las importaciones a Estados Unidos desde las filiales extranjeras y se aumentan las exportaciones de las filiales estadounidenses a otros lugares.[33]

En tercer lugar, la necesidad de pronosticar los movimientos del tipo de cambio no puede exagerarse, aunque, como ya se indicó, es un asunto riesgoso. Ningún modelo predice a la perfección las variaciones en el tipo de cambio; lo mejor que puede decirse es que, en el corto plazo, los tipos de cambio a futuro proporcionan los mejores pronósticos de estas variaciones y que, en el largo plazo, deben vigilarse los factores económicos fundamentales (en particular, la inflación) porque influyen en los movimientos cambiarios. Algunas empresas predicen por sí mismas estos movimientos, mientras que otras contratan expertos externos. De cualquier manera, todos estos pronósticos son intentos imperfectos por anticipar el futuro.

En cuarto lugar, las compañías deben establecer sistemas efectivos de rendición de cuentas para que la función financiera central (o el centro interno de divisas) vigile de forma continua la exposición de la empresa. Estos sistemas permiten a la compañía identificar las cuentas expuestas, el nivel de exposición por tipo de moneda de cada cuenta y los periodos que abarcan.

Por último, y con base en la información que recibe de los pronósticos del tipo de cambio y de sus sistemas normales de rendición de cuentas, la empresa debe emitir informes periódicos de exposición a la conversión. En ellos, debe identificarse el efecto en los flujos de efectivo y el estado de resultados de las variaciones pronosticadas en el tipo de cambio. Los informes le sirven a la gerencia como una base para adoptar tácticas y estrategias, y ajustar respecto de riesgos cambiarios exagerados.

Sorprende que algunas de las empresas más grandes y complejas no tomen estas precauciones y se expongan a grandes riesgos cambiarios. Como expusimos en este capítulo, Volkswagen sufrió grandes pérdidas a comienzos del siglo por no considerar de modo adecuado su exposición a las divisas extranjeras.

---

[32] *Idem.*
[33] S. Arterian, "How Black & Decker Defines Exposure", en *Business International Money Report*, 18 de diciembre de 1989, pp. 404, 405, 409.

RESUMEN

En este capítulo, explicamos el funcionamiento del mercado de divisas, examinamos las fuerzas que determinan los tipos de cambio y analizamos las implicaciones de tales factores para las empresas internacionales. Como las variaciones en el tipo de cambio alteran sustancialmente la rentabilidad de los acuerdos comerciales y de inversión internacionales, es un tema de gran interés para dichas compañías. El capítulo se centró en lo siguiente:

1. Una función del mercado de divisas es intercambiar la moneda de un país por la de otro. Una segunda función es ofrecer seguridad contra los riesgos cambiarios.

2. El tipo de cambio *spot* es el tipo de cambio en el que un corredor intercambia una moneda en otra, en cierta fecha.

3. El riesgo cambiario se reduce con tipos de cambio *forward*, un tipo de cambio que regula transacciones futuras; también, se reduce con *swaps* o compra y venta simultánea de cierto monto de una divisa según su valor en dos fechas.

4. La ley del precio único determina que en mercados competitivos sin costos de transporte ni barreras comerciales, los productos idénticos ofrecidos en diferentes países deben venderse al mismo precio cuando se exprese en la misma moneda.

5. La teoría de la paridad del poder adquisitivo (PPA) sustenta que el precio de una canasta de ciertos bienes debe ser equivalente en todos los países. Esta teoría predice que el tipo de cambio variará si se modifican los precios relativos.

6. La tasa de cambio de los precios relativos en diferentes naciones depende de la tasa de inflación que en cada país es una función del aumento en la oferta monetaria.

7. La teoría de la PPA ofrece predicciones relativamente buenas sobre las tendencias de largo plazo en la variación del tipo de cambio, pero no en el corto plazo. La incapacidad de esta teoría para pronosticar con más exactitud dichos cambios se debe a los costos de transporte, las barreras al comercio y la inversión internacionales, así como a los factores psicológicos como el efecto popular o de contagio sobre las variaciones del mercado y los tipos de cambio en el corto plazo.

8. Las tasas de interés reflejan las expectativas sobre la inflación. En países donde se espera que la inflación sea elevada, las tasas de interés también lo serán.

9. El efecto Fisher internacional establece que, en dos países cualesquiera, el tipo de cambio *spot* debe variar en montos iguales pero en dirección opuesta a la diferencia entre las tasas de interés nominal.

10. El planteamiento más común para pronosticar el tipo de cambio es el análisis fundamental, que se basa en variables como el aumento de la oferta monetaria, la inflación, las tasas de interés y la situación de la cuenta corriente de la balanza de pagos para predecir los movimientos cambiarios.

11. En muchas naciones, la capacidad de residentes y extranjeros para convertir la moneda local en extranjera está restringida por políticas gubernamentales. Un gobierno restringe la convertibilidad de su moneda para proteger sus reservas internacionales y detener la fuga de capitales.

12. La no convertibilidad dificulta a un país el comercio y la inversión internacionales. Un modo de enfrentar este problema es el trueque de unos bienes y servicios por otros.

13. Los tres tipos de exposición a riesgos cambiarios son la exposición a las transacciones, la exposición al traslado y la exposición económica.

14. Las tácticas contra la exposición a las transacciones y la conversión son la compra de *forwards*, el uso de *swaps* para divisas y el atraso y adelanto de las cuentas por pagar y por cobrar.

15. Para reducir la exposición económica de una empresa deben tomarse decisiones estratégicas sobre la distribución de los activos de producción en todo el mundo.

Preguntas de análisis y razonamiento crítico

1. La tasa de interés de los títulos del gobierno sudcoreano con vencimiento a un año es de 4% y la inflación esperada para el año entrante, de 2%. La tasa de interés de los títulos del gobierno estadounidense con vencimiento a un año es de 7%, y la tasa esperada de inflación, de 5%. El tipo de cambio *spot* actual es de 1 200 wons por dólar. Pronostique el tipo de cambio *spot* dentro de un año. Explique su respuesta.

2. Dos países, Inglaterra y Estados Unidos, producen solo un bien: carne de res. Supongamos que el precio de la carne en Estados Unidos es de 5.30 dólares estadounidenses por kilo y, en Inglaterra, de 7.10 libras esterlinas por kilo.

   a) De acuerdo con la teoría de la PPA, ¿cuál debe ser el tipo de cambio entre la libra y el dólar?

   b) Imaginemos que se espera que el precio de la carne de res aumente a seis dólares por kilo en Estados Unidos y a nueve libras por kilo en Inglaterra. ¿Cuál será el tipo de cambio *forward* dentro de un año de la libra y el dólar?

   c) Con su respuesta a los incisos a) y b), y dada la tasa de interés actual en Estados Unidos de 10%, ¿cuál espera que sea la tasa de interés actual en Inglaterra?

3. Vuelva a leer el "Panorama administrativo" sobre Volkswagen y responda las siguientes preguntas:

   a) ¿Por qué piensa que Volkswagen decidió proteger solo 30% de su exposición a las divisas extranjeras en 2003?

   ¿Qué hubiera ocurrido si hubiese protegido 70% de esta exposición?

   b) ¿Qué hizo que el valor del dólar estadounidense cayera frente al euro en 2003?

   c) Aparte de protegerse contra las variaciones en el tipo de cambio, ¿qué más pudo haber hecho Volkswagen para reducir su exposición a futuras caídas del valor del dólar estadounidense frente al euro?

4. Suponga que fabrica copas para vino. A mediados de junio, recibió un pedido de Japón por 10 mil copas. El pago de 400 mil yenes debe llegar a mediados de diciembre. Espera que para esa fecha el yen aumente su valor actual de 130 a 100 por dólar. Puede tomar un préstamo en yenes a 6% anual. ¿Qué debe hacer?

5. Imagine que usted es el director financiero de una empresa estadounidense con una filial de su propiedad en México, donde fabrica componentes para sus operaciones de montaje en Estados Unidos. La filial se financia con préstamos bancarios en ese país. Uno de sus analistas le informó que se espera que, en el transcurso del año, el peso se deprecie 30% frente al dólar en los mercados de divisas. ¿Qué acciones, si es necesario, debe emprender?

Proyecto de investigación globaledge.msu.edu

Sistema monetario global

Consulte la página electrónica de globalEDGE (globaledge.msu. edu) para efectuar los siguientes ejercicios:

Ejercicio 1

Uno de los principales proveedores de su compañía se ubica en Japón. Su empresa requiere efectuar un pago de un millón de yenes en seis meses. Dado que su empresa opera sobre todo en dólares estadounidenses, le asignan la tarea de decidir una estrategia para minimizar su exposición a la transacción. Identifique los tipos de cambio *spot* y *forward* entre ambas divisas. ¿Qué factores influyen en su decisión de usar cada una? ¿Cuál elegiría? ¿Cuántos dólares debe gastar para adquirir la cantidad requerida de yenes?

Ejercicio 2

En ocasiones, los analistas emplean el precio de productos específicos en distintos lugares para comparar el valor de una divisa y su poder adquisitivo; por ejemplo, el *Índice Big Mac* compara la paridad del poder adquisitivo de 120 países con base en el precio de ese artículo. Localice la edición más reciente del índice. Identifique los cinco países (y sus monedas) con la paridad más baja, según esta clasificación. ¿Cuáles de estas monedas están sobrevaluadas?

CASO FINAL

Billabong

Billabong es la reina de las compañías australianas de surf. Fabrica desde trajes de neopreno y bermudas hasta camisetas y relojes, y tiene una marca poderosa y reconocida por los aficionados al surf en todo el mundo. La empresa es una exportadora importante; casi 80% de sus ventas se generan fuera de Australia mediante una red de 11 mil tiendas en más de cien naciones. Dada la historia del surf, es obvio que el principal mercado extranjero de Billabong sea Estados Unidos, con casi 50% de los 1 700 millones de dólares que la compañía vende anualmente. Como resultado, la suerte de Billabong está estrechamente ligada al valor del dólar australiano contra el dólar estadounidense. Cuando el primero cae ante el segundo, los productos de Billabong son más

Billabong inició con ventas de ropa para surfistas.

baratos en dólares estadounidenses y ello puede impulsar las ventas; por el contrario, si el dólar australiano aumenta su valor, puede elevar el precio de los productos de Billabong en términos de dólares estadounidenses, lo cual trastorna las ventas. El director general de la empresa ha declarado que cada movimiento de un centavo en el tipo de cambio entre ambas divisas significa un cambio de 0.6% en rendimientos para Billabong.

Durante la segunda mitad de 2008, pareció que todo marchaba en favor de Billabong: el dólar australiano cayó rápidamente contra el estadounidense; en junio de 2008, un dólar australiano valía 0.97 de dólar estadounidense y, para octubre de ese año, su valor era de solo 0.60. La caída en el valor del dólar australiano se debió en parte a un temor entre los corredores de divisas de que, conforme el mundo se deslizaba a una recesión debida a la crisis financiera global de 2008-2009, la demanda mundial de gran parte de la materia prima producida en Australia disminuiría, las exportaciones se reducirían y la balanza comercial del país se deterioraría. Previendo esto, las instituciones vendieron dólares australianos para reducir su valor en los mercados cambiarios extranjeros; sin embargo, esta situación fue una especie de bendición para Billabong. El menor valor del dólar australiano frente al dólar estadounidense le daría una ventaja de precios y le ayudaría a promover sus ventas en Estados Unidos y en todas partes. Asimismo, cuando las ventas en dólares estadounidenses se traducían a dólares australianos, su valor aumentaba a medida que el dólar australiano caía. Anticipándose a eso, en febrero de 2009 el director general de Billabong declaró que esperaba que la compañía aumentara sus ganancias hasta en 10% en ese año, a pesar del débil entorno global de la venta al menudeo.

Sin embargo, los mercados cambiarios son difíciles de predecir y a veces ocurren reveses bruscos. Entre marzo y noviembre de 2009, el dólar australiano se revaluó frente al dólar estadounidense, elevándose hasta 0.94 de dólar estadounidense. La causa fue doble: primero, hubo una venta global de dólares estadounidenses a medida que se hizo evidente el efecto total de la crisis financiera mundial y conforme la escala de la deuda en Estados Unidos se hizo más clara. Segundo, a pesar de la recesión en Estados Unidos y Europa, las economías emergentes de China e India siguieron creciendo, lo que ayudó a sostener la demanda de muchos de los productos básicos australianos que el país exporta, situación que condujo a un fortalecimiento del dólar australiano. Para Billabong, la brusca reversión fue motivo de problemas. El fuerte dólar australiano eliminó cualquier ventaja en los precios que la compañía pudiera tener. Ahora la cantidad de dólares australianos que la empresa recibía por cada venta en dólares estadounidenses iba en decadencia. En febrero de 2009, cada dólar ganado en la moneda estadounidense solo podía ser cambiado por 1.66 dólares australianos. Para octubre de ese año, cada dólar estadounidense solo podía cambiarse por 1.06 dólares de Australia. Meses antes, en mayo de 2009, cuando el dólar australiano estaba revaluándose rápidamente, el director general de Billabong se vio obligado a revisar su pronóstico optimista de ventas y ganancias. Ahora, aseveró, que la combinación de una demanda menor a lo esperado en Estados Unidos y el fortalecimiento del dólar australiano frente al dólar estadounidense conduciría a una reducción de 10% en las ganancias para 2009. Los proble-

mas de Billabong continuaron en 2010, cuando la empresa experimentó más dificultades con los tipos de cambio.[34]

Preguntas para analizar el caso

1. ¿Por qué la caída en el valor del dólar australiano respecto del estadounidense beneficia a Billabong?
2. ¿Se habría podido predecir la revaloración del dólar australiano en 2009?
3. ¿Qué podría haber hecho Billabong para protegerse mejor contra el inesperado aumento en el valor del dólar australiano en 2009?
4. El dólar australiano continuó revaluándose en otro 20% respecto del dólar estadounidense entre 2010 y 2012. ¿Cómo podría afectar esto a Billabong? ¿Pudo haber hecho algo la compañía para limitar su exposición económica de largo plazo a los cambios en el valor de la divisa en su principal mercado de exportación?

---

[34] C. Marriott, "Caught in the Impact Zone", en *Australian FX*, enero de 2012, pp. 11-12; R. Donkin, "Billabong Seeks $290 Million, Slashes Forecast, Stores", en *The western Australian*, 19 de mayo de 2009; y "Billabong Ready to Ride the Currency Wave", en *The Australian*, 29 de octubre de 2008, p. 40.

Sistema monetario internacional

OBJETIVOS DE APRENDIZAJE

Al terminar este capítulo, usted deberá ser capaz de:

OA11-1 Describir el desarrollo histórico del sistema monetario internacional.

OA11-2 Explicar la función del Banco Mundial y el Fondo Monetario Internacional (FMI) en el sistema monetario internacional.

OA11-3 Comparar y contrastar las diferencias entre un sistema de tipo de cambio fijo y uno flotante.

OA11-4 Identificar los regímenes de tipo de cambio que actualmente se utilizan en el mundo y por qué los países adoptan uno u otro.

OA11-5 Comprender el debate respecto del papel del FMI en el manejo de las crisis financieras.

OA11-6 Explicar las implicaciones del sistema monetario internacional en el manejo de divisas y la estrategia de negocios.

Recuperación económica de Islandia

Caso inicial

Cuando la crisis financiera global golpeó en 2008, Islandia sufrió más que la mayoría de los países. Los tres principales bancos de la nación se habían estado expandiendo a paso veloz desde el año 2000 cuando el gobierno privatizó el sector bancario. Con una población de casi 320 mil habitantes, Islandia era demasiado pequeña para las ambiciones de la banca, por lo que dichas instituciones financieras comenzaron a expandirse hacia otros países escandinavos y el Reino Unido. Entraron en los mercados hipotecarios locales, compraron instituciones financieras extranjeras y abrieron sucursales en el exterior, atrayendo depósitos mediante altas tasas de interés. Esta expansión estuvo financiada por deuda, en su mayoría estructurada como préstamos a corto plazo que debían ser refinanciados regularmente. Para principios de 2008, los tres bancos tenían una deuda acumulada que representaba casi seis veces el valor de toda la economía del país. Mientras pudieran refinanciar su deuda periódicamente, no había problema; sin embargo, en 2008, los mercados financieros globales se desplomaron luego de la quiebra de Lehman Brothers y el colapso del mercado estado-

unidense de bienes raíces. Después de eso, los mercados financieros se congelaron y los bancos islandeses descubrieron que no podían refinanciar su deuda y que se enfrentaban a una eventual quiebra.

El gobierno islandés carecía de fondos para rescatarlos, así que dejó que los tres grandes bancos se derrumbaran. De inmediato, el mercado bursátil local se desplomó 90% y la tasa de desempleo aumentó nueve veces. El krona, la moneda islandesa, cayó en los mercados cambiarios extranjeros elevando el precio de las importaciones y la inflación se disparó a 18%. Islandia parecía estar en caída libre, su economía se derrumbó casi 7% en 2009, y otro 4% en 2010.

Para contener la caída, el gobierno islandés tomó 10 mil millones de dólares en préstamos del Fondo Monetario Internacional (FMI) y otros países; salió en ayuda de los ahorradores locales incautando los activos nacionales de los bancos del país y utilizando los préstamos para respaldar los depósitos. En vez de instrumentar medidas de austeridad para resolver la crisis, el gobierno islandés buscó formas de apoyar el gasto de los consumidores; por ejemplo, proporcionó subsidios cuidadosamente evaluados para reducir los gastos por concepto de intereses de quienes tenían hipotecas. La idea era evitar que el consumo doméstico se colapsara y sumiera a la economía aún más en una depresión.

Cuando el sistema financiero se estabilizó gracias a los préstamos del FMI y de otros países, Islandia aprendió una auténtica lección sobre el valor de tener una moneda flotante. La caída en el valor del krona ayudó a impulsar las exportaciones del país, como pescado y aluminio, deprimiendo al mismo tiempo la demanda de importaciones costosas, como automóviles. Para

2009, el krona valía la mitad del dólar estadounidense y del euro en comparación con el 2007, antes de la crisis. Las exportaciones islandesas repuntaron y las importaciones disminuyeron. Aunque el alto costo de las importaciones elevó la inflación, las exportaciones comenzaron a inyectar dinero a la economía del país. En 2011, la economía creció de nuevo a una tasa anual de 3.1%. A ello siguió un crecimiento de 2.7% en 2012, mientras que el desempleo cayó desde casi 10 a 5.6%.[1]

 # Introducción

Lo que ocurrió en Islandia toca el núcleo de la materia que expondremos en este capítulo. Estudiaremos el sistema monetario internacional y su función para determinar los tipos de cambio. El **sistema monetario internacional** se refiere a los acuerdos institucionales que rigen los tipos de cambio. En el capítulo 10, asumimos que el mercado de divisas era la principal institución que determina los tipos de cambio, y que las fuerzas impersonales de la oferta y la demanda establecen el valor relativo de dos divisas cualquiera (es decir, su tipo de cambio). Además, explicamos que en la oferta y en la demanda de divisas influyen las tasas de inflación relativas y de interés de los diferentes países. Cuando el libre juego de la oferta y la demanda de divisas define el valor relativo de ésta decimos que el país se adhiere al régimen de **tipo de cambio flotante**. Las cuatro divisas más usadas hoy día en el mundo para efectuar transacciones internacionales son: el dólar estadounidense, el euro, el yen y la libra esterlina, que pueden flotar libremente una respecto de la otra. De esta manera, las fuerzas del mercado establecen los tipos de cambio, que fluctúan día a día, si no es que minuto a minuto. Como vimos en el caso inicial, el krona, la moneda islandesa, también flota libremente respecto de otras divisas, un hecho que, según algunos, ayudó a Islandia a recuperarse más rápidamente de la crisis financiera de 2008; no obstante, los tipos de cambio de muchas divisas no son determinados por el libre juego de las fuerzas del mercado, sino que se adoptan otro tipo de acuerdos institucionales.

La mayoría de las naciones en vías de desarrollo fijan el valor de sus divisas respecto del dólar o el euro. Un **tipo de cambio fijo** significa que el valor de la divisa se fija respecto de una moneda de referencia, como el dólar estadounidense, y luego el tipo de cambio entre esa divisa y otras se define por el tipo de cambio de la moneda de referencia.[1]

Otros países que no desean adoptar un tipo de cambio fijo formal tratan de conservar el valor de su divisa dentro de algún rango respecto de una moneda importante de referencia, como el dólar, o una canasta de monedas, lo que se conoce como **flotación controlada** o **"sucia"** (*dirty float*). La divisa flota debido a que, en teoría, su valor es determinado por las fuerzas del mercado, pero es una flotación controlada (en contraste con una flotación libre) porque el banco central del país interviene en el mercado de divisas para mantener el valor de su moneda si esta se deprecia muy rápido contra la divisa de referencia. China ha adoptado está política desde julio de 2005. El valor del yuan se estableció frente a una canasta de otras monedas, incluidas el dólar, el yen y el euro, y puede variar su valor contra divisas individuales, aunque dentro de ciertos límites.

Otras naciones operan con un **tipo de cambio fijo**, en el cual los valores de un conjunto de monedas se fijan entre sí con un tipo de cambio previamente acordado. Antes de que se introdujera el euro en 1999, varios países de la original Unión Europea operaban con tipos de cambio fijos dentro del contexto del **Sistema Monetario Europeo (SME)**. Durante los 25 años posteriores a la Segunda Guerra Mundial, las principales naciones industrializadas del mundo participaron en un sistema de tipo de cambio fijo. Aunque este sistema colapsó en 1973, algunos analistas aún debaten la pertinencia de restablecerlo.

Este capítulo explica el funcionamiento del sistema monetario internacional y sus implicaciones en los negocios internacionales. Para entender cómo funciona el sistema, debemos revisar su evolu-

---

[1] Charles Forelle, "In European Crisis, Iceland Emerges as an Island of Recovery", en *The Wall Street Journal*, 19 de mayo de 2012, pp. A1, A10; "Coming in from the Cold", en *The Economist*, 16 de diciembre de 2010; Charles Duxbury, "Europe Gets Cold Shoulder in Iceland", en *The Wall Street Journal*, 26 de abril de 2012; y "Iceland", *The World Factbook 2013*, Washington, DC: Agencia Central de Inteligencia, 2013.

ción. Iniciaremos con un análisis sobre el patrón oro y su disolución durante la década de 1930. Luego, analizaremos la conferencia Bretton Woods de 1944, donde se crearon dos importantes instituciones que participan en el sistema monetario internacional: el Fondo Monetario Internacional (FMI) y el Banco Mundial (BM). El FMI asumió la función de mantener el orden dentro del sistema monetario internacional, y el Banco Mundial la de promover el desarrollo económico. En la actualidad, ambas instituciones desempeñan una función relevante en el escenario de la economía mundial y en el sistema monetario internacional. Como expusimos en el "Caso inicial", el FMI ayudó a que Islandia sorteara la crisis financiera debido a la quiebra de sus tres bancos más grandes en 2008. El sistema de tipo de cambio fijo de Bretton Woods colapsó en 1973; desde entonces, el mundo opera con un sistema mixto en el cual algunas monedas flotan libremente, aunque muchas otras se controlan mediante intervención gubernamental o la fijación a otra moneda.

Por último, expondremos las consecuencias de todo este material en los negocios internacionales. Veremos el efecto que ejercen las políticas cambiarias de un gobierno en las perspectivas empresariales de un país determinado. Asimismo, revisaremos el efecto de las políticas del FMI en el horizonte económico de un país y, por tanto, en los costos y beneficios de hacer negocios en este.

El patrón oro

OA11-1

Este patrón tiene su origen en el uso de monedas de oro como medio de intercambio, unidad de cuenta y reserva de valor, una práctica muy antigua. Cuando el volumen del comercio internacional era limitado, el pago por los bienes adquiridos a otro país, por lo general, se hacía en oro o plata; sin embargo, conforme el volumen del comercio internacional se expandió tras la Revolución Industrial, se necesitó un medio más conveniente para financiarlo, pues era muy poco práctico transportar enormes cantidades de oro y plata alrededor del mundo. La solución consistió en acordar el pago en papel moneda y que los gobiernos accedieran a convertirlo en oro, en el momento de la transacción, con un tipo de cambio fijo.

MECANISMO DEL PATRÓN ORO

La práctica de fijar una moneda al oro y garantizar su convertibilidad se conoce como **patrón oro**. En 1880, la mayoría de las naciones más importantes del mundo, como Gran Bretaña, Alemania, Japón y Estados Unidos, habían adoptado el patrón oro. Dado el empleo de un parámetro común, era sencillo determinar el valor de una moneda en unidades de cualquier otra (tipo de cambio).

Por ejemplo, según el patrón oro, un dólar estadounidense equivalía a 23.22 granos de oro "fino" (puro). Por tanto, en teoría, era posible solicitar al gobierno estadounidense la conversión de un dólar en 23.22 granos de oro. Como hay 480 granos en una onza, esta correspondía a 20.67 dólares (480/23.22). La cantidad de moneda que se requería para comprar una onza de oro se conocía como **valor en oro**. La libra esterlina se valoraba en 113 granos de oro fino. En otras palabras, una onza de oro costaba 4.25 libras esterlinas (480/113). Con los valores equivalentes en oro de las libras esterlinas y los dólares se calcula el tipo de cambio de libras esterlinas en dólares: 1 libra esterlina = 4.87 dólares (es decir, 20.67/4.25).

ESTABILIDAD DEL PATRÓN ORO

La gran estabilidad del patrón oro constituía un poderoso mecanismo para que todos los países alcanzaran el equilibrio de la balanza comercial.[2] Se dice que una nación tiene **su balanza comercial en equilibrio** cuando el ingreso de sus residentes, a partir de las exportaciones, equivale al dinero que pagan a las personas de otros países por sus importaciones (es decir, las exportaciones son iguales a las importaciones). Supongamos que solo existen dos países en el mundo, Japón y Estados Unidos. Imaginemos que la balanza comercial de Japón tiene superávit porque exporta más a Estados Unidos que lo que le compra. Los exportadores japoneses reciben su pago en dólares estadounidenses, moneda que cambian por yenes en el banco japonés. Este remite los dólares al gobierno esta-

---

[2] El argumento se remonta al filósofo del siglo XVIII David Hume. Véase D. Hume, "On the Balance of Trade", reimpreso en *The Gold Standard in Theory and in History*, B. Eichengreen (ed.), Londres, Methuen, 1985.

dounidense y solicita, a cambio, el pago en oro (este ejemplo es una simplificación de lo que ocurriría, pero sirve para ilustrar nuestra propuesta).

Según el patrón oro, cuando Japón tiene un superávit comercial habrá un flujo neto de oro de Estados Unidos hacia Japón. Estos flujos reducen automáticamente la oferta monetaria estadounidense y aumentan la oferta monetaria japonesa. Como explicamos en el capítulo 10, existe una estrecha relación entre el crecimiento de la oferta monetaria y la inflación. Un aumento de la oferta monetaria elevará los precios en Japón, mientras que una reducción de la oferta monetaria estadounidense disminuirá los precios en este país. Dado su elevado precio, la demanda de los bienes japoneses se reducirá, mientras que aumentará la de los bienes estadounidenses. Por tanto, Japón empezará a comprar más bienes a Estados Unidos y este comprará menos a Japón, hasta que la balanza comercial alcance su equilibrio.

El mecanismo de ajuste parece tan simple y atractivo que incluso hoy en día, más de 80 años después del colapso final del patrón oro, hay quienes creen que el mundo debería adoptarlo de nuevo.

PERIODO ENTRE GUERRAS: 1918-1939

El patrón oro funcionó de manera razonablemente eficaz desde 1870 hasta los inicios de la Primera Guerra Mundial, en 1914, cuando se le abandonó. Durante ese conflicto, diversos gobiernos financiaron parte de sus masivos gastos militares mediante la impresión de dinero, generando una burbuja inflacionaria y, para el final de la guerra en 1918, los precios eran más elevados en todo el mundo. Estados Unidos regresó al patrón oro en 1919, Gran Bretaña en 1925 y Francia en 1928.

Gran Bretaña retornó al patrón oro fijando la libra esterlina al oro con la paridad previa a la guerra, que era de 4.25 libras esterlinas por onza, a pesar de la inflación sustancial que hubo entre 1914 y 1925. El proceso inflacionario elevó los precios de los bienes británicos, de modo que dificultó su venta en los mercados extranjeros, lo que condujo al país a una profunda depresión. Cuando los tenedores extranjeros de libras esterlinas perdieron confianza en el compromiso británico de mantener el valor de su moneda, empezaron a convertir sus valores en oro. El gobierno británico vio que no podía satisfacer la demanda por el oro sin agotar sus reservas y terminó por suspender la convertibilidad en 1931.

Estados Unidos siguió este ejemplo y abandonó el patrón oro en 1933, pero lo adoptó de nuevo en 1934. Además, elevó el precio del oro de 20.67 dólares a 35 dólares por onza. En virtud de que se necesitaban más dólares que antes para comprar una onza de oro, la implicación era que el dólar valía menos. Esto significó una devaluación del dólar respecto de otras monedas. Así, antes de la devaluación, el tipo de cambio libra esterlina por dólar era de 1 libra esterlina = 8.24 dólares. Al bajar el precio de las exportaciones estadounidenses y subir el de sus importaciones, el gobierno intentó crear empleos en Estados Unidos mediante el aumento de la producción (en esencia, utilizó el tipo de cambio como instrumento de política comercial); sin embargo, otros países adoptaron una táctica similar y, en el ciclo de devaluaciones, que pronto surgió, nadie ganó.

El resultado neto fue la pérdida total de confianza en ese sistema. Con países que devaluaban su moneda a voluntad, nadie podía estar seguro de la cantidad de oro que una moneda podía comprar. En lugar de conservar la moneda de otra nación, a menudo las personas intentaban cambiarla de inmediato por oro, no fuera a ser que el país devaluara su moneda. Este temor ejerció presión sobre las reservas de oro de distintos países, lo que forzó a suspender la convertibilidad. A principios de la Segunda Guerra Mundial, en 1939, el patrón oro estaba muerto.

OA11-2   **Sistema Bretton Woods**

En 1944, en plena Segunda Guerra Mundial, representantes de 44 países se reunieron en Bretton Woods, New Hampshire, para diseñar un nuevo sistema monetario internacional. Dado el colapso del patrón oro y el recuerdo fresco de la Gran Depresión de los años treinta, estos estadistas estaban decididos a construir un orden económico duradero que facilitara el crecimiento económico después del conflicto. Se había logrado un consenso general sobre lo deseable de un sistema de tipo de cambio fijo. Además, se deseaba evitar las absurdas devaluaciones de la década de 1930 y se reconocía que el patrón oro no podría garantizarlo. El mayor problema con dicho modelo era que no existía una institución multinacional que impidiese a los países que así lo querían, recurrir a la devaluación competitiva.

El acuerdo de Bretton Woods dio origen a dos instituciones multinacionales: el FMI y el BM. La tarea del FMI consistiría en mantener el orden en el sistema monetario internacional, y la del BM, en promover el desarrollo económico general. El acuerdo también requeriría un sistema de tipo de cambio fijo que pudiese ser regulado por el FMI. Según el pacto, todos los países fijarían el valor de su moneda en función del oro, pero no necesitarían intercambiar su moneda por ese metal. Solo el dólar permanecería convertible en oro, con un precio de 35 dólares por onza. Cada país elegiría su tipo de cambio respecto del dólar y después calcularía el equivalente en oro de su moneda con base en ese tipo de cambio. Todas las naciones participantes estuvieron de acuerdo en mantener el valor de sus monedas dentro del 1% del valor equivalente en oro, mediante la compra o venta de moneda (u oro), a medida que se requiriera; por ejemplo, si las casas de cambio vendían más moneda nacional que lo demandado, el gobierno de ese país podía intervenir en los mercados cambiarios y comprar su moneda para aumentar la demanda y mantener su valor equivalente en oro.

Otro aspecto del acuerdo Bretton Woods fue el compromiso de no utilizar la devaluación como un instrumento de política comercial competitiva; no obstante, si una moneda se debilitaba en un grado imposible de sostener, se permitiría la devaluación de hasta 10% sin una aprobación formal del FMI. Las devaluaciones mayores sí la necesitarían.

PAPEL DEL FMI

Los artículos del acuerdo que dio origen al FMI se basaron en el colapso financiero mundial, las devaluaciones competitivas, las guerras comerciales, el alto nivel de desempleo, la hiperinflación en Alemania y otros lugares del mundo, y la desintegración económica general que ocurrió entre las dos guerras mundiales. El propósito del acuerdo de Bretton Woods, cuyo principal guardián era el FMI, consistía en evitar la repetición de ese caos mediante una combinación de medidas de disciplina y flexibilidad.

Disciplina

El régimen de tipo de cambio fijo impone disciplina en dos sentidos: 1) la necesidad de mantener un régimen de tipo de cambio controlado frena las devaluaciones competitivas y ofrece estabilidad al comercio mundial, y 2) impone disciplina monetaria a los países, pues les obliga a reducir la inflación. Por ejemplo, veamos lo que ocurriría en un régimen de tipo de cambio fijo si Gran Bretaña aumentara rápidamente su oferta monetaria mediante la impresión de libras esterlinas. Como vimos en el capítulo 10, el incremento de la oferta monetaria generaría inflación. Por el tipo de cambio fijo, la inflación restaría competitividad a los bienes británicos en los mercados mundiales, mientras que las importaciones se abaratarían para los británicos. El resultado sería un déficit comercial creciente de Gran Bretaña, con un mayor nivel de importación que de exportación. Para corregir tal desequilibrio comercial, en un régimen de tipo de cambio fijo, Gran Bretaña debería limitar la tasa de crecimiento de su oferta monetaria para controlar la inflación. Por tanto, el tipo de cambio fijo se considera un mecanismo adecuado para controlar la inflación e imponer disciplina en los países.

Flexibilidad

Aunque la disciplina monetaria era un objetivo central del acuerdo de Bretton Woods, se reconoció que una política rígida de tipo de cambio fijo sería demasiado inflexible y quizá terminaría por colapsar, como sucedió con el patrón oro. En algunos casos, los intentos nacionales de reducir la oferta monetaria y corregir el déficit persistente en la balanza de pagos podrían llevar al país a una recesión y a un alto nivel de desempleo. Los arquitectos del acuerdo de Bretton Woods querían evitar el desempleo, y por ende, introdujeron algo de flexibilidad al sistema. Dos características principales de los artículos del acuerdo del FMI fomentaban esta flexibilidad: las facilidades de préstamos del FMI y las paridades ajustables.

Se dotó al FMI de la facultad de prestar divisas a los países miembros con dificultades en su balanza de pagos para ayudarlos durante breves periodos de déficit en su balanza comercial cuando alguna súbita presión sobre las regulaciones monetarias o fiscales pudiese dañar el nivel nacional de empleo. Una bolsa común de oro y divisas aportada por los países miembros del FMI proporcionó los recursos para estos préstamos. El déficit persistente en la balanza comercial puede ocasionar el agotamiento de las reservas monetarias de un país y forzarlo a devaluar su tipo de cambio. Al dar préstamos a corto plazo a los países con problemas de déficit comercial, los fondos del FMI compran tiempo para que los países afectados reduzcan su inflación y el déficit de su balanza comercial. La idea era que dichos préstamos redujeran las presiones de una devaluación al permitir un ajuste más ordenado y menos doloroso.

Los países podrían pedir prestada una cantidad limitada de divisas al FMI sin adherirse a algún acuerdo específico; sin embargo, préstamos mayores requerirían que el país aceptara una supervisión cada vez más estricta de sus políticas macroeconómicas por parte del FMI. Los grandes prestatarios del Fondo deben acordar condiciones monetarias y fiscales, que casi siempre incluyen objetivos establecidos por el organismo multinacional sobre el crecimiento nacional de la oferta monetaria, la política cambiaria, la política fiscal, el gasto gubernamental, etcétera.

El sistema de paridades ajustables permite la devaluación de la moneda de un país en más de 10% si el FMI estima que su balanza comercial está en *una situación de desequilibrio fundamental*; término que no se definió en los artículos del acuerdo del FMI, pero que se aplicaría a los países que hubiesen sufrido cambios adversos permanentes en la demanda de sus productos. Sin una devaluación, cualquier nación tendría un alto nivel de desempleo y déficit comercial persistente hasta que el nivel de precios nacionales hubiese caído lo suficiente para restaurar el equilibrio en la balanza comercial. La idea era que, en tales circunstancias, una devaluación ayudaría a evitar un doloroso proceso de ajuste.

PAPEL DEL BANCO MUNDIAL

El nombre oficial del Banco Mundial es Banco Internacional de Reconstrucción y Fomento (BIRF). Cuando los participantes del acuerdo de Bretton Woods lo fundaron, su principal preocupación era la necesidad de reconstruir las economías de Europa, desgarradas por las dos guerras mundiales. La misión inicial del banco consistió en financiar la reconstrucción de la economía europea mediante préstamos de dinero con intereses bajos. Con la instrumentación del Plan Marshall por medio del cual Estados Unidos prestó dinero directamente a las naciones europeas para su reconstrucción, la función del BM se vio opacada, el banco puso su atención en el desarrollo económico y empezó a prestar dinero a las naciones del tercer mundo. En la década de 1950, el banco se concentró en los proyectos del sector público. Favoreció proyectos para la construcción de plantas eléctricas y carreteras, y para el sector del transporte. Durante la década de 1960, también empezó a prestar grandes sumas de dinero para apoyar la agricultura, la educación, el control de la población y el desarrollo urbano.

El banco presta dinero con base en dos mecanismos. De acuerdo con su esquema, el dinero se reúne a partir de la venta de bonos en un mercado internacional de capitales; los prestatarios pagan lo que el banco denomina una tasa de interés de mercado: el costo de los fondos del banco más un margen para gastos, menor que la tasa de mercado de los bancos comerciales. Con este plan, el banco ofrece préstamos con intereses bajos a los clientes que tienen determinado riesgo y cuyo historial crediticio casi siempre es pobre, como sucede con las naciones subdesarrolladas.

El segundo mecanismo contempló la creación en 1960 de la Asociación Internacional del Desarrollo (AID). Los recursos para los préstamos de la AID se obtienen por medio de abonos de los miembros ricos, como Estados Unidos, Japón y Alemania. Los créditos son solo para los países más pobres. Los deudores disponen de 50 años para reembolsar el préstamo, con una tasa de interés de 1% anual. Los países más pobres del mundo reciben subvenciones y préstamos sin interés.

OA11-1   # Colapso del sistema de tipo de cambio fijo

El sistema de tipo de cambio fijo de Bretton Woods fue eficaz hasta finales de la década de 1970, época en la cual empezó a dar muestras de desgaste. Finalmente, el andamiaje se colapsó en 1973 y desde entonces opera un sistema de flotación controlada. Para entender este colapso, debe evaluarse la función especial del dólar estadounidense. Como esta moneda era la única que podía convertirse en oro y que servía como referencia para todas las demás, desempeñaba un papel central en el sistema: cualquier amenaza de devaluación del dólar en relación con otras divisas causaría estragos en el sistema, y eso fue lo que ocurrió.

La mayoría de los economistas coincide en que el origen de la debacle del sistema cambiario estuvo en el paquete de la política macroeconómica estadounidense de 1965 a 1968.[3] Para financiar tanto el conflicto de Vietnam como sus programas de bienestar social, el presidente Lyndon B. Johnson respaldó un aumento del gasto gubernamental que no se financió con una elevación de los impuestos, sino con oferta monetaria, lo cual llevó a la inflación de menos de 4% en 1966 a casi 9% en 1968. Al mismo tiempo, el incremento del gasto gubernamental estimuló la economía: con más dinero en sus bolsillos, la gente gastaba más, sobre todo en productos importados, y la balanza comercial cayó en un franco proceso de deterioro.

El aumento de la inflación y el deterioro del comercio internacional estadounidense suscitaron en el mercado cambiario rumores sobre la devaluación del dólar en relación con las demás monedas. La situación hizo crisis en la primavera de 1971, cuando las cifras comerciales del país mostraron que, por primera vez desde 1945, Estados Unidos tenía un nivel superior de importaciones que de exportaciones. Este desequilibrio llevó a que los especuladores hicieran compras masivas de marcos alemanes, a la espera de que esta moneda se revaluara respecto del dólar. En un solo día, el 4 de mayo de 1971, debido a la gran demanda de marcos, el Bundesbank (Banco Central de Alemania) tuvo que comprar mil millones de dólares para mantener sin variación el tipo de cambio dólar por marco. Durante la mañana del 5 de mayo, compró otros mil millones de dólares., En ese momento, el Bundesbank, en vista de lo inevitable, permitió la libre flotación de su moneda.

En las semanas posteriores a la decisión de dejar flotar al marco alemán, el mercado cambiario se convenció de que el dólar en relación con otras divisas tendría que devaluarse; sin embargo, no era sencillo hacerlo. Con base en las disposiciones del acuerdo de Bretton Woods, cualquier otro país podría modificar sus tipos de cambio respecto de las demás monedas con el simple hecho de fijar el tipo de cambio del dólar a un nuevo nivel; pero como el dólar era la moneda clave del sistema, solo podía devaluarse si todas las naciones accedían a revaluar, de manera simultánea, sus monedas respecto de esa divisa. Y muchos países no querían hacerlo, pues esa medida encarecería sus productos en relación con los estadounidenses.

Para forzar la situación, el presidente estadounidense Richard Nixon anunció en agosto de 1971 que el dólar ya no era convertible en oro. También, aplicó un nuevo impuesto de 10% sobre las importaciones hasta que los socios comerciales accedieran a revaluar su moneda respecto del dólar. Esto llevó a los socios comerciales a la mesa de negociaciones y, en diciembre de 1971, se acordó devaluar el dólar más o menos 8% respecto de las demás divisas. Recién entonces se eliminó el impuesto a las importaciones; no obstante, el problema no se resolvió. La balanza comercial estadounidense continuó deteriorándose a lo largo de 1973, mientras su oferta monetaria mantenía en expansión su tasa inflacionaria. Se especulaba que el dólar todavía estaba sobrevaluado y que se necesitaba una segunda devaluación. Anticipándose a ello, las casas de cambio empezaron a convertir dólares en marcos alemanes y otras divisas. Tras una oleada masiva de especulación en febrero de 1973, que culminó el 1 de marzo con el gasto de 3 600 millones de dólares de los bancos centrales europeos, como un intento por evitar que sus monedas se devaluaran respecto al dólar, el mercado cambiario se cerró. Cuando reabrió el 19 de marzo, las divisas de Japón y la mayoría de los países europeos flotaban respecto del dólar, aunque muchas naciones en vías de desarrollo mantuvieron fijas sus monedas a la estadounidense y, en su mayoría, hoy lo hacen. En ese momento, la adopción de un sistema de tipo de cambio flotante se consideró una respuesta temporal a la incontrolable especulación en el mercado cambiario; pero han transcurrido más de 40 años desde el desplome del sistema de tipo de cambio fijo de Bretton Woods y todo parece indicar que la solución temporal se convirtió en permanente.

El sistema de Bretton Woods tenía un talón de Aquiles: no podía funcionar si su moneda clave, el dólar estadounidense, sufría un ataque especulativo; así que funcionó mientras la tasa de inflación en Estados Unidos se mantuvo baja y dicho país no padeció un déficit en su balanza comercial. Una vez que ello sucedió, el sistema sufrió una presión que lo condujo al colapso.

---

[3] R. Solomon, *The International Monetary System, 1945-1981*, Nueva York, Harper & Row, 1982.

OA11-1 ## Régimen de tipo de cambio flotante

El régimen de tipo de cambio flotante que siguió al colapso del de cambio fijo se formalizó en enero de 1976, cuando los miembros del FMI se reunieron en Jamaica y accedieron a acatar las reglas del sistema monetario internacional, que están en vigor hasta la fecha.

ACUERDOS DE JAMAICA

La reunión en Jamaica modificó los artículos del Acuerdo del FMI para reflejar la nueva realidad del sistema de tipo de cambio flotante. Los principales elementos del acuerdo de Jamaica son:

- Las tasas flotantes se declararon aceptables. Se permitió a los países miembros del FMI entrar en el mercado cambiario para emparejar las "injustificadas" fluctuaciones especulativas.
- Se abandonó al oro como activo de reserva. El FMI canjeó con los países miembros sus reservas de oro al precio vigente en el mercado y colocó los beneficios en un fondo fiduciario para ayudar a las naciones empobrecidas. El FMI regresó sus reservas de oro a sus integrantes al precio de mercado.
- Las cuotas anuales del FMI (la cantidad que los países miembros le otorgan) se elevaron a 41 mil millones de dólares (desde entonces, han aumentado a 362 mil millones, al tiempo que la cantidad de miembros del FMI se incrementó a 188 naciones. Los países menos desarrollados y no exportadores de petróleo tendrían un mayor acceso a los fondos del FMI).

TIPOS DE CAMBIO DESDE 1973

Desde marzo de 1973, en contraste con el periodo 1945-1973, los tipos de cambio son mucho más volátiles y menos predecibles.[4] Esta volatilidad se debe en parte a una serie de acontecimientos inesperados que afectaron al sistema monetario mundial:

- La crisis del petróleo en 1971, cuando la Organización de Países Exportadores de Petróleo (OPEP) cuadruplicó sus precios de venta. El efecto perjudicial en la tasa de inflación y la posición comercial estadounidense ocasionaron una devaluación adicional del dólar en relación con las demás monedas.
- La pérdida de confianza en el dólar, que siguió al aumento de la inflación estadounidense en 1977 y 1978.
- La crisis del petróleo de 1979, cuando la OPEP, una vez más, aumentó el precio del petróleo drásticamente; esta vez, el precio se duplicó.
- El aumento inesperado del dólar frente a otras monedas, entre 1980 y 1985, a pesar del deterioro que exhibía la balanza comercial.
- La rápida caída del dólar respecto del yen japonés y marco alemán, entre 1985 y 1987, y respecto del yen entre 1993 y 1995.
- El colapso parcial del Sistema Monetario Europeo en 1992.
- La crisis monetaria de Asia, en 1997, cuando las monedas de varios países de este continente, como Corea del Sur, Indonesia, Malasia y Tailandia, en unos cuantos meses se devaluaron entre 50% y 80% respecto al dólar.
- La crisis financiera global de 2008-2010 y la crisis de deuda soberana de la Unión Europea durante 2010-2011.

En la figura 11.1 se resume la fluctuación del valor del dólar respecto de otras divisas importantes entre enero de 1973 y marzo de 2013 (el índice, que se estableció igual a 100 en marzo de 1973, es un promedio del valor del dólar en relación con otras monedas que circulan ampliamente fuera del país emisor). Un fenómeno interesante que se aprecia en la figura 11.1 es el rápido aumento del valor del dólar entre 1980 y 1985, y su caída subsecuente, entre 1985 y 1988. Un auge y caída similares, aunque menos pronunciados ocurrieron entre 1995 y 2008. Este proceso se explicará de manera somera, pues ilustra el funcionamiento del sistema monetario internacional en los últimos años.[5]

---

4 Fondo Monetario Internacional, *World Economic Outlook, 2005*, Washington, D. C., FMI, mayo de 1998.
5 Hay un análisis más extenso del tipo de cambio del dólar para la década de 1980 en B. D. Pauls, "US Exchange Rate Policy: Bretton Woods to the Present", *Federal Reserve Bulletin*, noviembre de 1990, pp. 891-908.

FIGURA 11.1

Índice de las principales tendencias cambiarias, 1973-2013.

Fuente: Con base en datos de http://www.federalreserve. gov/releases/H10/summary/ indexn_m.htm.

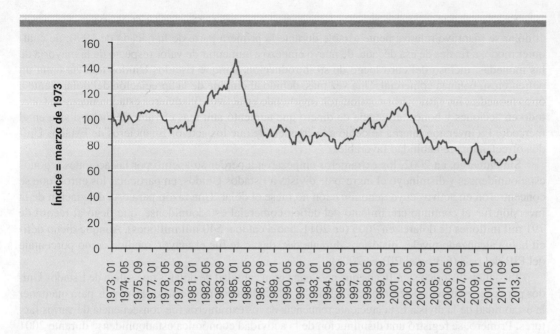

El incremento del valor del dólar entre 1980 y 1985 ocurrió cuando Estados Unidos padecía un grave y creciente déficit comercial; es decir, un nivel de importación sustancialmente mayor al de exportación. Cabría pensar que el aumento de la oferta de dólares en el mercado cambiario, como resultado del déficit, debería conducir a la reducción del valor del dólar, pero como se ilustra en la figura 11.1, su valor aumentó. ¿Qué explicación hay para este fenómeno?

Una serie de factores favorables permitieron superar el efecto desfavorable del déficit comercial. El gran crecimiento económico de Estados Unidos atrajo cuantiosos flujos de capital de inversionistas extranjeros que intentaban obtener altos rendimientos sobre sus activos fijos. Las altas tasas de interés sedujeron a los inversionistas extranjeros que buscaban una elevada rentabilidad sobre sus activos financieros. Al mismo tiempo, la agitación política en otras partes del mundo, así como un crecimiento económico relativamente lento de los países desarrollados de Europa, ayudó a crear la imagen de Estados Unidos como un buen lugar para invertir. Estos flujos internos de capital incrementaron la demanda de dólares en el mercado cambiario, lo cual elevó su valor respecto de otras divisas.

La caída del valor del dólar entre 1985 y 1988 se debió a una combinación entre intervención gubernamental y fuerzas del mercado. El incremento del dólar frente a otras divisas encareció los bienes estadounidenses en los mercados extranjeros y abarató relativamente las importaciones, lo que perfiló un triste cuadro comercial. En 1985, Estados Unidos anunció un déficit comercial récord de más de 160 mil millones de dólares, lo cual elevó las exigencias de proteccionismo en el país. En septiembre de 1985, los ministros de finanzas y los administradores del Banco Central del conocido Grupo de los Cinco (los países industrializados más importantes: Reino Unido, Francia, Japón, Alemania y Estados Unidos), se reunieron en el Hotel Plaza en Nueva York y establecieron lo que después se conoció como el Acuerdo Plaza. Estos personajes anunciaron que sería deseable para la mayoría de las principales divisas revalorarse respecto del dólar y se comprometieron a intervenir en los mercados cambiarios, mediante la venta de dólares, para estimular este objetivo. El dólar ya había empezado a debilitarse en el verano de 1985 y el anuncio aceleró aún más su caída.

El dólar continuó su descenso hasta principios de 1987. Los gobiernos del Grupo de los Cinco empezaron a preocuparse incluso por una devaluación excesiva del dólar frente a otras monedas, por lo cual sus ministros de finanzas se reunieron en París en febrero de 1987 para establecer un nuevo convenio, conocido como Acuerdo de Louvre. El grupo coincidió en que los tipos de cambio se habían ajustado lo suficiente y se comprometió a apoyar los niveles vigentes mediante su participación en los mercados cambiarios, cuando esta fuese necesaria, para comprar y vender divisas. Aunque el dólar continuó su declive durante unos cuantos meses después del Acuerdo de Louvre, su velocidad de caída disminuyó y, a principios de 1988, había terminado.

A excepción de una breve agitación especulativa durante la Guerra del Golfo Pérsico en 1991, el dólar se mantuvo relativamente estable durante la primera parte de la década de 1990; de cualquier modo, a finales de esa década, de nuevo empezó a aumentar de valor respecto de la mayoría de las monedas, incluso del euro luego de su introducción, aunque Estados Unidos todavía tenía un déficit en su balanza comercial. Una vez más, debido al empuje de la apreciación del dólar frente a otras monedas, los extranjeros continuaron invirtiendo en activos financieros estadounidenses, sobre todo en acciones y bonos, afluencia de dinero que aumentó aún más el valor de dicha divisa en el mercado. La inversión interna se debió a la creencia de que los activos financieros de Estados Unidos ofrecían una rentabilidad favorable.

Sin embargo, en 2002, los extranjeros empezaron a perder su apetito por las acciones y bonos estadounidenses y disminuyó el ingreso de divisas a Estados Unidos, en particular los euros, que se concentraron en activos cuya denominación no fuese el dólar. Una razón para esta desviación de la inversión fue el continuo crecimiento del déficit comercial estadounidense, que llegó al récord de 791 mil millones de dólares en 2005 (en 2011, había caído a 540 mil millones). Aunque dicho déficit había alcanzado niveles históricos durante décadas, este fue el mayor, medido como porcentaje del PIB del país (6.3% del PIB en 2005).

Tal déficit histórico significaba que había una gran cantidad de dólares que salían de Estados Unidos para caer en manos de extranjeros que no se inclinaban por reinvertirlos en el país para mantener la estabilidad de la divisa. Esta creciente renuencia de los extranjeros fue consecuencia de varios factores. Primero, se registró una disminución de la actividad económica estadounidense durante 2001 y 2002. Segundo, el déficit presupuestal se expandió con rapidez después de 2001. Dicho desajuste generó el temor de que, al final, el déficit presupuestal se financiaría con una política monetaria expansionista que causaría mayor inflación. Tercero, a partir de 2003, los funcionarios del gobierno estadounidense comenzaron a "depreciar" el dólar frente a otras monedas, en parte porque la administración gubernamental creía que un dólar más barato aumentaría las exportaciones y reduciría las importaciones, y así mejoraría el equilibrio de la balanza comercial.[6] Los extranjeros interpretaron esas medidas como una señal de que el gobierno no intervendría en los mercados cambiarios para apuntalar el dólar, lo cual incrementó su renuencia a reinvertir los dólares ganados por exportaciones en activos financieros estadounidenses. Como resultado, la demanda de dólares se debilitó y su valor declinó en el mercado cambiario: llegó a 60.069 dólares en agosto de 2011, su menor valor desde el inicio del índice, en 1973. Muchos analistas estiman que podría reanudar su caída en los próximos años, en especial si quienes poseen grandes cantidades de dólares, como los países productores de petróleo, deciden diversificar su capital en divisas extranjeras (para un análisis de esta posibilidad véase la sección "Vistazo a un país").

Es interesante destacar que, a partir de mediados de 2008 y hasta principios de 2009, el dólar registró una recuperación moderada respecto de otras divisas importantes, a pesar de que la economía estadounidense sufría una grave crisis financiera. Al parecer, el motivo de este aumento fue que, sin importar los problemas del país, las circunstancias eran aún peores en otras naciones, y los inversionistas extranjeros vieron al dólar como un puerto seguro y pusieron su dinero en activos estadounidenses de bajo riesgo, sobre todo en bonos gubernamentales de bajo rendimiento. Este repunte fluctuó a mediados de 2009, cuando los inversionistas se preocuparon por el nivel de endeudamiento de Estados Unidos.

Esta revisión nos dice que, en la historia reciente, tanto las fuerzas del mercado como la intervención gubernamental determinaron el valor del dólar. En un régimen de tipo cambiario flotante, las fuerzas del mercado ocasionaron un tipo de cambio volátil para el dólar. Los gobiernos respondieron mediante la intervención, comprando y vendiendo dólares en el mercado para tratar de limitar su variabilidad y corregir lo que percibieron como sobrevaluación (en 1985) o subvaluación (en 1987). Además de la intervención directa, a menudo el valor del dólar recibió la influencia de las declaraciones de funcionarios del gobierno. El dólar en relación con otras monedas pudo no haberse depreciado tanto como lo hizo en 2004, por ejemplo, si los funcionarios estadounidenses hubieran intervenido para impedirlo. La frecuencia de la participación del gobierno en los mercados cambiarios explica el motivo por el que el sistema vigente con frecuencia se conoce como **sistema de flotación administrada** o sistema de flotación controlada.

---

[6] R. Miller, "Why the Dollar Is Giving Way", *BusinessWeek*, 6 de diciembre de 2004, pp. 36-37.

Dólar estadounidense, precios del petróleo y reciclaje de los petrodólares

Entre 2004 y 2008, los precios globales del petróleo aumentaron y alcanzaron un pico de más de 147 dólares el barril en julio de 2008, desde los 20 dólares de 2001 vigentes hasta antes de su caída a un rango de 30 a 48 dólares a principios de 2009. Desde entonces, han aumentado de nuevo, elevándose a casi 100 dólares el barril a principios de 2013. La elevación en los precios del hidrocarburo se debió a una demanda de petróleo mayor a la esperada, en particular de los gigantes en rápido desarrollo como China e India, a las pocas reservas y a la percepción de riesgos geopolíticos en el Medio Oriente, la región petrolera más importante del mundo.

Tal incremento de precios fue el cuerno de la abundancia para los países productores. En total, obtuvieron ganancias de casi 700 mil millones de dólares en 2005, y superior a un billón en 2007 y 2008, de los cuales 64% fueron para países miembros de la OPEP. Arabia Saudita, el mayor productor de petróleo del mundo, se llevó la mejor parte. Como el precio del petróleo se fija en dólares estadounidenses, el aumento de precio se tradujo en un incremento sustancial de las reservas en dólares de los países productores de petróleo (los dólares obtenidos de la venta del petróleo se conocen como *petrodólares*). En esencia, al ser el petróleo una fuente de energía esencial, elevar sus precios supone una transferencia neta de dólares de los consumidores de países como Estados Unidos, a los productores en Rusia, Arabia Saudita y Venezuela. ¿Qué hicieron estas naciones con esos dólares?

Una opción para los países productores era gastar sus petrodólares en infraestructura para el sector público, como servicios de salud, educación, carreteras y sistemas de telecomunicación. Entre otros aspectos, estas obras pueden impulsar el crecimiento económico en esas naciones y atraer importaciones extranjeras, lo cual ayudaría a equilibrar los superávits comerciales de que disfrutan los productores y sustentar el crecimiento económico mundial. El gasto se elevó en muchos países petroleros; no obstante, según el FMI, los miembros de la OPEP solo emplearon aproximadamente 40% de sus abundantes ganancias provenientes de los altos precios del petróleo durante el periodo de 2002-2007 (la excepción fue Venezuela, cuyo líder, Hugo Chávez, gastó compulsivamente hasta su muerte a principios de 2013). La última vez que los precios del petróleo se elevaron bruscamente en 1979, los productores gastaron de manera significativa en infraestructura, solo para cargarse con una deuda excesiva cuando los precios del hidrocarburo colapsaron algunos años después. En esta ocasión, fueron más cautelosos, una estrategia que ahora parece inteligente dado el derrumbe de los precios del petróleo a finales de 2008.

Otra opción para los países petroleros era invertir una cantidad considerable de sus ganancias en activos en dólares, como bonos, acciones y bienes inmuebles en Estados Unidos, lo que realmente sucedió. Los miembros de la OPEP devolvieron los dólares a esa nación por medio de la compra de activos estadounidenses (en especial, bonos gubernamentales de bajo rendimiento) y, al reciclar sus petrodólares, le ayudaron a financiar su inmenso y creciente déficit en la cuenta corriente, además de permitirle pagar su gran factura de importaciones.

Una tercera posibilidad era invertir en activos financieros no denominados en dólares, entre estos bonos y acciones europeas y japonesas. Lo que también ocurrió. Algunos inversionistas de la OPEP compraron no solo pequeñas posiciones de acciones, sino grandes compañías; por ejemplo, en 2005, Dubai International Capital compró Tussauds Group, una compañía británica de parques temáticos, y DP World of Dubai adquirió P&O, el grupo de puertos y transbordadores más grande de Gran Bretaña. A pesar de ejemplos como estos, al menos entre 2005 y 2008, la mayoría de los petrodólares parece haber sido reciclada en activos en dólares. Esto se dio en parte porque las tasas de interés estadounidenses aumentaron en el periodo 2004-2007; no obstante, si el flujo de petrodólares se agotara y los países petroleros ricos invirtieran en otras monedas, como activos en euros, el dólar caería bruscamente.[7]

Tipos de cambio fijos y tipos de cambio flotantes

OA11-3

El colapso del sistema cambiario de Bretton Woods no detuvo el debate sobre las ventajas relativas del sistema de tipo de cambio fijo respecto del régimen flotante. En años recientes, la desilusión en torno de este último generó un renovado debate sobre las cualidades de los tipos de cambio fijo. Esta

---

[7] Fuentes: "Recycling the Petrodollars: Oil producers' Surpluses", en *The Economist*, 12 de noviembre de 2005, pp. 101-102; S. Johnson, "Dollar's Rise Aides by OPEC Holdintes", en *Financial Times*, 5 de diciembre de 2005, p. 17; y "The Petrodollar Puzzle", en *The Economist*, 9 de junio de 2007, p. 86.

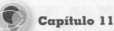

sección revisa los argumentos en favor de ambos sistemas.[8] Analizaremos la defensa de las tasas de cambio flotantes antes de exponer la causa por la que muchos críticos están desilusionados con la experiencia de este sistema y, por tanto, añoran el régimen de tipo de cambio fijo.

DEFENSA DEL SISTEMA DE TIPOS DE CAMBIO FLOTANTES

La defensa de las tasas de cambio flotantes incluye tres elementos principales: autonomía de la política monetaria, ajustes automáticos en la balanza comercial y recuperación económica después de una crisis económica grave.

Autonomía de la política monetaria

Se sostiene que con un sistema de tipo de cambio fijo, la capacidad de un país para expandir o contraer su oferta monetaria a conveniencia está limitada por la necesidad de mantener la paridad cambiaria. La expansión monetaria puede generar inflación, lo que ejerce una presión sobre el sistema de tipo de cambio fijo (como lo predijo la teoría de la paridad del poder adquisitivo o PPA; véase el capítulo 10). De manera similar, la reducción monetaria requiere altas tasas de interés (para reducir la demanda de dinero). Estas últimas provocan flujos de dinero del extranjero, lo cual también ejerce una presión sobre un sistema de tipo de cambio fijo. Por tanto, para mantener la paridad cambiaria en un sistema de tipo de cambio fijo, los países estaban limitados para ejercer una política monetaria que expandiera o contrajera sus economías.

Los partidarios de un régimen de tipo de cambio flotante argumentan que, eliminando la obligación de mantener la paridad cambiaria, se restauraría el control monetario del gobierno. Si un gobierno se enfrenta a un nivel significativo de desempleo, buscará reducirlo mediante un aumento de su oferta monetaria que estimule la demanda nacional, lo cual podría hacer sin problema si no tuviera la necesidad de mantener fijo su tipo de cambio. Mientras que la expansión monetaria ocasionaría inflación, esto depreciaría la moneda nacional en relación con las divisas extranjeras. Si la teoría de la PPA es correcta, la depreciación resultante de la moneda en los mercados cambiarios debería compensar los efectos de la inflación. Aunque bajo un régimen de tipo de cambio flotante la inflación nacional afectaría el tipo de cambio, no tendría que afectar la competitividad internacional, en materia de costos de los negocios, por una depreciación en el tipo de cambio. El incremento de los costos nacionales debería compensarse de manera precisa con la caída de la moneda nacional en los mercados cambiarios. Igualmente, el gobierno contraería la economía por medio de una política monetaria sin preocuparse por mantener fija la paridad cambiaria.

Ajustes en la balanza comercial

Según el sistema de Bretton Woods, si un país desarrollaba un déficit permanente en su balanza comercial (más importaciones que exportaciones), esta situación no podía corregirse mediante una política nacional autónoma: era necesario que el FMI accediera a devaluar la moneda en relación con otras divisas. Los detractores de este sistema afirman que el mecanismo de ajuste funciona en forma mucho más fluida con un régimen de tipo de cambio flotante; y que si un país tiene déficit comercial constante, el desequilibrio entre la oferta y la demanda de su moneda en los mercados cambiarios (la oferta excede a la demanda) conduciría a la depreciación de su tipo de cambio. A su vez, al abaratar las exportaciones y encarecer las importaciones, una depreciación del tipo de cambio corregiría el déficit comercial.

Recuperación de la crisis

Los defensores de los tipos de cambio flotantes sostienen que los ajustes al tipo cambiario pueden ayudar a un país a lidiar con las crisis económicas. Cuando un país es golpeado por una crisis económica grave, como la crisis bancaria que afectó a Islandia en 2008 (véase "Caso inicial"), es común

8   Para un acercamiento a la materia de este debate véase P. Krugman, *Has the Adjustment Process Worked?*, Washington, D. C., Institute for International Economics, 1991; "Time to Tether Currencies", *The Economist*, 6 de enero de 1990, pp. 15-16; P. R. Krugman y M. Obstfeld, *International Economics: Theory and Policy*, Nueva York, HarperCollins, 1994; J. Shelton, *Money Meltdown*, Nueva York, Free Press, 1994; y S. Edwards, "Exchange Rates and the Political Economy of Macroeconomic Discipline", en *American Economic Review* 86, núm. 2, mayo de 1996, pp. 159-163.

que su moneda se deprecie en los mercados cambiarios extranjeros. Esto porque los inversionistas responden a la crisis sacando el dinero del país, vendiendo la moneda local y depreciando su valor; sin embargo, en algún momento, la moneda se abarata tanto que estimula las exportaciones. Eso es lo que ocurrió en Islandia cuando el krona perdió 50% de su valor ante el dólar estadounidense y el euro después de la crisis bancaria de 2008. Para 2009, las exportaciones de pescado y aluminio islandeses estaban en auge, lo que ayudó a sacar a la economía de Islandia de la recesión. Un proceso similar se presentó en Corea del Sur debido a la crisis bancaria asiática de 1997. El valor del won sudcoreano se hundió desde casi 800 hasta 1 700 respecto del dólar estadounidense. A su vez, el depreciado won ayudó a Corea del Sur a aumentar sus exportaciones, lo que generó una recuperación económica con base en ellas. Aunque en ambos países la depreciación de la moneda frente a otras divisas elevó los precios de las importaciones, condujo a un aumento de la inflación y a una más rápida recuperación de las economías, existe un precio a pagar por esta recuperación con base en las exportaciones debidas a la depreciación de la moneda.

Podemos hallar un contraste con la reciente situación en Grecia, donde la economía colapsó luego de la crisis financiera global de 2008-2009 y el país no se ha recuperado. Parte del problema en Grecia es que renunció a su propia moneda para adoptar el euro en 2001 y la moneda europea se ha conservado bastante fuerte, así que Grecia no tiene una independencia monetaria que le ayude a repuntar sus exportaciones y a estimular la recuperación económica.

DEFENSA DE LOS TIPOS DE CAMBIO FIJOS

Esta defensa se basa en la disciplina, especulación e incertidumbre monetarias, así como en la independencia entre la balanza comercial y los tipos de cambio.

Disciplina monetaria

Al analizar el sistema de Bretton Woods se examinó la naturaleza de la disciplina monetaria inherente a los tipos de cambio fijos. La necesidad de conservar una paridad cambiaria fija garantiza que los gobiernos no expandan sus ofertas monetarias con tasas inflacionarias. Mientras los partidarios de los tipos de cambio flotantes arguyen que cada país debe tener libertad para elegir su propia tasa de inflación (el argumento de la autonomía monetaria), los partidarios de los tipos de cambio fijos aseveran que, a menudo, los gobiernos ceden ante las presiones políticas y expanden la oferta monetaria demasiado rápido, lo que ocasiona una inflación inaceptablemente alta. Un régimen de tipos de cambio fijos garantiza que ello no ocurra.

Especulación

Los críticos de los tipos de cambio flotantes también sostienen que la especulación ocasiona fluctuaciones en los tipos de cambio. Apelan al auge vertiginoso y a la subsecuente caída del dólar frente a otras monedas durante la década de 1980, fenómeno que, según su visión, no tenía nada que ver con las tasas comparativas de inflación y el déficit comercial de Estados Unidos, pero sí con la especulación. Aseguran que, cuando las casas de cambio observan el encarecimiento de una moneda frente a otras divisas, ante la expectativa de una depreciación futura, tienden a venderla sin considerar las consecuencias a largo plazo en la moneda en cuestión. A medida que crece la reacción en cadena, las expectativas de depreciación se cumplen. Tal especulación desestabilizadora tiende a acentuar las fluctuaciones en torno del valor de largo plazo del tipo de cambio; que, además, daña la economía, pues distorsiona los precios de exportación e importación. Por tanto, los partidarios del tipo de cambio fijo manifiestan que tal sistema limitará los efectos desestabilizadores de la especulación.

Incertidumbre

La especulación también contribuye a generar incertidumbre sobre los movimientos monetarios futuros que caracterizan a los tipos de cambio flotantes. Lo imprevisible de los movimientos cambiarios luego de la era Bretton Woods dificultó la planeación de los negocios e hizo de la exportación, la importación y la inversión extranjera actividades riesgosas. Con un tipo de cambio volátil, los negocios internacionales no saben cómo reaccionar ante los cambios y, por lo regular, no lo hacen. ¿Por qué cambiar los planes de exportación, importación o inversión extranjera después de una caída de 6% del dólar este mes, cuando puede recuperarse el siguiente? Esta incertidumbre, de acuerdo con los observadores, obstaculiza el crecimiento del comercio y la inversión internacionales. Aseguran que el tipo de cambio fijo elimina eficazmente tal incertidumbre, promueve el crecimiento del comercio y la inversión internacionales. Los partidarios de la teoría opuesta responden que un mercado cambiario a futuro brinda protección ante los riesgos asociados con las fluctuaciones cambiarias (véase el capítulo 10), por lo que se exagera el efecto adverso de la incertidumbre sobre el crecimiento del comercio y la inversión internacional.

Ajustes en la balanza comercial y recuperación económica

Quienes defienden el régimen cambiario flotante afirman que estos tipos de cambio ajustan los desequilibrios comerciales y pueden contribuir a una rápida recuperación económica luego de una crisis. Los detractores cuestionan el vínculo cercano entre tipo de cambio, balanza comercial y crecimiento económico. Sostienen que el balance entre el ahorro y la inversión en un país determina los déficits comerciales y no el valor externo de su moneda.[9] Sustentan que la depreciación de una moneda genera inflación (por el aumento final en los precios de las importaciones). Esta inflación eliminará cualquier ganancia evidente en costos competitivos que se derive de la depreciación de la moneda. En otras palabras, un tipo de cambio que se deprecie no aumentará las exportaciones ni reducirá las importaciones, como sostienen los partidarios de las tasas de cambio flotantes: solo aumentará la inflación. En defensa de este argumento, quienes apoyan las tasas de cambio flotantes indican que la devaluación del dólar en 40% entre 1985 y 1988 no corrigió el déficit comercial estadounidense. Pero los partidarios del tipo de cambio flotante responden que, entre 1985 y 1992, el déficit comercial de dicho país descendió de 160 mil millones de dólares a prácticamente 70 mil millones de dólares, caída que atribuyen, en parte, solo en parte, a la devaluación del dólar. Además, la experiencia de países como Islandia y Corea del Sur parece sugerir que los tipos de cambio flotantes pueden ayudar a un país a recuperarse de una crisis económica grave.

¿QUIÉN TIENE LA RAZÓN?

En este acalorado debate entre tipos de cambio fijos y flotantes, ¿quién tiene la razón? Los economistas no pueden ponerse de acuerdo en este punto. Desde la perspectiva de los negocios, esta discordancia es desafortunada para las empresas, como actores principales del escenario comercial y la inversión internacionales, quienes tienen gran interés en la resolución del debate. ¿Estarían mejor los negocios internacionales en un régimen de tipos de cambio fijos o son más convenientes las tasas de cambio flexibles? No existe evidencia contundente.

Sin embargo, un régimen de tipo de cambio fijo no funcionaría según los lineamientos del sistema de Bretton Woods. ¡En última instancia, la especulación arruinó al sistema, fenómeno que los partidarios de los regímenes de tipos de cambio fijos sostienen que se asocia con las tasas flotantes! Aunque una variante del tipo de cambio fijo puede ser más duradera y fomentar la estabilidad que promovería un crecimiento más rápido del comercio y la inversión internacionales. En la siguiente sección, revisaremos los modelos potenciales de tal sistema y sus problemas asociados.

OA11-4 # Regímenes cambiarios en la práctica

Diferentes gobiernos de todo el mundo ponen en práctica una serie de políticas cambiarias. Varían desde una "libre flotación" pura, en la cual el tipo de cambio se determina por las fuerzas del mercado, hasta un sistema controlado que comparte ciertos aspectos con el sistema cambiario fijo de Bretton Woods, previo a 1973. Casi 21% de los miembros del FMI permiten que sus monedas floten libremente. Otro 23% interviene solo de manera limitada (flotación administrada). Existe otro 5% que no tiene una moneda de curso legal propia, sino unificada (sin contar a los países de la Unión Europea que han adoptado el euro); otros estados más pequeños, sobre todo de África o el Caribe, emplean una divisa extranjera como su moneda de curso legal dentro de sus fronteras, por lo general el dólar estadounidense o el euro. Los países restantes (43%) utilizan sistemas más inflexibles, como un

---

9   Varios economistas destacados proponen este argumento, en particular Robert McKinnon, de Stanford. Véase R. McKinnon, "An International Standard for Monetary Stabilization", en *Policy Analyses in International Economics* 8, 1984. Los detalles rebasan el alcance de este libro. Para una exposición relativamente accesible véase P. Krugman, *The Age of Diminished Expectations*, Cambridge, Massachusetts, MIT Press, 1990.

acuerdo fijo estable conforme al cual fijan sus monedas a otras, como el dólar estadounidense o el euro, o a una canasta de divisas. Otras naciones adoptan un sistema más flexible, según el cual su tipo de cambio fluctúa respecto de otras monedas dentro de una variación determinada (un sistema de tipo de cambio fijo ajustable). En esta sección, examinaremos con más detalle la mecánica y las consecuencias de los regímenes cambiarios que dependen de una vinculación o variación determinadas.

TIPOS DE CAMBIO VINCULADOS

En un sistema cambiario vinculado, un país fija el valor de su moneda al de otra más importante para que, por ejemplo, a medida que el dólar estadounidense aumente su valor, su propia moneda también lo haga. Los tipos de cambio vinculados son populares en muchas naciones pequeñas. Igual que en un sistema cambiario fijo absoluto, la gran virtud de este régimen cambiario consiste en que impone una disciplina monetaria en un país y controla la inflación; por ejemplo, si Belice vincula el valor del dólar beliceño al del dólar estadounidense, para que un dólar equivalga a 1.97 dólares de Belice (el valor de 2005), el gobierno de ese país debe garantizar que su tasa de inflación sea similar a la de Estados Unidos: si su tasa de inflación es mayor, se generará una presión para devaluar *su* dólar (es decir, para modificar la vinculación). Para conservar la vinculación, es indispensable que el gobierno de Belice frene la inflación. Por supuesto, para que este tipo de cambio imponga una disciplina monetaria en un país, la nación cuya moneda se elige también debe ejecutar una política monetaria sólida.

Se ha comprobado que un país que adopta este régimen cambiario modera sus presiones inflacionarias. Un estudio reciente del FMI concluyó que la tasa anual promedio de inflación en las naciones con estos regímenes cambiarios es de 8%, en comparación con 14% en los regímenes intermedios y 16% en los flotantes;[10] no obstante, muchos países operan solo con una vinculación nominal y, en la práctica, están dispuestos a devaluar su moneda en lugar de aplicar ajustes monetarios drásticos. Para un país pequeño, puede ser difícil mantener un vínculo monetario respecto de otra moneda si hay un flujo externo de capital y especulan en contra de su moneda. Algo parecido ocurrió en 1997, cuando una combinación adversa de flujos de capital y especulación monetaria forzó a varios países asiáticos, como Tailandia y Malasia, a abandonar su vínculo monetario respecto del dólar estadounidense y permitir la libre flotación de sus monedas. Ambas naciones no habrían llegado a esta posición de no haber padecido una serie de problemas en sus economías durante la década de 1990, como una deuda excesiva del sector privado y un importante déficit comercial.

CAJA DE CONVERSIÓN (CONSEJO MONETARIO)

La experiencia de Hong Kong durante la crisis monetaria asiática de 1997 añade una nueva dimensión al debate sobre la manera de administrar el tipo de cambio vinculado. Hacia finales de 1997, cuando otras monedas asiáticas se colapsaban, Hong Kong mantuvo el valor de su dólar respecto del dólar estadounidense en aproximadamente 7.80 por uno, a pesar de varios ataques especulativos coordinados, éxito debido a su política cambiaria de un consejo monetario. Un país que introduce un **consejo monetario** se compromete a convertir su moneda nacional, a solicitud y con un tipo de cambio fijo, en otra moneda. Para dar credibilidad a este compromiso, el consejo monetario reserva una cantidad de divisas de, al menos, 100% de la moneda nacional emitida, con base en el tipo de cambio fijo. El sistema en Hong Kong supone que su moneda debe respaldarse absolutamente por el dólar estadounidense con un tipo de cambio determinado. Este todavía no es un régimen cambiario fijo real porque el dólar estadounidense, y por extensión el dólar de Hong Kong, flota respecto de otras monedas, pero, sin duda, comparte características con un régimen cambiario fijo.

Con este acuerdo, el consejo monetario emite billetes y monedas nacionales solo cuando existen divisas de reserva como respaldo. Esto limita la capacidad del gobierno para imprimir dinero y, por tanto, crear presiones inflacionarias. Con un consejo monetario estricto, las tasas de interés se ajustan de manera automática. Si los inversionistas quieren convertir moneda nacional en, por ejemplo, dólares estadounidenses, la oferta de moneda nacional se reducirá. A su vez, esta reducción provocará el aumento en las tasas de interés hasta que, a la larga, sea atractivo para los inversionistas

---

[10] A. R. Ghosh y A. M. Guide, "Does the Exchange Rate Regime Matter for Inflation and Growth?", en *Economic Issues*, núm. 2, 1997.

poseer la moneda local otra vez. En el caso de Hong Kong, la tasa de interés sobre los depósitos de tres meses se elevó 20% a finales de 1997, cuando los inversionistas convirtieron dólares de Hong Kong en dólares estadounidenses; sin embargo, se mantuvo la vinculación al dólar y las tasas de interés declinaron de nueva cuenta.

Desde su establecimiento en 1983, el consejo monetario de Hong Kong ha resistido diversas tormentas, incluso la última. Este éxito parece convencer a otros países en vías de desarrollo para considerar un sistema similar. Argentina introdujo un consejo monetario en 1991 (pero lo eliminó en 2002), y Bulgaria, Estonia y Lituania siguieron el ejemplo en años recientes. A pesar del creciente interés en este sistema, los críticos no tardaron en señalar que los consejos monetarios tienen sus inconvenientes.[11] Si las tasas locales de inflación permanecen más elevadas que las tasas de inflación de la nación a la que se vincula su moneda, las divisas de los países con consejos monetarios pueden sobrevaluarse y perder competitividad (esto sucedió en el caso de Argentina, que contaba con un consejo monetario). Asimismo, el gobierno no puede establecer las tasas de interés si existe un consejo monetario; por ejemplo, y en la práctica, la Reserva Federal de Estados Unidos establece las tasas de interés en Hong Kong. Además, el colapso económico de Argentina en 2001 y la subsecuente decisión de abandonar su consejo monetario desestimuló la mayor parte del entusiasmo por administrar el tipo de cambio.

OA11-5 Manejo de crisis del FMI

Al principio, muchos analistas creyeron que el colapso del sistema de Bretton Woods, en 1973, reduciría la influencia del FMI dentro del sistema monetario internacional, cuya función original consistía en proporcionar recursos para los países miembros, disponibles mediante préstamos de corto plazo, para ajustar su balanza de pagos y mantener la estabilidad en su tipo de cambio. Algunos creyeron que la demanda de préstamos de corto plazo se reduciría de manera importante en un régimen de tipo de cambio flotante. Un déficit comercial quizá conduciría a la depreciación del tipo de cambio de un país, lo cual a su vez reduciría las importaciones e incrementaría las exportaciones. No se necesitaría algún préstamo del FMI para llevar a cabo los ajustes. Según esta visión, después de 1973, muchos países industrializados tendieron a dejar que el mercado cambiario determinara los tipos de cambio según la oferta y la demanda. Desde principios de la década de 1970, el rápido desarrollo de los mercados globales de capitales permitió a los países desarrollados, como Reino Unido y Estados Unidos, financiar su déficit comercial por medio de préstamos de los sectores privados sin recurrir al capital del FMI.

A pesar de estas tendencias, las actividades del FMI se han expandido durante los últimos 30 años. Para 2014, el FMI cuenta con 188 miembros, 52 de los cuales han sido apoyados con programas del Fondo. En 1997, la institución ejecutaba sus mayores paquetes de rescate al otorgar 110 mil millones de dólares en préstamos a corto plazo a tres países asiáticos en problemas: Corea del Sur, Indonesia y Tailandia, seguido por paquetes de rescate para Turquía, Rusia, Argentina y Brasil. Los préstamos del FMI aumentaron otra vez a finales de 2008, cuando surgió la crisis financiera global. Entre 2008 y 2010, el FMI concedió aproximadamente 100 mil millones de dólares en préstamos a economías emergentes en problemas, como Letonia, Grecia e Irlanda. En abril de 2009, en respuesta a una creciente crisis financiera, los principales miembros del FMI convinieron en triplicar los recursos de la institución de 250 mil millones a 750 mil millones de dólares, otorgándole así la solidez económica para actuar en forma enérgica en tiempos de crisis financiera mundial.

Las actividades del FMI se expandieron porque las crisis financieras periódicas deterioraron muchas economías luego de la era Bretton Woods. En repetidas ocasiones, el FMI presta dinero a naciones que padecen crisis financieras, pero solicita a cambio que los gobiernos practiquen determinadas políticas macroeconómicas. Los detractores del FMI arguyen que dichas políticas no siempre son tan útiles como se desearía y, en algunos casos, empeoran la situación. Con los recientes préstamos del FMI a algunas economías asiáticas, tales críticas alcanzaron nuevos niveles y existe un fuerte debate respecto de la función adecuada de dicho organismo. En esta sección, expondremos algunos de los principales desafíos a los que se enfrentó el FMI durante las últimas tres décadas y revisaremos el largo debate sobre su función.

---

[11] "The ABC of Currency Boards", en *The Economist*, 1 de noviembre de 1997, p. 80.

Crisis cambiaria de México en 1995

El peso mexicano ha estado vinculado al dólar desde principios de la década de 1980, cuando el Fondo Monetario Internacional puso esta condición para prestar dinero al gobierno mexicano y ayudarlo a salir de la crisis financiera de 1982. Mediante un acuerdo estructurado por el FMI, el peso podría moverse dentro de una banda de tolerancia de +/– 3% respecto del dólar. La banda también podía descender a diario, lo cual permitiría al peso una depreciación anual de +/– 4% respecto del dólar. El FMI creía que la necesidad de mantener un tipo de cambio dentro de una banda de transacción muy angosta forzaría al gobierno mexicano a adoptar políticas financieras estrictas para limitar el crecimiento de la oferta monetaria y contener la inflación.

Hasta principios de la década de 1990, parecía que la política del FMI había funcionado; sin embargo, en 1994 empezaron a aparecer presiones inflacionarias. Desde mediados de la década de 1980, los precios se elevaron 45% más que en Estados Unidos y, a pesar de ello, no se había hecho el ajuste correspondiente al tipo de cambio. A finales de 1994, México presentaba un déficit comercial de 17 mil millones de dólares, casi 6% del producto interno bruto del país, y hubo un rápido incremento de la deuda de los sectores público y privado. A pesar de estas tensiones, los funcionarios del gobierno mexicano declararon públicamente que mantendrían la paridad en aproximadamente un dólar por 3.5 pesos, por medio de la adopción de políticas monetarias apropiadas y la intervención en los mercados monetarios, en caso de necesidad. Con el estímulo de tales declaraciones públicas, fluyó al país una inversión extranjera de 64 mil millones de dólares entre 1990 y 1994, a medida que las corporaciones y los administradores de los fondos mutualistas de inversión pretendían aprovechar la economía en ascenso.

Sin embargo, muchos operadores de divisas concluyeron que el peso debería devaluarse, y empezaron a vender moneda mexicana en los mercados cambiarios. El gobierno intentó controlar la situación con la compra de pesos y la venta de dólares, pero careció de las reservas necesarias para detener tal corriente especulativa (las reservas de México descendieron de casi 25 mil millones de dólares, a principios de 1994, a poco más de 6 mil millones de dólares a finales de ese año). A mediados de diciembre de 1994, el gobierno mexicano anunció una devaluación súbita. De inmediato, gran parte del dinero de la inversión de corto plazo que había fluido hacia acciones y bonos mexicanos durante el año previo revirtió su curso, conforme los inversionistas extranjeros se deshicieron de los activos financieros nominados en pesos. Este proceso se exacerbó por la venta precipitada del peso y contribuyó a una rápida caída en 40% de su valor.

El FMI intervino de nuevo, esta vez junto con el gobierno estadounidense y el Banco Internacional de Pagos. En conjunto, las tres instituciones otorgaron aproximadamente 50 mil millones de dólares para que México estabilizara el peso y amortizara los 47 mil millones de dólares de deuda del sector público y privado, cuyo plazo vencía en 1995. De esta cantidad, 20 mil millones de dólares vinieron del gobierno estadounidense, y otros 18 mil millones, del FMI (lo que convirtió a México en el mayor receptor de ayuda del Fondo hasta ese momento). Sin esa ayuda, quizás México habría caído en un incumplimiento de la deuda y el peso habría sufrido una caída libre aún mayor. Como es natural en tales casos, el FMI insistió en que era necesario establecer políticas monetarias estrictas y cortes adicionales al gasto público, medidas que ocasionaron que la nación cayera en una profunda recesión; no obstante, esta fue relativamente corta y en 1997 el país retomaba el camino del crecimiento, había reducido su deuda y reembolsaba, de manera anticipada, 20 mil millones de dólares al gobierno estadounidense.[12]

CRISIS FINANCIERAS LUEGO DE LA ERA BRETTON WOODS

Durante los últimos 30 años, hubo diversos tipos de crisis financieras y muchos requirieron la intervención del FMI. Una **crisis cambiaria** ocurre cuando un ataque especulativo al valor cambiario de una moneda ocasiona una depreciación aguda, o bien, las autoridades se ven obligadas a disponer de grandes sumas de reservas internacionales para elevar las tasas de interés y así defender el tipo de cambio predominante. Esto sucedió en Brasil en 2002 y el FMI intervino para estabilizar el valor de la moneda brasileña en los mercados cambiarios, prestando en moneda extranjera. La **crisis bancaria** alude a la pérdida de confianza en un sistema bancario, algo que lleva a los individuos y a las compañías a retirar sus depósitos, lo que ocurrió en Islandia en 2008 (véase el "Caso inicial"). Una **crisis por deuda externa** se presenta cuando un país no puede cumplir con las obligaciones relativas

---

[12] P. Carroll y C. Torres, "Mexico Unveils Program of Harsh Fiscal Medicine", en *The Wall Street Journal*, 10 de marzo de 1995, pp. Al, A6, y "Putting Mexico Together Again", en *The Economist*, 4 de febrero de 1995, p. 65.

Christine Lagarde encabeza el FMI.

a una deuda contraída en el extranjero, por el sector privado o público. Esto sucedió en Grecia, Irlanda y Portugal en 2010.

Estas crisis tienden a compartir causas macroeconómicas de fondo: altas tasas relativas de inflación, déficit creciente en la cuenta corriente, aumento excesivo de los préstamos nacionales, altos déficits gubernamentales e inflación en el precio de los activos financieros (como los precios de las acciones y propiedades).[13] En ocasiones, los elementos de las crisis monetaria, bancaria y de deuda externa se presentan de manera simultánea, como en las crisis asiáticas de 1997, las argentinas de 2000 y 2002, y la de Irlanda en 2010.

Para evaluar la frecuencia de las crisis financieras, el FMI revisó hace poco el desempeño macroeconómico de un grupo de 53 países, entre 1975 y 1997 (22 desarrollados y 31 en desarrollo).[14] El FMI observó 158 crisis cambiarias, con 55 episodios en los cuales la moneda de un país declinó más de 25%. También, hubo 54 crisis bancarias. Los datos del FMI sugieren que las naciones en desarrollo son doblemente propensas a crisis cambiarias y bancarias en comparación de las naciones desarrolladas. Por tanto, no sorprende que la mayoría de los préstamos del FMI, desde mediados de la década de 1970, se dirigieran a las naciones en desarrollo. En la sección anterior, "Vistazo a un país", se detalla el desarrollo de la crisis monetaria en México durante 1995.

En 1997, varias monedas asiáticas comenzaron a caer rápidamente cuando los inversionistas internacionales se dieron cuenta de que había una burbuja especulativa en la región. Retiraron el dinero en monedas locales, lo cambiaron a dólares estadounidenses y tales divisas empezaron a caer precipitadamente. Las depreciaciones monetarias iniciaron en Tailandia y de ahí, en un proceso de contagio, se esparcieron con rapidez a otros países de la región. Estabilizar esas divisas requirió de una ayuda masiva del FMI. En el caso de Corea del Sur, las empresas locales habían acumulado grandes deudas al invertir mucho en nueva capacidad industrial. Para 1997, descubrieron que tenían demasiada capacidad industrial y no podían generar el ingreso requerido para pagar su deuda. Los bancos y compañías del país también cometieron el error de pedir prestado en dólares, en la mayoría de los casos en forma de préstamos a corto plazo que vencerían en un año. Así, cuando el won co-

---

[13] Fondo Monetario Internacional, *World Economic Outlook, 1998*, Washington, D. C., FMI, 1998.
[14] *Idem.*

reano empezó a depreciarse en el otoño de 1997, en sintonía con los problemas que ocurrían en toda Asia, las empresas sudcoreanas observaron cómo sus deudas crecían. Muchas grandes compañías se vieron obligadas a declararse en bancarrota. Esto desencadenó una depreciación en los mercados de divisas y valores coreanos que fue difícil de parar.

Con su economía al borde del colapso, el gobierno solicitó, el 21 de noviembre, 20 mil millones de dólares en préstamos contingentes al FMI. A medida que progresaban las negociaciones, fue evidente que Corea del Sur necesitaría mucho más que la suma que había solicitado. El 3 de diciembre de 1997, el FMI y el gobierno de Corea del Sur acordaron que la nación recibiría 55 mil millones de dólares. A cambio, se exigía a los sudcoreanos abrir su economía y el sistema bancario a los inversionistas extranjeros. Asimismo, se comprometieron a restringir a sus grandes empresas, las *chaebol*, mediante la reducción de su participación en el financiamiento bancario y la publicación de sus estados de cuenta financieros consolidados, así como la ejecución de auditorías externas independientes. Con base en la liberación comercial, el FMI informó que Corea del Sur cumpliría con sus compromisos con la Organización Mundial del Comercio; esto es, eliminaría los subsidios relacionados con el comercio y el licenciamiento restrictivo sobre las importaciones, y modernizaría sus procedimientos de certificación de importaciones, todo lo cual abriría la economía sudcoreana a una mayor competencia extranjera.[15]

EVALUACIÓN DE LAS POLÍTICAS RECOMENDADAS POR EL FMI

En 2012, el FMI otorgó préstamos a 52 países en aprietos por crisis económicas y cambiarias. Todos esos préstamos incluían algunas condiciones. Hasta fecha muy reciente, el Fondo ha insistido en una combinación de políticas macroeconómicas drásticas, como recortes del gasto público, mayores tasas de interés y una política monetaria estricta. A menudo, también ejerce presión para lograr la desregulación de los sectores antes protegidos de la competencia nacional y extranjera, la privatización de los activos estatales y una mejor información financiera del sector bancario. Tales políticas están diseñadas para enfriar economías sobrecalentadas, pues su objetivo es controlar la inflación y reducir el gasto y la deuda del gobierno. Esta serie de recomendaciones políticas ha sido objeto de fuertes críticas de muchos observadores y el propio FMI ha empezado a cambiar esta visión.[16]

Políticas inadecuadas

Una crítica consiste en que la estrategia "unitalla" (un solo modelo se ajusta para todo) del FMI aplicada a la política macroeconómica es inadecuada para muchas naciones. En el caso de la crisis asiática de 1997, los detractores sostienen que las políticas macroeconómicas draconianas impuestas por este organismo no se adaptan a los países que padecen no una inflación y gasto gubernamental excesivos, sino una crisis debida a la deuda del sector privado con matices deflacionarios.[17]

En Corea del Sur, por ejemplo, el gobierno presentó un superávit presupuestal durante años (de 1994 a 1996 fue de 4% del PIB) y una tasa de inflación baja de 5%. El país tenía el segundo lugar financiero más fuerte entre los miembros de la Organización para la Cooperación y el Desarrollo Económicos (OCDE). A pesar de este fuerte posicionamiento, los observadores afirman que el FMI insistía en aplicar las mismas políticas que recomienda a los países con una elevada inflación. El Fondo le exigió que mantuviera una tasa de inflación de 5%; sin embargo, por el colapso de su moneda y la elevación subsecuente de los precios de las importaciones, como el petróleo, los críticos señalaron que las presiones inflacionarias aumentarían inevitablemente en el país. En este escenario, para sostener una tasa de inflación de 5%, los sudcoreanos se verían forzados a aplicar una política monetaria innecesariamente rigurosa. Por consiguiente, las tasas de interés de corto plazo saltaron de 12.5% a 21% justo después de que el país firmara su pacto inicial con el FMI. Este aumento en el costo del dinero dificultó aún más que las compañías cumplieran con el pago de su deuda, cuyo plazo era excesivamente corto, y los críticos presentaron esta evidencia para argumentar que el re-

---

[15] T. S. Shorrock, "Korea Starts Overhaul; IMF Aid Hits $55 Billion", en *Journal of Commerce*, 8 de diciembre de 1997, p. 3A.

[16] Véase J. Sachs, "Economic Transition and Exchange Rate Regime", en *American Economic Review* 86, núm. 92, mayo de 1996, pp. 147-152, y J. Sachs, "Power into Itself", en *Financial Times*, ll de diciembre de 1997, p. 11.

[17] Sachs, "Power unto Itself".

medio prescrito por el FMI en realidad aumentó la probabilidad de amplias moratorias corporativas en lugar de reducirla.

El FMI rechazó esta crítica en su momento. Según la institución, su tarea principal consistía en restituir la confianza en el won. Una vez conseguido dicho objetivo, la moneda se recuperaría de sus niveles de sobreventa, lo cual a su vez reduciría el monto de la deuda sudcoreana en dólares expresada en wons, lo que facilitaría a las compañías saldar su deuda. Asimismo, subrayó que, al solicitar a Corea del Sur la eliminación de las restricciones sobre la inversión extranjera directa, el capital extranjero fluiría hacia el país para beneficiarse de los activos baratos. Esto también incrementaría la demanda de moneda coreana y ayudaría a mejorar el tipo de cambio dólar/won.

Corea del Sur se recuperó con rapidez, en apoyo a la posición del FMI. A pesar de que la economía se contrajo 7% en 1998, en el año 2000 repuntó a una tasa de 9% (según el crecimiento del PIB). La inflación, que llegó a 8% en 1998, cayó a 2% en 2000, y el desempleo bajó de 7% a 4% durante el mismo periodo. El won bajó a 1 812 por dólar a principios de 1998, pero, en 2000, estaba de regreso en 1 200, donde parece haberse estabilizado.

Riesgo moral

Una segunda observación al FMI consiste en que los esfuerzos de rescate exacerban un problema conocido entre los economistas como **riesgo moral**. Este surge cuando la gente se comporta irresponsablemente porque sabe que recibirá ayuda si las cosas van mal. Los detractores indican que muchos bancos japoneses y occidentales estaban dispuestos a prestar grandes cantidades de capital a las principales compañías asiáticas durante el auge de la década de 1990; y también que ahora debe obligarse a los bancos a pagar el precio de sus imprudentes políticas de préstamo, aunque eso signifique el cierre de varias instituciones financieras.[18] Solo con medidas drásticas, sostienen, los bancos aprenderán de sus errores y no se precipitarán a otorgar préstamos en el futuro. Al brindar apoyo a estas naciones, el FMI reduce la probabilidad de incumplimiento de la deuda y, en realidad, rescata a los bancos cuyos préstamos originaron esa situación.

Este argumento pasa por alto dos puntos decisivos. En primer lugar, si se obligara a algunos bancos japoneses u occidentales expuestos de manera importante al conflicto de las economías asiáticas a dar por perdidos sus préstamos por la propagación del incumplimiento de la deuda, habría sido difícil contener el efecto; por ejemplo, el cierre de destacados bancos japoneses podría haber detonado un desplome de los mercados financieros del país. De modo casi inevitable, esta caída habría generado un grave declive en los mercados de valores de todo el mundo. Mediante su participación con apoyo financiero, el FMI intentaba evitar ese riesgo. En segundo lugar, no es correcto suponer que algunos bancos no pagarán el precio de sus irresponsables políticas de préstamo. El FMI insistió en el cierre de bancos en Corea del Sur, Tailandia e Indonesia después de la crisis financiera asiática de 1997. Los bancos extranjeros con préstamos a corto plazo, que esperan el pago de las empresas sudcoreanas, han sido forzados por las circunstancias a reprogramar dichos préstamos con tasas de interés que no compensan la prórroga del vencimiento del préstamo.

Falta de rendición de cuentas

La crítica final al FMI consiste en que para ser una institución que carece de mecanismos reales de responsabilidad ante terceros, ha adquirido demasiado poder.[19] El Fondo determinó políticas macroeconómicas en esos países; sin embargo, según críticos como el destacado economista Jeffrey Sachs, el FMI, con un personal de menos de mil elementos, carece de la especialización que se requiere para hacer un buen trabajo. La prueba en apoyo de Sachs es que el Fondo colmaba de elogios a los gobiernos de Tailandia y Corea del Sur solo unos meses antes de que ambos países cayeran en crisis. Después, diseñó un programa draconiano para Corea del Sur, sin tener un conocimiento profundo de esa nación. La solución de Sachs consiste en reformar al FMI para que pueda emplear a expertos que no pertenezcan a la institución y que sus operaciones estén abiertas a un mayor escrutinio externo.

Observaciones

Como sucede con muchos debates en torno de la economía internacional, aún no queda claro quién tiene la razón en cuanto a las políticas del FMI. Hay casos en los cuales puede sostenerse que fueron

---

[18] Martin Wolf, "Same Old IMF Medicine", en *Financial Times*, 9 de diciembre de 1997, p. 12.

[19] Sachs, "Power unto Itself".

contraproducentes o que solo tuvieron un éxito limitado; por ejemplo, es cuestionable el éxito de la intervención del FMI en Turquía, pues el país tuvo que aplicar 18 programas del Fondo desde 1958. Sin embargo, el FMI puede señalar algunos logros notables, como su contención de la crisis asiática, que habría podido estremecer hasta la médula al sistema monetario internacional, y sus acciones en 2008-2010 para contener la crisis financiera global, acudiendo rápidamente en rescate de Islandia, Irlanda, Grecia y Letonia. De manera similar, muchos analistas le reconocen su hábil manejo de las situaciones políticamente difíciles, como la crisis del peso mexicano, y su promoción exitosa de una filosofía de libre mercado.

La economía de Asia se recuperó varios años después de la intervención del FMI. Desde luego que todas las naciones evitaron ser víctimas de un colapso catastrófico que pudo haber ocurrido sin su intervención, y aunque algunos países aún enfrentan problemas considerables, no es evidente que la intervención del organismo internacional haya sido la causa. El FMI no puede forzar a las naciones a adoptar las políticas que les diseña para corregir el mal manejo económico. Si bien un gobierno se compromete a emprender acciones correctivas a cambio de un préstamo del FMI, los problemas políticos internos pueden dificultar el cumplimiento de ese compromiso. En tales casos, el Fondo está entre la espada y la pared, pues, si decide retener su dinero, puede ocasionar un colapso financiero y el contagio que pretende evitar.

Finalmente, cabe destacar el hecho de que, en años recientes, el FMI ha comenzado a cambiar sus políticas. En respuesta a la crisis financiera mundial de 2008-2009, el Fondo empezó a urgir a los países a adoptar políticas con estímulos fiscales y alivio monetario, exactamente lo opuesto a lo que había defendido tradicionalmente. Algunos economistas de la institución sostienen hoy que los altos índices de inflación pueden ser algo positivo, si la consecuencia es un mayor crecimiento en la demanda agregada, lo que ayudaría a sacar a las naciones de condiciones de recesión. En otras palabras, el FMI está comenzando a mostrar la flexibilidad en sus políticas de respuesta que sus detractores aseveran que le falta. Aunque un control riguroso a la política fiscal y los estrictos objetivos de la política monetaria pueden ser apropiados para países que padecen altos índices de inflación, la crisis económica asiática y la crisis financiera global de 2008-2009 no fueron ocasionados por la inflación, sino por una deuda excesiva, y la "nueva visión" del FMI parece estar hecha a la medida para enfrentar esto.[20]

IMPLICACIONES PARA LOS ADMINISTRADORES

Las implicaciones para los negocios internacionales del material de este capítulo se centran en tres grandes áreas: administración de divisas, estrategia de los negocios y relaciones entre compañías y gobierno.

OA11-6

ADMINISTRACIÓN DE DIVISAS

Una implicación evidente respecto de la administración de divisas consiste en que las empresas deben reconocer que el mercado cambiario no funciona exactamente como vimos en el capítulo 10. El sistema actual posee una naturaleza híbrida, cuya combinación de intervención gubernamental y actividad especulativa determina sus características y funcionamiento. Las empresas comprometidas en actividades cambiarias importantes deben recordar dicha premisa y ajustar sus transacciones cambiarias en consecuencia; por ejemplo, la unidad administrativa de divisas de Caterpillar presume que ganó millones de dólares en las horas posteriores a la notificación del Acuerdo Plaza mediante la venta de dólares y compra de divisas de las que esperaba un aumento de valor en el mercado cambiario tras la intervención gubernamental.

Con el presente sistema, la compra y venta especulativa de divisas puede generar movimientos muy volátiles de los tipos de cambio (como demostró el auge y el desplome del dólar durante la década de 1980 y la crisis económica asiática a finales del de 1990). A la inversa de las predicciones de la teoría de la paridad del poder adquisitivo (véase el capítulo 10), puede observarse que los movimientos de

[20] "New Fund, Old Fundamentals", en *The Economist*, 2 de mayo de 2009, p. 78.

los tipos de cambio durante las décadas de 1980 y 1990 no parecen haber recibido una gran influencia de las tasas de inflación relativas. En la medida en que los tipos de cambio volátiles incrementen el riesgo cambiario, los negocios se verán amenazados. Por otro lado, y como estudiamos en el capítulo 10, el mercado cambiario cuenta con una serie de instrumentos, como los mercados *forward*, de futuros y los *swaps* de divisas, que brindan protección ante el riesgo cambiario. No sorprende que el uso de estos instrumentos haya aumentado de forma importante desde el colapso del sistema de Bretton Woods, en 1973.

ESTRATEGIA DE NEGOCIOS

La volatilidad actual del régimen cambiario global representa un asunto difícil para los negocios internacionales. No es fácil predecir los movimientos cambiarios, a pesar de que tienen un efecto relevante en la posición competitiva de las empresas. Para un ejemplo detallado, véase la sección "Panorama administrativo", sobre Airbus. Frente a la incertidumbre del valor futuro de su divisa, las compañías pueden utilizar el mercado de tipos de cambio a futuro, como lo hizo en su momento Airbus; sin embargo, este mercado está lejos de predecir con exactitud los tipos de cambio futuros (véase el capítulo 10). Además, es difícil, si no imposible, obtener una cobertura de seguro adecuada para las variaciones de los tipos de cambio que puedan ocurrir en varios años por venir; el mercado de tipos de cambio a futuro tiende a ofrecer una cobertura por las alteraciones que se presentarán durante algunos meses, no años. Por lo anterior, es lógico adoptar estrategias que incrementen la flexibilidad estratégica de una empresa frente a movimientos cambiarios impredecibles; es decir, estrategias que reduzcan la vulnerabilidad económica de la compañía (como se vio en el capítulo 10).

Una forma de mantener la flexibilidad estratégica puede ser distribuir la producción alrededor del mundo como auténtica cobertura contra las fluctuaciones monetarias (la posible estrategia de Airbus). Considere el caso de Daimler-Benz, compañía automotriz y aeroespacial alemana orientada a las exportaciones. En junio de 1995, la empresa sorprendió al país cuando anunció que ese año esperaba una gran pérdida de aproximadamente 720 millones de dólares. La causa era la sólida moneda alemana, que se había apreciado casi 4% respecto del conjunto de las principales monedas desde principios de 1995, y se elevó casi 30% respecto del dólar desde finales de 1994. Para mediados de 1995, el tipo de cambio era de 1.38 marcos por dólar. La administración de Daimler estimaba que no podría obtener ganancias con un tipo de cambio inferior a 1.60 marcos por dólar. El cuerpo directivo de la compañía concluyó que el aumento del marco respecto del dólar quizá sería permanente, por lo que decidió desplazar su producción fuera de Alemania e incrementar la compra de componentes extranjeros. La idea era reducir la vulnerabilidad de la compañía ante los movimientos de tipos de cambio futuros. Incluso antes de su adquisición de Chrysler Corporation en 1998, la división Mercedes-Benz planeaba producir 10% de sus automóviles fuera de Alemania en el año 2000, sobre todo en Estados Unidos. De igual manera, la decisión de las fábricas de autos japonesas para expandir su capacidad productiva en Estados Unidos y Europa puede verse en el contexto de la apreciación del valor del yen entre 1985 y 1995, que elevó el valor de las exportaciones japonesas. Para las empresas, establecer su capacidad de producción en el extranjero es una cobertura ante la continua apreciación del valor del yen (así como contra las barreras comerciales).

Otra forma de construir una estrategia flexible supone contratar fabricación externa. Este viraje posibilita a una compañía turnar proveedores de país en país en respuesta a los cambios en los costos relativos derivados de los movimientos cambiarios; sin embargo, este tipo de estrategia solo funciona en el caso de la producción de bajo valor agregado (por ejemplo, textiles), en la que cada fabricante individual cuenta con pocas capacidades de la empresa que contribuyan al valor del producto. Esta estrategia no es adecuada para la producción de alto valor agregado, en que la tecnología y las capacidades propias de la compañía añaden un valor significativo al producto (por ejemplo, la industria de equipo pesado) y en la cual la sustitución de los costos es, en consecuencia, elevada. Para la producción de bienes de alto valor agregado, la sustitución de proveedores llevaría a una reducción del valor agregado, lo cual contrarrestaría cualquier ganancia de costos debido a las fluctuaciones cambiarias.

Las funciones del FMI y el Banco Mundial en el actual sistema monetario internacional también tienen consecuencias para la estrategia de negocios. El Fondo actúa cada vez más como policía macroeconómico de la economía mundial e insiste en que los países que necesitan préstamos considerables adopten sus políticas macroeconómicas. Casi siempre, tales políticas suponen medidas antiinflacionarias y reducciones del gasto gubernamental que, en el corto plazo, suelen generar una grave contracción de la demanda agregada. Las empresas internacionales que venden o producen en dichas naciones necesitan estar conscientes de ello al planear sus actividades. En el largo plazo, ese tipo de políticas impuestas por el FMI puede promover el crecimiento económico y la expansión de la demanda agregada, lo cual crea oportunidades para los negocios internacionales.

Airbus y el euro

En 2003, Airbus tenía razón para celebrar: por primera vez en su historia, la compañía había vendido más aviones comerciales que su eterno rival, Boeing. Airbus entregó 305 aviones en 2003, contra 281 de Boeing; sin embargo, la celebración se silenció debido a que la fuerza del euro frente al dólar estadounidense empañaba el futuro de la empresa. Airbus, con base en Toulouse, Francia, fija el precio de sus aviones en dólares, al igual que su rival, pero más de la mitad de sus costos son en euros. Así que, mientras el valor del dólar bajaba respecto del euro —y cayó más de 50% entre 2002 y finales de 2009—, los costos de Airbus aumentaron en proporción a sus ingresos, presionando sus ganancias.

En el corto plazo, la caída del dólar respecto del euro no perjudicó a Airbus. Al recurrir a los mercados de futuros, la empresa equilibró los riesgos de su exposición al dólar en 2005 y estaba cubierta para 2006; no obstante, anticipando que el dólar se mantendría débil respecto del euro, comenzó a tomar otras medidas para reducir su exposición económica a una divisa europea fuerte. Luego de reconocer que elevar los precios no era una opción, dada la fuerte competencia de Boeing, Airbus decidió concentrarse en reducir sus costos. Un paso para lograrlo era dar a sus proveedores estadounidenses gran parte del trabajo en los nuevos modelos de aviones, como el súper jumbo A380 y el A350. También, cambió de proveedores europeos a estadounidenses para producir sus modelos más antiguos. Este cambio aumentaría la proporción de sus costos calculados en dólares, lo cual restaría vulnerabilidad a las ganancias frente al incremento del euro y reduciría los costos de construcción cuando se convirtieran en euros.

Además, Airbus alienta a sus proveedores europeos a que coticen en dólares. Como la mayoría de ellos lo hace en euros, para poder cumplir con los deseos de Airbus también debían trasladar su trabajo a Estados Unidos o a los países cuya moneda estuviera vinculada al dólar. Así, Zodiac, importante proveedor francés, anunció que estaba considerando efectuar algunas adquisiciones en Estados Unidos. Airbus no solo impulsa a sus proveedores a fijar los precios de sus componentes en dólares, sino que exige lo mismo de los proveedores de su programa A400M, aeronave militar que se venderá en euros a los gobiernos europeos. Más allá de esos pasos, el director general de EADS, matriz de Airbus, declaró que estaría dispuesto a ensamblar la aeronave en Estados Unidos si eso ayudara a ganar importantes contratos en dicho país.[21]

RELACIONES GOBIERNO-EMPRESA

Como actores principales del comercio y la inversión internacionales, las empresas influyen en las políticas gubernamentales relacionadas con el sistema monetario internacional; por ejemplo, un intenso cabildeo gubernamental de los exportadores estadounidenses ayudó a convencer al gobierno de su país de que debía intervenir en el mercado cambiario. Con esto en mente, las compañías pueden y deben utilizar su influencia para promover un sistema monetario internacional que facilite el crecimiento del comercio y la inversión internacionales. Aún se debate si es óptimo o no un régimen cambiario fijo o de flotación libre; no obstante, la volatilidad cambiaria que el mundo experimentó durante las décadas de 1980 y 1990 creó un ambiente menos propicio para el comercio y la inversión internacionales que uno con tipos de cambio más estables. Por tanto, parece benéfico para el comercio internacional promover un sistema monetario internacional que minimice los movimientos cambiarios volátiles, en particular cuando no se relacionan con medidas básicas económicas de largo plazo.

[21] D. Michaels, "Airbus Deliveries Top Boeing's; But Several Obstacles Remain", en *The Wall Street Journal*, 16 de enero de 2004, p. A9; J. L. Gerondeau, "Airbus Eyes U. S. Suppliers as Euro Gains", en *Seattle Times*, 21 de febrero de 2004, p. C4; "Euro's Gains Create Worries in Europe", en *Houston Chronicle.com*, 13 de enero de 2004, p. 32; y K. Done, "Soft Dollar and A380 Hitches Lead to EADS Losses", en *Financial Times*, 9 de noviembre de 2006, p. 32.

RESUMEN

En este capítulo, se explicó el funcionamiento del sistema monetario internacional, así como sus implicaciones en los negocios internacionales, y se trataron estos aspectos:

1. El patrón oro es un sistema monetario que vincula la moneda al oro y garantiza su convertibilidad. Se pensó que contenía un mecanismo automático que contribuía al equilibrio en

la balanza comercial de todos los países. El patrón oro colapsó durante la década de 1930 conforme los países se empeñaron en una sucesión de devaluaciones competitivas.

2. El sistema de tipos de cambio fijos de Bretton Woods se estableció en 1944. El dólar estadounidense fue su moneda central y el valor de las otras monedas se vinculó a este. Las devaluaciones importantes de los tipos de cambio solo se llevaban a cabo con permiso del FMI, cuya función era mantener el orden del sistema monetario internacional para evitar la repetición de las devaluaciones competitivas de la década de 1930 y controlar la inflación mediante una disciplina monetaria en los países.

3. El sistema de tipo de cambio fijo colapsó en 1973, en especial por la presión especulativa sobre el dólar, luego de un aumento de la inflación y del déficit de la balanza comercial en Estados Unidos.

4. Desde 1973, el mundo funciona con un régimen de tipo de cambio flotante, y los tipos de cambio se han vuelto más volátiles y mucho menos predecibles. Esta volatilidad reavivó el debate sobre las ventajas de los sistemas de tipos de cambio fijos y flotantes.

5. Los defensores de los tipos de cambio flotantes sostienen que tal sistema da a los países autonomía respecto de su política monetaria y facilita un ajuste suave de los desequilibrios comerciales.

6. Los defensores de los tipos de cambio fijos sostienen que: *a*) la necesidad de mantener un tipo de cambio fijo impone cierta disciplina monetaria sobre un país; *b*) los tipos de cambio flotantes son vulnerables a la presión especulativa; *c*) la incertidumbre que acompaña a los tipos de cambio flotantes detiene el crecimiento del comercio y la inversión internacional, y *d*) lejos de corregir los desequilibrios comerciales, depreciar una moneda en el mercado cambiario tiende a causar inflación.

7. En el actual sistema monetario internacional, algunos países adoptaron tipos de cambio flotantes o vincularon sus monedas, por ejemplo al dólar estadounidense o a un conjunto de divisas, con la finalidad de que fluctúen dentro de una banda determinada.

8. Luego de la era Bretton Woods, el FMI continuó desempeñando su importante función de ayuda a las naciones para salir de sus crisis financieras, por medio del préstamo de considerables cantidades de capital a gobiernos con problemas en su balanza de pagos, aunque a cambio requiere la adopción de ciertas políticas macroeconómicas.

9. Existe un debate importante sobre lo apropiado de las políticas macroeconómicas del FMI. Los detractores sostienen que impone condiciones poco adecuadas a las naciones en vías de desarrollo que reciben sus préstamos.

10. El actual sistema de flotación administrada del tipo de cambio aumenta la importancia de la administración cambiaria en el comercio internacional.

11. La volatilidad de los tipos de cambio en el actual sistema de flotación administrada crea tanto oportunidades como amenazas. Una forma de responder a esta volatilidad es adoptar una flexibilidad estratégica mediante la distribución de la producción alrededor del mundo, la subcontratación en el extranjero (de bajo valor agregado) y otros recursos.

Preguntas de análisis y razonamiento crítico

1. ¿Por qué colapsó el patrón oro? ¿Existen argumentos en favor de la recuperación de algún tipo de patrón oro? ¿Cuáles?

2. ¿Qué oportunidades crean las políticas de préstamos del FMI a países en desarrollo respecto del comercio internacional? ¿Qué amenazas pueden representar?

3. ¿Cree que las políticas del FMI, los ajustes monetarios drásticos y la reducción del gasto público sean siempre apropiadas para las naciones en desarrollo víctimas de una crisis monetaria? ¿De qué forma puede modificar sus posturas el FMI? ¿Cuáles serían las implicaciones para los negocios internacionales?

4. Comente las ventajas relativas de los regímenes cambiarios fijos y flotantes. Desde la perspectiva de los negocios internacionales, ¿cuáles son los criterios más relevantes para elegir alguno de estos? ¿Qué sistema es el más deseable para los negocios internacionales?

5. Imagine que Canadá, Estados Unidos y México deciden adoptar un sistema de tipo de cambio fijo. ¿Cuáles serían las probables consecuencias de tal sistema para: *a*) los negocios internacionales y *b*) el flujo del comercio y la inversión entre los tres países?

6. Vuelva a leer la sección "Vistazo a un país" sobre el dólar estadounidense, los precios del petróleo y el reciclaje de los petrodólares, y responda las siguientes preguntas:

a) ¿Qué le ocurriría al valor del dólar si los productores de petróleo decidieran invertir la mayor parte de sus ganancias por ventas del hidrocarburo en proyectos locales de infraestructura?

b) ¿Qué factores determinan el interés relativo de los activos en dólares, euros y yenes para los productores petroleros abundantes en petrodólares? ¿Qué podría llevarlos a destinar más fondos hacia activos que no estén nominados en dólares?

c) ¿Qué le sucedería al valor del dólar estadounidense si los países miembros de la OPEP decidieran invertir más petrodólares en activos no nominados en dólares, como acciones y bonos en euros?

d) Además de los productores de petróleo, China también ha acumulado una gran reserva de dólares, que hoy se estima en 1.4 billones. ¿Qué le ocurriría al valor del dólar si China y las naciones productoras de petróleo dejaran de invertir en activos en dólares al mismo tiempo? ¿Cuáles serían las consecuencias para la economía de Estados Unidos?

Proyecto de investigación globaledge.msu.edu

Sistema monetario internacional

Ingrese a la página electrónica de globalEDGE (globaledge.msu. edu) para efectuar estos ejercicios:

Ejercicio 1

El *Global Financial Stability Report* es un informe semestral de la división de mercados de capital del FMI, que incluye una evaluación de los riesgos que enfrentan los mercados financieros mundiales. Ubique y descargue el informe más reciente para obtener un panorama general de los problemas principales que están actualmente en discusión. Además, descargue un informe de hace cinco años. ¿Cómo se comparan los temas de hace cinco años respecto de los problemas financieros identificados en el informe actual?

Ejercicio 2

Un elemento esencial para entender el sistema monetario internacional es mantenerse actualizado sobre las corrientes mundiales de crecimiento. Un colega alemán le comentó ayer que el *Deutshe Bank Research* es una forma eficaz de mantenerse informado sobre los temas relevantes de las finanzas internacionales, desde una perspectiva europea. Un área de interés para el sitio son los mercados emergentes y los riesgos económicos y financieros que enfrentan. Encuentre un informe de investigación sobre un mercado emergente y analícelo. ¿En qué región emergente eligió basarse? ¿Cuáles son los aprendizajes clave del informe que seleccionó?

CASO FINAL

Problemas monetarios en Malawi

Cuando Bingu wa Mutharika, el execonomista del Banco Mundial, se convirtió en presidente de Malawi, nación al este de África, en 2004, parecía ser el comienzo de una nueva era para uno de los países más pobres del mundo. Rodeado de tierra y sin salida al mar, la mayor parte de su población subsiste con menos de un dólar al día. Mutharika era su salvador. Introdujo un programa de subsidios a los fertilizantes para ayudar a los campesinos pobres y les dio semillas. La producción agrícola se expandió y la economía floreció, creciendo 7% anual entre 2005 y 2010. Los donantes internacionales estaban encantados con él y el dinero empezó a fluir procedente del Reino Unido y Estados Unidos. Para 2011, la ayuda externa representaba más de la mitad del presupuesto anual de Malawi.

A nadie sorprendió que Mutharika fuera reelegido en 2009. Entonces, las cosas principiaron a derrumbarse, pues Mutharika se volvió cada vez más dictatorial. Dividió a los banqueros centrales y a los ministros del país para tener completo control de la política económica. Se llamó a sí mismo "Economista en Jefe". Persiguió y encarceló a los críticos locales y amenazó a los periódicos independientes. Cuando se filtró un cable de un embajador británico que describía a Mutharika como "autocrático e intolerante a la crítica", este expulsó al embajador. Inglaterra respondió congelando una ayuda de 550 millones de dólares durante cuatro años. Cuando a mediados de 2011 la policía asesinó a protestantes antigobierno, otros donantes retiraron su apoyo, incluido Estados Unidos. Mutharika dijo a los donantes que se fueran al infierno. Para empeorar el asunto, las ventas de tabaco, que solían representar 60% de los ingresos en divisas extranjeras, se desplomaron tras una reducción de la demanda internacional y la cada vez menor calidad del producto local, que había sido dañado por una persistente sequía.

Para finales de 2011, Malawi experimentaba una crisis de divisas extranjeras de gran escala. El Fondo Monetario Internacional urgió a Mutharika a devaluar el kwacha, la moneda de Malawi, para fomentar las exportaciones de té y tabaco. El kwacha se vinculó al dólar estadounidense en 170 por dólar. El FMI esperaba que Malawi adoptara un tipo de cambio de 280 por dólar, algo más cercano al tipo de cambio en el mercado negro. Mutharika se rehusó alegando que esto causaría una inflación en los precios y dañaría a los pobres del país. También, se rehusó a reunirse con una delegación del FMI porque sus delegados eran "demasiado inexpertos". El Fondo suspendió un programa de préstamos por 79 millones de dólares, exacerbando aún más la crisis de divisas. Malawi estaba en picada.

A principios de abril de 2012, Mutharika sufrió un infarto masivo, fue llevado de urgencia al hospital en Lilongwe, la capital, pero, irónicamente, los medicamentos que necesitaba estaban agotados: ¡el hospital no tenía moneda extranjera para comprarlos! Mutharika murió. A pesar de una gran oposición de sus partidarios, que querían que su hermano lo sucediera, Joyce Banda, el vicepresidente, prestó juramento como presidente. Aunque nadie lo ha declarado públicamente, parece evidente que una intensa presión diplomática del Reino Unido y Estados Unidos persuadió a los partidarios de Mutharika a ceder. Una vez en el poder, Banda anunció que Malawi devaluaría el kwacha en 40%. El FMI desbloqueó el programa de préstamos, mientras que los donantes extran-

jeros, incluidos el Reino Unido y Estados Unidos, declararon que reanudarían sus programas.[22]

---

[22] P. McGroarty, "Currency Woes Curb Business in Malawi", en *The Wall Street Journal*, 4 de abril de 2012; P. McGroarty, "Malawi Hopes New Leader Spurs Recovery", en *The Wall Street Journal*, 8 de abril de 2012; J. Herskovitz, "Malawi Paid Price for Ego of Economist in Chief", Reuters, 16 de abril de 2012; y A. R. Martínez y F. Jomo, "Malawi to Devalue Kwacha 40% to Unlock Aid", en *Bloomberg BusinessWeek*, 27 de abril de 2012.

Preguntas para analizar el caso

1. ¿Cuáles fueron las causas de los problemas monetarios de Malawi?

2. ¿Por qué Mutharika no hizo caso a los llamados del FMI para devaluar la moneda? Si hubiera vivido y permanecido en el poder, ¿qué piensa que habría ocurrido con la economía de Malawi, asumiendo que no cambiaría su posición?

3. Ahora que la moneda de Malawi ha sido devaluada, ¿cuáles considera que serán las consecuencias económicas? ¿Es algo benéfico para la economía?

El mercado de capitales global

12

OBJETIVOS DE APRENDIZAJE

Al terminar este capítulo, usted deberá ser capaz de:

OA12-1 Describir los beneficios del mercado de capitales global.

OA12-2 Identificar por qué el mercado de capitales global ha crecido tan rápidamente.

OA12-3 Entender los riesgos asociados con la globalización de los mercados de capitales.

OA12-4 Comparar y contrastar los beneficios y riesgos asociados con los mercados de eurodivisas, de bonos global y de valores global.

OA12-5 Comprender la forma en que el riesgo en el mercado de divisas afecta el costo del capital.

Disminución de los flujos de capital extranjero: ¿reajuste o retirada?

Caso inicial

Durante décadas, los flujos de capital extranjero, incluidos los préstamos, los flujos de inversión extranjera directa y las compras de bonos y valores de renta variable, crecieron sin detenerse, reflejando la integración de los mercados nacionales de capital a un solo y gigante sistema mundial. Los flujos de capital extranjero aumentaron de 500 millones de dólares en 1980 a un máximo de 11 800 millones en 2007 y después colapsaron. Para 2012, tales flujos se habían contraído a 4 600 millones de dólares, 60% menos que su máximo anterior. Al parecer, el mercado de capitales global estaba en retirada.

Para comprender los motivos, debemos regresar a 2008, cuando una gran crisis arrasó el mercado de capitales global y casi paralizó los ductos financieros que lubrican el mecanismo de la economía mundial. Las instituciones y corporaciones financieras de todo el mundo se prestan y piden prestados entre ellas miles de millones de dólares como parte de su rutina. La mayoría de los bancos y corporaciones emiten notas *no aseguradas* conocidas como *papel comercial* con un vencimiento fijo de entre uno y 270 días. Esta es la forma en que dichas empresas tienen acceso a dinero en efectivo para cumplir con sus obligaciones a corto plazo, como la nómina y los pagos a pro-

veedores. Como las notas no están aseguradas, y tampoco respaldadas por activos específicos, solo los bancos y corporaciones con excelentes historiales crediticios pueden vender su papel comercial a un precio razonable el cual se determina con base en la tasa de interés interbancaria del mercado de Londres (London Interbank Offered Rate, mejor conocida como tasa LIBOR), que es la tasa de interés a la cual los bancos se prestan unos a otros. Por lo común, la tasa LIBOR está muy cerca del interés cargado por los bancos centrales nacionales, como la Reserva Federal de Estados Unidos para el dólar estadounidense.

A principios de 2008, los bancos de diversos países comenzaron a tener problemas conforme se hacía evidente que el valor de los títulos con respaldo hipotecario iba en picada a causa de una caída en el precio de las casas y el consiguiente aumento de la tasa de interés en las hipotecas, sobre todo en Estados Unidos y Gran Bretaña, donde los prestamistas habían suscrito hipotecas cada vez más riesgosas en los años previos. Estas hipotecas se agrupaban en títulos y después se vendían a otras instituciones financieras. Asimismo, muchas instituciones tenían derivados complejos cuyo valor se fijaba al valor subyacente de los títulos respaldados por hipotecas. Ahora dichas instituciones se enfrentaban a grandes deudas incobrables en sus carteras de títulos con respaldo hipotecario y sus derivados asociados. Una de esas instituciones, Lehman Brothers, había asumido posiciones de riesgo en el mercado de títulos con respaldo hipotecario. La firma cayó en bancarrota en septiembre de 2008, luego de que el gobierno estadounidense decidió no rescatarla.

Sin embargo, la bancarrota de Lehman envió señales de alarma a los mercados financieros mundiales. En efecto, el gobierno estadounidense había declarado que estaba preparado para dejar que las grandes instituciones financieras se desplomaran. De inmediato, los bancos redujeron sus préstamos a corto plazo por dos motivos: primero, sintieron la necesidad de aprovisionarse de efectivo porque ya no conocían el valor de los títulos con respaldo hipotecario que tenían en sus estados financieros. Segundo, temían prestar a otros bancos, pues dichas instituciones podían quebrar y ya no recuperarían su dinero.

Como resultado, la tasa de interés LIBOR se elevó con rapidez; por ejemplo, la tasa para el dólar estadounidense había estado 0.2% por encima de la tasa de interés a tres meses de los bonos del Tesoro en 2007, una diferencia normal. No obstante, ésta se incrementó a 3.3% a finales de 2008, alzando el costo del préstamo a corto plazo casi de 16 veces. Muchas corporaciones descubrieron que no podían acceder a capitales a un precio razonable. Los fondos del mercado de dinero, que en periodos normales son grandes compradores de papel comercial, emigraron a activos ultraseguros como los bonos del Tesoro de Estados Unidos, lo cual disminuyó el rendimiento de los bonos del Tesoro a tres meses a niveles históricos y condujo, además, a una brusca elevación del valor del dólar estadounidense respecto de otras divisas. En esencia, la inyección financiera de la economía global se estaba congelando. Si no se hacía algo al respecto, muchas empresas podían volverse insolventes y una oleada de bancarrotas podía extenderse por todo el orbe, hundiendo al mundo en una seria recesión, o incluso, en una depresión.

En este momento, algunos gobiernos salieron a resolver el problema. La Reserva Federal estadounidense entró al mercado de papel comercial estableciendo un fondo para comprarlo a intereses cercanos a los de los bonos del Tesoro. Los bancos centrales de Japón, Gran Bretaña y la Unión Europea tomaron medidas similares. Cuando los participantes del mercado de capitales global vieron que los gobiernos estaban dispuestos a entrar en el mercado de papel comercial, también relajaron sus restricciones a los préstamos y la tasa LIBOR empezó a bajar de nuevo. El gobierno estadounidense creó el Troubled Asset Relief Program (TARP, o programa de rescate a los activos en problemas), permitiendo al Tesoro comprar o asegurar hasta 700 mil millones de dólares en "activos problemáticos". Mediante este plan, el gobierno principió a inyectar capital a bancos en problemas, comprándoles activos que eran difíciles de valorar, como los títulos con respaldo hipotecario, lo que envió el mensaje de que ya no habría más bancarrotas como la de Lehman y contribuyó a descongelar el mercado del papel comercial. Se había evitado una gran crisis, pero solo por poco margen. Aunque el precio establecido de 700 mil millones de dólares del TARP sorprendió a la gente, la mayor parte del dinero prestado a los bancos bajo el programa fue rápidamente pagado con intereses, y para 2012, las estimaciones sugerían que el costo total para el contribuyente sería cercano a los 24 mil millones de dólares.

Cinco años después de la crisis, el mercado de capitales global no se ha recuperado del todo de su pico de 2007. ¿Es esto señal de retirada de la globalización del capital o simplemente un reajuste? La mayoría de los observadores estiman que es lo último. La economía del mundo ha crecido con lentitud desde 2008, y los problemas económicos persisten en muchas regiones, en particular en Europa, donde varios gobiernos continúan agobiados con niveles insosteniblemente altos de deuda soberana que limita su capacidad para lidiar con un crecimiento económico lento y una tasa de desempleo alta. A pesar de ello, la economía mundial continúa su integración impulsada por un crecimiento económico más vigoroso de las naciones en desarrollo, y a medida que este proceso avance, será inevitable que los mercados de capitales globales comiencen a expandirse de nuevo para sustentar el comercio extranjero de bienes y servicios, así como las inversiones transfronterizas.[1]

 Introducción

El "caso inicial" ilustra cuánto se han interconectado los mercados de capitales en nuestra era global. Los bancos y las corporaciones se prestan dinero unos a otros para cumplir con sus obligaciones a corto plazo mediante la emisión de papel comercial. El mercado para este tipo de valores es un auténtico mercado de capitales global, con tasas de interés establecidas por el London Interbank Offered Rate (conocidas como tasa LIBOR), cuyos participantes de todo el mundo efectúan intercambios entre sí. Su eficiente operación es vital para el funcionamiento de la economía global; sin ella, los bancos dejarían de hacer préstamos, las corporaciones no podrían tener acceso al capital que requieren para pagar sus facturas, los negocios se contraerían, no podrían cubrirse las nóminas, los proveedores no podrían cobrar y el comercio internacional se estancaría.

En este capítulo, explicaremos cómo funciona el mercado de capitales global. Comenzaremos exponiendo los beneficios asociados con la globalización de los mercados de capitales. Luego, ana-

1 Susan Lund *et al.*, "Financial Globalization: Retreat or Reset?", McKinsey Global Institute, marzo de 2013; "Blocked Pipes", en *The Economist*, 4 de octubre de 2008, pp. 73-75; "On Life Support", en *The Economist*, 4 de octubre de 2008, pp. 77-78; M. Boyle, "The Fed's Commercial Paper Chase", en *BusinessWeek Online*, 8 de octubre de 2008, p. 5; y M. Gordon, "TARP Bailout Costs to Taxpayers Expected to Be Lower", en *Christian Science Monitor*, 17 de diciembre de 2012.

lizaremos con más detalle su crecimiento y los riesgos macroeconómicos que este conlleva. En seguida, revisaremos tres de sus principales segmentos: el mercado de la eurodivisa y los mercados de bonos y de valores de renta variable. Como siempre, cerraremos el capítulo exponiendo algunas de las implicaciones de tales acontecimientos para la práctica de los negocios internacionales.

Beneficios del mercado de capitales global

OA12-1

Aunque esta sección trata del mercado de capitales global, iniciaremos explicando las funciones del mercado de capitales genérico. Después, estudiaremos las limitaciones de los mercados de capitales nacionales y expondremos los beneficios de utilizar los mercados de capitales globales.

FUNCIONES DE UN MERCADO DE CAPITALES GENÉRICO

El mercado de capitales reúne a quienes desean invertir dinero y a quienes desean pedirlo prestado (véase la figura 12.1). Entre los que desean invertir, se encuentran las corporaciones con superávit de efectivo, los individuos y las instituciones financieras no bancarias (por ejemplo, los fondos de pensiones y las compañías aseguradoras). Los que piden dinero prestado son individuos, empresas y gobiernos. Entre ambos grupos, se sitúan los intermediarios del mercado, esto es, las empresas de servicios financieros que enlazan a los inversionistas y a los prestatarios, de manera directa o indirecta; incluyen a la banca comercial (por ejemplo, Citi y U.S. Bank) y a la banca de inversión (por ejemplo, Goldman Sachs).

La banca comercial efectúa una función de conexión indirecta: toma los depósitos en efectivo de individuos y corporaciones, y les paga intereses. Después, presta ese dinero a prestatarios a una tasa de interés mayor. Su ganancia radica en la diferencia entre las tasas de interés (que comúnmente se conoce como *margen de las tasas de interés*). Por su parte, la banca de inversión lleva a cabo una función de conexión directa: reúne a inversionistas y prestatarios, y les cobra comisiones por hacerlo; por ejemplo, Goldman Sachs puede actuar como corredor de bolsa para alguien que desea invertir algo de dinero. Su personal le asesorará sobre las adquisiciones más atractivas y comprarán acciones en su nombre, cargando una tarifa por su servicio.

Los préstamos de este tipo de mercado pueden ser de capital o de deuda. Existe un préstamo de capital cuando una corporación vende acciones a los inversionistas. El dinero que dicha corporación recibe a cambio de sus acciones puede destinarse a comprar plantas y equipos, a efectuar proyectos de investigación y desarrollo, a pagar salarios, etc. Un paquete de acciones le da a su dueño el derecho de reclamar parte del flujo de utilidades de una compañía. Finalmente, la corporación responde a este derecho por medio del pago de dividendos a sus accionistas (aunque muchas empresas jóvenes y de rápido crecimiento dan dividendos hasta que su negocio ha madurado y su índice de crecimiento se hace más lento). La cantidad de dividendos no se fija por adelantado, sino que la administración los determina con base en el monto de utilidades que obtiene la compañía. Los inversionistas adquieren las acciones tanto por sus dividendos como para anticiparse a su aumento de precio, que en teoría refleja los rendimientos futuros. Los precios de las acciones se elevan cuando se proyecta que la corporación obtendrá mayores ganancias en el futuro, lo que incrementa la probabilidad de que genere pagos de rendimientos futuros.

Un préstamo de deuda demanda que la corporación vuelva a pagar una parte predeterminada de la cantidad que le fiaron (el precio del capital más el interés establecido) a intervalos regulares, con independencia de cuáles sean los rendimientos. La administración no decide cuánto les pagará a sus inversionistas. Los préstamos de deuda incluyen préstamos en efectivo provenientes de bancos

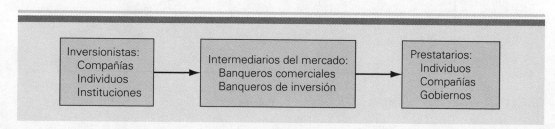

FIGURA 12.1

Los principales jugadores en un mercado de capital genérico.

| Inversionistas:
Compañías
Individuos
Instituciones | → | Intermediarios del mercado:
Banqueros comerciales
Banqueros de inversión | → | Prestatarios:
Individuos
Compañías
Gobiernos |

y fondos reunidos con la venta de bonos corporativos a los inversionistas. Cuando estos compran un bono corporativo, adquieren el derecho de recibir un flujo de utilidad específico de la corporación por una cantidad determinada de años (es decir, hasta la fecha de vencimiento del bono). El periodo de vencimiento de los préstamos de deuda oscila de un plazo muy largo (como 20 años) a uno extremadamente corto, como aquellos que vencen a un solo día.

ATRACTIVOS DEL MERCADO DE CAPITALES GLOBAL

Un mercado de capitales global beneficia tanto a los prestatarios como a los inversionistas. A los primeros, porque aumenta los fondos disponibles para préstamos y reduce el costo del capital. A los segundos, debido a que les ofrece una gama más amplia de oportunidades de inversión, lo que les permite integrar portafolios de inversiones internacionales que diversifican sus riesgos.

Perspectiva del prestatario: menor costo del capital

En un mercado de capitales estrictamente local o doméstico, el grupo de inversionistas se limita a los residentes del país. Esta frontera coloca un techo a la cantidad de fondos disponibles para los prestatarios; en otras palabras, la liquidez del mercado es limitada. Por su parte, el mercado de capitales global, que da cabida a una cantidad mucho mayor de inversionistas, proporciona más fondos disponibles para préstamos.

Quizá la desventaja principal de la liquidez limitada de un mercado de capitales doméstico sea que el costo del capital tiende a ser más alto que en un mercado global. El costo de capital es el precio que se paga por el dinero prestado, que es el interés que los prestatarios deben pagar a los inversionistas. Esta es la tasa de interés de los préstamos de deuda, los rendimientos y las ganancias esperadas en los préstamos de capital. En un mercado nacional, la restricción de la cantidad de inversionistas implica que los prestatarios deben pagar más para persuadir a quienes invierten de que les presten su dinero. La mayor cantidad de inversionistas en un mercado internacional entraña que los prestatarios podrán pagar menos.

Este argumento se ilustra en la figura 12.2, en la cual se utiliza como ejemplo a Deutsche Telekom (para más detalles véase también el siguiente "Panorama administrativo"). Deutsche Telekom recabó más de 13 mil millones de dólares mediante la oferta simultánea de sus acciones en Frankfurt, Nueva York, Londres y Tokio. El eje vertical de la figura 12.2 es el costo del capital (el precio del dinero prestado) y el horizontal, la cantidad de dinero disponible con diversas tasas de interés. DD es la curva de demanda de préstamos de Deutsche Telekom. Obsérvese que la demanda de fondos de esta compañía varía con el costo de capital: mientras menor sea este, más dinero pedirá prestado

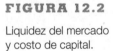

FIGURA 12.2

Liquidez del mercado y costo de capital.

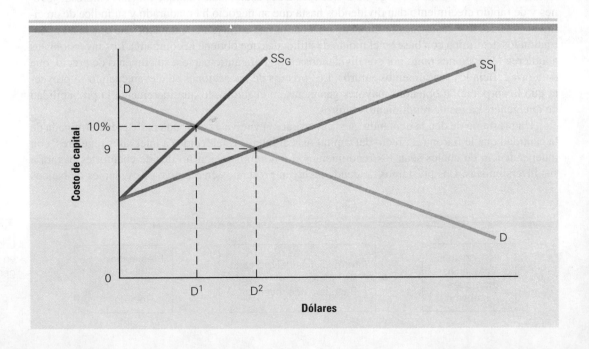

Deutsche Telekom aprovecha el mercado de capitales global

En la tercera economía más grande del mundo, Deutsche Telekom es una de las empresas telefónicas más poderosas del planeta. Hacia finales de 1996, la compañía era propiedad del gobierno alemán, aunque, a mediados de dicha década, este manifestó su intención de privatizarla mediante la venta de acciones al público. Tal esfuerzo de privatización estaba motivado por dos factores: 1) la percepción de que las empresas paraestatales tienden a ser inherentemente ineficientes, y 2) la inevitable desregulación de la industria de las telecomunicaciones de la Unión Europea en 1998, que prometía exponer a Deutsche Telekom por primera vez a la competencia extranjera. La compañía se percató de que, para ser más competitiva, requeriría de enormes inversiones en nueva infraestructura de telecomunicaciones, lo que incluía sistemas inalámbricos y fibra óptica o, de otro modo, comenzaría a perder participación en su propio mercado nacional ante competidores más eficientes como AT&T y British Telecom a partir de 1998. En las mejores circunstancias, sería difícil financiar tales inversiones por medio de fuentes estatales, y casi imposible a finales de la década, cuando el gobierno alemán intentaba limitar su déficit presupuestal para ajustarse a los criterios de membresía de la unión monetaria europea. Con un decidido apoyo del gobierno, Deutsche Telekom esperaba financiar sus inversiones en equipo clave mediante la venta de sus acciones al público.

Desde un punto de vista financiero, la privatización parecía todo menos sencilla. En 1996, Deutsche Telekom fue valuada en casi 60 mil millones de dólares. Si conservaba este valor como compañía privada, dejaría atrás a las demás empresas inscritas en la bolsa de valores alemana; sin embargo, muchos analistas dudaban de que hubiera una cantidad siquiera aproximada a 60 mil millones de dólares disponible en el país para invertir en acciones de Deutsche Telekom. Uno de los problemas era que no existía la costumbre de invertir en acciones al menudeo en Alemania. En 1996, solo uno de cada veinte ciudadanos alemanes poseía acciones, comparado con uno de cada cuatro o cinco en Estados Unidos y Gran Bretaña. Este desinterés en comprar acciones ocasionaba una ausencia relativa de liquidez en el mercado bursátil. Tampoco los bancos, inversionistas tradicionales en acciones empresariales de Alemania, parecían muy entusiasmados en apoyar semejante esfuerzo masivo de privatización. Otro problema era que una ola de privatizaciones recorría Alemania y el resto de Europa, por lo que Deutsche Telekom tendría que competir con muchas otras compañías paraestatales para atraer la atención de los inversionistas. Debido a estos factores, quizá la única forma en que la empresa podría reunir 60 mil millones de dólares a través del mercado de capitales de Alemania sería prometer a los inversionistas un rendimiento que elevaría su costo de capital por encima de los niveles de rentabilidad.

Los directivos de Deutsche Telekom llegaron a la conclusión de que debían privatizar la compañía en etapas y vender una parte sustancial de las acciones a inversionistas extranjeros. Los planes de la empresa contemplaban efectuar una oferta pública inicial (OPI) de 623 millones de acciones a 18.50 dólares estadounidenses cada una, lo que representaba 25% de su valor total.

Con un valor total proyectado excesivo de 13 mil millones de dólares, incluso esta venta "limitada" de acciones representaba la mayor OPI en la historia europea, y la segunda mayor del mundo después de que la compañía japonesa NTT (Nippon Telegraph & Telephone Corp), el monopolio japonés de telefonía, vendiera en 1987 acciones por 15 600 millones de dólares. Luego de estimar que no había forma de que el mercado de capitales alemán pudiera absorber incluso esta venta parcial del activo de Deutsche Telekom, sus directivos decidieron inscribir de manera simultánea las acciones y ofrecerlas a la venta en Frankfurt (donde se ubica la bolsa de valores alemana), Londres, Nueva York y Tokio, medida que atrajo inversionistas de todo el mundo. La OPI se ejecutó con éxito en noviembre de 1996 y recaudó 13 300 millones de dólares para la empresa.[2]

(el dinero es como todo lo demás: mientras menor sea el precio, más puede comprar la gente). SS_G representa la curva de fondos disponibles en el mercado de capitales alemán, y SS_1 son los fondos disponibles en el mercado de capitales global. Nótese que Deutsche Telekom puede pedir prestados más fondos a menor precio en el mercado de capitales global. Como se muestra en la figura 12.2, mientras mayor sea la cantidad de recursos en el mercado de capitales global (la mayor liquidez) su costo es menor y se incrementa la cantidad que la empresa puede solicitar en préstamo. Así, la ventaja de un mercado de capitales global para los prestatarios es que disminuye el costo del capital.

Los problemas de la liquidez limitada no se restringen a las naciones menos desarrolladas, que naturalmente tienden a tener mercados de capitales más pequeños. En décadas recientes, incluso compañías muy grandes con sede en algunas de las naciones avanzadas más industrializadas del mundo

² J. O. Jackson, "The Selling of the Big Pink", en *Time*, 2 de diciembre de 1996, p. 46; S. Ascarelli, "Privatization Is Worrying Deutsche Telekom", en *The Wall Street Journal*, 3 de febrero de 1995, p. A1; "Plunging into Foreign Markets", en *The Economist*, 17 de septiembre de 1994, pp. 86-87; y A. Raghavan y M. R. Sesit, "Financing Boom: Foreign Firms Raise More and More Money in the U. S. Market", en *The Wall Street Journal*, 5 de octubre de 1993, p. A1.

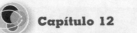
han explotado los mercados de capitales internacionales en su búsqueda de mayor liquidez y menor costo de capital, como lo hicieron las empresas alemanas Daimler y Deutsche Telekom.[3]

Perspectiva del inversionista: diversificación del portafolio

Los inversionistas recurren al mercado de capitales global porque tienen un rango mucho más amplio de oportunidades de inversión que en un mercado de capital nacional. La ventaja principal de esta opción es que los inversionistas pueden diversificar sus portafolios internacionalmente, lo que reduce su riesgo a niveles menores de los que podrían correr en un mercado nacional. Consideraremos cómo funciona este esquema para el caso de las acciones, aunque sucede lo mismo para los bonos.

Piense en un inversionista que compra acciones de una empresa de biotecnología que aún no ha generado un producto nuevo. Imagine que el precio de las acciones es muy volátil: muchos inversionistas compran y venden las acciones en respuesta a cierta información respecto de las perspectivas de la compañía. Dichas acciones son una inversión arriesgada: los inversionistas pueden ganar mucho si la empresa genera un producto comercializable, pero también pueden perder todo su dinero si la compañía genera un producto que no se venda; no obstante, pueden protegerse contra el riesgo asociado con estas acciones si compran títulos de otras firmas, sobre todo de aquellas que se relacionan poco o nada con las acciones de biotecnología. Si se tienen varias acciones en un portafolio diversificado, las pérdidas en que se incurre cuando algunas de ellas no cumplen sus expectativas disminuyen ante las ganancias que se recaban cuando otras acciones las superan.

A medida que un inversionista aumenta la cantidad de acciones en su portafolio, su riesgo tiende a disminuir. Al principio, este declive es rápido; sin embargo, la tasa de disminución se reduce y el riesgo se aproxima asintóticamente al riesgo sistemático del mercado. El término "riesgo sistemático" alude a los movimientos del valor del portafolio de acciones atribuibles a fuerzas macroeconómicas que afectan a todas las compañías en una economía, más que a factores específicos de una empresa. El riesgo sistemático es el nivel de riesgo no diversificable en una economía. La figura 12.3 ilustra la relación en Estados Unidos a partir de los datos de un estudio clásico de Solnik.[4] Estos datos sugieren que un portafolio estadounidense totalmente diversificado implica solo 27% del riesgo de una acción individual característica.

Al diversificar el portafolio internacionalmente, un inversionista puede reducir todavía más el nivel de riesgo porque las variaciones en los precios del mercado de valores entre países no están perfectamente correlacionadas; por ejemplo, un estudio examinó la correlación entre tres índices bursátiles. El Standard & Poor's 500 (S&P 500) resumía los movimientos de las grandes casas de bolsa de Estados Unidos; el índice Morgan Stanley Capital International Europe, Australia and Far East (EAFE) se dedicaba a registrar los movimientos bursátiles en otras naciones desarrolladas, y el tercer índice, el International Finance Corporation Global Emerging Markets (IFC) se concentraba en los movimientos bursátiles de "economías emergentes" menos desarrolladas. Entre 1981 y 1994, la correlación entre los índices S&P 500 y EAFE fue de 0.45, lo que sugiere que se movieron en paralelo solo 20% del tiempo (es decir, $0.45 \times 0.45 = 0.2025$). La correlación entre el S&P 500 y el IFC fue aún menor, de 0.32, lo que revela que solo se movieron en paralelo 10% del tiempo.[5] Otros estudios han confirmado que, a pesar de las observaciones casuales, los distintos mercados accionarios nacionales parecen estar solo moderadamente correlacionados. Una investigación demostró que, entre 1972 y 2000, la correlación par a par promedio entre los cuatro mayores mercados accionarios del mundo (Estados Unidos, el Reino Unido, Alemania y Japón) fue de 0.475, lo que apunta a que dichos mercados se movieron en conjunto solo 22% del tiempo ($0.475 \times 0.472 = 0.22$, o 22% de variación compartida).[6]

La correlación relativamente baja entre el movimiento de los mercados accionarios en diferentes naciones refleja dos factores básicos: primero, los países siguen variadas políticas macroeconó-

---

[3] D. Waller, "Daimler in $250m Singapore Placing", en *Financial Times*, 10 de mayo de 1994.

[4] B. Solnik, "Why Not Diversify Internationally Rather Than Domestically?", en *Financial Analysts Journal*, julio de 1974, p. 17.

[5] C. G. Luck y R. Choudhury, "International Equity Diversification for Pension Funds", en *Journal of Investing 5*, núm. 2, 1996, pp. 43-53.

[6] W. N. Goetzmann, L. Li y K. G. Rouwenhorst, "Long Term Global Market Correlations", en *The Journal of Business*, enero de 2005, pp. 78-126.

FIGURA 12.3

Reducción del riesgo mediante la diversificación del portafolio.

Fuente: B. Solnik, "Why Not Diversify Internationally Rather Than Domestically?" Adaptado con permiso de *Financial Analysts Journal*, julio/agosto de 1974, p. 17. Copyright 1974. Federación de Analistas Financieros, Charlottesville, VA. Todos los derechos reservados.

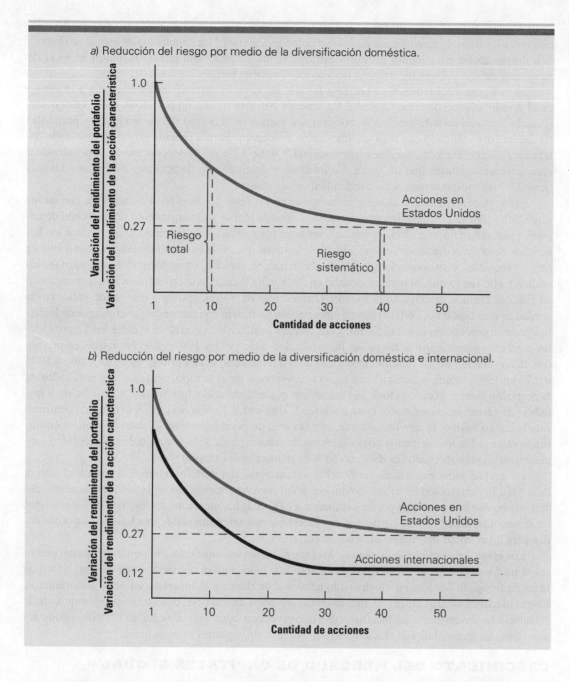

a) Reducción del riesgo por medio de la diversificación doméstica.

b) Reducción del riesgo por medio de la diversificación doméstica e internacional.

micas y se enfrentan a condiciones económicas distintas; por ejemplo, en 1997, los mercados accionarios de algunos países asiáticos, incluidos Corea del Sur, Malasia, Indonesia y Tailandia, perdieron más de 50% de su valor en respuesta a la crisis financiera de ese continente, mientras que, al mismo tiempo, el S&P 500 aumentó su valor más de 20%. Segundo, los mercados accionarios aún están un poco aislados unos de otros por los controles de capital; es decir, por las restricciones de flujos de capital que atraviesan las fronteras (aunque, como ya se mencionó, tales restricciones están reduciéndose con rapidez). Las restricciones más comunes son los límites a la cantidad de acciones de una compañía que puede comprar un extranjero, y a la capacidad de los ciudadanos de un país para invertir su dinero fuera de sus fronteras; por ejemplo, hasta fechas recientes, era difícil que los extranjeros comprasen más de 30% de las acciones de las empresas sudcoreanas. Las estrictas restricciones a los flujos de capital dificultaban mucho que los ciudadanos chinos pudiesen sacar dinero de su país para invertirlo en activos extranjeros. Dichas barreras a la entrada y salida de capitales restringen la capacidad del capital para circular con libertad por el mundo en busca de los más óptimos rendimientos en términos de riesgo; por lo que, en un momento dado, puede haber demasiado capital invertido en algunos mercados y muy poco en otros. Esta asimetría tenderá a generar diferencias entre las tasas de rendimiento de los mercados accionarios.[7] La conclusión es que, si se diversifica un portafolio para incluir acciones extranjeras, un inversionista puede disminuir el nivel de riesgo por debajo del que incurriría si tuviese solo acciones locales.

En la figura 12.3 también se presenta la relación entre la diversificación nacional y el riesgo en el estudio clásico de Bruno Solnik.[8] De acuerdo con esta figura, un portafolio totalmente diversificado con acciones de muchas naciones posee menos de la mitad del riesgo que un portafolio totalmente diversificado con solo acciones estadounidenses. Solnik descubrió que un portafolio totalmente diversificado de acciones internacionales tiene 12% del riesgo de una acción individual característica, mientras que un portafolio totalmente diversificado de acciones de Estados Unidos tiene 27% del riesgo de una acción individual característica.

Existe la percepción, cada vez más común entre los inversionistas profesionales, de que en los últimos 10 años la creciente integración de la economía global y el surgimiento del mercado de capitales global han aumentado las correlaciones entre los mercados accionarios, lo que reduce los beneficios de la diversificación internacional.[9] Se sostiene que, si la economía estadounidense entrara hoy en recesión, y su mercado accionario declinara con rapidez, otros mercados le seguirían. En realidad, ello fue lo que, al parecer, ocurrió en 2008 y 2009 cuando la crisis financiera que comenzó en Estados Unidos se extendió al mundo. Otro estudio de Solnik apunta a que puede haber cierta verdad en esta hipótesis, pero el rango de integración no ocurre con tanta rapidez como puede hacernos creer la percepción general. Solnik y sus colegas analizaron la correlación entre los 15 principales mercados accionarios de los países desarrollados entre 1971 y 1998. Detectaron que, en promedio, la correlación de los rendimientos mensuales del mercado accionario se elevó de 0.66 en 1971 a 0.75 en 1998, lo que indica que hay cierta convergencia en el tiempo, pero que "los resultados de la regresión fueron poco sólidos", lo cual refiere que esta relación "promedio" no era fuerte y que hubo una variación considerable entre naciones.[10] Una investigación más reciente también confirmó este hallazgo básico, lo que insinúa que, incluso hoy, un portafolio diversificado de manera equilibrada entre todos los mercados disponibles puede reducir hasta 35% el riesgo de la volatilidad asociada con un solo mercado (es decir, un 65% de reducción del riesgo).[11]

De aquí se deduce que la diversificación internacional del portafolio puede disminuir el riesgo. Aún más, la correlación entre los movimientos del mercado accionario en las economías tanto desarrolladas como emergentes parece ser menor, y el alza de los mercados accionarios de las naciones en desarrollo, como China, ha dado a los inversionistas internacionales muchas más oportunidades para diversificar internacionalmente su portafolio.[12]

Los efectos reductores del riesgo de la diversificación internacional del portafolio serían mayores si no fuese por los volátiles tipos de cambio asociados con el régimen actual de flotación. Las tasas de flotación introducen un elemento adicional de riesgo a la inversión en activos extranjeros. Como lo mencionamos antes, los movimientos adversos de los tipos de cambio pueden quitarle lo rentable a las inversiones. La incertidumbre que producen estos tipos de cambio volátiles puede actuar como un freno al rápido crecimiento del mercado de capitales internacional.

OA12-2

CRECIMIENTO DEL MERCADO DE CAPITALES GLOBAL

Según datos del Banco de Acuerdos Internacionales (Bank of International Settlements), el mercado de capitales global crece a un ritmo muy rápido.[13] A finales de 2012, el monto de préstamos bancarios transfronterizos era de 33 913 mil millones de dólares, comparado con 7 859 mil millones en 2000, y 3 600 mil millones en 1990. Había 21 979 mil millones de dólares en circulación en bonos internacionales a finales de 2012, comparados con 5 908 mil millones en 2000 y 3 515 mil millones

---

[7] Ian Domowitz, Jack Glen y Ananth Madhavan, "Market Segmentation and Stock Prices: Evidence from an Emerging Market", en *Journal of Finance 3*, núm. 3, 1997, pp. 1059-1068.

[8] Solnik, "Why Not Diversify Internationally Rather Than Domestically?".

[9] A. Lavine, "With Overseas Markets Now Moving in Sync with U. S. Markets, It's Getting Harder to Find True Diversification Abroad", en *Financial Planning*, 1 de diciembre de 2000, pp. 37-40.

[10] B. Solnik y J. Roulet, "Dispersion as Cross Sectional Correlation", en *Financial Analysts Journal*, 56(1), 2000, pp. 54-61.

[11] Goetzmann, *et al.*, "Long Term Global Market Correlations".

[12] *Idem*.

[13] Bank of International Settlements, *BIS Quarterly Review*, marzo de 2013.

en 1997. ¿Cuáles fueron los factores que permitieron el crecimiento del mercado de capitales internacional en las décadas de 1980, 1990 y 2000? Parece haber dos respuestas: los avances de la tecnología de la información y las desregulaciones gubernamentales.

Tecnología de la información (TI)

Los servicios financieros son una industria intensiva en información; generan grandes volúmenes de información sobre mercados, riesgos, tipos de cambio, tasas de interés, solvencia, etc. Dichos servicios utilizan esta información para tomar decisiones sobre dónde invertir, cuánto cobrar a los prestatarios, cuánto interés debe pagarse a los cuentahabientes, y el valor y riesgo de una gran variedad de activos financieros como bonos corporativos, acciones, títulos gubernamentales y divisas.

Por esta intensidad en información, la industria de servicios financieros se ha revolucionado más que cualquiera con los avances de las TI desde la década de 1970. El crecimiento de la tecnología de las comunicaciones internacionales ha facilitado el contacto instantáneo entre dos puntos del planeta. Al mismo tiempo, los rápidos avances en la capacidad de almacenamiento de datos han permitido que los intermediarios del mercado absorban y procesen grandes volúmenes de información de todo el mundo. De acuerdo con un estudio, es debido a estos desarrollos tecnológicos que el costo real de grabar, transmitir y procesar información se redujo 95% entre 1964 y 1990.[14] La rápida expansión de internet y el aumento masivo de la capacidad de computación que hemos presenciado desde 1990 hasta hoy, han hecho posible que tales costos se hayan reducido y hoy sea algo normal.

Dichos desarrollos han facilitado el surgimiento de un mercado de capitales internacional integrado. Hoy es tecnológicamente posible que las compañías de servicios financieros se dediquen a comerciar las 24 horas del día, ya sea en acciones, bonos, moneda extranjera o cualquier otro activo financiero. Debido a los avances en la tecnología de la comunicación y procesamiento de datos, el mercado de capitales internacional nunca duerme: San Francisco cierra una hora antes de que abra Tokio, pero en este periodo el mercado financiero continúa en Nueva Zelanda.

La integración debida a la tecnología tiene un lado oscuro.[15] Hoy, los *shocks* que ocurren en un centro financiero se diseminan rápidamente por el globo. Como ya se expuso en el "Caso inicial", la crisis financiera que se inició en Estados Unidos en 2008 se diseminó con rapidez alrededor del planeta; sin embargo, la mayoría de los participantes en el mercado dirían que los beneficios de un mercado de capitales globalmente integrado superan con mucho cualquier riesgo potencial. Aún más, a pesar de que los *shocks* que afectan los mercados financieros nacionales parecen diseminarse hacia otros mercados, en promedio la correlación entre los movimientos de los mercados accionarios nacionales es relativamente baja, lo que sugiere que esos *shocks* pueden tener un efecto a largo plazo relativamente moderado fuera de su mercado de origen.[16]

Desregulación gubernamental

En términos históricos, la industria de los servicios financieros ha sido la más regulada de todas, y ello ha ocurrido en todos los países. Casi siempre los gobiernos de todo el mundo han evitado que las compañías de servicios financieros de otras naciones entren a sus mercados de capital. En algunos casos, también han restringido la expansión foránea de sus propias compañías de servicios financieros. En muchos países, la ley ha fragmentado a esta industria; por ejemplo, en Estados Unidos, los bancos comerciales tenían prohibido, hasta finales de 1990, efectuar las funciones de banca de inversión y viceversa. A lo largo de su historia, muchas naciones han limitado la capacidad de los inversionistas financieros para comprar participaciones accionarias importantes en las compañías nacionales. Asimismo, han limitado la cantidad de inversión financiera extranjera que sus ciudadanos pueden hacer. En 1970, por ejemplo, los controles de capital dificultaban a un inversionista británico comprar bonos y acciones estadounidenses.

Gran parte de esas restricciones han desaparecido poco a poco desde principios de la década de 1980, en parte como respuesta al desarrollo del mercado de la eurodivisa, que desde un principio estuvo fuera del control nacional (tema que se explicará más adelante en este capítulo). También, ha

---

[14] T. F. Huertas, "U. S. Multinational Banking: History and Prospects", en *Banks as Multinationals*, G. Jones (ed.), Londres, Routledge, 1990.

[15] G. J. Millman, *The Vandals' Crown*, Free Press, Nueva York, 1995.

[16] Goetzmann *et al.*, "Long Term Global Market Correlations".

sido una reacción ante la presión de las empresas de servicios financieros, que desde hace mucho han querido operar en un entorno menos regulado. Además, la creciente aceptación de la ideología de libre mercado vinculada con la filosofía política individualista ha tenido mucho que ver con la tendencia global hacia la desregulación de los mercados financieros (véase el capítulo 2). Cualquiera que sea el motivo, es indudable que la desregulación en varios países clave ha fomentado el crecimiento del mercado de capitales internacional.

La tendencia comenzó en Estados Unidos a finales de la década de 1970 y principios de 1980, país en donde se introdujo una serie de cambios que posibilitaron la entrada de los bancos extranjeros al mercado de capitales estadounidense y la expansión de las operaciones transfronterizas de los bancos nacionales. En Gran Bretaña, el llamado "Big Bang" de octubre de 1986 eliminó las barreras que existían entre los bancos y los corredores de bolsa, y permitió que compañías extranjeras de servicios financieros ingresaran al mercado accionario británico. En Japón, se han relajado las restricciones a la entrada de casas de bolsa extranjeras y ahora se permite a los bancos nacionales abrir oficinas internacionales. En Francia, el "Little Bang" de 1987 abrió el mercado accionario local a los extranjeros y también a los bancos domésticos y foráneos. En Alemania, hoy se permite que los bancos extranjeros presten y manejen emisiones foráneas de euros, sujetas a convenios de reciprocidad.[17] Todos estos cambios han hecho posible que las empresas de servicios financieros se transformen de ser básicamente domésticas en globales con grandes oficinas en todo el mundo, prerrequisito para el desarrollo de un mercado de capitales verdaderamente internacional. Como estudiamos en el capítulo 8, a finales de 1997 la Organización Mundial del Comercio orquestó un pacto que eliminó muchas de las restricciones al comercio extranjero de servicios financieros. Dicho pacto propició el incremento del tamaño del mercado de capitales global.

Además de la desregulación de la industria de servicios financieros, desde 1970 muchos países empezaron a relajar sus controles al capital mediante la eliminación de las restricciones a la inversión extranjera entrante y saliente y transfronteriza de sus propios ciudadanos y corporaciones. En la década de 1980, esta tendencia se extendió desde las naciones desarrolladas hasta las economías emergentes del mundo, a medida que los países de América Latina, Asia y Europa oriental principiaron a eliminar sus restricciones a los flujos de capital con décadas en operación.

Las tendencias hacia la desregulación de los servicios financieros y la eliminación de los controles de capital continuaron hasta 2008; no obstante, la crisis financiera global de ese año y el siguiente llevó a muchos a preguntarse si la desregulación había ido demasiado lejos, y centró la atención en la necesidad de crear nuevas regulaciones para reglamentar ciertos sectores de la industria de los servicios financieros, entre ellos los fondos de cobertura, que operan extraterritorialmente (los **fondos de cobertura** son fondos de inversión privada que se colocan para hacer "apuestas largas" en activos que se piensa que aumentarán su valor, y "apuestas cortas" en activos que se estima que reducirán su valor). Dados los beneficios relacionados con la globalización del capital, independientemente de la contracción actual, puede esperarse que el crecimiento del mercado de capitales global continúe en el largo plazo; aunque muchos observadores lo consideran positivo, hay quienes piensan que la globalización del capital supone riesgos graves inherentes.

RIESGOS DEL MERCADO DE CAPITALES GLOBAL

OA12-3

A algunos analistas les preocupa que la desregulación y reducción a los controles sobre los flujos de capital que cruzan las fronteras hayan aumentado la vulnerabilidad de las naciones a los flujos especulativos. Consideran que ello tiene un efecto desestabilizador en las economías nacionales;[18] por ejemplo, Martin Feldstein, economista de Harvard, sostiene que la mayor parte del capital que se mueve a escala internacional trata de obtener ganancias temporales y entra y sale de los países tan pronto como cambian las condiciones.[19] Distingue entre este capital a corto plazo, o "dinero caliente", y el "dinero paciente", que soporta los flujos de capital a largo plazo que cruzan las fronteras. Para Feldstein, el dinero paciente se caracteriza por ser raro, en especial porque, aunque el capital es libre de moverse internacionalmente, sus propietarios y operadores aún prefieren conservar la mayor parte de él en casa. El economista sustenta sus argumentos con estadísticas que demuestran que,

[17] P. Dicken, *Global Shift: The Internationalization of Economic Activity*, en The Guilford Press, Londres, 1992.
[18] *Idem.*
[19] Martin Feldstein, "Global Capital Flows: Too Little, Not Too Much", en *The Economist*, 24 de junio de 1995, pp. 72-73.

¿Le fallaron a México los mercados de capitales globales?

A principios de 1994, poco después de la entrada en vigor del Tratado de Libre Comercio de América del Norte (TLCAN), México causaba admiración en la comunidad internacional como ejemplo brillante de un país en desarrollo que tenía un excelente futuro económico. Desde finales de la década anterior, el gobierno había aplicado sólidas políticas monetarias, presupuestales, fiscales y comerciales. En comparación con sus estándares históricos, la inflación era baja, la nación experimentaba un sólido crecimiento económico y las exportaciones aumentaban en forma notable. Esta fortaleza financiera atrajo los capitales de inversionistas extranjeros: entre 1991 y 1993, se invirtieron más de 75 mil millones de dólares en la economía mexicana, más que en cualquier otra nación en desarrollo.

Si había alguna mancha en el historial económico de México, era su creciente déficit en la cuenta corriente (comercial). Las exportaciones mexicanas estaban en auge, pero también sus importaciones. En el periodo de 1989-1990, el déficit de la cuenta corriente equivalía a aproximadamente 3% del PIB del país. En 1991, se elevó a 5% y, en 1994, era de más de 6%. Mala como parecía, la situación del país no era insostenible y no debía derrumbar a la economía. Durante décadas, Estados Unidos había tenido un déficit en la cuenta corriente, aparentemente con pocos efectos adversos. Un déficit en la cuenta no es problema para un país mientras los inversionistas extranjeros tomen el dinero que ganan en dicha nación y lo reinviertan en él. Esto ha sucedido en Estados Unidos durante años y, a comienzos de la década de 1990, también ocurría en México. Así, compañías como Ford tomaban los pesos que ganaban con sus exportaciones mexicanas y reinvertían los fondos en su planta productiva del país; es decir, construían armadoras para atender las necesidades futuras del mercado mexicano y exportaban a todas partes.

Por desgracia para México, gran parte del flujo anual entrante de capital que recibió a principios de la década de 1990, 25 mil millones de dólares, no era el tipo de dinero paciente y a largo plazo que Ford invertía en la nación; más bien, según el economista Martin Feldstein, un gran porcentaje del flujo entrante era capital a corto plazo que podía salir en estampida si las condiciones económicas empeoraban. Esto es lo que parece haber ocurrido. En febrero de 1994, la Reserva Federal de Estados Unidos empezó a elevar las tasas de interés, aumento que ocasionó una rápida caída de los precios de los bonos estadounidenses. Al mismo tiempo, el yen principió a aumentar su valor con rapidez frente al dólar. Estos eventos ocasionaron grandes pérdidas para muchos operadores de capital a corto

plazo, como bancos y administradores de fondos de cobertura, que estimaron que sucedería exactamente lo contrario. Muchos fondos de inversión daban por sentado que las tasas de interés disminuirían, se elevarían los precios de los bonos y el dólar se fortalecería ante el yen.

Frente a la posibilidad de sufrir grandes pérdidas, los administradores del capital intentaron reducir el riesgo de sus portafolios evitando situaciones peligrosas. Más o menos al mismo tiempo, las condiciones empeoraban en México: un levantamiento armado en el estado de Chiapas, el asesinato del principal candidato en la campaña para las elecciones presidenciales y un índice acelerado de inflación, contribuyeron a provocar la sensación de que las inversiones en el país eran más riesgosas de lo que se había pensado. Los operadores del capital comenzaron a sacar de la nación muchas de sus inversiones a corto plazo.

A medida que salía el dinero caliente, el gobierno mexicano se dio cuenta de que ya no podía contar con la entrada de flujos de capital para financiar su déficit en la cuenta corriente. Las autoridades habían asumido que dicho flujo se componía sobre todo por dinero paciente y a largo plazo. A medida que el dinero salía de México, el gobierno tuvo que comprometer más de sus reservas internacionales para defender el valor del peso, con un tipo de cambio semifijo al dólar por 3.5 pesos. Los especuladores de divisas entraron en escena y apostaron contra el gobierno mexicano mediante la venta de pesos en corto. La situación culminó en diciembre de 1994, cuando básicamente los flujos de capital obligaron al gobierno a abandonar todo apoyo al peso. Durante el mes siguiente, la moneda mexicana perdió 40% de su valor ante el dólar, el gobierno tuvo que introducir un programa de austeridad económica y el auge económico del país llegó a su abrupto final.

De acuerdo con Martin Feldstein, la economía mexicana se desplomó no por la especulación de divisas en el mercado cambiario, sino por la falta de dinero paciente y a largo plazo. Feldstein afirma que México ofrecía, y sigue haciéndolo, muchas oportunidades de inversión a largo plazo, pero por la falta de información sobre el tema, gran parte del capital que entró al país de 1991 a 1993 era dinero especulativo y a corto plazo, cuyo flujo podía ser revertido con rapidez. Si los inversionistas extranjeros hubiesen estado mejor informados, indica Feldstein, México podría haber sido capaz de financiar su déficit en la cuenta corriente con flujos entrantes de capital, pues los capitales pacientes hubiesen gravitado de manera natural hacia las atractivas oportunidades de inversión en el país.[20]

[20] Feldstein, "Global Capital Flows; R. Dornbusch, "We Have Salinas to Thank for the Peso Debacle", en *BusinessWeek*, 16 de enero de 1995, p. 20; y P. Carroll y C. Torres, "Mexico Unveils Program of Harsh Fiscal Medicine", en *The Wall Street Journal*, 10 de marzo de 1995, pp. A1, A6. Véase también Martin Feldstein y Charles Horioka, "Domestic Savings and International Capital Flows", en *Economic Journal 90*, 1980, pp. 314-329.

aunque cada día grandes cantidades de dinero fluyen a través de los mercados cambiarios extranjeros, "cuando el polvo se asienta, muchos de los ahorros que se hacen en cada país permanecen en él".[21] Feldstein indica que la falta de dinero paciente se debe a la escasez relativa de información que poseen los inversionistas respecto de la inversión extranjera. En su opinión, si los inversionistas tuvieran mejor información sobre los activos extranjeros, el mercado de capitales global funcionaría con mayor eficiencia y estaría menos sujeto a los flujos especulativos de capital a corto plazo. Feldstein afirma que los problemas económicos de México a mediados de la década de 1990 fueron consecuencia de demasiado dinero caliente que entraba y salía del país, y muy poco dinero paciente. El "Vistazo a un país" analiza con detalle este ejemplo.

La falta de información acerca de la calidad fundamental de las inversiones extranjeras puede propiciar los flujos especulativos en el mercado de capitales global. Frente a esta falta de información de calidad, los inversionistas pueden reaccionar ante drásticos eventos noticiosos en las naciones extranjeras y retirar su dinero demasiado pronto. No obstante los avances en tecnología de la información, aún es difícil que un inversionista tenga acceso a la misma cantidad y calidad de información sobre las oportunidades de inversión extranjera y doméstica, brecha informativa que se exacerba por las diversas convenciones contables de los distintos países, que dificultan una comparación directa de las oportunidades de inversión fuera de las fronteras (para más detalles véase el capítulo 19). Por ejemplo, históricamente, los principios contables alemanes son diferentes a los de Estados Unidos, por lo que muestran una imagen muy distinta de la salud de una compañía. Así, cuando la empresa alemana Daimler-Benz trasladó sus estados financieros al formato contable estadounidense en 1993, como requisito para ser incluida en el mercado bursátil de Nueva York, descubrió que, aunque bajo las leyes alemanas había obtenido ganancias por 97 millones de dólares, ¡según las estadounidenses había perdido 548 millones de dólares![22] Sin embargo, en la primera década de este siglo, ha surgido un movimiento que se desplaza con rapidez hacia la homogeneización de los diversos estándares contables de las naciones, lo que mejorará de modo considerable la calidad de la información disponible para los inversionistas (para más detalles véase el capítulo 20).

Dados los problemas creados por las diferencias en la cantidad y calidad de la información, muchos inversionistas aún deben aventurarse en el mundo de la inversión extranjera, y quienes lo hacen son proclives a dar marcha atrás debido a información limitada (y quizás inexacta); no obstante, si el mercado de capitales internacional continúa en crecimiento, es probable que los intermediarios financieros proporcionen información de calidad respecto de las oportunidades de inversión extranjera. Una mejor información debe incrementar el grado de complejidad de las decisiones de inversión y reducir la frecuencia y las dimensiones de los flujos de capital especulativo. Aunque por la crisis financiera asiática aumentó la preocupación acerca del volumen de "dinero caliente" que se mueve en el mercado de capitales global, las investigaciones del FMI sugieren que no se ha registrado un aumento de la volatilidad en los mercados financieros desde la década de 1970.[23]

OA12-4 Mercado de la eurodivisa

Una **eurodivisa** es cualquier moneda bancarizada fuera de su país de origen. Los eurodólares, que representan casi las dos terceras partes de todas las eurodivisas, son dólares bancarizados fuera de Estados Unidos. Otras importantes eurodivisas incluyen el euro-yen, la euro-libra ¡y el euro-euro! El término *eurodivisa* es en realidad equívoco, porque es posible crear una eurodivisa en cualquier parte del mundo: el repetitivo prefijo *euro* solo refleja el origen europeo del mercado. El mercado de la eurodivisa ha sido una fuente relevante y relativamente barata de fondos para los negocios internacionales.

ORIGEN Y CRECIMIENTO DEL MERCADO

El mercado de las eurodivisas nació a mediados de la década de 1950, cuando los propietarios de dólares en Europa oriental, entre ellos la antigua Unión Soviética, temían depositar sus reservas de

---

[21] *Ibid.*, p. 73.

[22] D. Duffy y L. Murry, "The Wooing of American Investors", en *The Wall Street Journal*, 25 de febrero de 1994, p. A14.

[23] Fondo Monetario Internacional, *World Economic Outlook*, FMI, Washington, D. C., 1998.

dólares en Estados Unidos, ante la posibilidad de que pudieran ser incautados por el gobierno estadounidense para resolver los reclamos de los residentes de ese país contra pérdidas comerciales debidas al control comunista sobre Europa oriental.[24] Estas naciones depositaron una gran parte de sus reservas en dólares en Europa, en especial en Londres. Otros depósitos en dólares provenían de varios bancos centrales de Europa del Este y de compañías que habían ganado dólares exportando a Estados Unidos. Ambos grupos depositaron sus dólares en bancos londinenses en lugar de hacerlo en bancos estadounidenses, ya que así podían obtener una tasa de interés más alta (lo que se explicará en breve).

El mercado de la eurodivisa recibió un gran impulso en 1957 cuando el gobierno británico prohibió a sus bancos prestar libras esterlinas para financiar operaciones comerciales no británicas, un negocio que había sido muy rentable para los bancos de ese país. Las instituciones bancarias británicas empezaron a financiar el mismo comercio mediante la atracción de depósitos en dólares, para luego prestarlos a empresas que participaban en el comercio y la inversión internacionales. Debido a este suceso histórico, Londres se convirtió en el principal centro del comercio de la eurodivisa, posición que aún detenta.

El mercado de la eurodivisa recibió otro empujón en la década de 1960, cuando el gobierno estadounidense puso en marcha regulaciones que desalentaban a los bancos a prestar a personas que no residieran en Estados Unidos. Era cada vez más difícil para los prestatarios potenciales fuera de Estados Unidos obtener dólares prestados en ese país para financiar el comercio internacional, así que recurrieron al mercado del eurodólar para conseguir los fondos que necesitaban.

El gobierno estadounidense cambió sus políticas después del desplome del sistema financiero de Bretton Woods en 1973 (véase el capítulo 11), lo que restó ímpetu al crecimiento del mercado de la eurodivisa; sin embargo, hubo otro acontecimiento político que dio al mercado otro gran empujón: el aumento de los precios del petróleo orquestado por la OPEP en los periodos de 1973-1974 y 1979-1980. Como resultado de este incremento, los miembros árabes de la OPEP acumularon enormes cantidades de dólares. Temían colocar su dinero en bancos estadounidenses o en sus filiales europeas, porque el gobierno de Estados Unidos podía intentar confiscarlo (los temores no eran infundados pues el presidente Carter congeló los activos iraníes en los bancos estadounidenses y sus filiales europeas en 1979, después de que algunos de sus ciudadanos fueron tomados como rehenes en la embajada de ese país en Teherán). En consecuencia, los países árabes depositaron sus dólares en bancos londinenses, lo que aumentó la reserva de eurodólares.

Si bien estas circunstancias políticas contribuyeron al crecimiento del mercado de la eurodivisa, no fueron las únicas responsables. El mercado creció debido a que ofrecía ventajas financieras reales, primero a quienes querían depositar o pedir prestados dólares, y más tarde, a quienes deseaban depositar y pedir prestadas otras divisas. Veamos ahora la fuente de esas ventajas financieras.

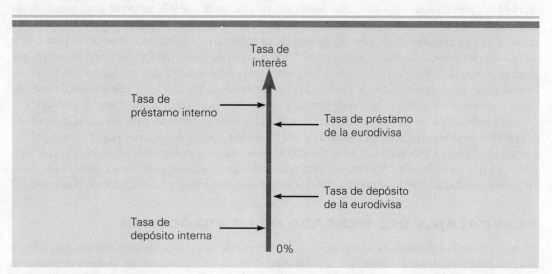

FIGURA 12.4

Margen de riesgo de la tasa de interés en los mercados interno y de la eurodivisa.

---

[24] C. Schenk, "The Origins of the Eurodollar Market in London, 1955-1963", en *Explorations in Economic History 35*, 1998, pp. 221-239.

ATRACTIVOS DEL MERCADO DE LA EURODIVISA

El principal factor que hace al mercado de la eurodivisa tan atractivo para quienes depositan y para quienes piden prestado es la ausencia de regulaciones gubernamentales. Esta aparente anarquía permite a los bancos ofrecer mayores tasas de interés sobre los depósitos en eurodivisas que en los denominados en la divisa original, lo que resulta atractivo para quienes depositan en efectivo. La ausencia de regulaciones permite, además, a los bancos cargar a sus prestatarios un interés menor sobre los préstamos en eurodivisa que en la moneda original, lo que los hace atractivos para quienes desean obtener dinero de esta forma. En otras palabras, el margen de riesgo de incumplimiento entre la tasa de depósito de la eurodivisa y su tasa de préstamo es menor que el de los depósitos domésticos (véase la figura 12.4). Para entender por qué es menor debemos analizar la forma en que las regulaciones gubernamentales elevan los costos de las operaciones bancarias nacionales.

Todos los países industrializados regulan los depósitos en su moneda. Dichas regulaciones garantizan que los bancos cuenten con la liquidez suficiente para satisfacer la demanda si una gran cantidad de cuentahabientes domésticos decide retirar su dinero súbitamente. Todos los países operan con ciertos requisitos de reserva; por ejemplo, cada vez que un banco estadounidense acepta un depósito en dólares, debe colocar una parte de él en una cuenta que no genere intereses en un banco de la Reserva Federal como parte de sus reservas. De igual manera, cada vez que un banco británico acepta un depósito en libras esterlinas, debe colocar una fracción de ese dinero en el Banco de Inglaterra.

A pesar de eso, los bancos tienen más libertad en sus tratos con monedas extranjeras; por ejemplo, el gobierno británico no impone restricciones de reserva a los depósitos en moneda extranjera que se efectúan dentro de sus fronteras. Tampoco las filiales londinenses de los bancos estadounidenses que están sujetos a las regulaciones de reserva de ese país, siempre que los depósitos sean pagaderos solo fuera de Gran Bretaña, lo cual proporciona a los eurobancos una ventaja competitiva.

Por ejemplo, supongamos que un banco de Nueva York debe mantener en reserva 10% de sus depósitos. Según esta restricción, si el banco recibe un depósito de 100 dólares, solo puede prestar 90 y colocar los 10 dólares restantes en una cuenta que no genere intereses en un banco de la Reserva Federal. Imaginemos ahora que los costos anuales de operación del banco suman 1% de los depósitos y carga 10% de interés a los préstamos. El mayor interés que el banco de Nueva York puede ofrecer a sus cuentahabientes, obteniendo una ganancia, es de 8% al año. En consecuencia, el banco paga al dueño de ese depósito ocho dólares ($0.08 \times 100 = 8$) y gana nueve dólares ($0.10 \times 90 = 9$) sobre la parte del depósito que se le permite prestar, y apenas cubre sus costos de operación.

En contraste, un eurobanco puede brindar una mayor tasa de interés sobre los depósitos en dólares y cubrir sus costos. Si existen restricciones de reserva respecto de los depósitos en dólares, el eurobanco puede prestar los 100 dólares que recibió. Por tanto, puede ganar $0.10 \times 100 = 10$ dólares a una tasa de 10%. Si el eurobanco posee los mismos costos de operación que el banco de Nueva York (1%), puede pagar a sus cuentahabientes una tasa de interés de 9%, un punto porcentual mayor que el que paga el banco de Nueva York, y aún cubrir sus costos; esto es, puede pagar $0.09 \times 100 = 9$ dólares a su cuentahabiente, recibir 10 dólares de su prestatario y quedarse con un dólar para cubrir sus costos de operación. O bien, podría pagar 8.5% al cuentahabiente (aún por encima del interés que paga el banco de Nueva York), cargar a sus prestatarios 9.5% (menor que los cargos del banco de Nueva York) y cubrir sus costos de operación con más holgura. Por todo ello, el eurobanco tiene una ventaja competitiva contra el banco de Nueva York tanto en tasas de depósito como de préstamo.

Es evidente que las compañías tienen motivos financieros justificados para utilizar el mercado de la eurodivisa; al hacerlo, reciben una tasa de interés mayor por sus depósitos y pagan menos por sus préstamos. Frente a esta realidad, lo sorprendente no es que el euromercado haya crecido con rapidez, sino que no lo haya hecho a mayor velocidad. ¿Por qué los cuentahabientes conservan su dinero en su moneda local, cuando podrían obtener mejores rendimientos en el mercado de la eurodivisa?

DESVENTAJAS DEL MERCADO DE LA EURODIVISA

El mercado de la eurodivisa tiene dos desventajas. Primera, cuando los cuentahabientes emplean un sistema bancario regulado, saben que la probabilidad de un error bancario que pudiera ocasionar la pérdida de su dinero es muy baja: la regulación mantiene la liquidez del sistema bancario. En un sistema no regulado como el mercado de la eurodivisa, el riesgo es mayor (aunque, en términos absolutos, aún es bajo). Así, la menor tasa de interés que reciben los depósitos domésticos refleja el costo del seguro contra un error bancario. Algunos cuentahabientes se sienten más cómodos con la seguridad de dicho sistema y están dispuestos a pagar el precio.

La segunda desventaja es que prestar fondos internacionalmente puede exponer a la empresa a los riesgos del mercado cambiario; por ejemplo, piense en una compañía estadounidense que usa el mercado de la eurodivisa para obtener préstamos en euro-libras, quizá porque desea pagar un interés menor que el de los préstamos en dólares. Conjeturemos, sin embargo, que la libra esterlina se fortalece ante el dólar; ello aumentaría el costo del dólar para pagar el préstamo en euro-libras, y por tanto, el costo de capital de la empresa. Puede asegurarse contra esta posibilidad utilizando el mercado cambiario *forward* (como vimos en el capítulo 10), pero este no ofrece una cobertura perfecta. En consecuencia, muchas compañías solicitan préstamos en su moneda local para evitar los riesgos del mercado cambiario, aun cuando los mercados de eurodivisas pueden ofrecer tasas de interés más atractivas.

Mercado de bonos global

El mercado de bonos global creció con rapidez entre 1990 y 2000, y ha continuado su expansión en el nuevo siglo pues dichos valores son medios importantes de financiamiento para muchas compañías. El tipo de bono más común es el de tasa fija. El inversionista que adquiere uno de ellos recibe un conjunto fijo de pagos en efectivo. Cada año hasta el vencimiento del bono, el inversionista obtiene un pago de intereses y, al vencimiento, recupera el valor nominal.

Los bonos internacionales son de dos tipos: extranjeros y eurobonos. Los **bonos extranjeros** se venden fuera del país del prestatario y están denominados en la moneda de la nación en que fueron emitidos. Así, cuando Dow Chemical emite bonos en yenes japoneses y los vende en Japón, son bonos extranjeros. Muchos de estos tienen apodos: los que se venden en Estados Unidos se conocen como bonos Yankee; los de Japón, Samurái, y los que se venden en Gran Bretaña se conocen como Bulldogs. Las empresas emiten bonos extranjeros cuando consideran que este procedimiento reducirá su costo de capital; por ejemplo, a finales de la década de 1990 y a comienzos de la de 2000, muchas compañías emitieron bonos Samurái en Japón para sacar ventaja de las bajísimas tasas de interés de ese país. A principios de 2001, los bonos a 10 años del gobierno japonés tuvieron un rendimiento de 1.24%, comparado con 5% de bonos similares emitidos por el gobierno estadounidense. Con base en estos antecedentes, las empresas descubrieron que podían contraer deudas a una tasa más barata en Japón que en Estados Unidos.

Los **eurobonos** suelen estar suscritos por un gremio internacional de bancos y colocados en naciones distintas a aquella en cuya moneda están denominados; por ejemplo, un bono puede emitirlo una corporación alemana, denominado en dólares estadounidenses y vendido a inversionistas fuera de Estados Unidos por un gremio internacional de bancos. Casi siempre, los eurobonos son emitidos por corporaciones multinacionales, grandes corporaciones nacionales, gobiernos soberanos e instituciones internacionales; es común que se ofrezcan de modo simultáneo en diversos mercados nacionales de capital, pero no en el país ni a residentes en este, en cuya moneda están denominados. Históricamente, los eurobonos constituyen la mayor parte de las emisiones internacionales de bonos, pero cada vez son más eclipsados por los bonos extranjeros.

ATRACTIVO DEL MERCADO DE LOS EUROBONOS

Hay tres factores que hacen del mercado de los eurobonos una buena opción para la mayoría de los mercados domésticos de bonos.

- Ausencia de interferencia regulatoria.
- Requisitos de divulgación menos estrictos que en la mayoría de los mercados nacionales de bonos.
- Estatus fiscal más favorable.

Interferencia regulatoria

A menudo, los gobiernos imponen controles a los emisores de bonos domésticos o extranjeros denominados en la moneda local que se venden dentro de su territorio, los cuales tienden a elevar su costo de emisión; sin embargo, casi siempre los requisitos gubernamentales son menos estrictos

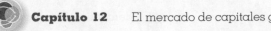
para títulos denominados en monedas extranjeras que se venden en dichas divisas. Los eurobonos están fuera del dominio regulatorio de cualquier nación; como tales, pueden ser emitidos a un costo menor.

Requisitos de divulgación

Los requisitos de divulgación del mercado de eurobonos tienden a ser menos estrictos que los de varios gobiernos; por ejemplo, si una empresa desea emitir bonos denominados en dólares dentro de Estados Unidos, primero debe cumplir con las exigencias de la Comisión de Títulos y Valores (Securities and Exchange Commission, SEC). La compañía debe divulgar información detallada respecto de sus actividades, salarios y otras compensaciones a sus principales ejecutivos, los movimientos accionarios de esos ejecutivos, etc. Además, la firma emisora debe presentar estados financieros que se ajusten a los estándares contables de Estados Unidos. Para las empresas extranjeras, volver a hacer sus cuentas para ajustarlas a esos estándares resulta costoso y toma mucho tiempo; por tanto, para muchas de ellas es más económico emitir eurobonos, incluidos los denominados en dólares, que bonos denominados en dólares en Estados Unidos.

Estatus fiscal favorable

Antes de 1984, las corporaciones estadounidenses que emitían eurobonos debían retener hasta 30% de cada pago de intereses a extranjeros por concepto de impuesto sobre la renta. Esta medida no alentaba a los extranjeros a comprar bonos emitidos por compañías de ese origen. En aquel momento, muchos países tenían leyes fiscales similares y limitaban la demanda de eurobonos. Las leyes estadounidenses fueron revisadas en 1984 para exentar de retenciones a los propietarios extranjeros de bonos emitidos por empresas de ese país. Como resultado, por primera vez fue posible que dichas compañías vendieran eurobonos directamente a los extranjeros. La derogación de esas restricciones en Estados Unidos provocó que otros gobiernos, como los de Francia, Alemania y Japón, liberaran de igual forma sus leyes fiscales para evitar la salida de capitales de sus mercados. La consecuencia fue un repunte en la demanda de eurobonos de inversionistas que querían sacar ventaja de sus beneficios fiscales.

Mercado de valores global

Tradicionalmente, existían importantes barreras regulatorias que separaban a los mercados de valores nacionales entre sí. No solo solía ser difícil sacar capital de un país e invertirlo en otro lado, sino que a menudo las corporaciones carecían de la capacidad de colocar sus acciones en mercados bursátiles extranjeros. Tales barreras regulatorias dificultaban que una corporación atrajera capital de los inversionistas de otras naciones. Las barreras se derrumbaron con gran rapidez durante las décadas de 1980 y 1990. El mercado de valores global permitió a las compañías atraer capital de los inversionistas internacionales, cotizar sus acciones en múltiples bolsas y recaudar fondos por medio de la emisión de títulos de capital o deuda alrededor del mundo; por ejemplo, en 1994, Daimler-Benz, la empresa industrial más grande de Alemania, recaudó 300 millones de dólares con base en la emisión de nuevas acciones en Singapur.[25] También, en 1966, el proveedor alemán de telecomunicaciones, Deutsche Telekom, ofreció sus acciones de manera simultánea en las bolsas de valores de Frankfurt, Londres, Nueva York y Tokio, operación que le permitió recaudar aproximadamente 13 300 millones de dólares. Estas compañías decidieron obtener capital en los mercados extranjeros porque dedujeron que su mercado doméstico de capital era muy pequeño como para aportar los fondos que se requerían a un costo razonable. Para reducir su costo de capital, participaron en el mercado de capitales global, más grande y de alta liquidez.

Más recientemente, muchas compañías chinas han estado creando un mercado de valores mediante emisiones en acciones extranjeras. En 2010, un récord de 39 empresas chinas emitieron acciones por medio de la Bolsa de Nueva York, lo cual les dio acceso a mayor capital a un costo menor del que hubiera sido posible si solamente las hubiesen emitido en China.[26] Por supuesto, el otro lado

---

[25] Waller, "Daimler in $250m Singapore Placing".

[26] L. Spears y C. Vannucci, "China's Latest American IPOs Slump as Offerings Increase to Annual Record", en *Bloomberg BusinessWeek*, 6 de diciembre de 2010.

de la moneda es que si las entidades extranjeras van a emitir acciones en Nueva York, Londres u otro gran mercado extranjero, también deberán ceñirse a exigentes requisitos de reportes financieros, que son comunes en esos mercados.

Aunque hemos hablado acerca del crecimiento del mercado de valores global, en realidad no existe un mercado como tal; más bien, muchos países poseen sus propios mercados nacionales de valores en donde se comercian las acciones corporativas. Los mercados más grandes de este tipo se localizan en Estados Unidos, Gran Bretaña y Japón; aunque cada uno de ellos sigue bajo el control de inversionistas del país y compañías incorporadas también locales, la tendencia apunta hacia la internacionalización del mercado de valores mundial. Los inversionistas participan en forma cada vez más destacada en los mercados extranjeros para diversificar sus portafolios. Propiciada por la desregulación y los avances en la tecnología de la información, tal tendencia parece haber llegado para quedarse.

Una consecuencia interesante de la mencionada tendencia es la internacionalización de la propiedad corporativa. Hoy en día, aún puede hablarse, en términos generales, de corporaciones estadounidenses, británicas y japonesas, en esencia porque la mayoría de sus accionistas (propietarios) son de las respectivas nacionalidades; no obstante, esto está en proceso de acelerado cambio. Cada vez son más los ciudadanos estadounidenses que compran acciones en compañías establecidas en otras partes y los extranjeros que adquieren las de empresas ubicadas en Estados Unidos. Mirando hacia el futuro, Robert Reich ha reflexionado sobre "la próxima irrelevancia de la nacionalidad corporativa".[27]

Un segundo avance hacia la internacionalización del mercado de valores mundial indica que las empresas con raíces históricas en una nación han comenzado a ampliar la propiedad de sus acciones ofreciéndolas en los mercados de valores de otros países. Los motivos son básicamente financieros. Colocar las acciones en un mercado extranjero suele ser el preludio para emitir títulos en él con el fin de recaudar capital. La idea es sacar ventaja de la liquidez de los mercados extranjeros para incrementar los fondos disponibles para inversión y disminuir el costo de capital de la empresa (ya se analizó la relación entre liquidez y costo de capital en este capítulo). Con frecuencia, las compañías colocan sus acciones en los mercados extranjeros de valores para facilitar las futuras compras de empresas extranjeras. Otras razones son que las acciones y opciones accionarias de la empresa pueden usarse para compensar a la administración y a los empleados locales, satisfacer el deseo de propiedad y ampliar la visibilidad de la compañía ante sus empleados, clientes, proveedores y banqueros. Aunque las compañías de naciones desarrolladas fueron las primeras en empezar a cotizar sus acciones en mercados bursátiles extranjeros, cada vez son más las de los países en desarrollo que explotan esta oportunidad debido a que su propio crecimiento está limitado por un mercado doméstico sin liquidez.

Riesgo del mercado de divisas y costo de capital

OA12-5

Aunque una compañía puede pedir fondos prestados a un costo menor en el mercado de capitales global que en el nacional, el riesgo del mercado de divisas complica este escenario bajo un régimen de tipo de cambio flexible. Los movimientos adversos en los tipos de cambio pueden incrementar de manera sustancial el costo de los préstamos en moneda extranjera, que es lo que le ocurrió a muchas compañías asiáticas durante la crisis financiera de Asia entre 1997 y 1998.

Piense en una firma sudcoreana que desea pedir prestados mil millones de wons durante un año para financiar un importante proyecto de inversión. La empresa puede obtener este dinero en un banco nacional a un interés de 10% y al final del año pagar el préstamo más el interés por un total de 1 100 millones de wons; o puede pedir dólares en un banco internacional a un interés de 6%. Al tipo de cambio vigente de mil wons por dólar, la compañía podría pedir un millón de dólares, y el costo total del préstamo sería de 1.06 millones de dólares o 1 060 millones de wons. Si pide en dólares, la empresa podría reducir 4% su costo de capital, o sea 40 millones de wons; sin embargo, este ahorro se calcula bajo el supuesto de que, durante el año del préstamo, el tipo de cambio dólar por won permanecerá constante. Ahora, imaginemos que el won se deprecia bruscamente ante el dólar y termina

[27] R. Reich, *The Work of Nations*, Alfred A. Knopf, Nueva York, 1991.

el año de mil wons por dólar en 1 500 wons por dólar (esto sucedió en realidad a finales de 1997, cuando el won cayó durante dos meses de manera continua). La compañía aún debe pagar 1.06 millones de dólares al banco internacional a finales de año, pero ahora le costará 1 590 millones de wons (es decir, 1.06 = 1 500). Como resultado de esta depreciación en el tipo de cambio, el costo del préstamo en dólares se disparó de 6 a 59%, un enorme aumento del costo de capital de la empresa. Aunque este parece un ejemplo extremo, le ocurrió a muchas compañías sudcoreanas en 1997 durante el pico de la crisis financiera asiática. No debe sorprendernos que muchas de ellas fueran empujadas a una grave moratoria.

Los cambios impredecibles en los tipos de cambio pueden acrecentar el riesgo de los préstamos en moneda extranjera, con lo cual una operación que al principio puede parecer más barata puede resultar mucho más costosa. El prestatario puede protegerse contra esa posibilidad si firma un contrato *forward* para comprar la cantidad de divisas que necesita a un tipo de cambio predeterminado al vencimiento del préstamo (véase el capítulo 10 para más detalles). Aunque ello aumentará el costo de capital del prestatario, la protección limita el riesgo inherente a dicha transacción. Por desgracia, muchos prestatarios asiáticos no protegieron su deuda en dólares a corto plazo, así que cuando sus monedas se desplomaron ante el dólar en 1997, el mercado de divisas *forward* no proporcionó la cobertura adecuada para los préstamos a largo plazo.

IMPLICACIONES PARA LOS ADMINISTRADORES

Las implicaciones del material expuesto en este capítulo para las empresas internacionales son muy evidentes, pero no por esto menos importantes. El crecimiento del mercado de capitales global ha creado oportunidades para los negocios internacionales que deseen pedir prestado dinero, invertirlo o ambos. Por el lado de los préstamos, las compañías pueden obtener fondos a un costo menor en el mercado de capitales global de lo que podrían lograrlo en uno puramente nacional. Tal conclusión es válida sin importar el tipo de préstamo al que recurra una empresa: acciones, bonos o efectivo. El menor costo del capital en el mercado global refleja mayor liquidez y ausencia general de regulación gubernamental, circunstancias que tienden a elevar el costo de capital en la mayoría de los mercados domésticos. Al ser transnacional, el mercado global escapa a la regulación. Como contrapeso a esto, existe el riesgo del mercado cambiario asociado con los préstamos en moneda extranjera.

Por el lado de la inversión, el crecimiento del mercado de capitales global da oportunidades a las compañías, las instituciones y los individuos de diversificar sus inversiones para reducir el riesgo. Con un portafolio diversificado de bonos y acciones en distintos países, un inversionista puede reducir el riesgo total a una escala menor de la que lograría en un escenario puramente doméstico; no obstante, una vez más, el riesgo en el mercado de divisas es un factor que complica la situación.

RESUMEN

En este capítulo, se explicaron la forma y las funciones del mercado de capitales global y se definieron sus implicaciones para la práctica de los negocios internacionales. Los aspectos más relevantes fueron:

1. La función de un mercado de capitales es reunir a quienes desean invertir con quienes desean obtener préstamos.
2. Respecto del mercado de capitales doméstico, el mercado global tiene una mayor reserva de fondos disponibles, lo que permite a los prestatarios financiarse a un menor costo de capital.

3. En contraste con el mercado de capitales doméstico, el mercado global posibilita a los inversionistas diversificar internacionalmente sus portafolios de acciones y, por tanto, reducir el riesgo.
4. El crecimiento del mercado de capitales global durante las décadas recientes puede atribuirse a los avances de la tecnología de la información, la tendencia a desregular los servicios financieros y la relajación de las regulaciones que gobiernan los flujos de capital entre países.
5. Una eurodivisa es una moneda bancarizada fuera de su nación de origen. La ausencia de regulaciones gubernamentales

hace atractivo su mercado tanto para cuentahabientes como para prestatarios. Dada la ausencia de regulación, el margen entre los índices de préstamo y depósito de la eurodivisa es menor al de los domésticos, lo cual otorga a los eurobancos una ventaja competitiva.

6. El mercado de bonos global tiene dos clasificaciones: la de bonos extranjeros y la de eurobonos. En la primera, los bonos se venden fuera del país del prestatario y se denominan en la moneda de la nación en el que son emitidos. En la segunda, la emisión de un eurobono suele estar suscrita por un gremio internacional de bancos y es colocada en países distintos al que pertenece la moneda de su denominación. Los eurobonos representan la parte más rentable de las emisiones internacionales de bonos.

7. Para las compañías, el mercado de eurobonos es una forma atractiva de reunir fondos debido a la ausencia de interferencia regulatoria, requisitos de divulgación menos estrictos y un estatus fiscal más favorable.

8. Los inversionistas extranjeros están invirtiendo en los mercados de valores de otros países para reducir el riesgo al diversificar sus acciones entre las diferentes naciones.

9. Muchas empresas cotizan en los mercados de valores de otros países, básicamente como preludio para emitir acciones en dichos mercados y reunir capital adicional. Otros motivos para cotizar en bolsas extranjeras son facilitar futuros intercambios de acciones, permitir a la compañía utilizar acciones y opciones accionarias para compensar a la administración y los empleados locales, satisfacer el deseo de propiedad e incrementar su visibilidad entre empleados, clientes, proveedores y banqueros locales.

10. Cuando piden préstamos en el mercado global, las empresas deben sopesar los beneficios de un interés menor contra los riesgos de incurrir en mayores costos reales de capital debido a movimientos adversos en el mercado cambiario.

11. Una de las principales implicaciones del mercado de capitales global en los negocios internacionales es que a menudo las compañías pueden obtener préstamos a un costo de capital menor en él que en el mercado doméstico.

12. El mercado de capitales global da mayores oportunidades a las empresas y los individuos para integrar un portafolio verdaderamente diversificado de inversiones internacionales en activos financieros, lo que disminuye el riesgo.

Preguntas de análisis y razonamiento crítico

1. ¿Por qué creció con tanta rapidez el mercado de capitales global en décadas recientes? ¿Considera que este crecimiento continuará durante la siguiente década? ¿Por qué?

2. Entre 2008 y 2009, la economía mundial se contrajo por una crisis financiera global. ¿Contribuyó a esta crisis la globalización del mercado de capitales internacional? Si así fue, ¿qué puede hacerse para evitar el contagio financiero global en el futuro?

3. Una compañía con sede en México ha descubierto que su crecimiento está restringido por la limitada liquidez del mercado nacional de capital. Enumere las opciones que tiene la empresa para reunir dinero en el mercado de capitales global. Exponga las ventajas y desventajas de cada opción y dé una recomendación. ¿Cómo se afectarían las opciones que recomendó si el tipo de cambio del peso mexicano se deprecia de manera significativa en los mercados cambiarios durante los próximos dos años?

4. Happy Company desea reunir dos millones de dólares con financiamiento de deuda. Los fondos son necesarios para financiar capital de trabajo y la empresa los pagaría con intereses en un año. El director financiero de Happy Company está considerando tres opciones:

a) Pedir dólares estadounidenses al Security Pacific Bank, a una tasa de 8%.
b) Solicitar libras esterlinas al Midland Bank a 14%.
c) Pedir yenes japoneses al Sanwa Bank a 5%.

La empresa planea pedir un préstamo en moneda extranjera sin cubrirse, simplemente cambiará moneda extranjera por dólares al tipo de cambio de hoy y comprará la misma moneda extranjera un año después al tipo de cambio vigente en esa fecha. Happy Company calcula que la libra se depreciará 5% respecto del dólar, y que el yen aumentará 3% su valor ante el dólar el próximo año. ¿A cuál de los bancos debe solicitar el préstamo?

Proyecto de investigación 🌐 globalEDGE   **globaledge.msu.edu**

Política económica del comercio internacional

Ingrese a la página de internet de globalEDGE (globaledge.msu.edu) para resolver los siguientes ejercicios:

Ejercicio 1

El equipo administrativo de su organización no lucrativa desea investigar opciones para invertir en compañías ambientalmente responsables en Europa. El *Financial Times* desarrolla el índice FTSE (**F**inancial **T**imes **S**tock **E**xchange) por medio del cual genera información diversa para los mercados financieros mundiales. Una serie de índices en particular, llamada ESG, cubre estándares sociales, ambientales y de buen gobierno. Uno de ellos es el Environmental Europe 40 Index. Descargue la hoja de datos de este índice para analizarlo. Evalúe diez de las principales compañías, naciones e industrias representadas. ¿Qué patrones puede encontrar?

Ejercicio 2

El *Bureau of Economic Analysis* es una agencia del Departamento de Comercio de Estados Unidos. Genera datos sobre las cuentas económicas estadounidenses, entre ellos las participaciones actuales de inversión y la cantidad de inversión directa de las corporaciones multinacionales, tanto en el país como en el extranjero. Prepare un breve informe respecto de las inversiones directas

de otros países en Estados Unidos. Incluya en él las principales naciones en el renglón de inversión extranjera directa.

CASO FINAL

Banco Comercial e Industrial de China

En octubre de 2006, el Banco Comercial e Industrial de China (Industrial and Commercial Bank of China, ICBC) completó con éxito la mayor oferta pública inicial (OPI) hasta hoy, mediante la cual reunió aproximadamente 21 mil millones de dólares. Superó por un amplio margen la OPI de NTT DoCoMo en 1998, de Japón, para ganarse un lugar en los libros de récords (NTT obtuvo 18 400 millones de dólares con su OPI). La oferta del ICBC siguió a las OPI de otros bancos y corporaciones chinos en años recientes. En realidad, las empresas chinas han recurrido con regularidad a los mercados de capitales globales durante la última década, ya que los chinos tratan de fortalecer los balances financieros de las compañías más grandes del país, mejorar la gobernabilidad y transparencia corporativas, y obtener el reconocimiento global para los líderes industriales de China. Desde el año 2000, las empresas de esa nación han conseguido más de 100 mil millones de dólares de los mercados de valores. Casi la mitad de esa cantidad se obtuvo entre 2005 y 2006, proveniente sobre todo de los bancos más grandes del país. Las acciones vendidas por compañías chinas representan, asimismo, una gran parte de las ventas globales de acciones, casi 10% en 2006, comparado con 2.8% en 2001, cifra que sobrepasó la cantidad total que reunieron las empresas de la segunda economía más grande del mundo, Japón.

Para reunir tal cantidad, las corporaciones chinas atraen agresivamente a los inversionistas extranjeros. El ICBC registró de manera simultánea su OPI en el mercado de valores de Shanghái y en el de Hong Kong; la idea de cotizar en este último mercado se basó en que las regulaciones de dicho territorio son acordes a los estándares internacionales, mientras que a las de Shanghái aún les falta algo de camino. Al cotizar en Hong Kong, el ICBC envió una señal a los posibles inversionistas de que podía adherirse a los estrictos estándares de reportes y gobernabilidad esperados por las principales compañías globales.

Este hecho atrajo un considerable interés de inversionistas extranjeros, quienes lo vieron como una forma de invertir en la economía china. El ICBC posee una red bancaria nacional de más de 18 mil sucursales, la más extensa de la nación. Dice tener 2.5 millones de clientes corporativos y 150 millones de cuentas personales. Según los reportes, aproximadamente mil instituciones de todo el mundo compraron acciones de la OPI. Los pedidos totales de esas organizaciones fueron equivalentes a 40 veces la cantidad de acciones ofrecidas a la venta. En otras palabras, la oferta fue ampliamente superada; de hecho, la emisión generó una demanda total de más o menos 430 mil millones de dólares, casi el doble del valor del Citi, el banco más grande del mundo de acuerdo con su capitalización de mercado. La cotización del ICBC en Hong Kong atrajo aproximadamente 350 mil millones de dólares en órdenes de inversionistas globales, más que cualquier oferta en la historia de esa parte del mundo. La porción doméstica de las ventas de acciones mediante la bolsa de Shanghái atrajo otros 80 mil millones de dólares en órdenes. Esta inmensa respuesta permitió al ICBC elevar el precio inicial de sus acciones y cosechar casi dos mil millones de dólares más de lo que había planeado.[28]

Preguntas para analizar el caso

1. ¿Por qué el ICBC consideró que era necesario emitir acciones en mercados extranjeros? ¿Cuáles son las ventajas de dicha estrategia? ¿Puede identificar algunas desventajas?
2. ¿Cuál fue el atractivo de la cotización del ICBC para los inversionistas extranjeros? ¿Cuáles considera que son los riesgos asociados con invertir en el ICBC para un extranjero?

Un hombre entra a una sucursal del Banco Comercial e Industrial de China.

---

28 K. Linebaugh, "Record IPO Could Have Been Even Bigger", en *The Wall Street Journal*, 21 de octubre de 2006, p. B3; "Deals That Changed the Market in 2006; ICBS's Initial Public Offering", en *Euromoney*, 7 de febrero de 2007, p. 1; y T. Mitchell, "ICBC Discovers That Good Things Come to Those Who Wait", en *Financial Times*, 26 de octubre de 2006, p. 40.

parte cuatro casos

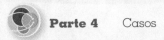

 ## Crisis monetaria sudcoreana

A comienzos de 1997, Corea del Sur podía recapitular con orgullo un "milagro económico" de 30 años que sacó al país de las filas de los pobres y lo colocó como la undécima economía más grande del mundo; sin embargo, a finales de ese año, su moneda, el won, había perdido increíblemente 67% de su valor frente al dólar estadounidense, la economía de la nación estaba devastada y el Fondo Monetario Internacional supervisaba un paquete de rescate de 55 mil millones de dólares. Este giro repentino de los acontecimientos tenía sus raíces en inversiones que efectuaron los grandes conglomerados sudcoreanos (*chaeboles*) en la década de 1990 a menudo a solicitud de los políticos. En 1993, Kim Young-Sam, político populista, ganó la presidencia de Corea del Sur. Kim asumió el puesto en medio de una recesión moderada y prometió fomentar el crecimiento económico mediante estímulos a la inversión en los sectores exportadores. Pidió a los *chaeboles* que invirtieran en fábricas nuevas. Entre 1994 y 1995, Corea del Sur gozó del auge económico impulsado por las inversiones, pero tuvo un costo: los *chaeboles*, siempre reacios a contraer grandes préstamos, acumularon deudas enormes que equivalían, en promedio, a cuatro veces el valor de su propiedad.

A medida que el volumen de las inversiones se expandía durante la década de 1990, la calidad de muchas de esas inversiones se redujo de manera considerable. Las inversiones se hacían con base en proyecciones poco realistas sobre las condiciones futuras de la demanda. Esto dio como resultado un gran excedente de capacidad y precios a la baja. Un ejemplo son las inversiones que llevaron a cabo los *chaeboles* sudcoreanos en fábricas de semiconductores. Las inversiones en dichos centros aumentaron entre 1994 y 1995, cuando una escasez mundial temporal de chips de memoria de acceso aleatorio dinámico (DRAM, *dynamic random access memory chips*) ocasionó un brusco incremento de los precios del producto; no obstante, en 1996, desapareció la falta de abasto y comenzó a sentirse el exceso de capacidad, precisamente en el momento en que Corea del Sur iniciaba las operaciones de las nuevas fábricas. Los resultados fueron previsibles: los precios de los DRAM se desplomaron y las ganancias de los productores cayeron 90%, lo que les significaba dificultades para hacer los pagos programados de la deuda que habían contraído para construir la capacidad adicional. El riesgo de quiebras corporativas aumentó de modo considerable no solo en el sector de los semiconductores; las compañías sudcoreanas también habían invertido de forma importante en numerosos rubros, entre ellos, el área automotriz y del acero.

Los problemas se complicaron más porque buena parte de los préstamos fueron en dólares y no en wons, la moneda coreana. En su momento, pareció una medida inteligente, pues el tipo de cambio era de 850 wons por dólar. Las tasas de interés del dólar eran dos o tres puntos porcentuales menores a las tasas sobre créditos en wons. Buena parte de estos préstamos eran deuda de corto plazo en dólares que debía pagarse a

la institución prestamista en un año. La estrategia deudora parecía lógica, pero tenía riesgos: si el won se depreciaba frente al dólar, el monto de la carga de deuda que deberían pagar las compañías de Corea del Sur aumentaría al calcularla en la moneda local. La depreciación del tipo de cambio subiría los costos de los préstamos, abatiría las ganancias de las corporaciones y aumentaría el peligro de quiebras. Eso fue exactamente lo que ocurrió.

A mediados de 1997, los inversionistas extranjeros estaban alarmados por el incremento de los montos adeudados por las empresas sudcoreanas; en especial, por la acumulación de capacidad excedente y la caída de los precios en varios ámbitos en que las compañías habían hecho grandes inversiones, como semiconductores, automóviles y acero. A causa de los crecientes rumores de que muchas empresas sudcoreanas no podrían hacer los pagos de su deuda, los inversionistas extranjeros principiaron a retirar su dinero de los mercados de activos y obligaciones del país; en determinado momento, vendían wons coreanos y compraban dólares estadounidenses. La venta de wons se aceleró a mediados de 1997, cuando dos de los *chaeboles* más pequeños se declararon en quiebra por su incapacidad para cumplir con los pagos programados de su deuda. La creciente oferta de wons y la ascendente demanda de dólares presionaron a la baja el precio de la moneda, que pasó de 840 a 900 por dólar.

En este punto, el banco central de Corea del Sur intervino en el mercado de divisas para sostener el tipo de cambio en menos de mil wons por dólar. Adquirió wons con los dólares de su reserva. La idea era impulsar el precio en dólares del won y restaurar la confianza de los inversionistas en la estabilidad del tipo de cambio; sin embargo, esta medida no se centró en el problema básico: la deuda de las compañías del país. En el contexto de más quiebras de corporaciones sudcoreanas y las intenciones declaradas del gobierno de apropiarse algunas empresas en problemas, Standard & Poor's (S&P), la compañía estadounidense calificadora de crédito, degradó la deuda de Corea del Sur. Esto produjo una baja de 5.5% en la bolsa de valores local y el won se depreció a 930 por dólar. Según S&P, "la disminución [...] de la calificación se debe a que al gobierno le cuesta más sostener a los aquejados sectores corporativos y financieros".

La descalificación de S&P estimuló una venta cuantiosa de wons. Para proteger la moneda de lo que se convertía rápidamente en un efecto de arrastre, el banco central de Corea del Sur elevó las tasas de interés de corto plazo por arriba de 12%, más del doble de la tasa de inflación. Asimismo, reforzó su intervención en los mercados cambiarios, vendió dólares y compró wons para que el tipo de cambio no pasara de mil wons por dólar; no obstante, el efecto principal de esta medida fue que las reservas de divisas sudcoreanas no tardaron en agotarse. El 1 de noviembre eran de 30 mil millones de dólares, pero dos semanas después bajaron a solo 15 mil millones.

Con las reservas internacionales casi agotadas, el banco central renunció el 17 de noviembre a defender el won. De inmediato, su precio cayó hasta casi 1 500 wons por dólar, lo que aumentó de 60 a 70% el monto en wons que las muy adeudadas compañías coreanas debían pagar para cumplir con los anticipos programados de su deuda en dólares. Estas pérdidas, debidas a variaciones adversas en el tipo de cambio, abatieron las ganancias de muchas empresas sudcoreanas, que sufrieron pérdidas por el tipo de cambio de más de 15 mil millones de dólares en 1997.

Preguntas para analizar el caso

1. ¿Qué función desempeñó el gobierno sudcoreano en la creación de la crisis de 1997?
2. ¿Cuál fue el papel de las empresas sudcoreanas en ese proceso?
3. ¿Por qué el banco central coreano no pudo parar la depreciación del won respecto del dólar estadounidense?

4. A finales de 1997, el FMI acudió con un paquete de rescate que incluía 55 mil millones de dólares en préstamos de emergencia para sustentar la moneda. Dichos préstamos estabilizaron el won, y durante los siguientes años, Corea del Sur disfrutó de una sólida recuperación. ¿Qué hubiera ocurrido si el FMI no hubiera intervenido?

Fuentes

J. Burton y G. Baker, "The Country That Invested Its Way into Trouble", en *Financial Times*, 15 de enero de 1998, p. 8; J. Burton, "South Korea's Credit Rating Is Lowered", en *Financial Times*, 25 de octubre de 1997, p. 3; J. Burton, "Currency Losses Hit Samsung Electronics", en *Financial Times*, 20 de marzo de 1998, p. 24; y "Korean Firms' Foreign Exchange Losses Exceed US $15 Billion", en *Business Korea*, febrero de 1998, p. 55.

 # Crisis del rublo ruso y sus consecuencias

PRELUDIO

A principios de la década de 1990, tras el colapso del comunismo y la disolución de la Unión Soviética, el gobierno ruso instrumentó un programa de reforma económica destinado a transformar la decadente economía centralizada del país en una dinámica economía de mercado. Un elemento fundamental de este plan fue poner un fin al control de precios el 1 de enero de 1992; sin embargo, una vez retirados los controles, los precios se dispararon. Pronto, la inflación marchaba a una tasa mensual de casi 30%. Durante todo 1992, la tasa de inflación en Rusia fue de 3 mil %. La tasa anual para 1993 fue de casi 900%.

Fueron varios los factores que contribuyeron a este pico en la inflación rusa. Los planificadores estatales habían sostenido artificialmente los precios a niveles bajos durante la era del comunismo. Al mismo tiempo, había escasez de muchos productos básicos, así que con nada en qué gastar el dinero, muchos rusos simplemente acumularon rublos. Luego de la liberalización de los controles de precios, la nación se vio de pronto inundada en rublos y a la caza de una oferta de bienes que seguía siendo limitada. El resultado fue un rápido aumento de los precios. Los fuegos inflacionarios que siguieron a la liberalización de precios fueron atizados por el propio gobierno ruso. No dispuesto a encarar las consecuencias sociales del desempleo masivo producto de un rápido proceso de desincorporación de muchas empresas paraestatales, el gobierno continuó subsidiando las operaciones de muchas compañías que perdían dinero. El resultado fue que el déficit presupuestal se disparó; en el primer trimestre de 1992, representaba 1.5% del PIB y, para finales de ese año, se había elevado a 17%. Incapaz o reacio a financiar dicho déficit elevando los

impuestos, el gobierno encontró otra solución: imprimió dinero, lo que solo agregó combustible a la hoguera de la inflación.

Con la imparable elevación de los precios, el rublo se derrumbó contra el dólar y otras divisas importantes. En enero de 1992, el tipo de cambio era de 125 rublos por un dólar. Para finales de año, era de 480 por dólar y, al término de 1993, había llegado a 1 500 rublos por cada dólar. Conforme avanzó 1994, se hizo cada vez más evidente que el gobierno ruso no sería capaz de reducir su déficit presupuestal tan rápidamente como había calculado. En septiembre, la tasa mensual de inflación se había acelerado. Octubre inició mal, con el rublo deslizándose más de 10% en su valor contra el dólar estadounidense en los primeros 10 días del mes. El 11 de octubre, el rublo se hundió 21.5% contra el dólar, ¡alcanzando un valor de 3 926 rublos por dólar cuando cerró el mercado cambiario!

A pesar del anuncio de un riguroso plan presupuestal que colocó estrictos controles a la oferta de dinero, el rublo siguió deslizándose y en abril de 1995 el tipo de cambio alcanzó los 5 120 rublos por dólar; no obstante, para mediados de ese año, la inflación volvió a bajar. En junio, la tasa mensual inflacionaria fue la menor del año, 6.7%. Asimismo, el rublo se había recuperado y estaba a 4 559 por dólar el 6 de julio. Ese día, el gobierno ruso anunció que intervendría el mercado de divisas para mantener el tipo de cambio del rublo entre 4 300 y 4 900 contra el dólar. El gobierno consideraba que era esencial mantener una divisa relativamente estable. Los funcionarios gubernamentales anunciaron que el banco central podría retirar 10 mil millones de dólares de las reservas de moneda extranjera para defender al rublo contra cualquier venta especulativa en el relativamente pequeño mercado de divisas de Rusia.

En el mundo de las finanzas internacionales, 10 mil millones es una cantidad pequeña y no transcurrió mucho tiempo antes de que Rusia descubriera que sus reservas internacionales se habían agotado. En ese momento, el gobierno ruso solicitó préstamos al FMI. En febrero de 1996, el Fondo respondió con su segundo mayor esfuerzo de rescate en su historia: un préstamo de 10 mil millones de dólares; a cambio, Rusia aceptó limitar el crecimiento en su oferta de dinero, reducir la deuda del sector público, aumentar los ingresos tributarios del gobierno y fijar el rublo al dólar. Además, redefinió el valor del rublo situándolo a un equivalente de mil viejos rublos.

Al principio, el paquete pareció surtir el efecto deseado. La inflación se redujo de casi 50% en 1996 a aproximadamente 15% en 1997; el tipo de cambio permaneció dentro de su banda predeterminada de 4.3 a 4.8 rublos por dólar, y la situación de la cuenta corriente se mantuvo ampliamente favorable. En 1997, la economía rusa creció por primera vez desde la caída de la antigua Unión Soviética, si bien a un modesto 0.5% del PIB; sin embargo, la situación de la deuda pública no mejoró. El gobierno ruso continuó gastando más de lo convenido según los objetivos del FMI, mientras que los ingresos fiscales fueron mucho menores a lo proyectado. Esto se debió en parte a la caída en los precios del petróleo (el gobierno cobraba impuestos por las ventas de petróleo) y a las dificultades de recabar impuestos en una economía donde mucha de su actividad estaba en la "economía subterránea" y, en parte, también, a un complejo sistema tributario que estaba lleno de agujeros. En 1997, el gasto del gobierno federal ruso representó 18.3% del PIB, mientras que sus ingresos fueron de solo 10.8%, lo que significó un déficit de 7.5% en el PIB, que fue financiado por medio de una expansión de la deuda pública.

CRISIS

Preocupado por el fracaso del gobierno ruso para cumplir sus objetivos, el FMI respondió suspendiendo el pago programado a Rusia a principios de 1998, a la espera de la reforma del complejo sistema tributario ruso y de un intento sostenido por parte del gobierno para recortar su gasto público. Esto puso más presión al rublo y forzó al banco central ruso a elevar las tasas de interés en préstamos inmediatos hasta 150%. En junio de 1998, el gobierno estadounidense declaró que apoyaría un nuevo rescate del FMI. La institución fue más cautelosa e insistió en que el gobierno ruso instrumentara un paquete de aumentos a los ingresos corporativos y recortes al gasto público para equilibrar el presupuesto. El gobierno ruso indicó que lo haría y el Fondo liberó una partida de 640 millones de dólares que había quedado suspendida. A esto siguió un préstamo adicional de 11 200 millones de dólares destinados a preservar la estabilidad del rublo.

A pesar de ello, casi tan pronto como el financiamiento fue anunciado, comenzó a desintegrarse. El préstamo del FMI exigió al gobierno ruso que tomara medidas concretas para elevar las tasas impositivas, que mejorara la recaudación de impuestos y que recortara el gasto gubernamental. Se envió al parlamento ruso un proyecto de ley que contenía los cambios legislativos necesarios, pero fue destrozado por las fuerzas antigubernamentales. La respuesta del FMI fue retener 800 millones de dólares de su primera partida de 5 600 millones, lo cual minó la credibilidad en su propio programa. La bolsa de valores rusa se desplomó ante estas noticias, cerrando 6.5% a la baja. La venta de rublos se aceleró. El banco central empezó a perder divisas extranjeras a raudales al intentar mantener el valor del rublo. Las reservas internacionales cayeron en 1 400 millones de dólares solo en la primera semana de agosto, hasta 17 mil millones, mientras que las tasas de interés volvieron a dispararse.

En este escenario, en el fin de semana del 15 y 16 de agosto los funcionarios rusos se reunieron para dar una respuesta a la crisis más reciente. Sus opciones eran limitadas. La paciencia del FMI se había terminado. Las reservas internacionales se agotaban con rapidez. Las tensiones sociales en el país estaban escalando. El gobierno enfrentaba pagos inminentes sobre 18 mil millones de bonos locales y no tenía idea de dónde saldría el dinero.

El lunes 17 de agosto, el primer ministro, Sergei Kiriyenko, anunció los resultados del cónclave del fin de semana. Dijo que Rusia reestructuraría la deuda doméstica transformando en forma unilateral una deuda de corto plazo en otra de largo plazo. En otras palabras, el gobierno decidió incumplir sus compromisos de pago. Asimismo, anunció una moratoria de 90 días en el pago de la deuda privada extranjera y declaró que dejaría que el rublo se devaluara 34% contra el dólar. En breve, Rusia le había dado la espalda al plan del FMI. El efecto fue inmediato. En una noche, las tiendas subieron los precios de los bienes en 20%. Conforme el rublo se hundía, las casas de cambio de divisas solo estaban preparadas para vender dólares a un tipo de cambio de nueve rublos por dólar, en vez del nuevo tipo oficial de 6.43 rublos por cada dólar. En cuanto a la deuda del gobierno ruso, perdió 85% de su valor en cuestión de horas, dejando a los tenedores extranjeros y rusos de la deuda mirando sorprendidos un enorme agujero negro en sus activos financieros.

CONSECUENCIAS

En las postrimerías del incumplimiento de Rusia respecto de su deuda gubernamental, efectivamente el FMI le dio la espalda al gobierno, dejando que el país arreglara por sí mismo su desastre financiero. Sin más préstamos del FMI en perspectiva, el gobierno debió encontrar otra forma de manejar su gran déficit, para lo cual adoptó una doble postura: 1) recortó drásticamente el gasto gubernamental y 2) reformó el sistema impositivo. Respecto de este último, el gobierno de Vladimir Putin ignoró el consejo del FMI de elevar sus impuestos y esforzarse por evitar la evasión. En vez de eso, el gobierno reemplazó el complicado código del impuesto sobre la renta, que tenía una tasa marginal de 30%, con una tasa fija de 13%. Los impuestos corporativos también fueron recortados de 35 a 24% y se simplificó el código tributario, con lo que se taparon varios agujeros. Paradójicamente, el recorte en las tasas de impuestos condujo a una elevación en los ingresos gubernamentales cuando tanto los individuos como las corporaciones decidieron que era más fácil pagar los impuestos que tomarse el trabajo de evadirlos, algo que habían hecho desde hace mucho tiempo.

Además de estas acciones gubernamentales, un brusco incremento en los precios de la materia prima, y en particular, en los precios mundiales del petróleo, ayudó enormemente a la economía rusa. El país es ahora el principal exportador petrolero del mundo, por encima, incluso, de Arabia Saudita. También, exporta cantidades considerables de gas natural, metales y madera, cuyos precios han aumentado significativamente desde 1998. Hoy en día, la nación posee un gran superávit en cuenta corriente con el resto del mundo (en 2004, alcanzó 46 mil millones de dólares).

Como resultado de tales cambios, la economía rusa creció a un promedio anual de 6.5% entre 1998 y 2004. La deuda externa disminuyó de 90% del PIB en 1998 a casi 28% en 2004, mientras que las reservas internacionales aumentaron diez veces para llegar a los 120 mil millones de dólares. El gobierno ha estado teniendo un superávit presupuestal desde 1999. En 2004, obtuvo casi 13 100 millones de dólares más de lo que gastó. Aún más, en enero de 2005, el gobierno ruso liquidó sus obligaciones con el FMI antes de la fecha acordada.

A pesar de dichas transformaciones positivas, la economía rusa tiene muchas debilidades estructurales. El país depende en gran medida de los precios de la materia prima y, si estos llegaran a desplomarse, ocasionarían un brusco retroceso en la economía. El sistema bancario continúa siendo débil, la infraestructura industrial es pobre, la nación sigue asolada por la corrupción, existe una desconfianza ampliamente difundida en las instituciones del gobierno y la inversión extranjera es relativamente baja.

Preguntas para analizar el caso

1. ¿Cuáles fueron las causas del aumento inflacionario en Rusia a principios de la década de 1990? ¿Podrían haberse evitado? ¿Cómo?

2. ¿Qué enseñanza le deja la devaluación del rublo contra el dólar entre 1992 y 1998 respecto de la relación entre las tasas de inflación y los tipos de cambio?

3. A mediados de la década de 1990 el FMI quería que Rusia elevara los impuestos, tapara los agujeros del sistema tributario y recortara el gasto público, pero no pudo hacerlo. ¿Por qué?

4. A principios de 2000, Rusia recortó los impuestos personales y para empresas, y los ingresos tributarios del gobierno aumentaron. ¿Por qué? ¿Sugiere este resultado que las prescripciones del FMI respecto de las políticas estaban erradas?

Fuentes

S. Erlanger, "Russia Will Test a Trading Band for the Ruble", en *The New York Times*, 7 de julio de 1995, p. 1; C. Freeland, "Russia to Introduce a Trading Band for Ruble against Dollar", en *Financial Times*, 7 de julio de 1995, p. 1; J. Thornhill, "Russians Bemused by 'Black Tuesday'", en *Financial Times*, 12 de octubre de 1994, p. 4; R. Sikorski, "Mirage of Numbers", en *The Wall Street Journal*, 18 de mayo de 1994, p. 14; "Can Russia Fight Back?" en *The Economist*, 6 de junio de 1998, pp. 47-48; J. Thornhill, "Russia's Shrinking Options", en *Financial Times*, 19 de agosto de 1998, p. 19; "Russia", *The World Factbook 2005*, Washington, D. C.: Agencia Central de Inteligencia, 2005; "Change those Light Bulbs: The Russian Economy", en *The Economist*, 8 de febrero de 2003, p. 43; y "The Kremlin Repents, Maybe: Russia's Economy", en *The Economist*, 9 de abril de 2005, p. 32.

Caterpillar: competir en un mundo de divisas flotantes

Desde hace muchos años, Caterpillar Tractor ha sido uno de los mayores exportadores de Estados Unidos. La compañía vende su equipo de construcción, de minería y maquinaria a prácticamente 200 países en todo el mundo. Gracias a su condición de exportador líder, con frecuencia su suerte se ha visto ligada al valor del dólar estadounidense. En la década de 1980, esta moneda mostraba fortaleza respecto del yen japonés, circunstancia que le dio a Komatsu, el principal productor japonés de maquinaria pesada de construcción, una ventaja en precios respecto de Caterpillar. Mediante rebajas de hasta 30% en sus precios respecto de los de Caterpillar, Komatsu se apoderó de una parte del mercado estadounidense y de otras naciones. Fueron tiempos difíciles para Caterpillar. En cierto momento, la compañía perdía un millón de dólares diarios y luchaba contra un sindicato hostil que se oponía a la reestructuración laboral diseñada para incrementar la competitividad de la empresa. Esta parecía destinada a ser un ejemplo más de un negocio en decadencia en la franja de herrumbre de Estados Unidos.

Hacia mediados de 2000, nos encontramos con una Caterpillar próspera. Mucho había cambiado durante las dos décadas anteriores. La empresa había logrado arreglos con sus sindicatos e invirtió en instalaciones de punta. Su productividad, antes abismal, estaba ahora entre las mejores de la industria. Las ventas, exportaciones y ganancias estaban a la alza. Había entusiasmo mundial por gastar en infraestructura y Caterpillar cosechaba las ganancias, pues producía equipo en cantidades récord. Aún más, el dólar estadounidense, que durante años había sido fuerte, se debilitó de manera importante a mediados de 2000, lo cual redujo el precio de las exportaciones de Caterpillar cuando era cambiado a diversas divisas extranjeras y ayudó a la compañía a mantener sus precios bajos en los mercados extranjeros. En este punto, Caterpillar exportaba más de la mitad de su producción desde sus principales fábricas en Peoria, Illinois.

Entonces, en 2008, el dólar comenzó a fortalecerse de nuevo. A pesar de que la economía estadounidense estaba cayendo en una profunda crisis financiera que la lanzaría en picada a una recesión, los extranjeros invertían fuertes cantidades en activos de Estados Unidos; en especial, en Bonos del Tesoro. Su demanda de dólares para adquirir dichos activos elevó el valor de la moneda en los mercados extranjeros de divisas. El hambre de los extranjeros por dólares se basaba en la creencia de que aun cuando la situación era adversa en el país, era probable que se pusiera peor en otras economías desarrolladas y el gobierno estadounidense al menos respaldaría sus bonos, lo cual los convertía en un puerto seguro en medio de la tormenta económica.

Los analistas temían que el dólar fortalecido deteriorara el desempeño financiero de Caterpillar, y tenían algo de razón, porque los precios de las exportaciones de la empresa subían cuando se les convertía a otras divisas extranjeras; sin embargo, la realidad era un poco distinta.

A medida que transcurría 2008, el dólar fortalecido principió a afectar negativamente las ganancias de Caterpillar, ¡pero tuvo un efecto favorable sobre sus costos! Lo que había cambiado en las últimas dos décadas era que Caterpillar expandió radicalmente su red de operaciones extranjeras de manufactura. Aunque aún era sobre todo una empresa exportadora, aproximadamente 102 de sus 237 fábricas se ubicaban fuera de Norteamérica, muchas en países como China, India y Brasil, que cada día invertían más en infraestructura. Si bien las ganancias generadas por estas operaciones en las monedas locales, al ser cambiadas de nuevo a dólares declinaban a medida que la divisa estadounidense se fortalecía, los costos de

sus operaciones también cayeron, como era de esperarse, pues estaban en monedas locales, lo que redujo el efecto sobre el margen de utilidades. Además, aunque los ingresos de Caterpillar por exportaciones desde Estados Unidos empezaron a caer, la compañía ahora compraba muchos de sus insumos a productores extranjeros: el precio que pagaba por esos insumos también bajó, lo que, de nueva cuenta, redujo el efecto del dólar fortalecido sobre los rendimientos. Mediante esta estrategia de globalización, Caterpillar ha podido reducir el efecto que las fluctuaciones en el valor del dólar tienen en sus ganancias.

Preguntas para analizar el caso

1. En la década de 1980, el fortalecimiento del dólar afectó la posición competitiva de Caterpillar, pero en 2008 pareció no tener el mismo efecto. ¿Qué había cambiado?
2. ¿De qué manera Caterpillar utilizó su estrategia como una "cobertura real" para reducir su exposición al riesgo de tipo de cambio? ¿Cuál es el inconveniente de esta postura?
3. Explique la diferencia entre exposición a la transacción y exposición a la traslación empleando la información del caso de Caterpillar para ejemplificar su respuesta.

Fuentes

J. B. Kelleher, "U. S. Exporters Can Win from the Strong Dollar", en *International Herald Tribune*, 9 de mayo de 2008, p. 15; "Caterpillar's Comeback", en *The Economist*, 20 de junio de 1998, pp. 7-8; y A. Taylor, "Caterpillar", en *Fortune*, 20 de julio de 2007, pp. 48-54.

Estrategia de los negocios internacionales

13

OBJETIVOS DE APRENDIZAJE
Al terminar este capítulo, usted deberá ser capaz de:

OA13-1 Explicar el concepto de estrategia.

OA13-2 Reconocer cómo pueden beneficiarse las empresas con la expansión global.

OA13-3 Entender la forma en que las presiones para reducir los costos y la sensibilidad local influyen sobre las decisiones estratégicas.

OA13-4 Identificar distintas estrategias para competir globalmente, así como con sus ventajas y desventajas.

Estrategia global de Ford

Caso inicial

Cuando Alan Mulally, director de Ford, llegó a la compañía en 2006 después de una larga carrera en Boeing, se impresionó al saber que la empresa producía un Ford Focus para Europa y otro totalmente diferente para Estados Unidos. "¿Puedes imaginar tener un Boeing 737 para Europa y uno para Estados Unidos?", dijo en esa ocasión. Dada esta estrategia de producto, Ford no podía comprar partes comunes para sus vehículos, ni compartir los costos de desarrollo o usar sus plantas europeas de Focus en la producción de automóviles para Estados Unidos, y viceversa. En un negocio en que las economías de escala son fundamentales, el resultado se traducía en altos costos y, más aún, estos programas no se limitaban al Ford Focus, pues la estrategia de diseñar y producir distintos autos para regiones diferentes era el enfoque estándar de Ford.

Esta antigua estrategia de la compañía de producir modelos regionales se basaba en el supuesto de que los consumidores de las diversas regiones poseen gustos y preferencias distintos, y de que requieren un grado importante de personalización local. Se argumentaba que los estadounidenses adoraban sus camionetas y sus SUV, mientras que los europeos preferían autos más pequeños, con un eficiente consumo de combustible. Sin importar tales discrepancias, Mulally seguía sin poder entender por qué los modelos pequeños como el Focus o la SUV Escape, que se vendían en distintas regiones, no se producían en la misma plataforma y no compartían partes comu-

nes. En realidad, la estrategia quizá tenía más que ver con la autonomía de las múltiples regiones dentro de la organización Ford, hecho que estaba profundamente arraigado en la historia de la compañía como una de las más antiguas corporaciones multinacionales.

Cuando la crisis financiera global sacudió a la industria automotriz mundial entre 2008 y 2009, y precipitó la peor caída en las ventas desde la Gran Depresión, Mulally decidió que Ford debía modificar sus antiguas prácticas para lograr un mejor control de sus precios. Aún más, percibía que no había forma de que la empresa pudiera competir eficientemente en los grandes mercados en desarrollo como China e India a menos que modificara su escala global para producir autos de bajo costo. El resultado de dichas reflexiones de Mulally fue la estrategia de **Un solo Ford**, para crear una diversidad de plataformas automotrices que la compañía pudiera usar en cualquier parte del mundo.

Con esta estrategia, los nuevos modelos, como el Fiesta, el Focus y la Escape 2013, comparten un diseño común, se construyen en una plataforma común, emplean las mismas partes y se producen en fábricas idénticas en el mundo. Con el tiempo, Ford espera tener solo cinco plataformas para cubrir las ventas de más de seis millones de vehículos en 2016; en 2006, la corporación tenía 15 plataformas que representaban ventas de 6.6 millones de automóviles. Siguiendo esta estrategia, la empresa puede compartir los costos de diseño y montaje, y obtener economías de escala mucho mayores en la producción de sus componentes. Ford ha declarado que se ahorrará una tercera parte del costo de mil millones de dólares por desarrollar un nuevo modelo y que reducirá su presupuesto anual en 50 mil millones para los componentes. Además, como las fábricas que producen estos autos son completamente idénticas, el conocimiento útil adquirido mediante la experiencia en una podrá ser replicado a otras de inmediato, lo que generará ahorros en costos para todo el sistema.

Lo que Ford espera es que esta estrategia reduzca los costos lo suficiente como para permitirle obtener mayores márge-nes de utilidad en los mercados desarrollados y buenos márgenes en mercados de bajo costo en naciones desarrolladas sumamente competitivas, como China, actualmente el mayor mercado de automóviles y donde Ford está detrás de competidores mundiales como General Motors y Volkswagen. De hecho, esta estrategia es esencial para cumplir la meta de Mulally de elevar las ventas de Ford de 5.5 millones en 2010 a ocho millones para mediados de esta década.[1]

Introducción

Hasta ahora, los contenidos del libro se han centrado sobre todo en aspectos del amplio entorno en el que compiten los negocios internacionales. Como se describe en los capítulos anteriores, este ambiente abarca los entornos políticos, económicos y culturales de los países, el marco de trabajo para el comercio y la inversión extranjera, así como el sistema monetario internacional. Ahora, nuestro planteamiento se desplaza desde el macroambiente hacia la empresa y, en particular, a las acciones que los administradores pueden llevar a cabo para competir de manera más eficaz como una compañía internacional. Este capítulo analiza de qué modo las empresas pueden aumentar su rentabilidad mediante la expansión de sus operaciones hacia los mercados extranjeros; examina las múltiples estrategias que siguen cuando compiten internacionalmente, además de considerar sus ventajas y desventajas, y estudiar los factores que influyen en su elección.

La estrategia Un solo Ford, de Ford Motor Company, detallada en el "Caso inicial", nos ofrece un panorama preliminar de algunos de los temas explorados en este capítulo. Históricamente, Ford siguió una estrategia de *localización*, vendiendo en varias regiones vehículos que eran diseñados y producidos localmente (por ejemplo, un diseño para Europa y otro para Norteamérica). Aunque tal estrategia tenía la virtud de que la oferta era hecha a la medida de los gustos y preferencias de los consumidores de cada región, también generaba una considerable repetición innecesaria y altos costos. Para finales de la década de 2000, Alan Mulally, director general de Ford, decidió que la compañía ya no podía permitirse los altos costos asociados con este enfoque, y la impulsó a adoptar su estrategia Un solo Ford. Bajo esta *estrategia de estandarización global*, el objetivo de la empresa es diseñar y vender los mismos modelos en todo el mundo. La idea es obtener una reducción sustancial de costos distribuyendo los gastos de diseño, construyendo en plataformas comunes, compartiendo los componentes entre los modelos, y produciendo los autos en fábricas idénticas en todo el orbe para compartir los gastos de montaje. En la medida en que pueda hacerlo, la compañía debería ser capaz de bajar sus costos y aun así tener buenas utilidades, lo que le ayudaría no solo a conservar su participación en los mercados desarrollados, sino a ganar presencia en mercados emergentes de rápido crecimiento como China e India. Aunque existe el riesgo de que la despersonalización local conduzca a cierta pérdida de ventas marginales, Mulally, evidentemente, espera que los beneficios superen a los riesgos, en términos de costos menores y precios más competitivos. Solo el tiempo dirá si tiene razón.

OA13-1 ## Estrategia y empresa

Antes de analizar las estrategias que los administradores de las empresas multinacionales pueden adoptar, debemos revisar algunos principios básicos relacionados con el tema. La **estrategia** de una compañía se define como la acción encaminada a alcanzar los objetivos que se fijó. Para la mayoría, el objetivo principal consiste en maximizar el valor de la empresa para sus propietarios, los accionistas (esto de manera legal, ética y socialmente responsable; véase el capítulo 5 para mayores detalles). Los administradores deben adoptar estrategias que aumenten la *rentabilidad* de la compañía

[1] M. Ramsey, "Ford SUV Marks New World Car Strategy", en *The Wall Street Journal*, 16 de noviembre de 2011; B. Vlasic, "Ford Strategy Will Call for Stepping Up Expansion, Especially in Asia", en *The New York Times*, 7 de junio de 2011; y "Global Manufacturing Strategy Gives Ford Competitive Advantage", Ford Motor Company, en: http://media.ford.com/article_display.cfm?article-id=13633.

FIGURA 13.1

Determinantes del valor
de la empresa.

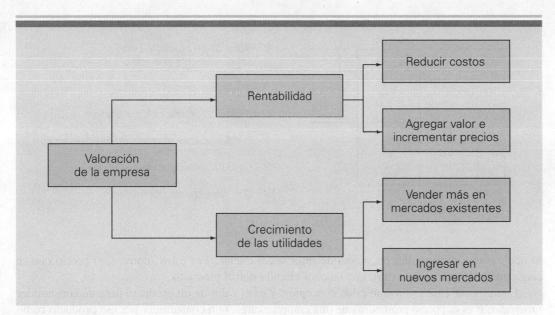

así como la tasa de *crecimiento de las utilidades* a lo largo del tiempo para maximizar su valor como empresa (véase la figura 13.1). La **rentabilidad** se mide de diferentes formas, pero, en aras de la consistencia, la definiremos como la tasa de retorno que obtiene la compañía sobre el capital invertido (ROIC), que se calcula por medio de la división de la utilidad neta de la empresa entre el capital total invertido.[2] El **crecimiento de las utilidades** se mide por el incremento del porcentaje de utilidades netas a lo largo del tiempo. En general, la rentabilidad y la tasa de crecimiento de las utilidades incrementan el valor de una compañía, y por ende, los rendimientos acumulados para sus propietarios, los accionistas.[3]

Los administradores pueden aumentar la rentabilidad de la empresa con estrategias que reduzcan los costos o agreguen valor a los productos que esta elabora, lo cual posibilita subir los precios. Los administradores pueden elevar la tasa a la cual crecen las utilidades con el tiempo por medio de estrategias para vender más productos en mercados existentes o para ingresar en nuevos mercados. Como veremos, con la expansión internacional, los administradores estimulan la rentabilidad de la compañía *y* aumentan la tasa de crecimiento de las utilidades a lo largo del tiempo.

CREACIÓN DE VALOR

La forma de incrementar la rentabilidad de una empresa radica en crear más valor. El total del valor que genera una compañía se mide por la diferencia entre sus costos de producción y el valor que los consumidores perciben en sus productos. Por lo común, entre más valor otorguen los consumidores a los productos de una empresa, mayor será el precio que esta puede cobrar por dichos productos; sin embargo, el precio que una compañía cobra por un producto o servicio suele ser menor al valor que el cliente le asigna. Esto porque el cliente capta parte de ese valor en forma de lo que los economistas llaman excedente del consumidor.[4] El cliente puede hacerlo debido a que la empresa compite con otras firmas para ganar clientes, así que debe cobrar un precio menor al que podría cargar si fuera un proveedor único. Casi siempre, es imposible segmentar el mercado a tal grado que la compañía pueda cargar a cada consumidor un precio que refleje la valuación del valor de un producto, a

---

[2] En palabras más formales, ROIC = Utilidad neta después de impuestos/capital, en donde el capital incluye la suma del patrimonio neto y la deuda de la empresa. Esta forma de calcular la rentabilidad se relaciona de manera estrecha con el rendimiento sobre activos. Para mayores detalles véase el apéndice de este capítulo.

[3] T. Copeland, T. Koller y J. Murrin, *Valuation: Measuring and Managing the Value of Companies*, Nueva York, John Wiley & Sons, 2000.

[4] El concepto del excedente de consumo es importante en economía. Para una explicación más detallada véase D. Besanko, D. Dranove y M. Shanley, *Economics of Strategy*, Nueva York, John Wiley & Sons, 1996.

FIGURA 13.2

Creación de valor.

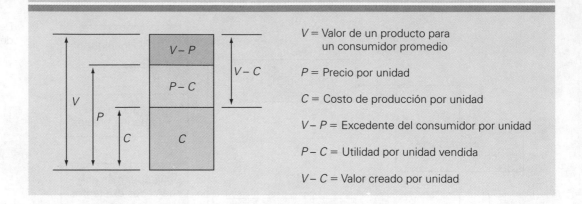

V = Valor de un producto para un consumidor promedio

P = Precio por unidad

C = Costo de producción por unidad

$V - P$ = Excedente del consumidor por unidad

$P - C$ = Utilidad por unidad vendida

$V - C$ = Valor creado por unidad

lo que los economistas llaman precio de reserva del cliente. Por estos motivos, el precio que se carga tiende a ser menor al valor que muchos clientes dan al producto.

En la figura 13.2 se ilustran estos conceptos. V es el valor de un producto para un consumidor *promedio*; P es el precio promedio que una empresa carga a un consumidor por ese producto como consecuencia de las presiones competitivas y por su capacidad para segmentar el mercado; por su parte, C es el costo de producción promedio por unidad producida (C abarca todos los costos correspondientes, incluso el de capital de la empresa). La utilidad de la compañía por unidad vendida (p) es igual a $P - C$, mientras que el excedente del consumidor por unidad es igual a $V - P$ (otro modo de pensar en el excedente del consumidor es como "valor por el dinero"; mientras mayor sea el excedente que obtiene, mayor será el ahorro que produce por la compra del bien). La empresa consigue utilidades siempre que P sea mayor a C, y sus utilidades serán mayores mientras C sea menor *respecto de P*. La diferencia entre V y P se determina en parte por la intensidad de la presión competitiva en el mercado: entre menor sea dicha intensidad, mayor será el precio cargado respecto de V.[5] En general, entre mayor sea la utilidad por unidad vendida de la compañía, mayor será su rentabilidad, si todo lo demás es igual.

La **creación de valor** de la empresa se mide con base en la diferencia entre V y C ($V - C$); una compañía crea valor al convertir los insumos que cuestan C en un producto para el que los consumidores depositan un valor V. Una empresa puede generar más valor ($V - C$) reduciendo los costos de producción (C) o haciendo más atractivo el producto por medio de un mejor diseño, estilo, funcionalidad, características, confiabilidad, servicio posventa y similares, con el fin de que los consumidores asignen un mayor valor al producto (aumenta V) y, en consecuencia, estén dispuestos a pagar un precio mayor (aumenta P). Este análisis sugiere que *una compañía tiene mayores utilidades cuando crea más valor para sus clientes a un costo menor*. Con una *estrategia de bajo costo* nos referimos a aquella que se dirige sobre todo a la reducción de los costos de producción, y con una *estrategia de diferenciación*, a aquella que trata, principalmente, de aumentarle el atractivo a un producto.[6]

Michael Porter sostiene que *bajo costo* y *diferenciación* son dos estrategias básicas para generar valor y lograr una ventaja competitiva en un sector industrial.[7] Según su enfoque, las empresas que crean valor agregado obtienen una rentabilidad superior, y la manera de engendrar valor agregado es reduciendo la estructura de costos del negocio, diferenciando el producto de alguna forma para que los consumidores lo valoren más y estén dispuestos a pagar más por él, o con una combinación de ambos. La creación de valor agregado, respecto de los competidores, no necesariamente implica que la compañía tenga la menor estructura de costos en una industria, o fabricar el producto más valioso

---

5   Sin embargo, $P = V$ solo en el caso especial en el que la compañía tenga un monopolio perfecto, y en el que pueda cobrarle a cada cliente un precio único que refleje el valor del producto para ese consumidor (por ejemplo, donde sea posible una discriminación perfecta de precios). En forma más general, excepto en el caso límite de una discriminación perfecta de precio, hasta un monopolista verá que la mayoría de los compradores capta una parte del valor del producto en forma de excedente del consumidor.

6   Este punto es fundamental en la obra de Michael Porter, *Competitive Advantage*, Nueva York, Free Press, 1985. Véase también el capítulo 4 en P. Ghemawat, *Commitment: The Dynamic of Strategy*, Nueva York, Free Press, 1991.

7   M. E. Porter, *Competitive Strategy*, Nueva York, Free Press, 1980.

en la mente de los consumidores; sin embargo, exige que la diferencia entre el valor (*V*) y el costo de producción (*C*) sea mayor que la de la competencia.

POSICIONAMIENTO ESTRATÉGICO

Porter destaca que para una empresa es fundamental ser explícita respecto de su estrategia en términos de la creación de valor (diferenciación) y el bajo costo, y configurar sus operaciones internas para apoyarla.[8] En la figura 13.3 se ilustra este punto. La curva convexa que aparece en ella es lo que los economistas llaman *frontera de eficiencia*; esta muestra todas las posiciones que una empresa puede adoptar para agregar valor al producto (*V*) y bajar costos (*C*), bajo el supuesto de que sus operaciones internas estén configuradas en forma eficiente para apoyar una posición en particular (obsérvese que, en la figura 13.3, el eje horizontal está graduado a la inversa: ir a lo largo del eje hacia la derecha representa costos menores). La frontera de eficiencia tiene una forma convexa por los rendimientos marginales decrecientes, lo cual significa que, cuando una compañía ya tiene un valor importante incorporado a su oferta de producto, incrementar el valor en una cantidad relativamente pequeña demanda costos adicionales considerables. Lo contrario también se mantiene cuando una empresa que ya posee una estructura de costos bajos debe renunciar a una gran cantidad de valor en la oferta de su producto con la finalidad de conseguir reducciones de costos adicionales.

En la figura 13.3, se representan tres empresas hoteleras con presencia global: Four Seasons, Marriott International y Starwood (Starwood es propietaria de las cadenas Sheraton y Westin). El hotel Four Seasons se posiciona como una cadena de lujo y destaca el valor de su producto en su oferta, lo que aumenta sus costos de operación. El Marriott y el Starwood se posicionan en un punto intermedio del mercado. Los dos destacan suficiente valor para atraer a los viajeros internacionales de negocios, pero no son cadenas de lujo como el Four Seasons. En la figura 13.3, se muestra al Four Seasons y al Marriott en la frontera de eficiencia, lo que indica que sus operaciones internas están bien configuradas respecto de su estrategia y funcionan de manera eficiente. Starwood está dentro de la frontera, lo que sugiere que sus operaciones no funcionan en forma tan eficiente como pudieran hacerlo y que los costos son muy altos; es decir, Starwood es menos rentable que Four Seasons y Marriott, y sus administradores deben adoptar medidas para mejorar el desempeño de la compañía.

Porter hace hincapié en la trascendencia de la decisión de una empresa en términos de su posicionamiento estratégico respecto del valor (*V*) y el costo (*C*) para así configurar sus operaciones y manejarlas de tal modo que opere en la frontera de la eficiencia; no obstante, no todas las posiciones en dicha frontera son viables. Por ejemplo, en la industria hotelera internacional, puede no haber suficiente demanda para sostener una cadena que se base en costos muy bajos y que elimine todo el valor del producto ofertado (véase la figura 13.3). Los viajeros internacionales son relativamente acaudalados y esperan cierto grado de comodidad (valor) cuando están lejos de casa.

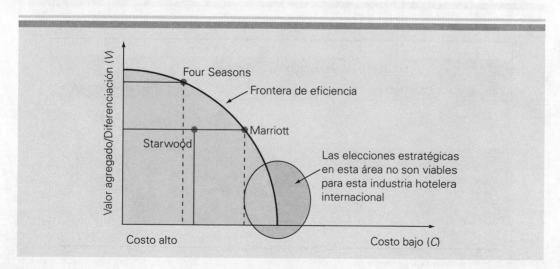

FIGURA 13.3

Elección estratégica en la industria hotelera internacional.

---

[8] M. E. Porter, "What Is Strategy?", en *Harvard Business Review*, artículo corregido, 1 de febrero de 2000.

Un principio fundamental del paradigma estratégico es que, para maximizar su rentabilidad, una compañía debe hacer tres cosas: *a*) elegir una posición viable en la frontera de eficiencia en la que haya suficiente demanda para respaldarla; *b*) configurar sus operaciones internas, como producción, marketing, logística, sistemas de información, recursos humanos, etc., para mantener esa posición, y *c*) asegurar que la empresa tenga la correcta estructura organizacional para ejecutar su estrategia. *La estrategia, las operaciones y la organización de la compañía deben ser consistentes entre sí para lograr una ventaja competitiva y obtener una rentabilidad superior.* Las **operaciones** son las diferentes actividades que efectúa una empresa para crear valor y que analizaremos a continuación.

OPERACIONES: LA EMPRESA COMO CADENA DE VALOR

Puede pensarse en las operaciones de una empresa como una cadena de valor compuesta por una serie de actividades de creación de valor; es decir, producción, marketing y ventas, administración de materiales, investigación y desarrollo, recursos humanos, sistemas de información e infraestructura, las cuales se clasifican como actividades primarias y actividades de apoyo (véase la figura 13.4).[9] Como ya mencionamos, si una compañía desea aplicar esta estrategia y posicionarse en la frontera de eficiencia de la figura 13.3, debe manejar dichas actividades con eficiencia y en forma consistente con su estrategia.

Actividades primarias

Las actividades primarias se relacionan con el diseño, creación y entrega del producto, con su comercialización y soporte y servicio después de la venta. De acuerdo con la práctica común, en la cadena de valor de la figura 13.4 las actividades primarias tienen cuatro funciones: investigación y desarrollo, producción, marketing y ventas, y servicio al cliente.

La investigación y desarrollo consiste en el diseño de los productos y procesos de producción; aunque se piensa que se refiere solo al diseño de productos físicos y procesos de producción en las empresas de manufactura, muchas compañías de servicio también llevan a cabo esta función. Por ejemplo, los bancos compiten entre sí con nuevos productos financieros y nuevas formas de entrega a sus clientes. La banca en línea y las tarjetas de débito inteligentes son dos ejemplos de desarrollo de producto en la industria bancaria. Los primeros ejemplos de innovación en la industria bancaria son los cajeros automáticos, y las tarjetas de crédito y débito. Mediante el diseño competitivo del producto, la investigación y el desarrollo aumentan la funcionalidad de los productos, lo que los hace más atractivos para los clientes (aumento de *V*). Asimismo, esta función puede generar procesos de producción más eficientes y, por ende, reducir los costos de producción (reducción de *C*); sea como sea, puede crear valor. La función de producción estriba en elaborar un producto o servicio.

FIGURA 13.4

Cadena de valor.

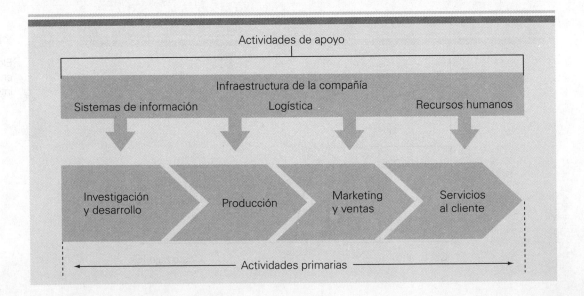

⁹ Porter, *Competitive Advantage*.

En el caso de productos físicos, cuando hablamos de producción, casi siempre, nos referimos a la manufactura, así que podemos hablar de producción de un automóvil. En el caso de servicios, como transacciones bancarias o atención médica, la "producción" suele consistir en el servicio al cliente (por ejemplo, cuando un banco genera un préstamo para un cliente está ocupado en la "producción" del préstamo). Para un minorista como Walmart, el término "producción" alude a la selección de la mercancía, al abastecimiento de la tienda y al registro de la venta en la caja registradora. Cuando nos referimos a MTV, la producción se relaciona con la creación, programación y transmisión de contenidos, como videos musicales y programas temáticos. La actividad de producción de una empresa crea valor cuando efectúa sus actividades en forma eficiente para reducir costos (C menor) o de manera que se produzca un artículo de mayor calidad (lo que genera un V mayor).

La función de marketing y ventas contribuye a crear valor de múltiples formas. Esta función aumenta el valor (V) que los consumidores perciben en el producto por medio del posicionamiento y la publicidad de una marca. Si se fomenta una impresión favorable del producto en la mente de los consumidores, se incrementa el precio que puede cargársele; por ejemplo, Ford produjo una versión de alto valor de su Ford Expedition SUV, que se vende como Lincoln Navigator a un precio de casi 10 mil dólares más, modelo que tiene la misma carrocería, motor, chasis y diseño que la Expedition, pero con publicidad y marketing especializados, y el apoyo de algunos cambios relativamente pequeños en sus características (más accesorios y una parrilla y una placa que identifican al tipo Lincoln). Con ello, Ford reforzó la percepción de que la Navigator es un "SUV de lujo". Dicha estrategia de marketing aumentó el valor percibido (V) de la Navigator respecto de la Expedition y le permitió a Ford cobrar un precio mayor por el automóvil (P).

Asimismo, el marketing y las ventas crean valor cuando descubren las necesidades de los consumidores y las transmiten a la función de investigación y desarrollo de la compañía, que entonces puede diseñar productos para satisfacerlas mejor; por ejemplo, la asignación de presupuestos de investigación en Pfizer, la compañía farmacéutica más grande del mundo, se determina por la evaluación que hace la función de marketing respecto del potencial del tamaño del mercado dispuesto a solucionar las necesidades médicas no satisfechas. Por ello, Pfizer asigna cantidades cuantiosas a investigación y desarrollo para tratar la enfermedad del Alzheimer, en especial porque la función de marketing identificó este padecimiento como necesidad médica primordial no satisfecha, en países donde la población se encuentra en proceso de envejecimiento.

La función servicio de una empresa implica proporcionar atención y soporte después de la venta. Esta actividad introduce una percepción de valor superior (V) en la mente de los consumidores al resolver sus problemas y darles soporte luego de adquirir el producto. Caterpillar, el productor de maquinaria pesada para acondicionar el suelo con sede en Estados Unidos, envía refacciones a cualquier parte del mundo en 24 horas con la finalidad de reducir el tiempo muerto de los clientes si su equipo no funciona de modo apropiado. Esta es una cualidad muy valiosa en una industria en la que el tiempo muerto es muy costoso y contribuye a incrementar el valor que los clientes asocian con los productos Caterpillar y, por lo tanto, el precio que la compañía cobra por ellos.

Actividades de apoyo

Las actividades de apoyo de la cadena de valor aportan insumos para las actividades primarias (véase la figura 13.4). En términos de una ventaja competitiva pueden ser tan importantes, o más, que las actividades "primarias" de la empresa, como los sistemas de información o sistemas electrónicos que se usan para administrar el inventario, rastrear ventas, poner precio a los productos y venderlos, lidiar con las preguntas y encuestas del servicio al cliente, y así sucesivamente. Cuando se combinan con las características de la comunicación por internet, los sistemas de información pueden cambiar la eficiencia y eficacia con las que una compañía maneja las demás actividades de creación de valor; por ejemplo, Dell utiliza sus sistemas de información para conseguir una ventaja competitiva sobre sus rivales. Cuando un cliente hace un pedido de un producto Dell en el sitio web de la compañía, la información se transmite de inmediato a los proveedores vía internet, y estos configuran sus bitácoras de producción para fabricarlo y enviarlo de manera que llegue a la planta armadora correcta en el momento preciso. Estos sistemas han reducido la cantidad de inventario que Dell mantiene en sus fábricas a menos de dos días, lo cual es una gran fuente de ahorro en costos.

La función logística controla el paso de materiales físicos a través de la cadena de valor desde la adquisición y hasta la producción y la distribución. La eficiencia con que se lleva a cabo reduce en

forma significativa el costo (menor *C*), para crear así más valor. La combinación de los sistemas de logística e información es una fuente particularmente poderosa de ahorro en costos para muchas empresas como Dell, donde los sistemas de información revelan, en tiempo real, dónde están las partes en su red logística global y cuándo llegarán a una planta armadora, lo que a su vez permite saber cómo se programará la producción.

La función recursos humanos contribuye de diferentes formas a crear más valor. Garantiza para la compañía la combinación adecuada de capital humano experimentado para desempeñar eficientemente sus actividades de creación de valor. Una de las actividades que recursos humanos puede llevar a cabo para impulsar la posición competitiva de una empresa internacional es tomar ventaja de su alcance transnacional para identificar, reclutar y desarrollar un equipo de administradores calificados, sin importar su nacionalidad, quienes pueden ser capacitados para ocupar puestos administrativos relevantes. Recursos humanos puede hallar a los mejores, en donde quiera que estén. De hecho, los niveles administrativos superiores de muchas multinacionales son cada día más diversos, a medida que los administradores de varias nacionalidades ascienden a puestos de liderazgo; por ejemplo, hoy en día, Sony Japón no está encabezada por un japonés, sino por el galés Howard Stringer.

La última actividad de apoyo es la infraestructura de la compañía o el contexto dentro del cual se desarrollan las demás actividades de creación de valor. La infraestructura está compuesta por la estructura organizacional, los sistemas de control y la cultura de la empresa. Dado que la dirección de la compañía ejerce una influencia considerable al moldear estos aspectos, debe considerarse parte de la infraestructura. Mediante un liderazgo firme, la dirección organiza conscientemente la infraestructura de una empresa y, de esta manera, el desempeño de todas sus actividades de creación de valor.

OA13-2 Expansión global, rentabilidad y crecimiento de la utilidad

La expansión global permite que las empresas aumenten su rentabilidad y alcancen tasas de crecimiento en su utilidad, situación inaccesible para las compañías estrictamente nacionales.[10] Las empresas que operan a escala internacional pueden:

1. Expandir el mercado a su oferta de productos nacionales por medio de su venta en plazas internacionales.
2. Construir economías de localización mediante la distribución de sus actividades individuales de creación de valor alrededor del mundo, donde se desempeñen de modo más eficiente y eficaz.
3. Lograr mayores economías de costo con base en la experiencia y por medio de la prestación de servicios a un mercado global desde una ubicación central, lo cual reduce los costos de creación de valor.
4. Obtener un rendimiento mayor con el apalancamiento de cualquier capacidad valiosa desarrollada en operaciones extranjeras y su transferencia a otras entidades dentro de la red global de operaciones de la empresa.

Sin embargo, como veremos después, la capacidad de una compañía para aumentar la rentabilidad y el crecimiento de sus utilidades con estas estrategias se limita por la necesidad de personalizar su oferta de producto y de crear estrategias de marketing y negocios con base en las diferentes condiciones nacionales; es decir, por el imperativo de localización.

EXPANSIÓN DEL MERCADO: APALANCAMIENTO DE PRODUCTOS Y COMPETENCIAS

Una compañía puede aumentar su tasa de crecimiento al vender en otras naciones productos o servicios desarrollados en su país de origen. Casi todas las empresas multinacionales comenzaron así;

---

[10] La evidencia empírica parece indicar que, en promedio, la expansión internacional se vincula con una mayor rentabilidad de la empresa. Para algunos ejemplos recientes véase M. A. Hitt, R. E. Hoskisson y H. Kim, "International Diversification, Effects on Innovation and Firm Performance", en *Academy of Management Journal 40*, núm. 4, 1997, pp. 767-798; y S. Tallman y J. Li, "Effects of International Diversity and Product Diversity on the Performance of Multinational Firms", en *Academy of Management Journal 39*, núm. 1, 1996, pp. 179-196.

por ejemplo, Procter & Gamble desarrolló la mayoría de sus productos más exitosos, como los pañales desechables Pampers y el jabón Ivory, en Estados Unidos, y luego los vendió alrededor del mundo. En forma similar, aunque Microsoft haya desarrollado su software en Estados Unidos, desde sus inicios la empresa siempre se centró en venderlo a mercados internacionales. Asimismo, compañías como Volkswagen y Toyota crecieron con el desarrollo de productos dentro de sus fronteras nacionales para en seguida venderlos en mercados internacionales. Los rendimientos de una estrategia de este tipo quizá sean mayores si los competidores locales en los países en los que incursiona una empresa no tienen productos comparables; por ello, Toyota incrementó sus utilidades cuando se incorporó a los grandes mercados de autos de Norteamérica y Europa al ofrecer diferentes productos que los competidores locales (Ford y GM), de mayor calidad y confiabilidad.

El éxito de muchas compañías internacionales que se expanden de esa forma no solo se funda en los productos o servicios que venden en el extranjero, sino en las competencias clave en que se apoya el desarrollo, la producción y el marketing de tales productos o servicios. El término **competencia clave** define las capacidades propias de una empresa que sus competidores no pueden imitar o igualar con facilidad.[11] Dichas capacidades pueden residir en cualquiera de las actividades de creación de valor de la compañía, sea producción, marketing, investigación y desarrollo, recursos humanos, logística, administración general, etc. Por lo común, las capacidades se expresan en ofertas de producto difíciles de igualar o imitar por otras empresas; así, las competencias clave son el fundamento de la ventaja competitiva de una compañía, pues permiten que esta reduzca los costos de creación de valor y la efectúe de tal manera que permita fijar un precio superior. Por ejemplo, Toyota posee una competencia clave en la producción de automóviles: produce vehículos de alta calidad y diseño con el menor costo de distribución en el mundo. Las competencias que se lo permiten parecen residir en especial en sus funciones de producción y logística.[12] McDonald's tiene una competencia clave en la administración de las operaciones de comida rápida (al parecer, es una de las empresas más calificadas de esta industria en el mundo). Como las competencias clave son, por definición, el origen de la ventaja competitiva de una compañía, la exitosa expansión mundial de empresas de manufactura como Toyota y P&G se basó no solo en apalancar productos y venderlos en mercados internacionales, sino en transferir las competencias clave a mercados internacionales donde los competidores locales no las tienen.

ECONOMÍAS DE LOCALIZACIÓN

Los capítulos anteriores revelaron que los países difieren en una amplia gama de dimensiones, como la económica, la política, la de las leyes y la cultural, y que tales diferencias elevan o permiten reducir los costos de hacer negocios. Asimismo, la teoría del comercio internacional nos enseña que, dadas las discrepancias de costos, ciertas naciones tienen una ventaja comparativa en la producción de ciertos productos; por ejemplo, Japón sobresale en la producción de automóviles y aparatos electrónicos, y Estados Unidos se destaca en software para computadora, productos farmacéuticos, biotecnológicos y servicios financieros.[13] Para una empresa que intenta sobrevivir en un mercado global competitivo, esto significa que, si las *barreras comerciales y los costos de transporte* lo permiten, se beneficia cuando establece sus actividades de creación de valor en el lugar en donde las condiciones económicas, políticas y culturales, así como los factores relativos al costo, favorecen el desempeño de esa actividad.

Las compañías que siguen este tipo de estrategia llevan a cabo lo que se conoce como **economías de localización** o economías que surgen a partir del desempeño en una actividad de creación de valor en el lugar óptimo para efectuarla, sin importar el sitio (si lo permiten las barreras comerciales y los costos de transporte). Establecer una actividad de creación de valor en el lugar óptimo para desarrollarla puede tener dos efectos: *reducir los costos de la creación de valor y contribuir a*

[11] 11. G. Hamel y C. K. Prahalad dieron a conocer este concepto en *Competing for the Future*, Boston, Harvard Business School Press, 1994. El concepto se fundamenta en la perspectiva de la empresa basada en los recursos; para un resumen véase J. B. Barney, "Firm Resources and Sustained Competitive Advantage", en *Journal of Management* 17, 1991, pp. 99-120; y K. R. Conner, "A Historical Comparison of Resource-Based Theory and Five Schools of Thought within Industrial Organization Economics: Do We Have a New Theory of the Firm?", en *Journal of Management* 17, 1991, pp. 121-154.

[12] J. P. Womack, D. T. Jones y D. Roos, *The Machine That Changed the World*, Nueva York, Rawson Associates, 1990.

[13] M. E. Porter, *The Competitive Advantage of Nations*, Nueva York, Free Press, 1990.

que la empresa alcance una posición de bajo costo, o permitir que la compañía diferencie la oferta de su producto de la de sus competidores. En términos de la figura 13.2, puede reducir *C* o aumentar *V* (que, en general, soporta precios mayores), y ambas acciones impulsan la rentabilidad de la empresa.

Un ejemplo de cómo funciona este esquema en una compañía internacional es Clear Vision, productor y distribuidor de anteojos. Fundada en la década de 1980 por David Glassman, hoy genera ingresos brutos anuales de más de 100 millones de dólares. No precisamente pequeña, aunque tampoco gigante corporativo, Clear Vision es una empresa multinacional con instalaciones de producción en tres continentes y clientes en todo el mundo. Comenzó su cambio para convertirse en compañía multinacional cuando sus ventas no llegaban a los 20 millones de dólares. En ese momento, el dólar era muy sólido, lo que encareció la manufactura en Estados Unidos. Las importaciones de precios bajos tenían una participación aún mayor del mercado de anteojos estadounidense y Clear Vision entendió que no podía sobrevivir a no ser que empezara a importar. Al principio, hizo compras a productores extranjeros independientes, sobre todo de Hong Kong; sin embargo, no estaba satisfecha con la calidad del producto ni con la entrega de estos proveedores. Al aumentar el volumen de importaciones, Glassman decidió que la mejor forma de garantizar la calidad y entrega era edificar sus propias operaciones de manufactura en el extranjero. En consecuencia, Clear Vision encontró a un socio chino y juntos abrieron un centro de manufactura en Hong Kong, con Clear Vision como accionista mayoritario.

La combinación de mano de obra barata, una fuerza de trabajo especializada y ventajas fiscales del gobierno de Hong Kong influyeron en la elección del lugar de producción. En ese entonces, el objetivo de la compañía era reducir los costos de producción mediante la ubicación de las actividades de creación de valor en un lugar apropiado; no obstante, después de algunos años, la creciente industrialización de Hong Kong y una paulatina escasez de mano de obra elevaron los salarios y dejó de ser un lugar de bajo costo. En respuesta, Glassman y su socio chino trasladaron parte de su manufactura a una planta en China continental para aprovechar los salarios menores de dicho país. Una vez más, el objetivo era atenuar los costos de producción. Las partes de los armazones producidos en esa planta se envían a la fábrica en Hong Kong para el ensamblado final y después se distribuyen a mercados de Norte y Sudamérica. Hoy, la fábrica de Hong Kong emplea a 80 personas y la de China, entre 300 y 400.

Al mismo tiempo, Clear Vision buscaba oportunidades para invertir en empresas extranjeras de anteojos con buena reputación por sus diseños de moda y calidad. Su objetivo no era reducir los costos de producción sino lanzar una línea de anteojos "de diseñador", diferente y de alta calidad. La compañía no tenía en su organización la capacidad de diseño para lanzar una línea de este tipo, pero Glassman sabía que determinados productores extranjeros sí la tenían. En consecuencia, Clear Vision invirtió en fábricas de Japón, Francia e Italia, con una participación minoritaria de acciones en cada una. En la actualidad, tales fábricas proveen anteojos para la división Status Eye de Clear Vision, que comercializa anteojos de diseñador con precios elevados.[14]

Por ello, la empresa, para enfrentar la competencia extranjera, adoptó una estrategia orientada a reducir su estructura de costos (reducir *C*) por medio del desplazamiento de su producción desde un lugar de alto costo, Estados Unidos, hasta uno de bajo costo, primero Hong Kong y luego, China. Más adelante, Clear Vision incrementó el valor de su producto (aumentó *V*) para cobrar un precio elevado (*P*). Con la idea de que el precio elevado de los anteojos dependía de un diseño superior, invirtió capital en fábricas francesas, italianas y japonesas con buena reputación por sus buenos diseños. En resumen, las estrategias de Clear Vision supusieron disminuir sus costos de creación de valor y agregar valor a sus productos con la diferenciación. El objetivo global era aumentar el valor que ella creaba y, de este modo, incrementar la rentabilidad de la empresa. En la medida en que estas estrategias fueran exitosas, la compañía debería obtener un margen de utilidad mayor que si se hubiera mantenido como un productor de anteojos en Estados Unidos.

Creación de una red global

A partir del ejemplo de Clear Vision, el resultado de este tipo de acciones es la creación de una **red global** de actividades de creación de valor, por medio de la distribución de diferentes fases de la

---

[14] El ejemplo se basa en C. S. Trager, "Enter the Mini-Multinational", en *Northeast International Business*, marzo de 1989, pp. 13-14.

cadena de valor alrededor del mundo, lo cual permite maximizar el valor percibido o minimizar los costos de creación de valor.[15] Veamos la computadora portátil ThinkPad de Lenovo (compañía china que compró las operaciones de laptops de IBM en 2005).[16] Este producto se diseñó en Estados Unidos, donde también se establecen el marketing y las ventas. Los componentes se producen en Tailandia, Corea del Sur, Malasia y Estados Unidos y, a continuación, se ensamblan en China.

En teoría, una empresa que considera las economías de localización y distribuye sus actividades de creación de valor a ubicaciones óptimas, debe tener una ventaja competitiva frente a otra que base todas sus actividades de creación de valor en un solo lugar. Además, debe diferenciar mejor su oferta de producto (aumentando el valor percibido, V) y reduciendo su estructura de costos (C) en comparación con su competidor que cuenta con una sola ubicación. En un mundo donde las presiones competitivas aumentan, una estrategia de este tipo puede convertirse en imperativo para sobrevivir.

Algunas advertencias

La introducción de los costos de transporte y las barreras comerciales complican este panorama. Debido a una serie de factores favorables, Nueva Zelanda puede tener una ventaja comparativa para el ensamble de automóviles, pero sus elevados costos de transporte la convierten en una ubicación poco rentable para abastecer los mercados globales. Existe otra advertencia relacionada con la importancia de valorar los riesgos políticos y económicos al elegir dónde se ubicará alguna de las actividades de creación de valor. Algunas veces, aunque un país parezca muy atractivo, según los criterios establecidos, si su gobierno es incstable o totalitario, puede que la empresa no deba instalar su producción en ese lugar (el riesgo político se analizó en el capítulo 2). De forma semejante, si el gobierno parece seguir políticas económicas inapropiadas que suponen riesgos cambiarios, es probable que ese sea otro motivo para no llevar la producción a ese lugar, a pesar de que otros factores parezcan favorables.

EFECTOS DE LA EXPERIENCIA

La **curva de experiencia** son las reducciones sistemáticas en los costos de producción durante la vida de un producto.[17] Una serie de estudios indica que los costos de producción de un artículo disminuyen por alguna razón cada vez que se duplica la producción *acumulada*. En la figura 13.5, se ilustra la relación de la curva de experiencia entre los costos de producción y la producción *acumulada* (la relación se refiere a la producción *acumulada* a lo largo del tiempo, *no* a la producción en

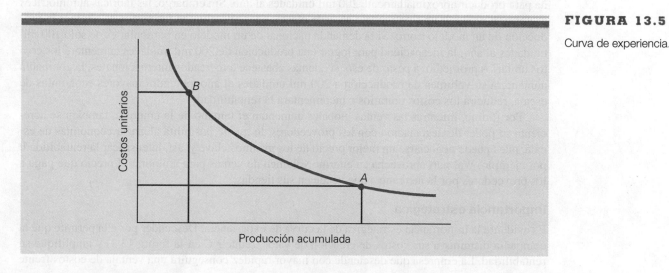

FIGURA 13.5

Curva de experiencia.

---

[15] Véase R. B. Reich, *The Work of Nations*, Nueva York, Alfred A. Knopf, 1991; y P. J. Buckley y N. Hashai, "A Global System View of Firm Boundaries", en *Journal of International Business Studies*, enero de 2004, pp. 33-50.

[16] D. Barboza, "An Unknown Giant Flexes Its Muscles", en *The New York Times*, 4 de diciembre de 2004, pp. B1, B3.

[17] G. Hall y S. Howell, "The Experience Curve from an Economist's Perspective", en *Strategic Management Journal* 6, 1985, pp. 197-212.

un periodo particular, como un año). Existen dos explicaciones al respecto: los efectos del aprendizaje y las economías de escala.

Efectos del aprendizaje

Los **efectos del aprendizaje** aluden al ahorro de costos debido al aprendizaje que se adquiere cuando se desarrolla una actividad varias veces. La mano de obra aprende cómo llevar a cabo una tarea determinada mediante la repetición; por ejemplo, ensamblar fuselajes. La productividad de la mano de obra aumenta con el tiempo en la medida en que las personas aprenden modos más eficientes de desempeñar determinadas tareas. Por lo general, es igual de relevante que en las nuevas plantas de producción también la administración aprenda a manejar de manera más eficiente las nuevas operaciones. Por lo tanto, los costos de producción disminuyen gracias a una mayor productividad de la mano de obra y una mayor eficiencia administrativa, lo que incrementa la rentabilidad de la empresa; no obstante, sin importar la complejidad de la tarea, los efectos del aprendizaje suelen cesar después de cierto tiempo. Se ha sugerido que solo son primordiales durante el periodo inicial del nuevo proceso y que cesan luego de dos o tres años.[18] Tras ese tiempo, todo declive en la curva de experiencia se debe a las economías de escala.

Economías de escala

El término **economías de escala** remite a las reducciones del costo unitario por medio de la producción de grandes volúmenes de un producto determinado. Las economías de escala, que disminuyen los costos por unidad de una compañía e incrementan su rentabilidad, tienen varios orígenes, uno de los cuales es la capacidad de distribuir los costos fijos entre un mayor volumen de producción.[19] Estos costos son los necesarios para establecer una planta de producción y desarrollar un nuevo producto, y muchas otras actividades semejantes; por ejemplo, montar una nueva línea de producción para fabricar microcircuitos de semiconductores cuesta casi mil millones de dólares. También, de acuerdo con un cálculo, el desarrollo de un nuevo fármaco y su introducción en el mercado cuesta aproximadamente 800 millones de dólares y requiere casi 12 años.[20] La única manera de recuperar los costos fijos elevados consiste en vender el producto a escala mundial, pues los costos unitarios promedio se reducen cuando se distribuyen en mayor volumen. Mientras más rápido se alcance el volumen de ventas acumuladas, más pronto se amortizarán los costos fijos entre un gran volumen de producción, y los costos unitarios caerán de forma más acelerada.

Segundo, quizá una empresa no pueda lograr una escala de producción eficiente a menos que opere en mercados globales; por ejemplo, en la industria del automóvil, una planta eficiente se diseña para producir aproximadamente 200 mil unidades al año. Sin embargo, las fábricas automotrices preferirían producir un solo modelo en cada planta, pues ello elimina los costos de alternar la producción de un modelo a otro. Si la demanda nacional de un modelo en particular es de solo 100 mil unidades al año, la incapacidad para lograr una producción de 200 mil unidades aumentará los costos unitarios promedio; a pesar de eso, si además abastece a mercados internacionales, la compañía aumentará su volumen de producción a 200 mil unidades al año, obtendrá mayores economías de escala, reducirá los costos unitarios e incrementará la rentabilidad.

Por último, mientras las ventas globales aumentan el tamaño de la empresa, también se acrecienta su poder de negociación con los proveedores, lo que le posibilita alcanzar economías de escala, pues puede negociarse un mejor precio de los insumos clave y, así, intensificar la rentabilidad; por ejemplo, Walmart aprovecha su enorme volumen de ventas para aminorar el precio que paga a los proveedores por la mercancía que vende en sus tiendas.

Importancia estratégica

Es evidente la importancia estratégica de la curva de experiencia. Descender por ella permite que la compañía disminuya sus costos de creación de valor (reducir C en la figura 13.2) y amplifique su rentabilidad. La empresa que desciende con mayor rapidez conseguirá una ventaja de costos frente

---

[18] Hall y Howell, "The Experience Curve from an Economist's Perspective".

[19] Para una discusión exhaustiva sobre el origen de las economías de escala véase D. Besanko, D. Dranove y M. Shanley, *Economics of Strategy*, Nueva York, John Wiley & Sons, 1996.

[20] La Asociación de Fabricantes Farmacéuticos proporcionó este cálculo.

a sus competidores. En la figura 13.5, la compañía A tiene una evidente ventaja de costos sobre la empresa B porque se ubica más abajo en la curva.

Gran parte de la fuente de economías de costo con base en la experiencia proviene de la planta. Este es el caso en la mayoría de los efectos del aprendizaje, así como en las economías de escala que se derivan de la dispersión de los costos fijos de la capacidad productiva entre un gran volumen de producción, al lograr una escala de producción eficiente y utilizar más intensamente una planta. Por tanto, la clave del progreso descendente en la curva, tan rápido como se pueda, estriba en incrementar el volumen que se produce en una sola planta lo más pronto posible. Puesto que los mercados globales son más grandes que los nacionales, las compañías que abastecen a estos últimos, desde una sola ubicación, tienden a acumular volumen de manera más rápida que una que solo surte a su mercado nacional o a mercados múltiples desde muchas plantas productivas. De esta forma, abastecer a un mercado global desde una sola ubicación es congruente con el descenso que se observa en la curva de experiencia y con el logro de una posición de costos bajos. Además, para descender con rapidez por la curva de experiencia, la empresa debe fijar los precios de sus productos y comercializarlos de manera agresiva de forma que la demanda se amplíe pronto. Asimismo, debe crear la capacidad de producción suficiente para abastecer el mercado global. Las ventajas de costo relativas al abastecimiento del mercado global desde una sola planta serán más significativas si el sitio es óptimo para desempeñar la actividad particular de creación de valor.

Cuando una compañía consigue establecer una posición de bajo costo, puede actuar como una barrera ante la nueva competencia. Una empresa establecida en un punto bajo de la curva de experiencia, como la A de la figura 13.5, puede fijar los precios para mantener sus ganancias mientras los nuevos participantes, que se ubican en un punto alto de la curva, como la compañía B, sufren pérdidas.

El ejemplo característico de la ejecución exitosa de una estrategia de este tipo es la empresa japonesa de productos electrónicos de consumo Matsushita. En la década de 1970, participaba junto con Sony y Philips en la competencia por desarrollar una videocasetera comercialmente viable. Aunque al principio estaba muy rezagada respecto de sus competidoras, consiguió que su formato VHS se transformara en estándar mundial, y mientras tanto, logró enormes economías de costo con base en curvas de experiencia. Dicha ventaja en costos se erigió en una barrera formidable para la nueva competencia. La estrategia de Matsushita consistió en construir un volumen global tan pronto como le fue posible. Con el propósito de garantizar la satisfacción de la demanda global, la empresa aumentó 33 veces su capacidad de producción; es decir, pasó de 205 mil unidades en 1977 a 6.8 millones de unidades producidas en 1984. Como abastecía al mercado global desde una sola planta ubicada en Japón, Matsushita obtuvo destacadas curvas de experiencia y economías de escala. Ello le permitió que redujera 50% sus precios en los primeros cinco años de venta de su primera videocasetera VHS. En consecuencia, la compañía era el principal productor de VCR en 1983 y controlaba aproximadamente 45% de la producción mundial; asimismo, disfrutaba de una sólida ventaja en costos sobre sus competidores. Hitachi, la siguiente empresa en importancia, generaba solo 11.1% de la producción mundial ese mismo año.[21] Hoy, compañías como Intel son los expertos en este tipo de estrategia. Los costos de construcción de una planta de vanguardia para producir microprocesadores son tan grandes y cuestan tanto (más de dos mil millones de dólares) que, para que esta inversión fructifique, Intel *debe* seguir los efectos de la curva de experiencia y abastecer mercados globales desde una cantidad limitada de plantas para maximizar las economías de costo que se derivan de los efectos de escala y aprendizaje.

APROVECHAMIENTO DE LAS CAPACIDADES DE LAS FILIALES

En nuestro análisis anterior de las competencias clave, está implícita la idea de que las capacidades valiosas se desarrollan primero en casa y después se transfieren al extranjero; sin embargo, en el caso de empresas multinacionales más maduras, que ya establecieron una red de operaciones de las filiales en mercados extranjeros, el desarrollo de capacidades valiosas también puede ocurrir en filiales

[21] "Matsushita Electrical Industrial in 1987", en *Transnational Management*, C. A. Bartlett y S. Ghoshal (eds.), Homewood, Illinois, Richard D. Irwin, 1992.

Aprovechamiento de las capacidades de las filiales en ArcelorMittal

En la década de 1990, Lakshmi Mittal comenzó a ensamblar la que ahora es conocida como la mayor productora de acero en el mundo, ArcelorMittal, con 263 mil empleados en 20 países y 112 instalaciones para producir acero. Mittal perfeccionó una estrategia engañosamente simple: al recortar la cantidad de sus plantas siderúrgicas, redujo costos, despidió a los trabajadores excedentes, adoptó medidas para mejorar la productividad, sobre todo mediante la automatización, y transformó la adquisición en una empresa rentable. Funcionó una y otra vez en todo el mundo.

En épocas más recientes, ha conservado sus ganancias en productividad siguiendo una estrategia conocida en la compañía como "hermanamiento". Mittal "hermana" pares de plantas aceeras, casi siempre de tamaño, edad, mezcla de producto y nivel de producción similares entre sí. Se indica a la planta más débil que copie las prácticas de la más fuerte, mientras que se instruye a esta para que mantenga su paso. Los administradores se reúnen regularmente para comparar su desempeño y buscar estrategias para mejorar la productividad de la planta más débil.

En un ejemplo, una planta de bajo desempeño en Burns Harbor, Indiana, se hermanó con una de alto desempeño en Gent, Bélgica. ArcelorMittal había adquirido la planta de Burns Harbor en 2008. Aproximadamente 100 ingenieros y administradores volaron de Burns Harbor a Gent con la instrucción de estudiar todo lo que hacían los belgas y copiarlo. La planta de Bélgica era una de las más eficientes de su tipo en el mundo, con horas de trabajo por tonelada de acero producido ubicadas en 1.25, contra un promedio de la industria de 2.0.

Los estadounidenses rápidamente se dieron cuenta de que el alto desempeño de Gent no se debía a salarios menores; de

hecho, el pago total más las prestaciones eran mayores en Gent que en Burns Harbor. Más bien, la planta belga había adoptado varios procesos que aumentaban su productividad; por ejemplo, en Gent es una computadora la que coordina el movimiento y procesamiento de los bloques de hierro y acero, mientras que en Burns Harbor el trabajo era efectuado por empleados que dependían de llamadas telefónicas y papeleo. Los trabajadores de Gent habían hecho también varias modificaciones para reducir el desperdicio: desarrollaron una boquilla, especialmente diseñada, conectada a una enorme manguera que se empleaba para quitar las impurezas del acero caliente. Colocada en un ángulo más eficiente, podía retirar la misma cantidad de impurezas superficiales usando menos agua. Asimismo, los soldadores de Gent cortaban los rollos de acero a pedido, lo que, además, mantenía el desperdicio en un nivel mínimo.

Al adoptar las mejoras instrumentadas en Gent, los trabajadores de Burns Harbor descubrieron que podían elevar de manera considerable la productividad de su planta; por ejemplo, adoptando el mismo software que los empleados de Gent habían desarrollado, los de Burns Harbor pudieron elevar el promedio de calderas de acero fundido que producían cada día de 42 a 50. Como resultado de este tipo de mejoras, la productividad de los trabajadores de Burns Harbor, medida por horas de trabajo por tonelada de acero producido, se incrementó de casi 2.0 en 2008 a 1.43 en 2012. Al aprovechar las capacidades desarrolladas en Gent y aplicarlas a la planta acerera de Burns Harbor, ArcelorMittal elevó el desempeño de la compañía que adquirió creando un importante valor en el proceso y garantizando el futuro de la planta de Burns Harbor.[22]

extranjeras.[23] Las capacidades pueden crearse en cualquier lugar de una red global de operaciones, dondequiera que las personas tengan la oportunidad y el incentivo para probar nuevas formas de hacer las cosas. La creación de capacidades que reducen los costos de producción o incrementan el valor percibido y apoyan la asignación de mayores precios al producto no es exclusiva de las grandes corporaciones.

Aprovechar las capacidades desarrolladas dentro de las filiales y aplicarlas a otras operaciones dentro de la red global de la compañía puede crear valor. McDonald's ha descubierto que sus franquicias en el extranjero son una fuente de ideas valiosas nuevas. Frente a un crecimiento lento en Francia, sus franquiciatarios locales empezaron a experimentar no solo con el menú, sino con el diseño y el tema de los restaurantes. Desaparecieron los ubicuos arcos dorados y muchas de las sillas

22 J. W. Miller, "Indiana Steel Mill Revived with Lessons from Abroad", en *The Wall Street Journal*, 21 de mayo de 2012.

23 Véase J. Birkinshaw y N. Hood, "Multinational Subsidiary Evolution: Capability and Charter Change in Foreign Owned Subsidiary Companies", en *Academy of Management Review* 23, octubre de 1998, pp. 773-795; A. K. Gupta y V. J. Govindarajan, "Knowledge Flows within Multinational Corporations", en *Strategic Management Journal* 21, 2000, pp. 473-496; V. J. Govindarajan y A. K. Gupta, *The Quest for Global Dominance*, San Francisco, Jossey Bass, 2001; T. S. Frost, J. M. Birkinshaw; P. C. Ensign, "Centers of Excellence in Multinational Corporations", en *Strategic Management Journal* 23, 2002, pp. 997-1018; y U. Andersson, M. Forsgren y U. Holm, "The Strategic Impact of External Networks", en *Strategic Management Journal* 23, 2002, pp. 979-996.

y mesas utilitarias y otros artículos de plástico del gigante de la comida rápida. En Francia, muchos McDonald's cuentan con pisos de madera, paredes de tabique y hasta sillones. Se modernizó la mitad de los casi 1 200 puntos de venta en ese país a tal grado que un estadounidense no los reconocería. También, se incluyeron sándwiches de primera, como pollo en pan *focaccia*, con un precio casi 30% por encima de la hamburguesa promedio. Por lo menos en Francia, parece funcionar la estrategia. Después de las reformas, los incrementos de ventas en el mismo local pasaron de 1% anual a 3.4%. Los ejecutivos de McDonald's, impresionados, consideran adoptar cambios similares en otros restaurantes de mercados en donde el crecimiento de ventas en el mismo local es lento, incluso en Estados Unidos.[24] Otro ejemplo de una compañía multinacional que aprovechó las capacidades de sus filiales se ilustra en el "Panorama administrativo".

Tal fenómeno crea nuevos y sustanciales retos para los administradores de las empresas multinacionales. Primero, deben tener la humildad de reconocer que en cualquier parte de la red global de la empresa pueden surgir capacidades valiosas, no solo en la oficina matriz. Segundo, deben definir un sistema de incentivos que motive a los empleados locales a desarrollar nuevas capacidades. Esto suena más fácil de lo que es. Introducir nuevas capacidades supone riesgos, pues no todas ellas añaden valor; por cada idea valiosa en una filial de McDonald's en el extranjero, existen varios fracasos. Los directivos deben motivar a los empleados a correr los riesgos necesarios y la compañía debe recompensar al personal por los éxitos y no sancionarlos de modo innecesario por correr riesgos que no lograron trascender. Tercero, los administradores deben instrumentar un proceso para identificar cuándo se crearon nuevas capacidades valiosas en una filial. Y finalmente, actuar como facilitadores; esto es, ayudar a transferir las capacidades valiosas dentro de la empresa.

RESUMEN

Hemos estudiado la forma en que las empresas que se expanden globalmente aumentan su rentabilidad y hacen crecer sus utilidades mediante su ingreso a nuevos mercados en donde los competidores locales no tienen competencias similares, la reducción de costos y la adición de valor a su oferta de producto por medio de la adquisición de economías de localización, la exploración de los efectos de la curva de experiencia y la transferencia de capacidades valiosas a su red global de filiales. Para redondear, obsérvese que las estrategias que incrementan la rentabilidad también pueden expandir los negocios de una empresa, medio por el cual puede obtener un mayor porcentaje de crecimiento de utilidades; por ejemplo, si de manera simultánea alcanza economías de localización y experimenta sus efectos, una compañía puede generar un producto con más valor a menor costo por unidad, con lo cual impulsa su rentabilidad. Asimismo, el aumento del valor percibido del producto puede atraer más clientes, y con ello, acrecentar los ingresos y las utilidades. Más que aumentar los precios para reflejar el alto valor percibido del producto, los administradores pueden optar por mantener los precios bajos para ampliar la participación del mercado global y conseguir mayores economías de escala (en otras palabras, ofrecer a sus consumidores mayor "valor por su dinero"). Una estrategia de este tipo puede ensanchar aún más el porcentaje de crecimiento de utilidades, pues a los consumidores los atraerán los precios bajos respecto de su valor. Además, la estrategia hace crecer la rentabilidad si son sustanciales las economías de escala debidas al incremento en la participación del mercado. En resumen, los administradores deben considerar la compleja relación entre rentabilidad y aumento de utilidades cuando se toman decisiones estratégicas acerca de la fijación de precios.

 # Presiones para reducir costos y mostrar sensibilidad local

OA13-3

Por lo general, las empresas que compiten en el mercado global enfrentan dos tipos de presiones competitivas que afectan su capacidad para llevar a cabo economías de localización y efectos en su curva de experiencia, o para aprovechar productos y transferir competencias y capacidades dentro de la compañía. Enfrentan *presiones para reducir los costos* y *mostrar sensibilidad local* (véase la

[24] S. Leung, "Armchairs, TVs and Espresso: Is It McDonald's?", en *The Wall Street Journal*, 30 de agosto de 2002, pp. Al, A6.

FIGURA 13.6

Presiones para reducir costos y mostrar sensibilidad local.

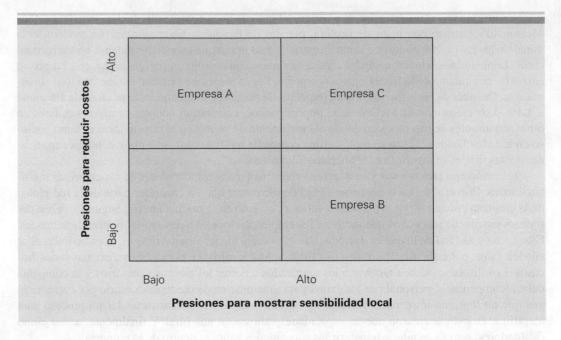

figura 13.6).[25] Dichas presiones competitivas le plantean a la empresa exigencias conflictivas: para responder a las presiones de reducir costos, debe minimizar sus costos unitarios; pero responder a las presiones para ser sensible localmente requiere que una compañía diferencie su oferta de producto y su estrategia de marketing, con el fin de satisfacer las diversas demandas que surgen en cada país debido a las discrepancias nacionales respecto de los gustos y las preferencias del consumidor, prácticas de negocios, canales de distribución, condiciones competitivas y políticas gubernamentales. Dado que la diferenciación por naciones supone una considerable repetición innecesaria de actividades y la carencia de estandarización de producto, puede ocasionarse un aumento de costos.

Mientras algunas firmas, como la empresa A de la figura 13.6, afrontan grandes presiones para reducir costos y presiones débiles para ser sensibles localmente; y otras, como la compañía B, desafían presiones débiles para reducir costos y presiones fuertes para ser sensibles localmente, muchas empresas se hallan en la posición de la empresa C; es decir, enfrentan presiones fuertes para reducir costos y mostrar sensibilidad hacia lo local. Hacer frente a estos retos conflictivos y contradictorios implica un difícil desafío estratégico, en especial porque ser localmente sensible tiende a elevar los costos.

PRESIONES PARA REDUCIR COSTOS

En mercados globales competitivos, con frecuencia las empresas internacionales afrontan presiones relacionadas con la reducción de costos. Responder a estas requiere que una compañía reduzca sus costos de creación de valor; por ejemplo, una empresa puede fabricar en serie un producto estandarizado en una ubicación óptima en el mundo, dondequiera que sea, para llevar a cabo economías de escala, curva de experiencia y economías de localización (esto es, en parte, lo que Ford está intentando lograr con su estrategia de Un solo Ford; para más detalles véase el "Caso inicial"). De modo alternativo, una firma puede subcontratar ciertas funciones con proveedores extranjeros de bajo costo en un intento por reducir costos. Una compañía de servicios, como un banco, puede responder a las presiones para disminuir costos mediante el traslado de algunas funciones administrativas, como el procesamiento de la información, a países en vías de desarrollo donde los salarios son menores.

Las presiones para reducir costos pueden ser particularmente mayores para las industrias que generan *commodities*, en las cuales es difícil obtener una diferenciación relevante de los distintos

[25] C. K. Prahalad e Yves L. Doz, *The Multinational Mission: Balancing Local Demands and Global Vision*, Free Press, Nueva York, 1987. Véase también J. Birkinshaw, A. Morrison, y J. Hulland, "Structural and Competitive Determinants of a Global Integration Strategy", en *Strategic Management Journal* 16, 1995, pp. 637-655; y P. Ghemawat, *Redefining Global Strategy*, Harvard Business School Press, Boston, Mass., 2007.

factores del precio, que es su principal arma competitiva. Este tiende a ser el caso de los productos que satisfacen **necesidades universales**; es decir, aquellas que existen cuando los gustos y las preferencias de los consumidores de diversas naciones son semejantes, si no idénticas. Sucede lo mismo con los *commodities* convencionales, como los químicos a granel, el petróleo, el acero y el azúcar, entre otros. Muchos artículos industriales y productos para el consumidor (por ejemplo, calculadoras portátiles, microcircuitos de semiconductores, computadoras personales y pantallas de cristal líquido) también se encuentran en esta situación. Las presiones para aminorar costos también son fuertes en las industrias cuyos principales competidores están en ubicaciones de costos bajos, en las que existe una constante capacidad excedente y los consumidores son poderosos y enfrentan costos bajos para cualquier cambio de producto. La liberalización del comercio mundial y la inversión provocaron, en décadas recientes, mayores presiones de este tipo, pues facilitan una mayor competencia internacional.[26]

PRESIONES PARA MOSTRAR SENSIBILIDAD LOCAL

Las presiones para mostrar sensibilidad local surgen de las diferencias de gustos y preferencias del consumidor, la infraestructura, las prácticas de negocios, los canales de distribución y las demandas gubernamentales del país anfitrión. Responder a ellas exige que la empresa diferencie sus productos y su estrategia de marketing en cada país para adecuar dichos factores, los cuales tienden a elevar su estructura de costos.

Diferencias entre gustos y preferencias del consumidor

Las enormes presiones para mostrar sensibilidad local surgen cuando los gustos y preferencias del consumidor difieren de manera significativa entre los países, así como por razones históricas o culturales muy arraigadas. En esos casos, los productos de una empresa multinacional y los mensajes de marketing deben adaptarse para ser atractivos a los gustos de los consumidores locales. Esto suele ocasionar presiones para delegar las funciones y responsabilidades de producción y marketing a las filiales ubicadas en el extranjero.

Por ejemplo, en la década de 1980 y a principios de la siguiente, la industria del automóvil modificó su creación de "automóviles mundiales". La idea era que compañías globales como General Motors, Ford y Toyota pudieran vender el mismo vehículo estandarizado en todo el mundo, abasteciéndose en plantas centralizadas. De tener éxito, la estrategia permitiría a las empresas cosechar ganancias importantes de economías de escala; sin embargo, a menudo esta estrategia naufragaba en las duras rocas de la realidad del consumidor. Los consumidores de los distintos mercados de automóviles parecen tener diferentes gustos y demandan múltiples tipos de vehículos; por ejemplo, existe una gran demanda de camionetas pick-up entre los consumidores de Estados Unidos, principalmente en el sur y oeste del país donde muchas familias cuentan con este tipo de vehículo como segundo o tercer medio de transporte. En contraste, en los países europeos, las pick-up se consideran solo vehículos de servicio, por lo que las adquieren sobre todo las empresas y no las personas. En consecuencia, es indispensable adaptar la mezcla de productos y el mensaje de marketing a la naturaleza diferenciada de la demanda en Estados Unidos y Europa. Curiosamente, Ford está intentando volver al concepto de "automóvil mundial" con su estrategia Un solo Ford (véase el "Caso inicial"), cambio que refleja la creencia de la empresa de que las diferencias entre gustos y preferencias que estropearon el concepto de automóvil mundial en la década de 1990 ya no son tan trascendentes en la segunda década de siglo XXI.

Algunos analistas advierten que las demandas de los consumidores para una adaptación local están en descenso en todo el mundo.[27] De acuerdo con este enfoque, las comunicaciones modernas y las tecnologías del transporte favorecen las condiciones para la convergencia de los gustos y preferencias de los consumidores de distintos países. El resultado es el surgimiento de enormes mercados globales para productos estandarizados. La aceptación mundial de las hamburguesas McDonald's, Coca-Cola, ropa de marca Gap, iPhones de Apple y el Xbox de Microsoft, que se venden globalmente

---

[26] Prahalad y Doz, *The Multinational Mission: Balancing Local Demands and Global Vision*. Prahalad y Doz en realidad hablan sobre la sensibilidad local más que sobre adaptación local.

[27] T. Levitt, "The Globalization of Markets", *Harvard Business Review*, mayo-junio de 1983, pp. 92-102.

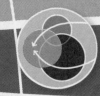

MTV se internacionaliza con un acento local

MTV Networks es un símbolo de globalización. Fundada en 1981, la cadena de televisión musical con sede en Estados Unidos se expande más allá de sus fronteras desde 1987, cuando inauguró MTV Europa. Hoy, la corporación calcula que cada segundo de cada día casi dos millones de personas ven MTV en todo el mundo, la mayoría fuera de Estados Unidos. Pese al éxito internacional, su expansión global comenzó muy despacio en 1987, con solo una señal para toda Europa, compuesta casi en su totalidad con programación estadounidense y presentadores de videos de habla inglesa. Ingenuamente, los administradores estadounidenses de la cadena asumían que los europeos aceptarían su programación; pero, si bien estos concentraban su interés en un puñado de superestrellas, sus gustos resultaron sorprendentemente locales. Tras perder participación ante competidores europeos que se centraban más en los gustos de cada región, MTV modificó su estrategia en la década de 1990. Dividió su servicio en señales dirigidas a mercados regionales o

nacionales. Aunque la compañía tiene el control creativo sobre dichas señales (todos los canales tienen el mismo estilo familiar y vehemente) y las características propias de MTV en Estados Unidos, gran parte de sus contenidos son locales.

A pesar de que muchas de las ideas que constituyen la base de la programación continúan originándose en Estados Unidos, con equivalentes para cápsulas como *The Real World* en distintos países, cada vez hay más programas que se producen de manera local. En Italia, *MTV Kitchen* combina la cocina con un recuento musical. *Erotica*, que presenta un panel de jóvenes que discuten sobre sexo, se transmite en Brasil. El canal indio produce 21 programas propios, conducidos por presentadores que hablan "Hinglés", una mezcla urbana del hindi y el inglés y la mayor parte de la programación sigue siendo videos musicales de intérpretes locales populares. Con esta localización, MTV cosechó grandes ganancias y permitió a la televisora recuperar audiencias que se habían perdido con sus imitadores locales.[28]

como productos estandarizados, con frecuencia se cita como evidencia de la creciente homogeneidad del mercado mundial.

No obstante, tal argumento puede no sostenerse en muchos mercados de consumo, pues aún existen diferencias considerables entre los gustos y las preferencias de los consumidores de diversos países y culturas. En la actualidad, los administradores de empresas internacionales no pueden darse el lujo de ignorarlas o tal vez no puedan por mucho tiempo. Para un ejemplo de una compañía que descubrió cuán importantes pueden ser las presiones para mostrar sensibilidad local, lea la sección "Panorama administrativo" sobre MTV Networks.

Diferencias en infraestructura y prácticas tradicionales

Las presiones para manifestar sensibilidad local aparecen cuando existen diferencias de infraestructura o prácticas tradicionales entre los países, lo cual provoca la necesidad de adaptar los productos de manera adecuada. Satisfacer esa necesidad puede requerir que se deleguen las funciones de manufactura y producción en las filiales extranjeras. Por ejemplo, los sistemas eléctricos estadounidenses utilizan 110 voltios, mientras que, en algunas naciones europeas, los sistemas de 240 voltios son el estándar; por tanto, es indispensable adaptar los artículos electrodomésticos para satisfacer esa diferencia en infraestructura.

Aunque muchas diferencias nacionales en infraestructura tienen raíces históricas, algunas son muy recientes; por ejemplo, en la industria de telecomunicaciones inalámbricas, existen diversas normas técnicas en distintas partes del mundo. Una, que se conoce como GSM, es común en Europa, y otra alternativa, la CDMA, es más habitual en Estados Unidos y en algunas zonas de Asia. El equipo que se diseñó para GSM no funciona en una red CDMA y viceversa; por ello, compañías como Nokia, Motorola y Samsung, que producen teléfonos inalámbricos e infraestructura, como interruptores, deben adaptar su oferta de producto según las normas técnicas usuales en un país específico.

[28] Fuentes: M. Gunther, "MTV's Passage to India", *Fortune*, 9 de agosto de 2004, pp. 117-122; B. Pulley y A. Tanzer, "Sumner's Gemstone", *Forbes*, 21 de febrero de 2000, pp. 107-111; K. Hoffman, "Youth TV's Old Hand Prepares for the Digital Challenge", *Financial Times*, 18 de febrero de 2000, p. 8; presentación de Sumner M. Redstone, presidente y CEO de Viacom Inc., enviado a Salomon Smith Barney 11th Annual Global Entertainment Media, Telecommunications Conference (Undécima Conferencia Anual de Medios de Entretenimiento y Telecomunicaciones de Salomon Smith Barney), Scottsdale, Arizona, 8 de enero de 2001; archivado en: www.viacom.com; y Viacom 10K Statement (Reporte 10K), 2005.

McDonald's ajusta su menú a las diferentes naciones para satisfacer mejor los gustos y preferencias locales.

Diferencias en los canales de distribución

Es probable que las estrategias de marketing de una empresa deban responder a las diferencias entre los canales de distribución de los países, lo que puede demandar la delegación de las funciones de marketing en las filiales nacionales; por ejemplo, en la industria farmacéutica, los sistemas de distribución británico y japonés son radicalmente distintos al sistema estadounidense. Los médicos de las dos primeras naciones no aceptarán ni responderán de manera favorable a una fuerza de ventas de fuerte presión, al estilo estadounidense; por tanto, las compañías farmacéuticas adoptarán otras prácticas de distribución en Gran Bretaña y Japón en comparación con Estados Unidos (venta sutil *versus* venta agresiva). Lo mismo ocurre con Polonia, Brasil y Rusia que tienen un ingreso per cápita parecido en términos de la paridad del poder adquisitivo, pero que poseen grandes diferencias en sus sistemas de distribución. En Brasil, los supermercados representan 36% de la venta de alimentos al menudeo; en Polonia, 18%, y en Rusia, menos de 1%.[29] Dichas disparidades entre los canales exigen que las empresas adapten su propia estrategia de distribución y ventas.

Exigencias del gobierno anfitrión

Las exigencias políticas y económicas del país anfitrión pueden requerir sensibilidad local; por ejemplo, las empresas farmacéuticas están sujetas a pruebas clínicas, procedimientos de registro y restricciones locales para la fijación de precios; factores que exigen que la manufactura y el marketing de

29 W. W. Lewis, *The Power of Productivity*, University of Chicago Press, Chicago, 2004.

un medicamento cumplan con los requisitos locales. Como los gobiernos y las dependencias gubernamentales controlan una parte significativa del presupuesto destinado al cuidado de la salud en la mayoría de las naciones, están en posición de exigir un mayor nivel de sensibilidad local.

Más en general, las amenazas del proteccionismo, del nacionalismo económico y de las reglas de contenido local (que precisan que cierto porcentaje de un producto se fabrique en el país) obligan a todas las empresas internacionales a producir partes de sus productos en sus filiales extranjeras. Un ejemplo es el caso de Bombardier, productor canadiense de carros de ferrocarril, aeronaves, buques y motonieves. La firma cuenta con 12 plantas de vagones de ferrocarril en Europa. Sus críticos sostienen que la repetición innecesaria de actividades debida a plantas de manufactura genera altos costos, y explica por qué Bombardier tiene menores márgenes de utilidad en sus demás líneas de negocios que en sus operaciones de carros de ferrocarril. En respuesta, los ejecutivos de la compañía señalan que en Europa las reglas informales sobre contenido local favorecen a las empresas que emplean a trabajadores nacionales. Para vender carros de ferrocarril en Alemania, es necesario producirlos en dicho país. Lo mismo sucede en Bélgica, Austria y Francia. Para atender su estructura de costos en Europa, Bombardier centralizó sus funciones de ingeniería y compras, pero no tiene planes de centralizar su manufactura.[30]

OA13-4 Selección de la estrategia

Las presiones para expresar sensibilidad local implican que quizá no sea posible para una empresa obtener los beneficios completos de las economías de escala, la curva de experiencia y las economías de localización. No siempre será posible servir al mercado global desde una sola ubicación de bajo costo, producir un producto estandarizado a escala global y comercializarlo mundialmente para lograr las reducciones de costo asociadas con los efectos de la experiencia. La necesidad de adaptar la oferta de producto a las condiciones locales puede ir en detrimento de dicha estrategia.

Además, las presiones para demostrar sensibilidad local exigen que quizá no sea posible aprovechar las capacidades y productos vinculados con las competencias clave de ventas al mayoreo de un país a otro. Con frecuencia, deben hacerse concesiones respecto de las condiciones locales. Aun cuando se considera "el perfecto representante" de la proliferación de productos globales estandarizados, incluso McDonald's se ha percatado de que debe adaptar sus ofertas (por ejemplo, su menú) para responder a las diferencias nacionales en gustos y preferencias.

¿Cómo influyen las presiones para reducir costos respecto de aquellas sobre la sensibilidad local en la elección de la estrategia de una compañía? Por lo regular, las empresas disponen de cuatro estrategias básicas para competir en el ambiente internacional. Estas pueden clasificarse como de estandarización global, de localización, transnacional e internacional.[31] Lo idóneo de cada estrategia depende del grado de las presiones para reducir costos y de la sensibilidad local. En la figura 13.7, se ilustran las condiciones en las que cada una de estas estrategias es la más apropiada.

ESTRATEGIA DE ESTANDARIZACIÓN GLOBAL

Las compañías que adoptan la **estrategia de estandarización global** se centran en el incremento de la rentabilidad y el crecimiento de las utilidades que permiten obtener las reducciones de costos que provienen de las economías de escala, las curvas de experiencia y las economías de localización; es decir, su objetivo es adoptar una estrategia de bajo costo a escala global. La producción, el marketing y las actividades de investigación y desarrollo de una empresa que aplica una estrategia de estandarización global se concentran en unas cuantas ubicaciones favorables. Las compañías globales no procuran adaptar su oferta de producto ni su estrategia de marketing a las condiciones locales, pues la adecuación presume turnos de producción más cortos y repetición innecesaria de funciones, lo cual tiende a elevar los costos. En su lugar, prefieren comercializar un producto estandarizado en todo el mundo para conseguir los máximos beneficios derivados de las economías de escala y las curvas de experiencia. Asimismo, tienden a emplear su ventaja en costos para respaldar una agresiva fijación de precios en los mercados mundiales.

---

[30] C. J. Chipello, "Local Presence Is Key to European Deals", en *The Wall Street Journal*, 30 de junio de 1998, p. A15.

[31] C. A. Bartlett y S. Ghoshal, *Managing across Borders*, Boston: Harvard Business School Press, 1989.

FIGURA 13.7

Cuatro estrategias
básicas.

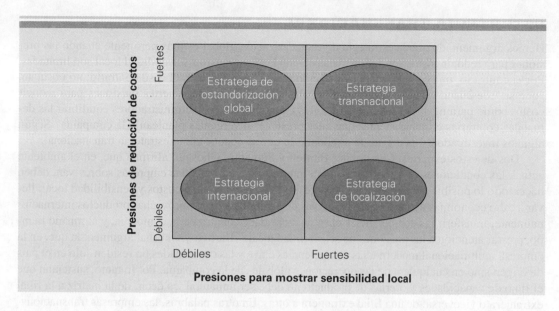

Tal estrategia tiene mayor sentido cuando existen fuertes presiones para aminorar costos y son mínimas las demandas para mostrar sensibilidad local. Estas condiciones prevalecen de manera creciente en muchas industrias de bienes cuyos productos, a menudo, satisfacen necesidades universales; por ejemplo, en la industria de los semiconductores, surgieron normas globales, lo que provocó una enorme demanda de productos estandarizados. En consecuencia, compañías como Intel, Texas Instruments y Motorola siguen la estrategia de estandarización global. Sin embargo, dichas condiciones aún no se presentan en muchos mercados de productos de consumo en los cuales las demandas de sensibilidad local son elevadas. La estrategia es inapropiada cuando las demandas de sensibilidad local son altas.

ESTRATEGIA DE LOCALIZACIÓN

La **estrategia de localización** se centra en aumentar la rentabilidad mediante la adaptación de los bienes y servicios de una empresa a los gustos y preferencias de diferentes mercados nacionales. Esta estrategia es más idónea cuando existen diferencias sustanciales entre los países respecto de los gustos y preferencias de los consumidores, y donde las presiones de reducción de costos no son tan fuertes. Cuando la compañía logra adaptar la oferta de producto a las demandas locales, incrementa el valor de ese producto en el mercado local. El inconveniente, porque implica cierta repetición innecesaria de funciones y series de producción más cortas, es que la adaptación limita la capacidad de la empresa para captar las reducciones de costos asociadas con la producción en masa de un producto estandarizado para el consumo global; sin embargo, la estrategia puede tener sentido si el valor agregado relacionado con la adaptación local soporta la fijación de mayores precios y le permite a la compañía recuperar sus mayores costos o si genera una demanda local sustancialmente mayor, que le posibilite reducir costos por medio de algunas economías de escala en el mercado local.

Al mismo tiempo, las empresas deben vigilar sus costos. Aquellas con una estrategia de localización deben ser eficientes y, de ser posible, captar algunas economías de escala en su radio de acción global. Como ya mencionamos, muchas fábricas automotrices descubrieron que deben adaptar algunas de sus ofertas de producto a las demandas del mercado local; por ejemplo, producir grandes camionetas pick-up para consumidores estadounidenses y automóviles pequeños de consumo eficiente de combustible para los consumidores europeos y japoneses. Además, dichas compañías multinacionales pretenden obtener algunas economías de escala mediante plataformas de automóviles y componentes comunes en muchos modelos y producir esas plataformas y componentes en fábricas eficientemente escaladas y en ubicaciones óptimas. Cuando diseñan sus productos de esa forma, tales empresas localizan su oferta de producto, pero sin dejar de captar algunas economías de escala, curvas de aprendizaje y economías de localización.

ESTRATEGIA TRANSNACIONAL

Hemos argumentado que la estrategia de estandarización global es más pertinente cuando las presiones para reducir costos son fuertes y las demandas para mostrar sensibilidad local son limitadas. Por el contrario, una estrategia de localización tiene más sentido en el caso contrario; no obstante, ¿qué sucede cuando una empresa enfrenta al mismo tiempo tanto fuertes presiones para reducir costos como para mostrar sensibilidad local? ¿Cómo pueden los administradores equilibrar las demandas contrarias e inconsistentes que tales presiones divergentes plantean a la compañía? Según algunos investigadores, la respuesta es adoptar lo que se conoce como estrategia transnacional.

Dos de estos expertos, Christopher Bartlett y Sumantra Ghoshal, afirman que, en el ambiente actual, las condiciones competitivas son tan intensas que, para que las empresas sobrevivan, deben hacer todo lo posible para responder a las presiones de reducción de costos y sensibilidad local: llevar a cabo economías de localización y curvas de aprendizaje para aprovechar productos internacionalmente, transferir las competencias clave y capacidades dentro de la compañía, y al mismo tiempo, prestar atención a las presiones de sensibilidad local.[32] Bartlett y Ghoshal argumentan que, en la empresa multinacional moderna, las competencias clave y las capacidades no residen solo en el país de origen sino en cualquiera de las operaciones globales de la compañía. Por lo tanto, sustentan que el flujo de capacidades y ofertas de producto no debe ser unilateral, es decir, de la matriz a la filial extranjera o viceversa: de una filial extranjera a otras. En otras palabras, las empresas transnacionales también deben centrarse en saber aprovechar las capacidades de sus filiales.

En esencia, las compañías que siguen la **estrategia transnacional** intentan lograr de manera simultánea bajos costos con economías de localización, economías de escala y curvas de aprendizaje; diferenciar su producto por medio de mercados geográficos para representar las diferencias locales y fomentar el flujo multidireccional de capacidades entre las diferentes filiales en la red global de operaciones de la empresa. Por atractiva que parezca en teoría, su práctica no es tan sencilla, pues plantea a la compañía exigencias en conflicto. Diferenciar el producto para responder a las demandas locales en distintos mercados geográficos eleva los costos, lo que va contra el objetivo de reducirlos. Compañías como 3M y ABB (uno de los más grandes conglomerados de ingeniería del mundo) intentaron adoptar una estrategia transnacional y no les resultó fácil.

Uno de los problemas más complejos que hoy enfrentan las grandes empresas multinacionales consiste en aplicar de la mejor manera una estrategia transnacional. Pocas compañías, si las hay, han perfeccionado este enfoque estratégico; sin embargo, del accionar de varias empresas es posible derivar algunas claves para el acercamiento adecuado. Por ejemplo, está el caso de Caterpillar: la necesidad de competir con rivales cuyos costos eran menores, como Komatsu, de Japón, la forzó a buscar mayores economías de costos. No obstante, los cambios en las prácticas de construcción y regulaciones gubernamentales entre los países suponían que Caterpillar también debía conservarse sensible a las demandas locales; por lo tanto, debió enfrentar presiones significativas relacionadas con la reducción de costos y la sensibilidad local.

Para hacer frente a las presiones de reducción de costos, Caterpillar rediseñó sus productos con el fin de que utilizaran muchas partes idénticas e invirtió en algunas plantas de gran escala para producir componentes; asimismo, las ubicó en sitios favorables con el propósito de cumplir con la demanda global y crear economías de escala. Al mismo tiempo, aumentó la manufactura centralizada de componentes en plantas de ensamblado de cada uno de sus principales mercados globales. En estas plantas, Caterpillar agregó características de los productos locales con el objetivo de adaptar el producto final a las necesidades regionales. Así, Caterpillar respondió a las presiones de sensibilidad local mediante la diferenciación de su producto en los mercados nacionales y obtuvo muchos beneficios de la manufactura global.[33] La empresa puso en marcha esta estrategia en la década de 1980 y, para la de 2000, había conseguido duplicar su producción por empleado, reduciendo en el proceso su estructura global de costos en forma considerable. Mientras tanto, Komatsu y Hitachi, quienes aún están comprometidas con la estrategia global centralizada en Japón, ven evaporarse sus ventajas en costos y pierden participación de mercado de manera constante, en beneficio de Caterpillar.

---

[32] *Idem.* Pankaj Ghemawat hace un señalamiento singular, aunque no utiliza el término *transnacional*. Véase P. Ghemawat, *Redefining Global Strategy*.

[33] T. Hout, M. E. Porter y E. Rudden, "How Global Companies Win Out", en *Harvard Business Review*, septiembre-octubre de 1982, pp. 98-108.

Evolución de la estrategia en Procter & Gamble

Procter & Gamble, fundada en 1837 y con sede en Cincinnati, es una de las compañías más internacionales del mundo desde hace mucho tiempo. Hoy es un coloso global en el negocio de productos de consumo con ventas anuales de más de 80 mil millones de dólares, de las que más o menos 54% se generan fuera de Estados Unidos. P&G vende más de 300 marcas —incluyendo sopa Ivory, detergentes Tide, pañales Pampers, alimentos para mascota IAMS, aceites Crisco y café Folgers—, a consumidores de 180 países. Históricamente, su estrategia estaba bien encaminada. La compañía desarrollaba nuevos productos en Cincinnati y luego se apoyaba en filiales extranjeras semiautónomas para manufacturar, comercializar y distribuirlos en diversas naciones. En muchos casos, las filiales tenían sus propias plantas y adaptaban el envase, la marca y el mensaje de marketing a los gustos y preferencias locales. Durante muchos años, esto generó un flujo constante de nuevos productos y crecimiento confiable en ventas y utilidades; a pesar de ello, en la década de 1990, se desaceleró su crecimiento en utilidades.

La esencia del problema era simple: sus costos eran muy altos por el exceso de repeticiones innecesarias de funciones en las áreas de manufactura, marketing y administración en distintas filiales nacionales. Esta repetición innecesaria tenía sentido en el mundo de la década de 1960, cuando los mercados se segmentaban debido a las barreras al comercio exterior; por ejemplo, los productos que se fabricaban en Gran Bretaña no podían venderse a precios bajos en Alemania dados los elevados aranceles a las importaciones vigentes en este país. No obstante, en la década de 1980, las barreras al comercio exterior cayeron con rapidez en todo el mundo y los mercados nacionales fragmentados se fusionaron para integrar mercados regionales o globales más grandes. Los minoristas, como Walmart, Tesco del Reino Unido y Carrefour de Francia, a través de los cuales P&G distribuía sus productos, crecieron y se internacionalizaron, y demandaron descuentos a P&G.

En la década de 1990, la compañía emprendió una gran reorganización para tratar de controlar su estructura de costos y reconocer la nueva realidad de los mercados globales nacientes. La empresa cerró aproximadamente 30 plantas de manufactura en todo el mundo, despidió a 13 mil empleados y concentró la producción en menos plantas que pudieran adoptar economías de escala y atender mercados regionales de mejor forma. Tales medidas no fueron suficientes: el crecimiento de las utilidades se mantuvo lento; por lo que en 1999 lanzó su segunda reorganización de la década, a la que llamó "Organización 2005", y cuyo objetivo era transformar a P&G en una compañía totalmente global. Desmanteló su antigua organización, basada en países y regiones, y la reemplazó con otra basada en siete unidades independientes de negocios globales, desde cuidados para el bebé hasta productos alimenticios. A cada unidad de negocios se le asignó la responsabilidad total para generar utilidades de sus productos y manufactura, marketing y desarrollo de productos. A cada unidad de negocios se le especificó que debía racionalizar la producción concentrándola en menos plantas grandes, para tratar, en lo posible, de producir marcas globales (lo que eliminaría las diferencias de marketing entre los países) y acelerar el desarrollo y lanzamiento de nuevos productos. Como resultado de esta iniciativa, P&G anunció que cerraría otras 10 plantas y despediría a 15 mil empleados más, en su mayoría en Europa, en donde aún existía amplia repetición innecesaria de funciones. Se estimó que el ahorro anual en costos sería de más o menos 800 millones de dólares, que P&G planeaba utilizar para reducir los precios e incrementar el gasto en marketing, en un esfuerzo por obtener más participación de mercado, y con ello, continuar bajando los costos mediante la obtención de economías de escala. Esta vez, parecía que la estrategia funcionaba. Durante la mayor parte de la década de 2000, P&G reportó un fuerte crecimiento tanto en ventas como en utilidades. Sus competidores globales, como Unilever, Kimberly-Clark y Colgate-Palmolive, se vieron en grandes aprietos durante el mismo periodo.[34]

Cambiar el enfoque estratégico para construir una organización capaz de respaldar una estrategia transnacional es una tarea compleja y desafiante. Algunos dirían que es demasiado complicada, pues los problemas que plantea su aplicación para crear una estructura organizacional y sistemas de control viables son inmensos.

ESTRATEGIA INTERNACIONAL

En ocasiones, es posible identificar empresas multinacionales en la posición afortunada de enfrentarse a presiones para reducir costos y manifestar menor sensibilidad local. Muchas de estas siguen

[34] J. Neff, "P&G Outpacing Unilever in Five-Year Battle", en *Advertising Age*, 3 de noviembre de 2003, pp. 1-3; G. Strauss, "Firm Restructuring into Truly Global Company", en *USA Today*, 10 de septiembre de 1999, p. B2; *Procter & Gamble 10K Report*, 2005; y M. Kolbasuk McGee, "P&G Jump-Starts Corporate Change", en *Information Week*, 1 de noviembre de 1999, pp. 30-34.

FIGURA 13.8

Cambios de estrategia en el tiempo.

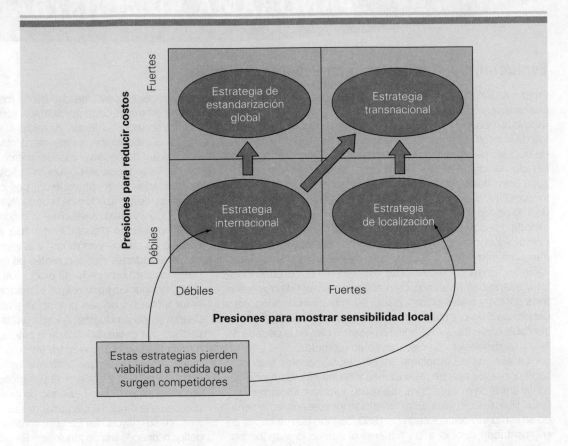

una **estrategia internacional**: primero elaboran productos para su mercado interno y luego los venden en otras naciones con una adaptación local mínima. La característica distintiva de muchas de estas compañías es que venden un producto que satisface necesidades universales, pero no enfrentan a competidores importantes, y por ello, a diferencia de las que aplican una estrategia global de estandarización, no enfrentan presiones para reducir su estructura de costos. Xerox se encontró en esta posición en la década de 1960, después del invento y la comercialización de la fotocopiadora. Esta tecnología estaba protegida por patentes sólidas, así que la empresa no tuvo competidores durante muchos años; en pocas palabras, tenía un monopolio. El producto satisfacía necesidades universales y lo valoraban ampliamente en la mayoría de los países desarrollados; por tanto, Xerox podía vender el mismo producto básico en todo el mundo, cobrando un precio relativamente alto por él. Como no tenía competidores directos, no se veía en la necesidad de enfrentar fuertes presiones para disminuir su estructura de costos.

Las compañías que siguen una estrategia internacional emplean patrones de desarrollo similares cuando se expanden hacia mercados extranjeros: tienden a centralizar en casa las funciones de desarrollo del producto; sin embargo, también suelen establecer funciones de manufactura y marketing en cada uno de los países o regiones geográficas relevantes para los negocios. La consecuente repetición innecesaria de funciones puede elevar los costos, pero este aumento no es tan considerable si la empresa no enfrenta fuertes presiones para reducirlos. Aunque puede entrañar cierta adaptación local respecto de la oferta del producto y la estrategia de marketing, ello tiende a ser de alcances muy limitados. Por último, en la mayoría de las compañías que aplican una estrategia internacional, las oficinas centrales controlan de modo estrecho la estrategia de marketing y del producto.

Otras empresas que siguen esta estrategia son Microsoft y Procter & Gamble. Históricamente, esta última desarrolló nuevos productos innovadores en Cincinnati y después los transfirió por medio de ventas al mayoreo a mercados locales. También, la mayoría del trabajo de desarrollo del producto de Microsoft se efectúa en Redmond, Washington, Estados Unidos, donde se localiza la sede de la empresa; aunque cierto trabajo de localización se lleva a cabo en otros sitios, donde se limitan a producir versiones en idiomas extranjeros de sus programas más populares.

EVOLUCIÓN DE LA ESTRATEGIA

El talón de Aquiles de la estrategia internacional es que, con el paso del tiempo, de modo inevitable, surgen competidores, y si los administradores no toman medidas para reducir la estructura de costos de su empresa, sus competidores globales tomarán rápida ventaja. Esto es exactamente lo que le sucedió a Xerox. Las compañías japonesas, como Canon, hallaron la forma de evitar las patentes de Xerox y produjeron sus propias fotocopiadoras en plantas de manufactura muy eficientes, con precios inferiores a los de Xerox, ganándole participación en el mercado global. Pese a todo, a final de cuentas, la desaparición de Xerox no se debió al surgimiento de competidores, porque eso iba a suceder tarde o temprano, sino a su fracaso para reducir su estructura de costos antes del surgimiento de competidores globales eficientes. La moraleja de esta historia es que una estrategia internacional puede no ser viable en el largo plazo, y para sobrevivir, las empresas deben cambiar y adoptar una estrategia global de estandarización u otra transnacional antes de que lo hagan sus competidores (véase la figura 13.8).

Lo mismo ocurre en el caso de una estrategia de localización: esta puede dar a una compañía un margen competitivo, pero si al mismo tiempo enfrenta a competidores agresivos, también deberá reducir su estructura de costos, y la única forma de hacerlo es por medio de una estrategia transnacional. Por ello, mientras la competencia se intensifica, las estrategias internacionales y de localización tienden a perder viabilidad, por lo que los administradores deben orientar sus empresas hacia una estrategia global de estandarización o transnacionalización.

RESUMEN

En este capítulo, estudiamos los principios básicos de la estrategia y las diferentes formas en que las empresas se benefician de la expansión global, así como las estrategias disponibles para que compitan globalmente, y señalamos lo siguiente:

1. La estrategia de una compañía se define como las acciones que llevan a cabo los administradores para lograr los objetivos organizacionales. El principal objetivo de la mayoría de las empresas es maximizar el valor para los accionistas. Esto requiere que incrementen su rentabilidad y el porcentaje de crecimiento de las utilidades con el paso del tiempo.

2. La expansión internacional puede permitir a una compañía obtener mayores rendimientos mediante la transferencia de ofertas de producto derivadas de sus competencias clave a mercados en los cuales los competidores nacionales carecen de ellas.

3. Establecer cada actividad de creación de valor en una ubicación en la que las condiciones sean más propicias para efectuarla puede ser benéfico para una empresa. Nos referimos a esta estrategia cuando nos centramos en el logro de economías de localización.

4. La expansión internacional puede ayudar a una compañía a descender por la curva de experiencia por medio de los efectos de aprendizaje y economías de escala, al hacer crecer con rapidez el volumen de ventas para un producto estandarizado.

5. Una empresa multinacional crea valor adicional cuando identifica capacidades valiosas en sus filiales extranjeras y las aprovecha en su red global de operaciones.

6. A menudo, la mejor estrategia que una compañía pueda adoptar depende de las presiones para reducir costos y mostrar sensibilidad local.

7. Las empresas que eligen la estrategia internacional transfieren los productos derivados de sus competencias clave a los mercados extranjeros, al mismo tiempo que efectúan cierta adaptación local limitada.

8. Las compañías que adoptan una estrategia de localización adaptan su oferta de producto y sus estrategias de marketing y negocios a las condiciones nacionales.

9. Las empresas que asumen una estrategia de estandarización global se centran en obtener una reducción de costos que se deriva de los efectos de la curva de experiencia y de las economías de localización.

10. En la actualidad, muchas industrias son tan competidas que las compañías deben adoptar la estrategia transnacional. Este enfoque implica la concentración simultánea en la reducción de costos, en la transferencia de habilidades y productos, y en el aumento de la sensibilidad local. Aplicar una estrategia de este tipo puede no ser tan sencillo.

Preguntas de análisis y razonamiento crítico

1. En un mundo en el que los costos de transporte son nulos, las barreras comerciales no existen y las diferencias nacionales no son importantes respecto de otros factores, las empresas que desean sobrevivir deben expandirse internacionalmente. Comente.

2. Ubique a las siguientes compañías en la figura 13.6: Procter & Gamble, IBM, Apple, Coca-Cola, Dow Chemical, Intel, McDonald's. Justifique su respuesta en cada caso.

3. ¿En qué tipo de industrias tiene sentido utilizar una estrategia de localización? ¿Cuándo es más adecuado aplicar una estrategia de estandarización global?

4. Vuelva a leer el "Panorama administrativo" sobre Procter & Gamble y conteste las siguientes preguntas:

   a) ¿Qué estrategia siguió la compañía cuando ingresó por primera vez a los mercados extranjeros en el periodo que terminó en la década de 1980?

   b) ¿Por qué piensa que esta estrategia perdió viabilidad en la década de 1990?

   c) ¿Hacia qué tipo de estrategia parece dirigirse P&G? ¿Cuáles son los beneficios de esta? ¿Cuáles son los riesgos potenciales que se asocian con ella?

5. ¿Cuáles pueden ser los principales problemas organizacionales que se enfrentarían al aplicar una estrategia transnacional?

Proyecto de investigación 🌐 globalEDGE   **globaledge.msu.edu**

Estrategia de los negocios internacionales

Visite el sitio de globalEDG (globaledge.msu.edu) para efectuar los siguientes ejercicios:

Ejercicio 1

Su compañía, que produce aparatos electrodomésticos (sobre todo para cocina) con sede en Estados Unidos, ha decidido aprovechar las oportunidades de expansión internacional en África subsahariana. Para lograr algunas economías de escala, su estrategia es minimizar la adaptación local. Basándose en una comparación de dos países subsaharianos de su elección, prepare un resumen ejecutivo que contenga aspectos del producto donde la estandarización simplemente resulte imposible y la adaptación a las condiciones locales sea esencial.

Ejercicio 2

A. T. Kearney publica un estudio anual para ayudar a los minoristas a priorizar sus estrategias de desarrollo global, clasificando el atractivo de expansión hacia los países en desarrollo con base en un grupo particular de criterios. Encuentre la última versión de este *Global Retail Development Index*. ¿Qué criterios se aplican para identificar el atractivo del entorno minorista en las naciones en desarrollo? Categorice los 10 principales países por región del mundo. ¿Alguno de estos le sorprende? ¿Por qué (o por qué no)?

CASO FINAL

Productos Avon

Seis años después de que Andrea Jung se convirtió en la directora general de Avon Products en 1999, las utilidades de esta compañía de productos de belleza, famosa por su modelo de ventas directas, crecieron en más de 10% anual. Los rendimientos se triplicaron, convirtiendo a Jung en una favorita de Wall Street. Entonces, en 2005, la historia de éxito dio un viraje. Avon, que obtiene casi 70% de sus utilidades de los mercados internacionales, principalmente de las naciones en desarrollo, comenzó a perder ventas en todo el mundo. Su negocio en China se había visto afectado por una prohibición sobre la venta directa (el gobierno chino había acusado a las compañías que usaban este modelo de ventas de estar implicadas en esquemas piramidales y crear "cultos"). Para empeorar la situación, la debilidad económica en Europa del Este, Rusia y México, todos elementos importantes en el éxito de Avon, estancaron todavía más tal crecimiento. Este drástico giro de acontecimientos tomó a los inversionistas por sorpresa. En mayo de 2005, Jung les había dicho que la empresa superaría los objetivos de Wall Street para el año, pero en septiembre se retractó y las acciones cayeron 45%.

Con su trabajo pendiendo de un hilo, Jung empezó a reevaluar la estrategia global de Avon. Hasta este punto, la compañía se había expandido sobre todo replicando en otros países la estrategia y organización que tenía en Estados Unidos. Cuando entraba a una nación, otorgaba a los administradores locales una autonomía considerable. Todos usaban el nombre de Avon y adoptaban el modelo de venta directa que había sido el ícono de la empresa. El resultado fue un ejército de cinco millones de representantes de Avon en el mundo, todos contratistas independientes que vendían productos de maquillaje y para el cuidado de la piel; sin embargo, muchos administradores locales también establecían sus propias operaciones de manufactura y cadenas de abastecimiento, eran responsables de la comercialización local y desarrollaron sus propios productos nuevos. En palabras de Jung: "eran el rey o la reina de cada decisión". El resultado fue una ausencia de consistencia en la estrategia de comercialización entre naciones, extensa repetición innecesaria de operaciones de manufactura y cadenas de abastecimiento, y profusión de nuevos productos, muchos de los cuales no eran rentables; por ejemplo, en México, la

Empleadas de Avon trabajando en China.

lista de productos se había disparado a 13 mil. La compañía tenía 15 capas gerenciales, lo que hacía problemáticas la contabilidad y comunicación. Asimismo, había una evidente falta de análisis de datos de las oportunidades para los nuevos productos y los administradores locales a menudo tomaban decisiones basándose solo en su intuición o presentimientos.

El cambio radical estratégico de Jung involucró a varios elementos. Para ayudar a transformar Avon, contrató administradores expertos de reconocidas empresas globales de productos al consumidor, como Procter & Gamble y Unilever. Aplanó la organización para mejorar la comunicación, la visibilidad del desempeño y la contabilidad, y redujo la cantidad de capas gerenciales a solo ocho, además de despedir a 30% de los administradores. La manufactura se consolidó en un cierto número de centros regionales y se racionalizó el sistema de cadenas de abastecimiento, lo que eliminó la repetición innecesaria de funciones y redujo los costos en más de mil millones de dólares anuales. Introdujo un riguroso parámetro en los criterios de inversión para evaluar la rentabilidad de los productos Avon, por lo que 25% de ellos fueron descontinuados. Las decisiones sobre nuevos productos se centralizaron en la casa matriz. Jung también invirtió en desarrollo centralizado de producto. La meta era desarrollar e introducir productos exitosos que pudieran ser posicionados como marcas mundiales e impulsó a la compañía a poner énfasis en su propuesta de valor en cada mercado nacional, lo que podría definirse como alta calidad a bajo precio.

Para 2007, esta estrategia principiaba a arrojar dividendos. El desempeño de la compañía mejoró y se reanudó el crecimiento. El hecho de que Jung fuera china-estadounidense y hablara mandarín también fue decisivo para persuadir a las autoridades chinas de retirar la prohibición en las ventas directas, lo cual permitió a Avon reclutar 400 mil nuevas representantes en China. Cuando vino la crisis financiera global de 2008 y 2009, Avon emi-

tió anuncios en todo el mundo dirigidos a reclutar representantes de ventas, en los que estas hablaban sobre cómo era trabajar para Avon: "No me pueden correr, no me pueden despedir", decía una. Los teléfonos empezaron a sonar y Avon fue rápidamente capaz de expandir su fuerza de ventas mundial. Asimismo, Jung instituyó una agresiva estrategia de precios, los empaques y envases fueron rediseñados para ser más elegantes sin costo adicional. La idea era destacar el "valor por dinero" representado por los productos Avon. Se contrató a estrellas mediáticas para ayudar a comercializar los productos de la empresa, que impulsó a sus representantes a usar las redes sociales para este fin.

Al principio, el resultado de todo esto fue positivo: en los años difíciles de 2008 y 2009, Avon ganó participación en el mercado global y mejoró su desempeño financiero; sin embargo, la compañía comenzó a trastabillar de nuevo en 2010 y 2011. Las razones de ello eran complejas. En muchos mercados en desarrollo importantes para Avon, la empresa competía cada vez más contra rivales como Procter & Gamble, que estaba construyendo una fuerte presencia de venta al menudeo en esas regiones. Mientras tanto, las ventas en los mercados desarrollados se redujeron de cara al constantemente bajo crecimiento económico. Para complicar las cosas, se presentaron numerosos errores operativos —problemas con la instrumentación de sistemas de información, por ejemplo— que resultaban muy costosos para la compañía. Avon también estaba bajo fuego por una posible violación a la Foreign Corrupt Practices Act cuando se reveló que algunos ejecutivos en China habían estado pagando sobornos a oficiales del gobierno. Bajo presión de los inversionistas, Andrea Jung fue destituida de su cargo como directora general en diciembre de 2011, con un puesto en el consejo cuando menos hasta 2014.[35]

Preguntas para analizar el caso

1. ¿Qué estrategia siguió Avon hasta mediados de la década de 2000? ¿Cuáles son las ventajas y desventajas de dicha estrategia?

2. ¿Qué cambios efectuó Andrea Jung en la estrategia de Avon a partir de 2005? ¿Cuáles fueron los beneficios de estos? ¿Puede ubicar algún inconveniente?

3. En términos del marco introducido en este capítulo, ¿qué estrategia tenía Avon a finales de la década de 2000?

4. ¿Considera que los problemas de Avon en 2010 y 2011 se debieron a los cambios de estrategia o a otros motivos?

[35] A. Chang, "Avon's Ultimate Makeover Artist", en *MarkerWatch*, 3 de diciembre de 2009; N. Byrness, "Avon: More Than Cosmetic Change", en *BusinessWeek*, 3 de marzo de 2007, pp. 62-63; J. Hodson, "Avon 4Q Profit Jumps on Higher Overseas Sales, en *The Wall Street Journal* (en línea), 4 de febrero de 2010; y M. Boyle, "Avon Surges after Saying That Andrea Jung Will Step Down as CEO", en *Bloomberg BusinessWeek*, 15 de diciembre de 2011.

Organización de los negocios internacionales

14

OBJETIVOS DE APRENDIZAJE

Al terminar este capítulo, usted deberá ser capaz de:

OA14-1 Explicar lo que significa "estructura organizacional".

OA14-2 Describir las distintas opciones de estructura organizacional que puede elegir un negocio internacional.

OA14-3 Explicar en qué forma pueden ajustarse la organización y la estrategia para mejorar el desempeño en una compañía internacional.

OA14-4 Definir lo que requiere un negocio internacional para cambiar su organización, de modo que se ajuste mejor a su estrategia.

Organización de Siemens para competir mundialmente

Caso inicial

La compañía alemana Siemens es uno de los conglomerados de ingeniería más grandes del mundo el cual produce todo tipo de productos: desde audífonos y escáneres médicos hasta gigantescas turbinas generadoras de energía, sistemas de viento y locomotoras; sin embargo, a finales de la década de 2000, tenía problemas de desempeño respecto de sus competidores mundiales como General Electric, Honeywell y United Technologies. En julio de 2007, Siemens contrató a Peter Löscher como CEO y le asignó la misión de intentar revitalizar la organización. Löscher, un austriaco cuya trayectoria incluía importantes puestos directivos de liderazgo en General Electric y Merck, fue el primer extranjero en dirigir Siemens desde la fundación de la compañía en 1847.

Löscher heredó una organización global de enorme complejidad. En aquella época, Siemens tenía 475 mil empleados, utilidades por 72 mil millones de dólares, operaba en un amplio rango de industrias y desempeñaba actividades en más de 190 naciones. La empresa estaba estructurada en 12 grupos operativos, que a su vez fueron subdivididos en 70 divisiones de negocios. Aunque cada división contaba con su propia visión de producto, como energía eólica y obtención de imágenes moleculares, Siemens trabajaba arduamente para ofrecer a sus clientes soluciones integrales, lo cual requería que las divisiones cooperaran entre sí en los proyectos grandes.

Asimismo, poseía una fuerte tradición de sensibilidad local. Los países en donde la compañía era más activa tenían su propio administrador ejecutivo, conocido como "el señor o la señora Siemens". Este individuo se desempeñaba como administrador en la nación para todas las filiales de la empresa en un área geográfica específica y era, además, el CEO de su respectiva compañía local. A menudo, la estructura de grupos operativos y divisiones de negocios era replicada dentro de la empresa local, lo que conformaba en la práctica una organización matricial donde el director del negocio de generadores de energía en Argentina, por ejemplo, le reportaba al director general del país y al director global de la división de negocios correspondiente.

Era responsabilidad del señor o señora Siemens y su equipo operar las relaciones con los clientes locales, desarrollar licitaciones de proyectos y garantizar que las divisiones de negocios cooperaran en la entrega del proyecto. Se permitía a las empresas locales una gran iniciativa con respecto de las especificaciones de producto para los consumidores locales. Así, la compañía local de Argentina podía responder a la licitación de un proyecto de tren subterráneo para Buenos Aires, diseñar el proyecto según las necesidades del cliente local y, si obtenía la licitación, asegurarse de que hubiera suficiente cooperación entre las distintas divisiones de negocios para completarlo exitosamente.

Löscher podía apreciar las virtudes de esta estructura organizacional que trataba de combinar la escala global en el nivel de negocios con la sensibilidad local en el nivel del país, pero resultaba muy compleja. En su opinión, había demasiados reportes directos a las oficinas corporativas, lo cual ocasionaba una considerable sobrecarga de información. Asimismo, había serios problemas de rendición de cuentas y responsabilidad. Si la compañía no lograba la rentabilidad de un proyecto, digamos el sistema tren subterráneo de Buenos Aires, ¿quién era responsable: los administradores locales o los de las divisiones de negocios? Löscher creía que los administradores del país tenían demasiado poder en la estructura y que, las divisiones de negocios, muy poco y no eran lo suficientemente responsables.

En 2008, Löscher modificó la estructura para combatir esos problemas. Consolidó a los grupos operativos en tres sectores principales: industria, energía y cuidado de la salud. Las divisiones de negocios se colocaron dentro de sus respectivos sectores. Después, distribuyó las unidades de los 190 países en 17 grupos regionales y les dio responsabilidad para desarrollar una infraestructura regional que fuera eficiente en costos, se centrara en los clientes y administrara la organización de las ventas locales. Asignó a los sectores y divisiones de negocios responsabilidad respecto de las pérdidas y ganancias; antes, cada grupo operativo y filial nacional llevaba sus propias cuentas de pérdidas y ganancias. Este cambio provocó conmoción a los señores o señoras Siemens en todo el mundo, a quienes se les dijo que su objetivo era contribuir a las cuentas globales de pérdidas y ganancias para un sector y una división de negocios. Aunque no quitó la sensibilidad local, Löscher redujo el poder de los administradores del país dentro de la estructura de Siemens, haciéndolos directamente responsables de incrementar la rentabilidad de las filiales globales.

Löscher fue más allá, instituyendo un proceso de revisión gerencial que condujo a la sustitución de la mitad de los 100 principales administradores de la empresa. Löscher está ahora directamente involucrado en designar los 300 puestos gerenciales más relevantes de la compañía. También, eliminó de la estructura organizacional dos de los niveles gerenciales más altos, que no tenían responsabilidad operativa en la estructura previa, ello con el fin de reemplazar a los administradores que no se ajustaban a la nueva forma de hacer las cosas y elevar la responsabilidad de desempeño de la gente que dirige los sectores y las divisiones de negocios.[1]

 # Introducción

La historia de Siemens, descrita en el "Caso inicial", es similar a la de muchas multinacionales en las últimas cuatro décadas. Al principio, Siemens seguía una estrategia de localización (véase el capítulo 13), que instrumentó mediante organizaciones nacionales sólidas, pero, para mediados de la década de 2000, dicha organización no era eficaz. En respuesta, y bajo el liderazgo de un nuevo CEO, en 2008 Siemens se restructuró para dar más poder y responsabilidad a las divisiones de negocios globales y reducir el de las organizaciones nacionales. Al mismo tiempo, la compañía siguió reconociendo la importancia de las organizaciones nacionales en la interacción con los clientes y la cooperación entre divisiones en proyectos locales, pero la gerencia quería garantizar que, en última instancia, tales organizaciones actuaban en los mejores intereses de las divisiones de negocios globales. Con estos cambios, Siemens estaba intentando cosechar las ganancias de la globalización, sobre todo respecto de optimizar las economías de escala y ubicación que surgen de configurar en forma óptima la cadena global de valor para un negocio, y al mismo tiempo, seguir reconociendo la trascendencia de la sensibilidad local. En términos del capítulo 13, Siemens estaba transformando su organización para convertirse en una empresa más *transnacional*: mudaba desde una estrategia de localización hasta otra transnacional, y la modificación en la estructura organizacional lo reflejaba.

Como sugiere el ejemplo de Siemens, el objetivo de este capítulo es identificar las diferentes estructuras organizacionales en que se basan las compañías internacionales para administrar y dirigir sus operaciones mundiales. Cuando hablamos de **arquitectura organizacional**, nos referimos a la totalidad de la empresa, como estructura organizacional formal, sistemas de control e incentivos, procesos, cultura organizacional y su personal. El argumento fundamental de este capítulo es que la alta rentabilidad de una compañía requiere tres condiciones: en primer lugar, los distintos elementos de la estructura organizacional deben tener una consistencia interna; por ejemplo, los sistemas de control e incentivos deben ser consistentes con la estructura de la empresa. Segundo, la estructura organizacional debe coincidir o ajustarse a la estrategia de la compañía; la estrategia y la estructura organizacional deben ser consistentes.[2] Un ejemplo sería cuando una empresa asume una estrate-

---

[1]   B. Kammel y R. Weiss, "How Siemens Got Its Mojo Back", en *Bloomberg BusinessWeek*, 27 de enero de 2011; V. J. Racanelli, "The Culture Changer", en *Barron's*, 10 de marzo de 2012; y S. G. Leslie y J. Sorensen, "Siemens: Building a Structure to Drive Performance and Responsibility (A)", Caso de la Escuela de Negocios de Stanford, 7 de octubre de 2010.

[2]   Este ha sido, desde hace mucho, un tema central de la bibliografía de gerencia estratégica. Véase por ejemplo C. W. L. Hill y R. E. Hoskisson, "Strategy and Structure in Multiproduct Firm", en *Academy of Management Review*, 1987, pp. 331-341.

gia de estandarización mundial con una estructura organizacional errónea, así es poco probable que pueda ejecutar la estrategia de manera eficaz, lo que generaría un pobre desempeño. Tercero, la estrategia y la estructura organizacional de la compañía no solo deben ser congruentes entre sí, sino respecto de las condiciones competitivas prevalecientes en los mercados: la estrategia, la estructura organizacional y el entorno competitivo también deben ser consistentes; por ejemplo, una empresa que adopta una estrategia de localización puede tener una estructura organizacional correcta para la estrategia; no obstante, si compite en mercados donde las presiones de costos son intensas y las demandas de sensibilidad local son bajas, aún tendrá un desempeño inferior porque la estrategia de estandarización mundial es más apropiada en ese tipo de entorno.

Para explorar los temas planteados en ejemplos como el de Siemens, este capítulo inicia con un análisis exhaustivo de los conceptos de estructura organizacional y su adecuación; luego, se concentra en una exploración más detallada de algunos componentes de la estructura organizacional: estructura, sistemas de control e incentivos, cultura organizacional y procesos, y explica su necesaria consistencia interna (el componente "personal" se estudiará en el capítulo 19, cuando se aborde la estrategia de los recursos humanos en una empresa multinacional). Después de revisar los componentes de la estructura organizacional, se verán las formas en que esta puede adecuarse a la estrategia y al entorno competitivo para lograr un alto rendimiento. El capítulo concluye con un análisis sobre el cambio organizacional, pues, como se aprecia en el caso de Siemens, las compañías deben cambiar de manera periódica su organización con el objetivo de que coincida con las nuevas realidades estratégicas y competitivas.

Arquitectura organizacional

OA14-1

Como observamos en la introducción, el término *arquitectura organizacional* alude a la totalidad de la organización de la empresa; es decir, a dicha estructura organizacional formal, los sistemas de control e incentivos, la cultura organizacional, los procesos y el personal.[3] En la figura 14.1, se muestran tales elementos. Cuando hablamos de **estructura organizacional**, nos referimos a tres aspectos: en primer lugar, a la división formal de la organización en subunidades, como divisiones de productos, operaciones nacionales y funciones (la mayoría de las gráficas organizacionales muestran este aspecto de la estructura); en segundo, a la ubicación de las responsabilidades para la toma de decisiones dentro de esa estructura (por ejemplo, centralizada o descentralizada), y en tercero, al establecimiento de los mecanismos de integración para coordinar las actividades de las subunidades, como los equipos multidisciplinarios o comités regionales.

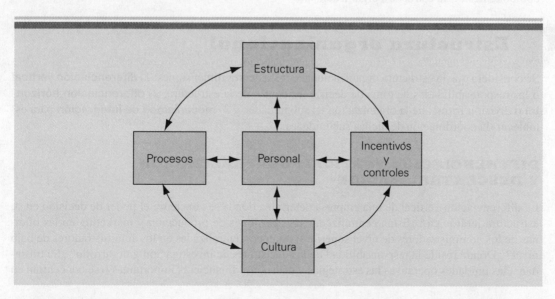

FIGURA 14.1

Arquitectura organizacional.

Véase también J. Wolf y W. G. Egelhoff, "A Reexamination and Extension of International Strategy Structure Theory", en *Strategic Management Journal*, 23 (2002), pp. 181-190.

[3] D. Naidler, M. Gerstein y R. Shaw, *Organization Architecture*, San Francisco, Jossey-Bass, 1992.

Los **sistemas de control** son los parámetros que se utilizan para evaluar el desempeño de las subunidades y el de los administradores; por ejemplo, Unilever solía medir el desempeño de sus filiales operativas nacionales según su rentabilidad, ese era el parámetro. Los **incentivos** son los medios empleados para premiar la mejor conducta administrativa y se asocian de modo estrecho con el cumplimiento del parámetro de desempeño; por ejemplo, los incentivos de un administrador a cargo de una filial pueden relacionarse con el desempeño de la empresa; en especial, puede recibir un bono si su filial rebasa los objetivos de desempeño que se fijaron.

Los **procesos** son la forma en que la empresa toma decisiones y trabaja. Algunos ejemplos son los procesos para formular estrategias, decidir cómo se destinan los recursos en una compañía o evaluar el desempeño de los administradores y su retroalimentación. En sí, los procesos son distintos de acuerdo con la ubicación de las responsabilidades en la toma de decisiones dentro de la empresa, aunque ambas cosas implican decisiones. Mientras que el CEO puede tener la responsabilidad final de decidir la estrategia de la compañía (por ejemplo, la responsabilidad en la toma de decisiones está centralizada), el proceso por medio del cual toma esa decisión puede demandar que los administradores de menor nivel aporten ideas y críticas.

La **cultura organizacional** alude a las normas y los sistemas de valores que comparten los empleados de la organización. Así como las sociedades tienen culturas (véase el capítulo 4 para mayores detalles), las instituciones, también. Las empresas son sociedades de individuos que se reúnen para desarrollar actividades colectivas; poseen sus propios patrones de cultura y subcultura característicos.[4] Como veremos, la cultura organizacional puede tener un efecto profundo en el desempeño de una compañía. Por último, cuando hablamos de **personal**, no solo nos referimos a los trabajadores de la organización, sino a la estrategia con que se contrata, remunera y retiene a esos individuos, así como al tipo de personas en términos de habilidades, valores y orientación (que analizaremos con más detalle en el capítulo 19).

Como se muestra con las flechas en la figura 14.1, los componentes de la estructura organizacional no son independientes: cada uno da forma y es formado por otros de la misma estructura. Un ejemplo evidente es la estrategia relacionada con las personas. Ello puede servir para contratar a individuos cuyos valores sean consistentes con los que la compañía desea destacar en su cultura organizacional; así, el componente humano de la estructura organizacional puede utilizarse para reforzar (o no) la cultura dominante en la empresa. Por ejemplo, históricamente, Unilever se esfuerza por contratar administradores a quienes les guste socializar y concede una alta valía al consenso y a la cooperación, valores que la empresa desea destacar en su propia cultura.[5] Si una compañía desea maximizar su rentabilidad, debe prestar mucha atención a la consistencia interna entre los diversos componentes de su estructura organizacional.

OA14-2

Estructura organizacional

Se considera que la estructura organizacional consta de tres dimensiones: 1) **diferenciación vertical** o las responsabilidades de toma de decisiones dentro de la estructura; 2) **diferenciación horizontal** o división formal de la organización en subunidades y 3) **mecanismos de integración** para establecer la coordinación de dichas subunidades.

DIFERENCIACIÓN VERTICAL: CENTRALIZACIÓN Y DESCENTRALIZACIÓN

La diferenciación vertical de una empresa determina dónde se concentra el poder de decisión en su estructura jerárquica.[6] ¿Están centralizadas las decisiones de producción y marketing en las oficinas de los administradores de nivel superior o están descentralizadas en los administradores de bajo nivel? ¿Dónde reside la responsabilidad de las decisiones de investigación y desarrollo? ¿Se trasladan a las unidades operativas las estrategias y decisiones financieras importantes o se concentran en

---

[4] G. Morgan, *Images of Organization*, Beverly Hills, California, Sage Publications, 1986.

[5] "Unilever: A Networked Organization", *Harvard Business Review*, noviembre-diciembre de 1996, p. 138.

[6] El material de esta sección se basa en John Child, *Organizations*, Londres, Harper & Row, 1984.

manos de la dirección? Y así sucesivamente. Existen argumentos en favor de la centralización y de la descentralización.

Argumentos en favor de la centralización

Hay cuatro argumentos principales que apoyan la centralización. En primer lugar, facilita la coordinación; por ejemplo, una empresa que produce los componentes de un aparato en Taiwán y los ensambla en México, puede requerir coordinar las actividades de las dos operaciones para garantizar un flujo uniforme de los productos de la planta de componentes a la de ensamblado; este objetivo puede lograrse centralizando la programación de la producción en la oficina matriz de la compañía. En segundo lugar, la centralización garantiza que las decisiones coincidan con los objetivos organizacionales; cuando las decisiones están descentralizadas y, por tanto, corresponde tomarlas a los administradores de menor nivel, estos pueden instrumentar acciones que no coincidan con los objetivos de los altos ejecutivos. La centralización de las decisiones importantes minimiza la posibilidad de que eso ocurra.

En tercer lugar, cuando se concentra el poder y la autoridad en un individuo o equipo de altos ejecutivos, la centralización ofrece a los administradores de mayor nivel los medios para llevar a cabo los principales cambios organizacionales que se requieren. En cuarto lugar, la centralización evita la duplicidad de actividades cuando se efectúan actividades similares en diversas subunidades dentro de la organización; por ejemplo, muchos negocios internacionales centralizan sus funciones de investigación y desarrollo en uno o dos lugares para corroborar que esta actividad no se duplique. Por lo mismo, la producción puede centralizarse en ubicaciones clave.

Argumentos en favor de la descentralización

Existen cinco argumentos esenciales que apoyan este tipo de toma de decisiones: en primer lugar, cuando se centraliza la autoridad, los altos ejecutivos pueden sobrecargarse de trabajo, lo que puede ocasionar malas decisiones. La descentralización ofrece tiempo al cuerpo directivo para dedicarse a aspectos decisivos, pues delega una cantidad mayor de problemas rutinarios en los directivos de menor nivel. En segundo lugar, la descentralización favorece la investigación. Expertos en conducta sostienen desde hace mucho que las personas están dispuestas a entregarse más al trabajo cuando tienen un mayor grado de libertad y control individual. En tercer lugar, la descentralización posibilita una mayor flexibilidad y una respuesta más veloz y eficiente ante los cambios ambientales, pues las decisiones no deben ser "consultadas con un nivel más alto de la jerarquía", a menos que su naturaleza sea excepcional. En cuarto lugar, la descentralización puede generar mejores decisiones porque estas se toman desde donde emana el problema y por individuos que (tal vez) disponen de mejor información que los administradores de niveles superiores dentro de la estructura jerárquica (un ejemplo de descentralización para lograr esta meta se presenta en la sección "Panorama administrativo" acerca de la división internacional de Walmart). En quinto lugar, la descentralización puede aumentar el grado de control ya que sirve para establecer subunidades relativamente autónomas dentro de la organización. Así, los administradores de las subunidades pueden considerarse responsables de su desempeño: entre más responsabilidad tengan por las decisiones que afectan su desempeño, menos excusas pondrán cuando este sea deficiente.

Estrategia y centralización en un negocio internacional

La elección entre centralización o descentralización no es absoluta. Con frecuencia, es lógico centralizar algunas decisiones y descentralizar otras, según el tipo de decisión y la estrategia de la empresa. Las decisiones que conciernen a la estrategia mundial de la compañía, los gastos financieros importantes, los objetivos financieros y los temas legales casi siempre se centralizan en la cúpula corporativa; sin embargo, las decisiones operativas y las relativas a producción, marketing, investigación y desarrollo, y recursos humanos, pueden o no estar centralizadas, de acuerdo con la estrategia internacional de la empresa.

Pensemos en las compañías que adoptan una estrategia de estandarización global. Deben decidir cómo distribuir las diferentes actividades de creación de valor alrededor del mundo para obtener economías de localización y de experiencia. La oficina central debe decidir en dónde ubicar las funciones de investigación y desarrollo, producción, marketing y así sucesivamente. Además, la red de actividades de creación de valor distribuida alrededor del mundo, que facilita una estrategia global, debe coordinarse. Todo esto crea presiones para la centralización de algunas decisiones operativas.

División internacional de Walmart

Cuando Walmart comenzó a expandirse internacionalmente a principios de la década de 1990, decidió fundar una división internacional para supervisar el proceso. Esta división estaba en la sede de la empresa, en Bentonville, Arkansas, Estados Unidos. Hoy, la división supervisa las operaciones en 27 países que de manera colectiva generan ventas por más de 135 mil millones de dólares. En términos de su estructura jerárquica, la división se distribuye en tres regiones: Europa, Asia y América (Estados Unidos, Centroamérica y Sudamérica), con un director ejecutivo en cada región que reporta al director general de la división internacional, quien, a su vez, reporta al director general de Walmart.

Al principio, la dirección de la división internacional ejerció un estrecho control centralizado sobre la estrategia de comercialización y las operaciones en diferentes naciones. El razonamiento era simple: los administradores de Walmart querían garantizar que las tiendas en el extranjero copiaran el formato, la comercialización y las operaciones de Estados Unidos. Suponían, quizás ingenuamente, que el control centralizado sobre la estrategia de comercialización y las operaciones era la forma de asegurar el logro de dichos objetivos.

A finales de la década de 1990, cuando la división internacional alcanzaba ventas de casi 20 mil millones de dólares, los administradores de Walmart concluyeron que esta propuesta de centralización no funcionaba. Los administradores de cada país debían pedir autorización a sus superiores en Bentonville antes de cambiar de estrategia y operaciones, procedimiento que retardaba la toma de decisiones. Asimismo, la centralización provocaba un exceso de información en las oficinas centrales, lo que ocasionó algunas decisiones equivocadas. Walmart descubrió que los administradores en Bentonville no necesariamente eran los mejores para tomar decisiones acerca de la distribución de la compañía en México, la estrategia de comercialización en Argentina o las políticas de compensación en el Reino Unido. La necesidad de adaptar la estrategia de comercialización y las operaciones a las condiciones locales era un buen argumento para permitir una mayor descentralización.

El evento que condujo al cambio en la política de Walmart fue la compra, en 1999, de la cadena británica de supermercados ASDA. Esta adquisición agregó una planta madura y exitosa de 14 mil millones de dólares a la operación de la división internacional de Walmart. La compañía se dio cuenta de que no era apropiado que los administradores de Bentonville tomaran todas las decisiones relevantes que afectaban a ASDA. Por tanto, en los meses siguientes, John Menzer, director general de la división internacional, redujo 50% la cantidad de empleados en Bentonville que se dedicaban a las operaciones internacionales. A los directores de cada nación se les otorgó mayor responsabilidad, en particular en el área de comercialización y operaciones. En palabras de Menzer:

Estábamos en el punto donde era hora de separarse un poco [...] No puede manejarse el mundo desde un lugar. Los países deben impulsar el negocio [...] El cambio mandó un fuerte mensaje [a los directores de cada país] de que ya no deben esperar la autorización de Bentonville.

Aunque Walmart descentralizó la toma de decisiones dentro de la división internacional, aún lucha por hallar la fórmula correcta para administrar las adquisiciones mundiales. Idealmente, la empresa centralizaría las adquisiciones en Bentonville para usar su enorme poder de compra y reducir los precios que pretenden los proveedores; no obstante, en la práctica, no ha sido fácil conseguir este objetivo porque la combinación de productos en las tiendas de Walmart debe ajustarse a las condiciones prevalecientes en el mercado local. En la actualidad, la responsabilidad respecto de las adquisiciones se mantiene en el plano regional y de país; sin embargo, la empresa desea instrumentar una estrategia de adquisición para negociar de manera mundial con los proveedores clave y a la vez introducir nuevas mercancías en sus tiendas alrededor del mundo.

Mientras las decisiones de comercialización y operaciones se descentralizaron, la división internacional adquirió una nueva función: identificar las mejores prácticas y transferirlas a cada país; por ejemplo, la división desarrolló un sistema de administración de conocimiento en el que las tiendas de una nación, digamos Argentina, transmiten fotografías de productos, datos de ventas e ideas para comercializar y promover los productos en las tiendas de otro país, como Japón. Además, la división empieza a transferir al personal entre las tiendas de diferentes países para facilitar el flujo de las mejores prácticas por medio de las fronteras nacionales. Por último, la división está a un paso de alejar a Walmart de la mentalidad centrada en Estados Unidos y mostrarle a la organización que las ideas aplicadas en las operaciones del extranjero también son útiles para mejorar la eficiencia y eficacia de las operaciones domésticas.[7]

En contraste, el énfasis que conceden a la sensibilidad local las empresas que ejercen una estrategia de localización crea fuertes presiones para descentralizar las decisiones operativas y delegar responsabilidades en las filiales extranjeras. Las compañías que aplican una estrategia internacional

7 M. Troy, "Walmart Braces for International Growth with Personnel Moves", en *DSN Retailing Today*, 9 de febrero de 2004, pp. 5-7; "Division Heads Let Numbers Do the Talking", en *DSN Retailing Today*, 21 de junio de 2004, pp. 26-28; "The Division That Defines the Future", en *DSN Retailing Today*, junio de 2001, pp. 4-7; y Walmart 2013 Annual Report.

también tienden a mantener centralizado el control sobre sus competencias clave y a descentralizar otras decisiones que delegan en las filiales del extranjero. Por lo general, estas empresas centralizan el control sobre la investigación y desarrollo en el país de origen, pero descentralizan las decisiones de operación en filiales extranjeras; por ejemplo, Microsoft Corporation, que se ajusta a una modalidad internacional, centraliza sus actividades de desarrollo de producto (donde residen sus competencias claves) en su sede en Redmond, Washington, Estados Unidos, y descentraliza la actividad de marketing, que está en manos de las filiales extranjeras. Así, mientras los productos se desarrollan en casa, los administradores de diversas filiales extranjeras tienen libertad considerable para formular estrategias de comercialización de tales productos en sus contextos particulares.[8]

La situación en las compañías que adoptan una estrategia trasnacional es más compleja. La necesidad de efectuar economías de localización y de curva de experiencia requiere cierto grado de control centralizado sobre los centros de producción mundial; sin embargo, la necesidad de sensibilidad local determina la descentralización de muchas decisiones de operación, en especial de marketing, lo que significa delegar estas decisiones en las filiales del extranjero. Así, en las empresas que asumen una estrategia transnacional, algunas decisiones de operación están relativamente centralizadas y otras, parcialmente descentralizadas. Asimismo, el aprendizaje global con base en la transferencia multidireccional de habilidades entre filiales, y entre filiales y el corporativo, es una característica fundamental de la empresa que adopta una estrategia transnacional. El concepto de aprendizaje global se basa en la noción de que las filiales en el extranjero de una compañía multinacional tienen una libertad considerable para desarrollar sus propias habilidades y competencias. Solo entonces pueden adecuarse para beneficiar a otras partes de la organización. Se requiere un grado sustancial de descentralización si se va a dar libertad a las filiales para desarrollar sus propias habilidades y competencias. Por este motivo, también la adopción de una estrategia transnacional implica un alto grado de descentralización.[9]

DIFERENCIACIÓN HORIZONTAL: DISEÑO DE LA ESTRUCTURA

La diferenciación horizontal se refiere al modo en que una empresa decide dividirse en subunidades.[10] La decisión suele tomarse con base en la función, el tipo de negocio o el área geográfica. En muchas compañías, solo uno de estos criterios predomina, aunque, en otras, deben adoptarse soluciones más complejas. Esto es más factible en el caso de las empresas multinacionales, en donde deben conciliarse la contradicción entre las demandas para organizar a la compañía alrededor de distintos productos (para lograr economías de localización y de curva de experiencia) y los mercados nacionales (para mantener la sensibilidad local).

Estructura de las empresas domésticas

La mayoría de las compañías empieza sin una estructura formal y es administrada por un solo empresario o un grupo pequeño de personas; sin embargo, a medida que crecen las necesidades de la administración, ello se vuelve más difícil y, en ese momento, es cuando la organización se divide en funciones con base en las actividades de creación de valor de la empresa (por ejemplo, producción, marketing, investigación y desarrollo, ventas). La alta gerencia suele coordinar y controlar dichas funciones (véase la figura 14.2). En esta estructura funcional, la toma de decisiones tiende a ser centralizada.

---

[8] Allan Cane, "Microsoft Reorganizes to Meet Market Challenges", en *Financial Times*, 16 de marzo de 1994, p. 1. Entrevistas de Charles Hill.

[9] Hay evidencias de investigación relacionadas con este tema en J. Birkinshaw, "Entrepreneurship in the Multinational Corporation: The Characteristics of Subsidiary Initiatives", en *Strategic Management Journal* 18, 1997, pp. 207-229; J. Birkinshaw, N. Hood y S. Jonsson, "Building Firm Specific Advantages in Multinational Corporations: The Role of Subsidiary Initiatives", en *Strategic Management Journal* 19, 1998. pp. 221-241; e I. Bjorkman, W. Barner-Rasussen y L. Li, "Managing Knowledge Transfer in MNCs: The Impact of Headquarters Control Mechanisms", en *Journal of International Business* 35, 2004, pp. 443-460.

[10] Para más detalles véase S. M. Davis, "Managing and Organizing Multinational Corporations", en C. A. Bartlett y S. Ghoshal, *Transnational Management*, Homewood, Illinois, Richard D. Irvin, 1992. También véase J. Wolf y W. G. Egelhoff, "A Reexamination and Extension of International Strategy-Structure Theory", en *Strategic Management Journal* 23, 2002, pp. 181-189.

FIGURA 14.2

Estructura funcional común.

Puede requerirse una diferenciación horizontal adicional si la compañía diversifica de manera significativa su oferta de producto, lo que lleva a la empresa a diferentes áreas de negocios; por ejemplo, la compañía holandesa multinacional Philips Electronics NV comenzó como empresa de iluminación, pero su diversificación la condujo hacia productos electrónicos de consumo (equipo visual y de sonido), electrónica industrial (circuitos integrados y otros componentes electrónicos) y sistemas médicos (escáneres de resonancia magnética y sistemas de ultrasonido). En tales circunstancias, una estructura funcional puede resultar muy lenta. Cuando se manejan múltiples áreas de negocio dentro de un marco de estructura funcional, surgen problemas de coordinación y control:[11] por un lado, se dificulta identificar la rentabilidad de cada una de las áreas de negocio; por otro, es complicado manejar un departamento funcional, como el de producción o marketing, si esta estructura se encarga de supervisar las actividades de creación de valor de varias áreas de negocio.

Para resolver los problemas de coordinación y control, en esta etapa la mayoría de las empresas adopta una estructura de división de producto (véase la figura 14.3), con lo cual cada división se hace responsable de una línea de producto (área de negocio). Por ello, Philips creó divisiones para iluminación, productos electrónicos de consumo, productos electrónicos para la industria y sistemas médicos. Cada división de producto se estableció como entidad independiente, con amplia autonomía y sus propias funciones. Por lo general, la responsabilidad de las decisiones de operación está descentralizada y se delega en las divisiones de producto, que entonces se responsabilizan de su desempeño. La casa matriz es responsable del desempeño estratégico general de la compañía, así como del control financiero de sus divisiones.

FIGURA 14.3

Estructura común de divisiones de producto.

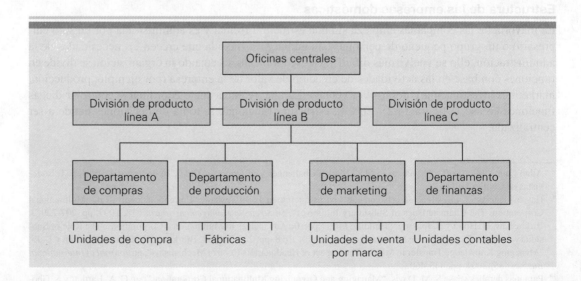

[11] A. D. Chandler, *Strategy and Structure: Chapters in the History of the Industrial Enterprise*, Cambridge, Massachusetts, MIT Press, 1962.

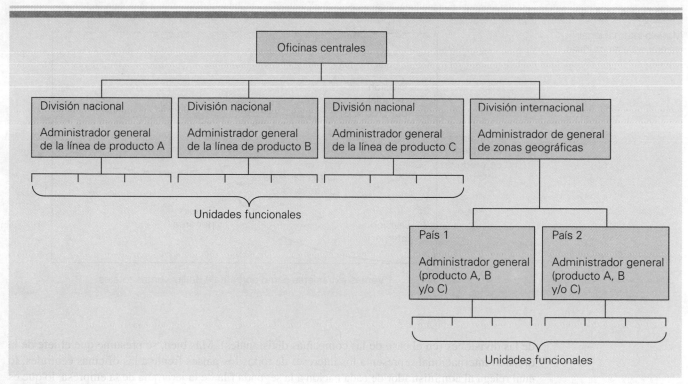

FIGURA 14.4

Estructura de división internacional de una empresa.

División internacional

Casi siempre que las empresas se expanden por primera vez al extranjero agrupan todas sus actividades internacionales en una **división internacional**; esa es la tendencia que siguen las compañías organizadas por funciones y las organizadas en divisiones de producto. Sin importar la estructura local de la empresa, su división internacional tiende a organizarse de manera geográfica. La figura 14.4 muestra lo anterior para una compañía cuya organización local se basa en divisiones de producto.

Muchas empresas productoras se expandieron internacionalmente por medio de la exportación de productos fabricados en casa a las filiales extranjeras, que se encargan de venderlos; por ello, en la compañía representada en la figura 14.4, las filiales en los países 1 y 2 venderían los productos fabricados por las divisiones A, B y C. Con el tiempo, quizá sea viable fabricar un producto en cada nación, y, así, las plantas de producción se añadirían de país en país. En el caso de las empresas con una estructura funcional en casa, ello puede implicar la reproducción de dicha estructura funcional en cada país en el que tiene presencia la compañía. Para las empresas con una estructura divisional, esto puede suponer la reproducción de esa estructura en cada nación en la que hace negocios. En cuanto a las compañías que poseen una estructura por divisiones de producto, involucraría replicarla en cada país en donde tiene negocios.

Tal estructura es muy utilizada; según un estudio de Harvard, 60% de todas las empresas que se expandieron internacionalmente la adoptaron desde el principio. Un ejemplo representativo reciente de una compañía que emplea esta estructura es Walmart, que instauró una división internacional en 1991 para administrar su expansión mundial (la división internacional de Walmart se describe en la sección "Panorama administrativo"). Pese a su popularidad, una estructura de división internacional puede suscitar problemas.[12] La estructura dual que establece contiene un potencial inherente de conflicto y problemas de coordinación entre las operaciones nacionales y extranjeras. Un inconveniente de este tipo de estructura es que los jefes de las filiales en el extranjero no tienen tanta voz en la organización como los de las funciones domésticas (en el caso de las empresas funcionales) o

---

[12] Davis, "Managing and Organizing Multinational Corporations".

FIGURA 14.5

Modelo internacional
de etapas estructurales.

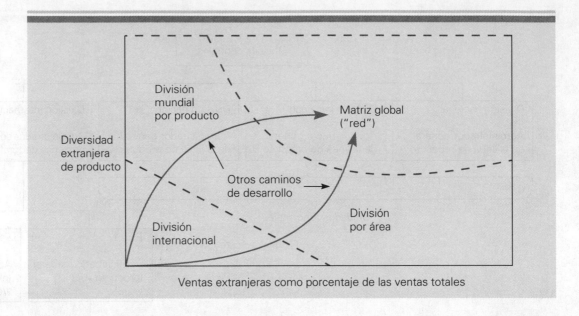

Ventas extranjeras como porcentaje de las ventas totales

de las divisiones (en el caso de las compañías divisionales). Más bien, se presume que el jefe de la división internacional representa los intereses de todos los países frente a las oficinas centrales, lo cual relega al administrador de cada nación a la segunda fila de la jerarquía de la empresa, lo que es inconsistente con una estrategia de expansión internacional y creación de una verdadera organización multinacional.

Otro problema es la carencia implícita de coordinación entre las operaciones nacionales y las internacionales, que están aisladas unas de otras en diferentes partes de la estructura jerárquica. Este obstáculo inhibe la introducción mundial de nuevos productos, la transferencia de competencias clave entre las operaciones nacionales y las extranjeras, y la consolidación de la producción mundial en ubicaciones adecuadas para lograr economías de localización y de curva de experiencia.

Debido a tales problemas, muchas empresas que continúan expandiéndose internacionalmente abandonan dicha estructura y adoptan una de las estructuras mundiales que analizaremos a continuación. Las dos elecciones iniciales son una estructura mundial de división de producto, que tienden a asumir empresas diversificadas con divisiones nacionales de producto, y una estructura mundial de área, que, por lo regular, adoptan compañías no diversificadas cuyas estructuras nacionales se basan en funciones. Ambos caminos de desarrollo se ilustran en la figura 14.5. El modelo de la figura se conoce como *modelo internacional de etapas estructurales*, desarrollado por John Stopford y Louis Wells.[13]

Estructura mundial por áreas

La **estructura mundial por áreas** se refiere a la elección de empresas con un bajo grado de diversificación y una estructura nacional con base en funciones (véase la figura 14.6). Con esa estructura, el mundo se divide en áreas geográficas, que pueden ser un país (si el mercado es lo bastante grande) o un grupo de naciones. Cada área es una entidad autónoma, con su propio conjunto de actividades relativas a la creación de valor (por ejemplo, con sus propias funciones de producción, marketing, investigación y desarrollo, recursos humanos y finanzas). La autoridad de las operaciones y decisiones estratégicas relativas a cada actividad se descentraliza en manos de los ejecutivos de cada área, al tiempo que las oficinas centrales mantienen la autoridad completa sobre la dirección estratégica general de la compañía y el control financiero.

Esta estructura facilita la sensibilidad local. Como las responsabilidades de la toma de decisiones están descentralizadas, cada área puede adaptar su oferta de producto, estrategia de marketing y estrategia de negocios a las condiciones locales; sin embargo, esta estructura estimula la fragmenta-

---

[13] J. M. Stopford y L. T. Wells, *Strategy and Structure of the Multinational Enterprise*, Nueva York, Basic Books, 1972.

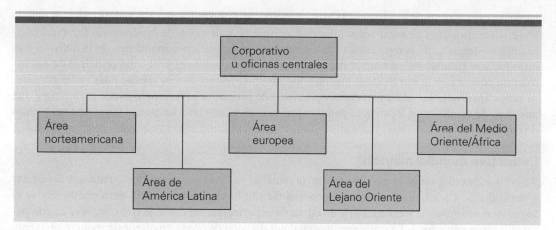

FIGURA 14.6

Estructura mundial por áreas.

ción de la organización en entidades demasiado autónomas, lo cual puede dificultar la transferencia de competencias clave y habilidades entre las áreas, así como lograr economías de localización y de curva de experiencia. En otras palabras, la estructura es consistente con una estrategia de localización, pero puede complicar la obtención de ganancias asociadas con la estandarización mundial. Las empresas estructuradas sobre esta base pueden enfrentar problemas importantes si la sensibilidad local es menos decisiva que la reducción de costos o la transferencia de competencias clave para establecer una ventaja competitiva.

Estructura mundial por división de producto

La **estructura mundial por división de producto** alude a la elección de empresas razonablemente diversificadas y, por ende, con estructuras nacionales basadas en la división de producto. Como en el caso de la estructura de división nacional por producto, cada sector es una entidad autónoma, con plena responsabilidad sobre sus propias actividades de creación de valor. Las oficinas centrales tienen la responsabilidad del desarrollo estratégico general y el control financiero de la compañía (véase la figura 14.7).

Como apoyo a la organización, existe la creencia en que las actividades de creación de valor de cada división de producto deben coordinarse por esa división a escala mundial. Por tanto, la estructura mundial por división de producto está diseñada para superar los problemas de coordinación que surgen a partir de la división internacional y la estructura mundial por áreas, la cual proporciona un

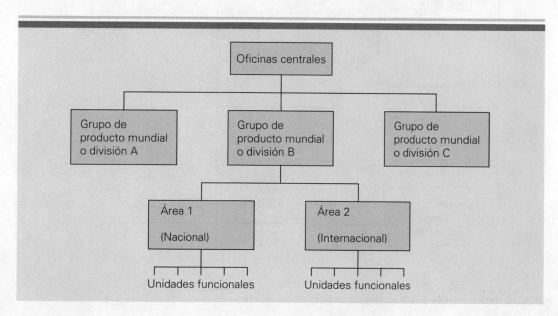

FIGURA 14.7

Estructura mundial de la división de productos.

contexto organizacional que mejora la consolidación de actividades de creación de valor en puntos clave necesarios para alcanzar economías de localización y de curva de experiencia. También, facilita la transferencia de competencias clave dentro de las operaciones mundiales de la división y la introducción simultánea, en todo el mundo, de nuevos productos. El problema principal de esa estructura consiste en la voz limitada que da a los administradores de área o país, pues se les considera subordinados de los administradores de división de producto. El resultado puede traducirse a una ausencia de sensibilidad local, que, como expusimos en el capítulo 13, puede ocasionar problemas de desempeño.

Estructura mundial matricial

Tanto la estructura mundial por áreas como la mundial por división de producto entrañan fortalezas y debilidades. La estructura mundial por áreas facilita la sensibilidad local, pero puede inhibir el logro de economías de localización y de curva de experiencia, así como la transferencia de competencias clave entre áreas. La estructura mundial por división de producto ofrece un mejor marco para ejecutar economías de localización y de curva de experiencia, así como para transferir competencias clave, pero es débil respecto de la sensibilidad local. En igualdad de circunstancias, esto apunta a que una estructura mundial por áreas es más apropiada si la empresa aplica una estrategia de localización, mientras que una estructura mundial por división de producto es preferible para las compañías que siguen estrategias mundiales o internacionales; no obstante, como explicamos en el capítulo 13, no hay tal igualdad de circunstancias. Como sostienen Bartlett y Ghoshal, para sobrevivir en algunas industrias, las empresas deben desarrollar una estrategia internacional; es decir, deben atender de manera simultánea la ejecución de economías de localización y de curva de experiencia, la sensibilidad local y la transferencia interna de las competencias clave (aprendizaje mundial).[14]

Algunas compañías intentan lidiar con las demandas contradictorias de una estrategia transnacional mediante una estructura matricial. En la **estructura mundial matricial** característica**,** la diferenciación horizontal se lleva a cabo en dos dimensiones: la división de producto y el área geográfica (véase la figura 14.8). La idea es que la responsabilidad de las decisiones de operación relacionadas con un producto en particular debe compartirse entre la división de producto y las distintas áreas de la empresa. Así, la naturaleza de la oferta del producto, la estrategia de marketing y la estrategia de negocios que deberán efectuarse en el área 1, para el producto de la división A, se determinan conciliando la administración de la división A con la del área 1. Se considera que esta responsabilidad

[14]   C. A. Bartlett y S. Ghoshal, *Managing across Borders*, Boston, Harvard Business School Press, 1989.

FIGURA 14.8

Estructura mundial matricial.

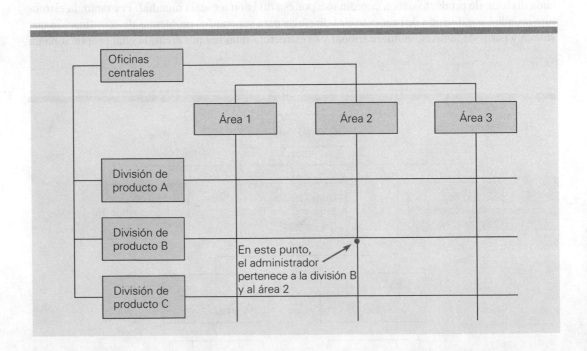

PANORAMA ADMINISTRATIVO

Ascenso y caída de la estructura matricial de Dow Chemical

Un puñado de actores destacados compiten cara a cara en todo el mundo en la industria química. Estas empresas son Dow Chemical y DuPont, ambas de Estados Unidos, ICI, de Gran Bretaña, y el trío BASF, Hoechst AG y Bayer, de Alemania. Las barreras al libre tránsito de productos químicos entre las naciones desaparecieron en gran medida en la década de 1970, lo cual, aunado a la naturaleza de los *productos básicos* de la mayoría de los químicos, ocasionó un periodo prolongado de intensa competencia de precios. En tal entorno, la empresa que gana la competencia es la que ofrece los menores precios. Dow Chemical se ubicaba entre los líderes en precios.

Durante años, los administradores de Dow Chemical insistieron en que parte del crédito correspondía a la "matriz" de la organización. La organización matricial de la compañía tenía tres elementos interrelacionados: funciones (como investigación y desarrollo, producción y marketing), negocios (como etileno, plásticos y productos farmacéuticos) y geografía (como España, Alemania y Brasil). La responsabilidad profesional de los administradores integraba los tres elementos; por ejemplo, el administrador de marketing del área de plásticos para España, y la mayoría de los administradores, rendía cuentas al menos a dos jefes: tanto al director mundial del área de plásticos como al director de operaciones español. La matriz pretendía que las operaciones de Dow Chemical respondieran tanto a las necesidades del mercado local como a los objetivos corporativos; por ello, el área de plásticos podría ser responsable de minimizar los costos de producción mundiales de la empresa, mientras que la operación española debía determinar la mejor forma de vender plásticos en el mercado español.

Cuando la compañía introdujo esta estructura, los resultados fueron poco prometedores: los múltiples canales de comunicación generaron confusión y conflictos. La gran cantidad de jefes originó una burocracia difícil de manejar. Las responsabilidades superpuestas ocasionaron luchas territoriales y evasión de responsabilidades. Los administradores de área discrepaban con los que estaban a cargo de los sectores comerciales respecto de los lugares idóneos donde debían construirse las plantas. En conclusión, la estructura no funcionó, pero, en lugar de abandonarla, Dow Chemical decidió flexibilizarla.

La decisión de la empresa de conservar la estructura matricial se debió a su avance hacia la industria farmacéutica. La compañía se percató de que el sector farmacéutico es muy diferente al de los químicos. En estos últimos, los grandes rendimientos provienen de las economías de escala en la producción, lo cual exige erigir grandes plantas en locaciones clave donde se atiendan los mercados regionales y mundiales. Por el contrario, en el caso del sector farmacéutico, los requisitos regulatorios y de marketing varían tanto entre países que las necesidades locales son mucho más trascendentes que la reducción de los costos de producción mediante ahorros sustanciales; es vital un alto grado de sensibilidad local. Dow Chemical comprendió que su negocio farmacéutico no tendría éxito si se le administraba con base en prioridades como, por ejemplo, sus operaciones químicas.

En consecuencia, en lugar de abandonar su matriz, la empresa decidió flexibilizarla para adecuarla mejor a los diferentes negocios, cada uno con sus propias prioridades, en un solo sistema administrativo. Un pequeño grupo de ejecutivos de las oficinas centrales definió las prioridades para cada tipo de negocio. Después, a uno de los tres elementos de la matriz (función, negocios o área geográfica) se le dio una autoridad primordial en la toma de decisiones. El elemento que se apropiaría del mercado o la ubicación variaría dependiendo de dónde compitiese la compañía. Tal flexibilidad requirió que todos los empleados supieran lo que ocurría en el resto de la matriz. Aunque este arreglo parezca confuso, durante años la empresa sostuvo que este sistema flexible era eficaz y atribuyó gran parte de su éxito a la calidad de sus decisiones.

Sin embargo, a mediados de la década de 1990, Dow Chemical reorientó sus objetivos hacia la industria química y se desprendió de sus actividades farmacéuticas cuyo desempeño había sido insatisfactorio. Como reflejo del cambio de estrategia corporativa, en 1995, la compañía abandonó su estructura matricial en favor de una más eficiente basada en divisiones mundiales de negocio. Además, la modificación se basó en la aceptación de que la administración de la estructura matricial era demasiado compleja y costosa bajo el intenso entorno competitivo de esa década, en particular por la perspectiva renovada en sus productos químicos, donde la ventaja competitiva a menudo favorecía a los productores más baratos. Como comentó el entonces CEO en una entrevista en 1999: "Somos una organización que tenía una matriz y dependía del trabajo en equipo, pero no había nadie al frente. Cuando todo iba bien, no sabíamos a quién recompensar y, cuando iba mal, no sabíamos a quién culpar. Por ello, creamos una estructura divisional mundial y redujimos los niveles administrativos. Había 11 niveles administrativos entre el mío y los empleados de niveles inferiores, y ahora hay cinco". En conclusión, Dow Chemical descubrió al final que una estructura matricial no se adecuaba a una empresa que competía en las industrias mundiales con altas presiones en costos y que debía abandonarla para reducir los costos de funcionamiento.[15]

---

[15] "Dow Draws Its Matrix Again, and Again, and Again", en *The Economist*, 5 de agosto de 1989, pp. 55-56; "Dow Goes for Global Structure", en *Chemical Marketing Reporter*, 11 de diciembre de 1995, pp. 4-5; y R. M. Hodgetts, "Dow Chemical CEO William Stavropoulos on Structure and Decision Making", en *Academy of Management Executive*, noviembre de 1999, pp. 29-35.

dual concerniente a la toma de decisiones debe permitir a la empresa alcanzar sus objetivos particulares de manera simultánea. En los modelos comunes de estructura matricial, se destaca la responsabilidad dual al otorgar una situación de igualdad, dentro de la organización, a las divisiones de producto y a las áreas geográficas; por ello, los administradores individuales pertenecen a las dos jerarquías (divisional y de área) y tienen dos jefes (uno divisional y uno de área).

La realidad de la estructura mundial matricial es que casi nunca funciona tan bien como advierten las predicciones teóricas. En la práctica, tiende a ser torpe y burocrática, puede requerir tantas reuniones que el trabajo se obstaculiza. La necesidad de que un área y una división de producto tomen una decisión retrasa el proceso y da pie a una organización inflexible, incapaz de responder con rapidez a los cambios de mercado o de innovar. Asimismo, la estructura de jerarquía dual puede provocar conflictos y luchas perpetuas de poder entre las áreas y divisiones de producto, con muchos administradores en medio. Para empeorar la situación, suele ser difícil establecer la responsabilidad en esta estructura. Cuando todas las decisiones fundamentales son producto de la negociación entre divisiones y áreas, una parte siempre puede culpar a la otra cuando los resultados no son positivos. Como manifestó al autor el administrador de una estructura mundial matricial al reflexionar acerca de un lanzamiento fallido de producto: "Si hubiésemos podido hacer las cosas a nuestra manera en lugar de tener que adaptarnos a la división de producto, esto jamás hubiese sucedido" (un administrador de la división de producto expresó sentimientos similares). Tales acusaciones comprometen la responsabilidad, estimulan el conflicto y hacen que la matriz pierda control sobre la organización (para un ejemplo de los problemas de una estructura matricial véase la sección "Panorama administrativo" acerca de Dow Chemical).

A la luz de dichos problemas, muchas compañías transnacionales intentan construir estructuras matriciales "flexibles", basadas en redes de conocimiento administrativo de toda la empresa y una cultura y visión compartidas, en lugar de una rígida estructura jerárquica. En tales compañías, la estructura informal representa una función más relevante que la estructura formal. En la siguiente sección, analizaremos este aspecto con los mecanismos informales de integración.

MECANISMOS DE INTEGRACIÓN

En la sección anterior, explicamos que las compañías se dividen en subunidades. Una manera de lograr la coordinación es con la centralización; sin embargo, si la tarea es compleja, tal vez esta vía no sea tan eficaz. Los administradores de niveles superiores, responsables de lograr la coordinación, rápidamente pueden abrumarse ante el volumen de trabajo que implica coordinar las actividades de varias subunidades, en especial si estas son grandes, diversas o están geográficamente dispersas. Cuando eso sucede, las empresas tratan de aplicar mecanismos de integración, tanto formales como informales, para alcanzar la coordinación deseada. Esta sección detalla los mecanismos de integración disponibles, pero antes de hacerlo, exploraremos la necesidad de coordinación y algunos de sus impedimentos en las compañías internacionales.

Estrategia y coordinación en los negocios internacionales

La necesidad de coordinación entre subunidades varía en función de la estrategia de la empresa:[16] es mínima en las compañías que persiguen una localización estratégica, mayor en los negocios internacionales, más elevada en las globales y máxima en las compañías transnacionales. La preocupación de las empresas con una estrategia de localización es, básicamente, la sensibilidad local. Tales compañías tienden a operar con una estructuración mundial por áreas, en la que cada una tiene una autonomía considerable y su propia serie de funciones para la creación de valor. Como cada área se establece como entidad autónoma, se minimiza la necesidad de coordinación entre ellas.

La necesidad de coordinación es mayor en las empresas que adoptan una estrategia internacional e intentan sacar provecho de la transferencia de competencias clave y habilidades entre el país de origen y las operaciones extranjeras. La coordinación es necesaria para respaldar la transferencia de habilidades y oferta de producto entre las unidades. La necesidad de coordinación es mayor en las compañías que pretenden aprovechar las economías de localización y de curva de experiencia;

[16] C. A. Bartlett y Ghoshal, *Managing across Borders*; y A. McDonnell, P. Gunnigle y J. Lavelle, "Learning Transfer of Multinational Companies", en *Human Resource Management Journal*, 2010, pp. 23-43.

es decir, en empresas que intentan asumir una estrategia de estandarización global. Alcanzar economías de localización y de curva de experiencia exige la distribución de las actividades propias de la creación de valor alrededor del mundo. La red global de actividades resultante debe coordinarse para garantizar el flujo sin contratiempos de insumos a la cadena de valor, de productos semiacabados por medio de la cadena de valor y de productos terminados a los mercados alrededor del mundo.

La necesidad de coordinación es mayor en las compañías transnacionales; recuérdese que estas llevan a cabo, en forma simultánea, economías de localización y de curva de experiencia, sensibilidad local y transferencia multidireccional de habilidades clave entre todas las subunidades de la empresa (esto se conoce como aprendizaje mundial). Como en el caso de la estrategia de estandarización global, la coordinación se requiere para garantizar el flujo sin contratiempos de productos mediante la cadena global de valor. Como en las compañías internacionales, la coordinación es indispensable para garantizar la transferencia de competencias clave a las subunidades; sin embargo, el objetivo transnacional de conseguir una transferencia multidireccional de competencias demanda una mayor coordinación que la que exigen los negocios internacionales. Además, las trasnacionales necesitan coordinación entre las subunidades extranjeras y las actividades de creación de valor (es decir, producción, investigación y desarrollo, marketing), dispersas alrededor del mundo, para garantizar que la oferta de producto y estrategia de marketing se adapten lo suficiente a las condiciones locales.

Impedimentos para la coordinación

Los administradores de las diversas subunidades tienen diferentes orientaciones, en parte porque sus tareas son distintas; por ejemplo, los de producción acostumbran atender asuntos de capacidad, control de costos y de calidad, mientras que los de marketing vigilan aspectos de precios, promoción, distribución y participación en el mercado. Tales diferencias pueden obstaculizar la comunicación entre ellos, que con frecuencia ni siquiera "hablan el mismo idioma". Asimismo, puede haber una falta de respeto entre las subunidades (por ejemplo, los administradores de marketing pueden ver con desprecio a los de producción, y viceversa), lo que complica la comunicación que se requiere para alcanzar la cooperación y la coordinación.

Las diferencias entre las orientaciones de las subunidades también surgen a partir de las discrepancias de objetivos; por ejemplo, las divisiones de producto mundial de una empresa multinacional pueden comprometerse con metas de costo que reclamen la producción mundial de un producto estandarizado, mientras que la filial extranjera puede comprometerse con el aumento de su participación en el mercado local, lo que demandará un producto no estandarizado. En este caso, los objetivos pueden generar conflictos.

Tales impedimentos a la coordinación no son raros en las empresas, pero pueden ser particularmente problemáticos para las multinacionales (por su profusión de subunidades en casa y el extranjero). Además, las diferencias de orientación de las subunidades a menudo se refuerzan en las multinacionales por husos horarios, distancia y nacionalidades entre los distintos administradores.

Mecanismos formales de integración

Los mecanismos formales para integrar las subunidades varían en complejidad desde un contacto directo y fuertes vínculos hasta equipos e incluso una estructura matricial (véase la figura 14.9). En general, a mayor necesidad de coordinación, mayor necesidad de mecanismos formales de integración.[17]

El contacto directo entre los administradores de las subunidades es el mecanismo de integración más sencillo. Ahora, examinaremos algunos recursos de coordinación de tales subunidades. Con este "mecanismo", los administradores de las subunidades solo se contactan entre sí cuando tienen una preocupación en común. El contacto directo puede no ser eficaz si los funcionarios poseen diferentes orientaciones que impidan la coordinación, como ya se mencionó.

Las relaciones con una vinculación estrecha son un poco más complejas: cuando aumenta el volumen de los contactos entre las subunidades, la coordinación mejora al dar a las personas de cada subunidad la responsabilidad de coordinarse con otra subunidad regularmente; así, las personas entablan una relación permanente, lo cual atenúa los impedimentos a la coordinación que se analizaron en el apartado anterior.

---

[17] Véase J. R. Galbraith, *Designing Complex Organizations*, Reading, Massachusetts, Addison-Wesley, 1977.

FIGURA 14.9

Mecanismos formales
de integración.

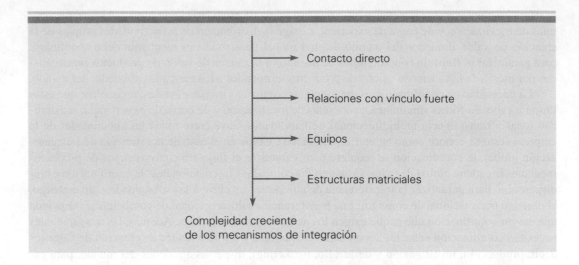

Contacto directo

Relaciones con vínculo fuerte

Equipos

Estructuras matriciales

Complejidad creciente
de los mecanismos de integración

Cuando es mayor la necesidad de coordinación, las compañías tienden a recurrir a equipos temporales o permanentes, compuestos de individuos de las subunidades que necesitan tal coordinación. Casi siempre, coordinan el desarrollo y lanzamiento del producto desde antes, pero son útiles cuando cualquier aspecto de operaciones o estrategia involucra la cooperación de dos o más subunidades. Por lo común, los equipos de desarrollo de producto y de introducción cuentan con personal de investigación y desarrollo, producción y marketing; por lo que su coordinación contribuye al desarrollo de productos a la medida de los consumidores con un costo de producción razonable (diseño para la producción).

Cuando la exigencia de integración es muy apremiante, las empresas pueden adoptar una estructura matricial en la que todas las funciones se consideren integrales. La estructura está diseñada para facilitar la integración máxima entre las subunidades. La matriz más común de las compañías multinacionales se basa en áreas geográficas y en las divisiones mundiales de producto; tal arreglo consigue un alto grado de integración entre las divisiones de producto y las áreas para que, en teoría, la empresa preste más atención tanto a la sensibilidad local como a la búsqueda de economías de localización y de curva de experiencia.

En algunas multinacionales, la matriz es aún más compleja, pues estructura la compañía en áreas geográficas, divisiones mundiales de producto y funciones, las cuales reportan de manera directa a las oficinas centrales. Así, dentro de una empresa como Dow Chemical, antes de que abandonara su organización matricial a mediados de la década de 1990 (véase la sección "Panorama administrativo"), cada administrador pertenecía a tres jerarquías (por ejemplo, uno de marketing de plásticos de la división España es miembro de esta, de la división de productos plásticos y de la función de marketing). Además de facilitar la sensibilidad local y las economías de localización y de curva de experiencia, tal matriz fomenta la transferencia de competencias clave dentro de la organización, lo cual ocurre debido a que dichas competencias tienden a residir en funciones (por ejemplo, investigación y desarrollo, y marketing). En teoría, una estructura de este tipo agiliza la transferencia de competencias en funciones de división a división y de área a área.

No obstante, como ya estudiamos, tales soluciones matriciales para los problemas de coordinación en compañías multinacionales pueden atorarse en el nudo burocrático, que ocasiona tantos problemas como los que resuelve. Las estructuras matriciales tienden a ser burocráticas, inflexibles y a caracterizarse por suscitar conflictos más que por establecer la esperada cooperación. Para que tal estructura funcione, debe ser un tanto flexible y apoyarse en mecanismos de integración informales.[18]

Mecanismos informales de integración: redes de conocimiento

Para solucionar o evitar los problemas asociados con los mecanismos formales de integración en general, y las estructuras matriciales en particular, las empresas con una gran necesidad de integración

---

[18] M. Goold y A. Campbell, "Structured Networks: Towards the Well Designed Matrix", en *Long Range Planning*, octubre de 2003, pp. 427-460.

FIGURA 14.10

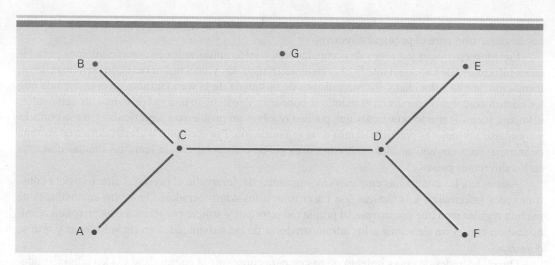

Red de administración sencilla.

experimentan con mecanismos informales de integración: redes de conocimiento que se apoyan en una cultura organizacional que valora el trabajo en equipo y la cooperación entre unidades.[19] Una **red de conocimiento** es un sistema para transmitir información dentro de la organización basado, no en la estructura organizacional formal, sino en los contactos informales entre los administradores de una compañía y sus sistemas de información.[20] La mayor fortaleza de este tipo de redes es que sirven como canalización no burocrática para el flujo de conocimiento dentro de una empresa multinacional.[21] Para que exista una red, los administradores de distintas ubicaciones deben estar vinculados, al menos indirectamente; por ejemplo, considere la figura 14.10, que representa las sencillas relaciones de red entre siete administradores de una compañía multinacional. Los administradores A, B y C se conocen personalmente, y también los administradores D, E y F. Aunque el de la división B no conoce al de la F personalmente, están vinculados por medio de relaciones comunes (administradores C y D). De este modo, podemos decir que los administradores de A a F son parte de la misma red, lo que no sucede con el de la división G.

Imagine que el administrador B es de marketing en España y necesita la solución a un problema técnico para satisfacer a un cliente europeo importante. El administrador F, de investigación y desarrollo en Estados Unidos, tiene la solución al problema del administrador B. El B comunica su problema a todos sus contactos, incluso al de la división C, y pregunta si saben de alguien que pueda resolverlo. El administrador C pregunta al D, quien responde al F, que entonces llama al administrador B para ofrecer la solución. Así, se logra la coordinación de manera informal mediante la red en lugar de hacerlo a través de mecanismos de integración formales, como los equipos de trabajo o la estructura matricial.

Sin embargo, para que la red funcione en forma correcta, debe contar con tantos administradores como sea posible y que estos mantengan buena relación entre ellos; por ejemplo, si el administrador G tenía un problema similar al de B, no podría utilizar la red informal para encontrar una solución: tendría que apelar a mecanismos más formales. Es difícil establecer redes de conocimiento a todo lo ancho de la empresa, y aunque los partidarios de las redes se refieren a ellas como el "pegamento" que une a las multinacionales, no es claro cuán exitosas han sido las compañías en

[19] Bartlett y Ghoshal, *Managing across Borders*; F. V. Guterl, "Goodbye, Old Matrix", en *Business Month*, febrero de 1989, pp. 32-38; Bjorkman, Barner-Rasussen y Li, "Managing Knowledge Transfer in MNCs"; y M. T. Hansen y B. Lovas, "How Do Multinational Companies Leverage Technological Competencies?", en *Strategic Management Journal*, 2004, pp. 801-822.

[20] M. S. Granovetter, "The Strength of Weak Ties", en *American Journal of Sociology* 78, 1973, pp. 1360-1380.

[21] A. K. Gupta y V. J. Govindarajan, "Knowledge Flows within Multinational Corporations", en *Strategic Management Journal* 21, núm. 4, 2000, pp. 473-496; V. J. Govindarajan y A. K. Gupta, *The Quest for Mundial Dominance*, San Francisco, Jossey-Bass, 2001, y U. Andersson, M. Forsgren y U. Holm, "The Strategic Impact of External Networks: Subsidiary Performance and Competence Development in the Multinational Corporation", en *Strategic Management Journal* 23, 2002, pp. 979-996.

construir estas redes. Para establecerlas, se emplean dos técnicas: sistemas de información y políticas de desarrollo para el personal directivo.

Las empresas usan sus redes de computadoras y telecomunicaciones como cimientos para las redes informales de conocimiento.[22] El correo electrónico, las videoconferencias, los sistemas de información de alta velocidad y los mecanismos de búsqueda de la web facilitan en gran medida que los administradores dispersos en el mundo se conozcan y sostengan una red de contactos personales, esto para identificar a los contactos que puedan resolver un problema en particular y dar a conocer y compartir las mejores prácticas dentro de la organización. Por ejemplo, Walmart utiliza su sistema de intranet para comunicar ideas sobre la estrategia de comercialización entre las tiendas ubicadas en los diferentes países.

Asimismo, las compañías emplean sus programas de desarrollo al personal directivo para construir redes informales. Las tácticas son hacer rotar a los administradores entre las subunidades de manera regular para que construyan su propia red informal y aplicar programas educativos en administración con el fin de reunir a los administradores de las subunidades en un solo lugar y que se conozcan.

Quizá, las redes de conocimiento no basten para conseguir la coordinación si los administradores de las subunidades persisten en alcanzar objetivos diferentes a los de la empresa. Para que una red de conocimiento funcione de manera apropiada (y para que funcione una estructura formal matricial), los administradores deben estar fuertemente comprometidos con los mismos objetivos. Para apreciar la naturaleza del problema, consideremos de nuevo el caso de los administradores B y F. Como antes, este último conoce el problema del administrador B mediante la red; no obstante, resolverlo implica que él dedique un tiempo considerable a la tarea. En la medida en que esta lo distraiga de sus labores habituales (y de objetivos que pueden diferir de los que persigue el administrador B), quizá no esté dispuesto a prestar ayuda. Por tanto, el administrador F puede no llamar a su colega y la red informal no podría aportar una solución al problema del administrador B.

Para evitar esa falla, los administradores deben ceñirse a un conjunto común de normas y valores que anulen las diferencias entre las orientaciones de las subunidades.[23] En otras palabras, la compañía debe tener una cultura organizacional sólida que promueva el trabajo en equipo y la cooperación. Cuando eso ocurre, un administrador dispuesto puede hacer a un lado los intereses sectoriales en beneficio de la empresa en general. Si los administradores B y F están comprometidos con las mismas normas y sistemas de valores, y si este conjunto de normas y valores organizacionales se colocan por encima de los intereses de cualquier subunidad individual, el administrador F estará dispuesto a cooperar con el B y ayudarlo a solucionar sus problemas.

RESUMEN

El mensaje de esta sección es básico para entender los problemas de la administración de una empresa multinacional. Las compañías de este tipo necesitan un grado determinado de integración (en particular si adoptan una estandarización mundial y estrategias internacionales o transnacionales), pero puede ser difícil alcanzarlo debido a los impedimentos que se oponen a su coordinación. Tradicionalmente, las empresas intentan alcanzar la coordinación mediante mecanismos formales de integración; sin embargo, esta vía no siempre sirve, pues tiende a fomentar la burocracia y no necesariamente se atienden los problemas que surgen a partir de las diferencias de orientación entre las subunidades. Ello es más factible en una estructura matricial compleja y, aun así, es indispensable para conseguir, de manera simultánea, economías de localización y de curva de experiencia, sensibilidad local y transferencia multidireccional de capacidades básicas dentro de la organización. La solución a este dilema parece tener dos facetas: en primer lugar, la compañía debe intentar la creación de una red informal de conocimiento que efectúe gran parte del trabajo previo en una estructura matricial formal. En segundo, la empresa debe construir una cultura común; aunque ninguna de estas soluciones parciales es fácil.[24]

---

[22] Para ejemplos véase W. H. Davidow y M. S. Malone, *The Virtual Corporation*, Nueva York, HarperCollins, 1992.

[23] W. G. Ouchi, "Markets, Bureaucracies, and Clans", en *Administrative Science Quarterly* 25, 1980, pp. 129-144.

[24] Hay un trabajo empírico que habla sobre este tema en T. P. Murtha, S. A. Lenway y R. P. Bagozzi, "Global Mind Sets and Cognitive Shift in a Complex Multinational Corporation", en *Strategic Management Journal* 19, 1998, pp. 97–114.

Sistemas de control e incentivos

Una tarea fundamental de la dirección de una empresa consiste en controlar sus subunidades (definidas con base en funciones, división de producto o área geográfica) para garantizar que sus acciones sean consistentes con los objetivos estratégicos y financieros generales de la compañía. Las empresas alcanzan dicho objetivo con los sistemas de control. En esta sección, revisaremos los tipos de sistemas de control en las subunidades, y, luego, veremos brevemente los sistemas de incentivos. También, estudiaremos cómo varían los controles y sistemas apropiados de incentivos según la estrategia de una compañía multinacional.

TIPOS DE SISTEMAS DE CONTROL

Existen cuatro tipos principales de sistemas de control que utilizan las empresas multinacionales: personales, burocráticos, de rendimiento y culturales. En la mayoría de las compañías, se emplean los cuatro, pero la importancia relativa que dan a cada uno tiende a fluctuar según la estrategia de cada empresa.

Controles personales

Un **control de tipo personal** es el que se deriva del contacto personal con los subordinados. Este tipo tiende a ser propio de las empresas pequeñas, que supervisan directamente las acciones de los subordinados; sin embargo, también ordena las relaciones entre los administradores de alto nivel en las grandes compañías multinacionales. Por ejemplo, el CEO puede recurrir a una gran dosis de control personal para influir en el comportamiento de sus subordinados inmediatos, como los responsables de las divisiones mundiales de producto o las principales áreas geográficas. A su vez, estos líderes pueden aplicar el control personal para determinar el comportamiento de sus subordinados, y así sucesivamente hacia abajo por la estructura jerárquica de la organización. Por ejemplo, Jack Welch, CEO de General Electric, quien se jubiló en 2001, tenía reuniones individuales periódicas con los encargados de las principales líneas de negocios de GE (internacionales, en su mayoría).[25] En esas reuniones, examinaba a los administradores sobre la estrategia, estructura y desempeño financiero de sus operaciones. Al hacerlo, en esencia ejercía un control personal sobre estos funcionarios y, sin duda, sobre las estrategias que favorecía cada uno de ellos.

Controles burocráticos

Un **control de tipo burocrático** es un sistema de reglas y procedimientos que rige las acciones de las subunidades. Los controles burocráticos más relevantes en las subunidades de las empresas multinacionales son las reglas que se refieren a los presupuestos y al gasto de capital. En esencia, los presupuestos son una regla para distribuir los recursos financieros de una compañía. El presupuesto de cada subunidad detalla, con cierta precisión, la cantidad de dinero que puede gastar la subunidad. La matriz usa los presupuestos para influir en el comportamiento de las subunidades; por ejemplo, el presupuesto de investigación y desarrollo suele especificar el dinero que puede gastar esta unidad en un nuevo producto, sus administradores saben que si gastan demasiado dinero en un proyecto tendrán menos para gastar en otros, por lo que intentan respetar el presupuesto. La mayoría de los presupuestos se determinan mediante una negociación entre los ejecutivos de la matriz y el responsable de la subunidad. Las oficinas centrales pueden estimular el crecimiento de ciertas subunidades y restringir el de otras por medio de la manipulación de sus presupuestos.

Las reglas para gastar el capital exigen que el corporativo apruebe cualquier gasto de este tipo hecho por una subunidad que exceda cierta cantidad. El presupuesto permite a la matriz definir la cantidad que una subunidad puede gastar en un año determinado, y las reglas de gasto de capital dan a la matriz un control adicional sobre la forma de gastar el dinero. Puede esperarse que esta niegue el gasto de capital que difiera de los objetivos generales de la empresa y apruebe el que sea congruente con ellos.

Controles de rendimiento

Los **controles de rendimiento** implican que las subunidades logren y expresen el cumplimiento de sus objetivos respecto de los parámetros de desempeño, como rentabilidad, productividad, creci-

---

[25] J. Welch y J. Byrne, *Jack: Straight from the Gut*, Warner Books, Nueva York, 2001.

miento, participación de mercado y calidad. La evaluación de la administración sobre el desempeño de las subunidades se relaciona con su capacidad de alcanzar los objetivos fijados.[26] Si las metas se cumplen o sobrepasan, los administradores de las subunidades serán recompensados; si no es así, casi siempre los altos ejecutivos intervienen para averiguar la causa y tomar la acción correctiva apropiada, con lo cual se logra el control al comparar el desempeño actual con las metas y al intervenir de modo adecuado. En las divisiones de producto o en filiales se estila establecer metas de rentabilidad, crecimiento de ventas y participación de mercado. Las funciones tienden más a recibir objetivos relacionados con su actividad particular. Por tanto, al departamento de investigación y desarrollo se le confiere un objetivo de desarrollo de nuevos productos; al de producción, uno de productividad y calidad; al de marketing, uno relativo a la participación de mercado, y así sucesivamente.

Como en los presupuestos, por lo general los objetivos se establecen por medio de una negociación entre las subunidades y la casa matriz, que acostumbra fijar objetivos desafiantes aunque realistas, para que los administradores de las subunidades busquen formas de mejorar sus operaciones sin estar tan presionados para valerse de actividades no funcionales con tal de cumplirlos (como maximizar las utilidades de corto plazo). Los controles de rendimiento estimulan un sistema de "administración por excepción": en la medida en que las subunidades satisfagan sus objetivos, se les otorga cierta independencia; sin embargo, si no lo hacen, es posible que los directivos del corporativo indaguen al respecto. Si no les satisface lo que observan, la casa matriz puede intervenir en la subunidad, reemplazar su mando ejecutivo y buscar estrategias para mejorar su eficiencia.

Controles culturales

Los **controles de tipo cultural** existen cuando los empleados internalizan las normas y el sistema de valores de la empresa. Cuando esto ocurre, el personal tiende a controlar su propio comportamiento, lo que reduce la necesidad de una supervisión directa. En una compañía con una cultura sólida, el autocontrol reduce la necesidad de otros sistemas. Más adelante, revisaremos la cultura organizacional. McDonald's es una empresa que promueve entre sus franquiciatarios y proveedores, a los que considera como socios, sus normas y valores organizacionales, a la vez que subraya su compromiso de largo plazo con ellos el cual no es solo un ejercicio de relaciones públicas: se respalda en acciones, como la disposición de ayudarlos a mejorar sus operaciones mediante la provisión de capital o asistencia administrativa cuando se requiere. En respuesta, los franquiciatarios de McDonald's y sus proveedores comparten una cultura y se comprometen a ayudar a la compañía a obtener el éxito. Un resultado es que McDonald's destina menos tiempo (de otra forma necesario) para controlarlos.

SISTEMAS DE INCENTIVOS

Los incentivos son los mecanismos que las empresas emplean para recompensar la conducta apropiada del empleado. Muchas personas reciben como incentivo un bono anual. Los incentivos se vinculan estrechamente con los parámetros de desempeño utilizados en los controles de rendimiento; por ejemplo, fijar metas relacionadas con la rentabilidad sirve para medir el desempeño de una subunidad, como la división mundial de producto. Para crear incentivos positivos con el fin de que los empleados trabajen arduamente y rebasen esas metas, puede dárseles una parte de las ganancias generadas por encima de lo que se tenía proyectado; así, si una subunidad determinó una meta de 15% en el rendimiento de las inversiones y logra 20%, los trabajadores deberían recibir una participación de las ganancias obtenidas por encima de la meta de 15% en forma de bono. Regresaremos al tema de los sistemas de incentivos en el capítulo 19, cuando analicemos la estrategia de recursos humanos en una compañía multinacional; por ahora, solo consideraremos los siguientes aspectos: primero, el tipo de incentivo varía según los empleados y sus actividades. Los que se dan a los trabajadores de una planta pueden ser muy diferentes de los que reciben los administradores generales. Los incentivos deben coincidir con el trabajo que se desempeña. Los empleados de una fábrica pueden dividirse en equipos de entre 20 y 30 individuos, y recibir su bono con base en la capacidad del grupo para alcanzar y sobrepasar las metas de producción y calidad de producto. En contraste, los ejecutivos pueden ser recompensados de acuerdo con los parámetros de producción de toda la

---

[26] C. W. L. Hill, M. E. Hitt y R. E. Hoskisson, "Cooperative versus Competitive Structures in Related and Unrelated Diversified Firms", en *Organization Science* 3, 1992, pp. 501–521.

planta. El principio básico es garantizar que el esquema de incentivos para un trabajador esté asociado con la meta de producción que puede controlar: los empleados pueden no ser capaces de ejercer mucha influencia en toda la planta, pero sí en el desempeño de su equipo para que el incentivo esté ligado a la producción en dicho nivel.

Segundo, la ejecución exitosa de la estrategia en una empresa multinacional con frecuencia demanda cierta cooperación entre los administradores de las subunidades; por ejemplo, como ya mencionamos, algunas compañías multinacionales operan con estructuras matriciales, según las cuales una filial puede ser responsable del marketing y las ventas en el país, mientras que una división mundial de producto puede serlo de la producción y el desarrollo de nuevos productos. Los administradores de tales unidades deben cooperar estrechamente entre sí para que la empresa sea exitosa. Un modo de alentar a los administradores para que cooperen es enlazar los incentivos con el desempeño de alto nivel dentro de la organización. De esta manera, los ejecutivos de las filiales del país y las divisiones mundiales de producto podrían ser recompensados de acuerdo con la rentabilidad de toda la compañía, lo que exige que los administradores en las filiales y las divisiones de producto cooperen entre sí para instrumentar estrategias y vincular los sistemas de incentivos con el siguiente nivel de la jerarquía. La mayoría de las empresas aplica una fórmula para los incentivos que relaciona una parte del pago al desempeño de la subunidad en la que el administrador o empleado trabaja y otra, al desempeño de toda la empresa o de alguna unidad organizacional de alto nivel. La meta es alentar a los trabajadores para que mejoren la eficacia de su unidad y cooperen con otras divisiones de la organización.

Tercero, los sistemas de incentivos de una compañía multinacional a menudo deben ajustarse para responder a las diferencias nacionales y culturales. Los sistemas estadounidenses quizá no funcionen o estén autorizados en otras naciones; por ejemplo, Lincoln Electric, líder en la producción de equipo de soldadura por arco eléctrico, recurre a un sistema de incentivos basado en los índices de trabajo a destajo en sus fábricas estadounidenses (se paga a los empleados según la cantidad que producen). Mientras que este sistema funciona muy bien en Estados Unidos, Lincoln descubrió que es difícil aplicarlo en otros países: en algunos lugares, como Alemania, los sistemas a destajo son ilegales, mientras que, en otros, la cultura nacional prevaleciente aún es hostil a un sistema en el que el desempeño esté tan ligado al esfuerzo individual.

Por último, es indispensable que los administradores reconozcan que los sistemas de incentivos pueden tener consecuencias no planeadas. Los administradores deben considerar muy bien las conductas que se estimulan con ciertos incentivos; por ejemplo, si se recompensa a los empleados en una fábrica solo con base en la cantidad que produjeron, sin prestar atención a la calidad, quizá produzcan cuantas unidades sea posible para incrementar el pago de incentivos, pero con una calidad deficiente.

SISTEMAS DE CONTROL, INCENTIVOS Y ESTRATEGIA EN LOS NEGOCIOS INTERNACIONALES

La clave para entender la relación entre la estrategia internacional, los sistemas de control y los incentivos es el concepto del desempeño ambiguo.

Desempeño ambiguo

El **desempeño ambiguo** existe cuando las causas del mal desempeño de una subunidad no son claras. Esto no es raro cuando el desempeño de una subunidad depende, en parte, del que logran otras subunidades; es decir, ocurre cuando existe un alto grado de interdependencia entre subunidades en la organización. Considere el caso de la filial francesa de una empresa estadounidense cuyo proceso de ventas depende de otra filial más, una planta asentada en Italia. La compañía con sede en Francia no alcanza sus objetivos y la casa matriz exige una explicación. Aquella argumenta que recibe mercancías de mala calidad de su homóloga italiana; por ello, la matriz pregunta a los administradores italianos cuál es el problema y estos contestan que su calidad es excelente (la mejor en la industria) y que los franceses simplemente no saben cómo vender un buen producto. ¿Quién está en lo correcto: los franceses o los italianos? Sin más información, los altos ejecutivos no lo saben. Como dependen de los italianos para vender su producto, los franceses tienen una buena excusa para su bajo desempeño. La matriz necesita más información para precisar quién está en lo correcto. Recabarla costará tiempo y dinero, y desviará la atención de otros problemas; en otras palabras, el grado de desempeño ambiguo eleva los costos del control.

Considere la diferencia si la operación francesa fuera autónoma, con sus propias plantas de producción, marketing e investigación y desarrollo. En este caso, carecería de una coartada conveniente para justificar su mal desempeño: sus administradores triunfarían o caerían por sus propios méritos, no podrían culpar a los italianos por el bajo nivel de ventas. Por tanto, el grado de desempeño ambiguo está en función de la interdependencia de las subunidades de una organización.

Estrategia, interdependencia y ambigüedad

Ahora, consideremos la relación entre estrategia, interdependencia y desempeño ambiguo. En empresas que han instrumentado una estrategia de localización, cada planta nacional es una entidad autónoma y puede evaluarse con base en sus propios méritos: su grado de desempeño ambiguo es bajo. En una compañía internacional, el grado de interdependencia es, de alguna manera, más elevado. La integración es fundamental para facilitar la transferencia de competencias y habilidades clave. Dado que el éxito de una operación extranjera depende en parte de la calidad de competencia transferida desde el país de origen, puede haber desempeño ambiguo.

En las empresas que pretenden adoptar una estrategia de estandarización global, la situación es aún más compleja. En una compañía global auténtica, la búsqueda de economías de localización y de curvas de experiencia implica el desarrollo de una red global de actividades relativas a la creación de valor. Muchas de las actividades de una empresa de este tipo son interdependientes. La capacidad de una filial francesa para vender un producto depende de la eficiencia con que las plantas ubicadas en otros países desempeñen sus actividades de creación de valor. Por tanto, en las compañías mundiales, los niveles de interdependencia y desempeño ambiguo son elevados.

El grado de desempeño ambiguo es más elevado en las empresas transnacionales, que padecen los mismos problemas en este sentido que las corporaciones globales. Además, como con la transferencia multidireccional de competencias clave, también sufren los problemas propios de las compañías que implementan una estrategia internacional. El alto grado de integración de las empresas transnacionales entraña tomar muchas decisiones en conjunto y las interdependencias resultantes crean un sinnúmero de coartadas para justificar un mal desempeño. El contexto de las compañías transnacionales es idóneo para señalar al culpable.

Implicaciones para el control e incentivos

En la tabla 14.1, se resumen los argumentos de la sección anterior y las implicaciones para los costos de control, que se definen como el tiempo que dedican los altos ejecutivos a supervisar y evaluar el desempeño de las subunidades. Esta cantidad será más alta cuando el nivel de desempeño ambiguo sea mayor. Cuando la ambigüedad es baja, la administración puede utilizar controles de rendimiento y un sistema de administración por excepción; cuando es elevada, no puede darse ese lujo. Los controles de producción no proporcionan señales claras sobre la eficiencia de la subunidad si su desempeño depende del de otra subunidad de la organización; por ello, la administración debe destinar tiempo a resolver los problemas que surgen a partir del desempeño ambiguo, con el correspondiente aumento de los costos de control.

La tabla 14.1 revela una paradoja. En el capítulo 13, estudiamos que una estrategia transnacional es deseable porque otorga a las empresas más oportunidades de aprovechar la expansión internacional que las que ofrecen las estrategias multinacional, internacional y global. Pero ahora vemos que, dado el mayor nivel de interdependencia, los costos de control de las compañías transnacionales son mayores que los de las empresas que adoptan otras estrategias. A menos que se reduzcan tales costos, la mayor rentabilidad asociada con la estrategia transnacional puede anularse. El mismo punto, aunque en menor medida, es válido para las compañías mundiales que adoptan una estrategia de estandarización global; aunque las empresas que asumen una estrategia como esta pueden cose-

TABLA 14.1

Interdependencia, desempeño ambiguo y costos de control en las cuatro estrategias de los negocios internacionales.

Estrategia	Interdependencia	Desempeño ambiguo	Costos de control
Localización	Baja	Bajo	Bajos
Internacional	Moderada	Moderado	Moderados
Global	Alta	Alto	Altos
Transnacional	Muy alta	Muy alto	Muy altos

char los beneficios de costo a partir de economías de localización y de curva de experiencia, deben lidiar con un mayor nivel de desempeño ambiguo, lo que eleva los costos de control (en comparación con las que practican una estrategia internacional o multinacional).

Aquí es donde entran los sistemas de control e incentivos. Cuando examinamos los sistemas de control con que las corporaciones supervisan sus subunidades, observamos que, sin importar su estrategia, las compañías multinacionales usan controles de rendimiento y burocráticos; no obstante, en las empresas que adoptan una estrategia global o transnacional, la utilidad de los controles de desempeño se limita por el desempeño ambiguo. Por tanto, dichas compañías dan mayor importancia a los controles culturales, los cuales, al estimular a los administradores a asumir las normas y los sistemas de valores de la organización, dan a los administradores de las subunidades interdependientes un incentivo para solucionar los problemas que se manifiestan entre ellos. El resultado es la reducción de las acusaciones y, por ende, de los costos de control. El desarrollo de controles culturales puede ser una condición previa para el éxito de la adopción de una estrategia transnacional y quizá también de una estrategia global.[27] En lo que se refiere a los incentivos, el material recién analizado sugiere que el conflicto entre las subunidades se reduce y aumenta el potencial para la cooperación si los sistemas se ligan, de alguna manera, a un alto grado en la estructura jerárquica. Cuando el desempeño ambiguo dificulta juzgar el desempeño de las subunidades, lo que se hace es vincular el pago de incentivos de los administradores con la entidad a la que pertenecen y con ello disminuyen los problemas resultantes.

Procesos

Los procesos, definidos como la manera en que la organización toma decisiones y efectúa el trabajo, existen en los diversos niveles organizacionales[28] y permiten formular estrategias, asignar recursos, evaluar ideas de productos nuevos, administrar las solicitudes de información y quejas de los clientes, mejorar la calidad del producto, evaluar el desempeño de los empleados, etc. Por lo regular, las competencias centrales o capacidades valiosas de una empresa se integran a dichos procesos. Los eficientes y eficaces disminuyen los costos de creación de valor y añaden valor adicional al producto; por ejemplo, el éxito mundial de muchas compañías japonesas en la década de 1980 se basó en parte en su adopción temprana de procesos para mejorar la calidad de sus productos y la eficiencia operativa, como la administración de calidad total y los sistemas de inventario justo a tiempo. Hoy, el éxito competitivo de General Electric es atribuible a los procesos ampliamente fomentados en la empresa; entre ellos, destacan el proceso Six Sigma para la mejora de la calidad, el de "digitalización" (con intranet e internet corporativo para automatizar las actividades y reducir los costos de funcionamiento) y el de generación de ideas, conocido en la compañía como "búsqueda de soluciones", según el cual los administradores y empleados se reúnen en sesiones intensas durante varios días para identificar y ejecutar ideas que aumenten la productividad.

Los procesos de una organización se resumen con un diagrama de flujo que muestra los diferentes pasos y puntos decisivos en la realización del trabajo. Muchos procesos toman el camino más corto en las funciones o divisiones y requieren cooperación entre los individuos de las distintas subunidades; por ejemplo, los procesos para el desarrollo de nuevos productos demandan que los empleados de investigación y desarrollo, producción y marketing trabajen juntos para garantizar que los nuevos productos contemplen las necesidades del mercado y su diseño no sea muy costoso. Como atraviesan las fronteras organizacionales, ejecutar los procesos de manera más eficaz por lo común exige mecanismos de integración formales e incentivos para la cooperación entre unidades.

El análisis detallado de la naturaleza y las estrategias de los procesos de mejora y reingeniería está fuera del alcance de este libro; sin embargo, es importante hacer dos observaciones básicas acerca de los procesos administrativos, en especial en el contexto de un negocio internacional.[29] La primera es que, en una compañía multinacional, muchos procesos no solo afectan las fronteras organizacionales pues abarcan múltiples subunidades, sino también las fronteras nacionales. El diseño de un

[27] Murtha, Lenway y Bagozzi, "Global Mind Sets".

[28] M. Hammer y J. Champy, *Reengineering the Corporation*, Nueva York, Harper Business, 1993.

[29] T. Kostova, "Transnational Transfer of Strategic Organizational Practices: A Contextual Perspective", en *Academy of Management Review* 24, núm. 2, 1999, pp. 308–324.

nuevo producto puede requerir la cooperación del personal de investigación y desarrollo de California, la producción de Taiwán y el marketing de Europa, Estados Unidos y Asia. Las probabilidades de lograr esta coordinación se enriquecen en gran medida si los procesos están insertos en una cultura organizacional que promueve la cooperación entre los individuos de las subunidades y los países, si los sistemas de incentivos de la organización recompensan en forma explícita tal cooperación, y si los mecanismos de integración formales e informales facilitan la coordinación entre las subunidades.

Segundo, es particularmente relevante para una empresa multinacional admitir que los valiosos procesos innovadores que pudieran implicar una ventaja competitiva se desarrollan en cualquier lugar de la red mundial operativa de la organización.[30] Una filial puede elaborar los nuevos procesos en respuesta a las condiciones de su mercado, procesos que luego pueden ser útiles en otras partes de la compañía. Por ello, no es suficiente la capacidad para crear procesos valiosos, también es indispensable promoverlos, lo cual requiere de mecanismos de integración tanto formales como informales, como las redes de conocimiento.

Cultura organizacional

En el capítulo 4, conocimos y aplicamos el concepto de cultura en los Estados-nación; sin embargo, la cultura es una construcción social atributo de las sociedades, entre ellas las organizaciones.[31] Por ello, preferimos hablar sobre cultura y subcultura organizacionales. La definición básica de cultura es la misma para la gran sociedad de un Estado y para una pequeña organización o una de sus subunidades. Cultura se refiere a un sistema de valores y normas que comparten las personas. Los valores son ideas abstractas sobre lo que un grupo considera bueno, correcto y deseable. Las normas son reglas sociales y directrices que prescriben una conducta apropiada en situaciones particulares. Los valores y normas expresan los patrones de conducta o estilo de la organización con que los empleados, en forma automática, motivan a sus nuevos compañeros. A pesar de que la cultura de una organización rara vez es estática, tiende a cambiar relativamente despacio.

CREACIÓN Y CONSERVACIÓN DE LA CULTURA ORGANIZACIONAL

La cultura organizacional tiene varios orígenes. Primero, existe un amplio acuerdo en que los fundadores o líderes importantes ejercen un profundo efecto en la cultura de la organización y, con frecuencia, dejan huella de sus propios valores en ella.[32] Un famoso ejemplo de un fundador es la empresa japonesa Matsushita. La filosofía personal tipo zen de Konosuke Matsushita se codificó en los "siete valores espirituales" de Matsushita, que todos los nuevos empleados aprenden hasta el día de hoy: 1) servicio nacional a través de la industria, 2) justicia, 3) armonía y cooperación, 4) lucha por la mejoría, 5) cortesía y humildad, 6) adaptación y asimilación, y 7) gratitud. Un líder no necesita ser fundador para ejercer una profunda influencia en la cultura organizacional. A Jack Welch se le atribuye el cambio de cultura en GE, sobre todo por destacar, cuando se convirtió en su CEO, un conjunto de valores contraculturales, como la aceptación de riesgos, la capacidad emprendedora, el liderazgo y una conducta sin fronteras. Para un líder es más difícil, aunque obligatorio, cambiar una cultura organizacional establecida que originar una nueva en la compañía.

Otra influencia esencial en la cultura organizacional es la amplia cultura social del país donde se fundó la empresa; por ejemplo, en Estados Unidos, la ética competitiva del individualismo es esencial y hay un enorme estrés social por forjar ganadores. Muchas compañías estadounidenses idean formas creativas de recompensar y motivar a los individuos con el fin de que se vean como ganadores.[33] A menudo, los valores de las empresas estadounidenses reflejan los de la cultura de su país. También, se sostiene que los valores de cooperación en muchas compañías japonesas reflejan los de la sociedad japonesa tradicional, pues hacen hincapié en la cooperación grupal, las obligaciones

[30] Andersson, Forsgren y Holm, "The Strategic Impact of External Networks: Subsidiary Performance and Competence Development in the Multinational Corporation".

[31] E. H. Schein, "What Is Culture?", en P. J. Frost *et al.*, *Reframing Organizational Culture*, Newbury Park, California, Sage, 1991.

[32] E. H. Schein, *Organizational Culture y Leadership*, 2a ed., San Francisco, Jossey-Bass, 1992.

[33] G. Morgan, *Images of Organization*, Beverly Hills, California, Sage, 1986.

recíprocas y la armonía.[34] Así, aunque sea una generalización, el argumento de que la cultura organizacional es influida por la cultura nacional puede tener algo de sustento.

Una tercera influencia en la cultura organizacional es la historia de la empresa que, con el tiempo, puede moldear los valores de la organización. En el lenguaje de los historiadores, la cultura organizacional es el producto dependiente de la ruta que ha transitado la organización a lo largo del tiempo; por ejemplo, Philips Electronics NV, compañía holandesa multinacional, ha funcionado durante mucho tiempo con una cultura que concede gran valor a la independencia de las empresas operativas nacionales. Esta cultura es resultado de la historia de la compañía: durante la Segunda Guerra Mundial, los alemanes ocuparon Holanda y, con la matriz en territorio ocupado, se dio más facultades a varias empresas que operaban en el extranjero, como las filiales establecidas en Estados Unidos y Gran Bretaña que, después de la guerra, mantuvieron una operación muy autónoma. La creencia en que ello era lo correcto se convirtió en un valor clave de la compañía.

Las decisiones que generan alto desempeño tienden a institucionalizarse en los valores de una empresa. En la década de 1920, 3M era principalmente un productor de lija. Richard Drew, entonces un joven asistente de laboratorio, propuso lo que consideró un nuevo producto, un pedazo de papel recubierto con adhesivo al que llamó "cinta pegajosa". Drew pensó en aplicaciones del producto en la industria automotriz, donde serviría para cubrir algunas partes de un vehículo durante el pintado. Presentó la idea al presidente de la compañía, William McKnight, una persona poco impresionable, quien solicitó a Drew que abandonara la investigación, pero este no lo hizo; en cambio, desarrolló la "cinta pegajosa" y luego fue a buscar posibles clientes en la industria automotriz. Con esta información, se acercó de nuevo a McKnight, quien, más tranquilo, cambió de parecer y le autorizó el desarrollo de lo que sería una de las principales líneas de productos adhesivos de 3M, dominante hasta hoy.[35] A partir de entonces, McKnight destacó la importancia de dar a los investigadores de 3M rienda suelta para explorar sus propias ideas y experimentar con la oferta de productos. Esta actitud pronto se convirtió en un valor básico en 3M y se le honró con la famosa "regla de 15%" de la empresa, conforme a la cual los investigadores disponen de 15% de su tiempo laboral para trabajar en las ideas de su elección. Hoy, se cuenta a los empleados de reciente ingreso la historia de Drew para ejemplificar el valor de permitir que los individuos experimenten con sus propias ideas.

Las famosas notas Post-it, de 3M, fueron una idea que pegó. La innovación es el sello distintivo de esta compañía.

Una cultura se sostiene con diversos mecanismos, como 1) prácticas de contratación y promoción de la organización, 2) estrategias de recompensa, 3) procesos de socialización y 4) estrategias de comunicación. El objetivo es seleccionar personas cuyos valores sean consistentes con los de la empresa. Para reforzar aún más los valores, una compañía puede promover a los individuos cuyo comportamiento sea acorde con los valores fundamentales de la organización. Asimismo, los procesos de revisión de méritos pueden estar ligados a los valores de la compañía, lo que refuerza las normas culturales.

La socialización puede ser formal, como programas de capacitación para enseñar a los empleados los valores básicos de la organización; informal, como un consejo amistoso de los compañeros o jefes, o estar implícita en las actitudes de los compañeros y superiores hacia los nuevos trabajadores. Respecto de la estrategia de comunicación, muchas empresas con una cultura organizacional sólida dedican gran parte de su atención a insertar sus valores fundamentales en la misión corporativa, con frecuencia comunicándoselos a los empleados para guiarlos en las decisiones difíciles. A menudo, las historias y los símbolos refuerzan los valores relevantes (por ejemplo, la historia de Drew y McKnight en 3M).

CULTURA ORGANIZACIONAL Y DESEMPEÑO EN LOS NEGOCIOS INTERNACIONALES

Los autores de materiales administrativos casi siempre hablan sobre "culturas sólidas".[36] En una cultura con esta característica, casi todos los administradores comparten un conjunto de valores y

---

[34] R. Dore, *British Factory, Japanese Factory*, Londres, Allen & Unwin, 1973.

[35] M. Dickson, "Back to the Future", en *Financial Times*, 30 de mayo de 1994, p. 7.

[36] Véase J. P. Kotter y J. L. Heskett, *Corporate Culture and Performance*, Nueva York, Free Press, 1992, y M. L. Tushman y C. A. O'Reilly, *Winning through Innovation*, Boston, Harvard Business School Press, 1997.

normas muy consistentes que ejercen un claro efecto en la forma de desempeñar el trabajo. Los nuevos empleados adoptan estos valores muy rápido y, los que no se adaptan, tienden a retirarse. En tal cultura, es posible que sus subordinados o superiores corrijan a un nuevo ejecutivo si viola los valores y normas de la cultura organizacional. Por lo común, la empresa con una cultura sólida es percibida desde el exterior como una organización con cierto estilo o manera de hacer las cosas. Lincoln Electric, que presentamos en el siguiente "Panorama administrativo", es un ejemplo de una compañía con cultura sólida.

Ahora bien, "sólida" no necesariamente significa "buena". Una cultura puede ser sólida, pero mala, como la cultura nazi en Alemania. Asimismo, una cultura sólida no siempre implica un alto desempeño. Un estudio reveló que, en la década de 1980, General Motors tenía una "cultura sólida", pero que desalentaba a los empleados de bajo nivel a mostrar iniciativa y tomar riesgos, lo que era disfuncional y ocasionó un bajo desempeño en GM.[37] Una cultura sólida puede ser benéfica en determinado momento si fomenta un alto desempeño, aunque inapropiada en otro. Las cualidades de una cultura dependen del contexto. En la década de 1980, cuando el desempeño de IBM era óptimo, varios autores de temas administrativos elogiaban su sólida cultura que, entre otras cosas, valoraba en gran medida la toma de decisiones de común acuerdo.[38] Estos autores afirman que tal proceso de toma de decisión era apropiado debido a las sustanciales inversiones que IBM hacía periódicamente en nueva tecnología; no obstante, tal proceso se convirtió en una debilidad para la creciente industria de la computación a finales de la década de 1980 y la siguiente. La toma conjunta de decisiones era lenta, burocrática y, sobre todo, no permitía a la corporación tomar riesgos. Esto funcionó en la década de 1970, pero, para la de 1990, la compañía fue rebasada por pequeñas empresas como Microsoft que tomaba decisiones rápidas y riesgos emprendedores, conducta que la cultura de IBM desalentaba.

Una investigación académica concluyó que las compañías que exhiben un alto desempeño durante mucho tiempo tienden a tener una cultura sólida, pero adaptable. De acuerdo con dicho estudio, en una cultura adaptable, la mayoría de los administradores se interesa por los clientes, accionistas y empleados, y los valoran bastante, así como a las personas y los procesos que generan cambios útiles en la empresa.[39] Esta actitud es interesante, aunque lleva el tema a un alto nivel de abstracción; después de todo, ¿qué compañía diría que no le importan sus clientes, accionistas y trabajadores? Una perspectiva algo diferente es sustentar que la cultura de la empresa debe coincidir con el resto de su estructura, su estrategia y sus demandas de un entorno competitivo para lograr un desempeño de primera calidad. Todos estos elementos deben ser consistentes entre sí. Lincoln Electric nos brinda otro ejemplo útil (véase el "Panorama administrativo"); la corporación opera en un sector muy competitivo, donde la reducción de costos es fundamental para conseguir y mantener una ventaja. Tanto la cultura de Lincoln como su sistema de incentivos alientan a los empleados a esforzarse por alcanzar altos niveles de productividad que se traducen en bajos costos, indispensables para el éxito de la empresa. El ejemplo de Lincoln también demuestra otro punto importante que deben tener en cuenta las compañías internacionales: una cultura que conduce hacia un alto desempeño en su propio país quizá no pueda imponerse con tanta facilidad en las filiales del extranjero. Sin duda, la cultura de Lincoln contribuyó a que lograra un desempeño de primera calidad en el mercado estadounidense, pero esta misma cultura es muy "estadounidense" y difícil de instrumentar en otras naciones. Los administradores y empleados de algunas filiales europeas se percataron de que esta cultura obviaba sus propios valores y se manifestaron poco dispuestos a adoptarla. Por ello, Lincoln tuvo muchos problemas para replicar su éxito en los mercados extranjeros, lo que se complicó cuando la compañía adquirió empresas establecidas, con su propia cultura organizacional. Así, cuando intentó imponer su cultura sobre la que operaba en sus unidades extranjeras, Lincoln tuvo que enfrentar dos problemas: cómo cambiar la cultura organizacional forjada en ellas y cómo introducir una cultura cuyos valores básicos pudieran ser extraños a los valores de los miembros de tal sociedad. Tales problemas no son solo de Lincoln: muchos corporativos internacionales enfrentan exactamente las mismas dificultades.

---

[37] Kotter y Heskett, *Corporate Culture and Performance*.

[38] Los elogios clásicos corrieron a cargo de T. Peters y R. H. Waterman, *In Search of Excellence*, Nueva York, Harper & Row, 1982. De manera irónica, el descenso de IBM empezó poco después de publicarse el libro de Peters y Waterman.

[39] Kotter y Heskett, *Corporate Culture and Performance*.

Cultura organizacional e incentivos en Lincoln Electric

Lincoln Electric es una de las empresas líderes en el mercado mundial de equipo de soldadura por arco. Su éxito se basa en los altos niveles de productividad de sus empleados. La compañía atribuye su productividad a una cultura organizacional sólida y a un esquema de incentivos basado en trabajo a destajo. Su cultura se remonta a James Lincoln, quien en 1907 se unió a la empresa que su hermano fundó años atrás. Lincoln tenía un gran respeto por la capacidad individual y creía que, con la motivación correcta, toda persona era capaz de tener un desempeño extraordinario. Hacía hincapié en que la empresa era una "meritocracia", donde se recompensaba a las personas por su esfuerzo individual. Lincoln, que creía en la igualdad, eliminó las barreras de comunicación entre "trabajadores" y "administradores", pues instituyó una política de puertas abiertas, asegurándose de que todos los que laboraban para la compañía fueran tratados de la misma manera. Por ejemplo, todos comían en la misma cafetería, no había lugares de estacionamiento reservados para los "administradores", etc. También, consideraba que cualquier ganancia en productividad debía compartirse con los consumidores, en forma de precios bajos; con los empleados, mediante un salario mayor, y con los accionistas, en forma de altos dividendos.

La cultura organizacional derivada de las creencias de James Lincoln se fortaleció debido al sistema de incentivos de la empresa. Los trabajadores de la producción no recibían un salario base, sino según la cantidad de piezas que producían. El trabajo a destajo permite al empleado laborar con un ritmo normal para obtener un ingreso equivalente al salario promedio de los trabajadores de manufactura en el área donde se encuentra la fábrica. Cada empleado es responsable de la calidad de su producción y debe reparar cualquier defecto que detecten los inspectores de calidad antes de incluir las piezas en el cálculo de trabajo a destajo. Desde 1934, los obreros reciben un bono semestral con base en una escala de méritos. Estos índices se fundamentan en criterios objetivos (como el nivel del trabajador y la calidad de su producción) y subjetivos (como su actitud cooperativa y su confiabilidad). Para los empleados de Lincoln, dichos sistemas representan un incentivo para trabajar férrea-

mente y generar innovaciones que impulsen la productividad, pues hacerlo mejora la retribución por su trabajo. Los empleados ganan un salario base que a menudo sobrepasa el salario promedio de las empresas manufactureras del área en más de 50%, y además reciben un bono que, en buenos tiempos, duplica su salario base. A pesar de la alta remuneración, los trabajadores son tan productivos que Lincoln tiene una estructura de costos más económica que sus competidores.

Mientras esta cultura organizacional y un conjunto de incentivos funcionan bien en Estados Unidos, donde es compatible con la cultura individualista del país, no se aplicaba fácilmente en las plantas del extranjero. En las décadas de 1980 y 1990, Lincoln se expandió en forma agresiva a Europa y América Latina mediante la compra de diversas fábricas de soldadura; dejó a los administradores locales en su lugar, presumiendo que conocían las condiciones locales mejor que los estadounidenses. Sin embargo, en realidad tenían poco conocimiento práctico y no podían o no querían imponer esa cultura organizacional en sus unidades, que ya contaban con una muy amplia y propia; a pesar de ello, Lincoln les indicó que introdujeran su sistema de incentivos en las compañías adquiridas, pero, por lo regular, enfrentaban impedimentos legales y culturales.

En muchas naciones, el trabajo a destajo se considera un sistema de compensación abusivo que obliga a los empleados a trabajar más. En Alemania, donde Lincoln adquirió una planta, este sistema era ilegal. En Brasil, si se paga un bono más de dos años seguidos, se convierte en un derecho. En muchos otros países, tanto los administradores como los trabajadores se oponían a la idea de trabajo a destajo. Lincoln comprobó que muchos empleados alemanes valoraban más su tiempo libre que un ingreso extra y que no estaban dispuestos a trabajar tanto como sus contrapartes estadounidenses. Muchas empresas adquiridas también estaban sindicalizadas y los sindicatos locales se oponían con firmeza al trabajo a destajo. Como resultado, Lincoln no pudo replicar el alto nivel de productividad que logró en Estados Unidos y su expansión deterioró el desempeño de toda la compañía.[40]

La solución que Lincoln encontró fue fundar nuevas filiales en lugar de adquirirlas y adecuarlas a su propia cultura; es mucho más sencillo establecer un conjunto de valores en una nueva empresa que cambiar los de una ya establecida. Una segunda solución fue dedicar mucho tiempo y atención a transmitir la cultura organizacional de la compañía a sus operarios extranjeros, algo que Lincoln omitió al principio. Esto es una parte esencial de la estrategia de internacionalización de otras empresas.

La necesidad de contar con una cultura organizacional común para toda la red global de filiales puede fluctuar según la estrategia de la empresa. Las normas y los valores compartidos facilitan la

[40] J. O'Conell, "Lincoln Electric: Venturing Abroad", Harvard Business School, caso núm. 9-398-095, abril de 1998, y http://www.lincolnelectric.com.

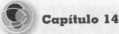

coordinación y cooperación entre los individuos de distintas subunidades.[41] Una sólida cultura común posibilita la congruencia hacia una meta y atenúa los problemas que emanan de la interdependencia, el desempeño ambiguo y el conflicto entre los administradores de diferentes filiales. Como ya comentamos, una cultura compartida contribuye a fortalecer los mecanismos de integración informal, como las redes de conocimiento, para operar de modo más eficiente. En sí misma, una cultura común puede ser de mayor valor en una multinacional que aplique una estrategia que demande cooperación y coordinación entre las filiales globalmente descentralizadas, lo cual sugiere que, en las empresas que practican una estrategia transnacional, es más relevante contar con una cultura común que en aquellas con una estrategia de localización, con estrategias globales o internacionales que se ubiquen entre ambos extremos.

OA14-3 Síntesis: estrategia y estructura

En el capítulo 13, expusimos cuatro estrategias básicas que pueden aplicar las empresas multinacionales: de localización, internacional, global y trasnacional. Hasta aquí, en este capítulo hemos analizado algunos aspectos de la estructura organizacional y hablamos de las interrelaciones entre esas dimensiones y estrategias; ahora, sintetizaremos este material.

ESTRATEGIA DE LOCALIZACIÓN

Las compañías que desarrollan una estrategia de localización se concentran en la sensibilidad local. En la tabla 14.2, se muestra que tales empresas tienden a operar con una estructura mundial por áreas, dentro de la cual las decisiones operativas se descentralizan y quedan en manos de las filiales. La necesidad de coordinación entre las subunidades (áreas y filiales) es baja. Esto sugiere que las compañías en busca de una estrategia de localización no tienen una alta necesidad de mecanismos de integración, formales o informales, para unir las diferentes operaciones nacionales. La falta de interdependencia refiere que el nivel de desempeño ambiguo en tales empresas es bajo, así como (por extensión) los costos de control. De esta manera, las compañías matriz administran las operaciones extranjeras con base sobre todo en la producción y los controles burocráticos, y la política de administración por excepción. Los incentivos pueden estar vincularse con los parámetros de desempeño en las filiales. Como la necesidad de integración y coordinación es baja, la de procesos comunes y una cultura organizacional también lo es. Si no fuera porque dichas empresas no pueden beneficiarse de las economías de localización y de curva de experiencia, o de la transferencia de competencias básicas, su simplicidad organizacional las haría una estrategia atractiva.

TABLA 14.2

Síntesis de estrategia, estructura y sistemas de control.

Estructura y controles	Estrategia			
	Localización	Internacional	Estandarización global	Transnacional
Diferenciación vertical	Descentralizada	Competencia básica centralizada; la restante, descentralizada	Cierto grado de centralización	Mezcla: centralizada y descentralizada
Diferenciación horizontal	Estructuración mundial por áreas	División mundial de producto	División mundial de producto	Matriz informal
Necesidad de coordinación	Baja	Moderada	Alta	Muy alta
Mecanismos de integración	Nulos	Pocos	Muchos	Excesivos
Desempeño ambiguo	Bajo	Moderado	Alto	Muy alto
Necesidad de controles culturales	Baja	Moderada	Alta	Muy alta

[41] Bartlett y Ghoshal, *Managing across Borders*.

ESTRATEGIA INTERNACIONAL

Las empresas que adoptan una estrategia internacional crean valor por medio de la transferencia de competencias básicas del país de origen a las filiales en el extranjero. Si son diversas, como la mayoría, estas compañías operan con una estructura de división mundial por producto. Por lo regular, la casa matriz mantiene el control centralizado sobre la competencia básica de la empresa, la que casi siempre se concentra en las funciones de investigación y desarrollo o marketing. Las demás decisiones de operación están descentralizadas y se delegan en las filiales de cada país (que, en compañías diversas, rinden informes a las divisiones mundiales por producto).

La necesidad de coordinación es moderada en tales empresas, pues refleja la necesidad de transferencia de las competencias básicas. Por tanto, aunque dichas compañías operen con ciertos mecanismos de integración que no son tan amplios, el nivel relativamente bajo de interdependencia resultante se traduce en un nivel bajo de desempeño. Así, tales empresas suelen subsistir con controles burocráticos y de rendimiento, y con incentivos a partir de los parámetros de desempeño en las filiales. La necesidad de una cultura organizacional y de procesos comunes no es tan grande. Cuando las capacidades básicas de la compañía están incrustadas en los procesos y la cultura, se presenta una excepción importante, en cuyo caso la empresa debe prestar más atención a transferir esos procesos y su cultura asociada desde el corporativo hasta las filiales. En general, aunque la organización que requiere una estrategia internacional es más compleja que las compañías multinacionales, el aumento en complejidad no es tan grande.

ESTRATEGIA DE ESTANDARIZACIÓN GLOBAL

Las empresas que implementan una estrategia de estandarización global se centran en la construcción de economías de localización y de curva de experiencia. Si son diversas, como la mayoría, operan con una estructura de división mundial por producto. Para coordinar la red globalmente dispersa de actividades de creación de valor, por lo común, la matriz debe mantener el control de la mayoría de las decisiones de operación. Con frecuencia, dichas compañías están más centralizadas que la mayoría de las multinacionales. Al reflejar la necesidad de coordinación de las distintas etapas de la cadena de valor (globalmente dispersas) de la empresa, la necesidad de integración en ellas también es alta. Por ello, estas compañías tienden a operar con base en una serie de mecanismos formales e informales de integración. Las interdependencias resultantes acarrean un significativo desempeño ambiguo. Como resultado, además de los controles burocráticos y de rendimiento, las empresas que aplican una estrategia de estandarización global tienden a destacar la necesidad de construir una cultura organizacional sólida que facilite la coordinación y la cooperación. También, tienden a utilizar sistemas de incentivos ligados a los parámetros de desempeño corporativo al brindar a los administradores de diferentes plantas un buen incentivo para cooperar entre sí e incrementar el desempeño de toda la organización. En promedio, la organización de las compañías globales es más compleja que la de las empresas que basan su estrategia en la localización o la internacionalización.

ESTRATEGIA TRANSNACIONAL

Las empresas que practican una estrategia transnacional se centran en el logro simultáneo de economías de localización y de curva de experiencia, sensibilidad local y aprendizaje mundial (transferencia multidireccional de competencias básicas). Estas compañías tienden a operar con estructuras matriciales en las que tanto las divisiones de producto como las de área poseen una influencia considerable. La necesidad de coordinar una cadena de valor mundialmente dispersa y de transferir las capacidades básicas crea presiones para la centralización de algunas decisiones operativas (en especial, producción, e investigación y desarrollo). Al mismo tiempo, la exigencia de ser localmente sensible origina presiones para descentralizar otras decisiones operativas a las operaciones nacionales (en particular, marketing). Por consiguiente, estas empresas tienden a combinar grados relativamente altos de centralización, en el caso de algunas decisiones operativas, con grados relativamente altos de descentralización para tomar otras decisiones del mismo tipo.

La necesidad de coordinación es alta en las compañías trasnacionales, lo cual se refleja en una amplia gama de mecanismos (formales e informales) de integración, como las estructuras formales matriciales y las redes informales de administración. El alto grado de interdependencia de las subunidades implica que tal integración provoque un desempeño ambiguo importante, lo que eleva los

costos de control; para reducirlos, además de los controles de rendimiento y burocráticos, las empresas que buscan una estrategia transnacional deben desarrollar una cultura sólida y establecer incentivos que promuevan la cooperación entre las subunidades.

ENTORNO, ESTRATEGIA, ESTRUCTURA Y DESEMPEÑO

En la tabla 14.2, subyace la noción de que es indispensable un "ajuste" entre estrategia y estructura con la finalidad de que una empresa alcance alto desempeño. Para que tenga éxito, deben cumplirse dos condiciones: en primer lugar, la estrategia de la compañía debe ser consistente con el entorno en que opera. En el capítulo 13, analizamos este aspecto y observamos que, en algunas industrias, una estrategia mundial es la más viable, y, en otras, una estrategia multinacional puede ser la mejor. En segundo lugar, la estructura organizacional debe ser congruente con dicha estrategia.

Si la estrategia no es consistente con el entorno, es probable que la empresa experimente graves problemas de desempeño, y quizá esto también suceda si la estructura no es congruente con la estrategia. Por tanto, para sobrevivir, una compañía debe buscar la consistencia entre su entorno, su estrategia y su estructura organizacional. Un ejemplo es Philips NV. Por razones históricas, hasta hace poco la empresa operaba con la organización habitual de una compañía basada en la localización, sus decisiones de operación estaban descentralizadas y, por tanto, correspondían a las filiales extranjeras. Tradicionalmente, los mercados electrónicos estaban segmentados entre sí por grandes barreras arancelarias, así que era sensato mantener una organización acorde con la estrategia de localización. Sin embargo, para mediados de la década de 1980, la industria en la que Philips competía experimentó la revolución de la caída de barreras arancelarias, cambios tecnológicos y surgimiento de competidores japoneses de bajo costo que empleaban una estrategia mundial. Para sobrevivir, Philips debía convertirse en una transnacional. La empresa reconoció esta situación e intentó adoptar una postura global, pero poco hizo para modificar su estructura organizacional. Nominalmente, la compañía asumió una estructura matricial con base en la división mundial por producto y áreas nacionales; no obstante, en realidad las áreas nacionales continuaron dominando la organización y las divisiones por producto tenían poco más que una función consultiva. Como resultado, la estructura de Philips no se ajustó a la estrategia y, a principios de la década de 1990, perdía dinero. Solo después de cuatro años de cambios y enormes pérdidas, la empresa inclinó la balanza de poder en su estructura matricial hacia las divisiones por producto. Hacia mediados de la década de 1990, este esfuerzo fructificó para realinear la estrategia de la compañía y su estructura con las demandas de su entorno operativo y un mejor desempeño financiero.[42]

OA14-4   Cambio organizacional

Las empresas multinacionales deben adecuar periódicamente su estructura para ajustarse a los cambios en el entorno en el que compiten y a la estrategia que persiguen. Para ser rentable, Philips NV tuvo que adecuar su estrategia y estructura en la década de 1990, con el fin de que ambas coincidieran con las demandas del entorno competitivo en la industria tecnológica, que desplazó a la compañía desde una estrategia de localización hasta otra de escala mundial. Si bien una reflexión detallada sobre el cambio organizacional rebasa el alcance de este libro, se justifican algunos comentarios respecto de los orígenes de la inercia organizacional y las estrategias y tácticas para instrumentar un cambio organizacional.

INERCIA ORGANIZACIONAL

Es difícil que las organizaciones cambien, pues en la mayoría hay sectores que se resisten al cambio. Estas fuerzas inerciales provienen de varias fuentes y una de ellas es la distribución de poder e influencia en la organización;[43] característica que en los administradores es en parte una función de su

---

[42] Véase F. J. Aguilar y M. Y. Yoshino, "The Philips Group: 1987", Howard Business School, caso núm. 388-050, 1987; "Philips Fights Flab", en *The Economist*, 7 de abril de 1990, pp. 73-74; y R. Van de Krol, "Philips Wins Back Old Friends", en *Financial Times*, 14 de julio de 1995, p. 14.

[43] J. Pfeffer, *Managing with Power: Politics and Influence within Organizations*, Boston, Harvard Business School Press, 1992.

papel en la jerarquía organizacional, definida en la posición estructural. Por definición, los cambios mayores en una organización exigen adecuar la estructura y, por extensión, la distribución de poder e influencia. Algunos individuos verán en el cambio organizacional el aumento de su poder e influencia, pero otros verán su deterioro; por ejemplo, en la década de 1990, Philips incrementó las funciones y responsabilidades de sus divisiones mundiales por producto y disminuyó las de las filiales en el extranjero. Esto entrañó que los administradores de la división mundial por producto aumentaran su poder e influencia, mientras que para los de las filiales se redujeron. Como era de esperar, a algunos administradores de filiales en el extranjero les disgustó el cambio y se resistieron, lo que desaceleró el proceso de cambio. Tal resistencia de quienes perderán poder e influencia es comprensible, en especial cuando argumentan que el cambio quizá no funcionará. En la medida en que tengan éxito, constituirán una fuente de inercia organizacional que puede desacelerar o detener el cambio.

Otra fuente de inercia es la cultura, expresada en los sistemas de normas y valores, los cuales reflejan creencias bien arraigadas que pueden ser muy difíciles de modificar. Si los mecanismos formales e informales de socialización de la organización destacaron un conjunto de valores durante mucho tiempo, y si la contratación, la promoción y los sistemas de incentivos consolidaron esos valores, un anuncio repentino de que ya no son apropiados y deben cambiarse puede provocar resistencia y disonancia entre los empleados; por ejemplo, históricamente, Philips NV dio gran valor a la autonomía local. Los cambios en la década de 1990 representaron una reducción a la autonomía de la que disfrutaban las filiales en el extranjero, lo que contradecía los valores instituidos en la empresa, por lo cual se resistieron.

Asimismo, la inercia organizacional puede provenir de los prejuicios de los altos ejecutivos sobre el modelo o paradigma de negocios apropiado. Cuando cierto paradigma funcionó bien en el pasado, los administradores pueden tener problemas para aceptar que ya no funciona bien. En Philips, conferir una importante autonomía a las filiales extranjeras funcionó con eficacia en el pasado, pues permitía que los administradores locales personalizaran un producto y una estrategia de negocios, y los adecuaran a las condiciones prevalecientes en cierto país. Como este paradigma fue tan eficaz, era difícil para muchos administradores entender por qué ya no se aplicaría en el futuro. Por consiguiente, les fue difícil aceptar un nuevo modelo de negocios y tendían a regresar a su paradigma y a sus formas establecidas de hacer las cosas. Esta transformación precisaba que los administradores abandonaran sus ideas arraigadas sobre lo que funcionaba y lo que no, algo que muchos no podían hacer.

Las restricciones institucionales también pueden actuar como fuente de inercia. Las regulaciones nacionales suponen normas de contenido y políticas laborales que pueden obstaculizar a una multinacional la adecuación de su cadena mundial de valor. Una compañía multinacional quizá desee tomar el control del proceso de producción que desarrollan sus filiales locales, transferir ese control a las divisiones globales por producto y consolidar la elaboración en algunas cuantas ubicaciones; sin embargo, si las reglas de contenido local (véase el capítulo 7) demandan cierto grado de producción local, y si las regulaciones laborales dificultan o encarecen el cierre de las operaciones en un país, una multinacional puede concluir que tales restricciones complican la adopción de estrategias y estructuras más eficaces.

INSTRUMENTACIÓN DEL CAMBIO ORGANIZACIONAL

Aunque todas las organizaciones sufren de inercia, la complejidad y propagación mundial de muchas multinacionales puede dificultar en gran medida el cambio de su estrategia y estructura para que coincidan con las nuevas realidades organizacionales; pero, al mismo tiempo, la tendencia hacia la globalización en muchas industrias es ya tan insoslayable que incontables multinacionales deben adaptarse. Industria tras industria, el declive de las barreras comerciales y de inversión genera un cambio en la naturaleza del entorno competitivo. Las presiones de costos aumentan, lo que implica que las multinacionales deben modernizar sus operaciones para obtener beneficios económicos asociados con las economías de localización y de curva de experiencia, y con la transferencia de competencias y capacidades dentro de la organización. Al mismo tiempo, la sensibilidad local es aún una fuente de diferenciación importante. Para sobrevivir en este creciente entorno competitivo, las empresas multinacionales deben modificar no solo su estrategia sino su estructura para que concuerde con la estrategia. Los principios para un cambio organizacional exitoso se resumen de la siguiente

manera: 1) descongelar a la organización mediante terapia de *shock*, 2) llevar a la organización hacia una nueva situación por medio de cambios en su estructura y 3) congelar de nuevo a la organización en su nueva situación.

Descongelamiento de la organización

Dadas las fuerzas de inercia, un cambio gradual no genera ningún cambio. Quienes ven su poder amenazado por el cambio gradual pueden resistirlo con facilidad. Esta evidente contradicción nos lleva a la teoría del cambio mediante la gran explosión, la cual sostiene que un cambio eficaz requiere de una acción audaz antes de "descongelar" la cultura establecida de una organización, y de cambiar la distribución del poder y la influencia. La terapia de *shock* para sacar a la organización de su estado glacial puede involucrar el cierre de plantas consideradas como no viables, o una drástica reorganización estructural. Además, es fundamental darse cuenta de que el cambio no ocurrirá a menos de que se comprometan con él los altos ejecutivos, quienes deben plantear con claridad su necesidad para que los empleados entiendan por qué se busca y cuáles serán sus beneficios. Asimismo, los ejecutivos deben practicar lo que predican y tomar las medidas necesarias. Si los trabajadores observan que la cúpula administrativa predica la necesidad de cambio, pero sus miembros conservan su propia conducta o no hacen modificaciones considerables en la organización, pronto perderán la fe en el esfuerzo del cambio, que después se diluirá.

Transición hacia una nueva situación

Una vez que la organización se ha descongelado, debe trasladarse hacia una nueva situación. Este flujo requiere medidas como cerrar operaciones; reorganizar la estructura; reasignar responsabilidades; modificar el control, los incentivos y los sistemas de recompensa; rediseñar procesos, y deshacerse de quienes se considere que impiden el cambio. En otras palabras, la transición exige un cambio sustancial en la estructura organizacional multinacional para que coincida con la nueva postura estratégica deseada. Para que una transición sea exitosa, debe efectuarse con suficiente velocidad. Involucrar a los empleados en los esfuerzos hacia el cambio es una excelente forma de que aprecien y crean en las necesidades de cambiar y contribuir a una transición rápida; por ejemplo, una compañía debe delegar bastante responsabilidad en el diseño de los procesos operativos a empleados de menor nivel. Si se actúa adecuadamente y según las recomendaciones, los empleados verán los resultados de sus esfuerzos y, en consecuencia, creerán en la noción de que el cambio es real.

Jack Welch, legendario exdirector ejecutivo de General Electric y quien iniciara el estándar corporativo de aceptar el cambio.

Recongelamiento de la organización

Recongelar la organización entraña más tiempo; puede requerir que se establezca una nueva cultura mientras se desmantela la anterior. Por tanto, la recongelación demanda que los empleados se acostumbren a la nueva forma de hacer las cosas. A menudo, las empresas utilizan programas de formación administrativa para lograrlo. En General Electric, cuyo presidente vitalicio, Jack Welch, estableció un cambio importante en la cultura de la compañía, se usaron programas de formación administrativa como herramienta para comunicar los nuevos valores a los integrantes de la organización; no obstante, los programas de formación administrativa no son suficientes, pues deben cambiarse las políticas de contratación para que reflejen la nueva realidad y atraigan a individuos cuyos valores concuerden con los de la nueva cultura que la empresa pretende forjar. En forma similar, los sistemas de control e incentivos deben concordar con la nueva realidad de la organización o el cambio nunca se dará. Los altos ejecutivos deben reconocer que transformar la cultura lleva mucho tiempo. Toda disminución en la presión para cambiar puede permitir que resurja la cultura anterior mientras los empleados recaen en las formas antiguas de hacer las cosas. Por ello, la tarea de comunicación que enfrentan los ejecutivos implica un esfuerzo de largo plazo que requiere que sean implacables y persistentes en su búsqueda del cambio; por ejemplo, una característica sobresaliente del mandato de veinte años de Jack Welch en GE es que nunca dejó de impulsar su programa de cambio: el lema consistente de su mandato. Siempre inventaba nuevos programas e iniciativas para continuar impulsando la cultura de la organización hacia el camino deseado.

RESUMEN

En este capítulo, identificamos la estructura organizacional de las empresas multinacionales para administrar y dirigir sus operaciones mundiales. Un tema central fue que las diferentes estrategias requieren de diversas estructuras: la estrategia se aplica mediante la estructura. Para tener éxito, una compañía debe hacer que la estructura concuerde fundamentalmente con su estrategia. Las empresas cuya estructura no coincide con sus necesidades estratégicas sufrirán problemas de desempeño. También, es indispensable que los componentes de la estructura sean consistentes entre sí. En el capítulo, destacamos los siguientes aspectos:

1. La estructura organizacional se refiere a la totalidad de una empresa, como su estructura organizacional formal, sus sistemas de control e incentivos, sus procesos, su cultura organizacional y su personal.

2. La rentabilidad de alta calidad en una compañía se basa en tres condiciones: los diferentes elementos de la estructura organizacional deben ser internamente consistentes, su estructura organizacional debe coincidir con su estrategia, y su estrategia y estructura deben ser congruentes con las condiciones competitivas que prevalecen en los mercados en que opera.

3. La estructura organizacional envuelve tres elementos: la división formal de la organización en subunidades (diferenciación horizontal), la localización de las responsabilidades sobre las decisiones dentro de esa estructura (diferenciación vertical) y el establecimiento de mecanismos de integración.

4. Los sistemas de control son los parámetros con que se mide el desempeño de las subunidades y se evalúa el trabajo de sus administradores.

5. Los incentivos son los mecanismos que usan las empresas para recompensar la conducta de los empleados, y muchos de ellos los reciben en forma de bonos anuales. Casi siempre, los incentivos están estrechamente relacionados con los parámetros de desempeño de los controles de producción.

6. Los procesos aluden a la forma en que se toman las decisiones y se desempeña el trabajo, se encuentran en muchos niveles de la organización y, con frecuencia, integran las competencias básicas o capacidades valiosas de una compañía. Los procesos eficientes y eficaces contribuyen a reducir los costos de creación de valor y a agregar valor al producto.

7. La cultura organizacional se refiere a un sistema de valores y normas que comparten los empleados y que se expresan como patrones de conducta o estilo de una organización que los compañeros promueven para que los nuevos trabajadores los adopten.

8. Las empresas que aplican múltiples estrategias deben adoptar una estructura organizacional específica para instrumentarlas en forma exitosa. Las compañías que persiguen estrategias de localización, globales, internacionales y transnacionales deben asumir una estructura organizacional acorde con su estrategia.

9. Si bien todas las organizaciones sufren de inercia, la complejidad y dispersión mundial de muchas empresas multinacionales pueden dificultarles el cambio de su estrategia y estructura para adecuarse a la nueva realidad organizacional. Al mismo tiempo, la tendencia hacia la globalización en muchas industrias vuelve más indispensable que nunca el que muchas multinacionales lo hagan.

Preguntas de análisis y razonamiento crítico

1. "La elección de la estrategia de una empresa multinacional debe depender de una comparación entre sus beneficios (en términos de creación de valor) y sus costos de instrumentarla (la estructura organizacional los define como necesarios para la instrumentación). Conforme a lo anterior, puede ser lógico que algunas compañías intenten aplicar una estrategia de localización, otras una estrategia global o internacional, y otras, incluso, una estrategia transnacional". ¿Es correcta esta afirmación?

2. Comente el siguiente enunciado: "La comprensión de las causas y consecuencias del desempeño ambiguo es fundamental para el diseño organizacional de las empresas multinacionales".

3. Describa la estructura organizacional que una compañía transnacional puede adoptar para reducir los costos de control.

4. ¿Cuál es la estructura organizacional más adecuada para una empresa que compite en una industria en la que lo más apropiado es una estrategia global?

5. Si una compañía cambia su estrategia de internacional a transnacional, ¿cuáles son los principales retos que quizá deba enfrentar por este cambio?, ¿cómo se superan tales retos?

6. Vuelva a leer la sección "Panorama administrativo" sobre la división internacional de Walmart y responda las siguientes preguntas:

   a) ¿Por qué la centralización de la toma de decisiones en la división internacional de Walmart causó problemas para las distintas operaciones nacionales de la compañía? ¿La respuesta de Walmart ha sido adecuada?

   b) ¿Piensa que tener una división internacional es la mejor estructura para manejar las operaciones de Walmart en el extranjero? ¿Qué problemas pueden surgir con esta estructura? ¿Qué otra estructura podría funcionar?

7. Vuelva a leer la sección "Panorama administrativo" acerca del auge y caída de la estructura matricial en Dow Chemical, y conteste las siguientes preguntas:

a) ¿Por qué al principio Dow Chemical adoptó una estructura matricial? ¿Cuáles fueron los problemas con esta estructura? ¿Piensa que estos problemas son característicos de las estructuras matriciales?

b) ¿Qué impulsó el alejamiento de la estructura matricial a finales de la década de 1990? Hoy, ¿tiene sentido la estructura de Dow Chemical, dada la naturaleza de sus negocios y el ambiente competitivo en el que se desempeña?

8. Vuelva a leer el "Panorama administrativo" sobre Lincoln Electric y responda las siguientes preguntas:

a) ¿Hasta qué grado la cultura organizacional y los sistemas de incentivos de Lincoln Electric están alineados con la estrategia de la compañía?

b) ¿Cómo fue la cultura que Lincoln Electric creó y promovió con el tiempo?

c) ¿Por qué la cultura y los sistemas de incentivos funcionaron bien en Estados Unidos? ¿Por qué no lo hicieron en otras naciones?

Proyecto de investigación globaledge.msu.edu

La organización de los negocios internacionales

Utilice la página de internet de globalEDGE™ (globaledge.msu. edu) para completar los siguientes ejercicios:

Ejercicio 1

La revista *Fortune* lleva a cabo una encuesta anual y publica las clasificaciones de las *compañías más admiradas del mundo*. Localice la clasificación más reciente disponible y concéntrese en los factores que se emplearon para determinar cuáles son las compañías más admiradas. Prepare un resumen ejecutivo de los factores de éxito estratégico y organizacional de la empresa que prefiera.

Ejercicio 2

Suponga que trabaja para una compañía farmacéutica cuya sede está en Europa y planea expandir sus operaciones a otras partes del mundo. Para diseñar la estructura de la organización a medida que se expande internacionalmente, la gerencia ha solicitado información adicional sobre el sector farmacéutico mundial. Recurra a la sección *Industry Profiles* del sitio de globalEDGE para preparar una evaluación de riesgos en la industria de la comida y la bebida, que pueda ayudar a la gerencia a lograr una mejor comprensión del entorno externo en los mercados extranjeros.

CASO FINAL

Philips NV

Fundada en Holanda en 1891, Philips Electronics NV es una de las multinacionales más antiguas del mundo. La compañía comenzó haciendo productos para iluminación y con el tiempo se diversificó en un amplio rango de negocios que incluye aparatos electrodomésticos, electrónicos de consumo y productos para el cuidado de la salud. Desde el principio, el pequeño mercado doméstico holandés creó presiones para que Philips buscara su crecimiento en los mercados extranjeros. Al inicio de la Segunda Guerra Mundial, la empresa ya tenía presencia mundial, pero, a medida que transcurrió la guerra, Holanda fue ocupada por Alemania, así que necesariamente las organizaciones nacionales de la compañía en países como Inglaterra, Australia, Brasil, Canadá y Estados Unidos obtuvieron una importante autonomía en ese periodo.

Después de la guerra se conservó una estructura basada en sólidas organizaciones nacionales. Cada una de ellas era en esencia una entidad autosuficiente, responsable de gran parte de su propia manufactura, comercialización y ventas. No obstante, la mayoría de las actividades de investigación y desarrollo se centralizaban en las oficinas corporativas de Philips en Eindhoven,

Holanda. Por lo mismo, se introdujeron varias divisiones por producto. Con sede en Eindhoven, tales divisiones desarrollaron tecnologías y productos que después eran elaborados y vendidos por distintas organizaciones nacionales. Durante este periodo, la trayectoria de la mayoría de los altos ejecutivos de Philips comprendía puestos relevantes en múltiples organizaciones nacionales alrededor del mundo.

Dicho arreglo organizacional funcionó bien durante algunas décadas y le permitió a Philips personalizar sus ofertas de productos, ventas y esfuerzos de comercialización de acuerdo con las condiciones existentes en los mercados nacionales; sin embargo, para la década de 1970, empezaron a aparecer fallas en este esquema. La estructura implicaba una considerable repetición innecesaria de actividades en todo el mundo, sobre todo en la producción, que creaban una estructura de alto costo intrínseco. Esto no importaba mucho cuando las barreras comerciales eran altas, pero en la década de 1970 comenzaron a caer y los competidores, como Sony y Matsushita de Japón, General Electric de Estados Unidos y Samsung de Corea, estaban ganando participación en el mercado al atender a mercados cada vez más

Las oficinas corporativas de Philips NV en Eindhoven, Holanda.

globales desde instalaciones centralizadas de producción donde podían lograr una mayor economía de escala y, por tanto, costos menores.

La respuesta de Philips fue tratar de inclinar la balanza de poder en su estructura lejos de las organizaciones nacionales y hacia las divisiones por producto. Se instituyeron centros internacionales de producción bajo la dirección de estas divisiones; pero las organizaciones nacionales continuaron siendo responsables de la comercialización y las ventas locales, y a menudo, conservaron el control sobre las instalaciones locales de producción. Un problema que Philips enfrentó al intentar modificar su estructura en ese momento fue que la mayoría de los altos ejecutivos provenía de las organizaciones nacionales, por lo que eran leales a ellas y tendían a proteger su autonomía.

A pesar de los esfuerzos de reorganización, las organizaciones nacionales siguieron teniendo una fuerte influencia en Philips hasta la década de 1990, y a mediados de ésta, Cor Boonstra fue designado CEO. Su descripción de la estructura organizacional de la compañía como un "plato de espagueti" es famosa, y se preguntaba cómo era posible que Philips compitiera cuando tenía 350 filiales en todo el mundo y una enorme duplicidad de esfuerzos en manufactura y comercialización entre naciones. Boonstra implementó una reorganización radical: sustituyó las 21 divisiones por producto de la empresa por solo siete divisiones globales de negocios, lo que permitió el desarrollo de productos, la producción y la comunicación mundiales. Los directores de las divisiones le reportaban directamente a él, mientras que las organizaciones nacionales le reportaban a las divisiones. Las organizaciones nacionales continuaron siendo responsables de los esfuerzos locales de ventas y marketing, pero, después de esta reorganización, perdieron su histórica influencia en la compañía.

No obstante, Philips permaneció detrás de sus adversarios mundiales. En 2008, Gerard Kleisterlee, quien sucedió a Boonstra en la dirección general en 2001, consideró que Philips aún no se centraba lo suficiente en los mercados mundiales y volvió a reorganizar la empresa, esta vez en torno de solo tres divisiones globales: cuidado de la salud, iluminación y estilo de vida del consumidor (que incluía los negocios electrónicos de la compañía). Las divisiones eran responsables de la estrategia de producto, comercialización mundial y de cambiar la producción a lugares de bajo costo (o de subcontratar la producción), y también tuvieron algunas responsabilidades de ventas, en particular en el trato con las cadenas globales de venta al menudeo, como Walmart, Tesco y Carrefour. Para ajustarse a las diferencias nacionales, algunas actividades de ventas y marketing permanecieron en las organizaciones nacionales.[44]

Preguntas para analizar el caso

1. ¿Por qué la estructura organizacional de Philips tenía sentido en las décadas de 1950 a 1970? ¿Por qué comenzó a crear problemas para la empresa en la década de 1980?
2. ¿Qué estaba tratando de lograr Philips al inclinar la balanza de poder de su estructura lejos de las organizaciones nacionales y hacia las divisiones por producto? ¿Por qué fue difícil conseguirlo?
3. ¿Cuál era el objetivo de los cambios organizacionales efectuados por Cor Boonstra? ¿Qué estaba intentaba lograr?
4. En 2008, Philips volvió a reorganizarse una vez más. ¿Por qué piensa que lo hizo? ¿Qué trataba de alcanzar?

[44] C. A. Bartlett: "Philips versus Matsushita: The Competitive Battle continues", Caso de la Escuela de Negocios de Harvard, 11 de diciembre de 2009; y "Philips Communicates Vision 2010 Strategies Plan", boletín de prensa de Philips, 10 de septiembre de 2007.

Estrategia de entrada y *joint ventures*

15

OBJETIVOS DE APRENDIZAJE

Al terminar este capítulo, usted deberá ser capaz de:

OA15-1 Explicar las tres decisiones básicas que deben tomar las compañías que consideran expandirse al extranjero: a qué mercados entrar, cuándo entrar en ellos y en qué escala.

OA15-2 Comparar y contrastar las ventajas y desventajas de las distintas maneras que utilizan las empresas para entrar en los mercados extranjeros.

OA15-3 Identificar los factores que influyen en la forma de entrada que elige una compañía.

OA15-4 Reconocer las ventajas y desventajas de las adquisiciones en comparación con las nuevas alianzas como estrategia de entrada.

OA15-5 Evaluar las ventajas y desventajas de entrar mediante *joint ventures*.

JCB en India

Caso inicial

JCB, el respetable fabricante británico de maquinaria de construcción, ha sido desde hace mucho un jugador relativamente pequeño en un mercado global dominado por empresas como Caterpillar y Komatsu, con una sola excepción: India. Aunque la compañía está presente en 150 países, de las 69 100 máquinas que vendió en el mundo en 2010, casi la tercera parte fue en India. Para JCB, India es auténticamente la joya de la corona.

La historia de JCB en India data de 1979, cuando la empresa estableció una alianza estratégica (*joint venture*) con Escorts, un conglomerado indio de ingeniería que posee una mayoría de 60% de las acciones, lo que deja a JCB con 40%. Dicha *joint venture* fue la primera de JCB, que históricamente ha exportado hasta dos tercios de su producción desde Inglaterra a un amplio rango de naciones; sin embargo, las altas barreras arancelarias hacían que fuera difícil exportar de modo directo a India.

Quizá JCB hubiera preferido entrar sola en India, pero las regulaciones gubernamentales de la época exigían que los inversionistas extranjeros formaran *joint ventures* con compañías locales. JCB estimaba que el mercado indio de la construcción estaba listo para crecer y llegar a ser muy grande. Los administradores de la empresa consideraban que era mejor tener un pun-

to de apoyo en el país, para obtener así una ventaja sobre los competidores globales, en vez de esperar hasta que se concretara el potencial de crecimiento.

Para finales de la década de 1990, la alianza estaba vendiendo aproximadamente dos mil retroexcavadoras en India y tenía 80% de participación en el mercado. Después de años de desregulación, la economía india florecía; no obstante, JCB estimaba que la *joint venture* limitaba su capacidad de expansión. En especial, gran parte del éxito mundial de JCB se basaba en el uso de tecnologías manufactureras de punta y una incansable innovación de producto, pero la empresa dudaba mucho de transferir su conocimiento a una alianza en la que no tenía la mayoría de acciones y, por tanto, tampoco el control. Lo último que JCB quería era que una de esas tecnologías valiosas se filtrara a Escorts, uno de los mayores fabricantes de tractores en India y posible competidor directo en el futuro. Aún más, JCB se resistía a efectuar la inversión necesaria en India para llevar a la alianza al siguiente nivel, a menos que pudiera captar más de los dividendos a largo plazo.

En 1999, sacó provecho de los cambios en las regulaciones gubernamentales para renegociar los términos de la alianza con Escorts y compró 20% de las acciones de su socia para tener mayoría y asumir el control. En 2003, JCB llevó esto a su

433

lógico desenlace cuando respondió a nuevos relajamientos de las regulaciones del gobierno a la inversión extranjera comprando el resto de las acciones de Escorts y transformando así la *joint venture* en una filial de propiedad absoluta.

Ya con el control total, a principios de 2005 JCB incrementó su inversión en India, anunciando que construiría una segunda fábrica en Pune que usaría para atender el mercado indio. Para 2007, en lo que representó una audaz apuesta por la demanda futura en el mercado indio de cara a una desaceleración de la economía global, JCB emprendió una gran renovación y expansión de su fábrica original en Ballabgarh, India. Para ven-

der la producción adicional en el país, JCB rápidamente expandió su red detallista, duplicando la cantidad de tiendas en seis años para alcanzar las 400 en 2011. Asimismo, la compañía localizó la producción para más de 80% de las partes empleadas en su producto estrella, la retroexcavadora; esto para mantener los costos bajos y asegurarse de que los detallistas tuvieran acceso inmediato a partes de repuesto. La estrategia funcionó: entre 2001 y 2012, los ingresos en India se multiplicaron 10 veces y hoy la empresa es el fabricante líder de retroexcavadoras en la nación.[1]

Introducción

Este capítulo aborda dos temas íntimamente relacionados: 1) elegir en qué mercado extranjero deberá ingresarse, cuándo hacerlo y en qué escala, y 2) seleccionar la forma de entrar. Toda empresa que vislumbre una expansión extranjera primero debe reflexionar sobre los mercados extranjeros potenciales, cuándo ingresar en ellos y en qué escala. Dicha elección debe hacerse por medio de una valoración del crecimiento relativo a largo plazo y el potencial de ganancia; por ejemplo, como vimos en el caso inicial, JCB entró temprano en el mercado indio de maquinaria pesada de construcción. Este compromiso fue una apuesta estratégica en favor del potencial de crecimiento a largo plazo del mercado, una apuesta que resultó certera. Al aprovechar su ventaja como pionero, para 2011, JCB era el mayor fabricante de maquinaria pesada de construcción en India.

Otro aspecto relevante que las compañías internacionales deben considerar es la forma de penetración en un mercado extranjero. Los diferentes modos de abastecer a los mercados extranjeros son la exportación, el acuerdo de licencias y franquicias a empresas del país anfitrión, el establecimiento de *joint ventures* con alguna compañía del país anfitrión, el establecimiento de una filial de propiedad absoluta en el país anfitrión o la adquisición de una empresa establecida en el país anfitrión para abastecer su mercado. Cada opción tiene sus ventajas y desventajas, cuya magnitud se relaciona con cada forma de penetración y está determinada por una serie de factores, como costos de transportación, barreras arancelarias, riesgos políticos, riesgos económicos, riesgos empresariales, costos y estrategia de la compañía. El modo óptimo de entrada se halla en función del caso respecto de estos factores; por tanto, mientras algunas empresas abastecen de mejor manera un mercado determinado mediante la exportación, otras lo hacen por medio de una filial de propiedad absoluta o al adquirir una compañía establecida. En el caso de JCB, su elección inicial para entrar, mediante una *joint venture* con una empresa india, fue dictada por las circunstancias de la época (las regulaciones gubernamentales de India hacían de la *joint venture* la única opción práctica).

El tema final de este capítulo son las **joint ventures** o **alianzas estratégicas**, o acuerdos de cooperación entre competidores actuales o potenciales. El término suele aplicarse para designar una serie de convenios entre competidores actuales o potenciales que incluyen tratos de participaciones societarias cruzadas, convenios de licencia, *joint ventures* formales y acuerdos informales de cooperación. Los motivos para conformar alianzas estratégicas varían, pero a menudo se relacionan con el acceso al mercado, de ahí la coincidencia con el tema de modo de entrada.

OA15-1 **Decisiones básicas de entrada**

Una empresa que pretende expandirse al extranjero debe tomar tres decisiones básicas: a qué mercado, en qué momento hacerlo y en qué escala.[2]

---

[1] P. Marsh, "Partnerships Feel the Indian Heat", en *Financial Times*, 22 de junio de 2006, p. 11; P. Marsh, "JCB Targets Asia to Spread Production", en *Financial Times*, 16 de marzo de 2005, p. 26; D. Jones, "Profits Jump at JCB", en *Daily Post*, 20 de junio de 2006, p. 21; R. Bentley, "Still Optimistic about Asia", en *Asian Business Review*, 1 de octubre de 1999, p. 1; "JCB launches India-specific heavy duty Crane", en *The Hindu*, 18 de octubre de 2008; P. M. Thomas, "JCB Hits Pay Dirt in India", en Forbes.com, 6 de diciembre de 2011; y J. Moulds, "JCB Unearths Record Sales and Profits", en *The Guardian*, 17 de abril de 2012.

[2] Para estudios empíricos interesantes que tratan los temas de compromisos de tiempo y recursos véase T. Isobe, S. Makino y D. B. Montgomery, "Resource Commitment, Entry Timing, and Market Performance of Foreign Direct Investments in

¿A QUÉ MERCADOS EXTRANJEROS?

Existen 196 naciones-Estado en el mundo, pero no todas representan la misma capacidad de ganancia para una empresa que vislumbra una expansión extranjera. En última instancia, la elección debe basarse en una valoración del potencial de ganancia a largo plazo en el país en cuestión. Tal potencial es una función de diversos factores, muchos de los cuales ya estudiamos en capítulos anteriores. En los capítulos 2 y 3, analizamos con detalle los factores económicos y políticos que determinan la atracción potencial del mercado extranjero. En ese momento, detallamos que el atractivo de una nación como mercado potencial para una compañía internacional depende del equilibrio entre los beneficios, costos y riesgos asociados con practicar negocios en ese país.

Asimismo, en los capítulos 2 y 3, dijimos que los beneficios económicos de largo plazo vinculados con la práctica de negocios en un país son una función de factores como el tamaño del mercado (desde el punto de vista demográfico), la riqueza actual (o poder adquisitivo) de los consumidores del mercado y su probable riqueza futura, que depende de las tasas de crecimiento económico. Aunque algunos mercados son muy grandes en términos de la cantidad de consumidores (por ejemplo, China, India e Indonesia), deben evaluarse los niveles de vida y el crecimiento económico. Con base en esto, China, y en menor grado, India, si bien son relativamente pobres, crecen tan rápido que son atractivos para la inversión hacia el interior (de ahí la decisión de JCB de efectuar grandes inversiones adicionales en India a mediados de la década de 2000). Además, el débil crecimiento indonesio implica que India es un blanco mucho más atractivo para la inversión entrante. Como estudiamos en los capítulos 2 y 3, la probabilidad de tasas de crecimiento económico futuro parece una función del sistema de libre mercado y la capacidad de crecimiento económico de una nación (que puede ser mayor en los países menos desarrollados). También, los costos y riesgos relacionados con los negocios en un país extranjero suelen ser menores en las naciones desarrolladas y que cuentan con una democracia estable, y mayores en los países menos desarrollados y políticamente inestables.

El análisis de los capítulos 2 y 3 sugiere que, en igualdad de condiciones, es más probable que el riesgo costo-beneficio del intercambio comercial sea más favorable en países desarrollados, con estabilidad política, sistemas de libre mercado y donde no hay aumentos drásticos en las tasas de inflación ni en la deuda del sector privado. El comercio puede ser menos favorable en naciones en vías de desarrollo con inestabilidad política, una economía mixta o planificada, o en economías donde las burbujas financieras especulativas obliguen a pedir préstamos en exceso.

Otro factor importante es el valor que una empresa internacional crea en un mercado extranjero, el cual depende de la idoneidad de su oferta de producto en el mercado y de la competencia local.[3] Si la compañía internacional ofrece un producto que no ha estado disponible en ese mercado y atiende una necesidad no satisfecha hasta el momento, es probable que el valor de ese producto para los consumidores sea mucho mayor que si solo oferta el mismo tipo de producto que los competidores locales y otros participantes extranjeros. El mayor valor se traduce en una capacidad de cobrar mayores precios, construir un volumen de ventas de manera más rápida o ambos. Al considerar estos factores, una empresa clasifica a los países en términos de su atractivo y rentabilidad potencial a largo plazo. Así, se da preferencia a los mercados que se clasifican con un alto potencial; por ejemplo, Tesco, la gran cadena de abarrotes británica, ha expandido agresivamente sus operaciones en el extranjero en años recientes, concentrándose sobre todo en mercados emergentes que carecen de fuertes competidores locales (véase el siguiente "Panorama administrativo").

Emerging Economies", en *Academy of Management Journal* 43, núm. 3, 2000, pp. 468-484; y Y. Pan y P. S. K. Chi, "Financial Performance and Survival of Multinational Corporations in China", en *Strategic Management Journal* 20, núm. 4, 1999, pp. 359-374. Hay una perspectiva teórica complementaria sobre este tema en V. Govindarjan y A. K. Gupta, *The Quest for Global Dominance*, San Francisco, Jossey-Bass, 2001. También véase F. Verneulen y H. Barkeme, "Pace, Rhythm and Scope: Process Dependence in Building a Profitable Multinational Corporation", en *Strategic Management Journal* 23, 2002, pp. 637-654.

[3] Esto puede replantearse como un recurso base para el miembro entrante respecto de los competidores locales. Para trabajos que abordan este tema véase W. C. Bogner, H. Thomas y J. McGee, "A Longitudinal Study of the Competitive Positions and Entry Paths of European Firms in the U.S. Pharmaceutical Market", en *Strategic Management Journal* 17, 1996, pp. 85-107; D. Collis, "A Resource-Based Analysis of Global Competition", en *Strategic Management Journal* 12, 1991, pp. 49-68; y S. Tallman, "Strategic Management Models and Resource-Based Strategies among MNEs in a Host Market", en *Strategic Management Journal* 12, 1991, pp. 69-82.

MOMENTO DE ENTRADA

Una vez identificados los mercados atractivos, es indispensable considerar el **momento de entrada**. La entrada es temprana cuando una compañía accede a un mercado extranjero antes de que lo hagan otras empresas extranjeras, y tardía, cuando lo hace después. Las ventajas que a menudo acompañan a la entrada temprana en un mercado se conocen como **ventajas del primero en actuar** o **ventajas del pionero**,[4] como la capacidad para anticiparse a sus rivales y capturar la demanda mediante el establecimiento de un fuerte nombre de marca. Este deseo ha impulsado la rápida expansión de Tesco hacia naciones en desarrollo (véase el "Panorama administrativo"). Una segunda ventaja es la capacidad de construir un gran volumen de ventas en ese país y descender por la curva de experiencia, aventajando a los rivales, lo que da al primero en actuar una ventaja en costos sobre los que entran después. Podría argumentarse que ese factor fue el que motivó a JCB a entrar en el mercado indio en 1970, cuando aún era pequeño (hoy, está entre los más grandes del mundo; véase el "Caso inicial"). Tal ventaja en costos posibilita reducir los precios al primero en entrar, respecto de una estructura de costos mayor para los participantes tardíos, lo que puede orillarlos a salir del mercado. Una tercera ventaja es la capacidad de los primeros para crear costos cambiantes que aten a los clientes a sus productos o servicios, estos costos dificultan a los participantes tardíos entrar en el negocio.

No obstante, puede haber desventajas al ingresar en un mercado extranjero antes de que lo hagan otros, que, por lo regular, se conocen como **desventajas del primero en actuar**[5] y pueden dar lugar a **costos pioneros**, aquellos que debe asumir el primero en entrar y que pueden evitar un participante tardío. Tales costos surgen cuando el sistema de negocios en un país extranjero es tan distinto del que rige el mercado nacional de una empresa, que esta debe dedicar esfuerzos, tiempo y costos considerables para aprender las reglas del juego. Los costos pioneros implican los del fracaso empresarial si la compañía, por su ignorancia del contexto extranjero, comete errores graves. Existe un cierto riesgo asociado con ser extranjero, que es mayor para las compañías que penetran en un mercado nacional antes que nadie.[6] La investigación parece comprobar que la probabilidad de supervivencia aumenta si una empresa internacional entra en un mercado nacional luego de otras compañías extranjeras,[7] pues el participante tardío puede beneficiarse al observar y aprender de los errores de los primeros participantes.

Los costos pioneros pueden incluir los de promoción y establecimiento de la oferta de un producto, así como los de la educación de los consumidores. Estos pueden ser en particular importantes cuando el producto es uno que los consumidores locales no conocen. En contraste, los participantes tardíos podrán aprovechar las inversiones del primero en el aprendizaje y la educación del cliente mediante la observación de la manera en que se comportó en el mercado, la evasión de sus errores costosos y la explotación del potencial de mercado creado por sus inversiones en la familiarización del cliente con el producto. Por ejemplo, KFC introdujo en China el estilo estadounidense de comida rápida, pero fue un participante posterior, McDonald's, fue el que aprovechó el mercado chino.

Un participante temprano puede quedar en seria desventaja, respecto de uno posterior, si las regulaciones se modifican y disminuyen el valor de las inversiones del primero. Este es un riesgo grave en muchas naciones en vías de desarrollo, donde las reglas de los negocios aún están en transformación. Los primeros participantes pueden encontrarse en desventaja si un cambio posterior en las regulaciones invalida los supuestos previos sobre el mejor modelo de negocio para ese país.

ESCALA DE ENTRADA Y COMPROMISOS ESTRATÉGICOS

Otro concepto que una empresa internacional debe considerar al ingresar en un mercado es la escala de entrada. La entrada en gran escala a un mercado extranjero implica un significativo desembolso de recursos y una actuación rápida. Un ejemplo de ello es el ingreso de la compañía aseguradora

4   Para un análisis de las ventajas de quien actúa primero véase M. Lieberman y D. Montgomery, "First-Mover Advantages", en *Strategic Management Journal* 9, edición especial de verano, 1988, pp. 41-58.

5   J. M. Shaver, W. Mitchell y B. Yeung, "The Effect of Own Firm and Other Firm Experience on Foreign Direct Investment Survival in the United States, 1987-92", en *Strategic Management Journal* 18, 1997, pp. 811-824.

6   S. Zaheer y E. Mosakowski, "The Dynamics of the Liability of Foreignness: A Global Study of Survival in the Financial Services Industry", en *Strategic Management Journal* 18, 1997, pp. 439-464.

7   Shaver, Mitchell y Yeung, "The Effect of Own Firm and Other Firm Experience".

Estrategia de crecimiento internacional de Tesco

Tesco es el minorista de abarrotes más importante en el Reino Unido, con una participación del mercado local de 25%. En su mercado nacional, se supone que las fortalezas de la compañía provienen de sólidas competencias en comercialización y ubicación, logística y administración de inventarios de las tiendas, y de sus ofertas de producto de marca propia. A principios de la década de 1990, estas competencias colocaron a la empresa en una posición dominante en el Reino Unido. Generaba considerables flujos de efectivo y los altos ejecutivos debieron pensar cómo aprovecharlo, así que se decidieron por la expansión hacia el extranjero. Al examinar los mercados internacionales, pronto concluyeron que las mejores oportunidades no estaban en los mercados establecidos, como los de América del Norte y Europa occidental, en donde ya había fuertes competidores locales, sino en los mercados emergentes de Europa oriental y Asia, donde había pocos competidores capaces y tendencias de crecimiento evidentes.

La primera incursión internacional de Tesco fue en Hungría, en 1994, cuando adquirió una participación inicial de 51% en Global, una cadena de tiendas de abarrotes propiedad del Estado, con 43 tiendas. Para 2012, Tesco era líder en el mercado en Hungría, con aproximadamente 118 hipermercados y 98 tiendas más pequeñas; en 1996 adquirió 31 tiendas en Polonia, de Stavia; un año después, agregó 13 tiendas que le vendió Kmart en la República Checa y de Eslovaquia, y al año siguiente ingresó en la República de Irlanda.

La expansión de Tesco hacia Asia inició en 1998, a Tailandia, cuando compró 75% de Lotus, minorista local de alimentos con 13 tiendas. A partir de aquí y hasta 2012 Tesco tenía más de 1 200 tiendas en Tailandia. En 1999, la compañía ingresó en Corea del Sur, cuando se asoció con Samsung para establecer una cadena de hipermercados. A esto le siguieron Taiwán en el año 2000, Malasia en 2002 y China en 2004. El ingreso en China sucedió luego de tres años de cuidadosa investigación y pláticas con posibles socios. Como muchas otras empresas occidentales, a Tesco le atrajo el mercado chino por su gran tamaño y rápido crecimiento, y se decidió por una *joint venture* 50/50 con Hymall (que para el año 2012 tenía 131 tiendas en China), cadena de hi-

permercados controlada por Ting Hsin, grupo taiwanés que había operado en el mercado chino durante seis años. Ting Hsin es una organización bien capitalizada y que igualó las inversiones de Tesco, lo que reduciría su riesgo de ingreso en China.

Como resultado de dichos cambios, para 2012, Tesco generaba ventas por 22 400 millones de libras esterlinas fuera del Reino Unido (sus utilidades anuales en el RU eran de 43 mil millones de libras, IVA excluido). La adición de tiendas internacionales contribuyó a que Tesco ocupara la cuarta posición como una de las empresas más grandes en el mercado global de abarrotes, después de la estadounidense Walmart, la francesa Carrefour y la holandesa Ahold; sin embargo, de las cuatro, Tesco puede ser la más exitosa a escala internacional. Para 2012, todas sus alianzas en el extranjero, menos una pequeña operación en Estados Unidos que está planeando retirar, estaban ganando dinero.

Al explicar el éxito de la compañía, sus directivos manifiestan que diversos aspectos son relevantes. En primer lugar, la empresa presta gran atención a la transferencia de sus capacidades básicas de menudeo a sus nuevas compañías; además de que no envía un ejército de expatriados a dirigir las empresas locales, sino que prefiere contratar administradores del lugar y apoyarlos con unos cuantos expertos de operación del Reino Unido. En segundo lugar, la compañía estima que su estrategia de participación en Asia es un gran activo; por lo que se asoció con buenas empresas que comprenden muy bien los mercados en que participan, aunque carecieran de la fortaleza financiera y capacidades de venta al menudeo de Tesco. En consecuencia, tanto la compañía como sus socios obtienen buenos dividendos de sus alianzas, lo que aumenta su probabilidad de éxito. Conforme se afianza esta estrategia, la empresa suele aumentar su participación accionaria respecto de su socio. Así, y según los planes vigentes, para 2010 poseía 99% de Homeplus, su cadena de hipermercados sudcoreana, que, al momento de la alianza, solo era de 51%. En tercer lugar, la compañía se concentra en mercados con buenas posibilidades de crecimiento y pocos competidores locales fuertes, lo que genera buenas oportunidades de expansión.[8]

8 P. N. Child, "Taking Tesco Global", *The McKenzie Quarterly*, núm. 3, 2002; H. Keers, "Global Tesco Sets Out Its Stall in China", en *Daily Telegraph*, 15 de julio de 2004, p. 31; K. Burgess, "Tesco Spends Pounds 140m on Chinese Partnership", en *Financial Times*, 15 de julio de 2004, p. 22; y reportes anuales de Tesco, archivados en www.tesco.com; P. Sonne, "Five Years and $1.6 Billion later, Tesco Decides to Quit US", en *The Wall Street Journal*, 6 de diciembre de 2012; y "Tesco Set to Push Ahead in the United States", en *The Wall Street Journal*, 6 de octubre de 2010, p. 19.

holandesa ING al mercado estadounidense en 1999, para lo que debía gastar varios miles de millones de dólares en adquirir sus operaciones en el país. No todas las empresas cuentan con los recursos necesarios para ingresar a gran escala, e incluso algunas grandes compañías prefieren entrar a los mercados extranjeros en pequeña escala y crecer despacio, a la par de su familiarización con el mercado.

Las consecuencias de entrar en escala importante (o muy rápido) se relacionan con el valor de los compromisos estratégicos resultantes,[9] que son decisiones con un efecto de largo plazo y difícilmente reversibles. La decisión de entrar en un mercado extranjero a gran escala es un compromiso estratégico muy relevante y que puede influir mucho en la naturaleza de la competencia de dicho mercado; por ejemplo, al entrar en el mercado de los servicios financieros a gran escala en Estados Unidos, ING se comprometió con el mercado, lo que tendrá varios efectos. Del lado positivo, facilitará la atracción de los consumidores y de los distribuidores (como los agentes de seguros). La escala de entrada da a los clientes y distribuidores una razón para creer que ING permanecerá en el mercado a largo plazo, aunque también puede detener a otras instituciones extranjeras que consideran entrar en Estados Unidos: ahora deberán enfrentarse no solo a las instituciones locales de esa nación, sino a una institución europea agresiva y exitosa. Desde el punto de vista negativo, al comprometerse en gran medida con Estados Unidos, ING puede tener menos recursos disponibles para respaldar la expansión hacia otros mercados codiciados, como Japón. El compromiso con Estados Unidos limita la flexibilidad estratégica de la compañía.

Como puede deducirse del ejemplo de ING, los compromisos estratégicos importantes no son absolutamente buenos o malos, sino que tienden a modificar el campo de juego competitivo y a desatar una serie de cambios, los cuales pueden ser deseables o no. Es esencial para una empresa pensar en las implicaciones de la entrada a gran escala en un mercado y actuar en consecuencia, en especial identificar la reacción de los competidores actuales y potenciales ante dicho movimiento. Asimismo, un participante en gran escala tendrá más probabilidades que uno pequeño para aprovechar las ventajas del primero en actuar, como la prioridad de la demanda, las economías de escala y los costos cambiantes.

El valor de los compromisos debido a la entrada veloz y en gran escala en un mercado extranjero debe sopesarse contra los riesgos y la falta de flexibilidad resultantes, aunque la inflexibilidad estratégica también puede ser valiosa. Un ejemplo famoso de la historia militar ilustra el valor de la inflexibilidad: cuando Hernán Cortés llegó a México, ordenó a sus hombres que, salvo uno, quemaran todos sus barcos, pues pensaba que al eliminar su único método de retirada sus hombres no tendrían más opción que combatir con vigor y lograr la victoria sobre los aztecas, lo que con el tiempo ocurrió.[10]

Para equilibrar el valor y los riesgos de los compromisos asociados con una entrada en gran escala, están los beneficios de una entrada en pequeña escala, que le permite a la compañía aprender sobre un mercado extranjero al tiempo que limita su exposición a él. La entrada en pequeña escala puede verse como una forma de reunir información sobre un mercado extranjero antes de decidir si entrar en gran escala o determinar la mejor manera de hacerlo; al dar a la empresa tiempo para reunir información, la entrada en pequeña escala reduce los riesgos vinculados con una entrada posterior de gran escala. Aunque la falta de compromiso relacionada con una entrada en pequeño puede dificultar la participación de mercado posterior y la obtención de las ventajas del primero en actuar. Una compañía con aversión al riesgo que ingresa en un mercado extranjero en pequeña escala limita sus pérdidas potenciales, pero también pierde la oportunidad de obtener las ventajas del primero en actuar.

RESUMEN

Aquí no existen decisiones "correctas", solo decisiones que implican diferentes niveles de riesgo y recompensa. Entrar a una gran nación en desarrollo, como China o India, antes que otros negocios internacionales, y hacerlo en grande, son decisiones que suponen riesgos. En tales casos, el riesgo de ser extranjero se incrementa por la ausencia de participantes extranjeros previos, cuya experiencia puede ser de gran ayuda. Al mismo tiempo, las recompensas potenciales de largo plazo para tal estrategia son abundantes. El primero en entrar a gran escala en una importante nación en desarrollo puede apropiarse de las enormes ventajas de hacerlo, lo cual reforzará su posición a largo plazo en

[9] P. Ghemawat, *Commitment: The Dynamics of Strategy*, Nueva York, Free Press, 1991.
[10] R. Luecke, *Scuttle Your Ships before Advancing* (Oxford: Oxford University Press, 1994).

El fenómeno Jollibee: una multinacional filipina

Jollibee, que significa *Jolly Bee* (abeja feliz), es la historia exitosa de una empresa en Filipinas que inició sus operaciones en 1975 como una nevería con dos sucursales y después incluyó en su menú sándwiches calientes y otros alimentos. Animada por su éxito inicial, se integró como Jollibee Foods Corporation en 1978, con una red que creció a siete tiendas de distribución. En 1981, cuando contaba con 11 tiendas, McDonald's ya había abierto restaurantes en Manila. Muchos observadores creyeron que Jollibee tendría problemas al competir contra el gigante estadounidense; sin embargo, la compañía vio en ello una oportunidad para aprender de un competidor mundial muy exitoso. Comparó su desempeño con el de McDonald's y adoptó sistemas operativos similares para controlar la calidad, los costos y el servicio en sus locales, con lo que mejoró su desempeño.

Conforme entendía mejor los mecanismos comerciales de McDonald's, Jollibee buscó una debilidad en su estrategia mundial y sus ejecutivos concluyeron que el menú de McDonald's era demasiado estandarizado para el gusto local y que podrían ganar participación de mercado al personalizar su propio menú. Las hamburguesas de Jollibee se distinguían por una mezcla secreta de especias combinada con la carne molida para hacerlas más dulces que las de McDonald's y más congruentes con los gustos filipinos. Asimismo, ofrecía varios platillos locales, como distintos tipos de arroz, hamburguesas con piña y postres como *langka* de plátano, y pasteles de durazno y mango. Con esta estrategia, Jollibee mantuvo su posición de liderazgo sobre el gigante mundial, y para 2012, tenía más de 740 sucur-

sales en Filipinas, una participación de más de 60% e ingresos superiores a 600 millones de dólares. En contraste, McDonald's tenía aproximadamente 250 restaurantes.

A mediados de la década de 1980, Jollibee había logrado la suficiente confianza como para expandirse internacionalmente. Sus primeras incursiones fueron hacia sus vecinos, como Indonesia, donde aplicó su estrategia de adaptarse a los gustos locales y, así, diferenciarse de McDonald's. En 1987, incursionó en el Medio Oriente, donde un gran contingente de trabajadores filipinos expatriados facilitó un mercado hecho a la medida de la compañía. La estrategia de concentrarse en expatriados funcionó tan bien que, para finales de la década de 1990, decidió probar suerte en otro mercado extranjero, Estados Unidos, donde había una gran población filipina. Entre 1999 y 2012, Jollibee abrió 25 sucursales en Estados Unidos, de las cuales 20 se ubicaban en California. Aunque muchos consideraban que el mercado de comida rápida de Estados Unidos estaba saturado, las tiendas funcionaron bien. Pese a que la clientela inicial era principalmente la comunidad inmigrante filipina, donde la conciencia de marca de Jollibee era alta, poco a poco, los no filipinos fueron acercándose al restaurante. En la tienda de San Francisco, la más antigua, hoy más de la mitad de sus clientes no son filipinos. En la actualidad, Jollibee tiene 75 sucursales internacionales y un brillante futuro potencial como competidor clave en un mercado que históricamente había sido dominado por multinacionales estadounidenses.[11]

---

el mercado.[12] Eso era lo que JCB esperaba cuando entró a India en 1994, y hasta 2010, parecía haber obtenido una ventaja considerable por ser el primero o uno de los primeros (véase el "Caso inicial"). En contraste, entrar en naciones desarrolladas, como Australia o Canadá, después de otras compañías internacionales, y hacerlo en pequeña escala para aprender primero sobre esos mercados, son decisiones que entrañan mucho menos riesgo, aunque las recompensas potenciales de largo plazo también son menores, pues la empresa renuncia a la oportunidad de obtener las ventajas del primero en actuar y, por su relativa falta de compromiso, con una entrada en pequeña escala, limita sus posibilidades de crecimiento futuro.

En gran medida, esta sección fue escrita desde la perspectiva de una compañía en un país desarrollado que considera entrar en mercados extranjeros. Christopher Bartlett y Sumantra Ghoshal destacan la capacidad de las empresas de naciones en desarrollo para incursionar en mercados extranjeros y convertirse en competidores mundiales:[13] aunque tienden a ser participantes tardíos en

---

[11] "Jollibee Battles Burger Giants in US Market", en *Philippine Daily Inquirer*, 13 de julio de 2000; www.jollibee.com.ph; M. Ballon, "Jollibee Struggling to Expy in U.S.", en *Los Angeles Times*, 16 de septiembre de 2002, p. C1; J. Hookway, "Burgers y Beer", en *Far Eastern Economic Review*, diciembre de 2003, pp. 72-74; S. E. Lockyer, "Coming to America", en *Nation's Restaurant News*, 14 de febrero de 2005, pp. 33-35; Erik de la Cruz, "Jollibee to Open 120 New Stores This Year, Plans India", en *Inquirer Money*, 5 de julio de 2006 (business.inquirer.net); y www.jollibee.com.ph.

[12] Isobe, Makino y Montgomery, "Resource Commitment, Entry Timing, and Market Performance"; Pan y Chi, "Financial Performance and Survival of Multinational Corporations in China"; y Govindarjan y Gupta, *The Quest for Global Dominance*.

[13] Christopher Bartlett y Sumantra Ghoshal, "Going Global: Lessons from Late Movers", en *Harvard Business Review*, marzo-abril de 2000, pp. 132-145.

los mercados extranjeros y sus recursos son escasos, Bartlett y Ghoshal sostienen que, mediante las estrategias apropiadas, pueden tener éxito contra los competidores mundiales consolidados. En particular, estos autores argumentan que las compañías de países en desarrollo deben utilizar la entrada de las multinacionales extranjeras como una oportunidad para aprender de ellas al comparar sus operaciones y su desempeño. Además, sugieren que las empresas locales puedan encontrar formas para diferenciarse de las multinacionales extranjeras; por ejemplo, al centrarse en nichos del mercado que las multinacionales ignoran o a los que no pueden prestar servicio de modo efectivo porque estandarizaron su oferta de producto mundial. Al mejorar su desempeño por medio del aprendizaje y la oferta de producto diferenciada, la compañía de un país en desarrollo puede entonces aplicar su propia estrategia de expansión internacional. A pesar de que la empresa sea un participante tardío en muchas naciones, al comparar a los participantes tempranos en los mercados mundiales y luego diferenciarse de ellos, aún puede construir una fuerte presencia. Un buen ejemplo se presenta en la sección "Panorama administrativo" con Jollibee, una cadena de comida rápida con sede en Filipinas, que inició su presencia mundial en un mercado dominado por multinacionales estadounidenses como McDonald's y KFC.

OA15-2   Formas de ingreso

Una vez que la empresa decide entrar en un mercado extranjero, la siguiente pregunta es respecto del mejor modo de hacerlo. Las compañías emplean seis formas básicas para incursionar en los mercados extranjeros: exportación, proyectos "llave en mano", acuerdo de licencias, concesión de franquicias, *joint ventures* con alguna empresa del país anfitrión y establecimiento de filiales de propiedad absoluta en la nación anfitriona. Cada una entraña sus ventajas y desventajas, y los administradores deben evaluarlas con todo cuidado para decidir cuál adoptar.[14]

EXPORTACIÓN

Muchas industrias inician su expansión mundial como exportadoras y después adoptan otra forma para abastecer al mercado extranjero. En el capítulo 16, revisaremos con detalle la mecánica de la exportación; aquí, nos centraremos en sus ventajas y desventajas como forma de ingreso.

Ventajas

La **exportación** tiene dos ventajas: 1) evita los a menudo elevados costos de establecer operaciones de producción en el país anfitrión, y 2) contribuye a que las empresas logren economías de localización y de curva de experiencia (véase el capítulo 13). Al centralizar la producción de un producto en un lugar y exportarlo a otros mercados nacionales, la compañía puede construir sustanciales economías de escala a partir de su volumen de ventas mundiales; así es como muchos fabricantes de automóviles japoneses han progresado en el mercado estadounidense.

Desventajas

La exportación tiene una serie de inconvenientes. En primer lugar, exportar desde la sede de la empresa puede no ser apropiado si existen ubicaciones con costos menores para la producción del producto en el extranjero (por ejemplo, si la compañía puede construir economías de localización por medio del desplazamiento de la producción a otro lugar). Así, en particular para las empresas que

[14] Esta sección se basa en varios estudios, como C. W. L. Hill, P. Hwang y W. C. Kim, "An Eclectic Theory of the Choice of International Entry Mode", en *Strategic Management Journal* 11, 1990, pp. 117-128; C. W. L. Hill y W. C. Kim, "Searching for a Dynamic Theory of the Multinational Enterprise: A Transaction Cost Model", en *Strategic Management Journal* 9, edición especial sobre contenidos estratégicos, 1988, pp. 93-104; E. Yerson y H. Gatignon, "Modes of Foreign Entry: A Transaction Cost Analysis and Propositions", en *Journal of International Business Studies* 17, 1986, pp. 1-26; F. R. Root, *Entry Strategies for International Markets*, Lexington, Massachusetts, D. C. Heath, 1980; A. Madhok, "Cost, Value and Foreign Market Entry: The Transaction and the Firm", en *Strategic Management Journal* 18, 1997, pp. 39-61; K. D. Brouthers y L. B. Brouthers, "Acquisition or Greenfield Start-Up?", en *Strategic Management Journal* 21, núm. 1 (2000), pp. 89-97; X. Martin y R. Salmon, "Knowledge Transfer Capacity and Its Implications for the Theory of the Multinational Enterprise", en *Journal of International Business Studies*, julio de 2003, p. 356; y A. Verbeke, "The Evolutionary View of the MNE and the Future of Internalization Theory", en *Journal of International Business Studies*, noviembre de 2003, pp. 498-515.

adoptan estrategias mundiales o transnacionales, puede ser preferible producir en un sitio en el que las condiciones sean más favorables para la creación de valor y exportar al resto del mundo desde allí. Este no es un argumento en contra de la exportación, sino en contra de la exportación desde el país de origen de la compañía. Muchas empresas estadounidenses de productos electrónicos desplazan parte de su producción al Lejano Oriente debido a la disponibilidad de mano de obra barata y muy calificada. Así, a partir de allí, se exporta al resto del mundo, incluyendo Estados Unidos.

Un segundo inconveniente para la exportación es que los costos de transporte elevados pueden restarle rentabilidad, en especial en productos a granel; una forma de evitarlo es producirlos regionalmente. Esta estrategia permite a la compañía construir ciertas economías a partir de la producción en gran escala y, al mismo tiempo, disminuir sus costos de transporte; por ejemplo, muchas multinacionales de productos químicos los producen regionalmente y abastecen a varias naciones desde una sola planta.

Otro inconveniente es que las barreras arancelarias también restan rentabilidad. Un cuarto inconveniente surge cuando, en cada país en el que hace negocios, la empresa delega su comercialización, ventas y servicios a un agente local. Esto es común para las compañías que apenas empiezan a expandirse de manera internacional. La otra empresa podrá ser un agente local o cualquier otra multinacional con extensas operaciones de distribución internacional. A menudo, los agentes locales impulsan los productos de compañías que compiten entre sí y, por tanto, tienen una lealtad dividida. En tales casos, un agente local puede no desempeñar un trabajo tan eficiente como el que haría una empresa si administrara por sí misma su comercialización. Problemas similares ocurren cuando otra multinacional se encarga de la distribución.

Una manera de sortear tales problemas es establecer una filial de propiedad absoluta en el país para administrar la comercialización local, las ventas y el servicio. Al hacerlo, la compañía ejerce un fuerte control sobre la comercialización y ventas en la nación, mientras cosecha las ventajas de costo de producción un producto en una sola ubicación o pocas ubicaciones escogidas.

PROYECTOS "LLAVE EN MANO"

Las empresas que se especializan en el diseño, la construcción y el arranque de plantas "llave en mano" son comunes en algunas industrias. En un **proyecto "llave en mano"**, el contratista accede a entregar cada detalle del proyecto a un cliente extranjero, incluso la capacitación del personal operativo. Al completarse el contrato, el cliente extranjero recibe la "llave" de una planta lista para su funcionamiento total, de ahí el término *llave en mano*. Esta es una forma de exportar tecnología de procesos a otros países. Los proyectos "llave en mano" son habituales en las industrias química, farmacéutica y de refinamiento de petróleo y de metales, que utilizan tecnologías complejas y de producción con altos costos.

Ventajas

El conocimiento para iniciar la operación de un proceso tecnológicamente complejo, como el refinamiento de petróleo o acero, es un activo valioso. Los proyectos "llave en mano" son una forma de ganar grandes rendimientos económicos a partir de este activo. La estrategia es muy útil cuando la inversión extranjera directa (IED) está limitada por las regulaciones del gobierno anfitrión; por ejemplo, los gobiernos de muchas naciones ricas en petróleo construyen sus propias industrias de refinamiento y restringen la IED en sus sectores de petróleo y refinamiento. Pero como muchos de estos países carecen de la tecnología para el refinamiento, la adquieren mediante proyectos "llave en mano" con compañías extranjeras que la poseen. Con frecuencia, tales convenios son atractivos para la empresa que vende su conocimiento porque, sin ellos, no tendría modo de obtener una ganancia a partir de su valioso activo en dicho país. Además, una estrategia "llave en mano" es menos riesgosa que la IED convencional. En una nación con un entorno político y económico inestable, una inversión de mayor plazo puede exponer a la compañía a riesgos políticos o económicos o a ambos (por ejemplo, el riesgo de nacionalización o de colapso económico).

Desventajas

Tres inconvenientes importantes se asocian con la estrategia "llave en mano": 1) La empresa que entra en un convenio de este tipo ya no tendrá un negocio de largo plazo en la nación extranjera, lo que puede ser una desventaja si el país en cuestión demuestra después ser un gran mercado para la producción del proceso que se exportó; una forma de evitarlo consiste en establecer participación de capital minoritaria en la operación. 2) La compañía que participa en un proyecto "llave en mano" con una empresa extranjera puede, sin advertirlo, crear un competidor; por ejemplo, muchas compañías occidentales que vendieron tecnología de refinamiento petrolero a empresas en Arabia Saudita, Kuwait y otros países del golfo Pérsico ahora compiten con ellas en el mercado mundial de petróleo. 3) Si la tecnología de la empresa es una fuente de ventaja competitiva, entonces su venta por medio de un proyecto "llave en mano" también es la venta de una ventaja competitiva a competidores potenciales o actuales.

ACUERDO DE LICENCIA

Un **acuerdo de licencia** ocurre cuando un licenciatario concede los derechos de cierta propiedad intangible a otra entidad (el concesionario) durante un periodo especifico; a cambio, el concesionario da una regalía al licenciatario.[15] La propiedad intangible incluye patentes, invenciones, fórmulas, procesos, diseños, derechos de autor (*copyright*) y marcas registradas; por ejemplo, para entrar en el mercado japonés, Xerox, el inventor de la fotocopiadora, estableció una *joint venture* con Fuji Photo conocida como Fuji Xerox. Xerox concesionó la licencia de su conocimiento xerográfico a Fuji Xerox, y a cambio Fuji Xerox le pagó una regalía equivalente a 5% de su ingreso en ventas netas por la venta de las fotocopiadoras basadas en el conocimiento patentado de Xerox. En el caso de Fuji Xerox, la licencia se concedió primero por 10 años y ha sido renegociada y extendida varias veces desde entonces. Asimismo, el acuerdo de licencia entre Xerox y Fuji Xerox limita las ventas directas de esta última a la región del Pacífico asiático (aunque Fuji Xerox abastece a Xerox las fotocopiadoras que se venden en Norteamérica con la etiqueta de Xerox).[16]

Ventajas

En el convenio común de acuerdo de licencia internacional, el concesionario pone la mayor parte del capital necesario para iniciar la operación en el extranjero. Así, una primera ventaja de la licencia consiste en que la empresa no asume los costos y riesgos de desarrollo propios de la apertura en un mercado extranjero. La licencia es muy atractiva para las compañías que carecen de capital para desarrollar operaciones en el extranjero y puede resultar atrayente cuando una empresa no está dispuesta a destinar recursos financieros importantes a un mercado extranjero desconocido o políticamente volátil. La licencia también es frecuente cuando una compañía desea participar en un mercado extranjero, pero no puede hacerlo por la existencia de barreras a la inversión. Este fue uno de los motivos originales para formar la *joint venture* entre Fuji Photo y Xerox: Xerox quería participar en el mercado japonés, pero no podía establecer una filial de propiedad absoluta, pues el gobierno de Japón lo prohibía, así que creó una *joint venture* con Fuji y después le concedió la licencia de su conocimiento.

Por último, la licencia casi siempre se utiliza cuando una empresa posee cierta propiedad intangible que puede aplicarse a los negocios, pero que no quiere desarrollar por sí misma; por ejemplo, los laboratorios Bell de AT&T originalmente inventaron el circuito de transistores en la década de 1950, pero AT&T decidió que no quería producirlos, así que vendió su tecnología a otras compañías, como Texas Instruments. De manera similar, Coca-Cola concedió la licencia de su famosa marca a fabricantes de ropa, que incorporaron el diseño a la ropa.

Desventajas

La licencia tiene tres graves inconvenientes. En primer lugar, no concede a la empresa un control estricto sobre la producción, comercialización y estrategia para construir economías de localización basadas en la curva de experiencia. La licencia suele implicar que cada concesionario determine sus propias operaciones de producción, lo cual limita mucho la capacidad de la compañía para construir economías de localización basadas en la curva de experiencia por medio de la producción de su mercancía en una ubicación centralizada. Cuando estas economías son relevantes, la licencia puede no ser la mejor manera de expandirse al extranjero.

---

[15] Para un análisis general sobre la licencia véase F. J. Contractor, "The Role of Licensing in International Strategy", en *Columbia Journal of World Business*, invierno de 1982, pp. 73-83.

[16] Véase E. Terazono y C. Lorenz, "An Angry Young Warrior", en *Financial Times*, 19 de septiembre de 1994, p. 11, y K. McQuade y B. Gomes-Casseres, "Xerox and Fuji-Xerox", Harvard Business School, caso núm. 9-391-156.

En segundo lugar, competir en un mercado global puede requerir que la empresa coordine movimientos estratégicos en cada país, a partir de los ingresos obtenidos en uno para financiar los ataques competitivos en otro; por su misma naturaleza, la licencia limita la capacidad de una compañía para hacerlo. Un concesionario difícilmente permitirá a una empresa multinacional destinar sus ingresos (salvo los que se acordaron como regalías) a respaldar a otro concesionario cuyas operaciones estén en otro país.

Un tercer problema con la licencia es el que expusimos en el capítulo 8, cuando revisamos la teoría económica de la IED. Se trata del riesgo del acuerdo de licencias de conocimiento tecnológico a las compañías extranjeras. El conocimiento tecnológico constituye la base de la ventaja competitiva de muchas empresas multinacionales. La mayoría de las compañías desea mantener el control sobre su conocimiento y lo pierde con rapidez al concesionar una licencia de este tipo. Muchas empresas cometen el error de dar por sentado que pueden mantener el control sobre su conocimiento dentro del marco de un acuerdo de licencia; por ejemplo, RCA Corporation alguna vez otorgó una licencia sobre su tecnología de televisión a color a compañías japonesas, incluidas Matsushita y Sony. Las empresas japonesas rápidamente asimilaron la tecnología, la mejoraron y con ella incursionaron en el mercado estadounidense, quitándole a RCA una participación sustancial de este mercado.

Hay formas de reducir tales peligros potenciales, una de las cuales estriba en un acuerdo de licencia cruzado con una empresa extranjera. Mediante un acuerdo de este tipo, una compañía otorga una licencia sobre una valiosa propiedad intangible a un socio extranjero, pero, además del pago de regalías, solicita que el socio extranjero conceda una licencia sobre parte de su valioso conocimiento. Se supone que dichos acuerdos reducen los riesgos del acuerdo de licencia de conocimiento tecnológico, pues el concesionario adquiere conciencia de que si transgrede el contrato de licencia (y con el conocimiento obtenido compite directamente con el licenciatario), el licenciatario puede actuar de la misma manera. Los acuerdos de licencia cruzada permiten a las empresas tenerse como rehenes entre sí, lo que reduce la probabilidad de un comportamiento oportunista.[17] Este tipo de acuerdos es cada vez más común en las industrias de alta tecnología.

Otra forma de atenuar el riesgo de la licencia es seguir el modelo de Fuji Xerox y vincular el acuerdo de licencia de conocimiento a la formación de una *joint venture* en la que licenciatario y concesionario tengan una gran participación en el capital. Tal aproximación alinea los intereses de licenciatario y concesionario, pues ambos tienen interés en garantizar que la empresa sea exitosa. Por tanto, el riesgo de que Fuji Photo pudiera apropiarse del conocimiento tecnológico de Xerox, para luego competir directamente con ella en el mercado mundial de las fotocopiadoras, se redujo con el establecimiento de una *joint venture* en la que tanto Xerox como Fuji Photo tenían una participación considerable.

FRANQUICIAS

Las franquicias son similares a las licencias, aunque las primeras tienden a implicar compromisos de mayor plazo. Las franquicias son básicamente una forma especializada de licencia en la que el franquiciante no solo vende propiedad intangible (casi siempre una marca registrada) al franquiciatario, sino que insiste en que cumpla con una serie de reglas estrictas para dirigir el negocio. Con frecuencia, el franquiciante también asiste al franquiciatario en la administración del negocio durante un periodo extenso. Al igual que en la licencia, el franquiciante suele recibir un pago de regalías que corresponde a cierto porcentaje de los ingresos del franquiciatario. Mientras los acuerdos de licencia se ejecutan sobre todo en compañías productoras, los de franquicia se emplean en empresas de servicios.[18] McDonald's es un buen ejemplo de una compañía que creció con una estrategia de franquicias; cuenta con una serie de reglas estrictas relativas a la forma en que los franquiciatarios deben manejar un restaurante. Dichas reglas se extienden para controlar el menú, los métodos de cocina, las políticas de personal, y el diseño y ubicación de un restaurante. Asimismo, McDonald's organiza la cadena de abasto para sus franquiciatarios y proporciona capacitación administrativa y asesoría financiera.[19]

---

[17] O. E. Williamson, *The Economic Institutions of Capitalism* (Nueva York, Free Press, 1985).

[18] J. H. Dunning y M. McQueen, "The Eclectic Theory of International Production: A Case Study of the International Hotel Industry", *Managerial and Decision Economies* 2 (1981), pp. 197-210.

[19] Andrew E. Serwer, "McDonald's Conquers the World", en *Fortune*, 17 de octubre de 1994, pp. 103-116.

Ventajas

Las ventajas de las franquicias como forma de entrada son muy parecidas a las de la licencia. La empresa se libera de muchos costos y riesgos relativos a la apertura de un mercado extranjero por su cuenta. Esto crea un buen incentivo para la rápida consolidación, del franquiciatario, de una operación rentable. De esta manera, con la estrategia de franquicia, una compañía de servicios construye con rapidez una presencia mundial con costos y riesgos relativamente bajos, como McDonald's.

Desventajas

Las desventajas son menores a las de la licencia. Como las franquicias casi siempre son utilizadas por compañías de servicios, no se requiere coordinación de manufactura para alcanzar economías de localización y de curva de experiencia. También las franquicias pueden inhibir la capacidad de la empresa para usar los ingresos obtenidos en un país y financiar los ataques competitivos en otro. Una desventaja más significativa de las franquicias es el control de calidad. La base de los acuerdos de franquicia consiste en que la marca de la compañía mantenga el mensaje a los consumidores sobre la calidad del producto. Así, un viajero de negocios que se registre en el hotel Four Seasons International de Hong Kong puede esperar, con razón, la misma calidad en habitaciones, comida y servicio que recibiría en ese hotel de Nueva York. La marca Four Seasons debe garantizar una calidad consistente de producto. Ello representa un problema, pues quizá los franquiciatarios extranjeros no estén tan preocupados por la calidad como deberían, y el resultado puede ir más allá de la simple pérdida de ventas en un mercado extranjero y vulnerar la reputación mundial de la empresa franquiciante. Por ejemplo, si el viajero de negocios tuvo una mala experiencia en el Four Seasons de Hong Kong, quizá nunca acuda a otro hotel Four Seasons y aliente a sus colegas a hacer lo mismo. La distancia geográfica entre la compañía y sus franquiciatarios extranjeros puede dificultar la detección de la mala calidad. Además, la cantidad de franquiciatarios (en el caso de McDonald's, decenas de miles) puede complicar el control de calidad. Por esos factores, los problemas de calidad pueden persistir.

Una manera de evitar esta desventaja es fijar una filial en cada nación en la que la empresa se expanda. La filial puede ser propiedad absoluta de la compañía o parte de una *joint venture* con una empresa extranjera. La filial asume los derechos y obligaciones para establecer franquicias en el país o la región particular; por ejemplo, McDonald's erige una franquicia maestra en muchos países, que suele ser una *joint venture* con una compañía local. La proximidad y cantidad reducida de franquicias a vigilar son factores que disminuyen el reto del control de calidad. Además, como la filial (o franquicia maestra) es, al menos en parte, propiedad de la empresa, esta puede asignar a sus propios administradores para garantizar que desempeñe un buen trabajo de supervisión de las demás franquicias. Tal arreglo organizacional ha demostrado ser muy satisfactorio para McDonald's, Kentucky Fried Chicken y otras compañías.

JOINT VENTURES

Una **joint venture** establece una empresa que es propiedad colectiva de dos o más compañías independientes. Fuji Xerox, por ejemplo, se fundó como *joint venture* entre Xerox y Fuji Photo. Crear una *joint venture* con una empresa extranjera ha sido, durante largo tiempo, una forma común de entrar en un nuevo mercado. La más frecuente es la tipo 50/50, en la que existen dos partes que poseen, cada una, 50% y contribuyen con un equipo de administradores para compartir el control operativo. Este fue el caso de la compañía de coparticipación de Fuji Xerox hasta 2001; ahora, es 25/75, donde Xerox tiene 25% del control. La alianza GIM-SAIC en China fue 50/50 hasta 2010, cuando se convirtió en 51/49, donde SAIC tenía la parte mayoritaria. No obstante, algunas empresas buscan *joint ventures* en las que poseen una participación mayoritaria y, por tanto, un mayor control.[20]

[20] Para una excelente revisión de la bibliografía teórica básica sobre las *joint ventures* véase B. Kogut, "Joint Ventures: Theoretical and Empirical Perspectives", en *Strategic Management Journal* 9 (1988), pp. 319-332. Estudios más recientes son T. Chi, "Option to Acquire or Divest a Joint Venture", en *Strategic Management Journal* 21, núm. 6 (2000), pp. 665-688; H. Merchant y D. Schendel, "How Do *International* Joint Ventures Create Shareholder Value?", en *Strategic Management Journal* 21, núm. 7 (2000), pp. 723-737; H. K. Steensma y M. A. Lyles, "Explaining IJV Survival in a Transitional Economy though Social Exchange and Knowledge Based Perspectives", en *Strategic Management Journal* 21, núm. 8 (2000), pp. 831-851; y J. F. Hennart y M. Zeng, "Cross Cultural Differences and Joint Venture Longevity", en *Journal of International Business Studies*, diciembre de 2002, pp. 699-717.

Ventajas

Las *joint ventures* tienen una serie de ventajas. En primer lugar, una empresa se beneficia del conocimiento del socio local sobre condiciones competitivas, cultura, idioma, sistemas políticos y de negocios del país anfitrión. Así, para muchas compañías de Estados Unidos, las *joint ventures* han implicado que la empresa estadounidense provea conocimiento tecnológico y productos, y que el socio local aporte un conocimiento relativo al marketing y el conocimiento locales esenciales para competir en el país. En segundo lugar, cuando los costos de desarrollo, los riesgos de apertura o ambos en el mercado extranjero son elevados, una compañía puede ganar al compartirlos con un socio local. En tercer lugar, en muchas naciones, las consideraciones políticas pueden hacer de las *joint ventures* el único modo posible de entrada al mercado. La investigación apunta a que las *joint ventures* con socios locales corren un mínimo riesgo de nacionalización u otras formas adversas de interferencia gubernamental.[21] Ello, al parecer, debido a que los socios locales de capital, que pueden tener cierta influencia sobre la política del gobierno anfitrión, poseen intereses creados en opinar contra la nacionalización u otra forma de interferencia gubernamental.

Desventajas

A pesar de estas ventajas, existen importantes desventajas respecto de las *joint ventures*. En primer término, como con la licencia, una empresa *joint venture* se arriesga a ceder el control de su tecnología a su socio; por lo que la *joint venture* entre Boeing y Mitsubishi Heavy Industries, en 2002, para fabricar el nuevo jet de fuselaje ancho (el 787), suscitó el temor de que Boeing entregaba inadvertidamente su tecnología de aviones comerciales a los japoneses. Sin embargo, los acuerdos *joint venture* pueden implementarse de forma que minimicen este riesgo. Una opción es mantener una propiedad mayoritaria en la empresa, lo cual permite al socio dominante ejercer un mayor control sobre su tecnología. El inconveniente es que puede ser difícil encontrar a un socio extranjero dispuesto a ser propietario minoritario en una compañía. Otra opción consiste en "separar" de la sociedad una tecnología central para la competencia básica de un socio en la empresa, mientras comparten otras tecnologías.

Una segunda desventaja es que este tipo de *joint venture* no aporta a la compañía un control estricto sobre las filiales para construir economías de localización o basadas en la curva de experiencia. Tampoco otorga a la empresa el control requerido para participar en ataques mundiales coordinados en contra de sus competidores sobre la filial extranjera. Un ejemplo es la entrada de Texas Instruments (TI) en el mercado japonés de los semiconductores. Cuando TI levantó sus fábricas de semiconductores en Japón, lo hizo con el doble objetivo de verificar la participación en el mercado de los fabricantes japoneses y limitar su efectivo disponible para invadir el mercado mundial de TI. En otras palabras, TI participaba en una coordinación mundial estratégica. Para instrumentar tal estrategia, la filial de TI en Japón debía estar preparada para recibir instrucciones de la sede corporativa respecto de la estrategia competitiva, y también que operara con pérdidas en caso de ser necesario. Pocos socios potenciales, si es que alguno, habrían estado dispuestos a aceptar dichas condiciones, pues habría significado aceptar un rendimiento negativo sobre su inversión. De hecho, muchas *joint ventures* definen un grado de autonomía que podría imposibilitar tal control directo sobre las decisiones estratégicas.[22] Así, para llevar a cabo esta estrategia, TI fundó una filial de propiedad absoluta en Japón.

Una tercera desventaja de las *joint ventures* radica en que un acuerdo de propiedad compartida puede conducir a conflictos y luchas por el control entre las empresas inversionistas, si sus objetivos cambian o si tienen distintas visiones de la estrategia adecuada. Aparentemente, este fue el caso de la *joint venture* Fuji Xerox; según Yotaro Kobayashi, CEO de Fuji Xerox, un motivo relevante es que tanto Xerox como Fuji Photo adoptaron una relación realista con Fuji Xerox, al conceder a la administración de la compañía una libertad considerable para determinar su propia estrategia;[23] no obstante, la mayor parte de la investigación indica que en las *joint ventures* a menudo surgen conflictos de interés sobre la estrategia y los objetivos. Estos conflictos tienden a ser mayores cuando la socie-

---

[21] D. G. Bradley, "Managing against Expropriation", *Harvard Business Review*, julio-agosto de 1977, pp. 78-90.

[22] J. A. Robins, S. Tallman y K. Fladmoe-Lindquist, "Autonomy and Dependence of International Cooperative Ventures", en *Strategic Management Journal*, octubre de 2002, pp. 881-902.

[23] Discurso de Tony Kobayashi en la University of Washington Business School, octubre de 1992.

dad se establece entre empresas de diversas nacionalidades y suelen terminar en la disolución.[24] Tales conflictos tienden a detonarse por cambios en el poder de negociación de los socios; por ejemplo, en el caso de *joint ventures* entre una compañía extranjera y una local, conforme el socio extranjero aumenta su conocimiento acerca de las condiciones locales del mercado, dependerá menos de la experiencia del socio local, lo cual incrementa el poder de negociación del socio extranjero, lo que a la larga ocasiona conflictos sobre el control de la estrategia y los objetivos de la *joint venture*.[25] Algunas empresas pretenden limitar esos problemas al formar *joint ventures* en donde un socio cuente con el total de la participación.

FILIALES DE PROPIEDAD ABSOLUTA

En una **filial de propiedad absoluta**, la empresa posee 100% del capital. Hay dos formas de establecerla en un mercado extranjero: la compañía puede llegar como nueva operación en el país, que por lo regular se conoce como empresa *greenfield* (a partir de cero en el país), o puede adquirir una compañía situada en la nación anfitriona para promover sus productos;[26] por ejemplo, la estrategia de ING para entrar en el mercado estadounidense fue adquirir una empresa establecida, más que tratar de construir una operación desde sus cimientos.

Ventajas

Existen varias ventajas evidentes respecto de las filiales de propiedad absoluta. En primer lugar, cuando la ventaja competitiva de una compañía se basa en una competencia tecnológica, una filial de propiedad absoluta suele ser la forma predilecta de entrada, porque reduce el riesgo de perder el control sobre dicha competencia (véase el capítulo 8 para más detalles). Muchas empresas de alta tecnología prefieren este modo de entrada para la expansión en el extranjero (como las de semiconductores, electrónicas y farmacéuticas). En segundo lugar, una filial de propiedad absoluta brinda a la compañía un fuerte control sobre las operaciones en los diferentes países, lo cual es fundamental para participar en el mercado con una coordinación estratégica global (es decir, utilizar los ingresos de un país para financiar los ataques competitivos en otro).

En tercer término, una filial de propiedad absoluta puede requerirse si una empresa intenta construir economías de localización o de curva de experiencia (como las que adoptan estrategias mundiales y transnacionales). Como expusimos en el capítulo 11, cuando las presiones de costo son intensas puede convenir a una compañía configurar su cadena de valor de forma que se maximice el valor agregado en cada etapa. Así, una filial nacional puede especializarse en la fabricación de una parte de la línea de producción o de ciertos componentes del producto final, intercambiando partes y productos con otras filiales en el sistema global de la empresa. Tal sistema global de producción requiere un gran control sobre las operaciones de cada afiliado. Las diversas operaciones deben prepararse para aceptar decisiones centralizadas sobre cómo y cuánto producirán, así como acerca del modo de determinar los precios de su producción para la transferencia a la siguiente operación. Puesto que los licenciatarios o los socios de las *joint ventures* no son propensos a aceptar tal subordinación, puede ser necesario crear filiales de propiedad absoluta. Por último, una filial de propiedad absoluta da a la compañía 100% de participación en los ingresos generados en el mercado extranjero.

Desventajas

Una filial de propiedad absoluta suele ser el método más costoso de abastecer un mercado extranjero desde el punto de vista de la inversión de capital. Las empresas que hacen esto deben asumir los costos y riesgos totales propios de comercializar en el extranjero. Los riesgos asociados con el aprendizaje de la manera de comercializar en una nueva cultura son menores si la compañía adquiere una empresa ya establecida en el país anfitrión; no obstante, las adquisiciones suscitan problemas

---

[24] A. C. Inkpen y P. W. Beamish, "Knowledge, Bargaining Power, and the Instability of International Joint Ventures", en *Academy of Management Review* 22 (1997), pp. 177-202, y S. H. Park y G. R. Ungson, "The Effect of National Culture, Organizational Complementarity, and Economic Motivation on Joint Venture Dissolution", en *Academy of Management Journal* 40 (1997), pp. 279-307.

[25] Inkpen y Beamish, "Knowledge, Bargaining Power, and the Instability of International Joint Ventures".

[26] Véase Brouthers y Brouthers, "Acquisition or Greenfield Start-up?"; y J. F. Hennart y Y. R. Park, "Greenfield *versus* Acquisition: The Strategy of Japanese Investors in the United States", en *Management Science*, 1993, pp. 1054-1070.

adicionales, como los relacionados con el intento de emparentar culturas corporativas divergentes. Estos problemas pueden ser mayores que compensar cualquier beneficio derivado de la adquisición de una operación establecida. Como la elección entre empresas *greenfield* y su adquisición es tan importante, lo discutiremos con detalle más adelante en el capítulo.

Selección de la forma de entrada

OA15-3

Como ya explicamos, existen ventajas y desventajas vinculadas con todas las formas de entrada al mercado, que se resumen en la tabla 15.1. Estas ventajas y desventajas hacen inevitable el análisis costo-beneficio al seleccionar una de ellas; por ejemplo, cuando se considera entrar en un país desconocido con una historia de discriminación contra las empresas extranjeras y promoción de los contratos gubernamentales, una compañía podría favorecer la *joint venture* con una empresa local. Su lógica puede ser que el socio local le ayudará a establecer operaciones en un ambiente desconocido y, si es necesario, ayudará a la compañía a ganar los contratos gubernamentales; sin embargo, si la competencia clave de la organización se basa en tecnología propietaria, participar en una *joint venture* puede implicar el riesgo de perder su control en favor del socio, en cuyo caso la estrategia puede parecer poco atractiva. A pesar de estas consideraciones, es posible efectuar algunas generalizaciones acerca de la elección óptima del modo de entrada.[27]

COMPETENCIAS BÁSICAS Y FORMA DE ENTRADA

En el capítulo 13, estudiamos que las empresas casi siempre se expanden internacionalmente para ganar mayores rendimientos a partir de sus competencias básicas, al transferir las capacidades y los productos derivados de estas competencias a los mercados extranjeros en donde los competidores locales carecen de ellos. El modo de entrada óptimo para estas compañías depende en cierto grado de la

Forma de entrada	Ventajas	Desventajas
Exportación	• Capacidad de generar economías de localización y de curva de experiencia	• Altos costos de transporte • Barreras arancelarias • Problemas con los agentes de comercialización local
Contratos "llave en mano"	• Capacidad para aprovechar las habilidades de procesos tecnológicos en países donde se encuentra restringida la IED	• Creación de competidores eficientes • Falta de presencia en el mercado a largo plazo
Licencia	• Reducción de costos y riesgos	• Falta de control sobre la tecnología • Incapacidad para generar economías de localización y de curva de experiencia • Incapacidad para emplear una coordinación estratégica mundial
Franquicia	• Reducción de costos y riesgos	• Falta de control de calidad • Incapacidad para emplear una coordinación estratégica mundial
Joint venture	• Acceso al conocimiento de los socios locales • Compartir costos y riesgos	• Falta de control sobre la tecnología • Incapacidad para emplear una coordinación estratégica mundial • Incapacidad para generar economías de localización y de curva de experiencia
Filiales de propiedad absoluta	• Protección total de la tecnología • Capacidad para emplear una coordinación estratégica mundial • Capacidad para generar economías de localización y de curva de experiencia	• Altos costos y riesgos

TABLA 15.1

Ventajas y desventajas de las formas de entrada.

---

[27] Esta sección se basa en Hill, Hwang y Kim, "An Eclectic Theory of the Choice of International Entry Mode".

naturaleza de sus competencias básicas. Cabe distinguir entre las empresas cuya competencia básica radica en el conocimiento tecnológico y aquellas en las que estriba en el conocimiento administrativo.

Conocimiento tecnológico

Como revisamos en el capítulo 8, si la ventaja competitiva de una empresa (su competencia básica) se basa en el control sobre la propiedad de su conocimiento tecnológico, deben evitarse las licencias y las *joint ventures*, si es posible, para reducir el riesgo de perder tal control. Así, si una compañía de alta tecnología introduce operaciones en un país extranjero para aprovechar una competencia basada en el conocimiento tecnológico, quizá lo haga mediante una filial de propiedad absoluta; aunque esta regla no es estricta, pues una excepción es aquella en la que la licencia o *joint venture* pueden estructurarse para reducir los riesgos de expropiación del conocimiento tecnológico en los concesionarios o socios de las *joint ventures*. Existe otra excepción cuando una empresa percibe su ventaja tecnológica como transitoria, es decir, espera una rápida imitación de sus competidores; en tal caso, la compañía quizá quiera otorgar una licencia sobre su tecnología tan rápidamente como sea posible a las empresas extranjeras, para ganar aceptación mundial de su tecnología antes de que ocurra la imitación.[28] Tal estrategia tiene algunas ventajas. Al *licenciar* su tecnología a los competidores, la empresa puede disuadirlos de desarrollar una propia, quizá superior; además, con esto la compañía puede definir su tecnología como el diseño dominante en la industria, lo que puede garantizar un flujo constante de regalías. No obstante, los rasgos atractivos de la licencia tal vez sean excedidos por la pérdida de control sobre la tecnología, y, de ser así, debe evitarse la licencia.

Conocimiento administrativo

La ventaja competitiva de muchas empresas de servicios se basa en un conocimiento administrativo (como McDonald's). Para tales compañías, el riesgo de perder el control sobre sus capacidades administrativas en beneficio de los franquiciatarios o socios de *joint ventures* es muy importante. El gran valor de los activos de estas compañías es su marca, por lo común protegida por leyes internacionales especiales. Por ello, varios aspectos de conocimiento tecnológico son menos relevantes. Como resultado, muchas empresas de servicio favorecen una combinación de franquicia y filiales maestras para controlar las franquicias dentro de países o regiones particulares. Las filiales maestras pueden ser de propiedad absoluta o *joint ventures*, pero la mayoría de las compañías de servicios ha descubierto que las *joint ventures* con socios locales funcionan mejor para controlar a las filiales. Con frecuencia, una *joint venture* es políticamente más aceptable y ofrece conocimiento local a la filial.

PRESIONES PARA REDUCIR COSTOS Y FORMA DE ENTRADA

Entre mayores sean las presiones para reducir costos, mayor será la probabilidad de adoptar una combinación de exportación y filiales de propiedad absoluta. Al producir en donde las condiciones sean óptimas y después exportar al resto del mundo, una empresa construye economías importantes de localización o basadas en la curva de experiencia. La compañía puede, entonces, querer exportar el producto terminado a las filiales comercializadoras asentadas en las distintas naciones. Estas filiales suelen ser de propiedad absoluta y tienen la responsabilidad de vigilar la distribución en sus propios países. Son preferibles las filiales comercializadoras de propiedad absoluta a las *joint ventures* o los agentes extranjeros comercializadores, porque brindan a la compañía un firme control sobre tal función, requerido para coordinar una cadena de valor dispersa mundialmente. También, da la capacidad de utilizar los ingresos generados en un mercado para mejorar su posición competitiva en otro. En otras palabras, las empresas que adoptan estrategias mundiales o transnacionales tienden a adoptar filiales de propiedad absoluta.

OA15-4 ## ¿Empresa *greenfield* o adquisición?

Una empresa puede establecer una filial de propiedad absoluta en un país y construirla desde cero, estrategia conocida como *greenfield*, o adquirir una compañía en el mercado objetivo.[29] El volumen

---

[28] C. W. L. Hill, "Strategies for Exploiting Technological Innovations: When and When Not to License", *Organization Science* 3 (1992), pp. 428-441.

[29] Véase Brouthers y Brouthers, "Acquisition or Greenfield Start-Up?", J. Anand y A. Delios, "Absolute and Relative Resources as Determinants of International Acquisitions", en *Strategic Management Journal*, febrero de 2002, pp. 119-134.

de adquisiciones internacionales aumenta a una tasa rápida desde hace dos décadas; en la última, entre 40% y 90% de todo el flujo de la IED mundial adoptó la forma de fusiones y adquisiciones.[30]

VENTAJAS Y DESVENTAJAS DE LAS ADQUISICIONES

Las adquisiciones tienen tres aspectos importantes a su favor. En primer lugar, son fáciles de ejecutar. Al adquirir una compañía establecida, la empresa edifica su presencia en el mercado extranjero. Cuando la compañía alemana automotriz Daimler-Benz decidió que requería una mayor presencia en el mercado automotriz estadounidense, no construyó nuevas fábricas en Estados Unidos, proceso que habría tardado años, sino que compró la tercera empresa automotriz estadounidense, Chrysler, y fusionó las dos operaciones para formar DaimlerChrysler (Daimler vendió su parte de Chrysler a una entidad privada en 2007). Cuando el proveedor de servicios de telefonía español Telefónica quería prestar servicios en América Latina, lo hizo mediante una serie de adquisiciones de compañías de telefonía local en Brasil y Argentina. En estos casos, se hicieron las adquisiciones porque era el modo más rápido de crear una destacada presencia en el mercado meta.

En segundo lugar, en muchos casos, las empresas hacen adquisiciones para anular a sus competidores, lo que es indispensable en mercados que se globalizan con rapidez, como las telecomunicaciones, donde la combinación de desregulación al interior de las naciones y liberación de las regulaciones que gobiernan la inversión extranjera directa facilita entrar en los mercados extranjeros por medio de adquisiciones. Tales mercados quizá vean una oleada de adquisiciones conforme las compañías compiten por obtener una escala mundial; por ejemplo, en la industria de telecomunicaciones, los cambios regulatorios detonan una especie de histeria creciente, con empresas que entran al mercado de sus competidores mediante adquisiciones para establecer una presencia mundial. Ese es el caso de la adquisición por 56 mil millones de dólares de AirTouch Communications en Estados Unidos que hizo la británica Vodafone, la más grande hasta el momento; la adquisición por 13 mil millones de dólares de One 2 One en Gran Bretaña que llevó a cabo la empresa alemana Deutsche Telekom, y la adquisición de 6 400 millones de dólares de Excel Communications en Estados Unidos que efectuó Teleglobe de Canadá, entre 1998 y 1999.[31] Una oleada similar de adquisiciones internacionales ocurrió en la industria automotriz mundial durante la misma época, cuando Daimler adquirió Chrysler; Ford, Volvo y Renault, Nissan.

En tercer término, los administradores pueden creer que las adquisiciones son menos riesgosas que las compañías *greenfield*. Cuando una empresa efectúa una adquisición, compra un conjunto de activos que producen un ingreso y flujo rentable ya conocidos. En contraste, el flujo de ingresos y ganancias que una compañía *greenfield* genera es incierto porque aún no existe. Cuando una empresa hace una adquisición en un mercado extranjero, no solo adquiere un conjunto de activos tangibles, como fábricas, sistemas de logística, de servicios al cliente, etc., sino un activo intangible valioso, como el nombre de la marca local y el conocimiento de los administradores acerca del entorno del negocio en el país, lo que reduce el riesgo de errores debidos a la falta de conocimiento de la cultura nacional.

A pesar de los argumentos en favor de las adquisiciones, casi siempre generan resultados decepcionantes;[32] por ejemplo, un estudio de Mercer Management Consulting analizó 150 adquisiciones que valían más de 500 millones de dólares cada una[33] y concluyó que 50% de ellas erosionó el valor de los accionistas, otro 33% produjo rendimientos marginales y solo 17% fue exitoso. Otra in-

[30] Naciones Unidas, *World Investment Report, 2010* (Nueva York y Ginebra, Organización de las Naciones Unidas, 2010).

[31] *Idem.*

[32] Para evidencia de adquisiciones y desempeño véase R. E. Caves, "Mergers, Takeovers, and Economic Efficiency", en *International Journal of Industrial Organization* 7 (1989), pp. 151-174; M. C. Jensen y R. S. Ruback, "The Market for Corporate Control: The Scientific Evidence", en *Journal of Financial Economics* 11 (1983), pp. 5-50; R. Roll, "Empirical Evidence on Takeover Activity and Shareholder Wealth", en *Knights, Raiders and Targets*, J. C. Coffee, L. Lowenstein y S. Rose (eds.) (Oxford: Oxford University Press, 1989); A. Schleifer y R. W. Vishny, "Takeovers in the 60s and 80s: Evidence and Implications", en *Strategic Management Journal* 12, edición especial de invierno de 1991, pp. 51-60; T. H. Brush, "Predicted Changes in Operational Synergy and Post-Acquisition Performance of Acquired Businesses", en *Strategic Management Journal* 17 (1996), pp. 1-24; y A. Seth, K. P. Song, y R. R. Pettit, "Value Creation and Destruction in Cross-Border Acquisitions", en *Strategic Management Journal* 23, octubre de 2002, pp. 921-940.

[33] J. Warner, J. Templeman y R. Horn, "The Case against Mergers", *BusinessWeek*, 30 de octubre de 1995, pp. 122-134.

vestigación similar efectuada por KPMG, empresa de consultaría contable y administrativa, estudió 700 grandes adquisiciones y encontró que mientras 30% en realidad creó valor para la compañía adquirida, 31% la erosionó y el restante tuvo poco efecto.[34] Un análisis similar de McKinsey & Co. estimó que 70% de las fusiones y adquisiciones no logró sinergias de ingresos.[35] En un estudio precursor del desempeño luego de la adquisición de empresas, David Ravenscraft y Mike Scherer concluyeron que, en promedio, los ingresos y ventas de las adquisiciones bajaron luego de su compra;[36] asimismo, observaron que un pequeño pero sustancial subconjunto de esas compañías experimentó dificultades traumáticas, las cuales, en última instancia, llevaron a la empresa adquiriente a venderlas. La evidencia de Ravenscraft y Scherer sugiere que muchas adquisiciones destruyen valor y no lo crean. Mientras la mayoría de estas investigaciones analizó las adquisiciones domésticas, es probable que los resultados también apliquen a las adquisiciones internacionales.[37]

¿Por qué fallan las adquisiciones?

Las adquisiciones fallan por diversos motivos. En primer lugar, a menudo se paga demasiado por los activos de las empresas adquiridas. El precio puede aumentar si hay más de una oferta, lo cual sucede con frecuencia. Además, la administración casi siempre es demasiado optimista sobre el valor que puede crearse por medio de la adquisición, y por tanto, está dispuesta a pagar una prima significativa sobre la capitalización bursátil de la compañía. Esto se conoce como la "hipótesis de arrogancia", la cual postula que los altos ejecutivos acostumbran sobreestimar la capacidad para crear valor de una adquisición, en especial porque llegar a la cima de la empresa les da un exagerado sentido de sus propias capacidades;[38] por ejemplo, Daimler adquirió Chrysler en 1998 por 40 mil millones de dólares, una prima de 40% sobre el valor de mercado de Chrysler antes de la oferta pública de adquisición. Daimler pagó tanto porque consideró que podría utilizar a Chrysler para incrementar su participación en el mercado estadounidense. En ese momento, los administradores de Daimler publicaron comunicaciones atrevidas sobre las "sinergias" que se crearían al combinar las operaciones de ambas compañías. Los ejecutivos consideraban que alcanzarían economías de gran escala a partir de la presencia mundial, al eliminar los costos de las operaciones alemanas y estadounidenses e impulsar una rentabilidad de la nueva entidad; no obstante, al cabo de un año de la adquisición, la administración alemana de Daimler enfrentaba una crisis en Chrysler, que repentinamente perdía dinero dadas sus pobres ventas en Estados Unidos. En retrospectiva, la administración de Daimler fue demasiado optimista sobre el potencial de una demanda futura en el mercado automotriz de Estados Unidos y las oportunidades de crear valor con las "sinergias". Daimler adquirió Chrysler al final de un auge de varios años en las ventas de automóviles en Estados Unidos y pagó una prima alta sobre el valor de mercado de Chrysler poco antes de que la demanda cayera abruptamente (en 2007, luego de admitir su fracaso, Daimler vendió Chrysler a una firma privada).[39]

En segundo lugar, muchas adquisiciones fracasan por el choque cultural de la empresa que adquiere y la adquirida. Después de una adquisición, muchas compañías experimentan rotación de personal en la alta administración, quizá porque a sus empleados no les agrada la forma de hacer las cosas de la empresa que los adquirió.[40] Esto sucedió en DaimlerChrysler: muchos altos ejecutivos abandonaron Chrysler al año de la fusión. Parece que no les gustó el control en la toma de decisiones de los administradores alemanes de Daimler, mientras que los alemanes resentían que los administradores estadounidenses de Chrysler ganaran entre dos y tres veces más el salario de sus contrapartes alemanas. tales diferencias culturales ocasionaron tensiones, que, en última instancia, se reflejaron en la rotación de personal en la dirección de Chrysler.[41] La pérdida de talento humano y

---

[34] "Few Takeovers Pay Off for Big Buyers", en *Investors Business Daily*, 25 de mayo de 2001, p. 1.

[35] S. A. Christofferson, R. S. McNish y D. L. Sias, "Where Mergers Go Wrong", en *The McKinsey Quarterly* 2 (2004), pp. 92-110.

[36] D. J. Ravenscraft y F. M. Scherer, *Mergers, Selloffs, and Economic Efficiency* (Washington, D C: Brookings Institution, 1987).

[37] Véase P. Ghemawat y F. Ghadar, "The Dubious Logic of Global Mega-mergers", en *Harvard Business Review*, julio-agosto de 2000, pp. 65-72.

[38] R. Roll, "The Hubris Hypothesis of Corporate Takeovers", en *Journal of Business* 59 (1986), pp. 197-216.

[39] "Marital Problems", en *The Economist*, 14 de octubre de 2000.

[40] Véase J. P. Walsh, "Top Management Turnover Following Mergers and Acquisitions", en *Strategic Management Journal* 9 (1988), pp. 173-183.

[41] B. Vlasic y B. A. Stertz, *Taken for a Ride: How Daimler-Benz Drove Off with Chrysler* (Nueva York: HarperCollins, 2000).

experiencia administrativa puede materialmente dañar el desempeño de la unidad adquirida,[42] lo que en particular puede ser problemático en una empresa internacional, donde la administración de la unidad adquirida posee un conocimiento valioso, difícil de reemplazar.

En tercer término, muchas adquisiciones fallan debido a que los intentos de realizar sinergias entre ambas entidades a veces se topan con obstáculos y demoran más de lo previsto. Las diferencias entre la filosofía administrativa y la cultura empresarial desaceleran la integración de las operaciones. Las discrepancias entre las culturas nacionales exacerban estos problemas. La negociación burocrática entre los administradores también complica los procesos. De nuevo, ello parece haber sucedido en DaimlerChrysler, donde los grandes planes de integrar las operaciones de ambas compañías se retrasaron por las interminables juntas de los comités y por simples cuestiones de logística, como la diferencia de seis horas entre Detroit y Alemania. Para cuando se formuló el plan de integración, Chrysler perdía dinero y los administradores alemanes de Daimler repentinamente tenían una crisis en las manos.

Por último, muchas adquisiciones fracasan por filtros inadecuados antes de la adquisición.[43] Muchas empresas deciden adquirir a otras sin un análisis previo completo de los beneficios y costos potenciales. A menudo, se apresuran injustificadamente para ejecutar una adquisición, quizá porque temen que otro competidor se les adelante; sin embargo, tras la adquisición, muchas compañías descubren que, en lugar de comprar una empresa bien administrada, adquirieron una organización problemática; lo que puede ser un problema específico de las adquisiciones internacionales porque la compañía no comprende del todo la cultura y el sistema empresarial locales de la empresa.

REDUCCIÓN DE LOS RIESGOS DE FRACASO

Los problemas mencionados se evitan si la empresa es cuidadosa en su estrategia de adquisición.[44] Conocer a la compañía extranjera que se adquirirá, con una auditoría detallada de sus operaciones, su posición financiera y su cultura administrativa, contribuye a garantizar que 1) no se está pagando demasiado, 2) no hay ninguna sorpresa desagradable después de la adquisición y 3) se adquiere una empresa cuya cultura organizacional no se opone a la propia. También, es importante que la compañía que adquiere aclare cualquier preocupación que la administración de la adquirida pueda tener. El objetivo es reducir cualquier desgaste administrativo no deseado luego de la adquisición. Por último, tras la adquisición, los administradores deben apresurarse a definir un plan de integración y apegarse a él. Algunos sectores en ambas unidades intentarán detener cualquier esfuerzo de integración, en especial cuando existe la posibilidad de pérdidas de empleo o poder administrativo, y los administradores deben tener un plan para tales impedimentos antes de que aparezcan.

VENTAJAS Y DESVENTAJAS DE LAS EMPRESAS *GREENFIELD*

La gran ventaja de una empresa *greenfield* en un país extranjero es que otorga mayor capacidad para construir el tipo de filial que se desea; por ejemplo, es más fácil construir una cultura organizacional desde cero que modificar la de una unidad adquirida. Asimismo, es mucho más sencillo determinar un conjunto de rutinas operativas en una nueva filial que transformar las de una compañía adquirida. Esta es una gran ventaja para muchas empresas internacionales, donde la transferencia hacia la filial de productos, competencias, habilidades y conocimiento de las operaciones ya establecidas son las formas principales de crear valor; por ejemplo, cuando Lincoln Electric, productora estadounidense de equipo de soldadura por arco, se aventuró por primera vez al extranjero a mediados de la década de 1980, lo hizo por medio de la adquisición de empresas similares en Europa; no obstante, su ventaja competitiva en Estados Unidos se basaba en una cultura organizacional sólida y un conjunto de incentivos únicos que estimulaban a sus empleados a hacer lo posible por aumentar la productividad. Lincoln aprendió de manera amarga que era casi imposible transferir su cultura organizacional e incentivos a las empresas adquiridas, que ya contaban con estos elementos propios. Como resultado, la compañía cambió su estrategia de entrada a mediados de la década de 1990 e ingresó

[42] Véase A. A. Cannella y D. C. Hambrick, "Executive Departure and Acquisition Performance", en *Strategic Management Journal* 14 (1993), pp. 137-152.

[43] P. Haspeslagh y D. Jemison, *Managing Acquisitions* (Nueva York: Free Press, 1991).

[44] *Idem.*

desde cero en los países extranjeros con empresas *greenfield*. Aunque esta estrategia implicó más tiempo, Lincoln descubrió que produce mayores rendimientos de largo plazo que los de una estrategia de adquisición.

En contraposición con esta relevante ventaja, están las desventajas de iniciar una compañía *greenfield*. Una empresa de este tipo es de establecimiento más lento; también, es más riesgosa. Como con toda nueva compañía, hay cierto grado de incertidumbre respecto de los futuros ingresos y las ganancias proyectadas; sin embargo, si la empresa ha tenido éxito en otros mercados extranjeros y entiende lo que supone hacer negocios con otras naciones, dichos riesgos pueden no ser tan grandes. Por ejemplo, al adquirir conocimiento sobre las operaciones internacionales, el riesgo de McDonald's de entrar en otro país quizá no sea tan grande. Además, las compañías *greenfield* son menos riesgosas que las adquisiciones en el sentido de que pueden tener menos sorpresas desagradables. Una desventaja final es la posibilidad de ser anuladas por competidores mundiales más agresivos que entren mediante adquisiciones y construyan una gran presencia en el mercado.

¿EMPRESA *GREENFIELD* O ADQUISICIÓN?

No es fácil elegir entre adquisiciones o empresas *greenfield*. Ambas formas tienen sus ventajas y desventajas. En general, la opción dependerá de las circunstancias. Si se pretende entrar en un mercado donde ya existen compañías titulares bien establecidas, y donde los competidores mundiales también están interesados en ubicarse, una entrada mediante adquisición puede ser la opción. En estas circunstancias, una empresa *greenfield* puede ser demasiado lenta para consolidar una presencia; no obstante, si la compañía llevará a cabo una adquisición, su administración debe conocer los riesgos que acabamos de analizar para considerarlos cuando decidan qué empresas comprar. En ocasiones, puede ser mejor entrar por la ruta más lenta de una compañía *greenfield* que hacer una mala adquisición.

Si se pretende incursionar en una nación en donde no existen empresas competidoras relevantes para ser adquiridas, la compañía *greenfield* puede ser la única forma. Aunque haya competidores, si la ventaja competitiva de la empresa se basa en la transferencia de competencias, habilidades, rutinas y cultura organizacional integradas, puede ser preferible entrar por medio de una compañía *greenfield*. Es más fácil incluir aspectos como habilidades y cultura organizacional, que se basan en un conocimiento significativo difícil de articular y codificar, en una nueva empresa que en una entidad adquirida, cuyas rutinas y cultura establecidas habrá que modificar. Así, como sugieren nuestros ejemplos, Lincoln Electric opta por entrar en mercados extranjeros creando empresas tipo *greenfield*.

OA15-5   *Joint ventures*

Las ***joint ventures*** o **alianzas estratégicas** aluden a los acuerdos cooperativos entre competidores potenciales o actuales. En esta sección, estudiaremos las *joint ventures* entre empresas de distintos países, que van desde las formales, en las que dos o más compañías tienen intereses en el capital: *joint ventures* (por ejemplo, Fuji Xerox), hasta los contractuales de corto plazo, en los que dos empresas acuerdan cooperar en una tarea particular (como el desarrollo de un nuevo producto). La colaboración entre competidores está de moda: las últimas décadas atestiguaron una explosión de *joint ventures*.

VENTAJAS DE LAS *JOINT VENTURES*

Las empresas se unen con sus competidores actuales o potenciales por diversos motivos estratégicos.[45] En primer lugar, las *joint ventures* facilitan la entrada en un mercado extranjero; por ejemplo, las empresas creen que para entrar exitosamente al mercado chino necesitan un socio local que en-

---

45   Véase K. Ohmae, "The Global Logic of Strategic Alliances", en *Harvard Business Review*, marzo-abril de 1989, pp. 143-154; G. Hamel, Y. L. Doz y C. K. Prahalad, "Collaborate with Your Competitors and Win!", en *Harvard Business Review*, enero-febrero de 1989, pp. 133-139; W. Burgers, C. W. L. Hill y W. C. Kim, "Alliances in the Global Auto Industry", en *Strategic Management Journal* 14 (1993), pp. 419-432; y P. Kale, H. Singh y H. Perlmutter, "Learning and Protection of Proprietary Assets in Strategic Alliances: Building Relational Capital", en *Strategic Management Journal* 21 (2000), pp. 217-237.

tienda las condiciones del negocio y que tenga buenos contactos (*guanxi*, véase el capítulo 4). Así, en 2004, Warner Brothers (WB) conformó una *joint venture* con dos socios chinos para producir y distribuir películas en China. Como empresa extranjera de filmes, WB comprendió que, si quería producir películas propias para el mercado chino, debía pasar por un proceso de aceptación complejo para cada una y conferir la distribución a la compañía local, lo que dificultaba mucho los negocios en China; sin embargo, gracias a la participación de las empresas chinas, las películas de la *joint venture* pasaban por un ágil proceso de aceptación y podía distribuir cualquier película que produjera. Además, la *joint venture* podría producir películas para la televisión china, algo para lo que las compañías extranjeras no estaban autorizadas.[46]

En segundo término, las *joint ventures* también permiten compartir los costos fijos (y riesgos asociados) de desarrollar nuevos productos o procesos. La alianza entre Boeing y varias empresas japonesas para construir los aviones comerciales 787 más recientes, estaba motivada por el deseo de Boeing de compartir una inversión de ocho mil millones de dólares requeridos para desarrollar la aeronave.

En tercer lugar, una alianza es la forma de reunir capacidades complementarias y activos que una compañía no podría desarrollar por sí misma;[47] por ejemplo, en 2003, Microsoft y Toshiba crearon una alianza para desarrollar microprocesadores integrados (computadoras diminutas) que desempeñaran diversas funciones de entretenimiento en un automóvil (por ejemplo, un DVD en el asiento trasero o una conexión inalámbrica a internet). Los procesadores operarían con una versión del sistema operativo Windows CE de Microsoft, compañía que aportaría sus habilidades de ingeniería de software a la alianza, mientras Toshiba contribuiría con las de desarrollo de microprocesadores.[48] Asimismo, la alianza entre Cisco y Fujitsu se formó para compartir conocimientos.

En cuarto lugar, es conveniente constituir una alianza para alcanzar los estándares tecnológicos de la industria; por ejemplo, en 2011, Nokia, uno de los fabricantes líderes de *smartphones*, entró en alianza con Microsoft, en la que accedió a emplear bajo licencia el sistema operativo Windows Mobile de Microsoft en sus teléfonos. La motivación fue, en parte, establecer a Windows Mobile como estándar de la industria para *smartphones*, a diferencia de sistemas operativos rivales como el iPhone de Apple y el Android de Google.

DESVENTAJAS DE LAS *JOINT VENTURES*

Las ventajas de las que hablamos pueden ser trascendentes. A pesar de ello, algunos analistas critican las *joint ventures* porque dan a los competidores una ruta de bajo costo para nueva tecnología y nuevos mercados;[49] por ejemplo, hace 25 años, se sostuvo que algunas alianzas estratégicas entre empresas estadounidenses y japonesas eran parte de una estrategia japonesa implícita para mantener los trabajos bien remunerados y con valor agregado en Japón, mientras adquirían habilidades para proyectos de ingeniería y procesos de producción propios del éxito competitivo de muchas compañías estadounidenses.[50] Se argumentaba que el éxito japonés en las industrias de herramientas y semiconductores se erigió con tecnología estadounidense proveniente de *joint ventures* y que los administradores estadounidenses ayudaban a los japoneses con alianzas que canalizaban nuevos inventos a Japón, y con ventas y distribución en Estados Unidos de sus productos. A pesar de que este tipo de acuerdos puede generar ingresos de corto plazo, el argumento sustenta que, a final de cuentas, las empresas estadounidenses sufren de un "vaciado" y quedan sin alguna ventaja competitiva en el mercado mundial.

Dichos detractores tienen razón en algo: las alianzas entrañan riesgos. A menos que la compañía tenga cuidado, puede dar más de lo que recibe; pero hay tantos ejemplos de alianzas evidentemente exitosas, incluso entre empresas estadounidenses y japonesas, que su posición parece extrema. Es difícil comprobar que las alianzas Microsoft-Toshiba, Boeing-Mitsubishi para el 787 o

[46] L. T. Chang, "China Eases Foreign Film Rules", en *The Wall Street Journal*, 15 de octubre de 2004, p. B2.
[47] B. L. Simonin, "Transfer of Marketing Know-how in International Strategic Alliances", en *Journal of International Business Studies*, 1999, pp. 463-491, y J. W. Spencer, "Firms' Knowledge Sharing Strategies in the Global Innovation System", en *Strategic Management Journal* 24 (2003), pp. 217-233.
[48] C. Souza, "Microsoft Teams with MIPS, Toshiba", *EBN*, 10 de febrero de 2003, p. 4.
[49] Kale, Singh y Perlmutter, "Learning and Protection of Proprietary Assets".
[50] R. B. Reich y E. D. Mankin, "Joint Ventures with Japan Give Away Our Future", *Harvard Business Review*, marzo-abril de 1986, pp. 78-90.

Fuji-Xerox se ajusten a la tesis de los críticos. En tales casos, ambos socios parecen haberse beneficiado con la alianza. ¿Por qué algunas alianzas benefician a ambas compañías mientras que otras benefician a una y dañan a la otra? La siguiente sección ofrece la respuesta.

HACER QUE LAS ALIANZAS FUNCIONEN

El porcentaje de fracaso de las alianzas estratégicas parece ser muy elevado; por ejemplo, un estudio de 49 *joint ventures* internacionales descubrió que dos terceras partes sufren conflictos administrativos y financieros graves durante los dos primeros años de su formación, y aunque muchos de estos problemas se resuelven, 33% de las alianzas se considera, para las partes involucradas, un fracaso.[51] El éxito de una alianza parece basarse en tres factores principales: la elección de los socios, la estructura de la alianza y la forma de administrarla.

Elección de socios

La clave para que una *joint venture* funcione consiste en elegir un aliado adecuado, el cual debe tener tres características esenciales. En primer lugar, un buen socio ayuda a la empresa a lograr sus objetivos estratégicos, ya sea acceder al mercado, compartir los costos y riesgos del desarrollo de un nuevo producto o ganar acceso a competencias básicas. El socio local debe contar con las capacidades de las que la compañía carece y valora. En segundo término, un buen socio comparte la visión de la empresa respecto del objetivo de la alianza. Si dos compañías se acercan a una alianza con planes radicalmente diferentes, las probabilidades de que las relaciones no sean armónicas, no prosperen y terminen en divorcio son elevadas. En tercer lugar, un buen socio no intentará de manera oportunista explotar la alianza para conseguir sus propios objetivos; es decir, expropiar el conocimiento tecnológico de la empresa y dar poco a cambio. Al respecto, las compañías con reputación de "jugadores limpios" quizá sean el mejor aliado; por ejemplo, empresas como General Electric participan en tantas *joint ventures* que no le sería conveniente arrollar a sus socios.[52] Esto opacaría su reputación como buen aliado, lo que dificultaría la atracción de nuevos socios.

Para elegir un socio con estas tres características, la compañía requiere de una extensa investigación acerca de los posibles candidatos. Para aumentar la probabilidad de elegir un buen socio, la empresa debe:

1. Recabar la mayor información pública disponible acerca de los posibles aliados.
2. Recaudar datos a partir de terceras partes bien informadas, como compañías que han hecho alianzas con los socios potenciales, banqueros que han hecho convenios con ellos y antiguos empleados.
3. Conocer al posible socio tan bien como sea posible antes de comprometerse en una alianza. Ello debe incluir reuniones personales entre administradores de primer nivel (y quizá de nivel medio) para garantizar una buena "química".

Estructura de la alianza

Después de elegir a un socio, la alianza debe estructurarse en forma que los riesgos de la empresa, relativos a ceder demasiado al socio, se reduzcan a un nivel aceptable. En primer término, las alianzas pueden diseñarse para dificultar (sino es que imposibilitar) la transferencia de tecnología no destinada a transferirse. El diseño, desarrollo, producción y servicio de un producto de una alianza pueden estructurarse de modo que separen las tecnologías vulnerables e impidan una filtración al otro participante. En la larga alianza entre General Electric y Snecma para construir motores de aviones comerciales, por ejemplo, GE redujo el riesgo de una transferencia excesiva mediante la separación de ciertas secciones del proceso de producción. El establecimiento de una modulación cortó de manera eficaz la transferencia de lo que GE consideraba tecnología competitiva clave, y al mismo tiempo, permitió a Snecma el acceso al ensamblaje final. Formada en 1974, la alianza ha sido notablemente exitosa y en la actualidad domina el mercado de motores para avión empleados en el Boeing 737 y el Airbus 320.[53] Asimismo, en la alianza entre Boeing y los japoneses para construir

[51] J. Bleeke y D. Ernst, "The Way to Win in Cross-Border Alliances", en *Harvard Business Review*, noviembre-diciembre de 1991, pp. 127-135.
[52] C. H. Deutsch, "The Venturesome Giant", en *The New York Times*, 5 de octubre de 2007, pp. C1, C8.
[53] "Odd Couple", en *The Economist*, 5 de mayo de 2007, pp. 79-80.

el 767, Boeing separó las funciones de investigación, diseño y comercialización consideradas vitales para su posición competitiva, pero permitió a los japoneses participar en la tecnología de producción. Boeing también separó nuevas tecnologías no requeridas para la producción del 767.[54]

En segundo lugar, las salvaguardas contractuales sirven como protección ante el oportunismo del socio (que incluye el robo de tecnología, de mercados o ambos). Por ejemplo, TRW Automotive sostiene tres *joint ventures* con tres destacados productores japoneses de componentes de autos para producir cinturones de seguridad, válvulas de motor y mecanismos de dirección para la venta en plantas japonesas de ensamblaje automotor, establecidas en Estados Unidos. TRW tiene cláusulas que prohíben a las empresas japonesas competirle en el suministro de componentes a las compañías automotrices estadounidenses. Con esto, TRW se protege de la posibilidad de que las empresas japonesas participen en alianzas solo para obtener acceso al mercado estadounidense y le compitan su mercado nacional.

En tercer término, ambas partes de la alianza pueden acordar por adelantado el intercambio de las competencias y tecnologías que pretenden y asegurar, así, la posibilidad de obtener una ganancia equitativa. Los acuerdos de licencia cruzada son una forma de alcanzar este objetivo. En cuarto lugar, el riesgo de oportunismo se reduce si de antemano la compañía obtiene un considerable y veraz compromiso con su socio. La alianza de largo plazo entre Xerox y Fuji para producir fotocopiadoras en el mercado asiático quizá sea el mejor ejemplo de ello; en lugar de participar en un acuerdo informal o de licencia (lo que Fuji Photo inicialmente quería), Xerox insistió en que Fuji invirtiera en una *joint venture* 50/50 para abastecer a Japón y el este de Asia. Esta empresa implicó una inversión tan significativa en personal, equipo y plantas, que Fuji Photo se comprometió desde el principio a hacer funcionar la alianza para obtener un rédito a partir de su inversión. Al decidir participar en una *joint venture*, Fuji esencialmente estableció un compromiso creíble con la alianza. Con esto, Xerox se sintió segura para transferir su tecnología fotocopiadora a Fuji.[55]

Administración de la alianza

Una vez elegido el socio y acordada una estructura apropiada, la tarea consiste en maximizar los beneficios. Como en todo convenio internacional, un factor relevante es la sensibilidad a las diferencias culturales (véase el capítulo 4). Muchas diferencias en el estilo administrativo son atribuibles a discrepancias culturales, y los administradores deben considerarlas al hacer tratos con su socio. Más allá de esto, la maximización de los beneficios a partir de la alianza parece implicar la construcción de confianza entre socios y el aprendizaje a partir de ellos.[56]

Administrar una alianza de modo exitoso parece requerir la construcción de relaciones interpersonales entre los administradores de las empresas o lo que en ocasiones se conoce como *capital relacional*.[57] Esta es una lección de la exitosa *joint venture* entre Ford y Mazda, quienes crearon un sistema de reuniones en las que no solo se analizaba lo concerniente a la alianza, sino que también los directivos tenían tiempo para conocerse mejor. La idea es que las amistades resultantes generen confianza y faciliten las relaciones armónicas entre ambas partes. Asimismo, las relaciones personales fomentan una relación administrativa informal. Esta red sirve, además, para solucionar problemas en contextos más formales (como juntas de comité entre el personal de ambas compañías).

Los académicos sugieren que un factor determinante del aprendizaje que obtiene una empresa de una alianza es su capacidad de aprender del socio;[58] por ejemplo, en un estudio de cinco años de 15 *joint ventures* entre prestigiadas multinacionales, Gary Hamel, Yves Doz y C. K. Prahalad se centraron en varias compañías japonesas y sus socios occidentales (europeos o estadounidenses).[59] En

[54] W. Roehl y J. F. Truitt, "Stormy Open Marriages Are Bette*r"*, en *Columbia Journal of World Business*, verano de 1987, pp. 87-95.

[55] McQuade y Gomes-Casseres, "Xerox *and Fuji-Xerox*".

[56] Véase T. Khanna, R. Gulati y N. Nohria, "The Dynamics of Learning Alliances: Competition, Cooperation, and Relative Scope", en *Strategic Management Journal* 19 (1998), pp. 193-210, y P. Kale, H. Singh y H. Perlmutter, "Learning and Protection of Proprietary Assets".

[57] Kale, Singh y Perlmutter, "Learning and Protection of Proprietary Assets".

[58] Hamel, Doz y Prahalad, "Collaborate with Competitors"; Khanna, Gulati y Nohria, "The Dynamics of Learning Alliances: Competition, Cooperation, and Relative Scope"; y E. W. K. Tang, "Acquiring Knowledge by Foreign Partners from International Joint Ventures in a Transition Economy: Learning by Doing and Learning Myopia", en *Strategic Management Journal* 23 (2002), pp. 835-854.

[59] Hamel, Doz y Prahalad, "Collaborate with Competitors".

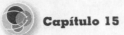

cada caso, en el que a partir de una alianza una compañía japonesa emergía más fuerte que su socio occidental, la empresa nipona hacía un mayor esfuerzo por aprender. Pocas compañías occidentales parecían querer aprender de sus socios japoneses; tendían a ver la alianza solo como un dispositivo para compartir costos o riesgos y no como una oportunidad de aprender la forma en que un competidor potencial hace negocios.

Consideremos la alianza entre General Motors y Toyota, constituida en 1985 para producir el Chevrolet Nova. Tal alianza se estructuró como una *joint venture* formal, llamada New United Motor Manufacturing Inc., y cada parte tenía 50% del capital. La empresa poseía una fábrica de autos en Fremont, California, Estados Unidos. Según un directivo japonés, Toyota rápidamente alcanzó la mayor parte de sus objetivos a partir de la alianza: "Aprendimos sobre el suministro y la transportación estadounidense y obtuvimos confianza para dirigir a trabajadores estadounidenses."[60] Todo ese conocimiento se transfirió a Georgetown, Kentucky, Estados Unidos, en donde Toyota abrió su propia planta en 1988. Quizá todo lo que obtuvo GM fue un nuevo producto, el Chevrolet Nova. Algunos directivos de GM se quejaron de que el conocimiento de la alianza con Toyota nunca se aplicó en GM; en su opinión, debieron permanecer como equipo para instruir a los ingenieros y trabajadores de GM acerca del sistema japonés. En cambio, se dispersaron por varias filiales de GM.

Para maximizar los beneficios de aprendizaje de una alianza, una compañía debe aprender de su socio y después aplicar este conocimiento a su propia organización. Se ha sugerido que todos los empleados operativos deben conocer las debilidades y las fortalezas del socio y entender en qué medida la adquisición de habilidades particulares fomentará la posición competitiva de la empresa. Hamel, Doz y Prahalad observan que esto es ya una práctica común entre las empresas japonesas. Hicieron esta observación:

> Acompañamos a un ingeniero japonés de desarrollo por la fábrica de un socio. Este ingeniero tomó notas minuciosas sobre la disposición de la planta, las etapas de producción, el ritmo de la línea de producción y la cantidad de empleados. Tomó nota de todo a pesar de no tener responsabilidad de manufactura en su propia compañía y de que la alianza no incluía producción conjunta. Tal dedicación refuerza, en gran medida, el aprendizaje.[61]

Para que tal aprendizaje sea de valor, debe difundirse a través de la organización (como, al parecer, no fue el caso de GM luego de la *joint venture* GM-Toyota). Para lograrlo, los directivos de la alianza deben educar a sus colegas sobre las habilidades de su socio.

---

60 B. Wysocki, "Cross-Border Alliances Become Favorite Way to Crack New Markets", en *The Wall Street Journal*, 4 de marzo de 1990, p. Al.

61 Hamel, Doz y Prahalad, "Collaborate with Competitors", p. 138.

RESUMEN

En el capítulo, abordamos los siguientes aspectos:

1. Las decisiones básicas de entrada consisten en identificar a cuáles mercados entrar, cuándo hacerlo y en qué escala.

2. Los mercados extranjeros más atractivos tienden a encontrarse en naciones desarrolladas y en desarrollo políticamente estables, con sistemas de libre mercado y sin elevaciones drásticas en las tasas de inflación o en la deuda del sector privado.

3. Existen varias ventajas asociadas con la entrada temprana a un mercado nacional, antes que otras compañías internacionales se hayan establecido. Tales ventajas deben equilibrarse con los costos que los primeros participantes deben asumir, como el mayor riesgo de fracaso empresarial.

4. La entrada en gran escala a un mercado nacional constituye un compromiso estratégico importante, que tal vez cambie la naturaleza de la competencia en ese mercado y limite la flexibilidad estratégica futura del participante. Aunque los grandes compromisos estratégicos pueden generar muchos beneficios, también conllevan riesgos.

5. Existen seis formas de ingresar en un mercado extranjero: exportación, proyectos "llave en mano", licencia, franquicia, *joint ventures* y filiales de propiedad absoluta.

6. La exportación tiene la ventaja de facilitar la realización de economías con base en curvas de experiencia, así como de evitar los costos relativos a las operaciones de producción en otro país. Las desventajas son sus costos elevados de trans-

porte y las barreras arancelarias, así como los agentes locales de comercialización.

7. Los proyectos "llave en mano" permiten a las empresas exportar su conocimiento de proceso a naciones en donde la IED no se permite, y así obtener una mayor ganancia a partir de este activo. La desventaja estriba en que la compañía puede, de manera inadvertida, crear competidores mundiales eficientes en el proceso.

8. La ventaja principal de la licencia es que el concesionario asume los costos y riesgos de la apertura de un mercado extranjero. Las desventajas son el riesgo de perder el conocimiento tecnológico en beneficio de los concesionarios y la carencia de un firme control sobre estos.

9. La ventaja principal de las franquicias consiste en que el franquiciatario asume los costos y riesgos de la apertura de un mercado extranjero. Las desventajas se centran en los problemas de control de calidad, pues los franquiciatarios se ubican a distancias considerables.

10. Las ventajas de las *joint ventures* radican en compartir los costos y riesgos de la apertura de un mercado extranjero y en ganar conocimiento local e influencia política. Las desventajas son el riesgo de perder el control sobre la tecnología y una carencia de control.

11. La ventaja de una filial de propiedad absoluta es un firme control sobre el conocimiento tecnológico. La desventaja principal consiste en que la empresa debe asumir todos los costos y riesgos asociados con la apertura de un mercado extranjero.

12. La elección óptima del modo de entrada depende de la estrategia de la compañía. Cuando el conocimiento tecnológico constituye una competencia básica de la empresa, las filiales de propiedad absoluta son preferibles, pues controlan de mejor manera la tecnología. Cuando el conocimiento administrativo representa la competencia básica de una compañía, las franquicias extranjeras controladas por *joint ventures* parecen ser la elección óptima. Cuando la empresa busca una estrategia de estandarización mundial o transnacional, la necesidad de un firme control sobre las operaciones para realizar economías de localización y de curva de experiencia

apunta a que las filiales de propiedad absoluta son la mejor forma de entrada.

13. Al crear una filial de propiedad absoluta en un país, una compañía debe decidir si lo va a hacer mediante una estrategia de empresa *greenfield* o la adquisición de una compañía establecida en el mercado deseado.

14. Las adquisiciones son fáciles de ejecutar, permiten a una empresa anular a sus competidores e implica adquirir un flujo conocido de ingresos y ganancias. Las adquisiciones fallan cuando la compañía que compra paga en exceso por la otra, cuando la cultura de una choca con la otra, cuando hay un alto nivel de desgaste administrativo después de la adquisición y cuando hay una falla al integrar las operaciones de la empresa que compra con la adquirida.

15. La ventaja de una compañía *greenfield* en un país extranjero es que le brinda a la empresa una mayor habilidad para construir el tipo de filial que desea; por ejemplo, es más fácil establecer una cultura organizacional desde cero que modificar la de una compañía adquirida.

16. Las *joint ventures* son acuerdos cooperativos entre los competidores actuales y potenciales. La ventaja es que facilitan la entrada en los mercados extranjeros, permiten a los socios compartir los costos fijos y riesgos vinculados con nuevos productos y procesos, facilitan la transferencia de habilidades complementarias entre empresas y las ayuda a definir parámetros técnicos.

17. La desventaja de una *joint venture* es que la compañía se arriesga al otorgar a su socio conocimiento tecnológico y acceso al mercado.

18. Las desventajas de las alianzas se reducen si la empresa selecciona a sus socios con cuidado y presta mucha atención a la reputación de la compañía con que se aliará y a la estructura de la alianza para evitar cualquier transferencia involuntaria de conocimiento.

19. Dos de las claves para hacer que las alianzas funcionen bien parecen ser la construcción de confianza y de redes informales de comunicación entre socios, así como las medidas explícitas para aprender de los socios de la alianza.

Preguntas de análisis y razonamiento crítico

1. Revise el "Panorama administrativo" sobre Tesco y responda las siguientes preguntas:

   a) ¿Por qué la estrategia inicial de expansión internacional de Tesco se centró en las naciones en desarrollo?

   b) ¿Cómo crea valor Tesco en sus operaciones internacionales?

   c) En Asia, Tesco tiene una larga historia de entrar en *joint ventures* con socios locales. ¿Cuáles son los beneficios que obtiene al hacerlo? ¿Cuáles son los riesgos? ¿Cómo se aminoran?

   d) En marzo de 2006, Tesco anunció que entraría a Estados Unidos, lo que representó un cambio en su estrategia histórica de centrarse en países en desarrollo. ¿Por qué piensa que Tesco tomó esta decisión? ¿En qué difiere el mer-

cado estadounidense de otros en los que Tesco ha entrado? ¿Cuáles son los riesgos de este mercado?

2. Conceder una licencia de tecnología a los competidores extranjeros es la mejor forma de entregar una ventaja competitiva. Comente.

3. Analice de qué manera varía la necesidad de control sobre las operaciones extranjeras con las estrategias y competencias básicas de las compañías. ¿Cuáles son las consecuencias de la elección del modo de entrada?

4. Una pequeña empresa canadiense que desarrolla productos médicos novedosos con conocimiento biotecnológico único intenta decidir la mejor forma de abastecer al mercado de la Comunidad Europea. Sus opciones se mencionan más adelante. El costo de invertir en instalaciones de manufactura

será esencial para la compañía, pero no está fuera de su alcance. Si las siguientes son las únicas opciones que tiene la empresa, ¿cuál de ellas escogería? ¿Por qué?

a) Fabricar el producto en casa y permitir que los agentes de ventas extranjeros manejen el marketing.

b) Producir los productos en casa e instalar una filial de propiedad absoluta en Europa para manejar el marketing.

c) Participar en una *joint venture* con una gran empresa farmacéutica europea, que produciría el producto en Europa en coparticipación 50/50 y lo comercializaría.

Proyecto de investigación globaledge.msu.edu

Estrategia de entrada y *joint ventures*

Utilice la página de globalEDGE (globaledge.msu.edu) para completar los siguientes ejercicios:

Ejercicio 1

La revista *The Entrepreneur* publica anualmente una lista de los *franquiciatarios globales más destacados*. Proporcione la lista de las 25 empresas más importantes que emplean a las franquicias como su forma típica de expansión internacional. Estudie una de estas compañías y describa su modelo de negocio, su patrón de expansión internacional, las capacidades que busca en sus franquiciatarios y qué tipo de apoyo y capacitación suele proporcionar.

Ejercicio 2

El U. S. Commercial Service prepara los reportes conocidos como *Country Comercial Guide* para cada país que interesa a los inversionistas estadounidenses. Emplee el reporte para Rusia y recabe información de esa nación. Si considera que su empresa tiene planes para entrar en Rusia en un futuro previsible, seleccione el modo de entrada más apropiado. Asegúrese de sustentar su decisión con base en la información recopilada.

CASO FINAL

General Motors en China

Los años finales de la década de 2000 no fueron positivos para General Motors, que cerró la década lastimada por una profunda recesión en Estados Unidos y la caída de las ventas automotrices, con importantes pérdidas progresivas de participación de mercado ante rivales extranjeros como Toyota y acogiéndose a las disposiciones del capítulo 11 del título 11 del Código de los Estados Unidos sobre las quiebras. Entre 1980, cuando dominaba el mercado estadounidense, y 2009, cuando entró en una situación de bancarrota de protección, GM vio su participación en el mercado estadounidense erosionarse de 44% a solo 19%. La aquejada compañía salió de la bancarrota algunos meses después convertida en una empresa más pequeña con menos marcas y, anticipando el futuro, algunos especularon que la nueva GM sería una compañía mucho más rentable. Una razón de peso para este optimismo fue el éxito de sus *joint ventures* en China.

GM entró a China en 1997 con una inversión de 1 600 millones de dólares para fundar una *joint venture* con la paraestatal Shanghai Automotive Industry Corporation (SAIC) y construir sedanes Buick. En esa época, el mercado chino era pequeño (se vendieron menos de 400 mil autos en 1996), pero GM se sintió atraída por el enorme potencial de un país con más de mil millones de habitantes que estaba experimentando un rápido crecimiento económico. GM previó que para finales de la década de 2000 podrían venderse alrededor de tres millones de autos en China.

Aunque reconocieron explícitamente que tenían mucho que aprender sobre el mercado chino, y que quizá perderían dinero en los años venideros, los directivos de GM pensaban que era decisivo establecer una cabeza directriz en esa nación y hacer equipo con SAIC (uno de los primeros líderes en la naciente industria automotriz china) antes de que lo hicieran sus competidores mundiales. La decisión de involucrarse en una *joint venture* no fue difícil: GM no solo no tenía conocimiento ni contactos en China, sino que las regulaciones del gobierno de esa nación hacían imposible que un fabricante automotriz extranjero entrara solo al país.

Aunque GM no era la única compañía que estaba invirtiendo en China, ya que en ese tiempo muchas de las principales empresas automotrices del mundo asumieron algún tipo de *joint venture* con empresas chinas, sí estaba entre los principales inversionistas. Solo Volkswagen, cuya gerencia compartía la visión de GM, hizo una inversión semejante. Otras compañías adoptaron una posición más cautelosa, invirtiendo cantidades más pequeñas y fijando metas más limitadas.

Para 2007, GM había expandido el rango de su asociación con SAIC para incluir vehículos que se vendían bajo los nombres de Chevrolet, Cadillac y Wuling. Ambas empresas también habían establecido el centro automotriz Pan-Asian Technical para diseñar autos y componentes no solo para China sino para otros mercados asiáticos. En este punto, ya era evidente que tanto el

Un auto GM en un show automotriz chino.

mercado chino como la *joint venture* habían excedido las expectativas iniciales de GM. La *joint venture* no solo era redituable, sino que vendió más de 900 mil autos y camionetas en 2007, un incremento de 18% respecto de 2006, situándose en segundo lugar del mercado chino entre las marcas extranjeras, solo detrás de Volkswagen. Asimismo, fue impresionante la venta en 2007 de casi ocho millones de autos y camionetas en China, lo que convirtió a este mercado en el segundo más grande del mundo, por encima de Japón y detrás de Estados Unidos.

Gran parte de este éxito puede atribuirse a su estrategia de diseñar vehículos específicos para el mercado chino. Por ejemplo, GM y SAIC produjeron una pequeña camioneta, la Wuling Sunshine, que cuesta 3 700 dólares, tiene un motor de 0.8 litros, una velocidad máxima de 100 kilómetros por hora y pesa menos de una tonelada, muy diferente de la pesada SUV por la que GM era conocida en Estados Unidos. El vehículo era perfecto para China y, en 2007, se vendieron casi 460 mil: el más vendido en el sector camionetas.

Pero es el futuro lo que entusiasma a la gente. En 2008 y 2009, mientras en Europa y Estados Unidos se desplomaba el mercado automotriz, en China registró un fuerte crecimiento: en 2009 vendió aproximadamente 13.8 millones de vehículos, so-

brepasó a Estados Unidos y se convirtió en el más grande del mundo. En 2012, la cifra llegó a 19.4 millones, año en el que GM y sus socios locales tenían 15% de participación en el mercado chino, con ventas anuales locales que superaron a las de Estados Unidos. Sobre las espaldas de este fuerte crecimiento GM continúa efectuando agresivas inversiones en China. En 2013, la compañía anunció que expandiría su red de distribuidoras chinas desde 3 800 hasta 5 100, y que planea tener 17 plantas ensambladoras en el país para mediados de la década, más que las 12 que posee en Estados Unidos. El motor de esta expansión son los pronósticos de GM de que la demanda en China llegará a 35 millones de vehículos anuales para 2022. A la base de estos pronósticos están los índices todavía relativamente bajos de penetración automotriz en China: en 2012, había en la nación 85 vehículos por cada mil personas, comparados con casi 800 vehículos por cada mil habitantes en Estados Unidos.[62]

Preguntas para analizar el caso

1. GM entró al mercado chino en un momento en que la demanda era muy limitada. ¿Por qué? ¿La estrategia fue razonable?
2. ¿Por qué GM entró mediante una *joint venture* con SAIC? ¿Cuáles son los beneficios de esta forma de entrada? ¿Cuáles son los posibles riesgos?
3. ¿Por qué no simplemente GM licenció su tecnología a SAIC? ¿Por qué no exportó autos desde Estados Unidos?
4. ¿Por qué la *joint venture* ha sido tan exitosa hasta la fecha?
5. Hasta 2013, GM parecía estar aumentando sus compromisos estratégicos con China, construyendo más fábricas y abriendo más distribuidoras. ¿Por qué la compañía está apostando así? ¿Considera que está haciendo lo correcto? ¿Cuáles son los riesgos?

[62] S. Schifferes, "Cracking China's Car Market", en *BBC News*, 17 de mayo de 2007; N. Madden, "Led by Buick, Carmaker Learning Fine Points of Regional China Tastes", en *Automotive News*, 15 de septiembre de 2008, pp. 186-190; "GM Posts Record Sales in China", en *Toronto Star*, 5 de enero de 2010, p. B4; "GM's Sales in China Top US", en *Investor's Business Daily*, 25 de enero de 2011, p. A1; y K. Naughton, "GM's China Bet Mimics Toyota's Bet on U. S. Last Century", en Bloomberg.com, 29 de abril de 2013.

parte cinco casos

 # Estrategia evolutiva de IBM

Al CEO de IBM, Sam Palmisano, le agrada hablar sobre la evolución de la estrategia global de una de las empresas de computación más grandes del mundo. Según él, cuando IBM comenzó a expandirse por el mundo, lo hizo en la forma "internacional" clásica de muchas compañías; esto es, efectuaba la mayor parte de sus actividades en casa y vendía sus productos en otros países por medio de filiales extranjeras. Sin embargo, en la época en que Palmisano se incorporó a IBM, en 1972, la empresa ya se había alejado de este modelo y para entonces era una compañía "multinacional" común, con pequeñas IBM en los principales mercados nacionales del mundo. Esta estructura era lógica para IBM en la década de 1970, dado que muchos mercados aún estaban separados unos de otros por las barreras al comercio exterior y también porque las diferencias nacionales en las prácticas comerciales a menudo requerían una importante operación de localización.

No obstante, en décadas recientes, IBM se ha alejado también de este modelo hacia uno que Palmisano define como "una empresa globalmente integrada". En sus palabras:

> Ubicamos el trabajo y las operaciones en cualquier parte del mundo, basándonos en la economía, el grado de experiencia y el ambiente de negocios adecuados. Integramos dichas operaciones tanto global como horizontalmente. Antes teníamos diferentes cadenas de suministro en distintos mercados, ahora contamos con una sola cadena global. Nuestra función de investigación y desarrollo ha sido global durante muchos años: la investigación y el desarrollo de software se llevan a cabo en laboratorios distribuidos por todo el mundo; no obstante, en nuestros negocios de servicios profesionales solíamos considerar a nuestro capital humano (nuestra gente) en términos de países, regiones y unidades de negocio: ahora los administramos y desplegamos como un activo global.

De este modo, la IBM actual ubica su investigación y desarrollo de semiconductores, así como sus operaciones de producción, al norte de Nueva York y Vermont, con su centro global de suministros en China. El servicio global de entregas está en India, mientras que muchos de los servicios que apoyan los sitios web externos e internos de la compañía están en naciones como Irlanda y Brasil. La gente que trabaja en estos centros no se centra en sus mercados nacionales, sino que efectúa operaciones globales integradas.

Este cambio estratégico fue una respuesta a tres factores: la globalización de la economía mundial; la naturaleza global de muchos de los clientes de IBM, quienes a su vez estaban volcándose hacia una estrategia de integración global, y el surgimiento de una competencia encarnizada en mercados nacientes como China e India. Tomemos como ejemplo a este último país: en la década de 1990, un trío de compañías indias proveedoras de servicios externos, Tata Consulting Services, Infosys y Wipro, empezaron a quitarle a IBM parte de su negocio fundamental de servicios de tecnología de la informa-

ción. Los indios tenían una ventaja debido a una gran reserva de talento administrativo e ingeniería muy preparado, pero relativamente barato. IBM se percató de que, para competir, debía adoptar el modelo de bajo costo del que India era pionera; por ello, en 2004, adquirió Daksh, una empresa india que era una versión más pequeña de las tres grandes compañías de servicios de tecnología de la información en ese país. IBM invirtió mucho en su unidad india y la convirtió en un gran negocio global con participación líder en el mercado, que ahora compite de manera eficaz, en costo y calidad, con sus competidores locales. Aunque Palmisano advierte que la motivación original para expandirse a India era tener acceso a mano de obra barata, ahora sostiene que la capacidad del personal contratado en esa nación es igual de importante, si no es que más. IBM dispone de una gran reserva de personal muy calificado en India, quienes desempeñan sus operaciones de servicios globales y se mueven de manera fluida por todo el mundo debido a que poseen un buen dominio del inglés, idioma que se ha convertido en el lenguaje comercial de facto en gran parte del globo.

Mirando hacia el futuro, Palmisano destaca que IBM apenas está convirtiéndose en una empresa global totalmente integrada. El gran paso que sigue implica desarrollar el capital humano de la compañía, ayudarles a producir administradores e ingenieros que se vean a sí mismos como profesionales y ciudadanos del mundo, que puedan moverse sin esfuerzo por todo el orbe y hacer negocios en forma eficiente en un amplio rango de contextos nacionales.

Preguntas para analizar el caso

1. Palmisano declara que en las décadas de 1970 y 1980 IBM estaba organizada como una empresa multinacional común. ¿Qué significa esto? ¿Por qué considera que IBM estaba organizada de ese modo? ¿Cuáles eran las ventajas de este tipo de orientación estratégica?

2. Para la década de 1990, la orientación estratégica multinacional ya no funcionaba para IBM. ¿Por qué no?

3. ¿Cuáles son las ventajas estratégicas para IBM de esta estrategia de empresa globalmente integrada? ¿Qué tipo de cambios organizacionales opina que debieron hacerse en IBM para convertir la estrategia realidad?

4. En términos del marco de referencia de elección estratégica introducido en este capítulo, ¿qué estrategia estima que IBM aplica en la actualidad?

Fuentes

"The Empire Fights Back", en *The Economist*, 30 de septiembre de 2008, pp. 12-16; S. Palmisano, "The Globally Integrated Enterprise", en *Vital Speeches of the Day*, octubre de 2007, pp. 449-453; y S. Hamm, "IBM *vs.* Tata: Which is More American?", en *BusinessWeek*, 5 de octubre de 2008, p. 28.

IKEA en 2013: un detallista de muebles para el mundo

INTRODUCCIÓN

IKEA es uno de los minoristas globales más exitosos del mundo. En 2012, contaba con 320 tiendas de muebles y artículos para el hogar en 46 países, que eran visitadas por casi 776 millones de compradores. Su mercancía, elegantemente diseñada y a precios bajos, desplegada en grandes galerones, generó ventas por 27 500 millones de euros en 2012, de los 4 400 millones en 1994, y 4 200 millones de utilidad neta. Aunque la compañía privada se rehúsa a publicar sus cifras de rentabilidad, se rumoraba que sus márgenes de ganancia neta eran de casi 10%, muy altas para un minorista. Su fundador, Ingvar Kamprad, ahora con 80 años, aún es un activo "consejero" de la empresa y corre el rumor de que es uno de los hombres más acaudalados del mundo.

ANTECEDENTES DE LA COMPAÑÍA

IKEA fue fundada en Suecia en 1943 por Ingvar Kamprad cuando solo tenía 17 años. La incipiente empresa vendía pescado, revistas de Navidad y semillas de la granja familiar. No era su primer negocio: ya había vendido cerillos que el emprendedor Kamprad compraba al mayoreo en lotes de cien cajas (con la ayuda de su abuela, quien lo financiaba) y revendía por unidad con un alto índice de ganancia. El nombre IKEA es un acrónimo: I y K son sus iniciales, mientras que E es por Elmtaryd, el nombre del rancho familiar, y A por Agunnaryd, el nombre del pueblo al sur de Suecia donde estaba ubicada esa propiedad. No transcurrió mucho tiempo antes de que Kamprad agregara bolígrafos a su lista y vendiera sus productos por correo. Su bodega era un cobertizo en el rancho de su familia. El sistema de entregas al cliente utilizaba el camión de leche local, que diariamente recogía las mercancías y las llevaba a la estación del tren.

En 1948, Kamprad añadió los muebles a su línea de producto, y un año después, publicó su primer catálogo, distribuido, como ahora, en forma gratuita. En 1953, Kamprad enfrentó otro problema: el camión de leche había cambiado su ruta y ya no podría usarlo para llevar los pedidos a la estación de tren. La solución fue comprar una fábrica ociosa en la cercana Almhut y convertirla en su bodega. Con un negocio que crecía rápidamente, Kamprad contrató a un diseñador de 22 años, Gillis Lundgren, quien originalmente lo ayudaba a hacer las fotos para los primeros catálogos de IKEA, pero que con el tiempo empezó a diseñar más y más muebles para la fábrica. Por último, diseñó 400 piezas, entre ellas muchas de gran éxito.

Con el tiempo, la meta de IKEA se convirtió en proporcionar diseños funcionales y estilizados con líneas minimalistas, que los proveedores podían manufacturar bajo contrato con gran eficiencia de costos y a precios lo suficientemente bajos para que la mayoría de la gente pudiera adquirirlos. La teoría de Kamprad era que "el precio de los buenos muebles

puede ser tal que un hombre con una cartera flaca pueda incluir en sus gastos y pagar".[1] Kamprad estaba sorprendido ante el hecho de que los muebles suecos eran costosos en esa época, algo que él atribuía a una industria fragmentada, dominada por pequeños minoristas. A menudo, el mobiliario se consideraba herencia familiar y legado de generación en generación. Él quería cambiar este panorama: hacer posible que la gente de recursos modestos comprara sus propios muebles. Finalmente, esta visión condujo al concepto de lo que IKEA llama "diseño democrático", un diseño que, según Kamprad, "no solo era bueno, sino que se adaptó desde el principio a la producción mecánica y por tanto era muy barato de ensamblar".[2] Gillis Lundgren fue decisivo en la instrumentación de dicho concepto. Una y otra vez encontraba formas de modificar el diseño de un mueble para ahorrar en los costos de manufactura.

Gillis Lundgren tropezó también con lo que se convertiría en una característica clave de los muebles IKEA: el autoensamblado. Al intentar empacar y enviar eficientemente una mesa de patas largas, dio con la idea de quitar las patas y enviarlas empacadas bajo la cubierta de la mesa. Pronto, Kamprad observó que los muebles empacados en plano reducían los costos de transporte y almacenaje y minimizaban el daño (IKEA había tenido muchos problemas con muebles dañados durante el proceso de envío). Aún más, los clientes parecían dispuestos a emprender la labor de ensamblado a cambio de precios más bajos. En 1956, el autoensamblado era una parte integral del concepto de IKEA.

En 1957, IKEA comenzó a exhibir y vender sus productos en ferias de muebles para casa en Suecia. Como eliminó a los minoristas de la ecuación y utilizaba el concepto de autoensamblado, Kamprad mejoró los precios de las mueblerías tradicionales, para disgusto de estas. Los minoristas establecidos respondieron: prohibieron que IKEA levantara pedidos en la feria anual de mobiliario en Estocolmo y la acusaron de imitar sus diseños. Todo ello fue en vano, por supuesto, así que los minoristas fueron más allá: presionaron a los fabricantes de muebles para que no le vendieran a IKEA. Tal acción tuvo dos consecuencias involuntarias: 1) sin tener acceso a los diseños de muchos fabricantes, IKEA se vio obligada a diseñar internamente más de sus productos, y 2) Kamprad buscó a un fabricante que produjera el mobiliario diseñado por IKEA y lo encontró en Polonia.

Para su satisfacción, Kamprad descubrió que los muebles producidos en Polonia eran 50% más económicos que los que se elaboraban en Suecia, lo que le permitió bajar sus precios todavía más. Asimismo, descubrió que hacer nego-

[1] Citado en R. Heller, "Folk Fortune", en *Forbes*, 4 de septiembre de 2000, p. 67.
[2] B. Torekull, *Leading by Design: The IKEA Story*, Nueva York, Harper Collins, 1998, p. 53.

cios con los polacos implicaba el consumo de importantes cantidades de vodka para celebrar las transacciones, y durante los 40 años siguientes, su forma de beber fue legendaria. Independientemente del consumo de alcohol, la relación que IKEA estableció con los polacos se convertiría en el arquetipo de futuras relaciones con los proveedores. De acuerdo con uno de los administradores polacos, había tres ventajas en hacer negocios con IKEA:

> Una se relaciona con la toma de decisiones: estaba a cargo de un solo hombre y podía confiarse en lo que había decidido. Dos, nos daba contratos a largo plazo, así podíamos planear con paz y tranquilidad… La tercera ventaja era que IKEA introdujo nueva tecnología. Una de sus revoluciones, por ejemplo, fue la forma de tratar la superficie de la madera. También, dominó la habilidad de reconocer los ahorros en costos que podían reflejarse en un recorte en precios.[3]

A principios de la década de 1960, los productos polacos ocupaban más de la mitad de las páginas del catálogo de IKEA.

En 1958, una amplia construcción en Almhult se convirtió en la primera tienda de IKEA. La idea original era tener un lugar donde los clientes pudiesen acudir a ver en exhibición el mobiliario de IKEA. Era un complemento al negocio principal de ventas por correo, pero pronto se convirtió en un relevante punto de venta y la tienda empezó a vender canastillas para los techos de los autos, con la intención de que los clientes pudiesen irse con sus muebles empacados en plano cargados sobre sus vehículos. Luego de observar que el viaje a una tienda IKEA era algo parecido a un paseo para muchos compradores (Almhult no era un centro importante y mucha gente venía de muy lejos), Kamprad experimentó añadiendo un restaurante a la tienda de esa localidad con el fin de que los clientes pudiesen descansar y refrescarse mientras hacían sus compras. El restaurante fue un éxito y se convirtió en una característica integral de todas las tiendas IKEA.

La respuesta de los competidores de IKEA a su éxito fue argumentar que los productos de la empresa eran de baja calidad. En 1964, después de que 800 mil catálogos IKEA fueran enviados a hogares suecos, la popular revista sueca *Allt i Hemmet* (todo para el hogar) publicó una comparación del mobiliario de IKEA con el que se vendía en las mueblerías tradicionales. Se aplicaron pruebas de calidad al mobiliario en un laboratorio de diseño. El resultado del análisis, detallado en 16 páginas, fue que la calidad de IKEA no solo era igual sino mejor que la de los muebles de otros fabricantes suecos, pero, además, sus precios eran mucho menores. Por ejemplo, la revista concluyó que una silla comprada en IKEA por 33 coronas danesas (cuatro dólares) era mejor que una muy parecida que vendía una tienda más cara por 168 coronas danesas (21 dólares). La revista también destacó que una sala amueblada con los productos de IKEA era 65% más barata que una integrada con productos equivalentes de otras cuatro tiendas.

Esta publicidad hizo que los hogares de clase media aceptaran a IKEA y las ventas principiaron a despegar.

En 1965, IKEA abrió su primera tienda en Estocolmo, la capital de Suecia. Para ese entonces, la empresa generaba el equivalente a 25 millones de euros y ya había abierto una tienda en la vecina Noruega. La tienda de Estocolmo, tercera en su haber, era la mueblería más grande de Europa y tenía un innovador diseño circular que imitaba el del famoso Guggenheim Art Museum, de Nueva York. La ubicación de la tienda establecería un patrón en IKEA por décadas. Situada en las afueras de la ciudad, no en el centro, contaba con un amplio espacio para estacionarse y buenas vías de acceso. La nueva tienda provocó una gran cantidad de tráfico, a tal grado que los empleados no se daban abasto con los pedidos de los clientes y se formaban largas filas en las áreas de cajas y entrega de mercancía. Para reducirlas, IKEA experimentó con una solución de autoservicio donde cada quién se atendía, lo que permitía a los compradores entrar a la bodega, cargar los empaques planos de los muebles en cargadores y llevarlos ellos mismos a las cajas. Este arreglo tuvo tanto éxito que pronto se convirtió en la norma de la compañía en todas las tiendas.

EXPANSIÓN INTERNACIONAL

Con nueve tiendas, en 1973 IKEA era la mueblería al menudeo más grande de Escandinavia. La compañía gozaba de una participación de mercado de 15% en Suecia; sin embargo, Kamprad sentía que las oportunidades de crecimiento eran limitadas. Decidió abrir una sola tienda en Suiza, pero en los siguientes 15 años la empresa se expandió con rapidez por toda Europa occidental. IKEA tuvo un éxito particularmente destacado en Alemania occidental, donde poseía 15 puntos de venta a finales de la década de 1980. Como en Escandinavia, los mercados muebleros de Europa occidental estaban muy fragmentados y eran atendidos por minoristas de alto costo ubicados en locales caros en el centro de las ciudades, donde vendían muebles relativamente onerosos que no siempre eran entregados de inmediato. Los elegantes y funcionales diseños de IKEA, con sus líneas limpias, sus bajos precios y su disponibilidad inmediata fueron un soplo de aire fresco, al igual que el formato de autoservicio de las tiendas. La compañía tuvo un éxito universal aun cuando, como lo expresó un exadministrador: "Cometimos todos los errores posibles, pero el dinero seguía entrando de todas maneras. Vivíamos frugalmente, bebiendo de vez en cuando, sí, tal vez demasiado, pero estábamos de pie, listos y alegres cuando se abrían las puertas para que entraran los primeros clientes, compitiendo con un buen espíritu Ikeano para encontrar las soluciones más económicas".[4]

El hombre a cargo de la expansión europea era Jan Aulino, el antiguo ayudante de Kamprad, que tenía solo 34 años de edad cuando inició el crecimiento. Aulino, quien se rodeó de un equipo joven, recuerda que la expansión era tan rápida que

[3] *Ibid.*, pp. 61-62.

[4] *Ibid.*, p. 109.

era raro que las tiendas estuviesen listas cuando IKEA se mudaba a ellas. Aún más, era difícil sacar el capital de Suecia debido a los controles gubernamentales, así que el truco era obtener ganancias rápidas y un flujo positivo de efectivo tan pronto como fuera posible. En su prisa por expandirse, Aulino y su equipo no siempre ponían atención a los detalles: se dice que él y Kamprad tuvieron desavenencias en repetidas ocasiones, y que Aulino se consideró despedido por lo menos cuatro veces, aunque nunca lo fue. Finalmente, el negocio europeo se reorganizó y se introdujeron controles más estrictos.

No obstante, la expansión de IKEA en el Reino Unido fue lenta, porque la empresa local Habitat había construido un negocio similar en muchos aspectos y ofrecía muebles elegantes a un precio relativamente económico. IKEA entró también a Norteamérica, continente en donde abrió siete tiendas en Canadá entre 1976 y 1982. Alentada por este éxito, la compañía incursionó en 1987 en Estados Unidos, lo cual resultó ser un desafío de naturaleza totalmente distinta.

En la superficie, Estados Unidos parecía ser un territorio fértil para IKEA. Como en Europa occidental, la venta al menudeo de muebles estaba muy fragmentada. En el extremo más bajo del mercado se hallaban los almacenes minoristas de descuento, como Walmart, Costco y Office Depot, que vendían una limitada línea de productos de mobiliario básico, casi siempre a un precio muy bajo. Los muebles eran muy funcionales, carecían de la elegancia asociada con IKEA y en general eran de una calidad muy baja. Después, se encontraba el extremo más alto del mercado, ocupado por minoristas como Ethan Allen, que ofrecía muebles de alta calidad, muy bien diseñados y de alto precio. Vendía estos muebles en tiendas de servicio completo, atendidas por vendedores calificados. Con frecuencia, estos minoristas vendían servicios complementarios, como diseño de interiores; por lo general, ofrecían entrega a domicilio, servicio que incluía la instalación, ya fuera gratuita o mediante un pequeño costo adicional. Como era costoso mantener grandes inventarios de mobiliario de primera, mucho de lo que se exhibía en las tiendas no estaba disponible de inmediato, y a menudo, el cliente debía esperar algunas semanas hasta que se lo enviaran.

IKEA abrió su primera tienda estadounidense en la ciudad de Filadelfia en 1985. La compañía había decidido ubicarse en la costa. Las encuestas entre consumidores estadounidenses sugerían que era más probable que los compradores de IKEA fuesen personas que habían viajado al extranjero, a quienes les gustaban los retos y que disfrutaban del vino y la buena comida. Esta gente estaba concentrada en las costas. Como dijo uno de los administradores: "se manejan más Buicks en el centro que en las costas".[5]

Aunque al inicio IKEA recibió buenas críticas, y suficientes ventas como para persuadirse de comenzar a abrir nuevas tiendas, para principios de la década de 1990 era evidente que las cosas en Estados Unidos no marchaban bien. La empresa

se percató de que sus ofertas al estilo europeo no siempre eran aceptadas por los consumidores estadounidenses. Las camas se medían en centímetros, no en los tamaños *king*, *queen* e individual que los consumidores locales conocían. Las sábanas estadounidenses no se ajustaban a las camas IKEA. Los sofás no eran lo bastante grandes; los cajones de los armarios no eran profundos; los vasos eran demasiado pequeños; las cortinas, muy cortas y las cocinas no se ajustaban a los enseres estadounidenses. En una historia que se repitió muchas veces en IKEA, sus administradores se dieron cuenta de que los clientes compraban grandes vasos de vidrio y los empleaban para beber, en vez de los vasos pequeños que se vendían en IKEA. En apariencia, los vasos eran demasiado pequeños para los estadounidenses, que gustaban de añadir grandes cantidades de hielo a sus bebidas. Para empeorar el asunto, IKEA abastecía muchos de los productos desde el extranjero, tasados en coronas suecas, que se habían fortalecido ante el dólar estadounidense, lo que hizo subir los precios en las tiendas de IKEA en Estados Unidos. Aún más, algunos de los puntos de venta estaban mal ubicados y los locales no eran lo bastante grandes como para ofrecer la experiencia IKEA completa que era tan familiar para los europeos.

Replantear sus operaciones estadounidenses requirió que IKEA tomara algunas acciones decisivas. Muchos productos tuvieron que ser rediseñados para adaptarse a las necesidades locales. Se eligieron ubicaciones nuevas y más grandes para las tiendas. Para reducir los precios, los productos se abastecieron desde lugares de bajo costo y se tasaron en dólares. Asimismo, IKEA comenzó a abastecer algunos de sus productos de fábricas en Estados Unidos para reducir tanto los costos de transporte como la dependencia del valor del dólar. Al mismo tiempo, la compañía detectó un cambio en la cultura estadounidense: los consumidores se preocupaban más por el diseño y estaban más abiertos a la idea de los muebles desechables. Se decía que los estadounidenses cambiaban a sus esposas casi tan a menudo como su mesa de comedor, algo así como 1.5 veces en la vida, pero algo estaba modificándose en esta cultura. La gente joven estaba más abierta a los riesgos y más dispuesta a experimentar, y había una sed de elegancia en el diseño y la calidad. Starbucks participaba de este movimiento, al igual que Apple Computer, e IKEA hizo lo mismo. Según uno de sus administradores, "hace 10 o 15 años, cuando viajabas a Estados Unidos, no comías bien. No encontrabas buen café. Ahora, puede conseguirse buen pan en el supermercado y la gente piensa que eso es normal. Eso me gusta mucho. Es más importante para la buena vida que la disponibilidad de vinos caros. Eso es de lo que se trata IKEA".[6]

Para incorporarse a la cambiante cultura estadounidense, IKEA dio mayor importancia al diseño y empezó a promoverse con una serie de anuncios estrafalarios, dirigidos a una población más joven: matrimonios jóvenes, universitarios y solteros de entre veinte a treinta y tantos años. Un comercial

[5] J. Leland, "How the Disposable Sofa Conquered America", en *New York Times Magazine*, 5 de octubre de 2005, p. 45.

[6] *Idem.*

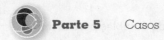

Tiendas IKEA	238 en 40 países
Ventas de IKEA	27 500 millones de euros
Proveedores de IKEA	1 380 en 54 países*
Gama de IKEA	9 500 productos
Colaboradores de IKEA	154 mil en 40 países

ANEXO 1

IKEA en cifras, 2012

Fuente: Sitio web de la compañía.

* Las cifras de proveedores son de 2008. IKEA no ha publicado datos detallados de sus proveedores en años recientes.

Primeros 5 países en ventas		Primeros 5 países proveedores	
Alemania	15%	China	21%
Estados Unidos	12%	Polonia	17%
Francia	10%	Italia	8%
Estados Unidos	7%	Suecia	6%
Suecia	6%	Alemania	6%

ANEXO 2

Ventas y proveedores

Fuente: Sitio web de la compañía.

de IKEA, llamado "Desaburriéndose", se burlaba de la renuencia de los estadounidenses a separarse de sus muebles. Un famoso promocional presentaba una lámpara desechada, sola y abandonada en alguna lluviosa ciudad estadounidense. Un hombre volteaba a la cámara y decía con simpatía, con un fuerte acento sueco: "Muchos de ustedes se sienten mal por esta lámpara. Eso es porque están locos". El comercial intentaba decir que la gente que está a la moda debía adquirir sus muebles en IKEA. La gente *fashion* no se abraza a sus muebles: los descarta después de un tiempo y los reemplaza con algo nuevo de IKEA.

Este cambio de táctica funcionó. Las utilidades de IKEA se duplicaron en cuatro años de 600 millones de dólares en 1997, a 1 270 millones en 2001. Para 2012, Estados Unidos era el segundo mercado más grande de IKEA después de Alemania, con 44 sucursales que representaban 14% de las utilidades globales.

Luego de aprender lecciones vitales sobre la forma de competir en otros países fuera de Europa occidental, IKEA continuó expandiéndose internacionalmente en la década de 1990 y la siguiente. Entró por primera vez en el Reino Unido en 1987, y en 2012, tenía 18 locales en dicha nación. También, adquirió la empresa británica Habitat a principios de la década de 1990, y siguió operándola bajo la misma marca. En 1998, IKEA entró a China, donde en 2012 tenía 14 tiendas, seguida por Rusia en 2000 (14 sucursales en 2012), y Japón en 2006, un país donde había fallado miserablemente 30 años antes (en 2012, IKEA tenía seis tiendas en Japón). En total, en 2012 había 320 locales IKEA en 40 países y territorios. Los planes son continuar la expansión mundial, abriendo entre 20 y 25 tiendas al año, respaldadas por una inversión de aproximadamente 20 mil millones de euros.

El objetivo más reciente de IKEA es India, donde planea invertir 1 500 millones de euros y abrir 25 puntos de venta. A finales de 2012, el consejo de inversión financiera de India aprobó los planes de IKEA para abrir tiendas en el país; no obstante, la aprobación vino con ciertos controles. El consejo negó a IKEA que ofreciera sus productos en áreas que según el gobierno son políticamente sensibles, y donde desea proteger a los detallistas locales. Ello incluye los característicos establecimientos de alimentos y bebidas de las tiendas IKEA

en todo el mundo, y 18 de las 30 categorías de producto para las que la compañía había solicitado autorización. Esas 18 categorías incluyen artículos de regalo, telas, libros, juguetes y aparatos electrónicos. Está por verse cómo se adaptará IKEA a dichas limitaciones.[7]

Como en Estados Unidos, era indispensable hacer algunos ajustes para adaptarse a los mercados locales; por ejemplo, en China, la arquitectura de la tienda refleja la de muchos apartamentos chinos, y como muchos de estos tienen balcones, las tiendas incluyen una sección con balcón. La empresa también se vio en la necesidad de adaptar sus ubicaciones en China, donde no toda la gente tiene automóvil. En Occidente, las tiendas IKEA suelen localizarse en áreas suburbanas y disponen de mucho espacio de estacionamiento. En China, se ubican cerca de los transportes públicos e IKEA ofrece servicios de entrega para que los clientes puedan recibir sus compras en sus domicilios. Asimismo, la compañía ha adoptado en China un serio modelo de descuento, tasando algunos artículos hasta 70% por debajo del precio al que los vende en sus tiendas fuera de ese país. Para que esto funcione, IKEA abastece un gran porcentaje de los productos que vende en China de proveedores locales.

Sin embargo, uno de los aspectos a los que IKEA ha rehusado a adaptarse son las prácticas de negocios que contrastan con sus valores. La empresa está orgullosa de su imagen "limpia" y está dispuesta a suspender sus inversiones para protegerla. A mediados de la década de 2000, puso en compás de espera su inversión en Rusia como protesta contra la endémica corrupción. Después, despidió a dos altos ejecutivos en el país por presunto soborno a un subcontratista para asegurar el servicio de electricidad a las tiendas de San Petersburgo.[8]

Se ha sabido que los altos ejecutivos de IKEA se quejan de que podrían expandir el negocio con más rapidez si no fuera por el papeleo administrativo exigido por muchas naciones, que desacelera el índice de expansión. De acuerdo con

---

7 Manu Kaushik, "Conditions Apply", en *Business Today*, 23 de diciembre de 2010.

8 "The Secret of IKEA's Success", en *The Economist*, 24 de febrero de 2011.

el CEO actual, Mikael Ohlsson, la cantidad de tiempo que toma abrir una tienda se ha duplicado a 5 o 6 años desde 1990. Ohlsson acusó a las autoridades locales alemanas de planear restricciones diseñadas para proteger a sus centros comerciales urbanos que actúan en detrimento de los planes de expansión de IKEA. Ohlsson argumenta que dichas regulaciones están deteniendo la inversión de la compañía y, por tanto, la creación de empleos en toda la Unión Europea.[9]

CONCEPTO Y MODELO DE NEGOCIOS IKEA

El mercado objetivo de IKEA es la gente joven de clase media global que se mueve hacia los niveles socioeconómicos superiores y busca muebles y artículos para el hogar a precio bajo, pero con atractivo diseño. A este grupo se llega con promocionales un tanto raros y un tanto convencionales que crean tráfico en las tiendas, grandes bodegas cubiertas con los colores azul y amarillo de la bandera sueca, que ofrecen entre ocho mil y 10 mil artículos, desde gabinetes de cocina hasta candelabros. Hay mucho lugar afuera para estacionarse y cuentan con buenos accesos a las vías principales.

El interior de esas sucursales está configurado casi como un laberinto, que exige a los clientes pasar por todos los departamentos para llegar a las cajas. La meta es sencilla: lograr que los potenciales compradores efectúen más compras impulsivas a medida que recorren el país de las maravillas de IKEA. Los que entran a la tienda con el plan de adquirir una mesa de café de 40 dólares pueden acabar gastando 500 dólares en cualquier producto, desde unidades de almacenamiento hasta utensilios de cocina. El flujo entre los departamentos se construye con la mirada puesta en impulsar las ventas; por ejemplo, cuando los administradores observaron que los hombres se aburrían mientras sus esposas se detenían en el departamento de textiles para el hogar, añadieron una sección de ferretería justo enfrente y las ventas de herramienta se dispararon. Al final del laberinto, antes de llegar a la caja, se encuentra la bodega donde los clientes pueden recoger sus muebles embalados en empaques planos. Además, las tiendas IKEA cuentan con restaurantes (situados en el centro del local) y áreas para niños (ubicadas a la entrada para que puedan dejarlos ahí cómodamente), con la intención de que los compradores se queden tanto tiempo como sea posible.

Los productos están diseñados para reflejar las limpias líneas suecas que son el sello de IKEA. La compañía tiene un consejo para la estrategia de producto, integrado por un grupo de ejecutivos que establece las prioridades de programación de los productos. Una vez fijada la prioridad, los desarrolladores de producto investigan a la competencia y luego establecen un punto de precio entre 30% y 50% menor que el de sus competidores. Como declara el sitio web de la empresa, "diseñamos primero la etiqueta del precio, y después el producto".

Cuando se determina la etiqueta de precio, los diseñadores trabajan con una red de proveedores para reducir el costo de producir la unidad. El objetivo es identificar los proveedores apropiados y los materiales menos costosos, un proceso de prueba y error que puede implicar hasta tres años. En 2008, IKEA tenía 1 380 proveedores en 54 países. Los principales abastecedores eran China (21% del suministro), Polonia (17%), Italia (8%), Suecia (6%) y Alemania (6%).

IKEA pone mucha atención a encontrar al proveedor correcto para cada artículo. Un ejemplo de sus éxitos es el sofá para dos personas Klippan; fue diseñado en 1980 y, con sus líneas limpias, colores brillantes, patas sencillas y tamaño compacto, había vendido más de 1.5 millones de unidades para 2010. Al principio, IKEA lo produjo en Suecia, pero pronto transfirió la producción a proveedores de bajo costo ubicados en Polonia. A medida que creció la demanda del Klippan, IKEA decidió que tenía más sentido trabajar con proveedores en cada uno de los grandes mercados de la compañía para evitar los costos asociados con el envío del producto a todo el mundo. En 2010, había cinco proveedores de armazones en Europa, más tres en Estados Unidos y dos en China. Para reducir el costo de las fundas de algodón, la empresa concentró la producción en cuatro proveedores principales de China y Europa. La eficiencia debida a estas decisiones de suministro global le permitió reducir el precio del Klippan en casi 40% entre 1999 y 2005.

Aunque IKEA contrata la manufactura de la mayoría de sus productos, cierta proporción se hace internamente desde principios de la década de 1990 (hoy casi 90% de todos los productos son suministrados por proveedores independientes y 10% se produce internamente). La integración de la manufactura surgió a partir del derrumbe de los gobiernos comunistas de Europa oriental tras la caída del Muro de Berlín en 1989. En 1991, IKEA obtenía casi 25% de sus productos de fabricantes de Europa oriental; había invertido una energía considerable en construir relaciones duraderas con estos proveedores, y por lo regular, los ayudaba a desarrollar y comprar nuevas tecnologías para que pudieran hacer los productos IKEA a un costo menor. Cuando el comunismo se derrumbó y nuevos jefes llegaron a las fábricas, muchos de ellos no se sintieron obligados por las relaciones con IKEA; rompieron los contratos, intentaron elevar los precios e hicieron una mínima inversión en nuevas tecnologías.

Con su base de suministro en riesgo, IKEA adquirió al fabricante sueco Swedwood, al que utilizó como vehículo para comprar y operar fabricantes de muebles ubicados en toda Europa oriental, pero las mayores inversiones las efectuó en Polonia. IKEA invirtió bastante en sus plantas Swedwood, equipándolas con la tecnología más moderna. Más allá del beneficio evidente de aportar a IKEA una fuente de suministro a bajo costo, Swedwood también permitió a la empresa adquirir conocimientos sobre los procesos de manufactura que le resultaron útiles tanto para el diseño de producto como para sus relaciones con otros proveedores, lo que dio a la compañía la capacidad de ayudar a sus proveedores a adoptar nuevas tecnologías y bajar sus costos.

---

[9] Richard Milne, "Red Tape Frustrates IKEA's Plans for Growth", en *Financial Times*, 25 de enero de 2013.

Como ejemplo, está la relación de IKEA con sus proveedores en Vietnam. La compañía ha expandido su base de suministro a ese país para apoyar su creciente presencia en Asia. Vietnam le atrajo por una combinación de mano de obra a bajo costo y materia prima barata. IKEA regatea considerablemente con sus proveedores, muchos de los cuales afirman que obtienen menores márgenes de utilidad en sus ventas a IKEA que los de otros compradores extranjeros. Por su parte, IKEA exige alta calidad a bajo costo, aunque con una ventaja: ofrece la posibilidad de entablar una relación de negocios a largo plazo y altos volúmenes de compra. Aún más, IKEA aconseja con regularidad a sus proveedores vietnamitas acerca de cómo buscar las mejores y más baratas materias primas, cómo establecer y expandir sus fábricas, qué equipo adquirir y cómo impulsar la productividad por medio de inversiones en tecnología y administración de procesos.

ORGANIZACIÓN Y ADMINISTRACIÓN

De muchas formas, las prácticas organizacionales y administrativas de IKEA reflejan la filosofía personal de su fundador. En 2004, un artículo de la revista *Fortune* describía a Kamprad, entonces uno de los hombres más ricos del mundo, como una persona austera e informal que "insiste en volar en clase turista, toma el metro para ir al trabajo, conduce un Volvo de 10 años de antigüedad y evita ponerse cualquier tipo de traje. Hace mucho existe el rumor en Suecia de que cuando le falla su autodisciplina y se toma una Coca-Cola súper cara del minibar de un hotel, va a una tienda de abarrotes a comprar otra para reponerla".[10] La práctica de Kamprad de buscar ahorros se atribuye a haber crecido en Smaland, una región sueca tradicionalmente pobre. Su frugalidad es ahora parte del ADN de IKEA. Los administradores tienen prohibido volar en primera clase y se espera que compartan los cuartos de hotel.

Bajo el liderazgo de Kamprad, IKEA se orientó hacia su misión. Él tenía una causa y, quienes trabajaban para él, tuvieron que adoptarla. Esta era mejorar la vida de las masas mediante la democratización del mobiliario. El estilo de administración de Kamprad era informal, no jerárquico, y basado en el trabajo de equipo. Los cargos y privilegios son un tabú en IKEA, no hay consideraciones especiales para los directivos. Los sueldos no son particularmente altos, y por lo general, la gente trabaja ahí porque le agrada el ambiente. Los trajes y corbatas siempre han estado ausentes, desde la dirección hasta los muelles de carga. La cultura es igualitaria. Las oficinas son sencillas y abiertas, amuebladas con mobiliario de la empresa y son raros los despachos privados. Todo el mundo es considerado un "colaborador" y se llaman por sus nombres de pila. IKEA suele instrumentar semanas antiburocráticas durante las cuales los ejecutivos trabajan en piso o atienden las cajas. En un artículo de 2005 en *BusinessWeek*,

el CEO, Andres Dahlvig, dijo que había pasado algún tiempo a principios de año en la carga y descarga de camiones y la venta de camas y colchones.[11] La creatividad es muy apreciada y la compañía está repleta de historias de individuos que tomaron la iniciativa: desde Gillis Lundgren, pionero del concepto de autoensamblado, hasta el administrador de la tienda de Estocolmo que dejaba que los clientes entraran a la bodega a elegir sus muebles. Para solidificar esta cultura, la empresa prefería contratar a gente joven que no hubiera trabajado para otras compañías y promoverla desde adentro. Históricamente, IKEA ha tendido a no contratar a la élite de altas credenciales académicas, orientada al estatus, porque estas personas suelen adaptarse mal a la empresa.

Kamprad parece haber considerado a su equipo como una extensión de su familia. En 1957, financió un viaje de una semana a España para sus 80 empleados y sus familias como recompensa por su arduo trabajo. Los trabajadores que integraron el primer equipo vivían cerca unos de otros; trabajaban juntos, jugaban juntos, bebían juntos y hablaban de IKEA todo el tiempo. Cuando un investigador académico preguntó a Kamprad cuál era la clave fundamental para un buen liderazgo, él respondió "el amor". Recordando los primeros días, comentó que "cuando trabajábamos como una pequeña familia en Almhult, era como si estuviéramos enamorados. Nada que ver con el erotismo. Solo nos queríamos tanto…".[12] Otro administrador apuntó que "los que queríamos unirnos a IKEA lo hacíamos porque la compañía se ajustaba a nuestra forma de vida. Para evadirnos de pensar en el estatus, la grandiosidad y la ropa fina".[13]

A medida que IKEA crecía, se planteó hacerla pública. Aunque hay ventajas obvias asociadas, entre ellas la de tener acceso a capital, Kamprad se decidió en contra. Su idea era que el mercado de valores impondría presiones a corto plazo a IKEA, las cuales podrían no ser buenas para la empresa. En su opinión, la demanda constante de producir rendimientos, independientemente del ciclo de negocios, dificultaría aún más que IKEA tomara decisiones arriesgadas. Allá por 1970, Kamprad comenzó a preocuparse de lo que ocurriría si él muriese. Decidió que no quería que sus hijos heredaran la compañía. Se preocupaba de que vendieran la empresa o pelearan entre sí por su control y la destruyeran. Por supuesto, sus tres hijos entraron a trabajar a IKEA como administradores.

La solución a este dilema creó una de las estructuras corporativas más inusuales del mundo. En 1982, Kamprad transfirió sus intereses en IKEA a una fundación de caridad alemana, Stichting Ingka Foundation. Se trata de una entidad legal exenta de impuestos, no lucrativa, que a su vez es propietaria de Ingka Holding, una empresa privada propietaria legal de IKEA. Un comité de cinco personas encabezado por Kamprad, que incluye a su esposa, maneja la fundación. Además,

[10] C. Daniels, "Create IKEA, Make Billions, Take a Bus", en *Fortune*, 3 de mayo de 2004, p. 44.

[11] K. Capell *et al.*, "IKEA", en *BusinessWeek*, 14 de noviembre de 2005, pp. 96-101.

[12] B. Torekull, *Leading by Design: The IKEA Story*, p. 82.

[13] *Ibid.*, p. 83.

la marca y el concepto IKEA fueron transferidos a IKEA Systems, otra compañía privada alemana, cuya compañía matriz, Inter-IKEA, tiene su sede en Luxemburgo y a su vez es propiedad de una empresa de idéntico nombre en las Antillas Holandesas, cuyos propietarios son anónimos pero casi con certeza pertenecen a la familia Kamprad. Intcr-IKEA gana su dinero de un acuerdo de franquicia que sostiene con cada una de las tiendas IKEA. La franquicia más grande no es otra que Ingka Holdings. IKEA establece que las franquicias le paguen 3% de las ventas a Inter-IKEA. Así, Kamprad efectivamente mudó la propiedad de IKEA fuera de Suecia, aunque la identidad y las oficinas centrales permanecen en ese país, y creó un mecanismo para transferirse fondos a sí mismo y a su familia mediante las franquicias del concepto IKEA. El mismo Kamprad se mudó a Suiza en la década de 1980 para evadir los altos impuestos suecos, y ha vivido ahí desde entonces.

En 1986, Kamprad cedió el control de IKEA a Andres Moberg, un sueco de 36 años de edad que había abandonado la universidad para unirse al departamento de órdenes por correo de la empresa. A pesar de haber cedido el control administrativo, Kamprad continuó ejerciendo influencia sobre la compañía como asesor de la cúpula administrativa y embajador de IKEA, una función que seguía desempeñando con vigor en 2008, a pesar de tener más de ochenta años.

UNA MIRADA HACIA EL FUTURO

En su medio siglo de vida, IKEA ha conseguido ocupar una posición envidiable: se ha convertido en uno de los establecimientos minoristas más exitosos del mundo, se ha expandido hacia numerosos mercados extranjeros, ha aprendido de sus fracasos y construido a partir de sus éxitos, ha puesto muebles asequibles, bien diseñados y funcionales a disposición de las masas, ayudándoles a, en palabras de Kamprad, alcanzar una mejor vida cotidiana. La meta de IKEA es continuar en crecimiento; esto es, abrir 25 tiendas para 2020. Conseguir ese objetivo implicará la expansión a mercados no occidentales, entre ellos China e India. ¿Podrá la compañía seguir haciéndolo? ¿Es segura su ventaja competitiva?

Preguntas para analizar el caso

1. A principios de la década de 1970, IKEA se había establecido como el mayor minorista en muebles de Suecia. ¿Cuál fue el origen de su ventaja competitiva en esa época?

2. ¿Por qué funcionó tan bien la expansión de IKEA a Europa? ¿Por qué la empresa tropezó en Norteamérica? ¿Qué lecciones aprendió IKEA de esta experiencia? ¿Cómo aplica la compañía esas lecciones?

3. ¿Cómo describiría la estrategia de IKEA antes de sus tropiezos en Norteamérica? ¿Cómo describiría su estrategia actual?

4. ¿Cuál es la estrategia de IKEA hacia sus proveedores? ¿Qué tan importante es esta estrategia para su éxito?

5. ¿Cuál es la fuente del éxito actual de IKEA? ¿Puede apreciar alguna debilidad en la empresa? ¿Qué podría hacerse para corregirla?

Fuentes

"Furnishing the World", en *The Economist*, 19 de noviembre de 1995, pp. 79-80; "Flat Pack Accounting", en *The Economist*, 13 de mayo de 2006, pp. 69-70; K. Capell *et al.*, "IKEA", en *BusinessWeek*, 14 de noviembre de 2005, pp. 96-101; K. Capell *et al.*, "What a Sweetheart of a Love Seat", en *BusinessWeek*, 14 de noviembre de 2005, p. 101; C. Daniels, "Create IKEA, Make Billions, Take a Bus", en *Fortune*, 3 de mayo de 2004, p. 44; J. Flynn y L. Bongiorno, "IKEA's New Game Plan", en *BusinessWeek*, 6 de octubre de 1997, pp. 99-102; R. Heller, "Folk Fortune", en *Forbes*, 4 de septiembre de 2000, p. 67; Documentos IKEA en www.ikea.com; J. Leland, "How the Disposable Sofa Conquered America", en *New York Times Magazine*, 5 de octubre de 2005, pp. 40-50; P. M. Miller, "IKEA with Chinese Characteristics", en *Chinese Business Review*, julio-agosto de 2004, pp. 36-69; B. Torekull, *Leading by Design: The IKEA Story*, Nueva York, Harper Collins, 1998; y "The Secret of IKEA's Success", en *The Economist*, 24 de febrero de 2011.

Joint ventures de General Electric

Históricamente, en General Electric (GE), si usted deseaba entrar en un mercado extranjero, adquiría una compañía ya establecida o actuaba solo para abrir una filial tipo *greenfield*. GE casi nunca consideraba aliarse en coparticipación con una empresa local. La visión que prevalecía era que si no se tenía el control completo, no había trato; sin embargo, los tiempos han cambiado. Desde principios de la década de 2000, las *joint ventures* se han convertido en una de las más poderosas herramientas tácticas de GE; por ejemplo, para entrar en el mercado sudcoreano, GE Money, el brazo derecho de préstamos al consumidor del negocio de servicios financieros de GE, formó *joint ventures* con Hyundai con la intención de

ofrecer préstamos para adquirir autos, hipotecas y tarjetas de crédito. GE tiene 43% de participación en tales alianzas. De igual manera, formó varias alianzas en España con bancos locales para proporcionar préstamos al consumidor y tarjetas de crédito a los residentes españoles, y en América Central tiene una *joint venture* con BAC-Credomatic, el banco más grande de la región.

Existen diversos motivos detrás de este cambio de estrategia. En primer lugar, GE solía ser capaz de financiarse para comprar participaciones mayoritarias en casi todas las empresas, pero los precios de las adquisiciones se han cotizado tan alto que la compañía se rehúsa a adquirir por temor a pagar de más. Ahora piensa que es mejor establecer una *joint venture* que arriesgarse a pagar demasiado por una empresa que puede estar en problemas que, por lo general, se descubren después de cerrar el trato. Igualmente importante, GE contempla ahora las *joint ventures* como un excelente modo de penetrar a los mercados extranjeros de los cuales no posee conocimiento local. Aún más, en ciertas naciones, en especial en China, los asuntos económicos, políticos, legales y culturales hacen que las *joint venture* sean una mejor opción que las adquisiciones o las filiales tipo *greenfield*. A menudo, GE considera que puede beneficiarse de las relaciones de negocios que el socio local aporta al trato, por no mencionar el hecho de que en ciertos sectores de la economía china, y en algunas otras, las leyes locales prohíben otras formas de entrada. Asimismo, GE considera las *joint ventures* como una buena estrategia para compartir el riesgo de construir una compañía en una nación de la cual desconoce sus gustos y costumbres. Finalmente, bajo el liderazgo de Jeffery Immelt, su CEO, GE se ha fijado agresivas metas de crecimiento y siente que incursionar por medio de *joint ventures* a naciones donde no tiene presencia es la única manera de lograrlas. Impulsado por su gran cantidad de *joint ventures*, GE ha expandido con rapidez su presencia internacional en el transcurso de la última década. En 2007, y por primera vez, la empresa obtuvo la mayoría de sus ganancias de sus operaciones extranjeras.

Desde luego, General Electric ha establecido *joint ventures* en el pasado; por ejemplo, tiene una duradera alianza 50/50 con la compañía francesa Snecma, con la cual produce motores para aeronaves comerciales; otra con Fanuc, de Japón, que manufactura controles para equipo eléctrico, y una tercera con Sea Containers, del Reino Unido, que se ha convertido en una de las empresas más relevantes de renta de contenedores. Pero todas estas alianzas surgieron solo después de que GE exploró otras formas de acceso a mercados o tecnologías en particular. GE solía ver a las *joint ventures* como la última opción, pero ahora es, por lo común, su estrategia de entrada predilecta.

Asimismo, los administradores de GE notan que no hay escasez de posibles socios que deseen entrar en una *joint venture* con la compañía, ya que esta tiene una bien ganada reputación de ser buena socia para trabajar. GE es bien conocida por sus innovadoras técnicas de administración y sus excelentes programas de desarrollo gerencial. Muchos socios se sienten felices de hacer equipo con GE para tener acceso a este conocimiento. Por tanto, el flujo de conocimiento es en dos vías: GE obtiene acceso al conocimiento sobre los mercados locales y sus socios aprenden de ella técnicas administrativas de punta que pueden usar para impulsar su propia productividad.

Como quiera que sea, las *joint ventures* no son la panacea, y casi siempre los acuerdos con GE dan incluso a los socios minoritarios el poder de veto sobre decisiones estratégicas importantes y temas de control que pueden arruinar algunas alianzas; por ejemplo, en enero de 2007, GE anunció que se aliaría con la empresa británica Smiths Group para producir equipo aeroespacial. Nueve meses después, GE concluyó las conversaciones encaminadas a crear la alianza al declarar que no podían llegar a un acuerdo sobre la base de una *joint venture*. GE ha descubierto también que aun cuando le gustaría mucho tener mayoría, o incluso una participación 50/50, en ocasiones debe conformarse con una parte minoritaria para poder acceder a un mercado extranjero. En 2003, cuando la compañía conformó una *joint venture* con Hyundai Motors para ofrecer autofinanciamiento, lo hizo como socio minoritario a pesar de que hubiese preferido tener una posición de mayoría. Hyundai rehusó cederle el control a GE.

Preguntas para analizar el caso

1. GE solía preferir las adquisiciones o filiales tipo *greenfield* como forma de entrada en vez de las *joint venture*. ¿Por qué piensa que era así?

2. ¿Por qué considera que GE ha volcado su preferencia hacia las *joint venture* en años recientes? ¿Estima que la crisis económica global de 2008-2009 pudo haber influido en esta preferencia en alguna forma? Y si esto es así, ¿cómo?

3. ¿Cuáles son los riesgos que GE debe asumir cuando conforma una *joint venture*? ¿Hay alguna forma en que la compañía pueda reducirlos?

4. El caso menciona que GE tiene una bien ganada reputación de ser un buen socio. ¿Cuáles son los posibles beneficios de esta reputación? Si GE manchara su reputación, por ejemplo aprovechándose de un socio en forma oportunista, ¿cómo podría esto afectar el avance de la empresa?

5. Además de su reputación de ser un buen socio, ¿qué otros beneficios piensa que GE pone en la mesa y la hacen un socio atractivo para una *joint venture*?

Fuentes

C. H. Deutsch, "The Venturesome Giant", en *The New York Times*, 5 de octubre de 2007, pp. C1, C8; "Odd Couple: Jet Engines", en *The Economist*, 5 de mayo de 2007, pp. 72; y "GE, BAC Joint Venture to Buy Banco Mercantil", en *Financial Times*, 11 de enero de 2007, p. 1.

Globalización de Starbucks

Hace 30 años, Starbucks era una tienda solitaria en el mercado de Pike Place, Seattle, y vendía café tostado de alta calidad. Hoy, es mayorista y minorista en el negocio del café, con más de 16 mil tiendas, 40% de las cuales están en 50 países diferentes a Estados Unidos. Starbucks emprendió su camino actual en la década de 1980, cuando el director de marketing de la compañía, Howard Schultz, regresó de un viaje a Italia encantado con la experiencia de una cafetería italiana. Schultz, que después se convirtió en CEO, convenció a los dueños de la empresa de experimentar con el formato de cafetería, y así nació la experiencia Starbucks. La estrategia básica era vender el café tostado de alta calidad de la compañía, junto al café tipo expreso preparado al momento, pastelería, accesorios para café, té y otros productos, en una cafetería diseñada con buen gusto. Desde el inicio, la compañía se centró en vender la experiencia de "un tercer lugar entre el trabajo y la casa", en vez de solo café. La fórmula tuvo un éxito espectacular en Estados Unidos, donde Starbucks pasó de la oscuridad a ser una de las marcas más conocidas en una década. Gracias a Starbucks, las cafeterías se convirtieron en sitios para relajarse, conversar con los amigos, leer el periódico, tener reuniones de negocios o (más recientemente) navegar por la red.

En 1995, con 700 tiendas en Estados Unidos, Starbucks empezó a estudiar sus posibilidades en el extranjero. El primer mercado designado fue Japón. La empresa estableció una *joint venture* con un vendedor local, Sazaby Inc. Cada compañía tenía una participación de 50% en la alianza, Starbucks Coffee de Japón. Inicialmente, Starbucks invirtió 10 millones de dólares en el proyecto, lo que fue su primera inversión extranjera directa. El formato de Starbucks se licenció a la *joint venture*, a la que se dio la responsabilidad de hacer crecer la presencia de Starbucks en Japón.

Para garantizar que las tiendas japonesas replicaran la "experiencia Starbucks" de Estados Unidos, la empresa transfirió empleados estadounidenses. En el acuerdo de licencia se exigía que los administradores y empleados japoneses asistieran a sesiones de capacitación semejantes a las que se impartían al personal del país de origen. Además, el acuerdo exigía que el diseño de las tiendas se ajustara a los parámetros dispuestos en Estados Unidos. En 2001, la compañía introdujo un plan de opciones de compra de acciones para todos los empleados japoneses, de modo que fue la primera empresa de Japón que lo hizo. Los escépticos dudaban de que Starbucks repitiese en el extranjero el éxito de su país, pero, a comienzos de 2009, Starbucks contaba con aproximadamente 850 tiendas y un negocio rentable en Japón.

Después de Japón, la compañía emprendió un agresivo programa de inversiones extranjeras. En 1998, compró en 84 millones de dólares Seattle Coffee, cadena británica con 60 tiendas que una pareja estadounidense, originaria de Seattle, fundó con la intención de crear una cadena estilo Starbucks en Inglaterra. A finales de la década de 1990, Starbucks abrió tiendas en Taiwán, China, Singapur, Tailandia, Nueva Zelanda, Corea del Sur y Malasia. En Asia, la estrategia más común de Starbucks fue licenciar su formato a un operador local a cambio de un pago inicial por la licencia y regalías por los ingresos que los negocios generaran. Como en Japón, Starbucks insistió en un programa intensivo de capacitación a empleados y especificaciones estrictas respecto del formato y la organización de las tiendas.

Para 2002, iniciaba una agresiva expansión en el continente europeo. Starbucks escogió a Suiza como punto de entrada. De acuerdo con su experiencia en Asia, la compañía estableció una *joint venture* con una firma suiza: el grupo Bon Appetit, la mayor empresa de servicios alimentarios de ese país, que conservó una participación mayoritaria en la alianza y a quien Starbucks daría una licencia de su formato, en un acuerdo semejante al que empleó exitosamente en Asia. A esto siguió la formación de una *joint venture* en otras naciones.

A medida que aumenta su huella mundial, Starbucks ha adoptado también políticas éticas de aprovisionamiento y responsabilidad ambiental. En la actualidad, uno de los mayores compradores de café en el mundo, en 2000 Starbucks principió a adquirir café con Certificado de Comercio Justo (*Fair Trade Certified*). El objetivo era dar poder a caficultores en pequeña escala organizados en cooperativas para invertir en sus granjas y comunidades, proteger el ambiente y desarrollar las habilidades de negocios necesarias para competir en el mercado global. En resumen, Starbucks intentaba utilizar su influencia para modificar no solo la forma en que la gente consume café alrededor del mundo, sino el modo en que se produce el café de una manera que beneficiara a los caficultores y al ambiente. Para 2010, aproximadamente 75% del café que Starbucks compraba era con Certificado de Comercio Justo, y la compañía se ha fijado la meta de incrementar esta cifra a 100% para 2015.

Preguntas para analizar el caso

1. ¿De dónde nació la idea original del formato Starbucks? ¿Qué lección podemos aprender de esto para las empresas internacionales?

2. ¿Qué impulsó a Starbucks a comenzar su expansión internacional? ¿Cómo crea valor para sus accionistas esta empresa al seguir una estrategia de expansión mundial?

3. ¿Por qué piensa que Starbucks decidió entrar al mercado japonés a través de una *joint venture* con una compañía local? ¿Qué enseñanza puede obtener de esto?

4. ¿Es Starbucks una fuerza para la globalización? Explique su respuesta.

5. Cuando se trata de comprar granos de café, Starbucks se adhiere al programa de "comercio justo". ¿Cuál piensa que es la diferencia entre comercio justo y libre comercio? ¿Cómo beneficiaría a Starbucks una política de comercio justo?

Fuentes

Declaraciones de Starbucks en varios años; C. McLean, "Starbucks Set to Invade Coffee-Loving Continent", en *Seattle Times*, 4 de octubre de 2000, p. E1; J. Ordonez, "Starbucks to Start Major Expansion in Overseas Market", en *The Wall Street Journal*, 27 de octubre de 2000, p. B10; S. Homes y D. Bennett, "Planet Starbucks", en *BusinessWeek*, 9 de septiembre de 2002, pp. 99-110; "Starbucks Outlines International Growth Strategy", en *Business Wire*, 14 de octubre de 2004; A. Yeh, "Starbucks Aims for New Tier in China", en *Financial Times*, 14 de febrero de 2006 p. 17; y "Will Global Growth Help Starbucks?", en *BusinessWeek*, 2 de julio de 2008.

Estrategia de Coca-Cola

Coca-Cola, el ícono fabricante de refrescos estadounidense, ha sido desde hace mucho una de las empresas más internacionales. La compañía hizo su primera incursión fuera de Estados Unidos en 1902, cuando entró a Cuba, y en 1929 se comercializaba en 76 países. Durante la Segunda Guerra Mundial, suscribió un contrato para abastecer de su producto a las tropas estadounidenses, cualquiera que fuera la parte del mundo en que estuvieran. Durante esta época, la empresa construyó 63 plantas embotelladoras en todo el orbe. Su empuje global continuó después de la guerra, alimentado en parte por la creencia en que el mercado estadounidense llegaría finalmente a su madurez y por la percepción de que había enormes oportunidades de crecimiento en el extranjero. Hoy, más de 59 mil de los 71 mil empleados de la compañía se ubican en 200 naciones diferentes a Estados Unidos, y más de 70% de su volumen de producción está en los mercados internacionales.

Hasta la década de 1980, la estrategia de Coca-Cola fue de importante localización y se daba a las operaciones locales un alto grado de independencia para manejar sus asuntos como consideraran mejor. Tal panorama se modificó entre las décadas de 1980 y 1990, bajo el liderazgo de Roberto Goizueta, un talentoso inmigrante cubano que se convirtió en el CEO de Coca-Cola en 1981. Goizueta puso un renovado interés en las principales marcas de la compañía, que se expandieron con la introducción de Diet Coke, Cherry Coke y similares. Su idea principal era que la diferencia fundamental entre los mercados internacionales y el de Estados Unidos era que en los primeros había un nivel menor de penetración: el consumo per cápita de coca era de solo de entre 10% y 15% del que se efectuaba en Estados Unidos. Goizueta impulsó a la Coca-Cola para convertirla en una empresa global: centralizó muchas de sus actividades de administración y marketing en las oficinas corporativas de Atlanta, se centró en las marcas principales y adquirió participación en embotelladoras extranjeras para poder ejercer sobre ellas un control más estratégico. Esta estrategia *unitalla* se construyó sobre la estandarización y realización de economías de escala, por ejemplo, usando en todo el mundo el mismo mensaje publicitario.

La estrategia global de Goizueta fue adoptada por su sucesor, Douglas Ivester, pero a finales de la década de 1990 el impulso hacia la estrategia unitalla parecía quedarse sin combustible, a medida que competidores locales más ágiles comercializaban sus bebidas y frenaban el mecanismo de crecimiento de la empresa. Cuando la compañía no pudo lograr sus objetivos financieros por primera vez en una generación, Ivester renunció en 2000 y fue reemplazado por Douglas Daft, quien instituyó un cambio de 180 grados en la estrategia. Su visión era que Coca-Cola necesitaba otorgar más poder a los administradores locales de los países. Pensaba que la estrategia, el desarrollo de producto y el marketing debían ser ajustados a la medida de las necesidades locales. Despidió a seis mil empleados, muchos de los cuales trabajaban en Atlanta, y concedió a los administradores de las naciones mucha mayor autonomía. En una acción impresionante para una empresa comercializadora, anunció que la compañía dejaría de hacer publicidad global y devolvió a los administradores de los países el manejo de los presupuestos publicitarios y el control sobre los contenidos creativos. En parte, las acciones de Ivester estaban influidas por la experiencia de Coca-Cola en Japón, el segundo mercado más rentable de la empresa, donde el producto más vendido no es una bebida carbonatada, sino una antigua bebida enlatada de café frío, Georgia, que se vende en máquinas expendedoras. La experiencia japonesa parecía estar indicando que los productos deben adaptarse a los gustos y preferencias locales y que Coca-Cola haría bien en descentralizar más autoridad en la toma de decisiones hacia los administradores locales.

No obstante, el cambio hacia la localización no produjo el crecimiento esperado, y en 2002, el péndulo regresaba más hacia una coordinación central, en la que Atlanta supervisaba la comercialización y el desarrollo de producto en los distintos países. Pero esta vez no se trataba de la filosofía "unitalla" de la era de Goizueta. Bajo el liderazgo de Neville Isdell, quien se convirtió en CEO en marzo de 2004 y se retiró en julio de 2008, Coca-Cola revisó y se orientó a la comercialización y el desarrollo de productos locales, pero adoptó la convicción de que la estrategia, incluidos los precios, las ofertas de producto y el mensaje de marketing, deben cambiar de mercado en mercado para ajustarse a las condiciones locales. La propuesta de Isdell representó un punto medio entre la estrategia de Goizueta y la de Daft. Aún más, Isdell destacó la importancia de aprovechar las buenas ideas entre las naciones. Un caso ilustrativo es el de Georgia Coffee; después de contemplar el éxito de esta bebida en Japón, en octubre de 2007, Coca-Cola conformó una *joint venture* con Illycaffe, uno de los principales productores italianos de la bebida, para construir una franquicia global al café frío enlatado o embotellado. De igual manera, en 2003, la filial de Cola-Cola en China desarrolló una bebida de naranja no carbonatada de bajo costo, que rápidamente se convirtió en una de las más vendidas en esa nación. Luego de evaluar las posibilidades de este producto, Coca-Cola empezó a introducirlo en otros países asiáticos. Ha sido un gran éxito en Tailandia, donde fue lanzado en 2005, y parece estar cobrando fuerza en India, donde se introdujo en 2007.

Preguntas para analizar el caso

1. ¿Por qué considera que Roberto Goizueta cambió de una estrategia que hacía hincapié en la localización hacia una que favorecía la estandarización global? ¿Cuáles son los beneficios de esta estrategia?

2. ¿Cuáles fueron las limitaciones de la estrategia de Goizueta que persuadieron a su sucesor, Daft, de cambiarla? ¿Qué intentaba lograr Daft? La estrategia de Daft tampoco produjo los resultados deseados. ¿Cuál fue la causa de su fracaso?

3. ¿Cómo caracterizaría la estrategia de Coca-Cola bajo el liderazgo de Isdell? ¿Qué trata de hacer la corporación? ¿En qué se diferencia de las estrategias de Goizueta y Daft? ¿Cuáles son los beneficios? ¿Cuáles son los riesgos y costos potenciales?

4. ¿Qué le dice la evolución de la estrategia de Coca-Cola sobre la convergencia de los gustos y preferencias del consumidor en la actual economía global?

Fuentes

"Orange Gold", en *The Economist*, 3 de marzo de 2007, p. 68; P. Bettis, "Coke Aims to Give Pepsi a Routing in Cold Coffee War", en *Financial Times*, 17 de octubre de 2007, p. 16; P. Ghemawat, *Redefining Global Strategy* (Boston: Harvard Business School Press, 2007); y D. Foust, "Queen of Pop", en *BusinessWeek*, 7 de agosto de 2006, pp. 44-47.

Exportación, importación y comercio compensatorio

16

OBJETIVOS DE APRENDIZAJE
Al terminar este capítulo, usted deberá ser capaz de:

OA16-1 Explicar las promesas y riesgos asociados con la exportación.

OA16-2 Identificar los pasos que los administradores pueden seguir para mejorar el desempeño en las exportaciones de sus compañías.

OA16-3 Identificar las fuentes de información y los programas gubernamentales disponibles para ayudar a los exportadores.

OA16-4 Reconocer los pasos básicos para el financiamiento de las exportaciones.

OA16-5 Describir cómo puede utilizarse el comercio compensatorio para facilitar las exportaciones.

SteelMaster Buildings

Caso inicial

SteelMaster Buildings diseña, produce y suministra estructuras de acero en arco prefabricadas que se emplean en todo, desde instalaciones básicas de almacenamiento en el hogar hasta complejos ganchos para aeroplanos. SteelMaster es una pequeña compañía privada que se aventuró inicialmente en el mercado de las exportaciones en 2006. Sus razones eran evidentes: la competencia doméstica era intensa y SteelMaster veía a los mercados extranjeros como la mejor forma de expandir sus ventas. La empresa estimaba que su experiencia en el diseño de estructuras de acero en arco de alta calidad le serviría de mucho en los mercados extranjeros, donde había pocos competidores nativos con las mismas habilidades. Aún más, al optimizar sus sistemas de producción y su cadena de logística, SteelMaster podría reducir su estructura de costos y tener precios competitivos. La combinación de alta calidad, capacidad para producir diseños personalizados y precios competitivos contribuyeron a generar la demanda de productos de la compañía.

Hoy, las ventas de exportación constituyen 15% de sus utilidades, y la empresa de Virginia Beach calcula que ha vendido más de 40 mil estructuras en todo el mundo, en más de 40 países. Gran parte del crecimiento es mediante una red de distribución que en la actualidad abarca 50 naciones; los distribui-

dores no solo trabajan para impulsar las ventas, sino que dan servicios al cliente y asistencia técnica en el país. Además, son elementos clave para brindar a SteelMaster retroalimentación sobre mercados específicos.

Algo que ayudó a la compañía para hacer crecer su negocio de exportación fue tener a alguien dedicado a desarrollar los negocios internacionales. Para cumplir con tal función, la empresa contrató a Emma Granada, cuya fluidez en los idiomas francés y español ha sido un útil atributo. También, favoreció el hecho de que el dólar estadounidense ha estado relativamente débil durante algunos años, lo que aumenta la competitividad en precios de SteelMaster.

Para efectuar su incursión en el mundo de las exportaciones, SteelMaster echó mano de una variedad de recursos, incluyendo la Virginia Economic Development Partnership y el U. S. Commercial Service, que invitó a la compañía a eventos donde los ejecutivos de las empresas se reunían con representantes de las embajadas estadounidenses de todo el mundo. SteelMaster descubrió con rapidez la existencia de una gran red dedicada a auxiliar a los pequeños negocios a exportar. Según la compañía, dicho recurso la ayudó a entender mejor sus mercados meta para exportar; sin dicha ayuda, habría estado limitada a buscar prospectos sin saber en realidad mucho de ellos.

Desde la comercialización, y para proveer a sus distribuidores dentro de los países, SteelMaster ha usado un sitio web para llegar a más prospectos internacionales. Además del inglés, la empresa tiene un sitio web en español y páginas introductorias en árabe, francés, portugués, rumano y coreano, entre otros. Al colocar motores de búsqueda por medio de palabras claves en buscadores como Google y Bing, SteelMaster ha podido derivar tráfico hacia su sitio, lo que mejora la comprensión que la gente tiene del producto y, con el tiempo, puede traducirse en ventas.[1]

 ## Introducción

En el capítulo anterior, revisamos la exportación desde una perspectiva estratégica. Vimos que la exportación es solo una entre varias opciones estratégicas para ganar utilidades a partir de la expansión internacional. En este capítulo, nos concentraremos con más detalle en los aspectos técnicos de la exportación (y la importación) y estudiaremos cómo exportar. Como se observa en el "Caso inicial", exportar no es solo una actividad para las grandes empresas multinacionales: muchas compañías pequeñas como SteelMaster se han beneficiado en gran medida de las oportunidades de hacer dinero con la exportación.

El volumen de dicha actividad en la economía mundial se incrementa debido a que la exportación se ha facilitado. La disminución gradual de las barreras comerciales bajo el Acuerdo General sobre Aranceles Aduaneros y Comercio (General Agreement of Tariffs and Trade, GATT) y ahora de la Organización Mundial del Comercio (OMC; véase el capítulo 7), junto con los acuerdos económicos regionales como la Unión Europea (UE) y el Tratado de Libre Comercio de América del Norte (TLCAN; véase el capítulo 9) han aumentado de manera sustancial las oportunidades de exportación. Al mismo tiempo, las tecnologías modernas de la comunicación y del transporte facilitan la solución de muchos problemas logísticos propios de la exportación. En las últimas dos décadas, las empresas han utilizado cada vez más el internet, los números telefónicos gratuitos y los servicios internacionales de mensajería aérea para reducir los costos de exportación. En consecuencia, ya no es raro encontrar pequeñas compañías que prosperan como exportadoras.

Sin embargo, exportar continúa siendo un reto para muchas empresas, y las más pequeñas pueden sentirse intimidadas por el proceso. Una compañía interesada en exportar debe identificar las oportunidades en los mercados externos; evitar una serie de problemas inesperados, casi siempre asociados con el hecho de hacer negocios en un mercado extranjero; familiarizarse con los mecanismos de financiamiento a las exportaciones e importaciones; investigar dónde puede obtener un seguro de crédito a la exportación, y aprender a lidiar con el riesgo de los tipos de cambio de divisas. Todo el proceso se dificulta aún más porque las divisas de muchas naciones no pueden cambiarse libremente y puede resultar problemático acordar el pago por las exportaciones. El comercio compensatorio permite pagar por las exportaciones por medio de bienes y servicios en vez de dinero. Este capítulo analiza todos estos temas, con excepción del riesgo cambiario, que estudiamos en el capítulo 10, y comenzaremos con las promesas y los riesgos de la exportación.

OA16-1 ## Promesas y riesgos de la exportación

La gran promesa de la exportación es que la mayoría de las empresas, en varias industrias, pueden obtener grandes ingresos y ganancias en los mercados extranjeros, como sucedió con SteelMaster, que estudiamos en el "Caso inicial". Por lo regular, el mercado internacional de una compañía es más grande que el nacional, así que exportar es casi siempre una forma de incrementar su base de ingresos y utilidades. Al expandir el tamaño del mercado, la exportación permite que una empresa alcance economías de escala y reduzca sus costos por unidad. Aquellas que no exportan a menudo pierden oportunidades importantes de crecimiento y reducción de costos.[2]

Un ejemplo es el caso de Marlin Steel Wire Products, un productor de canastos de alambre y artículos de metal con sede en Baltimore, Estados Unidos, cuyas utilidades son de casi cinco millones de dólares. Entre sus productos, hay canastos para sostener partes delicadas de motores aéreos y

---

[1] L. L. Sowinsky, "And the Winner Is…", en *World Trade*, enero de 2011, pp. 40-42; "Virginia Based Company Wins SBA/VISA Export Video Contest", en *U.S. Newswire*, 7 de noviembre de 2011; y "UPS Honors SteelMaster with Global Trade Award", en *Business Wire*, 12 de enero de 2011.

[2] R. A. Pope, "Why Small Firms Export: Another Look", en *Journal of Small Business Management* 40, 2002, pp. 17-26.

de automóviles. Sus ingenieros diseñan canastos de metal personalizados para las líneas de ensamblaje de compañías como Boeing y Toyota, y tiene fama de manufacturar productos de alta calidad para estos nichos de mercado. Como muchas empresas pequeñas, Marlin no tenía una historia exportadora; no obstante, a mediados de la década de 2000, la compañía se asomó al mercado de exportaciones, enviando pequeñas cantidades de productos a México y Canadá. El CEO de Marlin, Drew Greenblatt, pronto se dio cuenta de que las ventas de exportación podrían ser la clave del crecimiento. En 2008, cuando sobrevino la crisis financiera global y Estados Unidos se deslizó a una grave recesión, Marlin exportaba solo 5% de sus pedidos a mercados extranjeros. La estrategia de Greenblatt para lidiar con la poca demanda en Estados Unidos fue expandir de modo agresivo las ventas internacionales. Para 2010, sus exportaciones representaban 17% de las ventas y la empresa se había puesto como meta exportar la mitad de su producción.[3]

A pesar de ejemplos como los de SteelMaster y Marlin, los estudios demuestran que, si bien muchas compañías grandes tienden a ser muy activas y buscar oportunidades de exportación rentable (por medio de la revisión sistemática de los mercados extranjeros en busca de oportunidades para aprovechar su tecnología, sus productos y sus habilidades de marketing en los países extranjeros), muchas pequeñas y medianas empresas son muy pasivas.[4] Por lo común, estas últimas solo consideran la posibilidad de exportar cuando se saturan sus mercados locales y un exceso de capacidad productiva en su propio país las obliga a buscar oportunidades de crecimiento en los mercados extranjeros. Asimismo, muchas de ellas tienden a esperar que el mundo ponga todo a sus pies, en vez de salir a buscar oportunidades. Y, aun en el primer caso, quizá no respondan; un ejemplo es MMO Music Group, que produce cintas de pistas para máquinas de karaoke; sus ventas al extranjero representaban casi 15% de sus ingresos, que ascendían a ocho millones de dólares a mediados de la década de 1990, pero el CEO admite que esta cifra podría haber sido mucho mayor si se hubiera esforzado por hacer crecer las ventas internacionales durante la década anterior y principios de la siguiente. En ese tiempo, se acumularon faxes y mensajes telefónicos desde Asia y Europa que se quedaron sin contestar, mientras él se concentraba en atender las crecientes oportunidades de negocio en su propia nación. Para cuando MMO decidió prestar atención a los mercados extranjeros, otros competidores habían aprovechado las oportunidades y se le dificultó mucho aumentar su volumen de exportaciones.[5]

La experiencia de MMO es común y demuestra la necesidad de que las compañías sean más proactivas en la búsqueda de oportunidades de exportación. Uno de los motivos de esa falta de interés es que no están familiarizadas con las oportunidades en los mercados extranjeros: simplemente no saben qué tan grandes son esas oportunidades en realidad, o en dónde están. El simple desconocimiento de las posibles oportunidades es una enorme barrera a la exportación.[6] Además, muchos exportadores en potencia a menudo se intimidan por las complejidades y la mecánica de la exportación a los países en donde las prácticas de negocios, el idioma, la cultura, los sistemas legales y de divisas son diferentes del mercado nacional.[7] Tal combinación de desconocimiento e intimidación quizá explique por qué los exportadores son aún solo un pequeño porcentaje del total de las empresas estadounidenses, menor a 5% de las compañías con menos de 500 empleados, de acuerdo con la oficina de Small Business Administration.[8]

Para empeorar el panorama, muchos exportadores neófitos se meten en graves problemas cuando intentan hacer negocios en el extranjero por primera vez, lo que les causa escepticismo ante futuros negocios de exportación. Entre los problemas más comunes están el análisis deficiente de los mercados extranjeros, el poco conocimiento de las condiciones de competencia en ellos, la falta de

[3] M. C. White "Marlin Steel Wire Products", en *Slate Magazine*, 10 de noviembre de 2010.
[4] S. T. Cavusgil, "Global Dimensions of Marketing", en *Marketing*, P. E. Murphy y B. M. Enis (eds.), Glenview, Illinois, Scott, Foresman, 1985, pp. 577-599.
[5] S. M. Mehta, "Enterprise: Small Companies Look to Cultivate Foreign Business", en *The Wall Street Journal*, 7 de julio de 1994, p. B2.
[6] P. A. Julien y C. Ramagelahy, "Competitive Strategy and Performance of Exporting SMEs", en *Entrepreneurship Theory and Practice*, 2003, pp. 227-294.
[7] W. J. Burpitt y D. A. Rondinelli, "Small Firms' Motivations for Exporting: To Earn and Learn?", en *Journal of Small Business Management*, octubre de 2000, pp. 1-14, y J. D. Mittelstaedt, G. N. Harben y W. A. Ward, "How Small Is Too Small?", en *Journal of Small Business Management* 41, 2003, pp. 68-85.
[8] Small Business Administration, "The State of Small Business 1999-2000: Report to the President", 2001; y D. Ransom, "Obama's Math: More Exports Equals More Jobs", en *The Wall Street Journal*, 6 de febrero de 2010.

FCX Systems

FCX Systems es una historia de éxito en la exportación estadounidense. Se fundó en 1987 con ayuda de un préstamo de 20 mil dólares de la Small Business Administration. FCX produce convertidores de frecuencia para la industria aeroespacial, dispositivos que convierten las frecuencias comunes de servicio eléctrico en frecuencias mayores propias de los sistemas de aviones y sirven sobre todo para suministrar electricidad a las aeronaves mientras están en tierra. Hoy, la compañía de West Virginia, Estados Unidos, genera aproximadamente la mitad de sus 20 millones de dólares de ventas anuales por sus exportaciones a más de 50 países. La proeza de FCX al abrir mercados extranjeros la ha hecho acreedora a varios premios por excelencia en la exportación, como uno presidencial en 1999 por conseguir un crecimiento extraordinario en sus ventas al extranjero.

Al principio, FCX ingresó en la exportación porque descubrió que los extranjeros, a menudo, eran más receptivos respecto de los productos de la empresa que los posibles consumidores locales. De acuerdo con Don Gallion, su presidente, "en el mercado extranjero buscaban un buen producto técnico, de preferencia hecho en Estados Unidos, y no preguntaban '¿Hace cuánto tiempo comenzaron a operar? ¿Estarán aquí mañana?'. Solo querían el producto".

En 1989, poco después de que se fundó, la compañía firmó un contrato con una empresa de distribución internacional que la ayudaría con la exportación, pero Gallion se desilusionó de ella y en 1994, la compañía empezó a manejar el proceso de exportación por sí misma. En ese momento, las exportaciones representaban 12% de las ventas, pero, en 1997, se había incrementado a más de 50% del total, punto en el que se mantiene desde entonces.

Para explicar el éxito de las exportaciones de la empresa, Gallion menciona diversos factores: uno de ellos fue la gran ayuda que FCX recibió a lo largo de los años de varias dependencias federales y estatales, como el U.S. Department of Commerce y la Development Office of West Virginia. Estas agencias desmitificaron el proceso de exportación y proporcionaron buenos contactos a FCX. Otro factor básico fue hallar a un buen representante local en el extranjero para que lidiara con las regulaciones locales y aduaneras. Según Gallion, "un buen representante te mantendrá alejado de problemas en lo que respecta a la aduana y lo que debes o no hacer". La perseverancia es algo muy importante, dice Gallion, en particular cuando se intenta entrar en mercados en los que las relaciones personales son decisivas, como en China.

China ha sido una historia interesante para FCX. Hace poco, la compañía registró entre 2 y 3 millones de dólares en ventas, pero tardó muchos años en conseguirlo. China estuvo en la pantalla del radar de Gallion desde principios de la década de 1990, en particular por la rápida modernización del país y sus planes para construir o remodelar aproximadamente 179 aeropuertos entre 1998 y 2008. Tal panorama representó una oportunidad potencial de un gran mercado para FCX, en especial comparado con Estados Unidos, en donde quizá solo se construirían tres nuevos aeropuertos durante el mismo periodo. A pesar del grado de oportunidad, el progreso era muy lento. La empresa tuvo que identificar proyectos de aeropuertos y líneas aéreas, dependencias gubernamentales, clientes y ejecutivos, así como lidiar con distintos idiomas y hacer amigos. De acuerdo con Gallion, "comprarán tu producto solo cuando te consideren un amigo. Creen que un amigo nunca te estafará". Para hacer amigos en China, Gallion calcula que tuvo que efectuar más de 100 viajes desde 1990, pero ahora que se estableció, la red comienza a producir dividendos.[9]

adaptación de la oferta de producto a las necesidades de los clientes extranjeros, la carencia de un eficiente programa de distribución, una inadecuada campaña promocional y problemas para conseguir financiamiento.[10] Los exportadores novatos tienden a subestimar el tiempo y los conocimientos que se requieren para cultivar negocios en el extranjero.[11] Muy pocos se percatan de la cantidad de recursos administrativos que deben dedicar a esta actividad. Muchos clientes extranjeros necesitan llevar a cabo negociaciones en persona y en su propio territorio. Un exportador puede tardar meses en aprender las reglamentaciones comerciales de un país y sus prácticas de negocios, entre otras cosas, antes de cerrar un trato. El "Panorama administrativo", que documenta la experiencia de FCX Systems en China, indica que pueden transcurrir años antes de que los extranjeros se sientan lo bastante contentos como para comprar cantidades considerables.

---

9   J. Sparshott, "Businesses Must Export to Compete", en *The Washington Times*, 1 de septiembre de 2004, p. C8; "Entrepreneur of the Year 2001: Donald Gallion, FCX Systems", en *The State Journal*, 18 de junio de 2001, p. S10; y T. Pierro, "Exporting Powers Growth of FCX Systems", en *The State Journal*, 6 de abril de 1998, p. 1.

10 A. O. Ogbuehi y T. A. Longfellow, "Perceptions of U. S. Manufacturing Companies Concerning Exporting", en *Journal of Small Business Management*, octubre de 1994, pp. 37-59; y U. S. Small Business Administration, "Guide to Exporting", en: http://www.sba.gov/oit/info/Guide-to-Exporting/index.html.

11 R. W. Haigh, "Thinking of Exporting?", en *Columbia Journal of World Business* 29, diciembre de 1994, pp. 66-86.

Por lo regular, los exportadores deben enfrentarse a una gran cantidad de papeleo, trámites complejos y muchos retrasos y errores potenciales. Según un reporte de la ONU sobre comercio y desarrollo, una transacción comercial internacional común puede incluir a 30 socios distintos, 60 documentos originales y 360 copias de documentos que deben revisarse, transmitirse, recapturarse, procesarse y archivarse en diversos sistemas de información. Dicho organismo calcula que el tiempo para preparar la documentación, junto con el costo de errores comunes en el papeleo, a menudo constituye 10% del valor final de los bienes exportados.[12]

Mejorar el desempeño de la exportación   OA16-2

Existen varias formas a partir de las cuales los exportadores inexpertos pueden obtener información acerca de las oportunidades en los mercados extranjeros y evitar algunos problemas comunes que tienden a desalentarlos y frustrarlos.[13] En esta sección, mencionaremos fuentes de información para que los exportadores conozcan mejor las oportunidades en los mercados extranjeros, consideraremos las ventajas y desventajas de los servicios de empresas consultoras en administración de exportaciones (*export management companies*, EMC) como apoyo al proceso de exportación, y revisaremos algunas estrategias de exportación que incrementan la probabilidad de exportar con éxito; pero iniciemos con un vistazo a la forma en que muchas naciones apoyan a sus compañías en el proceso de exportación.

UNA COMPARACIÓN INTERNACIONAL

Un gran obstáculo para exportar es el desconocimiento de las oportunidades disponibles. Con frecuencia, existen muchos mercados para el producto de una empresa, pero como se encuentran en países con cultura, idioma, distancia y horarios distintos, la compañía no los conoce. El problema para identificar las oportunidades de exportación se complica aún más porque el mundo de posibles oportunidades está compuesto por más de 200 países con enormes diferencias culturales. Las empresas que enfrentan esa complejidad y diversidad a menudo dudan en buscar oportunidades de exportación.

La manera de superar la ignorancia es reunir información. En Alemania (uno de los países con   OA16-3
más éxito exportador), las asociaciones comerciales, dependencias de gobierno y bancos comerciales recaban información para que las compañías pequeñas identifiquen oportunidades de exportación. Un servicio similar lo provee el Ministerio de Comercio Internacional e Industria de Japón (Japanese Ministry of International Trade and Industry, **MITI**), siempre a la búsqueda de oportunidades de exportación. Además, muchas empresas japonesas están afiliadas de alguna forma a las ***sogo shosha*** o grandes comercializadoras japonesas. Estas organizaciones tienen oficinas en todo el mundo y, de manera activa, buscan oportunidades de exportación para sus afiliados grandes y pequeños.[14]

Las compañías alemanas y japonesas pueden aprovechar las grandes reservas de experiencia, habilidades, información y otros recursos de sus respectivas instituciones orientadas a la exportación. A diferencia de sus competidores alemanes y japoneses, muchas empresas estadounidenses van relativamente a ciegas cuando buscan oportunidades de exportación: tienen una desventaja informativa. En parte, dicha discrepancia refleja diferencias históricas. Tanto Alemania como Japón dependen desde hace mucho tiempo de su comercio, mientras que, hasta hace poco, Estados Unidos era una economía continental, relativamente autónoma, en la que el comercio internacional tenía muy poca importancia. Tal panorama está en proceso de rápido cambio: importaciones y exportaciones poseen ahora mucha más trascendencia en la economía estadounidense de la que tenían hace 20 años; sin embargo, Estados Unidos no ha desarrollado todavía una estructura institucional similar a las de Alemania o Japón para promover sus exportaciones.

FUENTES DE INFORMACIÓN

A pesar de sus desventajas institucionales, las empresas estadounidenses pueden aumentar sus conocimientos sobre las oportunidades de exportación. La fuente de información más completa es el

---

[12] F. Williams, "The Quest for More Efficient Commerce", en *Financial Times*, 13 de octubre de 1994, p. 7.

[13] Burpitt y Rondinelli, "Small Firms' Motivations for Exporting", y C. S. Katsikeas, L. C. Leonidou y N. A. Morgan, "Firm Level Export Performance Assessment", en *Academy of Marketing Science* 28, 2000, pp. 493-511.

[14] M. Y. Yoshino y T. B. Lifson, *The Invisible Link*, Cambridge, Massachusetts, MIT Press, 1986.

Departamento de Comercio y sus oficinas en todo el país; dentro de este, hay dos organizaciones destinadas a proporcionar servicios de información y asistencia para abordar mercados extranjeros: la International Trade Administration y el U.S. Commercial Service. Estas dependencias brindan al posible exportador una lista de los "mejores prospectos", con los nombres y direcciones de distribuidores potenciales en los mercados extranjeros así como el giro al que pertenecen, los productos que manejan y el nombre del contacto. Por otro lado, el Departamento de Comercio integró un "servicio de comparación de compras" de 14 naciones que representan los mercados principales para las exportaciones estadounidenses. Por una cuota módica, una empresa recibe un estudio de mercado adaptado a sus necesidades sobre el producto de su elección, el cual le aporta información acerca de sus posibilidades de comercialización, competencia, precios comparativos, canales de distribución y nombres de posibles representantes de ventas. Cada estudio se elabora en el lugar específico a cargo de un funcionario del Departamento.

Dicho organismo también organiza ferias comerciales para que los exportadores potenciales establezcan contactos extranjeros y exploren las oportunidades de exportación. Además, emprende exhibiciones en ferias comerciales internacionales que casi siempre se llevan a cabo en grandes ciudades alrededor del mundo. Cuenta con un programa de búsqueda de socios apropiados, en el que los representantes del Departamento acompañan a grupos estadounidenses de negociantes al extranjero con el fin de que se reúnan con funcionarios calificados, distribuidores y clientes.

La Small Business Administration (SBA), otra organización gubernamental, que ayuda a posibles exportadores (en el siguiente "Panorama administrativo" se presentan ejemplos del trabajo de la SBA), emplea a 76 funcionarios distritales de comercio exterior y a un equipo de comercio internacional integrado por 10 personas, en Washington, D. C., Estados Unidos. La dependencia, mediante su programa Service Corps of Retired Executives (SCORE), también supervisa aproximadamente a 11 500 voluntarios con experiencia en comercio internacional para que proporcionen asesoría personalizada a compañías activas y nuevas en la exportación. Asimismo, la SBA coordina la Export Legal Assistance Network (ELAN), grupo de abogados especializados en comercio internacional que proporciona, en todo Estados Unidos, asesorías iniciales, sin costo, a pequeñas empresas acerca de asuntos vinculados con la exportación.

Además del Departamento de Comercio y la SBA, casi cada estado y muchas grandes ciudades mantienen activas comisiones de comercio cuyo propósito es promover las exportaciones. Muchas de ellas brindan asesoría de negocios, acopio de información, asistencia técnica y financiamiento. Por desgracia, muchos han sido víctimas de recortes presupuestales o de batallas territoriales por el apoyo político y económico con otras agencias exportadoras.

Además, varias organizaciones privadas han comenzado a proporcionar más asistencia a los futuros exportadores. En la actualidad, los bancos comerciales y las grandes corporaciones contables están más dispuestos a ayudar a las pequeñas empresas a iniciar sus operaciones de exportación que lo que lo estaban hace una década. Asimismo, las grandes multinacionales que han tenido éxito en la arena global casi siempre están dispuestas a discutir las oportunidades en el extranjero con los dueños o administradores de las pequeñas compañías.[15]

OA16-2

EMPRESAS CONSULTORAS EN LA ADMINISTRACIÓN DE EXPORTACIONES

Los exportadores primerizos tienen una forma de identificar oportunidades de exportación y evitar muchos riesgos; es decir, contratar una empresa **consultora en la administración de exportaciones** (*export management companies*, EMC). Las EMC son especialistas en exportaciones que actúan como el departamento de marketing para las exportaciones, o como el departamento internacional de sus compañías clientes. Las EMC suelen aceptar dos tipos de tareas de exportación: pueden iniciar las operaciones de exportación de una empresa, en el entendido de que esta tomará el control de dichas operaciones una vez establecidas, o bien, pueden llevar a cabo los servicios de iniciación bajo el acuerdo de que las ventas del producto serán responsabilidad de la EMC. Muchas de ellas se especializan en atender a compañías de una industria en particular y en áreas concretas del mundo. Así, una EMC puede especializarse en vender productos agrícolas en el mercado asiático, mientras que otra concentra sus actividades en la exportación de productos electrónicos a Europa del Este.

---

[15] L. W. Tuller, *Going Global*, Homewood, Illinois, Business One-Irwin, 1991.

Exportar con un poco de ayuda del gobierno

La exportación puede ser intimidante, pero la realidad es que en Estados Unidos, como en la mayoría de las naciones, muchas compañías pequeñas tienen negocios de exportación redituables; por ejemplo, Landmark Systems, de Virginia, Estados Unidos, casi no efectuaba ventas nacionales antes de ingresar en el mercado europeo. La empresa desarrolló un programa de software para computadoras centrales de IBM y localizó a un distribuidor independiente en Europa para que representara su producto. En el primer año, 80% de las ventas se atribuyeron a la exportación. En el segundo, las ventas aumentaron de 100 mil dólares a 1.4 millones, con 70% atribuible a exportaciones. Landmark no está sola: los datos del gobierno indican que, en Estados Unidos, más de 97% de las 240 mil compañías que exportan son negocios pequeños que emplean a menos de 500 personas. Su participación en las exportaciones totales estadounidenses ha crecido de manera continua y hoy es casi de 30%.

Para echar a andar el proceso de exportación, muchas empresas pequeñas aprovechan la experiencia de las dependencias, instituciones financieras y compañías consultoras en administración de exportaciones del gobierno. Un ejemplo es el caso de Novi Inc., una empresa con sede en California, Estados Unidos. Michel Stoff, su presidente, explica cómo utilizó los servicios de la SBA para empezar a exportar:

Cuando inicié mi proyecto de negocio, Novi Inc., sabía que mi Tune-Tote (sistema de estéreo para bicicletas) tenía el potencial para ser un éxito en los mercados internacionales. Aunque no tenía experiencia previa en esta área, comencé a investigar y a reunir información sobre mercados internacionales. Tenía la voluntad de aprender y, al centrarme en fuentes básicas de información y orientación, pude ingresar en los mercados internacionales en breve tiempo. La SBA fue una fuente primordial desde el principio. Por medio de ella, me encaminaron hacia un programa que aborda específicamente el desarrollo de negocios: el Cuerpo de Servicio de Ejecutivos Jubilados (Service Corps of Retired Executives, SCORE). Me asignaron a un consultor que manejó su propio negocio de importación/exportación durante 30 años. Los servicios del SCORE se ofrecen sin costo y continuamente.

Cuando comencé a dedicarme a la exportación, mi primer paso fue una evaluación completa de marketing. Me dirigí a las exposiciones comerciales con gran presencia de compradores internacionales. Asimismo, fui al Departamento de Comercio (Department of Commerce, DOC) para que me asesoraran y proporcionaran información sobre las normas y regulaciones de la exportación. Anuncié mi producto en "Commercial News USA", que se distribuye por medio de las embajadas de Estados Unidos a compradores en todo el mundo. Usé los reportes de datos de comercializadores mundiales del DOC para obtener información acerca de los posibles compradores internacionales. Como resultado, recibí entre 60 y 70 solicitudes de información sobre Tune-Tote de todo el mundo. Una vez que completé mi investigación y evaluación de compradores potenciales, decidí cuáles serían más apropiados para que comercializaran mi producto internacionalmente. Luego, decidí concesionar una licencia de distribución exclusiva. Para comunicarme en forma eficaz con mis clientes internacionales invertí en un fax. Escogí un banco estadounidense para manejar mis transacciones internacionales. El banco también me orientó respecto de los métodos de pago y la mejor manera de recibir y enviar dinero. Esto es conocimiento especializado esencial para cualquiera que desee tener éxito en mercados internacionales.

Después de solo un año, las ventas de exportación de Novi sobrepasaron el millón de dólares y aumentaron 40% en el segundo año de operaciones. Hoy, Novi Inc. es un distribuidor grande de sistemas inalámbricos de intercomunicación que exporta a más de 10 países.[16]

[16] Small Business Administration Office of International Trade, "Guide to Exporting", en: http://www.sba.gov/oit/info/Guide-To-Exporting/Index.html, y el U. S. Department of Commerce, "A Profile of U. S. Exporting Companies, 2000-2001", febrero de 2003. El reporte está disponible en: http://www.census.gov/foreign-trade/aip/index.html#profile. *The 2007 National Exporting Strategy*, Comisión de Comercio Internacional de Estados Unidos, Washington D. C., 2007.

En teoría, la ventaja de las EMC es que son especialistas experimentados que ayudan al exportador novato a identificar las oportunidades y evitar los errores más frecuentes. Una EMC eficaz debe contar con una red de contactos en los mercados potenciales, empleados políglotas, un buen conocimiento de los usos y costumbres de diferentes negocios, y estar al tanto de los trámites de exportación y reglamentación local del negocio en cuestión; no obstante, la calidad de las EMC varía:[17] mientras algunas desempeñan sus funciones con eficacia, otras parecen añadir poco valor a la empresa exportadora. En consecuencia, es importante que esta revise con cuidado diversas opciones y solicite referencias. Una desventaja de confiar en una EMC es que la compañía puede dejar de desarrollar sus propias capacidades exportadoras.

OA16-2   ESTRATEGIAS DE EXPORTACIÓN

Además de utilizar los servicios de las EMC, una empresa puede reducir los riesgos asociados si es cuidadosa en la elección de su estrategia de exportación.[18] Algunos lineamientos pueden ser útiles al respecto; por ejemplo, una de las compañías exportadoras más exitosas en el mundo, 3M (originalmente, Minnesota Mining and Manufacturing Company), basa el éxito de sus exportaciones en tres principios básicos: entrar en pequeña escala para reducir el riesgo, añadir líneas de producto hasta que las operaciones de exportación empiecen a tener éxito y contratar personal local para promover los productos de la empresa (la estrategia de exportación de 3M se describe en el siguiente "Panorama administrativo"). Otro exportador exitoso, Red Spot Paint & Varnish, destaca la importancia de cultivar las relaciones personales al cerrar un negocio de exportación.

La probabilidad de éxito en la exportación se incrementa mucho al seguir unos cuantos pasos sencillos y estratégicos: primero, en particular en el caso de los exportadores novatos, es útil contratar una EMC, o al menos a un consultor con experiencia en exportaciones, para identificar las oportunidades y que se encargue de revisar el papeleo y las reglamentaciones que por lo regular implica la exportación. Segundo, en muchas ocasiones, es conveniente centrarse al principio en un mercado, o en unos cuantos mercados, y aprender lo necesario para tener éxito en ellos antes de moverse a otros. La compañía que entra en muchos mercados a la vez corre el riesgo de dispersar demasiado sus limitados recursos administrativos. El resultado de ese "método de escopeta" en las exportaciones puede ser no establecerse bien en ninguno. Tercero, como en 3M, casi siempre conviene entrar en un mercado extranjero en pequeña escala para reducir el costo de cualquier fracaso posterior. Más relevante aún, entrar en pequeña escala proporciona el tiempo y la oportunidad de aprender acerca del país extranjero antes de hacer compromisos económicos significativos en dicho mercado. Cuarto, el exportador debe reconocer el tiempo y el compromiso administrativo que implica la generación de las ventas de exportación, y debe contratar personal adicional para supervisar esta actividad. Quinto, en muchos países, es fundamental prestar mucha atención a la consolidación de relaciones sólidas y duraderas con los distribuidores o clientes locales (como en China). Sexto, como con regularidad hace 3M, es esencial contratar personal local. Es probable que este tenga una mejor percepción de cómo hacer negocios en un país en concreto que un administrador de una compañía exportadora que no ha estado nunca en él. Séptimo, varios estudios sugieren que la empresa necesita ser proactiva en la búsqueda de oportunidades de exportación.[19] ¡La exportación de sillón no es funcional! Casi nunca el mundo va a construir un camino hasta su puerta. Por último, es primordial que el exportador conserve la opción de la producción local. Una vez que las exportaciones crezcan lo suficiente para que su volumen justifique la producción local con un costo eficiente, la compañía exportadora debe considerar el establecimiento de plantas de producción en el mercado extranjero. Dicha medida ayuda a mantener buenas relaciones con otras naciones y puede favorecer una mayor aceptación en el mercado. Por lo común, la exportación no es un fin en sí misma, sino solo un paso en el camino hacia la creación de plantas en el extranjero (de nuevo, 3M nos da un ejemplo de esta postura).

[17] Haigh, "Thinking of Exporting?".

[18] M. A. Raymond, J. Kim y A. T. Shao, "Export Strategy and Performance", en *Journal of Global Marketing* 15, 2001, pp. 5-29; y P. S. Aulakh, M. Kotabe y H. Teegen, "Export Strategies and Performance of Firms from Emerging Economies", en *Academy of Management Journal* 43, 2000, pp. 342-361.

[19] J. Francis y C. Collins-Dodd, "The Impact of Firms' Export Orientation on the Export Performance of High-Tech Small and Medium Sized Enterprises", en *Journal of International Marketing* 8, núm. 3, 2000, pp. 84-103.

Estrategia de exportación de 3M

La empresa 3M, que produce más de 40 mil productos, como cinta adhesiva, papel de lija, productos médicos y los siempre presentes Post-it, es una de las más grandes multinacionales del mundo. En la actualidad, más de 60% de sus ingresos se genera fuera de Estados Unidos. Aunque la mayor parte de estos proviene del extranjero, 3M es, sobre todo, una empresa exportadora con un ingreso de dos mil millones de dólares correspondiente a sus exportaciones. A menudo, la compañía emplea sus exportaciones para establecer su presencia en un mercado externo, y solo construye plantas en el extranjero cuando el volumen de ventas se eleva a un nivel que justifique la producción local.

La estrategia de exportación se basa en principios sencillos. Uno de ellos se conoce como "FIDO", que son las iniciales en inglés de *First In Defeats Others* "el primero en entrar (a un nuevo mercado) vence a los demás". El objetivo esencial de FIDO es obtener una ventaja sobre otros exportadores al entrar primero para aprender cómo vender ahí antes de que los demás lo hagan. Un segundo principio es "haz un poco, vende un poco", cuya idea se basa en entrar en pequeña escala con una inversión muy modesta y un solo producto básico, por ejemplo una lámina reflectora para señales de tráfico en Rusia, o fibras para tallar en Hungría. Una vez que 3M considera que aprendió lo suficiente acerca del mercado para reducir a niveles razonables el riesgo de fracaso, incorpora otros productos.

Un tercer principio de 3M es contratar empleados locales para la venta de sus productos. La empresa acostumbra insta-

lar una filial de ventas para manejar sus actividades de exportación en un país determinado. Después, integra el equipo de personal de esta filial con empleados locales, porque cree que saben mejor cómo vender en su propia nación que los trabajadores transferidos estadounidenses. Por la instrumentación de este principio, menos de 200 de los más de 40 mil empleados de 3M en el extranjero son transferidos estadounidenses.

Otra práctica común de 3M es formular planes estratégicos globales para la exportación y posterior producción de sus productos en el extranjero. En el contexto de estos planes, 3M otorga a los administradores locales mucha autonomía para que encuentren la mejor manera de vender el producto en sus países. Por ello, la primera vez que 3M exportó sus Post-it planeó regalar muestras del producto, pero también pidió a los administradores locales que detectaran el mejor modo de hacerlo. En el Reino Unido y Alemania, los administradores contrataron personal de limpieza de oficinas para que regalaran las muestras; en Italia, se utilizó a los distribuidores de productos de oficina para obsequiarlas, mientras que, en Malasia, se contrató a jovencitas para que fueran de oficina en oficina repartiendo muestras gratuitas del producto. Al estilo clásico de 3M, cuando el volumen de Post-it fue suficiente para justificarlo, las exportaciones de Estados Unidos se reemplazaron por producción local. Así, tras algunos años, 3M consideró que valía la pena erigir en Francia una planta de producción de Post-it para el mercado europeo.[20]

Financiamiento de la exportación e importación

OA16-4

Los mecanismos para financiar la exportación e importación han evolucionado a lo largo de los siglos como respuesta a un problema en particular agudo en el comercio internacional: la desconfianza cuando uno se ve obligado a confiar en un extraño. En esta sección, exploraremos los instrumentos financieros para enfrentar este problema en el contexto del comercio internacional: la carta de crédito, el giro (o letra de cambio) y el conocimiento de embarque. Más adelante, esbozaremos los 14 pasos de una transacción común de exportación-importación.[21]

DESCONFIANZA

En el comercio internacional, debe confiarse en alguien a quien tal vez nunca se ha visto, que vive en un país diferente, habla un idioma distinto, acata (o no) un sistema legal diferente, y que podría ser muy difícil de localizar si no cumpliera con alguna obligación. Imaginemos una empresa estadounidense que exporta a un distribuidor en Francia; un negociante estadounidense puede temer que

[20] R. L. Rose, "Success Abroad", en *The Wall Street Journal*, 29 de marzo de 1991, p. A1; T. Eiben, "US Exporters Keep on Rolling", en *Fortune*, 14 de junio de 1994, pp. 128-131; 3M Company, *A Century on Innovation*, 3M, 2002; y la página electrónica en internet de 3M en: http://www.mmm.com.

[21] J. Koch, "Integration of U. S. Small Businesses into the Export Trade Sector Using Available Financial Tools and Resources", en *Business Credit* 109, núm. 10, 2007, pp. 64-68.

si envía sus productos a una negociante francesa antes de recibir el pago correspondiente, ella se quede con los productos y no le pague. Y a la inversa, la importadora francesa puede temer que si paga por los productos antes de que se embarquen, la compañía estadounidense pueda quedarse con el dinero y jamás enviar los productos, o enviarle mercancía defectuosa. Ninguna de las partes del intercambio confía plenamente en la otra. Esta falta de confianza se exacerba por la distancia entre ambos, en espacio, idioma y cultura, y por el problema de un sistema legal internacional poco desarrollado para hacer cumplir las obligaciones contractuales.

Por la (muy razonable) desconfianza entre ambas partes, cada una tiene sus propias preferencias en cuanto a la manera de llevar a cabo la transacción. Para garantizar que le pagarán, el administrador de la empresa estadounidense preferiría que el distribuidor francés pagara por los productos antes del embarque (véase la figura 16.1). Del mismo modo, para asegurarse de que recibirá los productos, el distribuidor francés desearía no pagar por ellos hasta que lleguen (véase la figura 16.2). Así, cada parte tiene su propio conjunto de preferencias. A menos de que exista alguna forma de establecer la confianza entre las partes, la transacción podría no efectuarse nunca.

El problema se resuelve con un tercero en el que ambos confíen, casi siempre un banco con buena reputación, para que actúe como intermediario. Lo que sucede se resume como sigue (véase la figura 16.3). Primero, al saber que el exportador estadounidense confiará en el banco, el importador francés obtiene una promesa de pago a su nombre, por parte del banco. La promesa se conoce como carta de crédito. Tras recibirla, el exportador estadounidense procede a embarcar los productos a Francia. Al banco se le otorga un título de propiedad sobre los productos en la forma de un documento llamado conocimiento de embarque. A cambio, el exportador estadounidense solicita al banco que le pague por los productos, y el banco lo hace; al documento para hacer esto se le conoce como letra de cambio. El banco, tras pagar por los productos, pasa el título de propiedad al importador francés, en quien el banco confía. En ese momento o más tarde, según el acuerdo, el importador reembolsa al banco. En lo que resta de esta sección, analizaremos con más detalle este sistema.

FIGURA 16.1

Preferencia del exportador estadounidense.

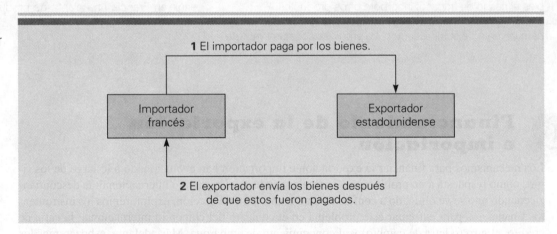

1 El importador paga por los bienes.

| Importador francés | | Exportador estadounidense |

2 El exportador envía los bienes después de que estos fueron pagados.

FIGURA 16.2

Preferencia del importador francés.

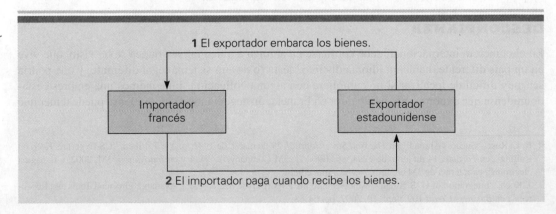

1 El exportador embarca los bienes.

| Importador francés | | Exportador estadounidense |

2 El importador paga cuando recibe los bienes.

FIGURA 16.3

Participación de un tercero.

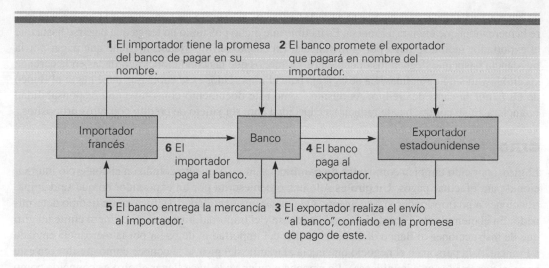

1 El importador tiene la promesa del banco de pagar en su nombre.

2 El banco promete el exportador que pagará en nombre del importador.

6 El importador paga al banco.

4 El banco paga al exportador.

5 El banco entrega la mercancía al importador.

3 El exportador realiza el envío "al banco", confiado en la promesa de pago de este.

Importador francés → Banco → Exportador estadounidense

CARTA DE CRÉDITO

La carta de crédito (*letter of credit*, L/C) es el principal instrumento en las transacciones de comercio internacional. Emitida por un banco a petición de un importador, la **carta de crédito** declara que el banco pagará una suma de dinero específica a un beneficiario, casi siempre el exportador, previa presentación de los documentos necesarios especificados en ella.

Considere de nuevo el ejemplo del exportador estadounidense y la importadora francesa. Esta última solicita a su banco local, digamos el Banco de París, la emisión de una carta de crédito. El Banco de París investiga el comportamiento crediticio del importador. Si el banco queda satisfecho con su confiabilidad crediticia, emite una carta de crédito; sin embargo, el banco puede pedir un depósito en efectivo o alguna otra forma de garantía adicional. Además, también cobrará al importador una cuota por este servicio, que suele variar entre 0.5 y 2% del valor de la carta de crédito, según la confiabilidad crediticia del importador y el tamaño de la transacción (como regla, mientras mayor sea la transacción, menor será el porcentaje).

Supongamos que el Banco de París esté satisfecho con la confiabilidad crediticia de la importadora francesa y acepte emitir una carta de crédito. Esta determina que el banco pagará al exportador estadounidense por la mercancía en tanto se embarque de acuerdo con las instrucciones y condiciones específicas. En este punto, la carta de crédito se convierte en un contrato financiero entre el Banco de París y el exportador estadounidense. Luego, el banco envía la carta de crédito al banco del exportador estadounidense, digamos el Banco de Nueva York, este le comunica al exportador que recibió una carta de crédito y que puede enviar la mercancía. Una vez que el exportador embarca la mercancía, hace un giro o letra de cambio a nombre del Banco de París conforme los términos de la carta de crédito, adjunta la documentación necesaria y lo presenta a su propio banco, el de Nueva York, para que le pague. El Banco de Nueva York reenvía la carta de crédito y los documentos correspondientes al Banco de París; si se cumplieron todos los términos y condiciones de la carta de crédito, el Banco de París acepta el giro o la letra de cambio y envía el pago al Banco de Nueva York. Cuando este recibe los fondos, le paga al exportador estadounidense.

En cuanto al Banco de París, una vez que transfiere los fondos al Banco de Nueva York, se los cobra a la importadora francesa. A veces, el Banco de París puede conceder al importador un tiempo para revender la mercancía antes de solicitarle el pago. Esto no es raro, en especial cuando el importador es un distribuidor y no el consumidor final de la mercancía, pues así contribuye a la liquidez del importador. El Banco de París trata dicha extensión del periodo de pago como un préstamo al importador y le cobra la tasa de interés correspondiente.

La gran ventaja de este sistema es que, muy probablemente, tanto la importadora francesa como el exportador estadounidense confiarán en bancos con buena reputación, aunque desconfíen el uno del otro. Una vez que el exportador ve la carta de crédito, sabe que el pago está garantizado y envía la mercancía. Además, un exportador comprueba que una carta de crédito facilita la obtención de financiamiento para la preexportación; por ejemplo, una vez que recibe la carta de crédito, el Banco

de Nueva York puede estar dispuesto a prestarle fondos al exportador para que este procese y prepare la mercancía que enviará a Francia. Es factible que dicho préstamo no tenga que pagarse hasta que el exportador reciba su pago por la mercancía. En cuanto al importador, no tiene que pagar por la mercancía hasta que lleguen los documentos y a menos que las condiciones acordadas en la carta de crédito hayan sido cumplidas. La desventaja para el importador es la cuota que debe pagar al Banco de París por la carta de crédito. Asimismo, como este documento constituye una responsabilidad financiera en su contra, puede reducir su capacidad para ser sujeto de crédito con otros propósitos.

GIRO

El giro, conocido también como **letra de cambio**, es un instrumento común en el comercio internacional para efectuar pagos. Un **giro** es solo una orden escrita por un exportador en que se dan instrucciones a un importador, o a su agente, para pagar una cantidad específica en un tiempo determinado. En el ejemplo del exportador estadounidense y el importador francés, el primero emite un giro que da instrucciones al Banco de París, el agente del importador, de pagar por la mercancía enviada a Francia. A la persona o el negocio que inicia el trámite del giro se le conoce como girador (en este caso, el exportador estadounidense). La persona a quien se le hace llegar el giro es conocida como girado (en este caso, el Banco de París).

La práctica internacional es utilizar los giros para saldar transacciones comerciales. Esto difiere de la práctica interna en que un vendedor suele enviar la mercancía con una cuenta abierta, seguida de una factura comercial que especifica la cantidad que se debe y las condiciones de pago. Por lo regular, en las transacciones nacionales, el comprador toma posesión de la mercancía sin firmar un documento formal y asume su obligación de pago. En contraste, y por la desconfianza, en las transacciones internacionales, se requiere el pago o la promesa formal de pago antes de que el comprador obtenga la mercancía.

Existen dos categorías de giros: la letra a la vista y el giro a plazo. Una **letra a la vista** debe pagarse al momento de entregarse al girado. Un **giro a plazo** permite un retraso en el pago (por lo común, de 30, 60, 90 o 120 días). Se presenta al girado, quien acepta su obligación por escrito o con un sello de recibido en la carátula del giro. Una vez aceptado, el giro a plazo se convierte en una promesa de pago por parte de quien lo aceptó. Cuando un banco recibe y acepta un giro a plazo, se dice que se efectuó una *aceptación bancaria*. Cuando una empresa es la que lo recibe y acepta, se dice que efectuó una *aceptación comercial*.

Los giros a plazo son instrumentos negociables; es decir, una vez que se sella el giro como aceptado, quien lo expide puede venderlo a un inversionista con un descuento sobre su valor nominal. Supongamos que el acuerdo entre el exportador estadounidense y el importador francés requiere que el exportador presente al Banco de París (mediante el Banco de Nueva York) un giro a plazo solicitando el pago 120 días después de su presentación. El Banco de París acepta el giro y lo sella. Imaginemos ahora que el giro es por 100 mil dólares.

El exportador puede quedarse con el giro a plazo aceptado y recibir 100 mil dólares en 120 días, o bien, venderlo a un inversionista, digamos el Banco de Nueva York, con un descuento sobre su valor nominal. Si la tasa de descuento prevaleciente es de 7%, al venderlo el exportador recibiría 97 700 dólares en el acto (una tasa de descuento anual de 7% por 120 días aplicada a 100 mil dólares es igual a 2 300, y 100 000 − 2 300 = 97 700). Entonces, el Banco de Nueva York cobraría la cantidad completa de 100 mil dólares del Banco de París en 120 días. El exportador puede vender el giro a plazo aceptado de inmediato si requiriera los fondos para financiar la mercancía en tránsito o para cubrir un déficit de flujo de efectivo.

CONOCIMIENTO DE EMBARQUE

El tercer elemento clave para el financiamiento del comercio internacional es el **conocimiento de embarque**, un documento que se emite al exportador por parte del transportista que lleva su mercancía y tiene tres propósitos: es un recibo, un contrato y un título de propiedad. Como recibo, el conocimiento de embarque indica que el transportista recibió la mercancía descrita en la carátula del documento. Como contrato, especifica que el transportista está obligado a proporcionar el servicio de transporte a cambio de un precio determinado. Como título de propiedad, sirve para que el exportador obtenga el pago o una promesa de pago por escrito antes de liberar la mercancía al importador. Además, el conocimiento de embarque funciona como garantía que respalda el pago de anticipos al exportador por parte de su banco local antes o durante el embarque, y antes del pago final del importador.

UNA TRANSACCIÓN COMERCIAL INTERNACIONAL CARACTERÍSTICA

Ahora que conocemos los principales elementos de una transacción comercial internacional, estudiemos el proceso en un caso común con el ejemplo del exportador estadounidense y el importador francés. La transacción normal consta de 14 pasos (véase la figura 16.4).

1. El importador francés hace un pedido al exportador estadounidense y le pregunta si estaría dispuesto a embarcar la mercancía con una carta de crédito.
2. El exportador acepta embarcar la mercancía con una carta de crédito y especifica la información pertinente, como precio y términos de entrega.
3. El importador solicita al Banco de París una carta de crédito en favor del exportador por la mercancía que el importador quiere comprar.
4. El Banco de París emite una carta de crédito en favor del importador y la envía al banco del exportador, el de Nueva York.
5. El Banco de Nueva York da aviso al exportador de la existencia de la apertura de una carta de crédito a su favor.
6. El exportador envía los bienes al importador por conducto de un transportista. Un empleado del transportista da al exportador un conocimiento de embarque.
7. El exportador presenta al Banco de Nueva York un giro a un plazo de 90 días en contra del Banco de París según lo especificado en su carta de crédito y en el conocimiento de embarque de Nueva York. El exportador endosa el conocimiento de embarque para que el título de los bienes se transfiera al Banco de Nueva York.

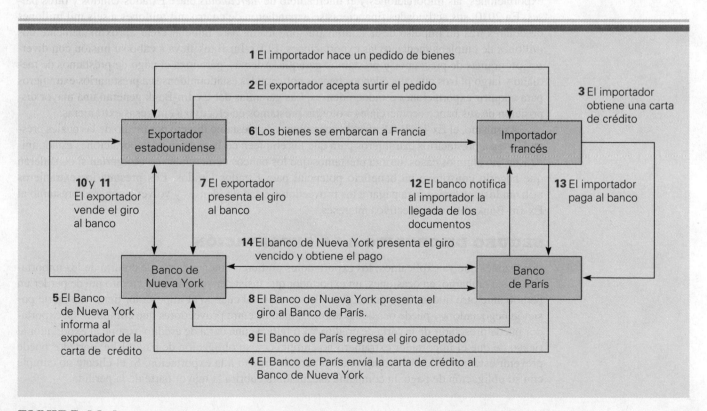

FIGURA 16.4

Transacción característica de comercio internacional.

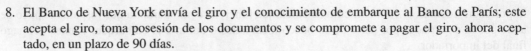

8. El Banco de Nueva York envía el giro y el conocimiento de embarque al Banco de París; este acepta el giro, toma posesión de los documentos y se compromete a pagar el giro, ahora aceptado, en un plazo de 90 días.

9. El Banco de París regresa el giro aceptado al Banco de Nueva York.

10. El Banco de Nueva York informa al exportador que recibió el giro con una aceptación bancaria, pagadero a 90 días.

11. El exportador vende el giro al Banco de Nueva York con un descuento sobre el valor nominal y recibe a cambio el valor del giro, menos el descuento, en efectivo.

12. El Banco de París notifica al importador de la llegada de los documentos. El importador acepta pagar al Banco de París en 90 días. Este libera los documentos para que el importador pueda tomar posesión del embarque.

13. En 90 días, el Banco de París recibe el pago del importador, y entonces tiene fondos para pagar el giro que está por vencerse.

14. En 90 días, el propietario del giro aceptado que está por vencerse (en este caso, el Banco de Nueva York) lo presenta al Banco de París para su pago. El Banco de París paga el giro vencido.

OA16-3   Asistencia en la exportación

Los exportadores potenciales estadounidenses disponen de dos tipos de asistencia gubernamental para financiar sus programas de exportación. Pueden obtener apoyo financiero del Export-Import Bank y un seguro de crédito a la exportación de la Foreign Credit Insurance Association (FCIA); en la mayoría de los países existen programas similares.

EXPORT-IMPORT BANK

El **Export-Import Bank (Ex-Im-Bank)** (Banco de exportación e importación) es una institución independiente del gobierno estadounidense con la misión de proveer apoyo financiero que facilite las exportaciones, las importaciones y el intercambio de *mercancías* entre Estados Unidos y otros países. En 2010, sus actividades financieras se expandieron de cuatro mil millones a seis mil millones de dólares tras un impulso de la administración Obama para intentar crear aproximadamente dos millones de empleos mediante las exportaciones. El Ex-Im-Bank lleva a cabo su misión con diversos programas de préstamos y préstamos-garantía. Además, garantiza el pago de préstamos de mediano y largo plazos que conceden los bancos comerciales estadounidenses a prestatarios extranjeros para adquirir exportaciones estadounidenses. Las garantías del Ex-Im-Bank generan una mayor disposición de sus bancos comerciales a otorgar préstamos en efectivo a empresas extranjeras.

Asimismo, el Ex-Im-Bank efectúa operaciones de préstamo directo por medio de las cuales presta dólares a prestatarios extranjeros para que los empleen en la compra de exportaciones estadounidenses. En algunos casos, otorga préstamos que los bancos comerciales no otorgarían si consideran que hacerlo constituye un beneficio potencial para Estados Unidos. Los prestatarios extranjeros utilizan los préstamos para pagar a los proveedores estadounidenses y volver a pagar el préstamo al Ex-Im-Bank con sus respectivos intereses.

SEGURO DE CRÉDITO A LA EXPORTACIÓN

Por razones que ya explicamos, los exportadores prefieren obtener cartas de crédito de los importadores; sin embargo, en ocasiones, un exportador que insiste en una carta de crédito puede perder un pedido ante otro que no la requiere. Por ello, en especial cuando el importador tiene una fuerte posición negociadora y puede ocasionar enfrentamientos entre proveedores que compiten, un exportador puede prescindir de la carta de crédito.[22] La falta de una carta de crédito expone al exportador al riesgo de que el importador extranjero no cumpla con su obligación de pago. El exportador puede prevenir esta posibilidad al comprar un seguro de crédito a la exportación. Si el cliente no cumple con su obligación de pago, la compañía aseguradora cubrirá la mayor parte de la pérdida.

---

[22] Las condiciones en las que un comprador tiene el poder sobre el proveedor se revisan en M. E. Porter, *Competitive Strategy*, Nueva York, Free Press, 1980.

En Estados Unidos, el seguro de crédito a la exportación se ofrece mediante la FCIA, asociación de instituciones comerciales privadas que opera bajo la dirección del Ex-Im-Bank. La FCIA provee una cobertura contra riesgos comerciales y políticos. Las pérdidas por riesgos comerciales son resultado de la insolvencia del comprador o el incumplimiento de pago. Las pérdidas políticas surgen de acciones de gobiernos más allá del control tanto del comprador como del vendedor. Marlin, el pequeño productor de canastos de alambre de Baltimore cuyo caso ya revisamos, acredita su seguro de crédito a la exportación dando a la empresa la confianza de impulsar sus ventas de exportación. Por una prima de casi 0.5% del precio de venta, Marlin ha podido asegurarse contra la posibilidad de no recibir el pago de un comprador extranjero.[23]

Comercio compensatorio   OA16-5

El comercio compensatorio es otro medio de estructurar una venta internacional cuando los medios convencionales de pago son difíciles, costosos o inexistentes. La primera vez que nos encontramos con el concepto de comercio compensatorio fue en el capítulo 10, en el análisis de la conversión de la moneda. Un gobierno puede restringir la convertibilidad de su moneda con el fin de preservar sus reservas de divisas extranjeras para el pago de servicio de deuda externa y la compra de importaciones estratégicas.[24] Esto es problemático para los exportadores. La falta de convertibilidad puede implicar la imposibilidad de pagar a un exportador en su propia moneda, y pocos exportadores desean un pago en una moneda que no es convertible. A menudo, la solución es el **comercio compensatorio**,[25] que involucra una amplia variedad de acuerdos tipo trueque. Se basa en el principio de intercambio de bienes y servicios por otros bienes y servicios cuando no pueden adquirirse con dinero. Algunos ejemplos de comercios compensatorios son:

- La Electricity Generating Authority of Thailand adjudicó un contrato por 720 millones de bahts (17.7 millones de dólares estadounidenses) a una compañía italiana que produce equipo de generación eléctrica, ABB SAE Sadelmi SpA. El contrato especificaba que la empresa debía aceptar el equivalente a 218 millones de bahts (5.4 millones de dólares estadounidenses) en forma de productos agrícolas tailandeses, como parte del pago.
- Arabia Saudita acordó la compra de diez jets Boeing 747, pagando con petróleo crudo, con un descuento de 10% a los precios mundiales de petróleo.
- General Electric ganó un contrato para desarrollar un proyecto de generación eléctrica en Rumania por 150 millones de dólares estadounidenses, a cambio de comercializar productos rumanos por ese mismo monto en mercados a los que Rumania no tenía acceso.
- El gobierno venezolano negoció un contrato con Caterpillar según el cual Venezuela intercambiaría 350 mil toneladas de mineral de hierro por equipo para excavación de Caterpillar.
- Albania ofreció productos como agua de manantial, jugo de tomate y mineral de cromo a cambio de un complejo de fertilizante y metanol con un valor de 60 millones de dólares estadounidenses.
- Philip Morris envió cigarrillos a Rusia por los que recibe químicos que sirven para producir fertilizantes. Luego envió los químicos a China y, a cambio, esta envió a América del Norte cristalería que Philip Morris vende al menudeo.[26]

POPULARIDAD DEL COMERCIO COMPENSATORIO

En la era moderna, el comercio compensatorio surgió en la década de 1960 como una forma en que la Unión Soviética y los estados comunistas de Europa del Este, cuyas monedas generalmente no

---

[23] White, "Marlin Steel Wire Products".

[24] *Exchange Agreements and Exchange Restrictions*, Washington, D. C., Fondo Monetario Internacional, 1989.

[25] En ocasiones, también se comenta que el comercio compensatorio es una forma de reducir los riesgos inherentes a una transacción tradicional de dinero por mercancía, en particular con las entidades de economías emergentes. Véase C. J. Choi, S. H. Lee y J. B. Kim, "A Note of Countertrade: Contractual Uncertainty and Transactional Governance in Emerging Economies", en *Journal of International Business Studies* 30, núm. 1, 1999, pp. 189-202.

[26] J. R. Carter y J. Gagne, "The Do's and Dont's of International Countertrade", en *Sloan Management Review*, primavera de 1988, pp. 31-37; y W. Maneerungsee, "Countertrade: Farm Goods Swapped for Italian Electricity", en *Bangkok Post*, 23 de julio de 1998.

eran convertibles, pudiesen importar. Durante la década de 1980, la técnica adquirió popularidad entre muchas naciones en desarrollo que carecían de reservas de moneda extranjera, necesarias para comprar muchas importaciones indispensables. Hoy, como reflejo de sus propias carencias de reservas de moneda extranjera, muchos estados que antes pertenecían a la Unión Soviética, así como países de Europa del Este, participan en el comercio compensatorio para adquirir sus importaciones. Los estimados del porcentaje de comercio mundial cubierto por algún tipo de convenio de comercio compensatorio varían entre un máximo de 8% a 10% a un mínimo de casi 2%.[27] Se desconoce la cifra exacta, pero bien puede estar en el extremo menor de dichas estimaciones, dada la creciente liquidez de los mercados financieros internacionales y la mayor convertibilidad cambiaria; no obstante, es posible que a una crisis financiera periódica le siga un pico efímero en el volumen de comercio compensatorio. Por ejemplo, hubo un notable incremento del volumen de comercio compensatorio luego de la crisis financiera asiática de 1997, situación que dejó a muchos países de esa región con poco dinero en monedas sólidas para financiar su comercio internacional. En el estricto régimen monetario que siguió a la crisis de 1997, a muchas empresas asiáticas les fue muy difícil acceder a créditos para la exportación que les permitieran financiar su comercio internacional. En consecuencia, cambiaron a la única opción disponible: el comercio compensatorio.

Por la importancia de este mecanismo como forma de financiar el comercio mundial, los prospectos de exportadores a veces tendrán que recurrir a ella para ganar acceso a los mercados internacionales. En ocasiones, los gobiernos de naciones en desarrollo insisten en una cierta cantidad de comercio compensatorio;[28] por ejemplo, a todas las compañías extranjeras contratadas por las dependencias gubernamentales de Tailandia para la realización de algún trabajo con un costo mayor a 500 millones de bahts (12.3 millones de dólares estadounidenses), se les impuso el requisito de aceptar un mínimo de 30% del pago en productos agrícolas tailandeses. Entre 1994 y mediados de 1998, las empresas extranjeras compraron 21 mil millones de bahts (517 millones de dólares estadounidenses) en bienes tailandeses mediante comercio compensatorio.[29]

TIPOS DE COMERCIO COMPENSATORIO

Con su origen en la comercialización simple de bienes y servicios por otros bienes y servicios, los comercios compensatorios evolucionaron hasta convertirse en varias actividades que se dividen en cinco categorías: trueque, compra mutua, compra de compensación, comercio con terceros, compensación o compra a cambio.[30] Muchos comercios compensatorios implican no solo un acuerdo sino elementos de dos o más tipos de convenio.

Trueque

El **trueque** es el intercambio directo de bienes o servicios entre dos partes sin alguna transacción en efectivo. Aunque es el convenio más sencillo, no es común. Tiene dos aspectos problemáticos: 1) si los bienes no se intercambian de manera simultánea, una parte termina financiando a la otra por un periodo, y 2) las empresas que participan en el trueque corren el riesgo de tener que aceptar bienes que no quieren, no pueden usar o son difíciles de revender a un precio razonable. Por estos motivos, se percibe al trueque como el más restrictivo de los comercios compensatorios. En especial, se usa para negocios únicos, en transacciones con socios comerciales que no tienen credibilidad crediticia o que no son dignos de confianza.

Compra mutua

La **compra mutua** es un convenio de compra recíproca. Ocurre cuando una empresa acuerda adquirir cierta cantidad de materiales a un país al que le vendió algo. Supongamos que una compañía estadounidense vende algunos productos a China. Este país le paga a la empresa estadounidense en

---

27 Cálculo de la American Countertrade Association, en: http://www.countertrade.org/index.htm. También véase D. West, "Countertrade", en *Business Credit* 104, núm. 4, 2001, pp. 64-67, y B. Meyer, "The Original Meaning of Trade Meets the Future of Barter", en *World Trade* 13, enero de 2000, pp. 46-50.

28 Carter y Gagne, "The Do's and Dont's of International Countertrade".

29 Maneerungsee, "Countertrade".

30 Para más detalles véase Carter y Gagne, "Do's and Dont's"; J. F. Hennart, "Some Empirical Dimensions of Countertrade", en *Journal of International Business Studies*, 1990, pp. 240-260; y West, "Countertrade".

dólares pero, a cambio, la compañía estadounidense acuerda gastar algo de sus ganancias de dicha venta en textiles producidos en China. Así, aunque China debe hacer uso de sus reservas de moneda extranjera para pagar a la empresa estadounidense, sabe que recuperará algún porcentaje debido al convenio de compra mutua. En un convenio de compra mutua, Rolls-Royce vendió refacciones para jet a Finlandia, y como parte del trato, la compañía inglesa acordó destinar una parte de sus ganancias para comprar televisores producidos en Finlandia que después vendería en Gran Bretaña.

Compra de compensación

La **compra de compensación** es similar a la compra mutua en la que una parte acepta comprar bienes y servicios con un porcentaje determinado de las ganancias de la venta original. La diferencia es que, en este caso, el socio puede cumplir su obligación con cualquier empresa en el país al que le vendió. Desde la perspectiva del exportador, se trata de un convenio más atractivo que el de compra mutua, pues le concede mayor flexibilidad para elegir los bienes que quiere comprar.

Comercio con terceros

El **comercio con terceros** es el uso de una comercializadora especializada en el comercio compensatorio. Cuando una empresa hace un convenio de compra mutua o de compra de compensación con un país, a menudo termina por adquirir los llamados créditos de compra mutua, con los que se compran bienes a esa nación. El comercio con terceros ocurre cuando una comercializadora adquiere los créditos de compra mutua de la compañía y los vende a otra que pueda emplearlos mejor; por ejemplo, una empresa estadounidense hace un convenio de compra mutua con Polonia por el que recibe una determinada cantidad de créditos de compra mutua para adquirir bienes polacos. A pesar de ello, la compañía estadounidense no puede ni desea utilizar producto polaco, así que vende los créditos a un tercero (una comercializadora) con un descuento. A su vez, esta última encuentra una empresa que puede usar esos créditos y se los vende con alguna utilidad.

En un ejemplo de comercio con terceros, Polonia y Grecia establecieron un convenio de compra mutua que obligaba a Polonia a comprar bienes griegos por el valor en dólares equivalentes a lo que le vendió a Grecia; pese a ello, Polonia no halló suficientes productos griegos que pudieran serle útiles, así que terminó con un saldo de créditos de compra mutua con Grecia, denominado en dólares, que no quería emplear. Un comercializador le compró a Polonia el derecho a 250 mil dólares de compra mutua por 225 mil, y se los vendió por 235 mil a un comerciante de uvas europeas, quien a su vez los utilizó para comprar uvas de Grecia.

Compensación o compra a cambio

Una **compra a cambio** ocurre cuando una empresa construye una planta en un país (o le provee de tecnología, equipo, capacitación u otros servicios) y acuerda tomar un porcentaje determinado de la producción de la planta como pago parcial por el contrato; por ejemplo, Occidental Petroleum negoció un trato con la ex Unión Soviética conforme al cual Occidental construiría varias plantas de producción de amoniaco en la antigua Unión Soviética y recibiría, como pago parcial, amoniaco por un periodo de 20 años.

VENTAJAS Y DESVENTAJAS DEL COMERCIO COMPENSATORIO

Lo más atractivo del comercio compensatorio es que da a una compañía una forma de financiar un negocio de exportación cuando no hay otros medios disponibles. Dados los problemas de muchos países en desarrollo para recaudar suficientes divisas extranjeras con las cuales pagar sus importaciones, el comercio compensatorio puede ser la única opción al hacer negocios en estas naciones. Aunque el comercio compensatorio no es la única opción para estructurar una transacción de exportación, muchos países lo prefieren al pago en efectivo. Por tanto, si una empresa no está dispuesta a efectuar comercio compensatorio, puede perder una oportunidad de exportar ante un competidor que sí lo esté.

Además, puede ser que el gobierno del país al que una compañía exporta sus bienes o servicios requiera un acuerdo de comercio compensatorio. Con frecuencia, Boeing ha aceptado acuerdos de este tipo para obtener órdenes de compra de sus aeronaves comerciales; por ejemplo, en un intercambio para ganar una orden de Air India, puede ser que se requiera que Boeing compre ciertos componentes, como las puertas de las aeronaves, de la empresa india. Al llevar esto un paso adelante,

Boeing puede utilizar su buena voluntad para entrar en un acuerdo de compra mutua como medio para ganar órdenes contra la intensa competencia de su rival mundial, Airbus. Así, el comercio compensatorio puede ser un arma estratégica de comercialización.

No obstante, las desventajas de los comercios compensatorios son importantes. Si las circunstancias lo permiten, todas las compañías preferirán pagos en monedas consolidadas. Los comercios compensatorios pueden incluir bienes que no consiguen usarse o que son de baja calidad, y de los que la empresa no puede obtener alguna ganancia; por ejemplo, hace algunos años, una compañía estadounidense perdió cuando 50% de los televisores que recibió, por un comercio compensatorio con Hungría, resultó defectuoso y no pudo venderlos. Por otro lado, aunque los bienes que se reciban sean de buena calidad, la empresa necesita venderlos con una ganancia; para lograrlo, debe invertir en su propio departamento de comercialización dedicado a arreglar y administrar los comercios compensatorios. Esto puede resultar costoso y tomar mucho tiempo.

Dadas estas desventajas, los comercios compensatorios son más atractivos para compañías multinacionales grandes y diversificadas que pueden emplear su red mundial de contactos para vender los bienes adquiridos a través de ella. Los expertos en comercios compensatorios son las gigantescas comercializadoras japonesas, las *sogo shosha*, que utilizan su vasta red de filiales para vender con utilidades los bienes adquiridos mediante comercios compensatorios. La comercializadora de Mitsui & Company, por ejemplo, cuenta aproximadamente con 120 empresas afiliadas en casi todos los sectores de las industrias manufacturera y de servicios. Si una de ellas recibe, por medio de un comercio compensatorio, bienes que no puede consumir, por lo general, la casa matriz encuentra alguna otra filial que pueda utilizarlos productivamente. Con frecuencia, las compañías afiliadas a alguna de las *sogo shosha* de Japón tienen ventajas competitivas en naciones en donde se prefiere comerciar con comercios compensatorios.

Las empresas occidentales grandes, diversificadas y con un alcance global (por ejemplo, General Electric, Philip Morris y 3M) pueden aprovechar de igual manera los comercios compensatorios. De hecho, 3M estableció su propia comercializadora (3M Global Trading Inc.) para el desarrollo y la administración de los programas internacionales de comercios compensatorios de la compañía. A menos que no tengan otra alternativa, los exportadores pequeños y medianos quizá deban evitar los comercios compensatorios porque carecen de la red mundial de operaciones que requerirían para usar productivamente o vender los productos así adquiridos.[31]

---

[31] 31. D. J. Lecraw, "The Management of Countertrade: Factors Influencing Success", en *Journal of International Business Studies*, primavera de 1989, pp. 41-59.

RESUMEN

En este capítulo, se analizaron los pasos que las empresas deben seguir para establecerse como exportadoras y se examinó lo siguiente:

1. Un gran impedimento para la exportación es el desconocimiento de oportunidades en mercados extranjeros.
2. Por lo común, los exportadores novatos terminan desalentados o frustrados con el proceso de exportación porque enfrentan muchos problemas, retrasos y riesgos.
3. Una forma de superar la falta de conocimientos es recabar información. En Estados Unidos, algunas instituciones, la más importante de las cuales es el Departamento de Comercio, ayudan a las compañías a recopilar información y

establecer contactos. Las empresas administradoras de exportaciones también ayudan al exportador a identificar oportunidades.

4. Muchos problemas asociados con la exportación pueden evitarse si la compañía contrata a una empresa administradora de exportaciones con experiencia o a un consultor en exportaciones, y si adopta la estrategia de exportación adecuada.
5. Las compañías que participan en el comercio internacional están obligadas a hacer negocios con personas en quienes no pueden confiar y son difíciles de localizar si no cumplieran con alguna obligación. Por esta desconfianza, cada socio en una transacción internacional tiene un conjunto de preferencias respecto de la configuración de dicha transacción.

6. Los problemas que surgen de la desconfianza entre exportadores e importadores se resuelven con los servicios de un tercero en el que ambos confíen, por lo común un banco de buena reputación.

7. Una carta de crédito es emitida por un banco a petición de un importador. Establece que el banco se compromete a pagar a un beneficiario, casi siempre el exportador, previa presentación de los documentos especificados en la carta.

8. Un giro o letra de cambio es un instrumento común para efectuar pagos en el comercio internacional. Es una orden escrita por un exportador que instruye a un importador, o a su agente, para pagar una cantidad de dinero específica en un periodo concreto.

9. Los giros son de dos tipos: letras a la vista o giros a plazo. Los giros a plazo son instrumentos negociables.

10. El conocimiento de embarque es expedido al exportador por el transportista que llevará la mercancía. Sirve como recibo, contrato y título de propiedad.

11. Los exportadores estadounidenses disponen de dos tipos de asistencia financiera gubernamental para sus exportaciones: préstamos del Ex-Im-Bank y seguros crediticios de riesgo de exportación de la FCIA.

12. El comercio compensatorio incluye diversos acuerdos tipo trueque. Se utiliza sobre todo cuando una empresa exporta a un país cuya moneda no puede convertirse libremente y carece de las reservas de moneda extranjera necesarias para comprar importaciones.

13. Lo más atractivo del comercio compensatorio es que brinda a la compañía una opción para financiar sus negocios de exportación cuando no existen otros medios. Una empresa que insiste en recibir su pago en una moneda sólida puede estar en desventaja competitiva respecto de otra dispuesta a entablar un comercio compensatorio.

14. La principal desventaja de los comercios compensatorios es que la compañía puede recibir bienes inútiles o de baja calidad, que quizá no generen ganancia al ser vendidos.

Preguntas de análisis y razonamiento crítico

1. Una empresa con sede en el estado de Washington, Estados Unidos, quiere exportar un embarque de madera a Filipinas. El importador no puede obtener suficiente crédito de sus fuentes nacionales para pagar el embarque, pero insiste en que la madera puede venderse rápidamente en Filipinas con ganancias. Trace un esquema de los pasos que el exportador debe seguir para llevar a cabo esta exportación a Filipinas.

2. Suponga que es el asistente del CEO de una pequeña empresa textil que produce ropa de moda de primera calidad y precios altos. El CEO decidió analizar las oportunidades de exportación y le pidió su consejo respecto de los pasos que debe seguir. ¿Qué le aconsejaría?

3. Otra opción respecto de la carta de crédito es el seguro de crédito a la exportación. ¿Cuáles son las ventajas y desventajas de este seguro en lugar de una carta de crédito para exportar: *a*) un yate de lujo de California a Canadá y *b*) herramientas para maquinaria de Nueva York a la República de Ucrania?

4. ¿Cómo explica la popularidad de los comercios compensatorios? ¿En qué condiciones aumentaría su popularidad aún más en 2020? ¿En qué condiciones declinaría su popularidad?

5. ¿Cómo puede una compañía usar de manera estratégica los esquemas de comercio compensatorio como arma de marketing para generar ingresos de la exportación? ¿Cuáles son los riesgos asociados con esta estrategia?

# Proyecto de investigación ⊙ globalEDGE			**globaledge.msu.edu**
Exportación, importación y comercio compensatorio

Utilice la página de globalEDGE (globaledge.msu.edu) para completar los siguientes ejercicios:

Ejercicio 1

Una forma en que los exportadores analizan las condiciones en los mercados en desarrollo es el uso de indicadores macroeconómicos. El *Market Potential Index* (MPI) es un estudio anual efectuado por el Center for International Business Education and Research de la Michigan State University (MSU-CIBER) que compara el potencial comercial de los mercados en desarrollo para los exportadores estadounidenses. Haga una descripción de las dimensiones empleadas en el índice. ¿Cuáles de ellas tendrían mayor importancia para una compañía que comercializa dispositivos inalámbricos? ¿Y para una que vende prendas de ropa?

Ejercicio 2

Imagine que trabaja en el departamento de ventas de una empresa que produce y vende implantes médicos. Una compañía brasileña se puso en contacto con su departamento y expresó su interés en comprar un gran volumen de sus productos. La empresa brasileña solicitó una cuota de precios FOB. Uno de sus compañeros de trabajo le mencionó que FOB es parte de un conjunto de términos de embarque internacionales llamados "Incot-erms", pero era todo lo que sabía. Busque el *Export Tutorials* en el sitio de globalEDGE para encontrar una explicación más detallada de los Incoterms. Para una cuota FOB, ¿qué artículos debería incluir en su cuota de precios, además del precio que su compañía cargaría por los productos?

CASO FINAL

Vellus Products

Sharon Doherty fundó Vellus Products en 1991 en Columbus, Ohio, Estados Unidos, para vender champú para mascotas. La idea original de Doherty era que los champús para personas no funcionan bien en las mascotas, porque la piel de muchos animales es más sensible que la de los seres humanos y se irrita con más facilidad. Como exhibidora canina competitiva, sabía que la mayoría de los champús para mascotas en el mercado dejaban inmanejable el pelo del perro, sin ese glamour tan necesario en una exhibición. Trabajando con su sobrino, que tenía un doctorado en química, Doherty desarrolló fórmulas tipo salón de belleza especialmente apropiadas para los perros (más tarde añadió champú para caballos).

Doherty programó las primeras ventas de exportación de Vellus en 1993, cuando un empresario taiwanés que había comprado el champú en Estados Unidos le hizo un pedido por 25 mil dólares estadounidenses en productos que pretendía vender en las exhibiciones caninas de Taiwán. En poco tiempo, Doherty estaba recibiendo llamadas de personas de todo el mundo, muchas de las cuales habían escuchado sobre Vellus Products en exhibiciones caninas, y así nació un pujante negocio de exportación.

A medida que creció la cantidad de pedidos, Doherty se dio cuenta de que necesitaba entender mejor los mercados extranjeros, el potencial de exportación y las opciones de financiamiento, así que contactó a las oficinas del Ministerio de Servicios de Comercio Exterior de Estados Unidos en Columbus. "Tal como ha crecido el negocio, he pasado de ordenar perfiles de país a solicitar estrategias personalizadas de exportación y financiamiento diseñadas a la medida para maximizar el potencial de exportación", dice Doherty. En la actualidad, Vellus exporta a 32 naciones, aunque el grueso de los negocios internacionales de la empresa opera con distribuidores en Suecia, Finlandia, Inglaterra, Alemania, Australia, Nueva Zelanda, Canadá e Islandia, donde los productos se comercializan en exhibiciones de mascotas.

La compañía ha inscrito su marca registrada en 15 países europeos, y sus ventas internacionales representan más de la mitad del total de ventas de la empresa. "Le doy el crédito al Ministerio por ayudarme a expandir mis exportaciones, porque habría sido mucho más difícil lograrlo por mí misma", comenta Doherty.

Al reflexionar sobre su éxito internacional, Doherty tiene un consejo para quienes querrían seguir el mismo camino: primero, advierte, las relaciones son importantes en una exportación exitosa. Doherty sostiene que hace lo posible por dar consejo y guiar a sus distribuidores, compartiendo su conocimiento y ayudándoles a tener éxito. Segundo, hay que saber con quién estás tratando. Después de haber sido engañada por un hombre que decía conocer el mercado de las mascotas cuando en realidad no tenía idea, aconseja investigar acerca de los posibles socios de negocios. "Reúnan toda la información que puedan —asegura—. No supongan: una elección errónea puede costar a su negocio tiempo valioso y dinero". Tercero, Doherty estima que es fundamental aprender la cultura local. Los productos Vellus están adaptados para ajustarse mejor a las distintas técnicas de embellecimiento de mascotas en diversos países, algo que, piensa, le ha ayudado a que su compañía sea más exitosa. Por último, Doherty aconseja: ¡disfrútelo! "Adoro exportar porque me ha permitido conocer a tanta gente de otras culturas. La exportación me ha ayudado a tener la mente más abierta y he desarrollado un gran aprecio por otras culturas y la forma en que otras personas viven sus vidas".[32]

Preguntas para analizar el caso

1. ¿Por qué Vellus exporta con distribuidores locales en vez de establecer su propia fuerza de ventas en un país? ¿Cuáles son los riesgos vinculados con recurrir a distribuidores locales? ¿Cómo pueden reducirse?

2. La entrada original de Vellus a las exportaciones fue a la vez reactiva y afortunada. ¿Cree que esta es la excepción o la regla para las pequeñas empresas? ¿Qué puede hacerse para conseguir que las pequeñas empresas sean más proactivas respecto de las exportaciones?

3. ¿Qué lecciones pueden surgir sobre las exportaciones exitosas del caso Vellus?

4. ¿Qué tan relevante ha sido para Vellus Products la asistencia gubernamental? ¿Piensa que ayudar a compañías como Vellus representa un buen uso del dinero de los contribuyentes?

Champú y estilismo para perros de Vellus.

---

[32] U. S. Department of Commerce, "Vellus Products Inc.", en: http://www.export.gov; C. K. Cultice, "Best in Show: Vellus Products", en *World Trade*, enero de 2007, pp. 70-73; y C. K. Cultice, "Lathering up World Markets", en *Business America*, julio de 1997, p. 33.

Producción global, subcontratación y logística

17

OBJETIVOS DE APRENDIZAJE
Al terminar este capítulo, usted deberá ser capaz de:

OA17-1 Explicar por qué las decisiones de producción y logística son de vital importancia para muchas empresas multinacionales.

OA17-2 Expresar la forma en que las diferencias entre países, tecnologías productivas y características del producto influyen en la decisión de dónde ubicar las actividades de producción.

OA17-3 Reconocer por qué, con el tiempo, la función de las filiales extranjeras en la producción se incrementará a medida que acumulan conocimiento.

OA17-4 Identificar los factores que influyen en la decisión de una compañía sobre abastecerse de suministros por sí misma o mediante proveedores extranjeros.

OA17-5 Describir los requisitos necesarios para coordinar de manera eficiente un sistema de producción disperso por el mundo.

¿Subcontrató Boeing demasiado en el 787?

Caso inicial

A principios de la década de 2000, parecía que el Boeing 787 sería un triunfo para la compañía. El ancho jet para largas distancias, que estaba hecho de fibra de carbón y era capaz de transportar a 250 pasajeros, había logrado una cantidad récord de pedidos el año anterior a su lanzamiento. Su gran ventaja: el 787 de dos motores pesa mucho menos que aeroplanos semejantes y, por tanto, utiliza 20% menos combustible; además, se estimaba que sería 30% más barato de mantener, y aún más, Boeing iba tres años adelante de su rival Airbus en la carrera para desarrollar este tipo de jet.

Sin embargo, a medida que el programa 787 progresaba, las cosas comenzaron a ir muy mal para Boeing. Seguían surgiendo problemas en la manufactura y las pruebas del avión: se detectaron pequeños pliegues en parte del fuselaje de fibra de carbón que demandaron un extenso trabajo de reelaboración; había puntos débiles en el área donde las alas se unían al fuselaje, lo cual exigió una labor de rediseño; había frecuentes cuellos de botella en la cadena de suministro; a menudo las partes no llegaban a tiempo, y la producción se detenía. El programa de entregas se pospuso cuando menos siete veces. Los primeros aviones se entregaron tres años más tarde. Incluso entonces los problemas no desaparecieron. Primero, hubo una grieta en el parabrisas; luego, pequeños derrames de combustible y, a principios de 2013, hubo dos incidentes de sobrecalentamiento de las baterías de iones de litio usadas en el aeroplano, lo cual mantuvo en tierra a la flota completa de 787 durante tres meses.

Muchos observadores se apresuraron a afirmar que Boeing había subcontratado la producción del 787 hasta en 70% a proveedores en todo el mundo, y que esto generó muchos de los problemas. La subcontratación se efectuó por dos factores: primero, se deseaba reducir los costos de producción, pues se creía que los proveedores extranjeros harían el trabajo a un costo menor. Segundo, algunas de las contrataciones en países extranjeros podrían deberse al afán de obtener pedidos para el 787 de las aerolíneas en dichas naciones. Lo que es más notable, 35% de la estructura del armazón se hacía en Japón. Las dos principales líneas aéreas japonesas, JAL y ANA, son clientes importantes de Boeing.

Los detractores de la compañía sostienen que esta estrategia de subcontratación pecó de ingenua. La empresa no solo subcontrató gran parte de la manufactura de componentes del

787, sino también la ingeniería de su diseño, lo que es particularmente peligroso en un avión tan innovador como el 787, que fue el primer aeroplano comercial en ser construido en su totalidad con materiales compuestos. Con el paso del tiempo, se hizo cada vez más evidente que algunos de los proveedores clave carecían de las habilidades de ingeniería de diseño necesarias. Aún más, había múltiples niveles de calidad entre las compañías subcontratadas que debían estar haciendo sus diseños en forma consistente para que todas las partes ajustaran entre sí, pero no era así. Existía una grave falta de coordinación entre los ingenieros diseñadores en distintos puntos de la cadena de suministro, principalmente porque ninguna empresa se encargaba de todo el proceso de diseño. Los críticos aducen que Boeing *no* debería haber subcontratado la ingeniería de diseño. En lugar de ello, debía haber hecho que los subcontratistas hicieran sus partes en concordancia estricta con los requerimientos de diseño de Boeing.

En resumen, Boeing no consideró los costos totales de la subcontratación en su decisión inicial de encargar grandes partes del programa 787 a proveedores extranjeros. Aunque sin duda contempló los costos básicos de manufactura, no revisó de modo adecuado los costos de subcontratar la ingeniería de diseño, incluidos los excedentes debidos a malas decisiones en el diseño de las compañías que "nadaban contra corriente" en la cadena global de suministro. En 2009, Boeing gastó más de mil millones de dólares para adquirir algunos de los peores proveedores e incorporarlos a sus procesos internos en un intento tardío por recuperar el control sobre los procesos de diseño y producción. Jim Albaugh, quien dirigió el programa 787 de 2009 a 2012, declaró: "Gastamos mucho más dinero tratando de recuperarnos, que lo que jamás habríamos gastado si hubiéramos intentado mantener las tecnologías clave cerca de casa".[1]

 Introducción

A medida que las barreras comerciales caen y los mercados mundiales se desarrollan, muchas empresas enfrentan un conjunto de dilemas relacionados entre sí. Primero, ¿en qué lugar del mundo deben ubicarse las plantas de producción? ¿Deben concentrarse en un solo país o dispersarse por todo el globo, según el tipo de actividad que desempeñan y los diferentes factores de costos, barreras comerciales y riesgos políticos del país, para reducir los costos y maximizar el valor agregado? Segundo, ¿cuál es la función estratégica de las plantas de producción en el extranjero? ¿Debe abandonarse un sitio extranjero si varía el factor de costos para ir a otro lugar más favorable o vale la pena mantener la operación en ciertos lugares aunque cambien las condiciones económicas? Tercero, ¿deben instalarse plantas propias de producción en el extranjero o es mejor subcontratar dichas actividades a proveedores independientes? Cuarto, ¿cómo debe administrarse la cadena de suministro que está dispersa por todo el mundo, y cuál es la función de las tecnologías de la información en la administración de la logística mundial? Quinto, ¿la empresa debe administrar la logística mundial o subcontratar la administración a compañías que se especializan en esta actividad?

El ejemplo del programa 787 de Boeing que se presenta en el "Caso inicial" aborda algunos de estos temas. Como en el caso de muchos productos modernos, distintos componentes del 787 son manufacturados en varios lugares para generar un producto de bajo costo. Al elegir qué compañía debe hacer qué componentes, Boeing se guió por la necesidad de mantener bajo el costo del aeroplano para poder establecer un precio agresivo y quitarle participación de mercado a su rival Airbus; sin embargo, y como el caso demuestra, Boeing pudo haber calculado mal cuando decidió subcontratar no solo la manufactura sino la ingeniería de diseño, en especial tratándose de un producto tan innovador como el 787. En este caso, surgieron serios problemas en la dispersa cadena mundial de suministro de Boeing, que condujeron a retrasos y exceso de costos en miles de millones de dólares. Como ilustra este ejemplo, las empresas deben ser muy cuidadosas al elegir subcontratar su producción a proveedores extranjeros, y pensar en los *costos totales* de la subcontratación, no solo en los diferenciales básicos de los costos de producción.

OA17-1 **Estrategia, producción y logística**

En el capítulo 13, introdujimos el concepto de la cadena de valor y analizamos varias actividades de creación de valor, como producción, marketing, logística de materiales, investigación y desarrollo, recursos humanos y sistemas de información. Este capítulo se centra en dos de estas actividades:

[1] S. Denning, "The Boeing Debacle: Seven Lessons Every CEO Must Learn", en *Forbes*, 17 de enero de 2013; J. Surowiecki, "Requiem for a Dreamliner", en *The New Yorker*, 4 de febrero de 2013; y J. N. Stewart, "Japan's Role in Making Batteries for Boeing", en *The New York Times*, 25 de enero de 2013.

producción y **logística**, e intenta aclarar de qué manera pueden desarrollarse a escala internacional para: 1) reducir el costo de la creación de valor y 2) agregar valor al satisfacer mejor las necesidades del cliente. Analizaremos los aportes de la tecnología de la información a estas actividades, ya que han ganado importancia en la era del internet. En el resto de los capítulos de este libro, exploramos otras actividades de la creación de valor en el contexto internacional (marketing, investigación y desarrollo, y administración de recursos humanos).

En el capítulo 13, definimos la *producción* como "las actividades relacionadas con la creación de un producto". Empleamos el término *producción* para referirnos tanto a las actividades de servicio como a las de fabricación, pues puede producirse un servicio o un bien físico. Aunque en este capítulo nos concentraremos más en la producción de bienes físicos, no debe olvidarse que el término también se aplica a los servicios. Esto se ha hecho más evidente en los últimos años por la tendencia de algunas empresas estadounidenses a subcontratar la "producción" de ciertos servicios en los países en desarrollo, donde los costos de producción son menores (por ejemplo, la tendencia de muchas de ellas a *subcontratar* los servicios de atención al cliente en lugares como India, donde el inglés es un idioma ampliamente hablado y donde los costos de producción son mucho menores). La logística es la actividad que controla la transmisión de materiales físicos a través de la cadena de valor, desde la adquisición, pasando por la producción, hasta llegar a la distribución. Producción y logística están vinculadas, pues la capacidad de la compañía para desarrollar sus actividades de producción con eficiencia depende del suministro puntual de materiales de alta calidad, tarea de la que es responsable la logística.

Las funciones de producción y logística en una empresa internacional tienen diversos objetivos estratégicos relevantes.[2] Uno es bajar los costos: dispersar las actividades de producción hacia varios lugares en todo el mundo, donde cada actividad se efectúe de modo más eficiente, reduce los costos. Estos también disminuyen si la cadena de suministro mundial se administra en forma eficiente para hacer coincidir la oferta con la demanda. La administración eficiente de una cadena de suministro reduce el inventario y aumenta su rotación; es decir, la compañía debe invertir menos en el capital circulante del inventario y es poco probable que genere un excedente que no pueda venderse y deba amortizarse.

Un segundo objetivo estratégico que comparten la producción y la logística para mejorar la calidad de producto es la eliminación de productos defectuosos, tanto de la cadena de suministro como del proceso de producción[3] (en este contexto, *calidad* significa *confiabilidad*, lo cual implica que el producto no tenga defectos y funcione correctamente). Los objetivos de reducir costos e incrementar la calidad no son independientes. Como se muestra en la figura 17.1, la empresa que mejora su control de calidad también reducirá sus costos de creación de valor. El perfeccionamiento del control de calidad disminuye los costos de varias maneras:

- La productividad aumenta porque no se pierde tiempo al hacer productos de baja calidad que no pueden venderse. Este ahorro genera una reducción directa al costo unitario.
- Reducción de los costos de reproceso y mermas asociados con productos defectuosos.
- Disminución de los costos de garantías y tiempo derivados de la reparación de productos defectuosos.

El efecto es reducir los costos de creación de valor mediante la disminución de los costos de producción y servicio.

La principal herramienta que hoy la mayoría de los administradores utiliza para aumentar la confiabilidad de sus productos es la metodología de mejora de calidad Six Sigma, descendiente directa de la **administración de la calidad total** (*total quality management,* TQM); una visión adoptada ampliamente primero por las compañías japonesas y después por las estadounidenses durante la década de 1980 y principios de la de 1990.[4] La propuesta TQM fue adoptada por distintos consul-

---

[2] B. C. Arntzen, G. G. Brown, T. P. Harrison y L. L. Trafton, "Global Supply Chain Management at Digital Equipment Corporation", en *Interfaces* 25, 1995, pp. 69-93; y Diana Farrell, "Beyond Offshoring", en *Harvard Business Review*, diciembre de 2004, pp. 1-8.

[3] D. A. Garvin, "What Does Product Quality Really Mean", en *Sloan Management Review* 26, otoño de 1984, pp. 25-44.

[4] Véanse los artículos publicados en la edición especial de *Academy of Management Review on Total Quality Management* 19, núm. 3, 1994. El siguiente artículo proporciona una visión general de muchos temas desde una perspectiva académica: J. W. Dean y D. E. Bowen, "Management Theory and Total Quality", en *Academy of Management Review* 19, 1994, pp.

FIGURA 17.1

Relación entre calidad y costos.

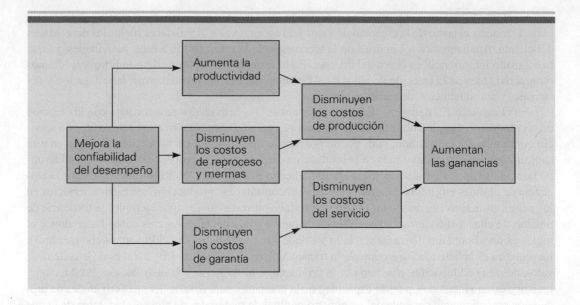

tores estadounidenses, como W. Edward Deming, Joseph Juran y A. V. Feigenbaum.[5] El primero de ellos identificó un sinnúmero de pasos que deben formar parte de cualquier programa de administración de calidad total. Sostuvo que la administración debe adoptar la postura de que los errores, los defectos y la mala calidad de los materiales no son aceptables y deben eliminarse. Sugirió que la calidad de la supervisión puede mejorarse si se dedica mayor tiempo a supervisar el trabajo junto con los empleados y se les proporcionan las herramientas necesarias para desempeñarlo. Deming recomendaba que la administración debiera crear un entorno en el que los trabajadores no tuvieran temor a reportar problemas o hacer sugerencias para mejorar. Además, consideraba que los estándares laborales debían definirse no solo como números o cuotas sino respecto de alguna noción de calidad que promoviera los productos sin defectos. Afirmaba que la administración es responsable de capacitar a sus empleados con nuevas técnicas para seguir el paso a los constantes cambios en el lugar de trabajo. Además, opinaba que, para lograr una mejor calidad, se requería el compromiso de todos los miembros de la empresa.

Six Sigma, el sucesor moderno de la TQM, es un método estadístico que pretende reducir defectos, aumentar la productividad, eliminar el desperdicio y disminuir los costos en toda la compañía. Algunas corporaciones, como Motorola, General Electric y Honeywell adoptaron este procedimiento. Sigma proviene de la letra griega con que los usuarios de la estadística representan la desviación estándar de una media: mientras más "sigmas", menos errores. En Six Sigma, el proceso de producción sería 99.99966% exacto, con solo 3.4 defectos por cada millón de unidades. Aunque es casi imposible que la empresa consiga tal perfección, la calidad de Six Sigma es una meta que vale la pena perseguir. Cada vez más compañías adoptan los programas Six Sigma para mejorar la calidad de sus productos y aumentar su productividad.[6]

El incremento de los estándares internacionales también pone mayor atención a la calidad del producto; por ejemplo, en Europa, la Unión Europea solo permite el acceso a su mercado si la calidad de los procesos y productos está certificada con un criterio de calidad conocido como **ISO 9000**. Aunque el proceso de esta certificación demostró ser un tanto burocrático y costoso para muchas

392-418. También véase T. C. Powell, "Total Quality Management as Competitive Advantage", en *Strategic Management Journal* 16, 1995, pp. 15-37; y S. B. Han *et al.*, "The Impact of ISO 9000 on TQM and Business Performance", en *Journal of Business and Economic Studies*, 13(2), 2007, pp. 1-125.

[5] Para información básica general véase "How to Build Quality", en *The Economist*, 23 de septiembre de 1989, pp. 91-92; A. Gabor, *The Man Who Discovered Quality*, Nueva York, Penguin, 1990; P. B. Crosby, *Quality Is Free*, Nueva York, Mentor, 1980; y M. Elliot *et al.,* "A Quality World, a Quality Life", en *Industrial Engineer*, enero de 2003, pp. 26-33.

[6] G. T. Lucier y S. Seshadri, "GE Takes Six Sigma beyond the Bottom Line", en *Strategic Finance*, mayo de 2001, pp. 40-46; y U. D. Kumar y *et al.*, "On the Optimal Selection of Process Alternatives in a Six Sigma Implementation", en *International Journal of Production Economics* 111(2), 2008, pp. 456-470.

empresas, logró llamar la atención de la administración respecto de la necesidad de mejorar la calidad de los productos y procesos.[7]

Además de disminuir costos y mejorar la calidad, hay otros dos objetivos particularmente importantes para los negocios internacionales: primero, las funciones de producción y logística deben tener capacidad de dar respuesta a las demandas locales. Como explicamos en el capítulo 13, tales demandas provienen de las diferencias nacionales entre gustos y preferencias del consumidor, infraestructura, canales de distribución y de las demandas del gobierno receptor. La capacidad de respuesta a la demanda local obliga a descentralizar las actividades de producción hacia los principales mercados nacionales o regionales en donde la compañía tiene negocios, o a la aplicación de procesos de producción flexible que les permitan personalizar su producto con base en el mercado en el que se venderán.

En segundo lugar, producción y logística deben poder responder con rapidez al cambio en la demanda del cliente. Recientemente, la competencia basada en el tiempo adquirió más relevancia.[8] Cuando la demanda del consumidor es propensa a sufrir grandes e impredecibles giros, la empresa que se adapta con mayor rapidez obtiene una ventaja.[9] Como veremos aquí, tanto producción como logística desempeñan una función decisiva.

Dónde producir

OA17-2

Una decisión esencial a la que se enfrenta una compañía internacional es dónde ubicar sus actividades de producción para reducir costos y mejorar la calidad del producto. Una empresa que vislumbra la producción internacional debe evaluar diversos factores, los cuales se clasifican en tres grandes grupos: del país, tecnológicos y del producto.[10]

FACTORES DEL PAÍS

Ya hemos analizado en este libro los factores específicos del país. La economía política, la cultura y los costos de los factores difieren de una nación a otra. En el capítulo 6, explicamos que, por las diferencias de costos en los factores, algunos países tienen ventajas comparativas para elaborar ciertos productos. En los capítulos 2, 3 y 4 expusimos que las diferencias en economía política y cultura nacional influyen en los beneficios, costos y riesgos de hacer negocios en una nación. Si todas las demás condiciones son iguales, una empresa debe ubicar sus actividades de producción en donde las condiciones económicas, políticas y culturales, incluso los costos de los factores, sean adecuadas para desarrollarlas (véase el ejemplo del siguiente "Panorama administrativo" que habla sobre la inversión de Philips NV en China). En el capítulo 13, nos referimos a los beneficios derivados de una estrategia a la que se conoce como economía de localización. Sostuvimos que el resultado de dicha estrategia es la creación de una red mundial de actividades de creación de valor.

Asimismo, en algunas industrias es relevante la presencia de concentraciones mundiales de actividades en ciertos lugares. En el capítulo 8, consideramos la función de las condiciones externas de las ubicaciones, que incluyen mano de obra calificada e industrias proveedoras, y su influencia en las decisiones de inversión extranjera directa.[11] Tales condiciones desempeñan una función esencial cuando debe decidirse dónde ubicar las plantas de manufactura; por ejemplo, dada la existencia de un conjunto de fábricas de semiconductores en Taiwán, surgió un grupo de trabajadores con ex-

[7] M. Saunders, "U. S. Firms Doing Business in Europe Have Options in Registering for ISO 9000 Quality Standards", en *Business America*, 14 de junio de 1993, p. 7; S. B. Han *et al.*, "The Impact of ISO 9000".

[8] G. Stalk y T. M. Hout, *Competing against Time*, Nueva York, Free Press, 1990.

[9] N. Tokatli, "Global Sourcing: Insights from the Global Clothing Industry—The Case of Zara, a Fast Fashion Retailer", en *Journal of Economic Geography* 8, núm. 1, 2008, pp. 31-39.

[10] Diana Farrell, "Beyond Offshoring", en *Harvard Business Review*, diciembre de 2004, pp. 1-8; y M. A. Cohen y H. L. Lee, "Resource Deployment Analysis of Global Manufacturing and Distribution Networks", *Journal of Manufacturing and Operations Management* 2, 1989, pp. 81-104.

[11] P. Krugman, "Increasing Returns and Economic Geography", en *Journal of Political Economy* 99, núm. 3, 1991, pp. 483-499; J. M. Shaver y F. Flyer, "Agglomeration Economies, Firm Heterogeneity, and Foreign Direct Investment in the United States", en *Strategic Management Journal* 21, 2000, pp. 1175-1193; y R. E. Baldwin y T. Okubo, "Heterogeneous Firms, Agglomeration Economies, and Economic Geography", en *Journal of Economic Geography* 6, núm. 3, 2006, pp. 323-350.

Philips en China

La compañía holandesa de productos electrónicos, iluminación, semiconductores y equipo médico, Philips Electronics NV, opera en plantas instaladas en China desde 1985, cuando el país abrió por primera vez sus mercados a los inversionistas extranjeros. Cuando Philips entró a China, soñaba que los consumidores chinos se arrebatarían sus productos por millones; no obstante, la empresa pronto descubrió que uno de los motivos principales de su elección por ese país (los bajos salarios) también implicaba que pocos trabajadores chinos podrían permitirse comprar los productos que ellos mismos elaboraban. Así, Philips adoptó una nueva estrategia: mantuvo las fábricas en China, pero exportó la mayoría de su producción a países desarrollados.

El atractivo inicial de China para Philips incluía salarios bajos, mano de obra educada, economía robusta, tipo de cambio sujeto al dólar estadounidense, una base industrial amplia con otras empresas chinas y occidentales proveedoras de Philips, y fácil acceso a los mercados mundiales por la entrada del gigante asiático a la OMC en 2001.

A principios de la década de 2000, empleaba casi 30 mil personas, directa o indirectamente por medio de *joint ventures* o alianzas estratégicas. La corporación exportaba casi dos terceras partes de los siete mil millones de dólares en productos cada año. Hasta entonces, 25% de todo lo que Philips comercializaba a escala mundial provenía de China.

Con el tiempo, la compañía comenzó a dar a sus fábricas chinas una función más destacada en el desarrollo de producto; por ejemplo, en el negocio de televisores, el desarrollo bási-

co tuvo lugar en Holanda, pero fue trasladado a Singapur a principios de la década de 1990. Al inicio de la década de 2000, Philips transfirió el trabajo de desarrollo de televisores a un nuevo centro de investigación y desarrollo en Suzhou, cerca de Shanghái, y también el trabajo de desarrollo básico de las pantallas LCD para teléfonos celulares se mudó a esta ciudad. En 2011, y como testimonio de cuán importante había llegado a ser China para Philips, la empresa mudó sus oficinas generales mundiales de electrodomésticos desde Ámsterdam hasta Shanghái. Para entonces, China era mucho más que solo una base de exportaciones, su demanda se había acelerado con rapidez y la nación era el segundo mayor mercado para Philips.

Algunos observadores están preocupados porque piensan que Philips y las empresas que instrumentan estrategias similares se han excedido. Depender demasiado de China puede ser peligroso si surgen problemas políticos, económicos o de otra índole que puedan desestabilizar la producción y la capacidad de las compañías para proveer al mercado mundial. Algunos críticos consideran que sería mejor si las fábricas de capital extranjero se distribuyeran a otros países como protección contra los potencialmente peligrosos problemas chinos. Estos temores han adquirido mayor importancia en fechas recientes a medida que los costos laborales se han acelerado en China debido a una escasez de mano de obra; según estimaciones, estos costos han crecido 20% al año desde la década de 2000. Aunque hay una luz al final del túnel: el consumo chino de muchos de los productos de Philips está aumentando con rapidez.[12]

periencia en ese sector. Además, las fábricas atrajeron a varios proveedores, como los productores de equipo de semiconductores y silicio, que asentaron sus plantas en esa nación para estar cerca de sus clientes. Ello presupone que existen beneficios reales de establecerse en Taiwán, en comparación con otro sitio sin dichas condiciones. En igualdad de circunstancias, las condiciones externas hacen de este país un lugar atractivo para la producción de semiconductores. Ese mismo proceso ocurre ahora en dos ciudades de India, Hyderabad y Bangalore, donde compañías de tecnología de la información tanto indias como occidentales han dispuesto sus operaciones. Por ejemplo, los locales se refieren a una sección de Hyderabad como "Cyberabad", donde Microsoft, IBM, Infosys y Qualcomm (entre otras) tienen grandes instalaciones.

Por supuesto que otras cosas varían. Las diferencias entre costos relativos, economía política, cultura y condiciones externas de ubicación son fundamentales, pero otros factores también lo son. Las barreras comerciales formales e informales obviamente influyen en las decisiones de localización (véase el capítulo 7), así como los costos de transporte, y las normas y regulaciones relativas a la inversión extranjera directa (véase el capítulo 8). Por ejemplo, aunque los costos relativos puedan

---

[12] B. Einhorn, "Philips' Expanding Asia Connections", en *BusinessWeek Online*, 27 de noviembre de 2003; K. Leggett y P. Wonacott, "The World's Factory: A Surge in Exports from China Jolts the Global Industry", en *The Wall Street Journal*, 10 de octubre de 2002, p. Al; "Philips NV: China Will Be Production Site for Electronic Razors", en *The Wall Street Journal*, 8 de abril de 2003, p. B12; "Philips Plans China Expansion", en *The Wall Street Journal*, 25 de septiembre de 2003, p. B13; M. Saunderson, "Eight out of 10 DVD Players Will Be Made in China", en *Dealerscope*, julio de 2004, p. 28; y J. Blau, "Philips Tears Down Eindhoven R&D Fence", en *Research Technology Management* 50, núm. 6, 2007, pp. 9-11.

hacer parecer atractivo para la producción a un país, las regulaciones que prohíban la inversión extranjera directa impiden considerarlo como opción. De igual manera, la estimación de los costos de los factores puede sugerir que una empresa produzca ciertos componentes en un país específico, pero las barreras comerciales podrían hacerlo inviable.

Otro factor primordial propio del país son los movimientos esperados en su tipo de cambio (véase los capítulos 10 y 11). Las variaciones adversas del tipo de cambio alteran rápidamente el atractivo de una nación como base para la producción. La apreciación de su moneda respecto de otras puede transformar un sitio de bajo costo en uno de alto costo. Muchas compañías japonesas enfrentaron este problema durante la década de 1990 y principios de la de 2000. El relativo bajo valor del yen en los mercados cambiarios extranjeros entre 1950 y 1980 ayudó a fortalecer la posición japonesa como sitio de bajo costo para la producción; pero, entre 1980 y mediados de la década de 1990, la apreciación constante del yen respecto del dólar incrementó el costo en dólares de los productos exportados desde Japón, e hizo a este país menos atractivo como sitio para la producción. En respuesta, muchas empresas japonesas mudaron sus plantas de producción a sitios de menor costo en el este de Asia.

FACTORES TECNOLÓGICOS

El tipo de tecnología que una compañía emplea para su producción puede ser determinante cuando debe decidir la ubicación de sus plantas de manufactura; por ejemplo, dadas las limitaciones tecnológicas, en algunos casos es posible desarrollar ciertas actividades de manufactura solo en un sitio y atender al mercado mundial desde este. En otros, la tecnología puede posibilitar el desempeño de actividades en múltiples ubicaciones. Hay tres características respecto de las tecnologías de la manufactura que nos interesan: nivel de sus costos fijos, escala mínima de eficiencia y flexibilidad.

Costos fijos

Como observamos en el capítulo 12, en algunos casos los costos fijos para establecer una planta de producción son tan altos que una empresa debe atender al mercado mundial desde un solo sitio, o desde muy pocos. Por ejemplo, ahora puede costar hasta cinco mil millones de dólares edificar una planta de tecnología avanzada para producir chips semiconductores. Dado este enorme costo, sería pertinente atender al mercado mundial desde una sola planta en un solo (y óptimo) lugar.

En sentido inverso, un nivel relativamente bajo de costos fijos abarata una actividad particular en varios lugares a la vez, lo cual permite a la compañía levantar una planta donde pueda atender las demandas locales. Producir en múltiples lugares también contribuye a evitar la dependencia excesiva de uno solo. Depender demasiado de una sola ubicación es en particular arriesgado en un mundo de tipos de cambio flotantes. Muchas empresas dispersan sus plantas de producción en distintos lugares como "real cobertura" ante movimientos potencialmente adversos de los tipos de cambio.

Escala mínima de eficiencia

El concepto de economía de escala nos indica que, a medida que se expande la producción de una planta, disminuyen sus costos unitarios. Las razones son una mayor utilización de bienes de capital y los beneficios de la productividad que se obtienen debido a la especialización de los trabajadores dentro de la planta;[13] no obstante, luego cierto grado de actividad, quedan pocas economías de escala disponibles. Así, la curva de costo unitario declina hasta que se alcanza determinado nivel de actividad, en cuyo punto los ingresos posteriores atribuibles a la cantidad de producción reducen poco el costo unitario. El grado de actividad en el que se agota la mayoría de las economías de escala de las plantas se conoce como **escala mínima de eficiencia productiva**, o escala de producción con la que debe operar una planta para aprovechar las principales economías de escala (véase la figura 17.2).

Las implicaciones de este concepto son las siguientes: mientras más grande sea la escala mínima de eficiencia de una planta respecto del total de la demanda mundial, más fuerte será el argumento para centralizar la producción en un solo lugar o en una cantidad limitada de ellos. Por el contrario, cuando la escala mínima de eficiencia de la producción sea relativamente baja, será más

---

[13] Para una revisión de los argumentos técnicos, véase D. A. Hay y D. J. Morris, *Industrial Economics: Theory and Evidence*, Oxford, Oxford University Press, 1979. También véase C. W. L. Hill y G. R. Jones, *Strategic Management: An Integrated Approach*, Boston, Houghton Mifflin, 2004.

FIGURA 17.2

Curva característica
de costo unitario.

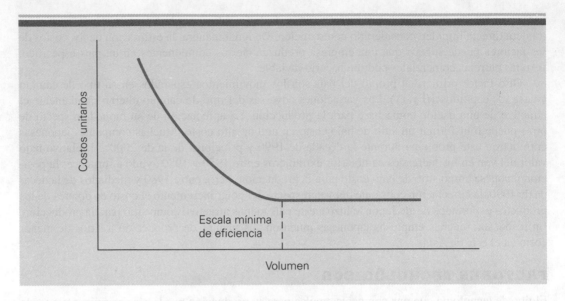

económico producir un producto en diversos lugares; por ejemplo, la escala mínima de eficiencia de una planta para producir computadoras personales es de casi 250 mil unidades por año, mientras que la demanda mundial total excede los 35 millones de unidades anuales. El bajo nivel de la escala mínima de eficiencia respecto de la demanda mundial total hace económicamente factible que una compañía como Dell fabrique sus computadoras en seis lugares.

Como en el caso de los costos fijos bajos, las ventajas son que la empresa puede atender con mayor facilidad las demandas creadas por el grado de respuesta local, o reducir el riesgo cambiario al producir el mismo producto en diversos sitios.

Producción flexible y adaptación en masa

El concepto central de las economías de escala es que la mejor manera de alcanzar la alta eficiencia y, por tanto, reducir los costos unitarios, es mediante la producción masiva y estandarizada. La relación implícita es la que existe entre el costo unitario y la variedad de los productos. Una mayor variedad productiva supone líneas de producción más breves, que a su vez imposibilitan el logro de economías de escala. Aumentar la variedad de productos le dificultará a una empresa incrementar su eficiencia de producción y, por ende, reducir su costo unitario. Según esta lógica, la forma de aumentar la eficiencia y reducir el costo unitario es limitar la variedad de productos y fabricar grandes volúmenes de productos estandarizados.

Esta visión de la eficiencia ha sido objeto de algunos cuestionamientos por el reciente aumento de las tecnologías de producción flexible. El término **tecnología de producción flexible** o **producción esbelta**, como se le conoce a menudo, abarca diversas tecnologías de producción: 1) para reducir los tiempos de instalación de equipos complejos, 2) incrementar el uso de cada una de las máquinas con que cuenta la compañía por medio de una mejor calendarización y 3) mejorar el control de calidad en todas las etapas del proceso de producción.[14] La tecnología de producción flexible permite a la empresa generar una mayor variedad de productos con un costo unitario que, en alguna época, solo se alcanzaba con la producción masiva y estandarizada. La investigación apunta a que la adopción de tecnologías de producción flexible en realidad aumenta la eficiencia y reduce los costos unitarios respecto de la producción masiva y estandarizada; mientras que, al mismo tiempo, permite que la compañía personalice su producto para ofrecerlo a una mayor cantidad de clientes de la que estimaba posible. El término **adaptación masiva** (*mass customization*) supone que una empresa use

---

[14] Véase P. Nemetz y L. Fry, "Flexible Manufacturing Organizations: Implications for Strategy Formulation", en *Academy of Management Review* 13, 1988, pp. 627-638; N. Greenwood, *Implementing Flexible Manufacturing Systems*, Nueva York, Halstead Press, 1986; J. P. Womack, D. T. Jones y D. Roos, *The Machine That Changed the World*, Nueva York, Rawson Associates, 1990; y R. Parthasarthy y S. P. Seith, "The Impact of Flexible Automation on Business Strategy and Organizational Structure", en *Academy of Management Review* 17, 1992, pp. 86-111.

tecnología de producción flexible para lograr dos metas que en una época se consideraron incompatibles: bajos costos y adaptación del producto.[15] La elaboración y complejidad de las tecnologías de producción flexible son variables.

Uno de los ejemplos más famosos de esta tecnología, el sistema de producción de Toyota, es relativamente simple, pero a él se atribuye que esta sea la fábrica de autos más eficiente del mundo (a pesar de los recientes problemas de Toyota con una súbita y descontrolada aceleración, la compañía continúa siendo un productor eficiente de automóviles de alta calidad, según J. D. Power, quien aplica una encuesta anual de calidad. Los modelos Lexus de Toyota siguen en el primer lugar de la categoría de calidad de J. D. Power).[16] El sistema de producción flexible de Toyota fue desarrollado por uno de los ingenieros de la empresa, Taiichi Ohno. Después de trabajar en ella durante cinco años y visitar las plantas de producción de Ford en Estados Unidos, Ohno se convenció de que la visión de la producción masiva para la producción de automóviles tenía sus defectos. Había muchos problemas clave en el sistema de producción masiva.

En primer lugar, las extensas líneas de producción creaban inventarios masivos que debían almacenarse en grandes bodegas. Esto era costoso porque los inventarios sujetan al capital a un uso improductivo. En segundo, si desde el principio la programación de las máquinas no era la adecuada, las largas líneas de producción ocasionaban una gran cantidad de defectos (por ejemplo, desperdicio). En tercer lugar, el sistema de producción masiva no podía adaptarse a las preferencias del consumidor para ofrecer diversidad de productos.

En respuesta, Ohno comenzó a buscar formas para conseguir que las líneas de producción más cortas fuesen económicas. Ideó diversas técnicas para reducir los tiempos de montaje del equipo de producción (una de las principales fuentes de costos fijos). Por medio de un sistema de palancas y poleas, redujo el tiempo para cambiar tintes en el equipo de estampado: de un día completo, en 1950, a tres minutos, en 1971. Este arreglo trajo como consecuencia ahorro en las pequeñas líneas de producción, lo que le permitió a Toyota responder mejor a las demandas del consumidor mediante la diversidad del producto; con ello, también eliminó la necesidad de mantener grandes inventarios y así redujo los costos de almacenamiento. Más aún, las pequeñas líneas de producción y la ausencia de inventario significaban que las partes defectuosas se producían solo en pequeñas cantidades y que entraban de inmediato al proceso de ensamblado, lo cual redujo el desperdicio y contribuyó a identificar el origen del defecto para arreglar el problema. En resumidas cuentas, las innovaciones de Ohno permitieron a Toyota elaborar productos más diversos con un menor costo unitario del que era posible con base en la producción masiva convencional.[17]

Las **unidades de maquinaria flexible**, otro ejemplo de tecnología común de producción flexible, están conformadas por grupos de distintos tipos de maquinaria, una que maneja los materiales en común y un controlador centralizado de unidades (computadora). Cada unidad suele constar de entre cuatro y seis máquinas capaces de efectuar diferentes operaciones. Casi siempre, la unidad se dedica a la producción de una familia de partes o productos. La programación de las máquinas es computarizada, lo cual permite a cada unidad cambiar con rapidez de la producción de una parte o producto a otro.

Los principales beneficios de estas unidades son un mejor aprovechamiento de la capacidad instalada y la reducción del trabajo en proceso (es decir, reservas de productos semiacabados) y de desperdicios. Un mejor aprovechamiento de la capacidad deriva de la reducción del tiempo de arranque de las máquinas y de la coordinación computarizada del flujo de producción, lo que elimina los cuellos de botella. Asimismo, la precisa coordinación entre las máquinas reduce el inventario del trabajo en proceso. La reducción del desperdicio deriva de la capacidad de la maquinaria compu-

[15] B. J. Pine, *Mass Customization: The New Frontier in Business Competition*, Boston, Harvard Business School Press, 1993; S. Kotha, "Mass Customization: Implementing the Emerging Paradigm for Competitive Advantage", en *Strategic Management Journal* 16, 1995, pp. 21-42; J. H. Gilmore y B. J. Pine II, "The Four Faces of Mass Customization", en *Harvard Business Review*, enero-febrero de 1997, pp. 91-101; y M. Zerenler y D. Ozilhan, "Mass Customization Manufacturing: The Drivers and Concepts", en *Journal of American Academy of Business* 12, núm. 1, 2007, pp. 262-230.

[16] "Toyota Motor Coporation Captures Ten Segment Awards", boletín de prensa de J. D. Power, 19 de marzo de 2009, en: http://businesscenter.jdpower.com/news/pressrelease.aspx?ID=2009043

[17] M. A. Cusumano, *The Japanese Automobile Industry*, Cambridge, Massachusetts, Harvard University Press, 1989; T. Ohno, *Toyota Production System*, Cambridge, Massachusetts, Productivity Press, 1990; y Womack, Jones y Roos, *The Machine That Changed the World*.

tarizada para identificar cómo transformar los insumos en productos y así generar un desperdicio mínimo. Mientras que una máquina independiente puede estar en uso 50% del tiempo, la misma máquina agrupada en una unidad puede utilizarse más de 80% del tiempo y elaborar el mismo producto terminado con la mitad del desperdicio.

Los resultados de instalar una tecnología de producción flexible en la estructura de costos de una empresa pueden ser sustanciales. Ford Motor Company ha introducido tecnología de producción flexible en sus plantas de todo el mundo. Estas nuevas tecnologías debían permitir a Ford producir múltiples modelos en la misma línea y cambiar de producción de un modelo a otro mucho más rápido que en el pasado, lo que posibilitó a Ford reducir en dos mil millones de dólares su estructura de costos en 2010.[18]

Ante la demanda de grupos pequeños de consumidores, además de mejorar la eficiencia y reducir los costos, la tecnología de producción flexible también permite personalizar los productos con un costo que antes solo se conseguía mediante la producción masiva estandarizada. Así, este tipo de tecnología contribuye a lograr una adaptación masiva, lo cual aumenta la sensibilidad hacia el cliente. Y, de mayor importancia para los negocios internacionales, ayuda a las compañías a adaptar sus productos a múltiples mercados nacionales. La importancia de esta ventaja no puede exagerarse. Con tecnologías de producción flexible, una empresa produce sus productos personalizados para varios mercados nacionales en una sola planta localizada en el sitio óptimo sin castigar de modo considerable sus costos. Así, las compañías ya no requieren plantas de producción en cada uno de los principales mercados nacionales para brindar productos que satisfagan los gustos y preferencias específicas de los consumidores, parte de la base lógica de una estrategia de localización (capítulo 13).

RESUMEN

Varios factores tecnológicos apoyan los argumentos económicos que avalan la concentración de plantas de producción en unos cuantos lugares, o incluso en uno solo. Si las demás condiciones se mantienen igual, cuando los costos fijos son fundamentales, la escala mínima de eficiencia productiva es alta y existen tecnologías de producción flexible disponibles, los argumentos en favor de concentrar la producción en pocos lugares son sólidos. Esto es cierto aun con la existencia de grandes diferencias entre los gustos y preferencias de los consumidores de diversos mercados nacionales, debido a que las tecnologías de producción flexible permiten a la empresa adaptar sus productos a las diferencias nacionales en una sola planta de producción. Por otro lado, cuando los costos fijos son bajos, la escala mínima de eficiencia productiva es baja y no existen tecnologías de producción flexible disponibles, los argumentos en favor de concentrar la producción en un solo lugar, o en unos cuantos, no son tan contundentes. En esos casos, puede ser más conveniente producir en cada uno de los principales mercados en donde la compañía tiene actividad si este arreglo le ayuda a satisfacer mejor las demandas locales. Esto funciona solo si el aumento de la sensibilidad local es, por mucho, mayor que las desventajas respecto de los costos de no concentrar la producción. Con el advenimiento de las tecnologías de producción flexible y de adaptación masiva, esta estrategia pierde atractivo. En resumen, los factores tecnológicos hacen posible, y necesario, que las empresas concentren sus plantas de producción en sitios óptimos. Las barreras comerciales y los costos de transporte son quizá los principales obstáculos que deberá superar esta tendencia.

FACTORES DEL PRODUCTO

Hay dos características del producto que afectan las decisiones de la localización. La primera es la *relación del valor y el peso* del producto derivado de su influencia en el costo del transporte. Muchos componentes electrónicos y productos farmacéuticos tienen una elevada proporción valor-peso: son caros y no pesan demasiado. Por ello, aunque se envíen al otro lado del mundo, sus costos de transporte representan un porcentaje muy pequeño del costo total. Por esta característica, y si las demás condiciones lo permiten, hay una acentuada inclinación a producir estos productos en un lugar óptimo y atender desde ahí al mercado mundial. Lo opuesto sucede con los productos que exhiben una baja relación valor-peso; por ejemplo, azúcar refinada, ciertos químicos a granel, pinturas y produc-

---

[18] P. Waurzyniak, "Ford's Flexible Push", en *Manufacturing Engineering*, septiembre de 2003, pp. 47-50.

	Privilegia la producción centralizada	Privilegia la producción descentralizada
Factores del país		
Diferencias entre economías políticas	Mucho	Poco
Diferencias entre la cultura	Mucho	Poco
Diferencias entre los costos de los factores	Mucho	Poco
Barreras comerciales	Poco	Mucho
Condiciones externas de la ubicación	Es importante para la industria	No es importante para la industria
Tipo de cambio	Estable	Volátil
Factores tecnológicos		
Costos fijos	Altos	Bajos
Escala mínima de eficiencia	Alta	Baja
Tecnologías de producción flexible	Disponible	No disponible
Factores del producto		
Relación entre valor y peso	Alta	Baja
Atiende necesidades universales	Sí	No

TABLA 17.1

Estrategia de ubicación y producción.

tos petroleros son bienes muy baratos que pesan mucho. En consecuencia, cuando se envían a largas distancias, los costos de transporte representan un gran porcentaje del costo total. Por ello, si el resto de las condiciones lo permite, hay una gran inclinación a producir estos productos en múltiples lugares cercanos a los mercados principales con el fin de reducir los costos de transporte.

La otra característica propia del producto que influye en las decisiones sobre localización es si este atiende necesidades universales, esto es, que son las mismas en todo el mundo. Algunos ejemplos son muchos productos industriales (por ejemplo, electrónicos para industrias, acero, químicos a granel) y los de consumo moderno (calculadoras de bolsillo, computadoras personales y consolas de videojuego). Como existen pocas discrepancias nacionales entre los gustos y preferencias de los consumidores de tales productos, hay poca necesidad de adaptabilidad local, lo que incrementa el atractivo de concentrar la producción en un lugar óptimo.

LOCALIZACIÓN DE LAS PLANTAS DE PRODUCCIÓN

Hay dos estrategias básicas para decidir la localización de las plantas de producción: concentrarlas en un sitio óptimo y atender desde ahí al mercado mundial, o descentralizarlas en diversos sitios regionales o nacionales cercanos a los principales mercados. La elección de la estrategia adecuada se basa en los factores del país, los factores tecnológicos y los del producto, que analizaremos en esta sección y que se resumen en la tabla 17.1.

Como se aprecia en la tabla 17.1, la concentración de la producción es apropiada cuando:

- Las diferencias entre los países en costos de los factores, economía política y cultura tienen un efecto considerable en el costo de producción.
- Las barreras comerciales son bajas.
- Las condiciones externas debidas a la concentración de empresas similares favorecen ciertas ubicaciones.
- Se espera una relativa estabilidad en los principales tipos de cambio.
- La tecnología de la producción entraña altos costos fijos, una escala mínima de elevada eficiencia o cuando hay tecnologías de producción flexible disponibles.
- La relación valor-peso del producto es alta.
- El producto atiende necesidades universales.

Por otro lado, la descentralización de la manufactura es adecuada cuando:

- Las diferencias entre los países en costos de los factores, economía política y cultura no tienen un efecto sustancial en el costo de producción en varios países.

- Las barreras comerciales son altas.
- Las condiciones externas de ubicación no son relevantes.
- Se espera volatilidad en los principales tipos de cambio.
- La tecnología de la producción tiene costos fijos bajos, una baja escala mínima de eficiencia y no están disponibles las tecnologías de producción flexible.
- La relación valor-peso del producto es baja.
- El producto no atiende necesidades universales (es decir, cuando existen diferencias fundamentales entre los gustos y las preferencias de los consumidores de los distintos países).

En la práctica, las decisiones de ubicación casi nunca están bien definidas; por ejemplo, no es raro que las discrepancias entre los costos de los factores, la tecnología y el producto induzcan a concentrar la producción, mientras que una combinación de barreras comerciales y tipos de cambio volátiles aconsejen la descentralización. Este es tal vez el caso de la industria mundial automotriz. Aunque la disponibilidad de producción flexible y la relativamente alta relación valor-peso de los automóviles sugiere producir de manera concentrada, la combinación de barreras comerciales formales e informales, y la incertidumbre del actual régimen de tipos de cambio flotantes del mundo (véase el capítulo 10), inhiben las posibilidades de las empresas para aplicar dicha estrategia. Por estos motivos, varias fábricas de autos establecen operaciones de producción "de principio a fin" en tres principales mercados: Asia, América del Norte y Europa occidental.

COSTOS OCULTOS DE LAS LOCACIONES EXTRANJERAS

Puede haber ciertos "costos ocultos" de basar la producción en un sitio extranjero. Numerosas anécdotas revelan que la alta rotación de personal, la mala calidad del trabajo, la pobre calidad del producto y la baja productividad son problemas significativos en algunas locaciones subcontratadas.[19] Microsoft, por ejemplo, estableció una gran fábrica en Hyderabad, en India, por cuatro muy buenas razones: 1) el nivel salarial de los programadores de software en India es un tercio del de Estados Unidos, 2) India tiene un excelente sistema de educación superior que genera una gran cantidad de graduados en ciencias de la computación cada año, 3) ya existía una alta concentración de compañías y trabajadores de tecnología de la información en Hyderabad, y 4) muchos de los empleados indios altamente calificados de Microsoft, después de pasar años en Estados Unidos, querían volver a casa, y Microsoft vio a las instalaciones de Hyderabad como una forma de retener este valioso capital humano.

Sin embargo, la empresa ha descubierto que el índice de rotación de personal entre sus empleados indios es mayor que en Estados Unidos. La demanda de programadores de software es alta en India, y muchos trabajadores son propensos a cambiar de trabajo para obtener un mejor salario. Aunque Microsoft ha intentado limitar la rotación ofreciendo buenas prestaciones y un pago de incentivos a largo plazo, como paquetes de acciones a trabajadores eficientes que permanezcan en la compañía, muchos de los indios que fueron contratados localmente, evidentemente, valoran poco los incentivos a largo plazo y prefieren un salario mayor. Por supuesto, esta alta rotación de personal tiene un efecto negativo en la productividad. Un administrador de Microsoft en India resaltó que 40% de su equipo principal se había ido en los últimos 12 meses, lo que dificultaba mucho el seguimiento a los proyectos en desarrollo.[20]

Microsoft no está sola en este problema. El administrador de una empresa electrónica que subcontrató la manufactura de audífonos inalámbricos a China notó que, después de cuatro años de frustraciones con el retraso en las entregas y la baja calidad, su compañía decidió *regresar* la producción a Estados Unidos. En sus palabras: "A primera vista, los costos laborales parecían mucho menores en China, así que la decisión de llevar ahí la producción fue muy fácil. En retrospectiva, desearía que hubiéramos mirado más de cerca las cuestiones de productividad y desempeño laboral. De hecho, hemos perdido participación de mercado por esa decisión".[21] Otro ejemplo de este fenó-

[19] "The Boomerang Effect", en *The Economist*, 21 de abril de 2012; y Charles Fishman, "The Insourcing Boom", en *The Atlantic*, diciembre de 2012.

[20] Esta anécdota le fue contada al autor por un administrador de Microsoft mientras estaba visitando las instalaciones de la compañía en Hyderabad, en India.

[21] Entrevista del autor. El administrador era un exestudiante ejecutivo de la maestría en administración de empresas impartida por el autor.

GE traslada su manufactura de China a Estados Unidos

Durante décadas, General Electric ha estado a la vanguardia en trasladar la producción desde lugares de alto costo en Estados Unidos a regiones más económicas, como China. Pero ahora existen algunos indicios de que el incesante flujo de producción extranjera puede estarse desacelerando y, en algunos casos, comenzando a revertirse. Existen algunos motivos para ello. Los índices salariales en China eran cerca de cinco veces mayores en 2012 de lo que eran en 2000, y siguen elevándose con rapidez. La productividad laboral también ha aumentado de manera considerable en Estados Unidos, cerrando aún más la brecha en los costos laborales. Mientras tanto, los altos precios del petróleo han elevado el costo de enviar los productos a través de los océanos, mientras que la abundancia de gas natural barato en Estados Unidos está ayudando a disminuir los costos de producción. Como si esto no fuera suficiente, hay signos de que existen beneficios en hacer que el diseño de producto y la manufactura estén coubicados y, en algunos casos, esto está impulsando un regreso de la producción a Estados Unidos.

Un caso ilustrativo es el calentador de agua GeoSpring de GE. Este producto fue originalmente diseñado en Estados Unidos y manufacturado en China. Después, el producto terminado era enviado de regreso a través del océano para venderse en Estados Unidos. En 2010, dadas las macrotendencias en la productividad laboral y los precios de la energía, GE decidió ver qué ocurriría si trajera algunos de sus electrodomésticos de vuelta a Estados Unidos. El GeoSpring fue uno de sus primeros intentos. GE estableció un equipo de ingenieros y trabajadores

de producción en su fábrica de electrodomésticos en Louisville, Kentucky, Estados Unidos, para ver qué podían hacer con el GeoSpring. El equipo llegó de inmediato a la conclusión de que el calentador de agua no era fácil de producir debido a un pobre diseño. Rediseñaron el producto para facilitar su ensamblado, eliminando una de cada cinco partes y recortando los costos de material en 25%. Como resultado, GE redujo el tiempo requerido para ensamblar el producto de 10 horas en China a dos en Louisville.

El resultado final: los costos de material bajaron, el requisito de mano de obra se redujo y la calidad del producto se elevó. De hecho, el ahorro en costos fue tan grande que GE pudo reducir el precio del GeoSpring 20% por debajo del producto manufacturado en China y todavía obtener un margen decente. Asimismo, el tiempo de comercialización mejoró mucho. Solía demandar cinco semanas para traer el GeoSpring de China a una tienda minorista; ahora, GE puede hacerlo en cuestión de días, lo que mejora, además, el manejo del inventario.

Habiendo aprendido de experiencias como esta, GE está planeando traer la producción de otros electrodomésticos a Louisville. Recientemente, ha duplicado la fuerza de trabajo ahí a 3 700 empleados, y ha contratado a 500 nuevos diseñadores e ingenieros para rediseñar muchos de sus productos y facilitar su manufactura. Hace algunos años, menos de la mitad de las utilidades del comercio de electrodomésticos provenía de productos hechos en Estados Unidos. Para mediados de esta década, GE planea obtener 75% de sus ganancias en este renglón de productos elaborados en Estados Unidos.[22]

meno se describe en el "Panorama administrativo", que analiza la decisión de General Electric de llevar parte de su producción en China de vuelta a Estados Unidos. La lección: es importante ver más allá de los índices salariales y evaluar la productividad de la gente antes de decidir subcontratar actividades en el extranjero.

Función estratégica de las fábricas en el extranjero

OA17-3

Cualquiera que sea la lógica para establecer una planta de producción en el extranjero, la función estratégica de los sitios foráneos evoluciona con el tiempo.[23] Al principio, muchas fábricas se asientan en los países donde el costo de la mano de obra es bajo. Por lo general, su papel estratégico es producir productos intensivos en mano de obra y al menor costo posible. Por ejemplo, a principios de la década de 1970, muchas empresas estadounidenses de equipos de cómputo y telecomunicaciones construyeron plantas por todo el sudeste asiático para producir componentes electrónicos, como circuitos integrados y semiconductores, al menor costo posible. Ubicaron sus fábricas en países como Malasia, Tailandia y Singapur precisamente porque ofrecen una atractiva combinación de mano de obra barata, infraestructura adecuada y un régimen favorable de impuestos y comercio. Al

---

[22] Charles Fishman, "The Insourcing Boom" y J. R. Immelt, "Sparking an American Manufacturing Renewal", en *Harvard Business Review*, marzo de 2012.

[23] K. Ferdows, "Making the Most of Foreign Factories", en *Harvard Business Review*, marzo-abril de 1997, pp. 73-88.

Hewlett-Packard en Singapur

A finales de la década de 1960, la compañía Hewlett-Packard buscaba en toda Asia un lugar de bajo costo para producir componentes electrónicos con procesos de mano de obra intensiva. La empresa exploró algunos lugares y se ubicó en Singapur, donde abrió su primera fábrica en 1970. Aunque Singapur no tenía los menores costos de mano de obra de la región, sí lo eran respecto de Norteamérica. Además, como lugar de producción, ofrecía varios beneficios relevantes que no había en muchas otras naciones de Asia. El nivel de educación de la fuerza laboral local era alto, una gran cantidad de personas hablaba inglés, el gobierno parecía estable y comprometido con el desarrollo económico, y la ciudad-Estado tenía una de las infraestructuras mejor desarrolladas de la región, con una buena red de comunicaciones y transportes, y una base industrial y comercial en rápido desarrollo. HP también obtuvo condiciones favorables del gobierno en lo que respecta a impuestos, aranceles y subsidios.

En sus inicios, la planta produjo solo componentes básicos. La combinación de bajos costos de mano de obra y un régimen favorable de impuestos favorecieron que esta planta obtuviera utilidades muy pronto. En 1973, HP transfirió la manufactura básica de una de sus calculadoras de bolsillo desde Estados Unidos hasta Singapur. El objetivo era reducir el costo de producción y la planta de Singapur lo logró con rapidez. Con una confianza creciente en la capacidad de la planta de Singapur para manejar productos armados en vez de solo componentes, la administración de HP le transfirió otros productos durante los siguientes años, como teclados, pantallas de estado sólido y circuitos integrados; no obstante, todos estos productos aún se diseñaban, desarrollaban e, inicialmente, se producían en Estados Unidos.

La situación de la planta se modificó a principios de la década de 1980, cuando HP inició una campaña mundial para impulsar la calidad de sus productos y reducir sus costos. Luego, transfirió la producción de su calculadora de bolsillo HP41C a Singapur cuyos administradores tenían el objetivo de reducir de modo considerable los costos de manufactura. Sin embargo, ellos contestaron que dicho propósito sería factible solo si se les permitía rediseñar el producto para fabricarlo a un menor costo total. La administración central de HP estuvo de acuerdo y transfirió a 20 ingenieros de las instalaciones de Singapur a Estados Unidos durante un año para que aprendieran todo acerca del diseño de circuitos integrados con aplicaciones específicas. Después, llevaron sus conocimientos de regreso a Singapur y comenzaron a rediseñar la HP41C.

Los resultados fueron un enorme éxito. Al rediseñar el producto, los ingenieros de Singapur redujeron 50% los costos de manufactura de la HP41C. Cuando pudieron utilizar sus recién adquiridas capacidades de diseño de producto, las instalaciones de Singapur empezaron a rediseñar otros productos que se producían en ellas. Los administradores de la casa matriz quedaron tan impresionados con el progreso de la fábrica que, en 1983, le transfirieron la producción total de la línea de calculadoras. A ello le siguió la transferencia parcial de la producción de las impresoras de inyección de tinta en 1984, y la de teclados en 1986. En todos los casos en los que se rediseñaron los productos, a menudo consiguió disminuirse el costo unitario de manufactura en más de 30%; a pesar de eso, el desarrollo y diseño inicial de todos estos productos aún se llevaba en Estados Unidos.

A finales de la década de 1980 y principios de la siguiente, la planta de Singapur empezó a adquirir responsabilidades adicionales, en particular sobre las impresoras de inyección de tinta. En 1990, se le asignó el rediseño de una impresora de inyección de tinta para el mercado japonés. Peso a que el rediseño inicial del producto fue un fracaso en el mercado, los administradores de Singapur presionaron para que se les permitiera intentarlo de nuevo, y en 1991, se les encargó el rediseño de la impresora HP DeskJet 505 para el mercado de dicha nación. Esta vez, el producto rediseñado fue todo un éxito, con importantes ventas en Japón. Alentados por este logro, los ejecutivos de la planta adquirieron cada vez más responsabilidades de diseño. Hoy, se le considera una "planta líder" en la red mundial de HP, con responsabilidades primordiales no solo en el área de producción, sino en las de desarrollo y diseño de una familia de pequeñas impresoras de inyección de tinta cuyo mercado meta es el asiático. En 2010, el papel de Singapur se destacó cuando HP abrió ahí un laboratorio de investigación básica. Actualmente, el laboratorio se centra en desarrollar una plataforma de cómputo en la nube para las empresas.[24]

inicio, los componentes que producían estas fábricas se diseñaban en otro lugar y el producto final se ensamblaba en otro país; sin embargo, con el transcurso del tiempo, la función estratégica de algunas fábricas se expandió: se convirtieron en importantes centros de diseño y ensamblado final de productos para el mercado mundial. Un ejemplo es la planta de operaciones de Hewlett-Packard (HP) en Singapur, que originalmente se creó como sitio de bajo costo para producir circuitos integrados y se convirtió en el centro de diseño de ensamblado final de impresoras portátiles de inyección de tinta para el mercado mundial (véase la sección "Panorama administrativo").

---

[24] Fuentes: K. Ferdows, "Making the Most of Foreign Factories", en *Harvard Business Review*, marzo-abril de 1997, pp. 73-88; y "Hewlett-Packard Singapore", Harvard Business School, caso núm. 694-035.

Ese ascenso de la función estratégica de las fábricas en el extranjero surge porque muchas elevaron sus propias capacidades.[25] Esta mejora tiene dos orígenes: primero, la presión desde el centro para mejorar la estructura de costos de la fábrica y adaptar un producto a las demandas de los consumidores de un país en particular puede desencadenar una serie de sucesos que, en última instancia, lleve al desarrollo de las capacidades adicionales de esa fábrica. Por ejemplo, para cumplir con las instrucciones de las oficinas corporativas de bajar los costos, los ingenieros de HP de la fábrica de Singapur contestaron que necesitaban rediseñar los productos para fabricarlos según dichas órdenes. Este intercambio de sugerencias llevó al establecimiento de un centro de diseño en Singapur. A medida que demostraba su valor, la administración de HP se dio cuenta de la importancia de ubicar en el mismo lugar las operaciones de diseño y producción, por lo que comenzaron a transferir más responsabilidades de diseño a la fábrica de Singapur y, al final, la planta se convirtió en el centro de diseño de productos dirigidos a las necesidades del mercado asiático. Este cambio también fue positivo en términos estratégicos, pues significó que los productos fuesen diseñados por ingenieros cercanos al mercado y que, probablemente, conocían mejor sus necesidades, a diferencia de los ingenieros ubicados en Estados Unidos.

Una segunda fuente de mejora de las capacidades de una fábrica en el extranjero es la creciente abundancia de factores de producción avanzados en el país donde se localiza la planta industrial. Muchos países a los que se les consideraba económicamente atrasados hace una generación, experimentaron un rápido desarrollo económico durante los últimos 20 años. Su infraestructura de comunicaciones y transporte, así como el nivel de educación de su población han mejorado. Aunque estas naciones alguna vez carecieron de la avanzada infraestructura que se requiere para el diseño, el desarrollo y las operaciones más complejas de producción, a menudo ya no es el caso. Esto facilitó que las fábricas ubicadas en dichos países asumieran una función estratégica cada vez más relevante.

Debido a dichos progresos, muchas empresas internacionales se alejan de un sistema que consideraba a sus fábricas en el extranjero solo como plantas de producción de bajo costo y se acercan a uno en el que las fábricas foráneas se ven como centros de excelencia distribuidos a escala global.[26] En este nuevo modelo, las fábricas en el extranjero asumen una función de liderazgo en el diseño y la manufactura de los productos para atender a importantes mercados nacionales o regionales, e incluso al mercado global. El desarrollo de dichos centros de excelencia es consistente con el concepto de estrategia trasnacional que presentamos en el capítulo 13. Un aspecto fundamental de la estrategia trasnacional es la creencia en el **aprendizaje mundial**; es decir, la idea de que el conocimiento valioso no solo reside en las operaciones nacionales de una compañía sino también en sus filiales extranjeras. Con el tiempo, las fábricas en el extranjero que mejoran sus capacidades generan un valioso conocimiento que puede beneficiar a toda la compañía.

Para los administradores de una empresa internacional es esencial recordar que las fábricas en el extranjero pueden mejorar sus capacidades con el tiempo, lo cual puede ser benéfico para la compañía. Más que ver a las fábricas en el extranjero solo como lugares donde se explota a los obreros no calificados y se producen grandes cantidades de bienes a bajo costo, deben verse como potenciales centros de excelencia, y deben alentarse y fomentarse las medidas de administración local para mejorar las capacidades de sus plantas y fortalecer su posición estratégica dentro de la empresa.

Tal proceso implica que, una vez que se asienta la filial en el extranjero y se acumula conocimiento, puede no resultar positivo mudar la producción a otro sitio solo porque se modificaron ciertas variables, como las escalas salariales.[27] HP conserva sus instalaciones en Singapur a pesar de que las escalas salariales son menores en otros lugares, como Vietnam, pues reconoce que su personal acumuló valiosos conocimientos que compensan los altos salarios. Así, cuando decide la ubicación de la producción, el administrador internacional debe considerar los valiosos conocimientos que puedan acumularse en varios lugares y su efecto en factores como la productividad y el diseño del producto.

---

[25] Este argumento representa una mera extensión del flujo de investigación sobre las capacidades dinámicas en la bibliografía de administración estratégica. Véase D. J. Teece, G. Pisano y A. Shuen, "Dynamic Capabilities and Strategic Management", en *Strategic Management Journal* 18, 1997, pp. 509-533.

[26] T. S. Frost, J. M. Birkinshaw y P. C. Ensign, "Centers of Excellence in Multinational Corporations", en *Strategic Management Journal* 23, noviembre de 2002, pp. 997-1018.

[27] C. W. L. Hill, "Globalization, the Myth of the Nomadic Multinational Enterprise, and the Advantages of Location Persistence", documento de trabajo de la Escuela de Negocios, University of Washington, 2001.

OA17-4

Subcontratación de la producción: producir o comprar

Con frecuencia, los negocios internacionales se enfrentan a decisiones sobre **producir o comprar**, es decir, si deben llevar a cabo cierta actividad de creación de valor o subcontratarla a otra empresa.[28] Históricamente, la mayoría de las decisiones acerca de subcontratación implican fabricar productos físicos. La mayoría de las compañías se encargan de su propio montaje final, pero han tenido que decidir si deben integrar y producir verticalmente sus propios componentes o subcontratar su producción a proveedores independientes. Las decisiones sobre producir o comprar son un factor primordial en las estrategias de muchas empresas; por ejemplo, en la industria automotriz, el auto común contiene más de 10 mil componentes, por lo que las compañías siempre deben enfrentar decisiones sobre producir o comprar. Toyota produce menos de 30% del valor de los vehículos que salen de sus líneas de montaje, el restante 70% consta sobre todo de componentes y subensambles complejos de proveedores independientes. En la industria del calzado deportivo, el asunto de producir o comprar llega a los extremos, pues existen empresas como Nike y Reebok que no intervienen en absoluto en la producción: toda la producción tiene origen externo, básicamente en países con bajos ingresos.

En los últimos años, la decisión de subcontratar ha ido más allá de la producción de productos físicos para abarcar la prestación de servicios; por ejemplo, muchas compañías con sede en Estados Unidos, desde emisoras de tarjetas de crédito hasta corporaciones de computadoras, subcontratan en India sus servicios de atención telefónica al cliente. "Compran" esta función mientras "elaboran" otras partes del producto en casa. De igual forma, muchas empresas de tecnología de la información subcontratan algunas partes del proceso de desarrollo de software, como probar los códigos de computadora escritos en Estados Unidos, con proveedores independientes en India. Estas compañías "elaboran" (escriben) la mayoría del código en casa, pero "compran" o subcontratan parte del proceso de producción (las pruebas) a empresas independientes. India suele ser el centro de dicha subcontratación porque se habla inglés en casi todo el país; tiene una fuerza de trabajo con un buen nivel cultural, en particular en campos de ingeniería, y los sueldos son mucho menores que en Estados Unidos (un trabajador en un servicio de atención telefónica al cliente en India gana alrededor de 200 a 300 dólares al mes, más o menos una décima parte del sueldo comparable en Estados Unidos).[29]

Las decisiones sobre la subcontratación representan muchos problemas para las compañías nacionales y más aún para las internacionales. En el ámbito internacional, dichas decisiones se complican debido a la volatilidad de las economías políticas, los movimientos de los tipos de cambio, la variación de los costos de los factores y otros aspectos similares en las distintas naciones. En esta sección, estudiaremos los argumentos en favor de producir y comprar los componentes en casa, y consideraremos los beneficios de cada opción. Después, exploraremos las *joint ventures* como alternativa para la producción de un producto o parte de él dentro de la empresa.

VENTAJAS DE PRODUCIR

Existen cuatro argumentos que apoyan la decisión de producir todos o una parte de los componentes en la compañía; es decir, llevar a cabo una integración vertical, pues este tipo de organización permite costos menores, posibilita invertir en activos muy especializados, protege la tecnología propia, permite a la empresa acumular valiosas habilidades y capacidades, y facilita la planificación de procesos adyacentes.

Reducción de costos

Mantener la elaboración de un producto o componente en la compañía puede resultar rentable si es más eficiente en esa actividad productiva que cualquier otra empresa.

---

[28] Anne Parmigiani, "Why Do Firms Both Make and Buy", en *Strategic Management Journal* 29, núm. 3, 2007, pp. 285-303.

[29] J. Solomon y E. Cherney, "A Global Report: Outsourcing to India Sees a Twist", en *The Wall Street Journal*, 1 de abril de 2004, p. A2.

Vía libre para inversiones especializadas

En ocasiones, las compañías deben invertir en activos especializados para hacer negocios con otra empresa.[30] Un **activo especializado** es aquel cuyo valor depende de que persista una relación en particular; por ejemplo, imagine que Ford Europa produce un nuevo sistema de inyección de combustible de gran desempeño, alta calidad y diseño único. El consumo más eficiente de combustible le ayudará a la compañía a vender automóviles. Ford debe decidir si fabrica el sistema o contrata a un proveedor independiente. La producción de estos sistemas de diseño único requiere una inversión que solo servirá para este propósito, no para sistemas de inyección de combustible de ninguna otra empresa del mundo. Por tanto, la inversión en este equipo constituye una inversión en activos especializados. Cuando una compañía debe invertir en ellos para proveer a otra, se crea una dependencia mutua. En estas circunstancias, cada parte teme que la otra abuse de esa relación y busque condiciones más favorables.

Para apreciar esta situación, analicémosla primero desde la perspectiva de un proveedor independiente al que Ford le solicita efectuar esta inversión. El proveedor puede pensar que una vez que invierta dependerá de Ford, pues será su único cliente posible respecto de ese equipo. Por tanto, percibe que el vínculo contractual otorgará a Ford una fuerte posición de negociación, y le preocupa que, una vez hecha la inversión, Ford aproveche la situación para reducir de manera excesiva el precio de los sistemas. Ante este riesgo, decide no invertir en el equipo especializado.

Veamos ahora la posición de la contraparte. Ford puede pensar que si formaliza un contrato para la producción de tales sistemas con un proveedor independiente, pueda depender demasiado de este para obtener un insumo vital. Como se requiere el equipo especializado para los sistemas de inyección, Ford no puede hacer sus pedidos a otros proveedores que no lo tengan (el cambio implicaría altos costos). Ford percibe esta situación como un aumento del poder de negociación del proveedor y le preocupa que lo emplee para exigirle mayores precios.

Así, la dependencia mutua que genera la producción subcontratada pone nerviosos a los administradores de Ford y asusta a los proveedores potenciales. Aquí el problema es la desconfianza: ninguna de las partes confía por completo en la otra. En consecuencia, Ford puede pensar que la única forma segura de obtener el nuevo sistema de inyección de combustible es producirlo por sí misma. Puede ser que no logre convencer a ningún proveedor independiente de que lo haga; por tanto, decide producir en lugar de comprar.

Por lo general, podemos predecir que, cuando se requiere una gran inversión en activos especializados para producir un componente, la empresa prefiere elaborarlo ella misma que subcontratar a un proveedor. Una creciente cantidad de evidencia empírica respalda tal argumento.[31]

Protección de la tecnología propia del producto

La tecnología propia del producto es aquella que pertenece solo a la empresa. Si le permite producir un producto con características superiores, puede darle una ventaja competitiva. La compañía quizá no esté dispuesta a que dicha tecnología caiga en manos de los competidores. Si subcontrata los servicios de producción de productos completos o componentes con tecnología propia, corre el riesgo de que esos proveedores expropien la tecnología para su propio uso o que la vendan a la competencia. Por ello, para mantener el control sobre su tecnología, la empresa puede optar por producir esos componentes.

Acumulación de capacidades dinámicas

La ventaja competitiva no es un concepto estático. La capacidad de producir bienes y servicios efectiva y eficientemente evoluciona con el tiempo. Las empresas aprenden de su experiencia cómo bajar los costos, diseñar mejores productos, aumentar la confiabilidad del producto y así sucesiva-

---

[30] El material en esta sección se basa sobre todo en la bibliografía sobre el costo de transacción de la integración vertical; por ejemplo, O. E. Williamson, *The Economic Institutions of Capitalism*, Nueva York, The Free Press, 1985.

[31] Para una revisión sobre la evidencia véase Williamson, *The Economic Institutions of Capitalism*. También véase L. Poppo y T. Zenger, "Testing Alternative Theories of the Firm: Transaction Cost, Knowledge Based, and Measurement Explanations for Make or Buy Decisions in Information Services", en *Strategic Management Journal* 19, 1998, pp. 853–878; y R. Carter y G. M. Hodgson, "The Impact of Empirical Tests to Transaction Cost Economics on the Debate on the Nature of the Firm", en *Strategic Management Journal*, 27(5), 2006, pp. 461-480.

mente. En otras palabras, sus capacidades (habilidades) son *dinámicas*: se aprenden por medio de la experiencia (el término **capacidades dinámicas** se utiliza para designar habilidades que se vuelven más valiosas con el tiempo mediante el aprendizaje).[32] Asimismo, la experiencia adquirida al generar un tipo de producto puede crear una capacidad que después sea útil para producir otra clase de producto.

Por ejemplo, a finales de la década de 1990, bajo el liderazgo de Steve Jobs, Apple desarrolló algunas capacidades de diseño muy valiosas. Bajo la dirección de Jobs, Apple contrató talentosos diseñadores industriales y les dio voz *de calidad* en el desarrollo del producto. Originalmente, esos diseñadores trabajaron en la línea de computadoras de escritorio y laptops. Produjeron computadoras que se diferenciaban por una elegancia superior en el diseño de las hechas por sus competidores. En este proceso y con el tiempo, el equipo de diseño acumuló capacidades importantes en diseño industrial aplicado a dispositivos de computación para los consumidores. Subsecuentemente, Apple ha sido capaz de afianzar estas capacidades para producir un rango de productos elegantemente diseñados que han sido muy exitosos, incluidos el iPod, el iPhone y el iPad.

Ahora, imagine si, en un esfuerzo por ahorrar costos, en vez de contratar a sus propios diseñadores Apple hubiera subcontratado el diseño a una empresa independiente (esas compañías existen). Si lo hubiera hecho, Apple quizá nunca hubiese adquirido las capacidades que luego le permitieron diseñar productos como iPhone y iPad. En vez de ello, las capacidades se hubieran quedado en la empresa de diseño. Dicho de otra forma, Apple hubiera perdido la oportunidad de establecer una ventaja competitiva basada en su capacidad para el diseño industrial.

El ejemplo de Apple destaca uno de los problemas de la subcontratación. Las compañías que subcontratan actividades para obtener una ventaja de costos a corto plazo pueden dejar pasar la oportunidad de acumular subsecuentemente relevantes capacidades en dicha actividad. Los críticos sostienen que la prisa de las empresas estadounidenses por subcontratar actividades durante las décadas de 1990 y 2000 a proveedores extranjeros de bajo costo han tenido precisamente tal efecto.[33] Aunque cada decisión parece haber sido sensata por separado cuando fue tomada, el efecto acumulativo de la subcontratación puede ser dejar escapar la oportunidad de desarrollar capacidades en dicha actividad, las cuales podrían conducir a una ventaja competitiva. Cuando Amazon decidió qué proveedor haría la pantalla del Kindle, por ejemplo, tuvo que recurrir a una compañía taiwanesa. Todas las empresas estadounidenses habían dejado la industria de LCD en la década de 1990, pero ninguna tenía la capacidad de hacer lo que Amazon necesitaba.

Aquí, el punto central es que las compañías deben ser muy cuidadosas respecto de lo que subcontratan. No deberían subcontratar actividades para ahorrar costos a corto plazo en áreas que son potencialmente importantes para la ventaja competitiva a largo plazo de la empresa. Algunos podrían argumentar que Boeing incurrió en este error cuando subcontrató la producción de alas para su avión 787: a pesar de que la decisión pudo haber parecido acertada cuando se le juzga desde una perspectiva solo de costos, Boeing ya no está acumulando capacidades en el diseño de un componente clave para una gran aeronave comercial, y con el tiempo, esto puede perjudicar a la compañía.

Programación mejorada

Otro argumento en favor de producir todo el producto o parte de él de modo interno es que se genera un ahorro en los costos de producción porque facilita la planeación, coordinación y programación de los procesos adyacentes.[34] Este aspecto tiene especial relevancia para empresas que cuentan con un sistema de inventario justo a tiempo (que veremos más adelante en este capítulo). En la década de 1920, por ejemplo, Ford obtuvo ganancias debido a la estricta coordinación y programación que era posible debido a que regresó a la integración vertical del acero forjado, del embarque de mineral de hierro y de la minería. Las entregas en las fundidoras de Ford de la región de los Grandes Lagos estaban tan bien coordinadas que el mineral se convertía en *blocks* de motores en un lapso de 24 horas. Este rápido proceso reducía de manera considerable los costos de producción de Ford, pues eliminaba la necesidad de mantener inventarios de material excesivos.

---

[32] Teece, Pisano y Shuen, "Dynamic Capabilities and Strategic Management".

[33] G. P. Pisano y W. C. Shih, "Restoring American Competitiveness", en *Harvard Business Review*, julio-agosto de 2009, pp. 114-226.

[34] A. D. Chandler, *The Visible Hand*, Cambridge, Massachusetts, Harvard University Press, 1977.

Para los negocios internacionales que se abastecen en todo el mundo, los problemas de programación se exacerban con el transcurso del tiempo y la distancia entre la empresa y sus proveedores. Dicha agudización de los inconvenientes se debe ya sea a que la compañía usa sus propias subunidades como proveedores o emplea a proveedores independientes; sin embargo, el problema aquí no es la propiedad de plantas de producción ascendentes: si utilizan tecnologías de la información, las empresas logran una coordinación estrecha entre las diferentes etapas del proceso productivo.

VENTAJAS DE COMPRAR

Comprar los componentes o todo el producto a proveedores independientes contribuye a que la empresa tenga mayor flexibilidad, reduzca su estructura de costos y puede ayudar a obtener pedidos de clientes internacionales.

Flexibilidad estratégica

La gran ventaja de comprar los componentes, o incluso un producto completo, a proveedores independientes es que la compañía conserva su flexibilidad, pues puede cambiar de proveedor según lo dicten las circunstancias. Esto es fundamental en particular para el ámbito internacional, en donde los tipos de cambio y las barreras comerciales pueden alterar el atractivo del lugar de origen del suministro. Un año Hong Kong puede ser el lugar de origen de menor costo para un componente, y el siguiente, puede ser México quien ofrezca costos menores. Muchas compañías subcontratan los mismos productos a proveedores con base en dos países, sobre todo como protección contra movimientos adversos de los costos, tipos de cambio y otros aspectos similares.

Subcontratar productos de proveedores independientes también es una ventaja cuando la localización óptima para fabricar un producto se ve amenazada por riesgos políticos. En tales circunstancias, la inversión extranjera directa para establecer operaciones de producción de un componente en dicha nación puede exponer a la empresa a riesgos políticos de diversas magnitudes. La compañía puede evitar muchos de esos riesgos si compra a un proveedor independiente en ese país, sin perder la flexibilidad para cambiar a otro subcontratista en otra nación en caso de que el atractivo de un país como origen del suministro para cierto componente se alterara debido a guerras, revoluciones u otros cambios políticos.

No obstante, mantener la flexibilidad estratégica tiene su lado negativo: si un proveedor percibe que la empresa cambiará de proveedor en respuesta a las alteraciones del tipo de cambio, las barreras comerciales o las circunstancias políticas generales, quizá no esté dispuesto a efectuar una inversión en plantas y equipo especializados que al final beneficiarán a la compañía.

Costos menores

A pesar de que fabricar un producto o componente internamente (integración vertical) a menudo se hace con la finalidad de reducir los costos, puede tener el efecto opuesto. Cuando así sucede, la subcontratación puede "engordar" la estructura de costos de la empresa. Producir todo o parte de un producto de manera interna aumenta el ámbito de operaciones de la organización, y la complejidad organizacional puede elevar la estructura de costos. Hay tres motivos que pueden ocasionar este desajuste.

Primero, mientras mayor sea la cantidad de subunidades de una organización, mayores serán los problemas para coordinarlas y controlarlas. La coordinación y el control de subunidades requieren que los directivos procesen grandes cantidades de información de las actividades que se desarrollan en cada subunidad. Mientras más subunidades existan, más será la información que la alta dirección debe procesar y más difícil resultará hacerlo bien. En teoría, cuando la compañía participa en demasiadas actividades, la administración central es incapaz de controlarlas a todas de modo eficaz, y las ineficiencias resultantes contrarrestarán cualquier ventaja derivada de la integración vertical.[35] Ello puede ser grave en los negocios internacionales, donde el problema de controlar las subunidades se exacerba debido a la distancia y las diferencias de tiempo, idioma y cultura.

Segundo, la empresa que cuenta con una integración vertical para producir componentes puede encontrarse con que, debido a que sus proveedores internos tienen un cliente cautivo en la compañía,

---

[35] Para una revisión de estos argumentos véase C. W. L. Hill y R. E. Hoskisson, "Strategy and Structure in the Multiproduct Firm", en *Academy of Management Review* 12, 1987, pp. 331–341.

carecen de incentivos para reducir los costos. El hecho de que no deban competir por pedidos con otros proveedores puede ocasionar altos costos de operación. Los administradores de esa división pueden verse tentados a pasar los aumentos de los costos a otras partes de la empresa en forma de precios de transferencia mayores, en vez de buscar formas de reducirlos.

Tercero, a partir del punto anterior, las compañías con integración vertical deben determinar los precios apropiados para los bienes que se transfieren entre las subunidades. Esto es un reto para cualquier empresa, pero es aún más complejo en los negocios internacionales. Las diferencias de regímenes fiscales, los movimientos de los tipos de cambio y la falta de conocimiento de las oficinas centrales sobre las condiciones locales incrementan la complejidad de las decisiones para determinar los precios de transferencia. Tal complejidad aumenta la capacidad de los proveedores internos para manipular dichos precios a su conveniencia y traspasar los aumentos en lugar de buscar maneras de disminuirlos.

La empresa que compra sus componentes a los proveedores independientes evita estos problemas, así como los costos derivados. Al hacerlo de esa forma, la compañía tiene menos subunidades que controlar. Los problemas de incentivos que traen consigo los proveedores internos no surgen cuando se utilizan los servicios de proveedores independientes, pues estos saben que deben mantener su eficiencia si quieren ganar negocios con la empresa. Como también los precios de los proveedores independientes son fijados por las fuerzas del mercado, no existen problemas de determinación de precios de transferencia. En suma, se evitan las ineficiencias burocráticas y los costos que pueden generar la integración vertical inversa y la producción de sus propios componentes al comprarlos a proveedores independientes.

Compensaciones

Otra razón para tener cierta producción subcontratada mediante proveedores independientes en otros países es ayudar a la empresa a obtener más pedidos de ese país. La práctica de las compensaciones es común en la industria aeroespacial comercial; por ejemplo, antes que Air India haga un gran pedido a Boeing, su gobierno puede pedir a la compañía que promueva algunas subcontrataciones con productores locales, lo cual no es raro en los negocios internacionales. En repetidas ocasiones, los representantes del gobierno estadounidense han exhortado a las fábricas automotrices japonesas a que compren más componentes a los proveedores estadounidenses, como una forma de compensar en parte el gran volumen de exportaciones de automóviles de Japón a Estados Unidos.

ANÁLISIS COSTO-BENEFICIO

En definitiva, existen beneficios en las decisiones de producir o comprar. Las ventajas de producir componentes en la propia empresa parecen mayores cuando hay activos muy especializados, la producción interna es esencial para proteger la tecnología propia o la compañía sola es más eficiente que los proveedores externos en una actividad particular. Cuando esas condiciones no existen, el riesgo de la inflexibilidad estratégica y los problemas organizacionales sugieren que puede ser mejor contratar fuera parte o todo el proceso de producción de los componentes con proveedores independientes. Como los asuntos relacionados con la flexibilidad estratégica y el control organizacional parecen tener más trascendencia para los negocios internacionales que para los nacionales, una empresa internacional debe ser en especial cautelosa de la integración vertical para producir componentes. Además, subcontratar una parte de la producción en forma de compensaciones puede ayudar a una compañía a ganar mayores pedidos en el futuro.

JOINT VENTURES CON PROVEEDORES

Varias empresas internacionales intentan obtener beneficios de la integración vertical sin los problemas organizacionales que implica establecer *joint ventures* con sus proveedores imprescindibles; por ejemplo, existe una alianza entre Kodak y Canon según la cual esta última construye fotocopiadoras que vende la primera; una alianza entre Microsoft y Flextronics, en que esta última construye el Xbox para Microsoft, y una alianza entre Boeing y varias compañías japonesas para producir sus aeronaves, entre ellas el Boeing 787. Con estas alianzas, Kodak, Microsoft y Boeing se comprometieron en una relación a largo plazo con estos proveedores, lo cual los alentó a llevar a cabo inversiones especializadas. Las *joint ventures* crean confianza entre la empresa y sus proveedores, la cual se logra cuando una formaliza un compromiso confiable para continuar con un proveedor en condiciones razonables; por ejemplo, la compañía puede invertir en un proveedor, quizás al tomar una parte minoritaria de las acciones, para indicar su intención de crear una relación productiva de beneficio mutuo y de largo plazo.

Este tipo de arreglo entre la empresa y sus proveedores se inició en Japón con grandes fábricas de autos, como Toyota. Muchos productores japoneses de automóviles sostienen relaciones de cooperación con sus proveedores que datan de décadas; en ellas, las compañías y sus proveedores colaboran para lograr maneras de aumentar el valor agregado, por ejemplo, mediante sistemas de inventario justo a tiempo o colaboración en el diseño de componentes para mejorar la calidad y reducir los costos de ensamblado. Dichas relaciones se formalizaron cuando las fábricas de autos adquirieron una cantidad minoritaria de las acciones de muchos de sus proveedores imprescindibles, como muestra de su deseo de mantener una relación de colaboración de largo plazo con ellos. Al mismo tiempo, la relación entre la empresa y cada uno de sus proveedores imprescindibles permanece regulada por el mercado y puede terminar si el desempeño del proveedor se deteriora. Con esta estrategia, los productores japoneses de automóviles obtienen muchos beneficios de la integración vertical, en particular los de la inversión en activos especializados, sin sufrir los problemas organizacionales implícitos en la integración vertical formal. Asimismo, los proveedores se benefician porque crecen con la compañía a la que proveen y comparten sus éxitos.[36]

No todas las alianzas son positivas. Al igual que en la integración vertical formal, una empresa que establece una alianza de largo plazo puede limitar su flexibilidad estratégica debido a los compromisos con sus socios en la alianza. Como vimos en el capítulo 15, cuando consideramos las alianzas entre los competidores, una compañía que se alía con otra corre el riesgo de revelar conocimientos tecnológicos clave a un posible competidor.

Administración de una cadena global de suministro

OA17-5

La *logística* abarca las actividades necesarias para hacer llegar los materiales a las instalaciones de manufactura, a lo largo del proceso de producción y los sistemas de distribución, y hasta el usuario final.[37] En el ámbito internacional, la función de logística administra la cadena global de suministro. Los objetivos paralelos de la logística son administrarla al menor costo posible de forma que atienda mejor las necesidades del cliente, para reducir los costos de la creación de valor, y ayudar a la empresa a establecer una ventaja competitiva mediante mejores servicios al cliente.

El potencial para reducir costos por medio del incremento del nivel de eficiencia de la logística es enorme. Para una compañía común de manufactura, los costos de materiales constituyen entre 50 y 70% de sus ingresos, según el sector industrial. Incluso una pequeña reducción de esos costos puede tener un efecto considerable en las utilidades. De acuerdo con un cálculo, una empresa con ingresos de un millón de dólares, una ganancia de 5% sobre la tasa de inversión y costos de materiales correspondientes a 50% de sus ingresos por ventas puede obtener un aumento de 15 mil dólares en el total de sus utilidades ya sea con el incremento de 30% en sus ingresos por ventas o con la reducción de sus costos de materiales en 3%.[38] En un mercado saturado, es mucho más fácil reducir los costos de los materiales 3% que aumentar los ingresos por ventas 30%.

FUNCIÓN DE LOS INVENTARIOS JUSTO A TIEMPO

Iniciados por las empresas japonesas durante la notable transformación económica del país en las décadas de 1950 y 1960, los sistemas de inventario justo a tiempo desempeñan hoy una función de singular relevancia en la mayoría de las compañías de manufactura. La propuesta básica de los sistemas **justo a tiempo** (*just in time*, JIT) radica en economizar los costos de mantenimiento de inven-

---

[36] C. W. L. Hill, "Cooperation, Opportunism, and the Invisible Hand", en *Academy of Management Review* 15, 1990, pp. 500–513.

[37] Véase R. Narasimhan y J. R. Carter, "Organization, Communication and Coordination of International Sourcing", en *International Marketing Review* 7, 1990, pp. 6–20; y Arntzen, Brown, Harrison, y Trafton, "Global Supply Chain Management at Digital Equipment Corporation".

[38] H. F. Busch, "Integrated Materials Management", en *IJPD & MM* 18, 1990, pp. 28–39.

tario mediante la entrega oportuna, no antes, de los materiales al proceso de producción. El principal ahorro de costos surge al acelerar el movimiento de los materiales en existencia, lo cual reduce los costos de mantenimiento del inventario, el costo de bodegas y almacenamiento. Esto implica que la empresa disminuye la cantidad de capital de trabajo que necesita para financiar el inventario, y lo libera para otros usos o reduce las necesidades totales de capital de la compañía. Si todo lo demás se mantiene igual, crecerá la rentabilidad de la empresa pues aumentará el rendimiento del capital invertido. Además, significa que es menos probable que la compañía tenga un exceso de inventario sin vender, el cual deberá amortizar contra las ganancias, o bien fijarle un precio menor para venderlo.

Aparte de los beneficios en costos, los sistemas JIT también ayudan a la empresa a mejorar la calidad del producto. En un sistema JIT, los suministros entran al proceso de producción de inmediato; esto es, no se almacenan, lo que permite localizar los insumos defectuosos en el momento. El problema se rastrea hasta la fuente de suministro y se soluciona antes de que se produzcan más partes defectuosas. En el sistema tradicional, el almacenamiento de suministros durante semanas permite la producción de muchas partes defectuosas antes de que se identifique el problema.

La desventaja de un sistema JIT es que deja a la compañía sin existencias de reserva en el inventario. Aunque es costoso almacenarlas, pueden sacar a una empresa de un problema de déficit generado por interrupciones de suministro de los proveedores. Asimismo, las existencias de reserva pueden ayudar a que una compañía responda con rapidez a los incrementos de la demanda. Una interrupción de este tipo ocurrió después de los ataques al World Trade Center y el Pentágono, el 11 de septiembre de 2001, cuando la suspensión temporal de viajes y envíos en avión dejó sin inventarios de reserva a muchas empresas que dependían de proveedores dispersos en el mundo y que administraban cadenas de suministro "justo a tiempo". Una situación menos evidente, pero similar, ocurrió de nuevo en abril de 2003 con la epidemia del virus SRAS (síndrome respiratorio agudo grave), parecido a la neumonía, en China, que ocasionó la suspensión temporal de varias plantas operadas por compañías extranjeras e interrumpió sus cadenas mundiales de suministro. De igual manera, a finales de 2004, las importaciones sin precedente de Estados Unidos bloquearon muchos puertos navieros de la costa oeste con exceso de barcos de Asia que no podían descargarse con rapidez, e interrumpió las cadenas de suministro perfectamente sincronizadas de muchas empresas estadounidenses importantes.[39]

Existen formas para reducir el riesgo asociado con una cadena mundial de suministro que opera con sistemas JIT. Algunas compañías obtienen estos insumos de diversos proveedores ubicados en diferentes países. Si bien ello no ayuda en caso de un acontecimiento con alcances mundiales, como el del 11 de septiembre de 2001, permite manejar las interrupciones de suministro de algunos países, las cuales son situaciones más comunes.

FUNCIÓN DE LA TECNOLOGÍA DE LA INFORMACIÓN E INTERNET

Los sistemas de información desempeñan una función decisiva en la administración moderna de materiales. Como rastrean los componentes mientras van en camino hacia una planta de montaje, los sistemas de información permiten a las compañías optimizar sus planes de producción según la fecha en que se espera que lleguen las diversas partes. Además, dado que pueden localizar con precisión los componentes en la cadena de suministro, los sistemas de información hacen posible acelerar la producción cuando es necesario, mediante el retiro de componentes clave de la cadena regular de suministro y su envío por avión a la planta de producción.

Las empresas recurren cada vez más al intercambio electrónico de datos (*electronic data interchange*, EDI) para coordinar el flujo de materiales hacia y durante la producción y hacia los clientes. Los sistemas EDI requieren enlaces por computadora entre la compañía, sus proveedores y sus transportistas. En ocasiones, en este sistema también se integra a los clientes. Estos enlaces electrónicos son útiles para hacer pedidos a los proveedores, registrar las piezas enviadas por ellos, rastrearlas mientras llegan a una planta y registrar su llegada. Los proveedores suelen usar un enlace EDI

---

[39] T. Aeppel, "Manufacturers Cope with the Costs of Strained Global Supply Lines", en *The Wall Street Journal*, 8 de diciembre de 2004, p. Al.

para enviar sus facturas a la empresa. Un resultado del sistema EDI es que los proveedores, transportistas y la compañía se comunican entre sí sin pérdida de tiempo, lo cual aumenta la flexibilidad y capacidad de respuesta de todo el sistema global de suministro. Otro es que se elimina gran parte del papeleo entre proveedores, transportistas y la empresa compradora. Los sistemas EDI ayudan a las compañías a descentralizar las decisiones de administración de materiales en las plantas, pues proporcionan a los ejecutivos la información que requieren para coordinar y controlar a los grupos descentralizados de administración de materiales.

Antes de que surgiera la internet como importante medio de comunicación, las compañías y sus proveedores casi siempre debían adquirir costosas soluciones propias de software para instrumentar los sistemas EDI. La omnipresencia de la internet y la disponibilidad de aplicaciones con base en la red han hecho obsoletas a la mayoría de dichas soluciones. Los sistemas más económicos basados en la red, mucho más fáciles de instalar y manejar, ahora dominan el mercado de software para administrar la cadena mundial de suministro. Estos sistemas con base en la red unifican con rapidez la administración de cadenas de suministro dispersas en el mundo y permiten que incluso empresas pequeñas obtengan un mejor equilibrio entre el suministro y la demanda, lo que reduce el inventario en sus sistemas y genera los beneficios económicos asociados. Una creciente cantidad de compañías adopta tales sistemas y las que no lo hacen pueden estar en una desventaja competitiva considerable.

RESUMEN

En este capítulo, se explicó la forma en que las funciones de producción y logística eficientes mejoran la posición competitiva de una empresa internacional, pues reducen los costos de creación de valor y desempeñan actividades de creación de valor de tal forma que el servicio al cliente se enriquece y el valor agregado se maximiza. Se analizó con detalle los tres temas centrales de la producción internacional y la logística: dónde producir, qué producir y qué comprar, y cómo coordinar un sistema de producción y suministro disperso en el mundo. En el capítulo, se expusieron los siguientes argumentos:

1. La elección del lugar de producción óptimo debe considerar los factores relacionados con el país, la tecnología y el producto.
2. Los factores del país incluyen la influencia de los costos, economía política y cultura nacional sobre los costos de producción, así como la existencia de condiciones externas de ubicación.
3. Los factores tecnológicos son los costos fijos que supone instalar plantas de producción, la escala de eficiencia mínima de producción y la disponibilidad de tecnología de producción flexible que permitan la adaptación masiva.
4. Los factores del producto incluyen la proporción entre el valor y el peso del producto, y si este cubre necesidades universales.
5. Las estrategias de ubicación concentran o descentralizan la producción. La selección debe tener en cuenta al país y los factores tecnológicos y del producto. Todas las decisiones acerca de ubicaciones implican beneficios.
6. Las plantas extranjeras pueden mejorar sus capacidades con el tiempo, lo cual puede ser de inmenso beneficio estratégico

para la compañía. Los administradores deben ver en ellas centros potenciales de excelencia, y motivar y fomentar las medidas de los administradores locales para mejorar las capacidades de las plantas.
7. Un tema esencial para muchos negocios internacionales es determinar los componentes que deben producirse internamente y cuáles deben subcontratarse a proveedores independientes.
8. La producción interna de componentes facilita las inversiones en activos especializados y contribuye a que la empresa proteja su propia tecnología. También, mejora la planeación entre las etapas cercanas de la cadena de valor. La producción interna es pertinente si la compañía es el productor eficiente de una tecnología de bajo costo.
9. Comprar los componentes con proveedores independientes facilita la flexibilidad estratégica y contribuye a que la empresa evite problemas organizacionales asociados con la integración vertical extensa. Asimismo, sirve como parte de una política de "compensación", que se diseña para obtener más pedidos para la compañía de cierta nación al concederle una parte de la subcontratación.
10. Varias empresas tratan de obtener los beneficios de la integración vertical y evitar los problemas organizacionales derivados de ella al entrar en *joint ventures* de largo plazo con proveedores indispensables.
11. Aunque las alianzas con los proveedores pueden proporcionar a una compañía los beneficios de la integración vertical sin deshacerse por completo de los de una relación de mercado, las *joint ventures* tienen desventajas. La empresa que establece una alianza puede encontrar que su flexibilidad estratégica está limitada por compromisos con sus socios.

12. La logística abarca todas las actividades en virtud de las cuales los materiales llegan a una planta, se someten al proceso de producción y salen mediante un sistema de distribución hasta el usuario final. En una compañía internacional, esta función se complica por la distancia, el tiempo, los tipos de cambio, las barreras comerciales y otros factores.

13. Los sistemas de inventario justo a tiempo generan importantes ahorros, pues reducen los costos de mantenimiento, almacenamiento e inventario, así como la necesidad de amortizar inventarios excesivos. Además, los sistemas JIT ayudan a la compañía a detectar las piezas defectuosas y retirarlas con rapidez, y de esa manera mejorar la calidad del producto.

14. La tecnología de la información, en especial el intercambio de datos electrónicos con base en internet, desempeña un papel trascendente en la administración de materiales. El EDI facilita el rastreo de los suministros, permite optimizar el programa de producción y que la compañía y sus proveedores se comuniquen en tiempo real, a la vez que elimina el flujo de papeleo entre la empresa y sus proveedores.

Preguntas de análisis y razonamiento crítico

1. Una compañía de electrónica considera la mejor manera de proveer al mercado mundial de microprocesadores para productos electrónicos de consumo e industriales. El costo de construcción de una planta es de 500 millones de dólares y requiere una fuerza de trabajo muy calificada. Se calcula que el valor total del mercado mundial de este producto a lo largo de los siguientes 10 años será de entre 10 mil y 15 mil millones de dólares. Los aranceles vigentes en esta industria son bajos. ¿Debe la empresa adoptar una estrategia de producción concentrada o descentralizada? ¿Qué tipo(s) de ubicación(es) debe preferir para su(s) planta(s)?

2. Una compañía de productos químicos evalúa la mejor forma de suministrar ácido sulfúrico al mercado mundial. Construir una planta cuesta más o menos 20 millones de dólares e implica una fuerza de trabajo moderadamente calificada. Se calcula que el valor total del mercado mundial para este producto a lo largo de los próximos 10 años será de entre 20 mil y 30 mil millones de dólares. Los aranceles vigentes en esta industria son moderados. ¿Debe la empresa favorecer la producción concentrada o descentralizada? ¿Qué tipo(s) de ubicación(es) debe buscar para su(s) planta(s)?

3. Una compañía debe decidir si va a producir un componente o a contratarlo con un proveedor independiente. Producir la pieza demanda una inversión no recuperable en activos especializados. Los proveedores más eficientes están en países con divisas que muchos analistas esperan se aprecien en forma sustancial a lo largo de la siguiente década. ¿Cuáles son las ventajas y desventajas de *a)* fabricar el componente internamente y *b)* subcontratar la producción a un proveedor independiente? ¿Qué recomendaría? ¿Por qué?

4. Vuelva a leer el "Panorama administrativo" sobre Philips en China y responda las siguientes preguntas:

   a) ¿Cuáles son los beneficios para Philips de llevar tan elevado porcentaje de su producción global a China?

   b) ¿Cuáles son los riesgos asociados con una densa concentración de activos de producción en China?

   c) ¿Qué estrategias puede adoptar Philips para elevar al máximo los beneficios y reducir los riesgos asociados con llevar tan elevada proporción de su capacidad productiva al extranjero?

5. Explique cómo ayudaría a una empresa internacional una función eficiente de logística para competir mejor en el mercado mundial.

Proyecto de investigación   🌐 globalEDGE   globaledge.msu.edu

Producción, subcontratación y logística

Utilice el sitio globalEDGE (globaledge.msu.edu) para efectuar los siguientes ejercicios:

Ejercicio 1

La globalización de la producción pone ante la vista de muchas personas las diferencias entre los costos de manufactura en el mundo. El Departamento de la Oficina de Asuntos Laborales Internacionales de Estados Unidos publica el *Chartbook of International Labor Comparisons*. Localice la edición más reciente de este reporte e identifique el costo de remuneración por hora de los trabajadores de manufactura en China, Brasil, México, Turquía, Alemania y Estados Unidos.

Ejercicio 2

El *Logistics Performance Index* (LPI) del Banco Mundial evalúa el entorno de la logística comercial y el desempeño de los países. Localice el LPI más reciente. ¿Qué componentes de cada nación se examinan para construir el índice? Identifique los 10 mejores desempeños logísticos. Prepare un resumen ejecutivo destacando los hallazgos clave del LPI. ¿Cómo pueden ser útiles dichos hallazgos para las compañías que intentan construir una red competitiva de cadena de suministro?

CASO FINAL

Producción del Kindle de Amazon

Cuando el detallista *online* Amazon.com inventó su revolucionario lector de libros electrónicos, el Kindle, la compañía tuvo que decidir dónde producirlo. La decisión se basó en el entendido de que si el Kindle iba a tener éxito, debería tener una mágica combinación de precio bajo, alta funcionalidad, alta confiabilidad y un diseño elegante. Con el tiempo, esto se volvió aún más relevante a medida que surgieron los competidores. Estos incluían a Sony con varios lectores, Barnes & Noble con su Nook y, más notablemente, Apple con su multifacético iPad, que puede funcionar como lector digital entre muchas otras cosas. La meta de Amazon ha sido reducir agresivamente el precio del Kindle para que tenga una ventaja sobre sus competidores y a la vez sea lo bastante viable tener un par de Kindles en casa como una especie de biblioteca digital.

Amazon diseñó el Kindle en un laboratorio en California, precisamente porque ahí se ubicaba su conocimiento clave de investigación y desarrollo. Uno de los componentes decisivos del Kindle, el "ink" (pequeñas microcápsulas utilizadas en la pantalla), fue diseñado y producido por E Ink, una empresa con sede en Cambridge, Massachusetts, Estados Unidos. Sin embargo, gran parte del valor restante del Kindle se subcontrata a compañías productoras asiáticas. La empresa de investigación de mercado iSuppli estima que cuando el producto fue introducido en 2009, el costo total de manufactura del Kindle 2 era de aproximadamente 185 dólares. El componente más costoso era la pantalla, que vale casi 60 dólares. Aunque la pantalla empleaba la tecnología de E Ink, no existían compañías estadounidenses con el conoci-miento suficiente para manufacturar una pantalla electroforética biestable que mostrara una imagen aun cuando no estuviera usando la batería. Esta tecnología es fundamental para el Kindle, pues permite que la batería tenga una vida muy larga. Finalmente, Amazon contrató a una empresa taiwanesa, Prime View International, para que hiciera la pantalla. Prime View tenía un gran conocimiento de la manufactura de LCD y tenía la reputación de productor eficiente y confiable. Los estimados sugieren que entre 40% y 50% del valor de la pantalla es obtenido por E Ink, y que el resto va a Prime View.

Después de la pantalla, el siguiente componente más caro es la tarjeta inalámbrica que permite que el Kindle se conecte con la librería digital de Amazon a través de un vínculo inalámbrico. La tarjeta cuesta aproximadamente 40 dólares. Novatel Wireless, una compañía sudcoreana que ha desarrollado un gran conocimiento en la producción de chipsets (circuitos integrados auxiliares) para fabricantes de teléfonos celulares, es quien produce este componente. La tarjeta incluye un chip de 13 dólares diseñado por Qualcomm en San Diego, y también se produce en Asia. El cerebro del Kindle es un microprocesador de 8.64 dólares diseñado por Freescale Semiconductor, una empresa de Texas. Freescale subcontrata la producción de chips a fábricas en China y Taiwán. Otro componente clave, la batería de polímero de litio, cuesta casi 7.50 dólares y se produce en China. En suma, del costo total de manufactura de aproximadamente 185 dólares, quizá 40 o 50 dólares son para actividades efectuadas en Estados Unidos por E Ink, Qualcomm y Freescale, y el resto se subcontrata a productores en Taiwán, China y Corea del Sur.[40]

Preguntas para analizar el caso

1. ¿Qué criterios guiaron la decisión de Amazon sobre dónde producir los distintos componentes del Kindle? ¿Fueron los criterios correctos?
2. Hay quien sostiene que el hecho de que solo entre 40 y 50 dólares de la manufactura del Kindle vaya a empresas estadounidenses es un signo del declive de la competitividad de esa nación. ¿Está de acuerdo con este argumento?
3. Si Amazon hubiera decidido diseñar y producir el Kindle y todos sus componentes en Estados Unidos, ¿cuáles piensa que hubieran sido las consecuencias para la compañía?

Una selección de Kindles de Amazon.

[40] M. Muro, "Amazon's Kindle: Symbol of American Decline?", Brookings Institute, 25 de febrero de 2010, en: http://www.brookings.edu; y Pisano y Shih, "Restoring American Competitiveness".

Marketing mundial e investigación y desarrollo

18

OBJETIVOS DE APRENDIZAJE

Al terminar este capítulo, usted deberá ser capaz de:

OA18-1 Explicar por qué tendría sentido cambiar los atributos de un producto de un país a otro.

OA18-2 Reconocer cómo y por qué la estrategia de distribución de una compañía puede variar entre naciones.

OA18-3 Identificar cómo y por qué las estrategias publicitarias y promocionales pueden divergir entre países.

OA18-4 Explicar cómo y por qué la estrategia de precios de una empresa puede variar entre naciones.

OA18-5 Describir de qué manera la globalización afecta el desarrollo de nuevos productos dentro de una compañía de negocios internacional.

Estrategia de marca mundial de Burberry

Caso inicial

Burberry, el icónico detallista británico de prendas de vestir de lujo, famoso por sus accesorios a cuadros tipo escocés, no ha dejado de evolucionar en su estrategia de marketing. A finales de la década de 1990, un crítico definió la marca como "un negocio anticuado con un concepto de distinción y elegancia en la moda casi de cero". Para 2012, Burberry era ampliamente reconocida como una de las marcas de lujo más exclusivas del planeta, con una fuerte presencia en muchas de las ciudades más acaudaladas del mundo, más de 560 tiendas minoristas y utilidades por más de 2 200 millones de dólares.

Dos directoras generales estadounidenses sucesivas están detrás de la transformación de Burberry. La primera, Rose Marie Bravo, se unió a la compañía en 1997 proveniente de Saks Fifth Avenue; ella vio un inmenso valor oculto en la marca. Uno de sus primeros movimientos fue contratar diseñadores de clase mundial para revitalizar la marca. Asimismo, la empresa modificó su orientación hacia una población más joven y sofisticada, que quizá se ejemplifica mejor con los promocionales que presentan a la súper modelo Kate Moss, lo cual contribuyó a reposicionar la marca. Para cuando Bravo se retiró en 2006, había transformado a Burberry en lo que un observador denominó

una marca de moda "nostálgicamente actual" y vanguardista, cuyas gabardinas, prendas de ropa, bolsos de mano y otros accesorios eran artículos que los consumidores más jóvenes, opulentos y amantes de la moda en todas partes del mundo "debían tener".

La sucesora de Bravo fue Angela Ahrendts, cuya carrera la había llevado desde un pequeño pueblo de Indiana a una licenciatura en Ball State University, pasando por Warnaco y Liz Claiborne, hasta convertirse en la directora general de Burberry a los 46 años. Ahrendts se percató de que, a pesar de todo el éxito de Bravo, Burberry continuaba enfrentando problemas importantes. Durante mucho tiempo, la compañía había seguido una estrategia de concesión, permitiendo a sus socios de otros países diseñar y vender sus propias propuestas bajo la etiqueta Burberry. Tal falta de control sobre la oferta estaba dañando el valor de la marca; por ejemplo, su socio español vendía ropa casual que no tenía nada qué ver con lo que se diseñaba en Londres. Mientras continuara dicho estado de cosas, Burberry seguiría luchando por consolidar una marca mundial unificada.

La solución de Ahrendts fue comenzar a adquirir socios, recomprar los derechos de licencia para recuperar el control sobre la marca o ambos. A la vez, se esforzó por lograr una agresiva expansión de la estrategia de tiendas minoristas de la empresa. El objetivo principal de la compañía bajo la dirección de Ahrendts continuó siendo el sector acaudalado, joven y amante de la moda; para conseguirlo, Burberry se centró en 25 de las ciudades más ricas del mundo. Los mercados clave incluyen Nueva York, Londres y Beijing que, según Burberry, constituyen más de la mitad del comercio global de la moda de lujo. Como resultado de dicha estrategia, la cantidad de tiendas aumentó de 211 en 2007 a 563 en 2011.

Otro aspecto de la estrategia de Burberry ha sido utilizar herramientas de comercialización digital para llegar a su base de consumidores expertos en tecnología. En realidad, existen pocas empresas con marcas de lujo que hayan empleado la tecnología digital en forma tan agresiva como Burberry, que ha transmitido de manera simultánea desfiles de moda en 3D en Nueva York, Los Ángeles, Dubai, París y Tokio. Los espectadores en casa pueden ver los desfiles por internet y subir sus comentarios en tiempo real. Los abrigos y bolsos están disponibles mediante tecnología "clic y compra", con entregas de la mercancía varios meses antes de que lleguen a las tiendas. Burberry contaba con más de 10 millones de fans en Facebook a principios de 2012. La gente puede subir sus fotografías con la exclusiva gabardina de Burberry en "The Art of the Trench", una red social propiedad de la compañía.

Esa estrategia de comercialización global parece estar funcionando. Entre 2007 y 2011, las utilidades de Burberry aumentaron de 589 millones a 1 501 millones de libras esterlinas, y esto contra el escenario de una desaceleración económica mundial. En el mismo periodo, las ventas al menudeo se elevaron de 48% a 64% del total. Para marzo de 2012, 72% de las ventas de Burberry provenían de los establecimientos minoristas.[1]

 Introducción

El capítulo previo describió las funciones de manufactura y administración de materiales en los negocios internacionales; en este, continuaremos con las funciones específicas de los negocios y examinaremos la del marketing e investigación y desarrollo (ID) en un entorno internacional. Nos concentraremos en la forma en que el marketing e ID reducen los costos de creación de valor y añaden valor agregado al producto, pues satisfacen mejor las necesidades del cliente.

En el capítulo 13, hablamos de la tensión que enfrenta la mayoría de los negocios internacionales cuando necesitan reducir costos y, al mismo tiempo, deben responder a las condiciones locales, lo cual tiende a incrementarlos. Esta tensión es un tema constante en este capítulo. Una estrategia de comercialización global que pueda apreciar las semejanzas de los gustos y preferencias de los consumidores en todo el mundo es congruente con la producción en masa de bienes estandarizados, la cual permite a la empresa reducir en forma sustancial su costo por unidad a partir de la curva de experiencia y otras economías de escala, sin importar que estos sean jabón, chips semiconductores o una prenda de vanguardia; pero ignorar las diferencias entre los gustos y preferencias de los consumidores de diversos países puede llevar al fracaso. Así, el equipo de marketing de las compañías internacionales debe determinar si es apropiada o no la estandarización del producto para ajustar su estrategia de comercialización en consecuencia. Incluso si la estandarización del producto es adecuada, y la forma de posicionarlo en el mercado, las promociones y los mensajes con que se vende son correctos, es indispensable personalizarlos para que lleguen a los consumidores locales.

Como se describe en el caso inicial, Burberry, el minorista de moda de lujo, ha estado lidiando con estos problemas. Su nicho de mercado objetivo ha sido un sector opulento, joven y amante de la moda. La empresa considera a este grupo como uno que comparte muchos de los mismos gustos y preferencias en todo el mundo. Con base en ello, ha prestado mucha atención en la edificación de una marca mundial unificada con un mensaje de marketing consistente y que ofrece el mismo producto en el mundo entero. Como parte de esta estrategia, Burberry ha recomprado los derechos de licencia de sus socios en todo el orbe para recobrar el control de su marca y ha expandido agresivamente su propia presencia detallista en muchas de las ciudades más pudientes del planeta, donde reside su grupo consumidor objetivo. Tal estrategia de comercialización global le ha funcionado a Burberry, pero puede no ser viable para otras corporaciones; todo depende de la medida en que los gustos y preferencias de los consumidores sean homogéneos y, como veremos, a menudo no lo son.

Consideramos las funciones de marketing e investigación y desarrollo (ID) en el mismo capítulo por su relación tan cercana. Un aspecto decisivo de la función de marketing es identificar nichos de mercado para desarrollar nuevos productos que los satisfagan. Diseñar nuevos productos requiere ID, de ahí la relación entre marketing e ID. Los nuevos productos deben producirse con base en

---

[1] Nancy Hass, "Earning Her Stripes", en *The Wall Street Journal*, 9 de septiembre de 2010; "Burberry Shines as Aquascutum Fades", en *The Wall Street Journal*, 17 de abril de 2010; Peter Evans, "Burberry Sales Ease from Blistering Pace", en *The Wall Street Journal*, 17 de abril de 2010; y "Burberry Case Study", en *Market Line*, www.marketline.com, enero de 2012.

las necesidades del mercado y solo el equipo de marketing puede definir dichas necesidades al personal de ID, así como especificarle si debe crear productos estandarizados globalmente o adaptarlos a las necesidades locales. Desde hace mucho, la investigación sostiene que uno de los factores más relevantes para el éxito de la introducción de un nuevo producto es la cercana relación entre marketing e ID.[2]

En este capítulo, comenzaremos por revisar el debate acerca de la globalización de los mercados. Luego, analizaremos el tema de la segmentación del mercado. Después, estudiaremos los cuatro elementos que integran la mezcla de marketing de una empresa: atributos del producto y las estrategias de distribución, de comunicación y para determinar los precios. La **mezcla de marketing** es el conjunto de opciones que la compañía ofrece a sus mercados objetivo. Muchas empresas varían su mezcla en cada país con base en las diferencias de cultura, desarrollo económico, normas del producto, canales de distribución nacional, entre otras.

El capítulo cierra con un vistazo al desarrollo de nuevos productos en un negocio internacional y sus implicaciones para la organización de las funciones de ID.

Globalización de mercados y marcas

En un artículo ya clásico de la *Harvard Business Review*, el difunto Theodore Levitt escribió con entusiasmo acerca de la globalización de los mercados. Sus argumentos son ya una especie de paradigma en el debate sobre el alcance de la globalización. De acuerdo con Levitt:

> Una fuerza poderosa lleva al mundo a una homogeneidad convergente, y esa fuerza es la tecnología, que ha proletarizado las comunicaciones, el transporte y los viajes. El resultado es una nueva realidad comercial: el surgimiento de mercados mundiales para bienes estandarizados de consumo en una escala que nunca antes imaginamos.
>
> Desaparecieron las acostumbradas variantes de las preferencias regionales o nacionales. La globalización de los mercados es una realidad. Con ello, el mundo de la comercialización multinacional se acerca a su fin, y también la empresa multinacional. Esta opera en una gran cantidad de países y ajusta sus productos y sus prácticas a cada uno, con un costo relativo elevado. La compañía global opera con decidida congruencia, a un costo bajo, como si el mundo entero fuera una sola entidad; vende lo mismo, de la misma manera, en todos lados.
>
> Comercialmente, nada confirma lo anterior mejor que el éxito de McDonald's desde los Campos Elíseos hasta Ginza, de Coca-Cola en Bahréin y Pepsi-Cola en Moscú, y de la música rock, la ensalada griega, las películas de Hollywood, los cosméticos Revlon, los televisores Sony y los pantalones de mezclilla Levi's en todo el mundo.
>
> Desaparecen las antiguas diferencias de los gustos nacionales o las formas de hacer negocios. De modo ineludible, la homogeneidad de las preferencias nos lleva a la estandarización de los productos, de su producción y de las instituciones de intercambio y comercio.[3]

Este es un texto elocuente y evocativo, pero, ¿Levitt está en lo correcto? El éxito de los medios de comunicación mundiales, desde CNN hasta MTV, y su capacidad para moldear una cultura mundial, parecen apoyar sus argumentos. Si está en lo cierto, su explicación tiene muy importantes implicaciones para las estrategias de comercialización de los negocios internacionales; sin embargo, el consenso entre los académicos es que Levitt exagera.[4] Aunque puede tener razón en lo que respecta a muchos productos básicos industriales, como el acero, los químicos a granel y los semiconductores, la globalización, en el sentido de Levitt, parece ser la excepción más que la regla en muchos

---

[2] Véase R. W. Ruekert y O. C. Walker, "Interactions between Marketing and R&D Departments in Implementing Different Business-Level Strategies", en *Strategic Management Journal* 8, 1987, pp. 233-248; y K. B. Clark y S. C. Wheelwright, *Managing New Product and Process Development*, Nueva York, Free Press, 1993.

[3] T. Levitt, "The Globalization of Markets", en *Harvard Business Review*, mayo-junio de 1983, pp. 92-102. Reimpreso con autorización de *Harvard Business Review*, extracto de "The Globalization of Markets", de Theodore Levitt, mayo-junio de 1983. Copyright © 1983 del presidente y los miembros del Harvard College. Derechos reservados.

[4] Por ejemplo véase S. P. Douglas y Y. Wind, "The Myth of Globalization", en *Columbia Journal of World Business*, invierno de 1987, pp. 19-29; C. A. Bartlett y S. Ghoshal, *Managing across Borders: The Transnational Solution*, Boston, Harvard Business School Press, 1989; V. J. Govindarajan y A. K. Gupta, *The Quest for Global Dominance*, San Francisco, Jossey Bass, 2001; y J. Quelch, "The Return of the Global Brand", en *Harvard Business Review*, agosto de 2003, pp. 1-3; y P. J. Ghemawat, *Redefining Global Strategy*, Boston, Mass., Harvard Business School Press, 2007.

mercados de bienes de consumo e industriales; incluso una compañía como McDonald's, ejemplo arquetípico de Levitt de la empresa productora de bienes de consumo estandarizados en todo el mundo, modifica su menú en cada país con base en la preferencia del consumidor local. Por ejemplo, en Medio Oriente, McDonald's vende el McArabia, sándwich de pollo con pan árabe, y en Francia, el Croque McDo, sándwich caliente de jamón y queso.[5]

Tal vez Levitt tenga razón cuando advierte que el transporte y la tecnología de las comunicaciones facilitan la convergencia de determinados gustos y preferencias de los consumidores en las naciones más desarrolladas del mundo, tendencia que ha crecido desde la publicación de su artículo y ha adquirido aún más relevancia desde que lo escribió. En el largo plazo, dichas fuerzas tecnológicas pueden ocasionar el surgimiento de una cultura mundial; no obstante, en la actualidad todavía existen diferencias culturales y económicas entre los países las cuales actúan como freno para cualquier tendencia hacia la estandarización de los gustos y preferencias de los consumidores. Sin duda, quizá esto podría no ocurrir; algunos analistas sostienen que el crecimiento de la cultura mundial no significa que los consumidores comparten los mismos gustos y preferencias.[6] En cambio, las personas en distintas naciones, a menudo con puntos de vista opuestos, participan cada vez más en una conversación "global" compartida, con base en símbolos comunes, como marcas mundiales desde Nike y Dove hasta Coca-Cola y Sony; pero la forma en que se perciben, promueven y utilizan esas marcas varía de un país a otro, con base en las diferencias locales en gustos y preferencias. Además, las barreras comerciales y las discrepancias entre las normas de producto y técnicas también limitan la capacidad de una empresa para vender un producto estandarizado a un mercado mundial mediante una estrategia de marketing estandarizada. Analizaremos el origen de dichas diferencias en las secciones siguientes, cuando exploremos cómo adaptar los productos de un país a otro. En resumen, los mercados globales estandarizados de Levitt parecen estar muy lejos para muchas industrias.

Segmentación del mercado

La **segmentación del mercado** se refiere a la identificación de distintos grupos de consumidores cuyo comportamiento de compra difiere de otros de manera considerable. Los mercados se segmentan de diversas formas: por zona geográfica, demografía (sexo, edad, ingresos, raza, nivel de educación, etc.), factores socioculturales (clase social, valores, religión, estilos de vida) y factores psicológicos (personalidad). Como los segmentos muestran varios patrones de comportamiento de compra, con frecuencia las empresas ajustan su mezcla de marketing según el segmento de que se trate. Así, el diseño preciso del producto, la estrategia para fijar su precio, los canales de distribución y la estrategia de comunicación pueden modificarse de un segmento a otro; el objetivo es conciliar de manera óptima el comportamiento de compra de los consumidores y la mezcla de marketing en un segmento determinado con el fin de maximizar las ventas en ese segmento. Por ejemplo, las compañías automotrices manejan una mezcla de marketing diferente para vender automóviles a sus diversos segmentos socioeconómicos; así, Toyota recurre a su división Lexus para vender automóviles lujosos de altos precios a consumidores con altos ingresos, mientras que ofrece sus modelos introductorios, como el Toyota Corolla, a consumidores con ingresos menores. De igual manera, los productores de computadoras personales ofertan múltiples modelos con distintas combinaciones de atributos de producto y escalas de precio, precisamente para atraer a consumidores de diversos segmentos del mercado (por ejemplo, usuarios profesionales y domésticos).

Cuando los administradores de empresas internacionales consideran la segmentación de mercados en el extranjero, deben conocer dos aspectos primordiales: las discrepancias entre la estructura de los segmentos de mercado de los diferentes países y la existencia de segmentos que trascienden las fronteras nacionales. La estructura de los segmentos de mercado puede diferir significativamente de un país a otro. Un importante segmento de mercado de una nación puede no tener paralelo en el país de origen de la empresa y viceversa. La compañía deberá desarrollar una mezcla de marketing única que sea atractiva al comportamiento de compra único de un segmento específico de un determinado país. En el siguiente "Panorama administrativo", encontrará un ejemplo de este segmento en el mercado afroamericano de Brasil el cual es muy diferente del afroamericano en Estados

---

5   J. Tagliabue, "U. S. Brands Are Feeling Global Tension", en *The New York Times*, 15 de marzo de 2003, p. C3.

6   D. B. Holt, J. A. Quelch y E. L. Taylor, "How Global Brands Compete", en *Harvard Business Review*, septiembre de 2004.

Comercialización entre la población de raza negra en Brasil

Brasil posee la mayor población de raza negra fuera de Nigeria. Aproximadamente la mitad de los 160 millones de habitantes de ese país tiene origen africano o mestizo. A pesar de esta enorme presencia, hasta hace poco, los negocios se esforzaban poco por dirigirse hacia este voluminoso segmento de la población. En parte, el motivo está en la economía: históricamente, los brasileños de raza negra son más pobres que los de origen europeo, y por ello, no recibían la misma atención. Pero después de una década de desempeño económico relativamente sólido en Brasil, una clase media de raza negra emergente comienza a dominar la atención de las empresas de bienes de consumo. Para aprovechar esta oportunidad, corporaciones como Unilever introdujeron una gama de productos para el cuidado de la piel y cosméticos dirigidos a los brasileños de raza negra, y la mayor compañía de juguetes de Brasil presentó una muñeca de raza negra tipo Barbie, Susi Olodum, cuyas ventas alcanzaron rápidamente las de una muñeca de raza blanca similar.

Sin embargo, no es una mera cuestión de economía. A diferencia de Estados Unidos, donde una larga historia de discriminación racial generó un movimiento de derechos civiles, Brasil fomentó la "conciencia negra" y produjo una subcultura identificable en la sociedad. A pesar de que el país abolió la esclavitud en 1888, el racismo ha sido históricamente mucho más débil que en Estados Unidos. Brasil nunca excluyó a las personas de raza negra de las votaciones ni tuvo una tradición de segregar las razas. Asimismo, el gobierno impulsó los matrimonios interraciales para "blanquear" la sociedad. En parte, debido a esta historia más benigna, Brasil no ha tenido un movimiento de derechos para las personas de raza negra similar al de Estados Unidos, y la autoidentificación racial es más débil. Las encuestas suelen revelar que los consumidores afrobrasileños rehúsan a catalogarse como "blancos" o "negros", y lo hacen como uno entre una docena de tonos de piel y se ven a sí mismos como parte de una cultura que trasciende la raza. De hecho, solo 7.4% de la población brasileña de raza negra se clasifica a sí misma como "afrobrasileña", mientras que 42.6% lo hace como brasileños "pardos" o morenos con ancestros mestizos, incluidos los europeos, africanos y amerindios.

Tal dinámica racial más sutil entraña grandes implicaciones para la segmentación del mercado y para ajustar la mezcla de marketing. Unilever tuvo que enfrentar este tema al lanzar una crema Vaseline Cuidado Intensivo para consumidores de raza negra en Brasil. La empresa descubrió en los grupos objetivo que, para que el producto tuviera aceptación entre las mujeres no blancas, debía promoverse con mujeres de diferentes tonos de piel, sin excluir a las de raza blanca ni a las de raza negra. La campaña que diseñó Unilever presenta tres mujeres con distintos tonos de piel en un gimnasio. La botella dice que la crema es para "piel bronceada y negra", descripción que abarca a muchas mujeres de raza blanca que viven cerca de la playa. La compañía se percató de que existe este segmento, pero es mucho más difícil de definir y requiere mensajes de marketing más sutiles que el mercado afroamericano de Estados Unidos, o los segmentos de clase media en África.[7]

Unidos. En otro ejemplo, un proyecto de investigación identificó un segmento de consumidores en China, de entre 50 y 60 años de edad, con pocas semejanzas en otros países,[8] el cual cumplió su mayoría de edad durante la Revolución cultural china a finales de la década de 1960 y principios de la de 1970. Sus valores están conformados por sus vivencias durante la Revolución cultural; tienden a ser muy sensibles al precio y responden de manera negativa a los productos nuevos y a la mayoría de las formas de marketing. La existencia de este grupo implica que las empresas con negocios en China deben adaptar su mezcla de marketing para apelar a los valores únicos y el comportamiento de compra de este grupo. La existencia de un segmento tan singular limita la capacidad de las compañías para estandarizar sus estrategias de marketing global.

En contraste, la existencia de segmentos de mercado que trascienden las fronteras nacionales aumenta claramente la posibilidad de que un negocio internacional vea al mercado mundial como una entidad única y siga una estrategia global: vender productos estandarizados en todo el mundo y básicamente con la misma mezcla de marketing para posicionarlo y venderlo en diversos mercados nacionales. Para que un segmento trascienda las fronteras nacionales, sus consumidores deben tener similitudes convincentes en dimensiones como edad, valores y estilo de vida, y dichas similitudes

---

[7] M. Jordan, "Marketers Discover Black Brazil," en *The Wall Street Journal*, 24 de noviembre de 2000, pp. All, A14. Copyright 2000, de Dow Jones & Co. Inc. Reproducido con permiso de Dow Jones & Co. Inc., en el formato de libro de texto por el Copyright Clearance Center.

[8] J. T. Landry, "Emerging Markets: Are Chinese Consumers Coming of Age?", en *Harvard Business Review*, mayo-junio de 1998, pp. 17-20.

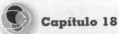

deben traducirse en un comportamiento de compra análogo. Aunque, por supuesto, estos segmentos existen en ciertos mercados industriales, son muy raros en los de bienes de consumo; no obstante, como ilustra el "Caso inicial", sí existen. Así, Burberry ha tenido éxito dirigiendo su oferta a un sector joven, acaudalado, amante de la moda y la tecnología. La empresa considera que los consumidores de este grupo objetivo tienen mucho en común, así vivan en Beijing, Londres o Nueva York.

Un segmento mundial emergente que atrae la atención de los vendedores internacionales de bienes de consumo es el llamado segmento mundial de los adolescentes. La evidencia de que tal segmento existe se basó en un estudio sobre las actitudes culturales y el comportamiento de compra de más de 6 500 adolescentes de 26 naciones.[9] Los resultados refieren que los adolescentes del mundo comparten cada vez más valores comunes; de ahí que sea muy probable que adquieran el mismo tipo de bien de consumo y por los mismos motivos.

OA18-1 Atributos del producto

Un producto puede verse como un conjunto de atributos;[10] por ejemplo, los que conforman un automóvil son potencia, diseño, calidad, rendimiento, consumo de combustible y comodidad; los de una hamburguesa son sabor, textura y tamaño; los de un hotel son ambiente, calidad, comodidad y servicio. Los productos se venden bien cuando sus atributos coinciden con las necesidades del consumidor (y sus precios son adecuados). Los automóviles BMW se venden bien entre las personas con una gran necesidad de lujo, calidad y rendimiento, precisamente porque BMW incorpora esos atributos a sus automóviles. Si las necesidades del consumidor fueran las mismas en todo el mundo, una empresa solo vendería el mismo producto alrededor del orbe; pero los requerimientos del consumidor varían en cada nación, según la cultura y el grado de desarrollo económico. Asimismo, la capacidad de una compañía para vender el mismo producto a escala mundial se ve obstruida por las múltiples normas de producción de cada país. En esta sección, revisaremos esos aspectos y analizaremos su influencia en los atributos del producto.

DIFERENCIAS CULTURALES

En el capítulo 4, estudiamos las diferencias culturales entre países, como estructura social, idioma, religión y educación. Estas discrepancias tienen considerables implicaciones para la estrategia de marketing; por ejemplo, "las hamburguesas" no se venden bien en países musulmanes donde el consumo de carne de cerdo está prohibido por la ley islámica (el nombre fue cambiado). El aspecto más relevante de las diferencias culturales es, quizá, la tradición, en particular respecto de la comida y bebida; por ejemplo, debido a estas disparidades en los hábitos tradicionales de alimentación, Findus, la división de comida congelada de Nestlé, el gigante suizo fabricante de productos alimenticios, vende tortas y barras de pescado en Gran Bretaña, pero carne *bourgignon* y *coq au vin* en Francia, y *vitéllo con funghi e braviola* en Italia. Además de su variedad usual de productos, Coca-Cola en Japón vende Georgia, un café frío enlatado, y Aquarius, una bebida tónica, las cuales se adaptan a los gustos tradicionales de los consumidores japoneses.

Existe otro tipo de diferencias culturales entre los países, por razones históricas y de idiosincrasia; por ejemplo, las preferencias en aromas difieren de un país a otro. SC Johnson, productor de ceras y pulidores, encontró resistencia a su pulidor de muebles Pledge con aroma a limón entre los consumidores japoneses de mayor edad. Una cuidadosa investigación de mercado reveló que el aroma de ese producto se asemejaba al de un desinfectante de letrinas muy común en la década de 1950. Las ventas se incrementaron de manera sustancial cuando se adecuó el aroma.[11]

Sin embargo, existen evidencias de las tendencias sobre las que Levitt hablaba. Los gustos y preferencias se han hecho más cosmopolitas. El café está ganándole terreno al té en Japón y Gran Bretaña, mientras que la comida congelada al estilo estadounidense adquiere popularidad en Europa (con ligeras adaptaciones a los gustos locales). Para aprovechar estas tendencias, Nestlé se percató

[9] C. Miller, "Teens Seen as the First Truly Global Consumers", en *Marketing News*, 27 de marzo de 1995, p. 9.

[10] Esta propuesta se desarrolló por primera vez en K. Lancaster, "A New Approach to Demand Theory", en *Journal of Political Economy* 74, 1965, pp. 132-157.

[11] V. R. Alden, "Who Says You Can't Crack Japanese Markets?", en *Harvard Business Review*, enero-febrero de 1987, pp. 52-56.

de que puede vender su café instantáneo, su espagueti boloñés y su comida congelada Lean Cuisine casi de la misma forma en Estados Unidos y en Europa occidental; no obstante, no hay mercado para la comida congelada Lean Cuisine en gran parte del resto del mundo, y tal vez no lo habrá en años o décadas. Si bien se registra cierto grado de convergencia cultural, sobre todo entre los países industrializados de América del Norte y Europa occidental, la cultura global de Levitt, caracterizada por gustos y preferencias estandarizados, está muy lejos de ser una realidad.

DESARROLLO ECONÓMICO

Tan importantes como las diferencias culturales son los niveles de desarrollo económico. En el capítulo 3, analizamos el grado de estas discrepancias entre los distintos países, que influyen en el comportamiento del consumidor. Las empresas que operan en especial en países desarrollados, como Estados Unidos, tienden a incorporar muchos atributos adicionales de rendimiento a sus productos, los cuales no suelen exigirse en naciones menos desarrolladas, donde la preferencia se inclina hacia productos más básicos. Así, casi siempre los automóviles en estos países carecen de muchos de los principales accesorios que encontramos en Occidente, como aire acondicionado, dirección hidráulica, ventanas eléctricas, radios y reproductores de discos compactos. En el caso de la mayor parte de los productos no perecederos, la confiabilidad puede ser el atributo más importante en las naciones menos desarrolladas, donde dichas compras implican una mayor proporción del ingreso del consumidor de lo que representan en los países desarrollados.

Contrario a lo que Levitt propone, los consumidores de naciones más desarrolladas casi nunca están dispuestos a sacrificar sus atributos predilectos por precios menores. Además, con frecuencia se rehúsan a adquirir productos globalmente estandarizados que se elaboraron con el menor común denominador. Están dispuestos a pagar más por productos con características adicionales y atributos adaptados a sus gustos y preferencias; por ejemplo, la demanda de vehículos utilitarios deportivos de primera categoría, con tracción en las cuatro ruedas, como el Jeep de Chrysler, la Explorer de Ford y la Land Cruiser de Toyota, se limita casi por completo a Estados Unidos, ello debido a varios factores, como el elevado nivel de ingresos de los consumidores estadounidenses, las largas distancias dentro del país y el relativamente bajo costo de la gasolina, así como el característico y culturalmente arraigado estilo de vida estadounidense "al aire libre".

NORMAS DE PRODUCTO Y TÉCNICAS

Aun con las fuerzas que generan cierta convergencia en los gustos y preferencias del consumidor de países avanzados e industrializados, la visión del mercado mundial de Levitt está lejos de *ser* una realidad debido a las diferentes normas técnicas y nacionales de producto.

La variedad de normas para un producto que exigen los gobiernos dificulta su producción masiva y comercialización estandarizada. Las disparidades entre normas técnicas también limitan la globalización de los mercados. Algunas de tales diferencias se deben a decisiones idiosincrásicas que fueron tomadas hace mucho tiempo, más que a acciones gubernamentales, pero entrañan profundos efectos a largo plazo; por ejemplo, los reproductores de DVD que se venden en Estados Unidos no reproducen los DVD grabados para su venta en Gran Bretaña, Alemania y Francia (y viceversa). En la década de 1950, surgieron diferencias entre las normas técnicas que regulaban la frecuencia de las señales de televisión, que hacen necesario adaptar estos reproductores a la norma dominante. En la década de 1970, RCA tropezó cuando no tuvo en cuenta este problema para comercializar sus televisores en Asia. Aunque muchos países asiáticos adoptaron la norma estadounidense, Singapur, Hong Kong y Malasia prefirieron la norma británica. La gente que compró televisores RCA en esas naciones podía ver la imagen, pero no recibía el sonido. [12]

 # Estrategia de distribución

OA18-2

Un elemento decisivo en la mezcla de marketing de una empresa es su estrategia de distribución: la forma en que se distribuye un producto está determinada por la estrategia de penetración de la com-

---

[12] "RCA's New Vista: The Bottom Line", en *Business-Week*, 4 de julio de 1987, p. 44.

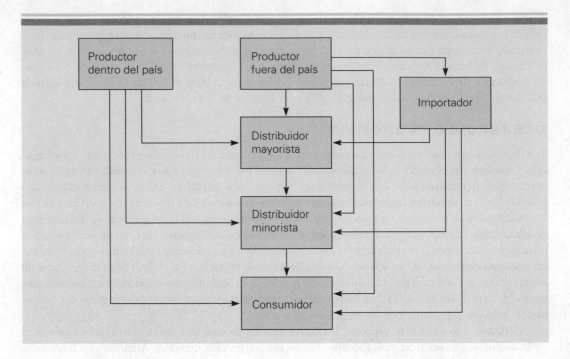

FIGURA 18.1

Sistema de distribución común.

pañía, que expusimos en el capítulo 15. En esta sección, examinaremos un sistema de distribución común, analizaremos cómo varía su estructura de un país a otro y también de qué modo se modifican las estrategias de distribución adecuadas entre naciones.

La figura 18.1 ilustra un sistema de distribución común integrado por un canal con un distribuidor mayorista y uno minorista. Si la empresa fabrica su producto en ese país concreto, puede venderlo directamente al consumidor, al minorista o al mayorista. Las mismas opciones están disponibles para una compañía que produce fuera de la nación. Además, esta empresa puede decidir vender el producto a un importador, quien después deberá entenderse con el distribuidor mayorista, el minorista o el consumidor. Los factores que determinan el canal se considerarán más adelante en esta sección.

DIFERENCIAS ENTRE PAÍSES

Las cuatro diferencias fundamentales entre sistemas de distribución son: concentración de las ventas al menudeo, longitud, exclusividad y calidad del canal.

Concentración de las ventas al menudeo

En algunos países, el sistema de ventas al menudeo está muy concentrado y, en otros, está sumamente fragmentado. En un **sistema minorista concentrado**, pocos minoristas surten a la mayor parte del mercado. En un **sistema minorista fragmentado**, existen muchos minoristas, pero ninguno de ellos tiene una parte mayoritaria del mercado. Muchas diferencias entre los grados de concentración tienen su origen en la historia y tradición. En Estados Unidos, la importancia del automóvil y lo relativamente nuevas que son muchas áreas urbanas generaron un sistema de ventas al menudeo que gira alrededor de grandes almacenes o centros comerciales a los que la gente puede ir en sus vehículos. Esto facilitó la concentración del sistema. La mayor densidad de población en Japón, combinada con la gran cantidad de centros urbanos que se extendieron antes del automóvil, ocasionó un sistema de ventas al menudeo más fragmentado, con muchas tiendas pequeñas que dan servicio a barrios locales, a los que la gente suele llegar a pie. Además, el sistema legal japonés protege al pequeño minorista: estos pueden bloquear el establecimiento de una tienda grande de ventas al menudeo mediante una petición a su gobierno local.

En los países desarrollados, existe la tendencia hacia una mayor concentración de las ventas al menudeo. Tres factores que apuntan en esta dirección son el incremento de los automóviles, la cantidad de casas con refrigeradores y congeladores, y la cantidad de hogares con dos ingresos. Tales factores cambiaron los hábitos de compra y facilitaron el crecimiento de grandes tiendas de ventas al menudeo lejos de las áreas tradicionales de compra. La última década fue testigo de la consolidación en la industria mundial de ventas al menudeo, y las empresas como Walmart y Carrefour intentan convertirse en vendedores al menudeo al adquirir minoristas en diferentes países. Estas operaciones aumentan la concentración de las ventas al menudeo.

En contraste, los sistemas minoristas están muy fragmentados en muchas naciones en desarrollo que pueden convertirse en interesantes retos de distribución. En China, solo se llega a grandes áreas rurales del país a través de caminos llenos de baches y lodazales. En India, Unilever vende a minoristas en 600 mil pueblos, muchos de los cuales no cuentan con caminos pavimentados, lo cual implica que los productos llegan a su destino solo sobre buey, bicicleta o carreta. En Nepal, su país vecino, el terreno es tan accidentado que ni siquiera las bicicletas o carretas son prácticas, y los negocios dependen de caravanas de búfalos y espaldas humanas para entregar sus productos a miles de pequeños minoristas.

Longitud del canal

La **longitud del canal** alude a la cantidad de intermediarios entre productor (o fabricante) y consumidor. Si el productor vende directo al consumidor, el canal es muy corto. Si vende por medio de un importador, un mayorista y un minorista, existe un canal largo. La elección entre un canal corto o largo es, en esencia, una decisión estratégica de la empresa productora; sin embargo, algunos países tienen canales de distribución más largos que otros. El factor principal para determinar la longitud del canal es el grado de fragmentación del sistema de ventas al menudeo: los sistemas de ventas al menudeo fragmentados tienden a promover el crecimiento de los mayoristas para proveer a los minoristas, lo que alarga los canales de distribución.

Mientras más fragmentado esté el sistema de ventas al menudeo, más costoso resultará a una compañía establecer contacto con cada uno de los minoristas individuales. Imagine una empresa que venda pasta de dientes en un país en donde hay más de un millón de pequeños minoristas, como en las zonas rurales de India. Para vender directo al minorista, la compañía tendría que conformar una enorme fuerza de ventas, lo que resultaría muy oneroso, sobre todo porque cada visita para ofrecer el producto generaría pedidos muy pequeños. No obstante, suponga que unos cuantos cientos de mayoristas en el país proveen a los minoristas no solo de pasta de dientes, sino de otros productos de higiene personal y para el hogar. Como estos mayoristas manejan una amplia variedad de productos, pueden obtener pedidos más grandes en cada visita que efectúa el personal de ventas, lo que hace rentable tratar de modo directo con los minoristas. En consecuencia, tiene sentido económico que la empresa venda al mayorista y que este trate con los minoristas.

Dados esos factores, las naciones con un sistema de ventas al menudeo fragmentado también tienden a tener canales de distribución más largos, casi siempre con muchos niveles. El ejemplo más representativo es Japón, donde a menudo hay dos o tres niveles de mayoristas entre la compañía y las tiendas que venden al consumidor final. En países como Gran Bretaña, Alemania y Estados Unidos, en donde los sistemas de ventas al menudeo están mucho más concentrados, los canales son mucho más cortos. Cuando el sector minorista está muy concentrado, tiene sentido que la empresa trate directamente con los dueños de las tiendas, lo cual deja fuera a los mayoristas. Se requieren relativamente pocos vendedores para tratar con un sector de ventas al menudeo concentrado y los pedidos que se levantan en cada visita pueden ser más grandes. Estas son las circunstancias que suelen predominar en Estados Unidos, en donde grandes compañías alimentarias venden de manera directa a los supermercados en vez de pasar a través de distribuidores mayoristas.

Otro factor que acorta la longitud del canal en algunas naciones es el ingreso de grandes supermercados de descuento, como Carrefour, Walmart y Tesco. El modelo de negocio de estos minoristas se basa parcialmente en la idea de que, al reducir los precios, eliminan a los mayoristas y, en su lugar, tratan en forma directa con los productores. Por ello, cuando Walmart ingresó en México, su política de tratar directamente con los fabricantes en lugar de comprar mercancía mediante mayoristas le ayudó a acortar los canales de distribución. De modo similar, en la actualidad, los canales de distribución históricamente largos se acortan debido al aumento de grandes minoristas, algunos de los cuales son propiedad extranjera, como Toys "R" Us, y otros más, y algunas empresas locales que imitan el modelo estadounidense: eliminan en forma progresiva a los mayoristas y tratan de manera directa con los productores.

Exclusividad del canal

Un **canal de distribución exclusivo** es aquel de difícil acceso para quienes no pertenecen a él; por ejemplo, a una nueva empresa siempre se le dificulta el acceso a un espacio en los anaqueles de los supermercados. Ello sucede porque los minoristas, por lo regular, prefieren los productos alimenticios de fabricantes bien establecidos, con reputación nacional, en lugar de apostar por un producto de compañías desconocidas. La exclusividad de un sistema de distribución varía entre los países. Por lo general, el sistema japonés se toma como ejemplo de un sistema muy exclusivo: en Japón, las relaciones entre productores, mayoristas y minoristas a menudo tienen décadas de existencia. Muchas de esas relaciones se basan en el entendido de que los distribuidores no manejarán productos de empresas competidoras. A cambio, el productor garantiza al distribuidor un atractivo descuento de precios. Como aprendieron muchos fabricantes estadounidenses y europeos, los fuertes lazos derivados de este tipo de arreglos entorpecen en gran medida el acceso al mercado japonés; no obstante, es posible irrumpir en él con un nuevo producto de consumo, como lo hizo Procter & Gamble (P&G) durante la década de 1990 con su detergente para trastes marca Joy. P&G superó la tradición de la exclusividad por dos motivos: 1) después de una década de muy deslucido desempeño económico, Japón estaba en proceso de cambio y, en su búsqueda de utilidades, los minoristas estaban más dispuestos que nunca a olvidar las antiguas normas de la exclusividad; y 2) P&G había estado en Japón el suficiente tiempo y tenía un portafolios de bienes de consumo lo bastante amplio para impulsarlo con sus distribuidores, lo que le permitió lanzar nuevos productos mediante los canales de distribución.

Calidad del canal

La **calidad del canal** se refiere a la experiencia, competencias y habilidades profesionales de minoristas establecidos en una nación, y a su capacidad para vender y mantener los productos de compañías internacionales. Aunque la calidad de los minoristas es óptima en los países más desarrollados, en los mercados emergentes y en los países menos desarrollados, desde Rusia hasta Indonesia, la calidad del canal es variable, en el mejor de los casos. La falta de un canal de buena calidad puede impedir la penetración en el mercado, en particular para productos nuevos o más elaborados que requieran una importante asistencia en el punto de venta, así como servicios y atención luego de la venta. Cuando la calidad del canal no es óptima, las empresas internacionales deben dedicar mucha atención a mejorarla, por ejemplo con amplia educación y servicio al cliente para los minoristas existentes, y en casos extremos, su propio canal. Así, tras introducir su concepto de tienda al menudeo en Estados Unidos, Apple ha abierto locales similares en distintas naciones, incluidas Reino Unido, Francia, Alemania, Japón y China, para proporcionar asesoría, servicio y apoyo en el punto de venta a sus populares productos iPod, iPad, iPhone y productos iMac. Apple estima que esta estrategia le ayudará a incrementar su participación en el mercado de estos países.

ELECCIÓN DE UNA ESTRATEGIA DE DISTRIBUCIÓN

La elección de una estrategia de distribución determina el canal mediante el cual la empresa llega a sus consumidores potenciales. ¿Debe vender en forma directa al consumidor o por medio de minoristas?, ¿debe hacerlo a través de un mayorista?, ¿debe utilizar los servicios de un importador?, ¿debe invertir en establecer su propio canal? La estrategia óptima se define con base en el costo relativo y los beneficios de cada opción, que difieren de un país a otro, de acuerdo con los cuatro factores que acabamos de analizar: concentración del sistema de ventas al menudeo, longitud, exclusividad y calidad del canal.

Como cada intermediario que opera en un canal añade su ganancia al precio del producto, por lo general existe una relación decisiva entre la longitud del canal, el precio de venta final y el margen de utilidades de la compañía: mientras más largo sea un canal, mayor será el aumento agregado y también mayor el precio al consumidor final. Para garantizar que los precios no aumenten demasiado por las exigencias de los múltiples intermediarios, puede obligarse a una empresa a operar con bajos márgenes de utilidad. Así, si el precio es un arma importante de competitividad y si la compañía no quiere reducir sus márgenes de utilidad, deberá emplear un canal de distribución más corto, en tanto no afecte otros aspectos.

Sin embargo, los beneficios de un canal de distribución más extenso por lo común sobrepasan sus desventajas. Como mencionamos, una ventaja de un canal de distribución más largo es que reduce los costos de venta cuando el sector de ventas al menudeo está muy fragmentado. Así, tiene sentido para una empresa internacional utilizar canales más largos en países donde el sector de ventas al menudeo esté fragmentado, y canales más cortos, en naciones con sectores de ventas al menudeo concentrados. Otro beneficio de usar un canal más largo es el acceso al mercado: la capacidad de entrar en un canal exclusivo. Los importadores pueden sostener relaciones de largo plazo con mayoristas, minoristas o consumidores importantes y, por tanto, mayor capacidad de obtener pedidos y acceso al sistema de distribución. De igual manera, los mayoristas pueden tener relaciones de mucho tiempo con los minoristas y mayores posibilidades de persuadirlos para que vendan un determinado producto mejor que la propia compañía.

Los importadores no son solo empresas comercializadoras independientes: toda compañía con una sólida reputación local puede servir; por ejemplo, para romper la exclusividad de un canal y lograr mayor acceso al mercado japonés, la primera vez que Apple Computer entró, firmó un acuerdo de distribución con cinco grandes empresas japonesas, entre las que se encuentran el gigante productor de equipos para negocios Brother Industries, el líder en artículos de papelería Kokuyo, Mitsubishi, Sharp y Minolta. Dichas compañías emplearon sus propias relaciones de distribución, de años de antigüedad con los consumidores, minoristas y mayoristas para impulsar las computadoras Apple mediante el sistema de distribución japonés. Hoy, Apple ha complementado esta estrategia con sus propias tiendas en esa nación.

Si un arreglo parecido no fuera posible, pueden considerarse otras opciones menos tradicionales. Algunos productores extranjeros de bienes de consumo, frustrados por la exclusividad de los canales de distribución de Japón, intentaron vender en forma directa a los consumidores japoneses por medio del correo directo y catálogos. Por último, si la calidad del canal no es óptima, la empresa debe considerar otras medidas para mejorarla, incluso crear su propio canal de distribución.

 # Estrategia de comunicación   OA18-3

Otro elemento decisivo en la mezcla de marketing es la comunicación de los atributos del producto al posible cliente. Existen diversos canales de comunicación disponibles, como venta directa, promoción de ventas, marketing directo y publicidad. En parte, la estrategia de comunicación se define según la elección del canal correspondiente. Algunas compañías dependen de las ventas directas; otras, de las promociones en puntos de venta o del marketing directo, y otras, de la publicidad masiva; algunas más, se valen de varios canales al mismo tiempo con el fin de comunicar su mensaje al cliente potencial. En esta sección, expondremos primero las barreras que obstaculizan las comunicaciones internacionales; luego, revisaremos los diferentes factores que definen la estrategia de comunicación más apropiada para un país en particular. Por último, analizaremos la publicidad global.

BARRERAS QUE OBSTACULIZAN LA COMUNICACIÓN INTERNACIONAL

La comunicación internacional tiene lugar cada vez que se recurre a un mensaje de marketing para vender en otro país. La eficacia de la comunicación internacional se pone en riesgo debido a tres factores decisivos: barreras culturales, origen y niveles de ruido.

Barreras culturales

Las barreras culturales pueden dificultar la comunicación de los mensajes de una cultura a otra. En el capítulo 4, y en una sección previa de este, estudiamos algunas causas y consecuencias de las diferencias culturales entre países. Dadas estas discrepancias, un mensaje puede tener un significado en un país y denotar otro muy distinto en otra nación. Benetton, productor y minorista italiano de ropa, se metió en problemas culturales con su publicidad. La empresa lanzó una campaña publicitaria mundial con el lema "United Colors of Benetton" con la que había ganado premios en Francia. En un anuncio, se veía a una mujer de raza negra amamantando a un bebé blanco, y otro mostraba a un hombre de raza negra y a uno de raza blanca esposados juntos. Benetton se sorprendió cuando los anuncios recibieron ataques de grupos estadounidenses de derechos civiles por promover la dominación racial blanca. La compañía retiró sus promocionales y despidió a su agencia de publicidad francesa, Eldorado.

La mejor manera de superar las barreras culturales es desarrollar la alfabetización transcultural (véase el capítulo 4). Además, deben usarse recursos locales, como una agencia de publicidad local, para los mensajes de marketing. Si se prefieren las ventas directas en vez de promocionales para comunicar un mensaje, debe conformarse una fuerza de ventas local siempre que sea posible. Las diferencias culturales limitan la capacidad de emplear el mismo mensaje de marketing y la misma orientación de ventas en todo el mundo. Lo que funciona bien en un país puede ser ofensivo en otro.

Efectos de la fuente y del país de origen

Los **efectos de la fuente** ocurren cuando el receptor del mensaje (el consumidor potencial en este caso) lo evalúa con base en la reputación o imagen del emisor. Los efectos de la fuente pueden ser dañinos para un negocio internacional cuando los posibles consumidores tienen algún prejuicio hacia las compañías extranjeras; por ejemplo, a principios de la década de 1990, una ola de sentimientos "antijaponeses" inundó Estados Unidos. Preocupados porque los consumidores estadounidenses pudieran ver sus productos de manera negativa, Honda respondió con promocionales que destacaban el contenido estadounidense de sus automóviles para mostrar que eran muy "de Estados Unidos".

Muchas empresas internacionales contrarrestan los efectos negativos de la fuente y minimizan su origen extranjero. Cuando José Bové, el manifestante antiglobalización, fue aclamado como héroe en Francia por arrasar en 1999 con un McDonald's en construcción, la franquicia francesa de esa compañía respondió con un anuncio que presentaba a un estadounidense gordo e ignorante que no entendía por qué McDonald's Francia empleaba comida producida en el país que no había sido modificada genéticamente. El osado promocional funcionó y hoy las operaciones francesas de McDonald's están entre las más sólidas de su red mundial.[13]

Un subconjunto de efectos de la fuente se conoce como **efectos del país de origen**, que expresan el grado al cual el lugar de producción influye en las evaluaciones del producto. Las investigaciones revelan que el país de origen con frecuencia sirve como indicador al evaluar un producto, sobre todo si el consumidor no lo conoce bien; por ejemplo, un estudio descubrió que los consumidores japoneses tienden a catalogar los productos de su nación en forma más favorable que los estadounidenses a través de múltiples dimensiones, incluso cuando los análisis independientes demuestran que, en realidad, son inferiores.[14] Cuando existe un efecto negativo del país de origen, es probable que una empresa internacional deba esforzarse más para contrarrestarlo, por ejemplo con mensajes promocionales que destaquen sus atributos positivos.

Los efectos de la fuente y del país de origen no son siempre negativos. El vino francés, la ropa italiana y los automóviles de lujo alemanes se benefician de los efectos positivos de la fuente casi de manera universal. En tales casos, vale la pena destacar el origen externo de una compañía.

Niveles de ruido

El ruido tiende a reducir la probabilidad de comunicación eficiente. Al hablar de **ruido** nos referimos a la cantidad de mensajes que compiten por la atención de un consumidor en potencia, niveles que también varían de un país a otro. En las naciones más desarrolladas, como Estados Unidos, el ruido es muy elevado. En los países pobres, son menos las empresas que compiten por la atención de los posibles clientes y el nivel de ruido es menor.

ESTRATEGIAS *PUSH* Y *PULL*

La principal decisión respecto de la estrategia de comunicación es elegir una *push* (empujar) u otra *pull* (jalar). Dentro de la mezcla promocional, la **estrategia *push*** destaca las ventas personales más que la publicidad en los medios masivos de comunicación. Aunque son muy eficaces como herramienta promocional, las ventas personales requieren una fuerza de ventas y resultan relativamente costosas. Una **estrategia *pull*** depende más de la publicidad en los medios para comunicar el mensaje de marketing a los consumidores potenciales.

Si bien algunas compañías utilizan solo estrategias *pull* o *push*, algunas combinan las ventas directas con la publicidad para maximizar la eficacia de la comunicación. Entre los factores que

---

[13] C. Matlack y P. Gogoi, "What's This? The French Love McDonald's?", en *BusinessWeek*, 13 de enero de 2003, pp. 50-51.

[14] Z. Gurhan-Cvanli y D. Maheswaran, "Cultural Variation in Country of Origin Effects", en *Journal de Mercadotecnia Research*, agosto de 2000, pp. 309-317.

definen si es más adecuada la *push* o la *pull* como estrategia están el tipo de producto respecto de la educación del consumidor, la longitud del canal y la disponibilidad de los medios de comunicación.

Tipo de producto y educación del consumidor

Una estrategia *pull* es la que suelen seguir las empresas en la industria de los bienes de consumo que intentan vender a un gran segmento del mercado. Para estas compañías, la comunicación masiva tiene ventajas de costo y las ventas directas son escasas. Una excepción a esta regla se encuentra en las naciones más pobres con bajos niveles culturales, donde las ventas directas pueden ser la única forma de llegar a los consumidores (véase el siguiente "Panorama administrativo" sobre Unilever). Las empresas que venden productos industriales u otros bienes complejos prefieren el *push* como estrategia. La venta directa les permite educar al consumidor potencial acerca de las características del producto. Esto puede no ser necesario en los países avanzados, donde un producto complejo ha estado en uso durante algún tiempo y donde sus atributos están perfectamente entendidos, el consumidor es educado y existen canales de buena calidad que dan asistencia en el punto de venta. Sin embargo, la educación del cliente es fundamental cuando los consumidores tienen un menor grado de conocimiento respecto del producto, que puede ser el caso de las naciones en desarrollo o menos avanzadas cuando apenas se presenta un producto complejo, o de las que no cuentan con canales de calidad o estos son escasos.

Longitud del canal

Mientras más largo sea el canal de distribución, habrá más intermediarios a quienes haya que convencer de manejar el producto para que llegue al consumidor. Ello puede ocasionar inercia en el canal que dificulte mucho la entrada. Utilizar las ventas directas para dar empuje a un producto mediante distintos niveles de un canal de distribución puede ser muy costoso; en estas circunstancias, una empresa puede optar por una estrategia *pull* a través de los canales por medio de publicidad masiva para crear la demanda del consumidor; una vez conseguida, los intermediarios se sentirán obligados a manejar el producto.

En Japón, los productos pasan a menudo a través de dos, tres o hasta cuatro mayoristas antes de llegar a la tienda de menudeo final. Dicho tránsito dificulta a las empresas extranjeras la entrada en el mercado. No es solo que la compañía extranjera deba persuadir al minorista japonés de manejar su producto, también es probable que deba convencer a cada uno de los intermediarios de la cadena. La publicidad masiva puede ser una forma de romper la resistencia del canal en tales circunstancias. Sin embargo, en países como India, con un canal de distribución bastante largo para su población rural, un nivel bajo de alfabetización puede impedir la publicidad masiva, en cuyo caso la empresa necesitará apoyarse en la venta directa o en la benevolencia de los distribuidores (véase el anterior "Panorama administrativo" sobre Unilever).

Disponibilidad de los medios de comunicación

Una estrategia *pull* se basa en el acceso a la publicidad en los medios de comunicación. En Estados Unidos, se dispone de una gran cantidad de medios, como los impresos (periódicos y revistas), los electrónicos (televisión y radio) e internet. El éxito de la televisión por cable en Estados Unidos facilita la publicidad dirigida a un grupo muy específico (por ejemplo, MTV para adolescentes y adultos jóvenes, Lifetime para mujeres, ESPN para los aficionados al deporte). Lo mismo sucede con internet, donde diferentes páginas web atraen a distintos usuarios, y compañías como Google están transformando la capacidad de las empresas para hacer publicidad dirigida. Mientras que este nivel de especificidad de los medios existe en otros países desarrollados, no es universal. Hay muchos países avanzados con menos medios electrónicos disponibles para la publicidad que en Estados Unidos; por ejemplo, en Escandinavia, hasta hace poco no existían comerciales de televisión o radio, todos los medios electrónicos eran del gobierno y no transmitían anuncios comerciales, aunque esto se modificó con la llegada de la televisión satelital. Incluso en muchas naciones avanzadas la situación es mucho más restrictiva, pues los medios de todo tipo están mucho más limitados. La capacidad de una compañía para emplear una estrategia *pull* está limitada en algunos países por la disponibilidad de los medios de comunicación. En tales circunstancias, una estrategia *push* es más atractiva; por ejemplo, Unilever usa una estrategia de este tipo para vender al consumidor en el área rural de India, donde hay pocos medios de comunicación disponibles (véase el "Panorama administrativo").

Unilever: vender al sector menos favorecido de India

Unilever es una de las compañías más grandes y antiguas de productos de consumo. Su presencia ha sido importante en muchos de los países más pobres del mundo, como India. Fuera de las áreas urbanas, los bajos ingresos, los consumidores sencillos, el analfabetismo, los sistemas de distribución detallista fragmentados y la falta de caminos pavimentados intensifican los desafíos para el marketing. A pesar de eso, Unilever forjó una presencia significativa entre las poblaciones rurales pobres con estrategias de venta innovadoras.

La gran población rural de India está distribuida en casi 600 mil aldeas, de las cuales más de 500 mil no cuentan con acceso vía automóvil. Aproximadamente 91% de la población rural vive en aldeas de menos de dos mil personas y necesariamente las tiendas minoristas rurales son muy pequeñas, con un inventario limitado. La población es muy pobre, con un ingreso de quizá un dólar al día, dos terceras partes del cual se destina a alimentos y 30 centavos, a otros artículos. Los niveles de alfabetización son bajos y los televisores, escasos, por lo que los medios de comunicación tradicionales son ineficaces. A pesar de tales inconvenientes, Hindustan Lever, la filial india de Unilever, ha hecho un esfuerzo poco común para llegar a los consumidores pobres de las áreas rurales. Aunque los ingresos por las ventas rurales son pequeños, Unilever espera que, a medida que se desarrolle el país y aumenten los niveles de ingreso, la población continúe adquiriendo las marcas Unilever que ya conoce, dándole a la empresa una ventaja competitiva de largo plazo.

Para contactar a los consumidores rurales, Hindustan Lever establece su presencia física en cualquier lugar donde se reúnan grandes cantidades de personas, lo cual garantiza que se vea la publicidad en esos lugares donde la gente se congrega y compra, como las plazas y los mercados rurales semanales, y donde consumen productos, como las riberas para lavar la ropa usando jabones de Unilever (eso espera la compañía). No es raro ver las plazas saturadas de anuncios de la empresa. Esta también es parte de los actos rurales semanales, como el día del mercado, donde se venden y compran los productos para la siembra y las provisiones familiares. Los vendedores de Hindustan Lever visitan esas reuniones, muestran sus productos, explican cómo funcionan, regalan muestras, venden un poco y "educan" al mercado para la demanda futura.

No obstante, el eje central de los esfuerzos de venta de Hindustan Lever es una red de distribución rural que abarca 100 fábricas, 7 500 distribuidores y casi tres millones de tiendas al menudeo, muchas de las cuales son poco más que un agujero en la pared o un puesto en un mercado. El inventario total de los productos de Unilever en este tipo de tiendas puede no ser más que unas cuantas bolsitas de champú y media docena de jabones. Un almacén en cada estado de India lleva los productos a los mayoristas, quienes venden de manera directa a los minoristas en miles de pueblos y aldeas pequeños donde hay acceso vehicular. Si no es posible llegar en automóvil, casi todos los mayoristas venderán a mayoristas más pequeños, que manejan la distribución a 500 mil aldeas rurales inaccesibles de India, mediante bicicletas, bueyes, carretas o canastas cargadas sobre la espalda.[15]

---

[15] K. Merchant, "Striving for Success-One Sachet at a Time", en *Financial Times*, 11 de diciembre de 2000, p. 14; M. Turner, "Bicycle Brigade Takes Unilever to the People", en *Financial Times*, 17 de agosto de 2000, p. 8; "Brands Thinking Positively", en *Brand Strategy*, diciembre de 2003, pp. 28-29; y "The Legacy That Got Left on the Shelf", en *The Economist*, 2 de febrero de 2008, pp. 77-79.

En algunos casos, la disponibilidad de los medios de comunicación está limitada por la ley. Pocos países permiten la publicidad para la industria del tabaco y del alcohol en la televisión y la radio, aunque casi siempre está autorizada en los medios impresos. Cuando el destilador líder de *whisky* en Japón, Suntory, entró en el mercado estadounidense, tuvo que hacerlo sin la televisión, su medio de comunicación predilecto. La empresa gasta aproximadamente 50 millones de dólares anuales en publicidad televisiva en Japón. De igual manera, mientras la publicidad directa al consumidor de productos farmacéuticos está permitida en Estados Unidos, no lo está en muchas otras naciones avanzadas. En tales casos, las compañías farmacéuticas deben confiar en la publicidad y las ventas directas dirigidas explícitamente a médicos para que receten sus productos.

Combinación de estrategias *push* y *pull*

La combinación óptima de las estrategias *push* y *pull* depende del tipo de producto y la complejidad del consumidor, la longitud del canal y las características de los medios de comunicación. Las estrategias *push* tienden a utilizarse:

- Para los productos industriales o complejos y nuevos.
- Cuando los canales de distribución son cortos.
- Cuando hay pocos medios de comunicación impresos o electrónicos disponibles.

Las estrategias *pull* tienden a utilizarse cuando:

- Se trata de bienes de consumo.
- Los productos tienen canales de distribución extensos.
- Hay suficientes medios de comunicación impresos y electrónicos disponibles para transmitir el mensaje de marketing.

PUBLICIDAD GLOBAL

Recientemente, en gran medida debido a visionarios como Theodore Levitt, se debaten las ventajas y desventajas de estandarizar la publicidad alrededor del mundo.[16] Una de las campañas estandarizadas con mayor éxito es la promoción de Philip Morris de sus cigarros Marlboro. La campaña data de la década de 1950, cuando la marca se reposicionó para asegurar a los fumadores que el sabor no cambiaría por la adición de un filtro. El lema "Ven a donde está el sabor, ven al mundo Marlboro" fue un éxito mundial. Marlboro se apoyó en el "hombre Marlboro", un vaquero de dura expresión que fumaba su Marlboro mientras atravesaba impresionantes paisajes montado en su caballo. Este anuncio fue eficaz en casi todos los mercados importantes y llevó a Marlboro a la cima del mercado mundial.

En favor de la publicidad estandarizada

Existen tres razones en favor de la publicidad global. Primera, tiene considerables ventajas económicas. La publicidad estandarizada reduce los costos de generar valor para el producto al repartir los costos fijos del desarrollo de comerciales entre muchos países; por ejemplo, McCann Erickson, la empresa publicitaria de Coca-Cola, asegura haberles ahorrado a sus clientes más de 100 millones de dólares a lo largo de 20 años al recurrir globalmente a ciertos elementos de sus campañas publicitarias. Segunda, existe la idea de que el talento creativo es escaso y de que, por tanto, un gran esfuerzo para desarrollar una campaña tiene mejores resultados que 40 o 50 esfuerzos menores. Una tercera justificación para la publicidad estandarizada es que muchas marcas son mundiales (Burberry es un buen ejemplo, véase el "Caso inicial"). Con la gran cantidad de viajes internacionales de hoy y el considerable alcance de los medios de comunicación más allá de las fronteras nacionales, muchas compañías internacionales quieren proyectar una sola imagen para evitar la confusión causada por las campañas locales. Esto es especialmente relevante en regiones como Europa occidental, en donde los viajes de un país a otro son tan comunes como los de un estado a otro en Estados Unidos.

---

[16] Véase M. Laroche, V. H. Kirpalani, F. Pons y L. Zhou, "A Model of Advertising Standardization in Multinational Corporations", en *Journal of International Business Studies* 32, 2001, pp. 249-266; y D. A. Aaker y E. Joachimsthaler, "The Lure of Global Branding", en *Harvard Business Review*, noviembre-diciembre de 1999, pp. 137-144.

Campaña global "La verdadera belleza" de Dove

En 2003, Dove no era una marca de belleza: era una barra de jabón posicionada y vendida de manera distinta en diversos mercados. Unilever, la compañía que la comercializaba, era una renombrada empresa multinacional de productos de consumo con alcance global, contaba con una sólida posición en las naciones de rápido desarrollo y una reputación de adaptar los productos a las condiciones prevalecientes en los mercados locales. En India, por ejemplo, las mujeres a menudo engrasan su cabello antes de lavárselo, así que los champús occidentales que no remueven la grasa no tienen buenas ventas. Unilever reformuló su champú para India y se vio recompensada con el liderazgo en el mercado. No obstante, a veces, la compañía iba demasiado lejos; por ejemplo, utilizó varias fórmulas de champú en Hong Kong y China continental, aun cuando los hábitos de cuidado del cabello eran muy parecidos en ambos mercados. Asimismo, a menudo modificaba el empaque y el mensaje de marketing de productos similares, incluso de los más posicionados. La empresa tendía a mostrar una complejidad exagerada, y en 2003, su desempeño financiero se había deteriorado.

Una década más tarde, el desempeño financiero de Unilever ha mejorado, en gran parte porque cambió hacia una visión más global y la marca Dove ha encabezado la marcha. La historia de Dove se inició en 2003, cuando la directora global de marca, Sylvia Lagnado, que operaba desde Nueva York, decidió modificar el posicionamiento de Dove: de ser solo un producto lo convertiría en una marca completa de belleza. El mensaje básico de la marca apelaría a la verdadera belleza de toda mujer. La misión de Dove era hacer que las mujeres se sintieran más bellas cada día ampliando la definición estereotípica de belleza e inspirándolas a cuidarse a sí mismas.

Pero, ¿cómo se llevaría a cabo esta misión? De acuerdo con los resultados obtenidos en una serie de talleres que se efectuarían en todo el mundo en los que se pedía a los administradores de producto y a las agencias de publicidad asociadas que encontraran formas de comunicar una definición incluyente de belleza. El administrador de marca canadiense pidió a 67 fotógrafas que presentaran imágenes que reflejaran mejor la verdadera belleza. Las fotografías fueron increíbles retratos, no de modelos, sino de mujeres en todas las etapas de la vida, de todas las formas, edades y tamaños. El proyecto condujo a un libro de arte y a una exhibición itinerante, llamada la Dove Photo Tour, que obtuvo mucha atención de la prensa y opiniones positivas en Canadá. Sylvia Lagnado se percató de que los canadienses estaban haciendo algo importante. Más o menos en esa misma época, la oficina alemana de la agencia publicitaria de Unilever, Ogilvy y Mather Worldwide, creó un concepto para comunicar la "verdadera belleza" basado en fotografías que exhibían a mujeres comunes, y no a delgadas modelos, en ropa interior. Pronto, los originales anuncios alemanes se abrieron camino hacia el Reino Unido, donde un artículo periodístico londinense afirmó que la campaña no era publicitaria sino política. Sylvia Lagnado no se sorprendió por esta reacción: la investigación que ella había encargado reveló que solo 2% de las mujeres del mundo se consideraban bellas y que la mitad pensaba que tenía algunos kilos de más.

En 2004, la *Dove Campaign for Real Beauty* (campaña de Dove por la verdadera belleza) fue lanzada a escala mundial. La campaña representó un cambio radical para Unilever y la marca Dove, que hasta ese momento había dejado la comercialización en manos de los administradores de marca locales. Esta campaña fue adaptada con el propósito de tener en cuenta las sensibilidades locales; por ejemplo, se consideró mejor no mostrar a mujeres tocándose mutuamente en Estados Unidos, mientras que en América Latina las imágenes no escandalizaban a nadie, pues tocarse se considera correcto.

En 2005, a la campaña siguió el lanzamiento del "fondo de autoestima" de Dove, una campaña global para convencer a las niñas y a las mujeres jóvenes de adoptar una imagen más positiva de sí mismas. Además, Unilever realizó un video en línea, que subió a YouTube, llamado *Onslaught* (asalto), que criticaba a la industria de la belleza y terminaba con un eslogan que decía: "Habla con tu hija antes de que la industria de la belleza lo haga". Otro video, *Evolution* (evolución), explica cómo puede transformarse el rostro de una niña, en parte mediante gráficos de computadora, para crear su imagen de belleza. El video finaliza con una leyenda: "No debe sorprendernos que nuestra percepción de la belleza esté distorsionada". Elaborados con muy poco presupuesto, los videos de YouTube provocaron un revuelo viral en torno de la campaña de Dove que contribuyó a convertirla en una de las marcas líderes de Unilever. Con el uso de dichas técnicas, la campaña se ha convertido en un modelo de cómo revitalizar y crear una nueva marca global.[17]

En contra de la publicidad estandarizada

Hay dos argumentos importantes en contra de la publicidad estandarizada global. El primero es que, como vimos ya en este capítulo y en el 4, las diferencias culturales entre los países son tales que un mensaje que funciona en uno puede fracasar en otro. La diversidad cultural dificulta en extremo el

---

[17] "The Legacy That Got Left on the Shelf", en *The Economist*, 2 de febrero de 2008, pp. 77-79; R. Rothenberg, "Dove Effort Gives Package-Goods Marketers Lessons for the Future", en *Advertising Age*, 5 de marzo de 2007, p. 18; J. Neff, "A Real Beauty: Doves's Viral Makes Big Splash for No Cash", en *Advertising Age*, 2006 pp. 1-2 y K. Mazurkewich, "Dove Story: You Know the Name, and Some of the Story", en *Strategy*, enero de 2007, pp. 37-39.

desarrollo de un solo lema publicitario que sea efectivo en todo el mundo. Los mensajes dirigidos a la cultura de un determinado país pueden ser más eficaces que los mensajes mundiales.

Segundo, las regulaciones gubernamentales pueden bloquear una publicidad estandarizada; por ejemplo, Kellogg no pudo usar en muchas naciones europeas un comercial de televisión que produjo en Gran Bretaña para promover sus hojuelas de maíz: en Holanda, no se permitía hacer referencia al contenido de hierro y vitaminas de las hojuelas de maíz porque, en ese país, está prohibido hacer afirmaciones relacionadas con la salud y los beneficios para la misma; el comercial tuvo que editarse para eliminar la imagen de un niño que vestía una playera de Kellogg antes de transmitirlo en Francia, porque la ley francesa prohíbe que los niños apoyen la imagen de un producto; la frase clave, "Kellogg hace sus hojuelas de maíz mejor de lo que nunca han sido hechas", no se permitió en Alemania porque ahí se prohíben las afirmaciones por oposición.[18]

Afrontar las diferencias entre países

Algunas empresas tienen la posibilidad de obtener ciertos beneficios de la estandarización global mientras identifican las diferencias culturales y legales de cada nación. Una compañía puede elegir algunas características para incluir en todas sus campañas publicitarias y adaptar otras de manera local. Al hacerlo, ahorra algunos costos y logra el reconocimiento internacional de marca, adaptando sus anuncios a las diversas culturas.

Nokia, la compañía finlandesa de teléfonos celulares, ha tratado de emplear esta táctica, siempre ha modificado su campaña publicitaria según el mercado; sin embargo, en 2004, la empresa lanzó su campaña publicitaria global con el lema "1 001 razones para tener un teléfono Nokia con imágenes" con la finalidad de reducir los costos publicitarios y obtener algunas economías de escala. Al mismo tiempo, la empresa adapta los anuncios a las múltiples culturas: la campaña utiliza actores de la región donde se difunde el promocional para reflejar a la población local, aunque el mensaje es literalmente el mismo. Asimismo, los escenarios locales se modifican al exhibir los teléfonos celulares; por ejemplo, al usar un centro comercial en su publicidad para Italia o un bazar, si se trata del Medio Oriente.[19] Otro ejemplo de este proceso se describe en el "Panorama administrativo" que habla acerca de cómo Unilever creó una marca mundial para sus productos Dove y, al mismo tiempo, adaptó el mensaje para tener en cuenta la sensibilidad local.

Estrategia para determinar el precio

OA18-4

La estrategia para determinar el precio internacional es un importante componente de la mezcla de marketing internacional.[20] Esta sección analiza tres de sus aspectos. Primero, exploraremos el caso de la discriminación de precios, esto es, cobrar diferentes precios por el mismo producto en diversos países. En segundo lugar, veremos lo que podría llamarse la determinación estratégica del precio. En tercera instancia, estudiaremos algunos factores de la reglamentación, como los controles de precio impuestos por el gobierno y las reglamentaciones *antidumping* que limitan la posibilidad de que una compañía imponga los precios que quiera en un determinado país.

DISCRIMINACIÓN DE PRECIOS

La discriminación de precios existe siempre que los consumidores de distintos países paguen diferentes precios por el mismo producto (y que estas diferencias no estén explicadas por los diferenciales en costos).[21] La **discriminación de precios perfecta** implica cobrar todo lo que el consumidor pueda pagar; es posible que, en un mercado competitivo, los precios deban ser menores que en uno

---

[18] "Advertising in a Single Market", en *The Economist*, 24 de marzo de 1990, p. 64.

[19] R. G. Matthews y D. Pringle, "Nokia Bets One Global Message Will Ring True in Many Markets", en *The Wall Street Journal*, 27 de septiembre de 2004, p. B6.

[20] R. J. Dolan y H. Simon, *Power Pricing*, Nueva York, Free Press, 1999.

[21] B. Stottinger, "Strategic Export Pricing: A Long Winding Road", en *Journal of International Marketing* 9, 2001, pp. 40-63; S. Gil-Pareja, "Export Process Discrimination in Europe and Exchange Rates", en *Review of International Economics*, mayo de 2002, pp. 299-312; y G. Corsetti y L. Dedola, "A Macro Economic Model of International Price Discrimination", en *Journal of International Economics* 67, septiembre de 2005, pp. 129-140.

donde la empresa tenga el monopolio. Tal estrategia contribuye a que una compañía maximice sus ganancias. Económicamente, es lógico cobrar diferentes precios en distintos países.

Para que la discriminación de precios sea redituable, son necesarias dos condiciones: en primer lugar, la empresa debe ser capaz de mantener sus mercados nacionales separados; si no puede hacerlo, los individuos o los negocios pueden minar su intento de llevar a cabo la práctica de discriminación de precios por medio del arbitraje, que tiene lugar cuando un individuo o negocio aprovechan el diferencial de precios de un determinado producto en dos países, al comprar el producto en la nación donde los precios son menores y revenderlo en donde son mayores. Por ejemplo, muchas compañías automotrices practican desde hace mucho la discriminación de precios en Europa. Un Escort de Ford costó en algún momento dos mil dólares más en Alemania que en Bélgica. Dicha política se vino abajo cuando los vendedores de automóviles comenzaron a comprar los Escort en Bélgica y conducían de regreso a Alemania, donde los vendían con buenas utilidades, un poco más baratos de lo que Ford los vendía en ese mismo país. Para proteger la participación de sus vendedores en el mercado alemán, Ford tuvo que bajar sus precios en Alemania hasta igualarlos con los de Bélgica. La empresa no pudo mantener estos mercados separados, a diferencia del mercado británico, donde la necesidad de autos con el volante a la derecha mantiene a ese mercado separado del resto de Europa.

La segunda condición esencial para que la discriminación de precios sea redituable es la diferente **elasticidad precio de la demanda** en los diversos países, una medida de la sensibilidad de la demanda ante el cambio de precio de un producto. Se dice que la demanda es elástica cuando un pequeño cambio de precio produce un gran cambio en la cantidad demandada; se dice que es inelástica cuando un gran cambio en el precio genera solo un pequeño cambio en la cantidad demandada. En la figura 18.2, se ilustran las curvas de demanda elástica e inelástica. Casi siempre, una compañía puede tener precios mayores en una nación en donde la demanda es inelástica.

El grado de elasticidad precio de la demanda de un producto en un país se determina mediante varios factores, como el nivel de ingreso y las condiciones de competitividad. La elasticidad precio tiende a ser mayor en los países con bajos niveles de ingreso. Los consumidores con ingresos limitados tienden a estar muy conscientes de los precios: tienen menos para gastar, por lo que se fijan mucho más en el precio. Así, la elasticidad precio de la demanda en productos como computadoras personales es mayor en países como India, donde una PC es todavía un artículo de lujo, que en Estados Unidos, donde se considera una necesidad. Lo mismo ocurre con el software de las computadoras: por ello, para vender más software en India, Microsoft se ha visto obligada a introducir versiones de sus productos a un menor precio, como el Windows Starter Edition.

En general, mientras más competidores haya será mayor el poder de regateo del consumidor, y más probable que los consumidores adquieran el artículo a la empresa que lo venda más barato. Por ello, la existencia de muchos competidores ocasiona una mayor elasticidad precio de la demanda.

FIGURA 18.2

Curvas de demanda
elástica e inelástica

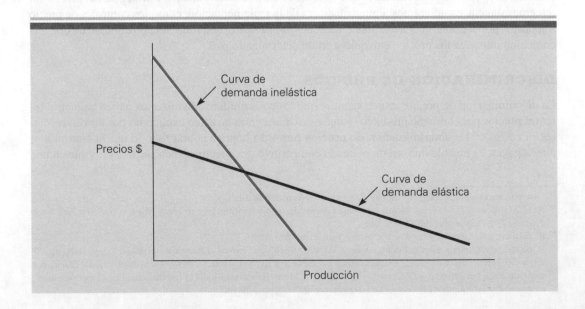

En estas circunstancias, si una compañía eleva sus precios por arriba de los de la competencia, los consumidores dejarán su producto. Lo contrario ocurre cuando una empresa se enfrenta a pocos competidores. Cuando la competencia es limitada, el poder de regateo del consumidor es menor y el precio es menos importante como herramienta de competencia. Así, una compañía puede cobrar un precio mayor por su producto en una nación en donde la competencia es limitada que en una en donde la competencia es intensa.

DETERMINACIÓN ESTRATÉGICA DE PRECIOS

El concepto **determinación estratégica de precios** tiene tres aspectos a los que nos referiremos como determinación depredadora de precios, determinación multifocal de precios y determinación de precios basada en la curva de experiencia; tanto la primera como la última pueden violar la reglamentación *antidumping*, así que, después de revisar estas dos formas de fijar o establecer un precio, analizaremos los reglamentos *antidumping* y otras políticas regulatorias.

Determinación depredadora de precios

La **determinación depredadora de precios** implica el empleo del precio como herramienta de competencia para eliminar a los competidores más débiles del mercado nacional. Una vez que el competidor abandona el mercado, la empresa eleva sus precios y se beneficia de su poder monopólico y con utilidades altas. Para que dicha estrategia funcione, la compañía debe mantener una posición ventajosa en otro mercado nacional, situación que puede emplear para subsidiar una agresiva determinación o fijación de precios en el mercado que intenta monopolizar. Históricamente, muchas empresas japonesas han sido acusadas de aplicar esta estrategia. El argumento de los demandantes es el siguiente: como el mercado japonés está protegido de la competencia del extranjero por altas barreras comerciales informales, las compañías japonesas pueden tener precios altos y ganar cuantiosas utilidades en su país; después, usan estas ganancias para subsidiar la fijación agresiva de precios en el extranjero con el objetivo de expulsar a sus competidores de esos mercados; una vez que lo logran, las empresas japonesas elevan sus precios. Matsushita fue acusada de utilizar esa estrategia para entrar en el mercado de televisores de Estados Unidos. Como uno de los mayores productores de aparatos de televisión en Japón, Matsushita obtuvo grandes utilidades en casa. Empleó tales ganancias para subsidiar las pérdidas que sufrió en Estados Unidos durante sus primeros años en ese país, cuando bajó sus precios para aumentar su penetración en el mercado y, finalmente, se convirtió en el productor de televisores más grande del mundo.[22]

Determinación multifocal de precios

La determinación multifocal de precios tiene lugar cuando dos o más empresas internacionales compiten en dos o más mercados nacionales; por ejemplo, esta estrategia opera en el caso de Kodak y Fujifilm, porque ambas compiten entre sí en todo el mundo y en el mercado de película fotográfica de halogenuros de plata.[23] La **determinación multifocal de precios** alude a que la estrategia de una compañía para fijar sus precios en un mercado puede afectar la estrategia para establecer los precios de su rival en otro. La fijación agresiva de precios en un mercado puede ocasionar una respuesta competitiva de un rival en otro; por ejemplo, Fuji lanzó un agresivo ataque para competir contra Kodak en el mercado de origen de la empresa estadounidense, en enero de 1997, al reducir los precios de los paquetes de película fotográfica de 35 mm hasta 50%.[24] Esta reducción de precios tuvo como resultado un incremento de 28% en los envíos de película fotográfica de color de Fuji durante los primeros seis meses de 1997, mientras que los de Kodak cayeron 11%. Dicho ataque provocó un dilema para Kodak, pues no quería comenzar una disminución de precios en su mercado más grande y rentable. Su respuesta fue una agresiva reducción de precios en el mercado más grande de Fuji, Japón. Tal respuesta estratégica reconoció la interdependencia entre Kodak y Fuji, así como su competencia mutua en muchas naciones. Fuji respondió al contraataque de Kodak con el retiro de su agresiva actitud en Estados Unidos.

[22] Estos argumentos se expusieron en un documental de *Front-line*, de PBS, transmitido en Estados Unidos en mayo de 1992.
[23] Y. Tsurumi y H. Tsurumi, "Fujifilm-Kodak Duopolistic competition in Japan and the United States", en *Journal of International Business Studies* 30, 1999, pp. 813-830.
[24] G. Smith y B. Wolverton, "A Dark Moment for Kodak", en *BusinessWeek*, 4 de agosto de 1997, pp. 30-31.

La historia de Kodak ilustra un aspecto fundamental de la determinación multifocal de precios: una determinación agresiva de precios en un mercado puede ocasionar una respuesta del rival en otro (o también llamada guerra de precios). La empresa debe considerar de qué manera responderán sus rivales mundiales ante los cambios en su estrategia para establecer precios antes de aplicarlos. Un segundo aspecto de la determinación multifocal de precios surge cuando dos o más compañías mundiales dirigen sus esfuerzos a mercados nacionales específicos y emprenden vigorosas guerras de precios en ellos en un intento por dominarlos. En el mercado brasileño de pañales desechables, dos empresas estadounidenses, Kimberly-Clark y Procter & Gamble, iniciaron una guerra de precios en la que ambas competían por dominar el mercado.[25] Como resultado, durante tres años el precio de pañales desechables cayó de un dólar a 33 centavos por pañal, y muchos otros competidores, incluidas compañías de origen brasileño, tuvieron que abandonar el mercado. Kimberly-Clark y Procter & Gamble están en una lucha mundial por la participación y el dominio del mercado, y Brasil es un campo de batalla. Ambas empresas pueden asumir el costo de involucrarse en esta conducta, aunque reduzcan sus utilidades en Brasil, debido a que sostienen operaciones redituables en otra parte del mundo para subsidiar esas pérdidas.

Las decisiones sobre los precios alrededor del mundo deben vigilarse en forma centralizada. Es tentador delegar la responsabilidad de tomar las decisiones sobre los precios en los administradores de diversas filiales nacionales con el fin de cosechar los beneficios de la descentralización; sin embargo, como las estrategias para fijar los precios en una parte del mundo pueden causar una respuesta competitiva en otro lugar, el corporativo necesita por lo menos supervisar y aprobar las decisiones sobre precios en un mercado nacional específico, y los administradores locales deben reconocer que sus acciones pueden afectar las condiciones de competencia en otros países.

Determinación de precios con base en la curva de experiencia

La primera vez que nos referimos a la curva de la experiencia fue en el capítulo 13. Al tiempo que crece el volumen de producción acumulado de una empresa, disminuye el costo de la unidad producida debido al efecto de la experiencia. Los efectos del aprendizaje y las economías de escala son la base de la curva de experiencia. El precio se incorpora al panorama porque la determinación agresiva de precios (junto con la promoción y publicidad del mismo carácter) puede hacer crecer rápidamente el volumen de ventas acumulado y, por tanto, desplazar la producción hacia abajo en la curva de experiencia. Las compañías en la parte baja de la curva de experiencia tienen ventajas de costo respecto de las que se ubican más arriba en dicha curva.

Muchas empresas que aplican una **estrategia basada en la curva de experiencia** para determinar sus precios a escala internacional fijan precios bajos en todo el mundo para aumentar su volumen de ventas globales tan rápido como sea posible, aunque eso implique grandes pérdidas iniciales. Estas compañías consideran que, dentro de varios años, cuando se desplacen hacia abajo en la curva de experiencia, tendrán utilidades sustanciales y una ventaja de costo sobre sus competidores menos agresivos.

INFLUENCIA DE LAS REGULACIONES EN LOS PRECIOS

La capacidad de aplicar ya sea la discriminación de precios o la curva de experiencia puede verse limitada por las regulaciones nacionales o internacionales y, lo que es más importante: la libertad de una empresa para fijar sus propios precios está limitada por las regulaciones *antidumping* y las políticas de competencia.

Regulaciones *antidumping*

Tanto la determinación depredadora de precios como la basada en la curva de experiencia pueden tener problemas con los reglamentos *antidumping*. El *dumping* generalmente tiene lugar cuando una compañía vende un producto en un mercado extranjero a un precio menor que su precio de venta o su costo de producción en el mercado de origen. Pero la mayoría de las regulaciones gubernamentales define el *dumping* de forma muy ambigua; por ejemplo, un país puede ejercer acciones *anti-*

---

[25] R. Narisette y J. Friedland, "Disposable Income: Diaper Wars of P&G and Kimberly-Clark Now Heat Up in Brazil", en *The Wall Street Journal*, 4 de junio de 1997, p. Al.

dumping contra un importador con base en el artículo 6 del Acuerdo General sobre Aranceles Aduaneros y Comercio (General Agreement on Tariffs and Trade, GATT), siempre que se cumplan dos criterios: la venta a "menos de su valor normal" y "el daño material a la industria nacional". El problema con esa terminología es que no especifica qué es un valor normal. La ambigüedad ha llevado a algunos analistas a argumentar que *dumping* significa vender en el extranjero a precios menores que los que rigen en el país de origen, y no por debajo del costo.

Esa lógica fue la de la administración de George W. Bush cuando impuso un arancel de 20% a las importaciones de acero en 2001. Los productores extranjeros adujeron que no vendían por debajo del costo. Al admitir que sus precios eran menores en Estados Unidos que en otras naciones, afirmaron que ello solo reflejaba la intensa competencia en el mercado de ese país (es decir, diferencias en la elasticidad precio de la demanda).

Las regulaciones *antidumping* determinan un piso para los precios de exportación y limitan la capacidad de las empresas para seguir estrategias de determinación de precios. La ambigua terminología de la mayor parte de las medidas *antidumping* insinúa que la capacidad de una compañía para poner en práctica la discriminación de precios puede ser cuestionada conforme a esta legislación.

Política de competencia

La mayoría de los países industrializados posee regulaciones diseñadas para promover la competencia y restringir las prácticas monopólicas. Tales regulaciones sirven para limitar los precios que una empresa fija en un país determinado; por ejemplo, el fabricante de productos farmacéuticos suizo Hoffmann-LaRoche tenía un monopolio como proveedor de los tranquilizantes Valium y Librium. La compañía fue investigada por la British Monopolies and Mergers Commission (Comisión Británica de Monopolios y Fusiones), responsable de promover la competencia justa en Gran Bretaña. La comisión descubrió que Hoffmann-LaRoche cobraba un precio excesivo por sus tranquilizantes y le ordenó reducir sus precios entre 50% y 60% y rembolsar una utilidad excedente de 30 millones de dólares. Hoffmann-LaRoche argumentó en vano que solo practicaba la estrategia de discriminación de precios. Más tarde, la Oficina Alemana de Asociaciones y los gobiernos de Holanda y Dinamarca le aplicaron medidas semejantes.[26]

Configuración de la mezcla de marketing

Hay muchos motivos por los cuales una empresa varía los componentes de su mezcla de marketing de un país a otro para adecuarlos a las diferencias locales de cultura, condiciones económicas, condiciones de competitividad, normas técnicas y de productos, sistemas de distribución y regulación gubernamental, entre otras. Estas discrepancias pueden requerir de variaciones en los atributos del producto o en las estrategias de distribución, de comunicaciones y para determinar los precios. El efecto acumulado de dichos factores hace muy raro que una compañía adopte la misma mezcla de marketing para todo el mundo. Damos un ejemplo detallado de esto en el siguiente "Panorama administrativo", que examina cómo Levi Strauss cambia ahora su mezcla de marketing de un país a otro; es un ejemplo particularmente interesante porque Theodore Levitt señaló a Levi Strauss como ejemplo de estandarización global, pero, como se demuestra en el "Panorama administrativo", en realidad parece ser todo lo contrario.

A menudo se piensa que en la industria de los servicios financieros la estandarización mundial de la mezcla de marketing es la norma; no obstante, si bien algunas empresas de servicios financieros, como American Express, venden el mismo tipo de servicio básico de tarjeta de crédito en todo el mundo, utilizan la misma estructura básica de cuota por ese producto y adoptan el mismo mensaje promocional básico ("No salga sin ella"), las diferencias entre las regulaciones nacionales todavía le obligan a modificar algunos aspectos de su estrategia de comunicación de un país a otro. De igual manera, aunque con frecuencia se piensa en McDonald's como el ejemplo por antonomasia de la compañía que vende el mismo producto básico estandarizado en todo el mundo, en realidad varía un aspecto esencial de su mezcla de marketing (su menú) de una nación a otra. Asimismo, McDonald's modifica su estrategia de distribución: en Canadá y Estados Unidos, la mayoría de los McDonald's se

---

[26] J. F. Pickering, *Industrial Structure and Market Conduct*, Londres, Martin Robertson, 1974.

Levi Strauss atiende la sensibilidad local

Han sido años difíciles para Levi Strauss, el reconocido productor de pantalones de mezclilla. La compañía, cuyos *jeans* 501 fueron el símbolo global de la generación de los "baby boomers" (nacidos después de la Segunda Guerra Mundial) y se vendieron en más de 100 países, vio cómo sus ventas caían de 7 100 millones de dólares en 1996 a solo cuatro mil millones en 2004. Los críticos esgrimieron que las tendencias de la moda habían pasado de largo y que Levi Strauss, atrapado por los altos costos y una línea de producción estancada, se veía más deslavada que un par de 501 muy usados. Quizá era así, pero la segunda mitad de la década trajo consigo señales de que un giro estaba en progreso. Las ventas aumentaron por primera vez en varios años y, luego de una serie de pérdidas, la empresa comenzó a registrar utilidades otra vez.

Este giro tuvo tres partes. Primero, la compañía llevó a cabo reducciones de costos en casa. Levi's cerró sus últimas fábricas estadounidenses y empezó a producir en otros lugares donde los pantalones podían elaborarse en forma más económica. Segundo, amplió su línea de productos mediante la introducción de la marca Levi's Signature, que podía venderse a precios bajos en almacenes, en mercados que eran más competitivos, entre ellos el principal mercado estadounidense donde Walmart había impulsado los precios bajos. Tercero, a finales de 1990, la empresa decidió otorgar mayor responsabilidad a los administradores nacionales y aplicar una mezcla de marketing a las condiciones locales. Previo a esto, Levi's, en esencia, había vendido el mismo producto en todo el mundo, con base en el empleo del mismo mensaje publicitario. La antigua estrategia fue diseñada para permitir que la compañía obtuviese economías de escala en producción y publicidad, pero no funcionaba.

Con la nueva estrategia, las variaciones entre los mercados nacionales se han agudizado. Los *jeans* se ajustan a distintos tipos de cuerpos. En Asia, por ejemplo, son comunes las perneras más cortas, mientras que en Sudáfrica los pantalones para mujer deben tener un trasero más grande, así que Levi's ha ajustado el producto para tener en cuenta dichas diferencias físicas. Después, se encuentran las diferencias socioculturales: en Japón, los *jeans* negros y ajustados son los más populares; en los países islámicos, no se ve con buenos ojos que las mujeres usen pantalones ajustados, así que Levi's ofrece en naciones como Turquía unos más anchos. El clima también afecta el diseño del producto: en el norte de Europa se venden *jeans* de un peso estándar, mientras que en naciones más cálidas se utiliza una mezclilla más ligera, además de colores más vivos que no se deslavan con el sol tropical.

Además, los anuncios de Levi's, que solían ser globales, se han adaptado a la medida de las diferencias regionales. En Europa, los promocionales hablan de un ajuste perfecto. En Asia, del renacimiento de un original. En Estados Unidos, los anuncios muestran a gente real que en sí mismos son originales: rancheros, practicantes de *surf*, grandes músicos. Asimismo, hay diferencias entre las estrategias de precios y los canales de distribución: en el mercado estadounidense, ferozmente competitivo, los precios pueden bajar hasta los 25 dólares y los Levi's se venden a través de tiendas de descuento al menudeo en mercados masivos como Walmart. En India, la marca económica Levi's Signature ha impulsado el aumento de las ventas. En España, los *jeans* se consideran artículos de alta costura y se venden por 50 dólares en almacenes de mayor calidad. También en el Reino Unido los precios de los 501 son mucho más elevados que en Estados Unidos, lo cual refleja un entorno competitivo más benigno.

Tal variación en la mezcla de marketing parece cosechar dividendos: aunque la demanda en Estados Unidos y Europa continúa lenta, el crecimiento es fuerte en muchos otros países. Turquía, Corea del Sur y Sudáfrica registraron índices de crecimiento mayores a 20% anual tras la introducción de esta estrategia en 2005. Mirando hacia el futuro, Levi's espera que 60% de su crecimiento provenga de los mercados emergentes.[27]

ubica en áreas de fácil acceso en automóvil, mientras que en sociedades del mundo densamente pobladas y menos dependientes de los vehículos, como Japón y Gran Bretaña, la decisión sobre la ubicación de sus restaurantes se basa en su fácil acceso para los peatones. Como los países aún suelen diferir en uno o más de los aspectos que vimos, son normales algunas adaptaciones de la mezcla de marketing.

Sin embargo, en ocasiones, hay importantes oportunidades de estandarizar uno o más elementos de la mezcla de marketing.[28] Las empresas pueden descubrir que es posible y deseable estandarizar su mensaje publicitario mundial o los atributos principales de su producto para lograr considerables

---

[27] "How Levi Strauss Rekindled the Allure of Brand America", en World *Trade*, marzo de 2005, p. 28; "Levi Strauss Walks with a Swagger into New Markets", en *Africa News*, 17 de marzo de 2005; "Levi's Adaptable Standards", en *Strategic Direction*, junio de 2005, pp. 14-16; A. Benady, "Levi's Looks to the Bottom Line", en *Financial Times*, 15 de febrero de 2005, p. 14; y R. A. Smith, "At Levi Strauss Dockers Are In", en *The Wall Street Journal*, 14 de febrero de 2007, p. A14.

[28] S. P. Douglas, C. Samuel Craig y E. J. Nijissen, "Integrating Branding Strategy across Market", en *Journal of International Marketing* 9, núm. 2, 2001, pp. 97–114.

ahorros en costo. Pueden hallar conveniente adaptar sus estrategias de distribución y determinación de precios para aprovechar las diferencias locales. En realidad, el debate entre "adaptación y estandarización" no es un asunto de todo o nada: por lo regular, es prudente estandarizar algunos aspectos de la mezcla de marketing y adaptar otros, según las condiciones de los diversos mercados nacionales.

 # Desarrollo de nuevos productos

Las empresas que desarrollan y comercializan con éxito productos nuevos pueden tener enormes utilidades. Como ejemplo podemos mencionar a Du Pont, que ha producido una constante cadena de exitosas innovaciones, como el celofán, el nylon, el freón y el teflón (sartenes antiadherentes); Sony, con éxitos como el Walkman, el disco compacto, el PlayStation y la reproductora de DVD de alta definición Blue-ray; Pfizer, el laboratorio farmacéutico que durante la década de 1990 produjo nuevos e importantes medicamentos, como el Viagra; 3M, que aplica su principal producción de cintas y adhesivos para desarrollar un amplio rango de nuevos productos; Intel, que de manera consistente encabeza el desarrollo de innovadores microprocesadores para computadoras personales, y Apple con su cadena de éxitos, incluido el iPod, el iPhone y el iPad.

En el mundo de hoy, la competencia es tanto en innovación tecnológica como en cualquier otro aspecto. El ritmo de cambio tecnológico se acelera desde la Revolución industrial, en el siglo XVIII, y aún sucede hasta nuestros días. El resultado ha sido una drástica reducción de los ciclos de vida de los productos. La innovación tecnológica es tanto creativa como destructiva.[29] Una innovación puede ocasionar la obsolescencia de un producto de la noche a la mañana; pero una innovación también posibilita la creación de gran cantidad de nuevos productos. Veamos algunos cambios recientes en la industria electrónica. Durante los 40 años previos a la década de 1950, el bulbo fue uno de los componentes principales de los radios, y después, fue parte de las reproductoras de cintas grabadas y las primeras computadoras. El advenimiento del transistor acabó con el mercado de los bulbos, pero, al mismo tiempo, creó nuevas oportunidades con los transistores; estos ocupaban mucho menos espacio que los bulbos, lo que originó una tendencia hacia la miniaturización que continúa hasta hoy. El transistor mantuvo su posición como el componente más relevante en la industria de los aparatos electrónicos solo durante una década. Los microprocesadores se desarrollaron en la década de 1970 y el mercado de los transistores declinó con rapidez. El microprocesador generó un nuevo conjunto de oportunidades para nuevos productos: calculadoras de bolsillo (que pusieron fin al mercado de las reglas de cálculo), reproductores de discos compactos (que hicieron lo mismo con el mercado de los tocadiscos análogos), computadoras personales (que destruyeron el mercado de las máquinas de escribir) y teléfonos celulares (que están desbancando a los teléfonos fijos).

Esta "destrucción creativa" desencadenada por los cambios tecnológicos hace indispensable que una empresa permanezca a la cabeza de la tecnología para evitar que las innovaciones de un competidor la dejen atrás. Como explicaremos en la siguiente sección, esto no solo provoca la necesidad de que la compañía invierta en investigación y desarrollo, también la de establecer sus actividades de ID en los lugares donde se concentran los expertos en la materia. Como veremos, la vanguardia tecnológica en sí no basta para garantizar la supervivencia de la empresa: también debe aplicarla al desarrollo de productos que satisfagan las necesidades del consumidor, y a diseñar los productos para que se fabriquen con costos más eficientes. Para conseguirlo, la compañía debe crear una relación cercana entre los departamentos de ID, marketing y producción. Esto en sí ya es muy difícil para una empresa con operaciones nacionales, y lo es aún más para las compañías internacionales que compiten en una industria en la que los gustos y preferencias del consumidor difieren de un país a otro.[30] Con todo esto en mente, estudiaremos ahora la localización de las actividades de ID y la creación de fuertes lazos entre los departamentos de ID, marketing y producción.

[29] El economista Joseph Schumpeter empleó la frase por primera vez en *Capitalism, Socialism, and Democracy*, Nueva York, Harper Brothers, 1942.

[30] S. Kotabe, S. Srinivasan y P. S. Aulakh, "Multinationality and Firm Performance: The Moderating Role of R&D and Marketing", en *Journal of International Business Studies* 33, 2002, pp. 79-97.

UBICACIÓN DE LA FUNCIÓN DE INVESTIGACIÓN Y DESARROLLO

Las ideas de nuevos productos se estimulan mediante la interacción entre la investigación científica, las condiciones de la demanda y las condiciones de la competencia. En circunstancias similares, el promedio de desarrollo de nuevos productos parece mayor en los países donde:

- Se gasta más dinero en ID básico y aplicado.
- Hay una fuerte demanda básica.
- Los consumidores son adinerados.
- La competencia es intensa.[31]

La ID básica y aplicada descubre nuevas tecnologías y luego las comercializa. La fuerte demanda y los consumidores adinerados crean un mercado potencial para los nuevos productos. La intensa competencia entre empresas estimula la innovación, lo que lleva a las compañías a intentar derrotar a sus competidores y obtener ventajas potencialmente grandes como resultado de la innovación exitosa.

Durante la mayor parte del periodo posterior a la Segunda Guerra Mundial, el país que reunía la mayoría de estos criterios era Estados Unidos. Esta nación dedicaba una mayor proporción de su producto interno bruto a la ID que cualquier otro. Su comunidad científica era la más grande y activa del mundo. Los consumidores estadounidenses tenían el mayor poder adquisitivo, el mercado era grande y la competencia entre las empresas, enérgica. Debido a dichos factores, Estados Unidos era el mercado donde se desarrollaba y presentaba la mayoría de los nuevos productos; en consecuencia, el mejor sitio para las actividades de ID era en donde se encontraba la acción.

Durante los últimos 20 años, la situación se ha estado modificando con rapidez. El monopolio estadounidense en el desarrollo de nuevos productos se debilitó de manera notable. Aunque las compañías estadounidenses siguen a la vanguardia en gran parte de la nueva tecnología, las empresas asiáticas y europeas también son participantes fuertes, con compañías como Sony, Sharp, Samsung, Ericsson, Nokia y Philips a la cabeza de la innovación de productos en sus respectivas industrias. Además, tanto Japón como la Unión Europea son mercados grandes y con consumidores opulentos, y la brecha de riqueza entre estas naciones y Estados Unidos se está cerrando.

Como resultado, ya no es apropiado considerar a Estados Unidos el mercado líder. En los videojuegos, por ejemplo, a menudo lo es Japón: empresas como Sony y Nintendo presentan sus videojuegos más recientes en Japón seis meses antes que en Estados Unidos. En el ámbito de las telecomunicaciones inalámbricas, por lo general se reconoce que Europa está adelante de Estados Unidos; sin embargo, con frecuencia es cuestionable si alguna nación desarrollada puede asumirse como un mercado líder. En la actualidad, para tener éxito, es necesario presentar al mismo tiempo los nuevos productos en los principales mercados industrializados; por ejemplo, cuando Intel presenta un nuevo microprocesador, no lo introduce primero en Estados Unidos y un año más tarde en Europa: lo introduce de modo simultáneo en todo el mundo. Lo mismo ocurre con Microsoft y sus nuevas versiones del sistema operativo Windows.

Como hoy la investigación de vanguardia se efectúa en muchos lugares del mundo, el argumento de que las actividades de ID deben centralizarse en Estados Unidos es mucho más débil que hace tres décadas (se sostenía que la centralización de la ID eliminaba la duplicidad de funciones). Gran parte de la investigación de vanguardia se desarrolla en Asia y Europa. Distribuir las actividades de ID hacia esos lugares permite a una empresa mantenerse cerca del centro de actividades de vanguardia para recopilar información científica y competitiva, y aprovechar los recursos científicos locales.[32] Esto puede ocasionar algunos casos de duplicidad de las actividades de ID, pero el costo de las desventajas de la duplicidad se compensa con las ventajas de la distribución.

Por ejemplo, para acceder a la ID de nuevos productos que se efectúa en Japón, muchas compañías estadounidenses instalan centros satelitales de ID en este país, entre ellas Corning, Texas

[31] Véase D. C. Mowery y N. Rosenberg, *Technology and the Pursuit of Economic Growth*, Cambridge, Inglaterra, Cambridge University Press, 1989, y M. E. Porter, *The Competitive Advantage of Nations*, Nueva York, The Free Press, 1990.

[32] W. Kuemmerle, "Building Effective R&D Capabilities Abroad", en *Harvard Business Review*, marzo-abril de 1997, pp. 61-70, y C. Le Bas y C. Sierra, "Location *versus* Home Country Advantages in R&D Activities", en *Research Policy* 31, 2002, pp. 589-609.

Instruments, IBM, Procter & Gamble, Pfizer, Du Pont, Monsanto y Microsoft.[33] La National Science Foundation (NFS) documentó un repentino incremento de la proporción del gasto total en ID de las empresas estadounidenses que se lleva a cabo en el exterior;[34] por ejemplo, Bristol-Myers Squibb tiene 12 instalaciones en cinco países. Al mismo tiempo, para internacionalizar su propia investigación y ganar acceso al talento de investigación estadounidense, la NFS reportó que muchas compañías europeas y asiáticas están invirtiendo en centros de investigación en Estados Unidos.

INTEGRACIÓN DE INVESTIGACIÓN Y DESARROLLO, MARKETING Y PRODUCCIÓN

Aunque una empresa que tiene éxito en el desarrollo de nuevos productos puede ganar enormes utilidades, este desarrollo es muy riesgoso y entraña un alto índice de fracaso. Un estudio sobre el desarrollo de productos en 16 compañías de la industria química, de medicamentos, del petróleo y electrónica arrojó que solo casi 20% de los proyectos de ID generan productos o procesos comercialmente exitosos.[35] Otro caso de análisis a fondo acerca del desarrollo de productos en tres empresas (una en el sector químico y dos en el de fármacos) reportó que aproximadamente 58% de los proyectos de ID se terminaba de manera técnica, 30% se comercializaba y solo 12% obtenía utilidades que excedían el costo de capital de la compañía.[36] De manera análoga , una investigación reportó que uno de nueve importantes proyectos de ID, o casi 11%, dio lugar a productos comerciales exitosos.[37] En resumen, la evidencia apunta a que solo entre 10% y 20% de los proyectos de ID más relevantes dan origen a productos comerciales. Algunos fracasos bien documentados son el asistente digital personal Newton de Apple Computer, el formato Betamax de Sony en el mercado de videojuegos y grabadoras, y la consola de videojuegos Dreamcast, de Sega.

Los motivos de estos fracasos son variados, como el desarrollo de una tecnología para la que existe una demanda limitada, la inadecuada comercialización de tecnología prometedora y la poca capacidad de fabricar un nuevo producto con costos eficientes. Las empresas pueden evitar dichos errores al dar importancia a la coordinación de equipos multidisciplinarios y a la integración de las tres principales funciones del desarrollo de nuevos productos: ID, marketing y producción.[38] La fuerte integración multidisciplinaria entre estas tres funciones sirve para garantizar que:

1. Los proyectos de desarrollo del producto estén motivados por las necesidades del cliente.
2. Los nuevos productos estén diseñados de forma que faciliten su producción.
3. Se supervise el costo de desarrollo.
4. Se reduzca el tiempo de comercialización.

La integración entre ID y marketing se requiere para asegurarse de que el proyecto de desarrollo de producto esté motivado por las necesidades del cliente. Los clientes de una compañía pueden ser una de las principales fuentes de ideas para nuevos productos. La identificación de las necesidades del cliente, en especial las que no satisface ningún otro producto, puede aportar el contexto para la innovación. Como punto de contacto con los clientes, la función del marketing de una empresa proporciona información valiosa en este sentido. La integración de ID y marketing es decisiva para la buena comercialización de un nuevo producto; sin la integración de ambas funciones, una compañía corre el riesgo de desarrollar productos para los que existe poca o nula demanda.

La integración entre ID y producción es útil para diseñar productos que tengan en cuenta los requisitos de producción. Diseñar para la fabricación puede tener un costo menor y aumentar la calidad de la producción. Integrar ID y producción también contribuye a reducir los costos del desarrollo y acelerar el acceso del producto al mercado. Si un nuevo producto se diseña sin considerar

---

[33] "When the Corporate Lab Goes to Japan", en *The New York Times*, 28 de abril de 1991, sección 3, p. 1.

[34] D. Shapley, "Globalization Prompts Exodus", en *Financial Times*, 17 de marzo de 1994, p. 10.

[35] E. Mansfield, "How Economists See R&D", en *Harvard Business Review*, noviembre-diciembre de 1981, pp. 98-106.

[36] *Idem.*

[37] G. A. Stevens y J. Burley, "Piloting the Rocket of Radical Innovation", en *Research Technology Management* 46, 2003, pp. 16-26.

[38] K. B. Clark y S. C. Wheelwright, *Managing New Product and Process Development*, Nueva York, Free Press, 1993, y M. A. Shilling; y C. W. L. Hill, "Managing the New Product Development Process", en *Academy of Management Executive* 12, núm. 3, 1998, pp. 67-81.

la capacidad del departamento de producción, su producción puede resultar muy difícil; en consecuencia, el producto tendría que rediseñarse, lo que implica un aumento significativo tanto del costo total del desarrollo como del tiempo que tardará el producto en llegar al mercado. Hacer cambios en el diseño durante la planeación del producto puede incrementar 50% el costo total y añadir 25% al tiempo de acceso al mercado.[39] Muchas innovaciones cuantitativas requieren nuevos procesos de producción, lo que da más importancia a una fuerte integración entre ID y producción. Reducir el tiempo de acceso al mercado y el costo del desarrollo puede implicar el desarrollo simultáneo de nuevos productos y nuevos procesos.[40]

EQUIPOS MULTIDISCIPLINARIOS

Una manera de lograr la integración multidisciplinaria es establecer equipos multidisciplinarios de desarrollo de producto compuestos por representantes de ID, marketing y producción. Como estas funciones pueden ubicarse en distintos países, el equipo tendrá algunas veces un carácter multinacional. El objetivo de un equipo debe ser tomar un proyecto de desarrollo de producto desde el principio del concepto hasta su introducción en el mercado. Para que un equipo de desarrollo de producto funcione de modo eficiente y alcance todas sus metas, puede ser importante una serie de atributos.[41]

En primer lugar, el equipo debe estar al mando de un administrador de proyecto "de peso completo", con un puesto alto en la empresa y el poder y la autoridad necesarios para obtener los recursos humanos y financieros para tener éxito. El líder "de peso completo" debe dedicar la mayor parte de su tiempo, si no es que todo, al proyecto. Debe ser alguien que crea en el proyecto (un ganador) y en la capacidad para integrar las perspectivas de las diversas funciones, así como para ayudar al personal de los departamentos y países a trabajar por una meta común. Asimismo, el líder debe ser capaz de representar al equipo ante la dirección general.

En segundo lugar, el equipo debe estar integrado por al menos un miembro de cada función clave. Los integrantes del equipo deben tener atributos como la habilidad para aportar conocimientos funcionales, el prestigio dentro de su departamento, la disponibilidad para compartir la responsabilidad de los resultados del equipo y la capacidad para dejar a un lado los intereses particulares de su departamento y su país. Casi siempre es mejor que los miembros más destacados del equipo se dediquen de tiempo completo al proyecto hasta concluirlo. Esta dedicación garantiza que su atención se centre en el proyecto y no en el trabajo rutinario de cada uno de sus departamentos.

En tercer lugar, si es posible, los integrantes del equipo deben trabajar en la misma ubicación física para generar un ambiente propicio y facilitar la comunicación; ello puede representar un problema cuando algunos miembros pertenecen a instalaciones en diferentes países. Una solución es transferir a los individuos clave a una ubicación determinada durante el proyecto. En cuarto lugar, el equipo debe tener un plan de acción definido y metas claras, en particular respecto de las metas decisivas y del desarrollo del presupuesto. El equipo debe tener incentivos para alcanzar esas metas, como un bono cuando se logren las más relevantes. En quinto lugar, cada equipo debe desarrollar sus propios procesos de comunicación y resolución de conflictos; por ejemplo, un equipo de desarrollo de producto en Quantum Corporation, productor de lectores de disquetes para computadoras personales con sede en California, determinó que todas las decisiones importantes y los conflictos se resolvieran durante las juntas de los lunes en la tarde. Esta regla tan simple ayudó al equipo a alcanzar sus metas de desarrollo. Además, era común que los miembros volaran de Japón, donde se fabricaría el producto, al centro de desarrollo en Estados Unidos para las reuniones de los lunes.[42]

CREACIÓN DE HABILIDADES MUNDIALES EN ID

La necesidad de integrar a los departamentos de ID y marketing para comercializar en forma adecuada las nuevas tecnologías presenta problemas especiales para los negocios internacionales, pues

[39] O. Port, "Moving Past the Assembly Line", en *BusinessWeek Special Issue: Reinventing America*, 1992, pp. 177-180.

[40] K. B. Clark y T. Fujimoto, "The Power of Product Integrity", en *Harvard Business Review*, noviembre-diciembre de 1990, pp. 107-118; Clark y Wheelwright, *Managing New Product and Process Development*; S. L. Brown y K. M. Eisenhardt, "Product Development: Past Research, Present Findings, and Future Directions", en *Academy of Management Review* 20, 1995, pp. 348-378; y G. Stalk y T. M. Hout, *Competing against Time*, Nueva York, Free Press, 1990.

[41] Shilling y Hill, "Managing the New Product Development Process".

[42] C. Christensen, "Quantum Corporation-Business and Product Teams", Harvard Business School, caso núm. 9-692-023.

la comercialización puede implicar que se produzcan distintas versiones de un nuevo producto en diferentes países.[43] Para conseguirlo, la empresa debe construir fuertes lazos entre sus centros de ID y sus departamentos operativos de diversas naciones. Algo similar se aplica a la necesidad de integrar los departamentos de ID y producción, en particular en donde existen actividades de producción dispersas en el mundo, según cuestiones como el costo relativo de los factores.

La integración de ID, marketing y producción en una compañía internacional puede demandar que los centros de ID en Estados Unidos, Asia y Europa se vinculen, de manera formal e informal, con las operaciones de mercadotecnia en cada país, en sus respectivas regiones y con varias plantas de producción. Asimismo, es posible que las empresas internacionales deban establecer equipos multidisciplinarios cuyos miembros estén dispersos alrededor del mundo. Esta compleja labor requiere mecanismos de integración formal e informal para entretejer sus operaciones lejanas y lograr la fabricación de sus nuevos productos en una forma efectiva y rápida.

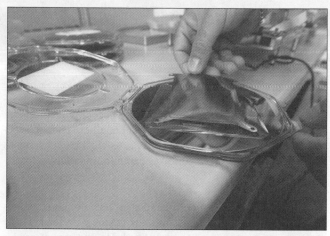

John Maltabes, ingeniero investigador en Hewlett-Packard, extrae una delgada pantalla electrónica flexible que contiene resistencias grabadas y utiliza tecnología de impresión litográfica autoalineada para probarla en los laboratorios de la compañía.

Aunque no existe una fórmula idónea para delegar responsabilidades en varios centros, muchas compañías internacionales establecen una red mundial de centros de ID. En este modelo, la investigación fundamental se lleva a cabo en los centros de investigación básica alrededor del mundo, que suelen ubicarse en regiones o ciudades donde se crea conocimiento científico valioso y se reúne un talentoso equipo de investigación (por ejemplo, Silicon Valley en Estados Unidos, Cambridge en Inglaterra, Kobe en Japón, Singapur). Estos centros son los motores de innovación de la empresa; su labor es desarrollar la tecnología que se convertirá en nuevos productos.

Las unidades de ID integradas a las divisiones de producto mundial utilizan esas tecnologías para generar nuevos productos para el mercado global. En este nivel, se destaca la comercialización y el diseño para la producción. Si se requiriera mayor adaptación para que el producto resulte atractivo a los gustos y preferencias de los consumidores de cada uno de los mercados, el rediseño lo debe hacer un grupo de ID ubicado en la filial del país correspondiente o en un centro regional que adapte productos para diversas naciones de la región.

Hewlett-Packard cuenta con siete centros de investigación básica en Palo Alto, California; Bristol, Inglaterra; Haifa, Israel; Beijing, China; Singapur; Bangalore, India, y San Petersburgo, Rusia.[44] Estos laboratorios son el semillero de tecnologías que, en última instancia, se convierten en nuevos productos y negocios. Son los motores de innovación de la empresa; por ejemplo, el centro de Palo Alto, fue el pionero de la tecnología térmica de inyección de tinta de HP. Los productos se desarrollan en los centros de ID asociados con las divisiones de producto mundial de HP; así, el grupo de productos de consumo, cuyo centro mundial de operaciones se ubica en San Diego, California, diseña, desarrolla y fabrica una variedad de productos de imágenes con la tecnología térmica de inyección de tinta liderada por HP. Después, las filiales adaptan el producto de acuerdo con las necesidades de ciertos mercados nacionales importantes; por ejemplo, la filial de HP en Singapur es responsable del diseño y la producción de impresoras térmicas de inyección de tinta para Japón y otros mercados asiáticos. Esta filial toma los productos desarrollados en San Diego y los rediseña para el mercado de Asia; además, la filial de Singapur le arrebató la delantera a San Diego en el diseño y desarrollo de ciertas impresoras térmicas portátiles de inyección de tinta. HP delegó esta responsabilidad a Singapur porque su filial tuvo destacados avances en el diseño y la fabricación de productos térmicos de inyección de tinta, y se convirtió en el mejor lugar en el mundo para hacerse cargo de esa actividad.

---

[43] R. Nobel y J. Birkinshaw, "Innovation in Multinational Corporations: Control and Communication Patterns in International R&D Operations", en *Strategic Management Journal* 19, 1998, pp. 479-496.

[44] La información proviene de la página web de la empresa y de K. Ferdows, "Making the Most of Foreign Factories", en *Harvard Business Review*, marzo-abril de 1997, pp. 73-88.

RESUMEN

En este capítulo, analizamos las funciones de marketing e investigación y desarrollo de las empresas y los negocios internacionales. Un tema constante del capítulo es el conflicto entre la necesidad de reducir los costos y la de ser sensible a las condiciones locales, lo que los eleva. En este capítulo, abordamos los siguientes aspectos:

1. Theodore Levitt sostiene que, por las tecnologías modernas de comunicación y transporte, los gustos y preferencias de los consumidores se han globalizado, lo que crea mercados globales para los productos de consumo estandarizados; sin embargo, esta postura es extrema para muchos analistas, quienes sostienen que aún existen diferencias sustanciales entre los países.

2. La segmentación de los mercados se refiere al proceso de identificar grupos de consumidores cuyos comportamientos de compra difieren mucho de los demás. Los administradores de empresas internacionales deben estar conscientes de dos aspectos relevantes relacionados con la segmentación: el grado de las diferencias entre los países respecto de la estructura de sus segmentos de mercado y la existencia de segmentos que trascienden las fronteras nacionales.

3. Un producto puede verse como un conjunto de atributos, que deben cambiar en cada país para satisfacer los gustos y preferencias de los consumidores.

4. Las diferencias entre gustos y preferencias de los consumidores de las naciones se deben a diferencias culturales y de desarrollo económico. Además, las diferencias entre normas técnicas y de producto pueden obligar a la compañía a adaptar los atributos del producto de un país a otro.

5. La decisión de la estrategia de distribución es una medida para definir el canal óptimo que seguirá el producto hasta llegar al consumidor.

6. Existen diferencias significativas entre los sistemas de distribución de los países. En algunos, el sistema de ventas al menudeo está concentrado; en otros, fragmentado. Además, en algunas naciones, la longitud del canal es corta; en otras, larga. Asimismo, el acceso a los canales de distribución es difícil en algunos países y la calidad del canal puede ser deficiente.

7. Un elemento decisivo en la mezcla de marketing es la estrategia de comunicación, que define el proceso mediante el cual se comunican los atributos de los productos a los clientes potenciales.

8. Las barreras a la comunicación internacional se explican por las diferencias culturales, los efectos de la fuente y los niveles de ruido.

9. Una estrategia de comunicación puede ser *push* o *pull*. La *push* enfatiza las ventas personales, y la *pull*, la publicidad en los medios masivos de comunicación. Para decidir entre ambas debe considerarse el tipo de producto, la educación del consumidor, la longitud del canal y la disponibilidad de los medios.

10. Una campaña de publicidad global estandarizada, que usa el mismo mensaje de marketing en todo el mundo, posee ventajas económicas, pero no tiene en cuenta las diferencias culturales ni las regulaciones sobre publicidad.

11. La discriminación de precios existe cuando los consumidores pagan diferentes precios por el mismo producto en distintos países (siempre que estas diferencias no se expliquen por variaciones en los costos). Esta estrategia puede ayudar a una empresa a maximizar sus utilidades. Para que la discriminación de precios sea eficiente, los mercados nacionales deben estar separados y su elasticidad precio de la demanda debe ser diferente.

12. La determinación depredadora de precios implica emplear las utilidades de un mercado para apoyar la fijación agresiva de precios en otro y eliminar a los competidores de dicho mercado.

13. La determinación multifocal de precios supone que la estrategia de precios de una compañía en un determinado mercado afecte la estrategia de precios de un rival en otro. La determinación agresiva de precios en un mercado puede desencadenar una respuesta competitiva de un rival en otro mercado importante para la empresa (guerra de precios).

14. La determinación de precios basada en la curva de experiencia involucra el uso de estrategias de precio agresivo para lograr un volumen acumulado tan rápido como sea posible con el fin de desplazar a la compañía hacia abajo en su curva de experiencia en el menor tiempo posible.

15. El desarrollo de nuevos productos es una actividad de riesgo y nivel de rentabilidad potencial elevados. Para ser competitivo en el desarrollo de nuevos productos, un negocio internacional debe hacer dos cosas: 1) dispersar sus actividades de ID en los países que están a la vanguardia en el desarrollo de nuevos productos y 2) integrar las funciones de ID, marketing y producción.

16. Para conseguir una fuerte integración entre ID, marketing y producción se requieren equipos multidisciplinarios.

Preguntas de análisis y razonamiento crítico

1. Imagine que es el administrador de marketing de un fabricante estadounidense de pañales desechables. Su empresa considera entrar en el mercado brasileño. Su CEO opina que el mensaje publicitario que ha sido efectivo en Estados Unidos lo será también en Brasil. Elabore un esquema con algunas objeciones posibles a este argumento. Asimismo, su

CEO considera que las decisiones sobre los precios en Brasil pueden delegarse en los administradores locales. ¿Por qué podría estar equivocado en este asunto?

2. Dentro de 20 años, habremos visto surgir un enorme mercado global para los productos estandarizados de consumo. ¿Está de acuerdo con esta afirmación? Justifique su respuesta.

3. Suponga que es el administrador de mercadotecnia de una compañía de productos alimenticios que proyecta entrar en el mercado de India. El sistema de ventas al menudeo en este país tiende a estar muy fragmentado; además, los minoristas y mayoristas acostumbran establecer relaciones de largo plazo con las empresas productoras de alimentos, lo que dificulta el acceso a los canales de distribución. ¿Qué estrategia de distribución aconsejaría a su compañía? ¿Por qué?

4. La discriminación de precios no tiene diferencia alguna con el *dumping*. Comente la precisión de esta afirmación.

5. Imagine que trabaja para una empresa que diseña y produce computadoras personales. El centro de ID está en Dakota del Norte, Estados Unidos. Las computadoras se fabrican, por contrato, en Taiwán. La estrategia de marketing se delegó en los jefes de tres grupos regionales: un grupo estadounidense (en Chicago), uno europeo (en París) y uno asiático (en Singapur). Cada grupo regional desarrolla la estrategia de marketing para su zona. En orden de importancia, los mercados más grandes para sus productos son América del Norte, Alemania, Gran Bretaña, China y Australia. Su compañía tiene problemas en el desarrollo de productos y el proceso de comercialización. Los productos entran tarde en el mercado, la calidad de la producción es baja, los costos son mayores de lo proyectado y la aceptación de los nuevos productos es menor de lo esperado. ¿Cuál puede ser el origen de tales problemas? ¿Cómo los solucionaría?

6. Vuelva a leer el "Panorama administrativo" sobre Levi Strauss y conteste lo siguiente:

   a) ¿Qué estrategia de marketing fue usada hasta principios de la década de 2000? ¿Por qué esta estrategia funcionó por décadas? ¿Por qué no funcionaba ya en 2004?

   b) ¿Cómo caracterizaría la estrategia actual de Levi's? ¿Qué elementos de la mezcla de mercadotecnia han cambiado en cada país?

   c) ¿Cuáles son los beneficios de la nueva estrategia de marketing de Levi's? ¿Existe alguna desventaja?

   d) ¿Qué le sugiere la historia de Levi Strauss acerca de la globalización de los mercados?

Proyecto de investigación globaledge.msu.edu

Comercialización global e ID

Utilice la página de globalEDGE (globaledge.msu.edu) para completar los siguientes ejercicios:

Ejercicio 1

La compra de marcas específicas que hace el consumidor indica la relación que se desarrolla con el tiempo entre una compañía y sus clientes. Localice y recupere la clasificación más actualizada de las *marcas globales*. Identifique el criterio que se empleó. ¿Qué países parecen dominar la lista de las 100 marcas globales más importantes? ¿Por qué cree que es así? Ahora investigue qué sectores parecen dominar la lista e intente identificar las razones para tal dominio. Prepare un breve reporte con las naciones que tienen marcas globales y las posibles razones de su éxito.

Ejercicio 2

Parte de desarrollar una estrategia sustentable de investigación y desarrollo (ID) es ubicar las fábricas en países que tienen fama de ser competitivos. Su compañía pretende desarrollar centros de ID en Asia para contrarrestar las recientes respuestas de los competidores. *The Global Competitiveness Report* es una publicación que evalúa las economías basándose en su competitividad. Localice este reporte y desarrolle una presentación para el equipo directivo que muestre las ventajas y desventajas de las cinco principales economías asiáticas que aparecen en la lista.

CASO FINAL

Domino's Pizza

Domino's Pizza forjó su nombre siendo pionera del servicio a domicilio en Estados Unidos; sin embargo, en años recientes, su historia de crecimiento se ha desarrollado más allá de sus fronteras. Con el mercado de comida rápida estadounidense saturado y la reducción en la demanda del consumidor, Domino's está buscando mercados internacionales para ubicar oportunidades de crecimiento. La compañía no es una recién llegada al comercio internacional (abrió su primera tienda internacional en Canadá en 1983), pero hoy casi todas las inauguraciones de nuevas tiendas son fuera de Estados Unidos. En 2012, la empresa contaba con 4 835 sucursales internacionales y 4 907, domésticas. Sus planes son abrir otras 350 a 450 tiendas internacionales en los años siguientes.

A medida que expande su negocio internacional, existen algunos elementos que Domino's ha conservado idénticos a como son en Estados Unidos, y hay otros que son muy diferentes. Lo que no se ha modificado es el modelo básico de negocio de entrega a domicilio. Esto la distingue de muchos de sus rivales estadounidenses, que cambian su oferta básica cuando entran a mercados extranjeros; por ejemplo, cuando Yum Brands Inc. introdujo Pizza Hut en China, cambió radicalmente el formato, estableciendo Pizza Hut Casual Dining, una cadena que ofrece una amplia selección de platillos estadounidenses, incluidos costillas, espagueti y filete en un escenario de servicio completo. Pizza Hut adoptó este formato porque el servicio a mesas era lo que sus competidores locales acostumbraban hacer, pero a Domino's esto no le interesa: "Vamos allá con un modelo de negocio probado de entrega a domicilio y pizza para llevar que hemos establecido en todo el mundo", declara Richard Allison, presidente internacional de la empresa: "En mercados emergentes tenemos más mesas de las que pueden encontrarse en Estados Unidos, pero no tenemos planes de inclinarnos hacia un modelo de cena casual en donde el mesero viene y toma la orden".

Por otra parte, hay signos de que las cosas varían de un país a otro. En Estados Unidos, la pizza se considera una comida informal, a menudo asociada con cerveza y futbol americano. En Japón, se le ve en un nivel mayor, que se refleja en la oferta: las pizzas japonesas vienen con ingredientes que el estadounidense promedio no entendería. Domino's ha vendido en Japón una pizza de 50 dólares con foie gras. Otros ingredientes premium incluyen cangrejo de nieve, puerco Mangalitsa con salsa Bordeaux, y guisado de carne con queso mozzarella fresco. Los consumidores japoneses valoran la estética y realmente les importa el aspecto de la comida, así que la presentación es clave. Los cánones esperan que cada rebanada tenga precisamente la misma cantidad de ingredientes, que deben estar uniformemente espaciados; por ejemplo, los camarones se colocan con las colas apuntando todas en la misma dirección.

El consumo de pizza es bajo en Japón: el consumidor promedio de pizza solo ingiere el producto cuatro veces al año. Para combatir esto, Domino's ha estado trabajando para crear más ocasiones de disfrutar una pizza; por ejemplo, el día de San Valentín, sus tiendas japonesas entregan pizzas en forma de corazón (lo que también ocurre en el Día de las Madres) en cajas color de rosa.

Para promover la oferta en Japón, en vez de gastar dinero en anuncios, Domino's trata de crear noticias, como temas de los que la gente hable. La compañía estima que si el tema es divertido y actual, la gente hablará de ello, lo que con el tiempo se traduce en mejores ventas. La cadena ofreció 2.5 millones de yenes (aproximadamente 31 mil dólares) por una hora de trabajo en una tienda Domino's. En total, unas 12 mil personas solicitaron el "empleo" y la afortunada ganadora, un ama de casa rural que jamás había comido una pizza, voló a una pequeña isla para entregar pizza a niños de un colegio, que tampoco la habían probado nunca. El evento recibió una gran cobertura de los noticieros: en otras palabras, publicidad gratuita.

En India, donde Domino's tiene más de 400 tiendas y planes para abrir mil más, 50% del menú es vegetariano para adaptarse a las preferencias de la gran población india. Para las entregas, Domino's tiene una flota de pequeñas motocicletas, lo cual tiene sentido en las grandes ciudades como Mumbai donde los congestionamientos de tráfico son espantosos. Como a los indios les gustan las especias, en vez de incluir paquetitos de queso parmesano, Domino's agrega un "Orégano SpiceMix". En general, las pizzas tienen mucho más especies que en Estados Unidos. Aunque los indios están acostumbrados al servicio completo en los restaurantes, Domino's no utiliza meseros o garroteros en sus sucursales, aunque cada una suele tener algunas mesas para quienes quieran comer ahí; en vez de eso, está educando a sus clientes a limpiar sus mesas después de comer, con basureros que dicen "Úsame" en grandes letras.[45]

Preguntas para analizar el caso

1. ¿Piensa que es inteligente que Domino's conserve su modelo tradicional de negocio de entrega a domicilio, aun cuando no sea la norma en un país y sus rivales internacionales han modificado su formato?
2. Desde una perspectiva organizacional, ¿qué opina que hace Domino's para asegurarse de que se ajusta a las diferencias locales en gustos y preferencias del consumidor?
3. ¿Cómo difiere la mezcla de marketing de Domino's Pizza en Japón con la de Estados Unidos? ¿Cómo discrepa la mezcla de marketing en India y Estados Unidos?
4. ¿Qué lecciones pueden aprenderse del caso de Domino's y pudieran ser útiles para otros negocios internacionales que venden bienes de consumo?

[45] A. Gasparro, "Domino's Sticks to Its Ways Abroad", en *The Wall Street Journal*, 17 de abril de 2012, p. B10; A. C. Beattie, "In Japan, Pizza Is Recast as a Meal for Special Occasions", en *Advertising Age*, 2 de abril de 2012, p. 16; A. Gasparro, "Domino's sees Bigger Slice Overseas", en *The Wall Street Journal*, 29 de febrero de 2012, p. B7; y R. Shah, "How Domino's Pizza Is Taking a Bite Out of India", en *Getting More Awesome*, www.gettingmoreawesome.com/2012/02/08/how-dominos-is-taking-a-bite-out-of-india/

ReThink
your business
Sell
Business Analytics
Marketing Analytics
Big Data Platform
116 IBM Data Explorer Big Data Federation
117 Data Integration in Real Time
118 Universal Database Archiving
119 IBM Databases DB2 / Informix / solidDB
118

Administración global de los recursos humanos

19

OBJETIVOS DE APRENDIZAJE

Al terminar este capítulo, usted deberá ser capaz de:

OA19-1 Resumir la función estratégica de la administración de los recursos humanos en los negocios internacionales.

OA19-2 Identificar las ventajas y desventajas de los distintos enfoques sobre política del personal en los negocios internacionales.

OA19-3 Explicar por qué los administradores pueden fracasar cuando son enviados al extranjero.

OA19-4 Reconocer la forma en que los programas de desarrollo y capacitación de los administradores pueden aumentar el valor del capital humano en una compañía de negocios internacionales.

OA19-5 Explicar cómo y por qué los sistemas de evaluación del desempeño pueden variar entre los distintos países.

OA19-6 Entender cómo y por qué los sistemas de compensación pueden fluctuar entre las diferentes naciones.

OA19-7 Comprender de qué manera los sindicatos pueden influir en las decisiones estratégicas de las empresas de negocios internacionales.

Función estratégica de los recursos humanos en IBM

Caso inicial

A principios de la década de 2000, el nuevo CEO de IBM, Sam Palmisano, se propuso reinventar IBM como una compañía globalmente integrada que proporcionara a sus clientes productos y servicios IBM (software, hardware, transformación de negocios, asesoría y más) donde y cuando lo necesitaran. En el fondo de la visión de Palmisano estaba la comprensión de que la globalización estaba avanzando con rapidez, y que muchos de los clientes de IBM eran en sí mismos empresas cada vez más globales. Estos clientes globales querían tratar con una sola IBM, no con muchas unidades locales en distintos países. Asimismo, Palmisano entendió que, para que IBM construyera una ventaja competitiva sostenida en este mundo nuevo, debería tener un capital humano de clase mundial. Se percató de que las personas y sus capacidades adquiridas eran el fundamento de la ventaja competitiva. No podía esperarse que las compañías que dependen solo de innovaciones tecnológicas o de producción dominaran de modo indefinido sus mercados. Los competidores podían actualizarse, y lo hacían. Desde la perspectiva de Palmisano, la calidad y el despliegue estratégico del capital humano es lo que distingue a los ganadores de los del montón. Esto era particularmente cierto para una empresa como IBM, que dependía cada vez más de su gente para construir y prestar servicios de clase mundial.

Para ejecutar tal estrategia, Palmisano estableció divisiones globales de producto, pero no era suficiente. Se dio cuenta de que los sistemas de recursos humanos (RH) existentes en la compañía no estaban alineados con la nueva estrategia. Gran parte de la contratación, capacitación y plantilla de RH continuaban basándose en unidades nacionales. La empresa no tenía un enfoque global en el manejo y despliegue de su capital humano, y concretar la visión de Palmisano requería precisamente de ello.

Esta propuesta fue la génesis de lo que sería conocido como la Iniciativa de Administración de la Fuerza de Trabajo (Workforce Management Initiative, WMI) en IBM. Instituida por el grupo de recursos humanos global, el propósito de dicha propuesta era crear, por primera vez, un enfoque integrado para contratar, administrar y desplegar la fuerza de trabajo global de IBM. La meta última era permitir a la compañía ayudar a sus clientes a resolver sus problemas o responder a sus solicitudes. Para que esto funcionara, RH debía involucrarse estrechamente en comprender la estrategia de negocios de diversas unidades de IBM y sus implicaciones en el despliegue de los recursos humanos. A menos que RH tuviera un lugar en la mesa de la estrategia, no podría identificar y proporcionar de manera adecuada a la gente correcta para ejecutar la estrategia de la unidad.

A medida que progresaba, la WMI representó la inversión de más de 100 millones de dólares para formar una base de datos de toda la empresa y documentar las capacidades de más de 400 mil empleados de IBM, medir la oferta y demanda de diversas habilidades y capacidades, y buscar emparejar el capital humano con proyectos específicos. El objetivo era encontrar a la persona idónea, con las habilidades adecuadas, en el tiempo, lugar y costo correctos; por ejemplo, cuando un cliente dedicado al cuidado de la salud requería un consultor con conocimientos clínicos, una búsqueda en la base de datos WMI de inmediato localizó a una exenfermera titulada que ahora era asesora en la compañía. Al mejorar la eficiencia de su mercado laboral interno, y aprovechar su fuerza de trabajo global, IBM calcula que la base de datos WMI ahorró a la empresa hasta 1 400 millones de dólares en sus primeros cuatro años de operación.

Esta base de datos entraña muchos otros beneficios: ayuda a los empleados a tomar decisiones sobre su carrera, porque, al acceder a ella, pueden ver dónde se precisan sus habilidades. Aún más, identificar posibles discordancias entre la oferta y la demanda de capacidades, impulsa las decisiones respecto del desarrollo administrativo interno y los programas de capacitación, lo cual permite a la compañía identificar con exactitud qué capacidades deben adquirir sus empleados para que la empresa conserve su ventaja competitiva en la vanguardia.[1]

 Introducción

Este capítulo continúa nuestro sondeo acerca de las funciones específicas dentro de una empresa internacional; en especial, sobre la administración internacional de los recursos humanos. La **administración de los recursos humanos (ARH)** se refiere a las actividades mediante las cuales una organización opera sus recursos humanos de manera efectiva.[2] Tales actividades incluyen determinar la estrategia de recursos humanos de la compañía, la contratación, la evaluación del desempeño, el desarrollo administrativo, las compensaciones y las relaciones laborales. Ninguna de ellas se desempeña en el vacío, todas se relacionan con la estrategia de la empresa. Como estudiaremos más adelante, la ARH posee un importante componente estratégico.[3] Por su influencia en el carácter, el desarrollo, la calidad y la productividad de los recursos humanos de la compañía, la función de ARH contribuye a lograr sus metas estratégicas básicas de reducir los costos de creación y agregación de valor por medio de una mejor atención a las necesidades del cliente. Un buen ejemplo de ello es el del "Caso inicial", que describe la manera en que IBM utiliza sus recursos humanos en un modo altamente estratégico para construir y mantener una ventaja competitiva sobre sus rivales.

Sin importar el deseo de los administradores de muchas multinacionales de erigir una auténtica empresa global, con una fuerza de trabajo que también lo sea, la realidad es que las prácticas de la ARH aún deben modificarse con el fin de ajustarse a los diversos contextos nacionales. La función estratégica de la ARH es de suyo compleja en una empresa nacional, y aún más en una internacional, en donde las actividades de contratación, desarrollo administrativo, evaluación del desempeño y compensación se complican debido a las profundas diferencias entre los mercados laborales, la cultura, los sistemas legales y los económicos, entre otros (véase los capítulos 2, 3 y 4). Por ejemplo:

[1] G. Jones, "IBM: Pinpointing Inside Up and Comers", en *Business Week*, 9 de octubre de 2005; J. Smerd, "IBM Optimas Award Winner for Financial Impact", en *Workforce Management*, 24 de octubre de 2008; y R. J. Grossman, "IBM's HR Takes a Risk", en *HR Magazine*, abril de 2007.

[2] P. J. Dowling y R. S. Schuler, International Dimensions of Human Resource Management, Boston, PSW-Kent, 1990.

[3] J. Millman, M. A. von Glinow y M. Nathan, "Organizational Life Cycles and Strategic International Human Resource Management in Multinational Companies", en *Academy of Management Review* 16, 1991, pp. 318-339; A. Bird y S. Beechler, "Links between Business Strategy and Human Resource Management", en *Journal of International Business Studies* 26, 1995, pp. 23-47; B. A. Colbert, "The Complex Resource Based View: Implications for Theory and Practice of Strategic Human Resource Management", en *Academy of Management Review* 29, 2004, pp. 341-360; y C. J. Collins y K. D. Clark, "Strategic Human Resource Practices, Top Management Team Social Networks, and Firm Performance", en *Academy of Management Journal* 46, 2003, pp. 740-760.

- Las prácticas de compensación varían de un país a otro según sus costumbres administrativas.
- Las leyes laborales pueden prohibir la organización sindical en una nación y hacerla obligatoria en otra.
- Mientras que en un país existen sectores que tratan de establecer una legislación sobre la igualdad laboral, es posible que en otro no suceda lo mismo.

Si la función de la ARH es formar un cuadro de administradores internacionales capaces de manejar una empresa multinacional, debe decidir varios aspectos: a quién contratar para los puestos administrativos clave de la compañía, cómo generar administradores que conozcan las pequeñas diferencias en la forma de hacer negocios en diferentes naciones, cómo compensar y evaluar el desempeño de los administradores en los distintos países. Asimismo, la función de ARH debe tratar la expatriación de estos funcionarios (un **administrador expatriado** es un ciudadano de un país que trabaja en el extranjero, en una de las filiales de la empresa). Debe decidir cuándo emplear a expatriados, a quién enviar como expatriado a los diversos puestos, ser muy clara en cuanto al motivo por el cual lo hace, compensarlos de manera adecuada y garantizar que rindan sus informes y se reorienten de modo apropiado al regresar a casa.

Este capítulo analiza con detalle la función de la ARH en una compañía internacional. Comienza estudiando brevemente la función estratégica de la ARH. Después, se centra en las cuatro áreas principales: políticas de contratación, capacitación y desarrollo administrativo, evaluación del desempeño y políticas de compensación; haciendo hincapié en las implicaciones estratégicas de cada actividad. El capítulo concluye con un vistazo a las relaciones laborales internacionales y los vínculos entre la administración de relaciones laborales de la empresa y sus estrategias en general.

Función estratégica de la administración internacional de los recursos humanos (ARH)

OA19-1

Un extenso y creciente cuerpo de investigaciones académicas sugiere que se necesita un gran acoplamiento entre los recursos humanos y la estrategia para lograr una alta rentabilidad.[4] Como lo comentamos en el capítulo 14, para conseguir un desempeño óptimo se requiere no solo la estrategia correcta sino que esta se base en la estructura organizativa adecuada, pues es por medio de dicha estructura que la estrategia se aplica. Como se ilustra en la figura 19.1, las personas son la piedra angular de la estructura organizativa de una empresa. Para que una compañía supere a sus rivales en el mercado global, debe tener a las personas idóneas en los lugares correctos (en el "Caso inicial" sobre IBM se da un ejemplo). Estas personas deben contar con la capacitación apropiada que les aporte las habilidades necesarias para desempeñar su trabajo en forma eficiente y para que su conducta sea congruente con la cultura deseada de la empresa. Sus paquetes de compensación deben contener incentivos que los impulsen a emprender acciones coherentes con la estrategia de la compañía, y el sistema de evaluación de desempeño debe medir la conducta esperada.

Como se indica en la figura 19.1, la función de recursos humanos, mediante las actividades de contratación, capacitación, compensación y evaluación del desempeño, tiene un efecto decisivo en las personas, la cultura, los incentivos y los elementos del sistema de control de la estructura organizacional de la empresa (los sistemas de evaluación del desempeño son parte de los sistemas de control). Por ello, los profesionales en recursos humanos desempeñan un rol estratégico, pues es su responsabilidad configurar tales elementos de la estructura organizacional de tal forma que sean congruentes con la estrategia con objeto de aplicarla con eficiencia.

En suma, los recursos humanos de alto desempeño o superiores pueden ser una fuente continua de alta productividad y ventaja competitiva en la economía global. Al mismo tiempo, en las investigaciones se considera que muchas compañías internacionales aún tienen un margen para mejorar la

---

4 Véase Peter Bomberger e Ilan Meshoulam, *Human Resource Strategy: Formulation, Implementation, and Impact*, Thousand Oaks, California, Sage, 2000; P. M. Wright y S. Snell, "Towards a Unifying Framework for Exploring Fit and Flexibility in Human Resource Management", en *Academy of Management Review* 23, octubre de 1998, pp. 756-772; Colbert, "The Complex Resource-Based View"; y R. S. Schuler y S. E. Jackson, "A Quarter Century Review of Human Resource Management in the US: The Growth in Importance of the International Perspective", en *Management Review* 16, 2005, pp. 1-25.

FIGURA 19.1

Función de los recursos humanos en la configuración de la estructura organizacional.

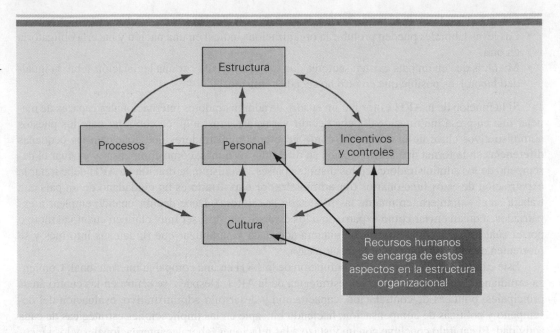

efectividad de su función de recursos humanos. En un estudio de competitividad que se llevó a cabo en 326 grandes multinacionales, los autores descubrieron que uno de los elementos más débiles de la mayoría de las empresas eran los recursos humanos y sugirieron que mejorar la eficiencia de las prácticas internacionales en esta área podría generar grandes beneficios en el desempeño.[5]

En el capítulo 13, examinamos cuatro estrategias que aplican los negocios internacionales: localización o adaptación, internacionalización, estandarización global y trasnacionalización. En este capítulo, expondremos que el éxito también requiere que las políticas de ARH sean congruentes con la estrategia de la compañía; por ejemplo, una estrategia trasnacional impone diferentes requisitos para la contratación, el desarrollo administrativo y las prácticas de compensación que una de localización. Las empresas que aplican una estrategia trasnacional deben construir una sólida cultura corporativa y una red administrativa informal para transmitir información y conocimiento dentro de la organización; por medio de la selección de personal, el desarrollo administrativo, la evaluación del desempeño y las políticas de compensación, la función de ARH contribuye a desarrollar estos aspectos. Por ello, como mencionamos, la ARH tiene una función clave en la aplicación de la estrategia, tema que se detallará en las siguientes secciones.

OA19-2 ## Políticas de contratación

Las **políticas de contratación** se relacionan con la selección de personal para trabajos particulares. En un nivel, implica la selección de individuos con los conocimientos necesarios para desempeñar un trabajo en particular; en otro, puede ser una herramienta para desarrollar y promover la cultura corporativa.[6] Por **cultura corporativa** entendemos las normas y los sistemas de valores de la organización. Una sólida cultura corporativa ayuda a la empresa a poner en práctica su estrategia; por ejemplo, General Electric no solo se preocupa por contratar a personas con las habilidades necesarias: busca individuos cuyos estilos de conducta, creencias y sistemas de valores sean consistentes con los suyos. Esto es válido para la contratación de un estadounidense, italiano, alemán o australiano, y para una planta en Estados Unidos o en el extranjero. La idea es que, si los empleados, por su tipo de personalidad, son proclives a las normas y el sistema de valores de la compañía, se posibilita un mayor desempeño.

---

5 R. Colman, "HR Management Lags Behind at World Class Firms", en *CMA Management*, julio-agosto de 2002, p. 9.
6 E. H. Schein, *Organizational Culture and Leadership*, San Francisco, Jossey-Bass, 1985.

TIPOS DE POLÍTICAS DE CONTRATACIÓN

La investigación identifica tres tipos de políticas de contratación en las empresas internacionales: de enfoques etnocéntrico, policéntrico y geocéntrico.[7] Revisaremos cada uno y lo vincularemos con la estrategia de la compañía. Tal vez la política de contratación más atractiva sea la del enfoque geocéntrico, aunque existen muchos obstáculos para adoptarla.

El enfoque etnocéntrico

Cuando se aplica una **política de contratación etnocéntrica**, todos los puestos administrativos clave están ocupados por ciudadanos del país de origen de la empresa. Esta práctica se extendió mucho durante una época. Algunas compañías como Procter & Gamble, Philips y Matsushita (que ahora se llama Panasonic) la siguieron en un principio; por ejemplo, en la empresa holandesa Philips, todos los puestos importantes, en la mayoría de sus filiales del extranjero, estuvieron ocupados durante algún tiempo por ciudadanos holandeses, a quienes sus colegas no holandeses llamaban la Mafia holandesa. Históricamente, en muchas compañías japonesas y sudcoreanas, como Toyota, Matsushita y Samsung, los puestos clave en el extranjero a menudo han estado a cargo de ciudadanos de su país de origen; así, según la Japanese Overseas Enterprise Association (Asociación Japonesa de Empresas en el Extranjero), solo 29% de las filiales extranjeras de empresas japonesas tenía presidentes no japoneses. En contraste, 66% de las filiales en Japón de empresas extranjeras tenía presidentes japoneses.[8] Hoy existe evidencia de que, a medida que las compañías chinas se expanden internacionalmente, están utilizando también una política de contratación etnocéntrica en sus operaciones en el extranjero.[9]

Las empresas siguen políticas de contratación etnocéntricas por tres motivos: primero, pueden creer que la nación receptora no cuenta con individuos calificados para ocupar puestos directivos de administración. Este argumento se escucha con más frecuencia cuando la compañía tiene operaciones en países menos desarrollados. Segundo, pueden considerar que una política de contratación etnocéntrica es la mejor forma de mantener una cultura corporativa unificada; por ejemplo, muchas empresas japonesas prefieren que sus operaciones en el extranjero estén encabezadas por directores de ese origen, pues cuentan con la socialización en la cultura de la compañía que obtuvieron en Japón.[10] Hasta hace poco, Procter & Gamble optaba por contratar para los puestos administrativos relevantes de sus filiales extranjeras a ciudadanos estadounidenses que hubieran sido socializados en la cultura corporativa de P&G durante años de trabajo en sus oficinas centrales. Dicho razonamiento tiende a predominar cuando la empresa otorga un gran valor a su cultura corporativa.

Tercero, si la casa matriz intenta crear valor al transferir competencias claves a una planta extranjera, como lo hacen las compañías que aplican una estrategia internacional, puede considerar que la mejor manera de hacerlo es mediante la transferencia de los ciudadanos de su país con conocimientos de esa competencia. Imagine lo que ocurriría si una empresa intentara transferir alguna de sus competencias clave de marketing a una filial extranjera sin respaldarla con la transferencia de personal administrativo de marketing de la nación de origen. Es probable que el movimiento no consiguiera generar los beneficios esperados porque el conocimiento que respalda a una competencia clave no podría ser fácilmente articulado y puesto por escrito. Por lo general, dicho conocimiento entraña una significativa dimensión tácita: se adquiere con la experiencia. Tal como el gran jugador de tenis que no puede enseñar a otros cómo convertirse en grandes jugadores con solo escribir un manual, la compañía que aplica alguna competencia clave de marketing, o de cualquier otra área, simplemente no puede escribir un texto que explique a la filial extranjera cómo reconstruir tal com-

7 H. V. Perlmutter, "The Tortuous Evolution of the Multinational Corporation", en *Columbia Journal of World Business* 4, 1969, pp. 9-18; D. A. Heenan y H. V. Perlmutter, *Multinational Organizational Development*, Reading, Massachusetts, Addison-Wesley, 1979; D. A. Ondrack, "International Human Resources Management in European and North American Firms", en *International Studies of Management and Organization* 15, 1985, pp. 6-32; y T. Jackson, "The Management of People across Cultures: Valuing People Differently", en *Human Resource Management* 41, 2002, pp. 455-475.

8 V. Reitman y M. Schuman, "Men's Club: Japanese and Korean Companies Rarely Look Outside for People to Run Their Overseas Operations", en *The Wall Street Journal*, 26 de septiembre de 1996, p. 17.

9 E. Wong, "China's Export of Labor Faces Growing Scorn", en *The New York Times*, 21 de diciembre de 2009, p. A1.

10 S. Beechler y J. Z. Yang, "The Transfer of Japanese Style Management to American Subsidiaries", en *Journal of International Business Studies* 25, 1994, pp. 467-491. Véase también R. Konopaske, S. Warner y K. E. Neupert, "Entry Mode Strategy and Performance: The Role of FDI Staffing", en *Journal of Business Research*, septiembre de 2002, pp. 759-770.

petencia en un entorno extraño. Asimismo, debe transferir personal directivo a la operación en el extranjero para que enseñe a los directores extranjeros cómo convertirse, por ejemplo, en buenos vendedores. La necesidad de transferir directores al extranjero surge porque el conocimiento que sostiene las competencias clave de una empresa reside en la mente de sus directores nacionales y se adquirió a lo largo de años de experiencia, no por medio de la lectura de un manual. Por tanto, si una compañía transfiere una de sus competencias clave a una filial en el extranjero, también debe trasladar a los directores apropiados.

A pesar de dicho razonamiento, para seguir una política etnocéntrica de contratación, este enfoque está de salida en la mayoría de las empresas internacionales por dos razones: primera, porque limita la disponibilidad de oportunidades para los ciudadanos del país receptor, lo cual puede ocasionar resentimiento, baja productividad y un aumento de la rotación de personal en ese grupo. El resentimiento puede ser mayor aún si, como por lo común ocurre, a los directores expatriados se les paga mucho más que a los ciudadanos de la nación anfitriona.

Segunda, una política etnocéntrica puede implicar *miopía cultural*; es decir, cuando la compañía no logra entender las diferencias culturales del país receptor, las cuales requieren distintos enfoques de marketing y administración. Por ello, la adaptación de los directores expatriados puede implicar mucho tiempo, durante el cual podrían cometer errores importantes; por ejemplo, podrían errar en su apreciación sobre la adaptación de los atributos del producto, las estrategias de distribución, comunicación y determinación de precios a las condiciones del país receptor. El resultado puede ser muy costoso. También, es probable que tomen decisiones éticamente cuestionables por no entender la cultura en la que trabajan.[11] En un caso muy divulgado en Estados Unidos, Mitsubishi Motors fue demandada por la Equal Employement Opportunity Commission (Comisión de Igualdad de Oportunidades de Empleo) a causa de la presunta tolerancia de un amplio y sistemático acoso sexual en una planta de Illinois. Los directores de la planta, todos expatriados japoneses, negaron los cargos; probablemente, no se hayan percatado de que un comportamiento que podría considerarse aceptable en Japón, no lo era en Estados Unidos.[12]

El enfoque policéntrico

Una **política de contratación policéntrica** recluta ciudadanos del país receptor para administrar a las filiales, mientras que los ciudadanos del país de origen ocupan puestos clave en las oficinas corporativas. En muchos aspectos, un enfoque policéntrico es una respuesta a las deficiencias de las políticas etnocéntricas. Una ventaja de adoptarla es que hay menos probabilidades de que la empresa sufra miopía cultural. Es poco probable que los directores del país receptor cometan errores por malentendidos culturales, ante los cuales los directores expatriados son vulnerables. Una segunda ventaja es que el enfoque policéntrico puede ser más económico al reducir los costos de creación de valor: puede resultar muy costoso conservar a los directores expatriados.

Un enfoque policéntrico tiene sus desventajas: los ciudadanos del país receptor tienen pocas oportunidades de obtener experiencia fuera de su nación, por lo cual no pueden progresar más allá de los puestos directivos de su propia filial. Como en el caso de una política etnocéntrica, dicha situación puede ocasionar resentimiento. Aunque tal vez la mayor desventaja del enfoque policéntrico sea la brecha que puede abrirse entre los directores de la nación receptora y los de la de origen. La barrera del idioma, las lealtades nacionales y una larga serie de diferencias culturales puede aislar al personal de las oficinas corporativas de las diversas filiales extranjeras. La falta de transferencia administrativa del país de origen al receptor, y viceversa, puede exacerbar este aislamiento y ocasionar falta de integración entre la matriz y sus filiales. El resultado puede ser una "federación" de unidades nacionales muy independientes, con enlaces solo de nombre a la matriz. En una federación de este tipo, quizá sea difícil lograr coordinación para transferir competencias clave o alcanzar curvas de experiencia y economías de localización; por ello, aunque un enfoque policéntrico sea eficiente para las empresas que aplican estrategias de localización, es inapropiada para otras prácticas.

La federación final de un enfoque policéntrico puede también convertirse en una fuerza de inercia dentro de la compañía. Tras décadas de seguir una política de contratación policéntrica, el

[11] M. Banai y L. M. Sama, "Ethical Dilemma in MNCs' International Staffing Policies", en *Journal of Business Ethics*, junio de 2000, pp. 221-235.

[12] V. Reitman y M. Schuman, "Men's Club: Japanese and Korean Companies Rarely Look Outside for People to Run Their Overseas Operations", en *The Wall Street Journal*, 26 de septiembre de 1996, p. 17.

gigante de alimentos y detergentes Unilever descubrió que era muy difícil modificar su postura desde una estrategia de localización hasta una trasnacional. Sus filiales extranjeras evolucionaron hasta convertirse en operadoras casi autónomas, cada una con su propia y sólida identidad nacional. Estos "pequeños feudos" se opusieron con vigor a los intentos de la matriz de limitar su autonomía y racionalizar la manufactura global.[13]

El enfoque geocéntrico

Una **política de contratación geocéntrica** busca a las mejores personas para los puestos clave de toda la organización, sin importar su nacionalidad. Tal política tiene varias ventajas: primera, permite a la empresa hacer un mejor uso de sus recursos humanos. Segunda, y tal vez más importante, posibilita la formación de cuadros de ejecutivos internacionales que se sientan como en casa al trabajar en diferentes culturas. La creación de un cuadro de esta naturaleza puede ser un primer paso decisivo hacia la construcción de una sólida cultura corporativa unificadora y una red administrativa informal, ambos factores esenciales para la estandarización global y las estrategias transnacionales.[14] Las compañías que adoptan una política de contratación geocéntrica deben contar con mejor capacidad para crear valor mediante curvas de experiencia y economías de localización, y transferencias multidireccionales de competencias clave, a diferencia de las empresas que aplican otros enfoques. Además, la composición multinacional del equipo administrativo que resulta de la contratación geocéntrica tiende a reducir la miopía cultural y a fortalecer la sensibilidad local o capacidad de respuesta.

En suma, y en igualdad de circunstancias, una política de contratación geocéntrica parece ser la más atractiva. En realidad, en años recientes, se ha registrado un brusco cambio hacia su adopción entre las multinacionales; por ejemplo, Tata Group, de India, que ahora es un conglomerado global de 100 mil millones de dólares, opera muchas de sus compañías con ejecutivos estadounidenses y del Reino Unido. Sony Corporation, de Japón, rompió con 60 años de tradición en 2005 cuando instaló a su primer CEO no japonés, Howard Stringer, quien había sido presidente de CBS y un ciudadano estadounidense nacido y criado en Gales. Cada vez son más las empresas estadounidenses que obtienen su talento administrativo del extranjero. Un estudio reveló que, a mediados de 2005, entre las 100 y 250 compañías de Estados Unidos más sobresalientes, 24% de sus principales administradores no provenían de dicha nación. En el caso de las empresas europeas, el promedio es de 40%.[15]

Sin embargo, existe una serie de problemas que limitan la capacidad de la compañía para seguir una política geocéntrica. Muchos países quieren que las filiales extranjeras den empleo a sus ciudadanos. Para lograr este objetivo, utilizan leyes migratorias que imponen como requisito el empleo de ciudadanos de la nación receptora, si hay suficiente disponibilidad de ellos y si poseen los conocimientos necesarios. La mayoría de los países, incluido Estados Unidos, demanda a las empresas una gran cantidad de trámites si pretenden contratar a un extranjero en vez de a un ciudadano local. Trámites que pueden tardar mucho tiempo, ser costosos y, en ocasiones, inútiles. Asimismo, una política de contratación geocéntrica puede ser muy costosa, pues supone gastos crecientes de capacitación y reubicación relacionados con la transferencia de directores de un país a otro. Además, la compañía puede requerir de una estructura de compensaciones, con una homologación internacional de salarios, más alta que los niveles nacionales en muchos países. Por otra parte, el pago más elevado del que gozan los directores en una rápida carrera internacional puede ser una fuente de resentimiento hacia el interior de la empresa.

Resumen

En la tabla 19.1, se resumen las ventajas y desventajas de los tres enfoques de políticas de contratación. En general, un enfoque etnocéntrico es compatible con una estrategia internacional; un enfoque policéntrico con una estrategia de localización, y un enfoque geocéntrico lo es con una estrategia de estandarización global y con una trasnacional (para mayores detalles sobre las estrategias véase el capítulo 13).

[13] C. A. Bartlett y S. Ghoshal, *Managing across Borders: The Transnational Solution*, Boston, Harvard Business School Press, 1989.

[14] S. J. Kobrin, "Geocentric Mindset and Multinational Strategy", en *Journal of International Business Studies* 25, 1994, pp. 493-511.

[15] F. Hansen, International Business Machine, en *Workforce Management*, julio de 2005, pp. 36-44.

Enfoque de contratación	Correspondencia estratégica	Ventajas	Desventajas
Etnocéntrico	Internacional	Resuelve el problema de la falta de directores calificados en el país receptor Cultura unificada Ayuda a la transferencia de competencias clave	Genera resentimiento en el país receptor Puede ocasionar miopía cultural
Policéntrico	Localización	Mitiga el problema de la miopía cultural Su aplicación no es costosa	Limita la movilidad profesional Aísla a la matriz de sus filiales extranjeras
Geocéntrico	Estandarización global y transnacional	Utiliza los recursos humanos con eficiencia Ayuda a crear una sólida cultura y consistentes redes administrativas informales	Las políticas de migración nacionales pueden limitar su aplicación Es costosa

TABLA 19.1

Comparación de los enfoques de contratación.

Si bien las políticas de contratación aquí descritas son conocidas por quienes practican y estudian los negocios internacionales, algunos detractores sostienen que la tipología es muy simplista y no permite distinguir con claridad las diferencias entre las prácticas administrativas de los negocios internacionales. Los críticos aseguran que, en algunos de estas, las políticas de contratación varían de manera considerable de una filial nacional a otra: mientras que algunas se administran con base en el etnocentrismo, otras lo hacen de forma policéntrica o geocéntrica.[16] Otra crítica es que la política de contratación adoptada por una compañía se determina básicamente por su alcance geográfico, a diferencia de su orientación estratégica. Es más probable que las empresas con mayor alcance geográfico tengan una mentalidad geocéntrica.[17]

OA19-3

ADMINISTRADORES EXPATRIADOS

Dos de las tres políticas de contratación que analizamos, la etnocéntrica y la geocéntrica, se basan en directores expatriados. Como ya lo definimos, los **expatriados** son ciudadanos de un país que trabajan en otro. Con el término *impatriado* a veces se identifica a un subgrupo de ciudadanos de un país extranjero que trabaja en el país de origen de su empleador multinacional.[18] Así, a un ciudadano de Japón que se muda a Estados Unidos para trabajar en Microsoft se le clasificaría como impatriado (Microsoft tiene una gran cantidad de impatriados trabajando en sus oficinas centrales de Estados Unidos, cerca de Seattle). En un enfoque etnocéntrico, los trabajadores expatriados son nativos del país de origen que se transfieren al extranjero. En el enfoque geocéntrico, los expatriados no necesitan ser ciudadanos del país de origen: la empresa no basa sus decisiones de transferencia en la nacionalidad. Un asunto importante en la bibliografía sobre contratación internacional es el **fracaso del expatriado**: el regreso prematuro de un director o administrador expatriado a su país de origen.[19] A continuación, revisaremos brevemente este tema antes de analizar varios modos de reducir la tasa de fracaso de los expatriados.

Tasas de fracaso de los expatriados

El fracaso del trabajador expatriado representa un fracaso de las políticas de selección de la compañía para detectar a los individuos que no progresarán en el extranjero.[20] Entre las consecuencias es-

[16] P. M. Rosenzweig y N. Nohria, "Influences on Human Resource Management Practices in Multinational Corporations", en *Journal of International Business Studies* 25, 1994, pp. 229-251.

[17] Kobrin, "Geocentric Mindset and Multinational Strategy".

[18] M. Harvey y H. Fung, "Inpatriate Managers: The Need for Realistic Relocation Reviews", en *International Journal of Management* 17, 2000, pp. 151-159.

[19] S. Black, M. Mendenhall, y G. Oddou, "Toward a Comprehensive Model of International Adjustment", en *Academy of Management Review* 16, 1991, pp. 291-317; J. Shay y T. J. Bruce, "Expatriate Managers", en *Cornell Hotel & Restaurant Administration Quarterly*, febrero de 1997, pp. 30-40; y Y. Baruch y Y. Altman, "Expatriation and Repatriation in MNCs— A Taxonomy", en *Human Resource Management* 41, 2002, pp. 239-259.

[20] M. G. Harvey, "The Multinational Corporation's Expatriate Problem: An Application of Murphy's Law", en *Business Horizons* 26, 1983, pp. 71-78.

tán el regreso prematuro de personas a las que se dio nombramientos en el extranjero y altas tasas de renuncia. Los expatriados abandonan sus empresas con una tasa de casi el doble que los nacionales.[21] La investigación sugiere que entre 16% y 40% de todos los empleados estadounidenses enviados al extranjero a países desarrollados regresa antes de lo previsto, así como casi 70% de los enviados a naciones en desarrollo.[22] Aunque no existe información detallada acerca de otras nacionalidades, es muy probable que el alto índice de fracaso de los expatriados sea un problema universal; por ejemplo, se estima que casi 28% de los expatriados británicos fracasa en sus asignaciones en el extranjero,[23] con costos altos. Se calcula que el costo promedio por fracaso de una compañía de origen puede ser hasta tres veces mayor que el salario nacional anual de un expatriado más el costo de reubicación (que depende de los tipos de cambio y la ubicación del nombramiento). Se estima que los costos por cada fracaso van desde 40 mil hasta un millón de dólares.[24] Además, entre 30% y 50% de los expatriados estadounidenses cuyo paquete de compensación promedio anual llega a los 250 mil dólares permanece en sus puestos internacionales, pero sus empresas los consideran poco o marginalmente eficientes.[25] En un estudio fundamental, R. L. Tung llevó a cabo un sondeo en varias multinacionales estadounidenses, europeas y japonesas.[26] Sus resultados, que se resumen en la tabla 19.2, muestran que 76% de las multinacionales estadounidenses tenía tasas de fracaso de sus expatriados de más de 10%, y 7% experimentó una tasa de fracaso mayor a 20%. Asimismo, el trabajo de Tung refiere que las multinacionales con sede en Estados Unidos poseen una tasa de fracaso de expatriados mucho mayor que las europeas y japonesas.

Tung pidió a su muestra de directores multinacionales que especificara los motivos del fracaso de sus expatriados. Para las multinacionales estadounidenses, las razones, en orden de importancia, fueron:

1. Incapacidad del cónyuge para adaptarse.
2. Incapacidad del administrador para adaptarse.
3. Otros problemas familiares.
4. Inmadurez personal o emocional del administrador.
5. Incapacidad para enfrentar mayores responsabilidades en el extranjero.

Los CEO de compañías europeas dieron solo una explicación consistente para el fracaso de sus expatriados: la incapacidad del cónyuge para adaptarse a un nuevo ambiente. Para las empresas japonesas, las causas del fracaso fueron:

Porcentaje de regresos	Porcentaje de empresas
Multinacionales estadounidenses	
20-40	7
10-20	69
<10	24
Multinacionales europeas	
11-15	3
6-10	38
<5	59
Multinacionales japonesas	
11-19	14
6-10	10
<5	76

TABLA 19.2

Tasas de fracaso de trabajadores expatriados.

Fuente: Información de R. L. Tung, "Selection and Training Procedures of U. S., European, and Japanese Multinationals", en *California Management Review*, 25,1982, pp. 51-71.

[21] J. Barbian, "Return to Sender", *Training*, enero de 2002, pp. 40-43.
[22] Shay y Bruce, "Expatriate Managers". También véase J. S. Black y H. Gregersen, "The Right Way to Manage Expatriates", en *Harvard Business Review*, marzo-abril de 1999, pp. 52-63; y Baruch y Altman, "Expatriation and Repatriation in MNCs".
[23] N. Foster, "The Persistent Myth of High Expatriate Failure Rates", en *Journal of Human Resource Management* 8, 1997, pp. 177-205.
[24] Barbian, "Return to Sender"; y K. Yeaton y N. Hall, "Expatriates: Reducing Failure Rates", en *Journal of Corporate Accounting and Finance*, marzo-abril 2008, pp. 75-78.
[25] Black, Mendenhall y Oddou, "Toward a Comprehensive Model of International Adjustment".
[26] R. L. Tung, "Selection and Training Procedures of U. S., European, and Japanese Multinationals", en *California Management Review* 25, 1982, pp. 57-71.

1. Incapacidad para enfrentar mayores responsabilidades en el extranjero.
2. Dificultades con el nuevo ambiente.
3. Problemas personales o emocionales.
4. Falta de conocimientos técnicos.
5. Incapacidad del cónyuge para adaptarse.

La diferencia más sobresaliente entre ambas listas es que la "incapacidad del cónyuge para adaptarse" fue la principal razón del fracaso de los expatriados en los casos de las multinacionales estadounidenses y europeas, pero ocupa solo el quinto lugar entre los motivos de las multinacionales japonesas. Tung comenta que dicha diferencia es lógica, dadas la función y condición a la que por tradición se relega a la esposa en la sociedad japonesa, y a que la mayoría de los administradores japoneses expatriados del estudio eran hombres.

Desde el análisis de Tung, una serie de investigaciones confirma que la incapacidad del cónyuge y del administrador para adaptarse, entre otros problemas familiares, son aún las principales causas del alto nivel de fracaso de los expatriados.[27] Un estudio de los International Orientation Resources, empresa consultora en ARH, descubrió que 60% de los fracasos de los expatriados ocurre debido a estas tres razones.[28] Otro análisis reveló que el motivo más común es la insatisfacción de la pareja (cónyuge), indicada por 27% de los encuestados.[29] La incapacidad de los expatriados para adaptarse a sus puestos parece originarse en una carencia de habilidades culturales. Según una compañía consultora en ARH, este problema se debe a que el proceso de selección del expatriado en muchas empresas tiene un defecto fundamental: "Los expatriados rara vez fallan porque la persona no pueda adaptarse a las demandas técnicas del trabajo. Casi siempre, la selección de los expatriados está a cargo de un director de línea que se basa en conocimientos técnicos. Fracasan por asuntos familiares y personales, y por la carencia de habilidades culturales que no se tuvieron en cuenta durante el proceso de selección".[30]

El fracaso de los cónyuges para adaptarse al extranjero parece relacionarse con una serie de factores. A menudo, los cónyuges se encuentran de pronto en un país extraño, sin su red de familiares y amigos. Las diferencias de idioma les dificultan entablar nuevas amistades y, aunque esto no represente un problema para el director o administrador, quien puede hacer amistades en el trabajo, suele ser difícil para el cónyuge, quien puede sentirse atrapado(a) en su casa. Por lo regular, el problema se exacerba debido a la reglamentación migratoria que prohíbe al cónyuge obtener un empleo. Dado el reciente aumento de las familias en donde ambos integrantes de la pareja tienen estudios universitarios, en los países desarrollados este asunto adquiere mucha más trascendencia. Una encuesta comprobó que 69% de los expatriados está casado y 77% de las veces los cónyuges les acompañan. De estos, 49% se empleó antes del nombramiento y solo 11% lo hizo durante su nombramiento.[31] La investigación apunta a que uno de los principales motivos por los que hoy los administradores rechazan nombramientos internacionales se asocia con el efecto que puede tener en la carrera de su cónyuge.[32] El siguiente "Panorama administrativo" trata sobre una gran empresa multinacional, Royal Dutch Shell, que enfrenta este problema.

Selección de los expatriados

Una forma de reducir las tasas de fracaso de los expatriados radica en mejorar los procedimientos de selección. En una revisión de la investigación al respecto, Mendenhall y Oddou afirman que uno de los problemas primordiales en muchas empresas es que los directores de ARH tienden a igualar el desempeño nacional con el potencial de desempeño en el extranjero.[33] Estas dos características *no* son lo mismo. Un ejecutivo que se desempeña bien en un ambiente nacional puede no ser capaz de adaptarse a un ambiente cultural diferente. En su revisión del estudio, Mendenhall y Oddou identi-

[27] H. W. Lee, "Factors That Influence Expatriate Failure", en *International Journal of Management* 24, 2007, pp. 403-415.

[28] C. M. Solomon, "Success Abroad Depends upon More Than Job Skills", en *Personnel Journal*, abril de 1994, pp. 51-58.

[29] C. M. Solomon, "Unhappy Trails", en Workforce, agosto de 2000, pp. 36-41.

[30] Solomon, "Success Abroad".

[31] Solomon, "Unhappy Trails".

[32] M. Harvey, "Addressing the Dual Career Expatriation Dilemma", en *Human Resource Planning* 19, núm. 4, 1996, pp. 18-32.

[33] M. Mendenhall y G. Oddou, "The Dimensions of Expatriate Acculturation: A Review", en *Academy of Management Review* 10, 1985, pp 39-47.

Manejo de expatriados en Royal Dutch Shell

Royal Dutch Shell es una empresa petrolera global con oficinas corporativas conjuntas tanto en Londres, Inglaterra, como en La Haya, Holanda. La compañía emplea a más de 80 mil personas, de las que más o menos 5 500 en algún momento viven y trabajan como expatriados. Los trabajadores expatriados en Shell son un grupo muy diverso, conformado por más de 70 nacionalidades y ubicado en más de 100 países. Shell reconoció desde hace mucho tiempo que, como empresa global, la movilidad internacional de su fuerza laboral es esencial para lograr el éxito; sin embargo, en la década de 1990, a Shell se le dificultaba reclutar personal clave para sus destinos en el extranjero. Para descubrir la causa, la compañía entrevistó a más de 200 empleados expatriados y a sus cónyuges respecto de sus mayores preocupaciones. Con esa información, se elaboró una encuesta que se envió a 17 mil empleados expatriados en ese momento o en el pasado, a sus cónyuges y a los que rechazaron nombramientos internacionales.

El sondeo registró una impresionante tasa de respuesta de 70%, lo que indicaba con claridad que muchos empleados pensaban que era un asunto importante. De acuerdo con el sondeo, los cinco puntos con el mayor impacto en la disposición de un trabajador para aceptar un nombramiento internacional eran, en orden de importancia: 1) separarse de los hijos durante su educación secundaria (los hijos de los expatriados británicos y holandeses a menudo se enviaban a internados en sus países de origen mientras sus padres trabajaban en el extranjero), 2) el daño a la carrera y el empleo del cónyuge, 3) no reconocer e involucrar al cónyuge en la decisión de la reubicación, 4) no proporcionar información y asistencia adecuadas sobre la reubicación y 5) asuntos relacionados con la salud. El mensaje era que la familia es la unidad básica de la expatriación, no el individuo, y Shell debía admitirlo.

La empresa puso en práctica una serie de programas para atender algunos de estos problemas. Respecto de la educación de los niños, construyó escuelas primarias en donde había una gran concentración de expatriados. En cuanto a las escuelas secundarias, trabajó con las escuelas locales y a menudo otorgó becas para ayudarles a elevar sus ofertas educativas. Asimismo, ofreció un bono extra de educación para ayudar a los expatriados a enviar a sus hijos a escuelas privadas en la nación receptora.

Ayudar a los cónyuges en sus carreras es más difícil. De acuerdo con la información del sondeo, la mitad de los cónyuges que acompañaban al personal de Shell al extranjero trabajaba al momento de la transferencia. Cuando se expatriaron, solo 12% pudo asegurar un empleo, mientras que otro 33% deseaba trabajar. Para atender este problema, Shell instaló un centro de empleo para ellos. El centro proporcionaba consultoría y asistencia para identificar las oportunidades de empleo durante e inmediatamente después del nombramiento internacional. La compañía también acordó reembolsar hasta 80% del costo de capacitación vocacional, educación continua o revalidaciones, por un monto de hasta 4 400 dólares por nombramiento.

Además, Shell conformó una red global de información y asesoría conocida como "puesto de avanzada" (*The Outpost*) para proporcionar apoyo a las familias que consideraban la posibilidad de un nombramiento en el extranjero. El "puesto de avanzada" tiene su matriz en La Haya y hoy dirige entre 45 y 55 centros de información local en todo el mundo (dependiendo del negocio). El centro recomienda escuelas y servicios médicos, y brinda asesoría acerca de vivienda e información actualizada sobre empleo, estudios, autoempleo y trabajo voluntario.[34]

---

ficaron cuatro indicadores que parecen predecir el éxito de un nombramiento en el extranjero: orientación personal, orientación hacia los demás, habilidad perceptiva y rigidez cultural.

1. *Orientación personal*. Los atributos de este indicador ponderan la autoestima del expatriado, su confianza en sí mismo y su bienestar mental. Los expatriados con un alto nivel de autoestima, confianza en sí mismos y bienestar mental tienen más probabilidades de obtener un nombramiento en el extranjero. Mendenhall y Oddou concluyeron que dichos individuos eran capaces de adaptar sus intereses respecto de la comida, el deporte y la música; tenían intereses fuera del trabajo (por ejemplo, pasatiempos) y eran técnicamente competentes.

2. *Orientación hacia los demás*. Los atributos de este indicador destacan la habilidad del expatriado para interactuar de manera eficiente con los ciudadanos del país receptor. En la medida en que sea capaz de interactuar de forma efectiva con los ciudadanos del país receptor, mayores probabilidades tendrá de éxito. Dos factores que parecen tener particular relevancia en

[34] E. Smockum, "Don't Forget the Trailing Spouse", en *Financial Times*, 6 de mayo de 1998, p. 22; V. Frazee, "Tearing Down Roadblocks", en *Workforce 77*, núm. 2, 1998, pp. 50-54; C. Sievers, "Expatriate Management", en *HR Focus* 75, núm. 3 (1998), pp. 75-76; J. Barbian, "Return to Sender", en *Training*, enero de 2002, pp. 40-43; y J. Mainwaring, "Shell Schools: Supporting Expat Families", en *Rigzone*, 21 de junio de 2012.

este asunto son: el desarrollo de relaciones y la actitud para comunicarse. El desarrollo de relaciones alude a la habilidad para desarrollar amistades duraderas con ciudadanos de la nación receptora. La actitud para comunicarse se refiere a la disposición del expatriado para emplear el lenguaje del país al que llega. Aunque hablarlo de manera fluida ayuda, un expatriado no necesita hablar muy bien el idioma para demostrar su disposición a comunicarse; lo esencial es que haga el esfuerzo. Dicho gesto tiende a ser recompensado con una mayor cooperación de los ciudadanos del país receptor.

3. *Habilidad perceptiva.* Es la capacidad de entender por qué la gente de otros países se comporta como lo hace; es decir, la capacidad de identificarse. Este indicador parece básico para dirigir a ciudadanos del país receptor. Los administradores expatriados que carecen de ella tienden a tratar a los ciudadanos extranjeros como si fueran sus connacionales, por lo que pueden tener graves problemas administrativos y un considerable grado de frustración. Como observó un ejecutivo expatriado de Hewlett-Packard: "Tardé seis meses en aceptar que mis juntas de personal empezarían 30 minutos después de la hora indicada y que esto no le molestaría a nadie más que a mí". Para Mendenhall y Oddou, los expatriados bien adaptados tienden a no emitir juicios ni evaluar cuando interpretan el comportamiento de los ciudadanos de la nación receptora y están dispuestos a aplicar un estilo flexible de administración para ajustarlo a lo que permitan las condiciones culturales.

4. *Rigidez cultural.* Este indicador alude a la relación entre el país donde deberá vivir el expatriado y su grado de adaptación a un destino en particular. Algunos países son destinos mucho más difíciles que otros porque sus culturas son más desconocidas e incómodas; por ejemplo, muchos estadounidenses ven en Gran Bretaña un destino relativamente fácil, y por buenas razones, pues ambas culturas tienen mucho en común. Pero otros encuentran que los destinos con culturas no occidentales, como India, el Sudeste Asiático y el Medio Oriente, son mucho más complicados.[35] Los motivos son diversos, como los deficientes servicios de salud y estándares de vivienda, el clima inhóspito, la falta de entretenimiento al estilo occidental y las dificultades del idioma. Además, muchas culturas observan un enorme predominio masculino y pueden ser destinos especialmente difíciles para administradores o directores occidentales de sexo femenino.

MENTALIDAD GLOBAL

Algunos investigadores sostienen que una mentalidad global, caracterizada por la complejidad cognitiva y una perspectiva cosmopolita, es el atributo fundamental de un administrador global. Estos ejecutivos pueden manejar altos niveles de complejidad y ambigüedad, y están abiertos al mundo. ¿Cómo se desarrollan tales atributos? Con frecuencia, son adquiridos temprano en la vida, mediante una familia bicultural que vive en países extranjeros o por medio del aprendizaje de otros idiomas como una actividad cotidiana.

Mendenhall y Oddou señalan que los exámenes psicológicos sirven para evaluar los primeros tres indicadores, mientras que una comparación de las culturas puede dar a los administradores una idea del cuarto indicador. Sostienen que estos cuatro indicadores, además del desempeño en su país, deben considerarse cuando se selecciona a un administrador o director para un destino en el extranjero; sin embargo, en la práctica, las recomendaciones de Mendenhall y Oddou no se tienen en cuenta. La investigación de Tung, por ejemplo, reveló que solo 5% de las compañías de su muestra aplicó procedimientos formales y exámenes psicológicos para evaluar la personalidad y las habilidades para relacionarse de los posibles expatriados.[36] El estudio de International Orientation Resources plantea que, cuando se selecciona a los empleados para nombramientos en el extranjero, solo 10% de las 50 empresas de *Fortune* 500 que se sometió al sondeo llevó a cabo exámenes psicológicos importantes, por ejemplo de sensibilidad cultural, habilidades interpersonales, adaptabilidad y flexibilidad. En cambio, 90% de las veces se eligió a los empleados con base en su experiencia técnica y no en su adaptabilidad intercultural.[37]

---

[35] I. Torbiorin, *Living Abroad: Personal Adjustment and Personnel Policy in the Overseas Setting*, Nueva York, John Wiley & Sons, 1982.

[36] R. L. Tung, "Selection and Training of Personnel for Overseas Assignments", en *Columbia Journal of World Business* 16, 1981, pp. 68-78.

[37] Solomon, "Success Abroad".

Mendenhall y Oddou no aluden al problema del fracaso de los expatriados como resultado de la incapacidad del cónyuge para adaptarse. Según muchos otros investigadores, una revisión de la situación familiar debería ser parte del proceso de selección (por ejemplo, véase el "Panorama administrativo" sobre Royal Dutch Shell).[38] Un sondeo de Windam International, otra consultora en ARH, descubrió que solo en 21% de los casos se incluía a los cónyuges en las entrevistas de preselección para los nombramientos en el extranjero y que solo la mitad de ellos recibía alguna capacitación intercultural. El aumento de familias en donde ambos miembros de la pareja tienen una carrera añade un difícil indicador a este problema de tanto tiempo.[39] Cada vez más, los cónyuges se preguntan por qué deben sacrificar sus carreras para apoyar las de sus parejas.[40]

Capacitación y desarrollo administrativo

OA19-4

La selección es solo el primer paso para encontrar a la persona adecuada para un puesto; el siguiente es la capacitación para desempeñar el trabajo específico. Por ejemplo, mediante un programa intensivo, se proporciona a los directores y administradores expatriados los conocimientos necesarios para tener éxito en un destino en el extranjero; no obstante, el desarrollo administrativo es un concepto mucho más amplio. Su objetivo es desarrollar los conocimientos del administrador durante su carrera dentro de la empresa. Así, como parte de un programa de desarrollo administrativo, se les envía a diversos destinos en el extranjero durante algunos años para fomentar su sensibilidad y experiencia interculturales. Al mismo tiempo, junto con otros administradores de la compañía, puede ingresar en programas de educación sobre habilidades administrativas en intervalos regulares. La idea de los traslados es que la amplia experiencia internacional mejore las habilidades administrativas y de liderazgo de los ejecutivos. La investigación sugiere que este puede ser el caso.[41]

Históricamente, la mayoría de las empresas internacionales se ha preocupado más por la capacitación que por el desarrollo administrativo. Además, había una tendencia a dirigir la capacitación a la preparación de personal para ser enviado al extranjero; sin embargo, desde hace poco, esto cambió por el giro hacia una mayor competencia global y el surgimiento de compañías trasnacionales. Cada vez es más común que las empresas proporcionen programas generales de desarrollo administrativo además de la capacitación para puestos particulares; en muchos negocios internacionales, el propósito explícito de dichos programas es estratégico. El desarrollo administrativo se ve como una herramienta para ayudar a la empresa a lograr sus objetivos estratégicos, no solo al darles a los administradores las habilidades necesarias sino al ayudarlos a reforzar la cultura deseada de la compañía y facilitar la creación de una red informal interna de conocimientos.

Con esta distinción entre capacitación y desarrollo administrativo en mente, examinaremos primero los tipos de capacitación que los administradores reciben para su traslado al extranjero; luego, analizaremos la conexión entre desarrollo administrativo y estrategia en los negocios internacionales.

CAPACITACIÓN PARA LOS ADMINISTRADORES EXPATRIADOS

En este capítulo, hemos visto que los dos motivos más comunes para el fracaso del trabajador expatriado son su incapacidad y la de su cónyuge para adaptarse a un ambiente extranjero. La capacitación ayuda tanto a este como a su cónyuge a enfrentar ambos problemas. La capacitación cultural, lingüística y práctica parece reducir el ni-

Las empresas internacionales, como Caterpillar, proporcionan cada vez más programas de desarrollo administrativo general, además de la capacitación para puestos extranjeros particulares.

---

[38] S. Ronen, "Training and International Assignee", en *Training and Career Development*, I. Goldstein (ed.), San Francisco, Jossey-Bass, 1985; y Tung, "Selection and Training of Personnel for Overseas Assignments".

[39] Solomon, "Success Abroad".

[40] Harvey, "Addressing the Dual Career Expatriation Dilemma"; y J. W. Hunt, "The Perils of Foreign Postings for Two", en *Financial Times*, 6 de mayo de 1998, p. 22.

[41] C. M. Daily, S. T. Certo y D. R. Dalton, "International Experience in the Executive Suite: A Path to Prosperity?", en *Strategic Management Journal* 21, 2000, pp. 515-523.

Lenovo decidió que el inglés sería el idioma oficial de la compañía, aun cuando se trata de una empresa china.

vel de fracaso de los expatriados. A continuación, analizaremos estos tipos de capacitación.[42] A pesar de su utilidad, la evidencia indica que muchos administradores no reciben capacitación antes de ser enviados al extranjero. Una investigación reveló que solo casi 30% de los administradores expatriados, entre uno y cinco años, recibió alguna capacitación antes de su partida.[43]

Capacitación cultural

La capacitación cultural pretende fomentar la apreciación de la cultura del país anfitrión. Se cree que, al entender la cultura de dicha nación, al administrador le será más fácil identificarse con ella, lo que fortalecerá su eficacia al tratar con los ciudadanos huéspedes. Se recomienda que los expatriados reciban capacitación sobre cultura, historia, aspectos políticos y económicos, religión y prácticas sociales y de negocios del país receptor.[44] De ser posible, también se aconseja coordinar un viaje al país antes de la transferencia formal, pues ello parece atenuar el choque cultural. Dados los problemas vinculados con la adaptación del cónyuge, es indispensable que se le incluya, y tal vez a toda la familia, en los programas de capacitación cultural.

Capacitación lingüística

El inglés es el idioma de los negocios en el mundo: existen muchas posibilidades de efectuar negocios en todo el mundo solo en inglés; pero, no obstante este predominio, una dependencia exclusiva del idioma disminuye la capacidad de un administrador o director expatriado para interactuar con los ciudadanos del país receptor. Como ya mencionamos, la voluntad para comunicarse en el idioma de la nación receptora, aunque el expatriado no manifieste una gran fluidez ni mucho menos, sirve para entablar una buena relación con los empleados locales y mejorar su propia eficiencia. A pesar de esto, un estudio hecho a 74 ejecutivos de multinacionales estadounidenses demostró que solo 23 consideraban que el conocimiento de lenguas extranjeras era esencial para conducir negocios en el extranjero.[45] Las compañías que sí ofrecen capacitación lingüística estiman que ello mejora la eficiencia de sus empleados, les permite relacionarse más fácilmente con una cultura extranjera y, además, da una mejor imagen de la empresa en el país receptor.

Capacitación práctica

La capacitación práctica tiene el objetivo de ayudar al expatriado y a su familia a adaptarse con facilidad a la vida diaria en el país receptor. Mientras más rápido establezcan una rutina, mayores serán las posibilidades de que se adapten de manera exitosa. Una necesidad básica es una red de amigos para el expatriado. En los casos en que existe una comunidad de expatriados, las empresas a menudo dedican un esfuerzo considerable a garantizar que la nueva familia de expatriados se integre al grupo. Dicha comunidad puede ser una útil fuente de apoyo e información, y ser invaluable para ayudar a la familia a adaptarse a la cultura extranjera.

REGRESO DE LOS EXPATRIADOS

Un asunto que en muchas ocasiones se pasa por alto, pero que es de singular relevancia, es la capacitación y el desarrollo de los administradores y directores expatriados para su regreso a la organización en su país de origen.[46] El retorno debe verse como el eslabón final de un proceso circular e

[42] Dowling y Schuler, *International Dimensions*.

[43] *Idem*.

[44] G. Baliga y J. C. Baker, "Multinational Corporate Policies for Expatriate Managers: Selection, Training, and Evaluation", en *Advanced Management Journal*, otoño de 1985, pp. 31-38.

[45] J. C. Baker, "Foreign Language and Departure Training in U. S. Multinational Firms", en *Personnel Administrator*, julio de 1984, pp. 68-70.

[46] Un estudio efectuado por el Conference Board revisó este asunto con profundidad en 1997. Para un resumen véase L. Grant, "That Overseas Job Could Derail Your Career", en *Fortune*, 14 de abril de 1997, p. 166. También véase J. S. Black y H. Gregersen, "The Right Way to Manage Expatriates", en *Harvard Business Review*, marzo-abril de 1999, pp. 52-63.

integrado que une la buena selección y capacitación intercultural de los expatriados con el término de su periodo en el extranjero y su reintegración a la organización nacional; no obstante, lejos de que los empleados regresen a casa para compartir sus conocimientos y alentar a sus colegas de alto desempeño a tomar la misma ruta de carrera internacional, es muy común que enfrenten un escenario diferente.[47]

A menudo, cuando vuelven a casa luego de un trabajo en el extranjero (en donde, por lo general, gozaron de armonía, una buena compensación y un trato de reyes), se encuentran con una organización que desconoce lo que hicieron durante los últimos años, no sabe aplicar sus nuevos conocimientos y, además, en realidad, eso le importa poco. En el peor de los casos, los empleados que regresan deben buscar qué hacer, o las empresas les crean puestos sustitutos donde no aplican las habilidades y capacidades del expatriado ni aprovechan la inversión de la compañía en él.

Las investigaciones revelan la magnitud de este problema. De acuerdo con un estudio sobre empleados repatriados, entre 60% y 70% no sabía qué puesto ocuparía a su regreso. Por otro lado, 60% dijo que su empresa había sido ambigua sobre su repatriación, sus nuevas funciones y el avance en su carrera dentro de la compañía; 77% de los entrevistados regresó a su organización de origen con un puesto de menor nivel en comparación con el que tenía en su nombramiento internacional.[48] No sorprende, entonces, que 15% de los expatriados que regresaron abandonara su empresa en el transcurso del primer año de reinserción, y 40%, en los siguientes tres años.[49]

La clave para solucionar este problema es una buena planeación de recursos humanos. Así como la función de ARH debe desarrollar programas efectivos de selección y capacitación para sus expatriados, también debe elaborar programas eficaces para reintegrarlos a su vida laboral en la organización de su país de origen y para usar los conocimientos adquiridos en el extranjero. Un ejemplo del tipo de programa posible se menciona en el "Panorama administrativo" acerca del programa de repatriación de Monsanto.

DESARROLLO ADMINISTRATIVO Y ESTRATEGIA

Los programas de desarrollo administrativo están diseñados para aumentar los niveles de conocimientos generales de los administradores mediante una mezcla de educación continua en prácticas administrativas y rotación de los ejecutivos para que desempeñen diversos trabajos dentro de la empresa, lo que les da una experiencia variada. Son medidas para mejorar la productividad y calidad de los recursos administrativos de la compañía.

Las empresas internacionales utilizan cada vez más el desarrollo administrativo como herramienta estratégica; en particular, las compañías trasnacionales, las cuales requieren una sólida cultura corporativa unificadora y una red administrativa informal que las asista en la coordinación y el control. Además, los CEO de empresas transnacionales deben ser capaces de detectar las necesidades de adaptación local y, para ello, deben entender la cultura del país anfitrión.

Los programas de desarrollo administrativo contribuyen a crear una cultura corporativa unificadora al familiarizar a sus nuevos administradores con las normas y el sistema de valores de la compañía. Los programas internos de capacitación y la intensa interacción durante las capacitaciones fuera del área fomentan la sensación de lealtad al grupo (las experiencias compartidas, las redes informales, tal vez un lenguaje o jerga propia de las empresas), así como el desarrollo de conocimientos técnicos. Por lo general, tales actividades incluyen canciones, días de campo y deportes que promueven los sentimientos de unión. Entre los ritos de integración se hallan los "rituales de iniciación", en los que se explora la cultura personal, se regalan uniformes (por ejemplo, playeras con el logotipo de la compañía) y se somete a alguna humillación (por ejemplo, embarrar un pastel en el rostro). Todas estas actividades tienen como finalidad fortalecer la identificación de un administrador con la empresa.[50]

---

[47] J. S. Black y M. E. Mendenhall, *Global Assignments: Successfully Expatriating and Repatriating International Managers*, San Francisco, Jossey-Bass, 1992; y K. Vermond, "Expatriates Come Home", en *CMA Management*, octubre de 2001, pp. 30-33.

[48] *Idem.*

[49] Las cifras provienen del estudio del Conference Board. Para un resumen véase Grant, "That Overseas Job Could Derail Your Career".

[50] S. C. Schneider, "National vs. Corporate Culture: Implications for Human Resource Management", en *Human Resource Management* 27, verano de 1988, pp. 231-246.

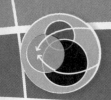

Programa de repatriación de Monsanto

Monsanto es una empresa global que opera en el área agrícola y cuenta con 20 mil empleados. Constantemente, tiene 100 ejecutivos de niveles medio y alto en diferentes destinos del extranjero durante largos periodos, dos tercios de los cuales son estadounidenses expatriados y el resto ciudadanos extranjeros empleados en Estados Unidos. En Monsanto, el manejo de los expatriados y su repatriación comienzan con un riguroso proceso de selección y una intensa capacitación intercultural, tanto de los administradores como de sus familias. Como en muchas otras compañías globales, la idea es formar un cuadro de dirigentes con elevadas capacidades y una mentalidad internacional, que manejen la organización en el futuro.

Una de las principales características de este programa es que los empleados y directores que los envían o los reciben, también llamados patrocinadores, aceptan un acuerdo sobre la manera en que el recién llegado encajará en los objetivos de la empresa. Se centran en las razones de enviar personas al extranjero para hacer el trabajo y en su contribución a Monsanto a su regreso. Se espera que los patrocinadores sean explícitos acerca del tipo de oportunidades de trabajo que los expatriados tendrán cuando regresen a su país de origen.

Una vez de regreso, los expatriados se reúnen con capacitadores transnacionales en sesiones de preguntas y respuestas con las que informan sobre su misión en el extranjero. Además, se les da la oportunidad de compartir sus experiencias con sus compañeros, subordinados y superiores en intercambios especiales de información.

Sin embargo, el programa de repatriación de Monsanto no se concentra solo en los negocios, también se ocupa del regreso de la familia. La compañía ha descubierto que, a menudo, las dificultades de la repatriación se vinculan con asuntos personales y familiares más que laborales. Como es evidente, las cuestiones personales afectan el desempeño del empleado en el trabajo, así que es indispensable para la empresa prestar atención a tales asuntos.

Por ello, Monsanto ofrece a los empleados que regresan de un puesto en el extranjero la oportunidad de trabajar en sus problemas personales. Durante cerca de tres meses a partir de su regreso, los expatriados se reúnen tres horas en el trabajo con varios colegas de su elección. La sesión de preguntas y respuestas es una conversación dirigida por un facilitador profesional, con un esquema para que el expatriado cubra todos los aspectos relevantes de su repatriación. Tales sesiones permiten al trabajador compartir importantes experiencias personales con otros directores, administradores, colegas y amigos para que se aproveche en la organización un poco de ese conocimiento global. Según un participante: "Parece tonto, pero es una temporada de tanto ajetreo en la vida familiar que no se tiene tiempo de sentarse y darse cuenta de lo que sucede. Uno va con la corriente en una transición hacia un trabajo nuevo, una casa nueva y tal vez una escuela nueva para los niños. Esto es una especie de oasis: un tiempo para platicar y poner los sentimientos sobre la mesa". Parece funcionar; desde que empezó el programa, la tasa de renuncia entre los expatriados que regresan bajó de manera considerable.[51]

Reunir a los administradores en un lugar durante periodos largos y rotarlos para efectuar diferentes trabajos en diversos países ayuda a la compañía a forjar una red administrativa informal. Tal red sirve como conducto para intercambiar conocimiento sobre el perfeccionamiento del desempeño dentro de la empresa.[52] Considere a la compañía de telecomunicaciones sueca Ericsson. La cooperación entre sus unidades es de extrema importancia para la corporación, en especial para la transferencia de habilidades y competencias clave de la casa matriz a las filiales en el extranjero, o viceversa, así como entre filiales. Para facilitar la cooperación, Ericsson transfiere a muchas personas de la matriz a las filiales y viceversa. La empresa envía a equipos de entre 50 y 100 ingenieros y administradores de una unidad a otra durante uno o dos años, con lo que establece una red de contactos interpersonales; dicha política es efectiva tanto para consolidar una cultura común en la compañía como para coordinar las operaciones globalmente distribuidas de esta.[53]

---

[51] C. M. Solomon, "Repatriation. Up, Down, or Out?", en *Personnel Journal*, enero de 1995, pp. 28-34; y J. Schaefer, E. Hannibal y J. O'Neill, "How Strategy, Culture and Improved Service Delivery Reshape Monsanto's International Assignment Program", en *Journal of Organizational Excellence* 22, núm. 3, pp. 35-40.

[52] I. M. Manve y W. B. Stevenson, "Nationality, Cultural Distance and Expatriate Status", en *Journal of International Business Studies* 32, 2001, pp. 285-303; y D. Minbaeva *et al.*, "MNC Knowledge Transfer, Subsidiary Absorptive Capacity, and HRM", en *Journal of International Business Studies* 34, núm. 6, 2003, pp. 586-604.

[53] Bartlett and Ghoshal, *Managing across Borders*.

Evaluación del desempeño

OA19-5

Mediante los sistemas de evaluación de desempeño, se califica la actuación de los administradores respecto de los criterios que la empresa considera relevantes para la aplicación de estrategias y obtención de ventajas competitivas. Los sistemas de evaluación del desempeño de una compañía son elementos fundamentales de sus sistemas de control, pues son un componente central de la estructura organizativa. Un asunto en particular difícil en muchos negocios internacionales es cómo evaluar eficazmente el desempeño de sus administradores y directores expatriados;[54] esta sección analiza el problema y considera algunos lineamientos para tal evaluación.

PROBLEMAS EN TORNO DE LA EVALUACIÓN DEL DESEMPEÑO

La predisposición involuntaria dificulta la evaluación objetiva del desempeño de los expatriados; en la mayoría de los casos, dos grupos evalúan su desempeño (los administradores del país receptor y los de la nación de origen), y ambos son susceptibles de sesgos. Los administradores del país receptor pueden estar predispuestos por su propio marco de referencia cultural y sus expectativas; por ejemplo, Oddou y Mendenhall informan del caso de un administrador estadounidense que introdujo la toma de decisiones participativa mientras trabajaba en una filial en India,[55] por la que recibió una evaluación negativa de los administradores del país receptor, debido a que la estratificación social india hace que los directivos sean vistos como expertos que no deben pedir ayuda a sus subordinados. Evidentemente, los empleados locales observaron el interés del administrador estadounidense en la administración participativa como un indicador de que era incompetente y no sabía hacer su trabajo.

Las evaluaciones de los administradores y directores del país de origen pueden estar prejuiciadas por la distancia y su falta de experiencia en el extranjero. La administración de la nación de origen casi siempre desconoce lo que sucede en una operación del extranjero; por tanto, tiende a basarse en la información cuantificable para evaluar el desempeño de un expatriado, como la productividad de la filial, sus utilidades o su participación de mercado. Esos criterios pueden reflejar factores fuera del control del administrador expatriado (como los cambios adversos en los tipos de cambio y las crisis económicas). Por otro lado, la información cuantificable no tiene en cuenta muchas variables cualitativas menos visibles que también son importantes, como la capacidad de un expatriado para desarrollar su percepción intercultural y trabajar de manera productiva con el personal local. Por dichos prejuicios, muchos expatriados consideran que la administración central los evalúa de modo injusto y no aprecia todo el valor de sus conocimientos y experiencia. Esta puede ser una razón para que muchos expatriados crean que un nombramiento en el extranjero no beneficia sus carreras. En un estudio de directores de personal en multinacionales estadounidenses, 56% de los entrevistados sostuvo que un nombramiento en el extranjero es perjudicial o carece de trascendencia para su carrera.[56]

PAUTAS PARA EVALUAR EL DESEMPEÑO

Hay varios factores que reducen los prejuicios derivados del proceso de evaluación del desempeño.[57] Primero, la mayoría de los expatriados parece pensar que debe darse al desempeño un mayor peso

[54] Véase G. Oddou y M. Mendenhall, "Expatriate Performance Appraisal: Problems and Solutions", en *International Human Resource Management*, Mendenhall y Oddou (eds.), Boston, PWS-Kent, 1991; Dowling y Schuler, *International Dimensions*; R. S. Schuler y G. W. Florkowski, "International Human Resource Management", en *Handbook for International Management Research*, B. J. Punnett y O. Shenkar (eds.), Oxford, Blackwell, 1996; y K. Roth y S. O'Donnell, "Foreign Subsidiary Compensation Strategy: An Agency Theory Perspective", en *Academy of Management Journal* 39, núm. 3, 1996, pp. 678-703.

[55] Oddou y Mendenhall, "Expatriate Performance Appraisal".

[56] "Expatriates Often See Little Benefit to Careers in Foreign Stints, Indifference at Home", en *The Wall Street Journal*, 11 de diciembre de 1989, p. B1.

[57] Oddou y Mendenhall, "Expatriate Performance Appraisal"; y Schuler y Florkowski, "International Human Resource Management".

en la evaluación de un administrador o director de allí mismo que a la de uno de fuera. Por la proximidad, es más probable que un administrador o director evalúe las variables cualitativas importantes para el desempeño de un expatriado. La evaluación puede ser especialmente válida cuando el administrador o director en el campo es de la misma nacionalidad que el expatriado, pues los prejuicios culturales serían menores. En la práctica, los administradores o directores del país de origen a menudo evalúan el desempeño luego de recibir información de los que operan en campo. Cuando este es el caso, la mayoría de los expertos recomienda que, para reducir los prejuicios, debe involucrarse en la evaluación a un expatriado que haya trabajado en el mismo destino. Por último, cuando la política sea que los administradores del mismo lugar evalúen el desempeño, debe consultarse a los que trabajan en la matriz antes de que los administradores del mismo lugar en el extranjero completen una evaluación formal, lo cual da al evaluador del país de origen la oportunidad de equilibrar lo que podría ser una evaluación muy hostil basada en malos entendidos culturales.

OA19-6 Compensación

Hay dos asuntos que emergen en todos los análisis acerca de las prácticas de compensación de las empresas internacionales. Uno es cómo ajustar la compensación para reflejar las diferencias nacionales en las circunstancias económicas y prácticas de compensación. El otro es cómo pagar a los expatriados. Desde una perspectiva estratégica, el asunto relevante es que cualquier sistema de compensaciones que se utilice debe recompensar a los expatriados por actuar de manera congruente con la estrategia de la compañía.

DIFERENCIAS NACIONALES ENTRE LAS COMPENSACIONES

Existen diferencias sustanciales entre las compensaciones de los ejecutivos del mismo nivel en distintos países. Los resultados de la encuesta aplicada por Towers Watson, por ejemplo, indican que los CEO estadounidenses ganan, en promedio, casi el doble de los no estadounidenses.[58] Entre otras cosas, esta encuesta estableció un promedio de remuneración de ejecutivos y técnicos en 26 naciones durante el periodo 2005-2006 de empresas con ventas anuales de aproximadamente 500 millones de dólares.

Las diferencias nacionales entre las compensaciones suscitan una desconcertante pregunta para los negocios internacionales: ¿la compañía debe pagar a sus ejecutivos de diferentes países según los criterios de cada país o igualar el pago con base en un criterio global? El problema no surge en empresas que siguen políticas de contratación etnocéntricas o policéntricas. En el caso de las primeras, el asunto se reduce a la cantidad adecuada para los expatriados del país de origen (lo cual se verá más adelante). En cuanto a las segundas, el hecho de que no exista movilidad entre los administradores de las operaciones en las diversas naciones implica que el pago puede y debe mantenerse conforme a las condiciones específicas de cada país; no tendría sentido pagarle a los ejecutivos de Gran Bretaña lo mismo que a los de Estados Unidos si nunca trabajan juntos.

Sin embargo, este problema es muy real en las compañías con políticas de contratación geocéntrica, congruentes con una estrategia transnacional. Un aspecto de este enfoque es la necesidad de formar equipos internacionales de administradores que pueden incluir muchas nacionalidades. ¿Debe pagarse a todos los miembros de dicho equipo el mismo salario y paquete de incentivos? Para una empresa con sede en Estados Unidos, esto entrañaría elevar la compensación de los ciudadanos extranjeros a los niveles estadounidenses, lo que podría ser muy costoso. Si la compañía no iguala el pago, podría causar resentimiento entre los ciudadanos extranjeros que pertenecen al cuadro internacional y trabajan con ciudadanos estadounidenses; no obstante, si una empresa es seria en su intención de integrar un cuadro internacional, es posible que deba pagar a sus ejecutivos internacionales el mismo salario base, sin importar su país de origen o el destino en donde trabajen. Sin embargo, en la actualidad esta práctica no está muy difundida.

---

[58] Towers Perrin, *Towers Perrin Worldwide Total Remuneration Study*, 2005-2006", en: http://www.towersperrin.com. Observe que todos los investigadores concuerdan con esta conclusión; véase, por ejemplo, N. Fernandes *et al.*, "Are US CEOs Paid More? New International Evidence", en *The Review of Financial Studies*, en prensa, 2013.

Prácticas de compensación global en McDonald's

Con más de 400 mil empleados ejecutivos en 119 naciones alrededor del mundo, a principios de la década de 2000, McDonald's se dio cuenta de que debía desarrollar una estrategia consistente de compensación y evaluación del desempeño. Tras meses de consultas con los administradores de todo el mundo, en 2004 comenzó a desplegar su nuevo programa de compensaciones globales.

Un elemento fundamental de este programa requiere que la oficina matriz corporativa proporcione a los administradores locales de los países un menú de principios de negocio a desarrollar el año siguiente. Esos principios incluyen áreas como servicio al cliente, marketing y rediseño de la imagen de los restaurantes. Entonces, cada administrador de país elige entre tres y cinco áreas en las que debe concentrarse para tener éxito en su mercado local; por ejemplo, si Francia desea introducir un nuevo platillo en su menú, puede crear objetivos de negocio en torno de él durante un año. A continuación, los administradores de recursos humanos someten sus casos y objetivos de negocio a los altos ejecutivos de las oficinas centrales para su aprobación. A finales de año, el programa anual de incentivos

para esa nación se basa en la forma en que la región logre sus metas, así como en el ingreso por la operación de las unidades de negocio. Una parte del bono anual del empleado individual se funda en esa mezcla.

La otra parte de los incentivos anuales del trabajador se funda en el desempeño individual. McDonald's siempre ha tenido un sistema de evaluación del desempeño, pero, en 2004, introdujo lineamientos globales que refieren que 20% de los empleados recibe la mayor calificación, 70% la intermedia y 10% se sitúa al final de la clasificación. McDonald's espera alentar la diferenciación del desempeño y al mismo tiempo permitir cierta flexibilidad en los matices locales. Al proporcionar principios y lineamientos, y a la vez dejar que los administradores locales personalicen sus programas de compensaciones para satisfacer las necesidades del mercado, McDonald's también sostiene que ha experimentado una reducción de la rotación de personal. El propio sondeo interno de la compañía revela que ahora más trabajadores opinan que su compensación es justa y que refleja las condiciones del mercado local.[59]

En la última década, muchas empresas han migrado hacia una estructura de compensaciones que se asienta en estándares globales consistentes: los empleados son evaluados con el mismo sistema de gradación y tienen acceso a la misma estructura de bonos y beneficios sin importar dónde trabajen. En un sondeo efectuado por Mercer Management Consulting, casi 85% de las compañías declararon que aplican una estrategia de compensaciones globales;[60] McDonald's, tema de nuestro "Panorama administrativo", es una de ellas. Otro sondeo reveló que dos terceras partes de las multinacionales ejerce un control central sobre los planes de prestaciones ofrecidos en distintas naciones;[61] no obstante, y salvo por un cuadro relativamente pequeño de ejecutivos internacionalmente móviles, en la mayoría de las compañías el salario base se establece de acuerdo con las condiciones del mercado local.

REMUNERACIONES A LOS EXPATRIADOS

La forma más común de abordar el asunto de las remuneraciones a los expatriados es el balance financiero. Según Organizational Resources Consulting, casi 80% de las 781 empresas que evaluaron utilizó este enfoque.[62] Este método iguala el poder adquisitivo en los diversos países para que los empleados disfruten el mismo nivel de vida en el extranjero que en casa; además, provee incentivos financieros para compensar las diferencias cualitativas entre los destinos de los nombramientos.[63] La figura 19.2 presenta un ejemplo característico de balance. Obsérvese que a los gastos en el país de origen del empleado se les designa impuestos sobre la renta, gastos de vivienda, gastos en bienes y servicios (comida, vestido, entretenimiento, etc.), y reservas (ahorros, contribuciones para pensión,

[59] J. Marquez, "McDonald's Rewards Program Leaves Some Room for Local Flavor", en *Workforce Management*, 10 de abril de 2006, p. 26.

[60] J. Cummings y L. Brannen, "The New World of Compensation", en *Business Finance*, junio de 2005, p. 8.

[61] "Multinationals Tighten Control of Benefit Plans", en *Workforce Management*, mayo de 2005, p. 5.

[62] Organizational Resource Counselors, *2002 Survey of International Assignment Policies and Practices*, marzo de 2003.

[63] C. Reynolds, "Compensation of Overseas Personnel", *en Handbook of Human Resource Administration*, J. J. Famularo (ed.), Nueva York, McGraw-Hill, 1986.

FIGURA 19.2

Enfoque del balance financiero para el pago de los expatriados.

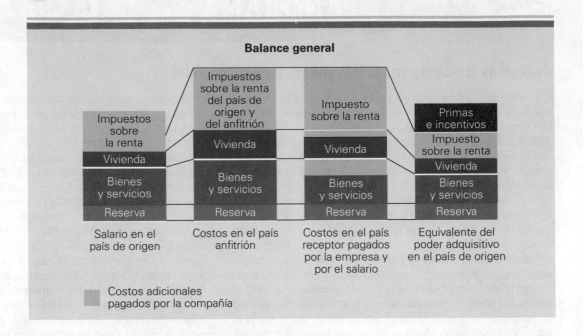

etc.). El método del balance intenta dar a los expatriados el mismo nivel de vida en la nación receptora que en el de sus países de origen, más un aliciente financiero (por ejemplo, prima o incentivos) para que acepten un nombramiento en el extranjero.

Los componentes de un paquete de compensación común para expatriados son un salario base, una prima por servicios en el extranjero, una cantidad para gastos por distintos conceptos, diferenciales de impuestos y prestaciones. Revisaremos brevemente cada componente.[64] El paquete total de compensación de un expatriado puede constituir hasta tres veces lo que le costaría a la empresa tenerlo en un puesto en su país de origen. Dado el alto costo de los expatriados, en años recientes muchas compañías redujeron su cantidad; sin embargo, la capacidad de una empresa para reducir la cantidad de sus expatriados puede ser limitada, en particular si acata una política de contracción etnocéntrica o geocéntrica.

Salarios base

El salario base de un expatriado suele estar en el mismo rango que el de un puesto similar en el país de origen, y, por lo regular, se paga en la moneda de la nación de origen o en la local.

Prima por servicios en el extranjero

Una prima por servicios en el extranjero es un pago extra que el expatriado recibe por trabajar fuera de su país de origen. Se le ofrece como aliciente para que acepte laborar en un destino del extranjero. Compensa al expatriado por tener que vivir en un país desconocido, lejos de su familia y sus amigos, con la necesidad de lidiar con una nueva cultura e idioma, y por adaptarse a nuevos hábitos y prácticas de trabajo. Muchas empresas pagan primas por servicios en el extranjero equivalentes a un porcentaje del salario base, de 10 a 30% después de impuestos; la prima promedio es de 16%.[65]

Gastos

Hay cuatro tipos de gastos que se incluyen con frecuencia en el paquete de compensación de un trabajador expatriado: por privaciones, de vivienda, de costos de vida y de educación. El gasto por privaciones se paga cuando el expatriado llega a un sitio difícil, por lo general en donde las necesidades básicas, como servicios de salud, escuelas y centros comerciales, son muy deficientes respecto de los de su país de origen. El gasto de vivienda se da para garantizar que el expatriado pueda sostener

---

[64] M. Helms, "International Executive Compensation Practices", en *International Human Resource Management*, M. Mendenhall y G. Oddou (eds.), Boston, PWS-Kent, 1991.

[65] G. W. Latta, "Expatriate Incentives", *HR Focus* 75, núm. 3, marzo de 1998, p. S3.

la misma calidad de vivienda en el país extranjero que la que tenía en su país. En los lugares en que la vivienda es muy costosa (por ejemplo, Londres o Tokio) este gasto puede ser considerable, de entre 10% y 30% del total del paquete de remuneración del expatriado. El gasto de costo de vida es útil para asegurar que el expatriado disfrute del mismo nivel de vida que tenía en casa. El gasto de educación es para garantizar que los hijos del expatriado reciban una educación adecuada (respecto de los criterios de su propio país). En ocasiones, las escuelas públicas de los países receptores no son apropiadas para los niños expatriados, en cuyo caso deben ir a escuelas privadas.

Impuestos

A menos que una nación receptora sostenga un tratado de reciprocidad fiscal con el país de origen del expatriado, es probable que deba pagar el impuesto sobre la renta tanto al gobierno del país de origen como al receptor. Cuando no existe un tratado de reciprocidad fiscal, por lo común la empresa paga el impuesto sobre la renta del expatriado en el país receptor. Además, las compañías suelen compensar la diferencia cuando la tasa del impuesto sobre la renta es mayor en la nación anfitriona y ello reduce el ingreso del expatriado.

Prestaciones

Muchas empresas también se cercioran de que sus expatriados obtengan el mismo nivel de prestaciones médicas y de pensión en el extranjero que las que recibían en su país. Esto puede ser muy costoso para la compañía, pues muchas prestaciones deducibles de impuestos en su nación de origen (por ejemplo, prestaciones médicas y de pensión) pueden no serlo fuera del país.

 # Relaciones laborales internacionales   OA19-7

Por lo regular, la función de la ARH en una empresa internacional es responsable de las relaciones laborales internacionales. Desde una perspectiva estratégica, el asunto clave en las relaciones laborales internacionales es el grado al que la mano de obra organizada puede limitar las decisiones de una compañía internacional. La integración y consolidación de las operaciones globales de una empresa para conseguir curvas de experiencia y economías de localización puede verse limitada por la mano de obra organizada y forzar su capacidad de seguir una estrategia transnacional o global. Prahalad y Doz citan el ejemplo de General Motors, que hizo las paces con los sindicatos al acordar que no integraría ni consolidaría sus operaciones de la forma más eficiente.[66] General Motors efectuó enormes inversiones en Alemania para hacerlas coincidir con sus nuevas inversiones en Austria y España, a petición del sindicato alemán de trabajadores del metal.

Una de las tareas de la función de la ARH es promover la armonía y reducir el conflicto entre la compañía y la mano de obra organizada. En esta sección, revisaremos primero las preocupaciones de la mano de obra organizada respecto de las empresas multinacionales. En segundo lugar, analizaremos la forma en que la mano de obra organizada ha intentado abordar tales preocupaciones. Y en tercero, estudiaremos la forma en que los negocios internacionales manejan sus relaciones laborales para reducir al máximo las disputas laborales.

PREOCUPACIONES DE LA MANO DE OBRA ORGANIZADA

A menudo, los sindicatos de trabajadores tratan de obtener mejores salarios, mayor seguridad y mejores condiciones laborales para sus agremiados, por medio de negociaciones colectivas con la administración. El poder de negociación de los sindicatos se deriva, en gran medida, de su capacidad para interrumpir la producción, ya sea con una huelga o algún otro modo de protesta (por ejemplo, negarse a trabajar horas extra). Pero esta amenaza tiene poder solo hasta el punto en el que la empresa no tenga otra alternativa que emplear a los trabajadores sindicalizados.

Una de las principales preocupaciones de los sindicatos nacionales respecto de las compañías multinacionales es que estas, debido al enorme poder que detentan, pueden contrarrestar su poder de negociación y trasladar su producción a otro país; por ejemplo, Ford amenazó abiertamente a los sindicatos británicos con un plan para llevar su planta a Europa continental, a menos de que sus trabaja-

---

[66] C. K. Prahalad e Y. L. Doz, *The Multinational Mission*, Nueva York, The Free Press, 1987.

dores abandonaran las reglas de trabajo que limitaban la productividad, moderaran su postura de negociación sobre los incrementos al salario, y redujeran sus huelgas y otras interrupciones laborales.[67]

Otra preocupación de la mano de obra organizada es que los negocios internacionales mantengan las tareas que requieren mayores conocimientos en su país de origen y lleven a sus plantas en el extranjero solo las que involucren poca capacitación. Relativamente, dicha práctica les facilita a las compañías internacionales cambiar su producción de un lugar a otro conforme las condiciones económicas lo permitan. En consecuencia, el poder de negociación de la mano de obra organizada se reduce una vez más.

Una preocupación final de los sindicatos se relaciona con los intentos de las empresas internacionales de importar prácticas de empleo y acuerdos contractuales de su nación de origen. Cuando dichas prácticas son desconocidas en el país receptor, la mano de obra organizada teme que el cambio reduzca su influencia y poder. Esta preocupación surgió en respuesta a la actitud de las multinacionales japonesas que intentaron exportar su estilo de relaciones laborales a otros países; por ejemplo, para molestia del sindicato United Auto Workers (UAW), la mayoría de las fábricas de autos japonesas en Estados Unidos no están sindicalizadas. Como resultado, la influencia sindical en ese sector se ha deteriorado.

ESTRATEGIA DE LA MANO DE OBRA ORGANIZADA

La mano de obra organizada ha respondido al creciente poder de negociación de las corporaciones multinacionales con tres acciones: 1) establecer organizaciones laborales internacionales, 2) cabildear en favor de una legislación nacional para restringir a las multinacionales y 3) luchar por reglamentos internacionales para las multinacionales, por medio de organizaciones como las Naciones Unidas. Estos esfuerzos no han tenido mucho éxito.

En la década de 1960, la mano de obra organizada comenzó a establecer Secretarías de Comercio Internacional (*International Trade Secretariats*, ITS) para forjar enlaces en todo el mundo con los sindicatos nacionales en industrias particulares. El objetivo a largo plazo era ser capaces de negociar transnacionalmente con empresas multinacionales. La mano de obra organizada consideraba que, al coordinar las acciones sindicales entre los países mediante una ITS, contrarrestaría el poder de una corporación multinacional al amenazarla con interrumpir la producción a escala internacional; por ejemplo, la amenaza de Ford de trasladar su producción de Gran Bretaña a otro lugar en Europa no habría tenido poder alguno si los sindicatos de varias naciones europeas se hubieran unido para oponérsele.

Sin embargo, las ITS prácticamente no han tenido éxito. A pesar de que los sindicatos nacionales puedan tener interés en cooperar, también compiten entre sí para atraer la inversión de las compañías internacionales y, por ende, empleos para sus agremiados; por ejemplo, los sindicatos nacionales de la industria automotriz cortejan con frecuencia a las empresas de ese ramo para localizar lugares en los que puedan ubicar sus nuevas plantas y así obtener nuevas plazas. Un motivo por el que Nissan decidió construir su planta europea en Gran Bretaña y no en España fue porque los sindicatos británicos estuvieron de acuerdo con otorgar una mayor cantidad de concesiones que los sindicatos españoles. Como resultado de esa competencia entre los sindicatos nacionales, la cooperación es difícil.

Otro impedimento para la cooperación es la gran variación en la estructura sindical. Los sindicatos se desarrollan en forma independiente en cada país; en consecuencia, sus estructuras e ideologías tienden a variar mucho, y lo mismo sucede con la naturaleza de la negociación colectiva. Por ejemplo, en Gran Bretaña, Francia e Italia muchos sindicatos están controlados por socialistas del ala izquierda, quienes ven la negociación colectiva a través de la lente de la "lucha de clases". En contraste, la mayoría de los líderes sindicales en Alemania, Holanda, Escandinavia y Suiza son mucho más moderados. La brecha ideológica entre los líderes sindicales de diferentes países dificulta la cooperación. Las ideologías divergentes se reflejan en puntos de vista radicalmente distintos sobre la función de los sindicatos en la sociedad y en su postura respecto de las multinacionales.

Asimismo, la mano de obra organizada ha tenido éxito limitado en sus esfuerzos para que los organismos nacionales e internacionales regulen a las multinacionales. Algunos organismos como la

---

[67] *Idem.*

Organización Internacional del Trabajo (OIT) y la Organización para la Cooperación y el Desarrollo Económicos (OCDE) han adoptado códigos de conducta sobre las relaciones laborales que deben observar las compañías multinacionales; no obstante, tales lineamientos no tienen el alcance que muchos sindicatos desearían y tampoco cuentan con algún mecanismo impositivo. Muchos investigadores reportan que dichos lineamientos tienen una eficacia limitada.[68]

ENFOQUES SOBRE LAS RELACIONES LABORALES

Los enfoques de las empresas internacionales difieren mucho respecto de las relaciones laborales. La principal diferencia es el grado de centralización o de descentralización de las actividades que se vinculan con las relaciones laborales. Históricamente, la mayoría de los negocios internacionales descentraliza sus actividades de relaciones laborales internacionales hacia sus filiales en el extranjero porque las leyes laborales, el poder sindical y la naturaleza de las negociaciones colectivas varían en gran medida de un país a otro. Es prudente descentralizar las funciones sobre relaciones laborales para que se encarguen los administradores locales. Se creía imposible que la administración central pudiera manejar con eficiencia el complejo trabajo de administrar al mismo tiempo las relaciones laborales de ambientes distintos.

Aunque esa lógica aún está vigente, hoy existe una tendencia hacia una mayor centralización, lo cual refleja los intentos de las empresas internacionales por racionalizar sus operaciones globales. El aumento generalizado de la competitividad en todas las industrias ocasiona que el control de los costos sea más importante para las compañías. Como los costos laborales representan un porcentaje muy alto de los costos totales, ahora muchas empresas, al negociar con los sindicatos, emplean la amenaza de trasladar su producción a otra nación para cambiar las reglas laborales y limitar los aumentos salariales (como hizo Ford en Europa). En virtud de que dicho movimiento implicaría grandes inversiones nuevas y el cierre de plantas, esta táctica de negociación requiere la intervención de la dirección corporativa, y por ello aumenta el grado de intervención de la matriz en asuntos laborales.

Además, cada vez hay mayor conciencia de que la forma de organizar el trabajo en una planta puede ser una importante fuente de ventajas competitivas, que en las fábricas de autos japonesas, por ejemplo, se atribuyen al uso de equipos autodirigidos, la rotación laboral y un entrenamiento cruzado, entre otras técnicas.[69] Para reproducir su desempeño nacional en sus plantas extranjeras, las corporaciones japonesas tratan de instrumentar sus prácticas laborales en esas plantas. A menudo, esto las ha puesto en conflicto directo con las prácticas laborales tradicionales en esos países, como lo ratifican los sindicatos laborales locales; así, las compañías japonesas casi siempre invierten con la condición de que los sindicatos laborales locales acepten modificaciones radicales en las prácticas de trabajo. Para lograrlo, los corporativos de muchas empresas japonesas negocian de manera directa con los sindicatos locales antes de comprometerse; por ejemplo, antes de que Nissan decidiera invertir en el norte de Inglaterra, consiguió un compromiso de los sindicatos británicos para cambiar sus prácticas tradicionales de trabajo. Por su propia naturaleza, seguir una estrategia como esta entraña un control centralizado de la función de relaciones laborales.

---

68 Schuler y Florkowski, "International Human Resource Management".
69 Véase J. P. Womack, D. T. Jones y D. Roos, *The Machine That Changed the World*, Nueva York, Rawson Associates, 1990.

RESUMEN

Este capítulo se centró en la administración de los recursos humanos (ARH) en los negocios internacionales. Las actividades de ARH incluyen la estrategia de los recursos humanos, su contratación, evaluación de desempeño, desarrollo administrativo, compensaciones y relaciones laborales. Ninguna de estas actividades se desempeña en el vacío: todas deben ser adecuadas a la estrategia de la empresa. En este capítulo, abordamos los siguientes aspectos:

1. El éxito de la compañía implica políticas de ARH congruentes con su estrategia, así como con sus estructuras y controles formales e informales.

2. La política de contratación se ocupa de la selección de los empleados con los conocimientos necesarios para desempeñar trabajos particulares. Puede ser una herramienta para el desarrollo y la promoción de una cultura corporativa.

3. Una política etnocéntrica de contratación coloca en todos los puestos administrativos clave de sus operaciones internacionales a los ciudadanos del país de origen de la empresa. Esta política es congruente con una estrategia internacional. Una de sus desventajas es que ocasiona miopía cultural.

4. Una política de contratación policéntrica emplea a ciudadanos del país receptor para administrar sus filiales en el extranjero y a ciudadanos de la nación de origen para los puestos clave en las oficinas centrales. Este enfoque reduce los peligros de la miopía cultural, pero crea una brecha entre las operaciones del país de origen y las de la nación receptora. Esta política es más compatible con la estrategia multinacional.

5. Una política de contratación geocéntrica busca a la mejor gente para los puestos clave de la organización sin importar su nacionalidad. Este enfoque es consistente con la idea de crear una cultura unificadora sólida y una red administrativa informal, y es compatible con una estrategia global como la transnacional. Las políticas migratorias de los gobiernos nacionales pueden limitar la capacidad de una compañía para adoptar tal política.

6. Un asunto de gran relevancia en la investigación académica sobre contratación internacional es el fracaso de los expatriados; es decir, el regreso prematuro de un administrador o director a su país de origen. Los costos del fracaso de un expatriado pueden ser considerables.

7. El fracaso de los expatriados puede reducirse mediante procedimientos de selección que eliminen a los candidatos inadecuados. Los expatriados con más éxito son quienes cuentan una alta autoestima y confianza en sí mismos, se llevan bien con los demás, tienen disposición para intentar comunicarse en un idioma extranjero y pueden identificarse con personas de otras culturas.

8. La capacitación reduce la probabilidad de fracaso de los expatriados. Sus programas deben incluir capacitación cultural, lingüística y prácticas reales, y debe proporcionarse tanto al administrador expatriado como a su cónyuge.

9. Para proporcionar diversas experiencias a los administradores, el objetivo de los programas de desarrollo administrativo es aumentar los niveles de conocimientos generales de los ejecutivos por medio de una mezcla de educación continua sobre prácticas administrativas y rotación de los ejecutivos entre diferentes puestos de la empresa.

10. El desempeño de un expatriado puede ser difícil de evaluar objetivamente debido a prejuicios involuntarios, que pueden reducirse mediante una serie de pasos.

11. Las diferencias entre las prácticas de compensación en los países constituyen una dificultad para los negocios internacionales. ¿La compañía debe pagar a sus ejecutivos en distintos países según los criterios de cada nación, o igualar el pago con base en un criterio global?

12. La forma más común de abordar el asunto del pago a los expatriados es el método del balance, que pretende igualar el poder adquisitivo para que los empleados disfruten en el extranjero del mismo nivel de vida que tenían en casa.

13. Un asunto clave en las relaciones laborales es el grado en el que la mano de obra organizada puede limitar las elecciones disponibles para un negocio internacional. La capacidad de una empresa para seguir una estrategia transnacional o global puede estar muy restringida por las acciones de los sindicatos.

14. Una de las principales preocupaciones de la mano de obra organizada es que las multinacionales contrarresten el poder de negociación sindical con amenazas de trasladar su producción a otro país.

15. La mano de obra organizada intenta contrarrestar el poder de negociación de las multinacionales con apoyo de organismos laborales internacionales. En general, dichos esfuerzos no han resultado fructíferos.

Preguntas de análisis y razonamiento crítico

1. ¿Cuáles son las principales ventajas y desventajas de las políticas de contratación etnocéntrica, policéntrica y geocéntrica? ¿Cuándo es adecuada cada una de ellas?

2. La investigación sugiere que muchos empleados expatriados se enfrentan a problemas que limitan su eficiencia en el extranjero, como su contribución a la empresa cuando regresan a su país de origen. ¿Cuáles son las principales causas y consecuencias de estos problemas, y cómo se resuelven?

3. ¿Cuál es el vínculo entre la estrategia internacional de un negocio y su política de ARH, en particular respecto de los empleados expatriados y su escala de pago?

4. ¿De qué manera la mano de obra organizada puede limitar las decisiones estratégicas de una compañía internacional? ¿Cómo puede un negocio internacional limitar tales acciones coercitivas?

5. Vuelva a leer el "Panorama administrativo" acerca de las prácticas de compensación global de McDonald's. ¿Cómo ayuda este enfoque a que la compañía tenga en cuenta las diferencias locales cuando revisa el desempeño de los distintos países y otorga los bonos?

Proyecto de investigación 🌐 globalEDGE   **globaledge.msu.edu**

Administración de los recursos humanos globales

Utilice la página de globalEDGE (globaledge.msu.edu) para completar los siguientes ejercicios:

Ejercicio 1

El efecto de huelgas y clausuras en las actividades comerciales puede ser considerable. Dado que su compañía manufacturera está planeando expandir sus operaciones a los mercados asiáticos, debe identificar los países donde las huelgas y clausuras podrían interrumpir sus operaciones. Utilizando las *estadísticas laborales* de la Organización Internacional del Trabajo (OIT) para desarrollar su reporte, identifique los tres países asiáticos con la mayor cantidad de huelgas y clausuras, así como el número total de días laborales perdidos. ¿Qué tipo de precauciones puede tomar su empresa para prevenir que ocurran interrupciones en estos mercados?

Ejercicio 2

Suponga que trabaja en el departamento de recursos humanos de la oficina matriz de una empresa multinacional que desea expatriar a varios administradores a Francia y Nueva Zelanda, y le piden un resumen ejecutivo evaluando, comparando y contrastando los posibles problemas que los expatriados pueden enfrentar en esas dos naciones. Su administrador le dice que una herramienta llamada *Expat Explorer*, creada por HSBC, puede ayudarle en esta tarea.

CASO FINAL

MMC China

Había sido una mañana muy mala para John Ross, el administrador general de la *joint venture* MMC en China. Acababa de colgar con su jefe en San Luis, Estados Unidos, Phil Smith, quien exigía saber por qué los réditos de la *joint venture* respecto de la inversión aún estaban tan bajos cuatro años después de que Ross había tomado el puesto directivo en la operación. "Esperábamos un desempeño mucho mejor —dijo Smith—, particularmente dado tu récord de logros: ¡tienes que arreglar esto, John! Nuestra paciencia no es infinita. Sabes que la meta corporativa es obtener un 20% de amortización de la inversión en las unidades de operación, y la tuya ni siquiera se acerca". John Ross tenía un muy mal presentimiento de que Smith le había hecho una advertencia, una amenaza implícita detrás de sus exigencias de mejorar su desempeño. Por primera vez en sus 20 años de carrera en MMC, Ross sentía que su trabajo estaba pendiente de un hilo.

MMC era una empresa electrónica multinacional con sede en Estados Unidos, ventas por dos mil millones de dólares y operaciones en más de 10 países. MMC China se especializaba en la producción masiva de placas de circuito impreso para compañías en las industrias de computación y telefonía celular. MMC tenía una *joint venture* con Shanghai Electronic Corporation, una empresa exparaestatal que poseía 49% de las acciones de la *joint venture* (MMC poseía el resto). Aunque MMC tenía mayoría de acciones, la empresa debía consultar con su socio antes de efectuar inversiones mayores o cambiar los niveles de empleo.

John Ross había dirigido MMC China durante los últimos cuatro años; había llegado a ese país tras una exitosa carrera en MMC, con largas estancias en México y Hungría. Cuando ocupó el puesto en China, Ross pensó que, si tenía éxito, quizá estaría en línea de obtener uno de los altos puestos en las oficinas corporativas en algunos años. Sabía que estaba enfrentando un reto con MMC China, pero nada lo había preparado para lo que encontró ahí. La *joint venture* era un desastre. Las operaciones eran pésimamente ineficientes. A efecto de los bajos salarios, la productividad estaba muriendo en manos de una mala calidad de producto, relajados controles de calidad y una alta rotación de personal. Quizá la *joint venture* empleaba a demasiada gente, pero el cliente chino parecía considerarlo como un programa de creación de empleos y se oponía constantemente a cualquier plan para recortar la fuerza laboral. Para empeorar el asunto, MMC China no había podido mantenerse a la altura de los últimos avances en la tecnología de producción y estaba rezagada respecto de sus competidores. Ross estaba decidido a cambiar esto, pero no había sido fácil.

Con el fin de mejorar las operaciones, había solicitado al departamento de recursos humanos (RH) corporativo dos especialistas de Estados Unidos para que trabajaran con los empleados chinos de producción y eso resultó otro desastre: uno duró tres meses antes de pedir ser transferido a casa por motivos personales: era evidente que su esposa odiaba China. El otro había permanecido un año, pero su interacción con los empleados chinos había sido tan mala que tuvo que ser enviado de regreso a Estados Unidos. Ross deseaba que el departamento corporativo de RH hubiera hecho mejor su trabajo de selección y capacitación de estos empleados para un puesto foráneo difícil, pero en retrospectiva, debía admitir que la falta de capacitación no le había sorprendido: a él nunca se la habían dado.

Después de este fracaso, Ross tomó una ruta diferente. Seleccionó cuatro de sus mejores empleados chinos de producción y los envió a MMC Estados Unidos, junto con un traductor, para un programa de capacitación de dos meses que se enfocaba en las más recientes técnicas de producción. Esto funcionó mucho

Una empleada china en su trabajo.

mejor. Los chinos visitaron fábricas eficientes de MMC en Estados Unidos, México y Brasil, y habían visto lo que era posible hacer. Regresaron a casa entusiasmados por mejorar las operaciones de MMC China. Un año después, habían introducido un programa de control de calidad Six Sigma y mejorado el flujo de inventario en la fábrica de MMC. Ahora, Ross podía recorrer la fábrica sin abrumarse por la imagen de grandes cantidades de inventario apiladas en el suelo o contenedores llenos de placas de circuito descartadas que no habían pasado las pruebas postensamblaje. Como resultado, la productividad había mejorado y, luego de tres años difíciles, MMC China finalmente había dado rendimientos.

Sin duda, ello no fue suficiente para el corporativo. Ross sabía que mejorar más el desempeño sería difícil. El mercado chino era muy competitivo. MMC competía con muchas otras compañías en la producción de placas de circuitos impresos para grandes clientes multinacionales que ensamblaban en China. Los clientes exigían constantemente precios menores, y a Ross le parecía que los precios caían casi tan rápido como los costos de MMC. Asimismo, Ross estaba limitado en cuanto a su capacidad de recortar la fuerza de trabajo debido a las exigencias de su socio chino. Ross había tratado de explicarle esto a Phil Smith, pero este parecía no entenderlo: "El hombre solo se fija en los números —pensó Ross—. No comprende el mercado chino. No tiene idea de lo duro que he trabajado para darle la vuelta a esta operación, y no estoy recibiendo algún reconocimiento por ello, ninguno en absoluto".[70]

Preguntas para analizar el caso

1. ¿Es correcto que MMC exija a Ross las mismas metas de desempeño que a los administradores de unidades de otros países? ¿Qué otro enfoque podría adoptar la compañía?
2. ¿Por qué no le funcionó a MMC traer especialistas de Estados Unidos? ¿Por qué dio mejores resultados la estrategia de Ross de enviar empleados chinos a capacitarse en Estados Unidos? ¿Qué lecciones pueden obtenerse de esto?
3. ¿Qué medidas podría tomar el departamento de RH de MMC para mejorar su utilización del capital humano y facilitar la transferencia de conocimiento dentro de la empresa?

---

[70] Este es un caso simulado con base en entrevistas efectuadas por el autor.

Contabilidad y finanzas en los negocios internacionales **20**

OBJETIVOS DE APRENDIZAJE

Al terminar este capítulo, usted deberá ser capaz de:

OA20-1 Analizar las diferencias nacionales en los estándares o normas contables.

OA20-2 Explicar las implicaciones del surgimiento de los estándares o normas contables internacionales.

OA20-3 Exponer la forma en que los sistemas contables afectan los sistemas de control dentro de una empresa multinacional.

OA20-4 Analizar de qué manera operar en distintas naciones afecta las decisiones de inversión dentro de una compañía multinacional.

OA20-5 Analizar las distintas opciones financieras disponibles para la filial extranjera de una empresa multinacional.

OA20-6 Entender cómo la administración monetaria en los negocios internacionales puede utilizarse para minimizar los balances de efectivo, los costos de transacciones y los impuestos.

OA20-7 Comprender las técnicas básicas de la administración monetaria global.

Estrategia tributaria en Google

Caso inicial

A principios de 2013, la empresa de búsqueda en internet Google se vio bajo el feroz ataque de los políticos europeos cuando se reveló que había adoptado estrategias para evadir el pago de impuestos sobre la renta corporativos en el conjunto de sus ganancias fuera de Estados Unidos, la mayoría de las cuales se generaba en Europa. Los estimados sugieren que, en 2011, Google evadió cerca de dos mil millones de dólares en su impuesto sobre la renta corporativo mundial transfiriendo 9 800 millones de dólares en rendimientos a una empresa fantasma en Bermudas, donde no existe el impuesto sobre la renta. La tasa impositiva para Google sobre los ingresos obtenidos en el extranjero fue de solo 3.2%, aun cuando la mayoría de sus ventas extranjeras se efectuó en países europeos con impuesto sobre la renta corporativo que iba de 26 a 34%.

Los políticos británicos, donde Google tiene una sólida presencia, calificaron la estrategia como "sumamente inmoral". La compañía generó ingresos por 2 500 millones de libras esterlinas en el Reino Unido en 2011, pero terminó pagando solo seis millones de libras esterlinas en impuesto sobre la renta. Por su parte, Google insistió en que no hizo nada malo y solo siguió las reglas que los mismos políticos han escrito. En una entrevista radiofónica sobre el asunto, el presidente de Google declaró que: "Estás describiendo la forma en que operan los impuestos globalmente. Es un hecho que así se aplican los impuestos mundialmente, lo mismo para las empresas británicas que operan en Estados Unidos, por ejemplo". Schmidt prosiguió defendiendo las operaciones de Google en el Reino Unido al señalar: "Empoderamos, literalmente, miles de millones de libras de nuevos negocios a través de nuestra red de publicidad [en el Reino Unido]. Y somos un factor clave para la expansión del comercio electrónico en Inglaterra, lo que está impulsando mucho el crecimiento económico del país. Por lo que, desde nuestra perspectiva, esto debe observarse como un todo".

Así que, ¿cómo minimiza Google su responsabilidad tributaria en el extranjero? La compañía comienza con una táctica conocida como el "doble irlandés". Primero, su matriz en Estados Unidos funda una filial irlandesa a la que le otorga los derechos sobre toda su propiedad intangible. A su vez, la nueva filial acepta ayudar a comercializar y promover los productos Google en Europa, y todos sus ingresos en el continente que hubieran causado impuestos en Estados Unidos se tasan en Irlanda, lo que, de suyo, es ventajoso, pues la tasa tributaria irlandesa para el ingreso corporativo es de solo 12.5%, comparado con 35% en Estados Unidos. En segundo lugar, la nueva filial inglesa cambia sus oficinas corporativas a Bermudas, un auténtico paraíso fiscal donde no existe el impuesto sobre la renta. Tercero, Google forma otra filial irlandesa. La primera filial irlandesa (ahora con sede en Bermudas) licencia los productos de la compañía a la segunda empresa irlandesa a cambio de regalías. La segunda filial declara las ventas en Europa y paga el impuesto sobre la renta de 12.5% sobre todos los ingresos derivados de dichas ventas, a diferencia de tasas mayores en sitios como el Reino Unido y Francia. Ahora la tasa de impuestos en Irlanda puede disminuir por debajo del nivel de 12.5%, ya que las regalías que se pagan a la compañía en Bermudas se tratan como gasto, de modo que pueden deducirse contra los ingresos en Irlanda.

Como si eso no fuera suficiente, Google añadió otro giro a la estrategia conocido como "el sándwich holandés", el cual involucra la creación de una tercera filial en Holanda. En vez de licenciar los productos directamente a la segunda filial irlandesa, la de Bermudas los otorga a la holandesa, que a su vez los licencia a la segunda filial irlandesa. Esta le paga regalías a la filial holandesa, que a su vez las transfiere a la de Bermudas. La clave de todo esto es que Irlanda no grava el dinero conforme este se mueve entre otros miembros de la Unión Europea y las autoridades holandesas solo cobran una pequeña cantidad del dinero que va de una empresa holandesa a una en Bermudas. Utilizando esta estratagema, Google ha reducido efectivamente su impuesto sobre la renta sobre el dinero ganado en Europa a casi cero. Todo esto es perfectamente legal y la compañía solo saca provecho de las reglas del ingreso corporativo tal cual fueron escritas en los distintos países. Que esto sea no ético, como sostienen algunos políticos británicos, es, por supuesto, otro asunto.[1]

 Introducción

Este capítulo trata dos temas relacionados: contabilidad y finanzas en los negocios internacionales. Ambos son temas altamente especializados y una revisión exhaustiva sobrepasa el alcance de un libro de texto introductorio. El objetivo de este capítulo es proporcionar al lector un panorama general, no técnico pero de alto nivel, de algunos de los principales problemas en contabilidad y finanzas que un administrador puede enfrentar en un negocio internacional.

A menudo, a la contabilidad se le conoce como "el idioma de los negocios".[2] Este idioma encuentra su expresión en los estados de pérdidas y ganancias, balances, presupuestos, análisis de inversión y análisis fiscales. La información contable es el medio por el cual las empresas comunican su situación financiera a sus proveedores de capital, permitiéndoles evaluar el valor de sus inversiones o la seguridad de sus préstamos, y tomar decisiones sobre la futura colocación de los recursos. Asimismo, la información contable es el medio por el cual las compañías reportan sus ingresos al gobierno, para que este valore la cantidad que deben en impuestos. Además, es el medio por el cual las empresas evalúan su propio desempeño, controlan sus gastos internos y planean los gastos e ingresos futuros. Así, una buena contabilidad es básica para el funcionamiento eficaz de la compañía y el sistema financiero nacional. En ese sentido, los negocios internacionales se enfrentan a una serie de problemas contables que los nacionales no deben enfrentar: sobre todo la inconsistencia en los estándares o normas contables de los distintos países.

La administración financiera de un negocio internacional supone tres grupos de decisiones relacionados: 1) decisiones de inversión sobre las actividades por financiar; 2) decisiones financieras sobre la forma de financiar dichas actividades, y 3) decisiones de administración monetaria sobre el modo de manejar los recursos financieros de la empresa con mayor eficiencia. En un negocio internacional, las decisiones de inversión, financiamiento y administración monetaria se complican por diferentes monedas, regímenes fiscales, regulaciones respecto del flujo transfronterizo de capital, normas relacionadas con actividades de financiamiento, niveles de riesgo político y económico, etc.

[1] J. Drucker, "Google Revenues Sheltered in No-Tax Bermuda Soar to $10 billion", en *Bloomberg*, 9 de diciembre de 2012; R. W. Wood, "Facebook Mirrors Google's Offshore Tax Scheme", en *Forbes*, 27 de diciembre de 2012; y C. Arthur, "Google Chairman Eric Schmidt Defends Tax Avoidance Policies", en *The Guardian*, 22 de abril de 2013.

[2] G. G. Mueller, H. Gernon y G. Meek, *Accounting: An International Perspective*, Burr Ridge, Illinois, Richard D. Irwin, 1991.

Los administradores financieros deben considerar todos esos factores al momento de decidir las actividades que van a financiar, y las mejores maneras de hacerlo, de administrar los recursos financieros de la empresa y protegerla de los riesgos políticos y económicos (incluso el riesgo del tipo de cambio).

Como estudiaremos, uno de los objetivos que los administradores financieros pretenden lograr en la administración monetaria de un negocio internacional es minimizar la responsabilidad tributaria global. El caso inicial analiza la forma en que Google maneja el flujo de dinero entre diversas filiales para conseguir este objetivo. Lo que hace la empresa puede parecer algo artificioso y hay quien sostiene que es éticamente cuestionable, pero es perfectamente consistente con las leyes nacionales e internacionales. Aún más, Google no es la única que lo hace, la mayoría de las multinacionales intenta manejar el flujo de fondos dentro de la compañía para minimizar la carga fiscal global.

Este capítulo comienza con un análisis sobre las diferencias nacionales en los estándares o normas contables y los intentos actuales para armonizar dichos estándares entre naciones; después, revisa los problemas que pueden surgir cuando los administradores de negocios internacionales utilizan los sistemas contables para controlar las filiales extranjeras; en seguida, analiza las decisiones de inversión en un negocio internacional; explora de qué modo factores como el riesgo económico y político complican las decisiones de inversión; examina las decisiones financieras en los negocios internacionales y, finalmente, las decisiones de la administración monetaria en un negocio internacional, incluidas aquellas para reducir las responsabilidades tributarias.

Diferencias nacionales en los estándares contables   OA20-1

El medio en que opera determina la contabilidad. Así como los países tienen distintos sistemas políticos y económicos, y diversas culturas, también poseen múltiples sistemas contables.[3] Tales diferencias entrañan varias fuentes; por ejemplo, en países con mercados de capital bien desarrollados, como Estados Unidos e Inglaterra, las compañías suelen reunir capital emitiendo acciones o bonos para los inversionistas que, en estas naciones, exigen estados contables detallados para poder evaluar mejor el riesgo y los posibles réditos de sus inversiones, y el sistema contable evolucionó para responder a dichas exigencias. En contraste, en Alemania y Suiza, los bancos surgieron como los principales proveedores de capital para las empresas; a menudo, los funcionarios bancarios tienen un asiento en los consejos directivos de estas compañías y acceso a información detallada sobre sus operaciones y su estatus financiero. En consecuencia, el sistema solicitó menos estados contables detallados y las cuentas públicas tendieron a revelar menos información. Otra influencia importante han sido los lazos políticos y económicos entre naciones. Filipinas, alguna vez protectorado estadounidense, adoptó los sistemas contables de ese país; en la amplia mayoría de las antiguas colonias del Imperio británico, las prácticas contables han sido modeladas con base en las de Gran Bretaña y, las otrora colonias francesas, siguen el sistema francés.

La diversidad de las prácticas contables se conserva tal cual en las normas nacionales de contabilidad y auditoría. Las **normas contables** son las reglas para la preparación de los estados financieros: definen qué califica como información contable útil. Las **normas de auditoría** especifican las reglas para llevar a cabo una auditoría: el proceso técnico por medio del cual una persona independiente (el auditor) recopila evidencia para establecer si las cuentas financieras se apegan a las normas contables requeridas, y también, si son confiables.

Un resultado desafortunado de las diferencias nacionales en las normas de contabilidad y auditoría ha sido la ausencia general de puntos de comparación en los reportes financieros de los diferentes países (algo que hoy está cambiando). Por ejemplo, 1) las normas holandesas favorecen el que los valores vigentes reemplacen a los activos; la ley japonesa suele prohibir la revaluación y recomendar costos históricos; 2) la capitalización del arrendamiento financiero era una práctica obligatoria en Gran Bretaña, pero no en Francia; 3) en Estados Unidos, los costos de investigación y desarrollo deben amortizarse en el año en el que se efectuaron, pero en España pueden diferirse como

[3] S. J. Gary, "Towards a Theory of Cultural Influence on the Development of Accounting Systems Internationally", en *Abacus* 3, 1988, pp. 1-15, y R. S. Wallace, O. Gernon y H. Gernon, "Frameworks for International Comparative Financial Accounting", en *Journal of Accounting Literature* 10, 1991, pp. 209-264.

activo y no requieren amortizarse mientras se esperan beneficios futuros que los cubran, y 4) los contadores alemanes tratan la depreciación como deuda, mientras las empresas británicas la deducen de sus activos.

Dichas diferencias no serían tan relevantes si no se requiriera que una compañía con sus oficinas corporativas en un país tuviera que reportar sus resultados financieros a ciudadanos de otro; sin embargo, un avance impresionante durante las últimas dos décadas fue el de los mercados globales de capital. Atestiguamos el crecimiento tanto del financiamiento como de la inversión transnacionales. Ese tipo de financiamiento ocurre cuando una empresa con sede en un país entra en el mercado de capitales de otro para recaudar capital de la venta de acciones o bonos. La inversión transnacional ocurre cuando un inversionista de una nación entra en el mercado de capitales de otra para invertir en acciones o bonos de una empresa con sede en ese país.

La rápida expansión del financiamiento y la inversión transnacionales se acompaña del crecimiento correspondiente en el reporte financiero transnacional; pero la falta de puntos de comparación entre las normas contables de los países puede ocasionar cierta confusión. Por ejemplo, la compañía alemana que emite dos versiones de sus reportes financieros, una según las normas alemanas y la otra con las estadounidenses, puede descubrir que su situación financiera se ve considerablemente distinta en los dos reportes y sus inversionistas pueden tener dificultades para determinar el verdadero valor de la empresa.

En un ejemplo de la confusión que puede surgir entre normas o estándares contables, en el año 2000 British Airways reportó pérdidas por 21 millones de libras esterlinas bajo las leyes contables británicas, pero según las estadounidenses, la pérdida fue de 412 millones de libras esterlinas. Gran parte de esa diferencia puede atribuirse a ajustes por diversos conceptos relativamente pequeños como depreciación y amortización, pensiones e impuestos diferidos. El ajuste más grande se debió a una reducción en las utilidades de 136 millones de libras esterlinas, reportada en la contabilidad de Estados Unidos. Tales ingresos reducidos se relacionaban con millas de viajeros frecuentes, que de acuerdo con las leyes estadounidenses, pueden diferirse hasta que hayan sido canjeadas, pero, evidentemente, no era el caso bajo las leyes británicas.

Además de los problemas que la falta de puntos de comparación pueden causar a los inversionistas, pueden darle a la compañía grandes dolores de cabeza. La empresa debe explicar a sus inversionistas por qué su situación financiera se ve tan diferente en ambos reportes contables. Además, una empresa internacional puede encontrar dificultades para evaluar la situación financiera de clientes, proveedores y competidores extranjeros importantes.

OA20-2   Estándares contables internacionales

En años recientes, se han llevado a cabo enormes esfuerzos para armonizar las normas contables entre los países.[4] El aumento de mercados globales de capital durante las últimas dos décadas añade cierta urgencia a dichas medidas. Hoy, muchas compañías recaudan dinero de proveedores de capital fuera de sus propias fronteras. Estos proveedores demandan consistencia en los resultados financieros para tomar mejores decisiones de inversión. La adopción de normas contables comunes también facilitará el desarrollo de mercados de capital globales, pues una mayor cantidad de inversionistas estará dispuesta a invertir en forma internacional, y el resultado final será la reducción de los costos de capital y el estímulo al crecimiento económico. Cada vez se acepta más que la estandarización de las prácticas contables a través de las fronteras nacionales es lo mejor para todos los participantes en la economía mundial.

El International Accounting Standards Board (IASB) (Consejo Internacional de Principios Contables) ha surgido como uno de los principales defensores de la estandarización. El IASB se creó en marzo de 2001 para sustituir al International Accounting Standards Committee (IASC) (Comité Internacional de Principios Contables) que se estableció en 1973. El IASB tiene 16 miembros cuya responsabilidad es formular las nuevas normas internacionales para reportes financieros. Para emitir una nueva norma, 75% de los 16 integrantes del consejo debe estar de acuerdo. Puede resultar difícil obtener un acuerdo de 75%, en particular si los miembros provienen de diferentes culturas y siste-

---

4   R. G. Barker, "Global Accounting is Coming", *Harvard Business Review*, abril de 2003, pp. 2-3.

Contabilidad china

Durante la última década, cada vez más compañías chinas han estado ingresando a los mercados globales de capital y más extranjeros han estado invirtiendo en empresas chinas por medio de la bolsa de valores de Shanghái. Dichos inversionistas extranjeros querían asegurarse de que el panorama financiero que estaban obteniendo de las empresas chinas era confiable. Este no siempre fue el caso. En diciembre de 2003, por ejemplo, China Life Insurance cotizó con éxito sus acciones en las bolsas de valores de Hong Kong y Nueva York, y obtuvo 3 400 millones de dólares; sin embargo, en enero de 2004, el director de la Oficina Nacional de Auditorías de China dejó filtrar que una auditoría a la compañía matriz de China Life, empresa paraestatal, había descubierto irregularidades financieras por 652 millones de dólares en 2003. Las acciones cayeron de inmediato y China Life fue blanco de una demanda colectiva de inversionistas estadounidenses que alegaban fraude financiero. Poco después, se suspendieron los planes para ingresar al China Minsheng Banking Corp., el banco más grande de esa nación, en la Bolsa de Valores de Nueva York, después de que admitió que había fingido una reunión de accionistas en 2000. Las acciones de otra exitosa oferta china en Nueva York (Semiconductor Manufacturing International) cayeron en 2004, cuando su director financiero hizo declaraciones que contradecían la documentación presentada ante la Comisión de Títulos y Valores de Estados Unidos (Securities and Exchange Commission, SEC).

El meollo del problema es que las reglas contables en China no son consistentes con las normas internacionales, lo que dificulta a los inversionistas evaluar con precisión a las empresas chinas. Tradicionalmente, la contabilidad en China se basa en recabar información y en un reporte de cumplimiento diseñado para medir la producción y las metas tributarias del gobier-

no. El sistema chino tiene su base en el antiguo sistema soviético, que poco tiene que ver con las utilidades. Aunque el sistema ha estado cambiando con rapidez, subsisten muchos problemas asociados con el antiguo orden. De hecho, como a menudo se dice medio en broma, las compañías chinas llevan varios libros contables: uno para el gobierno, otro para los registros de la empresa, uno para los extranjeros y otro para reportar lo que en realidad sucede.

Para alinear estas reglas con los estándares internacionales, China ha declarado que adoptará las normas desarrolladas por el IASB; y en 2001 adoptó una nueva regulación, el Accounting System for Business Enterprises (sistema contable para las empresas de negocios), que en gran parte se basa en estándares del IASB. Hoy el sistema se utiliza para regular compañías locales y extranjeras que operan en China. En 2005, los chinos fueron aún más lejos, ordenando que el 1 de enero de 2007 las 1 200 compañías más grandes inscritas en las bolsas de valores de Shanghái y Shénzhen adoptaran un amplio espectro de reglas contables que se basan en los estándares del IASB, si bien no son idénticos a ellos. Falta por ver si la adopción de tales nuevas reglas hará que el desempeño financiero de las empresas chinas sea más transparente.

En la actualidad, muchas grandes compañías públicas chinas están reportando sus resultados según los dos grupos de reglas, los estándares contables chinos y los del IASB. Las diferencias entre ambos son ilustrativas. A mediados de 2008, China Eastern, una de las mayores aerolíneas chinas, declaró que su utilidad neta había caído 29% respecto del año anterior, a 41.6 millones de yuanes (6.1 millones de dólares) con base en las reglas contables chinas; pero, según los estándares internacionales, ¡la aerolínea incurrió en una pérdida neta de 212.5 millones de yuanes, casi cinco veces más![5]

mas legales. Para evitar este problema, la mayoría de las declaraciones del IASB emite dos opciones aceptables. Como expresó en alguna ocasión Arthur Wyatt, exdirector ejecutivo del IASB: "No es una buena norma si tienes dos opciones, pero es mejor que seis. Si se llega a un acuerdo con las dos opciones, pueden obtenerse los 11 votos necesarios y eliminar algunas de las prácticas menos utilizadas".[6]

Otro obstáculo para el desarrollo de estándares contables internacionales es que su cumplimiento es voluntario: el IASB no tiene poder para hacer cumplir sus normas. A pesar de ello, ha crecido el apoyo a esta institución y el reconocimiento de sus normas, y se le ve cada vez más como una voz eficaz para definir los principios contables mundiales; por ejemplo, Japón comenzó a solicitar que

[5] P. Practer, "Emerging Trends" en *Accountancy*, mayo de 2001, p. 1293; E. Yiu, "China Sees Benefits of Global Standards", en *South China Morning Post*, 20 de noviembre de 2004, p. 3; J. Baglole, "China's Listings Lose Steam", en *The Wall Street Journal*, 26 de abril de 2004, p. A13; "Skills Shortage a Hurdle to IAS", en *The Standard*, 2 de diciembre de 2003; E. McDonald, "Shanghai Surprise", en *Forbes*, 26 de marzo de 2007, pp. 62-63; "Cultural Revolution: Chinese Accounting", en *The Economist*, 13 de enero de 2007, p. 63; S. Hong y J. Ng, "Two Chinese Airlines Post Declines in Profit", en *The Wall Street Journal*, 27 de agosto de 2008, p. B9.

[6] P. D. Fleming, "The Growing Importance of International Accounting Standards", en *Journal of Accountancy*, septiembre de 1991, pp. 100-106.

los estados financieros se prepararan sobre una base sólida después de que el IASB emitiera sus normas iniciales al respecto, y en 2004, las autoridades contables japonesas empezaron a trabajar estrechamente con el IASB para armonizar las normas. Japón estableció 2008 como fecha para lograr la armonización: luego de conseguirla, determinó 2012 como fecha para la adopción obligatoria de los International Financial Reporting Standards (IFRS) (estándares internacionales de reportes financieros). Rusia y China también declararon que intentarán adoptar las nuevas normas internacionales (para un análisis de las prácticas contables chinas véase el siguiente "Panorama administrativo"). Hacia 2009, más de 100 países habían adoptado los estándares del IASB o permitido su uso para reportar resultados financieros, incluyendo tres cuartas partes del G20, las 20 principales economías mundiales.

Hasta la fecha, el efecto de las normas del IASB ha sido quizá menos notorio en Estados Unidos, porque la mayoría son consistentes con las opiniones que ya se articulaban en el U. S. Financial Accounting Standards Board (FASB) (Consejo de Normas Contables y Financieras de Estados Unidos), que redacta los principios contables generalmente aceptados (*generally accepted accounting principles*, GAAP) en los que debe basarse la preparación de los estados financieros de las empresas estadounidenses. Aunque tanto el IASB como el FASB tienen una meta convergente, prevalecen las diferencias entre sus estándares. La SEC ha estado considerando permitir a las empresas públicas estadounidenses usar los estándares del IASB, en vez de los GAAP, para reportar sus resultados, una acción que, según algunos, decretará, eventualmente, el final del GAAP estadounidense.[7]

Otro organismo que tiene bastante influencia en la armonización de las normas contables es la Unión Europea (UE). De acuerdo con sus planes de mayor unión económica y política, la UE ha ordenado la armonización de los principios contables de sus países miembros, y emite directrices que dichos integrantes están obligados a incorporar en sus propias leyes nacionales. Como las directrices de la UE tienen el poder de una ley, la UE cuenta con mayores posibilidades de conseguir la armonización que el IASB. La UE requirió que, a partir del 1 de enero de 2005, los estados financieros emitidos por casi 7 mil compañías que cotizan en sus bolsas se elaboren con base en las normas del IASB. Los europeos esperaban que este requisito, al facilitar la comparación de las situaciones financieras de las empresas de diferentes países miembros de la UE, agilizara el desarrollo de un mercado de capital paneuropeo y al final redujera el costo de capital para las compañías de la UE.

Dada la armonización en la UE, y que naciones como Japón, China y Rusia están siguiendo este ejemplo, pronto podría haber solo dos organismos contables importantes con influencia dominante en la presentación de informes globales: FASB en Estados Unidos e IASB en el resto del mundo. Según un acuerdo al que se llegó en 2002, ambos organismos trabajarán cada vez más en conjunto para alinear sus normas, lo que indicaría que las diferencias en las normas contables de los países podrían desaparecer.

El IASB elaboró normas contables para las empresas que buscan cotizar en las bolsas de valores de los mercados mundiales, en un movimiento que revela que se acelera la tendencia hacia la adopción de normas contables internacionales aceptables. Asimismo, la FASB unió fuerzas con los encargados de fijar las normas contables en Canadá, México y Chile para explorar áreas en las cuales los cuatro países puedan armonizar sus normas contables (Canadá, México y Estados Unidos son miembros del TLCAN [Tratado de Libre Comercio de América del Norte] y a Chile le gustaría unirse a él). La SEC también eliminó algunas objeciones a las normas internacionales, lo que podría acelerar su adopción.

OA20-3 Aspectos contables de los sistemas de control

Una de las funciones de las oficinas corporativas en las empresas grandes y complejas es controlar a las subunidades de la organización para garantizar el mejor desempeño posible. En una compañía común, el proceso de control es anual e implica tres pasos principales: 1) la oficina central y la administración de la subunidad determinan en conjunto los objetivos de la subunidad para el año siguiente, 2) a lo largo del año, la oficina central supervisa el desempeño de la subunidad respecto de

---

[7] D. Reilly, "SEC to Consider Letting Companies Use International Accounting Rules", en *The Wall Street Journal*, 25 de abril de 2007, p. C3.

los objetivos acordados y 3) si una subunidad no cumple sus objetivos, la oficina central interviene para averiguar la causa del déficit y toma las medidas correctivas pertinentes.

La función contable desempeña un rol fundamental en este proceso. La mayoría de los objetivos de las subunidades se expresa en términos financieros y toma forma en el presupuesto de la subunidad para el año siguiente. El presupuesto es el instrumento principal de control financiero. Casi siempre, la subunidad es la encargada de prepararlo, pero debe contar con la aprobación del corporativo. Durante el proceso de aprobación, la matriz y la administración de la subunidad discuten los objetivos que deben incorporarse al presupuesto. Una función de la administración del corporativo es asegurarse de que el presupuesto de una subunidad contenga objetivos de desempeño difíciles, pero realistas. Una vez determinado el presupuesto, se emplean sistemas de información contable para obtener información a lo largo del año, lo que permite evaluar el desempeño de la subunidad conforme a los objetivos de su presupuesto.

En la mayoría de las compañías internacionales, muchas subunidades son filiales en el extranjero, por tanto los objetivos de desempeño para el año siguiente se fijan mediante una negociación entre la administración corporativa y los administradores de las filiales extranjeras. De acuerdo con un sondeo sobre las prácticas de control en las empresas multinacionales, el criterio más importante para evaluar el desempeño de una filial en el extranjero son sus utilidades reales respecto de las presupuestadas.[8] A este criterio le sigue muy de cerca el total de las ventas reales de la filial respecto de las presupuestadas y el rendimiento del capital invertido. El mismo criterio también es útil para evaluar el desempeño de los administradores de la filial. Analizaremos este aspecto más adelante en esta sección, pero primero examinaremos dos factores que pueden complicar el proceso de control en una compañía internacional: las variaciones en los tipos de cambio y las prácticas para fijar los precios de transferencia.

VARIACIÓN EN LOS TIPOS DE CAMBIO Y SISTEMAS DE CONTROL

La mayoría de las empresas internacionales requiere que todos los presupuestos y la información sobre su desempeño se expresen en la "divisa corporativa", que suele ser la del país de origen. Así, la filial malaya de una multinacional estadounidense quizá enviaría un presupuesto preparado en dólares estadounidenses y no en ringgits malayos, y la información sobre el desempeño a lo largo del año también se reportaría al corporativo en dólares. Esto facilita la comparación entre las filiales en diferentes países y las cosas para la administración corporativa; no obstante, además, provoca que la variación en los tipos de cambio durante todo el año genere distorsiones sustanciales. Por ejemplo, quizá la filial malaya no alcance sus objetivos de utilidades, no por algún problema de desempeño, sino simplemente por una disminución del valor del ringgit respecto del dólar. Lo opuesto también puede ocurrir y haría que el desempeño de la filial parezca mejor de lo que en realidad es.

MODELO LESSARD-LORANGE

Según investigaciones de Donald Lessard y Peter Lorange, existen diversos métodos para que las compañías internacionales enfrenten estos problemas.[9] Lessard y Lorange mencionan tres tipos de cambio para convertir las divisas extranjeras a la divisa corporativa en el momento de establecer presupuestos y el subsecuente seguimiento del desempeño:

- La tasa inicial, el tipo de cambio *spot* al momento de acordar el presupuesto.
- La tasa proyectada, el tipo de cambio *spot* que se prevé estará vigente al final del periodo correspondiente al presupuesto (por ejemplo, el tipo de cambio *forward*).
- La tasa final, el tipo de cambio *spot* al momento de comparar el presupuesto y el desempeño.

Estos tres tipos de cambio implican nueve posibles combinaciones (véase la figura 20.1). Lessard y Lorange excluyeron cuatro de las nueve combinaciones por ilógicas e irracionales, que en la

---

8   F. Choi e I. Czechowicz, "Assessing Foreign Subsidiary Performance: A Multinational Comparison", en *Management International Review* 4, 1983, pp. 14-25.

9   D. Lessard y P. Lorange, "Currency Changes and Management Control: Resolving the Centralization/Decentralization Dilemma", en *Accounting Review*, julio de 1977, pp. 628-637.

FIGURA 20.1

Posibles combinaciones de tipos de cambio en el proceso de control.

Tasa para convertir el desempeño real y compararlo con el presupuesto

		Inicial (I)	Proyectada (P)	Final (E)
Tasa para convertir el presupuesto	Inicial (I)	(II) Presupuestal con inicial; real con inicial	Presupuestal con inicial; real con proyectada	(IE) Presupuestal con inicial; real con final
	Proyectada (P)	Presupuestal con proyectada; real con inicial	(PP) Presupuestal con proyectada; real con proyectada	(PE) Presupuestal con proyectada; real con final
	Final (E)	Presupuestal con final; real con inicial	Presupuestal con final; real con proyectada	(EE) Presupuestal con final; real con final

figura 20.1, aparecen sombreadas; por ejemplo, no tendría caso utilizar la tasa final para convertir el presupuesto y la tasa inicial para convertir la información sobre el desempeño real. Cualquiera de las cinco combinaciones restantes sirve para determinar presupuestos y evaluar desempeños.

Con tres de estas cinco combinaciones: II, PP y EE (I de *Initial* [inicial], P de *Projected* [proyectada] y E de *Ending* [final]), se usa el mismo tipo de cambio para convertir tanto las cifras del presupuesto como las del desempeño a la divisa corporativa. Las tres combinaciones tienen la ventaja de que una alteración en el tipo de cambio durante el año no distorsiona el proceso de control. Lo que no sucede para las otras dos combinaciones, IE y PE, en cuyos casos la alteración en los tipos de cambio puede causar distorsiones. El potencial de distorsión es mayor con IE: el tipo de cambio *spot* final que se emplea para evaluar el desempeño respecto del presupuesto puede ser muy diferente del inicial utilizado para convertir el presupuesto. La distorsión es menos grave en el caso de PE, porque la tasa proyectada tiene en cuenta los movimientos futuros del tipo de cambio.

De las cinco combinaciones, Lessard y Lorange recomiendan el tipo de cambio *spot* proyectado para convertir tanto las cifras del presupuesto como las del desempeño a la divisa corporativa: la combinación PP. En esos casos, la tasa proyectada, por lo regular, será el tipo de cambio *forward*, según lo fija el mercado cambiario extranjero (para la definición de *tipo de cambio forward* véase el capítulo 11) o algún pronóstico de las tasas *spot* a futuro generado por una empresa, a las cuales Lessard y Lorange se refieren como un **tipo de cambio *forward* interno**, que difiere del tipo de cambio *spot* cotizado por el mercado cambiario extranjero si la compañía desea influir en el negocio en favor o en contra de una moneda extranjera en particular.

FIJACIÓN DE PRECIOS DE TRANSFERENCIA Y SISTEMAS DE CONTROL

En el capítulo 13, se analizaron las diversas estrategias de las empresas internacionales. Dos de ellas, la mundial y la transnacional, dan lugar a una red mundial de actividades productivas. Las compañías con estas estrategias distribuyen cada actividad de creación de valor a su ubicación óptima en el mundo. Así, un producto puede diseñarse en un país, algunos de sus componentes producirse en otro, otros más en un tercero y ensamblarse todos en un cuarto país, para luego venderse en todo el mundo.

El volumen de las transacciones internas de dicha empresa es muy alto. Las compañías constantemente envían componentes y productos terminados entre filiales de distintas naciones. Esto plantea una pregunta trascendente: ¿Cómo debe determinarse el precio de las transferencias de los bienes y servicios entre filiales en una empresa multinacional? El precio al que dichos bienes y servicios se transfieren se conoce como *precio de transferencia*.

El establecimiento del precio de transferencia puede afectar de manera decisiva el desempeño de dos filiales que intercambian bienes y servicios; por ejemplo: una filial francesa que se dedica a la producción y pertenece a una multinacional estadounidense importa uno de sus principales componentes de Brasil; la compañía incorpora esta parte al producto que vende en Francia por el equivalente a 230 dólares por unidad. Fabricar el producto cuesta 200 dólares, de los cuales 100 se van a la filial brasileña para pagar el componente, y los 100 restantes cubren el costo en Francia. Así, la filial francesa gana 30 dólares en utilidades por unidad.

	Antes del cambio en el precio de transferencia	Después de un aumento de 20% en el precio de transferencia
Ingresos por unidad	$230	$230
Costo del componente por unidad	100	120
Otros costos por unidad	100	100
Ganancias por unidad	$30	$10

Observe lo que sucede si el corporativo decide aumentar 20% los precios de transferencia (20 dólares por unidad). Las utilidades de la filial francesa caerán dos tercios, de 30 dólares por unidad a 10 dólares por unidad. Así, el desempeño de la filial francesa depende del precio de transferencia del componente importado de Brasil, que está controlado por el corporativo. Cuando se establecen presupuestos y se revisa el desempeño de una filial, el corporativo debe tener en mente la distorsión que causan los precios de transferencia.

¿Cómo determinar los precios de transferencia? Más adelante, analizaremos este asunto con más detalle. Con frecuencia, las empresas internacionales manipulan los precios de transferencia para minimizar sus responsabilidades fiscales en el mundo, reducir sus impuestos de importaciones y evitar las restricciones gubernamentales sobre los flujos de capital; sin embargo, por ahora, basta señalar que los precios de transferencia deben considerarse cuando se elaboren los presupuestos y se evalúe el desempeño de una filial.

SEPARACIÓN DE FILIALES Y DESEMPEÑO ADMINISTRATIVO

En muchas empresas internacionales, se utilizan los mismos criterios cuantitativos para evaluar tanto el desempeño de la filial extranjera como el de sus directivos; no obstante, muchos contadores sostienen que, si bien es legítimo comparar a las filiales entre sí con base en el rendimiento de la inversión (*return on investment*, ROI) u otros indicadores del nivel de utilidad, tal vez no lo sea para comparar y evaluar a los directivos de diversas filiales. Las del extranjero no operan en medios uniformes: todos pueden tener condiciones económicas, políticas y sociales muy distintas, lo que influye en los costos de hacer negocios en un país y, por tanto, en la utilidad de la filial. Así, el administrador de una filial en un entono adverso con un ROI de 5% puede estar haciendo un mejor trabajo que el de una filial en un entorno benigno con un ROI de 20%. Aunque la compañía sienta el impulso de salirse de un país cuyo ROI sea de 5%, también es posible que quiera reconocer los logros del administrador.

Con base en lo anterior, se sugiere que la evaluación de una filial se mantenga separada de la de su administrador,[10] en la que debe considerarse cuán hostil o benigno es el entorno del país para ese negocio. Más aún, debe evaluarse a los administradores en términos de la moneda local después de considerar los conceptos sobre los que la administración no tiene control (por ejemplo, tasas de interés, fiscales y de inflación, precios de transferencia o tipos de cambio).

---

[10] Mueller, Gernon y Meek, *Accounting: An International Perspective*.

OA20-4

Administración financiera: decisiones de inversión

Una de las funciones del administrador financiero en un negocio internacional es cuantificar los diversos beneficios, costos y riesgos que pueden derivarse de una inversión en un lugar determinado.

La decisión de invertir en las actividades de un país específico debe considerar muchas variables económicas, políticas, culturales y estratégicas. A lo largo de todo el libro hemos comentado este tema, lo tocamos en los capítulos 2, 3 y 4 cuando expusimos el ambiente político, económico, legal y cultural de una nación, y la forma en que influye en los beneficios, costos y riesgos de hacer negocios allí, y por tanto, en la atracción que puede generar una inversión. Abordamos de nuevo este tema en el capítulo 8, con un análisis acerca de la teoría económica en la inversión extranjera directa, e identificamos varios factores que determinan la atracción económica de una oportunidad de inversión extranjera. En el capítulo 8, dimos también un vistazo a la economía política de la inversión extranjera directa y consideramos la función que pueden desempeñar los gobiernos en una inversión extranjera. En el capítulo 13, reunimos gran parte de este material al considerar la forma en que una empresa puede reducir sus costos de creación de valor, aumentar su valor agregado mediante la inversión en actividades productivas en otros países, o ambos. Por último, regresamos al tema en el capítulo 15, cuando consideramos los modos de ingresar en los mercados extranjeros.

DETERMINACIÓN DEL PRESUPUESTO DE CAPITAL

El proceso de determinación del presupuesto de capital es utilizado por los administradores financieros para cuantificar los beneficios, costos y riesgos de una inversión. Ello permite a los altos directivos comparar, de una manera razonablemente objetiva, las opciones de inversión en y a lo largo de distintos países, para tomar decisiones informadas acerca del lugar donde se deben invertir sus preciosos recursos financieros. El proceso de creación de un presupuesto de capital para un proyecto extranjero emplea el mismo marco teórico que el de la creación de un presupuesto de capital nacional; es decir, la compañía debe calcular primero los flujos de efectivo asociados con el proyecto con el correr del tiempo. En la mayor parte de los casos, los flujos de efectivo serán negativos al principio, porque la empresa estará invirtiendo en gran medida en instalaciones de producción. Después de un periodo inicial, sin embargo, los flujos de efectivo se volverán positivos a medida que disminuyan los costos de inversión y crezcan los ingresos. Una vez estimados los flujos de efectivo, es indispensable descontarlos para determinar su valor presente neto mediante una tasa de descuento apropiada, que por lo regular es el costo de capital de la compañía o alguna otra tasa de rentabilidad requerida. Si el valor presente neto de los flujos de efectivo descontados es mayor a cero, debe continuarse con el proyecto.[11]

Aunque esto puede sonar un poco simplista, el proceso de creación de un presupuesto de capital es muy complejo y está lleno de imperfecciones. Entre los factores que complican el proceso para una empresa internacional se encuentran los siguientes:

1. Debe distinguirse entre los flujos de efectivo para el proyecto y los flujos de efectivo para la casa matriz.
2. Los riesgos políticos y económicos, incluso el riesgo del tipo de cambio, pueden alterar de manera significativa el valor de una inversión extranjera.
3. Es necesario reconocer la conexión entre los flujos de efectivo hacia la casa matriz y la fuente de financiamiento.

En esta sección, analizaremos los dos primeros puntos. Los comentarios sobre la conexión entre los flujos de efectivo y la fuente de financiamiento se pospondrán hasta la siguiente, donde hablaremos sobre la fuente de financiamiento.

FLUJOS DE EFECTIVO DEL PROYECTO Y DE LA CASA MATRIZ

Existe un argumento teórico para analizar todo proyecto extranjero desde la perspectiva de la casa matriz, pues los flujos de efectivo para el proyecto no son necesariamente los mismos que los de la

---

[11] Para detalles sobre la técnica de presupuesto de capitales véase R. A. Brealey y S. C. Myers, *Principles of Corporate Finance*, Nueva York, McGraw-Hill, 1988.

casa matriz. El proyecto puede no ser capaz de remitir todos sus flujos de efectivo a la casa matriz por diversas razones; por ejemplo, es posible que el gobierno del país anfitrión bloquee la repatriación de los flujos de efectivo, los grave con una tasa desfavorable o solicite que se reinvierta un porcentaje de los flujos de efectivo en dicho país. Aunque tales restricciones no afectan el valor presente neto del proyecto en sí, pueden alterar el valor presente neto del proyecto para la casa matriz, dado que limitan los flujos de efectivo que puede remitirle.

Al evaluar una oportunidad de inversión en el extranjero, la casa matriz debe poner atención en los flujos de efectivo que recibirá y no en los que generará el proyecto, pues los primeros constituyen la base para los dividendos a los accionistas, las inversiones en otras partes del mundo y la amortización de la deuda corporativa mundial, etc. Los accionistas no percibirán las ganancias bloqueadas como algo que contribuya al valor de la empresa y los acreedores no las tendrán en cuenta al momento de calcular la capacidad de la casa matriz para pagar los intereses devengados por la deuda.

No obstante, el problema de las ganancias bloqueadas ya no es tan grave como antes. El mundo entero se encamina hacia una mayor aceptación de la economía de libre mercado (véanse los capítulos 2 y 3), por lo que cada vez son menos los países cuyos gobiernos prohíben a las multinacionales la remisión de flujos de efectivo a sus matrices. Como veremos más adelante en este capítulo, las empresas tienen diversas opciones para evitar los bloqueos al libre flujo de fondos de un afiliado por parte del gobierno anfitrión.

AJUSTES POR LOS RIESGOS POLÍTICOS Y ECONÓMICOS

Al analizar una inversión extranjera, la compañía debe evaluar los riesgos económicos y políticos que supone,[12] asuntos que estudiaremos antes de revisar la manera en que pueden ajustarse los métodos de preparación del presupuesto de capital respecto de dichos riesgos.

Riesgo político

En el capítulo 2, encontramos por primera vez el concepto de riesgo político, ahí lo definimos como la posibilidad de que las fuerzas políticas ocasionen cambios drásticos en el ambiente de los negocios de una nación, dañando las utilidades y otras metas de una empresa. El riesgo político tiende a ser mayor en países con intranquilidad o desórdenes, y en los que la naturaleza que subyace a la sociedad eleva la posibilidad de agitación social. Cuando el riesgo político es elevado, existe una alta probabilidad de cambios en el ambiente político de la nación que pongan en peligro a las compañías extranjeras que ahí operan.

En casos extremos, el cambio político puede ocasionar la expropiación de los activos de las empresas extranjeras, lo que ocurrió con las compañías estadounidenses tras la Revolución iraní en 1979. En décadas recientes, el riesgo de expropiaciones se ha reducido prácticamente a cero; pese a ello, la falta de una legislación coherente y de su aplicación adecuada, además del rechazo del gobierno a hacer cumplir contratos y proteger los derechos de propiedad privada, pueden llevar a la expropiación *de facto* de los activos de las multinacionales extranjeras. Un ejemplo ocurrió en Rusia a finales de la década de 1990 y se presenta en el "Panorama administrativo".

La intranquilidad política y social también puede ocasionar un colapso económico y dejar sin valor los activos de la empresa. En casos menos extremos, los cambios políticos pueden ocasionar mayores tasas de impuestos, imposición de controles al tipo de cambio que limitan o bloquean la posibilidad de una filial para remitir ganancias a su casa matriz e imposición de controles a los precios e interferencias gubernamentales en los contratos existentes. La posibilidad de cualquiera de estos sucesos resta atractivo a una oportunidad de inversión extranjera.

Muchas compañías prestan bastante atención al análisis y la cuantificación del riesgo político. La revista *Euromoney* publica una "clasificación del riesgo país" anual que incorpora evaluaciones de riesgos políticos y de otro tipo, y que las empresas utilizan ampliamente. El problema con los pronósticos de riesgos políticos, sin embargo, es que predicen un futuro que solo puede imaginarse y que, en muchos casos, es incorrecto. Pocas personas pronosticaron la Revolución iraní en 1979, el

---

[12] D. J. Feils y F. M. Sabac, "The Impact of Political Risk on the Foreign Direct Investment Decision: A Capital Budgeting Analysis", en *The Engineering Economist* 45, 2000, pp. 129-134.

Black Sea Oil and Gas Ltd.

En 1996, Black Sea Oil and Gas Ltd., de Calgary, Canadá, formó una alianza estratégica o *joint* venture en coparticipación cincuenta-cincuenta con Tyumen Oil Company, entonces la sexta empresa petrolera integrada más grande de Rusia. El objetivo de dicha *joint venture*, conocida como Tura Petroleum Company, era explorar el campo petrolífero de Tura, en la Siberia occidental. Entonces el gobierno ruso poseía 90% de Tyumen; en consecuencia, Black Sea Oil and Gas negoció directamente con los representantes del gobierno al momento de establecer la *joint venture*. El convenio obligó a ambas partes a contribuir con más de 40 millones para su formación, Black Sea con efectivo, tecnología y experiencia, y Tyumen, con infraestructura y licencias para la exploración y producción petrolera en dicha región.

Desde la perspectiva operativa, la empresa fue todo un éxito. Después de la inyección de efectivo y tecnología de Black Sea Oil and Gas, la producción en el campo de Tura pasó de cuatro mil barriles diarios a cerca de 12 mil. Pero Black Sea no obtuvo utilidad económica de esta inversión: en 1997, Alfa

Group, con sede en Moscú, una de las compañías privadas más grandes de Rusia, compró al gobierno ruso la parte controladora en Tyumen, y no tardaron en concluir que la *joint venture* de Tura no era justa para ellos, así que manifestaron su intención de cancelarla. El argumento fue que el valor de los activos con los que contribuyó Tyumen era muy superior a los 40 millones de dólares y que el valor de la tecnología y experiencia que aportó Black Sea era muy inferior a esa cantidad. Asimismo, los nuevos dueños descubrieron cierta legislación ambigua que parecía indicar que las licencias presentadas por Tura eran, de hecho, propiedad de Tyumen, y que, por tanto, Black Sea no tenía derecho a la producción resultante. Tyumen llevó el asunto a los tribunales rusos y ganó, a pesar de que el trato original fue negociado con el gobierno ruso. Black Sea no tuvo más que salirse del trato; desde su punto de vista, mediante maniobras legales Tyumen expropió su inversión en la empresa de Tura. En cambio, la administración de Tyumen declaró que se había comportado de manera perfectamente legal.[13]

colapso del comunismo en la Europa Oriental, la drástica disolución de la Unión Soviética o el ataque terrorista a las Torres Gemelas en septiembre de 2001; aunque todos estos acontecimientos tuvieron un profundo efecto en el ambiente comercial de muchos países. Esto no significa que la evaluación del riesgo político carezca de valor, sino que se trata más de un arte que de una ciencia.

Riesgo económico

Al igual que con el riesgo político, en el capítulo 3 introdujimos el concepto de riesgo económico. Ahí lo definimos como la posibilidad de que una mala administración económica ocasione cambios en el ambiente de los negocios de un país que dañen las utilidades y otras metas de una empresa. En la práctica, el mayor problema que surge de una mala administración económica es la inflación. Históricamente, muchos gobiernos amplían su abasto interno de dinero mediante intentos erróneos para estimular la actividad económica. El resultado ha sido muchas veces la presencia de dinero excesivo y pocos artículos, lo que provoca inflación. Como vimos en el capítulo 10, la inflación genera una caída del valor de la moneda de un país en los mercados extranjeros de tipo de cambio; lo que puede ser un grave problema para una compañía extranjera con activos en dicha nación, porque el valor de los flujos de efectivo que recibe de esos activos se reducirá conforme la moneda se deprecia en el mercado de tipos de cambio. La posibilidad de que esto ocurra disminuye la atracción de la inversión extranjera hacia tal país.

Han existido muchos intentos de cuantificar el riesgo económico de una nación y las variaciones de largo plazo en sus tasas de tipo de cambio (la clasificación anual de riesgo país de *Euromoney* también evalúa el riesgo económico). Como explicamos en el capítulo 11, se han hecho muchos estudios empíricos sobre la relación entre las tasas de inflación de un país y su tipo de cambio; análisis que exhiben una relación de largo plazo entre las tasas de inflación relativas de una nación y sus variaciones en el tipo de cambio. A pesar de ello, el vínculo no es tan estrecho como predice la teoría: no es confiable para el corto plazo ni totalmente confiable para el largo plazo. Así, al igual que

---

[13] *Idem*; Simon Kukes, "Letters to the Editor: Tura Joint Venture", en *The Wall Street Journal*, 14 de junio de 1999, p. A21; M. Whitehouse, "US Export-Import Bank Agrees to Give Russia's Tyumen Oil Loan Guarantee", en *The Wall Street Journal*, 25 de mayo de 1999, p. A21.

con el riesgo político, todos los intentos de cuantificar el riesgo económico deben tomarse con prudente escepticismo.

RIESGO Y PRESUPUESTO DE CAPITAL

Al analizar una inversión extranjera, el riesgo adicional puede abordarse de al menos dos formas. La primera es tratar todo riesgo como un problema único y aumentar la tasa de descuento aplicable a los proyectos extranjeros en países donde los riesgos económicos y políticos se perciben altos; así, por ejemplo, una empresa puede aplicar una tasa de 6% de descuento a una inversión potencial en Gran Bretaña, Estados Unidos y Alemania, lo que refleja la estabilidad política y económica de esos países, y otra de 20% para inversiones potenciales en Rusia, lo que refleja los riesgos económicos y políticos mayores que se perciben en esa nación. Cuanto más alta sea la tasa de descuento, mayores serán los flujos netos de efectivo proyectados para que una inversión tenga un valor presente neto positivo.

Ajustar las tasas de descuento para reflejar el riesgo de un determinado lugar es una práctica muy común; por ejemplo, en varias investigaciones a diversas multinacionales estadounidenses, se observa que muchas agregan por rutina un porcentaje de prima por riesgo a la tasa de descuento con que evalúan sus probables proyectos de inversión extranjera.[14] Sin embargo, los detractores de este método sostienen que impone una carga muy pesada a los flujos de efectivo tempranos y es insuficiente para los flujos de efectivo tardíos;[15] señalan que si en un futuro cercano se espera un colapso económico, de cualquier forma no se efectuará la inversión. Así que, para cualquier decisión de invertir, los riesgos económico y político que se evalúan no son sobre las posibilidades inmediatas, sino a cierta distancia en el futuro. De acuerdo con ello, puede sostenerse que, en vez de usar una tasa de descuento mayor para evaluar dichos proyectos riesgosos, que penaliza muy fuerte los flujos de efectivo tempranos, es mejor ajustar a la baja los flujos de efectivo futuros que proporcionará el proyecto para reflejar la posibilidad de cambios económicos o políticos adversos. Las encuestas de prácticas reales de las multinacionales revelan que el ajuste a la baja de los flujos de efectivo futuros es casi tan popular como el ajuste a la alza.[16]

Administración financiera: decisiones de financiamiento

Al considerar sus opciones de financiamiento, una empresa internacional debe considerar la manera de financiar la inversión extranjera. Si se requiere financiamiento externo, debe decidirse si se obtiene del mercado mundial de capitales o de préstamos en el país anfitrión. Si la compañía busca financiamiento externo para un proyecto, deseará pedir fondos de la fuente de capital disponible que se los proporcione a un menor costo. Como expusimos en el capítulo 12, las empresas recurren cada vez más al mercado mundial de capitales para financiar sus inversiones. El costo del capital suele ser menor en el mercado mundial de capitales, en virtud de su tamaño y liquidez, que en muchos mercados de capitales nacionales, en particular los pequeños y relativamente faltos de liquidez. Por tanto, por ejemplo, si una compañía estadounidense invierte en Dinamarca, podrá financiarse en un mercado de eurobonos con sede en Londres en lugar de acudir al mercado de capitales danés.

No obstante, a pesar de las tendencias hacia la desregulación de los servicios financieros, en algunos casos las restricciones del gobierno del país anfitrión descartan tal opción. Los gobiernos de algunas naciones requieren, o al menos prefieren, que las multinacionales extranjeras financien proyectos en sus países con deuda local o mediante ventas locales de participaciones. En naciones donde la liquidez es limitada, ello incrementa el costo del capital para financiar un proyecto; así que,

[14] Véase S. Block, "Integrating Traditional Capital Budgeting Concepts into an International Decision Making Environment", en *The Engineering Economist* 45, 2000, pp. 309-325; y J. C. Backer y L. J. Beardsley, "Multinational Companies' Use of Risk Evaluation and Profit Measurement for Capital Budgeting Decisions", en *Journal of Business Finance*, primavera de 1973, pp. 34-43.

[15] Por ejemplo, véase D. K. Eiteman, A. I. Stonehill y M. H. Moffett, *Multinational Business Finance*, Reading, Massachusetts, Addison-Wesley, 1992.

[16] M. Stanley y S. Block, "An Empirical Study of Management and Financial Variables Influencing Capital Budgeting Decisions for Multinational Corporations in the 1980s", en *Management International Review* 23, 1983, pp. 61-71.

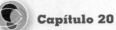
cuando se decide el presupuesto de capital, la tasa de descuento debe ajustarse a la alza para reflejarlo. Sin embargo, esta no es la única posibilidad. En el capítulo 8, mencionamos que algunos gobiernos fomentan la inversión extranjera por medio de préstamos con interés bajo a las empresas extranjeras, lo que baja el costo del capital; por lo que, cuando se decide el presupuesto de capital, la tasa de descuento debe ajustarse a la baja.

Además del efecto de las políticas del gobierno anfitrión en el costo del capital y las decisiones financieras, es posible que la compañía desee considerar un financiamiento de deuda local cuando efectúa inversiones en países donde se espera que la moneda local se deprecie en el mercado de tipos de cambio. El monto de moneda local que se requiere para cumplir con los pagos de intereses y retirar el capital en las obligaciones de deuda local no se afecta cuando se deprecia la moneda de una nación; pero si deben pagarse obligaciones de deuda extranjera, el monto de moneda local que se requiere para hacerlo aumentará a medida que se deprecie la moneda, con lo cual, de hecho, se eleva el costo del capital. Por tanto, pese a que el costo inicial de capital sea mayor para el crédito local, puede que sea mejor pedir prestado localmente si se espera que la moneda se deprecie en el mercado de tipos de cambio.

 # Administración financiera: administración monetaria global

Las decisiones de **administración monetaria** en una empresa pretenden administrar sus recursos mundiales de efectivo, su capital de trabajo, del modo más eficiente, lo cual implica minimizar los saldos en efectivo, reducir los costos de transacción y minimizar la carga tributaria corporativa.

OA20-6

MINIMIZAR LOS SALDOS EN EFECTIVO

Todo negocio necesita conservar cierto saldo en efectivo para pagar las cuentas y protegerse contra una variación negativa no anticipada del flujo de efectivo proyectado. El problema crucial para un negocio internacional es si cada filial internacional debe contar con sus propios depósitos de este tipo o si dichos saldos de efectivo deben ser conservados por un depositario centralizado. En general, las compañías prefieren tener sus saldos de efectivo en un depositario centralizado por tres motivos.

El primero, al reunir las reservas de efectivo centralmente, la empresa puede depositar montos mayores. Casi siempre, los depósitos de este tipo se efectúan en cuentas para manejo de efectivo en el mercado de dinero de un día para otro. Como las tasas de interés de los depósitos de ese tipo suelen incrementarse con el monto del depósito, al centralizar el efectivo se obtiene un interés mayor que si lo hiciera cada filial por separado.

Segundo, si el depositario centralizado se localiza en un centro financiero de importancia (por ejemplo, Londres, Nueva York o Tokio), tendrá acceso a información de oportunidades de inversión a corto plazo que no tendría una filial extranjera común. Asimismo, los expertos financieros de un depositario centralizado estarán en mejores condiciones de desarrollar habilidades de inversión y *know-how* que los administradores de las filiales extranjeras comunes. Por tanto, la compañía puede tomar mejores decisiones de inversión si reúne todas sus reservas de efectivo en un depositario centralizado.

Tercero, al acumular sus reservas de efectivo, la empresa reduce la cantidad total que debe conservar en cuentas para el manejo de inmensas cantidades, lo que le permite invertir una cantidad mayor de reservas a largo plazo: menos instrumentos financieros líquidos que devenguen un interés mayor; por ejemplo, una compañía estadounidense tiene tres filiales en el extranjero, digamos en Corea del Sur, China y Japón; cada una de ellas mantiene un saldo de efectivo con un monto determinado para enfrentar las necesidades diarias más otro precautorio para demandas de efectivo no anticipadas. La política de la empresa es que el saldo total requerido de efectivo sea igual a tres desviaciones estándar del monto esperado de necesidades diarias. El requerimiento de desviaciones estándar por tres refleja el cálculo de la compañía de que, en la práctica, existe 99.87% de probabilidad de que la filial tenga suficiente efectivo para enfrentar las demandas diarias e imprevistas. Se asume que las necesidades de efectivo se distribuyen de manera normal en cada país y de forma independiente entre sí (por ejemplo, las necesidades de efectivo en Japón no afectan a las de China).

Las necesidades diarias de efectivo de las filiales individuales y los saldos precautorios de efectivo que deben conservar son de la siguiente manera (en millones de dólares):

	Necesidades diarias de efectivo (A)	Una desviación estándar (B)	Saldo en efectivo requerido (A + 3 × B)
Corea del Sur	$10	$1	$13
China	6	2	12
Japón	12	3	21
Total	$28	$6	$46

Por tanto, la filial coreana calcula que debe retener 10 millones de dólares para atender sus necesidades diarias. La desviación estándar es de un millón de dólares, así que se retienen tres millones de dólares adicionales como cantidad precautoria. Esto da un total requerido del saldo en efectivo de 13 millones de dólares, que para las tres filiales asciende a 46 millones de dólares.

Consideremos ahora lo que ocurriría si la empresa decidiera conservar los tres saldos en efectivo con un depositario centralizado en Tokio. Como las variaciones son aditivas cuando las distribuciones de probabilidad son independientes entre sí, la desviación estándar de la cuenta combinada precautoria será:

$$\text{Desviación estándar} = \sqrt{\$1\,000\,000^2 + 2\,000\,000^2 + 3\,000\,000^2}$$
$$= \sqrt{14\,000\,000}$$
$$= \$3\,741\,657$$

Así, si la compañía utiliza un depositario centralizado, requerirá retener 28 millones de dólares para las necesidades diarias más (3 × $3 741 657) como monto precautorio, o un saldo total de efectivo de 39 224 971 dólares. En otras palabras, el total de saldo en efectivo que requiere la empresa se reduciría de 46 millones de dólares a 39 224 971 dólares, un ahorro de 6 775 029 dólares. Este efectivo puede invertirse en cuentas con menos efectivo y mayor pago de interés o en activos tangibles. Los ahorros surgen solo de los efectos estadísticos de sumar las tres distribuciones de probabilidad normal e independiente.

No obstante, la capacidad de la compañía para establecer un depositario centralizado que atienda sus necesidades de efectivo a corto plazo puede verse limitada por restricciones que imponen los gobiernos a los flujos de capital entre fronteras (por ejemplo, controles internos para proteger las reservas de divisas del país). Asimismo, los costos de transacción por cambiar dinero de una divisa a otra pueden limitar las ventajas de un sistema de este tipo. A pesar de ello, muchas empresas mantienen al menos las reservas de efectivo precautorias de sus filiales en un depositario centralizado, para que cada una conserve su saldo en efectivo de necesidades diarias. La globalización del mercado de capitales y la caída general de barreras al libre flujo de efectivo entre fronteras (en particular entre las naciones más avanzadas) son dos tendencias que presentan un aumento del uso de depositarios centralizados.

REDUCCIÓN DE LOS COSTOS DE TRANSACCIÓN

Los **costos de transacción** se refieren al costo del tipo de cambio. Cada vez que una empresa cambia efectivo de una divisa por otra debe pagar un costo de transacción; es decir, la comisión a la casa de cambio por efectuar la transacción. La mayoría de los bancos carga también una **comisión por transferencia** para enviar el efectivo de un lugar a otro; este es otro costo de transacción. Las primas y comisiones por transferencia que surgen de las transacciones al interior de la compañía pueden ser importantes: según Naciones Unidas, 40% del comercio internacional supone transacciones entre filiales de empresas transnacionales. El volumen de dichas transacciones quizá sea muy alto en una compañía con una red global dispersa de actividades interdependientes de creación de valor. La compensación multilateral de saldos netos permite a una empresa multinacional reducir los costos de transacción que surgen cuando hay muchas transacciones entre las filiales, al reducir precisamente su cantidad.

La compensación multilateral de saldos netos es una extensión de la **compensación bilateral de saldos netos**. Por esto, si una filial francesa debe seis millones de dólares a una filial mexicana, y esta le debe al mismo tiempo cuatro millones de dólares a la francesa, debe llevarse a cabo un

FIGURA 20.2

Flujos antes de la compensación multilateral de saldos netos.

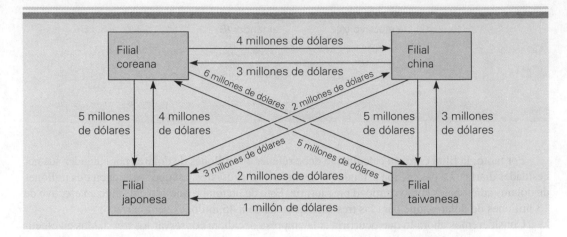

acuerdo bilateral con un solo pago de dos millones de dólares de la filial francesa a la mexicana y el resto de la deuda se cancela.

Con el surgimiento de la **compensación multilateral de saldos netos,** este sencillo concepto se extiende a las transacciones entre múltiples filiales dentro de una compañía internacional. Consideremos que una empresa desea establecer una compensación multilateral de saldos netos entre cuatro de sus filiales asiáticas en Corea del Sur, China, Japón y Taiwán. Estas filiales comercializan entre sí, por lo que al final de mes es necesario liquidar una gran cantidad de transacciones en efectivo. En la figura 20.2, se ilustra cómo se vería el plan de pagos al final de un mes en particular. La figura 20.3 es una matriz de pagos que resume las obligaciones entre las filiales. Observe que es indispensable que fluyan 43 millones de dólares entre las filiales. Si los costos de transacción (comisiones por tipo de cambio y por transferencia) suman 1% de los fondos totales por transferirse, a la casa matriz le costará 430 mil dólares; sin embargo, este monto se reduce con la compensación multilateral de saldos netos. Con la matriz de pagos (figura 20.3), la empresa puede establecer los que debe efectuar entre filiales para liquidar estas obligaciones; en la figura 20.4, se muestran los resultados. Con la compensación multilateral de saldos netos, las transacciones que aparecen en la figura 20.2 se reducen a solo tres: la filial coreana paga tres millones de dólares a la filial taiwanesa y la china paga un millón de dólares a la japonesa y un millón de dólares a la taiwanesa. Los fondos totales que fluyen entre las filiales se reducen de 43 millones de dólares a solo cinco millones, y los costos de transacción disminuyeron de 430 mil a 50 mil dólares: un ahorro de 380 mil dólares debido a la compensación multilateral de saldos netos.

MANEJO DE LA CARGA TRIBUTARIA

Cada país tiene su propio régimen fiscal; por ejemplo, entre las naciones desarrolladas, los mayores porcentajes de impuesto sobre la renta corporativo varían de 40.69% en Japón, el mayor, a 12.5% en

	Filial que paga					
Filial que recibe	Corea	China	Japón	Taiwán	Recibos totales	Recibos netos (pagos)
Coreana	—	$ 3	$4	$5	$12	($3)
China	$ 4	—	2	3	9	(2)
Japonesa	5	3	—	1	9	1
Taiwanesa	6	5	2	—	13	4
Pagos totales	$15	$11	$8	$9	$43	$5

FIGURA 20.3

Cálculo de recibos netos (todas las cantidades en millones de dólares).

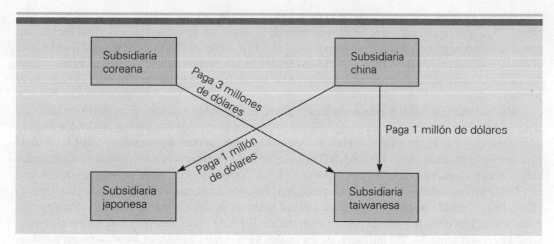

FIGURA 20.4

Flujos después de la compensación multilateral de saldos netos.

Irlanda, el menor. En Alemania y Japón, el porcentaje de impuesto es menor en el caso de los ingresos distribuidos a accionistas como dividendos (36 y 35%, respectivamente), mientras que en Francia el ingreso sobre utilidades distribuidas a los accionistas es mayor (42%). En Estados Unidos, el porcentaje varía de un estado a otro. El mayor porcentaje federal es de 35%, pero los estados también gravan el ingreso corporativo con impuestos locales y estatales que van de 1 a 12%, por lo cual el porcentaje efectivo promedio es de 40%.

Muchas naciones cumplen el principio global de que tienen el derecho de gravar el ingreso obtenido fuera de sus fronteras a entidades asentadas en su país.[17] Con este argumento, el gobierno estadounidense puede gravar las utilidades de una filial alemana cuya compañía se estableció en Estados Unidos. Cuando el ingreso de una filial extranjera paga impuestos a los gobiernos del país anfitrión y de la casa matriz, tiene lugar una doble tributación, que hasta cierto punto, se atenúa mediante créditos y tratados fiscales, y el principio de efectos fiscales al cobro.

Un **crédito fiscal** permite a una entidad reducir los impuestos que paga a su gobierno según el monto de impuestos pagado al gobierno extranjero. Un **tratado fiscal** entre dos países es un convenio en el que se especifica cuáles puntos de ingresos gravarán las autoridades de la nación donde se obtuvo el ingreso; por ejemplo, un tratado fiscal entre Estados Unidos y Alemania puede especificar que una empresa estadounidense no debe pagar impuestos en Alemania sobre cualquier utilidad proveniente de sus filiales alemanas que se remita a Estados Unidos en forma de dividendos. Un **principio de efectos fiscales al cobro** especifica que las casas matrices no son gravadas por ingresos de fuentes extranjeras hasta que en realidad reciban un dividendo.

En el caso de los negocios internacionales con actividades en muchos países, los diversos regímenes y tratados fiscales tienen implicaciones muy importantes en la forma de estructurar el sistema de pagos internos entre filiales extranjeras y la casa matriz. El "Caso inicial" da un ejemplo de cómo una empresa, Google, ha hecho esto para reducir su tasa tributaria efectiva sobre ingresos extranjeros a casi cero. Como expondremos en la siguiente sección, la compañía puede emplear precios de transferencia y préstamos subsidiados para minimizar su responsabilidad financiera global. Además, la forma de remitir el ingreso desde una filial extranjera a la casa matriz (por ejemplo, pagos de regalías contra pagos de dividendos) puede estructurarse de modo que se minimice la responsabilidad fiscal global de la empresa.

Algunas compañías recurren a **paraísos fiscales,** como las Bahamas y Bermudas, para reducir su responsabilidad fiscal (Google utiliza Bermudas, véase el "Caso inicial"). Un paraíso fiscal es un país con un impuesto sobre la renta excepcionalmente bajo o incluso nulo. Los negocios internacionales evitan o difieren los impuestos fiscales mediante el establecimiento de una filial de propiedad absoluta y no operativa en el paraíso fiscal. La filial en el paraíso fiscal es dueña de acciones ordinarias de las filiales extranjeras en operación. Esto posibilita que todas las transferencias de fondos entre filiales extranjeras en operación a una casa matriz se canalicen por medio de la filial en el pa-

---

[17] "Taxing Questions", en *The Economist*, 22 de mayo de 1993, p. 73.

raíso fiscal. El impuesto recaudado de la fuente extranjera por el gobierno al que pertenece la empresa, y que quizá deba pagarse en el momento de declarar un dividendo de una filial extranjera, puede diferirse según el principio de efecto fiscal al cobro, hasta que la filial del paraíso fiscal pague el dividendo a la casa matriz. Este pago de dividendos puede posponerse de manera indefinida si las operaciones en el extranjero crecen y requieren de nuevo financiamiento interno del afiliado en el paraíso fiscal.

Muchas multinacionales estadounidenses mantienen grandes balances financieros en paraísos fiscales extranjeros porque no desean pagar los impuestos corporativos en Estados Unidos cuando esas ganancias son repatriadas a su país. Los estimados indican que, a principios de 2013, las multinacionales estadounidenses tenían 1 900 billones de dólares en ganancias extranjeras acumuladas estacionados en paraísos fiscales como Bermudas. Las compañías con grandes reservas de efectivo en filiales protegidas de impuestos incluyen a Apple, Cisco Systems, Microsoft y Google (véase el "Caso inicial"). Solo Apple tenía cerca de 140 mil millones de dólares en efectivo en valores a corto plazo en su hoja de balance en el primer trimestre de 2013, de los cuales 70% estaban en el extranjero. Microsoft tenía 74 500 millones, de los cuales 88% estaba en filiales localizadas en paraísos fiscales.[18]

Algunos afirman que tener saldos en efectivo tan grandes fuera del país para evadir impuestos es contraproducente y que los accionistas se beneficiarían más si ese dinero fuera repatriado a Estados Unidos al pagar los impuestos y devolver a los accionistas los fondos restantes en forma de pago de dividendos y recompra de acciones. Por ejemplo, si Microsoft decidiera devolver a Estados Unidos el dinero que tiene en el extranjero, mediante créditos fiscales quizá pagaría una tasa de impuestos corporativos de casi 30%, lo que dejaría a la empresa con cerca de 46 mil millones de dólares después de impuestos, que podría utilizar para volver a comprar acciones, lo que elevaría el precio de su acción en casi 25%, asumiendo que los precios se mantuvieran así.

OA20-7   MOVIMIENTO DE DINERO ENTRE FRONTERAS

Dedicarse a emplear los recursos de la compañía de la forma más eficiente y a reducir la responsabilidad fiscal global requiere que la empresa pueda transferir fondos de un lugar a otro alrededor del mundo. Las corporaciones internacionales utilizan diversas técnicas para transferir fondos líquidos entre fronteras, como remesas de dividendos, pago de regalías y comisiones, precios de transferencia y préstamos subsidiados. Algunas de ellas se basan en más de una de estas técnicas para transferir fondos entre fronteras, práctica conocida como *separación de recursos*. Con una mezcla de técnicas para transferir fondos líquidos de una filial extranjera a la casa matriz, la separación de recursos permite que un negocio internacional recupere fondos de sus filiales extranjeras sin lastimar la sensibilidad del país anfitrión con grandes "fugas de dividendos".

La habilidad de una compañía para seleccionar una política en particular se ve muy limitada cuando una filial extranjera le pertenece solo en parte, ya sea como *joint venture* local o compartida con accionistas locales. Atender las demandas legítimas de los copropietarios locales de una filial extranjera puede limitar la posibilidad de imponer la clase de política de dividendos, el calendario de pago de regalías o las políticas de precios de transferencia que podrían ser óptimas para la casa matriz.

Remesas de dividendos

El pago de dividendos es, tal vez, el método más común mediante el cual las empresas transfieren fondos de filiales extranjeras a la casa matriz. La política de dividendos suele variar en cada filial según factores como las regulaciones fiscales, los riesgos de tipo de cambio, la antigüedad de la filial y la participación de capital local; por ejemplo, cuanto mayor sea el porcentaje de impuestos recaudado en dividendos por el gobierno del país anfitrión, menos atractiva es esta opción respecto de las otras destinadas a transferir fondos líquidos. En cuanto al riesgo de tipo de cambio, a veces las compañías requieren que sus filiales extranjeras en naciones de "alto riesgo" aceleren la transferencia de fondos a la casa matriz por medio de pagos acelerados de dividendos. Esto lleva fondos corporativos fuera de un país cuya moneda se espera sufra una depreciación importante. La antigüe-

---

dad de una filial extranjera influye en la política de dividendos porque las más antiguas tienden a remitir una porción mayor de sus ganancias de dividendos a la casa matriz, al parecer porque una filial tiene menores necesidades de inversión de capital conforme transcurre el tiempo. La participación local es un factor fundamental porque es indispensable reconocer las demandas de dividendos de los copropietarios locales.

Pago de regalías y comisiones

Las **regalías** representan la remuneración otorgada a los propietarios de tecnología, patentes o nombres comerciales por su uso o por el derecho de fabricar o vender sus productos. Es común que una casa matriz cobre a sus filiales en el extranjero regalías por la tecnología, las patentes o los nombres comerciales que les transfirió. Las regalías deben gravarse como un monto fijo por unidad del producto que la filial vende, o como porcentaje de los ingresos brutos de la filial.

Una comisión es la compensación por los servicios profesionales o la experiencia proporcionados a una filial extranjera desde la casa matriz u otra filial. En muchas ocasiones, las comisiones se diferencian en "comisiones administrativas", por la experiencia del consejo general, y "comisiones por asistencia técnica", por la asesoría en cuestiones técnicas. Casi siempre las comisiones se recaudan como cargos fijos por servicios particulares proporcionados.

Las regalías y las comisiones poseen ciertas ventajas fiscales sobre los dividendos, en particular cuando el porcentaje fiscal corporativo es mayor en el país anfitrión que en el de la casa matriz. Muchas veces son deducibles de impuestos en el plano local (porque se consideran un gasto), por lo que efectuar arreglos para el pago en regalías y comisiones reduce la responsabilidad fiscal de la filial extranjera; si esta compensa a la casa matriz mediante el pago de dividendos, los impuestos sobre la renta locales deben pagarse antes de la distribución de dividendos, y la retención de impuestos debe hacerse sobre los dividendos en sí. Aunque la casa matriz puede aprovechar un crédito fiscal para la retención de impuestos y el impuesto sobre la renta locales que ha pagado, también podría perderse parte del beneficio si la tasa fiscal combinada de la filial es mayor que la de la casa matriz.

Precios de transferencia

En todo negocio internacional suele haber una gran cantidad de transferencias de bienes y servicios entre la casa matriz y las filiales extranjeras, y entre estas últimas, lo cual es muy común en empresas que aplican estrategias transnacionales y globales, pues muy a menudo deben dispersar sus actividades de creación de valor entre diversas localidades óptimas alrededor del mundo (véase el capítulo 13). Como ya comentamos, el precio al que se transfieren dichos bienes y servicios entre entidades de la compañía se conoce como precio de transferencia.[19]

Los precios de transferencia sirven para asignar fondos dentro de una empresa internacional; por ejemplo, pueden retirarse de un país mediante: establecer precios altos de transferencia por los bienes y servicios abastecidos a una filial en él, y fijar precios bajos de transferencia por los bienes y servicios proporcionados desde esa filial. Por el contrario, los fondos pueden asignarse a una nación por medio de la política opuesta: establecer bajos precios de transferencia mediante bienes y servicios abastecidos a una filial en ese país, y altos precios de transferencia por los bienes y servicios proporcionados desde ella. Este movimiento de fondos puede llevarse a cabo entre filiales o entre la casa matriz y una filial.

Son cuando menos cuatro las ventajas de ajustar los precios de transferencia:

1. La compañía reduce sus responsabilidades fiscales mediante precios de transferencia para intercambiar ganancias desde un país con alto nivel impositivo hasta uno con bajo nivel impositivo.
2. La empresa puede emplear los precios de transferencia para sacar fondos de un país donde se espera una importante devaluación de la moneda y reducir, así, su exposición al riesgo del tipo de cambio.
3. La compañía puede usar los precios de transferencia para transferir fondos de una filial a la casa matriz (o a un paraíso fiscal) cuando las transferencias financieras en forma de dividendos son restringidas o bloqueadas por las políticas del gobierno del país anfitrión.
4. La empresa puede manejar precios de transferencia para reducir los aranceles que debe pagar cuando está en vigor un arancel acorde con el valor; es decir, un arancel valuado como porcen-

---

[19] S. Crow y E. Sauls, "Setting the Right Transfer Price", en *Management Accounting*, diciembre de 1994, pp. 41-47.

taje de valor. En este caso, se requieren bajos precios de transferencia sobre bienes y servicios importados al país. Como ello disminuye el valor de los bienes o servicios, también reduce el arancel.

No obstante, existen problemas graves asociados con una política de fijación de precios de transferencia.[20] A pocos gobiernos les agrada.[21] Cuando se utilizan para reducir responsabilidades fiscales o aranceles de importación, la mayoría de los gobiernos considera que han sido engañados respecto del ingreso legítimo. De igual manera, cuando los precios de transferencia se manipulan para cumplir con las restricciones gubernamentales de flujos de capital (por ejemplo, remesas de dividendos), los gobiernos lo perciben como una violación al espíritu (por no hablar del contenido) de la ley. Hoy, muchos gobiernos limitan a los negocios internacionales la posibilidad de manipular los precios de transferencia en la forma en que se describió. Estados Unidos cuenta con regulaciones que rigen la práctica de precios de transferencia. Según la sección 482 del Código Fiscal, el Internal Revenue Service (IRS) puede reasignar ingreso bruto, deducciones, créditos o asignaciones entre compañías relacionadas para evitar la evasión fiscal o reflejar de modo más claro una asignación adecuada de los ingresos. De acuerdo con los lineamientos del IRS y su subsecuente interpretación judicial, el peso de la prueba consiste en que el contribuyente demuestre que el IRS fue arbitrario o poco razonable en el momento de reasignar el ingreso. El precio de transferencia correcto, con base en lineamientos del IRS, es un precio determinado por la oferta y la demanda; es decir, uno que prevalezca entre empresas no relacionadas en un ambiente de mercado. Una interpretación tan estricta de un precio de transferencia correcto en teoría limita la posibilidad de manipular los precios de transferencia para obtener los beneficios que comentamos. Muchos otros países se ciñen a los lineamientos estadounidenses al destacar que los precios de transferencia deben establecerse con base en la oferta y la demanda.

Otro problema vinculado con la fijación de precios de transferencia se relaciona con los incentivos administrativos y la evaluación del desempeño.[22] La fijación de los precios de transferencia es incongruente con la política de tratamiento de cada filial como generadora de utilidades para la compañía. Cuando esta manipula los precios de transferencia y se desvía considerablemente del precio de oferta-demanda, el desempeño de la filial puede depender tanto de los precios de transferencia como de otros factores pertinentes, por ejemplo el esfuerzo administrativo. Una filial a la que se le indica que cobre un precio de transferencia alto por un bien proporcionado a otra filial parecerá que actúa mejor de lo que en realidad lo hace, mientras que se percibirá que la filial que compra el artículo actúa mal. A menos que se reconozca esto al momento de evaluar el desempeño, puede haber graves distorsiones en los sistemas de incentivos administrativos; por ejemplo, los administradores de la filial vendedora pueden utilizar altos precios de transferencia para cubrir ineficiencias, mientras los de la compradora pueden sentirse desmoralizados por el efecto de los altos precios de transferencia en la rentabilidad de su filial.

A pesar de estos problemas, la investigación apunta a que no todos los negocios internacionales usan la fijación de precios de oferta-demanda, sino que emplean un sistema basado en costos para fijar los precios de transferencia entre sus subunidades (casi siempre el costo más un aumento del precio estándar). Una encuesta efectuada entre 164 compañías multinacionales estadounidenses reveló que 35% de ellas utilizaba precios de mercado; 15%, precios negociados, y 65%, un método basado en costos (las cifras suman más de 100% porque algunas empresas usan más de un método).[23] Solo los precios negociados y de mercado pueden interpretarse razonablemente como precios de oferta-demanda. La oportunidad para manipular precios es mucho mayor con la fijación de precios de transferencia basada en costos. Otra investigación más compleja que la anterior revela que muchas empresas manipulan los precios de transferencia para reducir sus responsabilidades fiscales globales.[24]

[20] V. H. Miesel, H. H. Higinbotham y C. W. Yi, "International Transfer Pricing: Practical Solutions for Inter-company Pricing", en *International Tax Journal*, otoño de 2002, pp. 1-22.

[21] J. Kelly, "Administrators Prepare for a More Efficient Future", *Financial Times Survey: World Taxation*, 24 de febrero de 1995, p. 9.

[22] Crow y Sauls, "Setting the Right Transfer Price".

[23] M. F. Al-Eryani, P. Alam y S. Akhter, "Transfer Pricing Determinants of U. S. Multinationals", en *Journal of International Business Studies*, septiembre de 1990, pp. 409-425.

[24] D. L. Swenson, "Tax Reforms and Evidence of Transfer Pricing", en *National Tax Journal* 54, marzo de 2001, pp. 7-25.

Aunque una compañía puede manipular los precios de transferencia para evitar las responsabilidades fiscales o las restricciones gubernamentales sobre flujos de capitales entre fronteras, esto no significa que deba hacerlo. Como con frecuencia la práctica viola al menos el espíritu de la ley en muchos países, la ética de comprometerse con una fijación de precios de transferencia es dudosa en el mejor de los casos. Asimismo, existen claros signos de que las autoridades fiscales de muchas naciones han incrementado su examen detallado sobre esta práctica para acabar con los abusos. Una encuesta hecha entre 600 multinacionales, a cargo de la empresa de contadores Ernst & Young, encontró que 75% estimaba que podría ser sujeto de una auditoría sobre fijación de precios de transferencia ante las autoridades fiscales durante los siguientes dos años.[25] Aproximadamente 61% de las multinacionales que participaron en la encuesta estableció que la fijación de precios de transferencia representaba el problema fiscal número uno al que se habían enfrentado.

Préstamos subsidiados

Un préstamo subsidiado es un préstamo entre una casa matriz y su filial canalizado mediante un intermediario financiero, casi siempre un banco internacional importante. En un préstamo directo al interior de la empresa, la casa matriz presta efectivo directo a su filial extranjera y esta se lo devuelve más tarde. En un préstamo subsidiado, la casa matriz deposita fondos en un banco internacional, y este presta el mismo monto a la filial en el extranjero. Así, una compañía estadounidense puede depositar 100 mil dólares a una filial suya en Londres. Desde el punto de vista del banco, el préstamo está libre de riesgos porque tiene 100% de garantía en forma de depósito de la casa matriz. El banco "respalda" a la casa matriz, de ahí su nombre. El banco obtiene una utilidad por medio del pago de la casa matriz con una tasa de interés un poco menor sobre el depósito del que carga a la filial extranjera por los fondos prestados.

Las empresas emplean los préstamos subsidiados por dos motivos. El primero es que evaden restricciones del país anfitrión respecto de la remesa de fondos de una filial extranjera a la casa matriz. Un gobierno anfitrión puede prohibir a una filial el pago de un préstamo a su casa matriz para preservar las reservas de tipo de cambio nacionales, pero es menos probable que prohíba la posibilidad de pago de una filial cuando se trata de un préstamo a un banco internacional. Al detener el pago a un banco internacional, se daña la imagen crediticia del país, mientras que evitar el pago a la casa matriz puede tener un efecto mínimo en esta imagen. En consecuencia, en muchas ocasiones las compañías internacionales utilizan los préstamos subsidiados cuando deciden prestar fondos a una filial que está en otra nación con altas probabilidades de padecer problemas políticos que pueden llevar a restringir el flujo de capital (es decir, donde el nivel de riesgo político es elevado).

Un préstamo subsidiado también brinda ventajas fiscales; por ejemplo, una filial en un paraíso fiscal (Bermudas) que pertenece 100% a la casa matriz deposita un millón de dólares en un banco internacional con sede en Londres, con 8% de interés. El banco presta el millón de dólares a una filial que opera en el extranjero con 9% de interés. El país donde se localiza la filial que opera en el extranjero basa los impuestos sobre la renta, corporativos, en 50% (véase la figura 20.5).

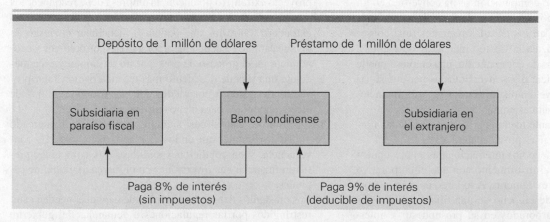

FIGURA 20.5

Ejemplo de los aspectos fiscales de un préstamo subsidiado.

[25] "Transfer Pricing Survey Shows Multinationals Face Greater Scrutiny", en *The CPA Journal*, marzo de 2000, p. 10.

Con este arreglo, los pagos de intereses netos por impuesto sobre la renta serán los siguientes:

1. La filial en el extranjero paga 90 mil dólares de interés al banco londinense. Al deducir este pago de su ingreso gravable, genera un costo neto después de impuestos de 45 mil dólares para la filial que opera en el extranjero.
2. El banco londinense recibe los 90 mil dólares, retiene 10 mil dólares por sus servicios y paga 80 mil dólares de interés por el depósito a la filial de Bermudas.
3. La filial de Bermudas recibe 80 mil dólares de interés por su depósito libre de impuestos.

El resultado neto es que los 80 mil dólares en efectivo se trasladaron de la filial en el extranjero a la filial del paraíso fiscal. Como el costo del crédito después de impuestos de la primera es de solo 45 mil dólares, la casa matriz sacó 35 mil dólares adicionales del país con este tipo de arreglo. Si la filial del paraíso fiscal hubiera hecho un préstamo directo a la filial en el extranjero, el gobierno anfitrión podría haber prohibido el cargo de interés como gasto deducible de impuestos considerándolo como un dividendo a la casa matriz disfrazado de pago de intereses.

RESUMEN

Este capítulo se centró en la contabilidad y la administración financiera en las empresas multinacionales. Explicó por qué las prácticas y normas contables difieren de país a país, y exploró las medidas actuales para armonizar las prácticas contables. Revisamos diversos problemas relacionados con el uso de sistemas contables de control al interior de los negocios internacionales.

Comentamos la forma en que se complican las decisiones de inversión, financiamiento y administración monetaria porque los países tienen diferentes monedas, regímenes fiscales, niveles de riesgo político y económico, etc. El capítulo abordó los siguientes aspectos:

1. El sistema contable de cada país evoluciona en respuesta a las demandas locales de información de este tipo. Las diferencias nacionales en las normas contables y de auditoría han provocado una falta generalizada de puntos de comparación en los reportes financieros de los diferentes países.
2. Esta falta de puntos de comparación se ha convertido en un problema con el rápido crecimiento de financiamiento e inversión transnacional en las décadas recientes (una consecuencia de la globalización de los mercados de capital). Dada la falta de puntos de comparación, una empresa puede verse obligada a explicar a los inversionistas por qué su situación financiera se ve tan distinta en los reportes financieros de las diversas prácticas contables.
3. El impulso más relevante hacia la armonización de las normas contables entre países proviene del IASB.
4. En la mayoría de los negocios internacionales, el presupuesto anual es el principal instrumento con que el corporativo controla a sus filiales extranjeras. A lo largo del año, el corporativo compara el desempeño de una filial con los objetivos financieros incorporados en su presupuesto, e interviene de forma selectiva en sus operaciones cuando hay algún déficit.

5. La mayoría de los negocios internacionales requiere que todos los presupuestos y la información sobre el desempeño de la empresa se expresen en la divisa corporativa. Ello facilita los puntos de comparación, pero distorsiona el proceso de control cuando existen variaciones importantes en el tipo de cambio entre el momento en que el presupuesto de una filial extranjera estableció su presupuesto y el momento en que se evalúa su desempeño. Según el modelo Lessard-Lorange, la mejor manera de enfrentar este problema es recurrir a un tipo de cambio *spot* proyectado para convertir las cifras del presupuesto y las del desempeño a la divisa corporativa.
6. Los precios de transferencia también generan grandes distorsiones en el proceso de control y, por tanto, deben considerarse cuando se establezcan presupuestos y se evalúe el desempeño de una filial.
7. Al utilizar técnicas de presupuesto de capital para evaluar un proyecto extranjero potencial, la empresa debe reconocer los riesgos económicos y políticos específicos que surgen en el extranjero (entre los que podemos mencionar el riesgo de tipo de cambio). Pueden incorporarse riesgos políticos y económicos en el proceso de presupuesto de capital ya sea mediante una tasa de descuento más elevada para evaluar proyectos riesgosos o por medio del pronóstico de flujos de efectivo menores para dichos proyectos.
8. El costo del capital casi siempre es menor en el mercado global de capitales que en los mercados nacionales. En consecuencia, y en condiciones similares, las compañías prefieren financiar sus inversiones en el mercado global de capitales.
9. Los préstamos del mercado global de capitales pueden estar restringidos por las regulaciones o demandas del gobierno anfitrión. En dichos casos, la tasa de descuento en el presupuesto de capital debe ajustarse al alza para reflejarlo.

10. La empresa puede considerar el financiamiento de deuda local para sus inversiones en naciones en las que se pronostique una depreciación de la moneda local.
11. Los principales objetivos de la administración monetaria global son utilizar los recursos de efectivo de la compañía de la manera más eficiente y reducir las cargas fiscales globales.
12. Al mantener el efectivo en un depositario centralizado, la empresa invierte sus reservas con mayor eficiencia. Por el monto total de las cantidades, no es necesario conservarlas en cuentas de alta liquidez, lo que libera el efectivo para inversión en cuentas que pagan mayor interés (menos líquidas) o en activos tangibles.
13. Las compañías recurren a diversas técnicas para transferir fondos entre fronteras, como remesas de dividendos, pagos de regalías y tarifas, precios de transferencia y préstamos subsidiados. Las remesas de dividendos son el método más frecuente para transferir fondos entre fronteras, pero los pagos de regalías y tarifas dan ciertas ventajas fiscales respecto de las remesas de dividendos.
14. La manipulación de los precios de transferencia se usa algunas veces para sacar fondos de un país y así reducir la carga fiscal, protegerse contra el riesgo del tipo de cambio, evadir las restricciones gubernamentales sobre los flujos de capital y reducir el pago de aranceles; sin embargo, manipular los precios de transferencia de este modo viola las leyes de muchos países, puede distorsionar sistemas de incentivos dentro de la empresa y tiene bases éticas un tanto dudosas.
15. Los préstamos subsidiados implican la canalización de fondos de una casa matriz a una filial extranjera mediante un tercero, por lo general un banco internacional. Los préstamos subsidiados pueden evadir las restricciones gubernamentales impuestas sobre las remesas de fondos y proporcionar ciertas ventajas fiscales.

Preguntas de análisis y razonamiento crítico

1. ¿Por qué difieren los sistemas contables de distintos países? ¿Por qué son importantes estas diferencias?
2. ¿Por qué un sistema de control contable puede proveer a la administración de la matriz información sesgada sobre el desempeño de una filial extranjera? ¿Cuál es la mejor manera de corregir dichos sesgos?
3. Suponga que es el director de finanzas de una empresa estadounidense cuya filial en México, que pertenece por completo a la compañía, produce componentes para sus operaciones de ensamblado en Estados Unidos. La filial se financió con préstamos bancarios estadounidenses. Uno de sus analistas le dijo que durante el próximo año se espera una devaluación de 30% del peso mexicano respecto del dólar en los mercados cambiarios. ¿Qué acciones, en su caso, debe tomar?
4. Imagine que es el director de finanzas de una empresa canadiense que tiene planeado construir una fábrica productora de leche por un valor de 10 millones de dólares en Rusia. Se espera que la inversión produzca flujos de efectivo netos de tres millones de dólares anuales durante los próximos 10 años, luego de lo cual la inversión tendría que cerrar porque la tecnología caerá en la obsolescencia. El valor del resto de la inversión sería de cero. El costo del capital será de 6% si se arregla el financiamiento en el mercado de bonos europeos; no obstante, tiene la opción de financiar el proyecto con fondos de un banco ruso a 12%. Los analistas le advierten que, por el alto nivel de inflación en Rusia, se espera que el rublo ruso se devalúe respecto del dólar canadiense; también, consideran la posibilidad de que, a más tardar en el transcurso de los próximos 10 años, en Rusia tenga lugar una revolución violenta. ¿Cómo incorporaría estos factores en su evaluación de oportunidad de inversión? ¿Qué recomendaría a la compañía?

Proyecto de investigación globalEDGE globaledge.msu.edu

Contabilidad y finanzas en los negocios internacionales

Utilice la página de globalEDGE (globaledge.msu.edu) para completar los siguientes ejercicios:

Ejercicio 1

El índice de inflación de un país puede afectar los planes financieros de las corporaciones multinacionales, porque el valor de los pagos pendientes en cada país puede enfrentar una devaluación importante si esos índices son altos. Su compañía tiene operaciones en los siguientes países: Bielorrusia, Costa Rica, Finlandia, Islandia, Paraguay, Tailandia y Zimbabue. Emplee el *Country Comparator* de la página de globalEDGE para clasificar el riesgo de devaluación de las cuentas por cobrar de su empresa de mayor a menor, basándose en los datos más recientes disponibles para cada nación. ¿Qué precauciones puede tomar su compañía en los países que encabezan esta lista para minimizar el riesgo?

Ejercicio 2

Los altos directivos de su compañía han solicitado información acerca de las políticas fiscales de Argentina. Con ayuda de la guía para Argentina en *Deloitte International Tax and Business Guides* (un recurso que proporciona información sobre el clima de inversión, las condiciones operantes y los sistemas fiscales de los principales países comerciales), prepare un breve reporte resumiendo sus hallazgos sobre la situación fiscal en Argentina.

CASO FINAL

Microsoft adquiere Skype

En mayo de 2011, Microsoft anunció que compraría Skype, la compañía de comunicaciones por internet con base en Luxemburgo, en una transacción completamente en efectivo por un valor de 8 500 millones de dólares, hasta entonces la más grande en la historia de Microsoft. Skype había sido comprada por eBay en 2005 en 3 100 millones de dólares, pero eBay tomó un cargo contable de 1 400 millones en 2007, cuando la adquisición no pudo efectuar las esperadas sinergias. En 2009, eBay vendió 70% de las acciones de Skype a un grupo de inversionistas encabezados por la firma privada estadounidense Silver Lake Partners. La venta a Silver Lake valuó a Skype en 2 750 millones de dólares. Muchos observadores se sorprendieron de que solo 18 meses después Microsoft estuviera dispuesta a pagar 8 500 millones. El objetivo declarado de Microsoft era integrar la oferta de comunicaciones por voz y video de Skype a su línea de productos, para elevar sus ventas y convertirse en la empresa más destacada en la era de dispositivos digitales, comunicaciones móviles y computación en nube.

Para financiar la adquisición, Microsoft utilizó efectivo que tenía en filiales extranjeras ubicadas en naciones con tasas tributarias muy bajas como Irlanda, Singapur y Bermudas. A finales del año contable de 2010 para Microsoft, la compañía declaró en su reporte anual que tenía 29 500 millones de dólares en "utilidades permanentemente invertidas" fuera de Estados Unidos. Esta cifra representa los ingresos netos acumulados de sus ventas extranjeras. Bajo la ley estadounidense, Microsoft no paga impuestos sobre esas ganancias hasta que sean repatriadas a Estados Unidos. Cuando menos en teoría, pueden ser mantenidas indefinidamente en el extranjero. Asimismo, Microsoft notó que el costo tributario de repatriar dichas ganancias a Estados Unidos sería de 9 200 millones de dólares, lo que representa una tasa tributaria efectiva de 31%. Hoy, la tasa de impuestos corporativos en Estados Unidos es de 35%. Microsoft declaró que la reducción a 31% vendría de créditos tributarios extranjeros, implicando que los impuestos que la empresa había pagado sobre ingresos retenidos en el extranjero representa solo 4%, nueve veces menor a la tasa máxima en Estados Unidos. Microsoft aseguró que, al usar efectivo extranjero para adquirir Skype, estaba logrando la eficiencia tributaria.

Microsoft no fue la única compañía involucrada en la adquisición que cosechó beneficios tributarios. La misma Skype había sido incorporada en Luxemburgo, un país con una tasa al impuesto sobre la renta de solo 0.4%. En el momento de la adquisición, la empresa privada estadounidense Silver Lake poseía 39% de Skype. Dos de las tres entidades de Silver Lake que tenían acciones en Skype tenían su sede en paraísos fiscales caribeños de Islas Caimán y George Town, lo que sugiere que Silver Lake no pagaría mucho en términos de impuesto estadounidense por las ganancias de capital sobre los rendimientos obtenidos de sus inversiones en Skype. Además, 30% de Skype era propiedad de eBay. A pesar de ser una compañía estadounidense, las acciones de eBay en Skype estaban en poder de eBay International AG, con sede en Suiza, donde las tasas a los impuestos corporativos están entre 13 y 25%.

Pese a haber pagado 8 500 millones de dólares por Skype, los recursos en efectivo extranjeros de Microsoft han continuado creciendo. Hasta el 31 de marzo de 2013, la empresa tenía 66 mil millones de dólares en efectivo en filiales extranjeras, que representaban 89% de todos los recursos en efectivo de la compañía. En sus declaraciones regulatorias, la empresa aseveró que este efectivo estaría sujeto a efectos tributarios de repatriación material si regresaba a Estados Unidos.[26]

Preguntas para analizar el caso

1. ¿Cuáles fueron los beneficios para los accionistas de Microsoft de utilizar recursos de efectivo extranjeros para comprar Skype?
2. La tasa tributaria efectiva para Microsoft sobre ingresos extranjeros retenidos en el extranjero parece ser de solo 4%. ¿Cómo es posible esto, dado que la tasa tributaria corporativa en la mayoría de las naciones desarrolladas donde Microsoft obtiene ingresos por ventas extranjeras es considerablemente más alta?
3. ¿Por qué Microsoft continúa reteniendo tanto efectivo en el extranjero, en vez de regresarlo a Estados Unidos? ¿Cuáles piensa que son los costos de oportunidad de retener cientos de miles de millones de dólares en efectivo en sitios extranjeros? ¿Qué beneficios potenciales pueden acumularse para los accionistas de Microsoft si la compañía regresa parte de ese efectivo a Estados Unidos?
4. ¿Considera que es ético que empresas como Microsoft sigan reteniendo efectivo en el extranjero para evitar pagar los impuestos corporativos en Estados Unidos? ¿ Esta práctica siempre es en beneficio de los accionistas de la compañía?

Microsoft adquiere Skype.

---

[26] E. D. Kleinbard, "Stateless Income", en *Florida Tax Review*, 11, núm. 9, 2011; R. Jilani, "Microsoft Structured Acquisition of Skype to Avoid US Taxes", en *Think Progress*, 13 de mayo de 2011; N. Wingfield, "Microsoft Dials Up Change", en *The Wall Street Journal*, 11 de mayo de 2011; y reporte 10K de Microsoft 2010 y forma Q3 2013 10Q.

parte seis casos

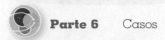

Aerolíneas Gol de Brasil

Gol Linhas Aéreas Inteligentes de Brasil es una versión tropical de JetBlue Airways y Ryanair, aerolíneas de bajo costo y sin grandes lujos de Estados Unidos y Europa. Fundada en 2001, Gol adoptó el modelo de bajo costo iniciado por Southwest Airlines y perfeccionado por sus similares JetBlue y Ryanair. Gol vende boletos de descuento, sobre todo mediante internet. Su objetivo se centra en los viajeros de negocios sensibles al precio, que representan 70% del tráfico que se registra en el creciente mercado de Brasil en lo que a viajes aéreos se refiere (la demanda de viajes aéreos en Brasil crece casi al doble que el porcentaje de crecimiento del PIB del país). Gol va también sobre el mercado de autobuses más grande de Brasil: en 2001, casi 130 millones de personas viajaron por las empresas de autobuses interestatales. Gol uniformó su flotilla con una sola línea de aviones, de la serie Boeing 737. No hay clubes exclusivos en los aeropuertos ni programas de viajero frecuente, las cabinas son de una sola clase y las comidas son bebidas y entremeses ligeros. Asimismo, la línea aérea ofrece registro por internet y proporciona un producto confiable, 95% de los vuelos con llegadas a tiempo. El servicio de Gol le ha valido una excelente respuesta de los clientes. Una investigación de mercado independiente reveló que más de 90% de los usuarios continuaría usando la línea aérea y la recomendaría.

Desde sus inicios, en enero de 2001, este modelo de negocios le permitió a Gol captar una participación de 22% del mercado brasileño a mediados de 2004. Para entonces, la compañía contaba con una flotilla de 25 aviones y una clasificación como una de las aerolíneas con mayor crecimiento y mayores ingresos en el mundo, pero tiene aspiraciones de crecer aún más: Gol desea ser la aerolínea de bajo costo de Sudamérica. Para llegar a esa meta, planeaba expandir su flotilla a aproximadamente 69 aviones en 2010.

Con la finalidad de financiar dicha expansión, Gol decidió participar en el mercado global de capitales. A mediados de 2004, ofreció acciones preferenciales sin derecho a voto a inversionistas de São Paulo Bovespa y del Mercado de Valores de Nueva York. La oferta simultánea se sobresaturó, lo que elevó dos veces el precio de la oferta y recabó cerca de 322 millones de dólares. Para explicar la decisión de ofrecer acciones mediante el Mercado de Valores de Nueva York, el director de finanzas de Gol señaló:

> Deseábamos obtener un grupo sólido de inversionistas de largo plazo que comprendan el negocio. Lo logramos. Deseábamos también obtener un grupo de analistas de investigación que entendiera este sector, y ahora contamos con siete analistas que cubren las acciones. Southwest, JetBlue, Ryanair y Westjet son considerados el grupo más importante en términos de éxitos y rentabilidad operativa. Somos capaces de poner a Gol al alza en ese grupo. Entrar en el NYSE y en Bovespa fue parte de nuestra estrategia de venta de acciones a inversionistas familiarizados con empresas aéreas de bajo costo. La estrategia funciona. Si analiza la lista de inversionistas relevantes de la empresa, observará que la mayoría de ellos tiene altas posiciones en la comercialización de participaciones de JetBlue, Southwest y Ryanair. Para ellos, fue un análisis muy sencillo el del modelo de negocios de Gol y la forma en que hacen dinero.

Con ayuda del financiamiento, Gol pudo expandirse con rapidez. A principios de 2007, tenía ya 65 aeronaves y operaba 600 vuelos diarios a 55 destinos, entre ellos siete rutas internacionales a cinco países sudamericanos. Gol tenía participaciones domésticas y en el mercado brasileño de 37 y 13%, respectivamente. Sus aviones iban con una ocupación promedio de 74%, la mejor de Brasil, y era la línea más puntual de la nación. Para principios de 2011, Gol sobrepasó a su rival local, TAM, para convertirse en la línea aérea más destacada de Brasil, con un participación de 40% en el mercado doméstico.

Preguntas para analizar el caso

1. ¿Cuáles fueron los beneficios para Gol de cotizar en el Mercado de Valores de Nueva York y en el São Paulo Bovespa?
2. ¿Por qué cree que se produjo una sobresaturación de la oferta accionaria de Gol?
3. ¿Piensa que Gol hubiese recabado tanto dinero de haberse inscrito solo en la bolsa de valores de São Paulo?
4. ¿Cómo podría afectar la cotización conjunta en Nueva York y São Paulo la capacidad de Gol para conseguir capital adicional en el futuro?

Fuentes

E. P. Lima, "Winning Gol!", en *Air Transport World*, octubre de 2004, pp. 22-26; G. Samor, "Brazil's Gol Faces Hurdles", en *The Wall Street Journal*, 9 de agosto de 2004, p C3; "Gol Launches $322 Million Flotation", en *Airfinance Journal*, junio de 2004, p. 1; "Gol Commemorates Sixth Anniversary", en *PR Newswire*, 15 de enero de 2007; y G. Hill, "TAM Loses No. 1 Ranking in Market Share in Brazil", Reuters, 17 de marzo de 2011.

Política de contratación de AstraZeneca

AstraZeneca es una de las mayores compañías farmacéuticas del mundo. Con oficinas corporativas en Londres, Inglaterra, la empresa tiene 65 mil empleados, 51% de los cuales está en Europa, 32% en América y 17% en Asia, África y Australia. La compañía tiene presencia activa en más de 100 países y sus ventas sobrepasan los 30 mil millones de dólares. Un imperativo clave y estratégico de esta multinacional es construir una talentosa fuerza de trabajo global, dirigida por administradores que posean una perspectiva global y se sientan cómodos en sus desplazamientos por todo el mundo, cuando interactúan con personas de otras culturas y hacen negocios en distintas naciones. Esto no es fácil.

Para ayudar a construir su fortaleza internacional, la empresa cambia a sus administradores de un país a otro por un periodo de hasta tres años. Dichas asignaciones no son baratas: AstraZeneca estima que cubrir los gastos puede costar de dos a cuatro veces el salario anual de un empleado, porque puede incluir el pago de la escuela de los hijos de los trabajadores, impuestos, la capacitación cultural y el subsidio para vivienda. Por estos gastos, la compañía concentra sus asignaciones internacionales solo en sus empleados más promisorios, empleados de "alto potencial" que están programados para avanzar y ocupar posiciones de liderazgo dentro de la empresa. En cada caso, el personal de recursos humanos evaluará si la inversión en una persona vale la pena. No basta con simplemente ubicar un empleado en una nación extranjera. Para ser promovidos, los trabajadores deben aprender también a laborar con equipos internacionales y a administrar fuera de sus fronteras. Si la compañía considera que una persona carece de estas habilidades, no le otorgará un cargo en el extranjero. Si no se desempeña eficazmente en puestos en el extranjero, sus perspectivas de progreso se verán reducidas.

Para facilitar la transición a otro país, AstraZeneca ofrece a sus empleados y a sus cónyuges ayudarles con la mudanza, localizar escuelas para los niños, buscar un lugar para que aprendan el idioma y entiendan las diferencias culturales. Además, la empresa ofrece capacitación para la repatriación de empleados que vuelven a casa después de estar mucho tiempo en el extranjero. Brinda este servicio porque la experiencia ha demostrado que muchos expatriados y sus familias tienen problemas para reajustarse a su antigua vida luego pasar un largo tiempo en una cultura diferente.

Otro problema al que se enfrenta el área de recursos humanos en AstraZeneca se relaciona con la manera de elevar la base de talento de empleados que están en mercados emergentes donde el laboratorio ha hecho grandes inversiones en años recientes. Un caso especial es China, donde, hasta hace poco, había muy poca educación cn administración profesional (esto está cambiando rápidamente). En 2003, la compañía contaba con aproximadamente más de mil empleados en China y hoy tiene más de 3 500. AstraZeneca ha tratado de aumentar el nivel de habilidad de los trabajadores chinos clave tan rápidamente como sea posible. La empresa ha enviado talento gerencial clave al extranjero para exponerlo a otras culturas y educarlos en la forma en que AstraZeneca hace negocios. Quiere que ellos entiendan lo que significa ser parte de una compañía global. Cada expatriado será asignado a un administrador de línea de un país anfitrión, así como a uno de la nación de origen que monitorea su progreso. Después de un tiempo, la mayor parte de este personal regresa a China, donde los más exitosos son elegidos para ocupar futuros puestos de liderazgo dentro de la filial china; sin embargo, los más talentosos pueden ir más allá del plano local, y con el tiempo, cambiar a puestos directivos en el nivel corporativo.

Preguntas para analizar el caso

1. ¿Qué política internacional de contratación sigue AstraZeneca respecto de sus empleados de alto potencial?
2. ¿Por qué AstraZeneca limita esta política solo a los trabajadores de alto potencial? ¿Puede detectar una desventaja en esto?
3. ¿Qué política de contratación está adoptando AstraZeneca respecto de sus filiales en lugares como China? ¿Es una política adecuada?
4. ¿Considera que la compañía está haciendo lo suficiente para limitar los bien conocidos riesgos y costos asociados con los altos índices de fracaso entre los expatriados? ¿Hay algo más que podría hacer?

Fuentes

S. Stern, "AstraZeneca's Long March to China", en *Daily Telegraph*, 7 de septiembre de 2006, p. 3; J. M. Von Bergen, "More U. S. Workers Getting Global Assignments", *Tribune News Service*, 12 de agosto de 2008; y T. Mohn, "The Long Trip Home", en *The New York Times*, 10 de marzo de 2009, p. B6.

GLOSARIO

A

activo especializado   Activo destinado a desarrollar una tarea particular, cuyo valor se reduce de manera importante en su siguiente mejor uso.

acto ilegal de funcionarios   Infracción a los derechos de propiedad cuando los funcionarios públicos sustraen ingresos, recursos o bienes a sus dueños.

acto ilegal de particulares   Violación de los derechos de propiedad por robo, piratería, extorsión, etc., efectuado por individuos o grupos de particulares.

acuerdo de licencia   Acuerdo por el que una parte cede los derechos de propiedad intangible a otra durante cierto tiempo y recibe a cambio regalías.

Acuerdo General sobre Aranceles Aduaneros y Comercio (*General Agreement of Tariffs and Trade*, GATT)   Tratado internacional en el que los firmantes se comprometían a disminuir las barreras al libre tránsito de bienes a través de las fronteras nacionales; fue antecesor de la OMC.

adecuación masiva   Producción de una amplia variedad de bienes finales a un costo por unidad que alguna vez solo podía lograrse mediante la manufactura masiva de un producto estandarizado.

administración de calidad total (Total Quality Management, TQM)   Doctrina administrativa que se centra en la necesidad de mejorar la calidad de los productos y servicios de una compañía.

administración de los recursos humanos (ARH)   Actividades que se efectúan en una organización para aprovechar a su personal de manera eficaz.

administración monetaria   Manejo eficiente de las reservas globales de efectivo de una empresa.

administrador expatriado   Ciudadano de un país designado para ocupar un puesto directivo en otro.

aprendizaje global   Flujo de habilidades y ofertas de productos desde las filiales extranjeras hacia la matriz y hacia otras filiales.

arancel   Impuesto que se aplica a las importaciones.

arancel *ad valorem*   Impuesto que se aplica como proporción del valor de un bien importado.

arancel específico   Tarifa establecida como cobro fijo por cada unidad de bien importado.

aranceles compensatorios   Aranceles para contrarrestar el *dumping*.

arbitraje   Compra de instrumentos financieros en un mercado para revenderlos de inmediato en otro y obtener una utilidad por la diferencia de precios.

área de libre comercio   Grupo de países que se comprometen a eliminar todas las barreras al libre tránsito de bienes y servicios entre ellos, pero que siguen políticas de comercio exterior independientes.

argumento de la industria naciente   Doctrina que sostiene que las nuevas industrias de los países en desarrollo deben protegerse de manera temporal de la competencia internacional, hasta que alcancen una posición en la que puedan competir en los mercados mundiales con las compañías de las naciones desarrolladas.

Asociación de Naciones del Sureste Asiático (Association of South East Asian Nations, ASEAN)   Asociación fundada en 1967 para establecer un área de libre comercio entre Brunei, Camboya, Indonesia, Laos, Malasia, Myanmar, Filipinas, Singapur, Vietnam y Tailandia.

Asociación Europea de Libre Comercio (ALCE)   Asociación de libre comercio que abarca Noruega, Islandia y Suiza.

B

Banco Mundial (BM)   Institución internacional cuyo objetivo es promover el desarrollo económico general en las naciones más pobres del mundo.

barreras administrativas   Normas administrativas adoptadas por las burocracias gubernamentales para restringir las importaciones o fomentar las exportaciones.

bono extranjero   Bono vendido fuera del país de origen del prestatario y denominado en la moneda de la nación en la que se expide.

Bretton Woods   Reunión de 1944 en la que los representantes de 40 países diseñaron un nuevo sistema monetario internacional.

buenas costumbres   Normas que se consideran básicas para el funcionamiento de una sociedad o para su vida social.

C

caja de conversión o consejo monetario   Medio para controlar el tipo de cambio de la moneda de un país.

calidad del canal El conocimiento, la experiencia, las competencias y las capacidades de detallistas establecidos en una nación, y su habilidad para vender y apoyar los productos de los negocios internacionales.

canales exclusivos de distribución Canales de distribución a los que es difícil que penetren terceros.

capacidades dinámicas Habilidades que se vuelven más valiosas con el tiempo, a través del aprendizaje.

CARICOM (Caribbean Single Market and Economy, CSME) Asociación de estados caribeños de lengua inglesa cuyo objetivo es establecer una unión aduanera.

CARICOM Mercado y Economía (Caribbean Single Market and Economy, CSME) Los seis miembros del CARICOM que convinieron en reducir las barreras al comercio y armonizar sus políticas monetarias y macroeconómicas.

carta de crédito Carta expedida por un banco en la que se estipula que este hará ciertos pagos correspondientes en determinadas circunstancias.

carry trade Tipo de especulación que supone obtener un préstamo en una divisa cuyos intereses son bajos y utilizar los rendimientos para invertir en otra cuyos intereses son altos.

célula flexible de producción Tecnología de manufactura flexible en la que se agrupan diversas máquinas, un encargado único de materiales y una célula central de control para elaborar una familia de productos.

código de ética Declaración formal de las prioridades éticas de una empresa u organización.

colectivismo Doctrina que destaca los objetivos sociales por encima de los individuales.

comercio desviado Prácticas comerciales trastocadas por la integración económica regional. Ocurre cuando proveedores extranjeros con costos menores, fuera de un área de libre comercio, son sustituidos por otros más caros de esa área.

comercio internacional Actividad en la que una compañía exporta bienes o servicios a consumidores de otro país.

Comisión Europea Organismo responsable de proponer, implantar y verificar el cumplimiento de la legislación que regirá a la Unión Europea.

compañía de administración de exportaciones (export management company, EMC) Especialistas en exportaciones que operan como departamento de comercialización de exportaciones para las empresas que los contratan.

compensación Acuerdo para comprar en cierto país bienes y servicios con determinado porcentaje de los ingresos por una venta que lleva a cabo cualquier compañía establecida en él.

compensación bilateral de saldos netos Arreglo conforme al cual lo que una filial adeuda a otra se cancela con la deuda de la segunda con la primera.

competencia central Capacidad de una empresa que los competidores no pueden igualar ni imitar.

competencia multipolar Surge cuando dos o más competidores se enfrentan en diferentes mercados regionales o nacionales, o industrias.

compra a cambio (buyback) Aceptación de un porcentaje de la producción de una planta como pago por el contrato para construirla.

comunistas Personas que opinan que solo se llega al socialismo mediante una revolución y una dictadura totalitaria.

conciencia de clase Tendencia de los individuos a percibirse según sus orígenes socioeconómicos.

conocimiento de embarque Documento expedido en favor de un exportador por un transportista general de mercancías. Hace las veces de recibo, contrato y documento de derechos.

conocimientos interculturales Conocimientos sobre cómo afecta una cultura la manera de hacer negocios.

Consejo Europeo Organismo integrado por los jefes de Estado de los miembros de la Unión Europea y el presidente de la Comisión Europea.

contracompra Acuerdo de compra recíproca.

contratación policéntrica Estrategia de asignación de personal en una empresa multinacional en la que se contrata a ciudadanos del país anfitrión de cada una de las diversas filiales en el extranjero para que las dirijan, en tanto que los ciudadanos del país de origen ocupan los principales puestos en la casa matriz de la corporación.

contrato Documento que especifica las condiciones de intercambio y detalla los derechos y las obligaciones de las partes.

controles burocráticos Controles por medio del establecimiento de un sistema de reglas y procedimientos.

controles culturales Control que se alcanza luego de convencer a los subordinados de que se identifiquen con las normas y los sistemas de valores de la organización (autocontrol).

controles de rendimiento Mecanismo de control que consiste en fijar metas para los subordinados, expresadas con criterios objetivos, y en determinar el desempeño y la capacidad de los subordinados para conseguir dichas metas.

controles personales Ejercicio de los controles mediante el contacto personal con los subordinados.

Convención de las Naciones Unidas sobre los Contratos para la Venta Internacional de Mercaderías (United Nations Convention on Contracts for the International Sale of Goods, CISG) Acuerdo que establece un conjunto uniforme de reglas para los contratos entre empresas de diversas naciones.

Convención para Combatir el Soborno de Funcionarios Públicos del Extranjero en las Transacciones de Negocios Internacionales (Convention on Combating Bribery of Foreign Public Officials in International Business Transactions) Acuerdo de la OCDE para penalizar el soborno de funcionarios públicos en el extranjero.

Convenio de París para la Protección de la Propiedad Industrial Acuerdo internacional para proteger la propiedad intelectual. Ha sido firmado por 96 países.

conversión externa de moneda Situación en que los extranjeros no residentes pueden convertir sus valores de moneda nacional en divisas, mientras que se limita la capacidad de los nativos para hacerlo.

costos de transacción Costos de un intercambio comercial.

costos del pionero Costos en que incurre quien entra primero en un mercado y que se ahorran quienes llegan después, como tiempo y esfuerzo para aprender las reglas, fallas por desconocimiento y el inconveniente de ser extranjero.

costumbre Norma que se considera básica para el funcionamiento de una sociedad y la vida social.

creación de comercio Comercio que se genera debido a la integración económica regional. Ocurre cuando productores nacionales de alto costo son sustituidos por productores extranjeros de bajo costo en un área de libre comercio.

creación de valor Conjunto de actividades que aumentan el valor de los bienes o servicios para los consumidores.

crecimiento de las utilidades Aumento porcentual de las utilidades netas con el paso del tiempo.

crédito fiscal Crédito que permite a una compañía reducir los impuestos que paga al gobierno nacional conforme a los impuestos que pagó a un gobierno extranjero.

crisis bancaria Pérdida de confianza en el sistema bancario que genera una demanda excesiva sobre los bancos, porque los individuos y las compañías retiran sus depósitos.

crisis de deuda externa Situación en la que un país no puede pagar sus obligaciones de deuda externa, sea del sector privado o del público.

crisis monetaria Situación que ocurre cuando un ataque especulativo al tipo de cambio de una moneda le produce una devaluación pronunciada, o bien, obliga a las autoridades a gastar grandes sumas de sus reservas internacionales e incrementar bruscamente las tasas de interés para defender el tipo de cambio actual.

cuenta corriente En la balanza de pagos, registro de las transacciones de importación y exportación de bienes y servicios.

cuenta financiera En la balanza de pagos, registro de las transacciones que incluyen la compra o venta de activos.

cultura Conjunto de conocimientos, ideas, arte, moral, derecho, tradiciones y diversas aptitudes que adquiere una persona por el hecho de pertenecer a una sociedad.

cultura corporativa Sistema de normas y valores en una organización.

cultura organizativa Normas y valores que comparten los empleados de una organización.

cuota de importación Límite directo a la cantidad de un bien que puede importarse a un país.

cuota de tasa arancelaria Tasa reducida de aranceles que se aplica a las importaciones que no rebasan la cuota.

cuota de transferencia Cargo bancario por trasladar efectivo de un lugar a otro.

curva de experiencia Reducciones sistemáticas a los costos de producción durante la vida de un producto.

D

decisiones de producción o compra Decisiones que una compañía toma sobre efectuar una actividad de creación de valor o darla en *outsourcing* a otra.

Declaración Universal de los Derechos Humanos Acuerdo que establece los principios básicos que deben observarse sin importar la cultura.

déficit comercial Véase **déficit de la cuenta corriente.**

déficit de la cuenta corriente Situación que ocurre con la cuenta corriente de la balanza de pagos cuando un país importa más bienes y servicios de los que exporta.

democracia Sistema político en el que el gobierno es del pueblo, ya sea que se ejerza de manera directa o por medio de representantes electos.

democracia representativa Sistema político en el que los ciudadanos eligen periódicamente a las personas que los representarán en el gobierno.

derecho consuetudinario Sistema legal basado en la tradición, los precedentes y usos. Cuando los tribunales interpretan a la luz del derecho consuetudinario, atienden a estas características.

derecho contractual Conjunto de leyes que rigen la aplicación de los contratos.

derechos de autor (*copyright*) Derechos legales en exclusividad de escritores, compositores, dramaturgos, pintores y editores para publicar y disponer de su obra a su conveniencia.

derechos de propiedad Conjunto de derechos legales sobre el uso que se da a un recurso y sobre la utilización a que se destina todo ingreso derivado de ese recurso.

desempeño ambiguo Situación en que las causas de un desempeño bueno o malo no se detectan con claridad.

desregulación Supresión de las restricciones gubernamentales a las actividades de una empresa.

desventajas de actuar al último Inconvenientes que sufren quienes ingresan tarde a un mercado.

desventajas del que actúa primero   Desventajas que conlleva entrar en un mercado extranjero antes que otras compañías internacionales.

desvío comercial   Acto de recurrir a un tercero, una casa comercial especializada, para un acuerdo de intercambio.

diferenciación horizontal   División de una empresa en unidades.

diferenciación vertical   Centralización y descentralización de las responsabilidades en la toma de decisiones.

dilema ético   Situación en la que ninguna opción parece aceptable desde el punto de vista ético.

dinamismo confuciano   Teoría que sostiene que las enseñanzas de Confucio repercuten en las actitudes hacia el tiempo, la persistencia, las jerarquías, la reserva, el respeto por la tradición y la reciprocidad de elogios y favores.

distancia del poder   Teoría acerca de la forma en que una sociedad resuelve las diferentes capacidades físicas e intelectuales de las personas. Las culturas con mucha distancia del poder son propias de países en los que las desigualdades aumentaron hasta convertirse en inequidades de poder y riqueza. Las culturas con poca distancia del poder se encuentran en las sociedades que intentan reducir tales inequidades cuanto sea posible.

distribución justa   Aquella que se considera imparcial y equitativa.

división internacional   División responsable de las actividades internacionales de una empresa.

dotación de factores   Conjunto de recursos de un país, como territorios, mano de obra y capital.

dumping   Acto de vender bienes en un mercado extranjero a menos de su costo de producción o por debajo de su valor "justo" de mercado.

E

economía de mercado   Economía en que la mano invisible del sistema de precios determina la distribución de los recursos.

economía dirigida   Sistema económico en el que el gobierno planea la asignación de recursos, como el tipo de bienes y servicios que deben producirse y en qué cantidades.

economía política   Estudio de la influencia de los factores políticos en el funcionamiento de un sistema económico.

economías de escala   Ventajas en costos que se obtienen mediante la producción en gran escala.

economías de localización   Ventajas en costos que se logran cuando se desempeña una actividad de creación de valor en el lugar óptimo para ello.

efecto Fisher   Fenómeno por el que la tasa de interés nominal (*i*) de cada país es igual a la tasa de interés real requerida (*r*) más

el índice anticipado de inflación durante el periodo en el que se prestan los fondos (*I*). Es decir: $i = r + I$.

efecto Fisher internacional   En dos países dados, el tipo de cambio de referencia debe desplazarse en la misma cantidad, pero en dirección opuesta a la diferencia entre las tasas de interés nominal de ambas naciones.

efectos de aprendizaje   Ahorros en costos que se obtienen por medio del aprendizaje en la práctica.

efecto de contagio   Movimiento de los comerciantes semejante a un contagio, todos en la misma dirección y al mismo tiempo, en respuesta a las acciones percibidas del otro.

efectos del país de origen   Subgrupo de efectos propios del origen o grado en que el sitio de manufactura influye sobre las evaluaciones del producto.

elasticidad de los precios de la demanda   Medida de la reacción de la demanda de un producto ante los cambios en su precio.

elástico   Pequeño cambio en el precio que genera un gran cambio en la demanda.

emprendedores   Aquellos que comercializan innovaciones primero.

empresa internacional   Empresa que efectúa comercio o inversiones internacionales.

entrada flujos de IED   Flujos de inversión extranjera directa hacia un país.

escala mínima eficiente   Nivel de producción en el que se agota la mayoría de las economías de toda la planta.

especulación con divisas   Cambio de fondos de corto plazo de una moneda a otra, con la esperanza de obtener una utilidad por las variaciones del tipo de cambio.

estado financiero   En la balanza de pagos, transacciones que suponen la compra o venta de activos.

estrategia   Acciones que emprenden los administradores para alcanzar las metas de su empresa.

estrategia de adelanto   Anticipación en el cobro de cuentas por cobrar en moneda extranjera si se espera que se deprecie, y en pago por adelantado de las cuentas por pagar en moneda extranjera si se espera que se aprecie.

estrategia de demora   Retraso del cobro de cuentas en moneda extranjera si se espera que se aprecie, y retraso de los pagos si se espera que se deprecie.

estrategia de estandarización global   Estrategia para aumentar la rentabilidad aprovechando las reducciones de los costos debidas a las curvas de experiencia y las economías de localización.

estrategia ética   Línea de acción que respeta la ética empresarial.

estrategia internacional   Estrategia para crear valor mediante la transferencia de capacidades básicas a mercados extranjeros donde la competencia local no las tiene.

estrategia _pull_   Estrategia de marketing que hace hincapié en la publicidad en medios masivos en vez de en la venta personal.

estrategia _push_   Estrategia de marketing que hace hincapié en la venta personal en lugar de en la publicidad en medios masivos.

estrategia transnacional   Plan para aprovechar los ahorros de localización y de costos por experiencia, transferir las capacidades centrales de la empresa y prestar atención a las circunstancias locales.

estratos sociales   Categorías jerárquicas de una sociedad.

estructura global por divisiones de productos   Estructura organizativa de una compañía que se basa en divisiones de productos que asumen una responsabilidad global.

estructura global por zonas   Estructura organizativa de una empresa en la que el mundo se divide en zonas.

estructura matricial global   Diferenciación horizontal en dos rubros: divisiones de productos y zonas geográficas.

estructura organizativa   Estructura determinada por la división formal de una organización en unidades de negocios, la localización de la toma de decisiones y la coordinación de las actividades de las unidades de negocios.

estructura social   Organización social básica en una sociedad.

ética empresarial   Principios aceptados que rigen lo correcto o incorrecto en la conducta de los empresarios.

ética kantiana   Noción que sostiene que debe tratarse a las personas como fines y nunca solo como medios para los fines de otros.

etnocentrismo   Tendencia a creer en la superioridad del grupo étnico o cultura propios.

eurobonos   Bono colocado en países en los que no circula la moneda en que está denominado.

eurodivisa   Toda moneda depositada fuera de su país de origen.

Ex-im Bank (Export-Import Bank)   Dependencia del gobierno de Estados Unidos que brinda ayuda financiera y facilita las exportaciones e importaciones.

exportación   Venta de los bienes producidos en una nación a los habitantes de otra.

exposición a la conversión de divisas   Grado al que las fluctuaciones del tipo de cambio repercuten en los resultados consolidados y el balance general de una corporación.

exposición de las transacciones   Grado al que las fluctuaciones del tipo de cambio repercuten en el ingreso de transacciones particulares.

exposición económica   Grado al que las fluctuaciones del tipo de cambio alteran el poder que tiene una empresa de obtener utilidades internacionales.

externalidades   Difusión de conocimientos.

F

factores de producción   Insumos del proceso de producción de una empresa: mano de obra, administración, terrenos, capital y conocimientos técnicos.

fijación de precios de efectos extendidos   Situación que ocurre cuando una estrategia de precios que se aplica en un mercado puede tener un efecto en la estrategia de un rival en otro.

filial de propiedad total   Filial cuyas acciones pertenecen en su totalidad a una empresa.

filial foránea   Filial extranjera.

flotación controlada   Sistema en el que se permite que flote la paridad de la moneda de un país respecto de otras, pero el gobierno interviene para comprar y vender divisas si estima que la moneda se desvió en exceso de su valor justo.

flujo de inversión extranjera directa   Cantidad de inversión extranjera directa emprendida durante un periodo determinado (por lo general, un año).

fondo de cobertura   Fondo de inversión donde se compra y vende en corto títulos financieros (acciones, bonos, divisas).

Fondo Monetario Internacional (FMI)   Institución internacional cuyo objetivo es mantener en orden el sistema monetario internacional.

fracaso del expatriado   Retorno prematuro de un administrador expatriado a su nación de origen.

franquicia   Forma especializada de licencia en la que el dueño vende propiedad intangible al concesionario y establece las reglas para conducir el negocio.

fuga de capitales   Situación que se presenta cuando los habitantes de un país convierten su moneda en una divisa extranjera.

G

G20   Establecido en 1999, el G20 incluye a los ministros de finanzas y gobernadores de bancos centrales de las 19 economías más grandes del mundo, además de representantes de la Unión Europea y del Banco Central Europeo.

globalización   Tendencia de las unidades económicas nacionales en favor de integrar un enorme mercado global.

globalización de la producción   Tendencia de las empresas a distribuir parte de sus procesos de producción en diversos lugares del mundo con el propósito de aprovechar las diferencias de costo y calidad de los factores de producción.

globalización de los mercados   Superación del sistema económico en el que los mercados nacionales son entidades diferenciadas, aisladas por barreras comerciales y obstáculos que imponen la distancia, el tiempo y la cultura, en favor de un sistema en el que dichos mercados se funden en un mercado global.

grupo Asociación de dos o más individuos que comparten un sentido de identidad y que se relacionan de manera estructurada según una base de expectativas comunes sobre el comportamiento del otro.

I

imperfecciones del mercado Imperfecciones en la operación de los mecanismos del mercado.

incentivos Medios para recompensar las actividades administrativas.

índice de desarrollo humano (IDH) Indicador de la Organización de las Naciones Unidas para evaluar el efecto de diversos factores en la calidad de vida en un país.

individualismo Doctrina que destaca la importancia de garantizar la libertad individual y de expresión de las personas.

individualismo *versus* colectivismo Teoría centrada en la relación entre el individuo y sus semejantes. En las sociedades individualistas, los lazos entre las personas son más flexibles y se estiman mucho los logros individuales. En las sociedades que prefieren el colectivismo, los lazos entre individuos son estrechos, las personas nacen en colectividades (como familias extendidas) y se supone que todos deben velar por el bien común.

ingreso nacional bruto (INB) Medida del ingreso total anual de los habitantes de un país.

inmoralista inocente Postura en la que se considera aceptable pasar por alto las normas éticas si otros también lo hacen.

innovación Desarrollo de nuevos productos, procesos, organizaciones, prácticas administrativas y estrategias.

integración económica regional Acuerdos entre países de una región para reducir y al final eliminar las barreras arancelarias y de otro género que impiden el libre tránsito de bienes, servicios y factores de producción entre ellos.

intercambio compensado Comercio de bienes y servicios a cambio de otros bienes y servicios.

interesados Individuos o grupos que tienen un interés, reclamo o participación en la compañía y sobre lo que esta hace y cómo lo hace.

interesados internos Individuos o grupos que trabajan para una empresa o son sus propietarios.

inventario justo a tiempo (JAT) Sistema de logística para entregar los elementos del proceso de producción según se necesiten y no antes.

inversión extranjera directa (IED) Inversión directa en operaciones empresariales de otro país.

inversión extranjera directa vertical Inversión extranjera directa en un sector económico que proporciona insumos para las operaciones nacionales de una empresa o inversión extranjera directa en un sector económico que vende los productos de las operaciones nacionales de una compañía.

inversión realizada "desde cero" (*greenfield*) Establecimiento de una operación nueva en otro país.

ISO 9000 Proceso de certificación que exige la satisfacción de ciertos criterios de calidad.

J

***joint venture* (alianza estratégica)** Acuerdo de cooperación entre dos o más empresas.

juego de suma cero Situación en que la ganancia económica de un país se logra a expensas de la pérdida económica de otro.

L

letra a plazo fijo Promesa de pago de la parte aceptante en una fecha futura.

letra de cambio Orden girada por un exportador mediante la cual instruye a un importador o a su agente para que pague cierta suma de dinero en un momento determinado.

letra de cambio a la vista Documento que se paga cuando lo presenta el girador.

Ley de Moore Hipótesis sobre que cada 18 meses el poder de la tecnología de microprocesamiento se duplica y los costos de producción se reducen a la mitad.

Ley de Prácticas Corruptas en el Extranjero Ley estadounidense que regula el comportamiento de las empresas internacionales respecto de sobornos y otros actos no éticos.

ley del precio único En mercados competitivos sin costos de transporte ni barreras comerciales, productos idénticos vendidos en diferentes países deben venderse al mismo precio si este se expresa en la misma moneda.

Ley Smoot-Hawley Ley promulgada en 1930 por el Congreso estadounidense para levantar un muro de barreras arancelarias en contra de las importaciones de Estados Unidos.

Ley Única Europea Ley de 1997 adoptada por los miembros de la Comunidad Europea y por la que se obligan a establecer una unión económica.

leyes de seguridad de los productos Leyes que fijan ciertas normas de seguridad que debe cumplir un producto.

libramiento/giro Orden escrita por un exportador con la que indica al importador qué y cuándo pagar (véase *letra de cambio*).

libre comercio Supresión de barreras al libre tránsito de bienes y servicios entre países.

libre conversión de moneda La moneda de un país es libremente convertible cuando el gobierno permite que, tanto nativos como extranjeros, compren sumas ilimitadas de divisas extranjeras con la moneda nacional.

licencia Permiso mediante el que una compañía (propietaria) cede el derecho de elaborar su producto, aplicar sus procesos

de producción o usar su marca a otra empresa (concesionaria). A cambio de esta cesión de derechos, la propietaria cobra regalías por cada unidad que vende la concesionaria.

logística   Adquisición y transmisión físicas de materiales por la cadena de suministro, de los proveedores a los consumidores.

longitud del canal   Cantidad de intermediarios por los que debe pasar un producto hasta llegar al consumidor final.

M

marca registrada   Diseños y nombres, en su mayoría registrados, empleados por comerciantes o productores para diferenciar y determinar sus productos.

masculinidad *versus* feminidad   Teoría de la relación entre los roles laborales y de género. En las culturas masculinas, los roles sexuales están muy diferenciados y los "valores masculinos" tradicionales, como la realización y el ejercicio eficaz del poder, determinan los ideales culturales. En las culturas femeninas, los roles sexuales están menos acentuados y hay poca diferenciación entre hombres y mujeres en el mismo puesto de trabajo.

mecanismo de tipo de cambio (MTC)   Mecanismo para articular los tipos de cambio de las monedas de la Unión Europea.

mecanismos de integración   Mecanismos para coordinar las unidades de una organización.

mercado común   Grupo de países dedicados a 1) eliminar todas las barreras al libre tránsito de bienes, servicios y factores de producción entre ellos, y 2) establecer una política única de comercio exterior.

Mercado Común de América Central   Pacto comercial entre Costa Rica, El Salvador, Guatemala, Honduras y Nicaragua, que comenzó a principios de 1960, pero que concluyó en 1969 debido a la guerra.

mercado de divisas   Mercado para convertir la moneda de un país en la de otro.

mercado eficiente   Mercado en el que los precios reflejan toda la información disponible.

mercado ineficiente   Mercado donde los precios no reflejan toda la información disponible.

mercantilismo   Postura económica que afirma que los países deben, al mismo tiempo, fomentar las exportaciones y desalentar las importaciones.

Mercosur   Pacto entre Argentina, Brasil, Paraguay y Uruguay para establecer un área de libre comercio.

mezcla de marketing   Combinación de atributos de los productos, estrategia de distribución, estrategia de comunicación y estrategia de fijación de precios que ofrece una empresa a sus mercados.

MITI (Ministry of International Trade and Industry)   Ministerio de Comercio Internacional e Industria de Japón.

momento de entrada   Es temprano cuando una compañía se introduce en un mercado extranjero antes de que otras lo hagan; es tardío, cuando el arribo es posterior al de otras empresas internacionales.

moneda no convertible   Moneda que tanto los ciudadanos como los extranjeros de un país tienen prohibido convertir en otra.

moralista recto   Postura según la cual la ética personal es adecuada en todas las culturas.

movilidad social   Grado en que los individuos pueden acceder a estratos sociales diferentes de aquellos en que nacieron.

N

necesidades universales   Necesidades que son iguales en todo el mundo; por ejemplo, de acero, sustancias químicas básicas e instrumentos electrónicos industriales.

negación de la incertidumbre   Grado al que las culturas socializan o no a sus integrantes para que acepten las situaciones ambiguas y toleren la incertidumbre.

no elástico   Situación que se presenta cuando un gran cambio en el precio produce solo un pequeño cambio en la demanda.

normas   Reglas y guías sociales que prescriben el comportamiento apropiado en situaciones particulares.

normas de auditoría   Reglas para efectuar una auditoría.

normas de contabilidad   Reglas para preparar los estados financieros.

nueva teoría del comercio   Teoría que sostiene que el esquema de comercio en la economía mundial se debe en parte a la capacidad de las empresas de un mercado para aprovechar las ventajas de actuar primero.

O

oligopolio   Sector económico ocupado por pocas empresas grandes.

One Ford   Estrategia de negocios para minimizar la cantidad de plataformas de negocios solo a las que pueden usarse en cualquier parte del mundo.

operación *forward*   Operación en la que dos partes acuerdan intercambiar divisas y concretar un trato en determinada fecha futura.

operaciones   Las distintas actividades de creación de valor que emprende una compañía.

Organización de las Naciones Unidas   Institución internacional conformada por 191 países y creada para mantener la paz.

Organización Mundial de la Propiedad Intelectual   Grupo de 185 países que firmaron tratados internacionales para proteger la propiedad intelectual.

Organización Mundial del Comercio (OMC) Organización que se derivó del Acuerdo General sobre Aranceles Aduaneros y Comercio (*General Agreement of Tariffs and Trade*, GATT) como resultado de la culminación de las rondas de negociaciones del GATT en Uruguay. ·

P

Pacto andino Tratado de 1969 entre Bolivia, Chile, Ecuador, Colombia y Perú para establecer una unión aduanera.

paradigma ecléctico Postura según la cual se requiere de IED para combinar los activos específicos o la dotación de recursos de un lugar y los activos propios de una compañía; precisa que la empresa establezca instalaciones de producción donde se encuentran esos activos o recursos.

paraíso fiscal País que cobra impuestos sobre la renta excepcionalmente bajos o que no los cobra.

paridad del poder adquisitivo (PPA) Ajuste del producto interno bruto *per capita* para dar cuenta de las diferencias en el costo de la vida.

Parlamento Europeo Organismo electo de la Unión Europea que aconseja sobre los temas propuestos por la Comisión Europea.

patente Concede al inventor de un nuevo producto o proceso los derechos exclusivos de manufactura, uso o venta del invento.

patrón oro Práctica de fijar las monedas al oro y garantizar su conversión.

permuta de divisas Compra y venta simultánea de una cantidad de moneda extranjera con los valores de dos fechas diferentes.

poder de mercado Capacidad de una empresa de ejercer el control sobre los precios o la producción de un sector económico.

política de comercio estratégico Política gubernamental dirigida a mejorar la posición competitiva de un sector o una empresa nacional en el mercado mundial.

política de contratación Estrategia relativa a la selección de los empleados para determinados puestos.

política de contratación etnocéntrica Método de asignación de personal en una empresa multinacional según el cual todos los puestos administrativos clave son ocupados por connacionales del país de origen.

política de contratación geocéntrica Método de asignación de personal en el que se busca a los mejores candidatos para que ocupen los principales puestos de la empresa multinacional, cualquiera que sea su nacionalidad.

precio de penetración Táctica de reducción de precios a menos de su valor justo de mercado, como arma competitiva para dejar fuera a los competidores más débiles ("justo" quiere decir el costo más un margen de utilidad razonable).

precios de la curva de experiencia Fijación de precios enérgica para aumentar el volumen de ventas y ayudar a que la compañía materialice ahorros con base en la curva de experiencia.

principio de efectos fiscales al cobro Esquema por el que las compañías no pagan impuestos por una filial en el extranjero hasta que reciban en firme sus dividendos.

privatización Venta de empresas estatales a inversionistas privados.

proceso Procedimiento mediante el cual se toman las decisiones y se desempeña el trabajo.

producción Actividades comprendidas en la creación de un producto.

producción *offshore* Inversión extranjera directa para atender al mercado interno.

producción personalizada en masa Producción de una gran variedad de productos con un costo unitario que antes solo se conseguía por medio de la producción en masa de un artículo homogéneo.

propiedad intelectual Productos intelectuales o ideas (como libros, música, software de cómputo, diseño, *know-how* tecnológico). La propiedad intelectual se protege con patentes, *copyright* (derechos de autor) y marcas registradas.

proyecto llave en mano Convenio por el cual una empresa acepta establecer una planta funcional para un cliente extranjero y entrega "la llave" cuando la planta opera de manera normal.

R

recurso humano Parte de la estructura de la organización que abarca la estrategia para contratar, pagar y retener a los empleados.

red de conocimiento Red para transmitir información en una organización que se basa en contactos informales entre los administradores y en sistemas de información distribuidos.

red mundial Red en que las etapas de la cadena de valor están distribuidas en los lugares del mundo donde maximizan el valor agregado o donde son mínimos los costos para crear valor.

relativismo cultural Noción de que la ética depende de la cultura y de que una empresa debe adoptar la ética de la cultura en donde opera.

religión Sistema de creencias y ritos en torno de lo sagrado.

rendimientos constantes de la especialización Noción de que las unidades de recursos necesarias para producir un bien se mantienen constantes sin importar la posición de la compañía en los límites de posibilidades de su país.

rentabilidad Concepto que alude a la tasa de rendimiento.

requisito de contenido local Exigencia de que un porcentaje específico de un bien se produzca dentro del país para considerarlo producción nacional.

reserva total de la inversión extranjera directa Valor total acumulado de los activos propiedad de extranjeros en un periodo determinado.

responsabilidad derivada del producto Responsabilidad que asumen una empresa y sus funcionarios si un producto ocasiona lesiones, muerte o perjuicios.

restricción voluntaria a las exportaciones Cuota al comercio impuesta por el país exportador, en lugar del importador. Por lo común, es resultado de una solicitud del gobierno del país importador.

riesgo cambiario Riesgo de que las fluctuaciones del tipo de cambio afecten la rentabilidad de un acuerdo comercial.

riesgo económico Probabilidad de que acontecimientos diversos, como errores de administración económica, produzcan cambios drásticos en el entorno de los negocios de un país que perjudiquen las utilidades y otras metas de una empresa comercial.

riesgo legal Probabilidad de que un socio comercial rompa el contrato o expropie derechos de propiedad intelectual para sus propios fines.

riesgo moral Situación que aparece cuando las personas se comportan de manera imprudente porque saben que saldrán indemnes cuando surjan problemas.

riesgo político Probabilidad de que las fuerzas políticas generen cambios radicales en el entorno de negocios de un país y afecten las utilidades y otras metas de una compañía.

ruido Cantidad de otros mensajes que compiten por llamar la atención de un consumidor potencial.

S

salidas de inversión extranjera directa Flujos hacia el exterior de la inversión extranjera directa.

segmentación del mercado Detección de grupos de consumidores con hábitos de compra que tienen diferencias importantes respecto de otros grupos.

sistema de castas Sistema de estratificación social en el que la posición en la sociedad se determina por la familia de nacimiento; en general, el individuo no puede cambiar esa posición.

sistema de clases Sistema de estratificación social en el que la posición en la sociedad se determina por la familia de nacimiento y por los avances socioeconómicos posteriores. La movilidad de clases es posible.

sistema de derecho continental Sistema legal basado en un conjunto de leyes y códigos escritos con detalle.

sistema de derecho teocrático Sistema legal basado en doctrinas religiosas.

sistema de flotación controlada Sistema en el que se permite que algunas monedas floten libremente, pero la mayoría se maneja con intervención gubernamental o se fija a otra moneda.

sistema legal Sistema de reglas que norman el comportamiento y los procedimientos con que se aplican las leyes en una nación y por el que se resuelven las querellas.

sistema minorista concentrado Sistema de venta al menudeo en el que unos pocos minoristas abastecen a la mayor parte del mercado.

sistema minorista fragmentado Sistema de venta al menudeo en el que hay muchos minoristas, ninguno de los cuales tiene mayoría de participación de mercado.

Sistema Monetario Europeo (SME) Sistema de la Unión Europea diseñado para establecer una zona de estabilidad monetaria en Europa, controlar la inflación y coordinar las políticas de tipo cambiario en los países de la Unión.

Sistema Monetario Internacional (SMI) Acuerdos institucionales que adoptan los países para regir los tipos de cambio.

sistema político Sistema de gobierno de una nación.

sistemas de control Sistemas para medir el rendimiento de las unidades de producción.

sistemas éticos Nociones culturales sobre lo que es un comportamiento o una conducta apropiados.

Six Sigma (Seis Sigma) Doctrina de base estadística para reducir defectos, fomentar la productividad, eliminar desperdicios y aminorar los costos.

socialdemócratas Aquellos que pretenden alcanzar el socialismo a través de medios democráticos.

socialistas Quienes creen en la propiedad pública de los medios de producción para el bien común de la sociedad.

sociedad Grupo de personas que comparten un conjunto de valores y normas.

sogo shosha Compañías comerciales japonesas. Parte fundamental de los *keiretsu*, los grandes grupos industriales de Japón.

subsidio Ayuda económica gubernamental a un productor nacional.

superávit comercial Véase *superávit de la cuenta corriente*

superávit de la cuenta corriente Situación de la cuenta corriente de la balanza de pagos de un país en que exporta más bienes y servicios de los que importa.

T

tecnologías de manufactura flexible o producción ligera Tecnologías de manufactura diseñadas para mejorar la programación de trabajos, reducir el tiempo de preparación y aumentar el control de calidad.

teoría de la internalización Método de inversión extranjera directa basado en la imperfección de los mercados.

teorías de derechos　Teorías éticas en que se afirma que los seres humanos poseen derechos fundamentales que trascienden las fronteras de las naciones.

terceros interesados　Individuos y grupos, aparte de los integrantes, que tienen algún interés en la empresa.

tipo de cambio　Tasa con la que una moneda se convierte en otra.

tipo de cambio fijo　Técnica que consiste en vincular el valor de una moneda a otra de referencia.

tipo de cambio flotante　Sistema en el que el tipo de cambio de una moneda por otra se ajusta de manera continua, según las leyes de la oferta y la demanda.

tipo de cambio _forward_　Tipo de cambio que rige las transacciones monetarias _forward_.

tipo de cambio _spot_　Tipo de cambio al que un intermediario extranjero convertirá una moneda en otra ese mismo día.

tipo proyectado　Pronóstico del tipo de cambio de referencia para el final del periodo presupuestado.

totalitarismo　Forma de gobierno en la que una persona o partido político ejerce el control absoluto sobre todas las esferas de la vida humana y proscribe a los partidos políticos de oposición.

totalitarismo comunista　Versión del colectivismo en que se considera que solo se llega al socialismo mediante una dictadura totalitaria.

totalitarismo de derecha　Sistema político en el que un partido, grupo o individuo monopolizan el poder; aunque permite la libertad económica, restringe las libertades políticas individuales, incluso la libertad de expresión, con el argumento de que no hacerlo permitiría el ascenso del comunismo.

totalitarismo teocrático　Sistema político en el que monopoliza el poder un partido, grupo o individuo que gobierna de acuerdo con principios religiosos.

totalitarismo tribal　Sistema político en el que un partido, grupo o individuo que representa los intereses de un grupo étnico (tribu) monopoliza el poder.

tradiciones　Convenciones rutinarias que sirven para regular la vida cotidiana.

Tratado de Libre Comercio de América Central (TLCAC)　Pacto comercial de los estados miembro del Mercado Común de América Central al que se unió la República Dominicana para comerciar libremente con Estados Unidos.

Tratado de Libre Comercio de América del Norte (TLCAN)　Área de libre comercio entre Canadá, México y Estados Unidos.

Tratado de Maastricht　Tratado acordado en 1991 y ratificado el 1 de enero de 1994, por el que se comprometieron 12 estados de la Comunidad Europea a concretar su unión económica y política.

Tratado de Roma　Tratado de 1957 por el que se estableció la Comunidad Europea.

tratado fiscal　Acuerdo entre dos países en el que se especifica qué rubros de un ingreso no gravarán las autoridades del país en el que se devenga dicho ingreso.

Tribunal de Justicia　Suprema corte de apelación en la Unión Europea.

trueque　Intercambio directo de bienes o servicios entre dos partes, sin dinero de por medio.

U

unión aduanera　Grupo de países comprometidos a 1) retirar todas las barreras al libre tránsito de bienes y servicios entre ellos, y 2) aplicar una política comercial exterior común.

unión económica　Grupo de países comprometidos a 1) eliminar todas las barreras al libre tránsito de bienes, servicios y factores de producción entre ellos, 2) adoptar una moneda común, 3) uniformar las tasas impositivas y 4) aplicar una política comercial exterior común.

Unión Europea (UE)　Grupo económico de 25 naciones europeas. Fundado como unión aduanera, hoy avanza hacia la unión económica (antes era Comunidad Europea).

unión política　Unión en la que un aparato político central coordina la política económica, social y exterior.

utilitarismo　Teoría ética en la que se sostiene que la valía moral de los actos se determina por sus consecuencias.

V

valor en oro　Cantidad de una moneda que se necesita para comprar una onza de oro.

valores　Ideas abstractas sobre lo que una sociedad considera bueno, correcto y deseable.

ventaja absoluta　Situación de un país que es más eficiente que otro en la producción de un bien.

ventajas de actuar al último　Beneficios que obtiene una compañía que entra tarde en un mercado nuevo; por ejemplo, consumidores familiarizados con el producto o conocimientos acumulados sobre el mercado.

ventajas de la localización　Ventajas de aprovechar recursos o activos de un lugar particular en el extranjero y que son valiosos para que la empresa los combine con sus ventajas particulares (como sus conocimientos tecnológicos, de comercialización o de administración).

ventajas del que actúa primero　Ventajas que consigue el primero que entra en un mercado.

Z

zona monetaria óptima　Región en la que las similitudes de la actividad económica hacen que una sola moneda y un tipo de cambio sean instrumentos adecuados de política macroeconómica.

CRÉDITOS fotográficos

ÍNDICE analítico

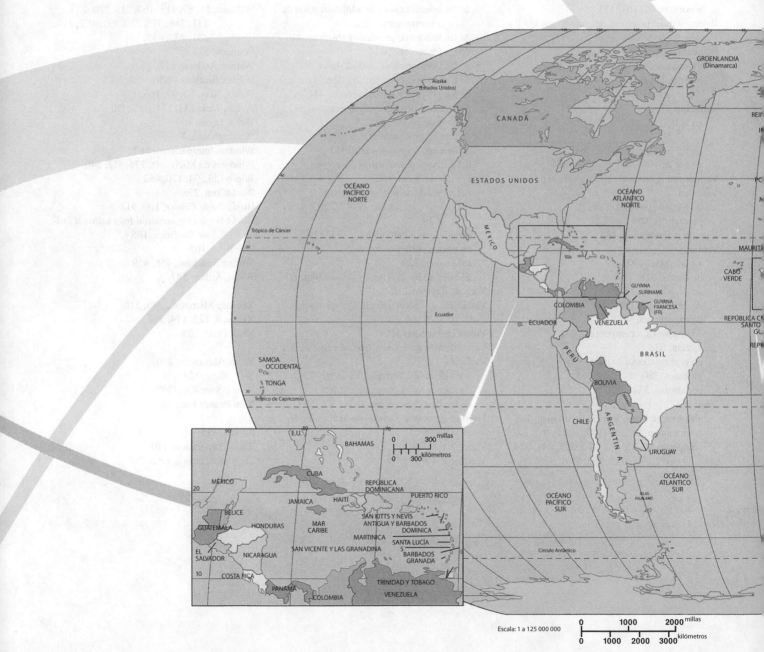

Escala: 1 a 125 000 000

0   1000   2000 millas

0   1000   2000   3000 kilómetros

Nota: Todos los mapas del mundo de la proyección de Robinson.

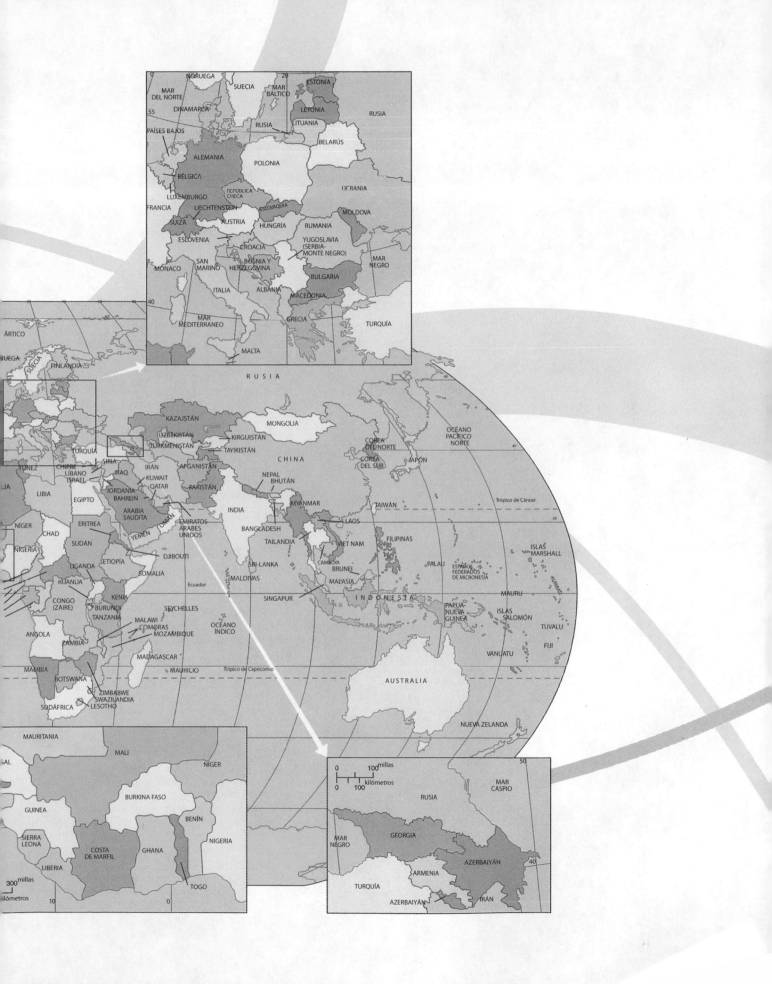